二十世紀
婦女傳記辭典

總編纂 蕭虹
副總主編 陳玉冰

主編 蕭虹

本辭典以中英文分別出版。英文版名為 *Biographical Dictionary of Chinese Women*，由蕭虹（Lily Xiao Hong Lee）、A.D. Stefanowska 擔任主編，Sue Wiles 擔任副主編。其中二十世紀卷 *The Twentieth Century, 1912-2000* 之編者為蕭虹，該卷於二零零三年由紐約 M.E. Sharpe Inc. 出版。

目　　錄

英文版前言

　　早於二十世紀八十年代中期，澳洲悉尼大學亞洲研究學院的一些同仁已有意編製一套《中國婦女傳記辭典》，分卷發行。首卷面世的是一九九八年出版的《中國婦女傳記辭典·清代卷，1644–1911》，接著就是本卷《中國婦女傳記辭典·二十世紀卷，1912–2000》。經過查考後，我們發現，過往多年，以英文編撰的權威中國人物傳記辭典很多，且涵蓋多個朝代，如《宋代名人傳》（*Sung Biographies*; Herbert Franke〔福赫伯〕編，Wiesbaden: Franz Steiner Verlag, 1976）、《明代名人傳》（*Dictionary of Ming Biography (1368–1644)*; L. Carrington Goodrich〔富路特〕及房兆楹〔Chaoying Fang〕編，New York: Columbia University Press, 1976）、《清代名人傳略》（*Eminent Chinese of the Ch'ing Period (1644–1912)*; Arthur W. Hummel〔恆慕義〕編，Washington: U.S. Government Printing Office, 1943）、《中華民國人物傳記辭典》（*Biographical Dictionary of Republican China;* Howard L. Boorman〔包華德〕及 Richard C. Howard 編，New York: Columbia University Press, 1967）及《中國共產主義人物辭典：1921–1965》（*Biographic Dictionary of Chinese Communism, 1921–1965;* Donald W. Klein〔克萊恩〕及 Anne B. Clark〔克拉克〕編，Cambridge, Mass.: Harvard University Press, 1971）等，但對婦女的生平，大都不予關注。恆慕義收錄的八百零九名人物中，只有九名是女性；包華德及 Howard 收錄的六百多名人物中，女性僅佔二十三名；而克萊恩和克拉克的四百三十三個傳記中，只有約十八個是婦女的專傳。為此，《中國婦女傳記辭典》希望能盡收古往今來中國婦女的事蹟，為她們立專傳。以資料而言，較之近二十年來出版的綜合辭書，應更見詳備。

　　《中國婦女傳記辭典》內的傳記不屬原創研究，而是對現有知識及資料的歸納。即使目標不算高遠，有時也難達到，因為中國大陸有關婦女的材料很少，直到最近情況才見改善。我們一貫認為，《中國婦女傳記辭典》有助於對中國婦女生平與成就進行更深入的研究，是我們朝著這領域跨出的第一步。

　　《中國婦女傳記辭典》的主編們雖在澳洲的悉尼大學工作多年，本卷只得到校方有限的支持。由於財政及其他因素所限，本卷內只有傳主附有中文名字，其他如作品、機構等的中文名稱就只好闕如。我們相信，中文版的面世，可以多少彌補這方面的遺憾。對所有撰傳者和譯者均不吝時間，發揮所長，鼎力相助，且不收分文，我們實在感激萬分。

　　二十世紀卷主編蕭虹邀請了六十五位學者撰寫傳記，他們來自世界各地，包括澳洲、加拿大、中國（包括香港與台灣）、荷蘭、東南亞、英國及美國。本卷所收的人物，都與我們原來選取標準相符：立傳婦女，必須在某個學術、專業、技能領域有卓越成就，或是對當代以至後代有特殊影響者。二十世紀整個世界邁向全球化，她們就是在這大環境下作出貢獻。她們當中，大部份在中國出生、生活或工作；部份在國外出生，但父母都是中國人；又有部份在中國出生，但在國外做出成績；更有少數是入了中國籍的外國人，並在中國工作。

　　本卷跨越的年代由一九一二年到二零零零年。不過，我們必須強調，以二零零零年為限，是一個概括性的說法。所有傳記內容，在一九九零年仍然準確，其中不少已據二零零零年的資料更新，且不止一個傳記納入在二零零一年發生的事件資料。為慎密周全起見，我們沒有收錄九十年代才在公眾視野出現的婦女，她們的生平，應留給以後的傳記辭典編輯去全面評價。本卷收錄傳記三百多個，各傳主的共同興趣和活動範圍十分廣泛。到目前為止，本卷內在不同程度上參與政治和政府事務的婦女，人數最多。這個現象或許不會教人詫異，因為在二十世紀中國不斷演變，其間又經歷了改朝換代：帝制被推翻，最終人民共和國成立。二十世紀前半期的民國時期，婦女革命家、政治活動家、改革家、婦女權益活動家成了大眾矚目的人物。她們很多是早期的共產黨員，有部份也為民主、台灣獨立、婦女個人權益而奮鬥。有些從政府或黨的權力架構內晉升至掌權職位，在中國、香港及台灣工作，有少數則循不太正當的途徑奪得權力。

　　當時的中國社會認識到，從事文藝創作已不再是受過教育的婦女的唯一出路。但對有創作天份的婦女來說，文學創作的園地仍然是塊沃土。本卷收錄的婦女作家大部份屬小說作家，她們透過小說，把沒有條件當作家的婦女的生活境況，呈現出來。女詩人、散文家、文評家用她們的筆，揭露婦女生活中所需的改變，大膽的為所有婦女開拓新道路。

　　中國的女畫家、女藝術表演家，如戲劇明星、舞蹈家、歌唱家等，並不稀奇。在二十世紀，她們令人刮目相看的，是能在各自的專業努力創新。三十

到四十年代，電影與戲劇興旺，孕育了一代無畏無懼的女表演家，而地方戲曲天才也紛至沓來。她們發揚傳統的藝術和歌曲，又加以活化，並配合時勢，創造新的藝術形式與類型。她們有些婚姻諧和，有些在重男輕女的社會上孤身作戰。更有些因承受不了情感上的不忠、應付不了陰謀或政治而斷送一生。二十世紀後半期，中國婦女轉向監製和導演電影、電視節目和戲劇；女演員也紛紛成為武俠片和國際電影明星，揚名於世。

二十世紀，隨著擇業的自由度漸大，中國婦女開始對各種專業感到興趣。不過，歷史不容否定，教育這專業一直是婦女的天下。即便如此，仍有些婦女敢於偏離傳統的道路，走進其他專業，包括法律和警察部隊。同時，很多受過教育的婦女，卻迎合著舊中國社會的期望，做了學者。但她們有些跨越傳統的婦女研究範疇，走進科學與技術等較新的領域。本卷收錄的女科學家中，不止一個在自己的專業贏得國際敬仰。本卷也有女尼，甚至女軍人的傳記。對此，讀者不會感到奇怪，但可能會想想，婦女要在冷酷無情的媒體、工商行業裡成就事業，究竟要有多少意志力。她們到底犧牲了甚麼，從她們的私人生活可看到一點端倪：她們很多都為了達成目標而保持獨身。

和清代卷一樣，本卷的婦女不全是漢人，還有來自藏族、滿族、蒙族以及回族和白族的婦女。其中一個原來是法國人，但她以中國人的身份，在中國生活，直到辭世。有些婦女我們想收入但未能收入，這方面的原因不一，包括資料短缺，時間不足，找不到合適的撰傳者等。我們力所能及的搜集資料，相信可就二十世紀中國傑出的婦女，為英文讀者提供準確翔實的描述。謹望《中國婦女傳記辭典》能為日後的相關研究打好基礎。

蕭虹

A.D. Stefanowska

Sue Wiles

二零零三年

編者的話

　　本辭典中文版比英文版多了八個傳記，傳記總數也由三百零一個增加到三百零九個，新加的傳記中有七個傳主來自台灣。本辭典的文體和版式，與「英文版前言」所提及的中國著名人物傳記辭典大致相同。本辭典只有一個傳主因沒有正式的中文名字而用了英文名字。所有傳主均按姓氏的漢語拼音排序，以傳統的先姓後名方式列出。

　　本辭典附有「按背景或所屬領域劃分的人名索引」。該索引根據婦女最著名的研究範疇、專業、技能分類；所以，部份婦女會同時出現於不同類別。為照顧並非專家的讀者，本辭典還附有「二十世紀大事簡要年表」。為方便查閱，書末附有「人名拉丁字母索引」及「人名筆畫索引」。

　　在過去百年間，北京市曾數次更改名稱。我們決定，由清朝覆亡到一九四九年間，統稱北平，四九年中華人民共和國建立後改稱北京，以免陷於混亂、難以取捨。但如果「北平」與「北京」屬於一個機構或實體的名稱的一部份，我們會跟隨英文版保留原字。

　　傳記後附的書目，僅供參考探討之用，實非詳盡無遺。此等書目分中文、英文、網址三類依次列出，個別書目則以出版年份先後排序。其他附件如撰傳者名錄及譯者名錄，均依據英文原版以姓氏的漢語拼音及英文字母為撰傳者及譯者排序。

　　由於英文版成書於二零零三年，距今已十餘載，故全部傳記內容、書目，以至撰傳者名錄、譯者名錄與編者簡歷，均已按查找得到的最新資料作出補充和更新。資料除編者個人所知、向知情人士查問得來、從書刊尋獲者外，主要來自網上，雖然所選取的網站均屬翔實可信，引用前也經多方印證，但若仍有失實，歡迎讀者雅正。

蕭虹

陳玉冰

鳴 謝

多年來，本辭典編纂計劃承蒙悉尼大學給予經濟支持，辭典總主編謹此致謝。

編纂期間，幸獲多位撰傳者不吝時間，發揮所長，研究編寫傳記，謹致衷心謝意。各譯者不辭辛苦，將英文寫成的傳記翻譯成中文，亦功不可沒。

王冰教授不但就科學事宜提供寶貴意見，還為本卷撰寫多個科學家傳記，對此我們萬分感激。

我們又得到台灣中央研究院近代史研究所的游鑑明博士、天主教輔仁大學的陳君愷教授以及新竹清華大學中文系的李宗憛教授的費心襄助，組織編撰了大部份的台灣婦女傳記，過程艱辛，不言而喻，特表謝忱。在他們鼎力支持下，本卷內台灣婦女傳記的深廣度得到大大的提升。

悉尼大學東亞圖書館的李倩和田盛果女士，多年來不厭其煩地為我們提供專業協助，也一併致謝。本卷傳記的參考資料齊全無誤，她們應記一功。

撰傳者名錄

（撰傳者所屬院校機構基本按英文版譯出，由於英文版成書於二零零三年，有關資料或許已經改變，雖已按查找得到的最新情況更新，恐尚有遺漏，希為諒察。）

◈ Bai, Di, 美國新澤西州麥迪遜杜爾大學亞洲研究系（Department of Asian Studies, Drew University, Madison, N.J., USA）。

◈ 畢熙燕，澳洲悉尼愛斯肯姆學校（Ascham School, Sydney, Australia）。

◈ Chan, H.D. Min-hsi（已歿），澳洲悉尼新南威爾士大學科技研究學院（School of Science and Technology Studies, University of New South Wales, Sydney, Australia）。

◈ 陳慧，澳洲悉尼麥覺理大學國際研究院中文系（Chinese Studies, Department of International Studies, Macquarie University, Sydney, Australia）。

◈ 陳兆華（已歿），澳洲阿德萊德大學亞洲研究中心（Centre of Asian Studies, University of Adelaide, Australia）。

◈ 陳玉冰，澳洲悉尼大學中文系（Department of Chinese Studies, University of Sydney, Australia）。

◈ 陳純瑩，台灣台北警察大學通識系。

◈ 陳婉君，中國北京大學中國語言文學系。

◈ 陳小眉，美國加州大學戴維斯分校東亞語文系（Department of East Asian Languages and Cultures, University of California, Davis, USA）。

◈ 陳雅慧，澳洲悉尼大學中文系（Department of Chinese Studies, University of Sydney, Australia）。

◈ 鄭麗榕，台灣台北政治大學台灣史研究所。

◈ 張釗貽，澳洲布里斯本昆士蘭大學亞洲語言及研究系（Department of Asian Languages and Studies, University of Queensland, Brisbane, Australia）。

◈ Chey, Jocelyn（梅卓琳），澳洲悉尼大學中文系（Department of Chinese Studies, University of Sydney, Australia）。

◈ 周峰玉，台灣《天下雜誌》。

◈ 朱德蘭，台灣台北中央研究院人文社會科學研究中心。

◈ Clark, John, 澳洲悉尼大學藝術歷史及理論系（Department of Art History and Theory, University of Sydney, Australia）。

◈ Croizier, Ralph, 加拿大維多利亞大學歷史系（Department of History, University of Victoria, Canada）。

◈ 崔稚穎，澳洲悉尼大學中文系（Department of Chinese Studies, University of Sydney, Australia）。

◈ Denton, Kirk A., 美國俄亥俄州立大學東亞語文系（Department of East Asian Languages and Literatures, Ohio State University, USA）。

◈ 丁守璞，中國北京中國社會科學院歷史研究所。

◈ Edwards, Louise, 澳洲悉尼新南威爾士大學人文及語言學院（School of Humanities and Languages, University of New South Wales, Sydney, Australia）。

◈ 范美媛，台灣台北台灣大學國際華語研習所。

◈ 馮崇義，澳洲悉尼科技大學國際研究學院（Institute for International Studies, University of Technology, Sydney, Australia）；及中國天津南開大學歷史系。

◈ Ferry, Megan M., 美國紐約斯克內克塔迪聯合學院現代語言系（Modern Languages Department, Union College, Schenectady, New York, USA）。

◈ Feuerwerker, Yi-tsi Mei（梅貽慈），美國密西根大學安雅博分校亞洲語言及文化系（Department of Asian Languages and Cultures, University of Michigan, Ann Arbor, USA）。

◈ Fox, Josephine, 澳洲坎培拉澳洲國立大學亞太研究所（Research School of Pacific and Asian Studies, Australian National University, Canberra, Australia）。

◈ 郜元寶，中國上海復旦大學中文系。

◈ Gilmartin, Christina K.（柯臨清，已歿），美國波士頓東北大學歷史系及婦女研究系（Department of History, and Department of Women's Studies, Northeastern University, Boston, USA）。

◈ 郭晨，中國北京工人出版社。

◈ 賀黎，中國北京中國美術學院戲劇研究所。

◈ Hendrischke, Barbara, 澳洲悉尼大學中國研究中心（China Studies Centre, University of Sydney, Australia）。

◈ 何淑宜，台灣台北台灣師範大學歷史研究所。

◈ 何和鑾，新加坡地區語言中心（Regional Language Centre, Singapore）。

◈ 洪如冰，澳洲悉尼澳星國際教育中心（Austar International Education Centre, Sydney, Australia）。

◈ 謝世英，澳洲悉尼新南威爾士大學藝術學院（College of Fine Arts, University of New South Wales, Sydney, Australia）。

◈ Jaschok, Maria H.A., 英國牛津大學國際性別研究中心（International Gender Studies Centre, Oxford University, UK）。

◈ 仁華法師，澳洲悉尼大學教育學院（School of Education, University of Sydney, Australia）。

◈ 高月妥，台灣台北自由撰稿人。

◈ King, Richard, 加拿大維多利亞大學亞太研究系（Department of Pacific and Asian Studies, University of Victoria, Canada）。

◈ Kingsbury, Karen, 台灣台中東海大學外國語文學系。

◈ 孔書玉，加拿大愛蒙頓阿爾伯特大學東亞研究系（Department of East Asian Studies, University of Alberta, Edmonton, Canada）。

◈ 林學忠，香港城市大學中國文化中心。

◈ 林松，澳洲悉尼大學中文系（Department of Chinese Studies, University of Sydney, Australia）。

◈ Lang, Miriam, 澳洲墨爾本蒙納殊大學語言及文化學院（School of Languages, Cultures and Linguistics, Monash University, Melbourne, Australia）。

◈ 蕭虹，澳洲悉尼大學中文系（Department of Chinese Studies, University of Sydney, Australia）。

◈ Lee, Mabel（陳順妍），澳洲悉尼大學中文系（Department of Chinese Studies, University of Sydney, Australia）。

◈ Lee, Sandra, 澳洲悉尼大學中文系（Department of Chinese Studies, University of Sydney, Australia）。

◈ 李宗懂，台灣新竹清華大學中文系。

◈ 林倩如，台灣台北中央大學歷史研究所。

- Liu Ying, 美國俄亥俄州立大學東亞語文系（Department of East Asian Languages and Literatures, Ohio State University, USA）。
- 羅久蓉，台灣台北中央研究院近代史研究所。
- 羅孚（已歿），美國、香港自由撰稿人。
- McElderry, Andrea, 美國路易斯維爾大學歷史系（Department of History, University of Louisville, USA）。
- 伍湘畹（Daisy Sheung-yuen Ng），新加坡新加坡國立大學中文系（Department of Chinese, National University of Singapore, Singapore）。
- 吳美筠，香港大學附屬學院。
- Noble, Jonathan, 中國上海研究學者。
- Patton, Simon, 澳洲布里斯本昆士蘭大學亞洲語言及研究系（Department of Asian Languages and Studies, University of Queensland, Brisbane, Australia）。
- 齊文穎，中國北京大學中外婦女問題研究中心。
- Roberts, Claire（羅清奇），澳洲阿德萊德大學藝術史系（Department of Art History, University of Adelaide, Australia）；及澳洲墨爾本大學文化交流學院（School of Culture and Communication, University of Melbourne, Australia）。
- 邵亦楊，澳洲悉尼大學藝術歷史及理論系（Department of Art History and Theory, University of Sydney, Australia）。
- 水鏡君，中國河南社會科學院。
- Silvio, Teri（司黛蕊），台灣台北中央研究院民族學研究所。
- 蘇瑞鏘，台灣彰化彰化高級中學。
- 孫愛玲，香港香港教育學院中文系。
- 孫萬國，澳洲墨爾本蒙納殊大學亞洲語言及研究學院（School of Asian Languages and Studies, Monash University, Melbourne, Australia）。
- Swislocki, Mark，美國史丹福大學歷史系（Department of History, Stanford University, USA）。
- van Crevel, Maghiel（柯雷），荷蘭萊頓大學漢學研究院（Leiden University Institute for Area Studies, the Netherlands）。
- Wade, Geoff, 香港香港大學亞洲研究中心。
- 王冰，中國北京中國科學院自然科學史研究所。
- 王瑾，美國麻省理工學院環球研究與語言部（Global Studies and Languages

Section, Massachusetts Institute of Technology, MA, USA）。

◈ 王京明，中國中視傳媒策劃部欄目記錄片組。

◈ 王平，澳洲悉尼新南威爾士大學人文及語言學院（School of Humanities and Languages, University of New South Wales, Sydney, Australia）。

◈ 王一燕，新西蘭惠靈頓維多利亞大學語言文化學院（School of Languages and Cultures, Victoria University of Wellington, New Zealand）。

◈ Wiles, Sue, 澳洲悉尼大學中文系（Department of Chinese Studies, University of Sydney, Australia）。

◈ Williams, Martin, 澳洲悉尼科技大學國際研究學院（Institute for International Studies, University of Technology, Sydney, Australia）。

◈ 陳弘欣，澳洲悉尼新南威爾士大學文學及社會科學院（Faculty of Arts and Social Sciences, University of New South Wales, Sydney, Australia）。

◈ 黃嫣梨，香港浸會大學歷史系。

◈ 吳小黎，中國北京中國現代文學館。

◈ 席澤宗，中國北京中國科學院自然科學史研究所。

◈ 楊恩洪，中國北京中國社會科學院民族文學研究所。

◈ 楊翠，台灣花蓮東華大學華文文學系。

◈ Yeh, Michelle（奚密），美國加州大學戴維斯分校東亞語文系（Department of East Asian Languages and Cultures, University of California, Davis, USA）。

◈ 顏清湟，澳洲阿德萊德大學歷史系（Department of History, University of Adelaide, Australia）。

◈ 楊慧玲，澳洲珀斯科廷科技大學中文系（Chinese Studies, Curtin University of Technology, Perth, Australia）。

◈ 趙金平，中國北京中華全國婦女聯合會婦女研究所。

◈ 朱天飈，中國北京大學政府管理學院。

譯者名錄

（譯者所屬院校機構，已按查找得到的最新資料更新，若有遺漏，希為諒察。）
本卷英文版譯者三十五人。中文版譯者十三人，茲列如下：

◈ 陳玉冰，澳洲悉尼大學中文系（Department of Chinese Studies, University of Sydney, Australia）。

◈ Chen Ting, 美國。

◈ 陳雅慧，澳洲悉尼大學中文系（Department of Chinese Studies, University of Sydney, Australia）。

◈ 崔少元，兗煤澳大利亞有限公司（Yancoal Australia Ltd）。

◈ 崔稚穎，澳洲悉尼大學中文系（Department of Chinese Studies, University of Sydney, Australia）。

◈ 洪如冰，澳洲悉尼澳星國際教育中心（Austar International Education Centre, Sydney, Australia）。

◈ 蕭虹，澳洲悉尼大學中文系（Department of Chinese Studies, University of Sydney, Australia）。

◈ 李尚義，澳洲悉尼澳洲天主教大學（Catholic University of Australia, Sydney, Australia）。

◈ 龍仁（已歿），中國廣東自由譯作家。

◈ 龍茵，澳洲臥龍崗大學金融系（Finance Department, University of Wollongong, Australia）。

◈ 陶乃侃，澳洲坎培拉大學藝術及設計學院（Faculty of Arts and Design, University of Canberra, Australia）。

◈ 張建農，澳洲悉尼大學中文系（Department of Chinese Studies, University of Sydney, Australia）。

◈ Zhang Meisuo, 新加坡。

按背景或所屬領域劃分的人名索引

⠇ 學術研究

考 古	曾昭燏

考　古　曾昭燏

經　濟　郭婉容

教　育　賈馥茗　王惠卿

美　術　龐濤

歷　史　陳衡哲　任以都　冼玉清

國際關係　李鍾桂

法　律　韓幽桐　謝飛

文　學　陳若曦　戴厚英　戴錦華　鄧珠拉姆　馮沅君　蘇雪林　冼玉清
　　　　　許廣平　楊絳　樂黛雲

醫　學　周美玉　林巧稚　聶毓禪　楊崇瑞　朱璉

社 會 學　雷潔瓊　張若名

⠇ 藝術

裝置藝術　吳瑪悧

畫　家　陳進　張荔英　陳幸婉　蔡㜆姿　周綠雲　方君璧　方召麐
　　　　　胡絜青　康同璧　顧媚　凌淑華　聶鷗　潘玉良　龐濤　王迎春
　　　　　冼玉清　周思聰

剪　紙　蔡蘭英

雕 塑 家　陳幸婉　賴純純　王合內

⠇ 環境保護

　　　　戴晴

▥ 工商界

董竹君　鄧蓮如　顧秀蓮　劉志華　羅叔章　宋藹齡
湯蒂因　尉鳳英　吳舜文　吳儀　楊厚珍　原劉素珊　張桂琴

▥ 文學

自傳、回憶錄	漢素音　謝冰瑩　蔣碧微　林海音
編　　輯	蓉子　林海音　零雨　陸小曼　許廣平
散　　文	冰心　陳衡哲　陳若曦　陳學昭　琦君　戴厚英　戴錦華
	菡子　湯亭亭　林海音　盧隱　王瑩　西西　張潔　張抗抗
小　　說	白薇　冰心　殘雪　草明　張愛玲　陳衡哲　陳染　陳若曦
	陳學昭　程乃珊　池莉　琦君　瓊瑤　鍾玲　戴厚英　戴晴
	丁玲　方方　馮沅君　漢素音　菡子　航鷹　蕭颯　謝冰瑩
	黃宗英　柯岩　湯亭亭　李昂　林白　林海音　林徽因　凌淑華
	劉索拉　劉真　陸星兒　盧隱　聶華苓　茹志鵑　三毛　諶容
	蘇雪林　譚恩美　鐵凝　王安憶　王瑩　蕭紅　西西　楊絳
	楊沫　亦舒　於梨華　遇羅錦　張潔　張抗抗　張辛欣　鍾曉陽
	竹林　宗璞
文　評　家	鍾玲　戴厚英　戴錦華　李子雲　樂黛雲
劇　作　家	白峰谿　白薇　丁玲　李伯釗　楊絳
詩	冰心　陳衡哲　陳秀喜　鍾玲　方方　夏宇　蓉子　康同璧
	柯岩　林徽因　零雨　呂碧城　舒婷　冼玉清　西西　翟永明
報告文學	白薇　陳學昭　戴晴　謝冰瑩　黃宗英　柯岩　彭子岡　王瑩

▥ 媒體

記　　者	白薇　陳香梅　戴晴　侯波　謝冰瑩　劉慧卿　林海音　林宗素
	彭子岡
報刊出版人	胡仙　康同璧　林海音　彭子岡　沈茲九
攝　影　家	侯波
電　　台	崔小萍
電　　視	阮若琳

ᴵᴵᴵ 軍隊

周美玉　康克清　李建華　李貞　王泉媛　鍾玉徵

ᴵᴵᴵ 表演藝術

演　　員　白峰谿　白楊　鞏俐　徐楓　胡蝶　黃宗英　江青　李麗華
林黛　劉曉慶　阮玲玉　舒繡文　斯琴高娃　王瑩　俞珊　周璇
朱琳
馬　　戲　夏菊花
舞蹈家、編舞家　白淑湘　戴愛蓮　莫德格瑪　楊麗萍
導演、監製　白楊　陳顒　徐楓　阮若琳　孫維世　危拱之
音　樂　家　顧聖嬰　李淑德　林秋錦　劉索拉　吳玉霞　張權　周淑安
戲劇表演家　白玉霜　丁果仙　范瑞娟　傅全香　顧月珍　紅線女　郭小莊
新鳳霞　徐玉蘭　嚴鳳英　言慧珠　袁雪芬　趙燕俠
流行曲歌唱家　鄧麗君　周璇

ᴵᴵᴵ 政治與政府

辛亥革命　陳璧君　何香凝　唐群英　徐宗漢　張默君
共產革命　蔡暢　曹孟君　曹軼歐　陳慧清　陳少敏　鄧六金　鄧穎超
葛健豪　郭建　韓幽桐　賀子貞　金維映　闞士穎　康克清
雷潔瓊　李桂英　李建華　李堅眞　廖夢醒　廖似光　劉胡蘭
劉清揚　劉亞雄　劉英　羅叔章　聶元梓　錢希鈞　丘一涵
沈茲九　帥孟奇　王定國　王光美　王會悟　王泉媛　王一知
危拱之　危秀英　吳富蓮　吳仲廉　烏蘭　向警予　蕭月華
謝飛　謝小梅　謝雪紅　楊厚珍　楊之華　楊子烈　葉群
張琴秋　張若名　張志新　趙一曼　周越華
外交事務　陳香梅　丁雪松　龔澎　龔普生　李淑錚
政　　府　陳方安生　陳慕華　陳香梅　陳石滿　顧秀蓮　郭建　郝建秀
許世賢　郭婉容　劉慧卿　李鍾桂　李堅眞　李淑錚　梁許春菊
劉亞雄　呂秀蓮　羅叔章　Moss, Irene　彭珮雲　錢瑛　錢正英
史良　宋慶齡　萬紹芬　吳儀　余陳月瑛　張琴秋
勞工領袖　陳少敏　廖似光　劉群先　楊之華

黨內工作人士　蔡暢　　陳琮英　鄧六金　郝建秀　李堅眞　廖夢醒　錢瑛
　　　　　　　萬紹芬　王定國　王光美　王一知　尉鳳英　曾志

政治活動家、革命家　簡娥　芝苑　董竹君　劉慧卿　李德全　林宗素
　　　　　　　劉王立明　史良　吳木蘭　吳貽芳　謝雪紅　葉陶
　　　　　　　張若名

政治人物　江青　宋慶齡　宋藹齡　宋美齡　王光美　楊開慧　葉群

婦女權益　蔡暢　曹孟君　陳石滿　錢劍秋　邱鴛鴦　鄧穎超　康克清
　　　　　康同璧　康同薇　李德全　林宗素　林蔡素女　劉清揚　劉王立明
　　　　　呂秀蓮　沈茲九　王會悟　吳木蘭　吳貽芳　向警予　張默君
　　　　　張若名　章蘊

專業婦女

建　　築　修澤蘭　林徽因

教　　育　陳愛珠　賈馥茗　黃典嫻　康同薇　林秋錦　呂碧城　毛彥文
　　　　　聶毓禪　邵夢蘭　陶淑範　王一知　王惠卿　吳貽芳　謝飛
　　　　　朱璉

衛生保健　陳石滿　周美玉　央嘎　許世賢　林巧稚　聶毓禪　楊崇瑞
　　　　　葉恭紹　周越華　朱璉

法　　律　錢劍秋　Moss, Irene　史良　謝飛

警　　隊　趙默雅　陳湄泉　程曉桂　李莉娟　林金枝

社會工作　曹孟君　鄧裕志　李德全　毛彥文　沈茲九　徐宗漢　原劉素珊

運動 / 探險　紀政　郎平　潘多

宗教婦女

　　　　　巴金蘭　證嚴法師　芝苑　　鄧裕志　杜淑眞　曉雲法師
　　　　　李德全　隆蓮法師　呂碧城　吳貽芳　楊慧貞　震華法師

浪漫人物

　　　　　蔣碧微　陸小曼

⠇ 科技

天 文 學	葉叔華	鄒儀新			
生 化 學	魯桂珍				
化　　學	黃量	蔣麗金	鍾玉徵		
電腦科技	夏培肅	楊芙清			
工　　程	錢正英				
地 質 學	池際尚				
醫　　學	林巧稚	聶毓禪	楊崇瑞		
物 理 學	何澤慧	林蘭英	陸士嘉	王承書	吳健雄	謝希德

二十世紀大事簡要年表

1911	10 月：辛亥革命
1912	1 月 1 日：中華民國成立
1912	8 月：同盟會與各小政黨合併組成國民黨
1916	袁世凱稱帝
1919	5 月 4 日：學生示威，五四運動爆發
1921	7 月 1 日：中國共產黨在上海成立
1923	1 月 1 日：孫中山發表重組國民黨的宣言
1923–31	國共第一次合作
1925	5 月 30 日：上海學生示威，支持罷工工人
1926	北伐軍從廣州出發，抵達上海
1927	蔣介石在上海肅清國民黨內共產黨員
1931	中共成立江西蘇區
1931	9 月 18 日：日本侵略瀋陽
1932	1 月 28 日：日本在上海發起攻擊，第十九路軍頑強抵抗，最後達成停戰協議
1934–35	中共紅軍長征
1936	12 月：西安事變（蔣介石在挾持下被逼同意推行國共第二次合作，與中共聯手抗日）
1937	共產黨遷往延安
1937	7 月 7 日：盧溝橋事變引發國民黨政府向日本宣戰
1937–45	中日戰爭
1937	日本攻佔上海（外國租界地除外）

1941	12 月：日本接管香港與上海所有外國租界地
1941	皖南事變：中共與國民黨的軍隊在安徽南部交戰
1942	延安推行整風運動
1945	日本投降，將中國管治權交回國民黨；台灣的日本殖民統治終結（1895–1945）；國民黨接管台灣
1946	國共內戰開始
1947	2 月 28 日：台灣民眾武裝起義，抗議國民黨政府鐵腕政策
1949	10 月 1 日：毛澤東宣布中華人民共和國成立
1949	12 月：國民黨政府遷往台灣
1950	中國頒布婚姻法
1957	反右運動
1958	大躍進，導致隨後數年舉國飢荒
1966–76	文化大革命
1975	蔣介石逝世，意味台灣的蔣經國時代開始
1976	1 月：周恩來逝世
1976	9 月：毛澤東逝世
1976	四人幫被捕，文革隨之結束
1978	中共中央在第十一屆三中全會上，宣布實施重要改革措施；四個現代化
1979	美國承認中華人民共和國，與台灣的中華民國斷交
1979	台灣反對國民黨的民眾接連示威，爭取民主，催生了民主進步黨
1988	蔣經國在台灣逝世
1989	6 月 4 日：天安門事件
1996	台灣舉行第一次直接選舉
1997	香港主權回歸中國

傳主名錄

01 巴金蘭 Ba Jinlan

巴金蘭，一九二二年生於河南省滎陽市金寨村，回族，中國伊斯蘭教女阿訇，經名法蒂瑪（Fatimah）。她出身阿訇世家，從她這一代上溯，已有十三代人任阿訇。

巴金蘭自幼受到伊斯蘭教的薰陶，八歲開始跟父親和祖父學習伊斯蘭教知識，十二歲入本村女寺隨女阿訇學習波斯語經籍，十四歲到鄭州北下街女寺繼續學業。十五歲回到家中，一邊幫母親操持家務，一邊跟父親學習阿拉伯語《古蘭經》，跟祖父學習更多的波斯語經籍。她成為一個能讀阿拉伯語和波斯語伊斯蘭教經籍、信仰虔誠的女子。

巴金蘭二十二歲與一位馬姓阿訇的兒子結婚。婚事由父母安排。父母挑選女婿的最重要標準是信仰虔誠，宗教素養好。丈夫在清真寺長大，從小接受中國傳統的伊斯蘭教經堂教育，學成後成了阿訇。巴金蘭以師娘的身份住在清真寺中，指導穆斯林婦女的宗教生活，解答她們的疑問，同時操持家務、照顧孩子，克盡妻子、母親的職責。

一九五五年，巴金蘭受聘為河南省滎陽市一鄉村女寺的阿訇。後來，丈夫應聘到同省的清化鎮清真寺任教長，她和孩子一直留在該女寺。一九六六年文化大革命開始後，女寺被關閉，她帶孩子回到金寨老家。丈夫亦不得不離開清真寺，但他身體有病，不能照顧家人。她承擔了全部家庭重擔，從事農耕，照顧八個兒女的生活，向他們講解宗教知識，同時不放鬆自己的宗教功修。一九八三年六十一歲時，再次應聘成為女阿訇，先後在河南省滎陽市、鄭州市、武陟縣等五個清真女寺任教長。一九九四和九八年，兩次赴麥加朝觀。

巴金蘭開辦女學，培養婦女宗教人材；監督女寺建設工程；為穆斯林提供各種宗教服務，如在離世者家中誦經等。她又積極安排兒孫接受信仰教育。八個兒女中，有七個接受過專門的伊斯蘭教經堂教育。三個兒子任阿訇，一個兒子在清真寺深造，一個兒子除在清真寺接受傳統的經堂教育外，還在北京外語學院學習現代阿拉伯語。兩個孫子在河南、甘肅等地的清真寺接受經堂教育，三個孫女則由她親自教導。

中國回族穆斯林女阿訇很少傾向蘇非主義（Sufism）。巴金蘭卻不同，她仰慕蘇非派不思塵世事物、全神貫注想望真主（Allah）的精神修煉，不喜與宗教事務無關的交際應酬。除履行職責外，她專注於自己的宗教功修。她淡泊

守貧，甘於簡樸的生活，一直穿著打補丁的衣服，吃最簡單的飯食。她堅信靈魂不死，後世永存，追求心靈潔靜、行為純正。她注重精神修煉和靈魂的淨化，長期誦經禮拜齋戒，一心嚮往安拉。

巴金蘭是在家中接受伊斯蘭教教育的，而教她的都是當阿訇的家人。在他們的影響下，她深信女子的宗教素養和智力不如男子。不過，她認為信仰虔誠、一心嚮往真主的女子，遠勝於沒有信仰的男子；也認為女子只要努力，就可以超過男子。

巴金蘭的精神追求和遁世傾向，常被人誤以為孤僻、不合時宜，但她的學識和智慧，堅忍和自信，以及克己自律的行為，使她成為女阿訇中的佼佼者，深受中國穆斯林尊敬。

Maria H.A. Jaschok、水鏡君

◈ 戴建寧，〈試論回族婦女信仰伊斯蘭教的心理特徵〉見《回族研究》，1992 年 4 期，頁 67–70。
◈ 南文淵，《伊斯蘭教與西北穆斯林社會生活》，西寧：青海人民出版社，1994 年。
◈ 馮今源，〈試論伊斯蘭教的婦女觀〉見《中國穆斯林》，1995 年 4 期，頁 19–24。
◈ 水鏡君，〈淺談女學、女寺的興起與發展〉見《回族研究》，1996 年 1 期，頁 51–59。
◈ Alles, Elisabeth. "Une organisation de I'Islam au féminin: Le personnel des mosquées féminines en Chine." *Lettre d'information*. Paris: Programme de Recherches Interdisciplinaires sur le Monde Müsulman Périphérique, 14（1994）: 1–12.
◈ *Etudes Orientales*, 13/14（1994）. Contributions by Elisabeth Alles, Leila Cherif, and Constance-Hélène Halfon.
◈ Pang Keng-Fong. "Islamic 'Fundamentalism' and Female Empowerment among the Muslims of Hainan Island, People's Republic of China." In *Mixed Blessings*: *Gender and Religious Fundamentalism Cross Culturally*, eds. Judy Brink and Joan Mencher. London: Routledge, 1997, 41–56.
◈ Jaschok, Maria, and Shui Jingjun. *The History of Women's Mosques in Chinese Islam*: *A Mosque of Their Own*. Richmond, Surrey: Curzon Press, 2000.

⁞⁞⁞ 02 白峰谿 Bai Fengxi

白峰谿，一九三四年生於河北省文安縣，話劇演員、劇作家，以劇作《女性三部曲》聞名於世。該劇描述了知識婦女在毛澤東時代（1949–1976）過渡到後毛時代這段期間的憂慮。白峰谿的丈夫退休前是中國青年藝術劇院的導演兼演員，兩人有一個女兒，也是該劇院的演員。

一九四九年十五歲的白峰谿進入華北人民革命大學學習。一九五四年成為中國青年藝術劇院的演員。該劇院是中華人民共和國第一所國家劇院，在那

裡，她接受專業訓練，並在眾多知名的藝術家薰陶下成長起來，扮演過四十多個不同類型的角色，其中最成功的要算劉胡蘭（參見該傳）。劉胡蘭是一位烈士，一九四七年在山西農村被國民黨處決，死時僅十五歲。白峰谿是在一九五一年演出這個以劉胡蘭為劇名的話劇。她所扮演的另一個重要角色是一九五六年話劇《家》一劇中的鳴鳳。《家》是曹禺根據巴金五四時期的同名經典小說改編。在這個劇中，白峰谿飾演一個傳統父權家庭的年輕女僕，被迫與年齡可當她祖父的男人結婚，憤而投水自盡。一九六零年，她作為替補演員主演由田漢（1898–1968）編劇、金山執導的劇作《文成公主》，到達了她表演生涯的巔峰。此後她還扮演了很多不同的角色，包括《費加羅的婚禮》（*The Marriage of Figaro,* 1962）中到處調情的侍從薛侶班（Cherubino）和《霓虹燈下的哨兵》（1962）中可愛的春妮。春妮是中國農村婦女，對當兵的丈夫一心一意，且深明大義，鼓勵他在所駐守的新解放區上海盡忠職守。

在後毛時代，白峰谿嘗試以新手法創作話劇。她的第一個劇本《窰洞燈火照千家》（1977），將陝西方言和詩的語言揉合起來，以表達普通老百姓對周恩來總理（1898–1976）猝然離世的深切悼念。她的第二個劇本與王景愚一起編寫，名為《撩開你的面紗》（1979），也在後毛時代初期大受好評，因為該劇以愛情及真摯友誼為主題，這些正是文革後大眾興趣所在。

白峰谿最終以《女性三部曲》揚名國內，被譽為當代最重要的女作家之一。三部曲的第一部《明月初照人》寫於一九八一年，令人注目的是該劇中沒有一個男性角色，劇中的三代婦女既要做婦女解放工作的領導幹部，又要追求個人的愛情、幸福與自由，所以不得不竭力協調兩面的需求，她們的故事無異是新中國婦女文化史的一個縮影。劇中的外祖母被丈夫欺騙，之後獨自將女兒方若明撫養成人，待女兒成家，見她艱難度日，又多方支援，還幫助女兒成為專責管理婦女事務的政府資助機構全國婦女聯合會的優秀幹部。方若明面對的挑戰與母親不同：儘管她不遺餘力的幫助農村婦女擺脫包辦婚姻的束縛，爭取婚姻自主的權利；她卻反對女兒選擇一個沒有大學文憑的管道工做愛人，認為那個年輕人與自己在大學教英文的女兒不般配。方若明也為二女兒痛心。這個女兒與研究院一名教授關係曖昧。這教授才華出眾，是方若明多年前的戀人，當年因他的家庭出身不好，她被迫放棄了他。在劇終方若明將自己的痛苦放在一邊，讓女兒追求自己的幸福。根據當時的政治現實，主流文化必須歌頌新後毛時期執政者。縱使白峰谿受到這些政治局限，她仍是大陸第一個重點刻劃婦

女在現實生活中的經歷和問題的劇作家。她的劇作藝術繼承了源於五四運動的現代話劇的現實主義傳統。

　　三部曲中的第二部《風雨故人來》（1983）更深入地探索婦女對中國社會男尊女卑現象的聲聲抗議：父親令家中女兒要留不能留，要去不能去，他的行為還受到讚揚。劇中夏之嫻這個角色面對的是毛澤東時代婦女的典型困境。毛澤東有一句名言：「婦女能頂半邊天」，意指婦女在事業上的表現應一如男人，同時在家又要做賢妻良母，操持家務。夏之嫻是一位事業有成的婦科醫生，丈夫不接受她把全部精力用於工作，她只好放棄家庭，獨自過活。劇情轉向夏之嫻的女兒，她也面臨相若的困境，她在海外研究生入學考試中獲得第一名，丈夫獲得第二名，婆婆對她施加壓力，要她將這個機會讓給丈夫。婆婆對她說，丈夫有博士學位，比妻子有好，因為這家庭更能讓人接受。在多番苦思之後，夏之嫻鼓勵女兒出國，她說：「女人不是月亮，不借別人的光炫耀自己。」這話現在已家喻戶曉。白峰谿的這個話劇觸動了許多中國現代婦女的神經。和方若明相比，夏之嫻這人物更複雜，遭遇更具戲劇性。這劇作提高了社會對婦女問題的意識，影響所及，有些大學生以該劇有關月亮的名言作為他們碩士論文的題目。

　　白峰谿三部曲中的第三部《不知秋思在誰家》（1986）描寫一群敢作敢為的婦女，在婚姻和事業上作出大膽和反傳統的決定，這題材震動了當代的觀眾。劇中的蘇重遠是一名老教師，她將一生獻給青年教育事業，但對自己孩子的新潮抉擇感到困惑不解。她的大女兒和丈夫離婚，理由只是她想繼續做個好工人，想照顧自己，而不想在家中做個甚麼好妻子、好媽媽、好兒媳婦；她三十多歲被人視作老處女的二女兒，總在思考為什麼人們能夠容忍沒有愛情的婚姻，卻不能理解一個單身女人選擇獨立的、有意義的過活；她的兒子放棄高考，選擇經商，並和一個時裝模特兒訂了婚，當時來說，和模特兒談婚論嫁，並非光彩的事。直至劇終，母親依然痛苦不堪，她的問題並未解決。劇中母女間看似難以協調的戲劇性衝突，彷彿在反映一個離開傳統軌跡，走向現代化、西方化、商業化的國家所經歷的道德磨難。母女衝突同時揭示了受過高等教育的婦女群體的女性道德觀，她們要為自己重新定位，即使尚在摸索階段，也要在私人空間和公眾領域之間劃出界線。可笑的是，公眾領域固然限制了私人空間，前者同時也認許了後者的存在。這種雙重羈絆由出現到日漸受人關注的現象，解釋了《不知秋思在誰家》為什麼能在一九八七至八八年戲劇界危機期間

上演了一百多場，並場場爆滿。當年一部話劇演出十二場就算相當不錯。該劇受歡迎，主要因為有時裝模特兒、百萬富翁、離婚人士、單身女人這些人物，他們當時都是社會嚴厲批評的對象；當然時至今天，他們的形象已被人廣泛接受。此外，該劇的主題和民生息息相關，自然吸引大量觀眾。

白峰谿已退休多年，自《女性三部曲》之後她就擱筆。

陳小眉

洪如冰譯

◇ 白峰谿，《白峰谿劇作選》，北京：中國戲劇出版社，1988 年。
◇ ——，〈拾貝遐想〉見《白峰谿劇作選》，北京：中國戲劇出版社，1988 年，頁 238–250。
◇ 盛英等編，《二十世紀中國女性文學史》，天津：天津人民出版社，1995 年，頁 967–972。
◇ Chen, Xiaomei. "A Stage of Their Own: The Problematics of Women's Theater in Post-Mao China." *Journal of Asian Studies*, 56, no.1 (1977): 3–25.
◇ Tung, Constantine. "Tensions and Reconciliation: Individualistic Rebels and Social Harmony in Bai Fengxi's Plays." In *Drama in the People's Republic of China*, eds. Constantine Tung and Colin MacKerras. Albany: State University of New York Press, 1987, 233–353.
◇ Bai Fengxi. *The Women Trilogy*, trans. Guan Yuehua. Beijing: Panda Books, 1991.

▥ 03 白淑湘 Bai Shuxiang

白淑湘，一九三九年生於湖南耒陽，滿族，祖籍遼寧省新賓縣，芭蕾舞蹈家。

白淑湘少年時期即顯露藝術才華，十三歲時在東北藝術劇院兒童劇團因主演《小白兔》而獲東北地區文藝匯演表演獎。一九五四年選送到北京舞蹈學校學習芭蕾舞，成為中國第一批接受正規芭蕾舞訓練的學生。

白淑湘身體條件不算好，但勤奮好學，以堅韌不拔的毅力掌握了高難度的芭蕾技巧和特有的韻律。一九五八年在蘇聯舞蹈家彼·古雪夫（P.A.Gusev）的指導下，成功塑造《天鵝湖》裡的兩個角色——奧傑塔（Odette）和奧吉利婭（Odile），被譽為中國芭蕾舞台上第一隻「白天鵝」。接著又出色的扮演了《海俠》（*Le Corsaire*）的主角米多拉（Medora）。在中央芭蕾舞團初創時期，她即是該團的主要演員，連續在幾個大型劇目裡，成功地扮演了多個不同類型的角色，包括《吉賽爾》（*Giselle*）的米爾達（Myrtha），《芭赫齊薩拉伊的淚泉》（*The Fountain of Bakhchisarai*）的扎烈瑪（Zarema），《巴黎聖母院》（*The Hunchback of Notre Dame*）的古都拉萊（Gudule）。她的表演感情真摯、動作準確規範，風格明快。

中國芭蕾舞方面，白淑湘從一九六四年第一個扮演《紅色娘子軍》的主角瓊花開始，又主演過《沂蒙頌》、《杜鵑山》和《緬懷敬愛的周總理》等劇目，為在芭蕾舞中創造中國人民的形象積累了較豐富的經驗。

由於芭蕾舞表演藝術上的成就，白淑湘在一九八零年被特邀參加第一屆全國舞蹈比賽，表演《天鵝之死》，獲優秀表演獎。一九八一年（一說1980年）在文化部直屬藝術單位觀摩表演賽中獲表演一等獎。在國際文化交流活動中，她作為中國舞蹈家或藝術團領隊曾多次出訪。一九八零年，在菲律賓國際芭蕾舞蹈節上，與其他中國演員合作，共同獲得集體表演一等獎。一九八二年到法國進修、專業考察一年。曾赴朝鮮、緬甸、美國、日本等許多國家訪問。

白淑湘曾任中央芭蕾舞團副團長，第五、六、七、八屆全國政協委員，少數民族基金會常務理事，歐美同學會理事等，現任中國舞蹈家協會主席，中國文學藝術界聯合會副主席。

賀黎、陳慧

◇ 《中國大百科全書·音樂舞蹈》，北京：中國大百科全書出版社，1989年，頁40–41。
◇ 《中國舞蹈家大辭典》，北京：文化藝術出版社，1994年，頁15。

▥ 04 白薇 Bai Wei

白薇（1894–1987），湖南資興人黃彰的筆名。她又名鸝、鸜，號素如，留學日本時改名白薇，筆名還包括楚洪、老考、蘇斐、白薇、白薇女士、Zero、黃榆發、素如女士等。

白薇自幼體弱多病，但秉性倔強。一九一八年二十四歲時，因反抗父母為她包辦的婚姻，隻身逃往日本，進入東京女子高等師範大學學習理科，主修生物學，又自修歷史學、教育學、心理學、哲學、佛學、美學，最後決定以文學為主業。一九二二年創作三幕話劇《蘇斐》，一九二四年創作詩劇《琳麗》。一九二五年，著名作家陳西瀅在《現代評論》發表〈閑話〉，盛讚她是「新文壇的一顆明星」。

一九二六年冬，白薇回國，與作家楊騷同居。翌年春，任武漢國民革命軍總政治部國際編譯局日語翻譯，兼武昌中山大學講師，九月辭職赴上海。一九二八年，在魯迅編輯的《奔流》月刊接連發表社會悲劇《打出幽靈塔》、新詩〈春筍的歌〉、長篇小說《炸彈與征鳥》等作品。《打出幽靈塔》被文學史家王瑤形容為：「像易卜生的《娜拉》一樣，正是一種叫醒那些沉睡在家庭

中做傀儡的不幸婦女們的聲音」。一九二九年，任胡適主持的吳淞中國公學教授，主講外國文學。一九三零年，與魯迅、郁達夫、田漢等署名發表「中國自由運動大同盟宣言」，並加入中國左翼作家聯盟，自此致力於左翼戲劇運動。

一九三一年，白薇與楊騷分手，從他那裡傳染得來的性病卻纏繞她一生。在病苦中，她仍繼續寫作，經常往返京滬之間。一九三五年，她早期劇作《琳麗》被收入《中國新文學大系·戲劇卷》，洪深在導論稱這劇為「帶有一點『歇斯底里』」的「充滿著熱情的作品」。她在一九三六年出版自傳體小說《悲劇生涯》。日軍攻佔北平後，她在一九三八年逃往武漢，在那裡加入中華全國文藝界抗敵協會，積極投身抗敵活動。後來去了桂林，任《新華日報》的特派記者。一九四零年到重慶，任職於郭沫若主持的政治部文化工作委員會。

中華人民共和國成立不久，白薇回到北京。她雖仍是中華全國文學藝術界聯合會（簡稱文聯）和中華全國文學工作者協會（簡稱文協，一九五三年改稱中國作家協會，簡稱作協）的一份子，但很少發表作品。她曾任數屆政協委員。文革期間慘遭折磨，一九七五年後正式擱筆。一九八四年，《中國新文學大系》（第二個十年）的小說集二·短篇小說卷收入她的〈長城外〉。次年，續出的《報告文學集》收入她的〈三等病房〉（節選）；《戲劇集》收入她的〈打出幽靈塔〉。

一九八七年八月，白薇病逝北京協和醫院，終年九十三歲。

郜元寶

◇ 方英，〈白薇論〉見《當代中國女作家論》，黃人影編，上海：光華書局，1933 年，頁 59–78。
◇ 李立明，《中國現代六百作家小傳》，香港：波文書局，1976 年，頁 410。
◇ 白舒榮，〈一個熱情、痛苦、堅強的靈魂——白薇〉見《新文學史料》，1981 年 12 月 13 期。
◇ ——，〈白薇〉見《中國現代女作家》，卷 1，閻純德主編，哈爾濱：黑龍江人民出版社，1983 年。
◇ 《中國新文學大系，1927–1937》，卷 4、13、15。上海：上海文藝出版社，1984–1989 年。
◇ 白薇，《白薇作品選》，長沙：湖南人民出版社，1985 年。
◇ 鄭仁佳，〈一生坎坷的女作家白薇〉見《傳記文學》，卷 53，1988 年 1 期，頁 107–110。
◇ 王映霞，〈我與女作家白薇〉見《傳記文學》，卷 64，1994 年 4 期，頁 61–63。

▥ 05 白楊 Bai Yang

白楊（1920–1996），生於北平，湖南省汨羅市人，原名楊成芳，電影及話劇演員，自三十年代踏上舞台後，參演及主演了超過二十五部電影和五十部話劇。她以演電影聞名，在電影中扮演低下階層勞動婦女，尤為出色。三十及

四十年代，她的名字，和電影及話劇界的左派運動緊密相連，她且參加了連串親共活動。一九四九年後，很多演員離開中國大陸，她卻留下，經過文革的洗禮，然後繼續演出，直到垂暮之年。

白楊是父母四個孩子中最小的一個，姐姐楊沫（參見該傳）是知名作家。父親是晚清舉人，他開辦了一所學院，自任校長，後來因為管理不善被迫關門。白楊的父母並不關心子女。白楊五歲時被送去貧困的農村，與奶媽一起生活，到九歲才被接回家中。十一歲在電影《故宮新怨》中扮演一個丫頭，戲份不多。之後離開初中學校，加入一個左翼劇團。以後數年，在多個職業劇團工作，包括中國旅行劇團，參演田漢、洪深、王爾德（Oscar Wilde）、奧尼爾（Eugene O'Neill）等著名劇作家的話劇。

一九三六年，白楊得到上海明星電影公司看中，與有中國電影王子美譽的趙丹合演《十字街頭》。這部電影十分賣座，讓人們認識白楊，媒體說她堪比葛麗泰‧嘉寶（Greta Garbo）。電影中的芝瑛（白楊飾）和老趙（趙丹飾）湊巧同住在一個單位，他們每天在公車站碰到，一個去上班，一個下班回家。雖然只是這樣碰碰面，相處時間不多，但兩人還是墮入愛河。由於受到日本入侵的威脅，社會經濟下滑，他們同時失業，生活步伐被打亂了。眼看好友們決意奮起抗日，他們也走到自己生命中的十字街頭。這部電影拍得像好萊塢式的鬧劇，但一般讚揚它對抗日作出貢獻，因而與軟性電影不同，不僅僅提供娛樂。

中日戰爭爆發後，中國電影業幾乎陷於停頓狀態。白楊加入上海影人劇團，這劇團演出很多抗日的話劇，且遷至戰時首都重慶。往後八年，她演出的電影只有三部，但話劇卻超過四十部。這些話劇由郭沫若、曹禺、夏衍、陽翰笙、莎士比亞、托爾斯泰等作家編寫，演出的主要目的，是為了激勵愛國情懷。她被視為那段時期話劇界四大名旦之首，另外三人包括舒繡文（參見該傳）、張瑞芳及秦怡。

戰後白楊回到上海。一九四六到四八年這兩年，是她電影產量最高的時期。她最受歡迎的兩部電影是《一江春水向東流》和《八千里路雲和月》。二者都是以戰爭為背景，《一江春水向東流》更被譽為她演藝生涯的里程碑。她在片中飾演年輕女工素芬，在日軍侵佔中國東北之際，與愛國的張忠良在上海結婚。素芬產下孩子不久，張忠良便決定隨救護隊去重慶，投入抗戰事業。後來，他因不修邊幅而不獲政府錄用，沮喪異常。接著他找到以前的一個朋友幫忙，這人叫王麗珍，素來愛慕他。他經受不起她的魅惑，與她發生了男女關係，

漸漸將死守家中期盼著他歸來的妻子拋諸腦後。戰後他返回上海，接手管理王麗珍姐夫的工廠。素芬身無分文，到張忠良的新居當傭人。一個張家晚宴上，當她招待客人時，竟發現新主人原來是自己的丈夫，甚為震驚。張忠良斥責她，認為她令他難堪。她萬般無奈，投河自盡了。這部電影透過一個普通家庭悲歡離合的故事，反映出一個國家的創傷，有人譽之為中國版的《亂世佳人》。它在賣座方面，創下空前記錄。白楊的演出感人至深，觀眾都得到提醒，最好攜帶手帕入場。

　　新中國成立後，白楊擔任過幾個政府職位，但仍繼續演出電影和話劇。一九五五年，她在電影《祝福》中飾演的祥林嫂，就是五四文學論述中典型的捱苦受難的女性。這部電影改編自魯迅的同名短篇小說，在捷克斯洛伐克一個電影節獲得特別獎，也讓大眾重新燃起對她濃烈的興趣。文革期間，她和很多其他演員一樣，不能再演出。不過，她倒沒有挨打，也沒有感情上的創傷。一九八二年，她主演一個電視連續劇，述說國父孫中山妻子宋慶齡（參見該傳）的故事。這個五集的電視劇在一九八九年首播，同年她入選中國十大最受歡迎的電影明星。一九九零年，上海有關單位舉辦了一個盛會，慶祝她從藝六十年。她的婚姻美滿，丈夫是電影導演及演員蔣君超，他們有兩個孩子。她在一九九六年九月去世，終年七十六歲。

Liu Ying

陳玉冰譯

編者按：另有資料稱，白楊在文革時期被關進牛棚，之後又被送到五七幹校進行再教育。直到一九七七年年中，才獲得平反。她在《人民日報》發表〈生命權利鬥爭〉一文，以自己的經歷，控訴四人幫的罪惡，呼籲人們要為捍衛民主和法制而奮鬥。

◇ 盧曉康、陳朝玉，〈白楊〉見《中國電影家列傳》，北京：中國電影出版社，1982年。
◇ 封敏，《中國電影藝術史綱》，天津：南開大學出版社，1992年。
◇ 孟陶（譯音），〈一江春水向東流〉見《中國電影卷》，上海：華東師大出版社，1993年。
◇ ——，〈祝福〉見《中國電影卷》，上海：華東師大出版社，1993年。
◇ 趙士薈，〈十字街頭〉見《中國左翼電影運動》，北京：中國電影出版社，1993年。
◇ ——，〈白楊〉見《影壇鉤沉》，上海：大象出版社，1998年。
◇ 白楊，《白楊演藝談》，上海：上海文藝出版社，1995年。
◇ ——，《我的影劇生涯》，北京：中國電影出版社，1996年。
◇ Boorman, Howard L., and Richard C. Howard. *Biographical Dictionary of Republican China*, vol.3. New York: Columbia University Press, 1971, 56–67.
◇ 「白楊」見 <http://baike.baidu.com/subview/54266/7049940.htm>，2014年8月29日查閱。
◇ 「白楊」見 <http://zh.wikipedia.org/wiki/%E7%99%BD%E6%9D%A8_%E6%BC%94%E5%91%98>，2014年8月29日查閱。

■ 06 白玉霜 Bai Yushuang

白玉霜（1907–1942），河北灤縣古冶人，評劇女演員，擅演旦角。

白玉霜原名李桂珍，幼時賣給蓮花落藝人李景春夫婦作養女，取名慧敏。數年後，養母卞氏生下一個男孩，慧敏從此失去養父母寵愛。他們逼著她學大鼓書給家裡掙錢，十四歲又拜孫鳳鳴（藝名東發亮）為師，改習蹦蹦戲（評劇的別稱）。同年取藝名白玉霜，開始登台唱配角。白玉霜的嗓門低，但音域極廣，板胡定四個眼的弦，還愛走高調，一般人唱不了，她卻能在節骨眼上一挑高調，另有一股風味，也因此而成為名滿平津的紅伶。

一九二七年李景春去世後，李卞氏又買了幾個窮苦人家的女孩子，其中一個是逃難來的四歲小姑娘，名叫小德子，李卞氏讓她改名叫福子，叫白玉霜為娘，這就是後來的小白玉霜。白玉霜挑班的戲班叫玉順劇社，可是大夥兒都叫李家班，因為班主是李卞氏，管事是她娘家兄弟，常出場面又拉二胡的是她親生兒子李國璋。一九三五年，玉順劇社改名華北評劇社來到上海，白玉霜等人同愛蓮君、鈺靈芝、趙如泉等名角在恩派亞大戲院聯合演出。演出劇目包括《潘金蓮》、《玉堂春》、《紅娘》、《閻婆惜》和《河東獅吼》，場場客滿。華北評劇社又去蘇州、無錫、南京巡迴演出。此時，白玉霜紅得發紫，評劇這一北方劇種也在江南打開了局面。之後，明星影業公司的編導洪深（1894–1955）、田漢（1898–1968）和歐陽予倩（1889–1962）發現評劇有強大的生命力，亦很欣賞白玉霜的才華，於是邀請她主演電影《海棠紅》。白玉霜成了影劇雙棲的大明星，觀眾和影劇界給她冠上「評劇皇后」的美譽。

文藝評論家阿英（錢杏邨，1900–1977）當年在《大晚報》撰文指出，自從白玉霜和華北評劇社來到上海演出《潘金蓮》、《玉堂春》等評劇後，評劇已經大事改良，白玉霜的大部份戲更加京劇化，且有了若干文明戲的成份。白玉霜也留意現代話劇所反映的時下趨向，從中吸取養份，豐富自己的表演藝術。由於她的努力，在上海本無根的評劇，竟讓她的華北評劇社在那裡唱了近兩年。她在事業鼎盛時期，又唱戲又演電影，忙得不亦樂乎。她同劉翠霞、愛蓮君、喜彩蓮各自創造了獨具風格的演唱藝術，人稱評劇「四大名旦」。

一九三七年二月，白玉霜在演藝事業如日中天的時候，愛上劇社裡打鐃鈸的李永起，一起逃到河北省霸縣他的老家。這次的出逃是因為她一直受著李卞氏的欺壓，不能再忍受在劇社裡家奴一樣的生活；再者，她與李永起相好，李卞氏多次要棒打鴛鴦，拆散二人。李卞氏想到還可從她身上圖利，便親自到李

永起的老家，好說歹說，把她接回天津。

七七事變，北平淪陷於日本人手中，白玉霜仍以「評劇皇后」的招牌在平津兩地巡迴獻唱，甚受歡迎。不料此時確診患上子宮癌，但仍繼續演出，身體不適時，便由小白玉霜頂替。一九四一年進入北平德國醫院接受治療，住了一段時間，次年春天返回天津，發現存摺和房契已轉入李卞氏親生兒子李國璋名下。她最後一場戲是跟李義芬合演《死後明白》，戲未演完，已昏倒在舞台上。一九四二年七月，這位「評劇皇后」悲慘地離開人世，結束了苦難的一生。

陳慧

◇ 《中國大百科全書·戲曲曲藝》，北京：中國大百科全書出版社，1989 年，頁 8。
◇ 衛宣，〈評劇皇后白玉霜母女情〉見《中外雜誌》，1992 年 2 月，頁 65–68。

▥ 07 冰心 Bing Xin

冰心（1900–1999），福建省閩侯縣長樂市人，原名謝婉瑩，生於福州。她以寫小說、散文、詩歌和兒童文學聞名，為二十世紀中國備受推崇的女作家，和她的原名相比，冰心這個筆名更廣為人知。她獨特的寫作風格，啟發了茹志鵑（參見該傳）、張潔（參見該傳）等當代知名女作家。她的美學觀點也成了評價現代中國文學的標準。不過，她對文壇的影響，在國外乏人探討；對她的作品，早應從比較文學的角度進行嚴肅認真的研究。

冰心來自普通家庭，在父母呵護下成長，這造就了她自成一格的文體，人稱「冰心體」，流行一時。她曾在山東煙台海邊度過七、八年時光，在〈往事〉、〈我的故鄉〉、〈我的童年〉等自傳體文章中，她憶述了童年歲月，無限依戀。父親謝葆璋是位海軍軍官，母親楊福慈出身書香門第，能詩善文。冰心一方面接受正規教育，學習新知識；另一方面，日常在家中受到父母薰陶，認識到傳統中國文化。在母親教導下，冰心自小即讀書識字，飽覽家中所藏的中國古典文學著作和世界文學的譯本。她在北平進入教會所辦的貝滿女中（Bridgeman Girls' School），一九一八年起就讀於協和女子大學，次年該校與燕京大學合併。一九二三年以優異成績畢業之後，赴美國威爾斯利大學（Wellesley College）攻讀英國文學，一九二六年獲碩士學位，後歸國執教於燕京大學、清華大學和北京女子文理學院。

一九二九年，與著名社會人類學家、民族學家吳文藻（1901？/1902？– 1985）結婚。一九一九年的五四運動令冰心開始創作。第一篇發表的文章

11

〈二十一日聽審的感想〉刊於八月二十五日的《北京晨報》上，文內描述她所目睹的一些學生運動情況。隨後的七十年中，筆耕不輟，成為多產作家，發表了三百三十餘篇散文，六十多部短篇小說，近六十首詩歌，還有一部中篇小說，若干譯作。她僅於二戰與文革時期暫停創作。絕大多數作品均已收入三十部選集中。她翻譯了泰戈爾（Rabindranath Tagore）的幾個短篇故事，和紀伯倫（Khalil Gibran）的 *The Prophet*（先知）。

冰心從事寫作期間，現代中國史上出現了數起重大政治事件。和許多人一樣，她經歷過抄家、窮困、艱辛、苦難。一九三六年偕丈夫去美國，抗日戰爭伊始又取道歐洲、蘇聯回國。一九三八至四六年與丈夫兩地分居，她住在雲南昆明，任教西南聯大，過著等同流放的日子。一九四五年獲委任為國民參政會參政員，曾回北平小住，旋於一九四六年東渡日本。一九四九到五零年，在東京大學教授現代中國文學，次年返回中國。一九五一至六五年間，先後隨同多個文化交流代表團出訪，足跡遍及世界各地。她在這個時期所發表的文章和遊記，部份詳述了她在海外的經歷。文革時期，丈夫被打成右派，她大部份時間都是在勞改營度過。

這些經歷成為冰心創作的主題，反覆出現在她的散文和短篇小說中，但似未對她積極的人生觀造成影響，也未對她一帆風順的寫作生涯蒙上揮之不去的陰影。相反，她以文學方面的成就而廣受推崇，獲授予一大堆顯赫的名譽頭銜，包括五屆全國人大代表、全國政協常委、全國文聯副主席等。儘管像她一樣同時擔任這些要職的人不多，她卻沒有積極參與政治活動，終其一生，只專注於文學上的追求。即使在某種程度上她也不能避免參加一些政治活動，但她仍力求盡量不涉實際政務、遠離爭議漩渦。

與西方文化的接觸，使冰心能同時體會到中西文化的精華所在，她將這些體會納入文學創作中，形成一種兼收並蓄的風格，既有中國古典文學的優雅細緻，又有西方文學的精確明快。她的作品有著一種歷久常新的元素，吸引了不同年齡、不同背景的中國讀者。她描寫實際生活的經歷，卻從不讓現實奪去她那份童真。她下筆寫感情，直接而不事矯飾，所以她的作品即或委婉含蓄，仍不失自然純真的一面。知名五四作家茅盾，曾對她有過以下精到的評論：「在所有五四時期的作家中，只有冰心女士最最屬於她自己。她的作品中，不反映社會，卻反映了她自己，她把自己反映得再清楚也沒有。在這一點上，我覺得她的散文的價值比小說高，長些的詩篇比〈繁星〉和〈春水〉高。」她的作品和其他許多中國文學巨著相同之處，就是格調自然率真。她的文風啟發了很多人，過往如是，將來亦然。

有關冰心的傳記式和學術性研究，大部份以中文寫成。由著名傳記作家趙鳳翔撰寫的《冰心傳》，是最為人所熟知的冰心傳記，也是中國現代作家傳記叢書

的一部份。茅盾的〈冰心論〉一文至今仍是對她文學成就的最佳研究。評論她作品的文章，大都著眼於她前期創作（本文末書目內李玲和朱成蓉的文章，亦屬一例）。至於她的後期創作，包括九十年代所寫的，和文集《關於女人和男人》所收入的，若予深入研究，定能提供寶貴資料，讓人更認識這位多產作家的文學創作歷程，更了解這位傑出作家在創作生涯中曾受到的各方影響。

冰心在一九九九年病逝北京，享年九十九歲，她和吳文藻育有一子兩女，長子吳平，長女吳冰，幼女吳青。

楊慧玲

龍仁譯

◇ 卓如，〈冰心的生平和早期創作〉見《閩中現代作家作品選評》，卓如編，福州：福建教育出版社，1982 年，頁 3–17。

◇ ——，〈漫談冰心的創作〉見《中國現代作家選集》，版 2，卓如編，香港：三聯書店，1986 年，頁 238–247。

◇ 茅盾，〈冰心論〉見《冰心》（《中國現代作家選集》叢書），版 2，卓如編，香港：三聯書店，1986 年，頁 217–237。

◇ 趙鳳翔，《冰心傳》，北京：北京十月文藝出版社，1987 年，頁 1–81，227–282。

◇ 朱成蓉，〈論冰心早期散文審美價值取向〉見《成都西南民族學院學報哲社版》，1992 年 3 期，頁 86–93。

◇ 武彥君，〈民族傳統文學對冰心早期散文的藝術滋養〉見《內蒙古師大學報》，1992 年 4 期，頁 67–73。

◇ 冰心，〈我的老伴——吳文藻〉見《關於女人和男人》，陳恕編，北京：人民文學出版社，1993 年，頁 246–266。

◇ 李保初，〈略論冰心的創作觀〉見《文藝報》，1993 年 7 月 3 日，頁 245–248。

◇ 李玲，〈冰心小說探索〉見《文學評論》，1996 年 2 期，頁 148–155。

◇ Snow, Helen. *Women in Modern China*. The Hague and Paris: Mouton Press, 1967, 181–90.

◇ Boorman, Howard L., and Richard C. Howard, eds. *Biographical Dictionary of Republican China,* vol.2. New York: Columbia University Press, 1971, 103–05.

◇ Zhang Wei. "Women Writers Through Three Generations." *Beijing Review*, 29, no.9 (1986), 18–20.

ⅲ 08 蔡暢 Cai Chang

蔡暢（1900–1990），湖南省湘鄉縣人，二十世紀共產主義運動中表現傑出的婦女之一。尼姆・威爾斯（Nym Wales）早在一九三七年就稱她為「女共產黨員的導師」（"Dean of Communist Women"），一時傳為佳話。蔡暢是中國共產黨中央委員會的第一位女委員，在中華人民共和國成立後的許多年裡任中華全國婦女聯合會主席。

蔡暢的母親葛健豪（參見該傳）出身於富有的書香門第，惜家道中落，蔡

家與曾國藩還有姻親關係。葛健豪一心想讓子女一同接受教育。蔡暢的父親蔡蓉峰（1862-1932）不是個成功的商人，最初經營家族的辣椒醬生意，後來轉往上海的江南機器製造總局任職，最後返回鄉間務農，同樣一事無成。蔡暢是六個孩子中最小的一個，兄弟姐妹都和媽媽十分親近。大哥和二姐早逝。大姐蔡慶熙（1884-1957）婚後不久就搬回娘家。另兩個哥哥蔡和森（1895-1931）和蔡麓（鹿？）仙（1889-1925）都是共產黨的烈士。

蔡暢小時候被稱作毛妹子，十三歲以蔡咸熙這個名字進入湘鄉縣立第一女校念初小。一九一五年，為了逃避父親包辦的婚姻，逃往長沙，改名蔡暢，進入周南女子師範學校學習體育和音樂。一九一六年畢業，在該校的小學部教了兩三年的體育課。辛亥革命烈士秋瑾（參見《清代婦女傳記辭典》）的夫家就在湘鄉縣，蔡暢從小就聽母親講述秋瑾的故事，體會到母親十分仰慕秋瑾。一九一八年蔡暢的哥哥蔡和森和他的好朋友毛澤東（1893-1976）成立了新民學會，蔡暢在周南女中認識的朋友向警予（參見該傳）是最早加入的女會員之一。蔡暢當時已經十八歲，比向警予小五歲，似被認為年齡尚小，不宜入會。新民學會在她家開會時，她只能靜坐一旁，傾聽與會者的熱烈討論。她和哥哥，還有毛澤東，曾一起誓言要畢生獨身，但他們都沒有做到。後來她表示，直到二十世紀二十年代初在法國學習的時候，才有政治覺悟。

一九一九年十二月二十五日，蔡暢同母親、哥哥和向警予，參加他們透過華法教育學會所組織的勤工儉學計劃，從上海乘船到法國。女學員被派到巴黎東南的蒙達尼女子學校（Montargis Girls' School）。在那裡蔡暢積極參加許多學生運動和抗議行動，最後包括她哥哥在內的一百多名中國學生被遞解出境。那時她白天在工廠工作，晚上學習。對她來說，在法國的四年，最重要的收穫是政治覺醒。在那裡，她結識了越南革命領袖胡志明。一九二零年她加入了新民學會，一九二二年加入中國社會主義青年團，一九二三年加入中國共產黨法國支部，同年與李富春（1900-1975）結婚。一九二四年初生下他們唯一的女兒李特特。她將女兒托付給母親葛健豪，葛氏把外孫女帶回中國撫養多年。一九二四年末蔡暢和李富春前往蘇聯，一九二五年二月進入東方勞動者共產主義大學學習。

一九二五年八月蔡暢偕夫婿回到中國，從此獻身婦女工作，致力解決女工問題，終生不懈。在廣州，她出任兩廣中央區委婦女運動委員會書記，然後與何香凝（參見該傳）在國民黨中央黨部婦女部一起工作。次年她以國民黨黨

員身份投入婦女解放和婦女勞工的活動。可是她在這時期的生活卻並不稱心如意。在法國她養成了穿洋裝和抽煙的習慣，當她發現這種西化的形象使工廠女工與她產生隔閡時，她改變穿衣方式，以求取得女工的信服。此外，她的婚姻也出現了問題。她發現丈夫和一個女工發生了戀情，對這種背叛行為，她不能等閒視之，於是要求丈夫結束這段婚外情，此事過後好一段日子，她才恢復往日的飛揚神彩。

一九二六年北伐首戰告捷，蔡暢到南昌與李富春會合，並出任中共江西省委婦女部部長和國民黨總政治部宣傳科科長。一九二七年中，國共合作破裂，她正式退出國民黨。一九二八年六、七月間，她前往蘇聯莫斯科參加中共第六次全國代表大會和共產國際第六次代表大會。除了這段不足一個月的外訪，她在一九二七至三一年間，主要在武漢、武昌、上海和香港參與婦女工作和黨的地下工作。

一九三一年底蔡暢被調到新建立的江西蘇區工作，在瑞金的紅軍學校教授社會發展史。一九三二年二月，她任中央江西省委婦女部部長和組織部代理部長。一九三一年召開的第一屆蘇維埃代表大會所制定的婚姻條例，規定了婚姻自主的原則和一夫一妻制。在蔡暢的領導下，婦女部的工作方針，是使婦女自力更生，鼓勵她們多生產，參加武裝鬥爭以圖建立革命根據地。

一九三四年一月長征前夕，蔡暢和丈夫被選入中華蘇維埃政府中央執行委員會。在長征中她負責宣傳事務，和民間組織工作，丈夫出任紅一方面軍的總政治部主任。據戰友回憶，在長征途中蔡暢能振奮軍心，她唱〈馬賽曲〉（"The Marseillaise"）鼓舞士氣，即使長期捱饑抵餓、筋疲力盡，她仍默默忍耐，樂觀向前。

長征的成功，使中國共產黨得到地緣政治上的穩定，也鞏固了和毛澤東同省籍的李富春夫婦在黨內的領導地位。當一九三六年末美國記者埃德加・斯諾（Edgar Snow）見到蔡暢時，她正在西北陝甘寧邊區，負責爭取當地民心的工作。一九三八年秋至一九四零年三月，蔡暢到了莫斯科，在共產國際中國支部代表團所辦的學習班學習了十八個月，並同時接受治療，病情不詳。除了這段期間，她在一九三六至四五年的大部份時間，都是在延安和西北地區度過。

李富春在一九三六年任陝甘寧省委書記，一九三五至四八年在中共中央組織部高層任職，從四十年代初起，在財經規劃部門先後出任多個要職。在中華人民共和國成立後的幾年中，他在爭取蘇聯大力援助中國重工業的工作上，起

了重要作用。自一九五四年起，他出任國家計劃委員會主任，全權負責國家經濟的日常運作。蔡暢則出任中央婦女委員會主席（1937）及書記（1941–1953），又被選為陝甘寧邊區婦女聯合會執行委員（1940）。她主要負責組織和宣傳工作，而婦聯的目標是吸納婦女參加黨的總體工作計劃，以及設立包括戰時兒童保育會在內的戰時照顧兒童的機構。

在一九四四年的延安整風運動中，丁玲（參見該傳）批評延安父權統治之風仍盛。蔡暢針對丁玲的立場，表明反對某些婦女提出的「婦女主義」，並認為男女需一同努力，確保革命成功，可見她對毛澤東的黨路線忠心耿耿。一九四五年，李富春夫婦當選中共中央委員會委員，蔡暢是正式委員中唯一的女性，當時鄧穎超（參見該傳）和陳少敏（參見該傳）僅當選為候補委員。同年中日戰爭結束，國共內戰隨之展開。一九四六年十二月，李富春被派到東北軍區工作，而蔡暢則被派到新的解放區開展婦女工作。在以後的兩三年，蔡暢住在哈爾濱，但常在東北地區各處奔走，發表講話，參加會議，調查婦女在工廠和農村的工作環境及生活狀況。

四十年代後期，當中共勝利在望的時候，監管婦女組織的籌備委員會相繼成立。一九四五年，蔡暢當選中國解放區婦女聯合會籌備委員會主席，為此，她於同年在缺席的情況下，當選巴黎的國際民主婦女聯合會（Women's International Democratic Federation）執行委員。一九四八年，她當選該會的副主席。她曾數次代表該會及為婦女事務外訪，如一九四七年前往布拉格和巴黎，一九四八年赴布達佩斯和蘇聯。

一九四八年十二月蔡暢在蘇聯期間，孫子李勇出生。李勇的母親就是她的獨女李特特。這個女兒自小就交給外祖母葛健豪撫養，和母親相處的日子不多。早在一九三九年中，當局為安全起見，安排十五歲的李特特和蔡暢一起前赴莫斯科。即便如此，蔡暢總是照顧其他孩子，對李特特不單沒有特別呵護，反而少加理睬，據蔡暢說，原因是她正忙於將日本侵略者趕出中國。李特特的外祖母於一九四三年去世，她即使回到中國，也沒有家人可會，由此推斷，她有可能自一九三九年起就留在蘇聯。李特特生下兒子時是二十四歲，她當時情況不詳。這個孩子隨母姓，即隨外祖父姓李，這有點異乎尋常，關於他生父其人其事，歷史資料並無記載。

一九四九年新中國成立之後，蔡暢仍處於事業的高峰期。她被選派入許多不同性質的組織，其中最重要和看來最具影響力的有中共中央委員會（1945–

1977）；第一屆全國政協主席團（1949）；中央人民政府委員會（1949，那時
她是中共在該會的唯一女代表）；全國婦聯（1949–1977 任主席，1978–1988 任
名譽主席）；中華全國總工會女職工部（1948–1957 任部長）；全國人大常務
委員會（1954–1980）。

　　蔡暢肩負繁重任務多年。她每年都參加國際三八婦女節的慶祝紀念會並在
會上發表講話，又出席或主持許多有關婦女和婦女工作的會議，發表文章及聲
明，接見外賓。五十年代起，她幾已停止出國訪問，只曾在一九五三年赴莫斯
科參加斯大林的葬禮，並順道留下養病，但時間不長。

　　儘管蔡暢在二十世紀五十年代遐邇聞名，她對中國國策並沒有多大影響
力，有人認為她充其量是中國萬千婦女的名義領袖，一個有教養，舉止優雅
的領袖。不知是由於健康欠佳，視力不濟（到了 1984 年，她已完全失明），
還是因為和丈夫一樣，以沉默來表示對毛澤東災難性的經濟政策的不滿，自
一九六一年她就很少公開露面，但她一直留任中共中央委員會和全國人大的職
位。李富春一開始就反對文革，蔡暢這個長征老紅軍在那期間也捱批。她後來
重新被評定為革命楷模，且在一九八九年的國際三八婦女節獲頒發一枚紀念
章，以表彰她一生為中國人民所做的工作。由於雙目失明，她沒能親自參加授
章儀式，紀念章由老戰友康克清（參見該傳）代領。

　　一九八二年，蔡暢主動辭去所有職務。一九九零年九月因病在北京逝世。

Sue Wiles

洪如冰譯

◇ 楊子烈，《張國燾夫人回憶錄》，香港：自聯出版社，1970 年，頁 196。
◇ 郭晨，《巾幗列傳：紅一方面軍三十位長征女紅軍生平事蹟》，北京：農村讀物出版社，1986 年，
　頁 54，56–57，90–94。
◇ 胡國華，〈一個偉大的女性〉見《紅軍女英雄傳》，瞭望編輯部編，北京：新華出版社，1986 年，
　頁 7–24。
◇ 英文《中國婦女》編著，《古今著名婦女人物》，下冊，石家莊：河北人民出版社，1986 年，
　頁 420–428。
◇ 蘇平，〈蔡暢〉見《女英自述》，江西省婦女聯合會編，南昌：江西人民出版社，1988 年，頁
　235–242。
◇ ──，《蔡暢傳》，北京：中國婦女出版社，1990 年。
◇ Klein, Donald W., and Anne B. Clarke. *Biographic Dictionary of Chinese Communism, 1921–1965.*
　Cambridge, Mass.: Harvard University Press, 1971, 847–50.
◇ Snow, Helen Foster [Nym Wales]. *Inside Red China.* New York: Da Capo Press, 1977, 182–85.
◇ Salisbury, Harrison E. *The Long March: The Untold Story.* New York: Harper & Row, 1985, 89–90.
◇ Lee, Lily Xiao Hong, and Sue Wiles. *Women of the Long March.* Sydney: Allen & Unwin, 1999.

09 蔡蘭英 Cai Lanying

　　蔡蘭英（1918–2005），出生於河北省獻縣的一個農民家庭，剪紙藝術家。她從八歲起就開始剪紙，此後畢生從事這項民間藝術創作。

　　蔡蘭英還積極參與政治活動，一九四四年加入共產黨，成為地下黨員，並出任村裡的婦女聯合會的主任。她在一九九四年接受記者訪問時，談到一生成就，對曾經積極參與政事及解放運動，深表自豪。

　　蔡蘭英起初的剪紙，只用作春節的裝飾，貼在紙的、玻璃的門窗上；到現在，大多農家過年時，還會張貼類似的剪紙。因為她手藝精巧，鄰居常向她索求剪紙，用來裝飾家居，漸漸她的剪紙就遠近聞名了。她剪紙的方法和現今的剪紙藝術家不同，後者先將圖案畫在紙上，然後用刀刻下來，而她是直接用小剪刀創作，邊想邊剪。儘管她已將白布纏在剪刀柄以減少摩擦，但手指還是被剪刀磨出了厚厚的繭子。到八、九十年代，她已剪了上萬幅剪紙，用壞了百多把剪刀。

　　蔡蘭英剪紙的題材多種多樣：有一些作品描繪農村生活，如〈摘棉桃〉、〈驢拉磨〉、〈放豬〉、〈耙地〉等，它們歌頌農村勞動，具有樸素的美；有些描繪中國傳統習俗，如年節壽誕、婚喪嫁娶等，在在流露她生活的樂趣；另一些則取材於神話傳說、戲曲故事。由於戲班一年只來農村表演一兩次，在沒有演出的日子，村民過得單調寂寞，她的剪紙使人重溫戲中心愛的場面和人物。在她的剪紙中，以帶有自傳色彩的最有價值。她在一次採訪中告訴記者，如果她要表達心中所想，會拿起剪刀剪紙；她和當時許多處境和年齡相近的婦女一樣，並不識字。這些帶有自傳色彩的作品如〈趕集〉、〈相夫教子〉等，記錄了她的日常生活，當中一些則形象化地展現她的內心世界。有一次丈夫的大男子主義惹惱了她，她就剪了一幅以丈夫欺負妻子為題材的剪紙。家人傳看這幅剪紙並讚賞剪得好，在場的丈夫羞愧難當，從屋子裡溜走了。她獨特之處，就是善於透過剪紙表達個人情感。

　　蔡蘭英的剪紙得到各方稱許。一九八九年，她在中國剪紙大獎賽中獲獎，並在中國首屆民間美術佳品展中獲優秀創作獎。她還有很多作品被收入近年的剪紙美術作品集。一九九三年，她的剪紙〈雄雞報曉〉製作成生肖紀念郵票發行，聯合國教科文組織稱譽她為「民間工藝美術大師」。一九九五年，她以優秀民間藝術家的身份，應邀在第四次世界婦女大會上表演。

蔡蘭英是中國剪紙學會，以及其他多個全國性民間藝術組織的會員。她的女兒鄧艷芳也是個剪紙藝術家。

蕭虹

洪如冰譯

◇ 《1993 中國人物年鑒》，北京：華藝出版社，1993 年，頁 412–413。
◇ 張雲傑，〈用剪刀剪出女人的一生〉見《中國婦女》，1995 年 2 期，頁 34–35。
◇ 「蔡蘭英」見 <http://www.chinavalue.net/wiki/showcontent.aspx?titleid=172192>，2012 年 10 月 23 日查閱。
◇ 「蔡蘭英」見 <http://www.jz1122.com/mingjia4690/>，2015 年 10 月 20 日查閱。

ⅲ 10 蔡仞姿 Cai Renzi

蔡仞姿，藝術家，一九四九年生於香港，從事色域繪畫，以及行為與裝置藝術的創作。

蔡仞姿曾在英國的教育學院讀書，一九七八年在芝加哥藝術學院取得藝術碩士學位後回香港執教。她的作品當中，有些利用鏡子使觀看者有身在其中的感覺，有些把普通東西放置在意想不到的地方，諸如把書本放在冒著氣泡裝滿清水的水缸內。她的目的，是要觀看者覺察到常見的現象亦可變化莫測，並體會到這些現象深受實際環境及文化因素所影響。

John Clark

陳玉冰譯

編者按：蔡仞姿回港前，跟著名藝術家、大她近三十年的韓志勳（生於 1922 年）在美國結婚。自八十年代開始，蔡仞姿活躍於香港藝壇，創作手法前衛。一九八五年，香港藝術中心為她舉辦第一次裝置藝術個展。一九九二年，她應邀為澳州首屆亞太三年展香港參展藝術家之一，同年亦在德國柏林世界藝術館舉行個展。二零零二年轉職浸會大學，協助該大學成立第一所視覺藝術院。她也是香港主要當代藝術場地 1a 空間的創辦人之一。香港藝術中心、香港大學藝術系、德國柏林世界藝術館及 Para Site 藝術空間都曾出版她的作品集。九零年獲亞洲文化協會獎，九四年獲加拿大文化局年度藝術家獎，九八年獲香港藝術發展局藝術家年獎。二零零六年，香港同時舉辦了兩個蔡仞姿作品展，探討她的創作歷程和特色，一個名為「又‧物聚」，另一個名為「迴‧顧」。她當年讓人印象難忘的裝置作品〈沉溺〉與〈思前想後〉的最新版本在「又‧物聚」中展出。二零零八年，她成為南加州大學訪問學人，二零一一年獲香港民政事務局局長嘉許獎。

◈ *Choi Yan Chi's Painting, 1976–1986, and Works of Art in Dialogue with Poetry and Dance.* Hong Kong: Department of Fine Arts, University of Hong Kong, 1987.

◈ Kirker, Anne. Catalog entry on Choi Yan Chi. In *The First Asia-Pacific Triennial of Contemporary Art*, ed. C. Turner. Brisbane: Queensland Art Gallery, 1993.

◈ Senn, Rolf, Th., and Mathew Turner. *Choi Yan-Chi.* Künstler der Welt Series. Stuttgart: Haus der Kulturen der Welt, Edition Cantz, 1993.

◈ 黃傑瑜，〈蔡仞姿回憶破格年代〉見 <http://paper.wenweipo.com/2006/11/04/970611040001. htm>，2006 年 11 月 4 日。2014 年 12 月 12 日查閱。

◈「蔡仞姿」見 <http://www.iwannaeatyummyyummy.com/artists-342693489923478.html>，2014 年 12 月 12 日查閱。

▬ 11 蔡瑞月 Cai Ruiyue

　　蔡瑞月（1921–2005），將一生貢獻給舞蹈，用舞蹈傳揚理念，帶動跳舞風氣，成為人才培育的基石，可說是台灣現代舞之母。

　　一九二一年台灣還是日本殖民統治時期，蔡瑞月出生於台南，父親經營旅館，家境尚算富裕，與其他孩子相比，她不受經濟因素局限，擁有更多機會追求理想。她從小便對跳舞情有獨鍾，曾經用童謠〈桃太郎〉去自編自舞，小學時也在慈善園遊會上表演過老師編的《水仙花》。而日本殖民統治又給了她一個融合台灣與日本文化的環境，日本許多來台灣演出的藝宣團體如歌舞妓、歌舞綜藝團等不同型式的表演，都讓她對舞蹈的熱愛得以延續。她從台南第二女子高級學校畢業後，便決意讓專業的舞蹈成為她生命的一部份，所以毅然決然地奔赴日本，進入石井漠的門下。她在舞蹈上真正的專業基礎可以說是在這段時間裡奠定。她認真地學習，並接受了扎實的訓練，對芭蕾、體能、律動和小品練習等不同的形式都有所涉獵。在一次演出石井漠的作品時，得到他的認同，決定為她編寫《鎮魂曲》，並讓她繼續參演自己的其他作品，如《匈牙利狂想曲》、《荒城之月》、《阿妮托拉》、《爬山》、《太平洋進行曲》等。其間她跟著舞蹈團到世界各地演出，越南、緬甸、馬來西亞、新加坡等大城市都留下了她的足跡。當時也許確實是為了勞軍，但對她而言，這段日子卻是她趕上世界潮流的重要契機，像她的舞蹈演出，便與當時新興的德國現代舞大師瑪莉魏格曼同步接軌。接近六百多場的演出，肯定了她的舞蹈能力，也滿足了她渴求跳舞以及提高舞技的願望。她的收穫想來是無可估量的。回到日本後，她改投入石井綠的門下，並在一九四五年從石井綠舞蹈研究所畢業，同年日本戰敗，次年她終於回到故鄉台灣，結束了求學生涯。

　　日本殖民統治時期的台灣人，一定程度上仇恨日本人。蔡瑞月出生於日

治的後期，並且是從學習舞蹈的角度看待日本文化，因此家仇國恨沒有那樣深刻，這點可從她日後的作品看出——當中並沒有流露出對日本厭惡之情。

回到台灣的蔡瑞月，面對重重困難。台灣當年不特別重視舞蹈，更遑論將跳舞視為一種藝術、一種專業。民眾冷眼相待，甚至認為跳舞違背了善良風俗，是一種不正經的行業。然而蔡瑞月並沒有因此而氣餒。她開設了舞蹈社，積極投入教學，持續發表舞作，縱使艱辛，仍然堅持。那時的台灣，現代藝術剛剛啟蒙，她編排的舞蹈、採用的音樂搭配與表現方式等都反映出嶄新的構思，吸引了許多人參加舞蹈社。一九四七年，舞蹈社成員在台北中山堂表演，轟動整個藝術圈。她的舞蹈社成為當時台灣孕育舞蹈人才的搖籃。在這段演出期間，她結識了未來丈夫詩人雷石榆。

雷石榆是在蔡瑞月的舞蹈發表會上認識她的。後來蔡瑞月申請表演，雷石榆便代她與有關機關溝通；他有時也充當她表演時的司機；他也為她寫詩。經過這樣的相處後，他們於一九四七年結婚。

當時的台灣，適逢白色恐怖的時期，許多言論通信等的自由受到限制。雷石榆在台大任教，因正直敢言，經常得罪人。他本名雷社穩，早年留學日本，曾參加左翼作家聯盟，並主編刊物。在台大任教時，因政治因素遭解聘。之後又因為蔡瑞月的一名學生有一封建議他們前往大陸發展的信被發現，在一九四九年以匪諜罪名被拘捕，坐牢之後更被驅逐出境。蔡瑞月本打算追隨丈夫，卻因為兒子雷大鵬未能隨行而放棄一起走。兩人自此一別四十一年，到一九九零年才再見面，那時的雷石榆已經再婚。之後，蔡瑞月也因為雷石榆一封未具名的家書而被政府逼問兩人是否還有聯絡，最後竟因此被捕入獄，囚禁於內湖監獄長達三年。在此期間，她仍被要求創作中秋節勞軍的晚會節目。《嫦娥奔月》和《母親的呼喚》，都是她在獄中的創作。身為藝術家，她為自己的作品自豪，也有所堅持，但在政治的壓迫下，卻失去自由。直到一九五三年，她才獲釋放回家。即便如此，她在出獄後仍然堅持走舞蹈之路，繼續創作、教學與演出。同年，她在台北市的中山北路開設「蔡瑞月舞蹈藝術研究社」，即現在「中華舞蹈社」的前身，教導年輕學子學習現代舞。隨後的三十年，這裡成為台灣舞蹈界的重要地標。它推廣舞蹈、教育訓練，作育了許多優秀的舞蹈人才，其中不乏現在舞蹈界的中堅份子，如游好彥、劉紹盧、蕭渥廷、蕭靜文等人。其他現在散布在台灣各地有名的舞蹈社負責人：例如桃園的簡子愛、台南的廖末喜等都出自蔡瑞月門下。其中蕭渥廷更與蔡瑞月的兒子雷大鵬結婚，

並於其後繼承蔡瑞月的舞蹈社。

身處台灣與日本文化交融的年代，蔡瑞月在創作方面也有許多的面向。圍繞中華文化傳承的，有民族舞蹈《霓裳羽衣舞》（1955）、《虞姬舞劍》（1955）、《戰鼓聲中舞稚翎》（1955）、《麻姑獻壽》（1955）、《貴妃醉酒》（1956）、《苗女弄杯》（1959）等。它們成了日後民族舞蹈比賽中，諸多作品摹倣的原型。台灣文化方面的創作，總計有六十多齣，多從迎神賽會、民間傳奇故事，以及一些台灣民謠中取材。文化傳承以外，她也創作不同種類的舞蹈，如經典芭蕾舞劇《胡桃鉗》（1955）、《薔薇精》（《玫瑰花魂》）（1955）、《柯碧麗亞》（1961）、《羅密歐與茱麗葉》（1970）、《三個娃娃的故事》、《佩楚西卡》（1971）等。她還有一些場面浩大的創作，如一九五六年的《牛郎與織女》和五七年在台北賓館庭園演出的《唐明皇遊月宮》，它們在台灣演出時，都是規模空前的。

藝術創作之外，蔡瑞月也用舞蹈來傳達自己的想法、理念與情感。她用《讚歌》（1946）和《建設舞》（1946）來描述對於制度因循苟且的不滿；用《木偶出征》（1953）、《勇士骨》（1953）與《牢獄與玫瑰》（1961），來描述對於父權社會的想法；用《我若是海燕》（1949）、《死與少女》（1953）、《所羅門王的審判》（1970）等現代舞來描寫自己的情感世界。

一九八一年對蔡瑞月來說，是人生中極度失意的時期。出獄後的蔡瑞月，由於國民政府的禁令，以及曾經入獄的影響，除了不能出國演出外，其他方面也都受到政府的監視與限制。蔡瑞月獲得雷石榆好友馬思聰邀約，著手創作舞蹈劇《晚霞》，因為被限制出境，寫作事宜僅能以書信方式聯絡，且創作時間長達七年，過程相當艱辛。這是台灣首齣大型舞蹈音樂劇，卻又再次被政府打壓。國民黨文工會知悉這齣舞台劇後，想將它改為紀念七十年國慶的演出，因此在一次次的會議中，慢慢地奪走蔡瑞月與其子雷大鵬以及其舞蹈社成員的角色。最後《晚霞》被「舞蹈藝專」接收，並改名為《龍宮奇緣》。

年輕時的蔡瑞月，新婚才兩年，兒子還在襁褓中，就因白色恐怖被迫與丈夫分離，後來甚至無端入獄，政府長期迫害並且奪走自己的心血結晶，蔡瑞月再也承受不了決定離開台灣前往澳洲。之後退居第二線，舞蹈社的演出以雷大鵬為主。在澳洲布里斯班期間，蔡瑞月仍然繼續創作。

然而事情並沒有就此結束。九十年代，台灣蓬勃發展，都市擴張，蔡瑞月的中華舞蹈社被劃為捷運控制中心的預定地，面臨清拆。在蕭渥廷努力之下，

市政府在一九九九年十月二十七日把社址正式劃定為古蹟，這對遭受政府長年打壓的蔡瑞月來說，無疑是一種慰藉。但三天後，也就是一九九九年十月三十日的清晨，舞蹈社被人縱火燒毀。

縱火的真相至今未明，但卻透露了社會對於中華舞蹈社被列為古蹟一事有不同意見。周圍的民宅都被拆除，卻只有中華舞蹈社被保留。縱火表示民眾質疑中華舞蹈社的保留價值，或者也表示他們不尊重這個古蹟。但是這個古蹟代表的不單單是蔡瑞月本人，也代表了台灣舞蹈的啟蒙地。

蔡瑞月沒有放棄。二零零零年開始，她展開了一連串的舞作重建工作，經常往返台灣與澳洲，最後於二零零五年病逝於澳洲，享年八十五歲。終其一生，蔡瑞月都是為了台灣的舞蹈事業而努力奮鬥的。

李宗慬

編者按：一九九八年，澳洲昆士蘭科技大學向蔡瑞月頒授博士學位。同年，行政院文化建設委員會為蔡瑞月出版了《台灣舞蹈的先知：蔡瑞月口述歷史》與《台灣舞蹈的月娘：蔡瑞月攝影集》。

◇ 李昂，〈牢獄與玫瑰──蔡瑞月的人生浮現〉見《自由時報》，2001 年 8 月 10 日；又見 <http://blog.roodo.com/momororo/archives/3260505.html>，2014 年 12 月 4 日查閱。
◇ 汪其楣，《舞者阿月：台灣舞蹈家蔡瑞月的生命傳奇》，台北：遠流出版社，2004 年。
◇ 陳栢青，〈蝤蠐之舞──在舞蹈荒漠上跳舞的蔡瑞月〉見須文蔚編，《那一刻我們改變了世界》，台北：遠流出版社，2011 年。
◇ 「可以給我有關舞蹈先驅蔡瑞月的生平簡介嗎？」見 <http://tw.knowledge.yahoo.com/question/question?qid=1105060600708>，2005 年 6 月 6 日。2014 年 12 月 4 日查閱。
◇ 「請問，六年前蔡瑞月舞蹈教室的大火」見 <http://tw.knowledge.yahoo.com/question/question?qid=1206052801364>，2006 年 6 月 1 日。2014 年 12 月 4 日查閱。
◇ 胡慧玲，〈蔡瑞月的啟示〉見 <http://blog.roodo.com/michaelcarolina/archives/1702990.html>，2006 年 6 月 3 日。2014 年 12 月 4 日查閱。
◇ 「請問台灣有那些偉大的女性及她的故事大意」見 <http://tw.knowledge.yahoo.com/question/question?qid=1606122609080>，2007 年 1 月 1 日。2014 年 12 月 4 日查閱。
◇ 「我的樂生焦慮症候群與蔡瑞月」見 <http://cobain-yeh.blogspot.com/2007/05/blog-post_14.html>，2007 年 5 月 14 日。2014 年 12 月 4 日查閱。
◇ 「臺灣現代舞的先驅──蔡瑞月（1921–2005）」見 <http://women.nmth.gov.tw/zh-tw/Content/Content.aspx?Para=269&type=Content&Page=0&Class=64>，2014 年 12 月 9 日查閱。

▥ 12 殘雪 Can Xue

殘雪，本名鄧小華，一九五三年五月三十日生於湖南長沙，西方文學評論家夏洛特・英尼斯（Charlotte Innes）認為她是最有趣、最具創意的中國現代作家之一。

　　殘雪父母都在二十世紀三、四十年代加入中國共產黨。解放後，父親鄧鈞洪（1916–1994）曾任《新湖南報》社長，母親李茵（生於 1923 年）亦在報社工作。一九五七年，父親被視為《新湖南報》反黨集團頭目，打成極右份子，下放農村兩年；母親被遣送至衡山縣大浦公社勞改。文革爆發前的十年期間，父親再被關起來，母親去五七幹校，兄弟姊妹都上山下鄉，她因體弱多病，未有追隨；當時她十三歲，剛小學畢業，按理該升中學，但她不能繼續學業，只好孤身一人住在父母獲分配的一間小屋裡。一九七零年她十七歲，進入一家街道工廠工作做銑工、裝配工，一做十年。一九七八年結婚，丈夫魯庸（生於1948 年）是返城知青。一九七九年父親恢復名譽，隨後被安排進省政協工作。一九八零年，殘雪生下長子後，辭去街道工廠的工作，然後與丈夫一起學縫紉，開了一間裁縫店。自一九八五年起，裁縫店由丈夫一手操辦，而殘雪則在家寫作、打理家務。她現為湖南省作家協會專業作家。

　　殘雪從小瘦弱、敏感、神經質，孤傲而怪拗，與大人和周圍人物作對，有一個自己的封閉世界。她自小和外祖母一起生活，這位老人家是她最為親近的人，對她的性格影響很大。她在自傳性散文〈美麗南方之夏日〉中深情地寫到外祖母：一九五九年，殘雪全家九口從城裡遷至嶽麓山下兩間十平方米左右的小平房。一九五九至六一年大饑荒時期，全靠外祖母上山採野菜和山菌，殘雪和兄弟姊妹才保住了性命。外祖母是一個會講各種奇妙的故事、特別堅強、又有點神經質的老人，在小殘雪眼裡，她周身總繚繞著一種神秘詭異的氣息。小殘雪跟著外祖母，學會了傾聽夜晚的秘響，長年做著飛翔的夢。一九六一年殘雪八歲，外祖母因操勞過度和營養不良去世。老人死後，殘雪才得知父親有心臟病。她大受打擊，害怕深夜醒來，看到天亮後的旭日紅光又欣喜若狂。在少女時代，她常常「光著頭赤著腳，長時間地在烈日下行走，心中充滿歡欣，和漫無邊際的遐想」。她成為作家後，講述黑夜的故事十分出色，她自稱創造力來自「南方的驕陽，那熱烈明朗的意境」。對她來說，光明與黑暗，天堂與地獄，這些對立元素，是她「內部慢慢凝聚的，一股既抽象又純情的東西」。

　　殘雪對於自己的創作一直抱著這樣的觀點：她是靠挖掘自己的寶藏來為作品提供養份。她自小就與眾不同；她的個人稟賦——例如那些特異的視聽幻覺——的確也給她的作品打上顯見的個人印記。此外，還有一個不公開的說法，指她有兩個靈魂，或雙重意識。她自由地出入於一個真實世界和一個想像世界；當她寫作時，不再心存一般人的現實世界，而是進入一種精神高度集中的創作

狀態，在那裡，情緒、原始的衝動和直覺驅動著她寫作。她正是要利用這種非理性的方法，去探索那種個人獨有的內部精神狀態。她的作品脫離了人們一般所認為的「現實」，完全是個人創造的一個異樣世界。文學評論家在評價她的作品時，經常使用夢幻或夢魘、荒誕、超現實、晦澀這類詞藻。她的作品至今仍然謎一樣的教人費煞思量，同時也具有謎一樣的魅力。在當代中國作家中，殘雪無疑是重要的、獨樹一幟的。

殘雪首次發表的作品是短篇小說〈污水上的肥皂泡〉，在一九八五年刊登於一本不見經傳的雜誌《新創作》，在小說中她的母親變成了一盆發黑的肥皂水。一九八三年，她完成了〈黃泥街〉，於一九八六年十一月在《中國》雜誌上發表，以後又做了修訂。〈黃泥街〉描述了一條街道上所發生的種種怪異事情，其中的文革用語和場景，明確設定了小說的歷史背景。和她後來的作品比較，這小說具有濃烈的政治諷喻色彩。

一九八六至八七年，殘雪還發表了另一部中篇小說〈蒼老的浮雲〉以及〈霧〉、〈布穀鳥叫的那一瞬間〉、〈曠野裡〉、〈天窗〉、〈天堂裡的對話〉（之一、之二）等十幾個短篇小說。這些反傳統、超現實、夢幻般的作品在文壇引起了騷動，她終究確立了自己的文學地位，連海外評論家及漢學家也留意到她的作品，並予以推許。一九八六年台灣《聯合文學》首先刊登了她的短篇小說〈山上的小屋〉，一九八七年底圓神出版社出版了她的小說選《黃泥街》。另一方面，美國《知識份子》（*The Intellectual*）雜誌亦登載了她的小說 *Raindrops between the Tiles*（〈瓦縫裡的雨滴〉）、*Amei's Worries on a Sunny Day*（〈阿梅在一個太陽天裡的愁思〉）和 *Yellow Mud Street*（〈黃泥街〉）。迄今為止，殘雪的作品被譯為日、英、法、意、俄等多種文字，在一些評論家、漢學家那裡得到了相當高的評價。一九八八年，殘雪發表了她的第一部長篇小說《突圍表演》，這部作品提出了很多想法和議題，其中有論及藝術創作。殘雪在九十年代還在探索這個問題，她的見解散見於〈思想彙報〉、〈痕〉、〈一個人和他的鄰居及另外兩三個人〉等作品；後者本是長篇小說，因找不到出版商而分拆成為兩個中篇小說。

一九八七年以後，中國的文學評論家才開始對殘雪的作品做出回應。有論者將殘雪聯繫到魯迅，因為魯迅同樣批評中國民族性，還把殘雪的作品比擬為魯迅所說的「真的惡聲」。作家王蒙指出殘雪的小說描寫了「人類精神中一個相當深的層面。像匕首，像針刺，一下子就扎到一個相當疼痛的地方」，可謂

一針見血。不少評論家體會殘雪批判文化的深層意義，也有人運用夢與精神分析的理論或從女性主義的角度研究她的作品。

　　海外漢學家、文學批評家也各從藝術、哲學、文化等方面研究殘雪的風格。殘雪和國內同期現實主義作家不同，她的小說帶來莫大衝擊。夏洛特·英尼斯曾在《紐約時報》（*New York Times*）表示，殘雪的小說讓西方人想起了艾略特（T.S. Eliot）的隱喻、卡夫卡（Franz Kafka）的妄想、馬蒂斯（Matisse）噩夢似的的繪畫。這位評論家稱殘雪作品的創造性，不僅在於描繪了中國，尤其在於用新的有趣的方式描繪了人類。翻譯殘雪小說的詹森（Ronald R. Janssen）認為，殘雪探索的領域，從未有現代中國作家涉足；她的作品也為他本國文學中非理性主義的悠久傳統注入現代意識。日本漢學家近藤直子（Kondo Naoko）研究和翻譯殘雪的作品，她認為殘雪小說是文革後中國最出色的創作：「無論是小說世界的深度、哲理性、表像的豐饒、鮮明，語言包含的詩情，無不令人感歎！」丹麥漢學家魏安娜（Anne Wedell-Wedellsborg）指出，殘雪對現代中國文化影響深遠，她以有力而獨特的聲音，傾訴人內心的窘境，細緻地展示了個人與社會之間特殊的對立關係。

吳小黎

◇ 殘雪，〈美麗南方之夏日〉見《中國》，1986 年 10 期，頁 75–78。

◇ 沙水，〈表演人生──論殘雪的《突圍表演》〉見《文學評論》，1989 年 5 期，頁 125–130，140。

◇ 陸菁菁，〈讀不懂殘雪：讀殘雪的《在純淨的氣流中蛻化》〉見《鍾山》，1993 年 2 期，頁 167。

◇ 蕭元編，《聖殿的傾圮──殘雪之謎》，貴陽：貴州人民出版社，1993 年。

◇ 荒林，〈超越女性：殘雪的小說〉見《當代作家評論》，1994 年 5 期，頁 86–90。

◇ 蕭元，〈兩間餘一卒：作為一個女性作家的殘雪〉見《芙蓉》，1995 年 2 期，頁 77–83。

◇ 〔日〕近藤直子著，廖金球譯，〈殘雪：黑夜的講述者〉見《文學評論》，1995 年 1 期，頁 76–83。

◇ ──，〈吃蘋果的特權：殘雪的小說〉見《文學自由談》，1995 年 1 期，頁 151–156。

◇ ──，〈X 女士或殘雪的突圍〉見《南方文壇》，1998 年 5 期，頁 37–42。

◇ 〔美〕布瑞德·馬羅著，陳晨（譯音）譯，〈談談殘雪小說〉見《鴨綠江》，1996 年 3 期，頁 30–31。

◇ 魏安娜（Wedell-Wedellsborg, Anne）著，留滯譯，〈模棱兩可的主觀性──讀殘雪小說〉見《小說界》，1996 年 3 期，頁 121–125。

◇ Can Xue. *Dialogues in Paradise,* trans. Ronald R. Janssen and Jian Zhang. Evanston, Ill.: Northwestern University Press, 1989.

◇ ──. "The Huts on the Hill," trans. Michael S. Duke. In *Worlds of Modern Chinese Fiction: Short Stories and Novellas from the People's Republic, Taiwan and Hong Kong,* ed. Michael S. Duke. Armonk, N.Y.: M.E. Sharpe, 1991, 41–44.

◇ ──. *Old Floating Cloud: Two Novellas*, trans. Ronald R. Janssen and Jian Zhang, with a foreword by

Charlotte Innes. Evanston, Ill.: Northwestern University Press, 1991.

◈ Lu Tonglin. "Can Xue: What Is So Paranoid in Her Writngs?" In *Gender and Sexuality in Twentieth-Century Chinese Literature and Society*, ed. Lu Tonglin. Albany: State University of New York Press, 1993, 175–204.

▥ 13 曹孟君 Cao Mengjun

曹孟君（1904–1967），湖南長沙人。她在一九四九年前的國民黨轄區和後來的人民共和國，都是社會活動家與婦女運動領袖。

曹孟君早年在湖南讀書的時候就因激進行為聞名。她轉了四所學校才讀完中學。由於鼓勵同學剪辮子她被稻田女師開除；又因鼓動同學中學會考交白卷而被周南女校開除。她的理由是會考的目的在控制學生思想。後來她考入首次招收女生的湖南省立第一師範學校，但由於鼓動罷課不成憤而離校。她繼而轉到協均中學，成為該校的學生會領袖。大約她從該校中學畢業。

有的材料說曹孟君一九二五年進了北京大學，但只有一則稱她從北大畢業。二十年代末到三十年代初，她住在南京，任職於國民政府的農業礦業部。大約與此同時，她和左恭結婚，他是國民黨元老孫科所提攜的後進。她與友人組織了一個讀書會，成員包括王崑崙和孫曉村。表面上這是個學術組織，但實際上受中共地下黨極大的影響。它的目的是在南京一帶散布抗日救國思想。這個時期她和朋友們組織了幾個無黨派的團體，最早是一九三一年的婦女文化促進會和一九三三年的南京婦女救國會。身為這兩個組織的領導，她與上海一些進步婦女建立起工作關係，並參與成立兩個全國性的組織：全國學術團體救國聯合會以及全國各界救國會。

此時正是三十年代中知識份子要求停止內戰、抵抗日軍的聲浪最高的時候，很多人因公開倡導這種言論而被捕。最有名的是在上海被捕的「七君子」，其中包括女律師史良（參見該傳）。曹孟君和友人孫曉村也在那時被捕，但她在一九三七年中第二次國共合作剛開始時獲釋。

一九三八年，曹孟君去了武漢。她和左恭離婚後，與北京大學校友和南京時代的朋友王崑崙結婚。據說她在中共長江局的提議下成立了戰時兒童保育會。她與北平、天津、南京、上海等地的婦女合作收容了難民中的孤兒，以及父母獻身戰事的小孩，給與照顧與教養。當年四月，徐州快要淪陷前，她和同事冒著沿途被敵機轟炸的風險，到前線去把孩子從戰區援救出來。八月，武漢本身岌岌可危，又要把孩子們撤離，轉移到湖南、四川等更安全的地方。她先

27

把其他人員送走，自己才與最後一批難童離開。

到了重慶以後，曹孟君任歌樂山保育院院長。那裡的孩子起初營養不足，而且不守紀律，但是曹孟君耐心地用民主的方法來管理院務。她教導孩子有不同意見時用討論的方式而不是用打架來解決問題。在這種討論會中，孩子們自己選出主席，老師們只是旁觀，在必要時才給與幫助。這樣，孩子們學到自己思想，師生之間關係融洽。老師鼓勵學生出牆報、組織體育活動和音樂會，並養雞、修路以及從事其他改善生活的活動。歌樂山保育院成為知名的模範保育院，培養了很多有用的國民；也有很多進入別的學校接受高等教育。

抗戰後期，曹孟君接替沈茲九（參見該傳）出任《婦女生活》的編輯，並繼續發揚刊務。在出了一百餘期以後由於政治原因於一九四一年被國民黨查封。為了在婦女輿論上佔一席地，中共華南局支持曹孟君在一九四三年創辦新期刊《現代婦女》。當時出版刊物困難重重，要克服紙張配給和呈上稿件接受檢查等難題。然而在左翼作家如茅盾、翦伯贊、老舍和夏衍的支持下，《現代婦女》銷量不錯。戰後《現代婦女》遷到上海。儘管經常遭受國民黨的騷擾，它一直出版到一九四九年三月，才終於被禁。

因為曹孟君是中國民主同盟和中國民主革命同盟兩個小黨的活躍份子，她在一九四九年去過香港。但她同年初又回到中國，先到東北，然後到北平。那年三、四月間，全國婦聯成立，從一開始，她就位居婦聯要職，任副秘書長、書記處負責日常工作的書記。她也當選為政協委員和人大代表。不過她在中國人民對外文化協會的工作更為重要，時常被選派隨同代表團出國訪問，也時常獲邀參與接待與婦女運動有關的外國代表團。有材料顯示，她出國訪問十八次，足跡遍及亞洲、非洲和歐洲的十六個國家。除了婦女組織以外，她還致力於國際和平運動和中國紅十字會的工作。一九六七年她病逝北京。丈夫王崑崙是另一小黨國民黨革命委員會的成員，這小黨由國民黨的左派份子組成。王崑崙一度任北京副市長。曹孟君有兩個女兒，長女學習外語。

曹孟君雖然是中國民主同盟的活躍份子，但她可能從青年時代就加入了共產黨。有材料表明她一九二五年在北京大學讀書的時候，就加入了共產黨，當時王崑崙也是北大學生。克萊恩（Donald W. Klein）和克拉克（Anne B. Clark）認為兩人都是共產黨的秘密黨員，之所以在黨外活動，是為了製造共產黨和其他民主黨派合作的表象。宋慶齡（參見該傳）就是一個很好的例子。

蕭虹

◇ 黃慧珠,〈心懷憂國千般情〉見英文《中國婦女》編著,《古今著名婦女人物》,下冊,石家莊:
河北人民出版社,1986 年,頁 663–669。
◇ 京聲、溪泉編撰,《新中國名人錄》,南昌:江西人民出版社,1987 年,頁 14–15。
◇ 金鳳,《鄧穎超傳》,北京:人民出版社,1993 年,頁 227。
◇ Klein, Donald W. and Anne B. Clark. *Biographic Dictionary of Chinese Communism, 1921–1965.*
Cambridge, Mass.: Harvard University Press, 1971, 857–59.

▥ 14 曹軼歐 Cao Yi'ou

曹軼歐（1903–1991）,原名曹淑英,二十年代在上海大學學習中國文學時因下決心要抑制歐化,而改名。據其正式履歷表上填寫的籍貫是河北省大興縣,但另有說法指她自稱是山東濟南人。

一九一九年五四運動爆發,曹軼歐正在山東女子中學讀書。馬克思主義和新思潮的傳播促使她中學畢業後就隻身去了上海尋求革命之路。她進入上海大學修讀中國文學。這是一所由中國共產黨和國民黨於一九二二年共同創辦的高等學府,旨在培養有專門知識的革命幹部。

一九二六年,曹軼歐加入中國共產黨,翌年上海大學被查封。曹軼歐於同年底與當時任中共上海大學特支委員會書記的張耘（1898–1975）結婚。張耘一九三三年起改名康生。他們都是第二次結婚。曹軼歐的前夫是李應臣。康生的前妻是陳宜,兩人在一九一五年結婚,育有一子一女。曹軼歐嫁康生後,與他同在上海做地下工作,並於一九三三年隨他往蘇聯。一九三三至三七年間,康生在莫斯科出任中共駐共產國際代表團副團長,曹軼歐陪他在那裡生活了四年。他們在一九三零至三二年間,可能在蘇聯讀過書。

一九三七年,曹軼歐隨康生回國,一同到了延安（當時中共中央所在地）。在延安期間,康生曾任中共中央社會部部長、中央情報部部長、中央黨校校長,最後進入權力至高的政治局。曹軼歐並沒有明確的官銜。但是,她參與了一件非常重要的事,即同康生一起促成了從上海去延安的女演員江青（參見該傳）,和黨主席毛澤東（1893–1976）的婚姻。江青和康生是舊相識,也來自同一省份。毛江的婚姻受到幾乎所有中共領導人的反對。據說康生扣下了所有送交他部門的反對和告發資料,包括她過去在上海與異性有越軌行為的相關證據,並通過曹軼歐把反對和告發人的名字告訴江青。文革時候,江青就是憑著這些資料作出報復,殺害涉事的人。

一九四九年,曹軼歐被任命為中共山東分局組織部副部長,但她並未上

任，而是一直陪伴康生在家養病。傳說康生稱病是不滿中央任命他為中共山東分局第一書記兼山東軍區政委。因為一九四五年時，他在中央政治局的十三名成員中排名第七，地位已十分顯赫，按理應去中央任職。

中共掌權後，曹軼歐立即利用自己的政治關係爭取要職。一九五二年夏，她出任北京市委大學部部長，次年調任中央黨校任黨委委員兼短期訓練班班主任。從五十年代末的「反右」，「大躍進」，到六十年代初的「千萬不要忘記階級鬥爭」等一系列政治運動中，中央黨校的高級學者、研究員和領導層中，約八成被劃成「右派」或「反革命份子」，或開除黨籍，或下放勞動，或折磨至死，包括當時的中央黨校校長、中國最權威的馬列主義理論家楊獻珍（1905–1992），他被囚禁二十年，這些結果都被認為與曹軼歐有直接或間接的關係。

一九六六年，曹軼歐成為康生辦公室主任。當時康生是中共中央組織部部長、人大常委會副委員長、政協副主席、國家安全局局長。這一年，曹軼歐參與策劃和發動文化大革命，走上她政治生涯的頂峰。一九六六年五月二十五日，北京大學的牆上貼上題為「宋碩、陸平、彭珮雲在文化大革命中究竟幹了些甚麼？」的大字報。宋碩是中共北京市委大學工作部副部長，陸平是北京大學校長兼黨委書記，彭珮雲是北京大學黨委副書記。這大字報是公認的正式拉開「文化大革命」帷幕之作，主要執筆人為北京大學哲學系黨總支書記聶元梓（參見該傳）；一般認為，背後的策劃者是曹軼歐。兩人在延安時代已共事，在曹軼歐的指點和幫助下，聶元梓在北京大學貼大字報，從此點燃了各大中院校學生們的造反火焰，並燃向全國各個領域，整整十年不滅。

一九六七年四月，發生了一起令曹軼歐與更多人結怨之事。曹軼歐的胞妹蘇枚（本名曹文敏，1912–1967）自殺身亡。她當時任北京政法幹部學校政治部副主任，從三十年代起就一直與曹軼歐、康生夫婦同住，被認為是康生半公開的情人。曹軼歐將蘇枚之死歸結為對她本人和康生的政治迫害，故凡參與調查死因的醫生及政法幹校人員而又不同意她的觀點者，不是被捕，便是自殺，或精神失常。此案最終不了了之。

曹軼歐先後在一九六九、七三、七七年當選為中共第九、十、十一次全國代表大會中央委員，並於一九七八年離休。一九八零年，中共中央在康生死去五年後決定開除其黨籍，幾個月後，曹軼歐精神失常，一九九一年病逝，終年八十八歲。

曹軼歐終身未育。她在政壇上幾十年鋒芒畢露，結怨甚多。在平日生活中，她寫字作畫以陶冶性情，書畫清秀雋永，與其政治風格截然相反，她的書法水平之高，在所有高級幹部夫人中，無人可及。

陳弘欣

◈ 林青山，〈紅都女妖——康生「內助」曹軼歐〉見《大時代文學》，1997 年 8 期，總 56 期，頁 16、53–60。
◈ 凌云，〈從康生製造「謀殺蘇枚」冤案引起的聯想與思考〉見《炎黃春秋》，1998 年 9 期，總 78 期，頁 39。
◈ 潘相陳，《中國高幹夫人檔案》，上冊，北京：北方婦女兒童出版社，1998 年，頁 380–384。
◈ Xiao Chaoran（蕭超然）and Wang Qilai（汪其來），eds. *A Concise Dictionary of the Chinese Communist Party's History*. Beijing: Jiefangjun chubanshe, 1986, 15。
◈ Byron, John and Robert Pack. *The Claws of the Dragon*: *Kang Sheng——The Evil Genius Behind Mao——and His Legacy of Terror in People's China*. Taipei: China Times Publishing Co., 1998, 72–73.
◈ 「康生曹軼歐是迫害狂」見 <http://www.boxun.com/forum/200905/qingshui/42114.shtml>，2009 年 2 月 5 日。2014 年 4 月 15 日查閱。
◈ 「康生」見 <http://baike.baidu.com/view/103048.htm>，2014 年 4 月 15 日查閱。

▥ 15 草明 Caoming

草明（1913–2002），生於廣東順德，作家，一生大部份時間都在寫東北重工業的工人。有材料說她原名吳絢文。除了草明，她還用過褚雅明作為筆名。

有關草明童年的資料不多，只知道她和哥哥靠母親做針線活養大。雖然母親自己不識字，卻鼓勵女兒讀書，因此草明跟母親學習針線活，跟哥哥學習讀書。到她真正可以上學的時候，她在語言文學方面獲得很好的成績。讀中學的時候，她最愛讀魯迅和高爾基的作品。她特別欣賞後者對工人生活的描寫，就立志也要在這方面發展。

一九三一年，草明參加了反對日本侵佔東三省的宣傳工作，漸漸受到左翼知識份子的影響。她和同志們辦了一個小小的刊物，用廣東方言來寫工人的困境。因為這樣，她的名字上了廣東國民政府的黑名單，被迫避到上海去。她二十歲以前就開始寫散文和短篇小說，但第一本出版的是中篇小說〈傾跌〉，一九三三年刊載在左翼作家聯盟出版的《文藝月報》。故事敘述三個繰絲女工，在傳統技術被外資引入的自動化技術取代後，不得不走上為娼的路。

從一九三二到四二年，草明寫工人的苦難和一般老百姓對舊社會的失望與困惑。不過這個時期末，她的主題漸漸趨向正面，像寫工人罷工和青年人去尋找美麗的新生活。雖然沒有點出他們的去向，但明顯地影射解放區。這時她的

風格仍頗受翻譯文學的影響，作品中常見外文的句式和辭彙。抗戰初期，她在重慶；一九四零年加入了共產黨。一九四二年五月，她被召到延安，在那裡聽到了毛澤東延安文藝座談會的講話。顯然她得到很大的啟示，說它驚天動地、亙古所無，並決心聽從他的指示，重新致力於寫工農兵的事蹟。

之後，草明在延安附近的村子住了一段時間，從那裡轉到河北省的張家口。這時期的作品反映出她更接近群眾，她嘗試用當地的口語來創作，代表作有〈延安人〉、〈他沒有死〉和〈新夫婦〉。

一九四六年，草明到東北去和那裡的重工業工人一起工作。她在東北十八年寫下了她一些最重要的作品。起初她被派去黑龍江的鏡泊湖發電廠體驗那裡工人的生活。她教他們識字、唱革命歌曲，跟他們講共產黨歷史和長征的故事，還組織他們的家屬種菜、養雞。她聽說有一個姓孫的老工人在國民黨撤退前要將發電廠炸毀時，協助把廠保護下來，她就請他把他的事蹟說給她聽。這就是小說《原動力》（1948）的原材料。它被讚譽為中國第一部關於工人階級的小說，有名的作家如茅盾和郭沫若都給與很高的評價。它描述一個叫孫懷德的工人把一個發電廠保護下來，然後努力將它修復，使它重新生產電力，滿足整個城市的需要。當她寫《原動力》時，她唯一的標準是要工人能夠看懂。因此這本書的主題明確，行文直接簡單。她完成初稿後，拿去讓只有小學程度的工人閱讀，他們看懂了她就倍感欣慰。

同年，草明到瀋陽的皇姑屯鐵路工廠去建立共產黨和共青團組織。在那裡她見到工人們日夜趕工，為了修復一架火車頭，讓更多的解放軍可以南下，參與解放全國各地的工作。她寫了《火車頭》，敘述工人如何熱心地修復一架火車頭，並在過程中學到怎樣為工作進行科學試驗。這本小說裡，革命象徵著歷史的火車頭。

從共和國早年規模較小的老舊工業，草明一九五四年來到新中國閃亮的重工業典範：遼寧省的鞍山鋼鐵廠。她任鞍鋼第一煉鋼廠的黨委副書記。鞍鋼當時是中國最大的鋼廠，享有最先進的科技設備，舉國引以自豪。在這裡，草明寫了《乘風破浪》。這小說中製鐵的高爐、閃亮的鋼流、鼓起的疾風和熊熊的烈焰等景象，交織成一首頌揚生產力旺盛的交響曲。到了這時，草明對工廠的了解、工人個性的描述和筆觸輕重的拿捏都達到爐火純青的地步。這小說所寫的主要矛盾，如管理階層的保守和官僚作風與工人的創新和進取精神之間的矛盾、黨的領導和業務領導之間的矛盾，到現在仍然具有意義。《乘風破浪》很

快就得到批評界好評。

　　草明在東北的十八年是她最多產也是最有成就的時期。除了被認為代表中國工業發展的三個時期的三本小說：《原動力》、《火車頭》和《乘風破浪》以外，她還寫了很多短篇小說、散文和報告文學。在鞍鋼的時候，她還為工人開了寫作班。到她離開的時候，學員中已有準備出版自己的詩集、中短篇小說和長篇小說的了。

　　一九六四年，草明從鞍鋼到北京的一間機器廠去體驗生活。不久文化大革命就降臨中國大地，她就無法出版任何作品。當她的〈幸福〉在《解放軍文藝》登載時，該雜誌的編輯因此受到攻擊。

　　儘管受到疾病的困擾，八十年代草明仍然用一塊特製的木板堅持寫作。她的《神州兒女》是寫文化大革命時期一個工業城市裡人民的生活。一九八五年她出版了散文集《探索細胞奧秘的人》，一九八七年還重新出版了舊作《傾跌》。草明於一九三一年和作家歐陽山結婚，但後來離婚，不知曾否生育兒女。

蕭虹

◇ 草明，《草明短篇小說集》，北京：作家出版社，1957 年。
◇ ──，《乘風破浪》，北京：作家出版社，1959 年。
◇ ──，〈前言〉見《草明小說選》，上海：上海文藝出版社，1979 年，頁 1–6。
◇ ──，〈草明自傳〉見《中國現代作家傳略》，輯 1，徐州：徐州師範學院，1981 年，頁 499–507。
◇ ──，《探索細胞奧秘的人》，長沙：湖南人民出版社，1985 年。
◇ ──，《傾跌》，天津：百花文藝出版社，1987 年。
◇ 李立明，《中國現代六百作家小傳》，香港：波文書局，1977 年，頁 333–334。
◇ 英文《中國婦女》編著，《古今著名婦女人物》，下冊，石家莊：河北人民出版社，1986 年，頁 853–857。

▥ 16 陳愛珠 Chen Aizhu

　　陳愛珠，一九一四年生於台灣宜蘭縣羅東鎮，社會活動家，特別關心幼兒的撫養與教育。

　　陳愛珠從小資質聰穎，一九三二年以第一名的成績畢業於台北第三高等女學校，並先後任教於宜蘭女子公學校、台北市日新公學校、羅東女子公學校。期間曾與同事共組宜蘭女子青年團，教導當地婦女學習手藝與日語。一九四五年光復後，擔任由陳石滿（參見該傳）所提案成立的羅東縣立托兒所主任，開始投入幼教工作。陳愛珠又感到需為大眾提供教育機會，因而創辦舞蹈班、合

唱團、音樂班、插花班等社教機構，致力於羅東地區的文化事業，也因此多次被表揚為對「社會教育有功的人員」。

陳愛珠本著服務社會的精神，自一九五一年起即挑起羅東鎮婦女會理事長的重擔。由於當時各鄉鎮尚未成立調解委員會，所以婦女會主要的工作是調解家庭糾紛。一九六四年，陳愛珠投入民意代表選舉，當選宜蘭縣第六屆縣議員。雖然參與地方政治，但因深感幼教工作的重要，就在一九六九年創立宜蘭縣幼稚教育學會，致力於幼教工作人員在職進修研習和教學觀摩，促使幼稚教育常規化。陳愛珠樂在工作、盡心奉獻的精神，堪稱為台灣職業婦女的最佳典範。

陳愛珠一九四二年與宜蘭女子公學校的同事吳大海結婚，婚後即辭去教職，撫養兄長的五個遺孤。陳愛珠有一子三女，她十分重視子女的教育，而他們都學有所長、事業成功。

何淑宜

◇ 游鑑明，〈陳愛珠〉見《走過兩個時代的臺灣職業婦女訪問紀錄》，台北：中央研究院近代史研究所，1994 年。

17 陳璧君 Chen Bijun

陳璧君（1891–1959），原名冰如，乳名環，生於南洋馬來亞（屬現今馬來西亞的一部份）太平埠，幼年時隨父母移居檳榔嶼（Penang）的喬治市（George Town）。陳璧君祖籍廣東新會，父親陳耕基少時離家到馬來亞一個橡膠園當工人，也曾到錫礦做工，後自行經營橡膠業，兼營礦業，漸成有名的富商，人稱「陳百萬」。母親衛月朗，廣東番禺人，出身農家，但知書識字，思想開明，婚後即隨夫婿去馬來亞，是個操持家務的能手。陳璧君在家裡排行第二，有一兄兩弟一妹，弟弟陳耀祖、陳昌祖，妹陳淑君。

陳璧君小時候在當地天主教嬤嬤堂讀書，學習英文及普通學科。父親有濃厚的懷鄉感情，因擔心海外出生的子女不懂中國悠久的文化傳統，特別從國內聘來一位老教師，在子女課餘時間，教授他們漢文經史。陳璧君就是在這個時期打下比較扎實的中文底子，讓她日後能幫助丈夫汪精衛（1883–1944）起草文件。

一九零七年十一月初，孫中山（1866–1925）偕同胡漢民、汪精衛等人從日本來到檳榔嶼宣傳反清革命活動，打算在該地擴大同盟會的勢力。當時陳璧

君十六歲，在璧如女校念中學，對到訪的革命黨人所宣傳的民主思想和「驅逐韃虜，恢復中華」的口號深感興趣，遂把學業擱置一邊，以便參加革命黨人的演講會，且每會必到。汪精衛時年二十四歲，不單風度翩翩，且雄辯滔滔，教陳璧君一見傾心。不久，她秘密加入同盟會，成為最年輕的女會員。父親得知後，十分生氣，堅決反對，認為女孩子應該規規矩矩地讀書，不應拋頭露面，更不應參加可能禍及家門的革命黨。母親卻支持。為了解同盟會的情況，衛月朗在一九零八年夏陪同陳璧君去新加坡會見孫中山，經過孫中山的解釋，她深信必須進行反清革命，自己也毅然加入同盟會。

陳璧君早與青梅竹馬的表哥梁宇皋定了親，兩人的關係本來很好，但自愛上汪精衛之後，她就向父母表示必須退婚，因她非汪氏莫嫁。父親聲言絕不讓她嫁給一個四海為家的亡命之徒，母親雖同情女兒，但此事也作不了主。陳耕基眼看不能阻止女兒的行動，便決定把她送走，要她去英國留學。陳璧君見父親已打定主意，只好提出一個折衷要求：英國離家太遠，萬一家裡出了甚麼事，往返不便，若要留學，就去日本好了。她再次得到了母親的支持，在一九零九年春去了日本。

在日本，陳璧君參加了由汪精衛、黃復生、喻培倫、黎仲實、曾醒、方君瑛（參見《清代婦女傳記辭典》）等人組織的暗殺團。她的種種舉措，無非在向汪精衛示愛，她甚至給汪精衛寫求婚信，但遭他覆信婉拒。他始終對貌不出眾、作風潑辣的她敬而遠之，僅以「革命同志關係」為限。她一直無望地單戀著汪精衛，終於一件震動當時朝野的革命壯舉促成了她倆的婚姻。

一九一零年三月，暗殺團成員匯聚北平，計劃炸死清廷的攝政王載灃（光緒皇帝的胞弟、宣統皇帝溥儀的生父），因事機敗露，汪精衛和黃復生被捕，汪氏被判處終身監禁。陳璧君和其他革命黨人倉促離京南下，取道日本逃回南洋，與胡漢民等人商議營救之策。救人需要錢，她忽忙回檳榔嶼老家設法。那時父親剛去世，母親拿出全部家財，父親的第三位姨太太也贈以數目可觀的金錢。經過多方籌款之後，是年冬天，陳璧君不顧暴露身份，約同曾醒等人潛返北平，以重金買通獄卒，託其給汪精衛暗傳密信。汪精衛在生死關頭得到陳璧君的手跡，十分感動，在獄中填下一闋〈金縷曲〉詞，表示接受她的愛意。

一九一一年四月二十七日爆發廣州起義（又稱黃花崗之役），陳璧君立即與胡漢民、黎仲實、曾醒等人從香港乘船往廣州接應，船到廣州方知起義失敗，各人僥倖脫身。十月十日，武昌首舉義旗，各省紛紛響應，辛亥革命成功

推翻清廷。十一月六日,清政府被迫釋放汪精衛等人。他立即去上海找陳璧君。一九一二年五月,兩人在廣州正式結婚,何香凝(參見該傳)當他們的女儐相。七月,汪氏夫婦和曾醒、曾仲鳴、方君瑛、方君璧(參見該傳)等人一起赴法留學。在第一次世界大戰期間,陳璧君棄學參加法國婦女紅十字會,充當護士。

一九一三年四月,陳璧君在法國蒙塔爾紀城(Montargis)生下第一個兒子。陳璧君生產期間,方君瑛一直在旁照顧,汪氏夫婦為長子取名文嬰,因「嬰」與「瑛」同音,取此名以表示不忘方君瑛相助之恩。一九一四年底,陳璧君等人為了逃避戰亂,幾經跋涉來到法國西南部,可能由於舟車勞頓,誕下一名懷孕不足七個月的女嬰。期間得到曾醒悉心照料,為表謝意,汪陳兩人給長女取名文惺,因「惺」、「醒」兩字諧音。

一九一五年初,袁世凱篡國稱帝之心已昭然若揭,孫中山呼召汪精衛回國共商討袁事宜。陳璧君請蔡元培、方君璧、曾仲鳴等人代為照料兒女,與汪精衛雙雙離法返國。稍後蔡鍔在雲南宣布獨立,討袁鬥爭波及全國,袁世凱被迫取消帝制,未幾鬱鬱而歿。陳璧君在一九一六年初再往法國,翌年秋,攜帶一對兒女及弟弟回國,與汪精衛會合。一九二三年,孫中山決心改組國民黨,創辦黃埔軍校。因經費短缺,陳璧君受命偕其弟陳耀祖到海外籌款,歷時半年多,足跡遍及美國、古巴和加拿大。此行成績美滿,不單解決了經費的問題,也提高了陳璧君在國民黨內的地位。

一九二四年,陳璧君作為婦女界三代表之一(另外兩人是何香凝和唐允恭),出席了國民黨第一次全國代表大會,並當選為中央監察委員。汪精衛當時任中央執行委員。一九二五年三月十二日,孫中山在北平逝世,孫氏病危期間,汪精衛一直守護在側,並主持起草遺囑等重任。因此之故,汪精衛成了繼承孫中山的當然人選。七月一日,中華民國國民政府在廣州成立,汪精衛就任第一任國民政府主席,陳璧君成為第一夫人,兩人黨內地位急升,在廣州十分活躍。

一九三五年十一月,汪精衛在南京遇刺。陳璧君起初認為是蔣介石所為,後來得悉刺客並不受任何人指使,主要目標原是蔣介石,因蔣氏不在場才轉而向汪精衛下手。汪精衛隨後往歐洲療養,陳璧君則留在中國。一九三六年十二月西安事變後,陳璧君一日數電,催汪精衛回國取代蔣介石,不料事變獲得和平解決,且汪精衛不再任行政院長,手無實權,因此奪權計劃落空。

一九三七年中,中日戰爭爆發,汪陳兩人表現親日,極力反對國民黨聯共

抗日，主張對日謀和，共同反共。一九三八年十二月，汪氏夫婦由國民黨首都重慶出走昆明，再逃往法屬的越南河內，發表後來被認為是向國民政府勸降投日的「艷電」。一九三九年一月一日，蔣介石所領導的國民黨中央執監委員會召開臨時會議，議決永遠革除汪精衛黨籍，撤消他一切職務。三月二十一日，國民黨派員往河內刺殺汪精衛不遂，卻誤將曾仲鳴槍殺。日本派特工人員將汪氏夫婦接往上海。六月，國民政府下令全國通緝「漢奸」汪精衛。七月，國民黨中央決定永遠開除陳璧君的黨籍。八月二十六日，國民政府下令通緝陳璧君、周佛海、褚民誼三人。兩日後，汪精衛一派召開國民黨的六大，聲稱他們所屬的是「正統」的國民黨，而汪精衛則是孫中山真正的繼承人。陳璧君為大會主席團副主席，並當選為中央監察委員會常務委員，後又擔任中央政治會議委員。一九四零年三月三十日，以汪精衛、陳公博為首的親日派借「還都」之名，在南京成立國民政府。陳璧君大權在握，迅即委派親人出任要職。她的兩個弟弟陳耀祖及陳昌祖分別當上廣東省省長和航空署署長。

　　一九四四年十一月，汪精衛在日本病逝，終年六十一歲。陳公博成為國民政府代理主席及行政院長，陳璧君則備受冷落。她憤而赴粵，親自主理粵政達四個月之久。一九四五年八月十五日，日本天皇正式下詔無條件投降。當天陳璧君在廣州，聞訊後惶惶不可終日。翌日陳公博來電，告知日方表示，如她願意，可派飛機前來，送她去日本或任何她想去的地方，如不走，則可撥日軍百人來守衛她的住宅。但她一一拒絕了。八月二十五日，蔣介石藉口請她去重慶面談，將她誘捕入獄。十一月解往南京關押，一九四六年二月轉移到蘇州看守所。三月，江蘇高等法院以漢奸罪公審她。她在法庭上作出抗辯，毫不妥協。四月被正式判處無期徒刑，轉蘇州獅子口監獄。一九四九年春，上海、南京等大城市先後解放。七月一日，她被轉移到上海提籃橋監獄。

　　一九四九年九月，中國人民政治協商會議在北京召開，據說宋慶齡（參見該傳）和何香凝在會議期間同往會見毛澤東（1893–1976）和周恩來（1898–1976），請求特赦陳璧君。毛澤東表示只要陳璧君寫一個簡短的認罪聲明，中央人民政府就可釋放她。周恩來也點頭表示同意。當天晚上宋何聯名給陳璧君寫了一封信，轉達毛周的意見。陳璧君讀信後仍絲毫不肯改變拒不認罪的態度，在給兩人的回信中一再強調「漢奸」這頂帽子是蔣介石硬給汪精衛和她戴上的，真正賣國的是蔣介石。她表示願意在監獄裡度過餘生，並感謝兩人對她的關心和愛護。

　　一九五九年六月十七日，陳璧君因高血壓、心臟病併發大葉性肺炎，搶救無效，在上海提籃橋監獄醫院去世，終年六十八歲。陳璧君與汪精衛育有三男三女，三子即文嬰、文悌和一個在美國出生而又早夭的兒子；三女即文惺、文彬和文恂。陳璧君的子女於解放前均已先後赴外國或香港，她在國內沒有直系親屬，遺體和遺物全由兒媳之弟譚文亮料理。遺體火化後移往廣州，再由她在香港的子女到廣州認領。

　　汪精衛政權集團裡的第二號人物陳公博曾說過：「汪先生沒有陳璧君不能成事，沒有陳璧君也不致敗事。」論者認為這個評價言簡意賅，公道持平：好事與壞事，陳璧君都很「能幹」。

　　陳璧君出身豪富之家，小時聰明早熟，只是自幼嬌生慣養，形成孤傲不羈的脾性。她年輕時矢志革命，滿腔熱情，人生路上有過一段光榮的歷史，原是一位不讓鬚眉的愛國女傑。可惜年紀漸長，剛愎自用、半點不肯吃虧的她一步步背棄自己早年的抱負，變得權慾薰眼、利慾薰心，終於泥足深陷，掉進出賣國家民族利益的深淵裡去。更可悲的是，她似乎至死都沒意識到自己曾做過對不起同胞的事。

林松

◇ 陳恭澍，《河內汪案始末》見《傳記文學》，1982 年 6 月，卷 40，6 期。
◇ 黃美真、張雲，《汪精衛集團叛國投敵記》，鄭州：河南人民出版社，1987 年。
◇ 聞少華，《汪精衛傳》，長春：吉林文史出版社，1988 年。
◇ 黃美真編，《偽廷幽影錄──對汪偽政權的回憶紀實》，北京：中國文史出版社，1991 年。
◇ 劉紅文，〈汪精衛與四個女人的恩恩怨怨〉見《博覽精華》，1991 年 11 月。
◇ 黃燕茹，〈同惡共濟的陳璧君〉見《影響中國歷史的一百個女人》，蕭黎、馬寶珠、呂延濤主編，廣州：廣東人民出版社，1992 年。
◇ 南京市檔案館編，《審訊汪偽漢奸筆錄》，南京：江蘇古籍出版社，1992 年。
◇ 王光遠、姜中秋，《陳璧君與汪精衛》，北京：中國青年出版社，1992 年。
◇ ──，《汪精衛》，北京：中國和平出版社，1995 年。
◇ 王關興，《汪精衛傳》，合肥：安徽人民出版社，1993 年。
◇ 張靜星，《從革命女志士到頭號女漢奸──陳璧君傳記》，上海：學林出版社，1994 年。
◇ 何士夫，《賭國──汪精衛》，成都：四川人民出版社，1995 年。
◇ 張慶軍、劉冰，《陷阱──汪精衛叛國案探秘》，北京：中國檔案出版社，1995 年。
◇ 譚天河，《汪精衛生平》，廣州：廣東人民出版社，1996 年。
◇ Boorman, Howard L., and Richard C. Howard, eds. *Biographical Dictionary of Republican China*, vol.1. New York: Columbia University Press, 1967, 218–20.

ⅲ 18 陳琮英 Chen Congying

　　陳琮英（1902–2003），湖南長沙人。早在中國共產黨成立初期，她已積

極參與黨內工作，是黨領導任弼時（1904–1950）的妻子。

　　陳琮英出生四月即喪母。父親在北平教書，琮英只好交予姑姑照顧。這位姑姑亦早逝。姑父任裕道（又名任振聲）傷心之餘，決意繼續照顧琮英，打算在繼室生下兒子後，將琮英納為媳婦。於是，陳琮英在十二歲時，便和任裕道的兒子任弼時訂下婚約。

　　和大多數的童養媳不同，陳琮英得到婆家厚待。一九一五年，十一歲的任弼時考入長沙第一高等師範學校，時年十四歲的陳琮英本著報恩之心，當起織襪廠女工，為他籌措學費。任弼時在校內認識了毛澤東（1893–1976），從此走上共產主義革命家的道路。一九二零年，任弼時往上海學習俄文。其後，他前赴蘇聯深造。出發前，他叮囑陳琮英學習文化，且對她說：「不然，連我給你的信都看不懂。」年屆十八歲的陳琮英果真言聽計從，入讀長沙一間職業學校的縫紉及識字課程。

　　到一九二六年，任弼時和陳琮英才重聚、完婚。自蘇聯返國後，任弼時一直在上海忙於黨務。陳琮英湖南鄉音極濃，加上一身鄉下人打扮，經常受到趨時的上海青年的冷眼。任弼時倒認為此情況屬塞翁失馬，因為交給她的差使，往往憑她這個外貌而水到渠成。任弼時當時是中國共產主義青年團中央書記，而陳琮英則是共青團成員。任弼時把聯繫中共中央委員會的重任，付託給陳琮英，一概信息由她傳遞。陳琮英土裡土氣的形象不會令敵方人員生疑，而且她辦事謹慎、能幹，為人忠心，這從她冒險傳遞信息、協助以蠟紙印製宣傳資料的工作上，可見一斑。任弼時被派往安徽南陵視察工作時被捕，當時天氣嚴寒，陳琮英帶著一歲大的女兒蘇明，登上一列敞篷的運煤火車前往營救。她終於沒有白費氣力，任弼時翌年獲釋。他獲釋後才知女兒已死於肺炎。一九三一年初，任弼時奉命前往江西蘇區。由於陳琮英快要分娩，所以獨自留在上海，這是他倆第二名孩子。四月，上海黨領導顧順章及向忠發變節，陳琮英因此被捕，和三個月大的女兒遠志一起被囚。同年底，母女獲釋，結束了六個月的牢獄生涯。

　　不久，陳琮英收到周恩來（1898–1976）的電報，著她前往江西蘇區。她先把女兒帶往湖南，交予婆婆照料，才前往瑞金，抵達當天正是一九三二年的國際婦女節。之後，陳琮英和丈夫共渡了一段較為安全及愉快的日子，其間她在機要科工作。一九三三年，任弼時奉派前往湘贛邊區出任省委書記，陳琮英隨行，並掌管省委機要資料。一九三四年八月，任陳二人奉命西征，她把僅數月大的兒子交託當地農家撫養，自此便和兒子失去聯絡。五十年代期間，在各

方面努力追訪下，仍是下落不明。一九三四年十月，任弼時統領的紅六軍團與賀龍的紅二軍團合併成為紅二方面軍，由賀龍和任弼時分別出任司令員及政治委員。之後，紅二方面軍開赴湘鄂川黔邊區。一九三五年十一月，紅二方面軍自該邊區出發，踏上長征。一九三六年七月，在四川甘孜與張國燾的紅四方面軍會合。

　　整個長征的時期，陳琮英一直留任機要科。當軍隊到達西康省（屬今四川省）的阿壩時，身懷六甲的陳琮英臨盆在即，被送往一戶苗族人家居住的房子二樓，但她從樓上直墮樓下的羊欄，隨之就在羊欄中誕下孩子。任弼時提議把新生兒（立時取名遠征）留下給那苗族人家，陳琮英傷心欲絕。後來，由於士兵代為說項，表示會幫忙背負孩子，任弼時才回心轉意。他於是裁製了一個布袋，上路時，便用袋背起孩子，一手扶持產後尚未復元的陳琮英，一手拄著拐棍走。任弼時本身身體也差，但仍勉力前行，堅拒士兵的援手。一眾共產黨員到達延安後，陳琮英把遠征交給奶媽照料，自己則繼續處理機要事務，不過，這次是處理中央政府的機要。一年後，陳琮英把遠征帶到湖南，和遠志一起生活，她的孩子中至此就只有她們兩人倖存。一九三八年，陳琮英隨任弼時前赴蘇聯，他當時是中共駐共產國際的代表。一九三九年左右，陳琮英在莫斯科誕下另一名女兒，取名遠芳。一九四零年，夫婦二人奉召返國，陳琮英把遠芳送入莫斯科的國際幼兒院。

　　回到延安後，任弼時成為中共中央書記處的五名領導之一。一九四三年，黨內出現人事巨變，書記處只餘三人，任弼時屬其一，地位僅次於毛澤東及劉少奇（1898–1969）。一九四五年，中日戰爭結束，任陳二人決定把兩個女兒由湖南帶來延安。一九四一年，陳琮英誕下兒子遠遠。一九四八年，任弼時舉家遷往北平，住進市郊一幢房子。

　　一九四九年十月一日，毛澤東宣布中華人民共和國成立。任弼時因身體衰弱，無力站在天安門城樓之上，只能和家人從無線電波中收聽開國大典的盛況。任弼時的健康每況愈下。十一月，前往蘇聯接受治療。一九五零年四月返回中國，同時帶回一九四零年留下在莫斯科的女兒遠芳。一九五零年，中國參與韓戰，任弼時不顧病魔纏身，再次埋首工作。十月二十七日中風猝逝，終年四十六歲。

　　陳琮英自此須隻手撫育四名子女。有鑑於任弼時對國家貢獻良多，黨及黨領導對她多加照拂。她繼續在中央委員會掌管機要事務，最終當上中共機要局

處長。文革期間，江青（參見該傳）指陳琮英為「寡婦集團」成員，將她拘捕。陳琮英於三十年代被國民黨拘留一事，竟被視為她在政治上不可靠的佐證。直到在人民大會堂舉行的一個群眾集會上，得到周恩來出面力保，她才不再受迫害。

一九六五年，陳琮英當選第四屆全國政協委員。她也是全國婦聯執委、常委。四名子女均大學畢業，成為中國有用的公民。

蕭虹

陳玉冰譯

◇ 英文《中國婦女》編著，《古今著名婦女人物》，下冊，石家莊：河北人民出版社，1986年，頁640–646。
◇ 《華夏婦女名人詞典》，北京：華夏出版社，1988年。
◇ 謝風華、孫錫武編著，《中國高幹夫人檔案》，長春：北方婦女兒童出版社，1998年，頁1–22。

ⅢⅠ 19 陳方安生 Chen Fang Ansheng

陳方安生，本名方安生，安徽省壽縣人，一九四零年與孿生妹妹寧生在上海出生時，這城市已危在旦夕，快將陷於日軍之手。父母為她們取名安生、寧生，自是寄望戰爭早日結束，社會秩序得以重建，一家重享安寧。數十年以來，中國飽受內戰及日本侵略之苦，社會動盪，直至中華人民共和國建國後，方能獲得和平穩定。方氏姊妹的孩提時代，在家庭的蔭庇下渡過，可說不太受外間暴力和動亂的滋擾，但國家大事，也不能說對她們全無影響。父母定是憧憬往日的安寧歲月重臨，最後果真如願。一九五零年以後的四十年，中國和香港社會比較安定，因而可以從這世紀前半期所受的破壞中復原。

方安生的祖父為抗日名將方振武（1885–1941）將軍，父母都是有新思想的高級知識份子。父親方心誥（1913–1950）曾就讀上海交通大學，英國曼徹斯特大學（Manchester University）及美國哥倫比亞大學（Columbia University）。母親方召麐（1914–2006）博士（參見該傳），早歲在家中接受傳統教育，婚後隨夫到英國，同在曼徹斯特大學進修。方氏夫婦先後生下八名子女，年齡十分接近，其中只有兩名女兒，就是安生和寧生。

因為方安生的父親是天津郵電局儲蓄銀行副經理，所以方氏一家經常往返津滬兩地。一九九七年，方安生告訴本傳作者，她對在中國的兒時歲月，印象不深，只記得那時住在天津一座大宅，大部份時間與各兄弟在家中嬉戲。

她和寧生在天津上學讀英文、法文和中文。一九四八年，即中華人民共和國成立前夕，方家遷移到香港，自此方安生開始學粵語，沒有再學法語。

一九五零年，方安生父親猝然病逝，母親幸得家姑和小叔（方心讓醫生——香港瑪麗醫院（Queen Mary Hospital）骨科教授，1923–2009，1997 年獲封爵士勳銜）的幫助，照顧八名年幼子女。方安生和其他兄弟姐妹分別被安排在香港學校就讀，安生和寧生曾在聖保祿學校（Saint Paul's Convent School）和嘉諾撒聖心書院（Sacred Heart Canossian College）念書。後來母親攜同安生的數名幼弟往英國，並到劍橋大學進修，同時處理一些商業事務。一九九七年，方安生表示，她是在祖母悉心栽培下成長，也得到叔父一家和母親的照顧。祖母管教極嚴，且決意讓各孫兒完成學業。母親全心全意的在劍橋大學和後來的香港大學修讀中國語文和文學，為安生帶來激勵作用。後來，母親學習水彩畫，並以此揚名香港畫壇，她的山水花鳥畫作揉合了傳統國畫技巧及西方風味，細緻動人。

方安生學習認真，對英文、歷史、音樂興趣極濃。一九九七年，她告訴本傳作者，有些老師可能覺得她是個頑皮學生，是否屬實，恐難以查證。她在香港大學修讀英國文學，在何東夫人紀念堂（Lady Ho Tung Hall）寄宿，而寧生則修讀政治科學，在馬路另一邊的聖約翰學院（Saint John's College）寄宿。方安生對香港大學英文系布蘭敦（Edmund Blunden）教授的課甚感興趣。大學的英國文學課程教授古典文學，包括喬叟（Chaucer）、莎士比亞（Shakespeare）、奧斯汀（Jane Austen）、華茲華斯（Wordsworth）等人的作品。她告訴本傳作者，十分喜歡英文，覺得讀寫英文，毫不費力。她亦繼續學習中文。那時她能操國語，並略懂上海話和粵語，跟老師學習中文時，對當時在香港不甚流行的簡體字，感到難於掌握。

在英國統治時期，香港的教育制度、文化生活，以至管理方式，全以英語主導，一切皆以英國規範或歷史先例為準。方安生就是在這個殖民時期和後殖民時期成長的。在香港主權回歸中國的過渡年代，她攀上事業的高峰。之後，她改變了對人生的一些看法，嘗試重尋身為中國人的根。母親走過的道路，即在成年後才學習中國文學及繪畫，明顯地激勵著她。一九九七年，香港主權回歸中國，她經常穿著新式中國長衫，顯示她中國人的身份。她告訴本傳作者，立志退休後，像母親一樣，學習中國書法。

方安生在香港大學邂逅未來夫婿陳棣榮（1934–2010）。一九六三年，方

安生大學畢業後不久，便與陳棣榮結婚。他也是港大學生，比她早一屆，在學生戲劇社頗為活躍，曾演出莎士比亞名劇。由於校方規定所有學生均須參加社會服務，所以陳棣榮便參加了香港輔助警察隊。後來，規定的服務期過了，他仍留在警隊，作為對社會的一種服務，最後晉升總監，到陳方安生升任布政司後才辭職。他後來出任加德士石油公司董事兼行政總裁。

在香港大學讀書時，方安生在假期為人補習英文賺取零用錢，同時也幫助幼弟們溫習功課。畢業後，在叔父方心讓醫生安排下，到瑪麗醫院當社會服務員。她須與病人和病人家屬接觸，由於在工作上得到滿足感，故考慮投身社會工作。不過，她卻在一九六二年進入保良局工作，它是香港極具影響力的孤兒院。她亦參與其他社會福利活動。也在那時，她看到香港政府聘請政務主任的公告，於是申請，結果得到錄用。一九九七年，她告訴本傳作者，如果按照原本意願，當上社會工作者的話，就不能像日後那樣對社會福利及相關工作的多個範疇帶來如此廣泛的影響。

按照香港公務員制度，對政務主任的訓練，傳統上是盡可能派調到多個部門工作，以便擴大視野和培養才能。方安生首先被派到財政科經濟事務部工作，後來又派調到漁農處、工商署、新界政務署。一九八四至八七年間，她出掌社會福利署，任期較長，後來晉升為經濟司，是第一位華人女性出任司級官員。

陳方安生對本傳作者說，她的公務員生涯中最大成就，是在經濟事務及社會福利方面，兩者相較，前者涉及政策的擬定，成效不顯眼，後者則是對社會的承擔，為人謀福，滿足感極大。七十年代末期，她出任社會福利署副署長，了解到弱勢社群、病人及長者的基本憂慮。她在政府有限的資源下，推行措施，減輕他們的苦痛。社會福利署有龐大的編制，她為初級社會工作者提供職業培訓，因為她相信培養接班人，發揮他們的潛能，十分重要，為達到目的，她從幫助他們認識自己的弱點和強項入手。

陳方安生曾談到身為社會福利署署長的職責。她在社會福利署工作的目標，是為在職婦女爭取男女平等和保護兒童免受侵犯。為了解一般市民的問題，她盡可能作實地調查。八十年代，兒童容易受到傷害，社會福利署的工作範圍包括為老弱傷殘提供福利、幼兒教育、照顧孤兒、釋囚復康及青少年活動。一九九七年，她告訴本傳作者，出掌社會福利署期間，虐待兒童是嚴重問題，所以她優先處理，引進領養兒童的恰當程序。她對有傷殘兒童的家庭特別

關注，確保他們得到適當的支援，過上較正常的生活。雖然她抱有崇高理想，但在一九八六年卻因社會福利署所處理的一宗個案（即郭亞女事件）而受到批評。該署人員當年強行將一名女童從精神失常的家人手中帶走，引起傳媒不滿。在此事上，她可能是經驗不足，和傳媒周旋，有欠技巧。傳媒後來認為，她一貫不喜歡成為大眾焦點，便是源於這事件。

陳方安生被提升為經濟司後，對本傳作者表示，雖然高興，但事前並沒有刻意爭取。這個職位工作繁重，她生平第一次需要和大公司內位高權重的管理人員打交道，而私人機構又各擁諸多既得利益。她的職責，關乎整個香港的基礎設施，既富挑戰性，最終又帶來滿足感。回顧過往的工作表現，她最感自豪的，便是把一直被壟斷的電訊網絡市場自由化，此舉有助香港順利邁進二十一世紀。她認為已是特別行政區的香港，會繼續自由化。

陳方安生反應迅速，適應力強，思路清晰，表達意見時強而有力，對新知識吸納尤快，忠誠可靠，亦了解當前的政治與社會形勢對自己權限的約束，這些特點足使她成為完美公務員的典範。她的工作能力，得到歷任布政司及港督的欣賞，因而獲得提升。由一九八零年四月至一九八四年五月，她擔任女性高級公務員協會主席，期間鼓勵女性公務員參與職業培訓。一九七五年起，香港政府僱員已是男女同工同酬，但若干因性別而異的措施仍然存在。該會在爭取男女平等待遇的過程中，起帶頭作用。直至一九八一年，香港政府才實行新政策，規定所有公務員，不分男女，只要具備同樣的資格，便可享有同樣的附帶福利。

一九八四年，中國政府邀請六位香港高級公務員到北京，參加中英政府就達成香港主權移交協議而舉行的儀式，陳方安生是其中一位。她在香港政權移交中國這段關鍵時期擔當重要角色，且克服了由英國過渡至中國管治的種種心理障礙。回顧過去一些片斷，可對這個時期有更深入的了解。一九九五年七月，中英政府對政權移交的安排陷入前所未有的低潮，她率領一個負有秘密任務的代表團到北京，拜訪外交部長錢其琛和港澳事務辦公室主任魯平。雖然她離港前向立法局交代，此次純粹是禮貌性拜訪，並無幕後交易；實質此行是一項重要的外交突破。最後談判破裂。中國政府於一九九六年三月決定成立臨時立法局，她為捍衛香港立法局的權力和公信性而加以反對。北京方面更恐嚇，凡對臨時立法局不予支持的公務員，皆予革除。為捍衛公務員，她對此亦加以反對，並邀請魯平下次訪港時，和她就公務員效忠和其他有關問題，進行討論。

　　陳方安生與香港最後一任總督彭定康（Christopher Patten）關係良好。香港成為特別行政區後，她應首任行政長官董建華的邀請留任。此項決定大受全體公務員歡迎，因為這意味着未來的行政政策得保穩定。但一名權威人士透露，初期陳方安生與董建華的關係，不若與彭定康的友好，而且她發覺董建華在決策過程中，將她排除在外。到一九九七年底，本傳作者訪問她時，她表示以前的困難已成過去，當下全情投入，迎接香港新時代的新挑戰。

　　一九九七年政權移交後，香港政府隨即受到一連串危機所困擾，如赤鱲角新機場啟用時所遇上的各種難題，禽流感襲港，公立醫院行政出錯，涉及空氣及水質的環境保護問題持續，國際炒家衝擊港元與美元掛鈎的機制，而最嚴重的，莫如亞洲金融危機引起的連串問題。這些問題有一個共通點，就是反映出政府各部門間缺乏調協，高級公務員領導無方。董建華處事方式，不如其英國前任般親力親為。北京官員不單沒有像民主黨派及其支持者所預料般干預香港事務，也沒有顯露任何指示或指導港府如何治港的意向。因此陳方安生需負上領導公務員隊伍的責任。可惜，她的領導作風尚有瑕疵，加上過渡期政治形勢險阻，結果表現未如人意。

　　一九九九年，陳方安生獲頒大紫荊勳章。但她受到港人抨擊，指她監管機場工程不力。另一方面，她多次發表演說，大力支持新聞自由，抗衡親北京的立法會議員擬引進審查措施。她和傳媒一直關係良好。二零零一年，她退任政務司司長。翌年獲頒授榮譽聖米迦勒及聖喬治爵級大十字勳章（Dame Grand Cross of the British Order of St Michael and St George），這勳銜以往都是授予香港總督的。她退休後繼續活躍於香港政壇，尤其熱衷於推動憲制改革。二零零六年，她正式宣布不參選行政長官。二零零七年，她在立法會港島區補選中擊敗主要對手葉劉淑儀，晉身議會，翌年卸任，在任僅八個月。她現在已不擔當任何職務，但仍為香港爭取更多的自由民主而寫作、講話。

梅卓琳
李尚義譯

編者按：陳方安生給人的印象是精明能幹、率直硬朗、辦事果斷，並支持自由、普選、民主等理念，所以有「香港鐵娘子」、「香港良心」的美譽；又因笑容可掬，還有「陳四萬」的暱稱。在主權移交前後，以她為首的一眾港府女高官，被統稱為「手袋黨」。陳方安生於二零零八年成立民間策略發展委員會，推動普選行政長官和立法會，二零一三年四月將該會改組成為香港2020，繼續爭取全面雙普選。陳方安生有一子一女，子名鴻偉，女名慧玲，均已學有所成。

◈ 超金，〈港府第一位女署長方安生〉見《海外著名華人列傳》，北京：工人出版社，1988 年，
頁 521–524。
◈ 陳方安生接受本傳作者訪問，香港，1997 年 10 月。
◈ Chan, Mimi. Citation, 151st Congregation, University of Hong Kong, 1996.
◈ Dimbleby, Jonathan. *The Last Governor*. London: Little Brown, 1998.
◈ Patten, Chris. *East and West*. London: MacMillan, 1998.
◈ 「陳方安生」見 <http://zh.wikipedia.org/wiki/%E9%99%B3%E6%96%B9%E5%AE%89%E7%94%
9F>，2014 年 8 月 22 日查閱。
◈ Forsythe, Michael. "Q.and A.: Anson Chan on Beijing's Pressure Tactics in Hong Kong." At <http://
sinosphere.blogs.nytimes.com/2014/06/12/is-now-the-time-for-hong-kong-to-stand-up-to-beijing/?_
php=true&_type=blogs&_r=0>, 12 June 2014, accessed 22 August 2014.

▥ 20 陳衡哲 Chen Hengzhe

　　陳衡哲（1890–1976），西名 Sophia Zen，故又有莎菲（或莎斐）女士之稱，祖籍湖南省衡山縣，生於江蘇常州的一個書香門弟，祖父陳鍾英（1823–1881）及父親陳韜（1869–1937）都是知名學者、詩人，又是政府官員。母親莊曜孚（1870–1938）是卓有成就的畫家及書法家，來自常州四大家族之一，家中世代為官，多人學有所成。陳家育有六女兩子，陳衡哲排行第二，全部都學習古文，又接受新式教育。陳衡哲二弟陳益，畢業於清華大學經濟系，曾任北平中孚銀行經理，一直留在大陸從事銀行業，一九七零年左右病逝天津。六妹陳受鳥（1909–2007）嫁吳大任（1908–1997），夫婦兩人皆為南開大學數學教授。

　　陳家後來家道中落，遂遷常州鄉郊，投靠外祖莊家。陳衡哲少年時受舅父莊思緘（1867–1932）及嫁於常熟的姑母的影響至大。這位姑母在陳衡哲口中是天才橫溢、德行高超而被時代埋沒了的女子。陳衡哲的舅父原是文官，後來轉作新軍軍官，在廣東西南部廉州駐守，是她的啟蒙老師。除飽讀聖賢書外，他對西方科學及文化亦甚感興趣。他向她灌輸不少西方知識，鼓勵她發揮潛在的才華，成為一個有知識、能獨立的新時代女性。

　　之後，陳衡哲進入上海一所新式學校讀了三年書，期間有機會學習英文，為她日後放洋打下基礎。在上海學習期間，父親為她訂了一門親事，她堅決反對，父女關係一度緊張。一九一二年，她跑到離蘇州不遠的姑母家，邊等新的求學機會，邊教家館。姑母是個很有學問的人，不但擅長書法，還通曉詩詞、歷史、中藥。她明白陳衡哲渴求知識和獨立，故給予支持與鼓勵。一九一四年，清華大學庚款留美計劃首次招收十名女生。陳衡哲在姑母鼓勵下前往應試，獲得錄取後，於同年乘船赴美。

　　陳衡哲抵美後，先在紐約樸克思（Poughkeepsie）的樸南堂女校（Putnam Hall Girls' School）學習一年，為正式進入大學作準備。一九一五年秋，她與另外一名中國女留學生進入瓦薩女子大學（Vassar College）學習，兩人在校內積極宣揚中國，教授中文。陳衡哲在校期間，該大學只多收了兩名中國女學生。陳衡哲入讀歷史系，主修西洋史，副修西洋文學，四年內如期修完全部課程，一九一九年畢業時以優異成績獲「金鑰匙」獎（Golden Key Prize），並成為全國性的斐陶斐榮譽學會（即美國大學優等生榮譽學會，Phi Beta Kappa）會員。她在瓦薩女子大學用的名字是 Sophia Hung-che Chen，歷史系系主任薩爾芒（Lucy M. Salmon）和老師愛樂麗（Eloise Ellery）對她的影響極大，後者並鼓勵她從事比較中西歷史的研究。一九一九年秋，陳衡哲進入芝加哥大學研究院深造，仍攻讀西洋史及西洋文學。一九二零年獲文學碩士學位。同年北京大學開始招收女生，經胡適推薦、蔡元培校長邀請，回國任北大歷史系教授，主講西洋史，成為北大，也是全國的第一位女教授。

　　陳衡哲在瓦薩女子大學讀書期間，結識了對她影響極深的兩位男士。一九一六年夏，她往訪紐約綺色佳（Ithaca），邂逅未來夫婿任鴻雋（英文名字為 H.C. Zen, 1886–1961）。一九一七年，任鴻雋帶同胡適到瓦薩女子大學探望陳衡哲，且介紹兩人相識。三人從此結為終身好友。任鴻雋與胡適在上海時已是同學，當時又一起在康奈爾大學（Cornell University）念書。早於一九一五年，任鴻雋已是中文科學刊物《科學》的創刊編輯，也是中國科學社創辦人之一。《科學》與中國科學社都有一個共同目標，就是在中國傳播科學知識。一九一六年，任鴻雋與胡適都是《留美學生季報》編輯時，兩人就白話文學進行辯論，胡適主張使用白話文，寫詩的任鴻雋反對，所以他編《科學》時均以文言發表文章。陳衡哲支持胡適，為《留美學生季報》及《新青年》撰稿時都用白話文。她的短篇小說集《小雨點》（1928），在《留美學生季報》發表的短篇小說〈一日〉（1917），以及在《新青年》發表的〈人家說我發了癡〉（1918），全用白話文寫。為此，陳衡哲往往被視為比魯迅更早以白話文發表文章的作家。

　　一九二零年，陳衡哲與任鴻雋結為終身伴侶，當時兩人都在北大任教授。一九二四至二五年，任鴻雋被聘為南京東南大學副校長，陳衡哲亦隨同前往任西洋史教授。一九三零年，陳衡哲在北大教了一年西洋史後，便辭去教職，專心照顧家庭，從事創作。她又在一九三二年和任鴻雋、胡適創辦具自由主義傾

向的雜誌《獨立評論》。她還筆耕不輟，以多種體裁進行創作，寫了大量詩文小說，在《新青年》、《努力周報》、《東方雜誌》、《小說月報》、《現代評論》、《獨立評論》等各大文學刊物發表。

陳衡哲大部份作品都關注中國所面對的社會及政治問題。她發表的兩個作品集：短篇小說集《小雨點》和一九三八年的散文集《衡哲散文集》兩卷，同樣強調與婦女、青年、教育有關的問題。一九三四年，她編寫了研究中國婦女的《新生活與婦女解放》。一九三五年，任鴻雋被任命為新四川大學校長；同年十二月，陳衡哲隨夫到成都履新。她目睹民眾生活困苦，社會落後，軍閥橫行，心下震驚，遂將感受寫成一系列文章，以《川行瑣記》為題，陸續在《獨立評論》發表。這些文章嚴厲批評四川軍閥政治及社會文化狀況，言詞尖銳，引起當地新聞界激烈回響，向她進行人身攻擊。為了此事，以及其他種種原因，她在一九三六年七月返回北平。任鴻雋稍後也辭去四川大學校長之職，在一九三七年返京。陳衡哲研究西洋歷史，偏重文化史，尤其側重文化對人類歷史的影響，所發表的三本相關著作，包括《西洋史》（上下冊，1927年）、《文藝復興小史》（1925）和《基督教在歐洲歷史上的地位》（1922）。

打從留學瓦薩女子大學的日子，陳衡哲已是一位善於向西方世界闡明中國情況的人物，曾以英文出版兩本專著。一九三一年，她為中國太平洋國際學會編輯 *Symposium on Chinese Culture*（中國文化論集），以圖增進西方對當代中國文化的了解。她還為此書寫了最後的一章 "Summary of China's Cultural Problems"（編者意譯：總結中國文化的問題）。此章亦收入她另一本英文著作 *The Chinese Woman and Other Essays*（編者意譯：中國女性及其他散文，1932年）內。在這些書中，她都倡議選取中西文化內合適的元素，加以融合，用於中國，使舉國文化現代化，她相信這樣發展下去，最終會出現一個新的世界文化。在九十年代，她這個中西文化共冶一爐的理念，甚受海內外知識份子歡迎。她積極參與中國太平洋國際學會的事務，曾以中國代表團團員身份，出席太平洋國際學會在檀香山（Honolulu, 1927）、京都（1929）、上海（1931）和加拿大班府（Banff, 1933）舉行的會議。

抗戰期間，任鴻雋繼續在科學和教育機構工作，陳衡哲隨著他的工作地點轉移，先在昆明，後到重慶。她對國民黨政府貪污腐敗愈來愈感沮喪，漸漸和它保持距離，戰後更日形疏離。一九四五年，她應邀前往美國國會圖書館中文部，出任指導研究員，任鴻雋隨行，二人一年後回國，定居上海。共產黨軍隊

南下時，他們一度考慮到美國，與在彼邦讀書的三名子女會合。不過他們最終決定留下，可能由於他們對國民黨愈來愈心灰意冷。一九四九年，中華人民共和國成立後，二人均當選為上海市政協委員。任鴻雋曾以特邀代表的身份，出席了北京的全國政協會議。他一生積極投入科學及教育工作，一九六一年十一月九日離世。一九四九年後，陳衡哲便沒有擔任公職，也沒有公開發表過社會及政治評論。她捱過了文革，但幼女以書當時受到衝擊，以書丈夫更被迫害致死。一九七六年一月七日，陳衡哲在上海逝世，終年八十六歲。

陳衡哲與任鴻雋共生有二女一子。長女任以都（參見該傳），一九二一年生於北平，曾在中國、香港接受中小學教育，美國瓦薩女子大學學士，美國哈佛大學歷史博士；專治中國近代史，長期任教美國賓夕凡尼亞州立大學（Pennsylvania State University）歷史系，是該系的第一位女教授。次女任以書生於一九二五年，戰後赴美亦就讀於瓦薩女子大學，之後回國侍母。三子任以安生於一九二八年，戰後到美國讀中學，進康奈爾大學取得博士學位，為美國著名華裔地理學家。

陳衡哲是現代中國的重要女作家，也是二十世紀二十年代中國新文學運動的先行者。文學史家司馬長風在《中國新文學史》（1991）中稱：「（她）實是新文學運動第一個女作家。」阿英在《現代中國女作家》（1931）中也對她的作品極為推崇。陳衡哲雖沒有支持西方爭取婦女選舉權的政治運動，但她和很多其他中國婦女一樣，在一九四九年以前，時刻透過行動及筆墨鼓吹國內婦女解放及男女平權。她欽佩居里夫人（Marie Sklodowska Curie），且十分羨慕西方婦女有機會發展個人的獨特性、培養自己的才能。她在作品中表明，中國婦女大可以居里夫人為榜樣，去實現自己的抱負。作為歷史學家，她以簡單易明的文字，把西洋史介紹給國內讀者，在這方面她起了重要的先導作用。在二次世界大戰前，她著述的西洋史書，是國內學校及大學的主要課本，曾再版多次。二十世紀二十年代，陳衡哲被譽為中國才女。丈夫任鴻雋是中國現代科學的奠基人，知己胡適是中國現代人文科學的奠基人。她把科學和人文科學，把中西方聯繫起來，在一九四九年之前的三十年間，可算是中國最具影響力的女性之一。

H.D. Min-hsi Chan、齊文穎

◈ 〈陳衡哲〉見《民國人物小傳》，冊 4，劉紹唐主編，台北：傳記文學出版社，1989 年，頁 297–300。
◈ 朱維之編，《陳衡哲散文選集》，天津：百花文藝出版社，1991 年。

◇ 《任以都先生訪問紀錄》，台北：中央研究院近代史研究所，1993 年。
◇ 陳衡哲著、馮進譯，《陳衡哲早年自傳》，合肥：安徽教育出版社，2006 年。
◇ Chen Zen, Sophia. *The Chinese Woman and Other Essays.* Peiping: n.p., 1932.
◇ Boorman, Howard L., and Richard C. Howard, eds. *Biographical Dictionary of Republican China.* New York: Columbia University Press, 1967–71.
◇ Ye Weili. "Crossing the Cultures: The Experiences of Chinese Students in the USA 1900–1925." Ph.D. dissertation, Yale University, 1989.
◇ Dooling, Amy B., and Kristina M. Torgeson, eds. *Writing Women in Modern China.* New York: Columbia University Press, 1998.

▥ 21 陳慧清 Chen Huiqing

　　陳慧清（1909–1983），追隨中國共產黨紅一方面軍參加一九三四至三五年長征的三十名婦女之一。她在香港出生，祖籍廣東番禺。

　　陳慧清被歸類為「無產階級」，八、九歲起在家做手工活，十四歲到紡織廠當工人。一九二五年參加香港大罷工，後來罷工蔓延至大陸，她當選省港織造工會常委。翌年加入中國共產黨。她在廣東工作三年，其間一度任職國民黨宣傳部。她參加一九二七年十二月的廣州公社起義時，是廣東省委交通員。一九二九年在香港與工運領袖鄧發（1906–1946）結婚。鄧發一九二八年後任中共香港市委書記、廣州市委書記、廣東省委組織部長。婚後兩人攜手共事，先從事工運，後轉往國家政治保衛局。長征期間，鄧發一直主管保安事務。

　　陳慧清踏上長征路時，已懷有身孕。一九三五年四月在雲南誕下孩子。和其他在長征途中產子的婦女一樣，她將孩子棄掉。到陝北後，任陝甘寧邊區政府糧食部倉庫主任、糧食調劑局主任。一九四八年出席第六次全國勞動大會。建國後，任廣東省民政廳副廳長、省總工會副主席（1962），省婦聯、省政協、省人大常委。

　　據知陳慧清曾在延安與海倫‧福斯特‧斯諾（Helen Foster Snow）會面。她最少有一個兒子，在延安與她一起生活。她經歷了文革，於一九八三年去世。

Sue Wiles

陳玉冰譯

◇ 郭晨，《巾幗列傳：紅一方面軍三十位長征女紅軍生平事蹟》，北京：農村讀物出版社，1986 年，頁 81–84。
◇ Snow, Helen Foster. *Inside Red China*, 1977 reprint [with a new preface and biographical notes by the author]. New York: Da Capo Press, 1939, 29–30, 169.
◇ Lee, Lily Xiao Hong, and Sue Wiles. *Women of the Long March.* Sydney: Allen & Unwin, 1999.
◇ 「陳慧清」見 <http://baike.baidu.com/view/320080.htm#sub10439974>，2014 年 12 月 19 日查閱。

◈ 「鄧發」見 <http://baike.baidu.com/view/111512.htm>，2014 年 12 月 19 日查閱。

⊪ 22 陳進 Chen Jin

陳進（1907-1998），生於台灣新竹的香山，是台灣美人畫的出色畫家。
她的畫在台灣的日治時期曾多次在台灣的台灣美術展覽會（台展）和台灣總督
府美術展覽（府展）以及在日本的文部省美術展覽會（文展）和帝國美術院展
覽會（帝展）展覽。她是公認的台灣重要女畫家。

陳進出生在一個富裕的家庭，有兩個姐姐，父親陳雲如是日本殖民政府
官員，母親的情況不詳。陳進少時接受的是公立學校的日文教育。一九二二到
二五年，她就讀於台北第三女子高級學校，首次接觸到藝術世界。那裡的老
師鄉原古統（1892-1965）教授水彩畫並鼓勵她到日本深造。她一九二五年赴
日，進入東京女子美術學校東洋畫部學習，當時的老師包括結城素明（1875-
1957）與遠滕教三。畢業以後她繼續跟隨東京美人畫的兩位著名畫家伊東深水
（1898-1972）和鏑木清方（1878-1972）習藝。

一九二七年陳進還在學校的時候，就有三幅畫，分別是〈姿〉、〈罌粟〉
和〈朝〉，被選在第一次的「台展」展覽。那次台展有九十二個藝術家被選中，
當中只有三個台籍人；除她之外，還有林玉山和郭雪湖；他們被譽為台展三少
年。自此以後，她的作品經常在「台展」和「府展」展出。到一九三二年，她
已三次獲得「台展」的特別獎。她和廖繼春（1901-1976）都被邀請為第六屆「台
展」的評審，成為首次被邀的兩位台籍人；她評審東方畫，廖繼春則評審西洋
畫。陳進也是第七和第八屆「台展」的評審。

陳進在台灣的美術界取得了最高榮譽之後，開始把作品送到日本參展，作
為對自己的挑戰。一九三四年，她的〈合奏〉被第十五屆「帝展」接受，成就
了她藝術事業最輝煌的一頁。她的〈化妝〉在次年的春季「帝展」展出，而〈山
地門之女〉也為一九三六年的「文展」所接受。〈山地門之女〉是她在屏東高
級女子學校教書期間（1934-1938）完成，她在那裡教書的原因之一，就是為
了能夠觀察台灣南部的原住民，為他們寫生。

美人畫是陳進作品中重要的題材。她描繪美麗的女人穿著台灣服飾，出現
在台灣背景中，她們的服飾髮式和珠寶首飾都是當時最時興的。在〈合奏〉中，
她畫了兩個年輕的女性，並肩坐在鑲嵌貝殼的黑漆長椅上，一個吹笛，一個彈

琴，背景卻留白。這種長椅是當時台灣上層家庭中常見的。她們的頭髮造型經過精心描繪，她們的面容幾乎沒有分別，都有著像玩偶一樣的丹鳳眼、柳葉眉和櫻桃小嘴。她們衣服的描摹也同樣細膩，白色的花邊滾邊用顏色凸顯出淺淺的一層層；衣摺的處理十分巧妙，顯得很自然的樣子。輪廓線裡面全是和諧色彩，滲出一股高尚優雅的氣氛。

一九四五年陳進回到台灣，次年，近四十歲的她和蕭振瓊結婚。一九四七年生子蕭成家，並照顧丈夫與前妻所生的六個兒女。儘管這個新家佔用了她不少時間，也只能讓她有限度的參與台灣藝術界的活動，如出任每年全台灣展覽的評審，但她仍然繼續作畫。

一九五八年，陳進在台北中山堂舉行了首次個人作品展覽，展示了六十二幅畫作。一九六九年到美國旅遊，一邊參觀藝術博物館，一邊寫生。她舉辦了兩次回顧展，首次在台北市立美術館（1986），第二次在台灣歷史博物館（1996）。一九九六年獲頒行政院文化獎，她用這筆獎金為青年藝術家設立了一個獎學金。她在一九九八年逝世，享年九十二歲。

謝世英

蕭虹譯

◇ 謝里法，〈日據時代臺灣美術運動史〉見《藝術家》，1975 年 11 月，頁 100–102。
◇ 雷田，〈閨秀畫家：陳進〉見《藝術家》，1976 年 3 月，頁 102–110。
◇ 雄獅美術社編，〈陳進作品選介〉見《雄獅美術》，72 期，1977 年 2 月，頁 70–72。
◇ 莊伯和，〈陳進的繪畫藝術〉見《雄獅美術》，109 期，1980 年 3 月，頁 26–39。
◇ 黃春秀，〈秉持現世精神的畫家——陳進〉見《雄獅美術》，109 期，1980 年 3 月。
◇ 韓秀蓉等編，《陳進畫集》，台北：台北市立美術館，1986 年。
◇ 石守謙，〈人世美的記錄者——陳進畫業研究〉見《臺灣美術全集第 2 卷：陳進》，台北：藝術家出版社，1992 年。
◇ 田麗卿，〈閨秀‧時代‧陳進〉見《雄獅美術》，1993 年 11 月。
◇ 謝世英編，《陳進的藝術》，展覽目錄，台北：歷史博物館，1996 年。
◇ 謝世英，〈陳進訪談錄〉見歷史博物館編，《悠閒靜思——論陳進藝術文集》，台北：歷史博物館，1997 年，頁 131–150。

▥ 23 陳湄泉 Chen Meiquan

陳湄泉一九一四年生於遼寧省鎮北縣，中國首批女警官，中國和台灣女警的前驅者。

陳湄泉是內政部警官高等學校第二十期的學員，一九三六年畢業後，分派到南京首都警察廳工作。同年與東北同鄉趙炳坤結婚。趙炳坤是警官高等學校

第十六期畢業生，初留部任用，管理警察教育與特種警察業務以及外事警察。一九三四年又畢業於防空學校，改任首都防空司令部科長。

抗戰爆發，陳湄泉隨趙炳坤到過河南、湖南、廣西各省。在廣西曾任職桂林警察局。一九四五年趙炳坤調任航空委員會防空總監部民防處少將處長，陳湄泉則在女青年軍訓導組任職。抗戰勝利後，國民黨中央政府接收東北。趙炳坤因與興安省（今內蒙古自治區）省主席吳煥章是好友，跟隨到興安省任省府委員兼警務處長。陳湄泉則受聘為中央警官學校東北分校講師，兼遼寧警察學校教官。一九四七年，夫婦同時當選國大代表，但是陳湄泉的名額在國民黨安排下讓與友黨，直到一九四九年才補實。

陳湄泉隨國民政府遷台灣後，與胡道馨等四個同學，寫了封聯名信給內政部，並附上履歷表，請求分配工作。一九五一年六月，警務處以額外任用方式聘用陳湄泉為台北市警察局女子警察隊長，但因為這個隊是初創，還沒有編制和預算，只有隊長一人。陳湄泉根據自己在警界服務的經驗，深感以男性為中心的社會對女警一直沒有重視，而中國女警招訓多年仍無成效，癥結在於欠缺制度。為了女警的存續，她認為必須由女警本身採取主動，所以她草擬計劃，積極爭取。警察局長李德洋遂呈報將女警納入編制。一九五二年台北市警察局女警隊正式成立，首創台灣女警建制。

一九五四年十月陳湄泉因身體不適，請調內勤，隊長一職由胡道馨接任。陳湄泉調任警務處專員室後仍力主招訓女警，台灣省警察學校終於在第二十六期訓練班招訓了一批女警，由陳湄泉兼任隊長，然而警察學校在這批女警一九五六年畢業後，就再沒有招訓女警。一九六七年，陳湄泉積極呼籲，繼續招訓女警，至關重要，終於獲得將「增用女警」四字列入國民大會決議文中。

除了爭取女警建制與招訓，陳湄泉深知警察執行工作必須透過警民合作，才能順利達成任務，遂潛心研究警察公共關係的理論和實務，並在各種警察雜誌上發表文章，強調必須在警隊建立一個公共關係架構。一九五九年，警務處奉命設置公共關係股，派陳湄泉兼任股長。公共關係股創立初期，又是陳湄泉一人開荒，奠立基礎。她在一九六二年任公共關係室副主任，所著《警察公共關係理論與實務》一書，為員警常年教育的教材。

就創建台灣女警制度與推動警察公共關係兩者而言，陳湄泉都是開荒第一人。她一九七二年從警察崗位退休，一九九一年從國大代表任內退職。

陳純瑩

◇ 陳湄泉，〈中國女警的回顧與展望〉見《警民導報》，251 期，1956 年 8 月，頁 9-11。
◇ 許雪姬、沈懷玉訪問，曾金蘭紀錄，《陳湄泉先生訪問紀錄》，台北：中央研究院近代史研究所，
  1996 年。

▥ 24 陳慕華 Chen Muhua

陳慕華（1921-2011），浙江青田人，一九七八至八八年歷任中華人民共和國副總理兼對外經濟貿易部部長、國務委員。陳慕華的叔父是國民黨空軍軍官，在他支持下，她才能完成中學教育。不過，她認同共產黨在中日開戰時的抗日號召，於是在一九三八年去了延安。她告訴母親六個月後便歸家，可是直到七年後母親過世時，她仍然在外。

在延安時，陳慕華進入抗日軍政大學修讀軍事科學，同期加入中國共產黨。當她發現大學的參謀訓練課程不收女生時，便直接向毛澤東（1893-1976）投訴。一天，毛澤東站在講台上演講，鼓勵大學女生學習無線電技術、醫藥及護理知識，陳慕華將一份要求准予參加訓練課程的呈請書交給他。數天後，毛澤東批准參謀訓練課程的錄取名單，在一百名新生中，有十二名是女生，當中包括陳慕華。於是，她便成為中央軍事委員會所舉辦訓練課程的首批結業學員。她的導師包括聲望極高的領導人朱德（1886-1976）、陳雲，和共產國際顧問德國人李德（Otto Braun）。她和其他女生接受的體能及軍事訓練與男生的一樣嚴格。她個子較一般女性為高，體格勻稱、精力充沛。一年的軍事訓練培養了她的耐力，可以長時間工作，這對她日後當上領導，得日理萬機之時，十分有利。完成訓練後，她被派往蕭勁光將軍麾下，成為第一位女參謀。中日戰爭期間，曾在不同崗位效力。當過延安留守兵團警備五團參謀、兵團司令部教育科參謀，及兵團軍事研究室研究員。在一九四二年的整風運動中，為了叔父屬國民黨中人而捱批。當時她懷有身孕，日以繼夜的審查，令她飽受壓力，疲累不堪，以致雙足腫脹。直到周恩來（1898-1976）出面力保，她的苦難才告一段落。內戰期間（1945-1949），她接受挑戰，在熱河軍區司令部，先後擔任多個性質不同的崗位，包括在鐵路辦公室、煤礦工作；以及掌管護理學校及醫院等。

中華人民共和國成立之後，陳慕華轉而投身經濟事務。五十年代，她主管國家計劃委員會轄下鐵路處及交通局長遠計劃處，參與規劃全國交通運輸網絡事宜。對外經濟聯絡總局成立後，局內有關向非洲國家提供經濟援助的事務，

便交由她負責。文革期間，她被打成「走資派」，加上她奉行「白專路線」，亦被指不「紅」，對毛澤東不忠。她被批的緣由，是她曾建議從事涉外經濟工作的人員應學習外語。此外，有謠傳稱她是國民黨領袖陳誠的姪女。她在黑龍江工作的弟弟便因這項指控而受到牽連，最終遭迫害致死。一九七零年，她成為對外經濟部副部長，工作上直接向周恩來負責。她擔任此職時，一直戰戰兢兢，每逢向周恩來提交報告，都做足準備工夫。周恩來對下屬要求嚴格，注重細節，人所共知。縱使如此，他對陳慕華的工作表現，甚為滿意。

一九七八年，陳慕華晉升為國務院副總理，在當時而言，除了一些名譽職位，她應是立國以來，擔任最高職位的女性了。她同時兼任對外經濟貿易部部長。為了鼓勵出口，她向黨中央取得批准，讓地方政府及貿易單位把所賺外匯的二成五留下，由當地政府及有關出口單位均分。結果，整體出口急升，全國出口值增至三百多億美元。她負責對外貿易工作，經常與外國官員及海外公司要員交涉，談判時，她以敏銳見稱，且能以雙方利益為依歸。一九八五年，黨中央決定讓她多兼一職，就是主管人民銀行。人民銀行是中國的中央銀行，調控全國宏觀經濟。她任職行長期間，引進措施，收緊貨幣及借貸審批政策。遇有高級領導批條子（即按來人要求寫引薦信，再由這人轉交相關的部門或人員，著其辦妥這人要辦的事），要求通融貸款予某些人，她便會在會議上朗讀條子的內容，之後，此類條子就愈來愈少了。這樣做，她可能會開罪一些位居要職的人，有以身犯險之虞。她又整頓人民銀行和其他銀行的關係，並予加強，使人民銀行在協助及監察其他銀行的工作上，能更有效地履行中央銀行的職責。她亦改善了人民銀行多間分行及辦事處的基本設施。鑑於過往有些農村借貸所在蘆葦席棚辦公，有些使用普通吉普車運鈔，她下令興建正式的銀行辦事處，採用較安全的方法運載款項。種種措施背後的理念中，最重要的一個，還是她深信中國必須和其他國家的財經界交流。由是，中華人民共和國在一九八六年成為亞洲開發銀行成員，並在一九八九年主持了亞洲開發銀行年會。陳慕華同時是亞洲開發銀行及非洲開發銀行的理事。

一九八八年陳慕華離開人民銀行後，出任全國人大常委會副委員長。同年九月，即六個月後，當選全國婦聯主席，正好反映出她經年的輝煌成就得到認同。這項殊榮著實教她驚訝，因為她之前從未參與婦女事務。一如既往，對不熟悉的工作，不單勇於承擔，而且奮力學習及鑽研。她的第一步是把婦女工作和經濟工作聯繫起來。為了讓農村婦女得到更多機會，她建議她們學習認字，

從而學習農耕技術。根據她的建議而推行的「學文化、學技術」運動，成績驕人，有逾一千萬婦女學習認字、九千萬婦女接受農耕技術的訓練。同時全國婦聯協同農業、林業、科委、計委、銀行等部門成立了協調小組，促成實際合作。她並確保在省及地方層面，均設有類似協調小組。這個運動令農家婦女在農業生產、農村及鄉鎮企業中，開始擔當較重要的角色。在草擬、審議、通過及推廣婦女權益法的整個過程中，她以五十年代的婚姻法為基礎，把有關婦女的法規現代化。

陳慕華主張女性高級知識份子及女高官的退休年齡應和男性一致，幾經努力，終於成功，自此女科學家及女學者便可作出最大貢獻。身為中國最高級的女性領導，她深感能進入領導層的女性寥寥可數。雖然勞動人口中有百份之四十三點六是女性，但擔任部長及副部長職位的女性僅佔百份之六點五，而在省級領導階層中，女性所佔比例亦相若。這個情況在中國共產黨領導層中更為明顯。她繼續前輩蔡暢（參見該傳）及鄧穎超（參見該傳）等人的努力，促請負責取錄及晉升黨政官員的有關當局，訓練及選拔更多婦女擔任領導職位。她表示，人人都說男女應平等，但口惠而實不至，要達致真正平等，前路漫長。在婦女工作方面，她最卓著的成就，莫過於在一九九五年主持第四屆世界婦女大會。對全國婦聯作為一個群眾組織，也只不過和政府動作一致的批評，她的回應是：政府既是人民的政府，全國婦聯又何須要和政府對立呢？

一九四零年，陳慕華在延安和鍾毅結婚。鍾毅在三十年代畢業於哈爾濱工業大學。他在東北一帶參與抗日活動，後來逃往延安，躲避追捕。鍾陳二人均屬參謀訓練課程學員，且曾在延安留守兵團工作，所以，在派往東北地區前，已共渡了一段難忘的日子。六十年代，鍾毅是軍事領袖，礙於健康欠佳，提早退休。一九七四年接受了一次大手術。退休後進入老年大學學習書畫。他們的四名女兒及女婿都從事外貿財經工作。陳慕華在延安接受審查時，在延河彼岸駐守的鍾毅正忙於照顧大女兒，她不得已之下，在一九四三年，把二女兒送了給人。一九四九年後，她立刻四出尋找送走的女兒，直至一九七五年才找到，最後在北京團聚。二女兒雖然仍和養母一起，但兩家過從甚密。一九九五年，陳慕華已有男女孫各一。從政期間，她花在家務的時間不多，代她持家的，先有姻親，後有孫女。陳慕華熱愛園藝，茶几及窗台都擺放了盆栽。由於愛花的關係，她對中國種花業的發展也重視起來。七十歲後，已從大部份職位中退下來。二零零八年當選全國婦聯名譽主席。二零一一年因病在北京逝世，享年

九十歲。

　　陳慕華最後晉身政治局，成為這個中國共產黨最高決策機構的候補委員。雖然江青（參見該傳）及葉群（參見該傳）在文革時期均屬政治局委員，後來的鄧穎超也享有同樣職銜，但她們三人都苦無機會盡展才華，不論所居行政職位或所負責任，其重要性皆遜於陳慕華。陳慕華乘著後文革時期的婦女改革浪潮，攀上政治高峰，掌握決策權力，成就之高，鮮有婦女能及。

蕭虹
陳玉冰譯

◇ 《華夏婦女名人詞典》，北京：華夏出版社，1988 年，頁 633–634。
◇ 中國婦女管理幹部學院編，《古今中外女名人辭典》，北京：中國廣播電視出版社，1989 年，頁 32–33。
◇ 王霄鵬，〈陳慕華：眼睛告訴你一切〉見《中華英才》，12 期，1995 年 6 月，頁 4–10。
◇ 謝風華、孫錫武編著，《中國高幹夫人檔案》，長春：北方婦女兒童出版社，1998 年，頁 339–349。
◇ Bartke, Wolfgang. *Biographical Dictionary and Analysis of China's Party Leadership, 1922–1988.* Munich: Saur, 1990, 14.
◇ 「陳慕華」見 <http://baike.baidu.com/view/105093.htm>，2012 年 10 月 19 日查閱。

⠇ 25 陳染 Chen Ran

　　陳染一九六二年生於北京，作家。父母都是知識份子，在她上高中時離異，她從此跟著母親生活。童年痛苦的回憶，缺乏父愛的辛酸，為她布下情感的雷區，也成了她創作的原材料，對她的作品影響極大。

　　一九八二至八六年，陳染在北京師範大學中文系學習，畢業後留校任教。八十年代末結了婚，不久又離了婚。一九八八年去了澳大利亞，但很快便重返北京，當上新聞記者和文學編輯。一九九五年辭掉工作，改當專業作家。兩年後，到中國作家協會任編輯，現居北京，從事寫作。

　　陳染在大學時就開始寫作；先寫詩，後寫小說。在這段時期，最具代表性的作品是〈世紀病〉（1986），寫的是一個反叛的大學生。一九八七到八九年，她發表了一系列極具哲理意味的超現實短篇小說，小說的背景和人物往往神秘莫測，充滿隱喻色彩。一九九零年，她的作品開始具備獨有的形式和主題，在小說〈角色累贅〉（1990）、〈與往事乾杯〉（1991）和〈無處告別〉（1992）中，主角都是一個女敘事者，她以獨白的方式，敘述自己的的過去和現況，與愛人、女友和母親的關係，邊敘邊訴說她的思想情感。她是個孤獨憂鬱的都市

女知識份子，覺得與身外的世界隔離。陳染利用這種女性獨白敘事的手法，在她的中篇小說〈破開〉（1995）和長篇小說《私人生活》（1996）中，旗幟鮮明的伸張女權。〈破開〉探討了都市女知識份子之間柏拉圖式的同性戀，它自稱是中國女權主義者的宣言。在《私人生活》中，她選用了自己最喜歡的內心獨白形式，描述了在七十年代中到九十年代中，一個少女成長為婦人的淒涼故事。主人公的精神逐漸頹萎，日趨偏執。她感到失敗，主要因為要忍受扭曲的性關係，而故事情節就是圍繞著這一點展開。主人公的異性戀情若非不正常，就是不圓滿，再看她與母親的關係，以及其他同性戀關係，都沒有好結果。她最後孑然一身，到過一所精神病院後，才發覺自己唯一的避難所，是家中的洗手間。

一九九四年，陳染發表題為〈超性別意識與我的創作〉的文章，聲稱現代女性的困境是：她們或許可以從男性身上找到肉體的愛，但卻只有同性能了解她們，滿足她們靈性上的渴求。換言之，真愛是超越性愛與性別的。在接受蕭鋼的一次訪問中，陳染堅稱寫私生活的目的，在於深入探究現代人精神和情感上困境，因為她相信「最個人的才是最為人類的」。她亦試圖描繪「性別意識」。她表示性別意識對她來說是與生俱來的，一個女作家應該在男性停止思考處開始思考，並從女性邊緣文化的立場抒發己見。她也認為，只有在結合兩性優秀品質的基礎上，女作家方能完整表達人類的思想感情。

陳染獨特的聲音和「女性寫作」，引起了那些服膺女權主義的評論家和文化出版界的極大關注。這些身為中國女權主義者的評論家認為，陳染為二十世紀九十年代婦女寫作和文化開創了一種新的類型。他們稱讚她在作品中描繪性別意識，又把包括女同性戀、戀父情結、母女關係這些女性的個人體驗引入文學創作中。他們聲稱，陳染的作品，提供了一個研究婦女自我認同的精神分析案例。然而，主張自由人文主義的評論家如王小波等，看法可不同。

王小波對陳染的作品感到失望。他認為偉大的作家，必須具有實際的生活體驗和深刻的洞察力，這些都不能用性別意識來代替。王小波稱，陳染的文學成就趕不上她在哲理方面的雄心壯志。他指出用「文化相對論」來避開或取代對文學本身的評價，有潛在危險，而這種情況存在於女權文學創作和評論中。許多其他評論家也認為陳染所代表的私人文學狹隘空洞，批評她以描寫私人生活來掩飾對生活和世界的缺乏了解。此外還有一些讀者確信，像陳染一類的女作家，不過是利用性和私隱為題材，以求在大眾消費市場上名成利就。

一九九六年，陳染出版了《私人生活》，大肆宣傳的同時，社會上也對私人文學展開激烈辯論。這和陳染以精英的口吻作出與社會抗衡的姿態，聲言反對由男性主導的文化市場是一個諷刺的對比。

孔書玉

龍茵譯

◇ 陳染，《嘴唇裡的陽光》，武漢：長江文藝出版社，1992 年。
◇ ──，〈超性別意識與我的創作〉見《鍾山》，1994 年 6 期，頁 105–107。
◇ ──，〈破開〉見《花城》，1995 年 1 期，頁 63–77。
◇ ──，《私人生活》，北京：作家出版社，1996 年。
◇ 戴錦華，〈陳染：個人和女性的書寫〉見《當代作家評論》，1996 年 3 期，頁 47–56。
◇ 王小波，〈私人生活與女性文學〉見《北京文學》，1996 年 11 期，頁 48–94。
◇ 蕭鋼，〈另一扇開啟的門〉（與陳染對話錄）見陳染，《私人生活》，北京：作家出版社，1996 年。

▥ 26 陳顒 Chen Rong

陳顒（1929–2004），生於哈爾濱，黑龍江省璦琿縣人，話劇導演。

一九四一年，陳顒入讀北平的貝滿女子中學（Bridgeman Girls' High School），但不久即離京赴冀魯豫解放區參加共產黨的革命鬥爭。次年初，被派到戰友劇社，在《白毛女》、《劉胡蘭》和《王秀鸞》等歌劇中擔任主角。她也在《戰鬥裡成長》一劇中扮演趙妻。她飾演年輕的革命烈士劉胡蘭，演出非常傳神，以致觀眾中的戰士向舞台上扮演迫害劉胡蘭的演員投擲石頭。快行刑時，戰士們端槍對準扮劊子手的演員，連長不得不下令：「把槍栓卸下來！」

一九四九年後，陳顒重返校園；她進入中央戲劇學院攻讀歌劇，一九五二年畢業後，分配至中國戲曲研究院工作。一九五四年被送到莫斯科盧那察爾斯基戲劇藝術學院（Lunacharskii Academy of Dramatic Arts）學習導演。入學面試時，對方要求她告訴中國當局，不應派送像她這樣大學沒畢業的學生來。由於俄語不大好，她就多查字典，向蘇聯同學借筆記。學習結束時，她各科都得到最高分數。一九五九年回國，進入北京人民藝術劇院，導演了《伊索》（Aesop）、《劉介梅》等劇目。和歐陽山尊合作導演了《三姐妹》，還為中國兒童藝術劇院整理排練了《馬蘭花》一劇。一九六零年轉到兒童藝術劇院工作，導演了《岳雲》，後又調到中國青年藝術劇院，在該院度過了她藝術生涯的黃金歲月。在這段期間，她先後執導了三十多個劇目；有些是國產劇，但更多的是外國近代或現代歌劇，讓國內觀眾耳目一新。她導演的《伽

利略傳》（*Life of Galileo*），獲文化部匯演演出一等獎；該劇由德國劇作家布萊希特（Bertolt Brecht）根據這位科學家的生平寫成。她的《遲開的花朵》在一九八一年獲文化部調演演出二等獎，而她的現代國產劇《本報星期四第四版》獲文化部現代調演導演獎。一九八三年她執導《櫻桃時節》（*Cherry Season*，一部由法國劇作家茹爾‧瓦萊斯（Jules Vallès）所寫關於巴黎公社的戲劇）之後，獲得「巴黎公社之友」協會（Paris Commune Association）和茹爾‧瓦萊斯文學會（Jules Vallès Literary Society）授予榮譽會員資格。她導演的其他外國劇還有《父輩的少年時代》（*The Youth of Our Fathers*, 蘇聯）、《猜一猜，誰來吃晚餐》（*Guess Who's Coming to Dinner*, 美國）等。一九八六年，她應日本戲劇協會齒輪座之邀，導演了台灣劇作家姚一葦的劇本《紅鼻子》，獲各界好評。八十年代末到九十年代初，她所導演的重要劇作，有布萊希特的《高加索灰闌記》（*The Caucasian Chalk Circle*, 1985），弗里德里希‧杜倫馬特（Friedrich Dürrenmatt）的《天使來到巴比倫》（*An Angel Comes to Babylon*, 1987），馬中駿的《老風流鎮》（1989）以及田漢的經典劇《關漢卿》（1991）。

陳顒的導演風格活力奔放，所排演的劇作都具有濃重的歷史背景。她當選中國戲劇家協會第四屆常務理事，一九八四年出任中國青年藝術劇院副院長；後來又獲委為藝術總監。當上領導後，她不僅著眼於表演，還致力培養新一代戲劇工作者，使她的工作得以延續。她丈夫叫周星華（生於 1925 年），是中國歌劇院轄下中國歌舞劇團的歌劇導演。兒子周小鵬（生於 1968 年）畢業於中央戲劇學院表演系，是中國兒童藝術劇院的演員。

二零零四年初春，陳顒前往太原，與山西省話劇團合作排演新戲《立秋》，結果卻在排練場地猝亡，終年七十五歲。

蕭虹

龍仁譯

◇ 英文《中國婦女》編著，《古今著名婦女人物》，下冊，石家莊：河北人民出版社，1986 年，頁 1104–1108。
◇ 《中國大百科全書‧戲劇》，北京：中國大百科全書出版社，1989 年。
◇ 「導演陳顒，在排練場倒下」，2005 年 3 月 23 日，來源：「搜狐戲劇」見 <http://yule.sohu.com/20050323/n224821395.shtml>，2012 年 10 月 2 日查閱。

▥ 27 陳若曦 Chen Ruoxi

陳若曦原名陳秀美，一九三八年生於日據時期的台灣台北鄉郊，小說家、

散文作家。

　　陳若曦父親以木匠為業，母親來自農家。陳若曦在校聰慧異常，由台北第一女子高中畢業後，一九五七年進入台灣大學外文系。五十年代末在大學學習文學時開始寫作，一九六二年赴美修讀英國文學。參加了愛荷華大學（University of Iowa）的作家研習班，並進入曼荷蓮學院（Mount Holyoke College），其後在約翰・霍普金斯大學（Johns Hopkins University）修讀現代美國文學，一九六五年取得碩士學位，同時繼續以中、英兩種文字寫作、發表文章。丈夫段世堯也來自台灣，大學畢業，專修土木工程，兩人在約翰・霍普金斯大學認識。一九六六年，陳若曦和丈夫回到中國大陸，定居北京，分別尋找教職和與工程有關的工作，一九六九年被調到南京的華東水利學院，陳若曦在該校教授英語。一九七三年，他們攜同兩個幼兒移居香港，翌年移民加拿大，最終在一九七九年回到美國。陳若曦在美國加州大學柏克萊分校中國研究中心（Center for Chinese Studies）工作，又用中、英文發表小說及評論文章，而且作出傑出的學術成績。一九八八年取得美國國籍，但在一九九四年辭去柏克萊的職務，次年孤身回台寓居台北。一九九六年出任中央大學和慈濟醫學院國文教授。據香港一份雜誌報導，她在一九九八年與段世堯離婚。

　　陳若曦發表的首篇作品〈周末〉，見之於一九五七年台北的《文學雜誌》，當年她十九歲。一九六六年她移居中國大陸時，已發表的作品，包括用中文寫的十三部短篇小說和一篇評論張愛玲（參見該傳）的文章；用英文寫的一部小說集和一篇論述台灣文學現狀的文章。她還把沙岡（Francoise Sagan）的 *Wonderful Clouds* 譯成中文，以書名《奇妙的雲》出版。她在中國大陸期間未有寫作，也未發表過一字。直到一九七四年，她在香港《明報月刊》發表〈尹縣長〉，才重現文壇。該小說隨後連同其他幾個短篇，以英文發表。一九七九年，她以中文發表《歸》。和〈尹縣長〉一樣，這篇小說的靈感來自她在文革的親身體驗和事後的反思。香港中文大學出版社一九八零年出版的 *Two Writers and the Cultural Revolution*，也載有《歸》的英文摘錄。她在《歸》以後的小說，如《突圍》（1982）、《遠見》（1984）、《二胡》（1984）、《紙婚》（1986）等，雖總體上保持批判現實主義，著眼已不再是大陸的中國人，而是海外華人的生活和經歷。

　　一九七四年起，陳若曦主要寫中文小說，長篇短篇都有；但她亦撰寫有關文學、政治和社會的評論文章，其中一些用英文寫，旨在供非華裔的美國讀者

閱讀。她在柏克萊發表了 *Ethics and Rhetoric of the Chinese Cultural Revolution*（編者意譯：文化大革命時期的倫理與修辭，與 Lowell Dittmer 教授合著，1981 年）和 *Democracy Wall and the Unofficial Journals*（編者意譯：民主牆與地下刊物，1982 年），兩者皆以英文寫就。她的中文小說主要在港、台兩地發表，特別多見於香港的《明報月刊》和台灣《中國時報》、《聯合報》的文藝副刊。台灣當局認為她的文革小說極具政治、文化意義，所以其中〈尹縣長〉、〈值夜〉兩篇，在國民黨黨報《中央日報》上發表。她的兩部短篇小說集《老人》和《路口》已有英譯本，即 *The Old Man and Other Stories* 和 *The Short Stories of Chen Ruoxi*，所收故事並非專談中國大陸的政治狀況。

陳若曦接連在一九八五、八六、八七年，應中國政府邀請，參加台灣作家代表團，重訪大陸作演講遊。一九八五、八七、八八年，她都去了西藏，之後在香港發表了兩部長篇遊記和評論：〈西藏行〉（1988）和〈青藏高原的誘惑〉（1990）。她的作品一九八六年首次在大陸刊印，當時她一家已離開大陸十三年；該書名《二胡》，由三聯書店發行。一九九零年，她與前大陸作家孔捷生在美創辦雜誌《廣場》，其命名寓有紀念前一年天安門事件之意，但這份刊物不多久便停辦。不過她的作品在大陸沒有被禁，文集《域外傳真》一九九六年在北京出版。近年來，她對世界華人婦女狀況以及華人婦女作家的文化地位特別感興趣，一九八八年，她當選海外華文女作家協會（Overseas Chinese Women Writers' Association）會長，出版了一部短篇小說集《女兒的家》，寫婦女需要自食其力，因為「女人真正能依靠的就是自己」。

陳若曦是以創作後來所謂的「傷痕文學」而在海外揚名，華人知識份子先認識她，不多久她的名字便傳遍英語世界。傷痕文學是指那些描寫文革時期暴力和不公情況的小說。她正是頭一波的傷痕文學作家，那時的傷痕文學，並非一種文類，而是作者的一種高風險、改變人生的自我暴露舉動，即使對僑胞也是如此。七十年代初的政治氣候下，他們難免被劃成「反華人士」。不論他們是否有意和國際上鼓吹文化反共的人士站在一起，他們既屬「反華人士」，國內親友亦會因這種政治牽連而身陷險境。在陳若曦〈尹縣長〉發表之前，只有兩部類似題材的作品面世，一是凌耿（Ken Ling）以英文寫成的 *The Revenge of Heaven*（《天譴》），一九七二年在紐約出版；另一是前紅衛兵的詩歌小說集《敢有歌吟動地哀》，一九七四年在香港出版。兩書都明示是以政治爭論為主題。陳若曦和這些作者一樣，經歷了文革的洗禮，但她是位技巧成熟、具創作

成績的小說家。她具有兩種有利條件的匯合：親身經歷提供的真實性，和有說服力的寫作才能，為她成為國際傑出華人作家奠定了基礎。這一年起，這兩種情況所造成在創作上選擇和興趣的矛盾一直都潛伏在她的寫作生涯之中。對於她的寫作動機，她和支持者、同輩作家、讀者（包括英語讀者）之間，各有說法，爭議不休。

《尹縣長》被譯成英、日、法、德、瑞典、挪威、丹麥和荷蘭等多國文字。陳若曦這些七十年代小說的政治內涵，肯定受港、台兩地重視，認為別具文化意義。她把對中國社會的感受，以略帶抽離而悲哀的筆調表達出來，不論華人或非華人讀者，都確認她是作家而非某些主義的宣揚者。這些看法讓她順利踏進胡佛研究所（Hoover Institute）和柏克萊代表的美國學術界，又反過來增加了她作為某些主義的宣揚者的價值。〈尹縣長〉發表時，她只是個初露頭角而尚非馳名遐邇的台灣年輕女作家；她在溫哥華一家銀行工作，之前銷聲文壇八年之久。小說的面世，使她瞬間享譽國際，相信她也始料不及；她的小說內容，顯現出鮮明的強烈的道德感和批判的現實主義。雖然她未有刻意迴避別人的注意力，但她自那時開始，表示做「政治」作家是個無辜的負擔。一九八五年，她聲稱一個關心政治和社會問題的台灣作家，處境特別困難。她說：「如果文章批評到中國大陸的現實，理所當然地被親大陸者冠以『反共作家』和『右派』的封號。如果表示十億人口的大陸有進步有希望，立刻飛來『死不悔改的小左派』帽子。」

為《尹縣長》英文版作序的皮埃爾・李克曼（Pierre Ryckmans）認為，陳若曦是受到中共宣傳所蒙蔽的年輕理想主義者。她在〈晶晶的生日〉塑造了一個對毛主席一片愚忠的文老師，劉紹銘一九七六年曾就此撰文表示：「但寫這篇小說的作者，如果沒有文老師的相同感受，決不會寫出這種懺悔性的文字來的。」遠比陳若曦年輕的女作家、評論家簡瑛瑛，一九八八年在文章中說陳若曦是「愛情的『俘虜』」，回中國大陸只是跟隨丈夫段世堯去的。這對一個希望以其對政治和社會問題所發表的意見受人關注的現代作家來說，到頭來竟被看成「賢妻」，心中的不快不言而喻。這位作家、華人、女子，竭力從自身的角度講述人的狀況，閱讀她的長篇、短篇小說和散文時本應用同樣的角度，不想她的作品卻被如此紛繁的爭議所包圍著。

Josephine Fox

龍仁譯

編者按：一九九九年陳若曦獲《中國時報》〈人間副刊〉遴選為十二位跨世紀作家之一。二零零零年後出任南投縣駐縣和台北科技大學駐校作家。二零零一至零四年間，擔任中華民國著作權人協會秘書長，成績斐然，盈餘超過新台幣一億多元。二零零七年當選中國婦女寫作協會理事長。與此同時陳若曦致力環保志願工作。她把有關環保的短文收入《打造桃花源》（1999）。晚年對宗教頗為注意，但自言並不偏於一教。佛教和基督教都是她所關注的。代表她後期小說特色的，有《慧心蓮》和《重返桃花源》，這是兩部佛教小說，表現出對女性命運的關注。

◈ 劉紹銘，〈陳若曦的故事〉見劉紹銘《小說與戲劇》，台北：洪範書店，1977 年，頁 83–98。
◈ 陳若曦，《歸》，台北：聯合報社，1978 年。
◈ ──，《突圍》，台北：聯經出版社，1983 年。
◈ ──，《遠見》，台北：遠景出版社，1984 年。
◈ ──，《陳若曦集》，台北：前衛出版社，1993 年；附陳若曦至一九九一年所有著作與評論的索引。
◈ ──，《女兒的家》，台北：探索文化出版社，1998 年。
◈ Chen Ruoxi. *The Execution of Mayor Yin and Other Stories of the Great Proletarian Cultural Revolution*, trans. Nancy Ing and Howard Goldblatt. Bloomington: Indiana University Press, 1978.
◈ ──. *Democracy Wall and the Unofficial Journals.* Berkeley, Calif.: Center for Chinese Studies, Institute of East Asian Studies, University of California, 1982.
◈ ──. *The Old Man and Other Stories.* Hong Kong: Research Center for Translation, The Chinese University of Hong Kong, 1986.
◈ ──. *The Short Stories of Chen Ruoxi*, translated from the original Chinese: *A Writer at the Crossroads*, ed. Hsin-sheng C. Kao. Lewiston: E. Mellen Press, 1992.
◈ Dittmer, Lowell, and Chen Ruoxi [Ch'en Jo-hsi]. *Ethics and Rhetoric of the Chinese Cultural Revolution.* Berkeley, Calif.: Center for Chinese Studies, Institute of East Asian Studies, University of California, 1981.
◈ Duke, Michael S. "Personae: Individual and Society in Three Novels by Chen Ruoxi." In *Modern Chinese Women Writers*: *Critical Appraisals*, ed. Michael S. Duke. Armonk, N.Y.: M.E. Sharpe, 1989, 53–77.
◈ Martin, Helmut. *Modern Chinese Writers*: *Self-Portrayals*. Armonk, N.Y.: M.E. Sharpe, 1992, 187–92.

▥ 28 陳少敏 Chen Shaomin

陳少敏（1902–1977），二十世紀三十年代中國游擊隊領袖，負責管理鄂豫邊區；長期出任工會領導。她生於山東省壽光縣一個僱農家庭，原名孫玉梅，不同時期亦使用過孫肇修、孫少敏、陳少敏等名字。

陳少敏父親在辛亥革命時代從軍當兵，這意味他思想較進步並且通曉文墨。母親是基督徒，曾聽傳教士說過「人人平等」，所以相信女子也應上學，不必纏足。陳少敏的兄長曾經赴法國當華工，經常談到由「窮人黨」所策動的俄國革命。自十三歲起（也有資料稱自 1913 年起）至一九二四年，即二十二歲，

她在紗廠做工，之後又讀過兩年小學。一九二七年，她借助母親是基督徒的關係，到附近的濰縣入文美女子中學讀書。她在校中成為學生領袖，和學校當局鬥爭。同年參加共青團，和同學下鄉，宣傳反帝國主義，鼓動革命。兩年之後轉為中共黨員。

一九三零年，黨組織派遣陳少敏到青島在紡織工人中展開工作，之後兩年，她在青島、北平和天津的紗廠工人中，為黨培育了一批骨幹份子。她與山東省委書記任國楨由相識而結婚；他後來在山西太原被國民黨逮捕，一九三一年遭處決。兩人所生的孩子（年齡性別不詳）於一九三二年死去。陳少敏亦於次年被捕，關押了一個短時期。

關於陳少敏隨後數年（1933–1937）的生活，記錄不詳。有資料稱她參加了長征；另有一些則隻字不提。不過，有一則提到她在一九三三至三四年在河南當特派員，並任河南省委委員，從事婦女工作。恰在此時黃河決了堤岸，災荒迫在眉睫。她手挾聖經和唱詩本，宣講女權的教義和「向地主借糧」。據說她在此時期吸收了八百餘名黨員。一九三七年，她在延安，因為有記錄顯示她進了黨校，並跟隨延安代表團，出席一個國民黨的會議。

一九三九年，陳少敏和李先念（1909–1992）一起調往鄂豫邊區，任務是在那裡建立一個抗日民主根據地。那時她以政委的身份率領游擊隊，責任重大。邊區政府成立後，她擔任根據地的副主席兼黨委代理書記、黨委書記。主要職責包括動員黨政幹部、地方武裝和男女群眾，去配合在附近的正規部隊抗敵。換言之，她要為轄下部隊及群眾籌糧備衣，還要負責各人的安全。此外，她也參與宣傳工作、發展黨員、招募紅軍及配備武器。她這一時期的功績之一，是在京山縣，從國民黨警衛手裡拯救懷孕的黨友張光然，這位婦女獲救後剛過五天，就產下一個男嬰。在國統區內陳少敏是傳奇人物。據說她身跨白馬，疾馳如飛，雙手打槍，百發百中。國民黨官兵對她又怕又恨，因她沒有纏足，給她起了一個「陳大腳」的外號。她長期主持一個地區的全面工作、直接領導武裝鬥爭，在中共領導層中，這樣的婦女幹部，為數不多。抗戰期間（1937–1945）和勝利後，陳少敏先任中共中原局組織部部長，後任副書記。

一九四九年全國政協會議閉會前，陳少敏被選入全國勞工聯盟全國委員會，負責組建全國紡織工會；一九五零年當選該會主席。由於在紡織工人中所做的工會工作得到肯定，她被選入全國勞工聯盟執行委員會，同時擔任黨組副書記、副主任；在執委會閉會期間，一概事務均由黨組代理，故黨組地位非常

重要。一九五七年，她被選為全國總工會副主席（前稱全國勞工聯盟），成為第一位婦女出任此職。在國際上，她自一九五零年起擔任世界職工聯合會紡織服裝工人工會國際行政委員會委員。她曾率中國代表團參加世界職工聯合會在東柏林舉行的第二次代表大會。更重要的是，她在一九五三至五七年，任世界職工聯合會執委會的候補委員。

在一九四五年中共七大上，陳少敏當選候補中央委員；在一九五六年的八大晉升為中央委員，是獲這殊榮的有數婦女之一。她在黨內一直位居要職。一九六二年進入中央監察委員會。還當選全國政協第一屆全國委員會（1949）委員，以及其後兩屆（1954、1959）的常委；第一、二屆全國人大（1954、1959）代表和第三屆全國人大（1965）常委。

只有一則資料提到陳少敏在文革中遭受迫害。一九七七年十二月，她在北京病逝。對她生平的報導常有兩處出錯：一是說她參加了從江西到陝西的長征，二是說她嫁給李先念。後者可能是因兩人長期在鄂豫邊區一起工作而引起的誤會。

蕭虹

龍仁譯

◇ 《中共黨史人物傳》，卷 14，西安：陝西人民出版社，1984 年，頁 65–105。
◇ 英文《中國婦女》編著，《古今著名婦女人物》，下冊，石家莊：河北人民出版社，1986 年，頁 625–629。
◇ 京聲、溪泉編撰，《新中國名人錄》，南昌：江西人民出版社，1987 年。
◇ 《華夏婦女名人詞典》，北京：華夏出版社，1988 年，頁 594。
◇ 袁韶瑩、楊瑰珍編，《中國婦女名人辭典》，長春：北方婦女兒童出版社，1989 年，頁 294–295。
◇ 宋瑞芝主編，《中國婦女文化通覽》，濟南：山東文藝出版社，1995 年，頁 239–242。
◇ *Who's Who in Communist China*. Hong Kong: Union Research Institute, 1969.
◇ Klein, Donald W., and Anne B. Clark. *Biographic Dictionary of Chinese Communism, 1921–1965.* Cambridge, Mass.: Harvard University Press, 1971, 125–27.

⠇⠇ 29 陳石滿 Chen Shi Man

陳石滿，一九零九年生於台灣宜蘭縣，本名石滿，是宜蘭望族石萬安家的後代。她是醫生、宜蘭縣民意代表。

石家的先祖來自福建漳州，世代經商，家境富裕，在宜蘭縣頗有聲望。陳石滿的父母接受西方的教育理念，把女兒送到學校念書。陳石滿一九二六年畢業於台北第三高等女學校，同年赴日本進入東京女子醫專就讀，一九三一年畢

業。之後返回台灣與陳呈祥結婚,接著一起去日本,好讓陳呈祥完成他的醫學課程。一九三三年,兩人返回台灣開設診所,陳石滿成為羅東地區第一位女醫師。

一九四五年光復後,國民黨各縣市成立婦女工作組織,陳石滿在徵召下負責宜蘭地區的婦女工作。經過積極的奔走,宜蘭縣婦女會於一九五零年正式成立,陳石滿被選為理事長。當時婦女會除開班教授與實際生活有關的技能外,也特別致力於解決養女問題。除擔任婦女會的工作,陳石滿也參與地方民意代表的選舉。自一九五零年開始,三度連任宜蘭縣議員,一九七二年當選國民大會代表,一九七八年六十九歲時退休,為她的公職生涯劃下了句點。

陳石滿參政近三十年,在忙碌於為民喉舌的同時,並未忘懷行醫救人的志向,繼續在台北博愛醫院主持眼科部門,眼疾經她治癒者不計其數。她一生努力為台灣婦女爭取權益,而她本人就是近代台灣成功的職業婦女的最佳例證。

何淑宜

◇ 游鑑明,〈陳石滿〉見《走過兩個時代的臺灣職業婦女訪問紀錄》,台北:中央研究院近代史研究所,1994 年。

▥ 30 陳香梅 Chen Xiangmei

陳香梅一九二五年生於北平,父母為廣東人,婚後的英文名字為安娜・陳納德(Anna Chennault)。她是記者兼作家,活躍於中國、台灣與美國政壇。一般認為,她以一介平民,在二十世紀八十年代,為建立中國大陸和台灣之間的非正式接觸渠道鋪路,功不可沒。

陳香梅父母均出身世家,祖父陳慶雲曾執掌中國招商局,年輕時因投資失敗而自殺。那時陳香梅父親陳應榮僅十多歲,被母親送至英倫留學,後又赴美深造,完婚時方返回中國,他在牛津大學、哥倫比亞大學皆取得博士學位。陳香梅外祖父是著名的外交家廖鳳舒(1865–1954/1958),國民黨早期領導人廖仲凱的胞兄,廖仲凱的妻子便是何香凝(參見該傳)。陳香梅母親廖香詞和各兄弟姊妹一樣,在海外讀書。陳香梅的外祖父廖鳳舒及祖父陳慶雲對子女的教育,雖抱有較新式的觀念,卻仍依循舊時傳統,指腹為婚,在陳應榮和廖香詞出生前,便把兩人婚事訂了下來。一戰結束後不久,兩個曾受西方教育的青年奉命完婚,起初躊躇許久甚不情願,最後還是從命。

　　陳香梅的孩提時代，是和富裕的外祖父廖鳳舒在北平度過。當時廖氏供職於外交部，家族之中多人成了外交官，包括陳香梅父親陳應榮在內。一九三七年中日開戰時，陳香梅舉家遷往香港。不久，父親離家啓程去墨西哥當領事，一九四一年母親患子宮癌在香港撒手人寰，他也沒有返港，只有香梅與長姐靜宜料理母親身後事。靜宜後來參加護士培訓，年僅十五歲的香梅便要獨立生活，兼且照顧四個妹妹。

　　那年香港淪陷，在友人幫助下，陳香梅偕諸妹前往桂林；因為她所就讀的嶺南大學遷往那裡。她繼續學業，於一九四三年畢業。第一份工作是在中央社，在這個官方通訊社編輯部任職一段時間後，她已做好準備當記者。由於精通英語，故被派往採訪戰事消息，為在華參戰的美國軍隊撰寫專題報告。因為工作的關係，她結識了未來夫婿克奈爾・陳納德將軍（General Claire Chennault），那時他負責美國空軍第十四航空隊，該航空隊原先由一批美國志願者組成，中國人譽之為「飛虎隊」。美國對日宣戰後，「飛虎隊」編入美國空軍。

　　戰後，陳香梅調往上海，再度與陳納德相遇。他剛離了婚，對她關懷備至；儘管她家人開初反對，兩人終於在一九四七年七月結為夫婦，當時她二十二歲，他五十四歲（另有資料稱他是 57 歲）。那年代中外聯婚十分罕見，所以他們的婚事成為特大新聞。兩人親吻的相片在報端刊載後，亦轟動一時。

　　婚後，陳香梅辭掉報社的工作，加入丈夫的民航空運公司（Civil Air Transport，簡稱 CAT），夫妻一起發展公司業務，並前往公司所服務的中國各地，包括東北、西北和西南等區視察。她在回憶錄中寫到，乘飛機到處公幹，使她有機會飽覽國內美麗河山之餘，也置身一些極其落後、貧困不堪的地區。那個時候，國共內戰已到尾聲，共產黨勝算在望。一九四九年她在廣州生下長女克奈爾・安娜（Claire Anna，又名美華）。翌年次女雪狄雅・露薏絲（Cynthia Louise，又名美麗）在香港出世。當民航空運公司總部由上海遷往台北時，他們一家隨之遷移，不過陳香梅常飛赴香港探望外祖父母。

　　台北的潮濕天氣對據說患有支氣管炎的陳納德將軍並不合適，因此他們返回他的家鄉美國路易斯安那州（Louisiana）。他在一次體檢中發現患上肺癌，於一九五八年七月離世。他去世後，民航空運公司並未給予陳香梅任何重要職位，還要求她簽署法律文件，聲明放棄日後任何索償的權利。也在這個時候，她和台灣的國民政府鬧翻，有關原因在她回憶錄中僅影影綽綽地提及。她決定離台赴美，開始新生活。

一九六零年秋，陳香梅定居美國首都華盛頓。她參與政治，以爭取個人權益，背後的動力來自一次不愉快的經歷：當時她任喬治城大學（Georgetown University）機器翻譯研究中心（Machine Translation Research Center）中文部（Chinese Section）主任，大學當局給她的白人助手停車位而沒有給她，對她來說，那是歧視。於是她加入共和黨，協助該黨贏取少數民族的選票。與此同時，她廣泛閱讀，目的在了解美國的歷史政治。那年，理察‧尼克遜（Richard Nixon）和約翰‧甘迺迪（John F. Kennedy）角逐總統職位，儘管她助了尼克遜一臂之力，甘迺迪仍然批准成立一個叫中國難民救濟總署（Chinese Refugee Relief）的非官方委員會，由她出任主席。在後來的總統如尼克遜、福特（Ford）、卡特（Carter）、布殊（Bush）和列根（Reagan）等在任期間，她都擔任過多個類似職位。二十世紀六十年代初開始，她打進華盛頓上層社交圈子，結識了許多美國，以至國際間的名流政要。一九六二年，她的自傳《一千個春天》（*A Thousand Springs*）在紐約出版，幾乎連續六個月列入《紐約時報》（*New York Times*）暢銷書目之中，她亦因此常常得到邀請，到各處演說。她成了名人，在政壇發展，無疑事半功倍。除政治活動外，她在許多企業中擔任董事或顧問，促使它們打入亞洲市場。

不過，陳香梅最為人銘記的成就，應該是她在中國大陸和台灣之間所發揮的「穿針引線」作用。一九四九年起，她採取反共立場，蔣介石及妻子宋美齡（參見該傳）和她與陳納德將軍均是好友，陳將軍在抗日戰爭中給國民政府幫了大忙。雖則陳香梅後來似與蔣家不和，但她的名字仍經常和「中國游說團」扯在一起。她在華盛頓的報界，享有「母龍」的昵稱，意謂強悍厲害的女人。她雖和台灣關係密切，仍繼續支持尼克遜於一九七二年中國大陸之行，未加非難。她甚至為尼克遜進行非正式訪問，摸清亞洲各國領導對他訪華的反應。一九八零年，她在三十年後重訪北京，會見了鄧小平、堂舅廖承志和其他中國領導人。接著很快又訪問台北，與台灣的中華民國總統蔣經國晤談。人們普遍認為她的大陸、台灣行，為兩地的非正式接觸打下基礎。

陳香梅曾因率台灣企業家代表團訪問大陸而招致非議，時為一九八九年底，正值該年六月天安門事件後各國輿論譴責中國之時。而後來其他人仿效她紛紛前赴大陸，證明了她在中美關係上的務實觀念是正確的。她取道香港前往北京途中，曾告訴記者，她將向北京要求釋放並停止追捕民運份子。對於那些美籍華人，她鼓勵他們要「走出中國城」，廣泛參與美國政治。她這個共和黨

的積極份子,曾聯合民主黨活躍份子吳仙標,召集全國美籍華人集會,討論怎樣通過正常政治渠道,爭取自身權益。

除用英文寫就的《一千個春天》以外,陳香梅也有中文著作,包括回憶錄、小說和報告文學。她向台灣的年輕作家和劇作家捐贈獎學金,也在中國大陸設立教育基金和獎學金。她在政治方面獲多項委任,歷時最長者應數美國共和黨的少數民族委員會(Minority Committee of the Republican Party)全國主席一職。她亦獲得不少亞洲、美洲大學頒授榮譽學位。眾所公認,她在工作上孜孜不倦、銳意求新,朝向一個又一個目標前進。

蕭虹

龍仁譯

◇ 陳香梅,《往事知多少》,台北:時報文化出版事業有限公司,1978 年。
◇ ——,《永遠的春天》,台北:天下文化出版股份有限公司,1995 年。
◇ 胡為美,〈陳香梅——一個把自我駕馭得十全十美的女人〉見《婦女雜誌》,1981 年 152 期,頁 36–39。
◇ 傅建中,〈春去冬來的陳香梅〉見《華聲報》,1989 年 12 月 15 日,頁 15。
◇ 黃文湘,〈美籍華裔女強人陳香梅〉見黃文湘,《海外華裔精英》,香港:文匯出版社,1992 年,頁 19–36。
◇ Chennault, Anna. *A Thoudand Springs*: *A Biography of a Marriage*. New York: Paul S. Erikssen, 1962.

▥ 31 陳幸婉 Chen Xingwan

陳幸婉(1951–2004),生於台灣台中,畫家。

陳幸婉的父親陳夏雨(1917–2000),是出色的肖像雕塑家,早年到日本學習雕塑。一九三八年起,作品連續三年入選日本全國沙龍新文展。一九四五年,中國光復台灣。他的精神備受打擊,大概自此傾全力於藝術創作,藉以療傷。父親的創作情懷,在年紀小小的幸婉心內留下不可磨滅的印象。父親不理世事,為家庭帶來重重壓力,母親深受其苦,幸婉一樣難以忘懷。一九七二年,幸婉畢業於台灣藝術專科學院。她曾受教於來自中國大陸的李仲生(1911–1984)。李氏是一位超現實主義的畫家,二十世紀三十年代在日本學習畫藝。

陳幸婉的畫作很早已揚名台灣。到了八十年代,她的創作主題,圍繞著女性與其生理狀態之間的關係,所用繪圖手法抽象,然技術效果分明。九十年代,她的畫風漸變。以前,她的作品有時顯得簡單隨意。之後,她的運筆構圖,轉趨壯麗嚴謹。畫風上的改變,可能與她在九零到九二年間旅居瑞士、巴黎等地,並在那裡參展的經歷有關。

John Clark

陳玉冰譯

編者按：一九七六年，陳幸婉與藝專同學程延平結婚，定居台中縣清水鎮。他們在一九九六年離婚。自一九九二年起，陳幸婉取得法國十年的居留證，從此往返巴黎台灣兩地。二零零四年病逝巴黎，終年五十三歲。

◇ 秦松，〈抽象的非抽象表現——記陳幸婉近作展〉見《台灣新藝術測候部隊點名錄》，謝里法編著，台北：藝術家出版社，1995 年，頁 253–257。
◇ 陳幸婉，〈沉澱後的再出發〉見《炎黃藝術》雜誌，76 期，1996 年 4 月。
◇ 台北市立美術館展覽組編，《意象與美學：台灣女性藝術展》，台北：台北市立美術館，1998 年。
◇ Clark, John. "Touch Texture and Concept: Three Wowan Artists from Taiwan." In *Art Taiwan*, eds. N. Jose and Yang Wen-I. Sydney: Museum of Contemporary Art, 1995.
◇ 「陳夏雨」見 <http://www.nan.com.tw/search2.asp?timg=undefined&do=painter&param=1265>，南畫廊，2014 年 12 月 11 日查閱。
◇ 「陳幸婉創作年表暨展覽紀錄」見 <http://art.lib.pu.edu.tw/2008-02-21/PP4.htm>，2014 年 12 月 11 日查閱。

▥ 32 陳秀喜 Chen Xiuxi

陳秀喜（1921–1991），台灣新竹人，日治時期以來台灣重要的女詩人。早期從事日本短歌、俳句的創作，戰後則以中文寫現代詩。

陳秀喜出版了短歌集《斗室》，詩歌集《覆葉》、《樹的哀樂》、《灶》，詩文集《玉蘭花》等。辭世之後，長女於一九九二年設立「陳秀喜詩獎」，每年母親節頒贈。作家李魁賢將陳秀喜的作品編成全集，分十冊由新竹市立文化中心出版。

陳秀喜出生在日據時期的一九二一年，恰好是台灣新文化運動「火車頭」台灣文化協會創立的年代；而她逝世於社頭的一九九一年，是台灣長期的民主化運動終於略具成果之際。從台灣的歷史發展脈絡來看，陳秀喜的生命史和寫作史，不僅跨越了日治與國民政府兩個政權，同時也經歷了台灣社會、經濟、文化變遷最劇烈的時代，她的文學，也因而見證了在時代變遷下，一個台灣詩人的苦悶與堅持，以及她在土地 / 國族認同方面的掙扎、矛盾與確認。

陳秀喜生父陳買，在新竹一間糖廠工作，愛好詩歌和音樂。生母名施滿。陳秀喜出生一個多月後就被送給鄰近的陳姓同鄉為養女。養父經營印刷廠，家境寬裕。陳秀喜在自傳中指出，她可以說是「最幸福的養女」，養父母待她極好。她從新竹女子公學校畢業後，他們請家庭老師教她中文。她雖曾學習中

文與日文，但進一步能以這兩種語文作為詩歌創作的工具，多半還要靠自學苦練。十五歲時，寫下生平第一首詩，從此與詩結下不解之緣。一九四零年，任職新竹市黑金日語講習所講師，兼任新竹市新興國民小學校代用教員。

一九四二年，陳秀喜二十二歲，和在上海三井洋行工作的員林人張以謨結婚，一度隨夫在上海居住。她自言，這段傳統婚姻給她帶來極大痛苦。早期必須侍奉丈夫的父母，照顧他的弟妹，到了中年，又因感情生變而對生命感到極度失望。一九七八年，她五十八歲，在天母寓所上吊自殺，雖然獲救，卻因而造成她聲帶長期瘖啞。在自傳中，她對這段歷程一筆帶過，她說：「三思而後，我決心結束三十六年的結婚生活。三十六年來過著三從四德的生活，盡了主婦的職，回顧三思，問心無愧。可以心安地走了。過去的我是為了大家活來的。是迷失了自己的。往後，我是為著我而要活下去的。」這一段話，是她對自己如何決意要死、如何重生的詮釋，言語簡單，卻包含了一個女性三十六年來的生命經驗、痛苦與自覺的歷程。

事實上，在上吊自殺之前，陳秀喜的詩中，早已透露婚姻失敗，以及對婚姻制度、性別議題的感受。一九七四年發表的〈連影成三個我〉，對人媳、人母、自我這三個「我」的角色扮演有許多思辨；一九七五年的〈棘鎖〉更銳利表達出傳統性別結構中女性的弱勢與無奈：

> 拼命地努力盡忠於家／捏造著孝媳的花朵／捏造著妻子的花朵／捏造著母者的花朵／插於棘尖／湛著「福祿壽」的微笑／掩飾刺傷的痛楚／不讓他人識破。

陳秀喜一生經歷兩次婚姻失敗，她都坦誠地透過詩句，闡述了這些經驗與心境。一九八五年陳秀喜再婚，不久再傳婚變，男方似乎意在欺詐，陳秀喜因而官司纏身，身心俱疲，不久即顯病兆。她在〈自剖〉、〈淚與我〉兩詩中都清楚述及此事，由此也可見她的詩觀。在〈淚與我〉中，已屆晚年的陳秀喜，經由自己的痛苦經驗，對女性處境與心靈的苦悶有深刻的描繪：

> 我們有五千年堅固的夫權／我們有默認不幸女人的習俗／鮮有爭取公平的妻權／淚不是女人的專利／淚不是女人的武器／被欺負、被壓迫、苦悶時／擠出來的淚是／防衛自己都不如的盾。

在婚姻生活中經歷了許多痛苦的陳秀喜，透過詩，找到生命的新動力，她經常提及寫詩是她生命動力最主要的來源。陳秀喜十五、六歲就開始寫詩，此後直到她生命終了，詩齡達到五十四年之長。詩對她來說，不僅是文學而已，

還是生活、生命的一部份。她曾在〈詩的心〉一文中自述與詩結緣的過程，以及詩如何與她的生命歷程緊密勾連：「我曾如此地想：『如果我不認識詩，也許，這世間我就不存在了。』」對她來說，詩是真摯情感的自然流露，是心靈湧動的結果，正因她秉持這種素樸真摯的詩觀，當年引介她進入笠詩社的詩友吳瀛濤曾以：「她是詩，她是愛」一語相贈，而她也囑咐兒女，日後要將這句話銘刻在她的墓碑上，可見她對詩的熱愛與執著。

一九六四年四月、六月，《台灣文藝》與《笠詩刊》相繼創刊，開創了台籍作家的發表園地。一九六七年，陳秀喜在吳瀛濤的介紹下，加入笠詩社。一九七零年被推選為該社的社務委員。次年自《笠詩刊》第四十一期開始，擔任社長直至辭世。一九八七年台灣筆會創立，成為創會會員。自參與笠詩社以後，不僅積極創作新詩，同時出錢贊助詩刊，鼓勵文學後進，因此文壇或敬稱她為「陳社長」，或暱稱她為「陳姑媽」，可見她在台灣詩壇確實扮演了重要的角色。長期的詩創作歷程中，陳秀喜曾獲許多文學獎，舉其要者，如第三屆世界詩人會議優秀詩人獎，作品〈我的筆〉獲美國詩人協會國際詩競賽第二名等。除了台灣內部的詩人會議之外，陳秀喜也經常參加美、日、韓等世界各地的詩人會議，中晚年以後，在台灣詩壇十分活躍。六十五歲二度婚變以後，陳秀喜體力日差，肝、胃、腎都出現病徵。一九九一年終因身體衰竭而病逝。

作為女詩人，陳秀喜的詩作，無論在主題意識與詩語的運用方面，都有傳統文學評論中被界定為陰柔的氣質，而溫婉堅韌的母親意象與母性特質，也一直都是詩評家鎖定的主要焦點。然而縱觀她的詩作，頗不乏向來被界定為陽剛聲音的社會批評與國族認同等議題，甚至在她大量的以花草樹木為題的詩作中，在看似單純藉物喻情的柔婉詩語裡，也都透顯出這樣的關懷和思惟。這些所謂「男聲」的主題意識卻又與其被界定為「女音」的母親意象，巧妙地融合，成為她獨特的詩風。因此，只從陰柔、陽剛的書寫特質解構陳秀喜的詩作，不能全然體會它們最深沉的底蘊，如此機械式的論述，必然會窄化它們詮釋空間，乃至割裂她詩觀的整體性。

陳秀喜的詩作無論述及親情、友情、愛情、婚姻、國族或者其他社會議題，大多以花草樹木作為意象鋪延的媒介，泥土、大地、鄉土的意象不時在她的詩中流動，土地意象與母親意象成為她詩中的兩大意象。土地意象展現繁複的意象叢，它既是泥土本身，也是子宮、國族的象徵；它也是詩人生活的所在和心靈地圖的原鄉。透過土地意象，她將性別、土地、情愛、乃至國族認同等思索

結為一體。在她後期詩作中,很清楚表達出她對土地、台灣原鄉的認同。作為女詩人,處於時代變遷之中,她的詩在這些議題上又展現出與男性作家相當不同的敘述觀點與思惟模式。陳秀喜對詩十分執著,她相信詩可以有無限延展的力量,在個人的逆境中,在深深體會身為女性的悲哀時,在感知到作為台灣人的無奈時,乃至對自我身份感到混淆之際,詩都是她尋求解答的方法與力量。正如她在〈也許是一首詩的重量〉中所說:

> 詩擁有強烈的能源,真摯的愛／也許一首詩能傾倒地球／也許一首詩能挽救全世界的人／也許一首詩的放射能／讓我們聽到自由、和平、共存共榮／天使的歌聲般的迴響。

楊翠

◇〈陳秀喜〉見《中華民國作家作品目錄》,冊23,台北:行政院文化建設委員會,1995年,頁22。
◇ 陳秀喜,《陳秀喜全集》,李魁賢編,新竹:新竹市立文化中心,1997年。
◇ 陳玉玲,〈台灣女性的內在花園〉見《台灣文學的國度:女性・本土・反殖民論述》,台北:博揚文化,2000年。
◇「陳秀喜年表初編」見 <http://bbs.nsysu.edu.tw/txtVersion/treasure/poem/M.991319362.A/M.1004322868.A/M.1004329323.A.html>,2014年5月29日查閱。

⑴ 33 陳學昭 Chen Xuezhao

陳學昭(1906–1991),生於浙江海寧,祖籍河南潢川,散文家、小說家,本名陳淑章、陳淑英,最為人熟知的名字是陳學昭,筆名有野渠、式微、學昭和惠。

陳學昭年少離家到南通女子師範學校及上海愛國女校求學。一九二三年加入淺草社,並在上海《時報》發表處女作〈我所期望的新婦女〉。同年開始教書,先任教於安徽省立第四女子師範學校,後轉往浙江紹興縣立女子師範學校,再轉北平的黎明中學、適存中學。一九二四出版第二本著作《倦旅》,同時協助創辦《語絲》和《新女性》兩本雜誌。

一九二七年五月,陳學昭前往巴黎研讀西方文學。留學期間(1927–1931),兼任著名《大公報》的駐歐特派記者。她寫了不少散文和小說,計有〈憶巴黎〉、《南風的夢》、〈如夢〉等,並應邀出任上海《生活周刊》的特約撰稿人。取得法國克萊蒙大學(Clermont-Ferrand University)的博士學位後,一九三五年返回中國。之後周遊四方,從無錫到上海,再從南昌到重慶。一九三八年,《國訊旬刊》派她到共產黨根據地延安,從事特別任務。一九四

零年重返延安，這次留下擔任《解放日報》四版編輯，兼任中央黨校文化教員。一九四五加入共產黨，次年調往東北擔任《東北日報》四版主編。一九四九年中華人民共和國成立後，出任浙江大學黨支部書記、政治學習委員會主任、中文系兼職教授。同時擔任浙江省政協委員，全國政協特邀委員，中國作家協會理事、顧問，浙江作協名譽主席，中國文聯委員，浙江省文聯副主席。一九五七年，共產黨推行反右運動，遭劃為右派，政治上備受排斥。數年後文化大革命爆發，隨即停止創作。文革後，重回一別十年的政治和文學舞台，當選中國作家協會第三屆理事，中國文聯第四屆委員。重投創作，再度發表散文和小說。

陳學昭在一九四九年前發表的作品有《倦旅》、《寸草心》、《煙霞伴侶》、《憶巴黎》、《延安訪問記》、《解放區漫遊記》等。她坦承最後兩部作品描述了她從苦悶彷徨到最終信奉共產主義的心路歷程。一九四九年以後，她寫了一系列散文和小說，有《浮沉雜憶》、《難忘的歲月》、《如水年華》。長篇小說方面，有自傳體作品《工作著是美麗的》（上、下集，及續集）、《土地》、《春茶》。《天涯歸客》則是她的文學回憶錄。譯作有《列寧與文學及其他》，以及巴爾扎克（Balzac）的《三十歲的女人》（*La Femme de trente ans*）等多個劇本，都是從法文翻譯過來。她同時參加了戴高樂（Charles de Gaulle）《希望回憶錄》（*L'Appel*）的翻譯工作。

一九九一年，陳學昭病逝杭州，終年八十五歲。

郜元寶撰、崔稚穎增補
陳雅慧譯

◇ 陳學昭，《工作著是美麗的》，杭州：浙江人民出版社，1979 年。
◇〈陳學昭簡歷〉見《中國現代作家傳略》，上冊，徐州：徐州師範學院，1981 年，頁 415–418。
◇《華夏婦女名人詞典》，北京：華夏出版社，1988 年，頁 611。
◇ 中國婦女管理幹部學院編，《古今中外女名人辭典》，北京：中國廣播電視出版社，1989 年，頁 42。
◇ Chen Xuezhao. *Surviving the Storm: A Memoir*, trans. Ti Hua and Caroline Greene, ed. and intro. Jeffrey C. Kinkley. Armonk, N.Y.: M.E. Sharpe, 1990.
◇「陳學昭」見 <http://baike.baidu.com/view/903947.htm>，2012 年 10 月 5 日查閱。

▥ 34 程乃珊 Cheng Naishan

程乃珊（1946–2013），生於上海，祖籍浙江省桐鄉縣，小說家，童年在

香港度過。

程乃珊高中時期，就像許多同齡女孩一般，活在夢幻世界，迷戀電影明星。她會依照每月電影龍虎榜，盡可能看遍榜上的好電影。格利歌利柏（Gregory Peck）主演的《金枝玉葉》（*Roman Holiday*）和《百萬英鎊》（*The Million Pound Note*），她看過二十多遍，能把電影裡的對白倒背如流。電影看多了，漸漸對寫作產生興趣，加上熱愛音樂，人變得更感性，對日後的創作大有裨益。一九六五年從上海教育學院英語班畢業後，在上海一所中學教授英文至一九七九年。

一九七九年，程乃珊在《上海文學》發表了第一篇小說〈媽媽教唱的歌〉，從此開展她的寫作生涯。一九八五年加入中國作家協會，同年成為上海分會專業作家。之後十多年，出版近二十部中篇小說，五十多部短篇小說，還有許多散文。她的小說包括《藍屋》、《窮街》、《黃絲帶》、《女兒經》、《天鵝之死》、《金融家》等。她有十多部小說已翻譯成英文、法文、日文、德文和世界語。《藍屋》、《窮街》、《丁香別墅》和《黃絲帶》已改編拍成電視劇，《女兒經》則拍成電影。

程乃珊擅長寫上海，作品切實捕捉了當地獨有的風情，所以有文評家譽之為營造上海魔力的一股力量。她出生在一個優渥家庭：祖父是銀行家，父母都是上海聖約翰大學的學生。她早期的作品像《藍屋》和《丁香別墅》，側重描述舊上海上流社會富商的特權生活，而非下層的藍領工人。在工人區教了二十年英文後，她開始寫上海小市民，寫男女之間糾纏不清的恩怨愛恨，寫他們如何應對心中的悲苦迷惘。《窮街》標誌著她這方面的改變，書中同時描繪上海上下層社會。一九八九年，上海文藝出版社出版了她的長篇小說《金融家》，它描寫上海的眾生相，敘事的角度和她以前的小說不同，而且也客觀得多，可算突破。她描寫上海企業家、知識份子、市儈小人在新時期的浮沉際遇，入木三分。這小說證明她的創作，特別是寫上海的作品，已達到新的里程碑。

程乃珊歷任上海作家協會理事、上海文聯委員、上海基督教女青年會董事。一九八七年隨一個基督教婦女代表團訪問菲律賓。丈夫叫嚴爾純，一向對她全力支持，兩人育有一女。程乃珊在一九九零年隻身到香港定居，繼續創作。她後來返回上海，自二零零零年起，涉足與老上海有關的紀實文體，創作了《上海探戈》、《上海 Lady》、《上海羅曼史》、《海上薩克斯風》、《上海女人》等，描述日常瑣事和生活細節，反映這城市的世態人情與弄堂生活。她也用滬

語撰寫專欄文章。

　　二零一一年末，程乃珊確診患上血癌。二零一三年病逝上海，終年六十七歲。

邵元寶撰、崔稚穎增補
陳雅慧譯

◇ 艾以，〈寫不盡的上海灘──程乃珊印象〉見《人物》，1990 年 2 期，頁 70–74。
◇ 潘亞暾，《世界華文女作家素描》，廣州：暨南大學出版社，1993 年，頁 104–110。
◇ Cheng Naishan. "Why Parents Worry, " trans. Janice Wickeri. *Renditions*, special issue (Spring and Autumn 1987) : 235–48.
◇ Bi Shuowan. "Shanghai Magic: A Day-and-Night Stream." In *The Blue House*, by Cheng Naishan. Beijing: Panda Books, 1989, 8–14.
◇ 「永不放棄──記著名女作家程乃珊」見 <http://www.oh100.com/art/wenxue/eye/accessing/200207/0907040702187.html>，2012 年 10 月 4 日查閱。
◇ 「程乃珊個人專欄」見八斗文學作家專欄：<http://www.8dou.net/html/writrishow_5562.shtml>，2012 年 10 月 4 日查閱。
◇ 孫麗萍，〈著名女作家程乃珊病逝〉見 <http://edu.qq.com/a/20130422/000130.htm>，2013 年 4 月 22 日，來源：新華網，2013 年 5 月 21 日查閱。
◇ 「程乃珊」見 <http://baike.baidu.cn/view/216242.htm>，2013 年 5 月 21 日查閱。

⠇ 35 程曉桂 Cheng Xiaogui

　　程曉桂，一九五九年生於台灣，安徽省舒城縣人，指紋鑑識專家。

　　程曉桂從中央警官學校正科第四十六期刑事系畢業後，分發到刑事警察局，從事刑事鑑識工作。期間參與「12‧30 專案」的調查工作，表現出色。她從死屍乾枯的手指上切除左右手姆指，利用特殊處理辦法採得指紋，證實死者就是驚動社會的華南銀行搶劫案受害者林永泉經理，使陷入膠著的案情水落石出。這是她首度破案。她根據這次經驗寫成畢業論文〈利用胺基酸呈色反映檢驗出幾種紙張上潛伏指紋之研究〉，呈交警政研究所刑事科學組，取得碩士學位。

　　程曉桂返回原單位後，繼續處理案件，累積了豐富的經驗，並以深厚的外文基礎從國際學術文獻找資料和靈感，深入鑽研，將工作和研究結合在一起。一九八九年夏，她通過警政署五年警政建設方案出國進修甄別試，赴美國康乃狄克州警察局刑事實驗室研習，在指紋鑑識研究、刑事現場處理、現場重建、命案偵察及當時最新科技──脫氧核糖核酸圖譜鑑定等方面吸取了許多實務經驗並發表一篇論文。為了加強台灣刑事鑑識的工作，她回台後以深入淺出的方

式,將複雜的科學鑑識器材使用方法及研究心得,翻譯為中文,供同事參考應用。

此外,程曉桂將自己有系統的研究指紋技術陸續向全世界發表,包括她獨創的幾種指紋鑑識方法,諸如 ANS 法,NBO–F 法及雷射偵檢微弱血跡指紋法,因而受到國際重視與肯定,進而與世界指紋鑑識界同步開發「應用雷射偵檢潛伏指紋及微班血跡指紋技術」,對提升台灣指紋鑑識水平卓有貢獻。

一九九零年,程曉桂被評為第十三屆十大傑出女青年及第二十六屆模範警察。她將研究成果運用於實務工作,取得專業成就,直接獻給警界,從而證明了女警有多方面的才幹。女警在警察體制內,可以和李莉娟(參見該傳)一樣,在外勤工作不讓鬚眉,也可以和程曉桂一樣,鑽研於理論與實務的相互印證,進而享譽世界。兩人追求新的突破,永不懈怠,正是台灣女警尋求發展的重要典範。

陳純瑩

編者按:程曉桂退休前任內政部警政署刑事警察局法醫室兼鑑識中心主任。

◇ 于維芬,〈她走進了指紋世界——簡介十大傑出女青年程曉桂警官〉見《警光》,405 期,1990 年 4 月,頁 54–55。
◇〈模範警察簡介〉見《警光》,407 期,1990 年 6 月,頁 15。
◇「女柯南帶領學童重返犯罪現場」見 <http://www.ksnews.com.tw/news detail_ex.php?n_id=0000506961&level2_id=104>,來源:《更生日報》,2013 年 12 月 2 日。2014 年 6 月 6 日查閱。

▥ 36 池際尚 Chi Jishang

池際尚(1917–1994),湖北省安陸縣人,地質學家、岩石學家。父親池澤匯,畢業於北京大學法律系,曾任職北洋政府司法部。

池際尚在家中五個孩子中排行第四,故父母遲遲未送她上學,但她渴望接受教育,想方設法向兄姐處學習。父母為其毅力所感動,決定讓她上學。這一經歷令她堅信人的命運並非不可改變。一九三六年她於北京師範大學附屬中學畢業後,進入清華大學攻讀物理。在清華,她積極參加抗日活動,後加入中國共產黨。就在此時,厄運紛至杳來:父親失業,母親和大姐相繼染病身亡,兄長於赴歐求學途中突然去世,另一姐姐也患了精神病。池際尚頓時生計無著,中日戰爭爆發後,南下湖南成了流亡學生。她在那裡的「臨時大學」學習,同時加入「湖南青年戰地服務團」。一九三八年,朋友的父親,也是一位地質學

教授，向她伸出援手，給予經濟支持，她才可以在昆明的西南聯大繼續學習。從此她轉研地質學，認為它更加實用，讓她得到所需技能，發展中國的採礦業。

地質學在中國是一門比較新的學科，漢語參考書寥寥無幾。為此池際尚努力學習英語，以便閱讀有關的英語書籍雜誌。她和同學們深入土匪出沒的邊遠山區從事調查，並個人獲得了馬以思（1919–1944）獎學金。馬以思是早期的女地質學家，在野外考察期間慘遭土匪殺害。池際尚在雲南省發現了一個優質鐵礦。她二十九歲畢業於西南聯大，不久和學兄李璞（1911–1967/1968）結婚。李璞後來在中國科學院地球化學研究所從事研究，在文革中被迫害致死。他們的獨子叫李池。

一九四六年婚後數周，池際尚獲得獎學金赴美國布林莫爾學院（Bryn Mawr College）深造。她只用了一年時間，就取得了碩士學位，隨即又獲得獎學金攻讀博士學位。她的博士課程導師是位女教授，姓名不詳。這位教授知識淵博，講課水平很高，非常關心學生，對池際尚影響很大。池際尚的博士論文是關於花崗岩化作用，在《美國地質學會會刊》（*Bulletin of the Geological Society of America*）上發表。岩石學家特納（F. J. Turner）十分欣賞她的論文，並邀請她前往加州大學柏克萊分校（University of California, Berkeley）當他的研究助理。一九五零至五一年間，她和特納聯名發表了三篇論文。與此同時，她分別給清華大學袁復禮教授和北京大學王鴻禎教授寫信，表示渴望歸國任教。當她接到好消息後，立刻放棄美國薪水豐厚的職位，返國受聘於清華大學任副教授。一九五二年，全國高等學校院系調整，她轉任北京地質學院教授。

池際尚領導和參與了國內數個重要地質普查。一九五五到五六年，她作為中蘇地質勘探隊隊員赴西北祁連山考查，並兩次橫越該山。一九五八年，北京地質學院二百多名師生在山東中、西部進行地質勘察及普查找礦工作，池際尚出任隊長，兼負責一概技術事宜。四年間，勘察隊共提交十四份地質圖和相關報告，覆蓋面達八萬九千六百平方公里。這些地圖、報告後來全部出版，為山東沂（河）沭（河）斷裂帶以西的找礦勘探工作奠定了基礎。他們所發現的沂沭斷裂帶，對未來的勘探工作，對研發岩石結構的理論都有重要意義。六十年代，池際尚主持了北京附近八達嶺一帶燕山花崗岩的勘察。她對該區的花崗岩做了深入研究，並將其分為四類；她的分析和歸類，成了中國岩石學研究的一個典範。這些研究即使在國外也屬罕見。

和其他工業化國家一樣，中國也需要金剛石，但是直到一九六五年中國才

在貴州、山東發現金剛石。為此地質部立即組建山東六一三科學研究隊，隊員來自中國地質科學院、北京地質學院和山東八零九地質隊，由池際尚任技術負責人。她和科研隊去了山東現場。她白天做實地調查和實驗，晚上研究材料、給技術人員講課。科研隊以「科研簡報」的形式，迅速向有關部門及單位匯報了成果。兩年內，該隊完成了對第一批含有金剛石的金伯利岩的研究，撰寫科研論文，舉辦培訓班，為二十多個有志探尋金剛石的省份提供指導。文革期間，六一三科研隊被解散，但池際尚在極其困難的條件下堅持工作。

一九七五到八四年，池際尚參與武漢地質學院的建設，先後擔任石油教研室主任、岩石教研室主任、地質系系主任，最後成為學院副院長。七十年代她在武漢工作時，對湖北金伯利岩進行了調查。之後十年間她在地質部主辦的金伯利岩與金剛石採探研討會上多次提交報告。她在這個研究領域的貢獻可以歸結為：首先，她表列了金伯利岩和金剛石伴生礦物的組合和特徵，供作探礦的指標。其次，她提出的金伯利岩的分類和命名方案，國內沿用至今。第三，她認為含金剛石的金伯利岩的產狀不一，這個提法拓寬了勘探範圍，增加了採得金剛石的機會。第四，她提出的判別金伯利岩含金剛石量的公式，屬中國首創。這些成就舉世公認，正好表明她在國際金伯利岩研究領域已達到很高的水平。

二十世紀七十年代後半葉，中國重新向國際社會開啓大門。此時，中國的地球科學落後於世界水平。池際尚便組織科研團體，開展數項大型的地質學研究。一九八一到八四年，她親自領導了華東地區野外考察，參加的同事和學生有三十多名。她的《中國東部新生代玄武岩及上地幔研究（附金伯利岩）》詳細論述了與地質學、岩石學和地球化學有關的數據，探討了相關問題。地質礦產部請來的專家認為該書資料豐富，分析測試方法先進，見解創新，以跨領域、多方位的角度，綜覽與採礦有關的玄武岩和上地幔的研究。這書將找礦、採礦的理論和應用科學的範圍擴大，為後來者訂下新標準，一九八九年獲地質礦產部科技成果一等獎。八十到九十年代，池際尚參與了國家自然科學基金、地質礦產部和國家教委科技基金資助的多個項目以及國家「七‧五規劃」的一個重點項目。

池際尚長期從事野外工作，足跡遍及全國各地，包括內蒙古、青海、西藏和新疆。同時她在國際學術論壇上也非常活躍。一九七九到八二年，她是聯合國教科文組織（United Nations Educational, Scientific and Cultural Organization）所推動的國際地質合作計劃（International Geological Cooperation Plan）的中國

代表。身為傑出的科學家，她明白必需培養新一代地質學家，所以在科研之餘，還擔任繁重的教學行政工作。她鼓勵較年青的科學家獨立主持科研課題、參加學術會議、發表論文，支持他們開拓新的研究領域。她認為老一輩的地質學家應當積極指導培養年青科學家來接班。她曾經說過：「我的理想就是要為……青年人，搭好登攀的階梯」。她言行一致：七十多歲時依然堅持深入野外核對學生收集的數據。截止一九九零年，她指導了十七名研究生，十一名博士生和兩名博士後。她還編寫多本教材，其中包括《岩石學》和《沉積岩石學》。

池際尚一九八零年當選中國科學院院士，曾任政協委員、常委。一九九四年病逝北京，終年七十七歲。

蕭虹

崔少元譯

◇ 英文《中國婦女》編著，《古今著名婦女人物》，下冊，石家莊：河北人民出版社，1986年，頁 952–956。
◇ 趙崇賀、楊光榮，〈池際尚〉見《中國現代科學家傳記》，集 3，北京：科學出版社，1992年，頁 347–353。
◇ 宋瑞芝主編，《中國婦女文化通覽》，濟南：山東文藝出版社，1995年，頁 356–357。
◇ 中華全國婦聯，《中國女院士》，瀋陽：遼寧人民出版社，1995年，頁 333–336。
◇ 趙湘華，〈追憶傑出地質學家池際尚：甘為基石的地質人生〉見《中國教育報》，2010年5月22日，版 3，新聞來源：中國教育新聞網，見 <http://www.hnedu.cn/web/0/public/201005/22153558454.shtml>，2012年10月30日查閱。

ⅲ 37 池莉 Chi Li

池莉生於一九五七年，出生地該是湖北武漢。二十世紀八十年代改革開放以來，中國文壇生機盎然，新人新作不斷湧現，她便是其中一位開創「新寫實」文學先河的青年女作家。

在很多方面，池莉都是她那個時代的典型人物。在大躍進（1958）前夕出生，之後是六十年代初的三年大飢荒。文革開始時還是小孩。一九七四年中學畢業後，立刻下放農村接受「再教育」。不過她算幸運，在湖北農村過了兩年就被選送冶金醫學院學習，成了一名工農兵大學生。一九八零年畢業後被分配到武漢鋼鐵廠職工醫院工作。三年後，即一九八三年，棄醫從文考入武漢大學中文系主修漢語語言文學。一九八七年畢業後被分配到武漢市文聯《芳草》雜誌社做文學編輯。她的許多小說在全國引起了較大反響，深受讀者喜愛。由於在文學創作上的成就，一九九零年成為武漢市文聯文學創作所的專業作家。

一九九九年初，任武漢市作家協會副主席，中國作家協會會員。一九八七年與呂小員結婚，翌年誕下女兒亦池。兩人於二零零零年春離婚。

池莉在成為專業作家之前當小學教師、醫生和編輯的生活經歷為她提供了創作的源泉。她的小說細膩而情真的刻劃了普通人的生活，寄寓著她對人生的感受、思考和追求。池莉於一九七八年開始發表文學作品，起初以詩歌和散文為主。一九八二年七月在《芳草》雜誌上發表了小說〈月兒好〉，從此開始了小說創作生涯。這小說描寫一個農村女孩，池莉把她當作真善美的化身，寄託自己對自然真樸的人生境界的嚮往。和她後期的作品相比，它的基調顯得更樂觀、理想化、浪漫。一九九五年出版共四卷的《池莉文集》，把她當時約十五部小說大都收集在內。〈月兒好〉發表後好幾年裡池莉沒有發表任何作品，直到一九八七年中篇小說〈煩惱人生〉問世。它是池莉的代表作之一，亦標誌著她文學創作的一個新起點。〈煩惱人生〉蜚聲文壇，它的寫實風格開了「新寫實」小說的先河。八十年代中國經歷了政治、社會、經濟的巨變，池莉和其他很多作家都覺得文學不能再停留在一成不變的、理想化的「英雄」身上，而應把目光投向真實的人。池莉絞盡腦汁也創作不出文革前和文革期間所推許的有高尚情操的英雄人物，只感心情苦悶、走投無路。後來她轉寫普通人的難處和不幸，竟尋找到了一方被文人所遺忘的角落，於是她一口氣寫就了中篇〈煩惱人生〉。

〈煩惱人生〉之後，池莉很快完成了另外兩部小說〈不談愛情〉（1989）和〈太陽出世〉（1990）。〈煩惱人生〉、〈不談愛情〉和〈太陽出世〉這三部小說被人稱作「人生三部曲」，同屬暢銷書。其中〈太陽出世〉在《小說月報》百花獎和《中篇小說選刊》的優秀中篇獎中均獲得全國讀者投票的最高票數，並已由北影拍成電影。〈煩惱人生〉的主人公印家厚終日疲於奔命，忙於扮演各種社會角色：丈夫、父親、工人、情人等，每一個環節他都無比吃力，被無數的生活瑣事糾纏不清：愛饒舌愛抱怨的妻子、麻煩不斷的兒子、微薄的收入、窘迫的住房、擁擠的交通、複雜的人事以及曖昧的感情等，這一切使他身心俱疲，生活了無生氣和詩意。〈煩惱人生〉的寫實與文革後「新時期」初期的一些作品形成強烈對比。那時的許多作品還是反映著作者的理想主義，如諶容（參見該傳）的《人到中年》（1979），雖然它寫的是普通知識份子，但他們既擔心生活瑣事，又憂國憂民。

繼〈煩惱人生〉之後，池莉又發表了〈不談愛情〉，故事和寫法均與〈煩

惱人生〉很接近。〈不談愛情〉這書名已暗示，書中寫的不是傳統的愛情。它裡面的愛情被淹沒在家庭瑣事和社會網絡中，失去了花前月下的詩情畫意，也失去了崇高的理想。在這裡，愛情是實實在在的，是和許多從表面上看與它毫不相干的事情聯繫在一起的，如地位、金錢及世俗事。雖然她沒有讚頌人生，沒有把愛情理想化，但她也不悲觀，字裡行間不乏點滴溫情、快樂和意趣。「人生三部曲」的第三部小說〈太陽出世〉描寫一對年輕夫婦的生活。對他們來說，生活即使繁瑣，仍然重要。妻子懷孕、女兒誕生都促使夫婦倆不斷學習、成長與成熟。生活，特別是婚姻生活，並不好過，可也不一定是人間煉獄，當中有悲苦亦有歡欣。所以與其說池莉摘去了現實生活的理想主義光環；不如說，她為庸常之輩、為俗人、為向來無人理會的尋常歲月發聲，賦予它們近乎神聖的尊嚴與價值。池莉的「人生三部曲」以及其他一些主要作品都是以她的家鄉武漢市為背景。她把這城市的語言和環境巧妙地引入書中，各人物都散發出這城市方方面面的文化特色，因而她也被稱為「漢味」作家。她的小說也涉及當今世界普遍關心的一些問題，如現代化對傳統社會的影響，尤其對家庭價值觀的負面影響。

池莉的三部曲和其他幾部小說得到很好的評價，但有評論家批評她作品的題材，認為她寫的日常都市生活平淡無味，欠缺歷史感。從九十年代初開始，她接受這些批評隱含的挑戰，將寫作視野由武漢這個大城市轉向沔水鎮和附近農村，這標誌著她創作的一次重大轉變。一九九零和九二年先後出版了《你是一條河》和小說集《預謀殺人》。

《你是一條河》寫的是一個生活在六十到八十年代的家庭，主人公是母親辣辣。它反映了文化大革命對普通百姓的影響。辣辣三十歲守寡，須獨自撫養八個孩子，生活異常艱難。儘管有三個孩子的名字記載了歷史某個重大時期，全家對時下政治一無所知，發生了驚天動地的事情，他們一般都在事後才得知。然而他們卻深深體會到飢餓的苦況，辣辣生活的目標，就是不讓八個孩子餓死。她沒有一般母親的溫柔細膩和其他美好的一切。她的故事撕裂了「母親的神話」，同時也呈現生命的頑強：歷史上發生的事禍及普通人，但他們還能置身事外的活下去。

《預謀殺人》的主題是復仇，主人公王臘狗對丁宗望家族懷著深仇大恨，他一次次地企圖借助政治運動置仇人於死地，卻陰差陽錯一次次地失算。這不僅僅是個復仇故事，它還表達了作者對中國人文化素質低下的哀痛。

　　沔水鎮的故事採用一個更遼闊的歷史背景，以顯現社會和個人生活經歷的重大變化。池莉對這一系列小說曾這樣寫過：「沔水鎮是我的一個載體。每當我對歷史有所想法有所感悟時，沔水鎮那些歷史人物便走入我的筆端。我寫出這些人物的故事來，他們雖是活動在江漢平原，卻是中國人的縮影，全人類的縮影。」池莉小說創作上的藝術特色，是將詩歌的意象引入小說，或用小說的故事營造詩歌的意象。例如〈少婦的沙灘〉（1985年前）中「沙灘」的意象即是借長江航道上一片突兀而來倏忽而去的沙灘，象徵一位少婦因在沙灘上邂逅一位中年男子而經歷的一次感情的探險；而〈雨中的太陽〉（1985年前）的朦朧的光環，象徵生活尤其是愛情的變幻莫測。她的意象為平實的敘事滲入空靈的詩意。她以「人生三部曲」為代表的「新寫實」作品都屬這一類型。她的另一些小說放棄營造詩意，專注於歷史意義，代表作就是以沔水鎮為背景的一系列小說。

　　池莉最大的成就，在於她作品所表達的現實主義。長久以來，當代中國文學追隨傳統現實主義的路子，試圖在現實的基礎上創造神話。Michael S. Duke曾表示，打從二十世紀八十年代末期，「當代中國小說一直『走向世界』，可能是指其水平逐漸靠近世界最優秀的小說。」新寫實主義是成功的，因為它確實在原有的文學身上留下「疤痕」，使其改革。新寫實文學如實的描繪了日常生活，為中國文壇帶來新活力。戴錦華曾表示：「池莉……三部曲（所寫的是）現實此岸。不再是苦海中的涉渡，不再是朝向黃金彼岸的暢想；而是一幅困窘而豐滿、瑣屑而真切的市井眾生圖。不是被擊毀的海市蜃樓背後顯現出的骯髒世相，而是果敢撕碎的虛幻景片的裂隙間呈現出的現實人生。」

　　池莉的作品以風格平實取勝，它們不鋪張故事，不賣弄技巧，而是用近乎白描的手法準確地描寫毛茸茸的生活，生動地刻劃出活鮮鮮的人物。作為女性作家，她特有的細膩和敏銳，使她的作品更具人情味和感染力，更能贏得讀者的共鳴。包括池莉在內的一些作家一直在這塊「新寫實文學」的沃土經營，相信我們將會看到更多鮮艷奪目的奇葩。在一次優秀文學作品公選中，八部小說脫穎而出，其中包括池莉剛完成的〈致無盡歲月〉，《當代》雜誌在一九九八年刊載了這部小說。

王平

編者按：池莉曾獲魯迅文學獎。她有多部小說，如《來來往往》、《生活秀》等已改編成為極受歡迎的電影、電視劇；並有各種文字譯本。二零零三年，她簽約世紀

英雄電影投資有限公司，成立池莉影視工作室。二零一二年當選湖北省作協副主席。同年以中篇小說《她的城》獲「中國作家」鄂爾多斯文學獎。二零一四年出版漢口故事集《漢口情景》。

◇ 曾卓，〈跋〉見《太陽出世》，武漢：長江文藝出版社，1992 年，頁 325。
◇ 陳曉明，〈反抗危機：「新寫實論」〉見《中國新寫實小說精選》序，蘭州：甘肅人民出版社，1993 年，頁 2。
◇ 〈預謀殺人〉見《池莉小說近作集》，北京：中國社會科學出版社，1993 年，頁 376。
◇ 池莉，《池莉文集》二，南京：江蘇文藝出版社，1995 年，頁 1–2。
◇ 戴錦華，〈池莉：神聖的煩惱人生〉見《文學評論》（北京），1995 年 6 期，頁 50–61。
◇ 於可訓，〈池莉的創作及其文化特色〉見《小說評論》（西安），1996 年 4 期，頁 36–40。
◇ Duke, Michael S. "Walking Toward the World: A Turning Point in Contemporary Chinese Fiction." *World Literature Today*, Summer (1991) : 389.
◇ Lee, Lily Xiao Hong. "Localization and Globalization: Dichotomy and Convergence in Chi Li's Fiction." *Canadian Review of Comparative Literature*, 24, no. 4 (December 1997) : 913–26.
◇ 「池莉」見 <http://www.mofei.com.cn/z/328358.shtml>，2013 年 5 月 23 日查閱。
◇ 「池莉」見 <http://baike.baidu.com/view/9181.htm>，2015 年 1 月 8 日查閱。

38 崔小萍 Cui Xiaoping

崔小萍（1922–2017），生於山東省濟南市，台灣廣播界、演藝界名人，但在事業高峰時，被誤控為共產黨間諜，遭監禁近十年。

崔小萍父親在濟南郵政局任職。崔家經濟條件很好，崔小萍有一個姐姐和一個哥哥。她少時喜愛表演藝術，立志學習表演藝術。一九三七年日本發動七七事變，抗戰軍興。父親固守家園，令崔小萍姊妹隨母逃離家鄉以避戰禍。只有十五歲的崔小萍就在四川德陽第六中學讀書，後以同等學歷考進國立戲劇專科學校。一九四五年日本戰敗，台灣脫離殖民統治。國民政府派遣陳儀負責接收台灣，但來台官員腐敗，辦事不力，官逼民反，一九四七年爆發了二‧二八事件。

一九四七年十月，崔小萍隨上海觀眾公司來台巡迴公演。觀眾公司的戲劇表演水平甚佳，很獲好評。一九四九年中國大陸完全落於中國共產黨的統治下，崔小萍隻身在台。她受到邱楠的賞識被引進中國廣播公司，擔任製作廣播劇的導演工作。

五十年代的台灣，歷經戰爭破壞，滿目瘡痍，農村都市一片貧窮。當時沒有電視，民眾主要的休閒娛樂，就是在星期天晚上八點十分到九點，聆聽中國廣播公司全國聯播的廣播劇。每逢這個時段，街頭巷尾，家家戶戶的收音機裡

播出來的聲音，幾乎千篇一律是廣播劇。崔小萍遂成為家喻戶曉的人物。她的才華豐富了許多人的精神歲月。

崔小萍不但在廣播界是個風雲人物，在電影與舞台劇的導演、編劇、表演等方面也展現了她精湛的表演藝術才能。她曾於一九五九年以《懸崖》一片獲得第六屆亞洲影展的最佳女配角獎，為台灣爭取了殊榮。另外，也曾在國立藝專、世新專科學校、政戰學校、國光劇校、中影演員訓練班、台北第一女中、建國中學任教，培養了許多優秀著名的廣播、電影、表演藝術人才。

然而，崔小萍的命運卻隨台灣的政情起了變化。五十到七十年代，蔣介石政權內戰失敗失去大陸後，號召人民「仇共」、「恐共」、「反共」、「防共」，將清除所謂共產黨間諜的國防戰推到最高峰。在「寧可錯殺一百，不可錯放一個」的政策下，當權者或為邀功或為私怨，導致成千上萬的民眾變成了白色恐怖的犧牲者。崔小萍就是其中的一個。

一九六八年，崔小萍突然被調查局叫到看守所面談。自此受到長期拘留審訊，從中廣公司失蹤了。調查人員以侮辱、威脅各種手段，逼迫崔小萍編造自白書，軍法處根據這份自白書指出她三大罪狀：一是一九三七年參加了「西北戰地服務團」，接受共產黨青年訓練班兩星期的訓練。那時她十五歲，與姐姐到陝西安吳堡，是為了尋找失散的姐夫；二是一九三九年十七歲就讀四川德陽第六中學時接受共產黨人傅國良的指示，參加了「讀書會」，吸收同學呂道鑫等加入讀書會並經常集會研討共黨書籍，議論時局；三是一九四七年二十五歲加入國立戲劇專科學校劉厚生組織的觀眾公司，於十月底來台，所表演的《清宮外史》、《雷雨》、《續絃夫人》、《萬世師表》等劇均左傾。它們影射統治階級黑暗，述說共黨前途光明，煽惑工人掀起階級鬥爭，在在為共黨宣傳。軍事法庭以懲治叛亂條例第二條第一項「企圖顛覆政府且著手實行」的罪名，初審判處她無期徒刑。

崔小萍不服，因為她少年時正是國共合作抗日時代，為甚麼去陝西是違法？至於她參演的舞台劇，劇本都須通過新聞處的審查核可，才能演出。為甚麼在二十多年前合法的舞台劇，如今卻變成非法？崔小萍申請覆判，但法庭最終以有期徒刑十四年的判決定讞。崔小萍如日中天的表演藝術事業就此結束。

一九七五年蔣介石去世，政府宣布大赦，崔小萍因沒有參加共產黨組織獲得減刑；坐牢九年四個月後重獲自由。她篤信基督，出獄後經常去教會，過著簡樸的生活。一九九八年立法院通過「戒嚴時期不當叛亂匪諜審判補償條例」，

要對一九四九到八七年戒嚴時期無辜受難者進行恢復名譽及補償。白髮蒼蒼的崔小萍提出申請，得到昭雪。值得安慰的是：二零零零年她獲得台灣廣播金鐘獎的終身成就獎，由當時的總統陳水扁頒贈，重新肯定她對台灣社會的貢獻。她的著作有《芳華虛度》、《受難曲》、《第二夢》、《表演藝術與方法》等。

朱德蘭

編者按：二零一二年，崔小萍接受記者訪問時說，她每天看報，生活自理，靠幾百萬補償金過日子。二零一七年病逝台灣。

◇ 崔小萍，《芳華虛度》，台北：皇冠出版社，1961 年。
◇ ──，《受難曲》，台北：正中書局，1965 年。
◇ ──，《第二夢》，台北：立志出版社，1967 年。
◇ ──，《表演藝術與方法》，台北：書林出版社，1994 年。
◇ ──，《碎夢集：崔小萍回憶錄》，台北：秀威資訊，2010 年。
◇〈國防部判決書〉，1968 年 7 月 2 日，57 年覆普縉字第 093 號。
◇〈台灣警備總司令部軍事檢察官起訴書〉，1968 年 9 月 14 日，58 年警檢訴字第 037 號。
◇〈被告人崔小萍答辯書〉，1968 年 10 月 25 日。
◇〈台灣警備總司令部更審判決書〉，1970 年 5 月 20 日，59 年更字第 2 號、57 年勁需字第 3725 號。
◇〈台灣警備總司令部減刑裁定〉，1975 年 7 月 14 日，64 年諫減字第 343 號。
◇ 童清峰（譯音），〈回首天鵝悲歌演繹曲折人生〉見《亞洲週刊》，2001 年 8 月 27 日至 9 月 2 日，頁 46–47。
◇ 陳秋雲，〈白色恐怖關 10 年／崔小萍：我只記恩不記怨〉見 <http://mag.udn.com/mag/people/storypage.jsp?f_ART_ID=428998>，2012 年 12 月 9 日，來源：《聯合報》，2014 年 5 月 22 日查閱。

39 戴愛蓮 Dai Ailian

戴愛蓮（1916–2006），生於西印度群島（West Indies）千里達（Trinidad）的一個華僑家庭，祖籍廣東。她是一位舞蹈家，也是中國最早的編舞記譜家和舞蹈教育家之一。她對中國漢族及少數民族的舞蹈進行研究，並公開表演，使世界認識中國的文化遺產；在這一方面，她有著很大的貢獻。

戴愛蓮自五歲起學舞，十歲（另有資料稱十二歲）入千里達一間舞蹈學校。一九三一年她十四歲時前往倫敦，進入德溫（Devon）達丁頓（Dartington Hall）的約斯芭蕾舞學校（Jooss School of Ballet）學習。她亦在安東・多林（Anton Dolin）和瑪嘉烈・克拉斯克（Margaret Craske）兩人的芭蕾舞蹈教室兼職工作。《波斯廣場的賣花女》、《傘舞》和《楊貴妃在皇帝面前跳舞》就是她在這一時期創作的。

戴愛蓮感到，現代舞蹈自由奔放、活力充沛，但缺乏系統的技術，而古

典芭蕾又表達力度不足。於是她大膽提出，現代舞和古典舞應互相借鑒、互補不足。約斯芭蕾舞學校深怕她的激進觀點影響其他學生，將她開除出校。她繼續在約斯現代舞蹈學校（Jooss Modern Dance School）學習，還取得獎學金。她學習了舞蹈理論家魯道夫‧拉班（Rudolf von Laban）提出的表現理論和舞台演出技術。更為重要的是，她學到了他的舞步記錄方法，即拉班舞譜（Labanotation）。二十世紀三十年代後半期，她對現代舞感到興趣，跟隨瑪麗‧魏格曼（Mary Wigman）學舞。所有這一切，對她成為專業編舞記譜家，影響至深。

一九三七年中國對日宣戰，戴愛蓮參加了宋慶齡（參見該傳）組織的保衛中國同盟會的募捐演出會，自編自演了〈警醒〉、〈前進〉等舞蹈，歌頌中國人民的抗日精神。一九四零年她離開英國，開始學習中國傳統舞蹈，在香港和宋慶齡再次相見。她在香港小住之時，曾數次正式登台表演，又出席一些義演，為祖國籌款。一九四一年一月，她在一次義演中首演〈東江〉，這是她根據廣東民間舞蹈編成的。當年年底，日本攻佔香港，她經桂林進入中國內地；在桂林參加支援戰爭的義演，創作了〈游擊隊的故事〉、〈賣〉、〈空襲〉和〈思鄉曲〉等舞蹈。她的作品對宣傳抗日起著積極作用，同時也推進了中國舞蹈的發展。

這一時期，戴愛蓮也採集各民族的舞蹈，然後加以研究保存。她根據瑤族在慶典時演奏的音樂，創作了〈瑤人之鼓〉，又將傳統桂戲〈啞背瘋〉，改編成舞蹈〈老背少〉。

戴愛蓮於一九四二年到達重慶，在國立歌劇學校和國立社會教育學院任教。後應知名教育學家陶行知之邀，在他的育才學校開設舞蹈班。她遇上當時在重慶工作的一些共產黨員，包括周恩來（1898–1976）和鄧穎超（參見該傳），並成為朋友。一九四五年，她在重慶《新華日報》創刊七周年慶祝大會上，看到來自延安的舞蹈團表演〈秧歌〉，感到異常興奮；其後她把這舞蹈編入育才學校的教材。這一時期她還創作了〈朱大嫂送雞蛋〉。

一九四五年夏，戴愛蓮和著名畫家葉淺予已在重慶結婚，兩人一起到川北和西康藏區採風。她利用拉班舞譜，記錄了八個藏族舞蹈。這些舞譜現收藏於英、美的圖書館內。一九四六年初，她和育才學校的學生舉辦了一場「邊疆音樂舞蹈大會」，表演的都是採集回來、並經編排的苗、瑤、彝、維吾爾和藏族舞蹈。這次演出影響深遠：各個民族的傳統舞蹈不僅得到推廣，還登上城市的

舞台，而在大中學校學生和年輕人中，又掀起學民間舞的熱潮。當年秋天，戴愛蓮在葉淺予陪同下赴美，在紐約表演舞蹈。一九四七年回國，在上海組建了中國樂舞學院並擔任院長。

一九四九年中華人民共和國成立後，戴愛蓮任中央戲劇學院舞蹈團和中央歌舞團的團長，後又在北京舞蹈學校任校長。北京舞蹈學校創建於一九五三年，之前國內從未有過這類型的學校，它為七到十四歲的兒童提供七年制課程，同時教授中國的舞蹈動作與西方芭蕾舞的基本原理。當局對漢以外的民族和其他亞洲國家的舞蹈極為重視，還多方合力把這些舞蹈納為國家級表演項目。五十年代，戴愛蓮依據中國傳統文化創作了兩個獲獎舞蹈：一是以陝西民間舞為藍本的〈荷花舞〉；另一是創作靈感來自唐代壁畫舞姿的雙人舞〈飛天〉。她還建立了中央芭蕾舞團，在許多國際舞蹈大賽中擔任評委；曾出訪英、美、德、瑞典諸國。為銘記她在中英兩國舞蹈交流的貢獻，英國皇家舞蹈學院在其接待廳擺放了她的石雕頭像，還在一九八一年邀請她出席雕像展出的揭幕式。

由二十世紀四十年代起，戴愛蓮致力於搜集和研究中國舞蹈，並向國內外推廣。她當了多年舞蹈老師、舞蹈教育家，為中國培養了一代的舞蹈家、編舞家和舞蹈教育家。對她的貢獻，《中華民國人物傳記辭典》（*Biographical Dictionary of Republican China*）有這樣的總結：戴愛蓮在其專業領域內是位先驅者，她一九四二年回國之前，中國雖已有若干試驗性質的舞蹈，但以後傳統的舞蹈形式終於發展成由專業人才表演的真正民族藝術，還是有賴她全面深入的研究、她的藝術天份，以及創新的編舞手法。

據《京華時報》報道，戴愛蓮於二零零六年二月九日病逝北京，享年九十歲。戴愛蓮治喪辦公室發布訃告稱譽她為「中國共產黨優秀黨員、中國當代舞蹈藝術先驅者和奠基人之一、著名舞蹈藝術家、舞蹈教育家」。

蕭虹
龍仁譯

◇ 《中國大百科全書・音樂舞蹈》，北京：中國大百科全書出版社，1989 年，頁 107–108。
◇ 《中國舞蹈家辭典》，北京：文化藝術出版社，1994 年，頁 72–73。
◇ Boorman, Howard L., and Richard C. Howard, eds. *Biographical Dictionary of Republican Chin*a, vol. 4. New York: Columbia University Press, 1971, 198–99.
◇ 「中國著名舞蹈藝術家戴愛蓮在京逝世」見 <http://www.china.com.cn/chinese/zhuanti/dal/1125626. htm>，中國網，2006 年 2 月 16 日，文章來源：新華網綜合，2012 年 10 月 30 日查閱。

▥ 40 戴厚英 Dai Houying

戴厚英（1938-1996），安徽省潁上縣南照集人，是一位小說家兼文藝批評家。

戴厚英在出生的小鎮上長大，到當地重鎮、鄰近的阜陽縣一中讀書。一九五六年進入上海華東師範大學，一九六零年畢業，取得中國文學學士學位。之後被分配至上海作家協會（即全國作協的上海分會）的文學研究所從事文藝批評。一九七九年轉往上海復旦大學任講師，講授文藝批評理論。後轉至上海大學任教，至一九九六年被入室盜竊的歹徒殺害為止。她離了婚，自六十年代後期起與獨女戴醒在上海居住。戴醒現居美國，有一子兩女。

戴厚英是家中第一個入學讀書的女性，也是整個家族中讀至大學畢業的第一人。戴家十分貧困，也曾受過政治迫害。母親不識字，是個家庭主婦，亦在街道縫紉組當零工，賺取微薄的工錢。父親上過兩年私塾，管理市政府開辦的一間商店，因對政府糧食統購統銷政策略有微詞，在五十年代末被打成右派；接著又被降職，工資每月不到三十元。另一方面，戴厚英的叔父因被誣監守自盜而自殺，嬸母隨後帶同兩個孩子和她們一起生活，換言之，父親的工資要養活一家十來口。戴厚英通常把自己大部份工資寄回家，只留下剛夠生活的小部份。她一直處於赤貧，到八十年代，她憑寫作賺得穩定的額外收入，情況才有改善。

戴厚英主要寫長篇小說，也寫些文藝批評、散文、短篇小說，偶爾亦寫詩。她寫作之初，是寫文學批評；不過這些早期的文章，該是在黨的導向和監督之下寫成，所表達的是中國當時的馬克思主義觀點，無論國內外，都流傳不廣。她本人稱，一九六零到七八年的近二十年間，在文學研究所工作時發表的數十篇理論性文章，毫無價值；因為當時並未獨立思考，一無創見。她後期的文章，多數是反映社會狀況、個人經歷和感受，散見於各類報刊，如《隨筆》和《百姓》。

一九七一年，文革最熾熱的時刻，戴厚英的戀人聞捷自殺，這位詩人的死，對她來說，是椎心之痛。據她好友高雲、吳中杰夫婦在《心中的墳——致友人的信》稱，她在七年後給高雲的信中，詳細追述了和聞捷的戀情。由於「感情一下子被調動起來，洶湧澎湃，不能自已」，她寫了第一部小說《詩人之死》，一年內脫稿，當時是一九七八年。由於政治情況複雜，小說在一九八一年，即她第二部小說出版後才能出版。《詩人之死》取材於她個人經歷，既依據她政

治上的起落，個人的感情生活，又反映知識份子在極權統治下的心路歷程。它如實的編寫文革歷史，述說了不同年代、不同政治立場的人的觀點，可歸類為「傷痕文學」。

第二部小說《人啊，人！》發表後，戴厚英在文壇上一舉成名。它描繪文革過後百孔千瘡的社會，探討文革過來的人，在努力重建基本的互信和友誼的過程中，如何化解內心的歉疚和個人的恩怨。它側重描述人怎樣喪失了人格，被剝奪了尊嚴，以及在中國的政制下，談論人性和人道主義有多麼艱難，畢竟這個使民眾因恐懼而就範的政制，已推行三十多年，影響無處不在。它敘述了各人在政治壓力下，如何重新找回人道主義的價值。她在書的「後記」中寫下了這種對靈魂的探索：

> 我曾經虔誠地相信，人世間一切都是階級鬥爭。年年、月月、天天，都不能忘記階級鬥爭。……終於，我認識到，我一直在以喜劇的形式扮演一個悲劇的角色：一個已經被剝奪了思想自由卻又自以為是最自由的人；一個把精神枷鎖當作美麗的項圈去炫耀的人；一個活了大半輩子還沒有認識自己、找到自己的人。我走出角色，發現了自己。……一個大寫的文字迅速地推移到我的眼前：「人」！一支久已被唾棄、被遺忘的歌曲衝出了我的喉嚨：人性、人情、人道主義！

戴厚英的《人啊，人！》在八十年代初出版，當時國內正熱烈地討論著人道主義，有一批知識份子對中國自一九四九年以來鍥而不捨的推動階級鬥爭，提出質疑，並捍衛人道主義的大原則。她和她的作品隨之成為中共理論家，特別是機關刊物《文藝報》的批判目標。依他們之見，她的「罪行」在於未能準確地解讀生活，藉人道主義說教，內容貧乏，誤導讀者。直到八十年代末，《人啊，人！》一書備受爭議，因為它旨在探索人道主義，能否取代「階級鬥爭」的模式。

除做好學術工作外，戴厚英還繼續寫小說，創作甚豐。她另外兩部有關學術界的小說，是《空中的足音》（1986）和《腦裂》（1994）。它們描寫了知識份子坎坷的命運：他們面對黨冷酷無情的意識形態、無上權威的官僚主義作風以及日益蠶食人心的商業化趨勢，卻要從中尋求學術獨立與自由。《腦裂》經常使用諷刺挖苦的手法，故而語帶諧謔，腔調卻半攙認真，間顯任性。在這段期間，戴厚英看來是嘗試以不同的敘事手法寫作，以圖創出新天地，可惜沒多久她便遽然離世。她也發表了不少短篇、中篇小說，大多收入小說集《鎖鏈，是柔軟的》（1982）和《落》（1993）。

　　戴厚英也寫家鄉皖北農村，目的是讓這個比華東沿海其他地區貧窮落後的地方，更廣為人知。她曾計劃寫一系列小說，總標題叫《流淚的淮河》。該系列有兩本業已完成並在香港出版，分別為《風水輪流》（1989）和《懸空的十字路口》（1992）。

　　許多西方出版的現代中國文學選集中，並未收入戴厚英的作品。顯然，在中國境外，人們更多的把她看成政治活動家，是特定的歷史時刻所出現的一個現象；她的作品被 *Seeds of Fire: Chinese Voices of Conscience* 收錄，就是明證。然而從她的作品看，她不僅是有深度的思想家，亦是技巧老練的華文小說家、作家。以《人啊，人！》為例，它就是文學上的新嘗試，有許多地方值得一讚，尤其應考慮的，是它的創作年代，它出版前幾十年中，中國人在政治、文化方面都受到壓制。它採用了不同的敘事角度，加入了多個敘事人的聲音；每人按本身性格，訴說自己的事情、自己的觀點，也和別人說話。她在最後一部小說《腦裂》中，透過心理寫實主義的手法，把主人公的迷惘刻劃得淋漓盡致。

　　在友人吳中杰眼中，戴厚英口才出眾，不講妥協，追求完美，行事任性，甚而為書房取名任性齋；也是因為這種我行我素的性格，使她處處碰壁，常常活在痛苦之中。他認為即使在她去世後，礙於人事關係，再加上政治壓力，連紀念她的活動也辦不起來。不過，在事業上，她卻成績斐然，既是傑出的政治活動家，又是多產的優秀作家。

王一燕

龍仁譯

◇ 戴厚英，《人啊，人！》，廣州：廣東人民出版社，1980 年。
◇ ——，〈戴厚英〉見《當代中國女作家作品選》，劉錫誠等編，廣州：花城出版社，1982 年，頁 631–632。
◇ ——，《鎖鏈，是柔軟的》，廣州：花城出版社，1982 年。
◇ ——，《空中的足音》，廣州：花城出版社，1986 年。
◇ ——，《往事難忘》，香港：香江出版社，1988 年。
◇ ——，《風水輪流》，香港：香江出版社，1989 年。
◇ ——，《戴厚英隨評》，香港：香江出版社，1990 年。
◇ ——，《懸空的十字路口》，香港：明報出版社，1992 年。
◇ ——，《落》，西安：陝西人民出版社，1993 年。
◇ ——，《腦裂》，西安：太白文藝出版社，1994 年。
◇ ——，《性格‧命運‧我的故事》，西安：太白文藝出版社，1994 年。
◇ ——，《詩人之死》，西安：太白文藝出版社，1996 年重印。
◇ 葉永烈，〈從《詩人之死》到戴厚英之死〉見《明報月刊》，1996 年 9 月號，頁 47–49；1996 年 10 月號，頁 60–82。
◇ 戴厚英遺著，《心中的墳——致友人的信》，上海：復旦大學出版社，1996 年。

◇ 高雲，〈懷念戴厚英〉見《澳洲新報》，2010 年 4 月 3/4 日，版 50。
◇ 吳中杰，〈話說戴厚英〉見《澳洲新報》，2010 年 4 月 3/4 日，版 50。
◇ Dai Houying, "The Rebirth of My Humanity." In *Seeds of Fire: Chinese Voices of Conscience*, eds. Geremie R. Barmé and John Minford. New York: Hill and Wang, 1988, 157–60.
◇ Pruyn, Carolyn S. *Humanism in Modern Chinese Literature: The Case of Dai Houying*. Bochum: Herausgeber Chinathemen, 1988.
◇ Ling, Vivian. "Dai Houying." In *A Reader in Post-Cultural Revolution Chinese Literature: Chinese Texts in Traditional Characters*. ed. Vivian Ling. Hong Kong: Chinese University Press, 1994.

41 戴錦華 Dai Jinhua

戴錦華一九五九生於北京，支持女性主義的先驅，文學與文化評論家、影評家、電影史家，北京大學比較文學與比較文化研究所教授。

戴錦華的父親戴學忠（1920–1990）是山東人，自幼父母雙亡，由鄉間的外祖母養育成人。一九四四年，參加了中共領導的八路軍，一九四九年分配至北京的對外貿易部工作。她的母親賈惠菁（1929 年生），是位小學教師，在北平一個舊式家庭裡出生、長大。

戴學忠長時間在中國駐海外使館工作，賈惠菁致力於教學，賈母張煜瑛（1902–1978）精通古今中國文學，是戴錦華的啟蒙老師。張氏是個封建家庭的媳婦，畢生遭受壓迫，但又毫不妥協。正是這位外祖母，直接影響到戴錦華成為堅定不移的女性主義者。而父親傾心文學、母親獻身教學，對戴錦華個人的愛好和學術取向都起著同樣重要的作用。

戴錦華的生活與近幾十年來中國文化與政治的歷史密不可分。一九六六到七一年她在東方紅小學讀書，目睹了文革的爆發和高潮。一九七一年，入讀當時組建不久的北京市西城區 111 中學，在文革結束那年畢業（另有資料稱她是在一九七三至七八年在該中學讀書）。不同時期中，她都被批走「白專」路線。一九七六年悼念周恩來（1898–1976）逝世的四五運動中，身為學生領袖的詩人戴錦華險遭逮捕。一九七八年，她進入北京大學中文系，且已決定將來從事學術研究和教學。一九八二年畢業後，她到北京電影學院電影文學系任教。

戴錦華一邊講授文藝理論，一邊研究電影史和影評。中國的電影理論長期囿於社會主義現實主義，為了突破此框框，戴錦華在八十年代後期引進了結構主義和後結構主義。一九八七年，她與其他人合作在北京電影學院創辦電影理論專業，此後四年中，她設計課程、翻譯和編寫教材，以及講授電影研究的大部份課程。

八十年代後期，戴錦華開始發表著作。她和孟悅合作寫的《浮出歷史地表：現代女性文學研究》（1989）一書，改寫了中國現代文學史，重新展現中國女性文學，堪稱這個課題的標誌性專著。戴錦華也發表了關於當代中國電影研究的文章，其中有〈斜塔：重讀第四代〉（1989）；〈斷橋：子一代的藝術〉（1990）；〈紅旗譜：一座意識形態的浮橋〉（1990）以及〈遭遇他者：第三世界理論筆記〉（1991）。

戴錦華的學術生涯與現代中國社會及知識份子所處環境，有著錯綜複雜的關係。她和大多數知識份子一樣，經歷了一九八九年的六四事件之後，無論在個人或學術層面，都受到極大的震動。一九九一至九二年間，她的作品被禁；原因是她被指犯上多項罪行，包括「兜售西方資產階級學術理論」和「煽動暴亂」等。為此，她使用筆名戈鏵和魯妮，發表有關女性主義、第三世界與後殖民理論的文章。此後她採用阿爾都塞（Althusser）、福柯（Foucault）和法蘭克福（Frankfurt）學派的評論觀點，探究中國文學和文化。她在中國電影史方面，亦多下了功夫，寫就電影理論讀本《鏡與世俗神話》（1993）和論述中國電影的文集《電影理論與批評手冊》（1993）。

一九九三年前後，中國社會開始走向商業化，戴錦華的學術研究因而也產生更大的轉向。面對跨國資本與消費主義的衝擊，她在文化評論中，談的更複雜，同時又留有變通餘地。她既批評社會主義式的意識形態監控，也不認同中國政府推行資本主義，且反對帝國主義的文化侵略和消費主義。她把批判的眼光，重新聚焦馬克思主義，故依據當前社會的話題和大眾文化的產生情況來研究電影；並在大眾文化業內與文化市場上發表有關研究結果。那年，她離開北京電影學院，到北京大學比較文學與比較文化研究所，繼續研究和執教。一九九五年，她組建了中國首家文化研究機構——大眾文化研究室。她講授文化研究課，指導研究生，還繼續著文論述中國婦女作品、電影史及中國製片現狀。一九九九年，她有關文化研究的文章彙集成冊，名為《隱形書寫：90年代中國文化研究》。同年，她完成論述中國女性作品的《涉渡之舟：新時期女性文化與女性書寫》，又出版了訪談錄《猶在鏡中》。

九十年代初起，戴錦華涉足國際學術界，參加了在新德里（New Delhi）召開的亞洲前衛實驗電影國際會議（1990），東京舉辦的國際比較文學年會（1991），法國克里特爾（Créteil）舉行的國際婦女電影節（1993）。在克

里特爾，她提交了題為〈不可見的女性：電影中的女性與女性的電影〉的論文，此文後來在國內刊物《當代電影》上發表。這篇探討中國電影的學術論文，表明以女性主義視角立論，可算同類作品的濫觴。一九九四年，她應邀前赴美國多間大學講授中國電影、婦女文化、大眾文化，其中包括康奈爾大學（Cornell University）、杜克大學（Duke University）、俄亥俄州立大學（Ohio State University）、哈佛大學（Harvard University）以及加州大學（University of California）在柏克萊（Berkeley）、洛杉磯（Los Angeles）、聖塔芭芭拉（Santa Barbara）和歐文（Irvine）的分校。她有關文化研究和電影研究的學術成果，被譯成英文在美發表。一九九六年夏，她出任俄亥俄州立大學的客座教授，並為研究生開設專題課程，講授中國電影史。一九九九年，她又舉辦有關現代中國婦女作品的暑期講習班，供研究生報讀。她有部份作品譯成英文，結集出版，書名為 *Cinema and Desire: Feminist Marxism and Cultural Politics in the Work of Dai Jinhua*。

戴錦華現與丈夫榮韋菁（1961 年生）、母親和貓兒毛家球（1988 年生）寓居於北京。

王瑾

龍仁譯

◇ 戴錦華、孟悅，《浮出歷史地表》，鄭州：河南人民出版社，1989 年。

◇ Dai Jinhua. Personasl interview. Columbus, Ohio, 26 July 1999.

◇ Wang, Jing, and Tani Barlow, eds. *Cinema and Desire*: *Feminist Marxism and Cultural Politics in the Work of Dai Jinhua.* London: Verso Books, 2002.

◇ 「人物：戴錦華（北大比較文學與比較文化研究所教授）」見 <http://shanghaicinema.blogspot.com.au/2004/04/1959211-197391978911119781019827198271.html>，2014 年 4 月 8 日查閱。

▥ 42 戴晴 Dai Qing

戴晴一九四一年生於四川省重慶市，中國著名異見份子、記者、作家及環保人士。

戴晴本名傅小慶，學名傅凝。母親馮大璋，父親傅大慶，均為中國共產黨積極份子。父親在日軍陷北平時被監押，最後遭處死。戴晴四歲時由葉劍英（1897–1985）收養，在葉家長大，葉氏後來成為共和國十大元帥之一。

一九六零至六五年，戴晴在解放軍國防工學院導彈工程系接受大學教育，該學院通稱哈爾濱軍事工程學院。畢業後在機械工業第七部的研究所工作了幾

個月，接著文革開始，參加了紅衛兵組織。一九六五年正式入黨，一九六八年起在黨幹校就讀，一讀三年。一九七二年成為北京公安部一間監視器材工廠的技術人員。一九七八至七九年間，在南京解放軍外語學院修讀英文，之後在北京總參謀部擔任技術員。

戴晴於一九七九年十一月發表的處女作是一個短篇故事，從那時起，她採用戴晴為自己的名字。一九八零至八二年間，她在中國作家協會當外事聯絡主任，並擔任總參謀部情報科情報員。一九八二年成為中國大報《光明日報》的記者，所撰文章對共產黨時有批評。她又訪問一些著名知識份子，訪問內容定期在《光明日報》發表，當中不少是揭露政治和社會問題的。她曾就王實味、梁漱溟、儲安平三位知識份子與黨和黨領導的關係，作出調查，寫成專著，論述他們如何備受壓迫和清算，以致言論自由從有限度，到最後全遭剝奪。

戴晴強烈反對在長江三峽建造世界最大水壩的工程。一九八九年，她寫了一本名為《長江長江》的書，提出警告，指工程會帶來災害，包括強迫居民遷徙，埋沒歷史遺蹟，對環境造成不能還原的損害。一般認為，她組織了中國第一個保護環境的游說團體，以反對興建三峽水壩。

六四事件後，戴晴退黨。一個月後，因「提倡小資產階級自由化及煽動社會不安」的罪名被囚禁。一九九零年五月獲得釋放。西方有多所著名大學對她提供研究生獎學金，她願意接受獎學金出國讀書，但不接受政治庇護。雖然中國政府自那時起禁止她發表文章，但她仍留在國內，爭取出版自由，同時不遺餘力的反對興建三峽水壩。她的著作 *The River Dragon Has Come!*（編者意譯：水龍來了）在海外出版，於一九九二年獲得自由金筆獎（Golden Pen for Freedom），又於一九九三年獲得戈德曼環境保護獎（Goldman Environmental Prize）及康狄‧耐斯特環境保護獎（Conde Nast Environmental Award）。二零零七年，她取得澳洲國立大學（Australian National University）的研究基金，完成了有關張東蓀的歷史紀實之作，這份文稿以《在如來佛掌中——張東蓀和他的時代》為書名，在二零零九年由中文大學出版社出版，得到國內外大學知名教授推許。二零零九年，德國法蘭克福（Frankfurt）書展主辦當局在中國政府壓力下，取消對戴晴等人的邀請，但她還是應德國筆會的邀請，以非官方身份如期到會，並在接受傳媒採訪時，指斥中國與會官員在書展開幕式上對國內獄中的作家隻字不提。

戴晴是公認思想開明的知識份子，但在許多問題上，她的看法在西方以至

在中國異見份子當中都引起爭議。她聲稱美國一旦批准中國享有永久性正常貿易地位，國內邁向自由的進程，會大受裨益。她又指出西藏是中國領土，而中央政府給西藏的補助更遠超從藏區所得。對於中國政治演變，她認為應循序漸進而非訴諸革命。對於共產主義的體系，她提出尖銳批評，但對於中國共產黨能主動實行政經改革，她亦頗加讚賞。一九八九年學生要求自由的抗爭運動，她給予支持，但表明這運動應該受到規限。她特別擔心的是，共產黨內某些派系會利用它，把改革派推下台。（六四事件的政治後果，看來可證明她說得有理。）

戴晴最受人爭議的，莫過於她出獄後在海外出版的《我的入獄》。她在書中批評著名知識份子對一九八九年的抗爭運動，大多流於情緒化和偏激，她更特別指出，他們相信可以共產黨的方式（即革命方式）來推倒共產黨，實屬不智。她也在書中表示在獄中受到良好待遇，言外之意是，中國政府給予獄犯的待遇已有改善。從另一角度看，她是有數以務實態度與共產黨周旋的異見份子，她深明這個黨的優缺點，只要它和國家繼續改革，便願意妥協。

朱天飈

李尚義譯

◇ 戴晴，《魂》，上海：上海文藝出版社，1985 年。
◇ ——，《梁漱溟、王實味、儲安平》，南京：江蘇文藝出版社，1989 年。
◇ ——，《我的入獄》，香港：明報月刊出版社，1990 年。
◇ ——，〈我的四個父親——自己的故事〉見《明報月刊》，1995 年 1 月號，頁 86–92。
◇ 凌鋒，〈追蹤戴晴〉見《明報月刊》，1988 年 9 月號，頁 52–55。
◇ 雪盈，〈再訪戴晴〉見《明報月刊》，1990 年 7 月號，頁 17–19。
◇ 蘇煒，〈閒說戴晴〉見《明報月刊》，1992 年 4 月號，頁 109–112；1992 年 6 月號，頁 112–115。
◇ 蔡詠梅，〈戴晴和她扮演的角色〉見《開放雜誌》，1992 年 6 月，頁 12–14。
◇ 金鐘，〈期待瓜熟蒂落——訪問中國記者戴晴小姐〉見《開放雜誌》，1993 年 2 月，頁 42–46。
◇ 曹長青，〈評戴晴——《我的入獄》與《我的四個父親》讀後〉見《爭鳴》，1995 年 12 月號，頁 73–76。
◇ Barmé, Geremie. "The Trouble with Dai Qing: 'My Imprisonment,' Before and After." Paper presented at the Association of Asian Studies of Australia Conference, Sydney, July 1991.
◇ ——. "Using the Past to Save the Present: Dai Qing's Historiographical Dissent." *East Asian History*, no. 1 (June 1993) : 141–81.
◇ Wang Zheng. "Three Interviews: Wang Anyi, Zhu Lin, Dai Qing." In *Gender Politics in Modern China: Writing and Feminism*, ed. Tani E. Barlow. Durham and London: Duke University Press, 1993.
◇ Dai Qing. *Wang Shiwei and "Wild Lilies": Rectification and Purges in the Chinese Communist Party, 1942–1944.* Armonk, N.Y.: M.E. Sharpe, 1994.
◇ ——. *Yangtze! Yangtze!* eds. Patricia Adams and John Thibodeau; trans. Nancy Liu, Wu Mei, Sun

Yougeng, and Zhang Xiaogang. London and Toronto: Earthscan, 1994.

◈ ——. comp. *The River Dragon Has Come! The Three Gorges Dam and the Fate of China's Yangtze River and Its People*, eds. John G. Thibodeau and Philip B. Williams; trans. Yi Ming. Armonk, N.Y.: M.E. Sharpe, 1997.

◈ ——. "Keep the Doors to China Wide Open: Solidifying Trade Status Would Keep Pressure on Beijing to Improve on Rights and the Environment." *L.A. Times* (on-line), 20 April 2000: China Trade Relations Working Group.

◈ "Interview with Dai Qing." *Red Flag*: *Journal of the Communist Party of Aotearoa*, at <http://home. clear.net.nz/pages/cpa/RedFlag/ redflat897.html>, accessed before 2000.

◈ Topping, Audrey Ronning. "Dai Qing, Voice of the Yangtze River Gorges." Earth Times News Service, 1997, at <http://weber.ucsd. edu/ ~ dmccubbi/chinadaiqingjan11 97.htm>, accessed before 2000.

◈ Ramzy, Austin. "China's Troubled Coming-Out at Book Fair." 20 Oct 2009, at <http://www.time. com/time/world/article/0, 8599, 1931146, 00.html>, accessed 1 November 2012.

▥ 43 鄧蓮如 Deng Lianru

鄧蓮如女男爵，一九四零年生於香港，首位獲封為英國上議院終身貴族的華裔人士。她的出生日期是二月廿九日，故家人素來在二月廿八日為她慶祝生辰。假如只計算正確的出生日期，她理論上每四年才過一個生日，年齡僅有同齡人的四份之一，難怪她永遠光彩照人。

鄧蓮如雙親為廣東人，一九四零年日軍佔領香港後，帶著兩個女兒返回上海，長女菊如（Mamie, 1929–1987）只有十一歲。他們早在那裡經營生意，自此留下，在戰局動盪中生活至一九四九年。鄧家有三女，鄧蓮如排行第二。大姊曾在上海念書，後來赴美留學。三妹 Gloria 比蓮如小一歲，現居加拿大溫哥華。

鄧蓮如父親 Yen Chuen Yih Dunn 並非富家子弟，但在美國華盛頓大學（University of Washington）取得工商管理碩士學位。他在戰後回港，從事印刷業務。當時百業凋零，經濟不景，即使富有人家，也不好過。他以女兒教育為先，將蓮如及其幼妹送到歷史悠久的聖保祿學校（Saint Paul's Convent School）念書。該校所在的港島銅鑼灣，是繁盛的商住區。女兒還小時，他已教導她們要對一己之事負責。鄧蓮如母親 Bessie Dunn 出身茶莊望族，對女兒的影響同樣深遠。在她的薰陶下，女兒都尊重家庭、敬愛長輩，並試圖通過教育，爭取獨立自主。

鄧蓮如告訴本傳作者，二十世紀五十年代初期，香港周邊盡是貧民窟，那景象她還清楚記得。以千計的中國難民蜂擁而至，他們在陡峭的山坡蓋搭木屋

暫時棲身，但木屋十分簡陋，往往遭夏季暴雨衝走，又易生火災。難民的苦況，很快迫使香港政府放棄不干預政策，向他們提供由政府資助的住房、教育及醫療服務。鄧蓮如小時對政治不感興趣，但社會環境及她家族與中國的關係，影響了她未來事業的發展路向。鄧蓮如是聖保祿學校寄宿生，彈鋼琴亦頗有造詣，曾經在一次比賽中獲得冠軍。她在一九五九年中學畢業後，便到美國加州奧克蘭（Oakland）聖名學院（College of the Holy Names）繼續學業。這是一所天主教女子文理學院，規模較小，位處山區，但鄰近親戚住所，她便在他們家中寄居。一九六一年，她轉到加州大學柏克萊分校（University of California, Berkeley），這大學後來在六十年代成為著名的嬉皮士文化中心。她在校園生活愉快，結識了不少朋友，並開始考慮未來的事業。

六十年代初期，香港有能力送子女到海外留學的家庭為數不多，所以中學生大多以進入香港大學為最高目標。隨著經濟環境的改善，港人收入漸高，那些有足夠經濟能力的，或憑優異成績取得獎學金的，都選擇到海外留學，當中以去美國居多。六十年代，中國經歷了社會主義教育運動，及後來的文化大革命，政局動盪，前景不明，港人甚為擔憂，故希望取得國際認可的資歷，供他日必須離開香港時備用。

鄧蓮如接受海外教育，得以磨練英語技能，開拓國際視野，為未來事業的發展奠定良好基礎，使她日後處理外貿時能夠揮灑自如。她後來表示成功主要歸功於幸運之神，例如得到良好教育，和有機會在香港著名英商洋行任職。她沒有清楚說明對自己和對工作的看法，但這正好表明她在這些方面的態度。當她回到香港時，曾向當地的三大洋行申請職位，即太古集團、怡和洋行和會德豐集團，都得到錄用，她選擇了太古集團，因為她比較喜歡那裡職員的態度。一九六四年，她被派到集團屬下的太古貿易有限公司（Swire & MacLaine）工作。當年集團的職員大部份是英籍海外僱員，只聘請少數華裔大學畢業生，而華裔女職員簡直是鳳毛麟角。在辦公室走廊上，她躋身於衣冠楚楚的男士中，直是萬綠叢中一點紅。為了突顯華裔身份，她穿著中國式長衫。她習慣抽煙，頗令人側目（後來戒掉了），在六十年代仍屬保守的香港社會，她可算敢作敢為的了。據說，她在太古工作初期，信差每天都會把一朵玫瑰送到她的辦公室。

鄧蓮如的上司給她相當大的權責，且向她介紹太古集團的拉丁文格言：*esse quam videre*（求真務實），讓她體會到箇中精神。不久，集團遣派她到英國的厄威克奧爾管理中心（Urwick Orr Management Centre）參加一個商業訓練

課程，即意味著她已被列作有望晉升的人員。她從事貿易，以積極進取、目光銳利見稱，兼且處事審慎，準確無誤，眾所周知。無論從商從政，她都是這樣。當時報界都留意到她工作勤奮。她曾向一個記者透露，「一個人成功與否，很視乎他的處事態度。我堅持事無大小，都積極面對，盡心盡力去辦妥。」她還說工作讓她渴求更多知識，發展所長，使她的一生既豐富又有價值。她還奉勸年青一代，應以自己的志向和興趣為重，不要斤斤計較金錢回報和社會地位。

香港太古集團的總部現仍設於香港，集團經營煉糖廠、零售、包裝、船務及有關業務、國泰航空公司、貿易、財務、地產發展等，業務多元化，在全世界都有投資，包括澳洲及太平洋地區。太古貿易有限公司的一項重要工作，是尋找成衣的貨源和促銷成衣。由那時到現在，紡織業和成衣業都是香港工業的支柱。原本在上海的廠商因為國內革命運動逃來香港，同時也將他們的技術帶來，成為本地工業發展的動力，而投奔香港的難民，正好充當廉價勞工。香港政府鼓勵這類工業發展，闢地興建工業邨，實施最少的監管。海外買家蜂擁而至，為他們的成衣品牌尋找貨源，本地公司如太古貿易有限公司便會代勞，迅速生產和付運高質素的成衣。不久，港產成衣便出口到世界各地。可是「香港製造」卻等同廉價。七十至八十年代，成衣業面對日漸增加的結構性成本，需要作出調整。鄧蓮如為此與香港貿易發展局密切合作，鼓勵發展局每年舉辦香港成衣展覽，後來的香港時裝節就是在這基礎上發展出來。此舉令海外買家大大改變對香港成衣的觀感。發展局和廠商逐漸建立了商譽，以成衣款式和品質聞名。香港公司得到國際認可，從此便可開發及推銷自己的品牌。對於鼓勵及培養本地成衣設計專才的計劃，鄧蓮如亦予支持，強調設計師應在東西方傳統中，汲取靈感。

鄧蓮如在舉足輕重的成衣業界工作表現出色，終獲委為香港貿易發展局主席。此項任命並不出人意表，任期由一九八三至九一年。她是第一位女性出掌此職，傳媒認為這證明了工商業界已見男女平等。香港貿易發展局成立於一九六六年，是一個半官方機構，以贊助及調協各種貿易推廣活動為宗旨，經費來自對所有香港出口貨品的徵稅。七十年代，香港工業品出口歐美市場，得到穩定增長。但到了八十年代初期，本地生產成本增加等問題開始出現，導致貿易增長放緩。鄧蓮如鼓勵貿易發展局與中國建立更密切的商貿關係，此舉實屬明智，一者香港主權將於一九九七年交回中國，再者這是香港工商業向前邁進的唯一途徑。

香港在中國的貿易和投資活動，比政治上的回歸祖國來得早。為此，香港政府和商界對工貿推廣的優次安排，作出全面檢討。在此期間，鄧蓮如曾率領數個貿易代表團訪問中國。一九九零年她向香港一個記者透露，中國已成為香港出口貨品的第二大市場，而同時也是香港入口貨品最大的來源地。她建議雙方貿易建基於互利，而這也是香港公司在中國投資的原則。她出任貿易發展局主席期間，在港島灣仔開展工程，興建一所龐大的會議中心，由於該中心的業務非常成功，不到五年，會議中心及交易會設施已不敷應用。有見及此，貿易發展局又動工興建另一座雙倍大的香港會議展覽中心。

鄧蓮如和同事間的關係良好。一九七八年得到集團主席彭勵治爵士（Sir John Brembridge）推薦，晉升為香港太古有限公司（John Swire & Sons (HK) Ltd.）董事，直到二零零三年為止。由一九八一年起，她擔任太古洋行有限公司（Swire Pacific Ltd.）董事，由一九九六年起，擔任英國太古集團（John Swire & Sons Ltd.）執行董事至今。彭勵治爵士也向當時的港督麥理浩爵士（Sir John MacLehose）推薦鄧蓮如，遂得以晉身立法局，任期由一九七六至八八年，其間的一九八五至八八年，是擔任首席非官守議員。一九七六年的立法局只有委任議員，職能是就香港的管治向港督提供意見。他們一般是大公司和專業團體的首腦。由於本地和倫敦都對港府施加壓力，要使立法局更具代表性，港府委任了五名人士加入立法局，除鄧蓮如外，還有巴士售票員、女牧師、工會人員。鄧蓮如是以商業經理的身份獲得委任，歷年獲委任人士中，數她最年輕。她對政治改革、經濟貿易、公務員事宜最為關注。

鄧蓮如加入立法局時，彭勵治爵士本身亦是立法局議員，形成太古在局內的代表勢力比它的主要對手怡和大。兩大英資洋行各具不同風格，可以追溯到兩間洋行過去的歷史。怡和洋行透過蘇格蘭凱瑟克（Keswick）家族的關係，與英國貴族和保守黨有密切聯繫。太古洋行的施懷雅（Swire）家族來自約克郡（Yorkshire），出身未如前者顯赫，但在商界同樣勢力龐大。施懷雅家族至今仍然通過太古洋行，控制太古旗下附屬公司的大部份權益和運作。太古洋行的營商風格，明確地反映出約克郡人務實處事的精神。和怡和洋行相比，太古與中國政府的關係較佳，原因是怡和涉足英國政治較深，與北京的往來複雜得多。

鄧蓮如出任香港重要公司的董事，參與工商界各方面的發展。這些公司包括香港地下鐵路公司（簡稱「地鐵」，1979-1985），香港上海匯豐銀行

（HSBC，1981–1986），九廣鐵路公司（簡稱「九鐵」，1982–1984），國泰航空公司（1985–1997），匯豐控股（HSBC Holdings, 1990–2008），富豪汽車公司（Volvo AB, 1991–1993）和佳士得國際公司（Christies International, 1996–1998）。一九九二至九六年，她擔任匯豐銀行副主席，一九九二至九八年任非執行副主席。自一九九零年起，獲委任為匯豐控股非執行董事，一九九二年起，同時兼任副主席，至二零零八年退休，結束與匯豐集團的工作關係。香港公營服務行業以政府專利權來經營，除了自負盈虧外，還需將部份溢利撥交政府。地鐵和九鐵是兩個成功例子，均能賺取巨大利潤。兩鐵利用車站上蓋的物業發展收入，使車費保持較低水平，而所提供的公共運輸服務，堪與世界其他城市比美。鄧蓮如在擔任兩鐵董事期間，適逢它們急速進軍新界，大肆發展新市鎮，而中英就一九九七年香港歸還中國的談判又引起前景未明的憂慮，她要考慮多項政策，絕非易事。由一九八一至八七年間，她出任菲臘親王牙科醫院（Prince Philip Dental Hospital）管理局主席。該醫院由政府撥款資助，旨在為香港市民提供高質素牙科服務。一九七八至八三年間，她出任香港工業總會（Federation of Hong Kong Industries）理事會成員，一九八三年成為港日商務合作委員會（Hong Kong/Japan Business Cooperation Committee）委員，至一九八七年止。一九八四至九三年，任港美經濟合作委員會（Hong Kong/U.S. Economic Cooperation Committee）委員。她被委任這些職位，是因為她對商務和政府行政有豐富經驗，可提供意見，擬定政策，促進香港和美日的貿易來往，發展香港和這兩個重要貿易夥伴的經貿關係。

一九八二至九五年，鄧蓮如出任香港行政局議員。行政局是港督的內閣兼資深顧問團。當時中英政府正就移交香港事宜進行談判，這塊殖民地何去何從，莫衷一是。直到時任英國首相的戴卓爾夫人（Margaret Thatcher）在一九八四年宣布，已和中華人民共和國達成協議，將於一九九七年把香港交還中國，情況才有所改變。為了解決信心危機的問題，鄧蓮如和行政局首席議員鍾士元爵士（Sir S.Y. Chung）到北京會見中國領導，商討香港前途事宜。她九歲離開上海，那次是首度重返國門。

鄧蓮如與鍾士元關係密切。她大致同意鍾士元對移交安排的觀點，但主張參照英國政府部長問責制的模式，改革港督的兩個諮詢議會，即立法局及行政局。她表示立法局與世界各地普選產生的立法機構無異，都是問責於政府。在立法方面，她和多任港督緊密合作，包括尤德爵士（Sir Edward Youde），他因

為參加中英談判的工作壓力過大而猝逝，深為港人痛惜。最後一任港督彭定康（Christopher Patten）承認，他一九九二年到香港上任後，擬定立法架構的改革計劃時，鄧蓮如對他提出的，都是真知灼見（"legendarily adroit"）。

行政局每週最少開會一次，下午舉行。鄧蓮如與時任律政司的唐明治（Michael Thomas）同屬行政局議員，所以在工作上經常接觸，他是在一九八三年來到香港的。當時中英政府正就香港最終回歸中國的有關條款，直接進行會談，各方均受極大壓力。港人覺得未能參與此事，英國政府要諮詢港人意見，非透過行政局不可，行政局的角色因而愈形重要。行政局議員身負重任，這促使彼此間互相支持，甚而把心底的恐懼及憂慮互相傾訴。假若沒有這些特殊的外在因素，這種情況難以發生。在此微妙時刻，鄧蓮如和唐明治共墮愛河。雖然兩人都愛維護私隱和保持低調，但他們的羅曼史很快的便傳遍當地。一九八八年鄧蓮如下嫁唐明治時已年過四十。她是第一次結婚，而唐明治則是第二次。唐明治從公職上退下後，仍然以大律師身份在港執業，長於商業公司法。

多年來，鄧蓮如一直表示，香港回歸中國後不打算離開。一九九五年，她突然公開宣布，將改以倫敦作為主要居留地，港人為此大為震驚。當時她對報界強調，她的決定是基於個人理由而非政治原因。有評論家認為她與英國利益集團的關係過於密切，故對香港的新社會環境感到不安。她與最後兩任港督衛奕信爵士（Sir David Wilson）和彭定康都是深交，這可能影響了她的想法，決定移居海外。即使如此，她和香港仍維持密切關係，經常回港。

鄧蓮如對香港工商業貢獻良多，因此獲得多間大學的榮譽法律博士學位，包括香港中文大學（1984），香港大學（1991），英屬哥倫比亞大學（University of British Columbia, 1991）和英國列斯大學（University of Leeds, 1994）。一九九五年獲白金漢大學（University of Buckingham）頒授榮譽科學博士學位。除此之外，她獲得不少獎項，包括日本首相貿易獎（1987），美國商務部部長頒授的和平與商業獎（To Peace and Commerce Award, 1988），英國政府頒授的英帝國軍官勳章（OBE, 1978），英帝國指揮官勳章（CBE, 1983）和英帝國女爵士指揮官勳章（DBE, 1989）。自一九八六年起，成為亞洲學會國際委員會（International Committee of the Asia Society）委員，而自一九八九年起，成為公司董事學會（Institute of Directors）院士和英國皇家藝術、製造、商務促進學會（Royal Society for the Encouragement of Arts, Manufactures, and

Commerce）院士。

一九九零年，鄧蓮如獲封為女男爵（Baroness），在英國上議院內表現積極，曾就香港的事務多次發表演說。她的著作包括 *In the Kingdom of the Blind*，在一九八三年由倫敦的貿易政策研究中心（Trade Policy Research Centre）出版。

鄧蓮如女男爵的封邑是香港港島和英國皇室郡邑肯盛頓和切爾西區的武士橋（Hong Kong Island in Hong Kong and Knightsbridge in the Royal Borough of Kensington and Chelsea）。根據英國國會議員傳略，她餘閒的喜好是藝術和古玩。她也是香港會（Hong Kong Club）會員和香港賽馬會（Hong Kong Jockey Club）會員。她曾經告訴記者，閒暇時喜歡留在家中，和家人一起。她在香港的住所採用西式佈置，在倫敦時尚的武士橋區的居所也一樣。二零一零年，鄧蓮如透過佳士得倫敦拍賣行，把所收藏的部份中國古玩出售。

鄧蓮如從商從政的生涯，多少展現了中國女性在英國治下的香港，如何能夠攀上權力的階梯。在這時期，香港經歷了多個危機，其中最甚者，莫如一九六七年的文革，以及一九八四年回歸安排未有定案之時。結果香港經濟沒有崩潰，而官商之間密切聯繫，又一般會為社會帶來良性效應。在這氛圍下，一個受過高深教育且魅力迫人的女性，參與塑造香港的前途，並發揮了極大影響力。

梅卓琳

李尚義譯

編者按：二零一零年，英國工黨政府通過法令，由七月起，國會議員在海外賺取的收入，要全數向英政府納稅，在香港等地擁有業務收益的鄧蓮如，在六月去信上議院請辭，有意見認為這是為了規避新修訂稅例，而放棄議席並不影響她終身貴族的身份。

香港作家陶傑曾以以下的文字形容鄧蓮如：在香港一百五十年的歷史上，在中西文化薈萃的風火爐裡，鄧蓮如是千提百煉的一顆獨特的仙丹，她出身自舊上海的家庭，擁有一個很廣東的名字，閃耀的卻是英國維多利亞時代貴婦的華彩。

◇ 天津新技術開發集團編，《華夏科學家、企業家》，天津：科學出版社，1987年，頁199–203。

◇ 超金，〈香港商業界女強人鄧蓮如〉見《海外著名華人列傳》，北京：工人出版社，1988年，頁21–23。

◇ 陳禹山，〈工作是一種樂趣〉見陳禹山，《港澳名人與精英》，香港：賢達出版社，1990年，

頁 80–81。

◈ 鄧蓮如發出的新聞稿，1995 年 6 月 15 日。

◈ 鄧蓮如給本傳作者的私人信件，1998 年 2 月。

◈ 陶傑，〈最是才子品佳人〉見《滿香園的一朵朵笑靨》，香港：明窗出版社，2002 年。

◈ 陶世明（譯音），〈鄧蓮如和她的「維多利亞時代」〉見《當代》，缺出版日期及期數，頁 121。

◈ *Dod's Parliamentary Companion.* Hailsham, England: Dod's Parliamentary Companion, 1997, 113.

◈ Patten, Christopher. *East and West*. London: Macmillan, 1998, 57.

◈ 「鄧蓮如」見 <http://zh.wikipedia.org/wiki/%E9%84%A7%E8%93%AE%E5%A6%82>，2013 年 9 月 10 日查閱。

ᴵᴵᴵ 44 鄧麗君 Deng Lijun

鄧麗君（1953–1995），可能是全球華人社會中最負盛名的女歌手，本名鄧麗筠，英文名字 Teresa Teng，祖籍中國河北省，生於台灣省雲林縣。

鄧麗君出生於軍人家庭，有三個哥哥和一個弟弟。年幼時常陪同京劇票友的父親看京劇。只有五、六歲左右，就穿上父親的長袍，以鞋油罐作麥克風，站在假想中的舞台上演唱。還是小學生時，已在一些非正式聚會和晚會中表演。一九六四年十一歲，參加中華電台的黃梅調歌唱比賽；憑一曲〈訪英台〉勇奪冠軍。初中三年級時放棄學業，全身投入演唱事業。

一九六五年鄧麗君參加歌唱訓練班，並贏得金馬獎唱片公司舉辦的歌唱大賽冠軍。一九六七年開始在電視演出，被邀請擔任「每日一星」的主持人，後來還演出電視劇，主演電影《謝謝總經理》。開始灌錄唱片後，被邀請到新加坡參加慈善演唱會。一九七零年，隨凱聲綜合藝術團赴港登台，次年在東南亞巡迴演唱。她在香港工展會義賣白花油，並當選工展會慈善皇后，逐漸成為當地最受歡迎的歌手之一。香港以外，她的歌聲也傳遍台灣和東南亞各地。

鄧麗君和日本寶麗多唱片公司簽約後，在一九七三年赴日本發展並接受聲樂訓練，自此踏上國際舞台。向來她以溫婉動人的甜美聲音，吟唱小調民歌和詮釋抒情歌曲見稱；在日本，她為了能夠演唱難度更高的日本民謠，及提升歌唱的技巧，不僅學講日文，追求發音標準，演唱時還仔細推敲每一個字和擅用手勢來表達細緻的感情。她贏得日本最有名紅白歌唱大賽的最佳新人歌唱獎。她的歌聲漸漸風靡日本，一九七四年推出的第一張日文專輯唱片，反應熱烈。次年贏得日本第十八屆唱片大獎和新人獎。

一九七五年，鄧麗君在香港簽約加盟寶麗金唱片公司，並推出《島國情歌》

系列的第一集。次年,她在香港舉行首次個人演唱會,門票旋即銷售一空。她在日本受歡迎的程度繼續攀升,同時她在台灣的電視節目「鄧麗君專輯」也贏得大獎。

一九七九年,鄧麗君在美加首度舉行演唱會。之後留在美國研讀英文和錄製唱片。一九八零年,在紐約林肯中心(Lincoln Center)及加州的洛杉磯音樂中心(Los Angeles Music Center)獻唱。她是第一個在金像獎頒獎典禮場地演唱的華人歌手。一九八四年,她才重返日本舞台,幾年間把歌唱事業發展至巔峰。

八十年代,鄧麗君也在東南亞、香港和台灣各地演唱,發行了一些唱片專輯。當中有改編自唐詩宋詞的《淡淡幽情》(1983),粵語專輯《漫步人生路》(1983),《償還》(1984),《我只在乎你》(1987)及《難忘的鄧麗君》(1992)。她最膾炙人口的歌曲,相信非〈月亮代表我的心〉莫屬。九十年代初起,她已極少公開表演,大部份時間到世界各地旅遊,最後在巴黎留下。因出生在軍人家庭,所以經常回台灣勞軍,有「軍中情人」的美譽。她沒有停止過勞軍的義行,直至死前一年,即一九九四年。

鄧麗君歌聲甜美動人,歌迷遍布世界各地,以至中國大陸。八十年代初,她的歌曲在中國掀起熱潮,人們叫她小鄧,以別於老鄧——當時的最高領導鄧小平(1904-1997)。她溫柔的特質,親民的風範,優美抒情的歌聲,對剛經歷文化大革命的中國人來說,既清新又能撫慰心靈。雖然她的歌曲被中國當局視作靡靡之音,遭大力禁止,她的歌聲依然響徹中國的大江南北。當時鄧小平正致力於改革開放中國經濟,也廣受人民愛戴。於是,坊間流傳著一句話:「白天鄧小平,晚上鄧麗君」。

一九九五年,鄧麗君與法國男友在泰國清邁渡假時,因哮喘病發身亡,終年四十一歲。她突然離世,引起世界各地的歌迷同聲一哭。中華民國的國防部追贈予屬平民最高榮譽勳章的國民黨華夏一等獎章,總統李登輝特頒「藝苑揚芬」輓額,靈柩覆蓋民國國旗和國民黨黨旗。鄧麗君一生未婚,膝下沒有子女。

陳慧

陳雅慧譯

編者按:鄧麗君通曉英、日、法等多國語言,操流利國語、粵語、閩南語等。一九七九年進入日本時,因所持護照出現問題而被拘留,最後遭驅逐出境,於是轉往美國。一九八九年參加了香港演藝界為支持國內學生運動而發起的「民主歌聲獻

中華」籌款義演。數年後出席香港亞洲電視台談時論政節目《龍門陣》,與知名政評家黃毓民、鄭經翰等談民主、公義與和平,轟動一時。二零一零年四月二十二日,台灣高雄的鄧麗君紀念文物館正式開幕。

◇ 〈清泉崗一別,何日君再來〉見《台聲》,1995 年 7 月。
◇ 宋瑞芝主編,《中國婦女文化通覽》,濟南:山東文藝出版社,1995 年,頁 609–610。
◇ 〈鄧麗君之歌〉見《開放雜誌》,1995 年 7 月,頁 77–78。
◇ "Teng Li-chün Forever." *Sinorama* (Kuang-hua) (July 1995) : 7–17.
◇ 「鄧麗君紀念文物館開幕」見 <http://big5.chinataiwan.org/gate/big5/www.taiwan.cn/tsfwzx/hs/ylms/201004/t20100423_1333329.html>,2010 年 4 月 23 日,來源:中國新聞網,2013 年 3 月 12 日查閱。
◇ 「鄧麗君」見 <http://baike.baidu.com/view/8696.htm>,2013 年 3 月 12 日查閱。
◇ 「鄧麗君」見 <https://zh.wikipedia.org/wiki/%E9%84%A7%E9%BA%97%E5%90%9B>,2015 年 10 月 20 日查閱。
◇ Reuters. "Teresa Teng Lives on Via the Internet," at <www.taipeitimes.com/news/11/23/story/0000062616>, accessed before 2000.

▥ 45 鄧六金 Deng Liujin

鄧六金(1911/1912–2003),福建省上杭縣人,隨紅一方面軍參加一九三四至三五年中共長征的三十位婦女之一。

鄧六金生於貧農家庭,出世幾天便送給了一對夫婦收養,養父是一名走村串戶的理髮師。有資料稱,養父母將她許配給一個正在學習當道士的青年。雖然這事難以證實,但她肯定跑了,沒有早婚。一九二九年中,朱德(1886–1976)和毛澤東(1893–1976)的紅軍橫過閩西後,她加入革命行列,且決定不結婚,理由是結婚不能沒有兒女,有了兒女的婦女就不能繼續參加革命工作。

一九三一年,鄧六金加入了中國共產黨,不到一年便成為上杭縣的巡視員和縣委婦女部部長。一九三三年晉升為福建省委婦女部部長,翌年獲准進入江西蘇維埃瑞金黨校學習。黨組織挑選她參加長征,可能因為她在政治上堅定不移;身為政治鬥士,她參與多項工作,如僱用挑伕、搬抬擔架、宣傳及糧食供應等。她抵達延安後,便在婦女部工作,接著進入黨校。

一九三八年底,鄧六金調回南方,與前江西蘇維埃主席曾山(1899–1972)同行。這個安排的用心昭然若揭,就是要迫使不願結婚的鄧六金下嫁曾山。他們終於在一九三九年初南下途中結合,婚後數年間,鄧六金生下四子一女,期間依舊在黨支校就讀。她丈夫和一些男性黨領導都強烈反對,其中一名黨領導甚至恐嚇她說,如果她不盡教養兒女的責任,便禁止她上學。她不為所動,將

子女寄養在親戚家，才外出動員農民。一九四九年，她受命在吉安成立兒童保育院，收容棄嬰及孤兒。一九六零年，調到國務院機關事務管理局任辦公室副主任，處理兒童福利工作，開辦幼兒園及兒童保育院。

文革時，鄧六金和大多數曾經參加長征的人一樣，都受到批判。她在一九七六年恢復工作，職責範圍仍是幼兒園和兒童保育院。她的子女在軍、政、文藝界均出任要職。長子曾慶紅一九四零年生於安徽，曾任中央書記處書記、中央辦公室主任、政治局常委、中央黨校校長及國家副主席。次子曾慶淮年幼時患病，未能考上大學，在北京一間化工廠做焊接工。後來出任文化部特別巡視員，一九九五年派駐香港工作，是著名的文藝活動家。三子曾慶洋是一位軍事科學家。幼子曾慶源是甘肅空軍基地維修工人，一九七二年調回北京宣傳部。女兒曾海生一九四七年在船上出生。她一心一意的要當兵，先在黑龍江軍區工作，獲得按秩晉升，再轉往北京工業大學就讀，後從事青藏鐵路構建工程。一九七八年當選全國人大代表，代表鐵道兵出席人大會議。

鄧六金曾遭遇不少挫折，但深信自己之能夠做出成績，由一名文盲的農民，晉身公職行政人員，非有中國共產黨的扶持不可。二零零三年，她因病在北京逝世，終年九十二歲。

Sue Wiles

李尚義譯

◇ 郭晨，《巾幗列傳：紅一方面軍三十位長征女紅軍生平事蹟》，北京：農村讀物出版社，1986年，頁 9–12。
◇ 趙憶寧，〈奉獻出深厚的母愛〉見《紅軍女英雄傳》，瞭望編輯部編，北京：新華出版社，1986年，頁 141–152。土卜子平主編，《中共政要夫人》，香港：環球實業（香港）公司，1999 年，頁 192–201。
◇ Lee, Lily Xiao Hong, and Sue Wiles. *Women of the Long March*. Sydney: Allen & Unwin, 1999.
◇ 「鄧六金」見 <http://baike.baidu.com/view/314841.htm>，2012 年 11 月 1 日查閱。
◇ 「曾慶紅」見 <http://baike.baidu.com/view/1792.htm>，2013 年 3 月 1 日查閱。
◇ 「曾慶淮」見 <http://baike.baidu.com/view/1448825.htm>，2013 年 3 月 1 日查閱。

▥ 46 鄧穎超 Deng Yingchao

鄧穎超（1904–1992），原名文淑，又名玉愛、詠通、湘君、逸豪等，河南光山人，出生於廣西南寧。在中國共產運動之初，鄧穎超已積極投入，自此努力不懈，直至辭世，是表現傑出的女黨員之一。她和周恩來（1898–1976）廝守一生，兩人看來婚姻愉快，堅貞不二，經常被譽為恩愛夫妻的典範。

鄧穎超的父親鄧庭忠（約卒於 1910 年）是清廷一名小吏，在她六七歲時去世，從此她由母親楊振德撫養成人。楊氏靠行醫和教書謀生，母女相依，南北奔波，先到廣州，隨到上海，後居天津，生活顛沛，自食其力。母親獨立自強，不但影響鄧穎超的童年，更直接影響了她的一生。

一九一一年清朝覆亡後，社會局勢動盪。一九一三至二十年，鄧穎超在天津第一女子師範學校讀書。一九一九年五四運動爆發，當年十五歲的她立刻投身革命活動，並成為學運領袖。她在天津和周恩來、郭隆真、馬駿、劉清揚（參見該傳）、張若名（參見該傳）、諶小岑等一起組織了天津學生聯合會、天津女界愛國同志會、覺悟社等學生和婦女團體，目的都是在「提倡國貨並喚起女界之愛國心」。她又帶領學生游行示威，設法營救被捕學生代表，組織集會，並四處展開演講活動，還走向大街小巷，甚至深入家庭，進行愛國宣傳，動員大家抵制日貨，爭取民族獨立，保衛國家領土主權。她亦爭取男女平等，號召被壓迫婦女衝破封建陋習，勇敢地做一個獨立的人。一九一九年十月十日，天津各界數千人在南開大學操場舉行反日反政府大會，鄧穎超是組織者之一。會後的游行示威，遭到軍警阻止。鄧穎超等帶領女學生不顧軍警阻撓毆打，衝破包圍，上街游行，向群眾演講並派發傳單，由於軍警武力鎮壓，鄧穎超受傷。隨後，天津學生停課請願，揭露當局鎮壓群眾的暴行，得到全國人民的廣泛聲援。

參與學生運動的男女生向來各有組織，但鄧穎超往往不按常規行事，她和其他來自天津第一女子師範學校的學生，便與男生一起加入覺悟社。她也積極投入婦女愛國及解放運動，間會化名一號。她向婦女提供實際援助，通過諸如女權運動同盟會天津支部的組織，將被家人壓迫的婦女解救出來。女權運動同盟會在一九二三年改組為女星社。她又籌辦女星第一補習學校，讓貧苦婦女有機會接受教育。她創辦的進步報刊包括《覺悟》、《覺郵》、《平民》、《女星》、《婦女日報》等，它們有部份以婦女為目標讀者。她也參與報刊的工作，且先後發表了〈勝利〉、〈愛與教〉、〈錯誤的戀愛〉、〈受了婆婆教訓的一個同學〉、〈經濟壓迫下的少女〉等文章。

一九二零年八月，在提倡開放女禁潮流下，鄧穎超勇敢地破除傳統觀念，成為北平一所男子小學的第一批女教員，給女子進入教育界服務打開一條先路。一九二二年十月，她受北平的女權運動同盟會委託，開展婦運，連結達仁女校教員在天津籌組女權運動同盟會支部。在支部成立大會上，她宣布其宗旨

為：「擴張女子在法律上之權利及地位」。會上，她當選為評議委員。支部成立後，她和另三名委員赴北平請願，呈書國會，爭取女權，聲援學生正義鬥爭。請願書詳列婦女在法律、教育、人權上應有的權利，並要求當局賦予有關權力；又同時要求禁止公娼、買賣婢女和婦女纏足。她們還揭露軍警鎮壓示威學生的暴行。一九二零年，周恩來和其他數名青年領袖參加勤工儉學計劃前往法國，而鄧穎超則留在國內，肩負推展愛國及婦女運動的重擔。一九二四年起她在達仁女校任教，並利用教師身份，在天津效力革命運動。同年加入中國社會主義青年團，翌年二十一歲時成為中國共產黨員，繼續致力於青年、學生和婦女的工作。她所關心的問題極為廣泛。她聯合學界力量，發起成立天津婦女國民會議促成會，並擔任主席，積極宣揚國會政治，又擔任婦女解放協會出版委員。其後她組織了紀念「三八」國際婦女節大會，成立天津婦女聯合會，以圖發動婦女承擔改造社會的重任。

一九二五年五月三十日，英國人在上海殺害中國工人及學生，民眾對五卅慘案極為激憤，在鄧穎超等人推動下，上街集會游行以示抗議。隨著形勢的發展，鄧穎超等人認為急需成立一個愛國統一戰線。在各人積極籌劃下，天津各界聯合會於六月十日召開成立大會。該會下設五人主席團，由鄧穎超出任主席。六月，天津舉行了兩個各界追悼大會，分別吸引了十萬人和七萬人。鄧穎超在會上痛斥英人慘殺華人的暴行，說的聲淚俱下，全場莫不動容；她同時要求收回外國租界，取消領事裁判權，和廢除不平等條約。

一九二五年七月，天津當局下令通緝鄧穎超。黨組織指令她前往當時的革命根據地廣東，而周恩來自一九二四年底返國後，便一直在那裡工作。於是鄧穎超結束了在天津長達六年的革命鬥爭和三年的教學工作，南下上海、廣州、踏上新的革命征途。同年八月，她與周恩來結婚，二人沒有舉行正式儀式，沒有辦理正式公文，只隨俗例在結婚翌日宴請朋友。他們結婚多年，膝下荒涼：她婚後不久懷孕，卻把胎兒打掉了；到一九二七年，她再次懷孕，又逢難產，孩子不幸夭折。不過，他們多年來收養了很多戰後孤兒。

鄧穎超在婚後繼續積極參加婦女工作，發表有關廣東婦女運動方向的文章，出任中共廣東地區委員會婦女部部長、國民黨廣東省黨部婦女部秘書，當時國民黨的婦女部長是何香凝（參見該傳）。鄧穎超又當選中共兩廣地區委員會候補委員和國民黨中央執行委員會候補委員，這兩個都是比較高層的職位，當時對一個婦女來說，尤其如是。一九二七年，國民黨進行清共，國共分裂，

當時鄧穎超恰住院產子，後因難產令孩子夭折，遂攜母赴上海。此後數年，她在上海和周恩來一起生活，以中共中央婦女工作委員會書記的身份，從事秘密工作，期間曾在一九二八年到莫斯科出席中共第六次全國代表大會，但她並非代表，逗留彼邦時間不長。

鄧穎超接著前往江西蘇區工作三年（1931–1934）。她在那裡的發展亦非一帆風順。她和托派為教條主義爭執，又要求更重視工會運動，她的主張與毛澤東（1893–1976）有所抵觸。不過，她還是當上了蘇區中央局秘書長兼司法部秘書、中央政治局秘書等高職。一九三四至三五年間，僅有三十名婦女參加了著名的長征，她就是其中一名，因為染上肺病，她大部份時間都身在擔架之上，靠人擔抬。

長征隊伍抵達延安建立根據地後，鄧穎超重新開始對婦女的工作。她先到武漢，再到重慶，投入共黨組織的工作，與各黨派婦女聯繫及建立友誼，其中包括宋藹齡（參見該傳）、宋慶齡（參見該傳）、宋美齡（參見該傳）、史良（參見該傳）、沈茲九（參見該傳）等人。鄧穎超也會見了美國記者埃德加・斯諾（Edgar Snow）和海倫・福斯特・斯諾（Helen Foster Snow；即尼姆・韋爾斯，Nym Wales），令他們留下深刻印象。在推動抗戰工作及婦女運動方面，她貢獻良多。一九三八至四三年間，她大部份時間都在國民黨戰時首都重慶，擔任多項公職。她先後任八路軍武漢辦事處婦女工作組織人、中共中央長江局婦女工作委員會委員、中央南方局委員、戰時兒童保育會常務理事等。一九三八至四零年，代表共產黨出席國民參政會議。她一直在武漢和重慶從事統一戰線的工作，爭取各界具影響力婦女支持共產黨，擴大黨的民眾基礎。

一九四五年中日戰爭結束，內戰隨之爆發，期間鄧穎超在重慶、南京工作。一九四六年，她出席了多黨派的政治協商會議，也是中共的唯一女代表。其後接替蔡暢（參見該傳）成為中共中央婦女委員會秘書，積極開展土地改革工作。

一九四九年中華人民共和國成立後，鄧穎超在全國婦女聯合會一九五七年舉行的第一次大會上，當選副主席，此後一直連任，直到一九七八年改任該會名譽主席為止。她擔任婦聯副主席時，積極關注婦女問題，如要求婦女解放、婚姻自由、男女平等，提倡女子求學、就業，爭取婦女獨立自主，並進而提出教育、培養兒童和青年，以及維護他們的權益等等。在從事婦女和兒童工作外，她還擔任了一些實權不大的職位，包括全國人民代表大會常務委員會委員（1945–1968），中國共產黨全國代表大會中央委員（1956–1982），中國人民

對外友好協會名譽會長（1982–1992）等。她刻意不以周恩來總理夫人的身份，在公開場合出現；他任外交部長時，她也從不陪同出訪。她反而在擔任人大副委員長時，先後訪問了緬甸、斯里蘭卡、伊朗、柬埔寨、日本、北韓、泰國、法國等國家，並不時接見外賓。

文革期間，鄧穎超沒有成為批判目標，但因婦聯停止運作，她得靠邊站。她很少公開露面，也不公開發表言論。周恩來在一九七六年初逝世，同年稍後毛澤東亦病歿，文革隨之告終。鄧穎超以七十二歲高齡重新參與政事，任全國人民代表大會常務委員會副委員長（1976–1982），中國人民政治協商會議全國委員會主席（1983–1988），中國共產黨全國代表大會中央政治局委員（1978–1982）。政治局是中委會決策機構，她能進入該局，並掌管政協，可見備受敬重之一斑。她在一九八八年退休後，仍繼續接見外賓。

鄧穎超晚年的重要貢獻之一，是致力改善中台關係。她出任中共中央對台工作領導小組組長時，主動提出兩岸統一的問題，在中台兩地引起相當大的震動。她的領導小組訂定多項建議，旨在使兩地關係更形密切，從而促進統一事業。在這項工作上，她充份發揮了她的外交才能和三、四十年代建立的個人關係。

一九九二年，鄧穎超病逝於北京，享年八十八歲。一九九八年三月，中國天津市內的周恩來鄧穎超紀念館落成，以紀念這兩位傑出人物的生平功業。

黃嫣梨

◇ 中共天津市委黨史資料徵集委員會、天津市婦女聯合會編，《鄧穎超與天津早期婦女運動》，北京：中國婦女出版社，1987年。
◇ 中華全國婦女聯合會編，《鄧穎超革命活動七十年大事記》，北京：中國婦女出版社，1990年。
◇ 董振修編，《青年鄧穎超的道路》，天津：天津社會科學院出版社，1992年。
◇ 黃啟璪編，《懷念鄧穎超大姐》，北京：中國婦女出版社，1993年。
◇ 金鳳，《鄧穎超傳》，北京：人民出版社，1993年。
◇ 徐明、賈秀總主編，《中國婦女知識全書》，北京：中國婦女出版社，1995年。
◇ Snow, Helen. *Women in Modern China*. The Hague and Paris: Mouton Press, 1967, 249–59.
◇ Klein, Donald W., and Anne B. Clark. *Biographic Dictionary of Chinese Communism, 1921–1965*. Cambridge, Mass.: Harvard University Press, 1971, 838–43.
◇ Snow, Helen Foster. *My China Years*. London: Harrap, 1985.

▥ 47 鄧裕志 Deng Yuzhi

鄧裕志（1900–1996），生於湖北沙市一個地主家庭，家人經商。她是社

會工作者、社會活動家、中華基督教女青年會領導。

鄧裕志父親是前清官吏。她八歲隨家人遷往當時思想比較開放的湖南長沙。先後就讀於湖南省第一女子師範學校附屬小學、福湘女中。在福湘，她受到了五四運動以及基督教的影響，立志成為一名自由獨立的「新女性」。

要實現這一願望，鄧裕志首先必須擺脫傳統的包辦婚姻。家人為她訂了娃娃親，她讀高中時答應完婚，但條件是婚後能繼續升學就業，繼續做基督徒，且不參拜其他神靈。可是婆家沒有信守承諾，她只好離家出走以繼續學業。雙方自此各執一詞，擾攘了一段長時間，才痛下決心，辦理離婚。經此磨難，她決意獻身社會工作，永不談婚論嫁。

一九二三年左右，鄧裕志進入金陵大學社會學系學習，主修應用社會學，同年開始為中華基督教女青年會工作。她在求學期間就已著手調查南京織錦緞女工的生活狀況。一九二六年畢業後，到倫敦經濟學院（London School of Economics）進修一年，學成後往日內瓦（Geneva）的國際勞工組織（International Labour Organization）實習，學習怎樣保護女工童工。歸國後，在二十年代末和三十年代初曾先後擔任中華基督教女青年會全國協會學生部、勞工部主任幹事，最後被任命為該會總幹事。在不同時期內，曾擔任該會在長沙、上海、武漢、重慶、貴陽、昆明以及香港等地辦事處的顧問。同時還負責在上海、廣州等地為女工開辦夜校。

抗戰期間，鄧裕志在上海組織基督教女青年會的工人及志願人員到前線抬擔架、護理傷員。在後方，他們設立「難民收容所」、「出征軍人家屬福利工作實驗站」，為難民和軍眷寫信並解決日常問題。同時鄧裕志還竭盡全力在國民黨政府手中為軍人家屬爭取應有的福利和撫恤。一九三八年國共兩黨合作期間，中華基督教女青年會在武漢設立了全國辦事處，鄧裕志同兩黨婦女工作領導，包括國民黨的宋美齡（參見該傳）和共產黨的鄧穎超（參見該傳）等共事。她們在支援戰事和救濟工作中共同努力，成績斐然。一九三八年，宋美齡邀請各界知名婦女，包括共產黨婦女，出席談話會，以爭取成立一個婦女界的統一領導組織，鄧裕志也在被邀之列。一九四一年，鄧裕志取得美國紐約州立大學（The State University of New York）經濟學碩士學位。

一九四九年新中國成立以後，政府在宗教事務上曾諮詢鄧裕志及其他宗教領導的意見。她並擔任中華基督教「三自」愛國運動委員會副主席，該會倡議中國教會尋求獨立，不受制於外國勢力。一九五零年，鄧裕志成為華東軍政委

員會委員，並當選為中國人民救濟總會執行委員和中國紅十字會理事。

蕭虹

崔少元譯

◇ 〈鄧裕志〉見《中共人名錄》，台北：政治大學國際關係研究中心，1978 年，頁 649–650。
◇ 英文《中國婦女》編著，《古今著名婦女人物》，下冊，石家莊：河北人民出版社，1986 年，頁 597–600。
◇ 金鳳，《鄧穎超傳》，北京：人民出版社，1993 年，頁 262–274。
◇ 「鄧裕志」見 <http://baike.baidu.com/view/265574.htm>，2012 年 11 月 1 日查閱。

▥ 48 鄧珠拉姆 Deng Zhu Lamu

鄧珠拉姆（1918 年生），甘孜藏族自治州巴塘（Vba-thang）縣人，長期從事西藏民間文學的翻譯和研究工作，是首位當上教授的藏族婦女。

父親鄧克成，四川江安人，是趙爾豐部隊的大炮連長。來到西康省（即今四川西部及西藏自治區東部）後，由於厭惡戰爭，遂定居下來，與巴塘藏族婦女志瑪青中結為夫妻，兩人生有二女一男，鄧珠拉姆居長。鄧珠拉姆九歲時，父親因病去世。母親帶著她和兩個弟妹艱苦度日。她從母親那裡學到了吃苦耐勞的精神，同時，樂觀開朗的母親經常給她們講藏族民間故事，教她們唱民歌、跳巴塘弦子。鄧珠拉姆的童年生活愉快，兒時所學為她後來走上鑽研民間文學之路，奠定了基礎。

一九二七年，鄧珠拉姆進入了基督教會在巴塘創辦的華西學校，學習藏語、漢語、英語及其他基本學科。一九三五年，在美國人浩格登（Ogden）夫婦協助下，來到南京金陵女子大學附中讀書。上高中時，利用課餘時間在邊疆學校任藏文教師及協助《蒙藏月報》做抄寫、校對和翻譯等工作。抗日戰爭爆發後，一九三八年來到重慶，在西藏駐京辦事處（也遷來重慶）做藏文秘書，主要從事口頭翻譯。為西藏噶廈政府的代表當翻譯期間，曾與蔣介石（1887–1975）交談並一起進餐。她努力向周圍的藏族學者學習藏語文學知識，獲益匪淺。她又開始搜集藏族民間故事、民歌，整理後以筆名「明珠」在《大公報》、《新民晚報》上陸續發表。

八年抗戰結束後，鄧珠拉姆回到南京，被當時的教育部長朱家驊聘任為國立政治大學的藏文副教授。她成為藏族歷史上第一位女教授，在學界引起極大反響，《大公報》曾予報導，有關文章題為〈西康之鶯——鄧珠拉姆〉。

一九四六年，鄧珠拉姆以社會賢達的名義參加了國民黨的制憲會議。兩年後，她以西康婦女的身份擔任了行憲的國民代表大會代表。在任國大代表期間，結識了不少政要，為李宗仁拉過選票，與其夫人郭德潔成為好朋友。

一九四九年新中國成立後，鄧珠拉姆回到了雅安任西康省文教廳藏文秘書，其後受聘任革命大學的藏文教師、十八軍五十三師的藏文教師。一九五五年調至成都四川省教育廳負責編寫小學藏語文、數學課本。一九五七年調四川民族出版社藏編室任編輯。一九六一年調至四川省民委參事室工作。

鄧珠拉姆一方面做老師，把自己的知識傳授給學生，另一方面又不斷學習，閱讀藏族古典名著，選編典籍及藏族民間素材，作教學之用。與此同時，她翻譯、編寫了大量的藏、漢文書籍，如與扎西澤仁（bGra-shi tshe-ring）合作出版的《藏族民歌集》、《阿克登巴的故事》。此外，她又把一些漢文著作譯成藏文，如選譯的《中國古代寓言選》，高士其的《土壤學》，以及《春秋》內的許多故事等等。在此期間，她與人合作共同翻譯各類圖書三十四種，其中以她個人名義出版的有十二種。

五十年代末的反右鬥爭中，鄧珠拉姆成了攻擊目標，到了文革時期，她的翻譯工作被迫停止。一九六六年，她回到康定，進入甘孜州政治學校學習。翌年被關押三個月。一九七八年得到平反後，先後任甘孜州政協常委、州文聯委員及其民間文藝研究會主席、州電影電視協會副理事長、四川省少數民族語言學會常務理事等職，曾被評為甘孜州和四川省兩級的「三八紅旗手」。

一九八一年，鄧珠拉姆創辦了藏文學校，至一九九一年共培養學生四百餘人。一九八九年七十一歲時，被四川省評為譯審，這是個教授級的正高級職稱。

八十年代，鄧珠拉姆積極投入搶救史詩《格薩爾王傳》的行列。她搜集版本、翻譯，並撰寫多篇研究文章，如與人合作翻譯該史詩內的「松嶺之戰」、「地獄救母」兩卷。她又撰文探討該史詩的產生年代、語言及女主人公形象，為這項搶救工作做出了貢獻。為此，於一九八六年及九七年兩次被國家民委、文化部、文聯及中國社會科學院評為先進個人。在此期間，她翻譯了藏族文學作品《薩迦格言》（選譯），藏戲《智美更登》、《諾桑王子》及一些民間傳說故事，還創作了散文、散文詩等。

鄧珠拉姆有過兩段婚姻。她的第一個丈夫李凱，是黃埔軍校的第十四期學員，他們在南京共同生活了近十年，育有一男一女，於一九四五年離婚。兒子在六十年代初的大飢荒中病逝。女兒在一九四九年與李凱去了台灣。五十年代

末，鄧珠拉姆在成都的民族出版社工作時，認識了格桑（sKal-bzang），並組成了美滿的家庭。格桑原為哲蚌寺的格西（佛學學位），後任康定安覺寺的堪布（住持），解放後在四川民族出版社任藏文編輯，後退休在家，於二零零四年逝世。

鄧珠拉姆來自西康藏區一個藏漢結合的家庭。她十七歲走出藏區來到漢地闖世界，憑著自信、堅毅的性格以及聰穎的天資和自強不息的精神，成為藏族歷史上的第一位女國大代表、女教授。在她坎坷的一生中，既經歷了政治風雲的洗禮，見過世面，得到過極高的榮譽；又度過了受迫害、被冤枉的時日，但她都以坦蕩的胸懷來承受一切。她總也有心灰的時候，這卻沒有動搖她的目標，對繁榮藏族文化事業及推動藏漢文化交流，她依然全力以赴。

一九九五年鄧珠拉姆辦理了退休手續。然而，她仍孜孜不倦的工作。她以「老牛明知夕陽短，不待揚鞭自奮蹄」的精神，在遲暮之年，繼續譜寫人生的絢麗篇章。

楊恩洪

◇ 鄧珠拉姆、扎西澤仁，《藏族民歌集》，成都：四川民族出版社，1959 年。
◇ ——，《阿克登巴的故事》，成都：四川民族出版社，1963 年。
◇ 仁真旺傑，〈中國第一個藏族女教授〉見《四川日報》，1998 年 3 月 13 日，版 5。
◇ 楊恩洪，〈「西康之鶯」——藏族第一位女教授鄧珠拉姆〉見《中華兒女》，1999 年 1 期。
◇ 鄧珠拉姆，《土壤的故事》，成都：四川民族出版社，缺出版年份。
◇ ——，《中國古代寓言選》，成都：四川民族出版社，缺出版年份。
◇ ——，〈《格薩爾王傳》的「松嶺之戰」、「地獄救母」漢譯文〉見《四川格薩爾研究文集》，缺出版年份。
◇ 王朝書，〈[轉帖][康巴人]鄧珠拉姆——她和她的世紀〉見 <http://www.phoer.net/thread-29291-1-1.html>，來源：巴蜀網，2012 年 12 月 11 日查閱。

▥ 49 丁果仙 Ding Guoxian

丁果仙（1909–1972），河北束鹿人，晉（山西）劇史上第一位女鬚生（男主角），藝名果子紅。

丁果仙幼年家貧，太原丁氏收為養女。七歲投師晉劇藝人孫竹林，在太原泰山廟清唱賣藝三年。十一歲搭班登台，曾在錦藝園等戲班與前輩著名藝人「說書紅」（高文翰）、「蓋天紅」（王步雲）、「毛毛旦」（王雲山）等同台演出。十七、八歲即譽滿三晉。一九三六年赴北平演出時，向京劇名家求教，以晉劇《串龍珠》與馬連良交流移植了京劇《四進士》，並借鑒京劇行腔歸韻

的長處，革新了晉劇鬚生的唱腔和唱法。通過長期藝術實踐，在吸收眾家之長的基礎上，創立了獨具風格的丁派表演藝術，並培養了馬玉樓、武忠等一批後起之秀，對晉劇鬚生表演藝術的發展，卓有貢獻，故有「山西梆子大王」的美譽。

丁果仙發聲堅實洪亮，氣息飽滿耐久，唱腔深厚舒展，表演樸實大方，善於將唱、做、念等藝術手段揉為一體，精心刻劃各類人物；尤其擅長運用介板、流水等散板唱腔，靈巧多變地表達人物的內心感情。《蝴蝶杯》中田雲山打子時的介板，《賣畫劈門》中白茂林怒斥胡林的緊打慢唱流水，《空城計》中諸葛亮在城樓撫琴時的大段唱腔，《蘆花》中閔德仁的花腔十三咳等，傳神感人，在群眾中廣為流傳。她成功地塑造了很多藝術形象，除前述人物外，還有《雙羅衫》的姚達，《走雪山》的曹福，《八件衣》的楊知縣，《捉放曹》的陳宮，《串龍珠》的徐達，《日月圖》的楊知縣。在《血淚仇》、《小女婿》、《豐收之後》等現代戲中扮演王仁厚、陳快腿、老大娘等人物，也很出色。一九五二年參加第一屆全國戲曲觀摩演出大會，獲演員一等獎。一九五五年與牛桂英、郭鳳英、王正魁、梁小雲合演的《打金枝》，後來拍成電影。丁果仙賦予角色藝術光彩，在晉劇劇目中以扮演老生、鬚生（年輕到中年的男角）而大受好評。她最為成功的舞台形象，大致可歸為兩類：一類是白髯青衫的老僕，因富於正義感，總覺備受屈辱；一類是耿直清廉的官吏，因秉持正義而仕途坎坷。

一九五九年丁果仙加入中國共產黨。她曾任山西省晉劇院副院長、山西省戲曲學校校長、中國戲劇家協會理事，當選為第二、第三屆中國人民政治協商會議全國委員會委員。一九六四年，山西省文化局為她舉辦了舞台生活四十年的紀念活動。

丁果仙秉性剛直，疾惡如仇。早在抗日時期，因不甘屈身媚敵，曾終止舞台生涯，隱居忻縣山村很長一段時間。在一九六六年開始的文化大革命中，她遭到殘酷迫害，心情抑鬱，於一九七二年辭世，終年僅六十三歲。至於她曾否結婚，是否有兒女，則未見資料透露。

賀黎、陳慧

◈ 《中國音樂詞典》，北京：人民音樂出版社，1984 年，頁 82。
◈ 《中國大百科全書‧戲曲曲藝》，北京：中國大百科全書出版社，1989 年，頁 62。
◈ 「丁果仙」見 <http://baike.baidu.com/view/165612.htm>，2012 年 11 月 1 日查閱。

▥ 50 丁玲 Ding Ling

丁玲（1904-1986），中國現當代最著名、最重要的作家之一。她出生於湖南常德一個官紳家庭，原名蔣偉（字冰之），曾使用過的筆名有彬芷、從喧、曉菡和曼伽，但中外皆知的名字是丁玲。

從一九二七年到臨終，丁玲一直筆耕，以作品多樣化而聞名，值得留意的是，她生活在一個動盪時代，這對她所選擇的題材有莫大影響。她的一生隨著國內政治和意識形態的轉變而跌宕起伏：她的文學創作生涯如是，人們對她作品的闡釋亦如是。近年出版的傳記和回憶錄提供了大量關於她的新資料，可惜未能填補闕如部份，所以她遭人議論處，仍是真相不明。

丁玲的父親蔣保黔曾中秀才，短期留學日本，一生體弱多病，在她三歲時就去世了，留下妻子、女兒、尚在襁褓的兒子和一大筆債務，而他本來富裕的家族亦已大不如前。她母親余曼貞（丈夫死後改名為蔣勝眉，字慕唐）進入湖南第一女子師範學校讀書，後來成為一名教師。母親這段由一個傳統社會踏進一個新社會的經歷，成了丁玲小說《母親》的素材，它寫於一九三二年，但未有完成。丁玲有著這樣一位獨立果敢的女性做榜樣，無怪很早便成為社會積極份子。

一九一九年，五四運動推展到湖南桃源，十五歲的丁玲正讀中學。她受新思想的影響，剪去長辮，參加演講示威，在夜校教貧民讀書。一九二一年，她和其他六個同學，包括楊開慧（參見該傳），即毛澤東（1893-1976）的第一任妻子，進入岳雲男子學校，使這所學校成了當地首批男女同校的中學。翌年，丁玲擺脫了與表兄的包辦婚約，並與朋友王劍虹一起前往上海。她們先就讀於一所女子學校，後轉入上海大學，接受左翼知識份子的教導。她們倆輾轉於上海南京兩地，處在激進份子和無政府主義者當中，過著顛沛窮困卻自由自在的生活，間亦修習繪畫和文學。一九二四年，王劍虹與馬克思主義文學理論家瞿秋白結婚，不久她因肺結核病去世。

丁玲搬到北平，並不時去旁聽各種各樣的課程。在那裡，她邂逅了年輕詩人胡也頻。兩人很快就生活在一起，他們在一九二四至三零年間的貧困生活，青春愛火，對文學的期盼，均可見於沈從文的回憶錄，當時也是苦於生計的沈氏與他們朝夕共處。在上海丁玲曾試圖從影謀生，這成了她一九二七年小說〈夢珂〉的素材，而她的文學生涯就從這部作品開始。數月之後，她又完成了〈莎菲女士的日記〉。它描寫一個年輕女性對性的感覺，大膽程度可算史無前

例，她亦很快成了矚目的女作家，最後更無人不知，至於人們對她的評價，則毀譽不一。

丁玲和友人胡也頻、沈從文後來搬到日趨成為文學重鎮的上海，三人繼續寫作，同時也嘗試出版刊物，但每次都維持不了多久。丁玲寫小說的頭三年，題材大多圍繞著在大都市獨居的年輕女性。在描述她們反傳統、反權威和苦苦尋找自我時，丁玲走進了新的文學領域——在那裡女性會追尋自己的聲音。由於她重點描寫女性的情感世界，因而很多人都推斷她是在「寫自己」，但她一再否認以書中人物反映自己。這種推斷後來被黨內理論家利用，譴責她道德敗壞、政治落伍。

與此同時，胡也頻越來越多地參加共產黨的活動。一九三一年一月十七日，丁玲生下兒子蔣祖林兩個多月之後，胡也頻在參加共產黨聚會時遭到國民黨逮捕。三周後，他和其他二十三名人士被秘密處決。早在胡也頻遇害之前，丁玲在政治上已轉趨激進，他的殉難更加堅定了她獻身革命事業的決心。她把兒子託付給湖南的母親照看後，隻身回到上海，並按照黨組織的指示，出任左翼作家聯盟新的機關文學雜誌《北斗》的主編。在隨後三年，她的小說日益顯現左翼革命風格，她在寫作時亦嘗試採用新題材、新技巧。她的中篇小說〈水〉描述了一九三一年大範圍洪災為農民帶來種種苦難，迫使他們造反。該小說在《北斗》首三期連載，共產黨評論家譽之為新無產階級小說史上的里程碑。一九三二年丁玲加入共產黨。

《北斗》雜誌在出版了七期後遭政府刁難被迫停刊。丁玲不得不藏匿起來，但仍然堅持寫作。一九三三年五月四日丁玲被國民黨特務綁架，很多人都懷疑她被馮達出賣，他們當時住在一起，但他究竟和她被綁架有什麼關係，她又是如何被拘留等等，有關方面一直諱莫如深。一九五七年的反右運動中，此事再度被挖掘出來，她被指控當時曾向國民黨投降認罪。直到一九八四年，即她去世前兩年，這些指控才被撤銷。一九三三年，她被綁架到南京，與馮達一起受到軟禁。一九三四年，他們生下女兒蔣祖慧，她和哥哥一樣交由湖南的外婆照看。由於謠傳丁玲已被處決，坊間出現一些回憶、緬懷她的文章（包括沈從文的文章），也有人將她的作品重新結集出版，她的名字因此更廣為人知。

在共產黨的幫助下，丁玲最終從綁架者手中逃了出來，前往陝西省保安縣的黨總部。一九三六年十一月，人們熱烈歡迎這位著名女作家的到來，毛澤東為此特意賦詩兩首。丁玲在邊界地區的幾個黨組織中表現得非常活躍，不久當

選為新成立的中國文藝協會主任。在黨的報刊上，她發表報導、文章和小說。隨著一九三七年抗日戰爭爆發，她組織並領導了西北戰地服務團，與劇團一道四處演出，激發民間抗日情緒。這個服務團嘗試以流行的傳統表演形式——如秧歌——來吸引更多的觀衆和宣傳新的政治訊息。丁玲和劇團中的作家陳明於一九四二年結婚。

丁玲編輯了《解放日報》文藝副刊的首一百期，所發表的文章成了一九四二年整風運動的靶子。整風運動的主要目標，是明確表明文學必須遵循黨的路線，一如五月時毛澤東「在延安文藝座談會上的講話」所指出，文學和藝術應該服從於集體的目標，應該強調現實中光明而不是暴露黑暗的一面。儘管丁玲並非運動中主要的批判對象，但她剛問世的兩篇小說——〈我在霞村的時候〉和〈在醫院中〉，以及她指出延安婦女當時仍受到歧視的文章〈三八節有感〉都受到了批評。丁玲揭露解放區負面情況，未能配合黨所規定的文學創作應有的準則。

一九四五年戰爭結束，丁玲和陳明去了華北，一九四六年參加了多個土地改革運動。她就是基於這些經歷寫成長篇小說《太陽照在桑乾河上》。這本關於土改的小說雖說是按個人經歷而寫，那怕小說真會反映歷史事實，但小說始終是小說，它著墨處不是真實的歷史，而是根據毛澤東革命主義的理想和所標榜的自我形象，以小說手法創作出來的革命歷程。它的主題是覺醒的群衆如何改造世界。它為丁玲贏得了很高的榮譽，包括斯大林文學獎，但此後差不多三十年，她未有再發表小說。

一九四九年中華人民共和國成立後，丁玲成為國家文化部門的要員。她是中華全國文學藝術工作者聯合會常委，中華全國文學工作者協會（1953 年改稱中國作家協會）副主席，《文藝報》編輯，後來又擔任《人民文學》副編輯。她在北京創辦了一所作家培訓學校，即中央文學研究所，自任所長，又曾出任中央宣傳部文藝處處長。她也以官方代表團團長或成員的身份出訪過匈牙利、捷克和蘇聯，這是她以前從未做過的事。這個時期她幾乎不再寫小說，作品大部份是與公衆集會和黨活動有關的文章、演講詞和遊記。

丁玲積極參加了一些早期的（比較溫和的）批判作家的政治運動。但隨著運動愈加頻繁，範圍愈加擴大，她自己卻成了攻擊的目標。一九五四年，她發表在《文藝報》上的文章受到批判。自一九五二年她辭去《文藝報》編輯的職務後，發行工作仍由同事陳企霞掌管。一九五五年，「丁玲、陳企霞的反黨活

動」在作家協會組織的大會上受到批評。丁玲向黨中央申訴，隨後，黨中央成立工作小組調查此事。作家協會的黨組織看似快將免除她的罪名時，全國掀起了反右運動。一九五七年八月，她被打為右派份子，遭開除黨籍並免去所有職務，全國各大報刊雜誌隨即爭相撰文批判她。人們攻擊她在性方面不道德（引用她早期的作品為「證據」），認為她在小說中醜化農民大眾，對黨不忠，有優越感，並譴責她將文學事業打造成「獨立王國」與黨作對。

丁玲的丈夫陳明也被定為右派，發配到黑龍江的一個國營農場進行「監督勞動」。她獲准隨行，卻未想到這段如同流放的日子，竟長達十一年多。一九七零年他們離開農場後，又被單獨監禁了五年。丁玲到一九七八年才能摘掉右派的帽子。和丁玲一樣，數千名作家和知識份子都在一九五七年被打為右派，直到毛澤東去世後才得以平反。當年直接參與這場運動的人，他們有些文件近年公諸於世，根據這些文件推測，丁玲之所以蒙冤受屈，除確實存在的思想分歧外，還有很多其他原因，諸如始自二十世紀三十年代的派系之爭，權力鬥爭，人人為求自保而刻意表現出高漲的政治意識，以及決策過程監管不足，結論易流於武斷等。

在黑龍江的北大荒，丁玲先被發配到湯原一個很大的國營農場，參加養雞隊的工作。隨後成為文化教員，負責教書、文娛活動和政治學習。一九六零年回北京參加中國文學藝術工作者第三次代表大會，會後離京，逗留時間不長。一九六四年和陳明（1961年已摘掉右派帽子）又被派到寶泉嶺的一個國營農場，那裡的生活和工作條件較佳，她再次投入寫作。兩年後，文化大革命展開，夫妻二人遭受無情迫害，她的作品、日記和信件都被沒收了。她關「牛棚」，遭毒打，畫黑臉游街，幹低下差事。

一九七零年五月的一個晚上，丁玲突然被吵醒，帶上手銬，由汽車轉火車的押送到北京秦城監獄，單獨監禁五年。她表示，終於能活下來，只因為她決意不自殺。一九七五年她獲得釋放，那時才知陳明也一直被關在同一個監獄裡。丁玲和陳明隨後被發配到山西的一個邊遠山區小村，每月有一點補助，卻沒有太多的人身自由。一九七八年她摘掉右派帽子，翌年即請求准予回北京接受治療。在醫院裡，她寫下了雜文〈「牛棚」小品〉，這是她闊別文壇二十二年後首次發表的作品。隨著作品解禁，她再次積極投入寫作，寫的有雜文、評論以及關於自己和朋友的回憶錄，而這些朋友很多已去世。她的小說〈杜晚香〉寫的就是一個女勞模的故事。它最初寫於一九六六年，但在文化大革命時

銷毀了，後來重寫，在一九七九年出版。她重新當選為作協副主席和文聯委員。一九八零年，中央委員會接受了作協關於為右派平反的建議，恢復了丁玲的黨籍、原有的職務和工資。從那時起，儘管她的健康每況愈下，仍忙於官方活動、演講和接見外賓，還能擠出時間來寫作。

一九八一年，丁玲到美國訪問。她參加了愛荷華大學（University of Iowa）為期數周的國際作家工作坊（International Writers' Workshop），又參觀了幾所大學，並上台演講，談自己的生活和工作。有人期望她在這些公開場合批評，甚至譴責曾狠狠迫害過她的共產黨，這些人失望了。他們並不知道，丁玲那時正等待全面平反。一九八三年十月她公開支持反精神污染運動，有人認為她這是擁護黨的路線，對她的立場頗感意外。一九八四年八月，中央組織部頒布了〈關於為丁玲同志恢復名譽的通知〉，她終於獲得徹底平反。

當時，丁玲還在參與一項新工作：同舒群合編一本新的文學雙月刊《中國》。該期刊發表的作品，有來自已成名作家的，也有來自初出道作家的。它聲稱是在社會大眾幫助下以私人名義出版，且自負盈虧。那時丁玲因諸病纏身，經常進出醫院。一九八六年二月二十五日，她獲得美國文學藝術院（American Academy and Institute of Arts and Letters）授予榮譽院士稱號。她在三月四日去世，許多黨政要人參加了她的葬禮。

即使《中國》設法在財政上自給自足，它的政治地位依然模糊不清。一九八五年末，丁玲在病榻上不斷召集編輯成員開會，還決定將該刊物改為月刊。然而，她去世後，作協就宣布改組編輯部，要求接管刊物。兩個月後，編輯部在第十二期，即最後一期發表聲明，沉痛宣布停辦該刊物。

丁玲去世時尚未完成的兩部作品都是回憶錄，追述了她一生中最困難最富爭議的日子。〈魍魎世界〉寫的是她一九三三年被國民黨綁架拘留，隨後逃到延安的經歷；在《中國》的最後兩期發表。〈風雪人間〉寫的是她在一九五八至七零年的生活，由被打成右派，下放到北大荒國營農場到文革時期的情況都有交代。這兩部回憶錄在一九八九年一同出版，內附陳明的補充材料和說明。它們講述了丁玲在經歷這些風風雨雨多年以後的想法，執筆之時，她可能仍擔心著和黨之間尚未解決的問題。她戲劇性的一生，她的作品，在在印證了現代中國歷史上黨政治和文學創作之間的複雜關係。她的事蹟很可能還會陸續公開。

Yi-tsi Mei Feuerwerker

崔少元譯

◇ 沈從文，《記丁玲》、《記丁玲續集》，上海：上海良友復興公司，1934 年。《記丁玲女士》修訂版連載於《國聞周報》，卷 10，29–51 期（1933 年 7 月 20 日–12 月 18 日）。
◇ ——，《記胡也頻》，版 3，上海：1935 年。
◇ 周芬娜，《丁玲與中共文學》，台北：成文出版社，1980 年。
◇ 袁良駿，《丁玲研究資料》，天津：天津人民出版社，1982 年。
◇ ——，《丁玲研究五十年》，天津：天津教育出版社，1990 年。
◇ 丁玲，《丁玲文集》，5 卷，長沙：湖南人民出版社，1982–1984 年。
◇ ——，《丁玲論創作》，上海：上海文藝出版社，1985 年。
◇ ——，《魍魎世界・風雪人間——丁玲的回憶》，北京：人民文學出版社，1989 年。內附陳明的說明和補充材料。
◇ ——，《丁玲自傳》，許揚清、宗誠編，徐州：江蘇文藝出版社，1996 年。
◇ 孫瑞珍、王中忱編，《丁玲研究在國外》，長沙：湖南人民出版社，1985 年。
◇ 王中忱編，《丁玲書簡》，長春：東北師範大學出版社，1986 年。
◇ 《丁玲創作獨特性面面觀——全國首次丁玲創作討論會專集》，長沙：湖南文藝出版社，1986 年。
◇ 《中國》編輯部編，《丁玲紀念集》，長沙：湖南人民出版社，1987 年。內附最詳盡的丁玲生平年表。
◇ 宗誠，《風雨人生：丁玲傳》，北京：中國文聯出版公司，1988 年。
◇ 李之璉，〈不該發生的故事：回憶一九五五～一九五七年處理丁玲等問題的經過〉見《新文學史料》，1989 年 3 期，頁 129–138。
◇ 中國丁玲研究會編，《丁玲研究》，長沙：湖南師範大學出版社，1992 年。
◇ 周良沛，《丁玲傳》，北京：十月文藝出版社，1993 年。
◇ 《中國現當代文學一顆耀眼的巨星——丁玲文學創作國際研討會文集》，長沙：湖南文藝出版社，1994 年。
◇ 丁言昭，《在男人的世界裡：丁玲傳》，上海：上海文藝出版社，1998 年。
◇ Klein, Donald W., and Anne B. Clark. *Biographic Dictionary of Chinese Communism, 1921–1965.* Cambridge, Mass.: Harvard University Press, 1971, 843–46.
◇ Chang Jun-mei. *Ting Ling: Her Life and Work.* Taipei: Institute of International Relations, National Chengchi University, 1978.
◇ Feuerwerker, Yi-tsi Mei. *Ding Ling's Fiction: Ideology and Narrative in Modern Chinese Literature.* Cambridge, Mass.: Harvard University Press, 1982.
◇ Barlow, Tani E., ed., with Gary J. Bjorge. *I Myself Am a Woman: Selected Writings of Ding Ling.* Boston: Beacon Press, 1989.

▥ 51 丁雪松 Ding Xuesong

丁雪松（1918–2011），生於四川省巴縣，漢族，新中國第一位女大使。

一九三七年丁雪松加入中國共產黨。一九三八年赴延安，入抗日軍政大學和延安女子大學學習，任抗大女生隊隊長、女大學生會副主席兼俱樂部主任。一九四一年擔任陝甘寧邊區副主席李鼎銘的秘書。同年與朝鮮革命家、著名作曲家鄭律成（卒於 1976 年）結婚。鄭氏十五歲來到中國南京，一九三七年

123

輾轉抵達延安。他譜寫了〈八路軍大合唱〉,而最為人津津樂道的則是〈延安頌〉。他們的女兒小提在延安出生,也在那裡上小學,由於體弱多病,遂轉往天津音樂學院寄宿求學。

一九四五年鄭律成回朝鮮工作,丁雪松隨行。在平壤的五年期間(1945–1950),她曾任朝鮮勞動黨中央僑務委員會秘書長、北朝鮮華僑聯合會總會委員長等威望頗高的職位。一九四九年任中國東北行政委員會駐朝鮮商業代表團代表、新華社平壤分社社長。一九五零年中國決定在平壤開設大使館,夫婦倆國籍不同,為免尷尬,遂一同返回中國。鄭律成接著入了中國籍。

丁雪松回國後,在中共中央聯絡部的中央國際活動指導委員會工作。一九六四年,調任國務院外事辦公室秘書組組長、秘書長。她與多個對外友好協會關係密切,並在一九七一年出任中國人民對外友好協會秘書長、副會長。新中國建國初期,鄭律成積極作曲,曾為西式歌劇《望夫雲》譜曲。文革期間,夫婦倆同遭迫害,鄭律成變得極為憂鬱。當他聽到四人幫被打倒,即文革告終的時候,竟不幸中風離世。

一九七九至八四年,丁雪松先後任中國駐荷蘭、丹麥王國的特命全權大使。她以得體的舉止、敏捷的思維和練達的交際手腕,博得了駐地國及其他外交使團的一致讚賞,成功地開創了中國同西歐國家在經濟、貿易以及科技領域上的合作。她也是中國共產黨第八、第十二次全國代表大會代表,第四、第五屆全國人大代表、第六、第七屆全國政協委員,中國延安女子大學校友會會長。

丁雪松在事業上有輝煌的成就,但總覺自己當不好妻子和母親。她廢寢忘食的應付繁重的工作,以致錯失了正常溫馨的家庭生活。

趙金平

編者按:丁雪松一九九四年離休。二零零零年出版了《中國第一位女大使丁雪松回憶錄》。二零一一年在北京病逝,終年九十三歲。

◈ 焦南,〈中國女大使〉見《中國婦女》,1992年1期,頁8–9。
◈ 程湘君主編,《女外交官》,北京:人民體育出版社,1995年,頁3–34。
◈ 《中國婦女五十年》光碟。
◈ 「丁雪松」見 <http://baike.baidu.com/view/308321.htm>,2012年12月11日查閱。

▥ 52 董竹君 Dong Zhujun

董竹君(1900–1997),生於上海,政治活動家、企業家。她生於貧民區,

原名董毛媛，後取學名毓英，成年後改名董篁，字竹君。自此人皆以董竹君稱之。

董竹君之父董同慶及其弟是從江蘇南通來到上海的苦力。父親以拉黃包車為業，叔叔及其家人靠賣報謀生。在董竹君的記憶中，母親人稱「二阿姐」，隻字不識，為有錢人家當傭人。儘管家境貧困，父母還是送她進學校，認定只有讀書才能改善生活。

父親生過一場傷寒病之後，已無力再去拉黃包車。家裡就此失去了主要經濟來源，不得不將董竹君抵押給一家妓院，工作三年。父母以為她只須為客人唱戲，三年期滿後便可回家，因為她才十三歲，尚未成年，不能賣身。但是董竹君從幫她化妝的女人那裡知道，只要訂下契約，便很難脫身。假若她在這三年內開始有月經，「阿姨」（即鴇母）就會將她賣給出價最高的客人為妻，更有可能的是為妾。

董竹君擔心之餘決定為自己擇夫。她姿色出眾並廣受客人歡迎，對一眾裙下之臣仔細掂量之後，挑選了來自四川的年輕革命家夏之時（1887–1950/1951）。倒不僅僅為了他溫文爾雅，還依稀仰慕他為國奔走的情操。他常在妓院與其他同志碰頭，討論如何對付軍閥袁世凱，使其重建帝制的野心，不能得逞。她要夏之時答應她兩個要求，才會下嫁：第一，她只當妻子不作妾侍；第二，要帶她去日本讀書。夏之時答應了，當時他的妻子剛病逝。

夏之時於是和董竹君的「阿姨」商量。「阿姨」索價三千銀元，他只能負擔一千。董竹君眼見自己像商品一樣供人買賣，憤怒莫名。她也聽說過，男人用錢買妓女為妻，婚後一般不尊重妻子。她於是告訴夏之時，她會自行爭取自由，請他等她。她後來騙倒看守人，逃到了夏之時住處。當時他和同志正遭袁世凱士兵追殺，並準備乘船出走日本。

一九一四年，十四歲（她的自傳稱她當時是十五歲）的董竹君與二十七歲的夏之時以文明儀式成婚。不久他倆便東渡日本。董竹君先進了一家日語學校，但丈夫反對她獨自上學。於是他請了五名私人教師，到家中向她講解當地女子高等師範學校的課程。其中一位教師建議她將「毓英」一名改為更為優雅的「篁」，取字竹君。一九一五年，董竹君的第一個孩子出生了。這女孩取名國瓊。

在日本期間，朋友經常到夏之時夫婦家中討論中國政事。董竹君開始關心中國國運，希望自己能報效祖國。一九一六年初，夏之時應召重返四川祖家，

125

率領當地軍隊，為討伐袁世凱出力。董竹君雖寄身日本東京，仍不斷與朋友討論中國政局。一九一七年，她在丈夫要求下歸國，先回重慶，後轉合江縣婆家。夏之時為羽毛未豐的民國擊敗敵人之後，領兵三千，指日北伐。與此同時，他自主一方，有權徵稅、任意使用稅收。董竹君以前認為夏之時是一位真正的革命家，但當她看到他行事與敗在他手下的軍閥如出一轍時，她開始懷疑他的報國熱誠。

董竹君婚後在四川生活了十多年，大多數的時間是在成都。這些年間，她要適應一個她後來形容為「封建」的家庭，或許意指它落伍，對傳統文化抱殘守缺。後來夏之時被其他四川軍閥奪去了軍權，整個家族便靠著祖傳的家業和他掌權時積聚的資金過活。董竹君眼看家中男男女女無一人做事謀生，開始擔心家產將會耗盡。她要照顧一個大家庭，包括丈夫的兄弟、繼子、父母（她從上海接來）和自己的五個孩子，在操持家務的同時，決定要多掙點錢。她於是開始從商，經營兩門生意。

董竹君首先開辦一間織襪廠。她的目的，是希望透過這間工廠幫助女工掙錢，取得經濟獨立。她又開設黃包車公司。她未有忘記父親拉黃包車時飽受的辛酸與不公平待遇，她要改革這個行業。她向車夫收取合理的租金，並提供如有薪病假等福利。她與丈夫的想法相距越來越遠。她懇求他凡事採取較進步和正面的看法，怎料他反沾上了鴉片。他們有子女五人，包括四個女兒，即國瓊、國琇（1919 年生）、國瑛（1920 年？生）、國璋（1922 年或 1923 年生）和兒子大明（1926 年生）。兩人之間最大的衝突在於孩子的教育。父親對四個女兒不聞不顧，甚至在她們身患重病之時亦然。他反對讓女兒接受良好教育。他指出即使在民國時期，很多曾接受高等教育的婦女，婚後也同樣逃不過當家庭主婦的命運。平心而論，他的說法也多少反映出實際情況。音樂教師認為他們的長女很有音樂天賦，他卻反對送她去上海的音樂學校。他要女兒一旦成年盡早出嫁。董竹君對婚姻和家庭生活不滿的另一個原因，是感覺丈夫將她作為女傭那樣支使和羞辱。

在四川的後期，董竹君認識了一些與共產黨有聯繫的人士，當中有男有女。當時她雖非有意識地去了解中國共產黨，但已受黨的意識形態所影響。一九二七年，夏之時還在上海及南京尋找政治機遇時，董竹君決定帶著父母與女兒離開四川，前赴上海與丈夫團聚。她將尚在襁褓的兒子留在成都，打算稍後回來接他。當初打算與丈夫在一起的主要原因，是希望女兒有機會接受更良

好的教育。但後來夫妻爭吵不斷，最終同意分手。董竹君離開四川時僅僅帶了四百元，將餘下的現金與房地契約留下給夏之時的幼弟。她在一九三四年與夏之時正式離婚時，分文未要。

離婚後，董竹君和女兒頓陷貧困之中，往往得靠典當家產度日。董竹君又結交了更多共產黨員。但當她向一位她只知叫李同志的共產黨代表申請加入共產黨時，對方表示她的首要職責應是養家活兒。他認為董竹君很有生意眼光，因此建議她從商，有了成績，便可幫助共產黨，這是她服務黨的最佳方式。董竹君於是變賣首飾，並邀請他人投資入股，終於以四千元資金，創辦了群益紗管廠，職工接近一百人。當時銀行不相信女人有能力經商，故不向她提供貸款。一九三一年，在菲律賓華人朋友的幫助下，她前往菲律賓籌資。到一九三二年，群益已有盈餘。但那年發生「一·二八」事件，日軍轟炸上海，群益也挨了炸彈，她幾乎破產。她向海外股東報告了壞消息之後，一些股東指責她是「拆白黨」。在這期間，她仍與共產黨人保持聯繫，參加他們組織的示威游行及其他活動。那年的一個晚上，她安排女兒睡覺之際，法租界的警察來到她家。他們發現了放在她床下的一袋政治傳單，便拘捕了她。在她入獄期間，十五歲的長女盡力照顧外祖父母與年幼的妹妹。但是董竹君的父母還是在憂慮與貧窮中死去。幾個月之後，她向監獄的看管人表示會付錢贖身，因而獲得釋放。但她出獄後卻無法籌得贖金，於是與女兒們逃去杭州，躲了一年半。

這是董竹君一生中最黑暗的日子：想方設法還是找不到工作，且負債纍纍。這時一位名為李嵩高的先生神秘地出現了。他對她說，自已是四川人，和她本不相識，但由於報章大事報導，知道了她離婚的消息，很仰慕她的勇氣與操守。他在四川領導土隊伍，正準備去日本購買槍枝，得知她的困境，願意出資二千元讓她重起爐竈。她決定在上海開一家四川菜館。在她看來，即使是上海最有名氣、最受歡迎的中國飯館都需要改革：它們都是舊式裝修，毫無品味，服務欠佳，最不堪的是骯髒。她打算改變這局面，按自己的理念開辦一家菜館。她精心設計了內部裝璜，挑選了瓷器與其他器皿，培訓了服務人員。她將菜館命名錦江，意指四川錦江，而成都便佇立此江之上。此外，該名亦有懷念唐朝女詩人薛濤之意，董竹君以薛濤自比，因薛氏也是寄居錦江岸邊的青樓中人。菜館於一九三五年開業，旋即客似雲來。她因此在第二年加建了錦江茶室。菜館和茶室的生意興隆至今。如今世界各地不少餐館都以錦江為名，而這些餐館卻與董竹君的企業毫無關係，一眾東主都不過希望藉此沾光。錦江在餐館業發展

127

了一個新的經營模式：保留傳統美食，更新部份菜肴，營造優雅時尚的環境，提供友善服務。

正如李同志預料的那樣，董竹君可通過錦江在幾方面幫助共產黨。她不僅為地下黨員提供了前台，也為逃避國民黨秘密警察的人提供了避風港，這其中包括了女革命家謝雪紅（參見該傳）。在四十年代，特別是四十年代後半期，她對共產黨最大的幫助，是創辦了數家印刷館，使共產黨在解放前的幾年中可以印刷書刊和宣傳品。有關刊物包括《生活知識》、《人人周刊》、《時代學生》、《新文化》等期刊以及一系列納入《燈塔小叢書》的袋裝書籍。她其中一所叫美文的印刷廠，印刷了《告上海市市民書》，在這份極為重要的文件中，上海地下黨市委員會保證了和平過度到共產黨統治，並請求幫助保護工廠，免遭資本家逃離前破壞。

建國初期，董竹君響應上海政府的要求，將錦江川菜館和錦江茶室併合成錦江飯店。錦江飯店管理得宜，成為招待黨政領導及外賓的安全場所。當局這個安排，明顯是看上錦江的國際聲名和訓練良好的員工。至此，董竹君和很多中國私人企業家一樣，將生意捐獻給了國家。她仍然保留錦江飯店董事長兼總經理的職位。一九五三年，總經理之職在未與她商量的情況下被免去。但是她的貢獻還是得到認可。她當選上海市人民代表大會代表和中國人民政治協商會議全國委員會委員。

文革沒有放過董竹君。一九六七年秋她被捕了，並在沒有任何罪名的情況下被投入監獄五年之久。她被多次要求寫認罪書。在獄中度過了七十歲的生日。一九七二年才獲釋返家就醫。

董竹君的前夫及其數名家人據說於一九五一年被共產黨政府處決。她的孩子均大學畢業，之後，有的去了美國深造後返回中國工作。但是除了兒子大明之外，女兒一個接著一個又重返美國。一九八一年，董竹君去美國探望眾兒孫、曾孫，共聚天倫。一九九七年於北京病逝。

董竹君是中國最早期的婦女企業家之一。她的成功主要在於她的八面玲瓏、觸覺敏銳、高瞻遠矚。三十到四十年代的上海，沒有國民黨官員與黑道頭子的庇蔭，任何生意也無法生存。董竹君似乎在與黑白兩道打交道的過程中不僅得心應手，且大致不違個人與政治操守。

蕭虹

張建農譯

53 杜淑真 Du Shuzhen

◈ 董竹君，《我的一個世紀》，北京：三聯書店，1997 年。
◈ ——，〈1935 年我創辦了錦江飯店〉見《中外書摘》，1998 年 1 期，頁 4–7。
◈ 「董竹君」見 <http://baike.baidu.com/view/253468.htm>，2012 年 12 月 11 日查閱。

▥ 53 杜淑真 Du Shuzhen

杜淑真一九二四年生於河南省開封市，回族，中國伊斯蘭教女阿訇，經名埃米乃（Aminah）。

杜淑真生於虔誠的穆斯林家庭，八歲入王家胡同清真女寺學習伊斯蘭教知識，到十四歲停學。十二歲時母親病逝。父親經營古董生意，日本侵華戰爭期間，古玩店遭日本兵搶劫，於是改到清真寺當阿訇。杜淑真十五歲遵父命成婚，丈夫也是回人，正學習漢文，婚後兩人去了山西省生活。她的婚姻生活並不愉快，十七歲時丈夫病逝。她回到開封娘家，拒絕再嫁，打算做女阿訇，終身為伊斯蘭教和穆斯林服務。父親擔心守寡的女兒承受不了學經當阿訇的艱辛，更不放心她的安全，力主她再婚。她不顧父親反對，決意憑自己的力量走自己認定的路。她靠做手工掙錢養活自己，在開封王家胡同女寺學習伊斯蘭教經典，從十七歲一直苦學到二十五歲。這期間除了在開封跟當時著名的胡女阿訇學習多部波斯語伊斯蘭教經典外，還跟兩個阿訇學習阿拉伯語《古蘭經》，一個是在上海的舅舅，一個是父親在河南的友人。

一九四九年，杜淑真畢業。那時她二十五歲，應聘到河南省鄭州市一鄉村女寺當阿訇。一九五四年轉至同省的滎陽女寺。在這期間，她自學漢語，達到能夠讀書看報的程度。一九六六年文化大革命剛開始，她回到開封，住在清真東大寺內。後來該寺關閉，她仍應家鄉穆斯林的請求，履行阿訇的職責。在他們的保護下，她沒有受到任何衝擊。一九八一年，應鄭州市北大街女寺邀請任該寺教長。一年後又被開封女寺請回。一九八三年，在鄭州穆斯林婦女的盛情邀請下再次來到北大女寺，被該寺聘為終身阿訇，足見備受尊崇。一九九二和九六年，兩次赴麥加朝覲。一九九六年朝覲途中曾在馬來西亞短暫停留，訪問了吉隆坡一所清真寺。

杜淑真是個品格高尚，感召力強的女阿訇。她依伊斯蘭教教規規範自己的行為，傾全力服務他人，濟貧助苦。對穆斯林婦女，她提供有用的建議和實際的幫助，並鼓勵她們建立自信，走向自強。她又推廣穆斯林活動，包括建設女寺。在她任女阿訇的清真女寺中，鄭州北大女寺的建設最能體現出她樂於助

人、志向高遠的胸懷。一九八三年她任北大女寺教長時，寺內只有十八間破舊的房屋，到來禮拜的穆斯林當中，婦女很少，較多的是對伊斯蘭教所知甚少的老年人。她和兩位虔誠、能幹的女寺管理人員丹曄、張秀英孜孜不倦的工作，建立了完善的財務制度，帳目公開，符合穆斯林婦女精神和實際上的需求。穆斯林婦女對她敬佩萬分，都慷慨解囊，全力支援她的工作。在她帶領下，北大女寺發展一日千里。現在的女寺環境優雅，自給自足，擁有八十多間新建房屋，冰箱、空調、暖氣等現代化設施一應俱全，在省內外均頗具影響力。

杜淑真一生致力於伊斯蘭教事業，為穆斯林婦女的宗教教育和女寺建設盡心盡力。她自立自強的意志，鍥而不捨的精神，樂於濟貧、寬厚待人、無私無慾、光明磊落的品格，令她成為穆斯林婦女信賴的精神導師和親人。在河南開封、洛陽、鄭州、周口和陝西西安等地的穆斯林中，她具有較高的聲望。雲南、湖南、甘肅、青海、上海等省市也有不少穆斯林知道她。

杜淑真歷任中國伊斯蘭教協會委員，河南省伊斯蘭教協會委員，河南省鄭州市伊斯蘭教協會副會長和鄭州市管城回族區政協委員。

Maria H.A. Jaschok、水鏡君

◈ 戴建寧，〈試論回族婦女信仰伊斯蘭教的心理特徵〉，見《回族研究》，1992 年 4 期，頁 67–70。
◈ 南文淵，《伊斯蘭教與西北穆斯林社會生活》，西寧：青海人民出版社，1994 年。
◈ 馮今源，〈試論伊斯蘭教的婦女觀〉見《中國穆斯林》，1995 年 4 期，頁 19–24。
◈ 水鏡君，〈淺談女學、女寺的興起與發展〉見《回族研究》，1996 年 1 期，頁 51–59。
◈ Alles, Elisabeth. "Une organisation de I'Islam au féminin: Le personnel des mosquées féminines en Chine." *Lettre d'information*. Paris: Programme de Recherches Interdisciplinaires sur le Monde Müsulman Périphérique, 14 (1994) : 1–12.
◈ *Etudes Orientales*, 13/14 (1994). Contributions by Elisabeth Alles, Leila Cherif, and Constance-Hélène Halfon.
◈ Pang Keng-Fong. "Islamic 'Fundamentalism' and Female Empowerment among the Muslims of Hainan Island, People's Republic of China." In *Mixed Blessings: Gender and Religious Fundamentalism Cross Culturally*, eds. Judy Brink and Joan Mencher. London: Routledge, 1997, 41–56.
◈ Jaschok, Maria, and Shui Jingjun. *The History of Women's Mosques in Chinese Islam: A Mosque of Their Own*. Richmond, Surrey: Curzon Press, 2000.

ⅷ 54 范瑞娟 Fan Ruijuan

范瑞娟（1924–2017），生於浙江省嵊縣黃澤鎮，別名范竹山，越劇演員。越劇是地方戲劇，傳統上所有角色均由女性擔演。范瑞娟曾任中國戲劇家協會理事，上海越劇院藝術顧問。

一九三五年春，范瑞娟入龍鳳舞台科班學戲，由黃炳文師傅啓蒙，工小生。翌年隨班到紹興、寧波、沈家門、諸暨等地演出。一九三八年春節前，隨姚水娟、邢竹琴等所在的越升舞台到上海演出。一九四一年，竺素娥在匯泉樓演出期間生病，范瑞娟毛遂自薦救場成功，自此當上了頭肩。四十年代初，分別和邢竹琴、支蘭芳、金香琴搭班。一九四三年底，第一次與名旦傅全香（參見該傳）合作，班底是四季春，至四四年夏為止。之後與另一名旦袁雪芬（參見該傳）合作兩年，致力改革越劇。一九四五年，演出《梁祝哀史》「山伯臨終」一場中，在琴師周寶財的配合下，創造了「弦下腔」。這種腔調採用慢板，音域寬廣，使曲子唱來抒情悠長。

一九四六年五月，范瑞娟首次在《祥林嫂》劇中扮演牛少爺，因表現出色而家喻戶曉。一九四七年袁雪芬因病暫別舞台，范瑞娟邀請傅全香再度合作，劇團改名為東山越藝社。同年夏，包括范瑞娟在內的越劇十姐妹（即觀眾最喜愛的十位演員）一起參加了聯合義演《山河戀》。一九四八年，《祥林嫂》首次搬上銀幕，袁雪芬演女主角，范瑞娟一人分飾兩角，扮演牛少爺和祥林。一九四八年秋，范瑞娟與袁雪芬合作，在大上海戲院演出田漢（1898–1968）編劇的《珊瑚引》等越劇劇目。

一九四九年初，范瑞娟與傅全香重組東山越藝社。同年七月進了上海市軍管會文藝處舉辦的地方戲劇研究班學習，結業後，先後主演了《李闖王》、《梁祝哀史》、《萬戶更新》等戲，以及一些話劇。一九五零年，范瑞娟應田漢之請，隨劇團進京，演出了《梁山伯與祝英台》、《祝福》。毛澤東（1893–1976）、周恩來（1898–1976）總理等黨領導，當時在文藝界叱咤風雲的周揚，以及不少知名表演藝術家觀看了演出。在一次演出後，她還得到總理的親切接見。

新中國成立後，范瑞娟先後出任多個與表演藝術有關的職位。一九五一年，她出任華東越劇實驗劇團副團長。她又以上海越劇工會主席的身份，協助組織越劇界為抗美援朝義演，捐獻「越劇號」飛機。一九五一年被選為全國青聯委員、全國政協特邀代表。一九五二年，在第一屆全國戲曲觀摩演出大會上，與傅全香、袁雪芬等合作演出《梁山伯與祝英台》、《白蛇傳》（亦稱《雷峰塔》），三人同獲演員一等獎。一九五三年，《梁山伯與祝英台》拍成大型彩色戲曲影片，由范瑞娟與袁雪芬主演，翌年獲國際電影節音樂片獎，一九五六年獲文化部頒發的一九四九至五五年優秀影片獎榮譽獎。一九五三年冬，范瑞娟與袁雪芬合演《西廂記》，飾張生，並以此在一九五四年華東戲曲

匯演中,獲演員一等獎。同年夏天,范瑞娟首次出國,在捷克參加第八屆國際電影節期間,奉周恩來電召赴日內瓦會見了世界電影藝術大師卓別靈(Charlie Chaplin)。隨後數年,先後赴蘇聯、東德演出《梁山伯與祝英台》、《打金枝》。一九五六年加入中國共產黨。一九五七年與《中國青年報》記者陳伯鴻結婚。一九六零年隨上海越劇院一團赴京,與新成立的北京越劇團合併,次年北京越劇團停止運作,於是返回上海,繼續在上海越劇院工作,排演了《忠王李秀成》、《繡襦記》等劇目。六十年代,參演改編自現代話劇的《不准出生的人》。她在文革期間的遭遇,不得而知,可能會和很多其他藝術家及演員一樣,受到欺壓,失掉工作。

文革後,范瑞娟重登舞台,數次出國訪問。她在《忠魂曲》裡飾楊母,又參演《孔雀東南飛》、《李娃傳》。她獲得中國唱片總公司頒發金唱片獎,曾數次赴港獻演。一九八八年赴美國芝加哥貝爾實驗室(Bell Laboratory)講學。翌年隨出訪團去美國演出《梁山伯與祝英台》、《李娃傳》。一九九零年一月與呂瑞英、張桂鳳等參加中國民族藝術代表團,再次遠赴歐洲,在德國、法國、比利時、盧森堡、荷蘭等國演出《打金枝》。一九九一年,上海電視台攝製了共三集的記錄片《范瑞娟表演藝術》。一九九三年,她在電視劇集《沈園絕唱》中扮演陸游一角,這似乎是她最後一次的演出。

在五十多年的舞台生涯中,范瑞娟扮演了百多個角色。她的表演穩健大方、質樸無華,具有男性氣質的陽剛之美;她擅演正直、敦厚、英武一類的人物。她的唱腔在繼承傳統越劇男班「正調腔」的基礎上,吸取了京劇名家馬連良、高慶奎等唱腔音調和潤腔處理,形成音調寬厚響亮,咬字堅實穩重,行腔迂迴流暢的特點。她的唱做藝術,人稱「范派」。

范瑞娟出版了兩部書,一部是她的唱腔選集,另一部談及她的童年往事。不過,關於她的私人生活,則未見資料透露。

陳慧

◇ 《華夏婦女名人詞典》,北京:華夏出版社,1988年,頁647。
◇ 中國婦女管理幹部學院編,《古今中外女名人辭典》,北京:中國廣播電視出版社,1989年,頁79。
◇ 范瑞娟,〈我的丈夫,我的蜜月〉見《中國社會新聞選評(30–90年代)》,丁世義編著,北京:中國工人出版社,1992年,頁89–95。
◇ 楊瑛、續磊,〈「梁山伯」結婚了〉見 <http://news.xinhuanet.com/newmedia/2006-11/01/content_5276297.htm>,2012年12月11日查閱。
◇ 「范瑞娟」見 <http://baike.baidu.com/view/279677.htm>,2015年2月26日查閱。

▥ 55 方方 Fang Fang

方方，一九五五年生於江蘇南京，原名汪芳，祖籍江西彭澤，詩人、小說家，二十世紀八十年代中國新寫實主義小說的代表作家之一。

方方的父母均來自文名遠播的高門望族。方方的祖父汪國鎮畢業於京師大學堂（即北京大學前身），國學造詣極高，心懷教育救國的理想，畢業後一直從事中學教育。一九三八年因反抗日軍侵華暴行而遭殺害，生平事蹟已錄入《江西省通志》。方方的父親汪佑德雖然專業理工，但承傳了父親對傳統文化的熱愛，是個出色的語言學家。他經歷了反右鬥爭與文化大革命等一系列政治運動所帶來的動盪時期，常年生活在一種緊張、萎縮的精神狀態之中，最後在一九七三年去世。祖父與父親的際遇深深的影響了她在文學方面的興趣，以及對人生的體悟。

方方一九五七年隨父母遷至武漢，在那裡進小學、中學念書。一九七四年高中畢業後被分配為裝卸工，做了四年。這段時間的經歷激發了她創作詩歌的熱情。一九七五年首次發表詩作，自此創作不斷。她的詩作〈我拉起板車〉獲得了《詩刊》一九八一至八二年度優秀作品獎。

一九七八年，方方考入武漢大學中文系。在大學的最後一年，她發表了第一篇小說〈大篷車上〉。一九八二年畢業後，在湖北電視台擔任編輯，同時繼續創作，寫了一些短篇小說、詩歌與電視劇，如〈尋找的故事〉、〈江那一岸〉，以及中篇小說〈白夢〉。成了知名作家後，在一九八九年正式加入湖北省作家協會為專業作家，任中國作家協會全委會委員、武漢青年作協主席、湖北省作家協會主席。她的小說創作成就最高，至今已出版了多部中短篇小說，被認為是當代中國女作家的佼佼者。

評論界大都認為方方的創作可分為三期。分界點為〈白夢〉（1986）和〈行為藝術〉（1993）。第一時期的作品主要寫青年人的青蔥歲月，寫他們如何熱情樂觀的生活著，代表作為〈大篷車上〉。這些作品不論內容或風格都不很成熟。方方自己的評價是：「不僅對文學，就是對整個人生也都是糊裡糊塗的，十分地單純和幼稚。」

一九八六年，方方發覺被好友出賣，既失望又沮喪，隨後寫了〈白夢〉，對那種暗藏商業目的友情作出尖刻的諷刺。〈白夢〉發表後，不僅吸引讀者，而且使她意識到，她要建立個人風格，成功的寫作靠的不是刻意追求某種風格，而是寫自己想寫、並且寫著舒服的東西。從此她的創作進入了一個新的階

段。一九八七年發表了給她帶來最多榮譽的中篇〈風景〉。故事圍繞著武漢貧民區「河南棚子」的一家人、他們艱苦的生活和粗俗的心靈。情節觸目驚心，筆調卻平靜客觀，兩者形成鮮明的對比，很多文評家將她歸類為「新寫實主義」的作家。一九八八年，她發表了中篇小說〈白駒〉，描寫城市知青和工人這兩種人對生活的態度和自覺性。翌年，她的另一部成功的中篇〈祖父在父親心中〉問世。她表示，這部關於她家族史的小說，有八成屬實。她祖父和父親代表中國兩代知識份子，她拿他們的生活經歷、生活態度作比較，並提出了一個具有普遍意義的問題：到底誰應該對中國知識份子的命運負責？是社會還是他們自己？

一九八九年，方方結婚。看來她為了把丈夫的身份保密，頗費周章。但她仍透露了他是個學者，在大學工作，兩人在大學宿舍住了三年。她的兩部中篇〈行雲流水〉（1991）和〈無處遁逃〉（1992）生動地描寫了不同年紀的知識份子的苦惱與無奈，反映出她對中國學者生涯體會良多。這一時期的另一部作品〈桃花燦爛〉，描寫一對青年男女愛得刻骨銘心，卻難成眷屬，也很受讀者歡迎。

方方偏愛寫中篇小說，所以她的作品中，以中篇小說居多。她通常未想到結局便開始寫，由故事自然發展，中篇小說的特性容許她這樣做。也許正是由於她這種對創作自由度的偏愛，不少批評家都發現很難將她的作品歸入文學的哪一流派。根據當代著名作家韓少功，這正是方方成功的秘訣：生活本來就是多姿多彩、複雜多變，一個好的作家應該有能力反映其多樣化的內涵。方方本人在她的〈怎麼舒服怎麼寫〉一文中也表達了同樣的看法。

一九九三年，方方發表了警匪故事〈行為藝術〉，標誌著她創作發展的第三時期，也是頗受讀者歡迎的時期。這時期的大多數作品都側重於嫻熟的描述技巧和曲折的故事情節，內容戲劇化，似乎與現實脫了節。如〈何處是家園〉，描寫兩個追求自由愛情的女子，卻在一連串的偶然事件後墮入風塵。方方自認這時期的作品屬於讀完就忘一類。但這些不是她封筆之作。她一九九五年撰寫〈四十歲，不甘心〉一文，表示會創作更多成功的作品，並計劃再寫祖父和父親的故事。

畢熙燕

編者按：二零零九年，方方的〈萬箭穿心〉獲得《小說月報》第十三屆百花獎的優秀中篇小說獎。翌年，她的〈琴斷口〉取得魯迅文學獎的中篇小說獎。二零一一年，

她出版了長篇小說《武昌城》及中篇小說〈民的 1911〉。二零一二年底，她將〈桃花燦爛〉編成話劇演出，嘗試以一種新渠道把文學帶進公眾視野。她有多部小說被譯為英、法、日、意、葡、韓等文字在國外出版。

◇ 金健人，〈序〉見《新寫實小說選》，上海：浙江文藝出版社，1992 年。
◇ 周柯，〈跋：在凡俗人生的背後〉見《行雲流水》，武漢：長江文藝出版社，1992 年。
◇ 方方，〈跋〉見《方方：中國當代作家選集叢書》，北京：人民文學出版社，1993 年。
◇ ──，〈自序〉見《白夢》，南京：江蘇文藝出版社，1995 年。
◇ ──，〈自序〉見《風景》，南京：江蘇文藝出版社，1995 年。
◇ ──，〈自序〉見《黑洞》，南京：江蘇文藝出版社，1995 年。
◇ ──，〈自序〉見《凶案》，南京：江蘇文藝出版社，1995 年。
◇ 韓少功，〈序〉見《方方：中國當代作家選集叢書》，北京：人民文學出版社，1993 年。
◇ 連佩珍，〈論方方的悲劇小說世界〉見《上饒師專學報》，1996 年 2 期，頁 64–68。
◇ 仵從巨，〈灰色幽默：方方小說的個性和評價〉見《當代文壇》，1997 年 115 期。
◇ 「方方連任湖北省作協主席／盼湧現更多青年作家」見 <http://www.chinawriter.com.cn/news/2012/2012-09-26/142388.html>，2012 年 9 月 26 日，來源：《長江日報》，2013 年 5 月 28 日查閱。
◇ 「方方：『漢味』已融入作品骨髓」見 <http://book.chnart.com/index.php?m=content&c=index&a=show&catid=8&id=2641>，2013 年 2 月 4 日，來源：《楚天金報》，2013 年 5 月 28 日查閱。
◇ 「方方」見 <http://www.baike.com/wiki/%E6%96%B9%E6%96%B9>，2013 年 5 月 28 日查閱。

⣿ 56 方君璧 Fang Junbi

方君璧（1898–1986），福州人，藝術家。她的七兄方聲洞於一九一一年廣州起義中殉難，為著名的黃花崗七十二烈士之一。

自一九一七年起，方君璧在巴黎朱里安美術學院（Académie Julien）讀書，後轉往波多城省立美術專門學校（École des Beaux Arts, Bordeaux），一九二零年畢業，升讀巴黎國立高等美術學校（École Nationale Supérieure des Beaux-Arts）。一九二二年，在巴黎與詩人及政界人士曾仲鳴（1896–1939）結婚。二十年代，方君璧活躍於巴黎藝術界，當時作品有〈吹笛少女〉和〈拈花凝思〉。一九二五年，她回國在廣東大學執教，並在廣州舉辦畫展；翌年重返法國進修，拜師巴黎國立高等美術學校校長勃納爾（Besnard, 1849–1934）；三三年再回國，開始畫國畫。在國內期間，她曾出版書籍，談她的油畫，其中在一九三八年出版的一本，載有前教育總長及國學家蔡元培（1868–1940）的序言。一九四三年，她結識了畫家齊白石（1864–1957）；四四至四九年間，她舉辦了一系列畫展；之後去了巴黎，最終在五七年移居美國波士頓。一九七二年，她回國訪問，得到總理周恩來接見。七八年，成為第一個獲邀在中國美術館舉辦畫展的海外華裔畫家。八四年，巴黎博物館舉辦「方君璧從畫六十年回顧展」。

方君璧的作品反映出改良的寫實主義，技巧老到，畫風近似二六年時的同窗勃納爾及其他二十世紀初法國畫家。三十年代，她創作時加入中國情懷這個元素，為後來者提供了（不為人所重視的）養份，孕育出五十年代寫實普及的新傳統畫作，其特色為意念清晰，主題明確。

John Clark
陳玉冰譯

◈ 張艷彧，〈畫可傳世的方君璧〉見《收藏》，2008 年 10 期，頁 65–69；又見 <http://ipub.cqvip.com/doc/c128d420f8d0450bada21ed774f702b7.html>，2014 年 12 月 18 日查閱。
◈ *A Retrospective Exhibition of the Works of Fan Tchun-pi.* Hong Kong: Fung Ping Shan Museum, 1978.
◈ Bobot, Marie-Thérèse. *Fan Tchun-Pi, Artiste Chinoise Contemporaine.* Paris: Musée Cernuschi, 1984.
◈ 「方君璧」見 <http://baike.baidu.com/view/1781855.htm>，2014 年 12 月 18 日查閱。
◈ 「方君璧」見 <http://www.gg-art.com/artist/artist.php?id=899>，2014 年 12 月 18 日查閱。

▥ 57 方召麐 Fang Zhaolin

方召麐（1914–2006），又名方召麞，江蘇無錫人。父親方壽頤是實業家，一九二五年被殺害，母親名王淑英。方召麐是長女，自少接受家庭教師教導，後來進入無錫的藝術學院，學習描畫花鳥和山水。一九三三年隨國畫大師錢松嵒（1899–1985）學習山水畫。

一九三七年，方召麐隨新婚夫婿方心誥到英國曼徹斯特，在那裡的大學攻讀歷史。一九三九年，他們取道美國返回上海，再到香港。抗日戰爭期間，她和家人在華南一帶逃難，不能畫畫，一九四零年生下第一個孩子。方心誥一九五零年在香港去世。自此，方召麐接管家族的進出口生意，同時撫育八個子女，其中一個便是陳方安生（參見該傳）。方召麐也開始跟趙少昂（1905–1984）學習花鳥畫。一九五零到五一年間，方召麐的畫作漸漸為人所知。一九五三年，她拜著名畫家張大千（1889–1983）為師。此後，她到香港大學和牛津大學修讀國學，在北美和歐洲的多個畫展中參展。其間在一九六一年和一九七零年再隨張大千習畫。多年以來，她到中國會晤了多個畫家，包括何香凝（1961）、吳作人（1972）、李可染（1973）等。她也時常到無錫探望舊友、舉辦畫展。

方召麐以酣暢淋漓的線條和書法的形式，突顯主題，再結合生氣勃勃的人物和屋子類型，來表達她對中國「人」重新構建的觀念。她寫山水畫時，沒有炫耀筆法，由於對水彩滲透的特色瞭如指掌，所以能在畫紙上直接以水彩描摹

各種地貌，生動有力。她描畫水災和船民時，對這群活在二十世紀多災多難的人，透著同情，但筆觸冷靜；這種風格在側重意識形態的新國畫中比較少見。

John Clark

陳玉冰譯

編者按：方召麐按英國巨石陣創作的〈磐石圖〉，在戴安娜和查理斯結婚時，送給英國皇室作為賀禮。香港回歸時，政府邀請她書寫香港回歸紀念碑，立在黃帝陵內。二零零三年獲頒香港銅紫荊勳章，作品印在地鐵票上。池田大作為她寫下四百行長詩，讚美她是「畫伯」。東京富士美術館為她製作電視片，稱她為「中國畫的巨匠」。大英博物館、中國國家博物館和中國美術館都收藏了她的作品。

二零零六年，方召麐病逝香港，與夫合葬於跑馬地天主教墳場。

◇ 《方召麐書畫集》，香港：方召麐，1981 年。（當年，北京的文化部對外藝術展覽中心為方召麐舉辦畫展，在北京、上海、南京、無錫巡迴展出。）
◇ 「方召麐」見 <http://baike.baidu.com/view/539961.htm>，2014 年 8 月 5 日查閱。
◇ 「女畫家方召麐的傳奇一生」見 <http://www.360doc.com/content/14/0712/16/4135176_393898323.shtml>，2014 年 8 月 5 日查閱。
◇ 「錢松嵒」見 <http://baike.baidu.com/view/173083.htm?fromtitle=%E9%92%B1%E6%9D%BE%E5%96%A6&fromid=4099181&type=syn>，2014 年 8 月 7 日查閱。

▥ 58 馮沅君 Feng Yuanjun

馮沅君（1900–1974），生於河南省唐河縣，以寫作創新、國學研究著作等身而知名。她屬於二十世紀二十年代第一代新派女作家，創作了數卷短篇小說。

馮沅君不依傳統方式生活，反對封建禮教，體現五四運動解放婦女的精神。二十年代後期，她轉向研究古典文學，在詞，特別是在戲曲的研究上，作出了重大貢獻。她是哲學家馮友蘭（1895–1990）的胞妹，國學大師陸侃如（1903–1978）的妻子，夫婦聯袂撰寫了許多學術專著。

馮沅君生於一個殷實的詩書人家，父親馮樹侯是前清進士，一度在改革派張之洞（1837–1909）幕下做事，曾任湖北省崇陽縣知縣，去世時馮沅君還很幼小。母親吳氏，飽讀詩書，思想頗為開明，曾任女子小學校長。馮沅君隨兄長就讀私塾，當他們離家轉入新式學校時，母親繼續教她四書五經和古詩。她在友蘭、景蘭兩位兄長薰陶下，讀了他們從北平帶回家的進步書刊，思想有了轉變，懇求母親准她入讀新式學校。一九一七年，北平的女子高等師範學校成

立招生，馮沅君向母親力爭後，參加了入學考試並獲得錄取。

馮沅君在女子高等師範學校就讀五年（1917-1922），其間正值五四運動高潮。她的同學包括作家石評梅、廬隱（參見該傳）、陸晶清等，彼此交往密切。當思想保守的校長鎖上學校大門，阻止學生參加五四游行時，馮沅君用石塊將鎖砸開，率領一隊同學上了街。在她首批發表的文章中，就有一篇是追述她參加五四游行的情形。她在校時，曾將樂府詩〈孔雀東南飛〉改編為話劇，並親自扮演焦母一角，焦母是個心腸狠毒的封建家長，認為媳婦地位卑微，打算將她逐出家門。

一九二二年畢業後，馮沅君進入北京大學國學研究所，成為中國古典文學專業研究生。她受到新小說、新詩的影響，特別是郭沫若（1892-1978）作品的影響，對創作的興趣比學術研究更大。她早期的小說洋溢「浪漫」色彩，最早刊載於創造社的期刊，而該社刊物亦以此特色聞名。她的這些小說，都以家庭為主題，尤其側重探討「自由戀愛」，而「自由戀愛」正是五四現代化運動的一個核心課題。小說後來結集成書，書名《卷施》，並被劃為「問題小說」。書中的〈隔絕〉便是個典型例子。〈隔絕〉是一封女主人公以「我」的口吻寫給戀人的信，「我」述說在回家探親時被母親「囚禁」起來（因母親要女兒接受包辦婚姻嫁到劉家，又怕她逃走）。故事表達了主人公的內心矛盾：既想對母親盡孝，又不想放棄對士軫的愛，以及兩人未來的「新生活」。這種一方面渴求新生活，一方面又想繼續維繫家庭關係、維護傳統的內心交戰，小說中有細緻刻劃，事實上，這種兩難處境在那個時代的年輕人當中，非常普遍；或許婦女感受更為強烈，因為新生活主要由男知識份子構思推動，對婦女不全然合適。

小說〈旅行〉的女主人公是個學生，故事描述她和戀人乘火車從北平到南方一個不知名的城市。他們在該城住了十天，歇在一家昂貴的旅館，初嘗肌膚之親。小說經常倒敘兩人以前在校相處的時光。敘事人表達了馮沅君對舊婚姻制度的蔑視，且明確表明主人公對舊制度寧死不屈。在典型的五四叛逆式對話中，主人公和戀人將儒家婚姻制度衍生的人際關係視作不自然。

一九二四年以後，馮沅君經常在魯迅（1881-1936）、周作人（1885-1968）兄弟創辦的自由刊物《語絲》（1924-1931）上，發表雜感、學術文章和短篇小說，這可能由於她在北大學習時認識了魯迅。北新書局與魯迅關係密切，除《語絲》外，還出版了馮沅君全部三本小說。魯迅為《卷施》的出版，也作過

許多努力；他在《中國新文學大系‧小說二集》導言中，對這本小說集加以讚揚。

　　一九二五年，馮沅君從北京大學畢業，取得文學碩士學位，隨之在南京金陵大學開始她的教學生涯。次年返回北平，在中法大學任教，同時在北大研究院繼續學術研究的工作，並經常為該院月刊撰寫談論詩詞的文章。馮沅君與陸侃如於此時相識，陸氏小她三歲，畢業於北大中文系，是清華大學研究生。她把兩人從愛苗初長到定情的相戀歷程都寫進書信體小說〈春痕〉（1927）之中。是年秋，馮沅君來到上海，同時在暨南大學和中國公學大學任教。陸侃如清華畢業後，便往上海找馮沅君。在那裡，他們合寫了第一部學術作品：《中國詩史》（1932），唐以前的部份由陸侃如負責，唐及唐以後各時期由馮沅君完成。兩人於一九二九年結婚，婚後馮沅君著力於學術研究，基本上放棄了文學創作。

　　一九三零年，馮沅君轉職北大，成為該校首批女教授。一九三二年，陸侃如夫婦赴法入巴黎大學（Université de Paris），攻讀中國古典文學博士學位，馮沅君以詞為題撰寫博士論文（ “La Technique et l’histoire du ts’eu”，1935）。在巴黎她還參加亨利‧巴比塞（Henri Barbusse）領導的反戰反法西斯同盟的活動，為該同盟的中國支部編寫油印簡報，支部成員中有詩人戴望舒（1905–1950）、劇作家兼評論家李健吾（1906–1982）等人。一九三五年歸國後，馮沅君到天津的河北女子師範學院任教，直到一九三七年戰爭爆發。夫婦二人在兩年教學之餘，對南戲進行輯遺工作，編成《南戲拾遺》一書，自此古劇成了馮沅君後半生醉心研究的學術課題。

　　馮沅君闌尾炎康復期間，眼見淪陷區獻媚成風、氣氛沉悶，深感不快，於是在一九三八年與夫離開北方，取道上海、香港和越南到達昆明。接下來幾年中，他們為了逃難，隨就教的臨時大學輾轉於粵、桂、滇、川各地。抗戰期間，馮沅君大部份時間在廣州中山大學任教，該校先遷校粵西，後轉移到雲南，最後遷回粵北。一九四二年，她受聘於內遷川北、地處三台的東北大學。在那裡，她和丈夫協助建立中華文藝抗敵協會川北分會，以自己的居處作為分會總部，舉行討論會、演講和表演。即使在這段艱難時期，她仍擠出時間鑽研鍾愛的古劇，並寫下相關文章，內容包羅諸宮調，以至元雜劇，均輯入《古劇說彙》（1945）中。她亦致力研究「優」（籠統來說，即中國古代小丑），以及優與戲曲淵源及後來「優伶」一詞的關係。

　　抗戰結束後，馮沅君隨東北大學遷回瀋陽原址。一九四六年，她轉到青島的山東大學（該校於 1958 年遷到濟南）繼續執教，直到去世。她教學認真，不惜用上大量時間準備教案和輔導學生。她與丈夫共同編寫了多部古典文學史，供學生作課本用，其中一本更被譯成包括英語在內的多種外國文字。六十年代她當選全國人大代表，獲委多個省級職位，又擔任山東省婦女聯合會副主席，一九六三年被任命為山東大學副校長。文革中，馮沅君因所喜愛研究的學術課題，而被劃為「反動學者」，實不足為奇。她受批判，被勒令清掃廁所，在一個「打垮資產階級教育黑線」大會上當「活靶子」。後來她患上直腸癌，受到長期折磨，終於在一九七四年病故。丈夫陸侃如數年後亦隨她而去。

Kirk A. Denton

龍仁譯

◇ 馮沅君，《春痕》，上海：北新，1927 年。
◇ ──，《劫灰》，上海：北新，1928 年。
◇ ──，《卷施》，上海：北新，1928 年。
◇ ──，《沅君卅前選集》，上海：女子書店，1933 年。
◇ ──，《古優解》，重慶：商務印書館，1944 年。
◇ ──，《馮沅君古典文學論文集》，濟南：山東人民出版社，1980 年。
◇ ──，《馮沅君創作譯文集》，濟南：山東，1983 年。
◇ 馮沅君、陸侃如，《中國詩史》，上海：大江書鋪，1932 年。
◇ ──，《中國文學史簡編》，北京：作家，1957 年。
◇ 孫瑞珍，〈和封建傳統戰鬥的馮沅君〉見《新文學史料》，1981 年 4 期，頁 165–171。
◇ 袁世碩、嚴蓉仙，〈馮沅君先生傳略〉見《馮沅君創作譯文集》，袁世碩、嚴蓉仙著，濟南：山東人民出版社，1983 年，頁 336–347。
◇ 盧啟元，《廬隱、馮沅君、綠漪、凌淑華作品欣賞》，南寧：廣西教育，1988 年。
◇ 戴錦華、孟悅，〈沅君：反叛與眷戀〉見《浮出歷史地表》，戴錦華、孟悅著，台北：時報，1993 年，頁 103–117。
◇ Feng Yuanjun. *An Outline History of Classical Chinese Literature*, trans. Yang Xianyi and Gladys Yang. Hong Kong: Joint Publishing Company, 1983. This is a translation of 《中國文學史簡編》, first published as *A Short History of Chinese Classical Literature*. Beijing: Foreign Languages Press, 1958.
◇ ──. "The Journey." In *Chinese Women Writers: A Collection of Short Stories by Chinese Women Writers of the 1920s and 1930s*, eds. and trans. J. Anderson and T. Mumford. San Francisco: China Books and Periodicals, 1985, 168–78.
◇ ──. "Separation," trans. Janet Ng. In *Writing Women in Modern China: An Anthology of Literature by Chinese Women of the Early Twentieth Century*, eds. Amy Dooling and K. Torgeson. New York: Columbia University Press, 1988, 105–13.

▥ 59 傅全香 Fu Quanxiang

　　傅全香（1923–2017），生於浙江省嵊縣農村，原名孫泉香。她是中國兩

位最負盛名的越劇演員之一,另一位是袁雪芬(參見該傳)。越劇是浙江紹興地區富有鄉土氣息的地方戲,劇情纏綿悱惻,唱腔熾烈委婉;傳統上全部角色均由女性扮演。

傅全香九歲時進入一個附屬於四季春劇團的地方戲科班,劇團在廟宇演出。隨團學戲的五、六十個男女兒童,住在廟宇邊棚子內,一日三餐雖由團裡供給,但伙食不足,吃不飽。這些學藝的孩子們在廟內場地吊嗓練功,若四出表演時,就到海灘田邊的空地練習。學藝期間,也在鄉鎮的廟宇演出,既積累經驗,又可掙錢。每日練功始自早晨月落之前,一直練到傍晚月出。因他們均不識字,師傅必須逐行念出唱詞,徒弟跟隨念誦,直到各場戲文爛熟於心。傅全香把所背戲文和書面唱詞互相印證,最後學會了認字。她的師傅鮑金龍,為饒有經驗的越劇男角,擅演老生,很多戲文都能倒背如流。因有了這一台柱,戲班教學扎實,劇團口碑甚好。劇團班主還花錢請名角擔綱,率領戲班徒弟演出,讓他們向前輩觀摩、學習。傅全香稱她曾得到施銀花、姚水娟、小白玉梅等知名演員的指點。

三年後,傅全香藝成出師,當年(1936)赴杭州、上海,在上海老闆大戲院登台獻藝。這期間,她以扮演《九斤姑娘》中的角色而嶄露頭角。她原唱花旦,後改演青衣,以便戲路更廣。一九四零年,因新劇《恒娘》中的表演而名聲鵲起。一九四一年,她與尹桂芳、竺水招搭班。傅、竺二人同台主演《盤夫索夫》、《白蛇傳》、《玉蜻蜓》等劇目中的坤角;那時尹、竺二人均已成名,願助傅全香一臂之力,故此教她演戲之餘,還讓她在所學的戲中飾演重要角色。一九四三年,傅全香重返四季春劇團,因她已名譟一時,於是劇團更名為全香劇團。

其後傅全香邀請飾男角的范瑞娟(參見該傳)合作演出;兩人同台演出的劇目包括《小妹妹臨終》、《武家坡》。一九四五年,傅全香因患肺結核,只得在杭州休養一年多。待傅全香可重返舞台之際,范瑞娟的搭擋袁雪芬也染上肺結核,范瑞娟於是邀請傅全香共組東山越藝社。兩人聯手演出的劇目,包括新編的《天涯夢》、《李闖王》和傳統的《梁祝哀史》、《四大美人》。傅全香也與張桂蓮、徐玉蘭(參見該傳)配戲合演。傅、徐二人最得意之作,要算清裝劇《浮生六記》,該劇改編自沈復(1762–1803 後)街知巷聞的自傳。

四十年代後期,越劇進行了改革,踏上現代化的進程;傅全香認為這是因為觀眾在變。新的越劇有了新的主題,如民族主義、革命英雄、爭取真愛等,

且都出自戲劇名家之手。越劇從形式到技巧，以至相關的音樂、舞蹈、舞台布景、燈光、服裝等等，無一不作了改進。因此之故，越劇在上海一帶極其風行，新劇團多如雨後春筍。一九四七年，十位最受歡迎的越劇演員，即「越劇十姐妹」，舉行了一場《山河戀》的義演，團結一致反對壓迫藝人的戲院老闆、造謠小報和流氓幫派。傅全香熱情投入越劇改革，是「十姐妹」中積極的一員，這婦女團體還籌資建立越劇學校和劇場。

一九五零年，傅全香及其東山越藝社來到北京演出，還在中南海作專場演出。一九五一年，她和幾位劇團演員加入華東實驗越劇團，這團一九五二年進京參加第一屆全國戲曲觀摩演出大會，她扮演淒婉動人的祝英台，獲得演員一等獎。一九五四年，她參加華東區戲曲觀摩演出大會，扮演《西廂記》中活潑機智的侍女紅娘，又贏得同樣獎項。她一九五五年獲准訪問蘇聯和東德，次年又赴朝鮮為中國人民志願軍演出。

一九五八年，傅全香參演《情探》的電影版。《情探》為田漢（1898–1968）的創作劇，早一年在舞台首演時深受歡迎，故隨後拍成電影，以期爭取更多觀眾。現代越劇出現於六十年代前期，傅全香參演的劇目，有《江姐》和《兩塊六》。儘管傅全香熱切地支持戲劇的新趨勢，在文化大革命中仍不免被指控三項罪行：充當特務、反動學術權威、黑線人物。她被關押並與其他囚犯隔離，但她仍然積極面對困境：只要看守不在周圍，她即練習假聲唱法。

文革後，越劇十姐妹重聚時十僅存其八：有一人一九四九年前已去世，另一人竺水招在文革中自盡。尹桂芳僥倖留得一命，但因中風而半身癱瘓。剩下的七姐妹以她的名義作了一場演出。傅全香後半生亦屢遭不幸，丈夫因心臟病棄世，她本人於一九八零年患乳腺癌。她並未因此畏縮，於一次乳腺癌手術後逕赴香港，為當地眾多越劇愛好者演出。

一九九一年，傅全香在近古稀之年，創作了《人比黃花瘦》，這是一種新型越劇，劇中女主角與多數傳統越劇不同，年齡隨劇情發展，從接近四十歲演到七十多歲。它是根據詞人李清照（1084– 約1151）生平而編寫，傅全香創作目的，在於為自己、也為其他年齡相仿的演員，提供一個既有挑戰性又有發揮餘地的角色。她的意念很快得到認同；支持她，在經濟上幫助她的，大不乏人。為了塑造劇中主角的形象，她閱讀李清照的詩詞，並親自前往其家鄉觀察探訪。她還到過李清照人生不同階段住過的地方：金華、蘭溪、天台及浙江其他地方。除力求場景忠於史實外，她亦致力於人物由初入中年直到老年，其道

白和唱腔的演變。《人比黃花瘦》在其他方面亦有創新，它採用了電視劇集的形式，讓時空的運用更具彈性，突破傳統越劇的框框。電視劇集《人比黃花瘦》播出後，引發極大回響；學者、戲劇演員、學生，以及電視專業人士在京滬兩地紛紛舉行研討會。他們一致肯定這劇的革新意義，對其攝製質量，以及所涵蓋的藝術、文學、歷史範疇給予讚揚。

傅全香於一九五六年與劉健結婚，之前的五年間，劉健在萬里以外求愛，寄出的情書逾千封之多。劉健留學英倫，曾在國民黨海軍部隊工作，後在中華人民共和國當外交官。傅全香將兩人關係描述為傳統兩性角色的對換：劉健放棄駐外工作，選擇在國內辦公的差事，以便照料尚在襁褓的女兒，讓傅全香繼續發展個人事業。每當她出差在外，兩人便電話聯絡，高額的長途電話費也在所不惜。文革期間，劉健比妻子更早遭批鬥，被控以國際特務的罪名，挨打、戴高帽游街。儘管如此，他還能想到將傅全香藝術生涯中的珍貴記錄，如剪貼簿、相片等，藏於牆洞中。這些材料成為《坎坷前面是美景》的重要部份，此書為傅全香所作，出版於一九八九年。

傅全香的女兒從事航運工作，女婿供職於中國海關。二人育有一兒，一九八八年出生。傅全香一直保持活躍，既出席戲迷組織的活動，也參與和傅派越劇有關的社會、學術活動。

傅全香的舞台生涯歷五十餘年之久，這位越劇名角與眾不同之處，在於無時無刻不在精益求精。她從多方面改良越劇坤角唱腔，其中以引入西洋假聲唱法最為膾炙人口，從越劇真嗓音過渡至假聲要做到不著痕跡，非下苦功不可。她還從京劇名演員程硯秋（1904–1958）處借藝。她有《人比黃花瘦》創作之舉，明白顯示她決意在垂暮之年繼續其藝術發展。她創作晚年李清照這一角色，很有啟發性，使傳統戲劇的內涵更豐富，更現代化，為這方面的發展起了示範作用。有了這些改革，或會扭轉觀眾日減的情況，而這可能是傅全香對傳統戲劇，特別是對越劇最大的貢獻。

二零一七年，傅全香病逝上海，享年九十四歲。

蕭虹

龍仁譯

◇ 傅全香等，《坎坷前面是美景——傅全香的藝術生涯》，上海：百家出版社、上海聲像讀物出版社，1989年。
◇ ——，《人比黃花瘦——李清照的藝術形象》，杭州：浙江文藝出版社，1999年。
◇ 傅全香，私人談訪，悉尼，1999年3月22日。

▀ 60 葛健豪 Ge Jianhao

葛健豪（1865–1943），湖南省湘鄉縣（今雙峰縣）人，蔡暢（參見該傳）和蔡和森（1895–1931）的母親；兄妹二人都是中國共產黨早期革命家，深受國人敬重。

葛健豪原名葛蘭英，五十歲入讀湖南女子教員養成所時，改名為健豪（寓意強健、勇敢）。她思想進步，行動獨立。雖然為長女和次女纏足，但在幼女懇求下，沒有為她纏足。她讓女兒與兒子享有同等的自由，並盡力確保全部子女入讀新式學校。她畢生與眾兒女親密相處，蔡暢敬仰母親，在整個長征路上，隨身帶著母親的相片，視如珍寶。

葛健豪生於書香人家，家境本來豐裕，葛家與當地著名的清代儒將曾國藩（1811–1872）家族有姻親關係。父葛葆吾（1841–1868）在曾國藩的湘軍中亦擔任軍官，陣亡時她僅三歲。母陳氏，於丈夫亡故後養育一雙子女，歿於一九零零與零八年之間，餘皆不詳。

葛健豪雖如傳統婦女般受到纏足之苦，卻可與兄葛望嶔一起讀家塾，幼時即通文墨。十六歲時嫁到遠在七十多里外的永豐鎮，成為蔡蓉峰（1862–1932）的妻子。婚後初時兩情甚篤，十二年中生有兩子（蔡麟仙，又名蔡麐仙，1885–1907；蔡麓仙，又名蔡鹿仙，1889–1925）兩女（蔡慶熙，1884–1957；蔡順熙，1893–1904）。及至蔡蓉峰放棄經營利潤豐厚的辣椒醬家族生意，在一八九三年到上海江南機器製造總局謀得一職，兩人婚姻關係開始惡化。葛健豪前往上海與夫一起生活，一八九五年生下三子蔡和森；後因蔡蓉峰納小妾、抽大煙，夫婦之間出現嚴重不和，葛健豪返回娘家；蔡蓉峰尾隨她回湖南，為挽回婚姻，她與夫復合。至一九零零年蔡暢出生，這段婚姻似已名存實亡。之後，一九一五年，蔡蓉峰要把蔡暢賣給人家做媳婦，但因葛健豪與子女合力阻止而未能成事，蔡蓉峰大發雷霆，憤而離家。此番分手究竟持續多久，不得而知，但到了一九二四年，蔡蓉峰又再是家中一員。

踏入二十世紀前後二十年間，中國處於大動盪時期。一八九八年百日維新失敗後，國人反滿情緒高漲；一九零零年義和團運動失利，八國聯軍侵華，國難當前，革命熱情更見澎湃。在這種氛圍下，當引人注目的革命家秋瑾（見《清代婦女傳記辭典》）於一九零六年來到湘鄉縣時，葛健豪的心被打動了。秋瑾早前嫁入縣中第三大戶王氏家族，那次她匆匆回鄉，一為喚起鄉人的革命

意識，二為革命活動籌款，同時又毅然宣布與婆家決裂。葛健豪對秋瑾的過人勇氣與獨立自主，印象深刻，次年秋瑾遇害，葛健豪為之哀悼，並鼓勵兒女仿效其英雄氣概。

葛健豪不僅排除萬難，將子女送往學校讀書，她還陪同子女上學。一九一三年，湘鄉縣立第一女校開辦時，她變賣首飾以繳納學費，讓蔡暢上初小，長女讀刺繡班，她自己和蔡和森念高小。到年底錢已用盡，她帶孩子返回永豐，開辦湘鄉縣立第二女校並在校內執教，一直到一九一四年底學校停辦為止。一九一五年，蔡和森、蔡暢先後來到省會長沙上學，次年葛健豪與長女亦去長沙一家團聚；她繼續供子女上學，自己則入讀湖南女子教員養成所。一九一七年畢業後，她和家人留在長沙，一九一八年蔡和森及好友毛澤東（1893–1976）創辦新民學會，她成為學會的活躍份子。

一九一九年五四運動震動了全國的知識份子和學生，當中許多人參加勤工儉學計劃，遠赴歐洲學習，以期學成返國，推動中國現代化。一九一九年十二月二十五日，葛健豪與蔡暢、蔡和森以及向警予（參見該傳），隨同其他學生自上海啟程赴法。葛健豪在法國住了四年，在蒙達尼女子中學（Montargis Girls' School）學習法語，該校位於巴黎東南約六十英里；據說她還出售繡品，以資助同行的學生。這時期中，蔡和森與向警予結婚（1920），婚後雙雙回國（1922）；蔡暢與李富春（1900–1975）結婚，生有一女（名特特，1924年初生，是蔡暢唯一的孩子），分娩後數月，便去了蘇聯。

葛健豪此時已經五十八歲。她帶著襁褓中的孫女經新加坡返回中國長沙，與丈夫、長女以及蔡和森與向警予的兩個孩子一起生活了幾年。除照料孫輩，使其父母得以從事革命工作之外，葛健豪亦參與婦女解放運動，一九二五年，她開辦一所平民女子職業學校，提供職業培訓。該校於一九二七年中為國民黨當局查封。一九二八年底她搬回永豐以度晚年，住在石板沖，生活艱難。她有一個菜園，還栽種了一棵楊梅樹，至今仍在；她素來愛養魚，但無法修建魚塘。

黨中央十分照顧葛健豪的晚年生活，向她發放一小筆養老金。她於一九四三年三月十六日去世，終年七十八歲；至死不知兩個成年兒子已經犧牲，成為烈士。

Sue Wiles

龍仁譯

◈ 羅紹志，〈蔡母葛健豪〉見《中共黨史人物傳》，卷6，西安：陝西人民出版社，1982年，頁

47–57。

◇ 英文《中國婦女》編著,《古今著名婦女人物》,下冊,石家莊;河北人民出版社,1986 年,頁 434–437。

◇ 蘇平,《蔡暢傳》,北京:中國婦女出版社,1990 年。

◇ Klein, Donald W., and Anne B. Clarke. *Biographic Dictionary of Chinese Communism, 1921–1965.* Cambridge, Mass.: Harvard University Press, 1971, 847, 851.

◇ Snow, Helen Foster [Nym Wales]. *Inside Red China.* New York: Da Capo Press, 1977, 183.

◇ 英文《中國婦女》編著,〈蔡慶熙:紅色家庭的默默奉獻者〉見 <http://www.ldsf.com.cn/news/rwdl/2009/3-10/09310095119 93349.htm>,2012 年 12 月 11 日查閱。

▥ 61 鞏俐 Gong Li

鞏俐一九六五年生於遼寧瀋陽,中國著名電影演員,蜚聲海外。自小酷愛唱歌跳舞,因長得伶俐可愛,取名「俐」,家人都叫她小俐。

鞏俐的父親鞏力澤是遼寧大學經濟系教授,母親趙英在大學工作。鞏俐有三個哥哥,一個姐姐。後因父親調往濟南山東財經學院,全家隨之遷移。鞏俐就在濟南長大。

鞏俐在濟南三合小學念書的時候,校方發現她極有聲樂天賦和表演才能,於是選派她代表學校,表演舞蹈〈草原英雄小姐妹〉。念小二那年,校方推薦她到濟南人民廣播電台唱歌。在濟南市二中六年的中學生活,她一直是學校文藝隊的幹將,經常在舞台上表演。

一九八三年,鞏俐高中畢業。她對聲樂十分著迷,先後報考了山東師範學院藝術系及曲阜師範學院藝術系,但都未被錄取。第二年,她又在山東藝術學院和解放軍藝術學院的報名單上填上自己的名字,結果仍都是名落孫山。一九八五年,一個偶然的機會,她碰上曾任濟南軍區前衛話劇團導演的尹大為。他認為她有當演員的潛質,便利用工餘時間教導她,使她能好好的應付藝術院校的招生考試。同年七月,她通過考試,得到中央戲劇學院和山東藝術學院錄取。她選擇了中央戲劇學院,開始接受正式的表演藝術訓練。

一九八七年,西安電影製片廠開拍後來名譟一時的《紅高粱》,還在中戲讀二年級的鞏俐被導演張藝謀選用擔任戲中主角「我奶奶」。這是她第一次拍電影,也是她與張藝謀並肩踏上輝煌的電影道路的開始。他們後來成了戀人。張藝謀為她拋棄妻子,受到各方責難。他們的關係維持了數年,最後在一九九五年分手。

《紅高粱》在多個國際電影節獲獎,包括第三十八屆柏林國際電影節金熊

獎（Golden Bear Award），第五屆津巴布韋國際電影節最佳影片獎、最佳導演獎，第十五屆悉尼國際電影節悉尼電影評論家獎。在國內，《紅高粱》也獲得第十一屆《大眾電影》百花獎、第八屆金雞獎。

鞏俐以《紅高粱》嶄露頭角，名傳海外。香港導演李翰祥力邀她在新片《一代妖后》扮演清宮侍女桂蓮。一九八八年赴捷克斯洛伐克參加國際戲劇院校戲劇節，被評為戲劇節中「最漂亮女演員」。一九八八年，二度與張藝謀合作，在影片《代號「美洲豹」》飾演台灣青年女護士阿麗，獲第十二屆《大眾電影》百花獎最佳女配角獎。一九八九年主演香港導演程小東執導的故事片《秦俑》，在戲中分飾三個角色：秦時少女韓冬兒、二十世紀三十年代上海三流影星朱莉莉和日本少女山口靖子。她憑此片在香港電影節獲提名競逐最佳女演員。

這時鞏俐已形成獨特的表演風格。她崇尚自然、真實，深信藝術來自生活，強調從生活體驗中去捕捉人物心理、形象。這與有「鬼才」之稱的張藝謀的理念不謀而合。一九八九年，她從中央戲劇學院表演系畢業，被分配在該學院戲劇研究所話劇研究室工作，屬演員編制。同年接拍由中日聯合拍攝、張藝謀導演的《菊豆》。這是一部畫面震撼人心的電影，她飾演菊豆，演技出色。它在香港公演後，若以大陸明星主演的影片論，創下了最高票房紀錄，並獲得第九屆香港電影金像獎。此外，它亦揚威海外。一九九零年，在法國第四十三屆坎城電影節（Cannes Film Festival）獲提名競逐金棕櫚獎（Golden Palm Award）。一九九一年初，又獲第六十三屆奧斯卡金像獎最佳外語片提名。一九八九年十月，獲西班牙第三十五屆瓦亞多里德國際電影節大獎金穗獎。十二月，在美國芝加哥國際電影節取得最高榮譽金雨果獎。影片頻頻獲獎，她從此國際知名。《菊豆》在日本放映後，因為她長得像山口百惠，於是添了個「中國山口百惠」的美譽；日本二十世紀七、八十年代，山口百惠是非常受歡迎的歌影雙棲明星。

一九九零年鞏俐又與張藝謀合作，在《大紅燈籠高高掛》主演四姨太頌蓮，成績驕人。此片連獲五項大獎：第四十八屆威尼斯國際影展（Venice Film Festival）最佳影片第二名銀獅獎（Silver Lion Award）、美國國際影評協會獎、美國紐約影評人協會獎、英國電影學院非英語最佳影片獎。一九九一年，又獲第六十四屆奧斯卡金像獎最佳外語片提名。儘管鞏俐個人沒有取得獎項，她的表演已獲認可。

緊接《大紅燈籠高高掛》之後，鞏俐拍了多部影片，從中可看到她的多才

多藝。她在《賭俠之二：上海灘賭聖》（1991）演賭徒的情婦，一九九二年演《夢醒時份》，在《秋菊打官司》（1992）演鍥而不捨的農婦，在《霸王別姬》（1993）演京劇名角的妻子，在《畫魂》（1993）演過著波希米亞式生活的畫家潘玉良，在《活著》（1994）與《西楚霸王》（1994）演妻子、在《搖啊搖搖到外婆橋》（1995）演黑道人物的情婦，在《風月》（1996）演富家小姐。《秋菊打官司》贏得第四十九屆威尼斯國際電影節金獅獎（Golden Lion Award）、美國國際影評協會獎；鞏俐也憑此片獲「伏爾比盃」最佳女演員獎（Volpi Cup Best Actress Award）。

一九九六年，鞏俐下嫁新加坡商人黃和祥，婚後繼續拍片。她在婚前與張藝謀合作的最後一部電影是《搖啊搖搖到外婆橋》。美國《人物》雜誌（*People*）選她為世界最美麗女性之一。一九九七年，她與謝洛美‧艾朗斯（Jeremy Irons）合演《中國匣》（*Chinese Box*）。她也參演了陳凱歌執導的《荊軻刺秦王》。一九九九年，她在《漂亮媽媽》演單親母親，為養育聾兒而辛勤工作。據說她希望這部敢言的電影，能使西方人從另一角度理解中國女子。

第五十屆柏林國際電影節於二零零零年二月揭幕。鞏俐擔任評委會主席，也是首位華人在西方主要影展擔任這樣重要的職位。她還被一家法國化妝品公司邀請出任其亞洲形象代表。那年，聯合國教科文組織向她頒授「促進和平藝術家」（Artiste of Peace）的頭銜，以褒揚她為文化多元化和人類和諧作出的貢獻。

陳慧

> 編者按：二零零六年，鞏俐的演藝事業再攀高峰。她與張藝謀合作的《滿城盡帶黃金甲》為她取得香港電影金像獎影后桂冠。她還進軍好萊塢，拍了《邁阿密風雲》、《諜海風雲》、《藝妓》等大片。二零一零年，法國駐中國大使宣布，授予她法國藝術及文學勳章（Ordre des Arts et des Lettres）最高榮譽司令勳位（Commandeur）。二零一四年多年後再度與張藝謀合作，在《歸來》中塑造文革受害者的角色，深得好評。鞏利二零零八年加入新加坡籍，即時引起輿論非議。一年多後，與黃和祥低調離婚。

◈ 安苑、劉慧嵐，《走向世界影壇的輝煌──亞洲首位國際影星鞏俐》，北京：中國華僑出版社，1993年。
◈ 蒲莉，《冷艷的背後──鞏俐》，北京：電視日報、勤＋緣出版社聯合出版，1993年。
◈ 王戈，《鞏俐──出世就是機遇》，南寧：三環出版社，1993年。
◈ 宋瑞芝主編，《中國婦女文化通覽》，濟南：山東文藝出版社，1995年，頁641–642。
◈ "Gong Li Chairs Jury." *China Daily*, 17 February 2000.

◈ "UNESCO Names Gong Li Artiste of Peace." *China Daily*, 10 May 2000.
◈ "The Many Faces of Chinese Cinema." *Sydney Morning Herald*, 11 October 2000.
◈ 「鞏俐入新加坡籍引關注／網友們掀起激烈爭論」見 <http://ent.people.com.cn/GB/1082/8320830.html>，2008 年 11 月 11 日，來源：《北京晚報》，2014 年 4 月 8 日查閱。
◈ 「鞏俐」見 <http://baike.baidu.com/view/3677.htm>，2013 年 5 月 31 日查閱。

▥ 62 龔澎 Gong Peng

　　龔澎（1914–1970），是二戰期間向外國人推廣中共革命事業的先行人物；她和胞姐龔普生（參見該傳），同屬中華人民共和國外交部要員。龔氏姐妹活躍於上海，後轉往重慶，在兩地的基督徒和基督教女青年會圈子中廣為人知，並且在二戰時雙雙成為周恩來（1898–1976）在外交事務方面的得力助手。

　　龔澎原籍安徽省合肥市，出生於日本（並非如某則材料所稱生於上海），原名龔維航，家人篤信基督教。父親龔鎮洲，是革命組織同盟會會員，因反對袁世凱稱帝被列入通緝名單，亡命日本。一九一七年，龔鎮洲歸國，獲得孫中山革命政府的多項任命，舉家遷至廣州、上海。

　　龔澎在上海入聖公會女子學校（Episcopalian Girls' School）學英語，一九三七年畢業於北平的燕京大學歷史系。她在大學期間繼續學習英語，同時積極參加左翼的學運，一九三六年加入中國共產黨。畢業後奔赴延安，一九三八年在十八集團軍總司令部任秘書。她在這時碰上一個名叫劉文華的年輕人，並在一九四零年嫁給了他。劉氏曾留學德國，在同一司令部工作，為紅軍司令員彭德懷（1898–1974）當秘書。婚後一個月，她調往重慶。當時紅軍總司令朱德（1886–1976）問她是否喜歡留在原部工作。身為永遠忠誠的黨員，她選擇了黨最需要她去的地方。那年，劉文華死於急性闌尾炎。

　　龔澎自一九四零年起，即在重慶為周恩來工作，先當《新華日報》記者，後任中國共產黨駐重慶代表團秘書。她一直在新聞發布會上當周恩來的英語翻譯。她在一九四三年與第二任丈夫喬冠華（1913–1983）邂逅，當時他初到重慶，兩人翌年結婚。他們育有一雙子女，長子喬宗淮於一九四四年出世，幼女名松都。龔澎和丈夫同在重慶周恩來的非官方外交部工作，當地的西方外交官、記者、學者皆與她熟稔，很多在回憶錄中，都稱許她為外交圈子帶來清新作風。她和頂頭上司周恩來一樣，善於交朋結友，透過溫言勸說，贏得別人對共產黨事業的支持。一九四六年，她創辦英語周刊《新華周刊》（*New China Weekly*），但很快被國民黨查禁。同年稍後，她前往香港，化名鍾威洛，編輯

另一份英語期刊《中國文摘》（*China Digest*）。

　　一九四九年龔澎進入外事部門，被任命為新聞司司長，成為外交部第一位女司長；她擔任此職至一九六四年，那年她被擢升為部長助理。丈夫喬冠華是外交部最活躍的人物之一，由部長助理升為副部長，並陪同領導人如周恩來、陳毅、劉少奇（1898–1969）等出訪，故曾參加聯合國代表團及訪問蘇聯陣營及第三世界各國。龔澎多次參加這種出國訪問團，其中兩次去日內瓦（1954，1961），一次去非洲（1963–1964）。在文革中，龔澎受到四人幫迫害，被抄家掠去筆記本。當時外交部被四人幫控制，由於眾多官員不是挨鬥，就是去了勞改營，留下的人員，工作極其繁重。龔澎據說因過度勞累而患上高血壓，終致腦溢血。一九七零年她在五十六歲的盛年去世。

蕭虹
龍仁譯

◇ 英文《中國婦女》編著，《古今著名婦女人物》，下冊，石家莊：河北人民出版社，1986 年，頁 868–872。
◇ 韓素音，〈懷念我最好的朋友龔澎〉見《燕京大學文史資料》，輯 1，郭蕊譯，北京：北京大學出版社，1988 年，頁 61–69。
◇ 張穎，〈傑出的女外交家——龔澎〉見《燕京大學文史資料》，輯 9，北京：北京大學出版社，1995 年，頁 134–149。
◇ Klein, Donald W., and Anne B. Clark. *Biographic Dictionary of Chinese Communism, 1921–1965.* Cambridge, Mass.: Harvard University Press, 1971, 181–82.
◇ 「喬冠華」見 <http://baike.baidu.com/view/154261.htm>，2012 年 12 月 11 日查閱。

▥ 63 龔普生 Gong Pusheng

　　龔普生（1913–2007），生於上海，是中華人民共和國外事領域的先驅。

　　龔普生祖籍安徽省合肥市，家人信奉基督教。父親龔鎮洲為同盟會會員，因反對袁世凱稱帝，被列入政府通緝名單，於一九一五年逃亡日本。他在一九一七年回國，被孫中山的革命政府委以多個職位，舉家先後遷居廣州、上海等地。至於龔普生母親徐文，則是廣東香山人，黃興妻子徐宗漢的堂妹。

　　龔普生與胞妹龔澎（參見該傳）在上海就讀聖瑪利亞聖公會女中（St. Mary's Episcopalian Girls' School）。一九三二年龔普生考入燕京大學攻讀英語。在燕大她首次讀到有關馬克思主義和俄國革命的書刊，並參加了抗日學生運動，被選為學生自治會副主席。在這期間，她開始涉足「外事」活動，當時

她與同學欲爭取燕京大學同系外國人，對革命事業的支持。她們也召開外國記者招待會，到會的知名記者有埃德加·斯諾（Edgar Snow）、尼姆·韋爾斯（Nym Wales）。一九三六年，龔普生獲學士學位，旋即被派去上海工作。起先在鄉村，後在大學生中工作。一九三八年加入中國共產黨，翌年得到首次出國的機會，代表中國參加在阿姆斯特丹（Amsterdam）召開的世界基督教青年大會（World Congress of Christian Youth）。於歸國途中，又在巴黎參加了世界學生聯合會（League of World Students）會議。

龔普生回國後，到重慶見周恩來（1898–1976）。他知會她不要和當時也在重慶工作的妹妹龔澎接觸。這樣做似乎是為了不暴露龔普生中共黨員身份，好讓她能繼續以獨立人士身份工作。他反而要求她前去美國，一則讀書深造，再則為中共贏取更多朋友。她於是入讀哥倫比亞大學（Columbia University），一九四二年獲得宗教碩士學位。一九四一年十二月日本襲擊珍珠港，使美國民眾更加同情中國的困境，龔普生獲邀到多處演講，有一段時期，她必須從一個城市趕赴另一城市，甚至有時不得不一日演講三、四次。她也到名校演說，走遍了美國半數以上的州，結識了愛蓮娜·羅斯福夫人（Mrs Eleanor Roosevelt）、賽珍珠（Pearl Buck）、黑人歌唱家保羅·羅伯遜（Paul Robeson）等名流，當中有些仍然保持朋友關係。

一九四二年龔普生從胞妹處得知父親的死訊，登上歸程；在戰時條件下前後花了三個多月，經加爾各答（Calcutta）回到中國。遺憾的是，她卻接到命令要馬上回美國念博士。周恩來提出的理由是，他希望她成為一個像吳貽芳（參見該傳）那樣的學者和教育家，為中共效力。但是她卻未能動身，直到一九四五年亞洲與美洲恢復交通之後，才得以成行；而恰在此時，美國的反共浪潮興起，她感到任務較前艱巨。她不再提合作抗日，而只談中國戰後去向。

一九四六年聯合國在紐約成立，龔普生受聘於人權委員會（Human Rights Commission）研究部（Research Department），直到一九四八年。那時中國共產黨已勝利在望，龔普生獲准回國，首先去到河北省西柏坡。一九四九年她隨李維漢作為首批中共黨員進入北京，參加中國人民政治協商會議第一屆全體會議的籌備工作。

一九四九年，龔普生與章漢夫（1905–1972）結婚，兩人至少生有一子一女。同年她進入外交部，任國際組織與會議司副司長，一九五八年升任司長。她在該司的首項重任，是向聯合國抗議美國武裝侵略朝鮮。一九五零年，聯合

國安理會討論該項議題時，她是中國代表團的唯一女性，故十分矚目。《紐約時報》（New York Times）發表了關於她的長篇特寫，談到她的背景和資歷，從而提升了剛誕生的中華人民共和國的知名度。

一九五七年，龔普生率領中國代表團參加在印度新德里（New Delhi）召開的第十九屆國際紅十字大會，亦贏得了巨大的勝利。之前中國參加了萬隆（Bandung）會議，新交了許多朋友，又和很多第三世界國家建交。於是中國把握機會，在紅十字會議上爭取成為中國人民的唯一合法代表團。可是美國向大會施壓，中華民國代表團遂得以進場；中華人民共和國代表團集體退席以示抗議，而退席者還包括大會主席。這一策略取得成功，中華人民共和國成為合法代表。這事件被視為中國爭取本身合法性的首次勝利，從此抗爭持續，十四餘年後，即一九七一年，終於取得聯合國的合法席位。

此後，龔普生先後隨多個中國代表團出國訪問、參加會議。例如，一九六一年代表中國到寮國（Laos）出席日內瓦會議（Geneva Conference）。她走遍亞洲，到過歐、美、非洲，餘下的時間則用於研究國際問題。

文革中龔普生受到迫害，妹妹和母親相繼於一九七零、七一年離世，丈夫於一九七二年元旦也最終被迫害致死。

雖然中國於一九七一年進入聯合國，但直到臭名昭著的四人幫垮台後，龔普生才得以重回這個國際組織工作。一九七九年十一月，她被任命為愛爾蘭大使。她雖感意外，且對該國知之甚淺，還是樂於接受。到任後，她憑著天賦魅力很快交上許多愛爾蘭朋友，而愛爾蘭在許多國際問題上也支持中國，並給予中國學生獎學金。

龔普生是中國年資最長的外交家之一，退休後仍以非官方身份活躍於社會。她是紅十字國際委員會（International Committee of the Red Cross）的國際政治專家小組（International Politics Group）成員，又是中國聯合國協會副會長。龔普生、龔澎姐妹二人能幹勤奮，在外交領域表現出色。她們各自的丈夫，也是外交人員，同樣成就卓越，堪稱一門四傑，甚為難得。他們對中國外事貢獻良多，影響深遠。

蕭虹

龍仁譯

◈ 阮虹，〈外事生涯六十年〉見《女外交官》，程湘君主編，北京：人民體育出版社，1995 年，頁 429–452。

◇ 葉祖孚，〈從事外事生涯時間最長的女外交家龔普生〉見《燕京大學文史資料》，輯9，北京：北京大學出版社，1995 年，頁 116–133。

◇ Klein, Donald W., and Anne B. Clark. *Biographic Dictionary of Chinese Communism, 1921–1965.* Cambridge, Mass.: Harvard University Press, 1971, 29.

◇ 「龔普生」見 <http://baike.baidu.com/view/764589.htm>，2012 年 12 月 13 日查閱。

64 顧媚 Gu Mei

　　顧媚，原名顧嘉瀰，一九三四年生於廣州，畫家。顧媚的父親顧淡明亦是畫家，弟弟顧嘉煇是音樂家。五、六十年代，她是香港著名歌星和電影明星，因歌聲甜美，有小雲雀的美譽。一九六二年起習畫，師事趙少昂（1905–1984），一九六九年又受教於胡念祖。一九七一年開始有畫作參展。她的虛幻山水畫意念深受呂壽琨（1919–1976）及劉國松（1932 年生）影響，即在夜間世界難以想像的空間中，展現縱橫交錯的樹幹與山巒，這些作品並未採用傳統筆法，而是追隨中國抽象水墨山水畫運用空間的常規，近似香港其他現代派畫家如王無邪（1936 年生）的風格。

John Clark

李尚義譯

　　編者按：另有資料稱，顧媚生於一九二九年。她在二零零六年出版了《從破曉到黃昏——顧媚回憶錄》。

◇ *Koo Mei.* Hong Kong: The Artist, 1979.
◇ *The Painting of Koo Mei.* Hong Kong: Arts Centre, 1981.
◇ 「顧媚」見 <http://zh.wikipedia.org/wiki/%E9%A1%A7%E5%AA%9A>，2015 年 3 月 12 日查閱。

65 顧聖嬰 Gu Shengying

　　顧聖嬰（1937–1967），出生於上海，祖籍江蘇無錫，鋼琴家。她擅長演奏外國音樂大師的作品，被國外聽眾譽為「天生的蕭邦（Chopin）演奏家，真正的鋼琴詩人」。

　　顧聖嬰五歲開始學習鋼琴，師從楊嘉仁、李嘉祿。十五歲時首次登台，與上海交響樂團合作，演出莫扎特（Mozart）的《D 小調鋼琴協奏曲》。一九五四年於上海第三女子中學畢業後，考上上海交響樂團成為獨奏演員，以其不尋常的音樂天賦和勤學苦練的學習精神，較早就形成了自己深情、細膩而富於詩意的音樂風格。一九五五年舉行第一次獨奏會，演奏巴赫（Bach）、貝

多芬（Beethoven）、舒曼（Schumann）、蕭邦、勃拉姆斯（Brahms）等作曲家的作品。一九五六年考入中央音樂學院鋼琴研究班學習。自那年至一九五九年，隨蘇聯專家學習，藝術上有了長足的進步。一九五七年獲第六屆世界青年聯歡節金質獎章。一九五八年加入中國音樂協會，同年在瑞士日內瓦的第十屆國際音樂比賽中獲女子鋼琴演奏最高榮譽獎。

一九六零年，顧聖嬰從中央音樂學院畢業後，隨即赴波蘭、保加利亞和匈牙利等國演出。一九六二年與劉詩昆、郭淑珍等更年輕的優秀演奏家赴香港、澳門演出，轟動一時。一九六四年在比利時伊麗莎白皇太后國際鋼琴比賽中獲獎。

陳慧

編者按：根據二十世紀八、九十年代的一些資料，顧聖嬰一九六七年一月三十一日病逝於上海。但是最近有人在網上撰文提供不同的說法。該文說顧聖嬰文革期間受到極大折辱，痛不欲生，由於父親已經入獄，她成為家庭的唯一依靠。她在一九六七年二月一日凌晨，與母親和弟弟同時自殺身亡。顧聖嬰的父親顧高地因潘漢年案於一九五五年獲罪入獄，未能看到女兒的第一次獨奏音樂會，更不必說她後來在國際樂壇贏取殊榮的盛況了。顧高地在一九七五年出獄之後，方知妻子兒女三人早已在文革初期自殺身亡。他四處搜集關於女兒的遺物：鋼琴、樂譜、節拍器、獎狀、日記、照片等，簡單地布置了一個顧聖嬰紀念室。二零零一年，一本紀念她的書《中國鋼琴詩人——顧聖嬰》出版了，書裡盡是當年師長、好友、學生的散落記憶片段。該文的作者慨歎，當年全國有名的鋼琴家顧聖嬰，如今記得的人不多了。

◇ 京聲、溪泉編，《新中國名人錄》，南昌：江西人民出版社，1987 年。
◇ 中國大百科全書總編輯委員會，《中國大百科全書·音樂舞蹈》，上海：中國大百科全書出版社，1989 年。
◇ 劉波主編，《中國當代文化藝術名人大辭典》，北京：國際文化出版公司，1993 年。
◇ 周廣仁編，《中國鋼琴詩人——顧聖嬰》，上海：上海音樂出版社，2001 年。
◇ 曹利群，〈被背叛的遺囑——懷念顧聖嬰〉見 <http://www.21ccom.net/articles/rwcq/article_2011081243137.html>，2014 年 3 月 4 日查閱。

▥ 66 顧秀蓮 Gu Xiulian

顧秀蓮，一九三六年生於江蘇省南通市，中華人民共和國江蘇省省長（1983–1989），中共中央委員（1982–2002），化學工業部部長（1989–1998），全國人大副委員長（2003–2008），全國婦聯主席（2003–2008）。

顧秀蓮出生於一個農家，父親是工人，母親在家種田。顧秀蓮是長女，下

有弟妹四人。她自小即懂得幹些如拾柴一類的雜活，來幫補家計。她九歲才上學，比同級孩子大出很多，但十分珍惜讀書的機會，對旁人的譏笑，並不在乎。兩年後輟學，因父母無力支付一斗米的學費。

一九四七年中共解放南通後，顧秀蓮進入南園小學讀三年級，這是一所由解放軍辦的免費學校，但不久即轉學到南通女紅講習所，一邊讀書，一邊學習刺繡。一年後轉到南通女子師範學校補習班，準備參加初中入學考試。她發現學習難度很大，但在校長廖女士的幫助下，終於通過考試，考取了南通第三中學；對於像顧秀蓮這樣的學生，廖校長都給予特別的功課輔導。顧秀蓮進入南通第三中學後，結識了同窗李麗華；她把顧秀蓮帶返家中一起生活，在學習上給予幫助。日後顧秀蓮談及往昔廖校長和李麗華對她的幫助照顧，仍滿懷感激之情。

一九五三年顧秀蓮初中畢業，正值抗美援朝，她像許多女青年一樣，積極響應國家招收軍政幹部的號召，進瀋陽一所公安幹校，一九五四年十月被分配到本溪市公安局。一九五六年加入中國共產黨。後來上夜校完成高中課程，同時又參加體育運動，在田徑和籃球比賽中都曾經獲獎。這些年，她在大型工礦企業負責保安工作，但越來越感知識不足。雖然家人生計全靠她的收入維持（家中除父母外，還有四名弟妹），父親仍支持她上大學。一九五八年，她進入本溪鋼鐵學院，後轉到瀋陽冶金機械專科學校。

因為是勞動模範，顧秀蓮讀書時仍領取百份之七十工資。她的學問底子差，不得不比其他同學更為勤奮，常常在熄燈後披上大衣，到盥洗室繼續學習。一九六一年她以大多數科目滿分的成績畢業。她老家在南部，條件相對好，但她沒有回到那裡，反而選擇到金川有色金屬公司工作，那公司在極其貧困的甘肅省西北部。她來到金川這個中國最大的鎳礦後，對眼前景象大吃一驚：設備短缺，廠房失修，工人被送到鞍鋼培訓。這是中共建國初期其中一段最為困難的時期，因為五十年代末、六十年代初那場災難性饑荒剛過，舉國百廢待興。她立志幫助開發西北，留在機修廠任技術員和共青團副書記。她在金川工作三年，使鎳礦業務恢復正常運作。

到了一九六四年，顧秀蓮已結婚，並調到丈夫工作地北京（其丈夫姓名與結婚日期不詳）。她在紡織工業部情報研究所工作，努力學習紡織工業的知識。一年後，她被派去做有關「四清」運動的政治工作，為此，她被視為政治上可靠，沒有介入派系鬥爭，在日後的文革中也未受衝擊。同樣因為政治堅

定，六十年代被調到國務院計劃起草小組；文革期間，該小組實際上取代了國務院轄下已告癱瘓的國家計劃委員會，當時計委的大部份成員不是被判罪成便是正受審查。她直接在周恩來總理（1898–1976）、李先念和余秋里之下工作，深受器重。一九七三年她三十六歲時當上國家計委副主任，主管輕工與紡織工業。老一輩的幹部常予鼓勵，並要求他人和她合作共事，她也尊重前輩，學到不少經濟計劃和管理方面的知識。

顧秀蓮出任國家計委副主任期間，恰逢中國開始推行經濟改革。有鑒於一些商品如紡織品、煙草、啤酒等的供應不敷國內需求，她策劃了若干專項計劃，提高這些商品的產量。為了以相對低的投資，解決群眾因穿衣問題對棉花的巨大需求，她推展合成纖維工業，此法可免佔地種棉，緩和對產糧耕地的壓力。她還引進生產濾嘴香煙技術，滿足國內龐大的市場。在她帶動下，每個省都建設自己的啤酒廠，自此品牌繁多，競爭轉劇，質量日高，售價下跌。這些成效不僅豐富了國內商品供應市場，滿足國人需求，還為政府帶來巨額收入，可投放到更重要的項目上。由於以上的成績，一九七七年她成為中共中央候補委員，並自一九八二年起成為中央委員。

因為顧秀蓮年齡不大，政府相信她調到地方政府工作，可以取得更廣泛的經驗。為此她在一九八二年調往江蘇省當省委書記並主管經濟委員會。一九八三年經過江蘇省人民代表大會選舉，她成為中國第一位女省長。江蘇省大部份地區位於長江以南，向來是富庶的農業區。當上省長後，她首先致力於進一步提高省內，尤其較貧瘠的蘇北的農業產量。她第二個任務是發展「鄉鎮企業」，即由村鎮開辦的中小型企業。江蘇有鄰近大工業城市上海的優越條件，便於引進技術，企業發展迅速給農民帶來財富，過起豐衣足食的生活。八十年代江蘇鄉鎮企業被看作全國模範。與此同時，顧秀蓮傾注心力於重要建設項目，監督管理一系列大型工廠如棲霞山化肥廠、儀徵化纖廠的建設，使其迅速投入生產。此外，江陰、南通發電廠相繼落成。八十年代中期，她帶頭推動若干交換項目，藉此用本省的服裝、大米、水產和技術交換山西、四川和貴州的煤炭。當國家決定開放某些沿海城市和地區作為經濟特區時，她設法讓江蘇的連雲港和南通成為其中兩個。此外，她在江蘇還開闢了若干經濟開發區和高新技術開發區，目的是賺取外匯。為使江蘇的表現更出色，她率專家小組赴廣東，盡量從珠海和深圳的發展汲取經驗。她堅持各級企業都要投資於研究和開發。她的戰略培訓和用人之道，十分成功，可以概括為：用好現有人才，培育未來

人才，引進急需人才。

一九八九年顧秀蓮調回中央政府任化工部長。她的設想是，讓該部出口創匯一百億美元，利用外資一百億美元，在二十世紀餘下的日子建立外向型企業集團一百家。她採用現代管理方法和先進技術，為了提高化工系統的水平，她不僅要求專業人員向吉林、廣東的國內先進企業模範學習，而且派遣人員出國接受培訓。她認為中國的化學工業要和全世界頂尖對手競爭，必須跟上已發展國家的水平。為此，她帶領考察組去荷蘭、墨西哥、美國和波蘭考察，並和一些世界上赫赫有名的公司，如拜耳（Bayer）、杜邦（DuPont）、伊士曼（Eastman）等達成合作協議。

顧秀蓮衝破中國政治圈子裡的條條框框，晉升到了正部級、中央委員以及管轄一個大省的職位。即使如此，她曾說過，中國仍然有性別岐視，一個女人若要成功，必須努力證明本身的價值，顯示能力，從而得到認可。不論在那一個職位，她都因勤奮工作、表現出色而在同事中脫穎而出。她相信中國夫婦之間，往往是一方作出犧牲，使另一方事業有成。不過，她覺得只要能相互諒解支持，夫婦雙方都應能在事業上取得成功。她自認有十分幸福的家庭生活。

據傳其丈夫是中國原子能科學研究院的數學家，兩人育有兩兒，大概都生於七十年代。當她赴江蘇就任時，丈夫因無法轉到一個適合單位而留在北京；兩個孩子因當時正在讀中學，故和她一道前往江蘇。但她沒有和兒子一起住，他們在學校寄宿，她則在食堂用飯，兒子也沒有怨言，九十年代雙雙上了大學。

建國之初，顧秀蓮自基層做起，終於成為黨的幹部。她在文化大革命的政治鬥爭中未受到傷害，原因可能有二。一是機緣，若她早已升至高位，文革中不免成為造反派鬥爭的對象；而她當時僅僅是個剛冒尖的中層幹部。二是她在文革中保持中立，並沒有像其他處境和年齡相若的人一樣，為一時的權力名位和造反派結盟。由於和四人幫沒有關連，她在四人幫倒台時未受牽連。相反的，因她在文革中曾與李先念和其他老一輩幹部共事，得到好評，這無疑對她日後的仕途極有幫助。她之能攀上高位，是憑借辛勤工作，加上自強不息的精神；當然，她時運頗佳，且能在政治動亂中，保持冷靜，凡此種種，均令她的仕途更見順遂。

蕭虹

龍仁譯

◈ 《中國人名大詞典》編輯部編，《中國人名大詞典‧現任黨政軍領導人物卷》，北京：外文出

版社，1994 年，頁 165。

◇ 中華全國婦女聯合會組織聯絡部組織編寫，《今日女部長》，瀋陽：遼寧人民出版社，1995 年，頁 1–36。

◇ Bartke, Wolfgang. *Biographical Dictionary and Analysis of China's Party Leadership, 1922–1988.* Munich: Saur, 1990, 49.

◇ 「顧秀蓮」見 <http://baike.baidu.com/view/1856.htm>，2015 年 10 月 20 日查閱。

▥ 67 顧月珍 Gu Yuezhen

顧月珍（1921–1970），上海人，滬劇表演藝術家。

顧月珍剛出生便被遺棄，由一名姓顧的老竹匠收養，取名金妹。由於家貧，自幼立志學唱戲，以幫補家計。十四歲那年拜顧泉笙為師學唱申曲（滬劇的前身）。當時有個申曲名旦叫筱月珍，顧泉笙看金妹眉清目秀、聰明伶俐，就給她起個藝名叫顧月珍。

申曲由上海農村的山歌調演變而來，歷史短、家底薄，當時師傅收了徒弟，也只是讓徒弟端茶拎包，跟著到演唱的書場、茶樓去跑跑，偶爾高興，才教唱幾支曲子。在這種情況下，徒弟要沾染舊上海的惡習很容易，要扎扎實實學到真本領卻很難。但顧月珍已下決心要努力做個讓人看得起的戲子。每天清晨她和同伴到一位老藝人家去排戲，也就是幫老藝人做做家務，人家就教他們一兩支曲子；每逢進書場、茶樓，她就悄悄地站在幕側偷看前輩演出，把唱詞、動作都記住。她才學了幾個月，就可以跟師傅賣唱，一年左右，就正式搭班登台演出。

顧月珍努力不懈，繼而初露頭角，有些徒弟嫉妒她，也有些地痞流氓侮辱她。她不甘屈辱，一氣之下，叩開山門，皈依佛法，以圖青燈素卷，了此殘生。師傅費了許多周折和口舌，才把她接出了尼姑庵堂。

顧月珍擅演溫厚善良的女性，像《黛玉葬花》裡的黛玉，《亂世佳人》裡的媚蘭，《西太后》裡的珍妃等。她演出《西太后》一劇時，在樂師趙開文的幫助下，為〈冷宮怨〉一曲創造了如泣如訴、哀怨悱惻的反陰陽曲調。〈冷宮怨〉頓時成為名曲，反陰陽的曲調也得以推廣、流傳，成為申曲最富有藝術魅力的曲調之一。

顧月珍二十六歲那年，突然染上肋膜炎，很快又轉為肺結核病，因此不得不離開舞台，在家休養。那時她已有一雙兒女。不幸地，丈夫不久就另結新歡，拋棄了她。中華人民共和國成立那年，顧月珍組織了一個新的劇團，取名努力

滬劇團。劇團成立後，演出的第一個戲，就是根據李季（1922–1980）長詩改編的《王貴與李香香》。這是滬劇觀眾第一次在舞台上看到的解放戲，隨後陸續演出的同類新戲還有《好媳婦》、《田菊花》、《翠崗紅旗》等。在當時主要上演古裝戲和市民戲的上海滬劇舞台上，這些全新的劇目不但刷新人們的耳目，也發揮政治作用，振奮人們的精神。為了上演這些新戲，顧月珍遇上重重困難。戲院老闆故意刁難，觀眾欣賞習慣一時難改，新戲的質量又不理想。劇場上座率下降，劇團入不敷出，有的團員開始挖苦諷刺她，有的甚至尋釁鬧事。她這時悄悄地變賣自己僅有的幾件首飾和家具，維持劇團的開支；甚至把自己的被子送到台上，當作戲中的道具。

顧月珍決定把東北抗日女英雄趙一曼（參見該傳）的事蹟搬上滬劇舞台，並通過該戲，對滬劇進行改革。為揭示這位女英雄的內心世界，顧月珍改革基本調，打破舊格式，組合成新的成套唱腔。經過三年艱苦籌劃，一九五三年，滬劇《趙一曼》公演，獲得了空前的成功。在多年的藝術生涯當中，顧月珍扮演過不同類型的角色。她力求表演生活化，試圖了解角色的靈魂深處，揭示其精神風貌。後來她肺病復發，但仍堅持參加演出。直到切除肺部的後遺症出現，嗓音逐漸失潤，才減少演唱，轉而學習編導。

文革期間，顧月珍身為上海努力滬劇團團長，中國戲劇家協會上海分會理事，上海市政協委員，受到了批鬥。她的健康狀況迅速惡化，卻得不到適當治療。一九七零年一月十二日夜半時份，她墮樓身亡，沒有留下片言隻字。

一九七八年九月，中共上海市長寧區委為顧月珍召開追悼大會。一九七九年十一月，中國文學藝術界聯合會副主席陽翰笙在全國第四次文學藝術工作者代表大會上宣讀了在文革期間被迫害致死的作家、藝術家名單，並表示哀悼和懷念。在這長長的名單裡，就有顧月珍。

陳慧

◇ 京聲、溪泉編，《新中國名人錄》，南昌：江西人民出版社，1987 年。
◇ 解波，〈顧月珍傳〉見《中國當代文化藝術名人大辭典》，劉波主編，北京：國際文化出版公司，1993 年，頁 191–203。

▥ 68 郭建 Guo Jian

郭建（1913–2000），原名郭見恩，生於湖南株洲，一九七八年起任中華人民共和國交通部副部長，大概至一九八二年止。

　　郭建在湖南讀中學時，已十分活躍，曾參加提倡抵制日貨等反日活動。一九三四年進入北平清華大學，成為清華學生運動的積極份子，既參加抗議游行，又追隨擴大宣傳團南下。她是中華民族解放先鋒隊的發起人之一，並於一九三六年當選為北平婦女救國聯合會副會長。後代表清華大學參加平津學聯，被選為常務委員，經常代表該會奔走於津滬之間。

　　郭建於一九三七年加入中國共產黨。當時，在鄧穎超（參見該傳）領導下，共產黨員與國民黨合作推動婦女事務，參加蔣介石和其妻子宋美齡（參見該傳）所創辦的新生活運動。郭建一九三八年參與新生活運動婦女指導委員會婦女幹部訓練組的工作。她和其他公開或地下的共產黨員以及同情份子，在武漢、重慶及湘、鄂、川各省鄉村，努力招募更多的婦女支援抗日戰爭。在這群婦女的努力下，與國民黨及社會無黨派人士組成的統一戰線聲勢日大。一九四一年國共合作受挫之後，郭建經香港北上江蘇。

　　一九四九年中華人民共和國成立後，郭建被任命為蘇北行政公署工商處處長（1950），後又任財經辦公室主任（1951）、貨物管理局局長、糧食局局長。移居上海後，在一九五三年任上海市人民政府財政經濟委員會副主任及上海市人民委員會委員。一九五七年升任市計劃委員會主任。她也是全國婦聯和市婦聯的顯要人物，在一九六一年獲選為全國婦聯書記處書記。一九六五年當選第三屆全國人大常委。

　　文化大革命中，郭建似是丟了職務，但於一九七八年復出，擔任國家交通部副部長，大概到一九八二年為止，那年黨召開第十二次全國代表大會，她被選為中共中央的紀律檢查委員會委員和整黨工作指導委員會委員。這兩個委員會的委員都是退下來的黨內資深高幹。郭建出訪過很多國家，多數是率領婦女代表團，間亦有工會及其他代表團，通常任團長、副團長。據知她最後一次出訪是在一九七八年十月，相信是以交通部副部長的身份，帶領一個土木工程師代表團赴美。

　　有關郭建，特別是涉及她私人生活和工作表現的資料，並不多見，非常可惜。但就已知的情況推測，她從年輕時已是一名忠心耿耿的共產黨員。關於她的工作及職位，記錄簡略，但仍可表明她在財經管理方面十分出色，並擅長於大型項目的策劃和推行，如交通部所承擔的項目。她多年來忠於黨，獻身黨的事業，最終獲得黨的信任器重，成為中華人民共和國少數晉升至部長級的女性。

蕭虹

龍仁譯

◇《中共人名錄》，台北：政治大學國際關係研究中心，1978 年。
◇《華夏婦女名人詞典》，北京：華夏出版社，1988 年。
◇ Bartke, Wolfgang. *Who's Who in the People's Republic of China.* Munich & New York: K.G. Saur, 1991.
◇「郭建」見 <http://baike.baidu.com/view/265640.htm>，2012 年 12 月 13 日查閱。

▥ 69 郭婉容 Guo Wanrong

郭婉容一九三零年生於台灣台南，英文名字叫 Shirley Kuo。她從一九八八到九零年任行政院財政部長，是中華民國第一位女性部長。

郭婉容生長在一個小康家庭，父親是醫生。她從小功課就很好，在台灣大學讀經濟系，專門鑽研數理經濟。一九五二年畢業以後，由於學習成績優良，獲邀留校任教。一九六六年升為教授。一九五九年到美國麻省理工學院經濟系讀研究生課程。一九七一年獲得經濟學碩士學位，自此一直在麻省理工學院做客座教授，到一九七二年止。那年她進入日本國立神戶大學讀博士課程，一九八四年獲經濟學博士學位。在這個期間，她專注於分析來自發展中國家的數據，藉以研究這些國家的經濟發展。從這些經驗，她學會了如何將經濟理論和經濟現實結合起來。

郭婉容從美國回到台灣的時候，政府正在吸收更多台灣籍的知識份子，進入領導階層。一九七三年，她被委派為經濟設計委員會的副主任委員，這個委員會是行政院長蔣經國剛剛設立的。這個委員會一九七七年改名為經濟建設委員會時，郭婉容仍然留任副主委。兩年之後，在一九七九年她成為中央銀行的副總裁。任內，她逐步放鬆對台灣經濟的管制，推動利率自由化、外匯管制自由化等措施。

郭婉容關於經濟的權威著作包括《數理經濟學選論》、《個體經濟學》（1984）和《總體經濟學》（1976）。然而，她也發表專門論述台灣問題的著作，這些較為有名的專著是國際公認的基本參考書，它們包括《匯率變動對台灣對外貿易與物價之影響及對策》（1973）；*Growth with Equity: The Taiwan Case*（與 John C.H. Fei 和 Gustav Ranis 合著，世界銀行，1979 年）；以及 *The Taiwan Economy in Transition*（Westview Press，1983 年）。

一九八八年，郭婉容被李登輝總統任命為財政部長，接替錢純。在任期內，

她處理了證卷交易稅及證卷交易所得稅等難題。由於政府一直迴避這些問題，所以當她推行有關改革的時候，在行政院遇到了很大的阻力。她最終成功了，只在稅率上作出讓步。她部長任內的另一項政績，是招攬非國民黨人擔任部裡要職。這些新進的人員都是四十多歲的專業人士，都熱衷於改善台灣的經濟和加速它的增長步伐。他們與憑藉政黨的關係才謀得職位的老一輩官員相比，情況極不相同。

一九八九年五月，郭婉容成為台灣第一位訪問中國大陸的高層官員。她不是以台灣財政部長的身份去的，而是以亞洲開發銀行董事的身份去參加在北京舉行的年會。由於李登輝要求原來的台灣董事辭職，以便把位子讓給她，這正好說明李登輝有意將這個任務指派給她。有人說她被選中，首先是因為她從未表示任何反共傾向，其次是為了反駁一個普遍的說法，即台灣籍人士都支持獨立，反對與大陸統一。她到訪中國，吸引了大批國際傳媒。她在長城飯店第一次會見記者的時候，被記者重重包圍，記者要求她用中文或英文回答問題，有時候因為要用兩種語言回答，所以便須重複一遍。對於她的風度和友善的態度，記者們都有深刻的印象。一九九零年，她成為經濟建設委員會的主任委員，直至一九九三年。在這之後，她成為行政院政務委員，沒有再擔任部長職位，並且回到台灣大學教書。在部長任內，她經常出國，一九九三年曾到澳洲參加亞太透視會議（Asia-Pacific Insight Conference）。

郭婉容的第一任丈夫劉慶瑞（1923–1961）是台灣大學一個研究憲法的專家。雖然他被診斷有癌症，但是郭婉容還是跟他結婚，他們生了三個女兒。其中一個就是馬英九政府的前財政部長劉憶如。她在二零一二年接任這個職位，終因致力改革不容於當時，數月後即獲准呈辭。郭婉容母女都因提出復徵證券交易所得稅的主張被打壓，也同樣為此掛冠。

一九六八年，郭婉容與後來出任立法院院長的倪文亞（1902–2006）結婚。一般認為，郭婉容在學術上的轉向，即從研究經濟理論轉向研究這些理論如何在台灣實施，以至後來參政，都受到倪文亞的影響。

有時台灣的傳媒稱郭婉容為鐵娘子，將她與英國前首相戴卓爾夫人（Margaret Thatcher）相提並論，但是郭婉容似乎還有柔情的一面。她曾被描寫為溫柔但有原則。有一次她被立法院裡的立法委員質問，就幾乎掉眼淚。可是，她在重要的事情上，從不改變立場。先後出任中央銀行副總裁和財政部長期間，她開放了台灣的經濟，大大的促進了當地的經濟發展。

蕭虹

編者按：郭婉容二零零零年退休。她的公職生涯共歷經四屆總統及六任行政院長，可謂政壇長青樹。

◇ 《中華民國當代名人錄》，台北：台灣中華書局，1978 年，頁 126。
◇ 程明浩，〈郭婉容赴北京的前因後果〉見《九十年代》，1989 年 5 月，頁 39–41。
◇ 〈郭婉容斷然決定全程參與〉見《聯合報》，1989 年 5 月 4 日，版 2。
◇ 劉興仁，〈官不聊生：郭婉容立院受屈〉見《中外雜誌》，1990 年 5 月，頁 16。
◇ 《中華民國名人錄》，台北：中央通訊社，1999 年。
◇ Kuo Wanyong. "Technological Change, Foreign Investment, and Growth in the Non-Agricultural Sector of Taiwan, 1952–1969 —— With Emphasis on the Manufacturing Sector." Master's thesis, MIT, Department of Economics, 1972.
◇ Kuo, Shirley W.Y., Gustav Ranis, and John C.H. Fei. *The Taiwan Success Story*: *Rapid Growth with Improved Distribution in the Republic of China, 1952–1979*. Boulder, Colo.: Westview Press, 1981.
◇ 「倪文亞」見 <http://zh.wikipedia.org/wiki/%E5%80%AA%E6%96%87%E4%BA%9E>，2015 年 3 月 12 日查閱。
◇ 「郭婉容」見 <http://zh.wikipedia.org/wiki/%E9%83%AD%E5%A9%89%E5%AE%B9>，2015 年 10 月 20 日查閱。

▥ 70 郭小莊 Guo Xiaozhuang

郭小莊一九五一年生於台灣，祖籍河南省滑縣，著名京劇演員，致力改良京劇。

郭小莊的父親熱愛京劇。她八歲那年，父親便送她到大鵬劇校學習。從此她失去童年生活，每天一早要喊嗓子、做氈子功，包括：拿頂、下腰、壓腿、撕腿、踢腿及練腳力，再練習靶子功，須忍受體罰及身體的疲倦，去適應每天不斷重復的課業。周而復始的練習，一點都巧取不得，打好根基後才能分科學習。她初學旦角，由花旦開始。花旦重做功；先學基本步法、踩、跑，再學基本眼法，以能達到眼神的靈動。待這些基本動作有了起碼的底子後，才真正學唱戲。當時是一句句的傳授，而一句唱詞的腔調，有時要練上數十日，直至時間的掌握、吐字和聲調都默記於心。

郭小莊的父親對女兒期望甚高，為了善加培養，到處訪求名師。他本想找一位同時教女兒文武戲的老師。但最後請來蘇盛適傳授武術，白玉薇教文戲。郭小莊在午休時候，頂著大太陽穿著厚棉襖，背紮四靠旗，在操場快跑十圈，做出征前整理戰裝的動作。舞大刀也十分不易，必須顧及背後的靠旗，使之無法相互碰撞，刀子掄向空中時，要以優雅輕盈的姿態，翻身將刀接住續舞，這是刀馬旦的基本功夫。這樣的鍛煉，使她更不怕吃苦，體力更強，適應力更高，

這些特點從她的藝術表演中都可以清晰看到。

郭小莊的文戲由大陸頗負盛名的京劇四塊玉之一的白玉薇教導。名角徐露也是她的學生。白玉薇的表演十分細膩，對身段表情至為講究。一顰一笑，顧盼間均需掌控得法，自然婉轉入微。她演戲時，著重以靜制動，意指流盼定神後再從容展開動作。

郭小莊主演《馬上緣》時，發揮老師所傳授理論，贏得滿堂掌聲。她演來自然婉約，展露了她在戲劇裡允文允武的能事，令蘇白二師確信她是塊京劇瑰寶，讓她在大鵬名劇《棋盤山》扮演寶仙童一角。有了《馬上緣》的經驗，她在扮相、嗓音、身段、做工上，把寶仙童一角演得靈活俏皮。這時她僅僅十五歲。蘇盛適教她演《扈家莊》一角，亦即當年徐露賴以成名的那個角色。徐露之後，再沒有人膽敢演出此角。蘇盛適以郭小莊為可造之才，於是傾囊相授。她盡量吸收老師教誨，將自己融入角色，她的每一個動作都牽動著觀眾的情緒，從此奠定了她在戲劇中要角的地位。一九七零年，她從大鵬劇團畢業，專攻旦角，至此她表演生涯的第一階段完結。

郭小莊學而後知不足。空餘之暇，便到淡江大學去聽著名戲劇家及文學家俞大綱講授詞曲。後來進入文化大學藝術學院戲劇系，一九八零年畢業。俞教授提出影響她一生演藝事業的良言：「走出一條自己的路」。他鼓勵她提問；要求她做事周全，多加反省。

這時是郭小莊事業上的第二階段。她學習觀察生活，以圖擴展藝術視野，更易的捉摸人性。她將所想所得融入表演中。俞大綱為她編寫的第一個劇本《王魁負桂英》，使她的事業展開新的一頁。過去她是以演花旦和刀馬旦見長，此劇則以青衣為主角，而這角色有異於傳統的青衣，性格複雜，唱做戲份均等。她對劇中人物的詮釋極為出色：演情緒的轉變入木三分，唱來迴腸蕩氣、哀感不已。自此她的表演境界更加寬廣，成為一位真正全才的京劇演員。俞大綱陸續為她編寫了《楊八妹》、《兒女英豪》、《百花公主》等劇，又重新改編或部份增刪一些舊作，讓她表演。在俞大綱苦心引領下，她為京劇開創出一片新天地。

一九七二年，電影界風行武俠片。擁有良好武術底子的郭小莊，自然得到各方青睞。她演過第一部電影《秋瑾》後，就獲得「武俠影后」的美譽。接著，又應邀參演電視劇《萬古流芳》。至此她深深體會到，好的表演繫於多個因素，包括劇本的素材，演員的素質，布景、道具的運用，服裝、鏡頭的表達

等。她演過電影及電視後，感覺得到這兩者和京劇的表演方式的不同。她直覺地認為，京劇若能採納電影、電視較新的表演方式，應可在現代社會流傳下去，不被時代潮流所淹沒。於是她將這些新技巧引入京劇中。

俞大綱一直支持郭小莊改良京劇。在他一九七七年去逝後，郭小莊為了圓夢，著手組織一個名為「雅音小集」的京劇團，團名意指由「小莊招集」，結合有志之士，共同完成創新京劇的重任。雅音小集在一九七九年三月正式成立。張大千和長子張葆羅為雅音小集舞台大幕親繪敦煌圖案。他們第一齣劇是《白蛇與許仙》，俞大綱特地為她改寫了《遊湖》的戲詞，新詞創意之餘，也引來相當多的爭議。之後的《竇娥冤》同樣招人議論，更被迫改劇情。在演《梁山伯與祝英台》時，張大千為她設計服裝，棄傳統鮮艷顏色，以雅淡為主調；又在扇面繪畫提字，好讓她在劇中使用。她又把國樂引進京劇中。她常赴大專院校舉辦講座、專題演講，想從年輕人的提問中了解他們對京劇的看法。她深信沒有年輕人的參與，傳統藝術如京戲等，不能承傳下去。

八十年代，郭小莊的天賦才能得到更廣泛的認同。她任教於台灣藝術專科學校（1980–1981）、世界新聞專科學校、成功大學及中央大學。她也是中華國劇學會常務理事（1981–1984）、中國兩岸影藝協會常務董事。一九八二年獲頒十大傑出女青年獎，翌年又贏得亞洲傑出藝人獎。自一九八五年起，任郭小莊文化公司執行長。

一九八三年，郭小莊到美國紐約的茱莉亞音樂學院（Juilliard School of Music）進修一年，體認到西方歌劇與京劇的差異，打算把新元素引進中國傳統戲曲。返國後的第一齣戲《韓夫人》，便加入了西方戲曲的一些技巧和設計。一九七九至九七年間，雅音小集共演出十一齣戲，每齣均膾炙人口，深受年輕一代歡迎。這主要是因為它們製作嚴謹、專業，且富創意。

雖然郭小莊在童年時代沒有洋娃娃，還要在烈日底下勤練京劇基本功夫，但她覺得對京劇、社會及文化都有一份責任，她的責任是讓京劇流傳下去。她希望全世界的人都觀賞到雅音小集的表演，曾數次到中國表演。

高月妥

編者按：一九九零年，香港舉行紀念徽班進京二百周年演出，大陸台灣京劇演員首次同台合作，郭小莊亦參與其中。二零零三年，她在中國河南大學藝術學院設立郭小莊獎學基金，獎勵學習優異的藝術人才。她還打算創辦藝術學院，發揚京劇。二零零五年，她因母親去世而進入生命的低潮，後來決定受洗，信奉上帝。她四處演

講，談聖經道理，也推廣戲曲藝術；並成立雅音小集網站。

◇ 郭小莊，《天涯相依》，台北：久大文化股份有限公司，1987 年。
◇ 柳天依，《郭小莊雅音繚繞》，台北：台視文化公司，1998 年。
◇ 王安祈，《光照雅音：郭小莊開創台灣京劇新紀元》，台北：相映文化事業公司，2008 年。
◇ Clendenin, Mike. "Opera in the Age of Pop." *Taipei Times*, 24 October 1999, at <http://taipeitimes.com/news/1999/10/24 /story/0000008007>, accessed before 2000.
◇ 「郭小莊」見 <http://www.huaxia.com/lasd/hxrwk/ddrw/tw/2003/08/507464.html>，華夏經緯網，2003 年 8 月 26 日。2013 年 6 月 6 日查閱。
◇ 何定照，〈郭小莊款擺京劇／翩翩雅音詠上帝〉見 <http://mag.udn.com/mag/people/printpage.jsp?f_ART_ID=195863>，2009 年 5 月 24 日，《聯合報》，2013 年 6 月 7 日查閱。
◇ 盧浩然，〈台灣著名京劇表演藝術家郭小莊為河大學生頒獎〉見 <http://news.kf.cn/2012/0929/15742.shtml>，2012 年 9 月 29 日，來源：《汴梁晚報》，2013 年 6 月 7 日查閱。
◇ 「郭小莊」見 <http://history.xikao.com/person/%E9%83%AD%E5%B0%8F%E5%BA%84>，2013 年 6 月 6 日查閱。

▥ 71 漢素音 Han Suyin

漢素音（1917–2012），筆名，又作韓素音（根據她自己的說法，以「漢」字為姓，是要強調對中國的認同），國際知名的英籍華裔女作家。漢素音本名周月賓，生於河南省信陽縣，學名周光瑚，歐名 Rosalie Chou。父親周映彤是中國人，母親瑪格麗特・登尼斯（Marguerite Denis）是比利時人。

漢素音祖上是客家人，十三世紀由華北遷徙至廣東省梅縣，十七世紀又由梅縣轉移到四川的郫縣。起初周氏家族從商，漸漸轉變為士紳階級。一九零四年周映彤獲得獎學金到比利時學習鐵路和採礦工程。他在布魯塞爾（Brussels）與一比利時女子瑪格麗特・登尼斯結了婚，並於一九一三年一起返回中國。自此，他在中國的鐵路與礦業機構工作，直至一九五八年去世為止。他們夫妻共生八個子女，四個早夭，漢素音有一兄兩妹。

漢素音七歲時舉家移居北平。她先在聖心女校（Sacred Heart Girls' School）就讀，後轉貝滿女子高中（Bridgeman Girls' High School）。這兩所學校都是外國人營辦，且均以外文授課。她十五歲以後，母親不願供她繼續讀書，反要她嫁人。為籌措升學費用，她在北京協和醫院當打字員。一九三三年，她儲夠了學費，便進入燕京大學修讀醫科預科。三年後，即一九三六年，由於學業成績優異，獲得獎學金到比利時布魯塞爾大學（Brussels University）學醫。其後中日戰爭（1937–1945）爆發，當時尚未完成學業的漢素音極想與國內同胞同甘共苦，於是在一九三八年回到中國。

　　漢素音從馬賽（Marseilles）乘船返國時，在船上重遇兒時相識唐葆煌，他當時是國民黨少壯派軍官。他們墮入愛河，於一九三八年十月結婚。兩人到達武漢不久，日軍便攻陷這個城市。他們經歷千辛萬苦，由長沙、桂林、貴陽輾轉到達重慶，當時已是一九三九年初。在重慶漢素音領養了一個小女孩，為她取名唐蓉梅，漢素音在作品中也稱她為 May。一九四二年，唐葆煌被民國政府派往駐英大使館任軍事參贊，漢素音和唐蓉梅隨行。不多久漢素音在倫敦繼續讀醫。在倫敦期間，夫妻感情轉淡。一九四五年，當唐葆煌被召回中國時，漢素音留在倫敦繼續念書，終於在一九四八年取得醫學學位。當年十二月底，她偕蓉梅離開倫敦，一九四九年一月飛抵香港，隨即進入瑪麗醫院（Queen Mary's Hospital）工作。

　　漢素音在抗戰時期開始以英語寫作，她的第一本書叫 *Destination Chungking*（《目的地重慶》），一九四二年在英國出版。在香港行醫的時候，她繼續寫作。她的第二本書 *A Many-Splendoured Thing*（《好事多磨》）成了暢銷小說。好萊塢將它拍成電影《生死戀》，在世界各地上映時都擁有很高的票房記錄，這使她一舉而成享譽國際的作家，歐美媒體都予大幅報導。此後她每兩三年便有小說或非小說作品面世。

　　一九四七年，和漢素音久沒聯繫的唐葆煌在內戰中死於東北地區。漢素音於一九五二年二月再婚。新任丈夫李昂・康柏（Leon Combre）是英國人，在馬來亞的特工部做情報工作。結婚那年，漢素音隨夫定居馬來亞柔佛州的新山（Johore Bahru）。新山與新加坡隔著柔佛海峽遙遙相望。除了行醫以外，漢素音還繼續寫作以及到海外演講。一九五九年，她在新加坡南洋大學（Nanyang University）教授當代文學，試圖向大部份是華人的學生介紹第三世界國家的作家和作品。

　　漢素音想親身到中國去體察一下中華人民共和國成立以來的變化，但是一直無法得到簽證。到一九五六年，在英國駐印度的高級專員麥康・麥當奴（Malcolm McDonald）的幫忙下，事情才有轉機。麥當奴把她介紹給中國駐印度大使，她通過這位大使提出申請，終於獲得進入中國的簽證。那年五月，她再次踏足中國大地，重回故土。她的中國之行轟動一時，原因有二，一是她名氣大，二是當時很少人要到中國訪問。她受到中國領導如周恩來（1898–1976）和陳毅（1901–1972）的熱烈歡迎，並且去看望了父親和國內的其他親戚。離開中國之後，她對新政府給予很高的評價，認為國內情況已大大改善。她開始

寫中國，出版了 *Wind in the Tower*（《風滿樓》，1976 年），*Lhasa, the Open City*（《拉薩，開放的城市》，1977 年），*The Morning Deluge*（《早晨的洪流》，1993 年），*The Eldest Son*（《長子》，1995 年）。從一九六六年開始，她還寫了一系列的自傳，包括 *The Crippled Tree*（《殘樹》，1966 年），*A Mortal Flower*（《凡花》，1966 年），*A Birdless Summer*（《寂夏》，1968 年），*My House Has Two Doors*（《吾宅雙門》，1980 年）和 *Phoenix Harvest*（《再生鳳凰》，1983 年）。在這些作品裡面，她不只是寫個人經歷，還描繪了當年所生活的社會，反映了那段現代中國歷史，將讀者視野帶到更廣闊的層面。她從中國人的角度寫中國，這個寫法使她的作品深受西方讀者歡迎。她對中國和中國人的了解，近乎土生土長的國人，而她又明白西方讀者興趣所在，於是巧妙地融合了這兩個優勢，再採用西方人易懂的筆觸，表達自己的觀點，使中國人也可為人理解。

從二十世紀六十年代開始，漢素音成為中華人民共和國海外的非正式代言人。她經常訪問中國，每次離開後都根據最新近的體驗發表文章或演講。她的這些報導有時引起爭議，尤其是關於六十年代初大饑荒和文化大革命的觀點。當成千上萬的中國人捱餓受苦、慘被迫害的時候，她卻美化中國的情況，因而受到批評。她後來在自己的作品裡面承認在文化大革命期間講了一些過份的話，不過她的錯誤可能源於她太想看到中國富強。她愛中國，而且完全認同中國的心是毋容置疑的，這從她在一九八六年在中國成立一個科學交流基金會，可見一斑。這個基金會提供資金，為中國培訓科技決策人員，促進中外科學研究人員的交流，以及培訓國內女科學家。

漢素音和李昂・康柏的婚姻於一九五八年結束。一九六零年，她開始與印度的一個上校陸文星（Vincent Rathnaswamy）同居（他倆有否正式結婚無從查證）。她在《吾宅雙門》裡面透露，陸文星為了要跟她在一起而放棄了戎馬生涯。據說陸文星曾經是尼赫魯（Nehru）的得意門生。七十到八十年代，他們在香港和瑞士的洛桑（Lausanne）居住。養女蓉梅去了美國，六十年代生下孩子，讓漢素音當上外祖母。八十年代，漢素音仍然去中國訪問，寫祖國的事。

漢素音的著作主要用英語寫成，已翻譯成多種語言。她合共五冊的自傳已翻譯成中文，於一九九一年在中國出版。《吾宅雙門》這本書的書名恰好闡明她成功的要素——她屬於兩個世界：中國和西方。她同時受到這兩個世界的影響，所以會以兩種視角看事物，而這就是她作品獨特之處。

二零一二年，漢素音在瑞士洛桑的家中去世。

蕭虹

蕭虹、龍仁譯

◇ 韓素音著，祝珏、周謨智、周藍譯，《殘樹》，北京：中國華僑出版公司，1991年。
◇ ──著，楊光慈、錢蒙譯，《凡花》，北京：中國華僑出版公司，1991年。
◇ ──著，邱雪艷、梅仁毅譯，《寂夏》，北京：中國華僑出版公司，1991年。
◇ ──著，陳德彰、林克美譯，《吾宅雙門》，北京：中國華僑出版公司，1991年。
◇ ──著，莊繹傳、楊適華譯，《再生鳳凰》，北京：中國華僑出版公司，1991年。
◇ 黃文湘，《海外華裔精英》，香港：香港文匯出版社，1992年，頁181–215。
◇ 于青，《韓素音傳：中國鳳凰》，長沙：湖南文藝出版社，2000年。
◇ 「韓素音」見 <http://baike.baidu.com/view/135678.htm>，2012年12月13日查閱。

▥ 72 韓幽桐 Han Youtong

韓幽桐（1909–1985），中華人民共和國首屈一指的女法學家，出生於黑龍江省寧安縣一個貧苦的穆斯林家庭。

一九二七年，韓幽桐入北京大學法商學院讀書；當時國共合作尚未穩定便告破裂，政治局勢極其緊張。韓幽桐在校參加各種政治活動，有一次和張友漁同遭國民黨逮捕，兩人因而結識，後來還結了婚；張友漁當時是地下黨北平市委成員。雖然兩人常因學習和工作而分離，但愛情卻始終不渝。一九三一年，韓幽桐與同學決意去南京抗議蔣介石不抗日，這導致她再次被捕。他們在北平火車站臥軌三晝夜，直到當局同意派火車送他們去南京方才罷休。一到目的地，他們砸碎了國民黨中央黨部和黨辦中央日報社的招牌。張友漁當時是位法律學者，又是中共地下工作者，經他多方活動，她學院的院長才同意把她營救出獄。一九三三年她和張友漁結婚，之後東渡日本，成為法律研究生，專修國際法和外交史。

一九三七年抗日戰爭爆發，韓幽桐歸國。她是政治活動家，又是學者、編輯，整日忙個不休；她積極參與救國會的工作，該會宗旨是激發民眾的愛國熱誠。她還在西北聯大任教，編輯雜誌《婦女之友》，並發表大量有關憲法和婦運的文章。

一九四五年，韓幽桐辭去重慶美國新聞處日英語譯員一職，千里跋涉去東北，投入文教領域的工作。她的調動再次使夫妻分居兩地，此時張友漁已公開其中共工作人員身份，加入中共代表團，與國民黨在重慶進行談判。由於遷調

是黨組織的決定，所以韓張二人均無怨言。韓幽桐到了東北，先後在多個崗位任職，最後任東北行政委員會委員和松江省教育廳廳長。在這期間，發表了題為〈憲法論〉的論文。

二十世紀五十年代，韓幽桐獲委多個法律界職務，先後任最高法院華北分院院長（1952）、最高法院民事審判庭庭長（1954）以及寧夏回族自治區高級法院院長（1958）。一九五五年任中國社會科學院法學所副所長、全國政協法制組組長。一九六五年五十六歲時，辭去寧夏高級法院的職務，回北京與丈夫、兒子（張小漁，1956年生）團聚，稍事享受天倫之樂。五十到六十年代期間，隨中華人民共和國官方代表團訪問亞、非洲國家，一九六四年率團到布達佩斯（Budapest）參加國際民主法律工作者協會（International Association of Democratic Legal Workers）第八次大會。

文革中，韓幽桐、張友漁二人均被紅衛兵非法「隔離審查」；這種「審查」，不會拘捕當事人，而是把他們單獨關在工作單位，與家人、親友、同事隔離，才加以審訊和調查。文革結束後，她領導了民主和法治的討論，幫助法律界學者從政治桎梏中解放出來，從而放膽在以往不敢沾手的領域中工作。韓幽桐畢生於法律、憲政，以至國際與婦女問題上，均有著述。

蕭虹
龍仁譯

◇ 《中共人名錄》，台北：政治大學國際關係研究中心，1978年，頁712–713。
◇ 英文《中國婦女》編著，《古今著名婦女人物》，下冊，石家莊：河北人民出版社，1986年，頁779–783。
◇ 《華夏婦女名人詞典》，北京：華夏出版社，1988年，頁1019–1020。

▥ 73 菡子 Han Zi

菡子（1921–2003），本名方曉，江蘇溧陽人，當代作家，在二十世紀四十到六十年代的中國，頗有文名。

菡子的父親方立資（譯音）是個小商人，經營米廠和蠶桑業，頗為富有。她的母親是童養媳，因為生下的是女兒，而不是全家期待的兒子，所以和女兒一道受到家人歧視。菡子的童年生活並不愉快。她記得母親經常被父親羞辱和毆打。雖然方家家境富裕，社會地位因而較高，菡子自小便要操持繁重家務，且從沒有新衣服。即使她能在九歲開始上學，也是全賴母親努力賺錢，供她應

付讀書開支。她在小時候嘗到的歧視和困難，培養了她頑強的拼搏精神與克服逆境的毅力。

菡子的父親反對她上中學，母親向親友借錢，將她送進蘇州女子師範學校。這所學校傳統上特別注重文學修養，不少師生都思想左傾。在這個環境下，十三歲的菡子自然而然同時踏上革命與文學之路。她一進學校，便加入一個課外小組「文學社」，學習魯迅（1881–1936）的著作。她為校刊撰寫了幾篇文章，大部份是表達對母親的思念。校內的學生很多來自貧苦家庭，她們彼此同情支持，這對她來說，意義重大。

一九三五年，菡子的學校有意開除四名左傾教師，她和其他同學與校長談判，力圖阻止，但沒有成功，於是她們罷課、罷考，還向教育部門請願，要求支持。可是，江蘇教育廳卻宣布開除十名學生，學生抗爭行動告終。她在自傳中提到這事時說：「一九三五年夏天的學潮失敗後，一個共產黨學生代表說：『社會制度不改變，我們不可能單獨在這裡勝利！』這是促使我思想轉變深化的一個關鍵。」

上述的共產黨學生代表成了菡子的革命啟蒙老師。這個代表離校後，菡子依然堅持追求進步思想。學校一個新來的圖書管理員悄悄地借給她魯迅和其他左翼作家的書，以及蘇聯的刊物，她認識到共產主義、社會主義和蘇聯。她開始學習馬克思的思想。一九三六年夏，她在必須交給老師的週記內，屢次指責校方，在尚未向日宣戰的抗日時期，禁止抗日活動。她還寫了一個進步女學生當上工人的故事。校長認為她思想有問題，擔心她的故事對校內職員造成不良影響，於是將她秘密開除。

菡子被學校開除，惹來父親盛怒，把她責打。接著，她本想離開家庭，到上海的工廠工作或半工讀。但後來卻進入無錫的私立競志女校讀書，之前同被蘇州女子師範學校開除的一些同學也在無錫居住。競志女校的校長侯寶鑒容許學生自行組織活動，包括抗日活動。她和被開除的同學很快成立了一個學生組織，又和二十多個志同道合的人，在政治上十分活躍的無錫學社內，成立了一個小組。她這時期的學生生活，異常精彩：經常與同學交換進步書刊、熱烈討論時事、上街演講，宣傳抗日思想。她十分敬佩魯迅，參加了他的追悼會；她視高爾基為生活導師，又極為推崇思想激進的美國記者史沫特萊（Agnes Smedley, 1893–1950），以她為楷模。菡子的目標是做一個「紅色」作家，用筆宣揚革命。

171

　　一九三七年上海八‧一三事件後，菡子和同學立刻到重傷醫院幫忙救援傷者。十一月，她在江西南昌和共產黨新四軍辦事處聯絡上，並按指示，加入江西省青年服務團。一九三八年，到皖南新四軍軍部，投入農民運動的工作。一九三九年，在《抗敵文藝》發表故事〈群像〉。數年後，獲任命為《前鋒報》編輯、《淮南大眾》總編輯、淮南婦聯宣傳隊長，很多年後仍在這些崗位工作。抗戰期間（1937–1945），她為《前鋒報》、《淮南日報》和《新華日報》寫了很多新聞報導，也為黨寫了很多宣傳文章。一九四三年二月加入中國共產黨。

　　一九四五年，菡子發表了第一篇小說〈糾紛〉，被評選為解放區創作獲獎作品，並編入《人民文藝叢書》。一九四六年成為華中文協會員。以後數年，在蘇北和山東參加解放戰爭。一九四九年上海解放後，調往上海軍管會，先後在受監督的三間紡織廠工作。同年加入中國作協，次年當選上海市第一屆人民代表，就任華東婦聯宣傳部副部長。

　　一九五二年，菡子隨中國人民志願軍到朝鮮，參與上甘嶺等幾次戰役，憑著這些體驗，她創作了《和平博物館》（1954）。一九五六年，她到北京任中國作協創作委員會副主任，兼大型文學雜誌《收獲》編委。次年回安徽，擔任省委宣傳部宣傳處長。一九六零年，當選安徽政協委員、省文聯委員。一九六二年初，調到江蘇，先後在宜興和吳縣擔任縣委常委。她這次是下鄉落戶，在生產隊體驗低下階層的生活。那一年，她出版了散文集《初晴集》，反映的都是農民生活。她也被任命為上海作協委員。

　　文革十年浩劫當中，菡子沒有寫作。一九七七年，重訪華南舊地，緬懷三十、四十年代到過的戰場。其後寫了很多散文，追憶身在新四軍、在戰場上的生活；也寫了些其他題材的散文和短篇故事。這些創作匯集成兩個集子出版，就是《素花集》和《萬妞》。那年，她任《上海文藝》編委，同時在中國作協上海分會從事文學創作。

　　菡子的一生，自少年時代開始，就和革命結下不解緣。她永遠將黨的需要放在自己的需要前面：她有沒有結婚、有沒有孩子，並無資料透露。由於長期在軍方和省級從事宣傳工作，作品自然緊隨共產黨各個歷史時期和政治運動，題材的廣度難免受到局限。不過，她仍有多部作品值得一提，當中以散文最為矚目。她最有代表性的散文集包括《我從上甘嶺來》、《黃山小記》和《梅嶺詩意》。她的散文風格近似冰心（參見該傳），有著女性的細膩。她的文筆也

優美創新。新中國建國後，共產黨堅持作家應該創造社會主義英雄人物，探討社會的「大問題」。那些著重表達情感和追求藝術風格的作品，並不符合社會主義下的英雄主義。這樣一來，作家要避過「小資產階級」的標籤，不致淪為批評對象，便困難重重。菡子精細縝密的風格為當時的文壇帶來生氣。

菡子的小說不多，但有幾部同樣值得一提。一九五九年，她為紀念新四軍內忠誠可靠的朋友而寫的短篇故事〈萬妞〉，便造出了難得的成績。它描述一個農婦，將新四軍遺下的一個無父無母的女嬰養大。這女孩叫萬妞，農婦把她當成自己的女兒。農婦知道必須將萬妞送回軍隊時，心中非常矛盾，故事情節就是圍繞著她這種感受展開。在菡子的精心設計下，故事一步步的展示女主人公的心靈與性情。她刻劃人與人之間的那份真摯與誠意有血有肉，感人至深。

有人提出，菡子深受魯迅著作的影響。她的故事文字質樸，看似平平無奇，其實，都是根據她的生活閱歷，精心鋪排出來。

洪如冰

◈ 菡子，〈菡子〉見《當代女作家作品選》，冊 2，劉錫誠編，廣州：廣東人民出版社，1980 年。
◈ ──，〈小傳〉見《中國現代作家傳略》，徐州師範學院編，成都：四川人民出版社，1983 年。
◈ ──，〈我的少女時代〉見《文匯》，1989 年 10 期，頁 59–61。
◈ 「菡子」見 <http://baike.baidu.com/view/315389.htm>，2014 年 9 月 4 日查閱。
◈ 閻純德，〈菡子〉見 <http://www.my285.com/zj/zgxd/essj/033.htm>，2014 年 9 月 4 日查閱。

▥ 74 航鷹 Hang Ying

航鷹一九四四年出生於山東東平，小說家、劇作家。

一九五九年，航鷹從天津第一女子中學畢業，進入天津人民藝術劇院的舞台美術訓練班。一九六一年在天津美術工藝學院進修一年，結業後回到天津人藝從事舞台美術設計。

航鷹創作了喜劇《計劃計劃》並成功演出後，轉任劇作家，也寫電影劇本。一九八零年加入中國戲劇家協會。由於一九七九年以後出版了短篇小說，一九八一年調入中國作家協會天津分會，開始專業作家的生涯。她擔任中國作協理事、中國作協天津分會副主席以及第七屆全國人大代表。

航鷹的主要作品有短篇小說集《傾斜的閣樓》和《東方女性》，以及話劇《婚禮》。她對社會和倫理的問題有深刻的透視，對婚姻、家庭、愛情和道德等題材尤為敏感。她擅於描摹普通婦女的情感世界和命運遭際，常常融入戲劇

技巧，筆觸委婉細緻。她的〈金鹿兒〉和〈明姑娘〉在《青年文學》（1982 年 1 期）刊載，分別獲得了八一和八二年全國優秀短篇小說獎。〈明姑娘〉改編為同名電影，獲文化部的優秀影片獎、全國首屆人道主義精神優秀影片獎，後來譯成比利時文。〈金鹿兒〉也被改編為電視劇。她的電影《啟明星》獲全國少年兒童優秀影片「童牛獎」，電視劇《喬遷》獲第十屆全國優秀電視劇「飛天獎」，長篇小說《普愛山莊》也得獎。

評論者暗示航鷹的作品沾染「俗氣」，因她把善良高尚的人和事放置在世俗的場景中描繪。有一位評論者把她寫的女角分為三類：保有傳統東方美德的女性，以〈前妻〉中的王春花和〈東方女性〉中的林清芬為代表；追求愛情、事業、滿腦子理想的現代女性，以金鹿兒和明姑娘為代表；還有壞女人，像〈傾斜的閣樓〉裡的韓玉霞，扮演反面的典型。每一類女角在航鷹的作品中都有特定位置，這樣一來，才能交織成一幅豐富多彩的婦女生活圖。

郜元寶

◇ 航鷹，《東方女性：倫理道德小說集》，北京：人民文學出版社，1985 年。
◇ 吳蘊東，〈航鷹小說中的女性形象〉見《南京大學學報哲版》，1986 年 2 期，頁 132–139。
◇ 楊廣宇編，《中國當代青年作家名典》，北京：中國華僑出版公司，1991 年，頁 915–916。
◇ 〈作者簡介〉見《東方女性》，台北：新未來出版社，1991 年，頁 4–5。

▥ 75 郝建秀 Hao Jianxiu

郝建秀，一九三五年生於山東省青島市，曾任中華人民共和國紡織工業部副部長（1978–1981）和部長（1981–1987）。

郝建秀生於工人家庭，幼年時只受過一年小學教育。從九歲起每年都參加當地棉紡廠的招工考試，但從未獲得錄用。一九四八年中國共產黨解放青島，十三歲的她再次去參加考試，終於被國棉六廠錄用。她全身心投入工作，有人說她過份投入。為尋找最先進、最經濟的操作方式，她不論在工作、家中或娛樂時，都鑽研細紗操作的動作和所需時間。她先向其他工人學習，學習他們最擅長的動作，然後將各項動作融會貫通起來，合理地組織在一定的巡迴路線中交叉進行，替工人節省了大量的時間和精力。鑒於工人接斷紗需時，她試圖找出紗斷的原因。她後來發現，只要四周保持潔淨，機器經常清理，斷紗的情況便大為改善。她的工作法很快引起紡織工會的注意。全國紡織工會的陳少敏（參見該傳；陳氏在一九五零年組織該工會，隨後當選工會主任）和紡織工業

部副部長張琴秋（參見該傳），都認可她的貢獻，將她的方法推廣到全國棉紡廠。該方法稱「郝建秀工作法」或「郝建秀細紗工作法」。一九五一年郝建秀被授予全國工業勞動模範稱號。

郝建秀於一九五四年加入共產黨，同年獲得北京中國人民大學工農速成中學獎學金。讀了四年中學後，轉往上海華東紡織工學院學習。一九六二年畢業，回到了原來的工廠——青島國棉六廠擔任技術員。兩年後，即一九六四年，當選為共青團中央委員。一九六五年當上青島國棉八廠副廠長，有機會一展所長。期間，她又一次革新技術，改裝撚線機，用海藻膠代替澱粉漿紗，省下大批米糧。她還改善棉紡廠的通風系統，使室溫降低，既有利機器運作，又讓工人較舒適。文化大革命開始後，她擔任青島國棉八廠革委會主任，全權管理廠務。

文革期間，郝建秀在政壇上迅速冒升。一九七一年擔任青島市革命委員會副主任，這是個具有實權的領導職位。一九七二年當選為青島市總工會主任。僅過了一年，就被提拔到副省級職位，擔任山東省總工會副主任。一九七五年出任山東省婦聯主席。

文革之後，當年和郝建秀一起迅速走紅的絕大部份人都遭到了批判和清算，但她在政治上卻未遇挫折。相反，她在七、八十年代不斷地得到提拔。一九七八年被任命為紡織工業部副部長，一九八一年升任部長。同時，她在婦聯中的地位也攀升得很快，一九七五年是山東省婦聯主席，一九七八年已升至全國婦聯副主席。她在黨內的晉升尤為突出，是獲准加入中國共產黨中央委員會的有數婦女精英之一（1977–1992）。一九八二年起，她成為權力極高的中共中央書記處的成員，先是候補書記，然後是書記。一九八七年，她的事業更上一層樓，出任高級工程師、國家計劃委員會副主任，受權負責全國規劃。

在漫長的工作生涯中，郝建秀身為勞模、政府官員經常出國訪問。她第一次出國是帶領一個勞動婦女代表團，訪問阿爾巴尼亞（Albania）。她後來也訪問過西班牙、羅馬尼亞、南斯拉夫、新西蘭和澳大利亞。

郝建秀發明了「郝建秀細紗工作法」，成為新一代工人的象徵——熱衷於尋找新方法以提高勞動生產率。她被樹為典範，讓工人學習如何去革新和解決工作上的問題。她所做的，她所象徵的，都對當時政府有著深遠的政治意義，肯定也惠及她的仕途。她在文革期間連番加官晉爵，表明一個沒受過多少教育的棉紡工人能夠管理工廠，似和當年形勢所需遙相呼應。她政治上的崛起，用

於激勵鼓舞婦女、青年，可收立竿見影之效。文革之後，她還能繼續平步青雲，顯示她和造反派關係不深。八十年代，僅有極少數婦女精英晉升至中共中央委員，她便屬其一。當局讓她當中央書記處書記，即意味著賦予她更大的權力。

郝建秀的私人生活不詳。

蕭虹

崔少元譯

◇ 《中國人名大詞典：現任黨政軍領導人物卷》，上海：上海辭書出版社、外文出版社，1989 年，頁 261。
◇ 宋瑞芝主編，〈郝建秀細紗工作法〉見《中國婦女文化通覽》，濟南：山東文藝出版社，1995 年，頁 377–378。
◇ Bartke, Wolfgang. *Biographical Dictionary and Analysis of China's Party Leadership. 1922–1988.* Munich: Saur, 1990.
◇ 「郝建秀」見 <http://baike.baidu.com/subview/1892/8791859.htm>，2015 年 10 月 20 日查閱。

▥ 76 何香凝 He Xiangning

何香凝（1878–1972），原名何瑞諫，自號雙清樓主，出生於香港一個富裕家庭。她是畫家、詩人和革命家。

何家來自廣東省南海縣，何香凝的父親何炳桓到港澳經營茶葉和房地產，獲利豐厚。何香凝自幼醉心讀書，對錦衣美食卻毫不在意。父親在她哀求下，讓她進入為她兄弟所設的私塾。她讀書認真，用的是兄弟的書本，遇有不明，便請兄弟或女僕向塾師討教。父親命她纏足，她則頑抗到底，終於如願以償；她正是因此「天足」，得以和廖仲愷（1877–1925）共諧連理。年紀輕輕的廖仲愷來自一個美籍華僑家庭，欲娶一未纏足女子為妻。

廖仲愷是客家後代，生於美國加州，在香港皇仁書院（Queen's College）接受教育。廖何的結合，可算是傳統的包辦婚姻，但何香凝甘心樂意，因廖仲愷支持她追求學問，為她提供書本雜誌，對她不全然了解的事，亦經常細加解釋。他們同樣愛好藝術，他拜師學習美術，並將所學悉數轉授給她。兩人還同懷愛國之心，救國之志。他們於一八九七年十月成婚後，寄住廖仲愷叔父的屋頂斗室，他們稱之為雙清樓，她自號雙清樓主，所寫的詩畫集亦以此命名。

廖仲愷渴望留學日本，探求救國之道，惜學費無著，未能成行。何香凝傾其囊橐，變賣首飾，共得三千餘銀元，資助夫婿留學。廖仲愷於一九零二年十一月、何香凝於一九零三年一月，先後東渡日本。何香凝抵達東京後，進入

東京女子師範預科學習。年輕的廖氏伉儷很快結識了一群立志獻身革命運動的中國青年。一九零三年他們數次拜訪孫中山先生（1866–1925）之後，根據對方要求，在中國留學生中物色有志之士，廣為結交，為革命作準備。他們在年輕革命家黃興指導下，學習如何發射手槍。此外，何香凝租賃體面的房屋充作「門面」，實則供孫中山的同盟會開展秘密活動之用；她素來不用操持家務，鑒於形勢所需，也一力承擔，即使挑水，亦無怨言。她一度回香港分娩，將剛產下的女兒（廖夢醒，參見該傳）留下由娘家照顧。

何香凝是孫中山的同盟會最早的盟員之一，又是首批女盟員。當時身在香港的廖仲愷尚未加入。她看出革命軍旗幟軍徽需人設計、繡製，於一九零六年讀完預科學校之後，入東京本鄉美術專科學校，每週兩次到日本帝室畫師田中賴章家學畫。卜居東京數年間，她參加過許多革命宣傳活動，又設計、刺繡和縫製了革命軍旗軍徽；兒子廖承志（1908–1983）亦在此時期誕生。美術學校畢業後，她於一九一一年回到香港。

然而不到三年，廖何二人與孫中山又重返日本，事緣袁世凱背棄辛亥革命，故三人被迫亡命東瀛。一九一六年他們回上海以圖復興革命事業，孫中山組織軍政府以對抗北洋軍閥，命廖仲愷在其新廣東政府中出任要職。何香凝說服了七艘海軍炮艦的司令歸順廣州，對戰事的貢獻絕非一般。她在廣州和宋慶齡（參見該傳）一起，發起組織了「女界出征軍人慰勞會」，以募捐籌款，添置征衣，供應藥品為務。為籌措資金，她也賣出多幅畫作，當時她的畫深受嶺南畫派影響。

何香凝遇上危險，從不退縮。一九二二年，孫中山手下一名將軍叛變，廖仲愷和孫中山均下落不明，她將子女送往香港，以便更好奔走營救。後來她獲知孫中山在一艘軍艦上，安然無恙；又打聽到宋慶齡藏身友人家中，正在作小產後調養，就安排孫中山夫婦團聚。何香凝歷盡艱辛，才把丈夫營救出來，當局隨後欲再予逮捕，他僥倖逃脫。

孫中山推行聯俄政策，何香凝及其夫婿是核心人物：廖仲愷與蘇聯代表越飛（Joffe）和鮑羅廷（Borodin）曾作過非官方的會晤，而何香凝亦和鮑羅廷夫人結交。一九二四年孫中山的國民黨召開第一次代表大會，出席的女代表有三名，何香凝屬其一。她在會上提出一份爭取「婦女在法律上、社會上、經濟上、教育上一律平等」的議案。她後來任中央政府婦女部部長，並以此身份在三月八日組織中國首個紀念國際婦女節大會。她為貧困者建醫院，特別著重提

供產科及產後護理服務；又在廣州為女工開辦夜校。孫中山應邀北上商討組建聯合政府，在北平患病後，指示廖仲愷留守廣東的國民黨政府。何香凝則前往北平，親自見證了中山先生在遺囑上簽字，孫中山要求何香凝在他身後照顧宋慶齡。國民黨右派企圖改變孫中山三大政策時，何香凝、廖仲愷以及宋慶齡聯合一致，堅持繼續執行。一九二五年八月，廖仲愷遭暗殺，何香凝僥倖逃過槍彈。

何香凝未有因丈夫遭暗殺而被嚇倒，繼續撰文和講演，宣揚孫中山的理想；她經常聲稱，雖然她本人和廖仲愷都不是共產黨員，但都認為國民黨必須與共產黨攜手並進。蔣介石（1887–1975）下令逮捕包括周恩來（1898–1976）在內的共產黨領導時，何香凝向蔣氏據理力爭，迫使他釋放了有關人士。當蔣介石的提議與孫中山的政策背道而馳、大搞清黨之時，她又嚴詞抨擊。不過，蔣介石開始北伐時，何香凝卻給予支持，從軍人家屬婦女救護傳習所中，挑選十六名受過培訓的護士隨軍出發。

身為國民黨政府的部長，何香凝隨政府遷移武漢，不久蔣介石與武漢政府鬧分裂，遭到她再次反對。一九三一年，武漢政府首腦汪精衛與蔣介石沆瀣一氣，寧漢合流；她憤而出國，取道香港、新加坡、馬來亞（屬今馬來西亞一部份）和菲律賓前往歐洲，先後旅居英、法、德等國。日本侵略中國東北（滿洲），何香凝聞訊後立即回國，以示愛國之心，一九三一年十一月抵上海。她聯絡宋慶齡，迅速表明自己立場，在報刊上發表抗日決心，公開拒絕參加蔣介石的政府（她至死仍抱此種不妥協態度），向蔣介石及其將領送去女子服裝，並附上詩篇，加以嘲弄。一九三二年一月日本進攻上海，何香凝以自己的居所為基地，與有關人士策劃救助軍人、救濟戰爭難民等事宜。她到戰地探訪在廣東時已認識的軍官，並寫下別具風格的詩篇以資勉勵；詩句鏗鏘有力，激動人心，足可振奮民眾共赴國難的愛國情懷。她與其他知名畫家合作，揮毫潑墨，作畫不少，高價售出，為救國增磚添瓦。這一時期她的畫作達到更高水平，特點為氣勢宏大，熱情奔放，筆力堅勁。

三十年代國民黨政府大肆拘捕政治犯，其中一些未經審判便被處決。被捕人士中有何香凝之子廖承志，他在歐洲加入中國共產黨，回國後從事地下工作。在一眾舊友幫助下，何香凝與宋慶齡最後成功救出了廖承志及其他數名政治犯。何香凝同其他國民黨左派一起，參加認同中共路綫的政治活動，如支持中共宣言，呼籲各黨合作，共同抗日；營救「七君子」（參見宋慶齡傳與史良

傳）等。與此同時，國民黨政府在何香凝催促下，決定將廖仲愷遺櫬遷葬於南京中山陵側。

一九三七年七月中國對日宣戰，何香凝再次開放自己的居所，用作救亡和救濟活動中心。因身體不適，她派遣女兒廖夢醒代表她參加許多會議，發表演說。在上海，家庭婦女被人輕視，也自認「沒有用處」，何香凝於是特別給予機會：鼓勵她們為前線將士縫製衣物，結果她們在數周內縫製了一千件棉背心，此舉一方面可報效國家，另一方面亦可展示自身的力量。不久上海淪陷，何香凝隨租界難民逃往香港。她在香港寫了一系列文章，對國民黨的政策褒貶俱有，亦提出建設性建議。她聯同宋慶齡領導香港婦女支援抗戰，利用自身在海外華僑中巨大的影響力募集捐款。香港與廣東毗鄰，來自該省的難民，成了何香凝主要的救濟對象。一九四一年聖誕節香港陷於日手，她和許多友人，連同其他反日人士，合共八百餘人，在中共營救下撤離。

何香凝飽受兵燹之害，生計窘迫，住在桂林，後輾轉廣西各處，靠賣畫為生，並開闢一個小農場養雞種菜。蔣介石曾送來百萬元支票，遭她即時退回。她雖生活艱苦，仍創作了許多詩詞，流露愛國之情和抗戰必勝的信念。隨著二戰結束，舉國顯已瀕臨內戰邊緣，她撰文鼓吹和平，譴責蔣介石挑動戰爭的立場，批評美國向蔣氏提供巨額貸款用以攻打中共。一九四八年，她在香港和許多國民黨左派黨員，包括李濟深、朱蘊山、蔡廷鍇、朱學範等人，成立了中國國民黨革命委員會，其宗旨是秉承孫中山遺教，恢復國民黨革命傳統，同時和蔣介石劃清界線。從最初起，何香凝就是民革的重要成員。一九四九年四月，中共以她為德高望重的婦女，邀請前赴北京，參加建設新中國大業。

五十年代，何香凝身為華僑事務委員會主任委員，不單作出廣播、發表演說，且撰文無數；有「華僑慈母」的美譽。她指出：中國的強大，有助於提高海外華人的地位；中國也會支持國外僑胞。（可是，政府後來並未採取這一立場。）她在負責僑務的十年中，倡始了若干項政策：包括讓歸僑和僑眷享有中國公民的待遇，下令不得侵犯僑匯或干涉使用僑匯事宜，鼓勵華僑在國內投資開辦公司等。實行這些政策後，歸僑多了，返國求學的華僑子女也多了。許多歸僑被安置在農場，或在林場或其他集體單位工作。此外，為配合年輕歸僑求學需要，又設立了補習學校，以及後來的廣州暨南大學和泉州華僑大學。

何香凝曾先後出任全國婦聯名譽主席，中國人民政治協商會議全國委員會副主席，全國人民代表大會常務委員會副委員長，中國國民黨革命委員會中

央主席，中央美術家協會主席等職。一九五九年年屆八十高齡，才停止工作。九十歲以後，健康惡化，一九七二年歿於肺炎，終年九十四歲，葬於南京，與廖仲愷合墓長眠。

蕭虹

龍仁譯

◇ 廖夢醒，《我的母親何香凝》，香港：朝陽出版社，1973 年。
◇ 何香凝，《回憶孫中山和廖仲愷》，北京：三聯書店，1978 年。
◇ ——，《雙清詩畫集》，北京：人民美術出版社，1982 年。
◇ 《中共黨史人物傳》，卷 36，西安：陝西人民出版社，1980–1996，頁 287–354。
◇ 〈何香凝〉見《民國人物小傳》，冊 5，劉紹唐編，台北：傳記文學出版社，1982 年，頁 68–72。
◇ 《回憶與懷念——紀念革命老人何香凝逝世十周年》，北京：北京出版社，1982 年。
◇ 千家駒，〈雜談歷史人物〉見《傳記文學》，卷 55，1989 年 12 月 6 期，頁 46–48。
◇ 李永、溫樂群、汪雲生，《何香凝傳》，北京：中國華僑出版公司，1993 年。
◇ 尚明軒，《何香凝傳》，北京：北京出版社，1994 年。
◇ Snow, Helen. *Women in Modern China*. The Hague and Paris: Mouton Press, 1967, 99–109.
◇ Soong Ching Ling [Song Qingling]. "Ho Hsiang-ning: A Staunch Revolutionary (1877–1972)." *China Reconstructs* , 22, no. 1 (January 1973) : 4–6.

ⅢⅢ 77 何澤慧 He Zehui

何澤慧（1914–2011），生於江蘇蘇州，祖籍山西靈石，中國最早期的核物理學家之一。

何澤慧來自書香門第，父母思想開明進步。外祖母謝長達見多識廣，提倡女權，創辦了蘇州振華女校。父親何澄早年留學日本，參加同盟會，投身辛亥革命。

何澤慧從小就讀於振華女校，培養了廣泛的興趣，在德智體各方面都有出色的表現。一九三二年考入清華大學物理系，大學學習期間，不為當時社會上輕視婦女的傳統偏見動搖，自強不息，在吳有訓（1897–1997）、任之恭（1906–1995）的指導下，以優異成績完成了畢業論文。之後，她得到山西省資助，赴德國柏林夏洛騰堡高等工業大學（Technische Hochschule, Charlottenburg）技術物理系深造。一九四零年，以題為〈一種新的精確簡便測量子彈飛行速度的方法〉的論文，獲工程博士學位。

隨著第二次世界大戰爆發，何澤慧被迫滯留德國。為了更多地掌握對國家有用的先進知識，她進入柏林西門子公司（Siemens Company）弱電流研究室

工作，參加了磁性材料的研究（1940–1942）。後來又到海德堡（Heidelberg）威廉皇家學院（Wilhelminische Akademie）核子物理研究所工作（1943–1946），利用磁場雲室（cloud chamber）首次觀察了正負電子的彈性碰撞現象。她的研究成果備受矚目，曾先後提交到英國兩個學術會議上，即一九四五年在布里斯托（Bristol）舉行的英法宇宙線會議和一九四六年在劍橋舉行的國際基本粒子與低溫會議。

一九四六年春，何澤慧與錢三強（Tsian San-Tsiang, 1913–1992）在巴黎結婚，兩人育有一子一女。婚後，她在法蘭西學院原子核化學實驗室和居里實驗室工作（1946–1948）。在居里實驗室，何澤慧、錢三強和兩名研究生沙泰爾（R.Chastel）、維涅龍（L.Vigneron），一起發現了鈾核裂變的三分裂（ternary fission）和四分裂（quarternary fission）現象，這是一項極為重要的發現。眾所周知，自從一九三八年原子核裂變被發現之後，物理學家普遍相信一個重原子核會裂變為兩個較輕的原子核，雖然曾有人推斷原子核可能會裂變為三個碎片，但這個說法始終未受重視。錢三強、何澤慧等用核乳膠技術（nuclear-emulsion technique）研究鈾核受慢中子打擊後出現的裂變，從大量的裂變徑跡（trace）中證實了三分裂的存在，並從理論上對三分裂機制進行解釋，對碎片的質量譜（mass spectrum）作出估計。何澤慧還首先發現了四分裂現象。錢三強、何澤慧等人發現三分裂現象，以及解說其運作事宜，要到二十多年之後，即六十年代後期，才得到物理學界認同；直到七十年代，多分裂現象才在實驗中得到進一步證實。

一九四八年，錢三強、何澤慧夫婦攜剛滿半歲的女兒回國。何澤慧被聘為國立北平研究院原子學研究所專任研究員，是當時該院唯一的女性專任研究員。一九四九年中華人民共和國成立後，何澤慧歷任中國科學院近代物理研究所研究員（1950–1958），原子能研究所研究員（1958–1973）、副所長（1963–1973），高能物理研究所研究員（1973年起）、副所長（1973–1984）等職。一九八一年當選為中國科學院學部委員（院士）。

原子核乳膠是二十世紀四十年代中期以後發展起來的核探測技術，在核子物理和粒子物理的實驗研究中起著重要作用。何澤慧領導的研究小組，在一九五六年成功研製出性能達到國際先進水平的原子核乳膠，使中國成為當時世界上少數能生產核乳膠的國家之一。為此，她和研究小組其他成員，那年以「原子核乳膠製備過程的研究」獲中國科學院科學三等獎及中國首屆國家級自

然科學獎。

自一九五六年起，何澤慧長期領導近代物理研究所（後改稱原子能研究所）中子物理研究室的工作，在建立實驗室基礎設施、研製測量儀器、指導中子物理和裂變物理實驗研究，以及為解決核武器研製和現場測試中的一些技術問題，作出了重要貢獻。由一九七三年開始，她積極推動宇宙線超高能物理和高能天體物理研究。

文革期間，何澤慧沒有公開露面。一九七八年成為第五屆全國政協委員。同年以政府代表團成員身份，到訪闊別了三十年的德國。一九五三年，以中國代表身份，到哥本哈根（Copenhagen）出席世界民主婦女大會。何澤慧自幼奮發進取，為國家富強而立志獻身科學。在多年學術生涯中，著有數十篇論文。她淡泊名利，生活質樸，平易近人，卻始終滿腔熱忱地關心和培養年輕的科研人員。

王冰

◈ 趙忠堯、何澤慧、楊承宗主編，《原子能的原理和應用》，北京：科學出版社，1956 年；修訂本，1964 年。
◈ 顧以藩，〈何澤慧〉見《中國現代科學家傳記》，集 6，北京：科學出版社，1994 年，頁 1002–1012。
◈ 中華全國婦女聯合會組織聯絡部編，《中國女院士》，瀋陽：遼寧人民出版社，1995 年，頁 363–367。
◈ Ho Zah-Wei. "Elastic Collisions between Positrons and Electrons and Annihilation of Positrons." *Physical Society of Cambridge Conference Report* (1947) : 78.
◈ Tsian San-Tsiang, Ho Zah-Wei, R. Chastel and L. Vigneron. "Nouveaux Modes de Fission de l'Uranium: Tripartition et quadripartition." *Journal de Physique*, 8, no. 8 (1947) : 165, 200.
◈ 「何澤慧」見 <http://baike.baidu.com/view/136414.htm>，2012 年 12 月 14 日查閱。

▥ 78 賀子貞 He Zizhen

賀子貞（1910–1984），原名賀桂圓，江西省永新縣人，毛澤東（1893–1976）的第二任妻子。她是跟隨中國共產黨紅一方面軍參加一九三四至三五年長征的三十位婦女之一。

賀子貞生於一個破落的士紳家庭。父母曾送她到永新縣外國傳教士開辦的免費學校讀書。賀家有子女四人，都是積極的革命份子；賀子貞排行第二。幼弟童年時為共產黨傳遞書信時遇害，她和兄妹都是早期的共產黨員。兄長賀敏學（1908–1983 ？；另有資料稱是 1904–1988）在一九四九年後曾升任福建省

副省長。她和長子失散多年，一九五零年妹妹賀怡代為尋找時死於車禍。

賀子貞於一九二五年參加共青團，翌年正式成為中國共產黨員。她第一個官方職銜是縣委婦女部主任，兼青年團副書記。十七歲時，她單槍匹馬在農村進行宣傳工作，並參加了一九二七年夏的永新起義，據說她在該戰役中，擊斃兩個國民黨士兵。不久，她逃離永新，成為共產黨游擊隊員，隨即去了位處湘贛之間峰巒地帶的井岡山。那年稍後，毛澤東長沙秋收起義失敗，決定以井岡山為革命根據地。賀子貞繼續做游擊隊員，冒險偵察土豪地主情況，再行搶劫。大概同年底到翌年初，她與毛澤東成為愛侶。自此之後，她只做文書工作、毛澤東的機要秘書，間亦當他的私人護士，直至一九三四年底為止。她看來也和毛澤東當時的妻子楊開慧（參見該傳）一樣，放棄了革命事業，為時稱毛主席的革命領袖生兒育女。

一九二九年底，賀子貞在福建省生下了一個女嬰，後來紅軍開動，便將女兒交給一個農民家庭撫養。一九三二年春夏間，她在福建省長汀縣生下兒子小毛，這是她第二個孩子。一九三四年初春，她再生下另一男嬰，由於早產，不久便夭折。十月，紅軍開始長征，她隨軍出發，隸屬醫療組，當時已有五個月身孕。她將小毛付託給妹妹賀怡撫養。賀怡是毛澤東幼弟毛澤覃（1905–1935）的妻子。沒多久，毛澤覃遇害，小毛也輾轉付託給他人撫養。後來，政府及非政府人士都曾追查小毛下落，可惜經多年努力，他還是蹤跡渺然。另有資料稱，賀子貞在一九五三年請求江西當局代尋小毛，後來找到一個叫朱道來的人，毛澤東和賀子貞都覺得是失散多年的兒子，但接著出現了自稱是他母親的婦人，於是始終未能確定。朱道來後來上了清華大學，畢業後分配到一個國防科研單位工作。文革開始不久，在南京突然病故。

長征路上，賀子貞並無特殊任務。她沒有和毛澤東一起，雙方接觸不多。大概在一九三五年二月，她在兵荒馬亂的情況下，在貴州生下了第四個孩子，可能是一個女嬰。和曾玉一樣，她沒有把嬰兒留在身邊，曾玉是長征時第一個生孩子的女紅軍。有說賀子貞將初生女嬰交給了一位年老又貧窮的苗族農婦收養。兩個月後，賀子貞被國民黨空軍的流彈碎片擊中，嚴重受傷，初時要用擔架揹抬。

一九三六年十月，賀子貞在保安誕下第五個孩子，這是一個女嬰，取名嬌嬌。在紅軍開赴延安前，賀子貞過了幾個月安樂日子。在延安時，她獲豁免工作，一方面是因為流彈碎片還嵌在體內，另一方面是要照顧新生嬰兒。她曾經

上大學念書，但很快便放棄，她既體衰力弱，又不時和毛澤東吵架。

一九三七年夏，傳說毛澤東與美國記者艾格尼絲・史沫特萊（Agnes Smedley, 1893–1950）的譯員吳廣惠（Lily Wu）有染。一天晚上，賀子貞就此質問毛澤東、吳廣惠和史沫特萊。事後她深感委屈，決定到蘇聯接受醫療和進修。至於是她還是毛澤東主動要求離婚，眾說紛紜，但她極有可能是被放逐到蘇聯。一年後，江青（參見該傳）才取代她的位置，成為毛澤東的妻子。一九三七年十月賀子貞離開延安時，已有身孕。她經西安與劉英（參見該傳）同赴蘇聯，一九三八年一月到達莫斯科，並短期就讀於東方大學。五月，她生下了第六個也是最後一個孩子，這是個男嬰，出生後不久便死於肺炎。那時中共當局將四歲的嬌嬌，以及毛澤東第一任妻子楊開慧所生的一對十多歲的兒子一起送到莫斯科，交賀子貞撫養。蘇聯與納粹德國開戰後，他們在一九四一年被轉移到莫斯科不遠的紡織城市伊凡諾沃（Ivanovo），以避開德軍空襲。當年冬季，嬌嬌因染上肺炎而命懸一線，賀子貞極度困擾，對蘇聯當局甚為敵視，最後被關進精神病院接受治療。院方指她患上精神分裂症，把她禁閉在院內，四年後，即一九四六年，在診治她的中國醫生一再要求下，才釋放了她。

一九四七年夏，賀子貞回到中國，先後在上海、南昌、福州等華南城市獨居。嬌嬌那時和毛澤東及江青同住，且已改名李敏。賀子貞的精神健康狀況不明。她沒有獲委任何官方職務，但個人生活倒得到國家厚加照顧。在文革時，她沒有受到傷害。傳聞她曾在一九五九或六一年，得到毛澤東召喚到廬山秘密會晤。若屬實，這便是一九三七年後兩人的第一次見面，也是最後的一次。

據報賀子貞在一九二九於福建生下的第一個孩子在一九七三年被發現，經過斷斷續續的努力，仍未能安排她和現名楊月花的親生女兒團聚。一九七七年賀子貞中風，致半身不遂，只能躺在床上。但兩年後她仍不辭勞苦到北京，接受獲選為第五屆全國政協委員的榮譽，並到毛主席紀念堂瞻仰遺體。她最後的歲月是在上海的醫院中度過，一九八四年四月十九日病逝。她的遺體經火化後，和以前嵌入體內的彈片，一同送往北京八寶山革命公墓安葬。賀子貞是長征女紅軍當中命運最悲慘的一個。她坎坷的一生可以歸咎於她和毛澤東的結合。她生了六個孩子，似乎一再患上產後抑鬱症。晚年時，她透露還有過四次小產。長征時所受的彈傷，令她畢生痛苦。三十歲就被指患有精神分裂，這個說法雖缺確證，但方便當權者行事，可憐她自此背上病名，備受纏繞。至於第一夫人的地位，無異對她雪上加霜。對一般男士而言，她成了不可褻瀆、不可

高攀的人物。毛澤東拋棄她後，她只能如傳統文化所表揚的貞婦一樣，孤獨終
老。

Sue Wiles

李尚義譯

◇ 《中共黨史人物傳》，卷 45，西安：陝西人民出版社，1980–1996 年，頁 281–301。
◇ 郭晨，《巾幗列傳：紅一方面軍三十位長征女紅軍生平事蹟》，北京：農村讀物出版社，1986 年，
  頁 193–201。
◇ 裘之倬，〈光榮而坎坷的一生〉見《紅軍女英雄傳》，瞭望編輯部編，北京：新華出版社，1986 年，
  頁 83–101。
◇ 高逑禮（譯音），〈楊月花訪問記〉見《前哨月刊》，1995 年 9 月，頁 49–50。
◇ Snow, Helen Foster. *Inside Red China*. 1977 reprint [with a new preface and biographical notes by the
  author]. New York: Da Capo Press, 1939, 167–91.
◇ Liu Fulang. *The Analysis of Mao Tse-tung's Personality*. Hong Kong: Union Press, 1973.
◇ Salisbury, Harrison E. *The Long March: The Untold Story*. New York: Harper & Row, 1985.
◇ Lee, Lily Xiao Hong, and Sue Wiles. *Women of the Long March.* Sydney: Allen & Unwin, 1999.
◇ 黃禹康，〈賀子珍與她的兒女們〉見 <http://news.xinhuanet.com/politics/2008-08/17/content_94201
  14.htm>，2008 年 8 月 17 日；來源：中國共產黨新聞網，2013 年 3 月 8 日查閱。

▥ 79 洪蘭 Hong Lan

　　洪蘭一九四七年生於福建同安，心理學家，社會活動家，四十年代末舉家
遷台。洪蘭的家庭與司法淵源深厚，她的祖父是檢察官，而父親洪福增則是知
名的律師與刑法教授。來台後他獨立創業，所發行的《刑事法》雜誌至今仍是
台灣此一領域唯一的專門刊物。創業過程中，他不畏困難地堅持理想、全心全
意地投入與付出，以及認真勤奮的性格，都帶給洪蘭深刻的影響。

　　洪蘭高中就讀於台北第一女子中學，畢業後進入台灣大學。從小到大與五
個姊妹一起悠遊於書香世界，養成了一生的閱讀習慣，對於新知識，總抱著好
奇積極的態度。高中畢業時，即使心繫醫學，仍順應父親的意願，進入台大法
律系就讀，於一九六九年畢業。

　　洪蘭的五個姊妹也是依循父親的決定而進入法律系，後來卻都選擇了往醫
界發展。洪蘭是在父親去世後才從母親那裡得知，父親原來想當醫生，大學選
擇念生物系。後來因為祖父的要求才轉入了法律系，他還是一直在閱讀與醫學
相關的書籍，但在七七事變從軍後，以至來台後，都再沒有從醫的打算了。祖
父對父親、還有父親對她們姐妹的壓力，讓洪蘭體會到自由意志的可貴，覺得
父母不應該把自己有興趣或想做的事情加到孩子的身上。因為孩子的未來有很
多可能性，不應該早早就被父母限制或決定了。

　　台大畢業後洪蘭前往美國深造，先在布朗大學讀國際法，後轉入加州大學念書。她受到 Lew Petrinovich 教授研究「動物行為」的影響，確定了研究人類認知行為的方向。研究的內容包括認知心理學、語言心理學、神經心理學與神經語言學等。

　　洪蘭取得加州大學河濱校區實驗心理學博士學位後，曾在耶魯大學哈斯金實驗室及加州大學爾灣醫學院神經科接受博士後訓練，之後進入聖地牙哥沙克生物研究所任研究員，並於加州大學河濱校區擔任研究教授。

　　洪蘭因為家教嚴謹，從小到大，少有社交或娛樂活動的經驗；即使是閒暇時刻，也常待在家裡幫忙家務。因此她的交友圈相對單純而封閉。到了大三那年，在乾爹林紀東家中，碰到來拜訪他兒子的曾志朗（政務委員、前教育部部長、前中央研究院副院長）。曾志朗當時就讀於政大教研所。洪蘭與曾志朗的成長背景與個性相差很大。洪蘭出生於嚴肅的法律世家，心思細膩；曾志朗來自高雄一個本省家庭，從小生活無拘無束，活潑開放。洪蘭父母認為雙方家庭背景不同，強烈反對兩人交往。大學畢業後，曾志朗前往賓州大學念書。後來洪蘭也轉入了賓州大學念心理學，兩人不顧反對，於一九七零年結為連理，育有一子曾允中。洪蘭父母十分不滿，女兒婚後便與她斷絕通信，停止對她的經濟資助。洪蘭說她堅持選擇曾志朗，是受到一位心理學老師的影響。家裡越是干預她的意志，她就越覺得應該自主自己的婚姻，畢竟那是一輩子的事。所以雖然婚後整整五年，夫妻兩人都只能靠曾志朗的獎學金生活，過程中也曾面臨困境與摩擦，她都甘之如飴，並積極調整與適應。而這段辛苦的時期，也讓他們學懂了如何與對方相處、讀書、操持家務。

　　一九九二年回國後，洪蘭先後服務於中正大學與陽明大學心理研究所。二零零三年，在劉兆漢校長的邀請之下，到中央大學成立了認知神經研究所，研究大腦機制與人類行為的關係，屬台灣同類研究所的第一間。目前她在國立陽明大學神經科學研究所擔任教授、所長，與認知神經心理學實驗室主持人。

　　洪蘭從自己的求學經驗，深深體會到，閱讀對小孩的成長起著重要作用。所以不論研究工作多忙碌，她每天總會抽出時間唸故事給兒子聽。開始時是簡單的童書，後來是小說，讓兒子廣泛與大量的接觸書本，培養出閱讀的好習慣。另外，洪蘭也從兒子小時候就教育他節儉的金錢觀。她認為良好的金錢觀比留錢財給小孩更重要，更能讓他受用一生。而曾允中也因為節省的觀念間接培養出其他優點，例如比起其他同年齡的孩子，他較不容易受到物質誘惑，不會只

圖享樂，怠惰終日。兒子長大後，洪蘭和兒子的感情依然親密和諧。她認為這是因為她一直都很願意花時間陪伴兒子。她不贊成一些台灣父母「不要輸在起跑點上」的論點；那些父母把過多的壓力加在孩子身上，他們在短期的目標上為孩子訂下嚴格的成績標準、或替孩子規劃好未來的路徑，實際上他們已經壓抑了孩子自己發展與調整的能力。她認為父母在孩子成長的過程中應該陪伴他們、向他們細心教導正確觀念，令他們建構良好性格，而具體的決定與能力則是靠孩子自己的努力去達成。

近十幾年來，洪蘭與曾志朗常常利用研究與工作之外的空閒時間，到偏遠山區的各中小學演講、募款、捐獻物資。兩人已經走訪全台近千所學校，並將演講所得的費用再投入當地利用，成為更新資源的經費。洪蘭覺得，再高深的知識，如果永遠只是被局限在學院裡發展，而沒有拿到外面去應用在社會上，那只是空泛的學問。教育和生活終究還是脫節，教育的成果也沒有真正發揮功效。她認為社會應該接受認知改造，所以積極投入各地演講服務與專欄寫作。藉由她擅長的科學觀點，從腦神經科學的發展延伸，談到教育、社會與人生，將科學精神、人文關懷與新的教育價值觀，用簡單易明的方式傳達給社會大眾。

洪蘭服務社會不遺餘力，也教導學生身體力行。她要求學生定期參與山地服務，甚至要求他們對貢獻社會的事務有進一步的了解，並且以此為研究的課題。她認為學生能夠擁有豐富的學習資源，主要仰仗社會的支持，因此受惠的學生力有所及時，再貢獻社會，也是理所當然的回饋。

洪蘭對社會與教育貢獻良多，其中特別顯著與重要的一項就是她強調學童必須閱讀。她解釋說：「閱讀和創造力是同一個神經機制，透過閱讀能激發出更多的想像與思考，進一步影響言行談吐。而閱讀的習慣卻是必須從小開始培養。」因此她與曾志朗在各地小學舉辦的演講中，就向父母宣導閱讀的重要性，並以自己與兒子小時的實際例子，鼓勵「親子共讀」。她認為小孩閱讀上的進步跟父母的態度大有關係。如果父母耐心伴讀，並且用自己的方式與概念來講述故事，會容易讓小孩喜歡上閱讀，而父母也可以在過程中引導小孩的價值觀與創造力，進而促進親子之間的良性互動。

洪蘭認為，相對都市小孩，偏遠地區或家境困難的小孩能享有的學習資源不多，但閱讀對所有小孩都同樣重要。因為除了有無資源的問題外，小孩還常面臨疏離的人際關係、巨大的壓力與阻礙等造成的問題。閱讀能提供給他

們的，除了書本內的具體知識與解決方法，更多更重要的是心靈上的養份與力量。有了這些，他們會發現自己擁有很多機會與能力，也能更自信地掌握想要或需要的東西。即使面臨困難與不順遂，也有彈性、韌性和耐力從容度過，並重新出發。因此她才不惜金錢與心血，努力傳達閱讀背後的意義與優點。

洪蘭為社會服務而四處奔波之餘，也經常推廣閱讀與其他教育理念，並將這些和她的科學專長與翻譯工作結合。她除致力翻譯介紹科普書籍外，還同時擔任起「親職作家」，在報紙上發表一系列融合了認知科學的文章，鼓勵開放而理性的親子關係。洪蘭曾說：「最了不起的科學家，要有本事把科學理想巧妙地融入生活中，而書籍正是最方便的工具。如果能透過讀書，讓人體會世界的複雜奧秘與美好，甚至讓不同的心靈互相交會、彼此觸發感動，那麼即使致力提倡的『閱讀』並不在狹義的科學理論範圍之內，我也認為：那仍是科學家能夠達到的最高境界。」這就是她身為一個科學家對自己的期許與要求，也是她不斷默默耕耘的初衷。

二零零九年，洪蘭在擔任大學評鑑委員時，因記者訪問而直言批評學生，竟受到一些反彈的批評。但凡對她略有認識或與她接觸過的人，都會感受到，她除了耿直與正義感，更有悲憫與熱忱，幽默與溫柔。她講話很快，因為她有急於工作的使命感。《台灣文學家系列》中對她的介紹是：「洪蘭為人謙虛，卻擁有法律人黑白分明的正義感，和行醫者悲天憫人的情懷。從學術研究到社會服務的道路上，洪蘭始終維持著不卑不亢、剛柔並濟的堅持。」

洪蘭從事教學研究、應邀到各大中小學演講之外，也寫書譯書，出版甚豐，共計有六十一種，另外在報章雜誌還有四個專欄。重要著作有《順理成章：希望，給生命力量——講理就好 7》、《人生而自由》、《通情達禮：品格決定未來》、《大腦的主張》、《良書亦友——講理就好 5》等；譯作有《大腦當家》、《芬蘭的 100 個社會創新》、《浮萍男孩》、《改變是大腦的天性》、《快思慢想》等。同時在《聯合報》、《國語日報》、《天下雜誌》和《學前月刊》撰寫專欄文章。

李宗慬

編者按：二零一二年二月，曾志朗停任行政院政務委員。另外，洪蘭所翻譯的科普類書籍在台灣非常暢銷，但翻譯品質從二零零零年起一直受到批評。

◈ 參見 <http://tw.myblog.yahoo.com/jw!otUzjBKGABT43ol2kjTW/article?mid=270>，訪問錄，2010
年 4 月 1 日前查閱。

◈ 參見 <http://tw.myblog.yahoo.com/jw!ZCJEpTKWHhKdM5NqfhJT/article?mid=677>，演講，2010 年 4 月 1 日前查閱。
◈ 江明瑾，〈溫柔的正義之士——洪蘭〉見 <http://www.ncu.edu.tw/~ncunews/029/18.htm>，2014 年 11 月 28 日查閱。
◈ 「洪蘭和她的兒子」見 <http://scan305414.blogspot.com/2008/09/blog-post_2092.html>，教養經歷，2014 年 11 月 28 日查閱。
◈ 參見 <http://www.ylib.com/book_cont.aspx?BookNo=A3405>，書目，2014 年 11 月 28 日查閱。
◈ 「洪蘭」見 <http://zh.wikipedia.org/wiki/%E6%B4%AA%E8%98%AD>，2014 年 12 月 2 日查閱。
◈ 「曾志朗」見 <http://zh.wikipedia.org/wiki/%E6%9B%BE%E5%BF%97%E6%9C%97>，2014 年 12 月 2 日查閱。

▥ 80 紅線女 Hongxian Nü

紅線女（1927/1924–2013），原名鄺健廉，廣東省開平縣人，粵劇女演員，工旦，人稱女姐。

紅線女幼年在廣州、澳門讀書。舅父靚少佳（1907–1982）是粵劇團班主，她十三歲即跟舅母何芙蓮學戲，初以小燕紅藝名登台。一九四二年加入馬師曾（1900–1964）的劇團在兩廣各地演出，逐漸成名，後來和馬師曾結為夫婦。十六歲當上正印花旦，和馬師曾演對手戲，並隨京劇前輩王福卿學戲。她又吸收其他地方劇的技巧，鑽研崑曲、話劇等傳統劇藝，學習彈鋼琴，同時喜歡上西洋音樂。一九四五年中日戰爭結束後，她劇團的演出範圍擴大到香港、澳門、越南、新加坡、馬來西亞、菲律賓一帶。四十年代末到五十年代初，和馬師曾在香港生活，演過《刁蠻公主戇駙馬》和《我為卿狂》。她組織了真善美劇團，並參加拍攝多部電影，包括巴金的激流三部曲《家》、《春》、《秋》。一九五五年自香港回廣州，加入廣東省粵劇團，即廣東粵劇院的前身。

一九五六至六六年這十年間，紅線女演出了《昭君出塞》、《李香君》、《焚香記》、《關漢卿》以及現代戲《劉胡蘭》、《紅花崗》、《山鄉風雲》等幾十個劇目，成功地塑造了幾十個不同時代不同類型的古今婦女形象。文革期間，她一家受到迫害，她被逼離開劇壇，到街道打掃，並下放到廣東英德茶場勞動。文革之後，她恢復演出。一九八一年還推出了新戲《昭君公主》，並參與改編劇本、導演及演出的工作。在五十五歲那年，仍能把一個十九歲的古代宮廷女子的角色演得維妙維肖。八十年代以後，她指導青年劇團、實驗劇團，組建廣州紅豆粵劇團，積極培育藝術人才。

紅線女藝術上勇於革新，結合本身音域寬廣、清脆中見圓潤、明亮中帶醇厚的嗓音特點，在繼承粵劇傳統唱腔的基礎上，又吸收其他劇種乃至曲藝、西

洋聲樂的演唱技巧，形成獨樹一幟的「女腔」，也叫「紅腔」。紅腔在近幾十年裡成為粵劇聲腔藝術中流傳最廣、影響最大的旦角唱腔，風靡兩廣、港澳和東南亞。粵劇唱腔多變調，她能以不用過門，而以裝飾滑音過渡，不著痕跡，令人耳目一新。粵語字調倍於四聲，且多閉口字和喉音、鼻音，唱腔字多調促而少長腔，她能純熟地運用粵語音韻規律和粵劇行腔特點，充份發揮出字輕盈、過腔流暢、歸韻清正的演唱技巧，即使遇到歸入鼻音的閉口字，也能使行腔跌宕多姿，收音純正，在餘音裊裊中表達出真切的感情。評論家認為她聲圓腔滿，貫注始終，以「龍頭鳳尾」形容她的唱功。表演上，她亦以細膩見長。她的代表劇目有《搜書院》、《關漢卿》、《李香君》、《昭君公主》和《山鄉風雲》等。

一九五七年，紅線女參加第六屆世界青年聯歡節，獲古典音樂比賽金獎。她曾多次出國訪問演出，歷任廣東粵劇院副院長，廣州粵劇團藝術總指導，中國戲劇家協會廣東省分會副主席，全國政協委員和全國人大代表。

一九八四年，紅線女舉行了獨唱會，聲色藝不減當年。她在九十年代退休後，在廣州居住，只偶爾在台上演出。

陳慧

編者按：紅線女和馬師曾的婚姻維持了十年，他們的女兒紅虹是粵劇花旦，現定居加拿大，幼子馬鼎盛是香港著名軍事評論家。紅線女在七十年代再婚，丈夫是記者兼作家華山（1920–1985）。為表揚紅線女對粵劇戲曲、電影文化的貢獻，廣州市政府興建紅線女藝術中心，在一九九八年落成。二零零一年，美國紐約文化事務部與美華藝術中心向紅線女頒發粵劇終身成就獎。二零零五年，香港浸會大學頒予榮譽文學博士學位。二零一二年五月，香港新光戲院重新裝修後，舉行開幕禮，紅線女專程由廣州來港，聯同候任特首梁振英等官商名人剪綵。隨後應邀上台表演，以一曲〈荔枝頌〉作賀，妙韻繞樑。次年病逝廣州。

◇ 英文《中國婦女》編著，《古今著名婦女人物》，下冊，石家莊：河北人民出版社，1986年，頁 1062–1065。
◇ 《中國大百科全書·戲曲曲藝》，北京：中國大百科全書出版社，1989年，頁 116。
◇ 〈紅線女劫後戴佛珠護身〉見《香港蘋果日報》，2000 年 11 月 13 日。
◇ 「紅線女」見 <http://zh.wikipedia.org/zh-cn/ 紅線女>，2012 年 12 月 18 日查閱。
◇ 「紅線女」見 <http://baike.baidu.com/subview/94652/7920187.htm>，2014 年 8 月 1 日查閱。

▥ 81 侯波 Hou Bo

侯波（1924–2017），生於山西省夏縣，中國著名官方攝影師、高級記者

和共產黨員。她的攝影作品當年常見於政府報章雜誌，被譽為中國二十世紀政治革命歷史的標記，現在大部份藏於北京的國家檔案局。

一九三八年，侯波十四歲時投入共產主義運動。她十二歲時就成了山西犧牲救國同盟會的會員。一九三八年九月，地下黨安排她去西安參加八路軍。她在那裡的安吳堡青年訓練班學習，並入了黨。年底前往延安，在康生領導的保安處工作。一九三九至四四年間，她一邊工作，一邊在延安邊區中學、延安女子大學和延安大學學習。畢業後，被派往延安中央醫院擔任護士。

一九四二年底侯波和徐肖冰（1916–2009）結婚。徐肖冰是著名攝影師和記錄片製作人，從三十年代後期開始為共產黨在延安、東北和北平製作了許多開創性的記錄片，其中包括《延安與八路軍》、《民主東北》和《土地革命》。因他的關係，侯波開始接觸攝影藝術。

一九四五年抗戰結束時，徐肖冰夫婦被派往東北解放區，侯波出任長春東北電影製片廠（前身為滿映電影公司）攝影科的負責人。共產黨解放北平後，他們便搬到那裡，這個城市不久就成為新中國的首都。徐肖冰作為首席官方攝影師，負責拍攝共產黨領導人開會和活動的情況，而由一九四九年中起，這些照片有不少由侯波沖印。

進京後，侯波被任命為北京電影製片廠（前身為中央電影第三製片廠）照相科科長。她也是拍攝十月一日開國大典的其中一名官方攝影師。之後不久，她正式調往北京黨政領導聚居的中南海，受命成立一個攝影科。她按照要求住進了勤政殿。後來，丈夫和兩個孩子也搬來同住，孩子都是在中南海幼兒園長大的。

身為駐中南海攝影師，侯波的主要任務是編製一份攝影檔案，記錄中國共產黨中央領導的活動，特別是有關毛澤東（1893–1976）、劉少奇（1898–1969）、周恩來（1898–1976）和朱德（1886–1976）等人的活動。照片須保密，傳閱範圍受到嚴格管制。在中華人民共和國建國後數十年間，出版領導人日常生活照是絕對禁止的。在中南海，侯波沖印相片時通常是一式兩份，一張交上司，一張存檔。她不得向報社提供照片，也不能同外界新聞機構聯繫。

五十年代，毛澤東每年出京考察和旅遊，為期六至八個月。侯波每次都隨同毛澤東出訪，以便拍下他的活動，留作記錄。由於當時嚴格的保安規定，她的行蹤連家人也不知曉。她回憶道，許多領導人不喜歡拍照，為此她必須小心謹慎，盡可能不加打擾；即使如此，她仍須隨時候召。當沒有任務時，她也必

須守在電話機旁聽候下一個任務。她一直獨自工作，到一九五一年，她那個一人部門才大增人手。一九五七年前，中南海攝影科歸中央警衛局管轄。當年政府重組之後，該科改屬新華通訊社。

侯波為毛澤東拍攝了許多照片，和他一起拍照的有幹部、工人、農民、戰士、知識份子和外賓。當局會選取適合的照片發表，來說明或強調意識形態或政策上較大的轉型，因為當局明白到，相片是一個強有力的視覺媒介，可藉此與群眾交流，影響群眾。侯波最著名的照片有〈開國大典〉（1949）、〈毛澤東橫渡長江〉（1955）、〈毛主席在飛機上工作〉（1957）、〈我們的朋友遍天下〉（1959）及〈毛澤東和亞非拉朋友在一起〉（1959）；最後的一張曾獲得當年舉辦的全國攝影展的一等獎。

侯波在回憶錄中講述了拍攝毛澤東橫渡長江的經過。她表示毛澤東愛好游泳，並認為游泳讓他鬆弛，對他非常重要，故此他游遍了中國的大江大河。有一次，他參觀漢口一家紡織廠後，決定暢游雄偉壯觀的長江。對侯波來說，這是一個重要的攝影機會。她不會游泳，但她還是跳上了一艘供毛主席休息的小船，讓划槳者趕上毛主席。她就站在船頭，不顧波濤洶湧，多次按下快門。侯波也希望拍一張毛主席辦公的照片。一九五七年春天機會來臨了，毛主席視察山東後飛往南方。她注意到毛主席正坐在飛機的前艙，大衣尚未脫下便專心閱讀文件。由於太專注，煙頭差點燒及手指。她即時拍下這瞬間。照片發表後，大詩人、大文豪郭沫若還特別賦詩一首，歌頌毛主席不知疲倦的工作精神。

侯波和毛澤東妻子江青（參見該傳）的關係不好，江青本人閒暇時也十分愛好攝影。一九六一年侯波調往新華通訊社。從六十年代早期到中期，她受新聞社委派頻頻穿梭於中華大地，進行拍攝任務。一九六四年她還陪伴宋慶齡（參見該傳）官式訪問錫蘭（Ceylon）。一九六八年九月文革期間，侯波受到江青的指責，遭到嚴厲的批判。她被遣送到五七幹校參加體力勞動，直到一九七四年才能重返北京。到一九七八年，她才可返回新華通訊社工作。

在七十年代晚期，侯波開始負責一些大型的攝影項目。一九七九年她重返老家山西省拍攝永樂寺的壁畫；這些照片後來印成大畫冊出版。一九八五年侯波、徐肖冰赴新疆進行攝影採風。九十年代後期，他們為頗受爭議的湖北三鬥坪三峽大壩工程拍攝了許多記錄照片。

一九八六年起，侯波舉辦了多次個人攝影作品展，包括在中國十多個城市巡迴展出的「偉大的歷史記錄」。一九八九年，《路：徐肖冰、侯波攝影作品

集》出版發行，內收兩人合共一百八十七幅作品，當中不少是首次公諸於世。一九九九年，北京的中國革命博物館舉辦了一個大型的侯波、徐肖冰攝影回顧展，作為慶祝中華人民共和國建國五十周年的其中一項活動，這些照片其後還在中國其他城市展出。

侯波歷任中國女攝影家協會主席、榮譽主席，中國攝影家協會常務理事。她的攝影事業貫穿中國共產黨的革命歷史，從崛起到執政，她都參與其中。在創建中國官方攝影檔案上，她是個關鍵人物。自始至終，她都全力投入政治宣傳工作，以盡忠報國為己任。

二零一七年，侯波病逝北京，享年九十三歲。

Claire Roberts
崔少元譯

◇ 鄧富昌（譯音），〈風景這邊獨好：記著名老攝影家徐肖冰、侯波新疆之行〉見《畫報圖片通訊》，1985 年 12 月 12 期，頁 2。
◇ 英文《中國婦女》編著，《古今著名婦女人物》，下冊，石家莊：河北人民出版社，1986 年，頁 1052–1056。
◇ 李琦、梁平波主編，《路：徐肖冰、侯波攝影作品集》，杭州：浙江人民美術出版社，1988 年。
◇ 侯波，〈幸福的歲月〉見《中國女記者》，中國女記者編輯委員會編，北京：新華出版社，1989 年，頁 330–336。
◇ 權延赤，〈鏡頭前的領袖私生活：中南海攝影師徐肖冰、侯波首次「曝光」〉見《領袖淚》，北京：求實出版社，1989 年，頁 121–187。
◇ 徐正（譯音），〈留住偉大的歷史瞬間：記著名攝影家徐肖冰、侯波夫婦〉見《北京日報》，1994 年 11 月 13 日，頁 1。
◇ 巴義爾，〈瞬間鑄就的永恒：記攝影家徐肖冰、侯波夫婦〉見《民族團結》，1996 年 11 期，頁 39–42。
◇ 侯波、徐肖冰，《帶翅膀的攝影機：侯波、徐肖冰口述回憶錄》，北京：北京大學出版社，1999 年。
◇ Yu Wentao. "Album of 1937–66 History." *China Daily*, 11 September 1989, 5.
◇ Maass, Harald. "Mao: Wie eine legende entstand." *Die Zeit magazin*, 25 (June 1996) : 12–24.
◇ 「侯波」見 <http://baike.baidu.com/view/278494.htm>，2015 年 10 月 20 日查閱。

▪ 82 胡蝶 Hu Die

胡蝶（1908–1989），廣東省鶴山縣人，二十世紀三十年代的「中國影后」。她之享有盛名，不單因為拍了幾十部影片、在電影界闖蕩多年，亦在於她的美貌，特別是嫣然一笑時，現出兩個迷人酒窩。她生於上海，本名胡寶娟，入學時改名胡瑞華。胡蝶是她自己選取的藝名，與「蝴蝶」諧音；因此英文名字便寫成 Butterfly Wu。

胡蝶父親胡少貢，是京奉鐵路的總稽查，為此一家經常沿鐵路線來回搬家。這意味著胡蝶要不斷適應新環境，並迅速學會說各種口音；她後來說，這種技巧在她從影時大有用場。胡母出生在大家庭，沒有受過多少教育，卻懂得處世為人；多年來胡蝶是家中唯一的孩子，父親寵愛有加，母親則嚴屬管束，教導她要勤奮工作，不必過份計較回報。母親的教誨，成了她畢生做人的宗旨。一九一七年，胡家遷回廣東，一住七年。胡蝶先後在天津、廣州的教會學校讀書，接受正規教育；在當時文化素養偏低的影星當中，她較佔優勢。

一九二四年胡蝶十六歲時，胡家遷回上海，她在報上看到中華電影學院的招生廣告，決定報考，經面試後獲錄取。因為教師和多數學生都另有正職，上課在晚間進行。該校要求學生依時上課，不得無故缺席，學生要學習電影史、電影理論的入門知識，以及電影攝影術、化妝、導演等技術性課題。課程結業後，年青的胡蝶在一部名為《戰功》（1925？）的影片中演個小角色；她在第二部片子《秋扇怨》（1925）中出演主角，該片不但觀衆交口稱讚，而且使她與另一主角林雪懷相熟相戀，繼而訂婚；但雙方關係未能發展下去，解除婚約時，報紙娛樂版充斥著各色報導和謠言。這一切使她警覺到當女明星的難處，也提醒她遵從當年母訓：小心言行、潔身自愛。

胡蝶人生中另一個突破，是一九二六年與天一影片公司簽約當基本演員。天一公司的老闆是邵氏兄弟的長兄邵醉翁，邵家兄弟後來在香港和東南亞一帶大展拳腳，聲名遠播。邵醉翁的政策是以極高的速度，製作迎合大眾口味的電影。胡蝶和他的公司簽約不到兩年，已拍片十五部，其中有些頗受歡迎，如《梁祝痛史》（1926）、《孟姜女》（1926）、《新茶花》（1927）等，但一般認為無一具藝術價值。胡蝶後來承認，對於是否在天一公司繼續工作，當時心中持保留態度；她要等待適合時機離開。不過她也表示，在天一公司那段時期，熟悉了電影業的運作，那兩年的磨練，有助她日後事業的發展。

一九二八年胡蝶的事業有了轉機，當年天一重組，全部合約要重新商定；她藉機婉拒簽約，同年轉到明星影片公司。經營明星公司的三人中，鄭正秋（1888–1935）以創作優秀劇本見稱，也擅長改編他人作品。胡蝶從鄭正秋處學到不少業內知識，了解到一部優秀電影所應具備的元素。在張石川（1889–1953）指導下，她的演技亦有改進。這一期間，她月入千元，當時算是相當可觀的數目。她在明星的第一部片子是《白雲塔》（1928），另一主角是阮玲玉（參見該傳），二人自此結為朋友，多年來保持來往，並在三十年代雙雙成為

中國電影巨星。同年，胡蝶首次在系列電影《火燒紅蓮寺》中飾演「紅姑」一角，該角色為她贏得了萬千影迷。《火燒紅蓮寺》依據通俗武俠小說改編，由於首部影片獲得空前成功，遂開拍續集，在一九二八至三一年間，一共拍了十八集。諷刺的是，胡蝶加盟明星公司，為的是可參演水準更高的影片，但頭三年中，她只拍過多部通俗武打片。《火燒紅蓮寺》還意外地激起社會反響。有見於該片極為賣座，很多人爭相仿效，但拍出的武俠片不少流於粗製濫造，並引發了一場武術狂熱。於是兒童離家出走，尋找身懷絕技的異人拜師學藝；或迷戀於武俠連環畫、武俠小說而荒廢學業。終於有識之士站出來，抨擊這類電影和刊物，而主演《火燒紅蓮寺》的耀眼明星胡蝶，也間接受到負面評論的影響。

一九三零年，明星影片公司轉拍有聲電影，為此與百代唱片公司簽約，合作拍片，引進預先錄製台詞的新方法。胡蝶有幸主演了中國首部預錄台詞的有聲片。雖則《歌女紅牡丹》一片無論藝術上還是技術上均非上乘之作，但因屬新奇事物，大受影迷歡迎。另方面，早期影星多來自南方廣東，國語說得不夠標準，有些被迫退出影壇，留下的則需發奮學好正確發音。胡蝶則是幸運兒，她和操純正京腔的滿族「姥姥」，即庶母之母，同住多年，早已學會北平口音。胡蝶對於接著主演的兩部電影較為滿意，不單因為都是真正的有聲片，而且素質亦比以前的高得多。

此外，胡蝶有機會在影片《自由之花》中一展歌喉，演唱民歌；在《啼笑姻緣》中表演大鼓這種傳統說書技巧。《啼笑姻緣》為著名言情小說，屬鴛鴦蝴蝶派，張恨水所作。明星希望可藉這兩部影片改善公司形象，表明它是一家攝製嚴肅電影的片商。公司甚至想到在北平拍攝外景，於是一九三一年導演張石川和洪深與外景隊乘火車赴北平。九月十八日到達天津，恰逢日本佔領中國東北瀋陽，消息傳來，舉國震驚。胡蝶不但耳聞此事，而且在天津見到了從東北撤出的士兵，個個牢騷滿腹。外景隊歷經艱辛，最後抵達北平，逗留兩月後又收到壞消息：上海大華電影社也在拍攝《啼笑姻緣》。看來當年的版權並不包括電影攝製權在內，所以明星公司雖有張恨水支持，一旦開拍電影，也無法律保障。當時決定拍攝《啼笑姻緣》事出倉促，為了拍外景時省錢，未接到申請許可之前即已出發。所以張石川和洪深趕忙完成北平的工作，十一月中旬全隊人馬便返回上海。

外景隊回上海後，有兩件事令胡蝶煩心，一是《啼笑姻緣》的訴訟。明星

公司堅稱取得電影攝製權，因為已投入了資金。明星通過合法渠道未能取得滿意結果之後，轉而求助於上海灘赫赫有名的黑幫頭領杜月笙，並許諾付給大華十萬元。大華的後台是黃金榮，黃氏又是杜月笙的「師傅」，一場爭執就此化解了事。

胡蝶擔心的第二件事涉及她本人。有謠傳說瀋陽失守當晚，胡蝶在北平與「少帥」張學良翩翩起舞。張學良繼承了軍閥父親的東北軍，並讓東北軍和蔣介石的國民黨軍隊結盟。據傳日本人入侵時，張學良身在北平一醫院，沒有下令部隊還擊，反而要部隊不抵抗。此事多年後才真相大白：張學良向蔣介石報告日本人入侵，蔣介石命令他不要抵抗。張學良認為，中央政府若不支持，他不會打仗，以免損兵折將。許多人痛恨張學良不抵抗外侮，難免輕信謠諑。

這一事件中，胡蝶枉被波及，成為無辜的受害者。輿論攻擊她在敵軍進犯時縱情享樂。這是嚴重的指控，不但可傷害她本人，還可損及明星公司的聲譽。為此她在上海最大的報紙《申報》發表聲明，說清原委，指出九·一八瀋陽遭襲時，她和明星公司外景隊剛剛抵達天津。她暗示謠言由日本新聞媒體炮製，是詆毀張學良整個陰謀的一部份。同日明星公司其他演職員也在該報刊登啟事，證明她所言屬實。這些對策有助於消減謠言所造成的傷害。到了七十年代，許多與張學良有關的人士出版回憶錄，根據這些記載，張學良一生中從未與胡蝶見面。胡蝶傳記的作者指出，儘管一九三一年煩惱事不斷，胡蝶仍鎮定從容，恪盡職守如常，在在顯示其性格堅強的一面。

明星影片公司希望拍攝《啼笑姻緣》惹起的法律糾紛，會引起民眾關注，令該片票房成功。結果影片雖說賣座不俗，卻未達到製片人預期目標。但對胡蝶來說，該片就是她個人的凱歌；因為演出該片後，她的表演才華首次獲得公認。後來，一份報紙推出評選「電影皇后」的活動，並廣為宣傳，邀請電影觀眾投票，當時事業如日中天的胡蝶，以最高票數當選。至於隨後的加冕典禮，她則以不敢妄自稱大為由，婉拒參加。這項榮譽讓她成為影壇頂尖人物；也使她更受歡迎。

三十年代，左翼戲劇家和電影工作者的影響越來越大。《啼笑姻緣》事件後，明星公司面臨財政困難，意識到必須尋求新血以開創新局面。明星眼見某些左翼電影異常賣座，便主動接觸三位左翼劇作家，包括阿英（錢杏邨，1900–1977）、夏衍（沈端先，1900–1995）和鄭伯奇（1895–1979），邀請他們加入。這些左翼劇作家也從此打入了國內主流電影行業。夏衍所寫兩個劇

本：《狂流》和《脂粉市場》，均由胡蝶領銜主演。前者是一部關於長江洪水的故事片，其中巧妙地加插了紀錄片的片斷，以增強效果。該片反映現實，令觀眾感動；明確的社會意識，亦贏得影評人讚譽。《脂粉市場》專門按照胡蝶個性度身編寫，表面上似與明星公司一貫描述善良女子的故事片相去不遠，但它對一個勞動婦女的生活，作了更深入的刻劃，揭穿了婦女經濟獨立的假象和社會空談男女平權的實況。胡蝶在片中扮演一名受盡屈辱剝削的勞動婦女，影片上映時盛況空前，對於她的演技，亦好評如潮。其後數年間，她既拍倡導階級鬥爭的影片，也拍鴛鴦蝴蝶派的影片。她特別引以為傲的片子是《姊妹花》（1934），片中她分飾一對個性迥異的孿生姐妹；該片風行一時，家喻戶曉，普遍認為是她所拍的最佳影片。

一九三五年二月，胡蝶收到一份個人邀請，前去參加在蘇聯舉行的電影節。由於種種原因，她在三月十日才到達莫斯科，當時電影節已閉幕十天。不過，她仍然受到蘇聯政府和電影界人士熱烈歡迎。她的電影《姊妹花》和《空谷蘭》在莫斯科和列寧格勒（Leningrad）首映，她亦有機會訪問製片廠，和蘇聯電影界知名人士見面。她從莫斯科前往柏林、巴黎、倫敦、日內瓦和羅馬，不論到何處，均享受貴賓待遇，她邊了解當地電影界情況，邊與電影工作者交流觀點。她沿途細心寫下筆記、拍下照片，作出版旅遊見聞之用；回國後把資料交由良友出版公司輯錄成書。

胡蝶經歷了解除婚約和其後訴訟的不快，還要面對隨之而來的惱人新聞報導，所以日後在私生活上小心翼翼。一九三一年，通過堂妹胡珊的介紹，認識了一名叫潘有聲的青年。潘有聲供職於上海一間貿易公司，行止不像一般買辦或生意人那麼教人煩厭；但兩人感情進展緩慢，胡蝶一方步步為營，原因之一是擔心婚姻會影響她受歡迎的程度。不過自從她歐洲之旅後，兩人日漸親密，至一九三五年秋，宣布即將成婚。胡潘婚禮是當年上海灘的盛事，伴娘、伴郎、花童無一不是知名影星、童星。胡蝶決定結婚，表明她準備息影，或不再把全副精神放在電影事業上。她希望在事業處於巔峰時引退。另方面，潘有聲不反對她拍片，所以她和明星公司簽下合約，婚後每年拍片一部。一九三七年中，對日抗戰爆發，胡蝶為公司拍了一部影片後，上海便告失陷，明星公司隨之停業。

胡蝶偕丈夫離開上海赴香港。潘有聲在一間洋行覓得高薪厚職，胡蝶則忙於照顧家庭、服務社會。她有子女各一，大概先後於一九三九和四一年出

生。在此期間她也拍了數部電影聊以消磨時光。一九四一年十二月，香港陷於日手，胡蝶雖知已列入受保護中國人的名單，但仍在焦慮和恐懼中度日，因為她明白此種特殊待遇並非無條件的。果然日本人企圖迫使她為他們工作，這情況使她和丈夫感到必須盡速離開香港。一個早上，她將行李託付給地下組織運送，之後步出家門，如同外出探親；接著由游擊隊帶路，經新界到中國大陸。她在廣東曲江（即韶關）住了一年半，又轉往廣西桂林，一九四三年底到達重慶後，即通過報界向外宣布，願透過拍片，投身抗日救亡運動。不久被邀主演一部名為《建國之路》的影片，該片描寫修築鐵路，連接廣西與貴州，目的在支援抗戰。在桂林拍攝外景適逢日軍沿湘桂鐵路猛烈進攻，攝製隊丟失全部器材，所有成員得倉皇撤退，頓時和其他數以萬計的難民一樣，在戰火下徒步逃生。胡蝶在回憶錄中談及《建國之路》時說：「這是我唯一未拍完的電影，也是一生經歷中所看到的最淒慘的一幕。」

胡蝶在重慶的生活又再引起爭議，這次爭議至今尚無定論：胡蝶之名與戴笠糾纏在一起，戴笠是國民黨特務頭目，戰時手握大權，屬危險人物。戴笠昔日下屬沈醉，在回憶錄中稱胡蝶為戴笠的情婦。二十世紀八十年代大陸發表的記述也認為此事屬實。台灣大多數資料既無提及兩人曖昧關係，亦無提出確證加以否認；甚至批評沈醉回憶錄的人士，亦未有舉證駁斥。戴笠一九四六年三月死於飛機失事，當時人人心繫內戰，加上後來中共解放大陸，或許已無暇顧及戴胡情事，故有關記述不多。

抗戰勝利後，胡蝶回到上海，當時全城深受通脹及社會不寧所苦。潘有聲總比麻煩跑快一步，他在一九四六年安排全家遷回香港，接著在港開辦洋行和工廠，製造以胡蝶命名的「蝴蝶牌」保溫瓶。胡蝶現身於香港和東南亞的交易會上，大力推介此產品。夫妻倆在港度過幾年快樂時光，不料一九五八年潘有聲確診患上肝癌，數月後去世。洋行及工廠均為他人接收，胡蝶與家人靠積蓄度日。某些資料提到，在這期間胡蝶遇上一位秘密的傾慕者（名字說法不一，計有朱芳坤、宋坤芳、朱坤芳等）。他在二十世紀二十年代認識胡蝶，後在日本發了財，據說他聽到胡蝶居孀後，便開始在經濟上支持她。傳聞兩人於一九六七年結婚；他在一九八六年在美國去世。

胡蝶在一九五九年重返影壇，為香港邵氏兄弟拍過多部影片；那時她只能扮演中、老年婦女，起初她不太習慣，但很快便適應下來，且演技受到讚揚。《後門》是其中一例，該片由年青導演李翰祥執導；他當時已導演過兩部古裝

片，片中影星年輕漂亮，服飾五彩繽紛，讓人目不暇接，他因而聲名鵲起。《後門》卻情節簡單，由兩名資深演員主演。一九五九年底，《後門》在香港作慈善首演，吸引了大批觀眾，人人爭睹為快。翌年，該片在東京第七屆亞洲電影節上獲最佳影片獎，胡蝶獲最佳女演員獎。最後她在一九六六年五十六歲時退出影壇，距一九二五年首次登台逾四十年。

胡蝶一九七五年移民加拿大溫哥華，與兒子一家住在一起。她嘗試如普通婦女一般生活，為了避免過份張揚，更名潘寶娟入讀英語班。一九八六年她開始口授回憶錄，在台灣《聯合報》連載，同年底以單行本形式面世；而大陸版則於一九八七和八八年刊行。一九八九年四月中風，旋於當月二十三日辭世，遺下一子一女，女兒在美國，兒子在溫哥華。

在悠長的影壇生涯中，胡蝶遇上許多有趣的人物，其中有好萊塢明星瑪麗‧畢克馥（Mary Pickford）和差利‧卓別靈（Charlie Chaplin）。她曾經雄心萬丈的想往好萊塢闖，可是當她最終邁入好萊塢的製片廠時，已在退休之後，僅是芸芸遊客中的一個。尚有值得一提的，是她和著名京劇演員梅蘭芳的友誼。兩人初識於胡蝶上北平拍《啼笑姻緣》外景時，後來一同應邀赴蘇，在途中又再相逢。他們一同乘搭輪船、火車，胡蝶借機向梅蘭芳學唱京劇，成為他一名沒有正式拜師的弟子。

胡蝶從影期間，中國一度陷於政治動盪；但她一直與政治保持距離。她把自己看成導演手中的工具，無論是拍國民黨當局切齒的左翼電影，或是拍被左派電影工作者攻擊詬罵的電影，她都同樣認真，使片子達到高水平。她的私人生活也相當安逸、快樂。終其一生，她待人處事都保持心態平和，並憑藉天賦睿智，避過許多同時代女影星的下場：悲慘的命運和瞬息的璀璨。

蕭虹

龍仁譯

◇ 沈醉，〈我所知道的戴笠〉見《文史資料選》，卷 22，北京：中華書局，1961 年。
◇ 胡蝶，《胡蝶回憶錄》，北京：文化藝術出版社，1988 年。
◇ 鄭仁佳，〈胡蝶〉見《傳記文學》，卷 54，1989 年 6 月 6 期，頁 146–151。
◇ 余亦麒，〈胡蝶與戴笠〉見《傳記文學》，卷 55，1989 年 9 月 3 期，頁 35–38。
◇ 朱劍，《電影皇后胡蝶》，蘭州：蘭州大學出版社，1996 年。
◇ 金大漢，〈癡戀胡蝶〉見 <http://lady.163.com/item/010313/010313_72274.html>，2012 年 12 月 20 日查閱。
◇ 「夏衍」見 <http://baike.baidu.com/view/69177.htm>，2012 年 12 月 20 日查閱。

▦ 83 胡絜青 Hu Jieqing

胡絜青（1905-2001），生於北平，滿族正紅旗人，國畫家，擅長花鳥畫。

一九一一年中華民國建立以後，世人對婦女的行止，已漸放寬要求，不一定非依傳統不可，但胡絜青的家庭仍牢守清朝固有傳統，並期望女兒長大成人後能遵循傳統女性行為準則。胡絜青自幼愛好文學、繪畫和書法，飽讀詩書。曾師從著名畫家汪孔祁（字采白），學習書畫達四年之久。

胡絜青和同時代的女性一樣，渴望接受高等教育，成為獨立女性。年青的她，面對家人反對，仍多番力爭，終於獲准去北平師範大學讀中國文學，條件是不和男同學結交。大學期間，她選修了繪畫和書法，和其他也熱愛文學的同學一道成立了真社。一九三零年著名作家老舍（舒慶春，1899-1966）從英國回到了北平。真社的成員請求胡絜青代表大家去邀請老舍作一次演講。他們推選她，或許是因為老舍也是滿人。就這樣，胡絜青結識了她的未來夫婿。胡絜青的家庭非常傳統，免不了需要一個介紹人。老舍的摯友哲學家羅常培，便自告奮勇來充當這個角色。一九三一年胡絜青從北平師範大學畢業後，便和老舍結婚，不久兩人搬往山東。老舍在濟南和青島的大學任教。胡絜青在中學教書。他們在那裡生活時生下了三個孩子。

抗戰（1937-1945）爆發後，大部份知識份子都轉移到到大後方，即中國西南部。胡絜青明白老舍心內掙扎，且日漸激烈：他既想和他人般撤離，報效國家；但他有三個孩子，北平還有年近八旬的獨居母親，家庭的責任迫使他留下，無法和朋友、同事一道離去。胡絜青便主動提出由她來照顧孩子和婆婆。老舍萬分感激地乘上最後一趟火車離開濟南前往重慶，那年該是一九三八年。在重慶，他勤奮寫作，將持不同政見的作家聯合在一起，為拯救祖國的共同目標而努力。胡絜青則留在淪陷區。同年她前赴北平，為了生計，在北平師範大學女附中教書。她就這樣按照中國傳統履行模範妻子和模範母親的職責。

直到婆婆一九四二年去世後，胡絜青才帶著孩子穿越淪陷區和敵人戰線，來到重慶與丈夫團聚。然而，老舍寫作所掙的錢遠遠不夠養活一家五口，更何況他們很快又添了一個女兒。胡絜青在國立編譯館社會通俗讀物組找到一份編輯工作，一邊工作養家一邊操持家務。這樣，兩口子的生活方才勉強過得下去。不僅如此，胡絜青還為老舍的創作做出了巨大的貢獻。她不但為他安排了一個安靜的工作環境，而且為他提供了大量有價值的寫作素材。她把自己細心觀察的人和事講給老舍聽，如她在淪陷的北平和西去尋夫途中所見所聞及親身經

歷。老舍根據她的講述，寫出了著名的三部曲《四世同堂》。他對妻子感激萬
分，曾表示她「給我帶來了一部長篇小說」。抗戰結束後，胡絜青繼續工作養
家，老舍則應美國國務院的邀請於一九四六年去美國訪問。胡絜青留在重慶，
在北碚師範學院任教，在鄉村建設教研部任副教授。

　　一九五零年，胡絜青和丈夫在北京再次團聚。老舍已是一個有固定收入的
專業作家，一家生活較前安定。胡絜青此時終於能做一些她一直渴望做的事。
她開始習畫，正式拜名畫家齊白石（1863-1957）為師。憑著年青時所打下的
扎實基礎，她進步得很快。筆下的花卉，既顯師承，又獨具特色；處處透出細
膩寫實的韻味，與老師齊白石的大膽、寫意風格大異其趣。對有千多年傳統的
國畫，她在創作時刻意求新。一九五七年，她同于非闇、陳半丁和孫湧昭合作
的工筆大畫〈姹紫嫣紅〉，後來作為中華人民共和國的禮物，送給了越南領導
人胡志明。一九五八年，她被北京畫院聘為專業畫家。她曾設計過一系列菊花
郵票，這些郵票和一些其他作品為她贏得多個獎項。

　　一九六六年，文革剛開始，老舍便受到年青紅衛兵的衝擊。同年八月
二十四日人們在太平湖發現了他的屍體。一般認為，老舍投河自盡是因為無法
忍受屈辱。他兒子舒乙曾撰文將父親的死與屈原的死相提並論。兩千多年前，
屈原投河自盡，以求喚起世人關注他和其他人所受的政治屈辱。但胡絜青一直
認為老舍遭謀殺，有不少人也持相同看法。老舍猝逝，使迫害他的人深感惱怒、
急於報復，轉而歸罪於胡絜青和孩子。在其後的十二年間，胡絜青承受著家庭
破碎和政治迫害雙重痛苦。直到一九七八年，她和孩子才終於獲得平反。

　　七、八十年代，胡絜青雖已年邁，但仍將時間和精力全部放在兩件事上：
編輯老舍作品和繼續作畫事業。她編選了《老舍生活與創作自述》和《老舍劇
作全集》。她還撰寫有關老舍的回憶錄，如她和兒子舒乙合著的《散記老舍》。
她自己也出版書畫作品，並常以此為中國政府爭取外國好感。她曾為台灣人民
寫過一幅畫，在香港舉辦過畫展。她寫了許多散文、雜感文章和詩歌，有些與
老舍無關。她的一本畫冊於一九八零年出版，名為《絜青畫冊初集》。她的作
品還可見於《中國女畫家作品選》、《中國婦女畫選》和《中國畫》。她的草、
楷書法作品和畫，在中國各地博物館均有收藏，供人觀賞。

　　不少中國婦女秉承傳統，克盡「賢妻良母」本份，若猶有餘力，才會在往
後的日子，真正為自己做點事，而胡絜青便屬其一。她這一類女性體現著非凡
的奉獻精神，且能肩負常年的艱苦工作。她的際遇，正好道出中國婦女由家庭

主婦過渡成為職業女性的歷程。

蕭虹
崔少元譯

◇ 英文《中國婦女》編著，《古今著名婦女人物》，下冊，石家莊：河北人民出版社，1986 年，頁 726–729。
◇ 《華夏婦女名人詞典》，北京：華夏出版社，1988 年，頁 774–775。
◇ 中國婦女管理幹部學院編，《古今中外女名人辭典》，北京：中國廣播電視出版社，1989 年，頁 142–143。
◇ 「胡絜青」見 <http://baike.baidu.com/view/878183.htm>，2012 年 12 月 20 日查閱。

⑴⑴ 84 胡仙 Hu Xian

　　胡仙一九三二年生於緬甸，客家人，祖籍福建省永定縣。多年來她出任星島集團控股公司主席及星島報業出版人。《星島日報》屬香港大報，也是第一份真正走向國際的中文報章。

　　胡仙的父親胡文虎是著名中藥商，也是「萬金油」的發明人。二十世紀初，芬芳的「虎標萬金油」以萬應萬金油之名而家傳戶曉，享譽東亞。據傳萬金油是從緬甸虎提煉出來，但製造過程是不傳之秘，主要成份更可能是樟腦油及桉樹油。胡文虎的父親早歲離鄉別井移民到緬甸，及後胡文虎和弟弟從商，在新加坡和香港大量投資，最後還將他們的公司總部從仰光遷至新加坡。

　　當時緬甸的華僑時尚三妻四妾，胡文虎也有四名妻妾，七子兩女。這個大家庭中，子女的名字極不尋常：女兒分別取名仙與星，其豪氣干雲處，與胡文龍、胡文虎、胡文豹三兄弟的名字，不遑多讓。胡仙入學時，為自己選了個普通的英文名字 Sally，或許是對自己中文名字的一種回應。香港人取笑胡仙，說「仙」字等同「一仙」（意指一文錢），譏諷她為人吝嗇。

　　胡文虎為求投資多樣化，除藥品生意外，還創辦多份報章。初時辦報目的，一在推廣虎標萬金油，二在推動華僑生活現代化。一九零九年創辦的《仰光日報》，是中國本土以外首批華文報章，不久之後，胡氏家族在東南亞地區先後創辦多份中文報章，如仰光的《晨報》；新加坡的《星洲日報》、《星中日報》及《新加坡英文虎報》；汕頭的《星華日報》；檳城的《星檳日報》；香港的《星島日報》，稍後的《星島晚報》和《香港英文虎報》。這些報章後來成了星島報業有限公司的基業。

　　二十世紀前半葉，東南亞大部份地區受制於歐洲列強及美國，這些強權設

立殖民政府，推行惠民措施，但對華人商業社團充其量是予以容忍，間亦會視為靠不住的顛覆份子。當時中國內戰頻仍，未能為國民提供安身之處。知識份子希望將來有一天中國會有一個強大而廉潔的政府，能夠捍衛海內外華人的權益。胡文虎及其他人主辦的中文報刊有助於傳達資訊及激發國人愛國情懷。

中國報界及東亞、東南亞中文報業在促進中國社會及政治改革方面，也功不可沒。這些報章將時事資訊廣為傳播，影響著知識份子的想法，凝聚了巨大影響力，要求中國改變。胡文虎與國民黨和共產黨均關係密切。根據一些報導，他曾向兩黨提供可觀的經濟支持，資助抗日戰事。抗戰時期，他將兩名兒子送到重慶。一九三八年，即向日宣戰翌年，在香港創辦《星島日報》。事後看來，這似是個大膽的商業決定，或許他認為日本不敢攻佔香港這塊英國殖民地。不幸地，日軍迅速佔領香港，並接收《星島日報》，且將之改名為《香島日報》，繼續出版。胡氏一家當時本居於香港，戰事期間，逃到緬甸避難。

胡文虎一生熱心公益，對愛國慈善事業從不後人，深受散居東亞、東南亞一帶的華僑敬仰。戰前他向中國捐出巨款以建立學校、大學、醫院及製藥廠。在東南亞地區，則積極推動組織同鄉會及宗親會。父親的處世哲學及關注社會的態度對女兒胡仙起了重要影響，毫無疑問，也塑造了她的世界觀。

戰後不久，胡家回港，重返老宅虎豹別墅定居。這別墅依山而建，它的傳統琉璃瓦屋頂大宅，以至開闊花園，數十年來，一直是當地標誌。花園內一部份，設有色彩繽紛的神話人物塑像和浮雕，展示佛教和民間傳說的故事，對市民開放，由胡文虎基金負責維修保養。胡文虎去世後，後人陸續出售虎豹別墅各地段，一九九九年別墅正式關閉，不再對外開放。胡仙和她的兄弟就是在虎豹別墅滿天神佛的環境中成長。對她來說，長大後在商業社會上所體驗到的巧取豪奪，和少時日夕相對又栩栩如生的上刀山、下油鑊的地獄景象相比較，實是小巫見大巫。

胡文虎較早前在新加坡興建了一座類似的花園，亦斥資建造了一個虎豹游泳池，張貼告示只限華人使用。根據當時傳聞，上海有公園豎立了一個告示牌，標明「華人與狗，不得入內」，對華人社會造成極大侮辱。新加坡虎豹游泳池的告示，當然大快人心。胡文虎在這兩座花園都設有紀念父母的神龕，每次入住，定必拜祭先人。

胡仙在香港的聖保祿學校（Saint Paul's Convent School）讀書，後來轉到聖士提反英文女書院（Saint Stephen's Girls' College），一九五一年畢業。它

是香港最早期的英文女書院之一。它在紀念成立百周年的紀念特刊上，追述戰後復課時稱，教室內外，學生與教師，洋溢著民族主義思想，為中國及西方國家戰勝日本及為中國收復失陷多年的河山並重建而欣喜。戰後香港，滿目瘡痍，百廢待興，民不聊生。聖士提反學生多來自富有家庭，大多樂意參加慈善工作，如為工人子弟補習。這學校秉承基督教理念營辦，但不少學生信奉佛教或其他宗教。它竭盡全力服務社群的精神，超越宗教界限，對像胡仙這類學生有著深遠影響。在校時她擅長繪畫及手工藝，給人的印象，是讀書認真，說話不多。

一九五四年，胡文虎在夏威夷期間猝逝。他的遺願最清楚不過：家人繼續經營他一手創辦的報紙業務。照當時情況而論，辦報比製藥、銷售專利成藥更為重要。胡仙當時雖是年青及缺乏經驗，但已掌管報業。其他出版業務，便分由胡家親屬接管。從那時起，香港《星島日報》的運作更為獨立，不一定與胡氏出版王國其他地區的機構步伐一致。一九五三年，胡仙曾在父親督導下，以見習生身份在香港《星島日報》工作。胡文虎逝世，家業分配後，胡仙年紀輕輕便在商界嶄露頭角，而她的未來路向十分明確：繼承父親崗位，執掌香港業務。一九六零年，她由公司經理擢升為總經理。一九七二年星島控股公司正式上市，她出任集團主席。當時這公司由胡氏家族全權掌控，她持有百份之九十六點七的註冊資本。

香港報章曾報導，胡仙雖身為香港有權勢的商界領袖，但從不利用自己潛在的權力，影響政治或商業決定，以謀取個人利益。有記者採訪胡仙後，撰文稱她辦報是為賺錢，她避談政治，理想是做一輛無軌電車。這個目標可能隱晦不明，但報紙倒能保持比較獨立及不結盟的立場。公司年報顯示，商業業績比政治野心更重要。就是這個取向，使《星島日報》歷久不衰，反觀很多其他同業，則紛紛結業。

一九七二年星島控股公司在香港僱用職員共五百五十人，包括多位經驗豐富的知名編輯，他們在報社已服務多年。《星島日報》與其姊妹報刊《星島晚報》一起成為香港銷量最高的報紙之一。一九八八年的行銷量估計為二十五萬份，讀者一百萬人，約佔香港人口四份之一。星島控股公司首先採用先進科技及電腦化彩色印刷系統，在世界各地印製彩色日報，包括澳洲、加拿大、新西蘭、英、美等國。其後公司在加拿大的多倫多、溫哥華等地擴展業務。一九九五年在香港引進《星島電子日報》，成為當地第一家電子日報。

一九九六年後，可能由於同業展開減價戰爭奪市場及印刷成本上漲，《星島日報》銷量開始下滑。此外，一九九七至九八年間，香港營商環境受到亞洲金融風暴衝擊，加上港幣與美元掛鉤，當鄰近地區各大城市的貨幣貶值時，香港營商成本便相對增加。

在胡仙領導下，星島控股公司將業務多元化，向零售業、旅遊業及地產業進軍。她選擇分散投資，多少起於對香港前途的憂慮，因為當時英國政府尚未宣布與中國達成有關交還香港的協議。一九八三年，她在澳洲悉尼大額投資地產，翌年創辦《星島日報》悉尼版。星島控股公司是首間投資澳洲的香港公司，此舉促使其他公司重新考慮澳洲市場的潛質。當時星島的投資引起香港和澳洲傳媒的廣泛注意，並忖度胡仙是否會舉家移民澳洲。所以胡仙後來聲明，不會因為對香港政治前景的憂慮而改變星島以香港為營運中心的政策。二十世紀八十到九十年代，這些非核心業務成為了星島控股公司的主要收入來源，但亞洲金融風暴之後，它們價值暴跌。一九九八年，香港地產市場較上年下跌約百份之三十，而星島股價亦同樣下滑。

胡仙曾擔任世界中文報業協會主席，也是第一位女性擔任國際報業協會主席。一九八八年，她獲得美國俄亥俄州大學（Ohio University）史克普斯新聞學院 E.W. Scripps School of Journalism）頒授卡爾・范・安達大獎（Carr Van Anda Award），表揚她一手把《星島日報》發展成為一份名副其實的國際性中文報章。根據星島控股公司一九九六年年報，胡仙首要的經商理念，就是選擇適合的生意，自己喜歡的，然後認真去幹，務求敬業樂業的走向成功之路。

一九九二年秋，胡仙和母親胡陳金枝女士受邀，率領一個代表團到北京，參加黨十四大會議。胡仙除了幼小時到過廣州外，從未踏足國門。那次回國，得到黨總書記江澤民及李鵬總理親自接見。在北京時，胡仙與《人民日報》簽署協議，出版一本名為《星光》的彩色雜誌。後來和母親一同返回福建祖居，在當地得到高規格的接待。

一九九七年，胡仙獲委任為全國政協委員，代表新成立的香港特別行政區——政協是個不分黨派的諮詢組織。為此，她在國內的時間長了，星島控股公司的日常工作亦不得不交由他人代行。她踏入花甲之年後，表示首要任務，是培養新班子接管報業，好讓自己退休。一九九八年，她試圖出售星島報業。一旦成事，將標記着中文報業一個重要時期的終結。（編者按：星島報業幾經周折，終於在一九九九年出售予國際傳媒集團的何柱國。）

在胡仙領導下，星島通過星島基金，撥款支持很多慈善活動，包括推行社區教育、資助安老院、救災等。星島尤其支持教育，曾為專上院校提供獎學金，貸款給國內貧苦學生。香港各大專院校如香港城市大學的新聞學系，亦獲得星島基金慷慨捐助。星島報系對社會貢獻良多，獲得不少國際獎項，包括來自國際特赦組織的獎項。

訪問胡仙的記者往往留意到這位報章出版人日常辦公時，嚴守一套既定程序：清理桌上所有公文，答覆來信，跟進記錄在案的工作，並要求在一星期內辦妥。據說就是為了達到目標，她選用一張沒有抽屜的辦公桌。亦有記者覺得她衣著簡樸，不尚時髦。

胡仙自幼深受佛教薰陶，是虔誠的佛門中人，懷悲天憫人的心，致力慈善事業，救貧濟苦。香港虎豹別墅印證了胡文虎一心向大眾介紹佛教思想、提供道德教育的意願。父親的教導對胡仙人生觀的影響，清晰可見。她對本港及海外的佛教教育和慈善事業都支持不輟，並打算晚年在香港長居佛院，精研佛學。佛教相信再生輪迴，直至大徹大悟後達到涅槃，才會告終。

胡仙愛狗，在香港家中蓄養了一大群作伴，又藉旅遊鬆弛身心。母親在生時，經常結伴同遊。胡仙告訴筆者，有一次她和三數友人一起駕車橫越美國，興之所至，自由自在的漫遊四方。

梅卓琳
李尚義譯

◇ 王敬義，〈香港最有財勢的女人——胡仙〉見《香港億萬富豪列傳》，香港：文藝書屋，1980 年。
◇ 齊以正，〈此胡來，彼胡去，孰是孰非？〉見《香港商場「光榮」榜》，香港：文藝書屋，1985 年，頁 93–101。
◇ 超金，〈香港星島報業有限公司董事長胡仙〉見《海外著名華人列傳》，北京：工人出版社，1988 年，頁 133–139。
◇ 張永和，《胡文虎》，廈門：鷺江出版社，1989 年。
◇ ——，《胡文虎傳》，新加坡：崇文出版社，1993 年。
◇ 梅卓琳與胡仙的私人談話，1998 年。
◇ Barker, Kathleen E. *Change and Continuity: A History of Saint Stephen's Girls' College*. Hong Kong: Chinese University Press in conjunction with St. Stephen's Girls' College, 1996.
◇ Sing Tao Holdings. *1996 Annual Report*. Hong Kong. 1997.
◇ 「虎豹別墅（香港）」見 <http://zh.wikipedia.org/zh-hk/%E8%99%8E%E8%B1%B9%E5%88%A5%E5%A2%85_(%E9%A6%99%E6%B8%AF)>，2013 年 8 月 29 日查閱。
◇ 「胡仙」見 <http://zh.wikipedia.org/wiki/%E8%83%A1%E4%BB%99>，2015 年 11 月 5 日查閱。

85 黃典嫻 Huang Dianxian

黃典嫻活躍於二十世紀早期，出生於新加坡，是推動東南亞華僑社會婦女教育的先驅，也是中國近代史上早期的女教育家。

黃典嫻生於一個富裕的廣東籍家庭，父親黃亞福是著名的銀行家，並且是十九世紀末二十世紀初新加坡柔佛一帶粵籍社區的領袖。她接受了傳統的中式教育，但受到熱心提高婦女地位的改革家如康有為、梁啓超等人的影響。

一八九九年六月，康梁這兩位改革家的忠實追隨者林文慶醫生和邱菽園創立了新加坡華人女子學校（Singapore Chinese Girls' School）。開始時學生僅有七名，兩個月後就增加到三十名。該校以英語授課，課程也是為日常主要使用英語的海峽華僑家庭的女兒設置的。

一九零五年黃典嫻在新加坡創立了華僑女校。該校以中文授課，但是有關課程、教職員和學生的情況，現在已經難以查考，只知黃典嫻本人擔任校長一職。該校總共辦了將近十年。

黃典嫻是個熱心的教育家，為人誠實正直，生前被譽為「南洋第一個好人」。她辦學可能受到林文慶和邱菽園的影響，同時她也覺得有需要為以中文為母語的女孩開辦學校。她也許亦受到哥哥黃景棠的影響。他被送回中國接受中文教育；也熱心辦教育。他在廣州辦的三所學校就有一所是女校。

顏清湟

◇ 許甦吾編著，《新加坡華僑教育全貌》，新加坡：南洋書局，1949 年。
◇ 李元瑾，《林文慶的思想：中西文化的匯流與矛盾》，新加坡：新加坡亞洲研究學會，1990 年。
◇ 鄭良樹，〈新馬華社早期的女子教育〉見《馬來西亞華人研究學刊》，創刊號，1997 年 8 月，頁 47–58。
◇ Song Ong Siang. *One Hundred Years' History of the Chinese in Singapore*. Singapore: University of Malaya Press, 1967 reprint.

86 黃量 Huang Liang

黃量（1920–2013），生於上海，浙江寧波人，有機化學家，曾參與多項藥物化學研究，一九八零年當選中國科學院院士。

父母離異時，黃量年紀尚幼，她由做護士的母親徐靜芬和獨身的姨媽撫養成人。黃量做事勤奮，對追求人生目標，一往直前。一九三八年畢業於上海中西女子中學（McTyeire Girls' School），因學習成績優異，免試保送入上海的

聖約翰大學。

一九四二年以全班第一的成績從化學系畢業。一九四二到四四年期間，黃量在上海生化製藥廠工作。一開始藥廠並不願僱用她，嫌她是女性，但後來她成功研製了中國第一粒維生素 C，還得到廠方表揚。她天生高傲倔強，為證明中國人以及女性的工作能力而竭盡全力。一九四四年，她離開已告淪陷的上海前往重慶，在重慶大學、中央工業試驗所和其他地方教書、從事科學研究。一九四六年，聖約翰大學化學系主任推薦她前往美國康奈爾大學（Cornell University）深造。在康奈爾大學獲得博士學位的那一年，她和畜牧營養學博士劉金旭結了婚。五十年代上半期，她先後在布林莫爾大學（Bryn Mawr University, 1949–1950）、康奈爾大學（1950–1952）、韋恩州立大學（Wayne State University, 1952–1954）和愛荷華大學（Iowa University, 1954–1956）的實驗室從事研究工作，與她合作過的著名化學家包括布洛姆奎斯特（A.T. Blomquest）、傑拉西（C. Djerassi）和溫克爾（E. Wenkert）。期間，她發表了許多論文，內容涉及有機理論、有機合成、甾體化學和天然物的化學結構測定。

一九五六年，黃量和丈夫、五歲的女兒放棄了美國舒適的生活，回到中國。儘管中國當時的環境和研究設施很不理想，她仍希望以一己所學報效祖國。那時，她已經是個有一定經驗的有機化學家，在化學合成、植物成份提取、合成物的化學結構測定等方面接受過良好訓練。但由於國家的需要，她改研製藥學，並於同年調入中國醫學科學院藥物研究所藥物化學系。五十年代，中國仍需進口治療高血壓的藥物，為此她製成中國第一例降壓藥「降壓靈」。降壓靈的主要成份——生物鹼利血平——是從國產蘿芙木提取。她也在藥物研究所帶頭研究甾體化學。她帶領的科研組從國產劍麻廢渣提煉出海可吉寧，製成甾體抗炎新藥強的松。一九七八年，她因這項成就而獲得了全國科學大會獎。

後來，黃量轉而致力研製抗癌、抗病毒藥物；孕藥和天然產品。致癌物質是研究抗癌藥品必不可少的東西，為此，她首先研究導致食品黴變的亞硝胺。在簡陋的實驗室裡，她和科研小組終於成功製成致癌物質——亞硝胺。七十年代，海南省（原為廣東省的一部份）某家醫院的研究人員發現了珍貴稀有的海南粗榧，這類植物含有抗癌物質三尖杉酯鹼。她和同事們從這些植物分離出二十多種生物鹼，其中包括海林鹼，即三尖杉酯鹼，當中五種驗明含抗癌物質。有見於天然的三尖杉酯鹼很少，不能滿足臨床的需求，一九七三年她便和同事們決定用海南粗榧所含的一種沒有抗癌性的近似生物鹼去合成三尖杉酯鹼，因

為海南粗榧蘊藏極多這種生物鹼。翌年實現合成，並用於臨床治療急性單核細胞白血病、急性粒細胞白血病和紅白血病。這項成就獲得了衛生部一九八零年的成果獎，並成為獲得國家科技進步一等獎的「海南粗榧抗癌成份的研究」中的重要內容。她還指導進行了對中國草藥青黛中的抗癌成份靛玉紅衍生物的合成及研究，開發出的新藥異靛甲，用於臨床治療慢性粒細胞白血病，藥效高於靛玉紅，且毒性較低。

八十年代，黃量致力於避孕藥品的研製，她的興趣主要集中在男性口服避孕藥棉酚上。七十年代，人們便發現從棉籽中提取的棉酚可作為口服避孕藥，但這些棉酚是消旋體，人們一直未能將其拆分。到了八十年代，中國科學家終於把消旋棉酚成功地拆分成光學活性異構體，使這個研究領域的國際水平邁出重要的一步，過程中黃量亦作出了重要貢獻。八十年代後半期，她主持了對黃皮化學結構的研究。黃皮是芸香科黃皮屬植物，她和同事們從裡面發現和隔離的藥物，可用於治療黃疸型病毒性肝炎。前述部份新藥已在中國、日本和德國取得專利權。

作為一個大學教師，黃量在藥物化學這專業培養了很多學生。她還多次參加世界各地的會議，以提高這領域的研究水平。她也為教科書撰寫相關的章節，包括由吳桓興編寫的《腫瘤學進展——化學治療》。一九八八年，她的《紫外光譜在有機化學中的應用》面世，而發表在《醫學百科全書》上的《藥物學和藥理學》也分冊出版。一九八零年，她在義大利捷諾瓦（Genoa）舉行的第四屆國際計劃生育大會上，宣讀了關於男性避孕藥棉酚的論文。一九八五年，她在夏威夷舉行的太平洋地區化學會議上發言，談及化學對計劃生育的貢獻。此外，她還在丹麥、法國、墨西哥和美國等國介紹了中國三尖杉酯鹼類的研究進展。她也為海外學術書刊撰寫文章或書中章節。一九八四年，她當選為中國癌症研究基金會副理事長；一九八六至八九年，受聘為全國計劃生育科技專題委員會顧問；一九九零年，擔任全國腫瘤防治辦公室顧問。在政治方面，她是第五、第六和第七屆全國政協委員。

黃量原來的專業是有機化學，但為了幫助祖國生產藥物免於依賴進口，她將自己的教學和研究興趣轉向藥物化學。為此，她自學了病理學、腫瘤學、生物化學和免疫學，並親自參加自己所研製新藥的臨床試驗。她努力不懈、鍥而不捨的精神，促使她終生工作，卓有成績。她的貢獻涵蓋多個領域，其中包括降血壓藥、抗病毒和抗癌藥物以及男性口服避孕藥。

　　七十年代初期，黃量在進行三尖杉酯鹼研究時，被診斷出患有直腸癌，隨後接受放射治療和外科手術。病情稍見好轉，她便恢復工作，務求研製出治療癌症的藥物。她的癌症後來似未曾復發。

蕭虹

崔少元譯

◇ 英文《中國婦女》編著，《古今著名婦女人物》，下冊，石家莊：河北人民出版社，1986年，頁 1000–1005。
◇ 《中國現代科學家傳記》，集 2，北京：科學出版社，1991 年，頁 269–274。
◇ 中華全國婦女聯合會組織聯絡部組織編寫，《中國女院士》，瀋陽：遼寧人民出版社，1995 年，頁 263–276。
◇ 「黃量」見 <http://baike.baidu.com/view/145215.htm>，2015 年 3 月 6 日查閱。

▥ 87 黃宗英 Huang Zongying

　　黃宗英（1925–2020），生於北平，浙江瑞安人，著名演員、作家。

　　黃宗英來自世家望族，曾祖父和祖父都是進士，父親黃曾銘是個工程師。黃曾銘思想開明，信奉民主，晚清年間留學日本。黃宗英的母親陳聰是個聰慧善良、很有愛心和學問的家庭主婦。黃宗英就是在這樣自由開放、親情洋溢的氛圍中長大。父母處理家事時，十分民主，讓子女發展個人興趣，自由選擇人生道路。

　　黃宗英的大哥叫黃宗江，比她大四歲，對她的影藝事業影響最大。黃宗江自小便才華過人，中學時已開始寫作，題材廣泛，體裁多樣，涵蓋詩歌、小說、散文、戲劇等。後來，他以編寫戲劇和電影聞名，在中國戲劇史上佔一席位。黃宗英也自小對藝術產生興趣。她還是小孩時，已酷愛閱讀，適逢家中藏書甚豐，古今中外名著俯拾即是，根本不用四出尋書。她對冰心（參見該傳）的《寄小讀者》十分著迷，還仿效著寫了一篇散文〈在大樹下〉。它刊載在黃宗江編輯的周刊《黃金時代》，這是黃宗英首次發表作品，當時她才九歲。不多久，她又發表了〈寒窗走筆〉。

　　一九四一年，黃宗英十六歲，隨黃宗江到上海，加入黃佐臨主辦的上海職業劇團當演員。她首次演出的劇目是《蛻變》，之後很快又參演《鴛鴦劍》、《霸王別姬》和《甜姐兒》。這幾年的舞台演出，令她的演技大有長進。

　　一九四六年，黃宗英將精力投放到電影藝術。中日抗戰時期（1937–1945），戲劇盛極一時，後來逐漸式微，大批劇作家、導演和演員轉向新興的

電影業尋找機會。黃宗英在著名劇作家沈浮邀請下，出演她首部電影《追》。一九四七年，她得到了機會，主演《幸福狂想曲》，它為她帶來雙重幸運，成了她演藝事業與個人生活的重要轉折點。這部電影台前幕後人才濟濟，包括以《結婚進行曲》和《升官圖》等喜劇知名的編劇陳白塵、當時得令的導演陳鯉庭和鼎鼎大名的電影明星趙丹。趙丹是這部電影的男主角，他在三十年代主演的《十字街頭》和《馬路天使》瘋魔了不知多少影迷。

　　黃宗英那時和丈夫鬧意見，婚姻並不愉快，而婆婆也盛氣凌人，不准她繼續演戲，逼她放棄心愛的事業。她離開北平，擺脫婚姻的束縛，到了全國電影業中心上海，接拍《幸福狂想曲》。這部片的男主角趙丹，是左翼戲劇運動的創始人，並十分積極組織有關活動。他從一九三八年起，被反共軍閥盛世才監禁達五年，妻子誤信謠傳，以為他遭殺害，便改嫁了。黃宗英和趙丹初次合作，覺得他為人毫不迂腐，親切和善，不擺明星架子，對他很有好感。拍完這部電影後，兩人已暗生情愫。

　　《幸福狂想曲》是黃宗英和趙丹兩人愛情的催化劑，也是中國電影史上一部優秀的電影。它描述城市小人物的生活和命運，如實的將戰後國民黨統治地區人們的生活刻劃出來。趙丹飾演能言善辯的吳志海，但求發財，卻又良心未泯。吳志海這個目光短淺，但心地善良，並能夠在大城市存活的小人物，讓演技精妙的趙丹不著痕跡的演活了。黃宗英演一個妓女，遭惡霸欺凌玩弄，被逼賣毒品。她演出的藝術水平也比過往高。在電影中，黃宗英將女主角的墮落、強悍，以及善良正直，都真實自然、收放有度地展示在觀眾眼前。一九四八年元旦，黃宗英和趙丹結婚，婚禮由著名導演鄭君里主持，很多電影圈中人前往觀禮。

　　婚後不久，黃宗英和趙丹加入了共產黨領導的崑崙影片公司。當時共黨地下組織在上海十分活躍，很多電影業的領軍人物如陳白塵、夏衍、陽翰笙、蔡楚生等若不是共產黨員，便是與共產黨關係密切。他們製作大批以政治為題材，而藝術水平又頗高的優秀電影，使上海影圈佳作林立、繁榮昌盛。黃宗英和趙丹以無比的熱忱，全力投入電影工作。在一年多的時間裡，黃宗英參演了《街頭巷尾》、《雞鳴早看天》、《麗人行》和《烏鴉與麻雀》等優秀電影。她塑造了多個人物形象，包括官員的情婦、妓女、革命者和教師，在在證明她是個難得的性格演員，演來很有深度。她和趙丹這時期的電影作品，就是中國電影史上的里程碑，有外國評論家相信這些電影走在世界電影的前沿，成績空

前。

黃宗英也是賢妻良母。她雖然工作繁忙，每年拍五部電影，但仍能將家裡安排得井井有條。家中除趙丹以外，還有他與前妻所生的兩個孩子。她對他們三人的起居飲食，照顧周到。她後來又主動收養另外兩個孩子，他們的母親是三十年代電影明星周璇（參見該傳）。

一九五零年秋，黃宗英作為中國代表團最年輕的一員，參加了波蘭召開的第二屆世界和平大會。同年，她出席了一個全國青年代表大會，並拍了《武訓傳》。華沙和莫斯科之行，令她印象深刻，當她回國後應邀與周恩來總理和夫人鄧穎超（參見該傳）見面時，談到旅程的體驗與想法，仍興奮莫名。周恩來建議她把這些化為文字，於是她寫了幾篇短文，周恩來又將文章推薦給《人民日報》發表。

一九五一年，黃宗英出版散文集《和平列車向前行》。後來，又出版另外兩部散文集《愛的故事》和《一個女孩子》，其間拍了《為孩子們祝福》，大概這是她最後一部電影。她由電影轉到寫作，固然是因為她從小就喜歡寫作，同時也是因為她觸覺敏銳，察覺出在毛澤東「文藝必須為工農兵服務，為無產階級政治服務」的政策下，戲劇和電影的角色都變成刻板定型的工人、農民和「英雄」戰士，對她這樣一個多才多藝的演員來說，可以選擇的角色便非常有限。

一九五四年，黃宗英從事電影劇本創作。次年，她的劇本《在祖國需要的崗位上》，被上海電影製片廠拍成電影《平凡的事業》。一九五八年，和人合寫劇本《你追我趕》、《六十年代第一春》；也完成了大型紀錄片《上海英雄交響曲》。一九六三、六四年間，開始寫報告文學。她的〈特別的姑娘〉和〈小丫摃大旗〉是根據城市知青邢燕子和侯雋的事跡寫成，她們後來被推舉為全國青年學習楷模，而這兩篇文章也獲得一致好評。

雖然黃宗英早在一九五六年加入共產黨，但因為她在國民黨治下的中國已是赫赫有名的女演員，文革一開始，她便註定從此荊棘滿途。趙丹和毛澤東的妻子江青（參見該傳）在三十年代份屬同行，那時江青是演員，趙丹同時是左翼劇聯的骨幹。據稱江青後來特別針對那個年代文藝界的「黑線」，非要把了解她底細的人置之死地。趙丹是她第一個要對付的人，因而入獄了。黃宗英和趙丹在那個年代的很多朋友，包括鄭君里、蔡楚生、徐濤和王瑩（參見該傳），均遭迫害致死，境況令人心寒。趙丹在牢裡關了五年，出獄後又以戴罪之身捱

了五年，奇蹟地活過了這十年。這段期間，黃宗英受到極大的精神壓力。文革初期，她被紅衛兵批判、毆打和羞辱，無日無之。在趙丹被監禁的五年，她對丈夫的生死一無所知。她一家十餘口，被迫住在一個窄小房間，每月只有三十元的生活費。最令她痛苦的是，她自己的孩子爭取和「反革命」的家人「劃清界線」，為了證明自己的清白，不惜揭露父母的「反黨罪行」。

文革結束，趙丹得到平反，回到黃宗英身邊，她那時才再從事創作。一九七九年，她參加第四次全國文代會，當選中國作協第四屆理事，被委任為全國科學大會研究中心的特別研究員。隨後三年，她寫了三十多篇報告文學作品、散文和詩歌，也寫了劇本《紅燭》等。她在這個時期的創作，無論質或量，都遠遠超過文革前十七年間的水平。

黃宗英的文學成就主要在報告文學。她的〈大雁情〉、〈橘〉和〈小木屋〉都獲得全國優秀報告文學獎。她的報告文學特色，包括對題材感悟深刻、極度抒情以及採用內心獨白的技巧。她描寫的對象不是成功人物，而是被人忽略遺忘的普通人；她對陷於困境的知識份子尤為關注。她那三篇得獎文章都以這類人物為中心。〈大雁情〉描述受人非議的秦官屬。她是西安植物園的實習研究員，一心一意解決楊樹優選育種的問題，卻被來自四面八方的無知偏見所阻撓。〈橘〉訴說年老柑橘專家曾勉的孤寂憂傷。他冷傲不群，不向現實妥協，寧願放棄工作上可享有的待遇，被人視作精神有問題。〈小木屋〉的女主人公徐鳳翔是個森林生態專家，為了探索荒野地區的奧秘，放棄舒適的城市生活，跑到西藏的原始森林考察。她多次請求當局搭建一座「小木屋」——高原森林觀察站，但都無功而回。黃宗英筆下的知識份子，個個滿懷獻身科學的狂熱，為了實現理想，無懼單打獨鬥，可惜卻沒有得到社會的認可。這些故事揭露了知識份子所承受的偏見和輕視，以致沒有機會利用所知貢獻國家，而社會由始至終對他們的無私奉獻都漠不關心。人們以「讀書無用論」來貶低知識份子的地位，還蔑稱他們為「臭老九」。其實這就是整整一代人的共同命運，所以她的故事引起很多人的共鳴。她懷著正義感和責任心撰寫報告文學，她認為有些價值觀不受重視，有些人受到壓迫，她有責任通過文字，引發人們關注這等事情，以求凝聚力量，支持被壓的人。

黃宗英的報告文學作品，從文學創作的角度看，也頗有成績。她經常以第一人稱敘述故事，讓作者在作品內現身，把最深層、最真實的情感灌注到各個人物，使他們更具感染力。這些立刻變得真實的人物，仿如來自現實世界，但

又同時是感人的藝術形象，有著一般人的特點，他們既忠於生活，也忠於藝術。值得一提的是，因為黃宗英早年當過電影演員和編劇，在寫作時，她採用了時空交替、倒敘等電影拍攝手法，加強藝術效果。評論家還異口同聲的讚賞她，說她的描繪細緻流暢；畫面詩意盎然、抒情優美、節奏感強；語言質樸；對人生作出多方面的探研。

洪如冰

> 編者按：一九八零年趙丹病逝。一九八六年，周偉將養母黃宗英告上法庭，指稱她侵吞生母周璇遺產，兩年後獲判勝訴，得到賠償。一九九三年黃宗英赴北京與作家、翻譯家馮亦代結婚。二零零五年初，馮亦代離世。據二零一四年的一宗報導，黃宗英已兩三年沒有公開露面，且已住進上海一家醫院，除了被家人偶爾接到醫院外面逛逛，平日足不出戶。黃宗英於二零二零年離世，享年九十五歲。

◇ 程季華編，《中國電影發展史》，北京：中國電影出版社，1980 年，版 2。
◇ 李輝等編，《中國現代戲劇電影藝術家傳》，南昌：江西人民出版社，1981 年。
◇ 北京語言學院《中國藝術家辭典》編委會，《中國藝術家辭典》，現代第一分冊，長沙：湖南人民出版社，1981 年。
◇ 黃宗英，〈也算是簡歷〉見《中國作家協會：全國優秀報告文學評選獲獎作品集，1981–1982》，北京：人民文學出版社，1984 年。
◇ 江虹，〈她種下一片生命之樹──黃宗英報告文學的人物塑造〉見《當代作家評論》（瀋陽），1985 年 6 期。
◇ 許國榮，〈黃宗英、趙丹的不朽愛情〉見《人物》，1992 年 4 期。
◇ 「周璇遺產案黃宗英敗訴／周偉獲賠償」見 <http://ent.sina.com.cn/s/m/2012-09-19/10003745730.shtml>，2012 年 9 月 19 日。2014 年 9 月 23 日查閱。
◇ 李洋，〈89 歲黃宗英要為自己換活法〉見 <http://beijingww.qianlong.com/1470/2014/01/27/433%40218518.htm>，2014 年 1 月 27 日，來源：《北京日報》，2014 年 9 月 19 日查閱。
◇ 黃宗英，〈黃宗英回憶錄：命運斷想〉見 <http://mjlsh.usc.cuhk.edu.hk/book.aspx?cid=6&tid=169&pid=4280>，2014 年 9 月 18 日查閱。
◇ 王莉，〈黃宗英報告文學創作特色論〉見 <http://www.docin.com/p-607921627.html>，2014 年 9 月 18 日查閱。
◇ 「黃宗英」見 <http://baike.baidu.com/subview/103885/15379303.htm>，2015 年 10 月 20 日查閱。

▥ 88 紀政 Ji Zheng

紀政一九四四年生於台灣新竹縣，台灣女子田徑運動的先驅人物。她是第一個用十秒跑畢一百碼的女選手，在參賽生涯中打破了七項世界紀錄，被國際業餘體育基金會譽為「亞洲傳奇女子短跑運動員」。

紀政出生的家庭十分貧苦，父母有八個子女，她在六、七歲時送給他人當養女。和天下的養女一樣，她受盡打罵，幸好九歲便能回到生身父母身邊。父

親走街串巷，當小販賺取微薄收入，母親則靠洗衣掙幾個小錢。他們無力供小紀政讀書，她只好到鄰近小學眼巴巴看別的孩子上課。後來，一位慷慨的好心人為她交了學費，讓她入學，這人的名字至今沒有公開。她十分珍惜這個機會，努力學習，憑優異的成績，取得獎學金。

少年紀政是個爭強好勝的孩子，得過不少獎項，當中以體育賽事的獎項居多。她綽號「長腳鬼」，很早便顯露出運動潛質。在新竹第二女子中學讀書時，首次代表學校參加田徑比賽，便奪得跳高金牌。二十世紀五十年代末，她在台灣各種省級運動會上的表現，已極為矚目，到了六十年代，她開始參加國際體育競賽。一九六零年代表中華民國參加羅馬奧運會，但因缺乏專業訓練而表現不佳。她並不因此而氣餒，且繼續刻苦鍛煉。一九六二年，美國跨欄兼田徑教練文西・瑞爾（Vince Reel, 1914？–1999？）來到台灣，在他指導下紀政進步神速。一九六三年，他帶她赴美，以便接受進一步訓練，一些美國資料暗示，兩人那時已成婚，在一份運動員名單上，她被稱為「紀政・瑞爾」（Chi Cheng, Reel）。

一九六六年，在曼谷舉行的第五屆亞運會上，紀政摘取了跳遠金牌。一九七零年第六屆亞運會也在曼谷舉行，她那次在女子一百米賽跑項目上奪金。一九六八年的墨西哥奧運會上，她獲女子八十米低欄銅牌。一九七零年是她最為豐收的一年：在二十一個室內項目中取得二十枚獎牌，在戶外項目獲六十六枚獎牌，並且創下五項女子世界紀錄，分別是：一百米（11 秒），二百米（22.4 秒），一百米低欄（12.8 秒），一百碼（10 秒）和二百二十碼（22.6 秒）。由於她賽場表現出色，在隨後的一年，她得到許多獎項：美聯社選她為當年（1971）全球最佳運動員（Global Athlete of the Year）；《女子田徑世界》（*Women's Track and Field World*）雜誌（後由文西・瑞爾出版）選她為最佳運動員（Best Athlete）；《田徑新聞》（*Track and Field News*）打破傳統慣例，把年度最佳運動員（Athlete of the Year）的美譽頒給了她，而非一名男性。維克多獎（Victor Awards）堪稱運動界的奧斯卡獎，她也成為獲獎人之一。人們給她取了「飛躍的羚羊」（Flying Antelope）、「黃色的閃電」（Yellow Lightning）、「亞洲女飛人」（Flying Woman of Asia）等各種外號。

然而，紀政在事業頂峰時傷了腿，不得不進行手術。不幸的是，手術成效未如預期般理想，她只好放棄體育競賽，進入波摩納（Pomona）的加州理工大學（California State Polytechnic）讀書。一九七三年畢業後，在加州雷德蘭茲

大學（University of Redlands）任體育主任（1974-1975）。一九七六年返回台灣，就任台灣田徑協會總幹事一職。她採用最新的方法和器材，全力投入運動員的培訓工作。她還以秘書長的身份，周遊台灣視察體育設施的優劣，記錄各體育項目的發展情況，並且革新現有體制、組織運動會、邀請海外傑出運動員來台。為了推動台灣的體育文化，她在一九八一年參選立法院，並以高票勝出；後來兩度再參選，每次都以壓倒性票數當選。當上立法委員後，她將六十八個委員提出有關在立法院下設立體育委員會的建議，擬就法案，呈交立法院審議，法案最後獲得通過。擔任台灣田徑協會理事長後，在一九九零年訪問中國大陸。她淡化台海兩岸中國人不同之處，聲言不論哪邊選手贏得國際榮譽，她都會為之自豪。她在一九九三年卸任。

紀政個子高大，皮膚黝黑，樸實端莊。儘管她在體壇上取得輝煌成就，身體條件其實不特別適合從事體育運動。她純粹靠刻苦訓練和努力不懈而贏得勝利，她當運動員忍痛熬傷的苦況，腿上的傷疤便是明證。丈夫張博夫相信，她近乎狂熱地獻身體育，繫於多個因素：對體育的真誠熱愛；用行動證明，別人的奚落和嘲笑，都是無的放矢；捍衛藏於心底的自尊和民族尊嚴。丈夫是她昔日教練，任台灣田徑協會副主任。他們起初婚姻生活愉快，有四個子女；後來卻離婚了。

紀政提升了中國的體育形象。中國國民向來不以孔武有力見稱，尤以婦女為然。紀政是第一批在國際體育賽事上揚名的中國婦女，堪為後世中國婦女的榜樣。二零零零年五月，在亞洲業餘田徑聯合會主持的調查中，紀政被選為二十世紀亞洲女運動員。她通過參與政治和社會事務，促進台灣的體育運動，同時也使她本人的運動員生涯延長，繼續作出重要貢獻。

蕭虹
龍仁譯

編者按：二零零一年，紀政被選入國際學者暨運動員名人堂。二零零三年出版了自傳《永遠向前──紀政的人生長跑》。二零一零年和一一年出任馬英九的總統府國策顧問。

◇ 盧申芳，〈世界上跑得最快的女人紀政〉見《向時代挑戰的女性》，台北：學生書店，1977年，頁9–15。
◇ 《中華民國當代名人錄》，卷3，台北：台灣中華書局，1978年，頁1297。
◇ 英文《中國婦女》編著，《古今著名婦女人物》，石家莊：河北人民出版社，1986年，頁1215–1218。

◇ 游欣蓓，〈訪紀政談亞運〉見《台聲》，1990 年 8 月，頁 8–10。
◇ 宋瑞芝主編，《中國婦女文化通覽》，濟南：山東文藝出版社，1995 年，頁 716。
◇ "Asia's 'Athletes of the Century.'" *International Amateur Athletic Federation News*, no. 41 (May 2000) : 4.
◇ 「紀政」見 <http://baike.baidu.com/view/110287.htm>，2015 年 8 月 13 日查閱。

▥ 89 賈馥茗 Jia Fuming

賈馥茗（1926–2008），生於河北省青縣，多年來活躍於台灣教育研究界，對當地教育政策的制定起著主導作用。

賈馥茗的父親是地方承審員，她深受父親的影響，以清廉剛正為處世原則。青年時代適逢抗日戰爭及國共戰事，歷經逃難及輟學之苦，自勵自修，求學過程備嘗艱辛。一九四六到四九年肄業國立北平師範大學教育系，一九四九年離開中國大陸。一九五零年從台灣省立師範學院教育系畢業，一九五七年獲台灣師範大學教育研究所碩士學位。次年留學美國，分別於一九六零年及六四年獲奧立岡大學（University of Oregon）教育科學碩士及加州大學洛杉磯分校（UCLA）教育博士學位。

賈馥茗學成返台後，執教於台灣師範大學教育研究所，主導設計師範和高中教師研習班，編制國民中學學生測驗。一九六九到七二年，擔任師大教研所所長，任內致力擴充圖書設備、增強師資陣容，成立博士班，增收研究生，接受救國團委託舉辦國家建設研討會，並主持遷所至師大分部事宜。同時潛心研究，著有兒童發展與輔導、心理與創造、教育與人格發展、教育哲學及教育原理等專書七本及論文近四十篇。

一九七二年獲提名為考試委員，任職三屆十八年，參與考詮業務決策。其間教育研究不輟。一九九零年從考試院退休後，仍在師大教研所兼職，並繼續研究著述。

賈馥茗的教育信念在於注重人格的啓發與培養，以造就「起碼的人」，擁有「誠實」及「能愛」的基本條件。她一直主張普及全民教育，學校教育朝知識及技能多元發展。

鄭麗榕

◇ 盧申芳，〈賈馥茗和她豐收的季節〉見《向時代挑戰的女性》，台北：學生書局，1977 年，頁 195–199。
◇ 王萍，《賈馥茗先生訪問紀錄》，台北：中央研究院近代史研究所，1992 年。

▦ 90 簡娥 Jian E

簡娥（1909-2004），生於台南新化，日治時期農民組合的先驅，台灣社會改革運動的女健將。

一九一五年，余清芳、江定、羅俊等人在新化附近的玉井發起「噍吧哖事件」，噍吧哖是玉井的舊名。這是漢人最後一次武裝抗日行動，因日警發動砲兵隊鎮壓，未能成事。事後被捕者二千餘人，被判死刑者八百餘人。作為事發之地的玉井、新化一帶，在日警屠殺之後，猶如死城。

簡娥的父親簡忠烈，當時為書房的漢文老師，也參與這次事件，事後連屍首都未曾尋獲。簡娥由於年幼，對這次事件記憶淡薄，然而透過兄長的敘述，當年情景卻成為根深蒂固的歷史記憶，日本軍警的殘酷形象，長期在她心中潛存，形成她日後參與農民組合，以社會運動對抗日本殖民體制的伏筆。

簡娥的堂兄當時在新化南化派出所擔任工友，根據他的敘述，當年起事者的基地在玉井山中，他們穿著白衫褲，戴斗笠，從派出所開始襲擊，他們那一莊，幾乎全莊的人，包括保正、甲長都有參與，婦女則負責食物補給等後勤工作。起事隊伍從山中往台南方向前進，然而在新化附近就被日軍大舉鎮壓，未及成事。日軍挖了一個萬人塚。將村內十六歲以上的男子都推進坑中。簡娥的父親相信也被推入萬人塚之中。

像這樣的人民歷史記憶，在台灣民間到處存在。這事件到今天還有不少歷史謎團，如當年余清芳如何利用宗教力量，令人民相信自己已練成金鐘罩鐵布衫的功夫，可以對抗日軍的現代化武器。民間歷史記憶的虛與實，固然有許多曖昧難辨之處，然而虛構的歷史記憶卻可能創造另一個歷史真實，歷史的因果關係，其實比我們想像的更加錯綜複雜。噍吧哖事件究竟是一場怎樣的事件？簡娥的父親究竟在事件中扮演甚麼角色？他最後是否被埋入萬人塚之中？史料不足，無以徵信，但無可置疑的是：簡娥聽聞事件梗概，產生一種歷史圖像，從而影響了她日後的行動方向。

事變時簡娥的母親剛過三十歲，失去丈夫後，帶著簡娥和其他的孩子遠離新化，搬到高雄賣擔擔麵為生。簡娥資質聰明，高雄第三公學校畢業後，考入高雄高等女學校，這是以日人為主的學校，每年考入的台灣人僅七、八人左右。對台灣人來說，簡娥無疑是表現出眾。對簡娥來說，在高雄高女求學的歲月，使她認清在殖民地生活的人是弱勢的一群，處處受到歧視。

　　簡娥在高雄高女念書時，與同班同學張玉蘭志同道合，成為密友，經常結伴出入農民組合和文化協會所舉辦的演講會。在會場中，演講者所談的內容以及營造的氣氛，每每令她回憶起堂兄與母親口中的父親，加深了她對內容的共鳴。

　　二十世紀二十年代，社會主義思潮登陸台灣。農民組合的主幹簡吉、蘇清江、陳德興等人，在高雄舉辦讀書會，傳播社會主義，簡娥也報名參加。她當時閱讀的書籍，有《共產主義 ABC》、《資本主義的奧妙》等。後來她常說受這些書籍的影響很大，其中的思想不僅是她當年參加運動的動力，同時也是她一生奉行的理念。

　　張玉蘭被逼退學，引發簡娥離開高雄高女，全心投身農民運動。一九二七年，張玉蘭和簡娥都就讀高女三年級，由於經常出入農民組合的演講會，被校方與警方視為滋事者。十月十二日，當張玉蘭又參與屏東潮州一帶的農民大會時，高等特務向校方報告，校方找來她兄長，令她自動退學，她不服，校方遂採取強制退學手段。她為還自己清白，寫了〈告諸姊妹書〉一文，說明事件經過，在校散發。校方與警方搜索，引發刑事案件。警方以違反出版法檢舉她。此案一直去到三審，她被判禁錮三個月，其間引發社會視聽頗大震撼。農民組合重要幹部都積極動員群眾聲援。她終於在農民組合的盛大送別會後入獄。

　　這事之後，簡娥決定退學，全心參加農民運動。這個決定對家人造成很大的衝擊，他們將她軟禁，為了貫徹自己的意志，她趁夜逃脫。母親向法院控告農民組合的主幹簡吉誘拐。這就是一九二八年五月底在台灣媒體掀起軒然大波的「誘拐事件」。簡吉是簡娥就讀高雄第三公學校時的老師，被媒體指稱與高四女學生簡娥「發生不正常之男女關係」以致造成她拋家棄學。簡娥在司法室中，聲明是自願加入農民組合，而非被誘拐，她甚至以聲明書表示：「是否誘拐，看我今後的行動，就會明白了。」簡吉被拘留四天，後因證據不足獲釋，誘拐事件落幕，簡娥則更堅定了從事農民運動的決心。她在農民組合屏東支部工作，與當地農民建立親密關係，除了為農民爭取權益外，也教導他們閱讀簡單的文字，如農民組合為農民編寫的三字經。

　　一九二八年六月，農民組合在台中本部召開中央委員會，會中決議為新設的青年部與婦女部舉辦聯合研究會，簡娥列名研究員。此後各支部也都朝向設置青年部與婦女部的發展取向。一九二九年，日本大舉逮捕農民組合成員，史稱「二·一二事件」，許多幹部因而入獄，其後農民組合淪為非法組織，活動

轉入地下。簡娥轉向中壢、桃園一帶，變裝活動，大約一年有餘。她發揮農民草根性運動的特質，與農民建立良好的互信關係。她表示，當時只要警察一出現，便有農民來通報，她會穿上黑色衫褲、戴上斗笠，喬裝成客家婦女，與當地農婦一起在稻田勞動。

簡娥被日警逮捕入獄的經驗不少。一九二八年中壢事件中，農民組合幹部有三十五人被逮捕，其後十二人被判刑，簡娥經常奔走慰問入獄幹部的家屬，引起桃園檢查課的注意。一九二九年六月，當簡娥出現在農民協會講座會場時，被日警以「住所不定及無職業」為名逮捕，打算將她拘留二十天，她不服，在看守所中刺傷手指，摁上血指紋，提出正式的裁判申請書。此案經兩次公判，由著名台籍律師蔡式穀及農民組合顧問古屋氏為她辯護，最後獲判無罪。她性情之剛毅，由此可見一斑。

後來，簡娥也積極參與三十年代台灣的「借家人運動」。三十年代中葉以後，經濟日趨不景氣，房租也隨之飆漲，沒有房子的人難以負擔房租，於是發起「借家人運動」，這和八十年代末的「無住屋者運動」性質相同。一九三零年，以台南市為首，台灣很多地方都成立了「借家人協會」，次年全島性的「台灣借家人組合」誕生。簡娥對這個運動，從最初就支持聲援，如一九三零年八月，「高雄借家人同盟」舉行房租降價演講會，即邀請簡娥以「高雄借家人運動的狀況」為題演講。

簡娥所參與的除上述農民運動和無產階級抗爭外，還有工人運動，如一九三零年高雄苓雅寮六家草袋工廠一百八十五名女工發起聯合罷工，簡娥即代表農民組合前往支持指導，殖民當局就曾指出，此罷工事件是由於「簡氏娥，孫氏葉蘭，以及周渭然、張滄海之煽動而團結起來。」一九三一年初，台灣膠版印刷公司發起罷工行動，農民組合同樣給予支持，三月派遣簡娥北上支援，那次行動延續頗久。五月，簡娥參加台灣共產黨第二次臨時大會，被推薦為中央委員會候補委員。會後被任命為中央常務委員蘇新、潘欽信的聯絡員；這是由於台共為地下組織，聯絡無法公開進行。

一九三一年，日警大力搜捕農民組合幹部。農組主幹之一趙港被捕，簡娥等人也決定從沿海轉赴中國大陸，但在基隆藏身許久，仍無法躲過日警追查而被捕。

戰後，農民組合許多幹部如簡吉、楊逵、葉陶等，都投身對新政權的抗爭行動中。簡娥的老戰友簡吉，於一九四九年出任台灣省工作委員會山地書記一

職，次年遭到槍殺。簡娥的丈夫陳啟瑞，原為農民組合屏東潮州支部長，因資助昔日農組戰友，以資匪罪名被捕，簡娥個人雖因結婚生子及健康各種因素，沒有參與任何政治行動，但眼見昔日戰友或逃亡、或入獄、或被殺，心中無時無刻不存在著「下一個可能是我」的恐懼，精神極為痛苦。

七十年代初期，簡娥移居美國。在那裡，她每談起當年在台灣從事農民運動的經歷，仍念念不忘。

簡娥、葉陶（參見該傳）和張玉蘭堪稱農民組合三女傑。她們在二十世紀二十到三十年代的台灣社會，對於反殖民的農工運動的關切和參與，即使在八十到九十年代風起雲湧的女權運動中，也是極其罕見的。

楊翠

◇ 《台灣民報》／《台灣新民報》（1927–1930）內多篇文章。
◇ 《台灣社會運動史》，冊3、冊4，台北：創造，1989年。此書為《台灣總督府警察沿革誌第二篇，領台以後的治安狀況》（中卷）的中譯本。
◇ 楊翠，《日據時期台灣婦女解放運動》，台北：時報，1993年。
◇ 韓嘉玲編著，《播種集——日據時期台灣農民運動人物誌》，台北：簡吉陳何文教基金會，1997年。
◇ 蔡文輝，《不悔集——日據時期台灣農民運動》，台北：簡吉陳何文教基金會，1997年。
◇ 「『簡娥傳奇』與『湯德章的悲劇』」見 <http://homewardpublish.wordpress.com/2014/03/07/%e3%80%88%e7%b0%a1%e5%a8%a5%e5%82%b3%e5%a5%87%e3%80%89%e8%88%87%e3%80%88%e6%b9%af%e5%be%b7%e7%ab%a0%e7%9a%84%e6%82%b2%e5%8a%87%e3%80%89/>，摘取自《簡吉——台灣農民運動史詩》，台北：南方家園，2014年全新修訂版，2014年7月17日查閱。

▥ 91 蔣碧微 Jiang Biwei

蔣碧微（1899–1978），江蘇宜興人，原名蔣棠珍，字書楣。她一生中曾兩度冒著被社會排斥和非難的風險，勇敢地選擇自己的愛情。她之所以成為一名重要人物，也因她和徐悲鴻（1895–1953）與張道藩（1896–1968）這兩名在中國現代史上成就各有千秋的著名人物，有著纏繞不清的關係。

儘管蔣碧微在時人眼中並非美人，但照片中年輕的她卻打扮時尚、風姿綽約。她身邊朋友眾多，而且贏得兩名才子青睞，想必屬活潑跳脫之人。她出身於名門世家，蔣家不僅坐擁宜興最大的豪宅，而且出了許多學者與詩人。父親蔣梅笙（1871–1942）著有《莊子淺訓》、《理齋類稿》、《理齋近十年詩詞》等書。母親戴清波（1874–1943）也是詩人，與蔣梅笙一起出版了《引鳳樓詩草》。一九一一年蔣碧微十四歲時，父母將她許配給來自浙江省海寧縣名門的

查紫含。

　　一九一六年，蔣家為躲避宜興的動亂，舉家遷往上海。蔣梅笙受聘為復旦大學教授。當時正在這大學就讀的徐悲鴻，通過朋友朱了洲的介紹，認識了蔣家上下，他們都很喜歡他，自此他成了蔣家常客，有時還留下過夜。蔣梅笙對徐悲鴻的繪畫天份更是讚不絕口，並遺憾地表示如果不是因為兩個女兒一個已嫁人、一個已訂親，他將很樂意把她們任何一個嫁給徐悲鴻。直到那時，蔣碧微仍深居閨中，很少有機會與同齡男子接觸。她覺得徐悲鴻很有吸引力，而且極欣賞他求學深造、發奮向上的志願。一九一七年，查家迎娶她過門的日子將至，她變得很擔憂。這時徐悲鴻通過朱了洲傳話，要求她與已私奔。當時，若無充份理由，幾不可能解除婚約，所以私奔是唯一可行辦法。她經過內心一番掙扎，加上朱了洲連聲催促，終於同意。徐悲鴻得到一個富有的外國朋友贈送錢財，可以到國外學習美術。他本計劃往法國，由於正值第一次世界大戰，通往歐洲的航班已停飛，所以他帶她去了日本，為免被人發現行蹤，給她取名「碧微」，自此她便改用這一名字。

　　蔣碧微的雙親發現她私奔時留下的信後，擔心多於憤怒，為免查家前來迎親時難以交代，他們對外聲稱女兒突然患疾身亡。對他們的說法，有人相信，有人懷疑，一時流言四起，蔣家備受困擾。他們雖然生氣，但收到女兒從日本寄來乞求原諒的信後，終於接受了這一既成事實。

　　蔣碧微和徐悲鴻這對年輕愛侶是在五月赴日本的。可惜的是，徐悲鴻不善理財，見到合意的畫和其他藝術品，都買下來。約六個月之後，他的錢已全部花掉，他們迫得重回上海。然而在一九一八年底，他得到了留學生官費赴法留學，蔣碧微同行。在他參觀巴黎的美術館和博物館時，她學習法語以應對日常生活。他們曾一度搬到柏林居住，因為那裡的生活開銷較低廉。在這期間，他們與數名好友時相往還，其中包括謝壽康、張道藩、邵洵美和郭有守。一九二五年徐悲鴻的留學生官費停發，他返回中國籌款，把蔣碧微留在巴黎，生活艱苦。她在發現自己懷孕後也回到了中國。

　　蔣碧微的第一個孩子是個男孩，生於一九二七年，取名伯陽；女兒麗麗（後改名靜斐）生於一九二九年。這時徐悲鴻已是有一定聲望的畫家，受聘為南京中央大學藝術系教授。一些有頭面的朋友集資為他們在南京建了一所帶有大畫室的房子。然而經濟改善與生活穩定並未帶來幸福，他們似乎在理財方面意見分歧：他要把錢花在藝術作品上，她不同意，也許她認為錢應用在家庭和孩子

身上。兩人關係惡化。一九三零年，他告訴她，他喜歡上一名叫孫韻君（亦名孫多慈）的學生，覺得她很有藝術天份，要培養她成才。蔣碧微大受打擊，但卻獨自承受痛苦，因為她覺得此事一經外揚，會損害他的聲譽，甚至使他丟掉工作。在回憶錄中，她描述到如何渴求修復雙方關係。所以，當他計劃去歐洲舉辦中國近代繪畫巡迴展時，她要求隨行。他也自知需要她安排諸事，所以答應了。他們去了法國、比利時、英國、荷蘭、義大利、希臘、奧地利和德國，最後取道蘇聯返國。這次畫展非常成功，但由於兩人不斷吵架，關係更見惡化。

　　一九三五年徐悲鴻去廣西之前，兩人同意分居。蔣碧微決定出外工作以維持自己和孩子的生計。對於徐悲鴻承諾會給予經濟支持，她並不抱多大希望。她在中法友誼會尋得一職。一九三七年日本威脅轟炸南京，她在張道藩（她在巴黎時代的朋友）的幫助下乘船逃往重慶。二十年代，他們活躍於巴黎的同一社交圈，當時他已愛上她，但直至她的婚姻出現裂縫，才向她表白。那時徐悲鴻把她獨自留在巴黎，但她仍不願意放棄婚姻。張道藩則在一九二八年娶了一個法國女人，他們有一個女兒叫麗蓮。張道藩雖然在法國學習美術，但回中國後則進入了政界，很快成為國民黨政府的一名副部長，也因而能夠處處為蔣碧微幫上大忙。

　　在南京的最後一段日子，張道藩蔣碧微開始互傳情書，這些情書收錄在她回憶錄的第二部份，篇幅頗長，這部份主要描述二人的交往。他們移居重慶後，仍保持書信往來。她在復旦大學教法語，在他的幫助下，又在教育部的青年讀物組裡多找到一份工作，職責是審查稿件。他們雖然無可救藥地陷入情網，卻只能在一些名正言順的場合見面，諸如他作為教育部副部長到她工作的地方演講或視察。

　　蔣碧微居重慶時期，家中發生多起事故。一九三八年，徐悲鴻已是中國最成功畫家之一。他在桂林的《中央日報》刊登啟事，聲明他與蔣碧微的同居關係（他們大概從未正式結婚）已結束，從此她要對自己的所為負責。一九四四年二月，貴陽同一家報紙上又出現類似的啟事，三天之後，徐悲鴻再登啟事，公布他與廖靜文訂婚。同年，蔣徐十八歲的兒子伯陽，放棄中學生涯，應召入伍，蔣碧微心中不快，自責做母親過於嚴苛，對兒子關愛不足。她認為在他們這類破碎家庭成長的孩子，往往做事激進。在這時期，她的父母亦相繼去世：父親一九四二年死於重慶，母親翌年死於上海。這肯定是她一生中極度低沉的時刻，而張道藩適時地向她伸出援手，給她慰藉與支持。

223

　　一九四五年二戰結束後，蔣碧微終於接受了和徐悲鴻的婚姻已經結束這一事實，並決定開始新的生活。她向徐悲鴻要一百萬元，折合為法幣（在回憶錄中，她說這筆錢相當於一個普通公務人員的一年工資，僅夠三人從重慶去南京的旅費）；一百幅國畫；每月二萬元贍養費。徐悲鴻在協議書上簽了字，但據蔣碧微說，由於當時貨幣貶值，他所付的實際上不值多少。

　　蔣碧微然後回到了南京，住在戰前他們住過的房子裡。她以社會賢達的身份，被遴選為制憲國民大會代表。張道藩繼續在南京的國民黨政府內位居要職，成為她家中的常客。就像在重慶時那樣，她結交了許多文學藝術界的朋友。在重訪家鄉宜興時，她發現原來繁榮的商業中心變得凋敝，惆悵不已，而她的大族步向衰敗，更教她神傷。她與兒子伯陽重聚時，他已離開軍隊，她試圖讓他重返校園。但母子不投緣，伯陽搬到了他父親那裡。她和張道藩素來與女兒麗麗關係密切。可是當麗麗中學畢業，繼而去了金陵女子大學學習後，便與他們疏遠。有一天麗麗失蹤了，蔣碧微從此再沒見過她，並相信女兒是被共產黨「騙走」。

　　當國民黨政府遠走台灣後，蔣碧微也隨之前往，張道藩稍後與她會合。他的法國妻子與她母親、兄弟去了新喀里多尼亞（New Caledonia）生活。在多年秘密苦戀後，蔣碧微張道藩終於生活在一起，這時他們都已年過五旬。張道藩當了立法院院長，職權相當於總理。蔣碧微則仍然扮演「另一女人」的角色，從未在公眾場合以伴侶身份與他一起露面。他們一起幸福地生活了十年，但卻不能廝守終老。因為後來張道藩的妻子要來台灣定居，於是蔣碧微去了馬來西亞檳城看望侄子，然後去新加坡觀光。他們兩人從此各自生活，張道藩一九六八去世，蔣碧微則繼續活了另一個十年。張道藩不僅是一個成功的政治家，對寫劇本和繪畫也有興趣。在他逝世後，蔣碧微出版了他的劇作和畫作，完成了他生前的願望。在張道藩去世前三年，蔣碧微在皇冠雜誌上連載她的回憶錄。在後記裡，蔣碧微說出版回憶錄是張道藩的主意：多年前，他曾建議根據他們的書札，把他們的故事，寫成一部偉大浪漫的愛情小說。她出版回憶錄受到朋友告誡，他們認為會損害張道藩的名聲，她回應道：「我不相信至情摯愛會有損人格尊嚴，會令人覺得罪惡過失。」

　　一九七八年蔣碧微因腦溢血病逝台北。她最後的十年過得平靜安寧，甚至可以說愉快。徐悲鴻和他們的兩個孩子一直留在中國。他成為一九五零年成立的中國中央美術學院院長，於一九五三年去世。蔣碧微間接地聽到麗麗已結

婚，並生育了許多孩子。

　　蔣碧微一生竟與現代中國的兩位天才結下情緣，教人艷羨。她為了愛情所經歷的痛苦證明了這樣一個事實：在中國，又或許在任何一個地方，按照自己的心願行事並不一定會得到幸福。由於她的兩個愛人皆是眾所周知的人物，她的故事也許可以供普通婦女借鑒。她的回憶錄，除提供了豐富的社會參考資料，有助於再現那個時代的歷史面貌外，或許還可改變人們的想法，對愛情的信念更堅定。

蕭虹
蕭虹、龍茵譯

◇ 蔣碧微，《蔣碧微回憶錄》，台北：皇冠雜誌社，1966 年。
◇ 鄭仁佳，〈徐悲鴻的三妻及其子女〉見《傳記文學》，卷 58，1991 年 3 月 3 期，頁 32–41。

▥ 92 蔣麗金 Jiang Lijin

　　蔣麗金（1919–2008），出生於北平，祖籍浙江杭州，有機化學家。

　　蔣麗金自小體弱多病，經常被迫休學，留在家裡，為了趕上功課，勤奮學習，往往取得優異成績。她夢想成為醫生，幫助消除世上的疾病與痛苦。她在北平著名的貝滿女子中學（Bridgeman Girls' High School）讀書。為了有足夠的體力應付艱辛的醫學課程，她認真地鍛煉身體。一九三八年中學畢業後，學校免試保送入燕京大學。她在燕大完成了醫學系預科課程，於一九四一年報讀北平協和醫學院。正當她行醫的夢想稍有眉目之時，日本侵略者就在那年強迫學院關門，她的希望隨之粉碎。於是轉入上海聖約翰大學醫學院，後因病返回北平。一九四三年決定轉往北平輔仁大學化學系就讀。一九四四年畢業後，繼續攻讀研究生課程，兩年後取得碩士學位。此後一邊進行專業研究，一邊在北平醫學院任助教。

　　一九四八年，蔣麗金去了美國的明尼蘇達大學（University of Minnesota）研讀醫藥學。在攻讀博士學位時，為了生計，也當研究助理。一九五一年取得博士學位之後，在堪薩斯大學（University of Kansas）和麻省理工學院（Massachusetts Institute of Technology）從事博士後研究工作。一九五四年與日後成為運籌學家和系統工程專家的許國志（1919–2001）結婚，兩人有無子女，則未見資料透露。當回國的機遇來到時，她在麻省理工學院有關維生素 D

的研究，正處於突破的關頭。在滿腔愛國熱情驅使下，她不顧指導老師與朋友的規勸，毅然放棄了幾乎完成的工作返回祖國。一九五五年和夫婿回到中國。她被分配到中國科學院的化學研究所，著手研究易燃易爆的硼化合物。她深明這類工作十分危險，但總身處第一線，並堅持採取嚴格的安全措施。一九六五年，她接受了一項對於中國國防事業具有重大意義的任務，就是剖析高空高感光膠片。她的研究成果使中國終於生產出自己的膠片。她由於此項貢獻而獲得全國科學大會獎，一九八五年又獲頒國家級科技進步獎。

文革期間，有好幾年蔣麗金的工作權利被剝奪。一九七五年，她調到剛成立的感光化學研究所。那時她已六十多歲，並患有嚴重青光眼病，但仍再次投身於另一個艱辛的領域，開創光生物學的研究。在她領導下，研究小組在一九八零年前後發現了竹紅菌素的光療效用，從此用於臨床治療某些皮膚疾病與癌症。她和同事繼續研究竹紅菌素的光療機制。她的論文〈竹紅菌素的化學和光療機制〉於一九九零年獲得中國科學院自然科學獎二等獎。她的小組還在藻膽蛋白結構與輕能量傳遞的研究中取得進展。一九九三年，他們所發表的關於藻膽蛋白的論文獲得了自然科學獎二等獎。

一九八零年，蔣麗金當選中國科學院院士（學部委員）。她也是中國人民政治協商委員會委員、中國化學會常務理事。她對工作的熱忱，絲毫未受年齡影響，即使年過七十，她仍然參加了「生命過程中的重要化學問題」的大型研究項目。她在國內外學術期刊上發表了科學論文二百餘篇，多次代表全國政協、中科院和全國婦聯出訪英美日泰等國，並參加國際學術會議、提交學術報告。二零零八年，蔣麗金病逝北京。

蕭虹

張建農譯

◇ 英文《中國婦女》編著，《古今著名婦女人物》，下冊，石家莊：河北人民出版社，1986年，頁 976–979。
◇ 中華全國婦女聯合會組織聯絡部組織編寫，《中國女院士》，瀋陽：遼寧人民出版社，1995年，頁 307–314。
◇ 宋瑞芝主編，《中國婦女文化通覽》，濟南：山東文藝出版社，1995年，頁 360–361。
◇ 《燕京大學人物志》，輯 1，試印本，北京：燕京研究院，1999年，頁 74–75。
◇ 「蔣麗金」見 <http://baike.baidu.com/view/192009.htm>，2012年12月21日查閱。
◇ 「許國志」見 <http://baike.baidu.com/view/187770.htm>，2012年12月21日查閱。

▥ 93 江青 Jiang Qing

江青（1914–1991），生於山東省諸城縣，原名李淑蒙，後在不同時期使用過李雲鶴、藍蘋、李進等名字。她在二十世紀二十至三十年代當演員，後在延安成為毛澤東（1893–1976）的第三任妻子。她是出面發動文化大革命的人，而這場政治運動波及千千萬萬中國人的生活。

江青父親為木匠，開設一間專門製造車輪的店鋪。母親來自山東省一個書香門第；據說因為是小老婆，常遭丈夫責罵，江青亦經常遭嫡母子女欺負。一日，母親被父親虐打，那時江青大概五歲，母親眼見情況嚴重，於是帶著女兒離開諸城，從此為人幫傭，以維持生計。約於此時，江青開始上學。由於自小家人不諧，她變得極難相處，常被其他小孩欺凌。她不甘受辱，所以進行反擊，終遭開除。一九二八年她十四歲時，與母親前往濟南投靠外祖父，並進入實驗劇院，這劇院同時培訓傳統京劇及現代話劇的演員。在那裡，她受到老師和其他青年知識份子的影響，又從書刊接觸到激進的政治、藝術思想。她首次閱讀了易卜生（Ibsen）作品《玩偶之家》（*A Doll's House*）的譯本，開始把自己看成女主角娜拉（Nora）。後學校因資金短缺而停辦，她與一個裴姓青年成婚，不久便因志趣不合而離婚。

江青前往青島向昔日的老師求助，老師妻子俞珊（參見該傳）本身也是演員，向其弟俞啓威（1911–1958；亦名黃敬、俞大衛）介紹江青。俞啓威雖為世家子弟，卻從事中共的地下工作，活躍於學生當中。兩人相愛並且同居。俞啓威成為她政治上的啓蒙人，在他幫助下，她加入左翼戲劇家聯盟和左翼作家聯盟。一九三三年，她在青島加入中國共產黨，熱切地參加當地黨倡導的文化活動。俞啓威一度被國民黨逮捕，後得到在南京國民黨政府任要職的叔父營救。獲釋後，俞啓威被黨派到北平工作，在大學生中活動。

江青身攜青島故舊的介紹信赴滬，周旋於左翼戲劇家、作家如田漢、洪深和廖沫沙等人之間。她費盡九牛二虎之力，才得以躋入上海影劇界。她既是初來甫到，又非才貌出眾（據說她有吸引力但非國色天香），少不免處處碰壁、備嘗冷待，至少她深覺如此。然而憑借謀略與毅力，她逐步樹立自身形象，起先扮演左翼戲劇的小角色，後來脫穎而出，主演夢寐以求的易卜生《玩偶之家》中娜拉一角。這時她稍有名氣，順利踏進上海的電影圈。她最早受聘於左翼的電通影業公司，隨後是業務更廣的聯華電影公司。她參演了《狼山喋血記》（1936）和《王老五》（1936），在兩片中的表現均獲好評。在這期間，

她先後與影劇界數名男士有過短暫情緣，又與影評家兼編劇家唐納相戀結婚（1936–1937），戀情纏綿跌宕，擾攘多時。兩人結婚離異在媒體上傳得沸沸揚揚，即使不知有位電影演員叫藍蘋的人，亦會因她的私生活曝光而認識她。

在上海初期，江青積極投入政治工作，但她用的不是黨員身份，而是共青團員的身份，據她說，那是因為無法與黨聯絡。此時她政治上的導師是徐一冰（又名徐明清）。江青為黨派發傳單，傳送文件，亦在基督教女青年會左派份子所辦女工夜校當老師。一九三三年底，她前去北平，意欲與俞啓威重修舊好。一九三四年初返回上海，顯然未能如願，同年稍後被國民黨警方逮捕入獄。她事後追述謂曾激烈反抗、且裝瘋扮傻，令警方不得要領，無奈放人。另有一說，稱她結交獄吏，娛之以清唱京劇選段，派送個人親筆簽名相片，在簽了自首登記和保證書後被釋放。此後她不再積極參與政治活動。

一九三七年上海淪陷日人手中前，江青先到武漢，後沒有去戰時國民黨陪都重慶而轉往共產黨基地延安。由於徐一冰和俞啓威為她作保，她恢復了黨籍。一九三七年中，她被派往黨校學習。她在黨校迅即與山東同鄉康生（1899–1975）混熟，並在他幫助下，成為魯迅藝術學院助教，就是在那裡，中共主席毛澤東第一次留意到她。當時毛澤東正單身度日，他第二任妻子賀子貞（參見該傳），因他與美國記者艾格尼絲・史沫特萊（Agnes Smedley）的譯員兼秘書吳廣惠（西方作家作品中則稱為 Lily Wu 或 Wu Kuangwei）有私情，已在此前離去。江青乘虛而入，不多久便調往鄰近毛澤東辦公室的檔案室；大概在一九三八年，兩人開始在毛澤東的窰洞同居。

據聞延安對男女之事的尺度寬鬆，但毛澤東政治地位特殊，他與江青的關係就不純屬私事。除江青本人外，其他人所寫材料大多稱江青搬入毛澤東的窰洞時，他尚未與賀子貞離婚。或出於對賀子貞的同情及同志間的情誼，黨的高層領導人對毛澤東另覓新歡持反對態度，他們反對的，不是兩人非法同居，而是江青複雜的過去。然而，毛澤東十分執拗，表明即使黨組織反對，亦要與所愛的女子結婚，甚至威脅要離黨返回湖南。黨內元老為此事開了多次會議，最後同意他與賀子貞離婚，但據說附帶條件，其中一條規定江青全心全意照料毛澤東的生活，另一條則禁止她參加任何政治活動，為期三十年。

江青與毛澤東共同生活的頭二十年中，毫不出頭露面，不擔任黨政高位，甚至在毛澤東與她的舊相識俞珊有私情時，也作壁上觀。江青曾兩度被送去蘇聯「莫斯科就醫」（1949 年與 1952 年），當時凡領導人妻子，一旦被視為不

宜在國內居留者，皆遭此下場。那個時期的江青難免被拿來和賀子貞比較。賀子貞因毛澤東的私情而大吵大鬧，江青則三緘其口以保全主席臉面；賀子貞在莫斯科因心靈受創而精神失常，而情況遠較當年賀子貞為佳的江青，則保持頭腦清醒，僅對周圍的人，多是莫斯科住在一起的少數工作人員發洩不滿。

但江青在這一時期並非毫無作為。基於她在電影界的資歷，當局在一九四九年委任她為文化部電影指導委員會委員。她希望憑此身份在電影（以後還有文藝）界叱咤風雲，建功立業。她首先對一部港產通俗電影的資產階級思想作出批判，由於沒有政治後台，聲音很快遭電影與文藝界更有份量的人物壓下來。一九五一年，她第二次出擊，對家鄉山東所拍影片《武訓傳》作出批評，由於得到毛澤東支持，較上次成功。該片描寫一個名叫武訓的行善乞丐，用「改良」的方法，而不是透過階級鬥爭來改進社會。因著毛澤東對文化界出現的思想混亂予以譴責，江青帶隊赴山東調查，搜集對武訓形象不利的材料。一九五四年，她又發起對古典小說《紅樓夢》的討論，也得到毛澤東的支持，尚算成功。經此之後，她知道如何在運動中贏取毛澤東的信賴與支持，從而使所發起諸事勝算在握。

五十年代，江青從事黨的基層工作，在江蘇、湖北鄉間參與土改工作。一九五一年底，黨領導層也許出於對她政治工作的肯定，任命她為中共中央辦公廳秘書處主管，這個職位不僅要處理機密事宜，亦極具影響力。然而，她似未能勝任，甫一上任，人就病倒。有一則材料說，她的頂頭上司在一九五二年初建議她辭去職務，並補充說她的職責是替黨照料好主席。

一九五九年，國防部長彭德懷將軍公開批評毛澤東，在以後幾年，毛澤東因大躍進（1958–1960）嚴重失誤，個人威信受損。他當時正需一個忠心可靠的政治夥伴，也許因此便和躍躍欲試的江青一拍即合；兩人結盟之際，正是江青健康大為改善之時，這不能不教人懷疑事實恰好相反：江青健康轉好，是「因為」毛澤東恰好要她幫忙。兩人同赴上海，培育了一批支持者。一九六三年，他們對文藝界開展首輪重擊，矛頭指向吳晗的劇本《謝瑤環》。一般認為，這事為文化大革命拉開序幕，雖然文革是在一九六六年中共中央政治局正式通過五·一六通知後才算正式開始。吳晗劇本主題是頌揚一位耿直官員，為民請命，向皇帝進諫。當局認為劇本影射將國防部長彭德懷降職的毛澤東。江青將監察範圍由京劇、話劇、電影擴大到西方芭蕾舞、交響樂和作曲，要求各方加以改良，好將政治突出於藝術之上。

　　江青和毛澤東鼓動十餘歲至三十出頭的年青人當紅衛兵，利用他們作為一股破壞力量。在江青指導下，所有工作單位，不論是經濟、政治、教育還是文化單位，其領導幹部統統下台，代之以全新極左的領導班子。政權因此由建制內的官員轉移到僅忠於毛江的人手中。文化大革命前半期，即從六十年代中到六十年代末，江青的活動重點放在破舊之上：清除所有舊人員、舊機構、毛澤東的政敵和自己的敵人。在「除四舊」的名義下，許多歷史名勝古蹟，如寺廟、佛像、碑刻遭受毀壞。除了周恩來（1898–1976）和江青的盟友林彪（1907–1971）以外，劉少奇（1898–1969）、鄧小平（1904–1997），以及幾乎黨內全部老幹部，都被打倒或迫害。不少人因體弱終致病逝，另一些人無法忍受橫加的羞辱含冤自殺。江青在上海時期所認識的影劇界人士，凡是她覺得曾輕視過她的，均被加上嚴重罪名，下場悲慘。

　　迄六十年代末，文革令中國損失慘重。紅衛兵分裂成對立派系，不時持刀揮矛動槍武鬥。經濟嚴重滑坡，毛澤東根據大躍進引起糧食短缺的教訓，預感另一危機漸近，遂授權周恩來收拾殘局。周恩來雖未像其他老幹部一樣被揪鬥，但在推行政務上，受到左翼份子極大的掣肘，眼見這些人迅速登台掌權，他不得不保持低姿態。毛澤東轉向周恩來，被看成是疏遠江青，而當時的江青則將周恩來視為死敵。

　　文化大革命之初，江青與新任國防部長林彪及其妻子葉群（參見該傳）結盟。江青通過林彪，得到軍方支持，而通過葉群，又能安排空軍司令吳法憲執行她某些秘密報復行動。一九六九年，林彪被指定為毛澤東的正式接班人，江青亦在此時進入政治局。此後兩年，江青與林彪爭逐中國政壇第二把交椅，隨後發生的事，詳情至今未明，但在一九七一年，有報導稱林彪策劃反毛政變未遂，並企圖乘飛機逃往前蘇聯。接著有聲明稱林彪所乘飛機於蒙古墜毀，機上各人無一存活。當時毛澤東健康極差，假若江青志在繼承丈夫的職位，則周恩來便是唯一障礙。她立即發動一場反周運動，以隱晦的「批林批孔」為口號。林自然是指林彪，而孔表面上指孔子，一般則認為實指周恩來。

　　一九七二年，美國教授維特克（Roxane Witke）到中國訪問了江青，後來根據訪問所得資料以英文寫成 Comrade Chiang Ch'ing（《江青同志》），在一九七七年出版。也是在一九七二年，有人在香港匿名出版了《紅都女皇》一書，全書歌頌江青，據聞毛澤東看過後對江青十分不滿。當年曾陪同江青接受訪問的外交部官員張穎，一九九七年看到一篇文章，說《紅都女皇》是維特克

訪問江青後所寫,並引述維特克的話,稱那是周恩來離間毛江感情的陰謀。張穎於是寫了《風雨往事》,駁斥該文章,指出《江青同志》與《紅都女皇》並無關係,根本沒有陰謀。

政治局內的江青,是一股不容忽視的政治力量。儘管她與毛澤東日見疏遠,而他的健康又每況愈下,她仍可獨立行事。在一九七三年黨的十大上,江青許多親信被選入政治局,大會更因女性代表眾多,予人以女權抬頭的感覺。江青搬出毛澤東的中南海寓所,住進釣魚台國賓館一間公寓。她在那裡終日為效忠者所簇擁,其中張春橋、姚文元和王洪文尤見賣力;毛澤東對此四人統稱為「四人幫」。江青明白毛澤東未必會保她萬全,遂感危機四伏,風險日增。周恩來即令多次進出醫院,仍可依靠舊部鄧小平和其他從勞改營或關押地靜悄悄釋放回來的官員。一九七六年一月周恩來因癌症逝世,江青才放下心頭大石。當她(大抵已獲毛澤東同意)於四月試圖拆除悼念周恩來的海報,驅散自發聚集在天安門廣場十萬多名悼念者時,民眾間爆發騷亂。毛澤東懷疑騷亂是鄧小平所策動,故免除他的職務,再次向江青靠攏。毛澤東於同年九月去世。

惡名昭著的四人幫於當年十月六日一場政變中被捕,這次政變由華國鋒(毛澤東彌留之際才指定的接班人)和汪東興(毛澤東的侍衛長)聯手發動,並得尚存黨內元老葉劍英、李先念合作。四人幫於一九八零年依法受審,一九八一年一月被判多項罪名成立,其中包括叛國罪。法庭判處四人死刑,緩刑兩年,剝奪政治權利終身。江青於一九八三年改判無期徒刑,後被釋放並軟禁在家。一九九一年五月,江青因患喉癌而前赴醫院接受治療,旋在醫院自縊身亡,死訊最早為美國《時代》(*Time*)周刊所揭露,但中國官方媒體到六月才予證實。江青遺下女兒李訥。李訥結婚兩次,首任丈夫姓徐,當警衛員,兩人育有一子叫李小宇。一九八五年,李訥再婚,夫婿名王景清。江青尚在獄中時,兩人定期前往探望。

江青是一個頗有野心的女性,渴望建功立業,青史留名。她貪圖名望、政治地位,但又不願切實苦幹,只顧不擇手段攫取政權。在嫁毛澤東之前,她的每段婚姻皆顯示她並非「賢妻良母」,但為了能與主席結婚,她甘願按黨內元老要求,扮演這個角色。她衝破藩籬所帶來的積極意義,都被她一手扼殺,只因她睚眥必報、濫用權勢。她雖以武則天女皇(624–705)為榜樣,但武氏的管理才華、高瞻遠矚,卻非她所能及。大凡雄心勃勃的女人均不免招人貶損,而過錯纍纍的江青,自然難逃「白骨精」的惡名。這個稱號,著實表明國人根

深蒂固的父系社會觀念，慣把女性視為妖精。

蕭虹

龍茵譯

◇ 鍾華敏，《江青正傳》，香港：友聯研究所，1967年。
◇ 珠珊，《江青秘傳》，香港：星辰出版社，1987年。
◇ 崔萬秋，《江青前傳》，香港：天地圖書有限公司，1988年。
◇ 林青山，《江青沉浮錄》，上下卷，北京：中國新聞出版社、廣州文化出版社，1988年。
◇ 葉永烈，《江青在上海灘》，香港：明星出版社，1988年。附江青現存作品原文。
◇ ——，《江青實錄》，香港：利文出版社，1993年。
◇ ——，《江青傳》，北京：作家出版社，1995年。
◇ 方雪純，〈熱衷權勢，毫無建樹，難比武后〉見《華聲報》，1991年6月21日，版13。
◇ 張穎，《風雨往事——維特克採訪江青實錄》，鄭州：河南人民出版社，1997年。
◇ Ihara Kinosuke. "Kō Sei hyōdenkō." *Tezukayama Daigaku ronshu*, no.14–31 (1963–1966).
◇ "A Great Standard-Bearer, a Dauntless Warrior: A Chronicle of Comrade Jiang Qing's Activities in the Field of Literature and Art." *Issues and Studies* (October 1975) : 88–95.
◇ Witke, Roxane. *Comrade Chiang Ch'ing*. London: Weidenfeld and Nicolson, 1977.
◇ Bonavia, David. *Verdict in Peking*. New York: Putnam, 1984.
◇ Terrill, Ross. *Madame Mao, the White-Boned Demon: A Biography of Madame Mao Zedong*. New York: Simon & Schuster, 1992.

▥ 94 金維映 Jin Weiying

　　金維映（1904–1941？），祖籍浙江省岱山縣，人稱阿金，是隨紅一方面軍參加中國共產黨一九三四至三五年長征的三十名婦女之一。海倫・福斯特・斯諾（Helen Foster Snow）在延安時曾錯稱金維映為阿香，那是謝飛（參見該傳）的別名，相信是把兩人混淆了。

　　金維映出生於書香門第。父母思想進步，並沒給有女兒裹腳，還讓她接受教育。她隨父親遷居浙江沿海的舟山群島後，到定海縣立第一女子小學讀書，後來又進入寧波女子師範學校。那裡的校長沈毅對她影響極深，他是愛國人士，與許多積極的共產黨員合作無間。師範學校畢業後，返回定海小學教書。隨後幾年，積極參與革命工作。一九二六年底加入中國共產黨，並成為中共定海小組的三位領導之一。她鼓動不同行業的工人組織起來成立定海縣總工會，在日見壯大的勞工運動中，她成為一名好戰領袖，贏得了「定海女將」的綽號。

　　一九二七年，國民黨屠殺罷工工人，臭名昭著，金維映隨之去了上海，繼續參加工會運動，同時任教於一所小學。一九三零年，她創辦了一所夜校，對絲廠工人宣傳革命，與工人一起艱苦度日。那年她被任命為上海絲織行業黨團

書記、工會聯合行動委員會領導,並發動絲廠工人罷工。

一九三一年,金維映奉命離開上海去江西蘇區。以後的三年中,先後擔任過兩個縣委會的書記、中央組織部組織科長;當選中華蘇維埃全國代表大會代表,並於一九三四年二月晉升瑞金中華蘇維埃政府執行委員會委員,對婦女來說,這個職位素來是高不可攀的。那年,她以擴軍徵糧表現出色而得到《紅色中華》多次報導。該報把她與羅邁、毛澤覃(1905–1935)的名字並列於擴大紅軍突擊隊運動的光榮紅榜上。

金維映曾與鄧小平(1904–1997)結合。到了一九三四年,兩人離婚。那年她嫁給黨中央組織部書記李維漢(1896–1984,即羅邁)。他們的兒子李鐵映於一九三六年九月出生。李鐵映後來在黨內亦佔一席位,一九八五年成為中央委員會委員,一九八七年進入政治局。

長征期間,金維映擔任中央縱隊幹部休養連政治指導員,也安排膳食,做群眾工作。最初當長征至西北之時,她在中央委員會組織部工作。但在延安,她進入抗日大學。後來生病並咳嗽吐血。到了一九三八年春,與李維漢的婚姻似已結束,與蔡暢(參見該傳)等人一起去了莫斯科。她去蘇聯的目的,官方的說法是治病與深造。另有一說指她是被流放蘇聯。她經常就原則問題對蘇聯講師提出質疑,所以被列為「桀驁不馴的學生」。據說她被關進蘇聯的瘋人院,一九四一年底在德國空襲轟炸中遇難。這位不惜犧牲健康、幸福,為早期的共產主義運動,作出莫大貢獻的青年女性,只三十六七歲,便客死異鄉,下場實屬悲慘。

Sue Wiles
張建農譯

◇ 郭晨,《巾幗列傳:紅一方面軍三十位長征女紅軍生平事蹟》,北京:農村讀物出版社,1986年,頁 138–143。
◇ 英文《中國婦女》編著,《古今著名婦女人物》,下冊,石家莊:河北人民出版社,1986年,頁 684–688。
◇ Snow, Helen Foster. *Inside Red China*. 1977 reprint [with a new preface and biographical notes by the author]. New York: Da Capo Press, 1939, 175.
◇ Bartke, Wolfgang. *Who Was Who in the PRC*. Munich: K. G. Saur, 1997, 243.
◇ Lee, Lily Xiao Hong, and Sue Wiles. *Women of the Long March*. Sydney: Allen & Unwin, 1999.

▥ 95 闞士穎 Kan Shiying

闞士穎(1910–1971),祖籍四川省南溪縣,是隨紅一方面軍參加中國共

233

產黨一九三四至三五年間長征的三十位婦女之一。

闞士穎，本名闞思穎，又名甘棠，出生於商人之家，隨父親學習書畫，七歲入學讀書。十四歲那年，父親安排她嫁給地主兒子，遭她拒絕後，便在公眾地方張貼告示，宣稱與她斷絕父女關係。這時她已進入宜賓敘府女子中學讀書，在那裡接觸到共產黨組織，而她的哥哥亦已成為一名共產黨員。一九二六年她先加入了共青團，後轉入中國共產黨，年底去重慶進入大學讀書。一九二七年三月三十一日參加愛國示威活動，被國民黨軍隊打傷，隨即逃往武漢避難。三個月後，被共產黨派去上海。在那裡進入了文治大學。一九二八年初被分派去做聯絡工作。為了方便工作，扮成一名已婚婦女。這假戲不久便真做了，她很快生下第一個孩子。孩子後來怎樣，不得而知；戀人卻竟是叛徒。她之後經香港去了江西蘇維埃根據地。一九三零年以後的兩年裡，她在瑞金擔任黨的交通總站秘書，同時也協助成立與管理一間煉金廠，將從地主手裡沒收的金銀財寶熔化成金錠銀錠。她後來身體轉壞，生起病來。由於年紀尚輕，病情稍有好轉，便被派往蘇維埃大學國民經濟訓練班擔任班主任。一九三三年底調往瑞金的中央黨校學習。

長征出發之際，闞士穎擔任中央局婦女部秘書。長征剛開始，她在幹部休養連當政治戰士，不久被任命為政治部宣傳科長。一九三五年二月，受命與李桂英（參見該傳）以及約一百名男同志一起在雲南脫離長征隊伍，以敵後游擊隊身份與地方游擊隊一起作戰。她負責新單位的婦女部。她們的單位在極其艱辛的條件下作戰，歷盡苦難。李桂英懷孕後，她們兩人在一九三六年初離隊去了四川，孩子出生後即歸隊。一九三六年底她們最終還是被國民黨抓住了，在獄中過了好幾個月，直到一九三七年國共協議合作，宣布大赦，才得以出獄。五月一出獄，闞士穎便送交父親監管。他把她關在屋子裡，不許出外，後來她逃了出來，直奔重慶。在那裡她當了小學教師，幾個月之後又與共產黨取得了聯繫。一九三八年與一同工作的鄒鳳平結婚。一九四零年，夫婦奉命同去延安。她先休養一陣子，然後進入馬列學院，最後在中央黨校度過了五年半。雖然她對中國共產黨的一片忠心，有目共睹，但在一九四二年的整風運動中，她和丈夫還是受到批評。一九四九年之後，她在四川多個官方機構任職，職位包括重慶市婦女委員會書記、市政府委員會委員、西南婦聯委員、全總西南辦事處女工部副部長、西南婦委會副書記。她還當選為第三屆全國人大代表，四川省高級人民法院副院長和黨組副書記。

闞士穎在中國文化大革命中受盡折磨，最後被迫害至死。她被扣上叛徒的帽子，遭公開侮辱與欺凌，只要有人到訪和接觸她，都得匯報。她受到極大的精神壓力，氣管炎復發，而這病根很可能是早年在江西蘇區煉金廠工作時種下的。她又被送去勞改，強迫從事體力勞動。返回成都時，身患重病，情緒低落，一天氣喘厲害，往醫院求治，但遭拒絕。一九七一年十一月二十八日病死家中。直至一九七八年，才獲平反昭雪。

二十世紀二十至三十年代，像闞士穎般受過良好教育並富政治熱忱的年輕女性並不多見，對中國共產黨來說，她是難得的人才。她不惜犧牲健康，甚至生命，獻身共產主義事業。如果她年輕時沒有革命發生，她大概會結婚生子，過著舒適悠閑的中產階級生活。

Sue Wiles

張建農譯

◇ 郭晨，《巾幗列傳：紅一方面軍三十位長征女紅軍生平事蹟》，北京：農村讀物出版社，1986年，頁 150–157。

◇ Snow, Helen Foster. *Inside Red China*. 1977 reprint [with a new preface and biographical notes by the author]. New York: Da Capo Press, 1939, 175.

◇ Lee, Lily Xiao Hong, and Sue Wiles. *Women of the Long March*. Sydney: Allen & Unwin, 1999.

ⅢⅠ 96 康克清 Kang Keqing

康克清（1912–1992），原名康桂秀，江西省萬安縣人，為中共少數能晉升至國家領導層的農村婦女。父母住在贛江一條漁船上，父親捕漁維持家計，一家生活艱難。一九三零年，康桂秀改名康克清。

康克清自言，參加革命，是因為童年貧困。一九二六年，當她還是十四歲的小姑娘時，初次接觸到派往當地組織群眾的共產黨員，很快便加入共青團，成為本區的共青團巡視員。不久又成為少年先鋒隊隊長，到一九三一年才正式入黨。她卻在一九二八年加入由朱德（1886–1976）統領的紅四軍，並贏得了兩個家喻戶曉的綽號，即「女司令」和「紅色亞馬遜」，它們正好反映出她年青時對軍事活動的興趣。可是她沒有成為軍人，那年底她是以游擊隊組織者的身份，隨軍隊開赴井岡山。父母早前曾為她安排婚事，她拒絕了。當四十二歲的朱德要求兩人成為革命伴侶時，她卻羞人答答的同意了。她那時年僅十六歲。自此他們一起生活，很少分離。這兩位傑出革命家的結合，夾雜了同志的愛，男女的愛，他們無兒無女，廝守一生，人稱模範夫妻，鶼鰈之情，與鄧穎

超（參見該傳）和周恩來不遑多讓。

作為游擊隊員，康克清沒有參加日常的戰鬥任務，她追隨朱毛紅軍在各省轉戰，以求建立安全基地。一九三一年江西蘇維埃成立，她繼續擔任宣傳工作，組織游擊隊，盡可能避開婦女工作。明顯地，她比較喜歡與軍人共事，而不想做婦女工作。當美國記者海倫・斯諾（Helen Snow）在一九三七年訪問她時，她承認不夠資格討論「婦女問題」，因為她在蘇維埃區內沒有參與婦女工作。（海倫・斯諾就是為她冠上「紅色亞馬遜」綽號的人。）一九三二年，康克清與吳仲廉（參見該傳）曾為紅軍學校訓練農村婦女，但為時不長。在這期間（1934），康克清曾率領一小隊壯丁，成功擊退國民黨軍隊。

一九三四年十月，紅一方面軍撤離江西蘇維埃，踏上長征路途。康克清擔任的工作和其他幾名女紅軍一樣，就是沿途徵募兵員，沒收地主金錢財寶米糧，收編脫隊同志，護理傷病軍人。一九三五年八月，她被派到由張國燾及朱德共管的紅軍部隊去。張國燾反對毛澤東（1893–1976）控制中國共產黨，於是帶領自己的部隊離去，和毛澤東的軍隊分道揚鑣。據康克清稱，當年在川藏地區的朱德和她，差不多成為張國燾的階下囚，最低限度時刻受到監視和懷疑。她被派到婦女運動委員會工作，一九三六年十一月終於到達保安，之後隨黨員去了延安。她在延安過了幾個月，期間在抗日軍政大學（通稱「抗大」）學習。一九三七年七月，中日戰爭爆發，她請求派往戰區獲准，調至太行山，即朱德所建立的八路軍司令部所在地。

其後兩年，直至一九三九年，康克清在八路軍司令部政治局擔任組織幹部，並以此身份與地方人士合作抗日，舉辦識字班，組織地方礦工及其他工人成立工會。雖然她這年出任晉東南婦女救國聯合會名譽主任，負責婦女工作，但實際上，她依然履行著八路軍司令部組織人的職責。

一九四零年五月，康克清重返延安，以幹部身份進入黨校學習。一九四五年九月，抗日戰爭臨近尾聲，她被委為中共中央婦女委員會委員，兩年後，調往第一次全國婦女代表大會籌備小組。大概在一九四七年底或四八年初，她要求為退伍軍人工作不被批准，從此和軍方的獨特關係亦正式結束。隨後被派至婦委工作。九月間，更被委任為解放區戰時兒童保育會代主任。

第一次全國婦女代表大會於一九四九年召開，會上成立了中華全國民主婦女聯合會（後改稱中華全國婦女聯合會），並為聯合會選出了包括康克清在內的常務委員。她一直出任此職，直到一九八三年為止。她在兒童保育部工作，

曾到海外提交論文，探討婦女與和平（華沙，1950 年）和兒童保育（維也納，1953 年）的問題。一九五五年被委任為中國人民保衛兒童全國委員會秘書長，一九五七年九月當選中華全國婦女聯合會副主席。

一九五六年的百花齊放運動拉開了二十年政治動盪的序幕，康克清在此期間也不好過。首先婦聯被指對不斷受壓迫的婦女關懷不足。在一九五七年初推出的反右運動中，康克清負責婦聯內整風工作。對女作家丁玲（參見該傳）和其他一些知名婦女如劉王立明（參見該傳）受到嚴厲批判及鬥爭，她應該負部份責任，後來她也感懊悔。兩年後，朱德被指背叛毛澤東，康克清則被打成有資本主義傾向的右派。

文革初期，康克清和朱德同受迫害。她成了大字報的攻擊對象，戴著走資派的帽子游街示眾，在幹部大會上被鬥爭。婦聯不久停止運作。康克清投閑置散，幸未受暴力干擾，這情況維持至一九七七年。

朱德於一九七六年七月逝世，比周恩來晚六個月，比毛澤東早兩個月。翌年三月，康克清重獲委任為全國婦聯領導，由一九七八年起擔任主席，到一九八八年轉任榮譽主席為止。文革結束後，婦聯真正回復運作。一九八零年，聯合國在哥本哈根召開婦女大會，康克清以婦聯代表身份提交論文，並代表中國簽署有關消除對婦女一切形式歧視的公約。一九八一年新婚姻法實施後，節制生育成為國家首務。翌年的國家憲法加入新條款，將重男輕女的觀念列作違法。一九八五年的遺產承繼法，保證了婦女有權擁有、承繼及遺贈財物。一九八八年亦實施法例，規定男女同工同酬。

八十年代，康克清的健康及視力日漸衰退。一九八四年，她最後一次出國，到南斯拉夫及羅馬尼亞。一九九二年病逝北京。她曾以人大代表的身份出席第六屆人民代表大會，並擔任多屆全國政協副主席。但她在全國婦聯的工作卻是最教人懷念的。她是上一代婦女黨員的優秀典範，她們獻身國家，致力把傳統和現代中國接軌。

海倫‧斯諾於一九三七年在延安見到康克清時，曾這樣說過：「我可以確定，她從沒擁有過一條裙子，相信將來也不會。」她真有先見之明，因為康克清在公開場合向來只穿紅軍單性軍裝，後來也穿建國後數十年間流行的單性「毛裝」。她逝世後，《人民日報》的訃文稱她為「無產階級革命家」。

Sue Wiles

李尚義譯

◇ 畢方,〈康克清——紅軍裡的「女司令」〉見《紅軍女英雄傳》,瞭望編輯部編,北京:新華出版社,1986 年,頁 25–37。
◇ 郭晨,《巾幗列傳:紅一方面軍三十位長征女紅軍生平事蹟》,北京:農村讀物出版社,1986 年。
◇ 康克清,《康克清回憶錄》,北京:解放軍出版社,1993 年。
◇ Snow, Helen Foster. *Inside Red China*. 1977 reprint [with a new preface and biographical notes by the author]. New York: Da Capo Press, 1939, 167–91.
◇ Wales, Nym [Helen Snow]. "K'ang K'ê-ching: A Peasant Partisan." In *Red Dust: Autobiographies of Chinese Communists*. Stanford, California: Stanford University Press, 1952, 211–18.
◇ Salisbury, Harrison E. *The Long March: The Untold Story*. New York: Harper & Row, 1985.
◇ Bartke, Wolfgang. *Who Was Who in the PRC*. Munich: K.G. Saur, 1997.
◇ Lee, Lily Xiao Hong, and Sue Wiles. *Women of the Long March*. Sydney: Allen & Unwin, 1999.

ⅢⅡ 97 康同璧 Kang Tongbi

康同璧(1881–1969),字文佩,廣東省南海縣人,婦女運動積極份子,也是詩人、畫家。

康同璧是清代著名維新變法人士康有為(1858–1927)的次女。康有為是一八九五年的進士,有八個女兒。他和其他人一道倡導維新變法,並上書光緒皇帝請准,但變法終被慈禧太后(見《清代婦女傳記辭典‧孝欽顯皇后傳》)廢止,他隨即亡命日本。康同璧的姐姐同薇(參見該傳)是創辦女報與提倡婦女教育的先驅。姊妹兩人同受父親維新思想影響,不纏足,不穿耳,自覺地為其他中國婦女作榜樣。她們均受到良好教育,既研讀國學,也吸取時人認定的歐日文化精華。她們通曉多種外語,同薇專注於寫作,同璧可用英語公開演講。母張雲珠(1856–1922),亦出身書香門第,飽讀詩書。康有為離家在京候考時,她抗拒家族長輩的壓力,不讓長女纏足。

一九零一年,康有為流亡到了當時屬於英屬馬來亞的檳榔嶼。康同璧前往照顧父親;後來他到處遊歷,她均隨行。他首先去有西天之稱的印度,她在朝拜佛教聖地靈鷲山之後,曾賦詩自詡為中華女子遊西天第一人。一九零二至零三年間的冬天,她二十歲左右,被父親送往美國讀書,接著到歐美旅遊演說國事。顯然康有為對女兒期望極高;他曾於一九零三年賦詩寄意,期望她的旅遊演講,對他的維新事業及女權運動有所裨益,還希望她有機會認識名流政要。後來她進入康乃狄克州(Connecticut)哈特福(Hartford)一所中學念書。一九零六年和父親在巴黎聚首共作歐洲數國遊,期間他買下瑞典一個小島。瑞典國王恰好在鄰近建有別墅,因而也成了他們的座上客。康同璧返美後繼續在哥倫比亞大學巴納德學院(Barnard College)讀書。翌年,即一九零八年,

又重返瑞典，與家人相聚。她曾偕父親前去挪威凌瑟德（Lyngseidet）觀看午夜的太陽，那次旅程雖短，卻教她難以忘懷。康有為一九二七年去世前的兩年中，康同璧花了相當多的時間陪伴他，如一九二五年一起到青島觀賞櫻花盛開美景，一九二六年他到北平，她邀他住在自己家中。

一九零六年康同璧與父親旅歐時，另有一青年男子同行，此人叫羅昌（1883–1955），出生於檀香山，曾留學日本早稻田大學，當時則在牛津大學就讀。康同璧與羅昌結婚年月不詳，長子則生於一九一一年。

康同璧在一九二五年前返國，有關她之後活動的資料不多；只知她曾任萬國婦女會副會長、山東道德會會長、中共發起的中國婦女聯誼會會長。一九四八年，於北平次年一月易手中共的前夕，她以婦女代表身份，參加傅作義將軍在北平召開的會議，討論和平轉交權力予解放軍事宜。一九四九年出任北京文史館館員、北京市人民代表、政協委員。晚年致力於整理父親遺作，編成《南海康先生年譜續編》和《萬木草堂遺稿》。她繼承了父親對藝術的喜愛，據說長於書畫，擅繪花卉。她和父親一樣，在舊體詩創作上才氣橫溢，梁啟超在其《詩話》一書中讚譽甚多。

康同薇、康同璧姐妹二人，多方襄助父親及他的事業；父親對婦女問題的見解，如婦女不纏足、應受良好教育以及獨立生活等，都可以從她們身上看到活生生的範例。她們也是他賴以和外界聯絡的人，流亡時期，固然可代為聯絡諸弟子及國內其他人，其他時候，也可替他和香港的西方人士接觸；原因是他不能講寫西方語言，兩個女兒正好代勞。他不止一次去函，要她們以他的名義與香港總督夫人和其他西方人士會晤。不過，她們本身亦非泛泛之輩。康同璧年方二十，便孤身一人走出國門，大談中國變革之必要和女權運動。她為中華女子樹立榜樣：婦女不僅應關注女權的種種問題，而且要有勇氣公開表白自己的意見。她在晚年繼續從事婦女運動。

康同璧的丈夫羅昌是位頗有成就的學者，研究範圍遍及國際法、世界史、中國史、希臘羅馬古文學等。他曾執教於北京女子師範大學、北京師範大學、北京大學等名校；歷任駐新加坡、倫敦、加拿大外交官。康同璧有一子一女，子羅榮邦（1911–1981），居美並在大學教書，編譯了康有為的傳記。女羅儀鳳（1914–1977），據說通曉六國語文，精通文學。

蕭虹

龍仁譯

◇ 康同璧，〈清末的不纏足會〉見《中國婦女》，1957 年 5 期，頁 12。
◇ 康有為，〈送女同璧往美歐演說國事兼選港省親召女同薇來並示諸同門〉見《近代中國女權運動史料，1842–1911》，李又寧、張玉法主編，台北：傳記文學社，1975 年，頁 390。
◇ 龐蓮，〈康有為的家世和晚年生活〉見《紀念康有為誕辰一百三十週年，戊戌維新運動九十週年專輯》，南海縣政協文史資料研究委員會編，南海：南海縣政協文史資料研究委員會，1988 年，頁 96–112。
◇ 尹剛、尹常健，《中華第一人》，濟南：山東友誼書社，1989 年，頁 416–417。
◇ 《民國人物大辭典》，石家莊：河北人民出版社，1991 年。
◇ 秦邦憲，〈康有為的晚年〉見《大成》，1993 年 234 期，頁 4–13。
◇ Lo Jung-pang, ed. *Kang Yu-wei: A Biography and a Symposium.* Tucson: University of Arizona Press, 1967.
◇ 「羅榮邦」見 <http://baike.baidu.com/view/5370422.htm>，2013 年 1 月 3 日查閱。

▥ 98 康同薇 Kang Tongwei

康同薇（1879–1974），字文僴，廣東省南海縣人，創辦女報與提倡婦女教育的先驅。

康同薇是清代著名維新變法人士康有為（1858–1927）的長女。康有為是一八九五年的進士，共有八女兩子，另收養一名侄女。他和其他人一道倡導維新變法，並上書光緒皇帝請准，變法終被慈禧太后（見《清代婦女傳記辭典‧孝欽顯皇后傳》）廢止，他隨即亡命日本。康同薇的大妹同璧（參見該傳），同樣積極參與政治與婦女運動。姊妹兩人同受父親維新思想影響，不纏足，不穿耳，自覺地為其他中國婦女作榜樣。她們均受到良好教育，既研讀國學，也吸取時人認定的歐日文化精華。她們通曉多種外語，同薇專注於寫作，同璧可用英語公開演講。母張雲珠（1856–1922），亦出身書香門第，飽讀詩書。康有為離家在京候考時，她抗拒家族長輩的壓力，不讓長女纏足。

康同薇勤勉好學，精通英、日兩門外語。一八九四年她十五歲時，在父親指導下協助整理古代史書《國語》的文字。據康有為事後稱，他們已修復全書原文。同年她根據中國《二十四史》，撰寫了《風俗制度考》一書，研究人類進步的歷程。她也翻譯了大量日文書籍，全屬父親寫作《日本變政考》及《日本書目志》所用資料，前述兩書都是國內研究日本的早期專著，影響極大。一八九七年，她在新創辦的《知新報》當譯員，成為首批在報館供職的中國婦女。翌年，聯同梁啓超夫人李蕙仙（見《清代婦女傳記辭典》）等人，為上海的女童設立學校，這是最早由中國婦女創辦的女校之一，以往的女校均為外國傳教士所建。她們還出版婦女雜誌，每月三期，名為《官話女學報》，一般簡

稱《女學報》，是國內首批由婦女主辦並以婦女為對象的雜誌，旨在提倡婦女教育，讓婦女有機會工作，自食其力。

一八九八年底，百日維新失敗，清廷下令嚴拿康有為及其家人。康同薇與母親逃亡葡國屬地澳門，後舉家遷香港。康同薇和康同璧一樣，經常陪伴父親外遊。一八九七年她和父親共遊杭州西湖；一九零三年父親流亡印度大吉嶺，著她前往照顧。一九零八年，她往瑞典與父親和妹同璧會合，一同訪問了烏普薩拉大學（University of Uppsala）。

康同薇於一八九八年與麥仲華（1876–1955）結婚，他是康有為弟子麥孟華的弟弟，本身也在康有為門下。他曾留學英國、日本，一度主管香港電報局。一則資料說康同薇於一八九九年在橫濱為旅日華人組建橫濱女子學校；當時麥仲華可能正在日留學。不過，康同薇夫婦一直寓居香港，有子女十一人，目前分散居於世界各地，包括北美、澳洲、香港和中國。晚年康同薇雙腿癱瘓，深居簡出，一九七四年病逝香港。

康同薇在著述中力主男女平權，婦女應同樣接受教育。一八九八年，她在《知新報》發表文章，列舉中國上古以及日本和西方的情況，作為男女平等之範例，從而批評所處時代的習尚旨在貶低婦女。她認為中國積弱之因，在於半數人口受到奴役，不能從事生產。同樣，中國男子懦弱無知，是因為母親未受教育，無法給予適當培育和家教。她對婦女問題的主張，與父親及其學生、變法同道梁啓超類同，這也不難理解。

康同薇參與多所女校的開辦、撰寫關於婦女教育的文章，對二十世紀初中國婦女教育的發展作了很大貢獻。父親研究古籍及日本政治維新，進而著述時，亦得到她大力幫助。至於她下半生的工作，迄今所知不多，或許因撫養十一個子女，已耗盡時間和精力，再無餘暇發展事業。

康同薇有八妹二弟，其中一妹為父母養女，餘皆父親六名妻妾所生。諸妹中僅三人存活，三個妹妹嬰兒時期夭折，兩妹早逝。妹同復（1903–1979）嫁潘其璇（1898–？），其父潘之博亦為康有為昔日追隨者，臨死前將十五歲兒子託付給康有為。潘其璇長大後成為康有為得力助手，擔任其《不忍》雜誌編輯。同復生子女八人，如今散居世界各地。另一妹同環（1907年生）嫁商賈何子超（永樂），他在越南、香港等地經商，六十年代曾在香港露面。同環在港台雜誌撰文，闡明父親後期政治見解，意圖為他一九一七年參與不光彩的擁清帝復辟開脫責任。據傳一九八七年她仍寓居香港。同薇弟同籛（1908–1961）

是工程師，生活貧困，死於台灣。另一弟同凝，一九四九年後留在中國大陸從商，一九七八年去世。兩年後，妻子龐蓮將他保存下來的一些家族文書、信件捐交上海文物保管委員會。文件中有康有為致同薇、同璧的信件，從中可看到她們對父親事業所起作用。

康同薇女兒麥佳曾（Nina Mai Chang）、兒子麥信曾（Mark Mai）為本文提供了若干資料。

蕭虹

龍仁譯

◈ 康同薇，〈女學利弊說〉見《近代中國女權運動史料，1842–1911》，李又寧、張玉法主編，台北：傳記文學社，1975 年，頁 562–566。
◈ 康有為，〈送女同璧往美歐演說國事兼還港省親召女同薇來并示諸同門〉見《近代中國女權運動史料，1842–1911》，李又寧、張玉法主編，台北：傳記文學社，1975 年，頁 390。
◈ 《華夏婦女名人詞典》編委會編，《華夏婦女名人詞典》，北京：華夏出版社，1988 年，頁 973。
◈ 龐蓮，〈康有為的家世和晚年生活〉見《紀念康有為誕辰一百三十週年，戊戌維新運動九十週年專輯》，南海縣政協文史資料研究委員會編，南海：南海縣政協文史資料研究委員會，1988 年，頁 96–112。
◈ 中國婦女管理幹部學院編，《古今中外女名人辭典》，北京：中國廣播電視出版社，1989 年，頁 182。
◈ 秦邦憲，〈康有為的晚年〉見《大成》，1993 年 234 期，頁 4–13。
◈ 宋瑞芝主編，《中國婦女文化通覽》，濟南：山東文藝出版社，1995 年，頁 275。
◈ Lo Jung-pang, ed. Kang Yu-wei: *A Biography and a Symposium*. Tucson: University of Arizona Press, 1967.

▥ 99 柯岩 Ke Yan

柯岩（1929–2011），出生於河南鄭州，是詩人和善於寫報告文學和兒童文學的作家。她原名馮愷，原籍廣東南海。父親是知識份子，酷愛文學，據說曾經將法文作品譯成中文，也有材料說他曾在鐵路工作。

柯岩在湖北和雲南上中學和師範的時候，已是學生中的活躍份子。一九四八年她考入了蘇州社會教育學院的戲劇系。中共勝利後，她在一九四九年五月被派到北京青年藝術劇院做編劇。她去過工廠、軍隊駐紮地、農村和婦女生產與教育中心尋找第一手材料。一九五五年她寫了兒童詩歌〈小兵的故事〉，它獲得第二次全國少年兒童文藝創作評獎大會一等獎，使她成為有名的詩人。

柯岩一九五六年加入共產黨，成為中國兒童藝術劇院的駐院編劇，寫了一

系列兒童詩歌和戲劇，包括《大紅花》、《我對雷鋒叔叔說》、《講給少先隊員聽》、《「小迷糊」阿姨》、《娃娃店》、《雙雙和姥姥》、《飛出地球去》和《水晶洞》。一九六二年她開始任文化部創作室的專業作家，同年加入中國作家協會和中國戲劇家協會。

不過，柯岩在文化大革命時期不能再寫作。文革後，她寫了長詩〈周總理，你在哪裡？〉、〈在九月九日的黎明……〉、〈請允許……〉等，讚美被迫害過的領導如周恩來等。一九七九年十一月，她在中國作協第三次大會做了演講，呼籲作家脫離極左派思潮，爭取思想自由，她的發言曾引起相當的注意，可惜只是暫時的。自那年起，她曾被選為中國作協第三、第四屆理事，中國作協第四屆書記處書記，以及中國文聯第四屆委員。

八十年代初改革開放以後，柯岩把注意力轉向倫理、傳統美德、愛情、生活和青年人身上。她的大多時間都是在北京、山東、深圳等地各大學演講和與學生舉行研討會。她還去了一些少年教養所，從草根階層蒐集材料。

柯岩七十年代末重新執筆的時候，風格有了改變。作品從詩歌和戲劇改為報告文學、小說、散文和影視劇本，她所著稱的詩意和戲劇效果也都用在這些文體上。她的新嘗試得到很好的成績，一九七九年以後的作品多有得獎，其中包括《尋找回來的世界》，是她在北京一所少年教養所住了兩年之後寫的。它的英譯本名為 *The World Regained*。從一九八五到八七年，這本小說得了飛天獎、金鷹獎和國家教委獎，還有宋慶齡兒童文學獎。柯岩的報告文學〈船長〉、〈特邀代表〉和〈癌症不等於死亡〉於一九七七到八零年之間，獲得全國優秀報告文學獎。她還編輯了《中國新文藝大系 1976–1982 報告文學集》。

八十年代早期，柯岩被診斷患癌症之後，臥病在床的時間日益多了。她開始在作品中探視生與死的問題，創作了上述〈癌症不等於死亡〉之外，還有〈高壓氧艙〉和〈面對死神〉。這些有關癌症病人的作品散發出對生死的平靜態度。明顯地，她的病改變了她作品的主題：從政治熱忱和英雄主義演化為對博愛的寧靜反思。她後期的作品集中反映後者，特別在《他鄉明月》中。這本書敘述兩個中國女孩在美國尋找不同夢想所經歷的不同命運。她的作品被譯成多種外語。

柯岩曾任《詩刊》的副主編、中國人民保衛兒童全國委員會的委員和多種文學雜誌的編委。

郜元寶

崔稚穎增補

◇ 〈柯岩小傳〉見《中國現代作家傳略》，輯 2，徐州：徐州師範學院，1981 年，頁 371–373。
◇ 《華夏婦女名人詞典》，北京：華夏出版社，1988 年，頁 782–783。
◇ 中國婦女管理幹部學院編，《古今中外女名人辭典》，北京：中國廣播電視出版社，1989 年，頁 182–183。
◇ 盛英，〈再論柯岩〉見《文學評論》，1994 年 5 期，頁 32–41。
◇ Ke Yan. *The World Regained*, trans. Wu Jingshu and Wang Ningjun. Beijing: Foreign Languages Press, 1993.

▥ 100 賴純純 Lai Chunchun

　　賴純純一九五三年生於台灣台北，藝術家、雕塑家。

　　賴純純出生時，國民黨對曾接受日文教育的知識份子進行清算，賴家剛逃過這次劫難。戰後，她父親在台灣的電影圈十分活躍。一九七四年，她從中國文化學院（後升格為大學）畢業；一九七八年在東京附近的多摩美術大學取得藝術碩士學位；一九八零到八二年在紐約的柏拉特版畫室（Pratt Institute）學習圖形。一九八三年在台北龍門畫廊舉行個展，意義非凡，因為它看似體現了極限主義的到來，不過，這個極限主義帶著「中國」式的感情。賴純純的展覽，也和林壽宇（Richard Lin, 1933–2011）與莊普的藝術工作有關；前者曾在倫敦攻讀建築，後者則曾在馬德里習畫。賴純純一直追求極簡主義、概念主義，這主要由於日本物派的影響，物派畫家對物料有很細緻的感受，也重視觀者怎樣看待他們處理這些物料的手法。通過於不同的精神境界之間的對話時首重觸感和觀者自己的觸摸，她巧妙地達到這個視角。

John Clark

陳玉冰譯

◇ 《賴純純新作發表（個展）》，台北：龍門畫廊，1983 年。
◇ 《存在與變化：1983–1988》，台北：台北市立美術館，1988 年。
◇ 《賴純純》，台北：誠品畫廊，1992 年。
◇ 陳玉玲編，《意象與美學：台灣女性藝術展》，台北：台北市立美術館，1998 年。
◇ Clark, John. "Touch Texture and Concept: Three Woman Artists from Taiwan." In *Art Taiwan*, eds. N. Jose and Yang Wen-i. Sydney: Museum of Contemporary Art, 1995.
◇ *Jun T. Lai: Sculpture Natural*. Taipei: The Artist.1995.
◇ 「林壽宇」見 <http://zh.wikipedia.org/wiki/%E6%9E%97%E5%A3%BD%E5%AE%87>，2014 年 8 月 12 日查閱。

101 郎平 Lang Ping

郎平一九六零年生於天津，在北京長大。二十世紀八十年代初期，她被譽為全世界最優秀的女排運動員。郎平雖在學術和藝術方面都很有天賦，但自從一九七五年在北京看過一場國際女排比賽之後，便深深地迷戀上排球。她家離北京工人體育館很近，每天早晨她上學時都從此路過，總渴望有朝一日能去那裡打排球。

郎平的父親是個體育迷，覺得女兒是塊排球運動員的材料。郎平是全校最高的女生，十四歲時，父親送她到一所業餘體校。兩年訓練之後，被選入北京青年隊，當時身高已達一米八三。十七歲時，成為北京女排的一名隊員，實現了童年的夢想，但為自己定下了更高的目標——入選國家隊。不到六個月，被國家女排隊教練袁偉民選入國家隊。袁偉民的訓練，對隊員來說，是非常嚴格而艱苦的。作為一名優秀隊員和主攻手，郎平經常需接受額外訓練。她走向世界冠軍的路漫長而艱巨，每一步都是用汗水、傷患和淚水打造出來的。

八十年代是中國女排的黃金時代，也標誌著郎平運動生涯的巔峰。一九八一到八六年，中國女排連續五次贏得世界冠軍，郎平每次都有參與，而且是表現出色的隊員之一。一九八一年是中國女排隊難忘的一年。那年中國女排隊讓世人知道它已非吳下阿蒙，實力足可迎戰國際勁旅，因為它奪得了第三屆世界盃女子排球賽的冠軍，成為中國在三大球運動（籃球、足球和排球）隊伍中的首個世界冠軍。中國女排勇猛進取、體力充沛、技術超群，在賽場又魅力驚人，成了全球新聞媒體的焦點。球評家認為郎平扣球力度強勁，冠之以「鐵榔頭」的美譽，即使遠至德國，亦有慕名者在街上攔著她寒暄一番。一九八二年，中國女排在第九屆世界女排錦標賽中再次奪冠，之後又贏得一九八四年奧運會女排冠軍。一九八五、八六年，她們獲得了第四、第五個世界冠軍。郎平在國際排壇上的傑出表現為她贏得了無數的獎牌和獎金，其中包括「最佳攻球手獎」和「優秀運動員獎」。在國內，從一九八零年起她連續五年被評選為「十佳運動員」之一。

郎平在公眾視線之內生活久了，渴望過平常人的生活。一九八六年中國女排獲得世界冠軍後，便退出排壇。多年艱苦的訓練和比賽使她的身體傷痕纍纍、疲憊不堪，她終於可以休息一下。然而，她卻不滿足於當年的光環，決定繼續學習。她先在北京師範大學學習英語，六個月之後成為由舊金山旅美華僑資助的新中國教育基金會獎學金的首位得獎者。

　　郎平先在洛杉磯學習英語，然後搬往新墨西哥州（New Mexico），進入新墨西哥州大學（New Mexico University）攻讀體育管理碩士學位。她的留學生涯並非一帆風順。從十四歲進入北京業餘體校開始，她一向只管打排球，其他一切都由政府提供和安排。這是她第一次離鄉別井，要獨立謀生，照顧自己。為了掙錢，她幹過各種各樣的工作，包括在夏令營教學生打排球。一九八九年，情況開始好轉，她得到一家義大利排球俱樂部僱用，解決了經濟困境。她在一九九二年取得美國的永居權。

　　一九九五年，郎平帶著她三歲的女兒離開了美國舒適的家，回到中國去接受新的挑戰。在北京，她被任命為中國女排主教練，可說任重道遠。在奪取「五連冠」後，隨著一些資深球員如曹慧英、孫晉芳、陳亞瓊、陳招娣、周曉蘭和郎平等的相繼退役，中國女排表現漸走下坡。郎平帶領中國女排的年輕隊員，又重新踏上漫長而艱難的奪冠之路。一九九八年，郎平因健康和家庭問題辭職而去。

王平

崔少元譯

　　編者按：郎平一九八六年和白帆結婚，之後生下女兒白浪，一九九五年離婚。一九九六年帶領中國女排奪得亞特蘭大奧運會銀牌。一九九九年起，她到義大利教排球，帶領所在球隊奪得多個獎項。二零零五二月，她出任美國國家女子排球隊主教練。二零零八年，美國女排在北京奧運會贏得銀牌。同年底辭職，轉往土耳其任教，翌年出任廣東恒大女排主教練。二零一三年出任中國女排主教練，二零二一年卸任。

◇ 英文《中國婦女》編著，《古今著名婦女人物》，下冊，石家莊：河北人民出版社，1986年，頁1224–1229。
◇ 宋瑞芝主編，《中國婦女文化通覽》，濟南：山東文藝出版社，1995年，頁664–668。
◇ 郎平、陸星兒，《郎平自傳》，上海：東方出版中心，1999年。
◇ 「鐵榔頭郎平回來了！」見 <http://www.360doc.com/content/09/0822/20/147093_5153345.shtml>，2013年1月4日查閱，來源：「人間百態」鐵榔頭郎平，2009年8月22日。
◇ 朱凱，〈白浪：似曾相識「鐵榔頭」〉見 <http://www.360doc.com/content/11/0622/10/1689336_128644202.shtml>，2013年1月4日查閱，來源：《人民日報海外版——人民網》，2011年6月22日，版8。
◇ 「郎平」見 <http://baike.baidu.com/view/16735.htm>，2015年3月12日查閱。

⊪ 102 雷潔瓊 Lei Jieqiong

雷潔瓊（1905–2011），生於廣東省台山縣，接受西方教育的社會學家及

學者。雷潔瓊的祖父年青時去美國「淘金」，後來成為美國華僑中著名的富商。

雷潔瓊的父親雷子昌（1875–1926），在家中排行第三，遵父命留在中國接受中國教育，沒有到美國經營家族生意。辛亥革命（1911）前夕考中了舉人，並被任命為蘇州候補知事。辛亥革命成功之後，清王朝被推翻，舊的行政體制也隨之結束。雷子昌因無需就職，便轉去北京政法學院學習了一年法律。之後回廣州，除在廣州鐵路局任職外，還做了不掛牌的律師，並兼任《群治》雜誌的主編。雷潔瓊的母親李佩芝也是廣東人。婚後才開始認字並放了小腳。

雷潔瓊受父親的影響很大。雷子昌允許女兒自少與男孩同堂讀書，帶她去看下層勞動人民的生活，後來又將她送去當時以先進著稱的廣東省女子師範學校小學部讀書，令她在那裡第一次接觸到當時最著名的宣傳科學和民主的進步刊物《新青年》。這些都為她日後讀書、參政與為人處事奠定了基礎。

一九二四年，十九歲的雷潔瓊到美國加州一所中學補習英語，後轉入南加州大學，並在一九三一年獲得社會學碩士學位。學業結束後，應聘去了燕京大學任社會學講師。一九三五年，雷潔瓊同燕京大學的學生一起，參加了著名的「一二．九」遊行運動，抗議國民黨政府對日本軍侵略華北不予抵抗。這是雷潔瓊革命生涯的起點。

一九三七年，中日正式開戰，北平淪陷。雷潔瓊轉往江西參加抗日救亡運動，被任命為江西婦女生活改進會顧問和南昌市傷兵管理處慰勞課上校課長。一九三八年，她在著名的江西政治講習院主持了第一期婦女幹部訓練班。這講習所由熊式輝（1893–1974）任院長，許德珩（1890–1990）任訓導長，蔣經國（1910–1988）任副訓導長。次年，日軍攻入江西，南昌淪陷，雷潔瓊等人轉去吉安。在那裡她結識了共產黨重要領導、後來成為國務院總理的周恩來（1898–1976），自此成為朋友。

雷潔瓊一九三三年在《晨報》的「人口」副刊發表了題為〈社會服務與節制生育〉的文章，倡導「節制生育，制定節制生育的措施」。一九三八至四一年，在《江西婦女》雜誌上發表了〈抗戰中的農村婦女〉、〈女學生與婦女工作〉、〈抗戰中的婦女職業〉、〈婦女問題講座〉等十多篇文章。另外，還有〈中國家庭問題研究討論〉、〈三十六年來婦女運動的總檢討〉、〈婚姻與家庭問題的研究調查〉、〈老年問題及其對社會發展的影響〉等學術論文都收入分上下卷的《雷潔瓊文集》內。

一九四零年，雷潔瓊參加籌辦江西中正大學，隨後被任命為該校政治系教

授，兼任江西省婦女指導處督導室主任。次年，應聘到上海東吳大學任社會學教授，同時在聖約翰、滬江、華東大學及震旦女子文理學院講課。教學之外，積極參加中國民主促進會（簡稱「民進」）的籌建工作。一九四五年十二月，民主促進會在上海召開成立大會，與會者二十六人，雷潔瓊是其一。四十多年後，雷潔瓊當選為民主促進會中央委員會主席。

一九四六年六月，「上海人民團體聯合會」召開理事會議，決定組織各界代表團去南京向國民黨政府和平請願，反對內戰。請願團成員包括雷潔瓊和其他八名知名人士以及兩名學生代表。請願團抵達南京下關車站後，立即遭到一群暴徒圍攻，所有人都受傷並住進醫院。這次事件被稱為「下關慘案」。事件發生後，在上海、南京、延安都引起了很大震動，中共黨主席毛澤東（1892-1976）和其他領導人周恩來、朱德（1886-1976）等都公開發表慰問函，周恩來更親到醫院探望受傷的代表。全國婦女團體、文藝界、工商界及學生都紛紛公開表示同情與支持。同年底，雷潔瓊以學者和革命家的身份回到燕京大學任社會學教授。

一九四一年，雷潔瓊三十六歲時與社會學家嚴景耀（1905-1976）結婚。嚴景耀是浙江餘姚人，在美國獲得了博士學位，後又在英國、蘇聯工作數年，是一位馬列主義研究學者，和許多共產黨領導關係良好，也是「民進」的創始者之一。他們膝下沒有兒女。一九四九年十二月，他們應邀到華北解放區參觀，並在西柏坡得到了毛澤東、劉少奇（1898-1969）、周恩來、朱德等人的接見。文化大革命中，雷潔瓊夫婦曾一同被送去安徽省宿縣「勞動改造」，由於得到周恩來親自批示，雷潔瓊才免於長時間的勞改。

一九四九年，中華人民共和國成立後，雷潔瓊出席了中國人民政治協商會議第一屆全體會議。身為北京大學教授（1978）的她，除歷任多屆全國政協、人大常委要職外，還擔當許多行政及學術領域的領導崗位，包括中央政務院文教委員會委員；北京政法學院副教務長（1956-1967）；國務院專家局副局長（1952-1973）；北京市副市長（1977-1983）；全國婦聯副主席；北京社會學學會會長（1986）；中國國際交流協會副會長、代會長；中國社會學學會副會長（1986）；第六屆全國人民代表大會法制委員會副主任委員（1983）；中華人民共和國澳門特別行政區基本法起草委員會副主任委員（1985）；中華人民共和國香港特別行政區基本法起草委員會委員（1985）；民進第六、第七屆中央副主席（1979，1983）；民進第八、第九屆中央主席（1988，1992）。二十

世紀三十年代，雷潔瓊是中國有數的女高級知識份子。她也是支援中共革命的友人，一直在中共享有很高的威望和地位。

陳弘欣

◇ 雷潔瓊，〈黨引導我走向進步〉見《人民日報》，1991 年 6 月 23 日，版 3。
◇ 陳玉堂編，《中國近現代人物名號大辭典》，杭州：浙江古籍出版社，1993 年，頁 1057。
◇ 中華全國婦女聯合會組織聯絡部組織編寫，《雷潔瓊》，瀋陽：遼寧人民出版社，1995 年，頁 5–95，144–148。
◇ *Who's Who in China: Current Leaders*. Beijing: Foreign Languages Press, 1994, 280–81.
◇ 「中國民主促進會」見 <http://www.china.com.cn/chinese/2003/Feb/273753.htm>，來源：中國網，2003 年 2 月。2014 年 4 月 22 日查閱。
◇ 「雷潔瓊」見 <http://baike.baidu.com/view/80888.htm#3>，2014 年 4 月 22 日查閱。

ⅲ 103 李昂 Li Ang

李昂，原名施淑端，一九五二年生於台灣鹿港，是台灣最著名、最富爭議性的女作家之一。

李家三姐妹均負文名，李昂是三妹。大姐施淑女是個文學評論家。二姐施淑青（1945 年生）是小說家。在兩個姐姐影響下，李昂十三歲開始寫小說。她的第一篇小說〈安可的第一封情書〉沒有發表。短篇小說〈花季〉（1968）是她首部發表的作品。後來她出版了很多小說集和散文集，還有台灣著名政治異見人士施明德（1941 年生）的傳記，並且編輯了兩本小說集和一本文集。她的小說已被翻譯成英文、德文、法文和日文。

李昂是在台灣的現代文學運動最高潮的時候開始寫小說的。她早期的作品受了現代西方作家祁克果（Kierkegaard）、卡繆（Camus）、卡夫卡（Kafka）和弗洛伊德心理分析的重大影響。她在鹿港讀中學的時期（1968–1969），出版了以下的短篇小說：〈花季〉、〈婚禮〉、〈混聲合唱〉、〈零點的回顧〉、〈有曲線的娃娃〉、〈海之旅〉和〈長跑者〉。

一九七零年李昂就讀於台北的中國文化大學後，作品在題材和風格兩方面都有了顯著變化。讀了中國哲學以後，她在自己的兩篇短篇小說〈關雎〉和〈逐月〉裡面，採用了中國古典文學和神話裡的材料，被批評家斥之為荒謬。從一九七三年開始，她的作品呼應著台灣知識份子對本地的文化和傳統日益重視的趨勢。到了七十年代中期，這趨勢演變成對鄉土文學的爭論。《鹿城故事》包括了一系列九個故事，相繼於一九七三至七四年發表，就是這個多產期的產物。

　　這個時候李昂出版了《人間世》。這本包含四個短篇的小說集對性有露骨的描寫，又攻擊有關性的忌諱，惹來非常惡毒的批評。這本小說集使李昂成為一個關懷社會的有名作家，但是它關於性的寫法為社會道德所不容，謾罵之聲鋪天蓋地而來，李昂決定離開台灣，一九七五年去了加拿大，從那兒轉到美國，進入俄勒岡州立大學（Oregon State University）研讀戲劇，並於一九七七年獲得碩士學位。一九七八年回到台灣以後，在中國文化大學戲劇系任教。

　　李昂對於社會的關懷不僅表現在她的作品裡面，也見於她在《中國時報》的專欄「女性的意見」和她的報導作品。一九八一年，她的文章〈別可憐我，請教育我〉贏得了《中國時報》的報導文學首獎。

　　然而，李昂還是以她寫性的作品最為著名。這個主題在她的寫作生涯中反覆出現。在早期的作品裡面，她以性作為主題來探索女性經驗。她認為性是一種自我肯定，是成長的一個很重要的部份。《花季》裡面一系列的故事探索性心理，把性意識寫成少年人進入成人階段的標記（rite of passage）。《人間世》從社會層次探索性，揭露教育體系中的偽善，以及傳統保守的性觀念，如何壓迫年輕人，尤其是女孩子。性也給李昂筆下的女性主義提供了理據。在性的基礎上，她探索男女不平等，以及女性在父權主義社會裡面被壓迫的情況。

　　李昂最有名的女性主義小說是《殺夫》。她表示，這本小說企圖對兩性問題作出探討，並「傳達出傳統社會中婦女扮演的角色與地位」。一九八三年，《殺夫》贏得了《聯合報》年度小說比賽第一獎。這中篇小說以它的藝術性贏得了讚揚；但它對性的描寫，令人毛骨悚然，也受到了批評。它奠定了李昂作為女性主義作家的地位。她的作品屢次突破一般人認為適合女作家寫的題材和風格。

　　李昂在一篇訪談 "Protest of a Woman Author against Reckless Accusations"（〈一女作家對無理指控的抗議〉）裡面，挑戰女作家只能寫愛情和風花雪月的觀念。她相信婦女文學不應該只限於閨閣和閨秀文章，應該有辦法寫出既偉大又屬於女性的東西。她為自己辯護說，描寫性是反映真實，這是一個作家最基本的道德責任。她對性的有意識的、嚴肅的和大膽的寫法，為她在當代中國作家中贏得了一個獨特的位置。

　　《殺夫》的翻譯者葛浩文（Howard Goldblatt）說，在寫性小說的華文作家當中，李昂可以說是最堅持、最成功、影響力最大的一個。頗富爭議的《殺夫》之後，李昂寫了書信體小說《一封未寄的情書》，裡面的四個故事，繼續

探索兩性關係。而在中篇《暗夜》和長篇《迷園》這兩本小說裡面，她進一步審視性與權力的關係。這兩本小說沿襲女性主義的主題，從不同的角度反映兩性之間的性的權力結構。例如女性的不貞和以性換取權力和利益等女性主體意識的問題，也都是前人沒有提出過的極具爭議性的命題。李昂也寫性和政治，頂峰之作是較後的《北港香爐人人插》。這本小說集有個同名短篇引起極大爭議，人們都在議論它是否基於當代台灣兩個真實的政治人物的真實的性關係。它所引起的風風火火，再一次肯定李昂是台灣最具爭議性的女作家。

伍湘畹

蕭虹譯

編者按：二十世紀九十年代李昂常在台灣的電視上出現，並有她自己的節目。她和政壇一些名人熟悉，以致她的《北港香爐人人插》被指為政治索隱小說。李昂除小說外，還寫關於女性的雜文，尤其是宣揚婦女獨立自主的文章。她勸喻女性掙脫不幸婚姻的綑綁，脫離虐待她們的家庭。她並親身從事社會工作，為婦女服務。她對台灣早期的女革命家謝雪紅非常欽佩，並研究她的生平，收集很多散見於中、港、台的材料，為她寫了一本傳記《自傳の小說》。李昂對於邊緣化的女性的陰暗歷史的反思，成了她近年來寫作的養份，她藉著「鬼」非人的身份，對男權社會作出犀利的抨擊。而這樣的書寫意識，無疑仍承續著她一直以來獨有的女性意識。

◇ 微知，〈從《昨夜》到《莫春》──評李昂的兩篇小說〉見《中華日報》，1975 年 3 月 8 日，版 9。

◇ 鄭榮錦，〈驀然回首──試論李昂的《婚禮》〉見《中華文藝》，卷 12，1 期，1976 年 9 月，頁 74–82。

◇ 陳映湘，〈當代中國作家的考察：初論李昂〉見《中外文學》，卷 5，8 期，1977 年 1 月，頁 78–86。

◇ 彭瑞金，〈現代主義陰影下的鹿城故事〉見《書評書目》，54 期，1977 年 10 月，頁 23–36。

◇ 吳錦發，〈略論李昂小說中的性反抗──《愛情試驗》的探討〉見《自立晚報》，1983 年 7 月 12–13 日。

◇ 林依潔，〈叛逆與救贖──李昂歸來的訊息〉見李昂，《她們的眼淚》，台北：洪範，1984 年，頁 203–228。

◇ 鹿港人，〈談對《殺夫》的幾個誤解〉見《新書月刊》，5 期，1984 年 2 月，頁 77。

◇ 張系國，〈小論《殺夫》〉見《新書月刊》，12 期，1984 年 9 月，頁 30–31。

◇ 施淑，〈鹽屋〉見李昂，《花季》，台北：洪範，1985 年，頁 5–18。

◇ 古添洪，〈讀李昂的《殺夫》──譎詭、對等、與婦女問題〉見《中外文學》，卷 14，10 期，1986 年 3 月，頁 41–49。

◇ 何聖芬，〈真情實意──李昂與楊青矗對談〉見楊青矗，《覆李昂的情書》，台北：敦理文庫，1987 年，頁 139–151。

◇ 蔡英俊，〈女作家的兩種典型及其困境──試論李昂與廖輝英的小說〉見《文星》，110 期，1987 年 8 月，頁 96–101。

◇ 尉天驄，〈台灣婦女文學的困境〉見《文星》，110 期，1987 年 8 月，頁 96–101。

◇ 郭楓，〈評析李昂小說《暗夜》〉見《香港文學》，34 期，1987 年 10 月，頁 34–39。

◇ 呂正惠，〈性與現代社會──李昂小說中的「性」主題〉見《台北評論》，3 期，1988 年 1 月，

頁 104–115。

◇ 李昂，《暗夜》，台北：貿騰，1994 年。

◇ ——，《禁色的暗夜：李昂情色小說集》，台北：皇冠，1999 年。

◇ ——，《自傳の小說》，台北：皇冠，2000 年。

◇ ——，《北港香爐人人插：戴貞操帶的魔鬼系列》，台北：麥田，2002 年，2 版。

◇ ——，《看得見的鬼》，台北：聯合文學，2004 年。

◇ ——，《花間迷情》，台北：大塊文化，2005 年。

◇ ——，《迷園》，台北：麥田，2006 年，3 版。

◇ ——，《鴛鴦春膳》，台北：聯合文學，2007 年。

◇ ——，《七世姻緣之臺灣／中國情人》，台北：聯經，2009 年。

◇ 奚密，〈黑暗之形——談《暗夜》中的象徵〉見李昂，《北港香爐人人插》，台北：麥田，1997 年，頁 249–272。

◇ 彭小妍，〈女作家的情慾書寫與政治論述——解讀《迷園》〉見李昂，《北港香爐人人插》，台北：麥田，1997 年，頁 273–301。

◇ 施淑，〈文字迷宮——《花季》評析〉見李昂，《北港香爐人人插》，台北：麥田，1997 年，頁 221–234。

◇ 王德威，〈性、醜聞與美學政治——李昂的情慾小說〉見李昂，《北港香爐人人插》，台北：麥田，1997 年，頁 9–42。

◇ 李仕芬，〈《北港香爐人人插》的嘲弄與顛覆〉見《中國文化月刊》，221 期，1998 年 8 月，頁 74–78。

◇ 吳達芸、李昂，〈謝雪紅與李昂——兩個女人誰是誰？〉見《印刻文學生活誌》，9 期，2004 年 5 月，頁 176–188。

◇ 簡玉妍，〈論李昂《看得見的鬼》的後殖民論述〉見《彰化文獻》，15 期，2010 年 12 月，頁 132–146。

◇ Liu, Joyce C.H. "From Loo Port to Taipei: The World of Women in Lee Ang's Works." *Fu Jen Studies*, no.19 (1986) : 65–85.

◇ Li Ang. "Butcher," trans. Fan Wen-mei and John Minford. *Renditions*, special issue (Spring and Autumn 1987), 61–75.

◇ ——. "Curvaceous dolls," trans. Howard Goldblatt. *Renditions*, special issue (Spring and Autumn 1987), 49–60.

◇ ——. "Flower Season." In *Bamboo Shoots After the Rain*: *Contemporary Stories by Women Writers of Taiwan*, eds. Ann C. Carver and Sung-sheng Yvonne Chang. New York: Feminist Press at the City University of New York, 1990, 125–33.

◇ ——. "Protest of a Woman Author against Reckless Accusations: Another Self-Interview, This Time from Taipei." In *Modern Chinese Writers*: *Self-Portrayals*, eds. Helmut Martin and Jeffrey Kinkley. New York: M.E. Sharpe, 1992, 254–60.

◇ Yeh, Michelle. "Shapes of Darkness: Symbols in Li Ang's *Dark Night*." In *Modern Chinese Women Writers: Critical Appraisals,* ed. Michael S. Duke. New York: M.E. Sharpe, 1989, 78–95.

◇ Goldblatt, Howard. "Sex and Society: The Fiction of Li Ang." In *Worlds Apart*: *Recent Chinese Writing and Its Audience*, ed. Howard Goldblatt. New York: M.E. Sharpe, 1990, 150–65.

◇ Liou, Liang-ya. "Gender Crossing and Decadence in Taiwanese Fiction at the Fin de Siecle: The Instances of Li Ang, Chu Tien-Wen, Chiu Miao-Jin, and Cheng Ying-Shu." *Tamkang Review*, no.31 (2000): 131–67.

104 李伯釗 Li Bozhao

李伯釗（1911–1985），四川省重慶市人，中國現代話劇界最重要的女劇作家之一，也是戲劇藝術教育的開拓者。她歌劇的代表作《長征》一九五一年在北京人民藝術劇院首次演出，讓毛澤東（1893–1976）的藝術形象首次出現在舞台上。除話劇和歌劇之外，她還寫小說，如《女共產黨員》（1948）和《樺樹溝》（1955）。與賀子貞（參見該傳）、康克清（參見該傳）和鄧穎超（參見該傳）一樣，她是參加中國共產黨一九三四至三五年長征的三十位女紅軍之一，亦以堅毅勇敢見稱。

李伯釗的父親李漢周是前清秀才，在永林縣當過官。父親在她四歲時去世，母親楊鳳仙把她撫養成人，並時常給她講民間故事。長大後，李伯釗就讀於四川省立第二女子師範學校。在國文老師、共產黨青年運動領導人蕭楚女的影響下，加入了由平民學社組織的馬克思主義研究小組。一九二五年加入共青團。她在校報上發表進步的左派新詩，並在學校演出戲劇，最後因參加學生運動被學校開除。隨後被共產黨送往上海大學學習，學習之餘在夜校教工人認字。她曾入獄三個月，當年只有十五歲。出獄後，被共產黨送往蘇聯莫斯科一所大學學習，這大學就是後來的中山大學。在莫斯科，她經常參演話劇。她和中國現代話劇的兩位開拓者章漢夫和沙可夫一道自學西方經典戲劇、觀看演出，並且在莫斯科大學以及城中幾家工廠演出由他們三人編寫的話劇。一九二八年夏天，她從中山大學畢業後，在少共國際第五次代表大會上擔任翻譯，一九二九年與楊尚昆（1907–1998）結婚。

在蘇聯度過五年之後，李伯釗於一九三零年回到中國。第二年加入中國共產黨。在閩西革命根據地，她帶頭向紅軍宣傳教育和表演藝術。慶祝五一勞動節時，她負責編寫歌舞、報告劇及話劇，如《明天》和《騎兵歌》。《明天》原是她在莫斯科求學期間演出的戲劇，講述的是中國共產黨員在一九二七年國共合作破裂之後，如何重燃革命精神。這劇受到當地觀眾的熱烈歡迎，因為他們在建設新蘇維埃的過程中也經歷了類似的考驗，對劇中所描述的種種困難感同身受。在《騎兵歌》中，她借用了蘇聯一齣話劇的情節和人物。在原話劇中，蘇聯紅軍鼓動群眾為土地、麵包和自由而戰。根據中國官方的說法，雖然《騎兵歌》的背景是蘇聯內戰時期，但當地觀眾反映熱烈，因為他們經歷同樣的鬥爭，才取回自己的土地。省委書記鄧發（1906–1946）在劇中擔當主角，由於演技精湛，獲得高度讚揚。

一九三一年秋天，李伯釗抵達江西瑞金，先後擔任過好幾個職位，包括中央紅軍學校的政治教員、《紅色中華》報編輯、高爾基（Gorky）戲劇學校校長和中央蘇區政府教育部藝術局局長。當年冬季，在瑞金舉行的第一屆工農兵代表大會期間，李伯釗、胡底和錢壯飛製作了話劇《最後的晚餐》和《農奴》。《農奴》改編自哈莉特·比徹·斯托（Harriet Beecher Stowe, 1811–1896）的《湯姆叔叔的小屋》（*Uncle Tom's Cabin*），一九零一年林紓和魏易將其翻譯成中文，取名《黑奴籲天錄》，一九零七年在東京由春柳社首次演出。李伯釗改編的《農奴》與原著有所不同：《農奴》有四幕，描述被壓迫的農奴戰勝農奴主，以喜劇收場。李伯釗還在劇中扮演了黑人妹的角色。往往演出一結束，觀眾就會鼓掌高喊：「打倒農奴主！」、「打倒地主！」為了在蘇維埃地區進一步推廣戲劇表演，李伯釗幫助組建了八一劇團。她又出任藍衫劇團學校的校長，從事培養青年演員和創作報告劇的工作。

一九三四年秋天，李伯釗隨長征隊伍出發，因為張國燾與毛澤東（1893–1976）的軍隊分裂，她共走過三次草地，這是長征最難走的其中一段。一九三九年，她在延安擔任魯迅藝術學院的院長，抗戰期間，中共中央總部就設在延安。她在這段期間創作了歌劇《農村曲》，描述農民同特務和叛徒之間的鬥爭。後來，這劇還在國內其他地區上演，因其民俗特色和地方風味而深得不同背景群眾的喜愛。

一九四九年中華人民共和國成立後，李伯釗組建了北京人民藝術劇院，在頭兩年擔任院長。她積極招募不同領域的表演藝術家，又編排了許多民間舞、歌劇和話劇。她創作的歌劇《長征》在北京人民藝術劇院連續上演四十五場，極受觀眾歡迎。她的成就之一，就是鼓勵剛從美國回來的傑出劇作家老舍，創作後來成為中國現代經典話劇的《龍須溝》。曹禺接任北京人民藝術劇院院長後，該院自一九五二年開始專門演出話劇，李伯釗則致力戲劇教育，又出任中央戲劇學院黨委書記和副院長。

文革期間，李伯釗遭到迫害，和丈夫、兒子一起被下放到山西臨汾。她和家人在那裡的生活很艱苦，但她仍然專注於撰寫在長征時期紅軍的經歷，終於完成了話劇《北上》，一九八一年由廣州部隊戰士話劇團首次演出。劇中的女主角康小梅是紅軍宣傳隊的一位女戰士，在長征途中及時向二方面軍的賀龍和任弼時報告張國燾的分裂行為。在這位女主角身上，可看到劇作家的個人經歷。李伯釗一九八五年七月十四日病逝北京，享年七十四歲。

陳小眉

崔少元譯

◇ 白舒榮、梁化群,〈理想之火永不熄滅〉見《中國話劇藝術家傳》,輯 1,中國藝術研究院話劇研究所編,北京:文化藝術出版社,1984 年,頁 104–123。

◇ 〈李伯釗同志生平事蹟〉見《人民日報》,1985 年 4 月 25 日,版 4。

◇ 李尚志,〈李伯釗:長征人譜長征歌〉見《紅軍女英雄傳》,瞭望編輯部編,北京:新華出版社,1986 年,頁 66–73。

◇ 〈李伯釗〉見《民國人物小傳》,冊 9,劉紹唐主編,台北:傳記文學出版社,1987 年,頁 65–71。

◇ 〈李伯釗〉見《中國現代文學辭典》,上海:上海辭書出版社,1990 年,頁 252–253。

◇ Klein, Donald W., and Anne B. Clark. *Biographic Dictionary of Chinese Communism, 1921–1965*. Cambridge, Mass.: Harvard University Press, 1971, 987.

◇ Lee, Lily Xiao Hong, and Sue Wiles. *Women of the Long March*. Sydney: Allen and Unwin, 1999.

◇ 「比徹‧斯托夫人」見 <http://baike.baidu.com/view/302899.htm>,2015 年 8 月 25 日查閱。

▥ 105 李德全 Li Dequan

李德全(1896–1972),河北省通縣人,著名社會活動家、婦女運動領袖,中華人民共和國第一位女部長。李德全出身清貧,自幼勤奮好學,靠雙親向當地教會貸款,才得以入學讀書。一九二三年畢業於華北女子文理學院,先後任貝滿女子中學(Bridgeman Girls' High School)教員,北平基督教女青年會幹事、總幹事。

一九二四年,李德全與國民黨著名愛國將領馮玉祥(1882–1948)結合。婚後六年間(1924–1930),生下二男三女。丈夫與前妻所出的子女,最少有三名亦由她負責照顧。一九二六年,隨馮玉祥到蘇聯訪問,第一次接觸到馬克思主義。回國後,在丈夫支持下,於一九二八年在北平創辦求知學校,並附設小學和幼稚園,招收貧寒婦女免費入學。一九三二年,夫婦倆在泰山創辦了十五所小學,使附近農民子女得到受教育的機會。

一九三五年,李德全移居南京後,聯合知識界婦女,成立「首都女子學術研究會」。有鑒於中日戰爭似已迫在眉睫,她希望研究婦女和社會問題,以喚醒婦女的民族意識。一九三六年南京婦女舉行三八紀念大會,她在會上駁斥國民黨代表的「賢妻良母」論,指出只有聯合社會各階層人民,投身民族解放鬥爭,爭取民族獨立,改造整個社會,婦女才有光明的前途。一九三七年七月抗日戰爭爆發後,她揚言擁護中國共產黨的抗日立場,積極參加抗日救亡運動。她組建進步婦女團體「中國婦女聯誼會」,自任主席。聯誼會團結了國民黨統

治區各民主黨派和無黨派進步婦女，在國統區的反內戰反獨裁的民主運動中發揮了積極作用。她並參與籌組戰時兒童保育會，任副理事長。保育會組織救護戰地兒童的行動，更為此籌款，其間從戰火中先後搶救了三萬多名難童，建立了二十多個分會，五十多所兒童保育院。一九四五年解放戰爭時期，她隨馮玉祥投入反對蔣介石獨裁的民主運動。

一九四六年秋，李德全到達美國，代表鄧穎超（參見該傳）出席在紐約召開的世界婦女代表大會。她在會上提出「聯合世界各國婦女為爭取民主和平而奮鬥」和「反對美國援助蔣介石發動內戰」等提案，得到各國婦女代表的支持。

一九四八年夏，李德全乘船取道蘇聯回國，途中輪船突然失火，馮玉祥和一個女兒不幸遇難，李德全強忍失去丈夫和愛女的悲痛，以國事為重，到達東北解放區哈爾濱後，即時正式投入中國人民解放戰爭，以遂丈夫遺願。

一九四九年李德全被推選為前國統區的婦女代表團團長，參加中國婦女第一次全國代表大會，在會上作了《關於國統區婦女運動的報告》，並當選為全國婦聯副主席，此後一直連任，直至文革為止。同年她參加了全國政協第一屆全體委員會會議，並在第三、第四屆分別當選全體委員會委員、副主席。她出任新中國的衛生部部長，成為建國後的第一位女部長。她同時出任政務院文教委員會委員（1949–1954）及中國紅十字會會長（1950–1965）。

趙金平

編者按：李德全是新中國的首任衛生部部長。一九五八年，她在六十二歲的高齡，加入了中國共產黨。一九七二年病逝北京。

◇ 英文《中國婦女》編著，《古今著名婦女人物》，下冊，石家莊：河北人民出版社，1986年，頁495–498。
◇ 郭緒印、陳興唐，《愛國將軍馮玉祥》，鄭州：河南人民出版社，1987年。
◇ 劉巨才，《李德全的故事》，石家莊：河北少年兒童出版社，1995年。
◇ 《中國婦女五十年》光碟。
◇ Snow, Helen. *Women in Modern China.* The Hague and Paris: Mouton Press, 1967, 85–90.
◇ Klein, Donald W., and Anne B. Clark. *Biographic Dictionary of Chinese Communism, 1921–1965.* Cambridg, Mass. : Harvard University Press, 1971, 531–34.
◇ 「李德全」見 <http://baike.baidu.com/view/97920.htm#sub5812756>，2015年3月13日查閱。

▥ 106 李桂英 Li Guiying

李桂英（1911–1997），江西省尋烏縣人，是隨紅一方面軍參加一九三四至三五年中國共產黨長征的三十名女性之一。

李桂英出身農民家庭。四歲喪父，七歲嫁給一個二十歲的男人做童養媳。一九二九年初她十八歲時，紅軍司令朱德（1886–1976）來到她家鄉發表演講，令她心往神馳，遂投身革命。一九三零年她加入共產主義青年團，翌年被送往會昌接受軍事教育。一九三二年擔任麻州區委書記、擴大紅軍特擊隊長和會昌縣委婦女部長。翌年加入中國共產黨，長征前為粵贛省委婦女部副部長。

長征途中，李桂英和劉彩香、鍾月林等其他來自農村的女性一樣，承擔著政治指導員、安排僱用挑夫和偶爾抬擔架等職責。長征開始時，李桂英同中共川南特委組織部長戴元懷結了婚。一九三五年二月，她與丈夫受命作為游擊隊留在雲南，和當地游擊隊並肩作戰。同時留下來的還有闕士穎（參見該傳）和約一百名男隊員。不久，戴元懷遇害，李桂英另嫁戰友余澤鴻，不幸地他也同遭殺害。李桂英到了四川，於一九三六年初生下一小孩。她將孩子交給闕士穎的親戚照顧，便重投革命工作。那年冬天，李桂英被國民黨監禁，翌年十月獲釋後即與共產黨接上了頭，不久就和鄧穎超（參見該傳）取得聯繫。

李桂英繼續在西南參與游擊隊工作，一九三九年同羅湘濤結婚。羅湘濤為安徽新四軍軍需處副處長，兩人一直在華中工作到一九四九年。李桂英先後任職於新四軍的婦女委員會、政治部和後勤部。至於她有否再生育，則資料不詳。

一九四九年之後，李桂英擔任了多個中層領導職務，包括華東軍區的軍需部組織科長、軍事工業工會組織部長、政治處主任和青島療養院副院長。文革期間，她因三十年代後期曾被國民黨囚禁過而被列為叛徒。期間被開除出黨，直到一九七八年七月才得到平反。當時已雙目失明，無法工作。她在南京的一家軍隊醫院度過了她的最後十年。她一生歷盡坎坷，其中包括戰爭期間先後與她結婚的兩個男人相繼遇害，為了重投革命工作而將孩子交給別人照看。一九四九年以後，她在領導崗位上工作了至少十五年，享有的經濟保障和社會地位，對一個農村出身的人來說，是前所未有的。

Sue Wiles
崔少元譯

◇ 郭晨，《巾幗列傳：紅一方面軍三十位長征女紅軍生平事蹟》，北京：農村讀物出版社，1986年，頁154–157。
◇ 吳東峰，〈在槍林彈雨中歷險經難〉見《紅軍女英雄傳》，瞭望編輯部編，北京：新華出版社，1986年，頁153–162。
◇ Lee, Lily Xiao Hong, and Sue Wiles. *Women of the Long March*. Sydney: Allen & Unwin, 1999.

▦ 107 李建華 Li Jianhua

李建華（1915–1936），江西省高安縣人，是隨紅一方面軍參加一九三四至三五年中國共產黨長征的三十位女性之一。她是首位遇難的女紅軍，故未能到達保安。

李建華生於商人之家，家中向農民出租小幅土地。她曾受過高小教育，以一個參加早期共產主義運動的年青婦女來說，這是很了不起的優勢。她原名涂秀根。一九三零年彭德懷（1898–1974）的部隊路過她的家鄉，她和一名女友趁機參加了紅軍。此後改名李建華，意為重建國家。李建華是彭德懷部隊中三名女性之一，另外兩人為李赤華和丘一涵（參見該傳），都是她的朋友。翌年她加入中國共產主義青年團，以後又入了黨。

初時李建華在紅軍中當文書。一九三一年一月紅軍繳獲了敵人的無線電台，李建華隨被送去學習發報技術。其後調往總司令部擔任無線電台的報務見習員，之後又前往江西蘇區從事報務工作。一九三四年初，李建華晉升為無線電報務員，同年八月和電台台長岳夏結婚，他是她的上司，時年二十七歲。長征的最初幾個月裡，他們二人在不同的單位工作。不久，李建華被派往丈夫的單位擔任他的助理。她懷孕了，據傳她曾按民間古老偏方，把麝香捆在褲腰帶上，試圖打胎，但未能奏效。她的小孩何時、何地出生，無人知曉。據推測，她將嬰兒送了人，這在長征期間是件司空見慣的事，許多孩子都是這樣被處理掉的。

一九三五年夏，李建華和丈夫調往張國燾（1897–1979）所領導的紅四方面軍，在西藏期間她同康克清（參見該傳）保持著聯繫。張國燾懷疑李建華和丈夫對其不忠，剝奪了他倆發送情報的權利，只允許他們接收信息。據傳，李建華隨紅四方面軍的西路軍渡過了黃河，後被穆斯林的騎兵部隊殺害。

Sue Wiles

崔少元譯

編者按：新華網引述的《羊城晚報》和中國高安網引述的高安市史志辦都指李建華卒於一九四六年。《羊城晚報》稱她隨紅四方面軍南下川康邊地區，一九三六年七月繼續長征北上。紅軍三大主力會師後，隨紅軍總部到陝北。一九四六年任合江省佳木斯市區委書記。又據高安市史志辦資料，李建華生了兩個兒子，長子生於會寧，也以此為名，交婆家撫養；次子生於延安，取名延生，由他人收養。

◈ 郭晨，《巾幗列傳：紅一方面軍三十位長征女紅軍生平事蹟》，北京：農村讀物出版社，1986年，

頁 79，85，178–179。

◇ Lee, Lily Xiao Hong, and Sue Wiles. *Women of the Long March.* Sydney: Allen & Unwin, 1999.

◇ 「和丈夫一起走完長征的女紅軍」見 <http://news.xinhuanet.com/mil/2010-07/26/content_13917024_
20.htm>，2010 年 7 月 26 日，來源：《羊城晚報》，2013 年 1 月 8 日網上查閱。

◇ 「李建華」見 <http://www.gaoan.gov.cn/system/2011/12/24/011860642.shtml>，2011 年 12 月 27 日，
來源：高安市史志辦，2013 年 1 月 8 日網上查閱。

▥ 108 李堅真 Li Jianzhen

李堅真（1907–1992），生於廣東省豐順縣一個貧農家庭，是隨紅一方面軍參加一九三四至三五年中國共產黨長征的三十名女性之一。一九三七年，海倫‧斯諾（Helen Snow）在延安採訪了李堅真，後來在 *Inside Red China* （中譯本為《續西行漫記》）中形容她形象獨特，直如中國廣東婦女版本的愛爾蘭女戰士。從二十歲起，李堅真積極投入革命事業；到一九六零年，她已晉升為頗具實權的廣東省委書記。

李堅真告訴海倫‧斯諾，父母是搬磚工，有十二名子女，她唯一的姐妹已去世。她被送往一戶姓朱的商人家當童養媳。朱家有三個兒子，全家都對她很好，十七歲時嫁了其中一名兒子。後來有資料稱她丈夫叫朱日犬，比她大七歲（這和她告訴海倫‧斯諾兩人相差十歲有出入）。一九二五年，李堅真生下兒子，自此似未再生育。朱家住在離海陸豐不遠的東江地區。海陸豐是一九二七年八月中國第一個蘇維埃政權的所在地，朱家對正在粵閩一帶蔓延的革命運動十分支持。李堅真的丈夫於一九二六年加入共產黨，比她早一年，在一九三零年的大埔戰鬥中捐軀；丈夫的兩個兄弟也為革命犧牲了。一九二七年五月端陽節的農民起義，相信是由她丈夫的一個兄弟帶領，他便是在此役中喪生。李堅真之後參加了革命，並表示爭取男女平等和婚姻自由、反對封建包辦婚姻的革命口號吸引了她。在這次起義中，她領導一支宣傳隊，起義失敗後她和起義的同伴一起逃命，加入由古大存領導的紅十一軍。雖然她沒有參加海陸豐起義，但留在紅十一軍的游擊隊整整一年，期間推動宣傳工作、組織工人和領導農民協會。她告訴海倫‧斯諾，廣東的婦女是中國最具革命精神、抗爭意識的女性，只因她們生活悲慘。由於她們的丈夫大多到國外尋找工作，所有低報酬的勞力工作，都由她們承擔。

在海倫‧斯諾筆下，李堅真是一位個子高、肩膀寬、氣力大，聰明果敢的女性。接著的幾年，李堅真是在閩西邊區度過的。她將兒子託付給在東江地區

的翁姑，以便從事革命工作。資料顯示，在此期間她在蘇維埃政府擔任了多項職務，主要是在縣一級，如縣委書記及多個婦女部門的負責人。後來，她得到鄧穎超（參見該傳）、周恩來（1898–1976）和毛澤東（1893–1976）等領導的賞識，一九三三年底被調到江西蘇區進入中央黨校學習。沒有資料顯示她何時懂得認字，但她似曾在收養她的家庭讀過書。無論是小時侯學過認字，還是後來在共產黨的管理培訓中苦學成功，她終於成了黨校高級班裡的第二批學員。在這短暫期間，她和另外兩位即將參加長征的年青女同志——闕士穎（參見該傳）和危拱之（參見該傳）住在同一宿舍房間。一九三四年一月，李堅真代表福建省參加了在江西蘇區舉行的中華蘇維埃第二屆代表大會，當選中央執行委員，並出任中央局婦女部長。

一九三四年十月，長征隊伍從瑞金出發。長征期間，李堅真擔任政治指導員和宣傳員，負責籌集糧食和查抄地主的財物。在長征的前半程中一個小男孩擔任她的飼養員，她對他的關懷令人感動，顯示出她以愛心待人。一日小男孩嚴重受傷，生命危在旦夕，此時正逢長征隊伍拼死穿越大渡河上的瀘定橋，她背著他，直到明白他無法活下來。最後她將小男孩放在小廟附近的木棚裡，在他的口袋裡留了一些鹽巴和銀洋。

一九三五年底，共產黨到了西北的瓦窯堡，李堅真同長征中的戰友鄧仲銘（1904–1943）結婚。她在西北僅停留了兩年，擔任陝北省委婦女部長、組織部副部長和延安陝甘寧邊區婦女部長（1937）。一九三八年，她和丈夫被派往南方江西、浙江和廣東的新四軍地區工作。她繼續從事婦女工作，出任東南局婦女部長，同時擔任中共江西省委。九十年代初，她告訴記者，一九四三年她在參加同事的婚禮時得到丈夫去世的消息。她似乎沒有再婚。

一九四五年，李堅真出任福建省長汀縣縣委書記，一九四五至四九年內戰期間，繼續在華中和山東省委工作，歷任華中分局宣傳及組織部副部長、山東分局婦委書記和山東省婦女聯合會主任。一九四九年中華人民共和國成立後，成為新國家管理班子不可或缺的一員。她以華東解放區代表的身份出席了第一屆全國政協大會，同年當選全國婦聯執行委員。新中國初年，先後擔任多項黨政職務，主要在廣東省，而當中最為重要的是中共中央候補委員（1956）和廣東省委書記（1960）。出任廣東省人大代表時，當選首三屆全國人大代表（1954、1959、1965）。自廣東省委紀律檢查委員會於一九五五年成立以來，她便參與其中，從一九五七年八月開始擔任書記。為此緣故，在一九六三年被

委任為中共中央紀律檢查委員會委員。

文革期間,李堅真看來是被剝奪了一切職務,再沒有公開露面。大多參加過長征的老幹部都有類似的遭遇。不過,她得到的待遇,和其他人相比,還不算太差。一九七三年,她重新獲得若干領導權,被任命為廣東省革命委員會副主任。一九七七年獲得全面平反,成為中央委員會候補委員,並官復原職,重任廣東省委書記。接著,還當上廣東省人大常委會主任(1979)、全國人大廣東省代表(1978、1981、1988)。她何時退休,不得而知。一九八二年被委為中央顧問委員會委員。一九八四年據報入住北京醫院高級幹部病房。

李堅真一生熱愛民歌,在長征期間被譽為最受歡迎的女民歌手之一。女省委書記不多,李堅真便屬其一,她出身文盲農民之家,有此成就,實屬難得。

Sue Wiles

崔少元譯

編者按:李堅真一九九二年在廣州去世。她的故鄉豐順縣為紀念她的事蹟,修建了堅真公園、堅真紀念館和堅真廣場,還在廣場上樹立了她的戎裝銅像。

◇ 郭晨,《巾幗列傳:紅一方面軍三十位長征女紅軍生平事蹟》,北京:農村讀物出版社,1986年,頁 23–26,36–40。
◇ 劉卓安,〈從女戰士到省委書記〉見《紅軍女英雄傳》,瞭望編輯部編,北京:新華出版社,1986年,頁 53–65。
◇ 英文《中國婦女》編著,《古今著名婦女人物》,下冊,石家莊:河北人民出版社,1986年,頁 735–742。
◇ 楊啟君,〈李堅真〉見《女英自述》,江西省婦女聯合會編,南昌:江西人民出版社,1988年,頁 162–170。
◇ Wales, Nym [Helen Foster Snow]. *Inside Red China*. 1977 reprint [with a new preface and biographical notes by the author]. NewYork: Da Capo Press, 1939, 178–81, 191–96.
◇ Klein, Donald W., and Anne B. Clark. *Biographic Dictionary of Chinese Communism, 1921–1965.* Cambridge, Mass.: Harvard University Press, 1971, 482–84.
◇ Bartke, Wolfgang. *Who Was Who in the PRC.* Munich: K.G. Saur, 1997, 223.
◇ Lee, Lily Xiao Hong, and Sue Wiles. *Women of the Long March.* Sydney: Allen & Unwin, 1999.
◇ 「李堅真銅像揭幕紀念館開館」見 <http://www.southcn.com/news/dishi/meizhou/tp/200701120502.htm>,《梅州日報》網絡版,2007年1月12日。2013年1月8日查閱。
◇ 「『人物』鄧仲銘:興國暴動的領導人之一」見 <http://news.jschina.com.cn/system/2011/07/08/011175808.shtml>,2011年7月8日,來源:《南京黨史》,2013年1月8日網上查閱。
◇ 「李堅真」見 <http://baike.baidu.com/view/378904.htm>,2013年1月8日查閱。

▥ 109 李麗華 Li Lihua

李麗華(1923–2017;亦有其他資料說是 1924 年、1925 年生),生於上海,

祖籍河北，影星；自上世紀三十年代後期以來在中國大陸、港、台的國語影圈走紅達三十餘年之久。朋友和影迷均叫她小咪，這是她的乳名，意謂她出生時細小得像頭小貓。

李麗華的父母均為京劇演員。父親李桂芳演小生，母親張少泉則演老旦。張少泉喪夫後，將十來歲的麗華送至北平，在章遏雲門下學習京劇。李麗華一九三九年回上海，大姐夫姚一本將她推薦給友人嚴春堂。嚴氏為藝華電影公司經理，正在物色新人飾演新片中觀世音一角。由於他是佛教徒，故認為應以處女出演這角色。他與李麗華見面後即與之簽約五年，打算讓她飾演該角。但一些人向他進言，指李麗華身材過於纖小，不適合角色的要求，最後他另行選用一名較成熟的女演員。

另一方面嚴春堂因與李麗華已簽五年合約，不得不為她另覓角色。於是安排她出演《英烈傳》，可是導演拍戲僅一日便停拍，理由是對她這個女主角的表現不甚滿意。後決定她可能適合拍丫鬟戲，於是開拍《三笑》，由她主演，該片為著名明代畫家、作家唐寅（字伯虎，1470–1523）追求一個富家丫鬟的故事。然而同業國華電影公司亦計劃將此故事搬上銀幕。隨後兩公司相爭之中，藝華於六天六夜內完成影片攝製，國華僅多用一天亦大功告成。三十年代的上海，為日人所據，文藝受到嚴密監控，優秀的娛樂產品並不多見，故需求甚殷。電影若根據民間故事改編且不帶政治色彩者，一般可通過日方審查而接近千家萬戶，以至廣受歡迎。《三笑》的兩個版本同於一九四零年上映，都十分賣座。李麗華乘此熱潮，在首部影片一舉成名。

《三笑》後，自一九四零至四二年的三年間，李麗華接拍了十餘部影片，其中《千里送京娘》的主題曲被灌成唱片，流行一時。另一部是重拍的《英烈傳》，儘管導演與女主角仍為原班人馬，賣座倒不俗，令李麗華感到揚眉吐氣。一九四一年十二月太平洋戰爭爆發，日本人接收上海租界，各大電影公司合併為中國聯合影業公司（華聯），因得到日本軍方庇護，可不受干擾的繼續拍片。李麗華演了《寒山夜雨》和《秋海棠》，兩片均由馬徐維邦導演。她還演了一部歌舞片《萬紫千紅》，由歌舞片權威導演方沛霖執導。正是在這時期，李麗華結識了青島張裕釀酒公司的年輕東主張緒譜，兩人隨後結婚。

隨著一九四五年戰爭結束，上海電影業獲得新生，李麗華仍然是各電影公司爭相羅致的女演員。她對工作克盡職責，處處遷就製片廠。同年，她在拍攝《春殘夢斷》一片時，因經常工作至夜深，終於在片場暈倒。丈夫勸她暫停工

作前去他在青島的葡萄園休養，正當她差不多決定離開時，卻因有新發展而作罷。一間新製片廠文華影業公司宣布招聘演藝精英，這公司財力雄厚，擬立即開拍《假鳳虛凰》，並打算找她主演。她覺得別無選擇，只好取消青島之行。《假鳳虛凰》講述男理髮師與修甲女郎兩人皆假裝富有，只想與對方結婚，借機圖財。理髮師工會諸人認為該片對理髮師有貶損的描述，群情激憤，集體前往正在上映《假鳳虛凰》的戲院，與保安扭打且要求將拷貝燒毀。這突發情況迫使電影公司請求有力者出面疏通，最後還得向理髮行業公開道歉。這事件轟動一時，適成免費宣傳，後來上映時，票房成績驕人，李麗華甚至成為美國生活雜誌（*Life*）封面故事的主角。

一九四六年前後，一間叫大中華影業公司的新製片廠在香港成立。這公司表示，若李麗華來港參演《上海小姐》（後改稱《三女性》），可付酬勞三億元；儘管當時通貨膨脹嚴重，三億元出演一部電影，仍非小數；也是電影圈中最高額的片酬。張緒譜想阻止她前往香港，但當時他本身已陷經濟困境、債務纏身。李麗華稱此去旨在掙錢替他還債。《上海小姐》拍完，她回到上海拍《艷陽天》，這電影的劇本出自中國著名劇作家曹禺之手。明顯地，這是高素質製作，因除有大名鼎鼎的劇作家及女主角外，其他角色皆來自享譽更高的戲劇界。它令李麗華的聲譽益隆。

一九四七年李麗華離開上海，赴港拍《女大當嫁》，之後決定留下。張緒譜一度赴港探望她，但沒多久便離去。兩人自此未再相見，至一九四九年正式離婚。與此同時，李麗華與演員陶金日趨親密，兩人曾合演一九四八年的《海誓》，及一九五零年的《詩禮傳家》。後陶妻多次催促陶金返回滬上，兩人只得於一九五一年初分手。五十年代初，香港又出現一間名為長城的新製片廠，李麗華為它演出兩部影片，分別為《說謊世界》和《新紅樓夢》。

由於一九四九年前的影星大多數留在大陸，五十年代初在香港影圈依舊活躍的，實際上僅李麗華一人，看來那時便由她獨領風騷。一九五二年起，她為新華和南洋（邵氏兄弟）兩廠拍片甚多，其中包括兩部講述清末民初婦女的《小鳳仙》和《秋瑾》，均由屠光啟執導。其他還有陶秦導演的《寒蟬曲》，屠光啟導演的《風蕭蕭》，卜萬蒼導演的《漁歌》，以及易文導演的《盲戀》和《小白菜》。她也去日本拍攝了《櫻都艷跡》和《蝴蝶夫人》。

五十年代中，新星迭出，李麗華的光芒稍遭掩蓋。這些新秀包括林黛（參見該傳）和尤敏。一九五五、五六年間，演員兼導演的嚴俊走進李麗華的生命。

多年前兩人即已相識，那時李麗華初入影壇，嚴俊亦開始拍電影，兩人相見恨晚，但因他使君有婦，她只好放棄這份感情。嚴俊早年是話劇演員，在上海劇壇極負盛名，後來從影，到一九五一年遇上首個轉折點：在香港永華公司首次執導。他的妻子當時已回大陸，他和戀人林黛在香港影圈中成為成功搭檔，印證了他導演的才華。嚴俊和林黛分手後，再與李麗華來往。李麗華自一九四九年離婚後，曾拒絕多個向她示愛的男子，一直保持獨身。此時二人非但覺得有感情上的需要，亦看出聯手拍片的優勢。嚴俊失去巨星林黛，卻得到儼如可靠資產的李麗華；李麗華亦可借嚴俊之力，憑他優秀導演兼搭檔演員的身份，在新星燦爛的銀河中保持競爭強勢。兩人於一九五七年在九龍聖德肋撒教堂舉行婚禮。

李麗華與嚴俊相識多年，感情基礎穩固，婚後生活安定幸福。二人攜手攝製了一系列彩色歷史電影，成績斐然。此外，他們又加盟在圈內業績彪炳的邵氏兄弟公司，在它的資助下拍了規模更大、耗資更巨的電影。李麗華在彩色歷史巨片《武則天》和《楊貴妃》的表現，標誌著她影藝事業的巔峰，那時她已是成熟的女演員，扮演片中主角，適合不過。此後，她專飾中年女角。她以影片《一寸山河一寸血》獲金馬獎最佳女演員獎。自此以後，除了扮演一些特別角色外，很少在銀幕上露面。

一九七二年李麗華在武俠巨片《迎春閣之風波》中扮演效忠明室的頭領，該片導演為胡金銓（1932–1997）。又在一九七五年的《八國聯軍》中飾慈禧太后。七十年代初，嚴俊被確診患有糖尿病和心臟病之後，兩人移居美國，住在紐約長島。嚴俊死於一九八零年。李麗華有二女，長女是第一次婚姻所出，幼女嚴德蘭是與嚴俊所生，生於一九六一年。據稱李麗華生性節儉，善於理財，七十年代在紐約即投資於中國電視生意。李麗華最為人所樂道的，是其美貌，及在影壇屹立不倒的能力，而非演技。其實她也是個有責任感、能演戲的演員。她工作認真，守時合作，在國語片影壇上一直享有盛名，三十餘年而不衰。一九五八年首度進身國際影壇，與域陀米曹（Victor Mature）聯合主演好萊塢影片《飛虎嬌娃》（China Doll），該片由法蘭克·鮑沙其（Frank Borzage）導演。而這也是她唯一的一次。

蕭虹
龍茵譯

編者按：李麗華曾兩奪台灣金馬獎影后寶座，並先後在二零一五年和一六年獲頒金馬獎

終身成就獎及香港電影金像獎終身成就獎。李麗華居孀後，遇上四十年代結識的影迷吳中一，兩人結婚，移居新加坡，後轉往香港定居。二零零六年吳氏去世。二零一七年，李麗華在香港去世。

◇ 盧申芳，〈影壇長青樹李麗華〉見《向時代挑戰的女性》，台北：學生書店，1977 年，頁 117–123。

◇ 陳蝶衣，〈小咪情史（上）──李麗華別傳之一〉見《中外雜誌》，卷 46，1989 年 7 月 1 期，頁 60–74。

◇ ──，〈小咪情史（下）──李麗華別傳之二〉見《中外雜誌》，卷 46，1989 年 8 月 2 期，頁 37–43。

◇ 「老伴病逝後，李麗華幾乎足不出戶」見 <http://stars.zaobao.com.sg/pages3/lilihua060818.html>，2006 年 8 月 18 日，來源：《聯合早報》，2013 年 1 月 8 日網上查閱。

◇ 「李麗華」見 <http://baike.baidu.com/view/172728.htm>，2015 年 10 月 20 日查閱。

◇ *China Doll* at <http://www.imdb.com/title/tt0051476>, accessed 10 January 2013.

▥ 110 李莉娟 Li Lijuan

李莉娟一九五五年生於台灣省台南縣，在中央警官學校受訓後成為女警，藉著出色的表現，屢升至台北市警察局督察的位置，為女警的發展作出領軍的貢獻。

李莉娟的父親李耀曾在警隊工作近四十年，所以李莉娟從小了解警察工作的辛勞。她從新營高中畢業後，同時考取輔仁大學與中央警官學校，她選擇了後者，也成為中央警官學校在台復校後招收的第一批女生。

李莉娟一九七八年刑事系畢業後，分發到刑事警察局。她熱衷於外勤工作，且從不因為自己是女性而要求特別待遇或劃出界限。她和男同事並肩辦理案子，一同徹夜跟監、偵訊，盡顯她沉著冷靜、膽大心細的本色。

在警界提起「勇嫂」，大家都知道是指李莉娟。這是她參與一九八七年智擒殺人魔吳新華行動時所扮演的黑道大姐的綽號。吳新華多疑、兇狠，警方追捕無功。最後選派李莉娟喬裝軍火販子勇嫂與他接觸，逐漸鬆懈他的戒心與敵意，順利進入犯罪集團內部，最後把他緝捕歸案。她成為破案的最大功臣。同事們對她這次傑出表現印象深刻，從此暱稱她為「勇嫂」。因為吳新華一案，她當選第十二屆「十大傑出女青年」，也塑造了女警新形象。她明白，身為女性，在男性主導的警察體制裡，凡事要比別人多努力。她也決心為女警官走出一條路。

隨後，刑事警察局成立女警組，李莉娟出任第一任組長。十年的刑事外勤工作後，她調任台北市女警隊隊長，接受行政工作的歷練。之後，又升任台北市警察局三線一星督察。夫婿魏展堂也是警察學校畢業，彼此互諒互助，使她

能發揮所長。

對早期從大陸來台的高級女警官來說，升遷管道狹小。胡道馨曾擔任台北市女警隊長達二十一年之久，原因之一就是可升遷的職位非常有限。李莉娟在各個警察工作領域的衝鋒陷陣，使女警官的升遷限制開始打破。女警不再只是花瓶，她們也能在刑事外勤方面露頭角。李莉娟的女警生涯幾乎就是台灣女警的拓展史。對內，她爭取男女警平等競爭的機會；對外，她向民眾推介女警的正面形象。她對女性在警界的發展，貢獻良多。

陳純瑩

編者按：李莉娟二零零八年升任基隆港務警察局局長，後轉任台北市政府警察局警政監。

◇ 宋雅姿，〈霹靂嬌娃話家常〉見《婦女雜誌》，1982 年 7 月號，頁 50–52。
◇ 于維芬，〈女嬌娃——李莉娟〉見《警光》，379 期，1988 年 2 月，頁 54–55。
◇ 李純櫻，〈三次死亡之旅後的勇嫂——領隊創新局〉見《現勤警察新聞》，6 期，1993 年 3–5 月，頁 15–16。
◇ 楊子威、鍾志寧，《警察風雲榜》，台北：天暉文化事業出版社，1997 年，頁 103–106。
◇ 「警政署發布五都選後 454 名警職遴補案」見 <http://www.idn.com.tw/news/news_content.php?artid=20101223guisin004>，《自立晚報》，2010 年 12 月 23 日。2014 年 6 月 6 日查閱。
◇ 「基隆港務警察總隊歷任首長」見 <http://www.klhpb.gov.tw/introduce/leading.asp?skeyword=%E8%AB%8B%E8%BC%B8%E5%85%A5%E9%97%9C%E9%8D%B5%E5%AD%97&id={F53A743A-4CDD-4DB3-9C96-6533FD6F596A}>，2014 年 6 月 6 日查閱。

ⅢⅢ 111 李淑德 Li Shude

李淑德一九二九年生於台灣屏東萬丹，小提琴家，也從事小提琴教學。

李淑德的父親李明家畢業於台北醫專（今台大醫學院），以行醫為業，母親林森森則是台北大稻埕茶行通譯的女兒。李家在日據時代是屏東首屈一指的豪門。李淑德家境富裕，所以有機會接受良好的教育，雙親喜愛音樂，耳濡目染下，與音樂結下不解之緣。七歲時跟日本帝國音樂大學畢業的李志傳學習鋼琴，後因不懂看譜，改習小提琴。這一改變對她一生的影響甚大。

小學畢業後，李淑德考上屏東女校，中學時代她興趣多樣，文武雙全。除繼續隨李志傳學習小提琴外，對運動也很在行，曾代表屏東縣參加省運動會的標槍項目，一舉創下新紀錄。然而當時她最醉心的卻是繪畫，在資深藝術家楊造化的調教下，以第一志願考上省立師範學院（今師範大學）美術系。一九四八年四六事件（由師範學院學生倡導的要求提高公費事件）後，美術系

元氣大傷。李淑德也因此轉入音樂系，雖然畫家夢破碎，但卻開啟另一段音樂生涯。

李淑德在音樂系跟隨系主任戴粹倫修習小提琴，開始走向專業的絃樂道路。師範學院畢業後，進入台灣省政府教育廳交響樂團。雖然她已經是該團的第一小提琴手，但由於強烈的求知慾，出國進修便成為她的下一個目標。一九五七年，在未得父母支援的情況下，她隻身前往美國，考進位於麻州波士頓的新英格蘭音樂學院，先後受教於阿佛烈‧克立波（Alfred Krips）及露絲‧波斯爾（Ruth Posselt），並於一九六四年獲得碩士學位，成為當時台灣第一位擁有小提琴碩士學位的人。

由於台灣政府積極鼓勵留學生學成回國工作，李淑德因此應聘回到母校台灣師範大學任教，開始實踐培養小提琴演奏人才的使命。對於小提琴教學，她有獨到的見解，認為要培育好的人才，必須從童年開始，以專業的訓練，奠下基礎，同時因材施教以誘發他們的潛力。在此理念下，她先後接下台南 3B 兒童樂團、台中少年兒童管絃樂團、中華少年管絃樂團、師大附中樂團等的指導工作，並時常舉辦兒童小提琴演奏會，培育出胡乃元、林昭亮、陳太一等日後馳名於世界的小提琴家。李淑德還曾多次率領她培育的兒童、青少年樂團出國訪問，成功地達成國民外交。除致力於小提琴教學之外，她並未忘記自身的演奏工作，一九六四年回國後舉辦過數場演奏會，並深受樂壇的好評。

李淑德性格爽朗、率性，對她生長的鄉土有一份熱切的愛。她花盡一生心血，投注於兒童小提琴教學，讓台灣絃樂的種子得以不斷生根、發芽、茁壯，也完成了她作為音樂傳道人的責任。

何淑宜

◇ 錢麗安，〈為小提琴撫育一生——臺灣弦樂之母李淑德〉見《表演藝術》，1995 年 36 期，頁 76–79。
◇ 蔡東源，《提琴有夢——李淑德 65 回顧》，屏東：屏東縣立文化中心，1995 年。
◇ 李淑德，《漫談小提琴教學及演奏》，出版地不詳：出版社不詳，1994 年，見 <http://musiciantw.ncfta.gov.tw/list.aspx?p=M017&c=1&t=2>，2014 年 7 月 4 日查閱。
◇「台灣小提琴教母李淑德」見 <http://www.t-classical.com/articles/2009/09/07/lee-2/>，2014 年 7 月 4 日查閱。

ⅢⅢ 112 李淑錚 Li Shuzheng

李淑錚生於一九二九年，安徽省當塗縣人，中國共產黨中央委員會對外聯

絡部（中聯部）部長，該部負責中共外交事務。

李淑錚，一度名王志英，該是在上海長大。祖父是個大地主、富商；父親是個紈袴子弟，不務正業；母親出身安徽蕪湖的大富之家。小時候，李淑錚所居住的地方如同古代小說所描述的那樣：富麗堂皇的大宅院，綿延開闊的花園和畫棟雕梁的亭台。後來李家家道急轉直下，她也極欲擺脫所憎恨的舊傳統。她父母一共生下六個孩子，只有她和姐姐存活下來。母親未能為婆家帶來繼嗣，地位每況愈下，父親後來納了家中一名丫鬟作小妾。母親讀過高中，明白本身的合法權益，於是控告丈夫重婚。這場官司拖了很久，母親感到很沮喪，曾企圖自殺。後來母親總算贏了官司，獲賠差不多五萬元，用以支付她姐妹倆的生活和教育費用。這筆錢在當時來說已不算少，但二十世紀三、四十年代通貨膨脹不斷攀升，錢很快便不值錢了。

李淑錚的姐姐李偉就讀的中學，有中共地下黨開展活動，她很早便已參加這類活動。她常和朋友在家中一起閱讀進步書刊，唱抗日歌曲。耳濡目染之下，李淑錚逐漸認識到共產黨思想。一九四一年，李偉偷偷地加入了中國共產黨，四年後（1945）她介紹十五歲的妹妹入黨。李淑錚後來承認，當初她對共產主義和馬克思主義知之甚少，她之所以入黨是為了反對帝國主義和反對舊傳統，認為中國必須改革。

李淑錚就讀的震旦女子文理學院附屬中學，是一所以紀律嚴格、高學術水平見稱的天主教學校。該校的學生大都來自上層階級或富貴之家，李淑錚是憑獎學金入學。黨給她的第一個任務，就是在這所並非人人能進的女校傳播革命思想。抗戰結束後，上海被國民黨接收。那裡的共產黨組織不得不轉入地下，為了掩護自己，李淑錚需要不斷努力學習，爭取優異成績。在震旦附中，她不僅成功地散播進步思想，為共產黨贏得積極的支持者，而且學到了一些有用的技能，例如英語。她後來在中共中央對外聯絡部工作時，學來的英語正好派上用場。一九四七年，她應黨的要求轉往另一中學工作，於是到了上海市立第一女子中學。在那裡，她鼓動學生要求開除一名作風粗暴的童軍訓練教官。同年稍後，因領導上海左翼學生參與「反饑餓、反內戰、反迫害」運動，與國民黨鬥爭，而被驅逐出校。該年未盡，又轉入民立女子中學，但因參與政治運動，再遭開除。之後不再上學，成為全職政治工作者。一九四九年她二十歲，共產黨五月接管上海，她隨即公開自己的黨員身份，歡迎共產黨來到上海。上海解放初期，她在上海共青團工作，曾擔當多個職位。

一九五零年十二月，李淑錚接到通知，要去蘇聯學習。她是被派往蘇聯共青團中央團校學習的第一批來自大城市的青年。在那裡，她努力學習俄語，也正因為精通俄語，一九五一年回國後，被留在團中央工作。她曾擔任團中央好幾個部門的副部長和部長，後當選團中央常委和少年部部長。

文革期間，共青團中央受到審查。首先，團中央進行改組，之後搬離北京。和其他黨政幹部一樣，李淑錚受到連串迫害，包括靠邊站、檢查和批鬥。一九七三年，她從農村調回北京，翌年初，以顧問身份，隨同中國代表團，到聯合國出席一個關於婦女地位的會議。在一九七五年墨西哥國際婦女年世界會議期間，她闡述了中國政府對婦女問題的立場和觀點，指出婦女的命運與國家的解放息息相關。從一九七八年起，歷任廳局部門的負責人、中聯部對外聯絡部的副部長、部長。改革開放之後，中國共產黨加強了和全球其他政黨的關係。中聯部工作的指導原則，是不以意識形態的異同作為發展黨際關係的條件和前提。在與其他政黨建立友好關係時，中聯部恪守的四項原則是：(1)獨立自主，(2)完全平等，(3)相互尊重，(4)互不干涉內政。在李淑錚不懈的努力下，到了九十年代中期，中國共產黨已經同全球一百二十多個國家的三百多個政黨建立了不同層次的關係。身為一個政黨外交家，她訪問過五大洲，也接待過世界各地的知名政黨領袖、政治家。

據傳，李淑錚非常平易近人、對人很關照，過著簡樸的生活，工作能力非常卓越。她的消遣不多，彈奏樂器屬其一：她會彈鋼琴和拉手風琴。她認為，當今的婦女依然需要克服許多困難，方能在自己選擇的職業中做出成績：她們付出的代價要比男性高。一方面，她們不能完全不顧家務和孩子；另一方面，她們得消除社會成見，讓人不再懷疑女性的工作能力。她認為，婦女僅僅大喊性別平等的口號是沒用的；婦女必須提高自己的素質，顯示實力，在爭取平等的路上，寸土必爭。箇中的關鍵，就是勇於承擔責任，面對困難，不斷鼓勵自己向前走。她大概在六十年代結婚，至少有一女和一孫女。

蕭虹

崔少元譯

◇ 《華夏婦女名人詞典》，北京：華夏出版社，1988年。
◇ 中國婦女管理幹部學院編，《古今中外女名人辭典》，北京：中國廣播電視出版社，1989年，頁219。
◇ 劉今秀，〈中聯部第一位女部長〉見《中國婦女》，1993年8月，頁4–5。
◇ 中華全國婦女聯合會組織聯絡部組織編寫，《今日女部長》，瀋陽：遼寧人民出版社，1995年，頁189–216。

▥ 113 李貞 Li Zhen

李貞（1908-1990），湖南省瀏陽縣人，第一位被提拔為中國人民解放軍少將的女性。一九五五年以後的三十三年間，她是唯一擁有這軍銜的女性，到了一九八八年，才有另外五位女性擢升至相若軍階（參見鍾玉徵傳）。

共產黨成立初期，不少農家婦女入黨，李貞在很多方面都是這類婦女的一個典型。她生於貧苦家庭，十八歲以前一直被喊作「旦娃子」，即女孩子的意思。六歲時，與五個姊妹一起被送給了人家；十歲時，父親離世。旦娃子去了一戶醫生家庭，但同親生家人依然來往頻密。二十世紀二十年代中期，湖南已成為革命運動中心，一九二六年春，她加入一個地區的婦女協會時，寫下「李貞」作為名字，從那時起，就一直沿用該名。她為當地的共產黨人當偵察員，由於剪了一頭短髮，有時扮女，有時裝男，視乎情況需要。一九二七年三月加入共產黨。不久，和收養她的家庭斷絕一切關係，並在生母的全力支持下，投身革命工作。據說，她的生母在抗日戰爭期間，死在日兵手中。

一九二八年時，李貞已成為區委委員和平瀏游擊隊黨支部的副書記。在這期間，她當上瀏東游擊隊士兵委員會委員長，從而開展了她的軍旅生涯。瀏東游擊隊後來發展成為瀏陽縣委。和那時加入游擊隊的許多婦女一樣，她除了替戰士洗衣服、漬麻外，還參加戰鬥。她後來說，剛開始時隊內無人懂得使用彭德懷將軍給她們的槍。那年春天，她發起並參與王首道（參見王泉媛傳）營救特委書記張啟龍（1900-1987）的行動，張氏也是介紹她入黨的其中一人。到了秋天，她已經懷孕四個月，她和數名游擊隊員被敵人追擊，最後性命得保，但卻流產了，相信也因此而導致以後無法生育。從資料看，難以確定她當時嫁給了誰。不過，她在一九三二年和張啟龍正式結婚，他可能是孩子的父親。張啟龍在年輕時曾有過一段包辦婚姻，但妻（譯音：黃光菊）女於一九三零年被國民黨殺害。

李貞雖然很早從軍，而一九三四年後期又向蕭克將軍匯報先鋒隊的消息，但從一九二八年底起，一直擔任紅軍內的政治職務。她先在新建立的湘鄂贛蘇區政府工作，三年後（1931年冬）被調往位於永新縣的湘贛邊區蘇維埃政府工作。在那裡，她同張啟龍似有緊密的工作關係，直到一九三三年初為止。張啟龍當時擔任多項省級黨政要職。一九三二年，李貞被任命為省婦女委員會書記和永新婦女團政委。當時婦女工作的重點就是支持紅軍、招募士兵和組織當地婦女，代替遠去參軍的丈夫，參與公民抗命的運動。她同時還是湘贛省軍區

醫務學校的政委。學校的絕大多數學生是女性，顯示它可能是一個培訓護士的基地。

一九三三年仲夏，李貞被調往安福縣擔任縣委副書記兼軍事部長，之後被送到瑞金馬克思共產主義學校進修三個月，有資料稱該學校為中央黨校。這次調動適逢共產黨推行「王明左傾路線」運動。運動中，張啟龍被剝奪黨員資格，且遭監禁十四個月。為了保護李貞，他不惜與她離婚。兩人後來都分別再婚，但終生保持來往，關係密切。

返回湘贛根據地後，李貞擔任紅軍學校政治部部長。一九三四年七、八月間，紅軍部署放棄根據地。李貞的一位上級向她說，打仗對女性來說非常艱苦，為此建議她留在後方。儘管她身居要職、且具政治工作和戰鬥的能力，領導還是提議她留在妹妹們身邊，因為其中一人即將生產。對於女性不宜參戰的說法，李貞大為震驚，為此向最高級的領導申訴，終獲准繼續留在前線。於是她參加了著名的長征，她的部隊先加入任弼時和蕭克所領導的紅六軍團，後於一九三四年十一月同賀龍將軍的部隊合併組成紅二方面軍。紅二方面軍留守湘西直到一九三五年十一月，然後向西北進軍，在西藏加入張國燾的部隊（參見王泉媛、康克清傳），於一九三六年十月抵達陝西。在長征路上，李貞處理黨和幹部工作，以及照顧受傷的戰士。

一九三五年元旦，李貞同甘泗淇（1903–1964）結婚。甘泗淇於一九三零年從蘇聯學成歸國後，便開始和李貞共事。數年後他們結婚時，李貞是紅六軍團組織部部長，甘泗淇是湘鄂川貴蘇維埃軍區政治部部長。從那時起他們似一直在相近地點工作。他倆未有生育，但多年來領養和照看過許多孤兒。

一九三七年末，李貞被任命為八路軍婦女學校的校長，在此之前，她曾在抗日大學短期學習過。一九四一年春，她以八路軍第一二零師政治處主任的身份，參加了南泥灣的大生產運動。一九四五至四九年，先後擔任晉綏軍區和西北野戰軍的政治部秘書長。中華人民共和國成立後，李貞已經四十一歲，但在解放軍中仍然活躍。抗美援朝時，在朝鮮擔任中國人民志願軍政治部秘書長，一九五三年回國後，被任命為防空軍政治部幹部部的部長。這職位隸屬中共中央軍事委員會，極具威望。一九五五年九月，李真被授予少將軍銜，直接受惠於彭德懷推行的中國軍事現代化。那年彭氏設立軍官官階及薪金制度，使軍隊邁向專業化，並重整軍隊的領導架構。可是，軍事現代化未有持續下去。兩年之後，即一九五七年，李貞被任命為中國人民解放軍檢察院副檢察長，協助為

軍中新組建的制度與架構訂定基本規則，意義重大。李貞的丈夫，當時官至上將的甘泗淇，早在一九六零年已是林彪政治攻擊的目標。甘泗淇在一九六四年去世。李貞本人在文革中亦受到迫害。一九六七年，她因和紅軍將領賀龍、彭德懷長期保持緊密關係，被迫靠邊站，遭關押四年。一九七一年三月獲釋，遣返湖南。直到一九七六年才恢復名譽，可返回北京，但捏造給她的罪名，直到一九七九年才洗清。八十年代，她以長期效忠報國，而被委任多個高級職位，包括第五屆全國人民代表大會中國人民解放軍代表、中央顧問委員會委員。一九八五年她從全部的職位上退了下來，一九九零年三月去世，骨灰和甘泗淇的共放一處。

李貞一生恪守農家本色，且以出身農家而自豪。儘管晚年身體欠佳，但依然堅持種植自己食用的蔬菜，自始至終穿著滿目補丁但很乾淨的舊軍裝，保持著紅軍的傳統。

Sue Wiles

崔少元譯

◇ 英文《中國婦女》編著，《古今著名婦女人物》，下冊，石家莊：河北人民出版社，1986 年，頁 774–778。
◇ 顧蘭英，〈解放軍唯一的女將軍〉，見《紅軍女英雄傳》，瞭望編輯部編，北京：新華出版社，1986 年，頁 207–215。
◇ 江西省婦女聯合會編，《女英自述》，南昌：江西人民出版社，1988 年，頁 114–123。
◇ 肖黎等主編，《影響中國歷史的一百個女人》，廣州：廣東人民出版社，1992 年，頁 386–390。
◇ 崔向華等著，《中國女將軍》，北京：解放軍文藝出版社，1995 年，頁 1–36。
◇ Klein, Donald W., and Anne B. Clark. *Biographic Dictionary of Chinese Communism, 1921–1965.* Cambridge, Mass.: Harvard University Press, 1971, 424.
◇ Bartke, Wolfgang. *Who Was Who in the PRC.* Munich: K. G. Saur, 1997, 252.

▥ 114 李鍾桂 Li Zhonggui

李鍾桂一九三八年於江蘇泰興出生，是台灣國際關係專家和政府高官。

李鍾桂從小就是一個才思敏捷的學生，隨同家人遷居台灣新竹之後，便就讀於當地的小學和初中。舉家搬往台北之後，她進入著名的台北一女中，並獲得了優良的教育。在父親建議下，進入政治大學選讀外交系。她一直學習成績優異，還參加了各種課外活動。畢業後留校任助教，並且通過了自費留學的考試。但是為避免增加父母的經濟負擔，她等到一九六一年取得去法國留學的獎學金才成行。一九六四年獲得巴黎大學頒發法學博士學位。

李鍾桂從法國回來以後，任教於政治大學，並在台灣大學兼任教職，還在國際關係研究所兼任研究員。一九六六年獲得台灣第一屆十大傑出女青年獎。在這個時期，她和台灣大學同事施啟揚（1935 年生）恢復來往，當年他們分別在法德兩國留學時已經相識。他們墮入愛河，一九六九年結婚。兩年後，李鍾桂升任為政治大學外交系系主任。由於她教授國際法和條約研究，所以經常被社團和傳媒邀請對國際問題和時事發表演講和評論，成為台灣風頭頗健的年青學者。

李鍾桂是國民黨員，她的地位很快就由一個普通黨員節節高升。一九六九年，李鍾桂成為國民黨中央委員。一九八八年，被國民黨中央委員會任命為婦女工作會主任，至一九九三年離任。在任期內，她更新了這個組織的形象，並且發展了新的工作方向。一九九三年，她進入了國民黨最高的領導層，成為國民黨中央委員會的副秘書長。她也從事教育和文化的工作，一九七二年被任命為教育部國際文化教育事業處處長。在文教處任內，她對國際文化交流和留學政策的修訂、外籍學生留華辦法的修訂、國際文化中心的設立等貢獻極多。一九七七年，轉任太平洋文化基金會的執行長。這個基金會為研究中國及其文化的海外學者提供資助。李鍾桂從一九九零到九八年又任亞洲文化推展聯盟主席。一九九五年，她作為反共婦女聯盟的主席到中國大陸參加於北京舉行的第四屆世界婦女大會。儘管她所代表的組織站在強烈反共的立場，她卻得到貴賓式待遇。這說明了中華人民共和國與台灣和平統一的強烈願望。她在台灣的職業籃球界也是矚目人物。一九九五到九七年，她是中華民國職業籃球公司的董事長。從一九九七到九八年，她是中華民國職業籃球聯盟會長。

七十年代，李鍾桂的丈夫施啟揚在國民黨內同時擔任黨政工作。他在黨中央委員會曾出任多個職位；又在一九七六年出任教育部次長。和李鍾桂不同，他是台灣籍人士。他們的結合跟很多同類的婚姻一樣，夫婦都不在意對方來自不同省籍；這證明了台灣籍和外省籍的人可以和睦相處。李鍾桂的著述包括學術文集和一般文集。

李鍾桂是中華青年交流協會創辦人，致力鼓勵海峽兩岸青年的交流活動，並任中國青年大陸研究文教基金會董事長以及財團法人真善美基金會董事長。她擔任台灣「救國團」主任近二十年，極力減低該團的政治色彩，自言也因此不願意參與國民黨政府的工作。

蕭虹

◇ 盧申芳，〈傑出女青年李鍾桂〉見《向時代挑戰的女性》，台北：學生書局，1977 年，頁 1–8。
◇ 《中華民國當代名人錄（二）》，台北：台灣中華書局，1978 年，頁 665。
◇ 李鍾桂，《為者常成‧行者常至：李鍾桂的生涯故事》，李鍾桂口述、曾繁蓉、黃素菲撰寫，台北：張老師文化，1997 年。
◇ 《中華民國名人錄》，台北：中央通訊社，1999 年。
◇ 倪鴻祥，〈李鍾桂：兩岸青年交流的積極推動者〉見 <http://hk.crntt.com/doc/1017/4/0/7/101740737.html?coluid=93&kindid=3310&docid=101740737>，來源：<http://www.chinareviewnews.com>，2011 年 6 月 23 日。2013 年 11 月 22 查閱。

▥ 115 李子雲 Li Ziyun

　　李子雲（1930–2009），生於北平，祖籍福建廈門，文學評論家，筆名曉立。

　　年輕時李子雲是學生愛國運動的積極份子。一九四九年曾就讀於上海震旦文理學院，但沒有畢業。一九五零年後，她在政府各部門工作，包括中共中央華東局宣傳部、上海市委宣傳部文藝處。一九五一年加入共產黨，後來成為中國作家協會會員。一九六零年在上海《文藝報》工作，次年調《上海文學》從事現代文學研究工作。文革時期她是上海作協首先被迫「靠邊站」的會員，被免除所有職位並剝奪工作的權利。直至一九七六年初才被允許恢復工作。翌年調至《上海文學》為副主編和審稿人，一直在上海居住。

　　李子雲從一九五二年起開始發表對中國作家的評論及相關的研究文章，這些作家包括海外作家，特別是女作家。她對王蒙、王安憶（參見該傳）、張辛欣（參見該傳）和施淑青的評論在當時文藝界頗具影響。她的評論清新通透，貼近作者的心靈真實，堅持己見，精當坦誠。她多次被世界各地的華文作家與女性主義組織邀請作文化交流。

　　李子雲本人的作品包括《當代女作家散論》、《淨化人的心靈》和《涓流集》。她又主編了當代文學的選集數種，例如《隔海觀潮》。

　　二十世紀末，她成為上海作協旗下的上海文學發展基金會的主要負責人。身為主編，她組織出版了大型文學叢書《世紀的迴響》，搜羅了很多一九四九年以來被人忽略或遺忘的作家、評論家、思想家和學者的作品。她這種在學術史和文化史方面的拾遺補缺工作，贏得出版界和學術界的稱道。她也勤於散文創作，她很多回憶與評議文壇前輩的散文，不僅雋永可觀，且有相當的學術價值。

郜元寶

編者按：二零零九年，李子雲在上海病逝，享年七十九歲。

◇ 李子雲，《當代女作家散論》，香港：三聯書店，1984 年。
◇ ——，《淨化人的心靈》，香港、北京：三聯書店，1984 年。
◇ 李子雲等編，《世紀的迴響》，珠海：廣東珠海出版社，1988–1999 年。
◇ 潘亞暾，《世界華文女作家素描》，廣州：暨南大學出版社，1993 年，頁 45–47。
◇ 「李子雲」見 <http://baike.baidu.com/subview/419627/11095495.htm>，2014 年 1 月 21 日查閱。
◇ 「李子雲」見 <http://www.dajianet.com/people/view/147308.shtml>，2014 年 1 月 21 日查閱。

⑾ 116 梁丹丰 Liang Danfeng

梁丹丰（1935–2021），出生於南京，畫家。她遊遍世界各地，並於途中寫生，當中以在中國大陸的寫生最為人所知。抗戰時期，大約三、四歲開始，她跟著父母穿越了半個中國，最後梁家在重慶住下。戰後她和家人回到上海和杭州，隨之入學讀書。一九四八年，父親安排舉家遷台。

廣東順德的梁氏家族出了兩代畫家。梁丹丰的父親梁鼎銘（1897 年生），他的兩個孿生弟弟梁又銘和梁中銘（1906 年生），以及他的妹妹梁雪晴（1907年以前生），都是畫家。梁丹丰是老二；大姐梁丹美是藝術教授，擅畫梅花；妹妹梁丹卉以水彩及油畫見稱；堂姐梁秀中長於人像畫，曾任台灣師範大學藝術系主任。梁丹丰在父親指導下從小習畫，父親和叔叔國畫與西洋畫兼擅，她也繼承了這個傳統。但是她最有名的還是寫生。

梁丹丰從一九五六年開始每年都舉辦個人作品展覽。為了藝術她曾環遊世界多次。到過熱鬧的城市，也到過偏僻的村莊，從北極到約旦的沙漠，都留下她的足跡。在頻繁的旅程中她到過亞洲、美洲和歐洲的六十多個國家。在七十年代的台灣社會，像她那樣一個單身女人獨個兒出外旅行的，還是比較少見。她旅行的時候永遠帶著速寫本。她出版了的速寫作品有《環球之旅》（1975 年再版），《歐洲之旅》（1976），《北極圈之旅》（1977），《天方夜譚之旅：土耳其八十天》（1984）和《穿越大峽谷》（1984）。她在所到之處往往開畫展，因此作品被世界各地的博物館和大學收藏。她的作品顯露出強烈的中國美學視角，通過中國人的眼光去窺探世界各地的風景和人物。

一九八九年，《台北聯合報》贊助梁丹丰到中國大陸旅行六個月。她為這次旅行寫了一系列文章，以《走過中國大地》為總題，在該報上連載，還從旅途上所創作的四百多幅作品中，選出部份作為插圖。這些文章描述了大陸的自然風景、歷史名勝和人民的痛苦與希望。它們不只是傳達作者對中國文化和大

275

陸人民生活的透視，更反映了她的愛國情懷、她對台灣海峽彼岸的同胞所感到的深切焦慮。這些作品證明了她的文筆與畫藝同樣精湛，並在當年底結集成專著出版。這次旅程後，她還出版了兩輯作品：《速寫神州》（1991）和《彩繪中國》（1991）。

從一九六四年開始，梁丹丰在各中學和學院教授藝術。她還在菲律賓和紐約的聖若望大學（St. John's University）教授藝術。一九六九年，她創辦了自己的畫室——快樂畫會，並每年為自己和學生的作品舉行展覽會。

梁丹丰獲得了眾多殊榮，包括金鐸獎（1970）和文藝獎（1976）；後者由教育部頒發，旨在表揚她的藝術成就，以及對「公民外交」的貢獻。二零零零年八月，她獲委進入跨黨派兩岸關係小組，這是當年陳水扁總統的一個諮詢機構，她得到委任，很可能是因她多次踏足中國大陸，在那裡有豐富的旅遊經歷。她也出版了一些論述繪畫技巧的著作，如《寫生概說》、《風景寫生》和《水墨畫筆觸的研究》。在她已出版的十多部作品集中，除了旅遊寫生之外，還有鉛筆畫、國畫與西洋畫。

梁丹丰對台灣的貢獻可從三個層次看：作為畫家、作家和敢於獨闖世界的單身女人。她的藝術和文學作品不但本身極具價值，並且在那個年代打開了台灣內外中國人的視野，激發他們更熱愛祖國和自己的文化淵源。

蕭虹

編者按：梁丹丰的丈夫梁雲坡亦為專業畫家。二零二一年，梁丹丰病逝台灣，享年八十六歲。

◇ 梁丹丰《環球之旅》（一）、（二），台北：快樂畫會，1975 年再版。
◇ ——，《歐洲之旅》，台北：快樂畫會，1976 年。
◇ ——，《國畫筆觸的研究》，台北：快樂畫會，1980 年。
◇ ——，《大峽谷之旅》，台北：快樂畫會，1983 年再版。
◇ ——，《天方夜譚之旅》，台北：林白出版社，1984 年。
◇ ——，《走過中國大地》，台北：聯經出版社，1989 年。
◇ ——，《絲路上的梵歌》，台北：佛光出版社，1997 年。
◇ ——，《海闊天空》，台北：元氣齋出版社，1998 年。
◇ 《中華民國當代名人錄（三）》，台北：台灣中華書局，1978 年，頁 1327。
◇ 婦女委員會編，《中華民國聯合國同志會三十週年紀念特刊：三十年來我國婦女對國家建設之貢獻與成就》，台北：婦女委員會，1982 年，頁 109。
◇ 中國婦女寫作協會編輯部，《走過烽火歲月——紀念抗戰勝利暨台灣光復一甲子文集》，台北：黎明文化，2006 年。
◇ Lai Ying-ying. "Historical Development of Women's Art in Taiwan." Catalog for *Mind and Spirit* —— *Women's Art in Taiwan*, Taiwan Fine Arts Museum, 18 April-9 August 1998 —— a major exhibition of women artists in Taiwan in the 20th century. Online at <http://Web.ukonline.co.uk/

n.paradoxa/lai.htm>, accessed before 2000.

◈ 「梁丹丰」見 <http://baike.baidu.com/view/1549264.htm>，2015 年 10 月 20 日查閱。

ᴵᴵᴵ 117 梁許春菊 Liang Xu Chunju

梁許春菊（1918-1997），出生於台灣澎湖，本名許春菊，台灣民選產生的第一位女性立法委員。

許春菊在日治時代考上台南州第二女子高等學校，畢業後遠赴日本留學，就讀奈良師範學校，並獲東洋大學的法學碩士。回台後擔任母校台南州第二女子高等學校的教員，開始在教育上貢獻所學。

一九四零年，許春菊嫁給台南世家子弟梁炳元，隨即和丈夫到大陸發展。一九四六年返台後，到新化初中教書，且擔任事務主任。由於長期熱心於社會工作，一九五一年當選台南縣婦女會理事長；時值省參議會改組省議會，順利當選第一屆臨時省議員，展開長達四十年從政生涯。自一九五一年始，擔任了六屆共十八年的省議員。一九六九年，在中央公職人員補選時，不依恃婦女保障名額當選立法委員，成為中央民意代表補選的唯一女立法委員，也是台南新化的首位立法委員。

從政期間，梁許春菊最關注的議題與法案大致都和教育有關。在六屆的省議員和二十二年立法委員任內，她擔任過教育審查委員會召集人、九年國教推行委員，並多次獲聘為教育與體育代表團顧問，如第五屆亞運會代表團顧問、墨西哥世運代表團顧問等。對於國內的教育問題，她尤其重視師生人數的比例。她提議地方教育的經費由中央負擔，盡量增加教師、降低班級人數，以達到提升教育品質的目標。同時，她也提出許多與教師福利有關的法案，涵蓋教師研究費、教師會館的建立、教師出國進修等。用心的地方經營、周到的選民服務不但使她擁有深厚的地方民意基礎，更讓她獲得「一元議員」的封號。因為每當任何人有困難時，只要寫信請她幫忙，她都會盡力解決，而「一元」就是說只要貼上一元郵票就可獲得她全力服務。

一九九一年資深民意代表退職的議題爆發，梁許春菊由於身份介於資深與增額立委之間，常因是否應退職引起爭議。最後，她還是離開了服務四十年的政壇，然而她服務社會的心志並未減弱，反將更多的時間與精力投注在關心社會弱勢族群與公益事業上，即使面對癌症的痛苦不改其服務精神，直至一九九七年四月，因大腸癌病逝，享年八十歲。

林倩如

◇《中華民國當代人名錄》，台北：台灣中華書局，1978 年，頁 372。

▥ 118 廖夢醒 Liao Mengxing

廖夢醒（1904–1988），字仙霏，又名廖少芬，廣東惠陽人，生於香港。

廖夢醒父親廖仲愷（1877–1925），出身於美國一個華僑家庭，十七歲時回到香港，進入香港皇仁書院（Queen's College）讀書，九年後留學日本。在日本期間加入民主革命家孫中山（1866–1925）創辦的同盟會，任總部外務部幹事。一九二四年，同盟會改組為國民黨，廖仲愷歷任財政部副部長、工人部部長、農民部部長、軍需總監等高職。他輔佐孫中山民主革命事業二十多年，一直是孫中山最得力的幹將，直至一九二五八月年在廣州遇刺身亡。同年初，孫中山病逝北平。

廖夢醒母親何香凝（參見該傳），出身於香港富商之家，曾在日本學習博物和美術科，是同盟會第一批會員，也是第一批女會員。何香凝在國民黨和共產黨政府中都享有很高的威望，在漫長的一生，擔任過多個高職。她雖曾任國民黨中央婦女部部長（1927）和中國國民黨革命委員會中央主席（1960 年起），但一九四九年共產黨執政後，仍出任了全國婦女聯合會名譽主席（1949）和政協副主席（1954）。

廖夢醒是家中長女，母親從日本回到香港家中生下她後即隻身回到了日本。直到廖夢醒一歲後才由父親接到日本東京。廖夢醒深得同盟會會員寵愛。她和小四歲的弟弟廖承志（1908–1983）一同在東京長大，又一同於中學時代回到中國。廖承志起初加入國民黨，後來退出，並很快加入共產黨。他曾留學日本、德國，參加了中國紅軍一九三四到三五年二萬五千里的長征，一直是中共對外事務和統戰工作方面的高層領導。他歷任中共中央統戰部副部長、北京外語學院院長、中華全國歸國華僑聯合會名譽主席等職。

廖夢醒成長於革命家庭，從小隨父母的革命活動四處奔波。一九二五年她二十一歲時，參加了廣州各界支援上海五卅慘案的游行示威，嶺南大學就只有她一個女學生去了，後來被學校開除。二十六歲時，在香港與李少石（1906–1945）結婚。李少石原名李國俊，字默農。當時李少石奉中國共產黨之命，化名李覺真，在香港建立聯繫蘇區中央與上海中央的秘密交通站，並任站長。廖

夢醒婚後化名廖少芬，同李少石在香港秘密接送來往的共產黨領導，包括鄧小平（1904–1996）。

一九三四年，李少石奉命至上海，任中共江蘇省委宣傳部部長，兼中國工人通訊社社長。該通訊社主要發行英譯文稿件，寄往國內外和共產國際，以及將外文資料翻譯成中文出版。廖夢醒少時在日本得到父親教授英語，筆譯口譯能力都很強，隨夫到上海後，一直擔任中國工人通訊社的英譯中工作。同年，李少石在上海因共產黨員的身份被國民黨拘留，在獄中過了四年。在這期間，廖夢醒在上海和香港住了兩年。到一九三八年，國共第二次合作（第一次合作是在 1924 年），決定共同抗日，李少石才被釋放。後來，李少石調任八路軍駐重慶辦事處秘書兼周恩來（1898–1976）英文秘書，廖夢醒隨夫到重慶。一九四五年，李少石遭刺殺，原委不明。不過，中共領導對他十分敬重。黨主席毛澤東（1893–1976）曾題詞：「李少石同志是個好共產黨員，不幸遇難，永誌哀思。」廖夢醒同李少石育有一女。

婚前，廖夢醒一直是母親何香凝的私人翻譯和秘書，多次參與由母親及孫中山夫人宋慶齡（1893–1981）舉辦的募捐、勞軍活動。婚後第二年，廖夢醒在香港秘密加入共產黨。抗戰期間，廖夢醒留在重慶，擔任保衛中國同盟辦公室主任、中文秘書。保衛中國同盟由宋慶齡主持，得到許多國際友人支持。它的一項重要任務是出版半月刊《保衛中國同盟通訊》，向海外介紹中共抗日戰爭的進展，且募集捐款、藥品器材和其他物資。廖夢醒做了大量的資料整理及翻譯工作。由於她兼任宋慶齡的私人秘書，所以經常代表宋慶齡出席各種集會並與周恩來聯繫，安排將籌得的資金和器材運往解放區。

一九四五年，抗日戰爭結束，宋慶齡從重慶回到上海，保衛中國同盟也隨之遷往上海並改名為中國福利基金會。廖夢醒仍任執行委員，協助宋慶齡和中國福利基金會的工作，繼續為解放戰爭（1945–1949）提供物資、籌款，同時為上海婦女兒童提供教育機會。

一九四九年全國解放後，毛澤東和周恩來聯名致電宋慶齡，邀請她到北京「對如何建設新中國予以指導」。宋慶齡考慮了半年後，同意進京。整個過程從傳遞信件到陪同北上，都是廖夢醒主要負責的。此後，廖夢醒除了在北京擔任宋慶齡的秘書外，還兼任全國婦女聯合會國際聯絡部副部長，以及廖仲愷、何香凝紀念館名譽館長。她並當選首三屆全國人民代表大會代表（1954，1959，1963）和第五、第六屆全國政協委員（1978，1982）。這表明她在解放

前的革命活動得到肯定。

　　文革早期，廖夢醒受到衝擊，後來得到周恩來保護，才免受更多磨難。一九七零年，廖夢醒應日中友好協會的邀請訪問日本，並返母校訪舊。晚年任中國人民保衛世界和平委員會理事、廣東中山大學名譽校長。一九八八年病逝北京，終年八十四歲。

陳弘欣

◇ 關國煊，〈廖夢醒隨母何香凝弟承志而去〉見《傳記文學》，1974 年 7 月，卷 25，3 期，頁 39–40，42–45。
◇ 李新、孫思白主編，《民國人物傳》，卷 2，北京：中華書局，1980 年，頁 19。
◇ 蔣洪斌，《宋慶齡》，南京：江蘇人民出版社，1986 年，頁 157。
◇ 廖承志，〈憶青少年時代〉見《廖承志文集》，上卷，《廖承志文集》編輯辦公室編，香港：三聯書店，1990 年，頁 4–7。
◇ 徐友春主編，《民國人物大辭典》，石家莊：河北人民出版社，1991 年，頁 389，1339–1341。
◇ 尚明軒，《何香凝傳》，北京：北京出版社，1994 年，頁 5，22，42，55。
◇ 「廖承志」見 <http://baike.baidu.com/view/4607.htm>，2014 年 4 月 24 日查閱。
◇ 「廖夢醒」見 <http://baike.baidu.com/view/824733.htm>，2014 年 4 月 25 日查閱。
◇ 「中國國民黨革命委員會」見 <http://baike.baidu.com/view/93737.htm>，2014 年 4 月 25 日查閱。

119 廖似光 Liao Siguang

　　廖似光（1911–2004），原名廖嬌，廣東省惠陽縣人，隨紅一方面軍參加中國共產黨一九三四至三五年長征的三十名婦女之一。

　　廖似光的父親去世後，一家頓陷貧困；她四歲賣作童養媳，八歲即隨婆婆到田裡耕種。十六歲時，一場傳染性痢疾在惠陽全縣肆虐，很多人一病不起，包括未婚夫與他的一名兄弟。由於婆家正準備為她完婚，所以認為兩兄弟是因她而死。她背上剋夫的名聲，不容於婆家，只好返回娘家。

　　廖似光所居住的地區，多年來見証了不少農民運動，她很快加入了婦女小組。到了一九二八年，她已在廣東東江地區參加地下革命工作，翌年加入共產主義青年團。一九三零年春，被派至香港，在共青團廣東省委機關工作，並與團省委書記凱豐（何克全，1906–1955）假扮夫妻。後來弄假成真，兩人成了戀人，從此長相廝守。一九三零年，他們在港被捕，得到上級黨組織營救，終被驅逐出境，免受監禁。九月他們前往上海，凱豐在上海擔任共青團中央宣傳部長，廖似光則當政治交通員，冒險收取秘密文件和宣傳材料。

　　一九三三年春，中共臨時中央政治局撤離上海，凱豐轉移到江西蘇區，廖

似光留在上海繼續她的地下工作。這時她已懷孕。當年夏天產下一女。三個月後，黨組織命她轉往江西蘇區，她將女嬰交給另外一個交通員照料，然後踏上艱苦征途。那個交通員又把女嬰抱到國際紅十字會醫院，此後這孩子便音信杳然。廖似光在瑞金擔任共青團巡視員，一九三四年加入共產黨。她隨紅軍幹部休養連參加長征之時，已有約四個月身孕，這是她的第二個孩子。到了貴州，她懷孕僅七個月就早產了，她將男嬰用毯子包裹，別上寫有生辰八字的紙條，便把他留下。此後她在長征部隊中，亦如其他婦女般，擔當宣傳、找糧、籌款等工作。至於她後來有否再生孩子，則資料不詳。

長征結束時，廖似光被任命為共青團瓦窰堡市委副書記兼組織部長。她在陝甘寧邊區工作多年，並與鄧穎超（參見該傳）一起推動婦女運動和抗日活動。一九三八年，與劉群先（參見該傳）被派去武漢從事工會工作，同時照顧華中，特別是武漢、重慶一帶的孤兒、棄兒。一九四一年回到延安，進入為精英黨員而設的黨校學習了一段時間。一九四六年起，參加土地改革和東北工人運動。一九四九年，以代表身份出席在北京召開的第一屆全國婦女代表大會，會後回到南方。初時擔任新成立的武漢市總工會的主席，後調廣州，先後出任的省市崗位，包括廣州市委副書記、廣州市總工會第一任主席、廣東省工業廳廳長和廣東省委組織部副部長等。

文革期間，廖似光和其他許多參加過長征的同志一樣，被監禁審查。但她堅拒寫「交代」書，以免令他人獲罪。文革後得到平反。一九八六年當選廣東省政協副主席。

Sue Wiles
龍仁譯

編者按：廖似光二零零四年病逝廣州，享年九十三歲。

◇ 陳婉雯，〈嚮往和追求曙光〉見《紅軍女英雄傳》，瞭望編輯部編，北京：新華出版社，1986 年，頁 129–140。

◇ 郭晨，《巾幗列傳：紅一方面軍三十位長征女紅軍生平事蹟》，北京：農村讀物出版社，1986 年，頁 48–52。

◇ Snow, Helen Foster. *Inside Red China*. 1977 reprint〔with a new preface and biographical notes by the author〕. New York: Da Capo Press, 1939, 175.

◇ Lee, Lily Xiao Hong, and Sue Wiles. *Women of the Long March*. Sydney: Allen & Unwin, 1999.

◇ Bianco, Lucien, and Yves Chevrier, eds. *Dictionnaire Biographique du Mouvement Ouvrier International: La Chine*. Paris: Les Éditions Ouvrières, n.d.

◇ 「廖似光同志逝世」見 <http://news.sina.com.cn/o/2004-07-03/08552976782s.shtml>，2004 年 7 月 3 日，來源：《南方日報》，2013 年 1 月 10 日網上查閱。

▥ 120 林白 Lin Bai

林白一九五八年生於廣西省北流縣，本名林白薇，作家。

林白三歲時，父親因癌症去世。童年時期，她缺乏安全感，感到孤獨。十七歲時，成為下鄉「知青」，開始寫詩。她最早發表的作品是四首詩，登載在《廣西文藝》。可是，其中一首很快被人發現是抄襲之作，這事為她帶來沉痛的打擊。一九七七年，大學恢復招生。她幸運地考上武漢大學，主修圖書館學。一九七八到八二年在大學讀書的年代，她一直揮不掉過去的陰影，沒有再拿起筆桿。畢業後到廣西省立圖書館當圖書管理員。那年秋天，她走遍中國大地後，才重新燃起對生命與寫作的熱忱。自此出版了很多著作，起先是詩，接著是小說。一九八五到九零年，在廣西電影廠任編輯和編劇。與電影圈的直接接觸，誘發她創作小說的靈感，也豐富了小說的內涵。一九九零年調往北京，到《中國文化報》工作。同年與一個高級文化幹部結婚，次年生下女兒。可惜婚姻生活並不愉快，兩人後來分居。一九九六年春，政府推行改革，精簡機構，裁員數千，她也被裁退。此後留在家中全職寫作。

林白的作品，有兩個方面與同期作家不同：自傳性質，以及題材集中於女性的性慾和性經驗。在她的小說三部曲《一個人的戰爭》（1994）、《守望空心歲月》（1995）和《說吧，房間》（1997）內，小說的人物經常和「真實」的人物一起出現，而她的個人生活與小說的敘事者或女主人公的個人生活又極為相近。她採用第一人稱敘事，再加入反思的視角，這樣一來，她對材料注入的濃烈感情便更分明。值得重視的，是她在作品中探索婦女成熟後面對的問題。婦女的性身份與個人經驗，如自慰、墮胎、同性戀、通姦、自戀等問題，在她作品中，得到前所未有的徹底揭露、誠意的審視。

林白小說的異性戀關係都是陷於絕境的。就如在《致命的飛翔》（1995），渴求真愛的女人，往往得面對殘忍的現實；而男女間的敵意與相互利用也常令雙方關係走入死胡同。《說吧，房間》描述家庭中性壓抑與社會歧視交織在一起；以及在九十年代商業化的中國社會，婦女的境況更見慘淡。敘事語言方面，她創造了一套精密細緻的策略，又採用感官、詩意的語言。她的小說有並行發展的結構、雙重性格的人物，並有自然流暢的女性聲音，不斷輪番代表著「我」和「我們」，在在展示出她建基於身體感官經驗的獨特女性書寫理論。

在九十年代的中國文化市場，林白的作品在某程度上，可算暢銷，但同時卻遭還原閱讀，這是因為它們有「性吸引力」和出版商的任意刪改。例如《一

個人的戰爭》，就被粗暴的修改，使有關性的內容成為重點。因為這樣，這書現在有幾個不同的版本。書中較露骨的描述，也惹來評論家和大眾議論紛紛。一般的讀者會從道德立場來爭論這書應否記述「不正常」的性經驗，有些評論家則認為這書見證了後毛時代性別寫作的復興。女性主義評論家中，有讚揚她打破禁忌，就婦女的經驗和心理實況說出真話的；亦有些批評她那樣清晰「展示」女性的性經驗，不過是為滿足偷窺的心態，同時也確認了傳統的性別差異觀念。明顯地，她的作品成了一個具爭議的領域，來自多個層面、懷著互不相容的意識形態的讀者，就在這裡一起商討，解決分歧。

孔書玉

陳玉冰譯

編者按：林白現任武漢文學院專業作家。重要作品還有《萬物花開》、《婦女閒聊錄》等。二零一四年以長篇小說《北去來辭》獲老舍文學獎。

◇ 陳思和，〈林白論〉見《作家》，1987 年 5 期，頁 107–111。
◇ 林白，《一個人的戰爭》見《花城》，1994 年 3 期，頁 4–80。
◇ ——，《守望空心歲月》見《花城》，1995 年 4 期，頁 4–80。
◇ ——，《說吧，房間》見《花城》，1997 年 3 期，頁 6–72。
◇ ——，《林白作品自選集》，桂林：灕江出版社，1999 年。
◇ 徐坤，《雙調夜行船》，太原：山西教育出版社，1999 年，頁 72–88。
◇ 樂鑠，〈90 年代女性私小說性別弱視〉見《中國文化研究》，1999 年 3 期，頁 108–112；又見 <http://www.doc88.com/p-695153154503.html>，2014 年 8 月 21 日查閱。
◇ 陳軍，〈北流籍女作家林白獲 2014 年老舍文學獎〉見 <http://yl.gxnews.com.cn/staticpages/20140811/newgx53e83017-10927434.shtml>，2014 年 8 月 11 日，來源：玉林新聞網——玉林日報，2014 年 8 月 21 日查閱。
◇ 「林白」見 <http://zh.wikipedia.org/wiki/%E6%9E%97%E7%99%BD_（%E4%BD%9C%E5%AE%B6）>，2014 年 8 月 21 日查閱。

▥ 121 林蔡素女　Lin Cai Sunü

林蔡素女（1902–1993），生於台灣北港，本名蔡素女，參與社區工作不遺餘力，對台灣婦女貢獻良多。

蔡素女自小家境富裕，父親是台灣總督府國語學校首屆畢業生（當時是日據時代，國語可能指的是日語）。由於父親思想開明，她不僅逃過纏足，身心未受傷害，還有機會接受教育。她十三歲時由北港公學校畢業，之後進入台北第三高等女子學校，並因成績優異，繼續就讀該校師範科。畢業後回北港公學校任教，後因與林麗明訂婚而離職，從此告別短暫的教職生涯，開始另一段的

人生。

林麗明畢業於台北醫專，與蔡素女結婚後，回到北港開業。當時因為熱衷參與文化協會的活動，不斷受到日本政府的監視。後來由於醫院工作繁忙，無法親身參與活動，仍以金錢資助該會。在這期間，林蔡素女除了一邊照顧醫院業務外，也開始從事社區工作。她在北港開設家庭副業免費講習班，教授當地婦女編織毛衣。這是她服務社會的第一步。

林蔡素女從一九四六年就在謝娥的號召下，加入地方婦女會，從事婦女工作。當時她們著意於提高婦女的教育水平，希望由思想觀念著手，達到婦女人格提升，進而爭取男女平等。一九五零年薛人仰擔任台南縣長時，林蔡素女更被選為台南縣婦女會理事長。之後，雲林縣也成立了婦女會，她因而轉任此會理事長。任內，她極力爭取經費，開辦農忙時期託兒所，以應付農業婦女的需要；同時也竭力要求議會成立婦女福利中心。由此可見，她為雲林縣的婦女作出莫大貢獻。

一九六六到七二年期間，林蔡素女當選為台灣省婦女會第九屆理事長。她上任後，致力為省婦女會建立一套有效率的運作制度，特別側重職員的簽到、簽退紀錄；工作日誌；財產清冊的造冊；以及財政管理，替省婦女會奠下很好的根基。

除了婦女會的工作，林蔡素女一九五零年也參加雲林縣的議員選舉，結果順利當選，開始走向政壇。一九五七年當選省議員，任內著意於爭取地方建設經費，推動設立北港朝天宮為觀光區，繁榮地方經濟。一九七三年任監察院台灣省監察委員，一九八一年退休。退休後雖已卸下公職，但仍參與紅十字會的活動，繼續關心社會。

何淑宜

◇ 蔡相煇編，《林蔡素女女士九秩萬壽紀念集》，台北：出版社不詳，1992 年。
◇ 游鑑明，〈林蔡素女〉見《走過兩個時代的臺灣職業婦女訪問紀錄》，台北：中央研究院近代史研究所，1994 年。

▥ 122 林黛 Lin Dai

林黛（1934–1964），生於廣西南寧，原名程月如；一生雖短，但成就非凡，是香港著名影星，並在亞洲影展四奪影后殊榮。

林黛洋名 Linda，進入電影圈後則改用藝名林黛。有人認為林黛是 Linda 的漢語譯音，也有人說它來自兩句中國古詩。林黛的父親程思遠，在一九四九年前是廣西政要，母親蔣秀華來自舊式庭。林黛幼時父母離異，她留在父親身邊生活了一段時期，但得不到他的照顧與關懷。她曾就讀桂林的中山紀念小學和南京的滙文中學。當父親決定留在大陸和中共合作時，她在一九四八年選擇了隨母親去香港，在那裡入讀新亞書院；但因為母親自大陸帶出的錢財、珠寶很快花光，她十七歲就離校謀生。

長城電影公司老闆袁仰安在一間照相館的櫥窗見到林黛的相片，覺得她美艷動人，於是打聽到她的姓名地址，約她晤談，提出簽約一年。她簽了約，為的不是當演員，而是那份基本的薪津。這一年長城並未讓她在任何片中演出，只著她和其他人，包括著名影星李麗華（參見該傳）、黃河、嚴俊（1917–1980）等，一起參加讀書會，而這種「讀書會」的實際目的是學習馬列主義。當她拒絕續約時，長城就以她欠下大筆債款作威脅，稱這些款項就是用在她身上的服裝費、拍照費等。根據合約，女演員若不續約就有責任償還這些開支。她遂吞下大量安眠藥以示抗議，被及時發現，但名字卻傳遍了港九大小報刊。事件令港英當局警覺到長城涉及的政治活動，隨後一批人士被驅逐出境。那些曾和她一起參加「讀書會」的影星自此也可以自由之身加入其他電影公司。

當時嚴俊在話劇界和電影界已是頗有名氣的演員，並曾試執導筒。他加入永華電影公司時，要求老闆李祖永給他機會，捧紅林黛。為此她和永華合作，在一部根據著名小說家沈從文《邊城》改編的影片當主角，嚴俊對這部名為《翠翠》的新片付出大量心血，既當導演又在片中分飾兩個角色。《翠翠》使林黛在一九五三年一炮而紅，她後來為永華拍了多部影片；然而，除了台灣票房最高的影片《金鳳》外，其他都是一般之作。永華被一把火燒得精光後，實際上已不能經營下去，林黛和嚴俊從此不用再為李祖永拍片。

林黛因已和嚴俊同居，所以與其他電影公司談判時，總是要求與嚴俊一同參與拍攝電影，由她當女主角，他當導演或男主角。她對嚴俊常存報恩之心，覺得是他把她從無名小卒捧成明星。不過這種共同進退的要求，減少了她取得新角色的機會。即使如此，他們仍一起多拍了兩部影片，包括新華的《漁歌》、龍鳳的《杏花溪之戀》。

其後，林黛和邵氏兄弟公司簽了三年合約，每年拍片三部，同時，她還同意為電懋公司每年拍片三部。邵氏也許一時疏忽，在與她的合約中並未包含禁

止她和其他公司拍片的條款。因此她就和新加坡富豪陸運濤的電懋公司秘密簽約，電懋付給她全港最高片酬每部四萬五千港元，並保證次年增至五萬五千港元。她和電懋簽約是瞞住嚴俊的。

邵氏後來得知林黛與電懋簽約之事，要求她簽訂一個新的三年合約，片酬與電懋相同。換言之，林黛同時為兩間電影公司拍片三年，每年六部，片酬全港最高，且有最佳劇本，最優秀的後援隊伍。這一切令嚴俊有被冷落之感。二十世紀五十年代中期，香港電影界培育了不少新星，而最早出現的一顆就是林黛。雖然這些新星大多演戲經驗不足，還是受到觀眾，尤其年輕一代的歡迎。昔日在上海電影界叱咤風雲的老牌明星，開始曲終人散。林黛仍想讓嚴俊在她的影片中演出，但片商越來越希望她與其他新男角搭配。這一時期，嚴俊與她拍了幾部電影後，便與李麗華恢復交往；一九五七年，他不顧上海的妻子，和李麗華結了婚。

這三年中，林黛為邵氏和電懋拍了不少出色影片，全都十分賣座。一九五五年，她主演歌舞片《歡樂年年》，為了準備演出，她苦練多種舞蹈，包括古老的中國小調〈孟姜女〉、肯肯舞、恰恰舞以及弗萊明戈舞，直到舞步純熟為止。她也在演出其他影片前學習騎馬、插花和茶道。在一九五七年的《金蓮花》中，她分飾兩個性格不同的女人，並以此贏得第四屆亞洲影展最佳女主角獎，摘得「亞洲影后」的桂冠。次年，她以古裝片《貂蟬》中的表演，再次奪魁。《貂蟬》由李翰祥執導，他和林黛合作拍了多部豪華瑰麗的古裝片，其中的《江山美人》，在一九五九年亞洲影展共獲十二個獎項。這些古裝片引入了江浙一帶的民間小調「黃梅調」，令當時港台和東南亞華人社區興起一股「黃梅調」狂熱。

林黛按合約拍完全部影片之後，於一九五九年去了美國影城好萊塢參觀片廠，並在哥倫比亞大學旁聽電影和戲劇課程，原計劃逗留三個月，但在她研習結束時，一個兒時朋友邀她遊覽美國，這人叫龍繩勳（卒於2007年），她曾在港見過一面。他是雲南軍閥龍雲的第五個兒子，人稱龍五公子或龍五。雖然龍雲一九四九年後留在大陸，但仍將愛子送到美國留學。

據說龍五腰纏萬貫，是個花花公子，飆車、女人是他的摯愛。林黛當時不可能知道這些，她和龍五周遊美國，將原來的行程延長到八、九個月。她最後返回香港，龍五不久跟了過來。傳說他在美交通違規太多，美國政府要他選擇，或是入獄，或是離境，他選了後者。香港媒體對他們二人的羅曼史大肆報

導，很多人，甚至連當事人在內，都沒料到它的政治意味：林黛所屬的港九自由人公會，與台灣國民黨政府關係密切，龍五追求她，令人猜疑他將誘騙她去大陸。時任該公會主席的資深演員王元龍，告訴她戀情後面有著複雜內涵，並用周璇（參見該傳）的例子警告她，周璇看來是因中共的迫害，死在大陸。林黛在一本電影刊物撰文表示，與龍五並無親密關係，且重申對台灣的忠誠。接著在一九五九至六零年的新年假期，去了台灣演出勞軍。

儘管林黛否認與龍五的關係，兩人還是在一九六一年結了婚。同年，她以歌舞片《千嬌百媚》的表現，於亞洲影展第三次獲得最佳女主角獎，其他參選者大呼不公。直到她以愛情悲劇《不了情》第四次獲得該獎時，演技才得各方認可。

這時林黛與龍五的婚姻，因著種種原因，出現緊張跡象。她不斷拍片，龍五只能獨自參加商界宴請和其他社交活動，不免與其他女人多了接觸機會。雖然他表明不過是逢場作戲，她卻無法把這些不羈行徑全然置諸腦後。加上龍五年老的奶媽從中作梗，兩人的婚姻生活更是波折迭起。老奶媽來自雲南，說是來照料他們，卻常挑起衝突。龍五還對林黛在片中的角色諸多批評，尤其《妲己》一片，它講述一位家喻戶曉的中國古代淫后。後來媒體謠傳林黛和電懋董事長陸運濤有私情，龍五更火冒萬丈。一九六三年，兒子龍宗瀚出世，看來也未使局面改觀。另一方面，林黛感受到來自影界新人的壓力，覺得這些新星愈來愈受歡迎。家庭和事業的種種壓力顯然使她了無生趣，一九六四年七月十七日，她被發現在家中死去。前一天晚上她和丈夫大吵後，吞下大量安眠藥，再打開房裡的煤氣。丈夫稱她僅想恐嚇他，朋友們也這樣想。但死因裁判官認為，林黛因服用過量安眠藥而死，故不屬意外，按法律裁定死於自殺。數千影迷參加了林黛的葬禮，還送來幾百個花圈花籃。林黛安葬在跑馬地天主教墳場，影迷年年掃墓，在墳前誦經、祈禱；甚至有報導說，有影迷因她的死而精神失常、自殺。

林黛辭世時還未滿三十歲。從影十三年中，拍了四十多部影片，四次獲亞洲影展最佳女主角獎。雖然當初走紅可能因為長相美艷，但她一直刻苦鑽研演技，是公認的揮灑自如、才藝多面的女演員。自殺似乎是許多女星的宿命，其中人所共知的，在她之前有阮玲玉（參見該傳），之後有樂蒂和翁美玲。她們死時僅二十餘歲，都是一夜之間竄紅，成了明星，但又無力應付坎坷命途。在愛情和婚姻路上，她們執著於男性的認可和支持，一旦失去就缺乏勇氣獨自過

活。這類自殺會不斷發生，直到都市婦女認同以女性為主體的理念，才能止息。

蕭虹

龍仁譯

◇ 齊聘邨，〈天妒紅顏殞艷星：影后林黛之死〉見《中外雜誌》，卷 36，1973 年 9 月 3 期，頁 130–134。

◇ 京聲、溪泉編撰，《新中國名人錄》，南昌：江西人民出版社，1987 年，頁 195–196。

◇ 劉紹唐編，《民國人物小傳》，冊 8，台北：傳記文學出版社，1987 年，頁 135–142。

◇ 張亞力，《一代影后林黛》，台北：希代書版有限公司，1993 年。

◇ 「癡守愛巢夫婦『同』離塵世／忘不了林黛『龍五』魂牽半世紀」見 <http://news.hkheadline.com/dailynews/headline_news_detail_columnist.asp?id=25562&section_name=wtt&kw=8>，2007 年 5 月 9 日。2013 年 1 月 11 日查閱。

◇ 「嚴俊」見 <http://baike.baidu.com/view/247455.htm#sub8695628>，2013 年 1 月 11 日查閱。

▥ 123 林海音 Lin Haiyin

　　林海音（1918–2001），本名林含英，生於日本大阪，台灣作家、編輯、出版人，是第二次世界大戰後，台灣文學發展史上舉足輕重的人物。

　　林海音的父親林煥文是苗栗頭份人，母親來自台北板橋。日治時代，林煥文在新埔公校任教，知名作家吳濁流便是他的學生。林海音出生前，父母已移居日本，她五歲時，舉家返國，定居北平南城。林海音在那裡過了一段很長的日子，由成長、受教育、工作，到結婚生子都沒有離開。

　　林海音十三歲時，父親去世，童年亦隨之消逝。一九三四年春明女中畢業後，她考入由成舍我創辦的北平新聞專科學校，並在《世界日報》擔任實習記者。一九三七年正式擔任該報記者，負責婦女新聞，次年，與同報編輯夏承楹（筆名：何凡，1910–2002）結婚。夏承楹來自書香世家，家中有三、四十人，屬傳統的大家庭，林海音身處其中，仍能和上下各人相處融洽。其間，她一度到北平師範大學從事圖書館圖書編目工作，但不久又回到《世界日報》主編婦女版。

　　一九四五年抗日勝利，日軍撤出台灣，林海音在台灣的家人希望她們一家返台定居。一九四八年，國民黨即將敗走，共產黨快要接管中國大陸，林海音和丈夫終於決定離北平赴台。當年三十歲的林海音，育有三個子女，陪同母親，在秋天時節，終於到了台灣。台灣是母親的故鄉，但對林海音來說，卻是一片陌生土地，她日後在作品和訪談中，均曾提及當時百感交集的心情。

一到台灣，夏承楹立刻收到洪炎秋的邀請，到《國語日報》工作；林海音留在家中相夫教子。閒暇時，她也開始在《中央日報》和《國語日報》等媒體發表文章。一九四九年，她出任《國語日報》週末版主編，直至一九五五年。在這段時期，她結識了許多女作家，如琦君（參見該傳）、劉枋、王琰如、劉咸思等，她們都是《中央日報》副刊的作者，彼此成為一生摯友。林海音當時的作品以散文為主，結集為《冬青樹》和《剪影話文壇》；內容多為日常家庭生活，其中寓寄著許多既平凡又深沉的人生思索，頗受讀者歡迎。

一九五三年，林海音三十五歲時，生下第四個孩子，滿月後就受聘出任《聯合報》副刊主編，前後做了十年。這段期間不僅是她個人創作力最旺盛的時期，也是戰後台灣文學發展史上一個重要階段。她充份發揮了一個副刊編輯人的角色，不僅讓外省籍作家繼續發表文章，同時也為向來鮮有機會見報的台籍作家，提供發表園地。國民黨在一九四五年從日本手中接收台灣後，取消了所有報紙的日文版，當時的台灣人慣讀日文，語文政策突然改變，令他們沒有足夠時間學習現代中文。加上一九四七年二・二八事件所帶來政治上的白色恐怖，戰後嚴重的經濟崩潰等種種因素，都讓戰前活躍一時的台籍作家，戰後幾乎消聲匿跡。之後，台灣文壇進入一個所謂「反共文藝」的年代，台籍作家的發表園地喪失殆盡。

許多台籍作家回憶起當年林海音為他們盡心盡力，都滿心感激。一九五三年她出任《聯合報》副刊主編的第一件事，就是在內容上加強文學性和藝術性。像何欣、洪炎秋、謝冰瑩（參見該傳）、琦君、張秀亞、郭良蕙、孟瑤等作家，都常在副刊發表文章。同時，林海音也刊登外國文學訊息和介紹作家作品，開拓台灣讀者的視野。她也開闢一系列專欄，由專屬的作家執筆。何凡的「玻璃墊上」，以批判社會文化為主，引發許多讀者的共鳴。

林海音是第一個重視鍾肇政、鍾理和等台籍作家的編輯。她讚賞他們的作品之餘，也發掘了當年新一代的小說家，如黃春明、張系國、林懷民和七等生等。文心的中篇小說〈千歲檜〉、鍾肇政的著名長篇〈魯冰花〉、鍾理和的〈蒼蠅〉、〈做田〉等作品，都是在林海音的《聯合報》副刊上發表。她推廣台籍作家的文學作品，對這些戰後被媒體忽視的台籍作家，無疑是莫大的鼓舞。鍾肇政回憶在《聯合報》副刊上看到文心〈千歲檜〉的心情：「對我們這批本省作家是個很大的衝擊、刺激。我們這批人也可能有東西在副刊上連載嗎？有這樣的驚奇，有這樣的欣慰和羨慕，是一種很複雜的心情。」

除了《聯合報》副刊外，林海音和何凡在一九五七年參與創辦《文星雜誌》，負責編務四年，並聯手出版了《本省文藝作家介紹》，介紹鍾理和、鍾肇政、鄭清文、廖清秀、文心等十一位作家。林海音賞識鍾理和的作品，也關心他的生活狀況，對此他非常感激。他在一九六零年辭世當晚，林海音連夜趕寫追悼文，哀悼這位勇敢的文友，即使已罹患肺結核病，仍執著於寫作。當時政治環境嚴峻，林海音對台籍作家的關顧，催生了許多佳作。作家鄭清文表示：「我現在還懷念著當年的聯副主編林海音女士，因為她推開了一座牢固的城門，替文壇解禁一塊長年的禁地。」

《純文學月刊》在一九六七年一月創刊，林海音是創辦人之一，次年純文學出版社成立。林海音親自寫了百餘封邀稿信，廣向文友邀約稿件。這本月刊提供了難得的文學發表園地，許多在這裡發表過作品的作家，日後都能得到文評家肯定。它還刊登外國文學作品，以及三十年代華人作家的作品，與《現代文學》、《文學季刊》、《台灣文藝》和《笠詩刊》等，都是當時台灣文壇重要的文學刊物。《純文學月刊》文學性濃厚，銷路無法拓展，財務營運不良，終於在一九七二年二月宣布停刊，計出版六十二期，為時五年兩個月。純文學出版社則繼續營運，出版文學書籍和雜誌；後期偏向出版歷史和懷舊作品。林海音並費時多年，編輯四部共二十五卷的《何凡全集》，她因編輯此書，於一九九零年獲行政院新聞局頒贈出版類圖書主編金鼎獎。

林海音熱衷於文學創作、編輯和出版，並在這三個領域屢獲殊榮。她的作家女兒夏祖麗說：「寫作是她的愛好，編輯是她的工作，而出版是她的理想。」林海音自一九四八年開始創作，至一九六八年的二十年間，發表了四百三十七篇作品；她的小說、散文和兒童讀物，都廣受好評。她部份短篇小說結集為《綠藻與鹹蛋》出版。不過，奠定她文學成就的是另一部短篇小說集，寫的是她在北平的童年生活。

林海音在北平居住多年，她的作品充滿了北平的獨特氣息。她在一九五七年開始陸續發表多篇回憶童年生活的小說，一九六零年結集成《城南舊事》一書；後來又有了繪本，並拍成電影。書中的英子，即是幼年的林海音，讀者可透過小女孩的童心童眼，觀看北平的人與事。書中描述北平的文化歷史，以及普通人家的日常生活，各種人情世故、喜怒哀樂，在字裡行間流動，筆觸自然婉約，別有一種悲憫和體貼。發表以來，得到許多文評家的讚賞。

此外，林海音有些短篇小說，描寫傳統婚姻制度下女性的處境，這顯示出

一個女性作家對女性議題的關注。譬如〈燭〉，敘說一個不能接受丈夫娶姨太太的婦女，最後一生癱瘓的悲哀，文評家葉石濤認為是「題材可怕，技巧完美的小說。」而同樣以姨太太為題的〈金鯉魚的百褶裙〉，則寫姨太太生下兒子繼承了家業，但到死都依然不能翻身的悲哀。齊邦媛指出，這個故事令人在引申思考之後，感動難忘、回味無限。她的三篇小說〈曉雲〉、〈春風〉、〈夢珠的旅程〉，都以女性為主角，這些不同年代的女性，糾纏在愛情與婚姻制度之間，結局都一樣，就是身為第三者的女性，選擇斬斷情絲，遠走他鄉。

林海音談起自己的寫作理念，認為作家一定要寫熟悉的題材；就技巧而言，她選用簡潔的文字來表達意念。為了實踐文學理想，她努力做好作家、編輯、出版人的工作，結果成績得到肯定，獲獎無數，計有一九九四年，世界華文作家協會與亞華作家文藝基金會的「向資深華文作家致敬獎」；一九九八年，世界華文作家協會的「終身成就獎」；一九九九年第二屆五四獎的「文學貢獻獎」；二零零零年中國文藝作家協會的「榮譽文藝獎章」。二零零零年五月，她出版了全集，合共十二冊，同時發行回憶錄的視聽版。在台灣文壇，林海音在各領域的貢獻與成就，堪稱出類拔萃。

楊翠

蕭虹、Sue Wiles、陳雅慧增補

編者按：林海音有子女四人，兒子叫夏祖焯，女兒分別是祖美、祖麗、祖葳。二零零一年林海音病逝台灣，終年八十三歲。翌年夏承楹病逝。

◇ 〈林海音〉見《中華民國作家作品目錄》，冊2，台北：行政院文化建設委員會編，1995年，頁39–41。
◇ 夏祖麗，《從城南走來──林海音傳》，台北：天下文化，2000年。
◇ 林海音，《穿過林間的海音──林海音影像回憶錄》，台北：游目族，2000年。
◇ ──，《林海音作品集》，12冊，台北：游目族，2000年。
◇ Lin Hai-yin. "Memories of Old Peking," trans. Cathy Poon. *Renditions*, special issue (Spring and Autumn 1987) : 19–48.
◇ ──. "The Candle." In *Bamboo Shoots after the Rain: Contemporary Stories by Women Writers of Taiwan*, eds. Ann C. Carver and Sung-sheng Yvonne Chang. New York: Feminist Press at the City University of New York, 1990, 17–25.
◇ 「夏承楹」見 <http://baike.baidu.com/view/1329556.htm>，2013年1月11日查閱。
◇ 「林海音」見 <http://baike.baidu.com/view/74988.htm>，2013年1月11日查閱。

▥ 124 林徽因 Lin Huiyin

林徽因（1904–1955），福建閩侯人，現代中國第一位女建築師、古代建

築史專家、藝術家、二十世紀三十年代著名詩人、小說家和作家。她原名徽音，但為了避免與同時代的「海派」作家林微音混淆，把音改為因。林徽因的祖父林孝恂是晚清翰林，歷官浙江金華、石門諸州縣，有革新思想。她的父親林長民畢業於日本早稻田大學，主修政治、經濟，也長於詩文。民國後，主持起草臨時憲法，因此成為民國初年立憲派名人。他曾任國務院參議及司法總長。

林徽因在這樣一個書香門第，官宦世家長大，自幼受到折中新舊、融合中西的良好教育。一九二零到二一年間隨父親赴歐洲遊歷考察。在倫敦時的英國女房東是建築師，林徽因受了她的影響，立志學習建築。也是在這個時期她結識了父親的兩個朋友：徐志摩（1897–1931）和梁思成（1901–1972）。徐志摩是有名的詩人，她欽佩他的才華，兩人成為終身摯友，在他誘導下，她萌發了文學創作的志趣。梁思成是維新名人梁啟超的長子，是中國現代最傑出的建築史專家。他後來成為她的丈夫和一生的事業夥伴。一九二四年，印度詩人、哲學家泰戈爾應梁啟超和林長民等的邀請來中國訪問的時候，林徽因全身投入接待的活動中，和徐志摩共同擔任翻譯，並在泰戈爾名劇《齊德拉》中擔任女主角，名譟一時。

一九二五年六月，林徽因和梁思成一同赴美留學，進入賓夕凡尼亞大學（University of Pennsylvania）的美術學院主修建築。畢業以後又入耶魯大學的戲劇學院學習舞台美術設計，成為現代中國學習這門專業的第一人。一九二八年三月，她和梁思成在加拿大的渥太華結婚。婚後他們到歐洲遊歷數月，觀摩建築和藝術。一九二九年一同應聘瀋陽東北大學建築系。她講授雕飾史並教授專業英語。同年生下女兒梁再冰。次年肺病發作，回北平養病。

林徽因和梁思成於一九三一年一起到中國營造學社工作。她擔任校理、參校，經常參加該社組織的對中國北方古建築的實地調查。她寫了多篇開創性的論文和調查報告，有些是獨自寫，有些是和梁思成合作寫，包括〈論中國建築之幾個特徵〉，〈晉汾古建築預查紀略〉，〈平郊建築雜錄〉等，為現代中國建築史學奠定基礎。

同是這一年，林徽因開始大量寫詩，屬後期「新月派」重要詩人之一。同時發表小說、戲劇和散文。短篇小說《九十九度中》用極富現代色彩的蒙太奇手法，巧妙地把華氏九十九度炎熱中北平社會不同階級四十多個人物的生活串綴在一起，形成鮮明生動的對照，顯示出敏銳的洞察力和深刻的同情心。散文〈窗子內外〉則用輕妙的筆法，歷數貴族知識份子階層和廣大勞動人民難以消

除的隔膜，被選入西南聯大所編國文課本。她那時積極參加「京派」文人各種文學活動，編輯《大公報文藝叢刊小說選》，任該報「文藝獎金」評委，和周作人、沈從文、朱光潛等一起組成《新月》以後，加入「京派」重要刊物《文學雜誌》編輯委員會，參加北方詩人讀詩會，熱情獎掖後進，是三十年代北方文壇一個中心人物。一九三二年生第二個孩子：兒子梁從誡。

　　抗戰爆發後，林徽因舉家南遷。在貧病交加、居無定所的困難條件下，她堅持古建築史方面的學術研究。戰後，和梁思成回北平為清華大學創辦建築系，一九四八年解放軍攻打北平前，協助梁思成完成《全國文物古建築目錄》，供攻城部隊參考。由一九四九年到五五年去世前，她都十分積極工作。她力主保護北京城牆和古建築，堅持現代建築必須考慮民族風格的繼承，協助中南海懷仁堂的修復，並參加中華人民共和國國徽方案設計和天安門人民英雄紀念碑的設計建造工作。解放後她受聘清華大學建築系一級教授，先後擔任北京都市計劃委員會委員兼工程師、中國建築學會理事、北京市人民代表大會代表。

　　一九五二年，林徽因為《新觀察》「我們的首都」專欄撰寫了有關古建築的一系列文章。後任《建築學報》編委。她死後出版的大型參考書《中國建築的色彩設計》（*Colored Designs in Chinese Architecture*）是由她審稿並寫序的。與梁思成合著的論文〈中國建築發展的歷史階段〉也發表於《建築學報》。林徽因的肺病似乎沒全好過，她日益衰弱，臥床的時間越來越多。有一個時期她一半時間是躺在病床上給學生講課的。一九五五年四月一日，她在醫院辭世，死因沒有公布。她協助創作的人民英雄紀念碑上的設計用在她的墓碑，上書：「建築師林徽因之墓」。

郜元寶

◇　《梁思成文集》，北京：中國建築出版社，1982 年。
◇　陳鍾英、陳宇編，《林徽因詩集》，北京：人民文學出版社，1985 年。
◇　《中國現代作家選集·林徽因集》，香港：三聯書店、人民文學出版社聯合出版，1990 年，頁 1–10，325–341。
◇　陳學勇，〈關於林徽因小傳的一些補充〉見《傳記文學》，1991 年 11 月，頁 73–74。
◇──編，《林徽因文存·建築》，成都：四川文藝出版社，2005 年。
◇　宋瑞芝主編，《中國婦女文化通覽》，濟南：山東文藝出版社，1995 年，頁 346–347。
◇　林洙，〈梁思成與林徽因（二）〉見《傳記文學》，卷 71，1 期，1997 年 7 月，頁 59–67。
◇　梁從誡編選，《林徽因文集》，天津：百花文藝出版社，1999 年。
◇──編，《林徽音建築文集》，台北：藝術家出版社，2000 年。
◇　林徽因，《林徽因講建築》，廣州：南粵出版社；西安：陝西師範大學出版社，2004 年。

▥ 125 林金枝 Lin Jinzhi

林金枝一九二八年生於台灣省台北市，台灣早期受訓的女警。她在警隊工作四十多年，致力為基層女警爭取進修及升遷機會。

林金枝出身警察世家，日據時期，父親任巡查補，大哥也是警察。台灣光復後，不少人視警察為日本殖民政府的幫兇，所以到處毆打警察洩憤。林金枝的大哥被打重傷不治。父親哀痛不已，不久也病逝。林金枝深感新時代的來臨，必須勤學國語，以便找工作，幫補家計。一九四七年二‧二八事件之後，警政當局深感警力嚴重不足，必須重建警察新形象。該年十二月，台灣省警察訓練所首次招考初幹班女警，林金枝接受當時任職新店分局刑警的姐夫建議，前往報考，成為台灣史上第一批女警。初幹班第一期六十一位女警原來計劃受訓三個月，後因次年（1948）奉命改制為台灣省警察學校，遂延長訓練時間為六個月。她畢業後分發到基隆港警所第三組，這是個刑事稽查小組，主要工作為檢查船隻、旅客，協助緝私。光復初期，走私問題嚴重，一九五五年林金枝破獲鴉片毒案，媒體競相報導，警務處長親自召見，按例應該可以破格升職，無奈受到學歷的限制，加上女警升遷管道不通，制度未立，等待多年才升為辦事員。

林金枝在基隆港警所服務長達二十一年，台北市升格時才有機會請調台北市，先後在督察室和人事室工作。一九七七年任台北市女警隊副隊長，隊長由保安大隊隊長兼任，所以領導的職責大部份由她肩負。

林金枝的一大貢獻是為基層女警爭取進修機會。她從初幹班畢業多年後，曾集體以警員班第十八期名義回校補訓，但之後再也沒進修機會。女警學歷受限，升遷不易，永遠待在基層，士氣大受影響。林金枝積極爭取，在國民黨婦女幹部訓練班受訓時，向高層反映中央警官學校沒有招收女生，女警苦無管道進修，不利升遷，頂多能升到巡佐而已。她建議中央警官學校招訓女警官，除了四年制正期組外，也應讓基層女警有機會修讀學位或參加短期訓練班。

一九六七年林金枝考上警官學校巡官班第二期，由於警官學校沒有女生宿舍，直到一九七一年六月的第六期才如願入學，與初幹班同學蕭秀鳳、第二十六期警員班郗湘華同時成為台灣警政史上第一批接受巡官訓練的女警。一九七四年，中央警官學校終於開始招訓正期組、進修組（二年制）女警，開啟台灣培訓女警幹部史頁。一九八九年林金枝從台北市警察局督察室退休。夫婿陳泰州是她在警察訓練所受訓時的區隊長，夫妻結婚多年，恩愛如初，有三

男一女。兒子與媳婦多人加入警察行列，可說是警察家庭。林金枝認為自己在事業上得以全心衝刺，都是因為家姑和嫂嫂代為照顧孩子、丈夫體諒與支持，才能無後顧之憂，完成自己成為警察以安慰父兄之靈的初衷。

陳純瑩

◇〈台北市各界表揚模範女警〉見《自立晚報》，1983 年 3 月 7 日，版 2。
◇ 陳純瑩訪問，《林金枝口述訪問紀錄》，1995 年 9 月 21 日，未刊稿。

126 林蘭英 Lin Lanying

　　林蘭英（1918–2003），福建莆田人，中國著名半導體物理學家。父親林劍華曾在家鄉政府部門任職，後在中學執教，母親周水仙是一位勤勞能幹的家庭主婦。在當地，讀書風氣雖濃厚，但女子上學的卻甚少。周水仙也受封建思想和社會習俗的影響，但在林蘭英堅持和據理力爭之下，只得讓她入學。林蘭英自幼養成了有主見、奮發自強的性格。

　　林蘭英十八歲考入福建協和大學物理系。一九四零年畢業後，留校任助教、講師，教授物理學和數學，並編寫了《光學實驗教程》，獲教育部審批為大學教材。她才華出眾，本有資格拿取獎學金出國留學，但因從不參加宗教活動而被校方剝奪了這個機會。一九四八年，在該校的一位教授推薦下，她到美國賓夕凡尼亞州（Pennsylvania）的狄金遜學院（Dickinson Institute）進修數學。次年轉入賓夕凡尼亞大學（University of Pennsylvania），主修固體物理。一九五一年獲碩士學位，一九五五年獲博士學位。

　　那時林蘭英決心在半導體物理這一前沿科技領域探索新知識。一九五五年，她進入美國一家大型私人公司任高級工程師。從此，獨身自守的她與半導體單晶材料結下了不解之緣，為之奮鬥一生，成為中國這方面赫赫有名的專家。她在這家公司主管材料的物理性能和器件的物理特性的研究，根據她提出的建議，該公司終於成功地拉製出硅單晶（silicon ono-crystal）。她的學識才智深得公司領導的賞識和同事的欽佩。正在這時，她接到了弟弟和父母的信，得知國家領導人希望她能回國效力，遂決意還鄉。時值冷戰初期，她得衝破重重困難方能如願。一九五七年春，終於回到中國。

　　歸國之後，林蘭英開始了中國自己的半導體研究。她和同事合作，於一九五七年秋成功地拉製出中國第一根鍺單晶（germanium mono-crystal），一九五八年底拉製出第一根硅單晶。六十年代初期，研製出新型單晶爐。

一九六二年初，拉製出無位錯（non-dislocation）的硅單晶；同年稍後，製成化合物半導體砷化鎵（GaAs）單晶。她領導的中國科學院半導體研究所材料研究室，在六十年代前半期研製出多種半導體材料，取得了許多鼓舞人心的成果。

文革期間，林蘭英受到的不公待遇，和很多其他科學家相比，不算嚴重。七十年代下半期，她開始鑽研創新技術，其中包括提高單晶硅質量的研究，用氣相和液相外延生長（growth of gas and liquid phase epitaxy）提高砷化鎵單晶質量的工藝方法，SOS-CMOS 集成電路材料開創離子束薄膜技術（ion-beam film technique）的研究，以及在太空生長砷化鎵單晶材料的研究等。她的研究成果多次獲得國家級科技進步獎和中國科學院科技進步獎。她在國內外多種科學雜誌上發表過數十篇學術論文。一九八一年當選中國科學院院士（學部委員）。

林蘭英是個刻苦頑強的物理學家。她以堅韌不拔、實事求是的工作作風和嚴謹細緻的科學態度，在學術上取得了一個又一個優異成績。作為一位熱心的社會活動家，她還以自己的切身經歷教育中國婦女自尊自重、自立自強。

王冰

◇ 英文《中國婦女》編著，《古今著名婦女人物》，下冊，石家莊：河北人民出版社，1986 年，頁 963–966。
◇ 何春藩、王占國，〈林蘭英〉見《中國現代科學家傳記》，集 3，北京：科學出版社，1992 年，頁 844–857。
◇ 中華全國婦女聯合會組織聯絡部編，《中國女院士》，瀋陽：遼寧人民出版社，1995 年，頁 121–135。
◇ 「林蘭英」見 <http://baike.baidu.com/view/205052.htm>，2013 年 1 月 11 日查閱。

▥ 127 林巧稚 Lin Qiaozhi

林巧稚（1901–1983），福建省廈門鼓浪嶼人，中國婦產學科開拓者之一。

林巧稚年僅五歲，母親便死於子宮頸癌，之後和兄嫂一起生活。喪母之痛令她自幼立志當醫生，尤其是一名婦科醫生。父親林良英少時在新加坡曾接受十年英語教育，她亦自幼稚園起開始學習英語。廈門女子中學一位英語教師誘導她學習英國文學，她因而養成了閱讀的習慣。一九一四年，她加入基督教會，從此成為虔誠的基督徒。

一九二一年林巧稚中學畢業，年輕的她和女友余瓊英去上海參加北京協和

醫學院的入學考試。最後一科考試半途中，女友昏倒，要她幫忙照顧；為此她未能答完試卷，卻仍被錄取，據說是因為她對朋友施援時顯得從容不迫、手法嫺熟。求學時期，她不單成績優異，也參加課外活動如打籃球、演講和編輯壁報。一九二九年，以該年最高分畢業生贏得文海獎，同時獲頒醫學博士學位。

畢業後，林巧稚受聘為北京協和醫院婦產科住院醫師。六個月後，代理總住院醫師職務，再十個月後，即在一九三一年，正式出任該職。在協和，總住院醫師必須保持單身，故她將愛情、婚姻的念頭置諸腦後。她認為要當賢妻良母，便不能全身心投入工作，兩者不可兼得。

一九三二年，林巧稚被派往英國進修，先在曼徹斯特，後轉倫敦。一九三三年又去了奧地利，同年回到北平。兩年後晉升為婦產科主治醫師，一九三七年升任副教授。一九三九年，在醫院的資助下前赴芝加哥，因研究工作出色，被美國自然科學榮譽學會吸納為會員。回協和醫院不久，被任命為婦產科主任，成為該醫院首位華籍女主任。

一九四一年十二月太平洋戰爭爆發後，協和醫院被日本人關閉。林巧稚於是開辦一間私人診療所，旋被邀請規劃和創建中和醫院婦產科，由她擔任科主任。戰後在北京大學醫學院任兼職教授，一九四五年起又任該學院婦產系系主任。北京協和醫院及醫學院先後在一九四七和四八年重開後，林巧稚成為負責婦產學科的教授。同一時期，她致力重建協和醫院的婦產科。中共解放北平前夕，一名國民黨官員送來機票，讓她離開，但她選擇留下繼續工作、照顧病人。

北京協和醫院於一九五一年為中華人民共和國政府接管，文革中被更名為首都醫院。文革前，林巧稚一直擔任協和醫院婦產科主任；她還為創建北京婦產醫院出力，北京市市長彭真在醫院籌建的每一階段都徵求她的意見。醫院於一九五九年落成。

林巧稚順理成章被聘為北京婦產醫院名譽院長，每周定時到該院工作。文革中，被指責為「反動學術權威」，遭勒令從婦產科主任的職位上退下靠邊。她甚至失去診病的權利，後來被誣衊為美國特務，降職從事實習醫生的工作。文革結束後，她原有的頭銜和職務一概得到恢復。

林巧稚當婦產醫師和教師逾半個世紀，貢獻主要在三方面。首先，她是傑出的臨床醫師，擁有多年經驗，又堅持親自診症，對治療病人自然事半功倍；她觀察敏銳，對己對人均要求嚴格，處事謹慎，這是人所共知的。她很有斷症的天份，非常準確，遇上風險高的病症，如果她認為值得，也會採取大膽的治

療方法。曾有病人出現類似癌症的病徵，按正常程序，要做子宮切除手術，但她懷疑另有原因；於是先不動手術，只小心觀察，隨後僅將單側有病變的附件切除，由此挽救了數名年輕婦女的子宮。林巧稚還開創了一種針對新生兒溶血症的療法，即進行全身換血；此法救活了在協和出生有此症的患兒一百多個。多年的臨床實踐中，她還使用過各種方法，使不孕婦女懷胎，所以她也常被人稱作「送子觀音」。

其次，林巧稚對婦產學科的許多問題深入鑽研，獲得了出色的成果。她去芝加哥深造時，曾對子宮收縮、胎兒宮內呼吸，以至盆腔器官結核、分娩和流產機理，作過研究。由於早期檢查出子宮頸癌，可挽救很多婦女的生命，一九五八年林巧稚建議對全北京市婦女作一次普查。在同事張茝芬幫助下，她在北京東城區進行了一次試驗性研究，由五萬個病例中取得數據。北京婦產醫院加入後，調查的範圍擴大了，研究病例多添九萬個。這項研究結果刊載於《中華婦產科雜誌》。在對婦女作檢查的同時給予治療，因而預防了多例子宮頸癌。北京的研究帶動了全國二十個城市的普查，逾一百一十萬個二十五歲以上的婦女接受了檢查，結果發現，每十萬名婦女中，有一百四十五人患上子宮頸癌。此次普查結果刊載於《中華醫學雜誌》，並引起國際關注，因為這項研究對象之多與治療之廣是前所未有的。研究人員根據數據找出致病原因，從而針對性地提出預防建議，使子宮頸癌死亡率大為降低。據北京地區的統計資料，一九七二至七六年該病的發病率為一九五八至五九年的百份之十四點三；查出患病的比率增加八倍，治癒率也相應提高。

另一種嚴重威脅婦女生命的腫瘤是絨毛膜上皮癌；它惡性程度很高，病情惡化和轉移迅速，手術效果不理想，死亡率高，僅在中國，死於這病的婦女數以千萬計。林巧稚建議將絨毛膜上皮癌的研究納入國家科研規劃，為此，北京協和醫院成立了一個絨毛膜上皮癌研究組，由宋鴻釗出任組長。經過二十多年的努力，研究人員終於能治癒大多數病人，成功率由一九五九年的一成增至一九七八年的八成以上。這一研究亦使葡萄胎患者的康復率接近十成。研究組針對腦轉移的絨毛膜上皮癌病人所開發的化療，療效比國外所採用的放射治療好，副作用也小。這研究曾獲多項國家獎勵。林巧稚將她的科研成果與臨床資料匯集起來，編成專著《婦科腫瘤》（1982）。這書獲得國家優秀科技圖書一等獎。她所主編的科普作品《家庭衛生顧問》和《育兒百科全書》，亦廣受歡迎。

第三，林巧稚對中國計劃生育政策下了不少功夫。早在一九五六年，當毛澤東（1893–1976）在青島療養時，她抓住機會，向他提出有必要控制人口增長。同類建議到了一九五七年才由經濟學家馬寅初在人大向黨提出，且轟動一時，足見林巧稚還是先行一步。對於馬寅初的建議，林巧稚和同事王叔貞聯名作出書面發言，以示支持，並從醫學的角度論證計劃生育的必要性，還提出了可行的具體措施和方法。五十年代中，林巧稚帶隊到北京郊區和河北河南等地開展調查和宣傳計劃生育。六十年代，她在科內成立一個研究組，開展專門的研究，鑒定當時各種類型的避孕藥物與工具。研究組和北京婦產醫院合作，設計了一種內置於子宮的裝置，用金屬和塑料製造，稱為北京型宮內節育環。她亦致力於畸形胎兒的檢測。由於各式各樣的原因，中國每年生下二十六萬個先天性畸形嬰兒，他們讓父母心疼，也加重國家的負擔。在孫念怙領導下，林巧稚的研究組開發了細胞遺傳學、酶學和份子遺傳學等手段，以改進產前的診斷。小組亦借助聲學、光學上的先進技術來檢測胚胎。由於工作成績斐然，她和同事獲得多個國家級獎項。

林巧稚在其專業上的貢獻，得到中國政府及科學界的認可。一九五五年當選全國人大代表，後成為常委會委員。同年被選為中國科學院第一位女院士。一九五六年被選為中華醫學會副會長，該會的婦產科學會亦在當年成立。她還被選為《中華婦產科雜誌》主任和主編。一九五七年被任命為國務院科學規劃委員會醫學組成員，一九七三至七七年出任世界衛生組織醫學研究顧問委員會的顧問。她以傑出女性的身份，加入全國婦聯，表現積極，一九七八年從北京市婦聯副主席晉升為全國婦聯副主席。

林巧稚據說為人耿直、作風正派。她對病人和善細緻，而對醫護人員則要求嚴格。近六十年的專業生涯中，接生的嬰兒逾五萬個，當中有許多全靠她的技巧和耐心才存活下來。現在國內外，不論男女，由這位人皆稱羨的醫生接生而叫念林、思林、依林和愛林的，不計其數，可見其影響之巨。她雖從未結婚生育，卻也不感到孤單，且一直與侄兒、侄女保持密切聯繫。她對許多危害女性生命和健康的疾病都有研究，並找出療法；她還是中國計劃生育的策動者之一。

一九八三年，林巧稚在北京去世，終年八十二歲。上千人參加了她的葬禮，其中有政界領導康克清（參見該傳）、鄧穎超（參見該傳）和彭真；也有科學家，她以前的病人，以及由她接生的人。她的遺體捐贈作醫學研究。

蕭虹

龍仁譯

◇ 「追悼偉大醫學家林巧稚」見《人民日報》，1983 年 5 月 8 日，頁 1。
◇ 馬雨農、王武，《林巧稚傳》，北京：光明日報出版社，1985 年。
◇ 吳崇其、鄧加榮，《林巧稚》，北京：中國青年出版社，1985 年。
◇ 英文《中國婦女》編著，《古今著名婦女人物》，下冊，石家莊：河北人民出版社，1986 年，頁 800–806。
◇ 《中國現代科學家傳記》，北京：科學出版社，1994 年，集 6，頁 628–640。
◇ 中華全國婦聯，《中國女院士》，瀋陽：遼寧人民出版社，1995 年，頁 137–160。
◇ 「林巧稚」見 <http://baike.baidu.com/view/24983.htm?func=retitle>，2013 年 2 月 14 日查閱。

⚏ 128 林秋錦 Lin Qiujin

林秋錦（1909–2000），生於台灣台南，花腔女高音，台灣聲樂教育的先驅。

林秋錦自小生長在一個基督教家庭，就讀台南長老教會中學。少年時期就在教會學校音樂氣氛濡沐之下，對西洋音樂有相當的體會。一九二九年考入位於中野的日本音樂學校，主修聲樂。一九三三年參加讀賣新聞社在東京日比谷公會舉行的演出，因表現優異，被日本樂評家形容為「與眾不同的聲音、可愛的聲音」。

畢業後，林秋錦返回台灣。一九三四年在東京台灣同鄉會號召下，留日同學組成鄉土音樂訪問團，以深入民間的積極方式，引介西方音樂。林秋錦加入該組織，負責聲樂演唱的部份，將西方音樂傳播到廣大群眾中去。

此外，一九三三年林秋錦正式執教於台南長老教會中學，並個別指導學生，展開她六十年的音樂教學生涯。她還經常舉行音樂會，對台灣南部音樂風氣的倡導，功不可沒。一九五一年到台灣師範大學音樂系任教，從此進入台灣音樂界核心。從五十到八十年代，她以校為家，為台灣培養了許多優秀的演唱家。

一九八零年林秋錦正式退休。此後她的事業重心由獨唱家、大學教授轉為社會音樂教育家及合唱指揮，先後擔任長榮女中校友合唱團、中山教會及日語長老教會的城中和天母兩會堂聖歌隊的指揮，祈望將美妙歌聲融入人心。

對林秋錦來說，音樂和宗教便是她生命的全部。她在音樂上的成就，不僅在於她是台灣早期元老級的花腔女高音，更重要的是，她帶頭推動台灣的聲樂教育。她的音樂、教育生涯，正好譜出了早期台灣聲樂發展的歷史軌跡。

何淑宜

◈ 游鑑明，〈林秋錦〉見《走過兩時代的臺灣職業婦女訪問紀錄》，台北：中央研究院近代史研究所，1994 年。
◈ 陳明律，《林秋錦：雲雀的天籟美聲》見《臺灣音樂館資深音樂家叢書》，冊 24，台北：時報文化，2003 年。又見 <http://taiwanpedia.culture.tw/web/content?ID=21355>，2014 年 7 月 4 日查閱。

129 林宗素 Lin Zongsu

　　林宗素（1878–1944），福建人，中國清末民初時期舉足輕重的女權政治革命家。她是中國首批報紙女編輯和女記者，在所工作的各報中，廣泛發表關於婦女權利的文章。她在重要的婦女組織擔任領導，直到一九一三年為止；因為那年袁世凱為了摧毀民主運動，不惜鎮壓婦女政治游說團體。

　　一八九八年前後，林宗素投靠在杭州當記者的兄長林白水（1873–1926），從此投入革命活動。她在那裡與浙江教育會的青年革命知識份子交往，結識了中國最著名的婦女革命烈士秋瑾（見《清代婦女傳記辭典》）。林宗素和秋瑾兩人都以實現共和、男女平等為己任，且相信若要達到目標，非訴諸武力不可。一九零二年，上海愛國學校開設女校，林宗素進入愛國女校就讀，藉此與發展迅速的反清團體保持接觸。愛國學校激進反清，因位處外國租界而受到保護，運作了一段短時間。學校創辦人蔡元培（1868–1940），意圖將學校用作討論革命理論和進行政治活動的中心，又把激進的《蘇報》用作他們半正式的機關報紙。但清政府一九零三年突然禁止革命活動，《蘇報》和愛國學校被查封。

　　林宗素參與革命活動，一直得到兄長林白水的支持。他不僅鼓勵她就讀愛國女校，一九零三年還與她一同東渡日本。兩人和當時眾多革命青年一樣，打算在不受清廷管治下，改善自己的政治和革命技能，同時進一步了解國家現代化的進程。在日本期間，林宗素入東京女子高等師範學校讀書，與兄長一起活躍於多個鼓動反清的中國學生會。為了組建愛國學社和愛國學校，林白水與蔡元培緊密合作。林白水熱衷於建立共和政制，辛亥革命後，便進身民國議會，先後擔任多個政治職位。他一直活躍於新聞界和政界，直到五十三歲被處決，當時軍閥掌權，天下混亂。

　　一九零三年，金松岑的《女界鐘》出版。它是中國最早論述女權的著作之一，內有林宗素所寫序言。這部著作呼籲中國婦女擺脫壓迫，解放自己、解放國家。晚清年間，人們普遍認為積弱的女性是造成中國積弱的主因，金松岑一

如前人康有為，倡言強國關鍵在於提高婦女地位。林宗素以文字有力地支持了這部旨在「喚醒」全國女性的著作。她指出婦女參加革命軍事行動，至為重要，並強調她們必須爭取平等權利，因為男子不會拱手相讓。金松岑的《女界鐘》鼓吹男女在生活各層面，包括社會、政治、經濟等方面，享有平權，還提出婦女有責任參與推翻清政府。此後數年，林宗素身體力行，力爭達成這兩項革命任務。

一九零四年林宗素返回上海投身報業。當時兄長林白水在革命報紙《中國白話報》當編輯，她為該報撰寫了不少號召革命的文章。《中國白話報》是最早以實際行動推動白話文的刊物之一；它全部二十四期裡所登載的文章，都是以這種「平民」式的文字寫就。同年稍後，林宗素當上蔡元培所辦革命報紙《警鐘日報》的助理編輯，該報在上海一直辦到一九零五年三月被清政府查封為止。《警鐘日報》一如上海其他激進報紙一樣，主要報導時聞、政治討論、理論批評以及對全球民主活動的評論。該報文章採用白話文，以示對該文體的支持；它亦率先引入漫畫和圖片，別樹一幟。

林宗素一家獻身革命，不但表現在新聞事業上，也表現在軍事戰鬥上。林宗素之妹林宗雪，在一九一一年擊敗清軍的戰鬥中，被譽為中國「亞馬遜族女戰士」其中之一名。她在年輕的尹銳志、尹維俊姐妹所率領的女子光復軍中機動靈敏，該隊伍在浙江一帶進行了無數次大膽的炸彈襲擊。部隊後來整編，改名浙江女子軍，參加了光復南京的戰鬥。數月後，林宗雪在上海組織女國民軍，它成為了爭取女子參軍的重要游說組織。

一九零五年，林宗素加入孫中山的同盟會，正式投入革命事業。當時政黨黨員流動性高，各黨也容許黨員加入其他黨派；以江亢虎為首的中國社會黨於一九一一年成立時，林宗素亦加入了該黨。她為婦女爭取權益的主要活動，都是以中國社會黨黨員身份進行。該年十月清朝被推翻後，她建立了中國第一個為女子爭取選舉權的組織——女子參政同志會。該組織是社會黨一個支部，於十一月十二日在上海成立，僅比社會黨成立晚一週。

女子參政同志會的宗旨，是教育婦女，讓她們明白本身的社會地位如何受到政治影響。同志會組織學習班、公開講演、多項出版活動，在這方面林宗素可說是駕輕就熟，遊刃有餘。一九一一年，她創辦《婦女時報》，作為同志會的機關報，專門面向婦女，集中報導婦女選舉權的信息。同志會的目標，和世界各地爭取婦女選舉權的組織一樣：增進婦女政治知識，培育婦女政治力量，

及為婦女取得以完整公民的身份參政。同志會僅容許男子加入成為榮譽會員，婦女方面，則要在十六歲以上才能成為正式會員。

女子參政同志會首次闖入全國層面的政治舞台，便帶來了巨大的衝擊。一九一二年一月五日，臨時議會成立後僅五天，林宗素與新民國的臨時大總統孫中山晤面，討論婦女選舉權與男女平等的議題。會面氣氛友好，據報孫中山支持婦女擁有投票權。林宗素希望這次會面能促使更多人支持男女平等。她在政治上是一個實幹者，所以會後立即在《婦女時報》上發表她和孫中山的對話詳情。她的文章在民國的守舊派支持者中引起軒然大波，而看來是旗幟鮮明、毫不含糊地支持婦女爭取選舉權的孫中山，也遭到非議，處境困難。保守的章炳麟在一份正式投訴書中，說孫中山對爭取婦女選舉權的活躍份子發表考慮欠周的言談，業已超出本身職權範圍。林宗素的文章，明顯已收預期之效，就是成功爭取到婦女選舉權列入主流政治議程。一至三月，臨時約法討論期間，多個爭取選舉權團體先後成立，最具規模的是唐群英（參見該傳）創立的女子參政同盟會。二月底，它吸納了林宗素的女子參政同志會。（林宗素在這個較大的女子參政同盟會的活動詳情，參見唐群英傳。）

一九一三年袁世凱鎮壓民主，林宗素被迫停止政治活動。中國社會黨以及女子參政同盟會亦遭下令解散。自此之後她的活動不詳。一則消息來源（高魁祥、申建國）稱她去了南京從事教育工作和經商，以資助兄長辦報紙；而《婦女詞典》的編者則說她被迫躲藏在江蘇地區，卻未提及其他細節。

林宗素於一九四四年因病於昆明去世，享年六十六歲。

Louise Edwards

龍仁譯

◇ 林宗素，〈侯官林女士敘〉見金松岑，《女界鐘》，上海：大同書局，1903 年。
◇ ──，〈女子參政同志會宣言書〉見《婦女時報》，1912 年 5 期，頁 17–19。
◇ 浙江省辛亥革命史研究會，《辛亥革命浙江史料選集》，杭州：浙江人民出版社，1981 年，頁 483–491。
◇ 王家儉，〈民初的女子參政運動〉見《中國婦女史論文集》，張玉法、李又寧編，台北：台灣商務印書館，1988 年，頁 577–608。
◇ 《婦女詞典》，北京：求實出版社，1990 年。
◇ 尚海等主編，《民國史大辭典》，北京：中國廣播電視出版社，1991 年。
◇ 高魁祥、申建國編，《中華古今女傑譜》，北京：中國社會出版社，1991 年。
◇ 周亞平，〈論辛亥革命時期的婦女參政運動〉見《歷史檔案》，1993 年 2 期，頁 118–123，125。
◇ 經盛鴻，〈辛亥革命後的爭取女子參政運動〉見《南京市志》，1996 年 6 期，頁 13–15。

▥ 130 凌淑華 Ling Shuhua

凌淑華（1900–1990；另有資料稱生於 1904 年），生於北京，原名凌瑞棠，祖籍廣東番禺，中國現代小說作家、國畫家、書法家。

凌淑華是官宦人家千金，熟讀經籍，嫺於書畫。她曾使用叔華、素心等筆名，但以凌叔華之名聞於世。父凌福彭，曾任直隸布政使和順天府尹，相當時下的北京市長；故此她的青年時代主要在北方度過。生母在妻妾六人中排序第四，很可能是妾媵之屬。由於母親有四個女兒，卻沒有兒子，她們四姐妹都努力向上，務求出人頭地，不讓母親在舊式家庭中受到欺壓。

凌淑華的父親在一八九五年中進士，頗有文名，亦酷愛書畫。其岳父之一的謝蘭生（1760–1831），是廣東著名畫家；在眾多兒女中，單單凌淑華有意承傳謝蘭生畫藝，實現父親夙願。故她自六歲起就學於繆嘉蕙（參見《清代婦女傳記辭典》），繆氏是二十世紀之交慈禧太后（參見《清代婦女傳記辭典》內的孝欽顯皇后傳）的御前畫師。凌淑華可經常出入皇宮，觀賞、臨摹所藏藝術珍品。她又師從北大教授辜鴻銘（1857–1928），學習英語及中國古典詩詞；後亦隨王竹林、郝漱玉學畫。

凌淑華先在天津就讀河北第一女子師範學校，後於一九二二年入燕京大學外文系。一九二五年，她在《現代評論》發表首個短篇《酒後》，旋即名譟一時。著名戲劇作家丁西林將《酒後》改編為獨幕劇，更為她增添一份光彩。她在歡迎印度詩人泰戈爾（Tagore）的茶話會上，結識了《現代評論》雜誌主編兼學者陳源（即陳西瀅），兩人於一九二七年結婚。他們被友人視為文壇佳偶，同樣廣受歡迎、屢獲稱許。她在三十年代所寫許多短篇，分別收入《花之寺》（1928）；《女人》（1930）和《小孩》（後易名為《小哥兒倆》，1935）。

一九二九年陳源任武漢大學文學院院長，抗戰時期該校遷至四川樂山。凌淑華伴隨丈夫輾轉武漢、樂山兩地，友人蘇雪林（參見該傳）稱，夫婦兩人懷學者之識兼文人之情，鶼鰈相依，婚姻美滿。對他們來說，武漢大學校園珞珈山，固然處處田園風光；炎夏之時，又可往盧山清幽處或北戴河海邊歇暑。她於閑暇時寫作、繪畫。這一時期，她曾在報刊發表小說和散文，但似未有結集出版。她為《武漢日報》的文藝副刊「武漢文藝」當了三年編輯（1936–1938），發表的作品來自華中一帶的作家。一九四三年似出現過一本名為《柳惠英》的文集，但未見有資料記載此事。

　　一九四七年凌淑華隨陳源赴歐洲，當時陳源任中國駐聯合國教科文組織（United Nations Educational, Scientific, and Cultural Organization）的代表。由於巴黎生活費用昂貴，他們選擇在倫敦安家；她學習烹飪和料理家務。戰時她在四川曾讀過英國作家維吉妮亞・吳爾芙（Virginia Woolf）的 *A Room of One's Own*，後來和對方通起信來，接著開始用英文寫作。戰爭時期，社會混亂、生活極其困難，凌淑華深受困擾，曾在信中向吳爾芙求教。據報導，吳爾芙告訴她，戰爭摧毀人們正常的生活，只能靠踏實工作，才可熬過。兩人一直維持通信，到吳爾芙一九四一年去世才停止。凌淑華到倫敦後，找到吳爾芙的作家朋友維塔・薩克威爾・威斯特（Vita Sackville-West），請對方從吳爾芙丈夫處代為取回昔日寄出的信件；這些信後來結集成書，名為 *Ancient Melodies*（即《古韻》或《古歌集》），在一九五三年發表，這本書頗受歡迎，有法、德、俄、瑞典等文字的譯本。凌淑華在倫敦時，亦講授中國戲劇和藝術。

　　凌淑華人到中年，繪畫方面的成就達到了新高峰。隨著閱歷轉豐，筆下的創作從優雅細緻變得成熟有力。五十年代中期，她在倫敦、巴黎、紐約、新加坡和檳城各地舉辦畫展，贏得好評如潮。當時西方對中國文人畫還不甚知曉，她的作品帶來一個迥然不同的藝術天地。一九五六年，她孤身前往新加坡執教於南洋大學，在該校講授中國現代文學六年之久。一九六零年，她在新加坡出版了《凌叔華選集》及《愛山廬夢影》，後者是她在當地寫下的散文與評論文章。一九六一年，丈夫患病，她只得返回英國。整個六十年代，她在加拿大教授中國現代文學，也在英國各大學就中國現代文學、中國書畫作專題演講。雖然丈夫在一九七零年過世，她仍留居英國。有一次她摔壞了腰，此後生活無法自理，她讓社會福利工作員照料，而不去愛丁堡與女兒住在一起。七十年代起她曾多次回國，最後一次是一九八九年底，目的是治療腰傷。她一九九零年五月去世；去世前數日，她坐擔架重遊了幾處北京昔日常去之地。她的骨灰和丈夫的骨灰合葬於他的故鄉江蘇無錫，留下獨女陳小瀅。

　　凌淑華與冰心（參見該傳）是中國五四時期最早期的女作家，凌淑華以其早期作品而聞名，尤其是《花之寺》。她描寫婦女及她們所承受的難言之苦入木三分，反映出那一代中國婦女逐漸覺醒。著名詩人徐志摩（1897–1931）認為凌淑華極為細膩的心理描寫，足可比美新西蘭作家卡瑟琳・曼斯菲爾德（Katherine Mansfield）。凌淑華也是成功挑戰中國傳統文化中父權社會價值的最早期女作家之一，她不喊口號，而是在作品中揭露了大眾心態和社會習俗如

何讓人遭受不公和殘酷的對待。唐納德・霍洛克（Donald Holoch）一針見血地指出，凌淑華膽敢這樣做，是因為她本身也屬於精英階層。周蕾（Rey Chow）稱，凌淑華被納入閨秀派，既反映了她教養良好，也暗示她的作品只談婦女閨中瑣事。但婦女囿於文化桎梏，一輩子得生活於身邊瑣事之中，要她們在作品中描寫自己世界以外的事物，實在不合理。凌淑華的寫作，依周蕾之見，是用獨有的手法，把父權社會封閉意識下的體制，維妙維肖地描摹出來，喚起人們關注它所造成的壓制。凌淑華的風格據說繼承了古典文學那份典雅，但語言卻不失現代北京方言那種簡樸率真、生動活潑。

凌淑華的書畫表現出徹頭徹尾的文人畫傳統；畫作特點是用筆極工，溫婉淡雅，深蘊詩意。她尤其擅繪花鳥，山水畫則透出石濤（十七至十八世紀）與八大山人（1626-1705）的影響，此二人皆屬揚州八怪，凌淑華多少繼承了他們不肯因循隨俗的精神。她亦好收藏中國畫，藏畫中有倪瓚、石濤、鄭板橋等人的作品。

凌叔華死後，一個叫虹影的女作家，寫了本小說，影射凌淑華與維吉尼亞・吳爾芙的姨甥朱利安・貝爾（Julian Bell）之間一段私情，從而引發爭論。貝爾三十年代在武漢大學教書，曾在信中暗示過兩人的關係，那些信件在一九三七年發表。凌叔華之女陳小瀅為此將虹影告上法庭，當時媒體廣為報導。二零零二年，長春中級人民法院一審判決，裁定這本小說永久禁止以任何形式複製、出版、發行。由此，它成了中國由法院判決禁售的第一部小說。

蕭虹
龍仁譯

◈ 錢杏邨，〈關於凌淑華創作的考察〉見《當代中國女作家論》，黃人影編，上海：光華書局，1933 年，頁 259–264。
◈ 凌叔華，《凌叔華選集》，新加坡：世界書局，1960 年。
◈ ——，《凌叔華小說集》，台北：洪範書店，1984 年。
◈ 陳敬之，〈凌叔華〉見《現代文學早期的女作家》，台北：成文出版社，1980 年，頁 79–93。
◈ 秦賢次，〈凌叔華年表〉見《凌叔華小說集》，台北：洪範書店，1984 年，頁 471–487。
◈ 京聲、溪泉編撰，《新中國名人錄》，南昌：江西人民出版社，1987 年，頁 604–605。
◈ 黃文湘，〈享譽中外文壇的凌叔華〉見《歐美傑出華裔女性》，黃文湘著，香港：香港上海書局，1992 年，頁 100–113。
◈ 李奇志，〈凌叔華小說「溫婉淡雅」的藝術風格〉見《中國現代文學研究》，1992 年 2 期，頁 95–108。
◈ 《燕京大學人物志》，北京：燕京研究院，1999 年，頁 217–218。
◈ Chow, Rey. "Virtuous Transactions: A Rereading of Three Stories by Ling Shuhua." *Modern Chinese Literature,* 4（1980）: 71–86.

⬥ Cuadrado, Clara Yu. "Portrait of a Lady: The Fictional World of Ling Shuhua." In *Women Writers of 20th Century China,* ed. Angela Jung Palandri. Eugene: The Asian Studies Program at the University of Oregon, 1982, 41–62.
⬥ Holoch, Donald. "Everyday Feudalism: The Subversive Stories of Ling Shuhua." In *Women and Literature in China,* eds. Anna Gerstlacher, Ruth Keen, et al. Bochum: Brockmeyer, 1985, 379–89.
⬥ Patton, Simon. "The Julian Bell Affair." Unpublished article, 2000.
⬥ 「虹影禁書『還魂』」見 <http://paper.wenweipo.com/2003/10/06/BK0310060005.htm>，2003 年 10 月 6 日。2013 年 3 月 7 日查閱。

▥ 131 零雨 Ling Yu

零雨一九五二年生於台灣台北縣，作家兼詩人。

零雨曾獲台灣大學中文學士學位、美國威斯康辛大學麥迪遜分校（University of Wisconsin, Madison）東亞語言文學碩士學位。一九九一年，應溫德勒（Helen Vendler）教授邀請到哈佛大學任訪問學者一年。現居台北，執教於台灣宜蘭技術學院。

零雨原先寫作小說，一九八二至八三年間，在時任《現代詩》季刊社社長梅新（筆名，本名章益新，1937–1997）的鼓勵下，開始對詩歌產生興趣，梅新既是詩人，也是編輯和記者。一九八四年《現代詩》季刊復刊，零雨接任編輯工作，任主編至九十年代初。九十年代，零雨出版的四部詩集：《城的連作》（1990）、《消失在地圖上的名字》（1992）、《特技家族》（1996）和《木冬詠歌集》（1999），使她成為台灣當代重要詩人。二零零六年，她又出版了《關於故鄉的一些計算》。

零雨被問到她詩歌精神的泉源時，表明受到多名中國古代詩人的影響，其中有屈原（公元前 343 年？–278 年）、陶淵明（365–427）、李白（701–762）、杜甫（712–770）、李商隱（813 ？–858）、李煜（937–978）等。對她有所啟迪的古人還有公元前三世紀的道家哲人莊子及古典小說《紅樓夢》的作者曹雪芹（1715 ？–1763）。若論外國詩人，零雨則與塞蘭（Paul Celan, 1920–1970）、馬奎斯（Gabriel G. Marquez, 1928–2014）、博爾赫斯（Luis Borges, 1899–1986）風格相近。她在一九九六年的一次採訪中說：「塞蘭是我憂傷的兄弟，馬奎斯是我思念的遠方親戚，博爾赫斯則是一個父輩人物，一位我永遠不可企及的導師」。

文評界注意到零雨的詩幾乎不顯示創作者是個女人，她亦拒絕將自己的詩歸入「女權主義」，甚至是「女性」的類別。她承認在自己的寫作生涯中很

晚才產生較明顯的性別意識，覺得那類標籤在社會學上有意義，在美學上則無用。她也否認自己是一個「知識份子」型的詩人，儘管許多人這樣認為。對她而言，具象詩、概念詩、拼貼詩一類，才以知識為創作基礎，但她從未寫過這類詩。從形式上看，她的詩作至今只有自由詩和散文詩二類。這些詩中與具象詩最接近的是《特技家族》，它的第一部份暗示空中翻騰雜技的動感。

「冬天」也許最能說明零雨詩的主旨。冬天令人聯想到孤獨、逆境、冥思，是零雨詩中反復出現的意象。她第一部詩集的序言便以「冬天的囚徒」為題，其他作品也經常出現冬天，當中一部詩集也以冬天為名。在那篇序言中，她想像自己要獨自旅行，在黑夜裡穿越白雪皚皚的荒原。前來送行的人贈她禮物：一件黑大衣、一隻化緣碗、一副袖釦，以及鐐銬。途中她迷了路，陷入黑暗，與之搏鬥而致身受重創。半路上她修建了一座雪堡，戴上袖釦鐐銬，在碗裡培育種籽。序言結尾語帶希冀的說：「明年春天，或者未知的某年某月，我將栽培這些長出的花；它們將打開記錄簿，劃除我的罪過。低頭查看我的傷痕，我繼續行走。我等待另一個冬天到來。」奮力搏鬥，修築雪堡，育籽成花，到最後花兒綻放，構成了一個創作過程的寓言。這暗示零雨作為詩歌新手的體驗，在寫詩中感受的疑惑、懼悸，甚至罪過；但她堅持下去，克服最初的困難，然後滿懷信心，期待收成。

寓言中零雨精心培育花朵，即也暗示她如何用心寫詩。或許因她先前曾創作小說，她的詩常把情節勾勒出來，除第一人稱的「我」以外，還有其他人物，描述他們外貌體態特徵及行為的文字，大多簡約抽象。零雨詩的場面與情節取材自現代生活及中國古代神話、歷史。比如在《消失在地圖上的名字》的系列中，「昭關」借用了春秋時期（公元前 722–479 年）伍子胥的故事。楚王不公，殺害伍子胥父親，子胥逃亡，須過昭關。出關前夜，投宿客棧，苦思翌晨如何隱瞞身份，蒙騙過關。天亮時仍想不出辦法，從鏡中卻看見自己一夜白頭。昭關守衛認不出他，讓他順利逃脫，日後更為父復仇，殺了楚王。零雨在題記中說這首詩是由乘公車聯想到伍子胥而寫成的。將一次乘車經歷比作伍子胥出關，也就將一個世俗經歷化為一個寓言。

零雨詩語氣冷峻，主要源於兩種不滿。一是不滿現代生活，令個人與世界隔離，令人與人隔離。人與人的關係，一言以蔽之，就是疏遠、不信任與冷漠，這個主題通常以密封的意象在她的詩內表達出來，如方盒（她有一組詩題為箱子系列）和房間。另一種不滿來自她對超越生活局限的追求。梯子（通向

天空）、飛翔、鏡子（道家嚮往長生之道的象徵）等意象都在反映這意念。畢竟，詩於零雨不僅記錄而且體現這一永無止境的訴求。她在詩集《木冬詠歌集》內〈我們的房間〉的最後一組詩有幾句恰如其份地概括了她的信念——詩歌具有超越生活局限的功力：

> 從自己體內延伸，又逃離——
> 一個雙翅的個體，逐漸
> 長大——從嬰孩到老者
> 又回復嬰孩……
> 抑或（——以雙翅為誓）
> 另起一個異名——稱為詩
> 或不稱為詩，以天地
> 神人的心，相互接壤
> ……以淚眼相認……
> 似笑（非笑）……
> 走入我們的房間
> 以及，房間之外

Michelle Yeh

陶乃侃譯

◇ 零雨，《城的連作》，台北：現代詩季刊社，1990 年。
◇ ──，《消失在地圖上的名字》，台北：時報文化出版企業有限公司，1992 年。
◇ ──，《特技家族》，台北：現代詩季刊社，1996 年。
◇ ──，《木冬詠歌集》，台北：唐山出版社，1999 年。
◇ 楊小濱，〈書面訪談錄──楊小濱專訪零雨〉見《特技家族》，台北：現代詩季刊社，1996 年，頁 161–170。
◇ 黃梁，〈想像的對話──零雨詩歌經驗模式分析〉見《想像的對話》，黃梁編，台北：唐山出版社，1997 年，頁 72–85。
◇ 「梅新」見 <http://taiwanpedia.culture.tw/web/content?ID=7689>，2013 年 9 月 17 日查閱。

▥ 132 劉胡蘭 Liu Hulan

劉胡蘭（1932–1947），原名劉富蘭，生於山西省文水縣雲周西村的農家。她年紀輕輕便為共產黨的事業犧牲，共產黨人視她這個農家女為英雄、烈士，對她十分尊敬。

劉胡蘭是家中長女，四歲時母親病逝，父親再婚，與妹隨祖父母長大，形成了早熟獨立的性格。雲周西村從抗日戰爭（1937–1945）到解放戰爭（1945–

1949），一直是著名的游擊根據地，村中不單有中共黨員，還有共黨支部，建立了完整的抗日政權，被稱為「小延安」，幾乎天天都有抗日隊伍進村，共產黨的基層幹部也常常到村中開會、演講。村民們每年都參與準備軍糧、軍衣送前線，籌款，照顧抗日傷病等工作。在這個環境中長大的劉胡蘭，很早就接觸到革命思想和愛國活動，傾向追隨共產黨。一九四二年她十歲時，開始替游擊隊傳遞信件，又在村中共產黨員開會時為他們放哨。

一九四五年十月，劉胡蘭不顧祖母反對，去鄰近的貫家堡村參加婦女訓練班。這個訓練班由文水縣婦女部主持，為期四十日。在訓練班上，劉胡蘭第一次從理論上接觸到革命知識和共產黨的方針政策。她和其他學員一起學習了〈怎樣分析農村階級〉、〈《共產黨人》發刊詞〉、〈中國革命和中國共產黨〉等毛澤東（1893–1976）早期論著。訓練班學習結束後，她回到雲周西村，擔任村婦女抗日救國會秘書。同年底，抗日戰爭結束不久，國民黨和共產黨又開始了內戰。她連月來帶領本村婦女做軍鞋，護理解放軍傷病員，出色地完成了各項支援前線工作，她所在的婦女救國會獲得了支援前線模範的稱號。一九四六年五月，她出任區婦女救國會幹事。七月，她向中國共產黨文水縣區委員會正式提出入黨申請。因考慮到她雖然工作出色，但仍未滿十四歲，區委員會批准她為中共候補黨員，待滿十八歲後轉正。

雲周西村曾是中共土地改革的試點村。劉胡蘭以極大的熱情投入這場運動之中。她同其他中共黨員和進步村民一起分土地給農民，開會批鬥地主，幫助解決群眾糾紛。一九四六年底土改運動圓滿結束後，國共內戰日趨激烈，中共文水縣委決定轉移包括劉胡蘭在內的一些領導幹部去呂梁山老根據地，以保存實力。但劉胡蘭沒有離去，認為自己年青、人熟地熟，不會有危險。一九四七年一月十二日凌晨，國民黨軍突襲雲周西村，他們抓住了劉胡蘭，得知她是共產黨員後，即在村中廣場上，當著全村人面前，用鍘刀將她處死。其時，她未滿十五歲。劉胡蘭犧牲後被追認為中共正式黨員，毛澤東形容她：「生的偉大，死的光榮」，要求新華社將她的故事向公眾傳播，號召全國各解放區組織學習班，認識她的英雄事蹟。一九四九年中華人民共和國成立後，劉胡蘭被評為全國英雄。她的故事被寫進小學課本，並出現在連環畫、詩歌和小說等文學作品之中。

陳弘欣

◈ 《華夏婦女名人詞典》，北京：華夏出版社，1988 年，頁 269。

◈ 唐寧，《劉胡蘭》，北京：中國和平出版社，1992 年，頁 4，34–39。
◈ 張桂中，〈劉胡蘭：來生相會再白頭〉見《東方郵報》，1995 年 4 月 27 日，頁 22。

▥ 133 劉慧卿 Liu Huiqing

劉慧卿一九五二年生於香港，當地著名政事評論員、平民主義政客，以思想開明見稱，一九九七年香港回歸中國前已參政，至今仍活躍於政界。她的際遇可以反映出二十世紀末中國婦女的一種新生活模式：負笈海外、從事各種專業工作、實現政治抱負，已非遙不可及的事。

劉慧卿少年時代在香港的生活和同時代的人大同小異。她父母是廣東人，於一九四八年中國大動亂時來到香港。像很多新移民家庭一樣，劉家十分重視子女的教育。一九六二年，父母把她轉到跑馬地新開辦的英文學校瑪利諾書院（Maryknoll Sisters' School）讀書，至一九七二年離校。在小學時，她的嬸母為她取了個英文名字 Emily，她到現在仍用此名。那年她有機會到海外讀書，於是去了美國念大學。由一九七三年至七六年，她在南加州大學攻讀新聞，並獲得新聞廣播學士學位。當時美國正受到「水門事件」的醜聞困擾，而真相則憑著媒體的偵查得以揭露。她後來指出，這些事件很大程度上塑造了她對傳媒角色和潛力的看法。

劉慧卿畢業後回港，由一九七六至七八年，在香港一份主要英文報刊《南華早報》（*South China Morning Post*）擔任記者，後來轉職到商營的香港電視廣播公司新聞部。一九七八年至八一年期間，由電視台新聞記者晉升至高級編導。為求深造，她在八十年代初前赴英國，並於一九八二年，在倫敦大學經濟及政治科學學院，取得國際關係科學碩士學位。由一九八二至八四年，在英國廣播公司當助理編導，同時擔任香港電視廣播公司新聞部駐倫敦記者。當時中英政府對香港政治前途正積極展開談判（香港大部份地區的租約將於一九九七年屆滿）。劉慧卿後來指出，「我對政治的熱衷始於一九八二年。當時中國政府告訴英國，如果雙方談判到一九八四年仍不能達成協議，中國政府會單方面解決香港問題。由那時起，政治便重要起來了。」

一九八三年，劉慧卿與約翰・波爾（John Ball）結婚。一九八四年，她返回香港，在以香港為基地的《遠東經濟評論》（*Far Eastern Economic Review*）當記者，在工作上獲得的資料，使她對仍是英國殖民地的香港的政治有深入了解。在這份雜誌任職期間（1984–1991），她也當老師。一九八七

年，她在香港中文大學新聞與傳播系任教，之後又在香港大學校外課程講課。一九八九年再婚，夫婿是香港御用大律師潘松輝。在這時期內，她積極參與香港記者協會的工作，曾先後擔任該會執委會委員、副主席及主席。

一九九一年香港立法局首次引入直接選舉。劉慧卿辭去工作，以香港新一代政客姿態參選。這位平民主義政客大受各階層人士歡迎，奔走五個月後，贏取了新界東的議席。其後在一九九五年再度當選，贏取了百份之五十八點五一票數，成為地區組別中得票最高的當選議員。

這個時候，劉慧卿在香港已是家傳戶曉的名字。她為選民奔走不遺餘力，被政府視為肉中刺。對於香港的重要問題，她從來不會緘默，對政治改革，尤其大聲疾呼。無論是英國還是中華人民共和國的政府，她都批評。她的政治目標主要分為三項：確保英國合理對待它的香港子民（即英國海外公民及英國屬土公民）；確保香港人得享自治，一如基本法所承諾；以及確保香港人有權選出管治香港的人。

劉慧卿一直關注香港政治前途問題。一九九二年時，她經常批評中國政府企圖擴大對香港事務的影響力，以及拒絕在一九九七年回歸前，增加立法局直選議員的席位。一九九四年六月，劉慧卿提出私人條例草案，訂明立法局六十個議席在一九九五年將會全部由直選產生的議員擔任。表決時，她的九五直選方案以二十一票對二十票遭否決。她不單只在立法局內雄辯滔滔，還上街抗議。一九九六年十二月，她和其他二十九人，因為抗議閉門選舉特區首長，一同被捕。隨後數月，直至一九九七年七月回歸前，她敦促候任特區首長董建華與中國抗爭，因為中國決定廢除或修訂若干涉及人權及公民自由的香港法規，而這事卻得到他「毫無保留的支持」。三月間，劉慧卿提出，如果他日回歸後進行選舉而制度卻不公平，讓比例代議制有利親北京的候選人，則選民應該加以杯葛。

對於英國政府如何對待擁有英國屬土公民身份的「國民」，劉慧卿同樣關注。一九九四年十月，中英合作告吹，在劉慧卿帶領下，一群立法局議員要求英國政府批准香港三百五十萬土生英國屬土公民享有英國公民身份。由於情況惡化，一九九六年十一月，劉慧卿率領一個跨黨派的香港立法局議員代表團到英國，在英國國會辯論香港問題前，向英國政府和反對黨進行游說工作。他們一行五人與英外相及其他高級官員會談，但毫無成果。

劉慧卿對民主派和其他政治開明勢力的表現愈來愈失望，這促使她在

一九九六年八月自行成立新政治組織——「前線」，以圖鼓動民眾力量，反對主權移交後北京政府擬加之於香港的措施。她一直出任立法局議員，直至一九九七年七月一日中國收回主權並解散當時的立法局為止。

　　一九九八年五月，香港特別行政區舉行第一次立法會選舉（譯者注：回歸後的「立法局」改稱「立法會」，英文名稱則保持不變），那時選舉議員的方法已作出重要修訂。按照其中一項規定，劉慧卿必須放棄英國護照，以中國公民身份參加地區組別選舉。即使有了這些修訂，泛民主派人士仍然取得百份之六十三選票，而劉慧卿則再度獲選為立法會議員，並擔任此職至二零一六年。

　　九十年代，香港社會一些較為保守的人士，把劉慧卿形容為刻意煽動、造反，且不切實際；而中國政府則認為她事事抗爭，不留情面。但在傳媒眼中，她極有主見，願意為香港人的利益而與中英兩國政府抗爭。她自稱是一個自由鬥士，在她選區內的市民，以選票表示相信她最能代表他們的利益。在這個時期，劉慧卿與李柱銘肯定是香港政壇上兩個最重要的人物。中國大陸有一句口號：「不要低估人民的力量」，或許這是中國共產黨爭取群眾支持的用語，但在香港，這卻是劉慧卿的信條。

Geoff Wade

李尚義譯

　　編者按：一九八九年六四事件之後，劉慧卿被禁足，自此不能自由進出中國大陸。二零零三年，她在台灣一個研討會上表示，「台灣的未來應該由台灣人民自己決定」。在後來的一次訪問中，她也拒絕明確表示台灣是中國的一部份。為此，她受到很多人的批評。二零零六年，她承認正與潘松輝辦理離婚手續。在她推動下，前線和民主黨在二零零八年正式合併，其後她出任民主黨副主席。二零一二年，署任黨主席，稍後當選主席，成為民主黨成立十八年來首位女主席。她的著作包括《卿描淡寫》、《偏向虎山行》、《我在民主黨的日子》等。

◇ 劉慧卿，《劉慧卿面對香港》，香港：開放雜誌社，1991 年。
◇ ——，《香港可以說不》，香港：洪葉書店，1998 年。
◇ *Far Eastern Economic Review*. Hong Kong, 1984–91.
◇ Lau, Emily. "The News Media." In *Hong Kong in Transition*, ed. Joseph Y.S. Cheng. Hong Kong: Oxford University Press, 1986, 420–46.
◇ Dyja, Marina and Dorian Malovic. *Hong Kong: Un destin chinois*. Paris: Bayard Éditions, 1997, 226–33.
◇ 「劉慧卿」見 <http://baike.baidu.com/view/284480.htm>，2014 年 4 月 11 日查閱。
◇ 「劉慧卿」見 <http://zh.wikipedia.org/wiki/%E5%8A%89%E6%85%A7%E5%8D%BF>，2014 年 4 月 11 日查閱。

▥ 134 劉清揚 Liu Qingyang

劉清揚（1894–1977；另有資料稱生於 1902 年），來自北方海濱城市天津的一個富裕回教家庭，熱衷於爭取女權的愛國知識份子。

劉清揚在北京女子師範學院讀書，大概是在辛亥革命後參加過同盟會的革命活動。二十世紀一十年代後期，她在天津積極投入五四運動，到處示威，是天津女界愛國同志會等多個愛國團體的領頭人物。她從北京女子師範學院畢業後，在當地參加學生抗議活動，反對中國在凡爾賽和約（Versailles Peace Treaty）上簽署，終於和其他數名學生在一九一九年八月被拘捕收押數周。次月，她會同周恩來（1898–1976）、鄧穎超（參見該傳）及其他十八人，在天津成立覺悟社；當時他們把號碼寫在白紙上，捲起放在銅盤裡，再由各人先後抽出自己的代號，她的代號是「二十五」。

一九二零年十一月，劉清揚參加勤工儉學計劃赴法留學，翌年在巴黎加入中國共產黨，介紹人張申府（又名張崧年，1893–1986）是個哲學家、數學家和邏輯學家，也是中國共產黨創始人之一。他當時也介紹了周恩來入黨。劉清揚和張申府在法國結婚，並僑居歐洲至一九二三年。兩人歸國後，劉清揚又重新投入革命性的女權運動，協助在廣州、上海、北平各地建立愛國婦女團體。第一次國共合作時期（1923–1927），她加入國民黨，與何香凝（參見該傳）一起在武漢的國民政府婦女部工作。國共合作破裂後，劉清揚徹底退出革命工作，短時間內辭去國共兩黨黨籍。

一九三一年的九·一八事變（即瀋陽事變），標誌著日本軍事侵佔中國東北的肇端，也導致劉清揚和張申府再次積極參與政事。劉清揚建立了若干抗日救國協會，並擔任北平婦女救國會主席。一九三六年，她和丈夫涉嫌在華北從事中共秘密活動被捕，旋獲釋放。她之後前往武漢、重慶、香港和桂林，鼓動當地群情，反對國民黨對日不抵抗。一九三七年七七事變（盧溝橋事變）進一步加強了她的抗日決心。那時她與丈夫分居兩處，為了繼續工作，只好把兩歲的孩子（1935 年生）交由他人照顧。她出任兒童保育會理事，又在到一九四零年初的兩年間，在武漢、重慶擔任新生活運動婦女指導委員會訓練組組長。在擔任訓練組組長期間，她與宋美齡（參見該傳），以及包括鄧穎超在內的許多女共產黨員，密切共事。

一九四一年，劉清揚領回自己的孩子後赴香港，在那裡成立了一所中華

女子學校。日本侵佔香港後，她回到重慶。在這時候，她加入民主政團同盟，
而張申府是該團體的創建人之一，兩人以彼此均擬獻身民主，遂重修舊好。
一九四四年，民主政團同盟改組成為民主同盟，劉清揚當選中央執行委員兼婦
女委員會主任。她與劉王立明（參見該傳）及其他婦女一道工作，於一九四五
年協助成立中國婦女聯誼會。至一九四八年，她與張申府再次分道揚鑣，同
年正式離婚；離婚的時間與當時張氏正受批判是否有關，則不得而知。他在
一九五七年也遭批判，在百花齊放運動中被打成右派。

自一九四九年起，劉清揚在新中國的政壇十分活躍。她當選多個委員會
的委員，主要負責婦女工作。她擔任全國婦聯執委（1949–1966）兼北京市婦
聯主席（1957）。一九五三年，她當選中央政務院貫徹婚姻法運動委員會委
員。她先後出任新中國女子職業學校校長（1949）、政務院文教委員會委員
（1949–1954）、中國紅十字會總會副秘書長（1955–1965）、副會長（1961–
1966）、會長（1966）。在政治領域裡，她是全國人大的河北代表（1954，
1958，1964），全國政協常務委員會委員（1959，1965），中國民主同盟常委
（1956）及其河北省支部主席（1958）。

一九六一年，劉清揚獲准恢復黨籍，但在文革初期受到迫害，關進獄中。
她與國民黨一段蜻蜓點水式的瓜葛，顯然比她長期效忠祖國、致力爭取女權，
來得更為重要。她在一九七七年離世，恰在文革結束之後，恢復名譽之前。

Sue Wiles

龍仁譯

◇ 《中共人名錄》，台北：政治大學國際關係研究中心，1978 年，頁 629–630。
◇ 英文《中國婦女》編著，《古今著名婦女人物》，下冊，石家莊：河北人民出版社，1986 年，
頁 482–487。
◇ 金鳳，《鄧穎超傳》，北京：人民出版社，1993 年，頁 36–40。
◇ Schwarcz, Vera. "Liu Qingyang." In *Dictionnaire Biographique du Mouvement Ouvrier International: La Chine*, eds. Lucien Bianco and Yves Chevrier. Paris: Les Éditions Ouvrières, n.d.
◇ ——. "Zhang Shenfu." In *Dictionnaire Biographique du Mouvement Ouvrier International: La Chine*, eds. Lucien Bianco and Yves Chevrier. Paris: Les Éditions Ouvrières, n.d., 751–53.
◇ 「張申府」見 <http://baike.baidu.com/view/295375.htm>，2013 年 3 月 7 日查閱。

⸽ 135 劉群先 Liu Qunxian

劉群先（1907–1941？），江蘇無錫人，是隨紅一方面軍參加一九三四至
三五年中國共產黨長征的三十位婦女之一。

劉群先出身於工人家庭；九歲開始工作，十三歲已在絲廠每天工作十六小時。一九二六年加入中國共產黨，很快以女工領袖身份在無錫工廠參加大罷工，以及出席一九二七年在武漢召開的全國勞工代表大會。該年底，年青的劉群先被送去莫斯科，在那裡的中山大學學習期間，認識了同學博古（秦邦憲，1907–1946）並結了婚。一九二七年，劉群先代表中國參加莫斯科世界勞工大會，博古擔任她的翻譯。

一九三零年前後，一批留蘇回國的年青學生奪取了中共領導權，人稱「二十八個布爾什維克」，博古是其中一個。大約在一九三二年，他奪得黨的領導權力，並認為毛澤東（1893–1976）的政治手段過份出格，毛氏遂對他產生敵意。當時博古出任黨總書記，與周恩來（1898–1976）、李德（Otto Braun）二人，是中共實際上的領導人。一九三五年長征開始幾個月後所開的遵義會議期間，毛澤東撤換了博古和李德，不過博古仍繼續在黨內高層任職。一九三零年，劉群先回國出任上海的全國總工會女工部部長，一九三三年轉移到江西蘇區之後，繼續擔任該職。在一九三四年中華蘇維埃共和國第二次全國代表大會上，當選中央執行委員會委員的高位。一九三三年五月在上海誕下一女，不久便把女兒託付無錫親戚照料。一九三四年十月長征開始時，她剛小產，身體還未恢復。她可能在莫斯科也曾生過孩子。長征中，一度擔任婦女隊隊長、總政治部政工人員，在貴州組織當地工人，又率領女工小組開展宣傳工作。到達西北之後，重新投入全國總工會的工作，為女工服務。在延安，擔任國營礦坑及工廠工會主任，同時兼任陝甘寧邊區總工會副主任。一九三六年在保安生下一個兒子。在延安結識了美國記者海倫‧福斯特‧斯諾（Helen Foster Snow），翌年兩人相熟後，她要求海倫把嬰孩抱去養育，因為她過於忙碌，無暇照看。海倫‧斯諾稱她為「無產階級領導人劉群先小姐」。

一九三七年末，劉群先偕丈夫離開延安，到武漢後任長江局工會辦公室主任。此時她和廖似光（參見該傳）在中國勞工協會一起共事。後來劉群先患病，被送往南方港口城市廈門療養。她的婚姻於一九三九年初終告破裂，或許個人的不幸遭遇令病情惡化。一九三九年三月她被送去莫斯科治療，但有人猜測指她實際上是遭流放了。據說她在莫斯科進了一家精神病院，後來不知去向，估計是在一九四一年中德國空軍突然轟炸莫斯科時罹難。她的丈夫，在她到達莫斯科之前，已在延安與另一婦女有親密關係。他於一九四六年飛機失事喪生。

Sue Wiles

龍仁譯

◇ 郭晨，《巾幗列傳：紅一方面軍三十位長征女紅軍生平事蹟》，北京：農村讀物出版社，1986 年，頁 128–138。

◇ 英文《中國婦女》編著，《古今著名婦女人物》，下冊，石家莊：河北人民出版社，1986 年，頁 769–773。

◇ Snow, Helen Foster. *Inside Red China.* 1977 reprint [with a new preface and biographical notes by the author]. New York: Da Capo Press, 1939, 185–86.

◇ Salisbury, Harrison E. *The Long March: The Untold Story.* New York: Harper & Row, 1985, 87–88.

◇ Lee, Lily Xiao Hong, and Sue Wiles. *Women of the Long March.* Sydney: Allen & Unwin, 1999.

◇ Bianco, Lucien and Yves Chevrier, eds. *Dictionnaire biographique du mouvement ouvrier international: La Chine.* Paris: Les Éditions Ouvrières, n.d.

136 劉索拉 Liu Suola

劉索拉一九五五年生於北京，是作家、音樂家以及音樂製作人。伯父劉志丹是長征時期陝西著名的革命英雄，父親劉景範和母親李建彤曾一度是中共具有影響力的黨員。劉索拉在優越的環境長大，五歲就開始學習鋼琴。然而一九六二年母親寫的傳記性小說《劉志丹》觸怒了毛澤東（1893–1976）。為此一九六九年還未成年的劉索拉就隨父母下放到江西的幹校去了，不過次年她就單獨回到北京。

索拉因為年齡尚幼，不能工作，便在家裡隨自己的意思生活：閱讀任何想讀的書、聽西方古典音樂和披頭四的歌、看畢加索的畫。總之，享受著高幹子弟的特權，即使父母去職，也無礙她一貫的生活方式。那些年的自學，雖然沒有系統，但對她的人生觀有很大影響。

劉索拉一九七三年在北京一個工廠中學擔任音樂教師。大專院校恢復招考以後，她於一九七八年初考進中央音樂學院作曲系。畢業後選擇在中央民族學院音樂舞蹈系理論作曲教研室工作。

一九八二年劉索拉開始發表文學作品，一九八五年以中篇小說〈你別無選擇〉一舉成名，獲一九八五至八六年全國優秀中篇小說獎。開「新潮小說」風氣之先，影響頗大。她這時期的主要作品還有〈尋找歌王〉、〈藍天綠海〉，並出版了中短篇小說集《你別無選擇》。她的小說主要表現八十年代中國大陸城市知識青年的精神苦悶和追求。例如〈尋找歌王〉就是刻劃一個苦悶的女性被務實和理想、現實的考量與靈魂的求索撕裂。儘管語言貌似簡單，但充滿自嘲與不遜。她的作品具有強烈反社會反傳統的前衛意識，被譽為二十世紀中國

「橫空出世」的真正現代派文學。作品意境多得力於音樂。她對音樂有深刻而廣泛的研究，並且有相當的創作才能。有人認為她是大陸「搖滾音樂」的第一人。一九八七年她根據自己的中篇小說〈藍天綠海〉創作了搖滾音樂劇，但不能在中國演出。

一九八八年劉索拉去英國和當地音樂家一道工作。翌年又到美國曼菲斯（Memphis）學習布魯斯樂（blues，又譯為藍調），發展了一種中國式的藍調風格。自此繼續在英美兩國音樂界工作。九十年代初，與香港音樂界一起作曲和演出，作品有〈列女傳（潔本）之劉索拉〉、〈六月雪〉等。這個時期，劉索拉的音樂通過尋找一種合成體裁而蛻變成混合亞洲、非裔美國人和搖滾音樂的世界音樂。她的〈藍調在東方〉在紐約很受歡迎，它的鐳射唱碟曾在美國新世界音樂榜停留數周排名前十名，並且深獲爵士樂專家的好評。一九九五年在紐約的兩場演奏會上，她先後演出了新作〈中國拼貼〉，和人所熟知的〈藍調在東方〉。一位評論者認為她的音樂合成了豐富的亞洲民間音樂和前衛世界音樂的遺產，而不僅僅是中國對藍調的反響或一種新奇的東西而已。一九九九年她帶著美國的同事到北京的爵士音樂節演出。她又成立了自己的音樂製作公司Also Productions，出品中有兩張鐳射唱碟的音樂，旨在幫助練習氣功者放鬆精神，與宇宙合一。

劉索拉因忙於音樂，有好幾年沒寫作。不過，一九九二年她有機會參與聶華苓（參見該傳）在愛荷華大學創建的國際寫作計劃。她的中篇小說〈混沌加哩格楞〉是首先在為紀念六四事件而創辦的《廣場》雜誌上發表的。長篇小說有《女貞湯》（2003）和《迷戀‧咒》（2011）。

劉索拉在音樂和文學上都別樹一幟，成就非凡。在這兩個領域，她同樣散發出對傳統的叛逆，偏愛民間傳統直接而淳樸的作風。為此，她推出新民樂計劃，想把中國音樂家和其他國家的音樂家集合在一起。

劉索拉現在定居北京，潛心編曲、做歌劇，且有自己的樂隊。

郜元寶

蕭虹增補

◇ 劉索拉，〈藍調在東方〉（*Blues in the East*），1994 年。
◇ ──，〈中國拼貼〉（*China Collage*），1996 年。
◇ ──，〈纏〉（*Haunts*），1998 年。
◇ ──，〈六月雪〉（*June Snow*），1999 年。
◇ ──，〈春雪圖〉（*Spring Snowfall*），2000 年。

◇ ——，〈隱現〉（*Apparitions*），2000 年。

◇ ——，〈混沌加哩格楞〉，見《你別無選擇》，北京：作家出版社，2009 年。

◇ ——，〈藍天綠海〉，見《你別無選擇》，北京：作家出版社，2009 年，原載《上海文學》，1985 年 5 期。

◇ ——，〈你別無選擇〉見《你別無選擇》，北京：作家出版社，2009 年，原載《人民文學》，1985 年 3 期。

◇ ——，〈尋找歌王〉見《你別無選擇》，北京：作家出版社，2009 年。

◇ ——，《香港一條街的故事》，出版資料不詳。

◇ ——，《大繼家的小故事》，出版資料不詳。

◇ 孔捷生，〈劉索拉與東方藍調〉，見《明報月刊》，1995 年 11 月，頁 72–73。

◇ Liu Sola. "In Search of the King of Singers," trans. Martha Cheung. *Renditions*, special issue: Contemporary Women Writers (Spring and Summer 1987) : 208–34.

◇ ——. *Blue Sky, Green Sea, and Other Stories*. Hong Kong: Chinese University of Hong Kong, 1993.

◇ ——. *Chaos and All That*, trans. Richard King. Honolulu: University of Hawaii Press, 1994.

◇ Cheung, Martha. "Introduction." *Blue Sky, Green Sea and Other Stories*, Liu Sola. Hong Kong: Chinese University of Hong Kong, 1993, ix–xxv.

◇ 「劉索拉音樂『女巫』為聲音建了一座『廟』」見 < http://blog.sina.com.cn/s/blog_490075660102 e2bb.html>，2013 年 7 月 12 日。2014 年 1 月 17 日查閱。

◇ 「劉索拉」見 <http://zh.wikipedia.org/zh-hant/%E5%88%98%E7%B4%A2%E6%8B%89>，2014 年 1 月 16 日查閱。

◇ 「劉索拉」見 <http://baike.baidu.com/view/32164.htm>，2014 年 1 月 17 日查閱。

◇ Olesen, Alexa. "Liu Sola Making Worlds Collide," at <http://virtualchina.org/archive/leisure/ music/060900-liusola-alo.html>, accessed before 2000.

▥ 137 劉王立明 Liu Wang Liming

劉王立明（1897–1970），原名王立明，安徽太湖人，著名女權主義活動家、鼓吹民主的左傾人士，在二十世紀二十到三十年代婦女參政運動中起了重要作用。抗日戰爭期間，她以婦女領導的身份，成為國民參政會的參政員。一九四九年之後，她留在新中國，擔任過許多官方職務，直到一九五七年的反右運動才靠邊站。她為中國的婦女運動和民主黨派作出了非凡貢獻。

劉王立明的父親是太湖的農村醫生，在她九歲時去世，當時一家立刻陷入經濟困境，多虧親戚慷慨幫忙，加上母親做針線活，才存活下來。儘管家境貧窮，劉王立明十歲時便開始在一所叫福音小學的免費學校念書。因學習成績優異，被送往九江儒勵書院升學。在那裡，她學業突出，獲得了獎學金，不用再擔心籌措學費的事。九江一帶收女生的中學為數不多，她的學校便是其中一所。她是當地最早的幾個不願裹足的女生之一，從此可見她意志堅定、思想獨立的一面。她四年後畢業時，應邀留校任教，到一九一六年獲得獎學金赴美國留學為止。她進了西北大學（Northwestern University）攻讀生物學。她和許

多同時代的人一樣，認為只有科學才可賦予她足夠能耐，為重建苦難的祖國出力。

劉王立明在西北大學時開始對女權產生興趣。一九二零年她畢業回國後便投身出版業，為的是要宣傳解放婦女乃強國之道。在此期間，她積極投入婦女參政運動，擔任女子參政協進會上海分會的領導。這上海分會成立於一九二二年十月十五日，為響應北平總會的號召，呼籲在全國和省一級憲法內加入保障男女平權的條文。女子參政協進會的目標包括改革婚姻制度（如包辦婚姻、納妾制）、取締買賣丫鬟的陋習、全面提高婦女在婚姻中的權利等。上海分會曾出版刊物《女國民》，但不多久便停刊。

除了對女權運動感興趣之外，劉王立明還活躍於上海一帶的慈善組織和福利團體。她在上海為行乞的女孩和逃離主人家的丫鬟設立避難所，又在上海、香港、成都、重慶等城市成立許多女子職業學校、婦女文化補習學校和女子工藝生產社。她是基督徒、中華婦女節制會會長和世界婦女節制會遠東區副主席。世界婦女節制會幾乎主導了全球各地婦女參政組織或給予支持。劉王立明的作用是將基督教與中國的婦女參政運動緊密聯在一起。她同時還是節制生育聯盟的主席，足見她信奉基督和爭取婦權的雙重信念之間，確有共通之處。她寫過好幾本書，其中一本名為《中國婦女運動》，一九三四年由商務印書館出版。它探討婦女政治和經濟獨立的重要性，以及改革家庭和婚姻制度的必要性。

抗日戰爭令劉王立明在上海的工作大受影響。一九三八年，她丈夫劉湛恩（1895–1938）被日本秘密警察暗殺。劉湛恩曾經是上海滬江大學校長、基督教青年會活躍成員，因參與抗日活動，如擔任上海大學抗日聯合會和上海各界救亡協會的主席，而成了日軍針對的目標。劉王立明本人也被日軍列入黑名單。為了躲避日軍，她帶著兩個女兒逃離上海，先往武漢，後到重慶。

在重慶期間，劉王立明於一九三八年中被選為國民參政會的參政員。在這半民主的機構裡，她呼籲為國家立法機構的婦女成員設定一個最低席位數額。這場運動最後取得成果：一九四六年憲法規定，婦女至少應擁有一成席位。劉王立明大膽敢言，要求以憲法治國，為此，在一九四三年九月召開的第三屆國民參政大會後，被撤銷參政員資格。第二年，她加入了一個立場介於中國共產黨與國民黨之間的組織——中國民主同盟，並當選其中央委員。

一九四四至四九年，劉王立明一如既往地從事爭取婦女權利和民主的工

作。她和也是婦女運動積極份子的李德全（參見該傳）、史良（參見該傳）和劉清揚（參見該傳），於一九四五年成立了中國婦女聯誼會。該組織的目標就是在蔣介石持續獨裁統治之下，動員婦女去推進民主。一九四六年七月，詩人聞一多（1899–1946）被國民黨槍手殺害，劉王立明把憤慨的市民組織起來，加入她新成立的中國人權保障委員會。她這一舉動無疑是置個人安危於不顧。但中國壓制民主訴求的手段日益劇烈，她不得不逃往香港，以中國民主同盟中央委員的身份繼續工作。一九四七年初，中國民主同盟和人權保障委員會均被國民黨宣布為非法組織，遭強行解散。

一九四九年中華人民共和國成立之後，劉王立明才可安全返國。她以中國民主同盟代表的身份，參加討論成立新政府事宜，並一直保留民盟會籍，又繼續支持新政府。她先後被選為全國政協第二、第三和第四屆委員會委員。她依然熱衷於婦女事務，擔任過全國婦聯的常委，並以此身份，代表中國參加了一九五四年在北京舉行的亞洲國際婦女會議。兩年後，作為中華婦女節制會的會長，她率代表團赴西德參加世界婦女節制會代表大會，席上當選副主席。

劉王立明早年雖曾大力支持中國共產黨統治中國，但也不能倖免於後來的迫害。一九五七年她被劃為右派，政治生涯倏忽告終。一九六六年，文化大革命（1966–1976）展開，她再次遭受磨難。她因犯了未詳的「政治罪行」而被關進監獄，當時摔斷的胳膊尚未康復。三年半後，即一九七零年，她在監獄去世，享年七十四歲。

一九八一年三月十八日，全國政協委員會、中國民主同盟和全國婦聯為劉王立明舉行了一個追悼會。一九七零年她去世時未曾得到官方報導，但死後多年，這些她畢生為之奮鬥的組織，終於向她致敬。她在爭取女權和民主方面，表現出色，對中國的貢獻毋庸置疑。

Louise Edwards

崔少元譯

◇ 劉光華，〈我的母親劉王立明〉見《人物》，1981 年 6 期，頁 143–149。
◇ 京聲、溪泉編撰，《新中國名人錄》，南昌：江西人民出版社，1987 年。
◇ 劉紹唐主編，〈王立明〉見《民國人物小傳》，冊 9，台北：傳記文學出版社，1987 年，頁 11–15。
◇ 袁韶瑩、楊瑰珍編，《中國婦女名人辭典》，長春：北方婦女兒童出版社，1989 年，頁 129–131。
◇ 《婦女詞典》，北京：求實出版社，1990 年，頁 100。
◇ 高魁祥、申建國編，《中華古今女傑譜》，北京：中國社會出版社，1991 年，頁 147–148。

◇ 汪新編，《中國民主黨派名人錄》，南京：江蘇人民出版社，1993 年，頁 220–222。
◇ Wang Zheng. *Women in the Chinese Enlightenment: Oral and Textual Histories.* Berkeley: University of California Press, 1999, 135–43.
◇ 「劉王立明的人生之路」見 <http://www.ahage.net/mingren/21462.html>，2011 年 7 月 21 日，來源：太湖先鋒網，2014 年 5 月 13 日查閱。

▥ 138 劉俠 Liu Xia

劉俠（1942–2003），作家、慈善工作者、社會活動家，生於中國西安市，成長於台灣。她以杏林子為筆名，一為紀念故鄉陝西省扶風縣杏林鎮，一為感念與醫師結下不解之緣。國民政府戰敗後，她隨家人遷居台灣，十二歲時罹患「類風濕性關節炎」，發病時手腳腫痛，行動非常不方便，使她對生命抱著消極的態度。從北投國民小學畢業後，因為病情嚴重而被迫休學。休學後盡力克制自身病痛，閱讀大量書籍，後來成為廣為人知的名作家「杏林子」。十六歲時與基督教結下緣份，由信仰體驗到生命很有價值，應予珍惜，從此對生命有了新的看法，變得樂觀積極，勇於面對每一天。

劉俠是早產兒，母親希望女兒身體可以更威武更強壯，於是給她取名「俠」。結果並不如願，就像劉俠對三毛說的：「咱們倆當初都給取錯了名字，你看，你叫陳平；我叫劉俠，結果你一生坎坷，一點也不平；我叫劉俠，成天抱著藥罐子，哪裡有一點俠影子？乾脆，趕明兒咱倆改一個名字，你叫陳不平，我叫劉非俠。」

從她以輕鬆幽默的口吻對待自己的病痛，可以看出她不怕面對上天給予她人生的苦難和試煉。劉俠從十七歲開始就努力寫文章投稿，雖然需要比別人花更多精力克服寫作時手關節的疼痛，但寫作的熱情從未消退。三十五歲時，以筆名杏林子出版第一部名著《生之歌》，娓娓道出她對於生命的積極態度。她在《生之歌》說：「一粒貌不驚人的種子，是隱藏著一個花季的燦爛；一隻其貌不揚的毛蟲，將蛻變為五色斑斕的彩蝶。每一個人的生命都可以歌詠出生命奇蹟的奧秘。」又說：「你無法決定生命的長度，卻可以豐富生命的深度。」她的文章毫不怨天尤人，也從不向悲慘命運低頭，反而充滿了堅毅。《生之歌》被台灣教育部採納為國中、國小的教材，其教育意義可見一斑。

自《生之歌》出版後，杏林子變成家喻戶曉熱愛生命的作家，並在一九七八年獲基督教文藝獎。之後創作熱情絲毫不減，寫出多部文集與傳記，包括《生命頌》、《另一種愛情》、《凱歌集》、《重入紅塵》、《杏林小語》、

《杏林子作品精選》、《阿丹老爸》、《探索生命的深井》等。她一共創作了四十多個劇本、十六部散文集和一部小說。一九八三年獲國家文藝獎。她的書洋溢著對生命的熱愛和讚美，正是因為她在病痛中，還能十分堅強、豁達和樂觀。她的短文以幽默的口吻來道盡人生，叫人認識生命、尊重生命和熱愛生命。她的作品啟發人心，讓人可以從痛苦中認識真正的自我。

一九八零年，劉俠當選中華民國第八屆十大傑出女青年。她身為殘障者，行動不便，對其他殘障者的困難自有深切體會。除家人外，她最掛心的就是他們。為此，她在一九八二年十二月一日創立了伊甸社會福利基金會，期望為殘障者建造一個屬於他們自己的家。她捐出多年稿費積蓄，並和六位志同道合的朋友用心經營這個基金會，為身心殘障的朋友打造一個「伊甸園」，向他們當中未有受到足夠照顧的每一個人提供更好的福利。

劉俠生前常常說：「除了愛，我一無所有。」在成立福利基金會以外，劉俠更以激勵精神的文字來聲援這些弱勢的殘障者，鼓勵他們殘而不廢，勇於向生命挑戰。她讓很多殘障朋友得到更好的社會福利；而她的書，因散發著對生命樂觀的態度，也讓面對各種痛苦的人，獲得精神上的依靠。

她希望大眾不只是期待援助，還應盡力幫助他人，就如她自己，雖然只從社會得到一點點援助，但卻會用全部的心力去回饋社會，這不但燃燒了自己的生命火炬，也照明了他人。

劉俠聲望很高，一九八八年獲頒花蓮榮譽市民稱號，八九年獲頒高雄榮譽市民稱號，次年獲吳三連基金會社會服務獎，九二年又獲頒台北市榮譽市民稱號，九七年獲頒靜宜大學榮譽博士學位，九九年獲頒年度職業成就獎，二零零一年獲聘為中華民國總統府國策顧問。同年又獲頒台美基金會人才成就獎，大會稱她雖從十二歲開始無休止的病痛人生，卻能積極對待自己的人生，為無數台灣人帶來希望。

劉俠表示，她結合全國七十多個殘障團體，成立伊甸殘障福利聯盟，是為了修訂制度，爭取權益。他們要從政府與社會做起，推動殘障福利法修正案通過、增加殘福預算，落實殘障者定額僱用，開創無障礙空間，取消大專病殘學生科系設限等。

二零零三年二月七日凌晨，照顧劉俠的印尼看護，一時精神錯亂毆打劉俠，並把她推到床下，她本來就身體虛弱，不久便因心臟不適過世，享年六十二歲。逝世後獲中華民國總統明令褒揚。

劉俠在最後一部散文集《打破的古董》裡，預先寫下遺囑。她將無形的遺產——祝福及愛——留給家人及天下人；將自己的身體捐獻給三軍總醫院，供作「類風濕性關節炎」的研究；並將自己有用的器官捐獻給有需要的人。她立遺囑時說：「既有益於醫學，還可省喪葬費。」即使面對死亡，也保持一貫的幽默，真可謂有大俠風範。

劉俠的一生，偉大之處就在於，明明病痛纏身，卻活得理所當然；明明身處弱勢困境，卻爭得理直氣壯；明明苦痛猝逝，卻走得瀟灑自如。她不去博取社會的同情，而是積極的為各類弱勢族群爭取權益。她不向命運低頭的勇氣，為社會貢獻了許多精神上的資源。她的文章為讀者們帶來了希望，激勵他們積極對待自己的人生。雖然她只有短短六十年的生命，但和很多人相比，她活得更精彩，更珍惜自己所擁有的。瀟灑的她雖然走了，但留下的卻是不朽的精神，一個敢於面對生命的勇者故事。

李宗憬

編者按：二零零四年，台灣九歌出版社出版了《俠風長流：劉俠回憶錄》。

◇ 杏林子（劉俠），《杏林小記》，台北：九歌出版社，1979 年。
◇ ——，《感謝玫瑰有刺》，台北：九歌出版社，1989 年。
◇ ——，《北極第一家》，台北：平安文化，1995 年。
◇ ——，《俠風長流：劉俠回憶錄》，台北：九歌出版社，2004 年。

▥ 139 劉曉慶 Liu Xiaoqing

劉曉慶一九五五年生於四川涪陵，電影演員。關於她的出生年份，一說五零年，也有說五二年或五三年。

劉曉慶生父姓馮，在她出生以前父母已離異。她隨母姓。母親任教於成都體育學院時，結識了該院醫學系一個副教授，後來嫁給了他，婚後育有一女。

劉曉慶十一歲時考入四川音樂學院附中主修揚琴。文革期間，她初次表演，在宣傳隊裡扮演各種角色，如紅衛兵、工人、農民、解放軍等。文革前後，大批畢業生被分配到農村當農民。她也和其他畢業生一樣到了農村，但不久便加入四川達縣軍分區的宣傳隊。宣傳隊解散後，考入成都軍區話劇團。一九七五年演出話劇《杜鵑山》。同年在八一電影製片廠的第一部影片《南海長城》擔當主角，獲得好評。接著拍攝的幾部影片如《四渡赤水》、《同志，感謝你》等，雖然都不算成功，卻鍛煉了她的演技。

　　一九七八年，劉曉慶為北京電影製片廠拍攝《小花》（當時叫《桐柏英雄》），扮演何翠姑一角，獲得中國電影百花獎最佳女演員獎、文匯電影獎最佳配角獎。她在《小花》的出色表演獲得北京電影製片廠廠長汪洋的賞識，指令把她留在北影，從此正式躋身電影行業。接著，她拍攝了《婚禮》、《潛網》、《神秘大佛》等片子。從一開始，她已流露出天賦才華。她被公認為中國大陸最優秀的女演員，多次獲得中國電影百花獎、金雞獎。

　　在多年的從演生涯中，劉曉慶在銀幕上塑造了許多不同形象，像《南海長城》中英姿颯爽的漁家姑娘甜女，《小花》中勇敢堅毅的游擊隊長何翠姑，《瞧這一家子》中淺薄庸俗的售貨員張嵐，《原野》中潑辣性感的花金子，《潛網》中感情細膩內向的教師羅弦，《心靈深處》的純潔正直的志願軍戰士歐陽蘭，《北國紅豆》中沒有文化的農村姑娘魯雪芝，《無情的情人》中剽悍野性的藏族姑娘娜梅琴措，《紅樓夢》中精明能幹的鳳姐，《芙蓉鎮》中內剛外柔的米豆腐店老板胡玉音，《春桃》中撿破爛的北京底層貧民春桃。所有這些形象，從年齡、身份到氣質、性格都有很大差異，但她都扮演得很成功。她主演的多部影片享譽海內外，美國、法國、日本、新加坡等國曾舉行她的個人影展。著名戲劇家曹禺看過根據他原著改編拍攝的影片《原野》後，對她的精湛演技讚賞不已，並即席揮毫，為她題了八個字：「誠重勞輕，求深練達」。

　　除了擅長扮演各種人物角色，劉曉慶也嘗試演活不同年齡的婦女。如在《火燒圓明園》、《垂簾聽政》、《西太后》、《大太監李蓮英》等影片扮演慈禧，從少女時代一直演到中年、老年、到死，年齡跨度很大。一九九二年，被邀在台灣四十集大型電視劇《風華絕代》中扮演有著大起大落人生經歷的春泥，從十八歲演到六十歲。這也是第一部由大陸演員主演的台灣電視劇集。後來，又拍電視劇《武則天》，在中、港、台三地推出，好評如潮。一九八五年嘗試做獨立製片人，拍攝了《大清炮隊》和《無情的情人》。儘管影片未能順利公演，但製片歷程艱辛，磨礪了她組織和管理的才能，為日後辦實業打下基礎。

　　除了電影，劉曉慶在其他藝術領域也極有天賦。她會演奏揚琴、木琴及鋼琴；還錄製唱片。在拍攝《原野》時，她在香港錄製並發行了第一張唱片，接著，又在香港錄製《慈禧組曲》。她為太平洋音像公司錄製的《劉曉慶之歌》得了雲雀獎，成為第一個自己灌錄歌曲唱片獲獎的電影演員。

　　劉曉慶身為名人，多次捲入爭拗、謠言和官司，引起廣泛關注。她在

一九八二年與第一任丈夫王立離婚，次年出版了第一本自傳《我的路》，作為向觀眾的表白和辯解。她說：「做人難。做女人難。做名女人更難。做單身的名女人，難乎其難。」她這幾句話似乎是個人經驗的總結，後來很多人都引用，成了名言。在自傳中，她鼓勵人們奮鬥，強調命運握在自己手裡，關鍵是在任何情況都不要喪失信心。它對當時很多年輕人起著鼓舞作用。此後，她又在《大眾電影》等一些影響較大的報刊上，發表不少表達個人觀點的文章；還繼續出版自傳，計有《我這八年》、《劉曉慶寫真》、《我的自白——從電影明星到億萬富姐兒》。一九八六年，她二度結婚，對象是北京電影製片廠的導演陳國軍。他們一九八九年離婚，兩人沒有子女。

劉曉慶敢說敢寫、爽直自持、勇於追求個人夢想。她在觀眾心中，塑造了一個獨特的形象：一個自立自強的女性。人們對她的關注，不再限於她的表演和銀幕形象，他們也關注她在社會生活的故事，於是產生了「劉曉慶現象」。

九十年代以後，劉曉慶逐步退出藝壇，開始以個人名義投資實業，除了房地產，還開辦美容學院，投資拍電影，成為富豪。她是國家一級演員、第七屆全國政協委員、中國作家協會會員、全國青年聯合會委員。

陳慧

編者按：二零零零年，劉曉慶結識了阿峰（原名孫湘光）。二零零二年，她因逃稅被拘押，翌年在好友姜文幫助下保釋出獄。她坐牢期間，對阿峰的不離不棄，深為感動，二零零三年出獄後便嫁給了他。有內地媒體稱他們已於二零零五年離婚。二零一二年，她四度結婚，嫁給旅居海外多年的王曉玉。劉曉慶於一九八三、八六年擔任中央電視台春節聯歡晚會主持人。之後，她主演了話劇《金大班的最後一夜》（2004）和《風華絕代》（2012）；以及舞台劇《阿房宮賦——劉曉慶之夜》（2010）。二零一一年，中國電視藝術家協會演員工作委員會成立大會在北京舉行，她當選副會長。同年獲頒劍橋世界名人榜的電影領域傑出華人獎。

◇ 劉曉慶，《劉曉慶自傳：我的路》，香港：遠方出版社、香港中外發展出版社聯合出版，1983年。
◇ ──，《我這八年》，北京：人民日報出版社，1992年。
◇ ──，《劉曉慶寫真》，北京：華夏出版社，1995年。
◇ 程樹安、吳綺蓉編，《我的苦戀——劉曉慶》，北京：農村讀物出版社，1989年。
◇ 馬慧芹，《漩渦中的共和國熱點人物》，北京：團結出版社，1993年，頁1–46。
◇ 張作民，〈第一老板劉曉慶〉見《第一老板劉曉慶》，長春：時代文藝出版社，1993年，頁1–42。
◇ 宋瑞芝主編，《中國婦女文化通覽》，濟南：山東文藝出版社，1995年，頁639–641。
◇ 陳國軍，《我和劉曉慶——不得不說的故事》，廣州：廣東人民出版社，1997年。
◇ 「劉曉慶坐牢」見 <http://www.sky003.com/mingxingdangan/201207/27135764.html>，2012年7月27日，來源：第三女性網，2013年6月18日查閱。
◇ 「孫湘光」見 <http://baike.baidu.com/view/2933042.htm>，2013年6月18日查閱。
◇ 「劉曉慶」見 <http://baike.baidu.com/subview/45129/6476629.htm#7_3>，2014年4月11日查閱。

▥ 140 劉亞雄 Liu Yaxiong

劉亞雄（1901–1988），山西省興縣人，中華人民共和國革命家、政治領袖。

劉亞雄父親劉少白思想開明，支持她求學的意願；母親情況不詳。劉亞雄是興縣第一個不纏足的女孩，並在一九一七年前後到省會太原，入讀山西省立女子師範學校。一九一九年的五四運動對她和一眾同學影響極大，她們埋頭學習進步書刊，組織學生會，到鄉間宣傳反纏足的信息。一九二三年畢業後，她考入北京女子師範大學，受教於魯迅、許壽裳等名師，並獲得兩筆獎學金，分別來自山西省和家鄉興縣。二十年代社會動蕩，如果她作壁上觀，應可順利畢業，但她在大學繼續積極參與社會政治活動，反對由軍閥政府支持的學校當局，受到著名文學家魯迅的稱許。

一九二六年，軍閥政府向抗議日本進攻大沽的學生開槍，部份學生被殺害。有些中共黨員注意到她一直全身投入鬥爭，推薦她入黨。她是以這方式入黨的首八個黨員之一。大約此時，她被北京女子師範大學開除學籍。一九二六年九月，黨組織送劉亞雄到莫斯科入中山大學學習。她在一九二八年回國，到江蘇省委宣傳部工作。一九三一年，與昔日莫斯科的同窗陳原道結婚，旋即被調往河北，任臨時省委秘書長，不久在天津被捕，後因敵方缺乏證據而獲釋。一九三三年與丈夫在江蘇重聚之後，被任命為江蘇省委秘書長，那年陳原道遭一個前黨員出賣而被捕，被國民黨在南京處決。當時她已懷孕，於是回山西生產；她為兒子取名紀原，寓紀念原道之意。

劉亞雄將兒子交給劉少白撫養，然後隻身回北平試圖與黨組織聯繫，但很長一段時期未能如願，這是她生命中最暗淡的時期之一。根據薄一波的回憶，直到他從太原到北平，邀她去山西工作之前，黨沒有分配給她任何任務。她於一九三五年十月再次露面，公然在山西犧牲救國同盟會和山西新軍領導層工作。當時中共與軍閥閻錫山結成聯盟，共產黨員因而可公開在山西工作。

一九三七年，劉亞雄在山西軍政訓練班內，組織女民兵連並擔任指導員。該訓練班是中共和閻錫山所合辦，旨在訓練抗日戰士，由中共提供政治指導員，閻錫山提供軍事教官。女民兵連的一百多名年青婦女來自全國各地。劉亞雄是位教學嚴謹、要求極高的老師，但女學員發現她也有溫柔的一面。她們後來經歷戰爭和政治鬥爭的磨礪，大都成為中共優秀可靠的幹部。該年下半年，劉亞雄在五台山組建了一支游擊隊，並出任指導員。後來她就是在這支游擊隊

的基礎上成立了她帶領的游擊一團。

一九三九年，劉亞雄轉移至山西東南部，擔任婦女救國總會主席兼黨組書記。一九四零年，調往第三專署，任太行根據地第一專員。甫一到任，該地區就頻頻受到日軍襲擊。她下令堅壁清野，田地不留糧食，各處埋下地雷，使該署區成為敵人最不願攻擊的地方。同時，動員群眾在武鄉縣修建臨漳水壩，以改善農業生產。她親筆題字的石碑至今還屹立在壩旁。

一九四二年整風運動時，劉亞雄去延安學習並參加政治運動，但被指為「叛徒」，經過兩年多時間才能洗清污名。一九四五年參加中共第七次代表大會，恢復黨內地位。抗日戰爭勝利後，調往東北，先後擔任多個要職，包括雙遼市委書記、嫩江省委組織部部長和瀋陽市委委員。

一九四九年，劉亞雄參加了全國婦聯第一次全國代表大會，當選執行委員。同年被任命為長春市委第一書記。一九五三年任勞動部副部長，成為有數的部級女領導人。一九六三年當選中共中央監察委員會委員，翌年任中監委派駐交通部監察組組長。後來，大概是八十年代，出任交通部顧問。

在劉亞雄的影響下，父親和所有兄弟姐妹都加入了共產黨。但在文革中，她被誣蔑為叛徒，受到殘酷迫害，株連全家。文革接近尾聲時得到平反，但那時已年逾古稀，不再工作。她是中共七大和八大代表，又是全國人大代表、全國政協委員。一九八八年二月在北京去世，終年八十七歲。兒子陳紀原長期是「黑孩子」，因為國民黨視之為叛徒的後人，所以外祖父母不能為他申報戶口。據說劉亞雄後來對兒子關懷備至，克盡母職。

在婦女幹部中，劉亞雄並不是最廣為人知的一個，她長期在地方層面掌握軍政實權，最終升至副部長。她為人低調，沒有太多奪目的頭銜，可算是默默耕耘，貢獻社會，推動中國發展的少數婦女之一。

蕭虹
龍仁譯

◈ 英文《中國婦女》編著，《古今著名婦女人物》，下冊，石家莊：河北人民出版社，1986年，頁 611–615。
◈〈劉亞雄同志生平〉見《人民日報》，1988年3月4日，頁4。
◈《中國人物年鑒：1989》，北京：華藝出版社，1989年，頁91。
◈ 薄一波，〈《劉亞雄紀念集》序〉見《人民日報》，1989年2月17日，頁5。

▥ 141 劉英 Liu Ying

劉英（1905–2002），生於湖南長沙一個士紳地主之家，原名鄭傑，和毛澤東（1893–1976）是湖南同鄉。二十世紀二十年代初，劉英就積極投身革命，是參加一九三四至三五年長征的三十位女性之一。她一直在中國共產主義青年團工作，四十年代末才被分配到丈夫張聞天（即洛甫，1900–1976）身邊一起工作。她在黨內極受尊重。

劉英有九個兄弟姐妹。父親很傳統，讓兒子接受教育，但卻認為女兒無需讀書。不過，劉英的母親還是設法將她送進了私塾。一個姐姐通過包辦婚姻出嫁後不到一年便守寡，接著又死於從丈夫處染來的肺結核病，此事對劉英影響很大。後來舉家搬到長沙市，劉英一九二四年加入中國社會主義青年團（後改稱中國共產主義青年團），比報讀長沙女子師範學校更早。一九二五年在長沙加入中國共產黨。翌年，有四十名學生被派到武漢的兩湖黨校學習，當中女性僅佔兩名，而劉英屬其一。一九二七年，她當選湖南省委的婦女部部長、候補委員。她受黨組織指派與林蔚同居假扮夫妻時，已是共產黨的地下工作者。林蔚於一九二六年從法國學成歸來，結識了劉英，逐漸變成親密朋友。一九二七年林蔚被殺害，有資料稱劉英為他產下孩子，但詳情則未有提及。她在上海工作了一段時間，一九二九年被送往莫斯科的勞動大學學習，後轉入國際無線電學校。在蘇聯當學生期間，她與未來夫婿洛甫邂逅，他當時在勞動大學任教。一九三二年回國之後，她主要在福建省做青年團的工作。一九三四年初，她前往江西蘇維埃政府的首都瑞金參加會議，隨後被留下出任少共中央局宣傳部部長。長征前夕，她四出開展徵兵工作，毛澤東突發指令要她速返瑞金，參加長征。毛氏也許是因兩人份屬同省，而有此出於善意的舉動。

長征途中，劉英被劃歸為學生，受命做政治戰士，職責包括宣傳、當政治指導員、籌款和尋找食物和勞動力。她最初做的是後勤工作，負責僱用挑夫，偶爾也抬抬擔架。有人曾說她是毛澤東政治上的女門生，或許是這個緣故，她在一九三五年五月中旬（大約是遵義會議期間），受命接替鄧小平，出任中央隊秘書長。這個職位之前曾由女性擔任，她就是在江西蘇區時的鄧穎超（參見該傳）。長征接近尾聲時，這職位又重新落回男性（王首道）手中，劉英則重返政治戰士的崗位。

長征後期，劉英和張聞天（當時仍稱洛甫）最後總算完了婚。在此以前劉英曾多次拒絕張聞天的求婚，因不願在長征期間懷孕，也不想讓孩子干擾自己

的工作。在延安她和丈夫住在毛澤東隔壁，她當時擔任少共中央局宣傳部部長。海倫・斯諾（Helen Snow）把那時的劉英形容為「洛甫的袖珍妻子，是我們所能想像到的身材最矮小的人物。我簡直想不透，她為甚麼在長征中，沒有給大風刮走」。斯諾這些話一點也不誇張，劉英在延安時就被人戲稱為「小麻雀」。多年來劉英一直在共青團工作，直至被派到丈夫的身邊擔任其政治秘書為止，二人從此一起工作，關係密切。據傳，劉英在延安期間生過一小孩，但因病夭折了。

在延安期間，劉英也鬧過病，得了肺炎、胃病，又常常發高燒。後來她還患上神經衰弱，可能也有肺結核病，所以和許多同志一樣，被送往蘇聯接受治療。一九三七年底（另有資料稱是 1938 年 11 月），她和同樣懷有身孕的賀子貞（參見該傳）——毛澤東失寵的妻子，乘火車前往蘇聯。劉英在莫斯科生下的孩子未能活下來。一九三九年三月她回到延安，出任中央委員會秘書處處長。一九四二年被派往西北做調研，一九四五年被召回參加中國共產黨第七次代表大會。一九四五至四九年間，她和丈夫一道在東北工作。她當過合江省委組織部部長。一九四八年任哈爾濱市委常委兼組織部部長，一九四九年任遼寧省省一級相類似的職務。

中華人民共和國成立之年，張聞天被調到外交部門工作。他被任命為中國駐蘇聯大使後，劉英便隨丈夫前往莫斯科。她在那裡住了近四年（1951–1954），負責黨務工作。一九五四年十月，周恩來（1898–1976）把她調回北京外交部工作。五年之後，時任外交部副部長的張聞天對大躍進和毛澤東的領導作出批評。他公開聲稱，為了捍衛民主和言論自由，寧願死也要講真話，那總比活著痛苦好。不久，他就被打成「右傾機會主義者」。妻子劉英也不可避免地受到抹黑。她因丈夫的話而遭降職，調到一個研究現代歷史的工作單位。文化大革命初期，張聞天被控叛國罪——充當蘇聯間諜，為此她也受到了折磨，被監管一年多。之後，她和丈夫遭流放到廣東，被軟禁長達六年。一九七六年七月一日，流放中的張聞天去世，數月後文革結束。同年九月，劉英獲准返回北京。

劉英對自己和丈夫從二十世紀五十年代後期以來所受的不公正待遇深感憤慨，為此要求平反。她要求為一九五九年對她錯誤指控的罪名翻案；將張聞天的骨灰運回北京並安放在八寶山革命公墓；及政府向她提供金錢買書。一九七七年她恢復名譽，翌年被任命為中國共產黨中央紀律檢查委員會委員。同一年，張聞天也獲得了平反。

一俟上述三個要求得到滿足之後，劉英看來已將過去個人的恩怨一筆勾銷，重新堅定了對黨的信念。她在一九九一年五月離休，二零零二年八月辭世。

Sue Wiles

崔少元譯

◆ 郭晨，〈生命之樹常青〉見《女兵列傳》，卷1，菡子編，上海：上海文藝出版社，1985年，頁119–133。
◆ ──，《巾幗列傳：紅一方面軍三十位長征女紅軍生平事蹟》，北京：農村讀物出版社，1986年，頁77，92–93，99–104，138。
◆ 孫曉陽，〈風雨征程六十載〉見《紅軍女英雄傳》，瞭望編輯部編，北京：新華出版社，1986年，頁38–52。
◆ 曾志主編，《長征女戰士》，卷2，長春：北方婦女兒童出版社，1987年，頁13–27。
◆ Wales, Nym [Helen Foster Snow]. *Inside Red China*. New York: Da Capo Press, 1977, 178.
◆ Salisbury, Harrison E. *The Long March: The Untold Story*. New York: Harper & Row, 1985.
◆ Li Zhisui. *The Private Life of Chairman Mao,* trans. Professor Tai Hung-chao. New York: Random House, 1994.
◆ 「劉英」見 <http://baike.baidu.com/view/52403.htm>，2013年2月14日查閱。

▥ 142 劉眞 Liu Zhen

劉真，當代女作家，一九三零年出生於山東省夏津縣，原名劉清蓮，劉真是她的筆名。

劉真父親劉紹堂務農，只讀過幾年小學。劉真看來沒有纏足，但那時纏足的風氣還很盛，村裡沒有學校，女孩子都不讀書，一般在家紡線織布，農忙時也下地幫忙夏割秋收。

劉真的兄長劉慶芳是家中最早和共產黨有接觸的人。早在一九二七年他就加入了共產主義青年團，後來到共產黨根據地延安工作，也許是由於他的影響和帶動，又或許是山東的共產黨組織十分活躍，劉氏一家都對共產革命抱有好感，三十年代中便加入了共產黨的地下組織。他們的家成了共產黨的地下交通站，經常有共產黨人居住、隱藏，從他們那裡，劉真知道了紅軍、共產黨、毛澤東、朱德。

一九三八年，由於日軍追殺，劉家逃到河北省清河縣的共產黨根據地，在那裡劉真參加了共產黨冀南第六軍分區的抗日宣傳隊，成為一名小戰士。她學演唱、演戲、舞蹈，宣傳抗日救國，同時開始到學校念書，學習共產主義思想。一九四二年抗戰進行到最艱苦的階段，年僅十二歲的她剃光頭，裝扮成男孩，為地下黨擔任交通員。她出生入死地工作，曾三度被日本憲兵逮捕，有一次幾

乎被日兵的狼狗咬死。有見於她膽色過人，中共考慮讓她入黨，同年派她到太行山根據地學習。

一九四五年劉真到冀南軍區平原劇團當演員，翌年正式入黨。一九四五至四九年內戰期間，隨第二野戰軍文工團到前線參加解放戰爭，擔任文工團分隊長，負責照顧傷員，不打仗時就演出，向群眾宣傳共產主義。一九四六年，她拿起筆，寫了一些特寫、散文、文藝通訊等，她的創作生涯從此展開。

一九四九年文工團到四川後，劉真出任該團的創作室主任，並參加當地的剿匪戰鬥。一九五一年，她在東北魯迅文藝學院學習，創作了短篇小說〈好大娘〉，在《東北文藝》上發表。這篇小說描述一位捨命掩護小八路的農村婦女，情節真切感人，後來獲得了兒童文學三等獎。一九五二年冬，劉真由魯藝保送到著名女作家丁玲（參見該傳）主辦的北京中央文學講習所學習，在這期間她寫了不少短篇小說、散文和民間故事。一九五六年成為中國作家協會會員。這年，她到雲南少數民族地區體驗生活，寫了一些以少數民族生活為題材的作品，如〈密密的大森林〉、〈對，我是景頗族〉等。一九四九年後，毛澤東（1893–1976）多次發動政治運動，劉真和許多其他作家一樣，均成受害人。一九五八年，共產黨號召「作家要深入工農兵，到階級鬥爭、生產鬥爭第一線」，劉真被派到河北省徐水縣擔任公社副書記，參加大躍進（1958–1960）的各項工作。她因為向省委反映徐水縣各級領導虛報農產量，反被扣上了「反對大躍進，右傾機會主義反黨份子」的帽子，受到留黨察看一年的處分，並被撤消領導職務，派到豬場餵豬。

劉真寫的小說〈英雄的樂章〉也被批評為修正主義文藝思潮的典型。在這部小說裡，劉真注入了她對人性美、人情美的探討，對於戰爭與和平，生命的意義和價值的哲理思考，這種不以政治為重心的創作手法，無疑與毛澤東有關文藝必須服務革命的指令相悖。這部小說在全軍、全國範圍內遭到批判。《蜜蜂》雜誌的一篇文章說：「〈英雄的樂章〉以資產階級人道主義觀點，看待革命戰爭和愛情問題，將個人幸福和革命事業對立起來，厭倦革命戰爭，幻想和平幸福，」「作品中的人物，靈魂裡充滿濃厚的資產階級的沒落、頹廢情感，卻硬給穿上了革命戰士的外衣。」劉真和當時被批判的胡風、丁玲等知名作家一起被列為反動文人，直到一九六二年文化部部長周揚親自為她平反，才可以繼續從事寫作。

一九六三年作家出版社出版了劉真的小說總集《長長的流水》，這是她多

年辛勤耕耘的結晶。一九六六年文化大革命（1966–1976）初期，她又被打成反革命黑幫，遭關押、批鬥，然後送往農場勞動改造。整段文革期間，當局不准她寫作。不過，從一九七六年至八十年代初，她還是完成了短篇小說〈黑旗〉，散文詩〈哭你，彭德懷副總司令〉，中篇小說〈小火花〉等。劉真結過婚，有四個孩子，後來丈夫跑了。一九八八年，她移居澳大利亞悉尼市。九十年代初，寫了幾篇回憶錄，如「在皇陵的周圍」，「說不清，我打死你」，均在香港刊物上發表。她不算是多產作家，大概是因為她更專注於革命活動，是職業革命家、戰士、共產黨幹部。黨的工作無疑佔去了她許多的創作時間；但她寫得不多，主要還是因為經歷了形形式式的政治運動，受過不同程度的衝擊，感到心灰喪氣，加上被迫輟筆多年，想寫也不能寫。

　　劉真最優秀的作品如〈我和小榮〉、〈長長的流水〉等都是兒童文學創作，取材於三、四十年代的抗日戰爭和解放戰爭時期小八路、兒童團的解放鬥爭事蹟。劉真在這些作品中都或多或少地融入了自己幼年的經歷和性格，所以滿紙童真，毫無匠人俗氣，對特定革命戰爭中兒童心理的描寫尤為細緻入微，真實生動，讀起來親切感人。劉真全國知名，固因文學創作上卓有成就，亦拜她傳奇的一生所賜。她九歲就追隨中國共產黨領導的革命，十三歲入黨，認識許多中共的高級官員和將領。和許多共產黨人一樣，她是懷著為解放全人類的崇高目標和純真理想參加革命，獻身給黨，然而毛澤東的極權統治和一系列的災難性社會經濟政策，使她對黨產生了懷疑。她是少數膽敢批評毛澤東的黨員。她以一個作家的敏銳觀察、正義感及良心，站出來揭露毛澤東的政策給國家、人民和共產黨自身帶來的災難。

洪如冰

編者按：九十年代後期，劉真在悉尼成為法輪功的學員，寫了不少捍衛及宣傳該運動的文章。她親口對編者說，她後來脫離了這個組織，回到中國去度晚年。

◇ 《蜜蜂》雜誌評論員，〈高舉毛澤東思想紅旗，堅決反對修正主義文藝思潮〉見《蜜蜂》，1959 年 24 期。
◇ 劉真，《長長的流水》，北京：作家出版社，1963 年。
◇ ──，〈說不清，我打死你！──毛澤東和打江山一輩的恩仇記〉見《開放雜誌》，1992 年 12 月號，頁 64–69。
◇ ──，〈在皇陵的周圍〉見《開放雜誌》，1993 年 3 月號，頁 95–98。
◇ ──，〈一匹馬的冤案〉見《開放雜誌》，1993 年 4 月號，頁 8–11。
◇ ──，〈人變成了鬼──文革回憶錄之四〉見《開放雜誌》，1995 年 5 月號，頁 88–90。
◇ 《中國文學家辭典 · 現代第一分冊》，成都：四川人民出版社，1979 年，頁 213–214。
◇ 《中國現代作家傳略》（下），成都：四川人民出版社，1983 年，頁 104–108。

◈ 金漢，《中國當代小說史》，杭州：杭州大學出版社，1990 年，頁 83 –85。
◈ Hsu, Kaiyu. *Literature of the People's Republic of China.* Bloomington: Indiana University Press, 1980, 592–605.

⁞⁞⁞ 143 劉志華 Liu Zhihua

　　劉志華一九四零年生於河南新鄉市城郊，河南省京華實業公司董事長、總經理。她是二十世紀七十年代末中國經濟改革期間，從鄉鎮走出來的女企業家之一。劉志華的京華實業公司原為一個很小的生產隊（相當於一個村），擁有七十二戶三百五十三人。這個村的村民常常吃不飽。因為沒錢購買能促使增產的化肥，在嚴寒的天氣下她曾帶領村民到化肥廠附近的水溝裡收集廢水，然後用車推到田裡。那年他們迎來大豐收。有了這次成功經驗，加上國家的經濟環境越來越自由，她開始考慮市場的問題。

　　劉志華研究過當地的條件後，認為經營農副產品和食品加工最為上算。一九七九年，她再次當選為生產隊的領導，她和村民用打草繩機，把稻草編成繩子。兩年後，為充份利用當地盛產黃豆的優勢，她建立了一個腐竹生產廠。該廠在當年就獲得盈利，生產線就如滾雪球般朝不同方向發展，結果一系列食品加工廠相繼建成，包括兩間罐裝食品廠，而豆製品廠、豆漿晶廠、畜牧綜合加工廠則各有一間。此外，還開辦了一個紙盒廠和一個遊樂場。劉志華將這些公司的產品推向十一個省、市，把所得利潤再投資於生產隊農場，一面使其機械化，一面開拓農產品市場。她憑著幹勁，將一個小小的生產隊，轉化成一個雛形的企業集團。一九九三年，這實體擁有固定資產三千一百萬人民幣，流動資金一千一百萬人民幣，年利潤約一千萬人民幣。村民的人均收入達到了四千八百人民幣。這一收入在當時雖然不算太多，但它卻帶來了許多附帶福利。七十二戶中每一戶都擁有自己的房舍，人均住房面積三十平方米。從建築的角度來看，村民的房子將世界上不同的風格都吸收進來。至於室內，則設有現代化的水管、暖氣和熱水系統。公司為每棟住房提供室內家具、煤氣竈和米、油、鹽等基本食品。村民因婚喪、生孩子、患病、受傷而有的開支，也由公司承擔。一九九二年，集旅館、療養和旅遊於一體的京華園完工。公司還十分重視藝術和體育，為村民成立了管弦樂隊、藝術團、體操和乒乓球隊。劉志華將自己經營企業的原則歸結為：質量優秀、產品新穎、價格低廉、服務周到和信譽良好。她將稅前利潤的百份之二十五劃歸為員工工資，稅後利潤的百份

之四十五用於公司的擴充與發展，餘下作流動資金。她堅信公司應持續擴充，因此每年都開辦一間新工廠或分公司，以求提高年度生產力和利潤。她的公司在食品衛生和優秀管理方面多次獲獎。她本人也贏得了「當代中國優秀農民企業家」獎、「全國經濟改革人才獎」。她以本身的農民背景，創辦了獨具特色的農民企業，其間的辛勤工作，無疑可從這些獎勵中得到肯定。二零一二年，劉志華任全國人大代表、河南省新鄉市京華村黨委書記、村委會主任。

蕭虹

崔少元譯

◇ 〈鄉村都市女當家——劉志華〉見《中國教育報》，1993 年 3 月 8 日，版 4。
◇ 宋瑞芝主編，《中國婦女文化通覽》，濟南：山東文藝出版社，1995 年，頁 48–49。
◇ 李海濤，〈農村城鎮化要走新型社區之路〉見《農民日報》，2012 年 3 月 8 日，版 5。

▥ 144 隆蓮法師 Longlian fashi

隆蓮法師（1909–2006），原名游永康，生於四川省樂山縣。她是比丘尼，又是佛學大師。

隆蓮法師的祖父是前清秀才。外祖父是貢生（副榜），當小學校長，學生包括著名詩人郭沫若。父親畢業於成都師範學校，終生執教。他無力負擔七個子女的教育費用，但認為在家中自修，也無不可。隆蓮法師十二歲退學後，便在家中由父親教導，完成中學課程；同時努力進修，又在名家指導下，學習英語、繪畫、書法以及中醫術。二十歲時，開始在成都女子師範學校教書，並出版了第一本書《志學初集》。她被譽為「女狀元」，是名副其實的巴蜀才女。

一九三九年，四川省政府舉辦三場考試，招考學政人員、普通文官和高等文官。隆蓮法師的父親鼓勵她應試，結果不僅通過考試而且三場均居榜首。她被任命為省政府秘書處編譯室編譯。四年之後，她辭去這個威望頗高的職位，到愛道堂當尼姑，人皆大惑不解。當時的省主席鄧錫侯對她的決定甚為關注，在她受戒當天親自找她，以確認是否本人意願並經雙親同意。當時普遍臆測，她之出家，或因仕途落魄，或因情場失意。後來她清楚表明，作此決定，是因為當官對社會的貢獻微乎其微，也因為家庭信佛之故。自此她潛心鑽研佛教思想，主持四川蓮宗院尼眾部的事務，培育了一代又一代的佛教女學儒。隆蓮法師的家庭確實和佛教淵源甚深：外祖父是當地佛教會會長，外祖母和母親都是虔誠的佛教徒，父親亦對佛教知之甚多。她自小就和外祖母一道背

誦經文。在成都當教師或在省府做事時，每有閑暇，都會到愛道堂學習經書。她首部佛學著作《攝大乘論略述》面世時，佛學專家皆以為出自佛學大師之手。一九四九年中華人民共和國成立後，隆蓮法師繼續致力於佛學研究，並在新政府的指導方針下從事教學。她是四川省佛教協會會長、中國佛教協會副秘書長。七十年代，她在明代古剎鐵像寺原址上建立尼眾佛學院，這是第一所培育女學僧的高等學府。她任該學院院長並兼授佛門知識、戒律以及古漢語經論等課。

斯里蘭卡編纂佛教百科全書時，隆蓮法師是唯一的女佛學者，受到主編和該國文化部的邀請，為該書編寫有關中國佛教的篇章。她還精通藏文，於五十年代參加編纂了《藏漢大詞典》。她曾說過，希望在有生之年，使尼眾佛學院成為一所培育中國女性佛教領袖的學府；並把生平十餘部編譯作品盡早整理出版，流通於世。除《攝大乘論略述》外，已出版的有《儒菩薩行論》。二零零六年十一月，隆蓮法師在四川成都愛道堂安詳示寂，享年九十八歲。

蕭虹

龍仁譯

◇ 英文《中國婦女》編著，《古今著名婦女人物》，下冊，石家莊：河北人民出版社，1986年，頁790–793。

◇ 《華夏婦女名人詞典》，北京：華夏出版社，1988年，頁991。

◇ 「隆蓮法師」見 <http://www.pushousi.net/intro.aspx?id=3517&t=yzzl>，2013年2月14日查閱。

▥ 145 魯桂珍 Lu Guizhen

魯桂珍（1904–1991），生於江蘇南京，祖籍湖北蘄春。她在劍橋大學攻讀醫療生化學，供職聯合國教科文組織（UNESCO）自然科學處（Division of Natural Sciences），與李約瑟（Joseph Needham, 1900–1995）緊密合作，一起撰寫影響深遠的《中國科學與文明》（*Science and Civilization in China*），尤著力於其中有關傳統藥物及藥理學部份。

魯桂珍出身在一個世代行醫的家庭。父親魯茂庭（字仕國）既通醫術，又經營藥材生意，且政治思想進步。母親陳秀英也粗通文墨。魯桂珍自幼受到父母寵愛，得到良好的家庭教育，中學就讀南京明德女校。一九二六年考入金陵女子文理學院化學系，四年後畢業。

一九三一年，魯桂珍到北平協和醫院進修病理學、藥理學等課程。之後

到上海，先在聖約翰大學醫學院任講師，講授生物化學和生理學；後在雷士德醫學研究所（Henry Lester Institute of Medical Research），研究維生素 B1 的生理學作用。一九三七年，她在日軍轟炸上海的戰火中，與另外兩名中國學生沈詩章和王應睞，一同乘船赴英國，到劍橋大學攻讀生物化學博士學位，結識了著名生物化學家李約瑟。他們三人深深地影響了李約瑟，以致他最終完全改變了後半生的學術道路。李約瑟後來成為舉世聞名的中國科技史家、中國科學院的首批外籍院士（1994）。所以，他在具有開創性的《中國科學與文明》的第一卷導論中指出，這三名研究生，特別是魯桂珍，是他撰寫此書的荷爾蒙、激勵者。他把第一卷獻給魯桂珍的父親魯仕國，並稱讚這位南京城的藥商德高望重，對女兒教導有方，使她既認識現代科學，明白它的重要性，又重視傳統中藥。

魯桂珍於一九三九年獲得博士學位後，便開始了和李約瑟長期的合作關係。那年，她和李約瑟聯名寫成〈中國人營養學史上的一個貢獻〉（"A Contribution to the History of Chinese Dietetics"）。因戰亂緣故，該文至一九五一年才在 Isis 上發表。八月，魯桂珍和趙元任（1892–1982）受中央研究院委派，出席在美國召開的第六屆太平洋科學會議。離英前，她與李約瑟商定合作寫一部關於中國科學史的著作。由於第二次世界大戰爆發，她被迫滯留美國。在美國居住的六年間，先後在加州大學柏克萊分校醫學院、紐約哥倫比亞大學醫學院中心、以及亞拉巴馬州伯明翰大學生物化學實驗室等處作短期研究。

一九四二年，李約瑟作為英國皇家學會的代表，受英國政府派遣執行援華使命來到中國。魯桂珍得知這消息後，在戰後的一九四五年離美返國，與李約瑟夫婦重聚，並到母校金陵女子文理學院任營養學教授。次年，李約瑟赴巴黎籌辦聯合國教科文組織的自然科學處。他們分手前，再次討論了中國科學史寫作的方案，相約以後在劍橋全面展開工作。

一九四八年魯桂珍到巴黎，接替李約瑟的工作。李約瑟則返回劍橋，隨即開始了《中國科學與文明》的籌備和撰寫工作。至一九五七年，魯桂珍辭去聯合國的職務，回到劍橋。從此，她全力協助李約瑟完成這部鴻篇巨著。她直接參與編寫的有第四卷第三分冊「土木工程和航海技術」（Civil Engineering and Nautics）、第五卷第二、三、四、五分冊「煉丹術的發現和發明」（Spagyrical Discovery and Invention）、第六卷「生物學和生物學技術」（Biology and

Biological Technology）等。此外，多年來她還和李約瑟聯名發表了有關中國科技史的許多論文和專著。當然，她也單獨撰著了一些論文。他們把中國古代文明鮮為人知的方方面面，包括科技成就、發明創造等，介紹給全世界，成就非凡。

魯桂珍原本是一位獨身主義者，始終以學術、事業為重。一九八七年，李約瑟夫人李大斐（Dorothy Mary Moyle Needham，1898–1987）病逝。魯桂珍和李約瑟在一九八九年喜結良緣。遺憾的是，《中國科學與文明》這部合共七卷、三十四冊的巨著最終完成之時，魯桂珍和李約瑟二人已先後於九一、九五年謝世，未能親睹他們在半個世紀前開展的工作，終於大功告成。

王冰

◈ 何丙郁，〈魯桂珍博士簡介〉見《中國科技史料》，卷 11，1990 年 4 期，頁 25–27。
◈ 潘吉星，〈傑出的女性魯桂珍博士〉見《中國科技史料》，卷 14，1993 年 4 期，頁 55–61。
◈ Lu Gwei-Djen & Joseph Needham. "A Contribution to the History of Chinese Dietetics." *Isis*, 42 (1951): 17.
◈ ——. *Celestial Lancets: A History and Rationale of Acupuncture and Moxa.* Cambridge: Cambridge University Press, 1980.
◈ Needham, Joseph. *Science and Civilization in China*, vol. 4, part 3: Civil Engineering and Nautics, with the collaboration of Wang Ling and Lu Gwei-Djen; vol. 5, parts 2, 3, 4, 5: Spagyrical Discovery and Invention, with the collaboration of Lu Gwei-Djen. Cambridge: Cambridge University Press, 1954–99.

⁞⁞ 146 陸士嘉 Lu Shijia

陸士嘉（1911–1986），原名陸秀珍，祖籍浙江蕭山，生於北京。她是研究現代流體力學的科學家，對中國航空事業貢獻良多，是這個領域的理論家和教育家。

陸士嘉的父親陸光熙是清朝翰林，曾留學日本，與革命家孫中山（1866–1925）有聯繫，一九一一年參加辛亥革命，不幸犧牲。當時，陸士嘉才出生數月。母親施氏迷信，認為女兒命「硬」，剋死父親，所以很不喜歡她。陸士嘉自幼住叔叔家，靠父親生前友好接濟。這種環境使她養成了堅強的性格、刻苦耐勞的精神和獨立生活的能力。

陸士嘉少年時代在北京師範大學附小、附中及女附中就讀，高中畢業後因叔父不再資助上學，考入免費的北師大，成為物理系唯一的女生，大學二年級開始兼職工作，又當家庭教師，半工半讀直到一九三三年畢業。她很想進入北平研究院從事研究工作，但該院當時不聘用女性員工，她又需奉養母親，只好

當教師，曾先後在河北大名第五女子師範學校和北平私立志成中學執教。

陸士嘉在舅父施今墨（1881–1969）的幫助下，於一九三七年借錢自費留學德國。她因成績優異，取得洪堡獎學金（von Humboldt Scholarship）。據說她那時受中日戰爭（1937–1945）爆發的影響，放棄深造物理學，改學流體力學，師從現代流體力學創始人之一、哥廷根大學（Götingen University）教授普朗特（Ludwig Prandtl, 1875–1953），成為他的最後一名學生，也是唯一的女學生。在納粹統治時期，德國實驗工作嚴格保密。陸士嘉只能用理論方法處理複雜的流體力學問題，所得結果與後來的實驗結果相符。一九四二年，她完成了論文〈圓柱射流遇垂直氣流時的上捲〉（"Aufrollung eines zylindrischen Strahles durch Querwind"），取得博士學位。這篇論文在一九七三年譯成英文，題目為 "The Roll-up of a Cylindrical Jet in a Cross Flow"，供美國航空研究實驗室（United States Aerospace Research Laboratories）參考。

一九四一年，陸士嘉在德國與張維（1913–2001）結婚。張維畢業於唐山交通大學，一九三七年考取中英庚款留學英國，後到德國柏林高等工業學校進行殼體理論的研究，一九三九年戰事爆發，被迫留在德國。陸士嘉這位剛出道的女博士，在求職過程中，曾遇到種種困難。第二次世界大戰結束後，他們先到瑞士，再取道法國乘船回國，一九四六年七月到達上海。

回國後，陸士嘉先後在同濟大學、北洋大學和清華大學任教。當時，清華大學有不成文的規定，夫婦二人不能同時在該校任教授，她只能在水工試驗所任研究員。直到一九四九年解放後，她才應聘任清華大學航空系教授。

一九五二年全國高等院校院系調整，八所大學的航空系合併組建北京航空學院。之後，陸士嘉獲聘為該學院教授，並在那裡工作至離休。她履行繁重的教學任務之餘，還與同事們一道建立了低速、高速、超音速風洞等教學與科研設備。她亦關心流體力學新興的分支學科的發展，編寫講義、開設課程、翻譯名著。她培養了許多研究生。她始終以嚴謹慎密的科學態度、孜孜不倦的求知精神對待教學和科研工作，為中國航空事業的發展作出巨大貢獻。

陸士嘉還參與國際科學界的活動。二十世紀五十年代，她曾多次隨各種代表團出國訪問，一九八零年後又兩次訪問德國，促進學術交流。一九八零年中國科學院增補學部委員（院士），兩輪醞釀的候選人名單中都有她的名字，但她堅決辭謝，堅持「將機會讓給傑出的中年科學家」。她胸懷坦白，品德高尚，樂於助人，廣受人們尊敬。

王冰

◇ 王人慧、李福林，〈我國第一位女流體力學家陸士嘉〉見《人物》，1990 年 4 期，頁 73–84。
◇ 朱自強，〈陸士嘉〉見《中國現代科學家傳記》，集 3，北京：科學出版社，1992 年，頁
　28–32。
◇ Chang, C.H.[Lu Shijia]. "Aufrollung eines zylindrischen Strahles durch Querwind." Ph.D.
　dissertation, Götingen University, 1942; trans. K.S. Nagaraja and H.O. Schrade, as "The Roll-up of a
　Cylindrical Jet in a Cross Flow," Interim Scientific Report ARL-73-0131, U.S. Department of Energy,
　Aerospace Research Labs, Hypersonic Research Lab. (Wright-Patterson AFB, OH), September 1973.
◇ Lu Hsih-Chia [Lu Shijia]. "On the Surface of Discontinuity Between Two Flows Perpendicular to
　Each Other." Ph.D. dissertation, Götingen University. Engineering Reports of National Tsing Hua
　University, 4, no. 1 (December 1948) : 40–62.
◇ 「施令墨」見 <http://baike.baidu.com/view/93835.htm>，2013 年 2 月 15 日查閱。
◇ 「張維」見 <http://baike.baidu.com/view/82844.htm>，2013 年 2 月 15 日查閱。

▥ 147 陸小曼 Lu Xiaoman

　　陸小曼（1903–1965），原名小眉，亦名眉，但卻以其字小曼最廣為人知。
她原籍江蘇省武進縣，生於上海官宦人家。作為作家和畫家的陸小曼，名氣不
大；但因為和著名詩人徐志摩（1897–1931）談戀愛，成了二十世紀二十年代
中國最出名的女人之一。據說陸小曼和徐志摩均才貌雙全，兩人的情事在國人
中傳得沸沸揚揚，且一直受到關注，很多人艷羨不已，亦有人嚴詞抨擊。為追
求愛的自由，人會拿出無比的勇氣和決心，陸小曼的一生，就是活生生的例證。

　　陸小曼父親陸定，是滿清（1644–1911）最後一輪科舉的舉子，但隨著科
舉的廢除，這個銜頭已無大用。他因而東渡日本，學習政治和法律，成為一名
外交官和學者。對陸母生平外界知之甚少，僅有一則資料稱，陸小曼的第一位
夫婿，由母親選定。

　　陸小曼家學淵源，中國文學底子很好，除自小學習中國書畫、唱歌、演戲、
京劇外，還能操流利英語及法語。十八歲已亮相京城社交圈中。繪畫工於花鳥
與淡墨山水，寫字則以小楷見長，在京劇方面已有相當功力，可作為票友登台。
此外，她的美艷，遐邇聞名；自出現社交圈子後，高門望族、富家公子向其求
親者，不絕於途。但陸母獨青睞畢業於普林斯頓大學（Princeton University）
及西點軍校（West Point）的王賡（1895 年 – 約 1945 年）。陸王二人於一九二
零年結婚，即相識一月之後；時人皆以為是珠聯璧合，佳偶天成。

　　鼎鼎大名的改革家和學者梁啟超與年青詩人徐志摩交好，對王賡也多所
照拂，因此徐氏與王賡、陸小曼都有來往。徐志摩為浙江海寧人，中國二十世

紀二十年代名譟一時的詩人；曾負笈留美，獲克拉克大學（Clark University）學士學位和哥倫比亞大學（Columbia University）碩士學位；後又去劍橋大學（University of Cambridge）攻讀文學課程。妻子張幼儀，乃名門閨秀，來自上海附近的寶山。但徐志摩遇上陸小曼之時，已和張幼儀離異。他們的離婚被稱作中國首宗新式離婚，徐志摩這樣做，據說是為了可以自由之身追求林徽因（參見該傳），卻遭林徽因拒絕。後來徐志摩愛上陸小曼，當時她丈夫正遠在外地工作。根據她在三十年代發表的日記，她確也傾心於徐志摩；不過兩人都明白，他們的愛情不容於世。一九二五年，徐志摩遠赴歐洲，有說法猜測他是想忘卻陸小曼；但據張幼儀所述，徐志摩是亡命天涯，因為王賡威脅說要殺了他（這事載於張邦梅所寫關於姑婆張幼儀的書中）。

陸小曼和徐志摩相戀於二十年代，他們的事誘發了開明知識份子心中激情，即便是人到中年的胡適，對此亦深表同情。徐志摩一位畫家朋友劉海粟，甚至自告奮勇，為陸小曼出面說項，請其丈夫首肯離婚。資料顯示，王賡是個通情達理的人。他明白，讓這椿缺乏愛情的婚姻繼續下去，毫無意義，遂同意離婚。一九二五年，陸小曼和徐志摩這對幸福戀人選定陰曆七月初七訂婚；這日是公認的情人節，據傳說牛郎織女一年只有這天才在天上相會。他們訂婚，成了那年最大的社交新聞，三個月後，兩人成親。梁啟超在婚禮上當證婚人，致詞時疾言厲色，令賓朋大驚失色：他批評一對新人過往用情不專，告誡他們切勿重蹈覆轍。

兩人婚後仍要面對種種困難。徐志摩的父母與張幼儀向來親近，反對他另娶。徐志摩為了讓老人家接受陸小曼，就將新婚妻子帶回老家海寧縣硤石鎮，可是陸小曼備受屈辱，兼且初次體驗鄉村生活，更倍覺艱辛。據說期間她又染上肺病，於是夫妻返回上海。她一到上海，頓感輕鬆自在，可能是要補償下鄉過日子的不快，索性過起奢華懶散的生活來。

陸小曼每日忙於應酬。在眾多朋友中，她和一個叫翁瑞午的男士特別要好，她說只有他能為她消減病中痛苦。兩人均是京劇迷，常常同台串演。在翁瑞午的濡染下，陸小曼染上吸食鴉片癮。他們會整宿同榻相對吞雲吐霧，若徐志摩下課回家，也會同榻而睡。儘管流言四起，徐志摩寧肯相信翁瑞午僅屬昵友。妻子的阿芙蓉癖很快使他陷入經濟困境。朋友胡適為他在北京大學謀得一職，但陸小曼不願遠赴北方生活。他只得奔波於京滬兩地之間。一九三一年十一月，他因所乘飛機在山東濟南附近撞山失事罹難。

陸小曼因而於二十九歲盛年居孀。徐志摩猝逝，她頓成千夫所指的罪人，這也屬意料中事。她停止所有交際活動，以便專注於收集、編輯和出版丈夫的遺作。同時，她努力改善繪畫技藝，在上海舉辦了一次個人畫展，並以教學和售畫維生。據說翁瑞午亦有幫補她的開銷，為了兩人能繼續吸食鴉片，他不得不出售古董和家藏字畫。

一九四九年中華人民共和國建國後，陸小曼留在上海；上海市長陳毅聽說她仍然健在，還住在本市，便安排她在上海文史館工作。這個機構是專為像陸小曼這類黨外知名人士而設，好讓他們在社會主義的中國，仍可立足。後來她還兼上海畫院的受薪畫師。一則資料稱她不必上班，只要為畫院作畫即可。這時她已戒掉鴉片，不過她生活奢華，即使有兩份工作，仍是入不敷支。那些日子，她看來身體健康，心境愉快。她又和一個名叫王亦令的年青人，一起翻譯西方作品。她晚年與王亦令十分親近。據王亦令稱，她在五十到六十年代初的政治運動中，活得尚算安穩平靜。

陸小曼臨終前的憾事，就是未能為徐志摩出版全集。雖則選文已打字排版，紙型亦已做好只待付印，可惜一九三七年抗戰爆發，承印此書的商務印書館在內遷時，將紙型遺失。一九五四年，她接到通知，紙型業已找到，但因當時氣候，有關材料不宜出版。一九五六年鳴放時期，對文學活動的管制似乎有所放寬，有關方面又再計劃出版這一著作。然而，隨後的一九五七年發生反右運動，再一次粉碎了她的希望。解放後，翁瑞午仍與她一起生活，據說他在六十年代初去世。

陸小曼現存的文學著作，就只有《愛眉小扎》，是她和徐志摩兩人的日記集，還有兩篇前言，分別為《愛眉小扎》及《志摩日記》所作。據說她和丈夫還共同創作了劇本《卞昆岡》，又一起從事翻譯。台灣傳記文學出版社出版的《徐志摩全集》第四冊收錄了以上著作，然而書內未有提到她。據稱她還寫過散文、詩歌和小說，但均未見輯錄、出版。在浙江博物館可看到她所作的畫卷，其一有胡適、楊杏佛以及賀天健（她的繪畫老師）等名士題字讚揚她的才氣和成就。該畫作於一九三一年春。

除了要向中國畫院交足必須完成的畫作之外，陸小曼六十年代的少量作品在朵雲齋很快賣罄。她雖身患哮喘以及肺氣腫，仍不懈揮毫，畫下一批表現唐詩意境的水墨畫，這批畫為杜甫草堂而作。杜甫草堂是四川一處紀念這位詩聖的歷史勝地，向公眾開放。一九六五年初春，陸小曼最後一次住院，她向朋友

交代希望與徐志摩合葬。此事無法實現，因徐志摩與髮妻所生的兒子反對。同年陸小曼去世，恰好在文革（1966–1976）爆發之前。很多人認為她一生惹人爭議，此時離世，可說合時。她所有朋友都在文革中受到衝擊，故無人可料理她的骨灰。一則消息說，她的骨灰埋於萬人坑，後來她的侄兒從台灣回國，為她在蘇州修建了一座衣冠塚，放入了她一些個人物件。

五四時期，女性得到解放，陸小曼就是這類新式女性。她的生平種種，對同代婦女來說，既引人入勝又驚世駭俗；不論她們對她有何看法，她們所思所想已起變化。陸小曼打碎傳統的鐐銬，也許為婦女樹立了榜樣，但她的悲慘結局，對於向傳統挑戰的人，亦警示著兇險在前。

蕭虹

龍仁譯

◇ 陸小曼，〈《志摩日記》前言〉見《徐志摩全集》，冊 4，台北：傳記文學出版社，1980 年，頁 479–482。
◇ 陸小曼、徐志摩，〈愛眉小扎〉見《徐志摩全集》，冊 4，台北：傳記文學出版社，1980 年，頁 249–472。
◇ 劉紹唐編，〈陸小曼〉見《民國人物小傳》，冊 6，台北：傳記文學出版社，1984 年，頁 338–343。
◇ 王覺源，〈徐志摩與陸小曼〉見《中外雜誌》，卷 37，1985 年 5 月 5 期，頁 86–90。
◇ 王映霞，〈我與陸小曼〉見《傳記文學》，卷 55，1989 年 12 月 6 期，頁 57–61。
◇ 王亦令，〈陸小曼與我〉見《中外雜誌》，卷 42，1990 年 4 月 5 期，頁 127–131。
◇ 張邦梅，《小腳與西服》，譚家瑜譯，台北：智庫股份有限公司，1996 年。
◇ 徐志摩、陸小曼，《愛的新月》，風舟編，南京：江蘇文藝出版社，1996 年。
◇ 趙清閣，〈陸小曼幽怨難泯〉見《新文學史料》，1999 年 2 期，頁 36–40。

148 陸星兒 Lu Xing'er

陸星兒（1949–2004），生於上海，祖籍江蘇南通，小說家。文革開始時，她十九歲，剛從高中畢業。一九六八年被派往北大荒插隊。隨後五年間，當過拖拉機手、文書、宣傳幹事。一九七四年在《黑龍江文藝》雜誌發表小說處女作〈牛角〉。一九七八年考進中央戲劇學院學習戲劇文學。一九八二年畢業後，分配到中國兒童藝術劇院任編劇。後來搬到上海，成為中國作協上海分會專業作家、《海上文壇》主編。其間與丈夫陳可雄離婚，他是《光明日報》的知名記者。自此獨力撫養兒子。

由於陸星兒親歷過她那個年代女性的各種困境，她將感受寫進小說中，透過細膩、委婉、抒情、流暢的文筆，把中國人的真實生活活現出來。她早期的

作品側重從不同角度展示當代青年在人生、事業、理想、愛情上的徬徨求索。她後期的作品則更深刻、更發人深省。她轉向描繪當前社會各階層的婦女,她們身處劇變中的社會,對她們的命運,她有著細緻的體會與深切的關注,但她否認自己是女權主義者。

　　陸星兒從事創作接近二十年,留下了相對多的作品,計有長篇小說六部、中短篇小說十二部、散文集十三部、電視劇五部,以及為中國女排健將郎平(參見該傳)所寫的《激情歲月──郎平自傳》。短篇小說集有《美的結構》(與陳可雄合著),《啊,青鳥》(與陳可雄合著),《達紫香悄悄地開了》,《遺留在荒原的碑》和《天生是個女人》。長篇小說有《留給世紀的吻》,《灰樓裡的童話》和《外科醫生》。她一九八七年出版的短篇小說〈今天沒有太陽〉觸及婦女拒絕政府墮胎命令的權利這樣頗具爭議性的問題。〈今天沒有太陽〉獲十月文學獎,〈在同一片屋頂下〉獲上海文學獎,長篇連續劇《我兒我女》獲中央電視台全國優秀劇本獎。二零零二年陸星兒被診斷患晚期胃癌後,一面堅持治療,一面堅持加快步伐寫作。在生命的最後兩年完成了長篇小說《痛》和記述患病後生活感悟的散文集《用力呼吸──陸星兒生命日記》。

郟元寶

崔稚穎、蕭虹增補

◇ 陸星兒,《啊,青鳥》,北京:北京十月文藝出版社,1984年。
◇ ──,〈今天沒有太陽〉見《十月》,1987年1期。
◇ ──,《遺留在荒原的碑》,北京:人民文學出版社,1987年。
◇ ──,《留給世紀的吻》,北京:北京十月文藝出版社,1988年。
◇ ──,〈在同一片屋頂下〉見《上海文學》,1989年2期。
◇ ──,《激情歲月──郎平自傳》,上海:東方出版中心,1999年。
◇ ──,《我兒我女》,上海:上海文藝出版社,1999年。
◇ Lu Xing'er."The Sun Is Not Out Today." In *The Serenity of Whiteness,* ed. and trans. Zhu Hong. New York: Ballantine, 1991.
◇ ──. *Oh! Blue Bird.* Beijing: Chinese Literature Press, 1993.
◇ Zhao Lihong."Preface." In *Oh! Blue Bird*, Lu Xing'er. Beijing: Chinese Literature Press, 1993, 7–9.
◇ Roberts, Rosemary. "Body, Individual, and State: Abortion in Lu Xing'er's 'The Sun Is Not Out Today.'" Paper presented at the "Women, Modernity, and Opportunity in Twentieth-century China" Workshop, University of Sydney, 27–28 April 2000.

⁞⁞⁞ 149 呂碧城 Lü Bicheng

　　呂碧城(1883–1943),安徽省旌德縣人,學術造詣極高,清末時期積極參加推廣婦女教育的運動,晚年皈依佛教。她在生命的不同階段,用了不同的

名字，包括呂蘭清、遁天（字）、明因（號）、呂聖因和寶蓮（法號）。

呂碧城父親呂鳳岐（卒於 1895 年）曾任山西學政，生四女二子，二子皆早殤，痛惜之餘，悉心培育碧城等四姐妹。碧城姐妹均善詩文，當時頗負盛名。碧城排行第三，與姐姐惠如、梅生有「淮西三呂」的美譽。碧城才華煥發，詩文、書畫、印章、聲律，皆能博通，詞學工力尤深。她童年生活愉快舒適，又攻讀各類詩書史籍。五歲能詩，七歲能畫，以聰慧得到父母的鍾愛。

一八九五年，呂鳳岐中風辭世，碧城當年十二歲，只好隨母親嚴氏居於旌德，其後依在塘沽做官的舅父嚴朗軒讀書。她在十五、六歲時，詩詞已為樊增祥等文士所推許。後隻身到天津求學，又受大公報總理英斂之賞識，被聘為助理編輯。她亦追隨嚴復學習西方邏輯學，嚴氏是當時著名的啟蒙思想家，以翻譯西方科學典籍見稱。她與京津名士頗多往還唱和，且在《大公報》、《中國女報》、《女子世界》等報刊發表文章。

一八九八年百日維新失敗後，直隸總督袁世凱和天津唐紹儀推行新政。一九零零年間，許多學者和鼓吹改革的人士倡辦女學，袁氏遂發公款千元辦女學，由傅增湘主理，呂碧城積極籌辦並擬訂北洋女子公學的教育宗旨和課程等事宜。她認為救亡圖強必須從教育入手，也就是以啟發民智，轉移風氣，作為振民濟世的第一步。故此北洋女子公學所推行的教育課程，與當時改革思潮互相配合，尤重視女子德育的發展和培養。一九零四年，北洋女子公學正式成立，呂碧城先任總教習，繼為校長。那年，她剛二十一歲，除興辦北洋女子公學外，亦協辦河東女學堂。由此可見，她無論在創辦及協助管理女子學堂方面都貢獻良多。

在這期間，呂碧城結識了女權運動先驅秋瑾（參見《清代婦女傳記辭典》）。秋瑾正積極投入革命，曾一度邀請呂碧城同往日本參與革命。呂碧城雖認同秋瑾的革命行動，但認為教育改革更為重要，所以留在國內，將滿腔熱情發諸於辦學，務求推動女學運動的改革。呂碧城又認為，女子應有獨立自主及愛國圖強的大志，但如果學識不夠，智力不足而干預政事，往往只會「誤國」。她對婦女解放運動，態度審慎，對婦女參政，想法開明客觀。雖然她和秋瑾的思想主張有明顯的分歧，但同為女性，在互相交往中，也得到了不少啟發。

一九零七年春，北洋女子公學附設師範學校，培育女教師，推動全國女子教育運動。入民國後，北洋女子公學停辦，袁世凱聘任呂碧城為公府秘書，待

之如國士。袁世凱意欲稱帝之際，呂碧城即辭職奉母居上海，遍遊國內山水名勝，寫下不少詩歌。她從此專心讀書，苦學英法德日等語文，廣交名流學者，又經商聚富，以備日後出國留學之用，至於她從商詳情，則未見資料透露。

革命文學團體南社於一九零九年成立，宗旨為以文學鼓吹革命，以文學推動社會改革。呂碧城一度加入南社，並在一九一四年八月，參加了南社在上海徐園舉行的雅集。六年後，即一九二零年，她才能自費往美國哥倫比亞大學（Columbia University）進修，研習文學美術，同時又兼任上海《時報》特約記者。畢業後，遨遊英國及歐洲大陸，到過法國、義大利和瑞士，除寫了不少頌讚祖國山河的篇什外，又寫有遊記《鴻雪因緣》，在周瘦鵑主編的《半月雜誌》上發表。

與此同時，呂碧城又潛心學習佛法。她以前住北平時，曾和諦閑法師談論禪理，得法師開示，自此已有皈依佛教的心願。一九二二年，她返國遊覽，並在各地大學發表演說，談論佛理。自一九二六年起，卜居瑞士雪山，從此獻身佛學，以弘揚佛法為己任。她曾在《香光小錄》的〈蓮邦之路〉一文中，記述她在英國學佛的經過。自學佛後，她提倡素食、戒殺、廢屠和愛護動物。一九二九年，她出版的《歐美漫遊錄》提出「以人類不傷人類及人類不傷物類」二語為旨，推崇「美」、「善」的思想。該書後來被各地佛教界多次重版，流傳甚廣。她更資助英人福華德（C.W. Forward）出版主張戒殺的書籍；參與學術研討會，與其他慈善家一同發起「護生戒殺運動」；並以英文翻譯佛經多種，引起西方人士的注意。由於對命運、靈魂、死亡等宗教問題的徹悟，她在一九三零年春，在瑞士日內瓦皈依佛教，從此絕筆文藝，認為世間夢幻泡影，無非般若。一九三九年二次大戰爆發，她經美洲歸香港。一九四三年一月二十四日，病逝於香港蓮苑佛堂，享年六十歲。

呂碧城著作甚豐，有《呂碧城集》、《信芳集》、《曉珠詞》、《歐美漫遊錄》（又名《鴻雪因緣》）、《護生集》、《歐美之光》、《遊廬瑣記》等，詩文當中，不少頌讚祖國山河，流露愛國情懷。此外，她自言「平生多奇夢」，故作品常以夢作題材，其中如〈摸魚兒〉、〈月華清·為白葭居士題葭夢圖〉等，意境若真若幻，在亦真亦幻中渲染出迷茫的情調，將迷離、綺麗、朦朧的景物組成浮動變幻的審美意境，並將情感詩化，突破了描寫人、物、情之間的阻隔。她的作品不襲窠臼，鋪排雋雅而情真意切。她對形式與格律的駕馭，尤其工力精到。她的創作風格圓渾深睿、意境宏遠。

呂碧城隻身離家求學，獨自出國生活，終生不嫁，非有極大勇氣不可。她憑一己之力，在社會上闖出名堂，且能生活優裕，獨立自存。正因為她久居異地，故見聞廣博，感受良多。她一生的事蹟，恰好印證了清末民初新女性的風貌：從她的教育、靈性之旅、獨身、創業、留學，以至遨遊四海，刻意融會中西文化等方方面面來看，莫不如是。她在清末維新、愛國、婦女解放等運動中實在扮演了一個極其重要的角色。

黃嫣梨、陳婉君

◇ 〈呂碧城〉見龍榆生編選，《近三百年名家詞選》，上海：上海古典文學出版社，1956年，頁231。
◇ 劉鄂公，〈社教學人・呂碧城〉見《中國現代名女人別記》，台北：自由談，1962年，頁44–46。
◇ 高拜石，〈呂碧城沉哀凝怨〉見高拜石，《古春風樓瑣記》，卷3，台北：台灣新生報社，1963年，頁118–124。
◇ 方豪，〈英斂之筆下的呂碧城四姐妹〉見《傳記文學》，卷6，1965年6月6期，頁44–50；卷7，1965年7月1期，頁44–50；卷7，1965年8月2期，頁41–46。
◇ 李又寧，〈呂碧城是怎樣開始信佛的〉見呂碧城，《觀無量壽佛經釋論》，台北：天華出版事業股份有限公司，1986年，頁1–4。
◇ 謝坤叔，〈東亞女子呂碧城〉見《大成》，1986年3月148期，頁37–39。
◇ 〈呂碧城〉見比丘明復編，《中國佛學人名辭典》，北京：中華書局，1988年，頁135。
◇ 邵迎武，〈呂碧城〉見《南社人物吟評》，北京：社會科學文獻出版社，1994年，頁41–42。
◇ 劉納，《清末民初文人叢書——呂碧城評傳・作品選》，北京：中國文史出版社，1998年，頁3–45。
◇ 黃嫣梨，〈呂碧城與清末民初婦女教育〉見黃嫣梨，《妝臺與妝臺以外——中國婦女史研究論集》，香港：牛津大學出版社，1999年，頁122–140。
◇ 「呂碧城《曉珠詞》」見 <http://www.360doc.com/content/11/1109/16/8102349_163092308.shtml>，2013年2月14日查閱。

▥ 150 呂秀蓮 Lü Xiulian

呂秀蓮生於一九四四年，台灣省桃園縣人，婦女運動重要領袖，代表民主進步黨（簡稱民進黨）的台灣副總統，同時也是中華民國史上第一位女副總統。

呂秀蓮出生於商賈之家，第二次世界大戰剛結束，呂家陷入經濟困境，父母將她送給別人收養。後來哥哥呂傳盛把她藏在鄉下親戚家中，一日後，父母改變主意，讓她留在家中。

呂秀蓮一向學業成績優異，在台灣大學法律系畢業後，即赴海外深造。一九七四年取得美國伊利諾大學（University of Illinois）比較法學碩士學位。在美國求學期間，首次認識到世界各地的婦女運動。學成歸國後，一方面任職於行政院法規委員會，另一方面在銘傳商專（銘傳大學前身）教書。她也在報

章雜誌發表一系列有關傳統男女角色的文章，並介紹新女性主義，為台灣學術界開拓了一個新領域。她同時積極與國際婦女組織聯絡，並獲得這些組織的邀請，到美國、日本和韓國訪問。之後成立拓荒者出版社，確實吸引了許多婦女運動的活躍份子加入。出版社營運時期，她為它的《新女性叢書》撰寫和出版了十五部著作，包括《新女性主義》、《尋找另一扇窗》、《新女性何去何從？》、《數一數拓荒的腳步》等。同時期，她成立了「保護妳專線」，並在台北和高雄創辦婦女資訊中心，為台灣婦運組織提供了一個救助婦女的資源中心。

　　二十世紀七十年代，台灣政府對任何政治異議都極度敏感，因此在這裡推行任何形式的運動都非常危險。婦女運動是第二次世界大戰之後首個探討兩性議題的的聲音，它被認定為一種反建制活動，必須靜音。呂秀蓮明瞭台灣政壇由男性掌權，要提高女性地位十分困難，她深信透過積極參與政治，是取得更多資源的唯一辦法。她暫停參與婦女運動，再度出國讀書。她主辦拓荒者出版社時所認識的其他婦運成員，像李元貞、顧燕翎、鄭至慧等，仍然繼續抗爭，成為八十年代婦運的重要人物。

　　有人認為呂秀蓮對新女性主義和兩性角色的觀點，含糊不清。她則自創「先做人，再做女人」的口號，來批判台灣社會對兩性角色的傳統觀念，呼籲女性走出廚房，參與社會。然而，她又提出「是什麼，像什麼」，強調女性要做好本份。這說法又讓女人身陷傳統角色：女人必須女性化、溫柔體貼、善解人意。她理想中的女性，似乎是中產階級的職業婦女，能在事業上有一番作為，亦能兼顧家庭，生活幸福美滿。這一點頗受人非議。左派女權份子蘇慶黎毫不客氣的指出，呂秀蓮的婦女運動，不過是出於一撮中產階級的女人對性別的情意結。

　　一九七七年，呂秀蓮在哈佛大學取得法學碩士學位，且即將成為博士生。就在那時，美國宣布與台灣斷交；她隨即放棄獎學金，離美返台。當時台灣政府嚴禁傳媒報導有關斷交的消息，她舉行公開演講，告訴人們美國已正式與中國大陸建交。她代表桃園縣參選國大代表，但由於外交危機，選舉取消。不久，她加入倡議民主的反政府行列，當時這股勢力羽毛未豐，人稱之為黨外（國民黨之外）運動。

　　一九七九年，呂秀蓮擔任《美麗島》雜誌社副社長和黨外候選人聯誼會秘書長。十二月，她在美麗島事件（又稱高雄事件）後被捕。這本是個和平的人

權紀念會，卻因警方封鎖集會現場並使用催淚氣，導致警民衝突，場面失控。混戰中，九十多名市民和四十多名警員受傷，三天後國民黨政府逮捕了幾乎所有知名的反對勢力領袖。美麗島事件催生了民進黨，它在一九八六年九月成立。呂秀蓮因為在事件當晚發表演說，於是也被逮捕，最後以叛亂罪判處十二年有期徒刑。國際特赦組織把她列為政治良心犯，她服刑五年四個月後，因甲狀旁腺癌而在一九八五年三月保外就醫。她藉此離台赴美就醫，從此展開她政治生涯的第二春。她留在哈佛大學一段時間後，便轉至歐洲和美國其他地方，到處呼籲各國認同台灣人的人權，為台灣爭取國際地位。在美麗島事件中與她一同被捕的，還有陳菊。她們兩人對國民黨司法不公正，以及壓迫異見人士的手段，均積極對抗，可算是這方面的婦女典範。

　　一九八八年，呂秀蓮結束海外流放生涯，回到台灣後，加入解嚴後爆發的民主運動。一九九一年，她組織民間團體，推動台灣加入聯合國，並赴紐約與當地人士商討。她的組織和國民黨要求加入聯合國的游說團並無關係。

　　一九九二年十二月，呂秀蓮由民進黨提名競選立法委員，並以多數票當選。她也主辦國際婦女會議，邀請世界各地的軍政女性領袖來參加，從女性主義的角度來討論婦女、戰爭、和平等議題。一九九七年，呂秀蓮當選桃園縣縣長。任內，她實施多項建設和改革工程，包括成立桃園縣婦幼安全中心。一九九九年十二月初，她正式宣布與陳水扁搭檔，代表民進黨參選副總統。二零零零年三月的總統大選，她和陳水扁結束了國民黨一黨獨大長期統治台灣的局面。她成為中華民國史上第一位女副總統，也為中國婦女爭取社會地位的歷史，寫上新的一頁。

　　呂秀蓮和陳水扁明顯傾向台灣獨立，所以他們當選，令台灣海峽各方局勢都變得不穩定。再者，呂秀蓮入主副總統辦公室之後，堅持不做沉默的副手，所發表的意見，經常和陳水扁不同。有人懷疑，這兩個政客，一個扮好人，一個扮壞人。呂秀蓮甚至被指牝雞司晨。一般相信，她的言行舉止將繼續惹人爭議。

范美媛

陳雅慧譯

編者按：呂秀蓮致力推展「柔性外交」，力圖喚起國際對台灣的關注。此外，她也積極參與公益活動，包括成立小秀才學堂幫助弱勢兒童。二零零四年，陳水扁與呂秀蓮在總統大選中險勝，成功連任。翌年，呂秀蓮出任民進黨代理主席，至二零零六年止。二零零七年，宣布參加黨內總統初選，聲稱台灣是太平洋國家，與中國大

陸是遠親近鄰的關係。約兩個月後退選。二零零八年，在獄中所寫的小說《這三個
女人》拍成電視劇，出席試片會時感動得落淚。二零一一年，宣布再次參加黨內總
統初選，沒多久亦退選，並辭去中執委一職。退選後，沒有加入黨內總統候選人蔡
英文的助選團隊，轉而成為環保大使，四處宣揚素食、反核。

◇ 呂秀蓮，《新女性主義》，台北：前衛出版社，1990 年。
◇ ──，《重審美麗島》，台北：前衛出版社，1997 年。
◇ 楊澤主編，《七〇年代：理想繼續燃燒》，台北：時報文化出版公司，1994 年。
◇ 李文，《縱橫五十年：呂秀蓮前傳》，台北：時報文化出版公司，1996 年。
◇ 新台灣研究文教基金會美麗島事件口述歷史編輯小組編，《珍藏美麗島──台灣民主歷程真記
　錄》，冊 1：《走向美麗島：戰後反對意識的萌芽》，台北：時報文化出版公司，1999 年。
◇ 〈呂秀蓮獄中作品上電視〉見《星島日報》，2008 年 11 月 22–23 日。
◇ 「呂秀蓮拒絕輔選蔡英文／桃園輸定了！」2011 年 8 月 2 日，見《美麗島電子報》，<http://
　www.my-formosa.com/article.aspx?cid=5&id=11716>，2013 年 2 月 15 日查閱。
◇ 「呂秀蓮」見 <http://zh.wikipedia.org/wiki/ 呂秀蓮 >，2013 年 2 月 15 日查閱。

▥ 151 羅叔章 Luo Shuzhang

羅叔章（1898–1992；另有資料指生於 1899 年或 1907 年），湖南省岳陽
縣人，中共多年的地下工作者，中華人民共和國成立後，歷任勞動部、食品工
業部及輕工業部的副部長。

羅叔章的父親是個中醫，不許她隨兄弟上私塾，但母親向她講解一些傳統
的啟蒙書，如《三字經》、《百家姓》，以及詩詞、文選等。一九一三年前後，
羅叔章十五歲，在親友支持下，投考當地剛開辦的岳陽女子學校，結果獲得取
錄，在該校讀了一年，又轉至長沙第一師範學校。一九一六年，同學組織示威
游行，反對袁世凱稱帝，羅叔章參加，開始吸收進步思想。

一九一九年羅叔章從長沙第一師範畢業，到安徽省滁縣教書，一去三年。
由於政治思想左傾而遭受迫害，一九二二年決定去南洋荷屬東印度群島的華人
學校教書。她在婆羅洲（今印尼加里曼丹）中華學校任教，三年後又轉至巴
達維亞（今雅加達）華僑學校。一九二八年同三名僑生從巴達維亞返回中國，
入上海暨南大學政治經濟系。她在暨大參加一些左翼知識份子的演講會，開始
學習馬列主義。一九三一年九月，中國東北瀋陽發生九‧一八事變，上海反日
情緒高漲，當地左翼文藝團體倡演以抗日救國為題材的話劇，她參加演出。
一九三五年加入中國共產黨，開始從事地下工作。

一九三七年七月抗戰爆發後，羅叔章開辦一所職業訓練學校，以此掩護黨
員的活動。在這裡受培訓的學生，大部份加入了戰地服務隊開赴前線照料傷兵

和支援將士。八月十三日，日軍進犯上海，羅叔章以學校場所收容了從敵佔區逃出的女工，或為她們找工作，或安排她們加入服務隊上前線。羅叔章還成為上海婦女救國會的理事，與宋慶齡（參見該傳）、何香凝（參見該傳）一道工作，開辦短期救護班、動員中產階級婦女參加募捐、製作慰問品、照料傷兵。直到上海淪陷前夕，她才離滬取道香港去武漢。

羅叔章到了武漢，與鄧穎超（參見該傳）共事，號召不同社會背景、政治信念的婦女組成統一戰線，齊心救國。鄧穎超當時是全國戰時兒童保育會理事，她得知均縣保育院院長一職懸空，便推薦羅叔章前往。羅叔章於是翻山越嶺，順漢水而下，在敵後跋涉一個多月，抵達均縣。她目睹五百名兒童和百餘名職工，饑寒交迫，棲身於荒廟之中。她憑著宋慶齡的信找到李宗仁將軍，取得食物、衣服。數月間，她已能讓兒童吃飽、穿暖和上課。後中國軍隊力量不支從均縣撤退時，她帶領孩子和職工共六百餘人，繞道轉移到安全地區。她們先溯漢水而上到川北，又順嘉陵江下至雲門鎮建院。一路輾轉兩個多月，途中遭遇土匪、傷兵搶船，羅叔章曉之以道義，懇之以常情，終於化險為夷，毫髮無損地把兒童帶出險境。皖南事變後，國共合作名存實亡，國民黨對共產黨員及左翼人士再度採取嚴辦態度，認為保育院培養「小共產黨員」，下令停辦。

在全國救國會和當地士紳的幫助下，羅叔章於一九三九年在重慶開辦第一藥品生產合作社。她在合作社掩護下，活躍於工商界。一九四五年抗戰勝利前夕，她積極組建名為中國民主建國會的政治團體，並擔任理事。她亦當選共產黨領導的中國婦女聯誼會的常務理事，不遺餘力地爭取上層婦女和專業婦女支持中共事業。

抗戰勝利後，羅叔章回上海，為第一藥品生產合作社開了一間分社。一九四六年離開上海到東北管理哈爾濱裕昌源麵粉廠及東北醫藥公司。一九四九年，被委以多個要職，包括中國民主建國會中央常委。該會是她在一九四五年協助成立的一個小黨。她又擔任政務院財經委員會委員、中央人民政府辦公廳副主任。同年她協助組建全國民主婦聯，這個組織便是全國婦聯的前身，她後來也積極投入全國婦聯的工作。五十年代初，工商界人士組建聯合會支持政府，她也出了力。她出任全國工商聯籌委會委員，參與籌組事宜，一九五六年擔任其中央常務委員會委員。一九五九年，任全國民建與全國工商聯聯合設立的協調委員會副主席。

建國初期，羅叔章曾出任多個部門的副部長；首先是勞動部（1954–1957），

接替劉亞雄（參見該傳）；接著是食品工業部（1957–1958）；退休前調輕工業部（1958–1965）。她還先後於一九五四年和一九六五年擔任全國政協和全國人大的副秘書長。羅叔章在文革（1966–1976）中的遭遇不詳，但她當時年事已高，輕工業部副部長一職又早於一九六五年三月卸任，該不是批鬥對象。自從她退休後，僅知她在一九八八年獲邀出任全國工商聯名譽副主席。至於她曾否結婚，是否有子女等個人生活實況，亦不得而知。

一九四九年前，羅叔章和其他中共的地下工作者一樣，協助成立一個細小而獨立運作的民主黨派，並藉著它開展活動，發揮支持中共的作用。這些人的中共黨員身份，到建國後才公開。由於羅叔章在工商行業方面經驗豐富，故當局一九四九年後便在此領域委以重任。可是，她雖歷任三個部門的副部長，卻從未當上部長，原因也許是她活躍的年代實在太早。這正好顯示，她還是無法衝破社會加諸女性的無形障礙。一九九二年一月，羅叔章病逝北京，享年九十四歲。

蕭虹
龍仁譯

◇ 英文《中國婦女》編著，《古今著名婦女人物》，下冊，石家莊：河北人民出版社，1986年，頁512–516。
◇ 《華夏婦女名人詞典》，北京：華夏出版社，1988年，頁676–677。
◇ 《中國人名大辭典・現任黨政軍領導人物卷》，上海、北京：上海辭書出版社、外文出版社，1989年，頁236。
◇ *Who's Who in Communist China*. Hong Kong: Union Research Institute, 1969.
◇ 「羅叔章」見 <http://baike.baidu.com/view/566590.htm>，2013年2月19日查閱。

ⅲ 152 盧隱 Luyin

盧隱（1898–1934），本名黃英，亦名黃盧隱，生於福建省福州市一戶富貴人家。她是二十世紀初五四時代的小說家和散文作家。

盧隱父親黃舉人任長沙知縣，在她七歲時去世；全家只好遷到北京依在清廷為官的舅父生活。母親並不喜愛她，原因是她在外婆去世之日出生，全家視她為災星。她從小在傭僕照料下長大，與奶媽感情深厚。

盧隱的兄妹都在北京上正規學堂時，她卻由未上過學堂的姨母教導，學習《三字經》。這種不公平待遇，使她深感怨憤，似乎也激發了她奮發上進之心。九歲時她終於有機會入學，上的是教會為貧兒所辦的慕貞學院。她在校聰穎勤奮，家人刮目相看，讓她繼續讀書。一九一二年，她考入北京女子師範

學校預科，一九一七年畢業，先後在北平、安慶、開封當教師。一九一九年她攢夠學費，再回到北平，在北京國立女子高等師範學校國文部當旁聽生，後以考試成績良好而轉為正式學生。

一九一九年，對中國來說，無論歷史上、文化上，都是個重要年份，因為這年迎來了既是愛國運動，又是新文化運動的五四運動。盧隱受到時代精神的感召，投身運動，積極參加會議、發表演講、執筆著文。一九二一年，茅盾及其他知名作家發起成立文學研究會，她就是首批加入的會員。她最早的文學作品，亦在這一時期寫就。

一九二二年，盧隱從高等師範學校畢業，重執教鞭。這時的盧隱，不僅要發揮五四運動的精神，破除文學傳統上的陳規舊套，也要反對包辦婚姻、提倡自由戀愛，以追求個性解放。為了這信念，她不顧開罪母親，拒絕包辦婚姻。一九二三年，她無懼世俗的責難，與有婦之夫郭夢良（卒於 1925 年）結婚；郭夢良與髮妻原是包辦成親，他把她留在家鄉福州。他們的婚事雖為家庭和社會所不容，但他們仍勇敢面對生活，可惜婚後僅兩年，郭夢良患肺結核病（另有資料稱患腸胃炎）離世，留下盧隱和僅十個月大的女兒薇萱。喪夫之痛對盧隱來說極其沉重：她開始酗酒，不斷抽煙，不顧健康，情緒不穩，忽而大笑，忽而哭泣。雖然如此，她仍繼續工作，盡可能保持神志正常，撫育女兒。除了在北平、上海幾間學校任教，她還堅持寫作。一九二五年她第一本作品集出版，書名《海濱故人》。

一九二八年，盧隱在一友人家中邂逅李唯建，此人是清華大學西洋文學系學生，小盧隱九歲，卻愛上了她。兩人書信往來頻繁（這些信件後來收入合選集中），盧隱反覆思量，最後接受了李唯建的愛。他們於一九三零年八月以夫妻身份去了東京，僅過了幾個月幸福日子就因經濟不支而要離去。他們同年底歸國，先在杭州小住，後遷至上海安家，直到一九三四年。這短短幾年中，盧隱出版了短篇小說集《玫瑰的刺》和長篇小說《女人的心》和《火焰》。正當她似乎可以安身立命之際，厄運又向她襲來，那年五月，她在上海一家醫院臨盆難產去世。她的死，誘發當時的報章和文學雜誌刊登連串的報導、追憶話語和評論文章。她留下了第二任丈夫李唯建和兩個女兒：長女薇萱是與前夫所生，次女叫瀛仙。

一般認為，盧隱作品所表達的，是二十世紀二十至三十年代中國知識婦女的經歷，這些婦女已醒覺到她們在社會上一直充當依附他人、逆來順受的角

色。為了求變，她們奮力衝破這些傳統束縛，可惜到頭來卻發現隨之而來的問題更難應付。當中不少人陷於絕望，另一些人則既渴求浪漫的理想主義，又不能不面對二十世紀國內的嚴酷現實，身處這兩個不可解的矛盾當中，彷徨無著。

盧隱早期作品，雖然在形式上思想上不十分成熟，但它們首開先河，仍很有價值。有評論說她後期作品的主題和人物與早期作品相同，只是語言較精煉、結構較嚴謹。她曾嘗試擴闊其作品視野，不純以主觀角度寫作，但不全然成功，且間嫌多愁善感；若天假以年，她可能有更高成就。

縱然如此，盧隱在十四年文學創作生涯中，出版了十本著作，對現代中國文學作了實實在在的貢獻。她為那些像她一樣無助無望的婦女表達心聲，而且，更重要的是，在中國文壇上鮮能見到自傳體作品之時，她敢於公開披露自己的內心世界。

蕭虹

龍仁譯

◇ 賀玉波，〈盧隱女士及其作品〉見《當代中國女作家論》，黃人影編，上海：光華書局，1933年，頁 223–245。
◇ 君薇，〈盧隱的歸雁〉見《當代中國女作家論》，黃人影編，上海：光華書局，1933年，頁 246–250。
◇ 未明 [茅盾]，〈盧隱論〉見《作家論》，茅盾編，上海：文學出版社，1936年，頁 75–87。
◇ 劉紹唐編，〈黃盧隱〉見《民國人物小傳》，冊1，台北：傳記文學出版社，1981年，頁 223–225。
◇ 劉大杰，〈黃盧隱〉見《盧隱》，肖鳳編，香港：三聯書店，1983年，頁 250–252。
◇ 蘇雪林，〈關於盧隱的回憶〉見《盧隱》，肖鳳編，香港：三聯書店，1983年，頁 254–258。
◇ 肖鳳，〈盧隱的生平與創作道路〉見《盧隱》，肖鳳編，香港：三聯書店，1983年，頁 259–265。
◇ 英文《中國婦女》編著，《古今著名婦女人物》，下冊，石家莊：河北人民出版社，1986年，頁 522–527。
◇ Boorman, Howard L., and Richard C. Howard, eds. *Biographical Dictionary of Republican China*, vol. 2. New York: Columbia University Press, 1971, 201–03.
◇ Junkers, Elke. *Leben und Werk der chinesichen Schriftstellerin Lu Yin (ca. 1899–1934) anhand ihrer Autobiographie.* Munich: Minerva Publications, 1984.
◇ Anderson, Jennifer, and Theresa Munro, trans. *Chinese Women Writers: A Collection of Short Stories by Chinese Women Writers of the 1920s and 30s.* Hong Kong: Joint Publishing, 1985, 84–94.

▥ 153 毛彥文 Mao Yanwen

毛彥文（1898–1999），祖籍浙江省江山縣，年輕時管理幼兒院，致力慈善事業，後來又成為積極投入的幼兒教育家及報紙編輯。

　　毛彥文的父親毛華東本是晚清秀才，後來接手經營家族生意裕昌布店。母親朱瓊佩以賢惠著稱，但因為沒有生兒子，婆婆不滿，因此夫妻失和，備嘗辛苦。毛彥文是四姐妹的大姐，七歲啟蒙，十三歲入家鄉西河女校，開始接觸新知識，十六歲時被保送到浙江省為培育小學師資所辦的杭州女子師範學校講習科，兩年後畢業，先在永康縣立女子講習所教一年書，次年入湖州吳興湖郡女校。畢業後，以浙江省第一名的成績考取北京女子高等師範學校英文系。一九二二年轉學到南京金陵女子大學，主修教育，副修社會學。

　　毛彥文幼時由父親作主，許配友人方耀堂的兒子，當她年事漸長之後，對這椿婚姻不滿，加以和大四歲的表哥朱君毅兩小無猜，情意相投，遂在母親無奈、親友協助下，演出一場逃婚戲，轟動了整個江山縣城。那年她才十七歲，之後和朱君毅訂婚。朱君毅從清華預備學堂畢業，赴美國哥倫比亞大學攻讀教育統計，一九一七年返國任教東南大學。然而兩人婚約在一九二四年因朱君毅移情別戀而解除。這事成為毛彥文終身最大的遺憾。

　　毛彥文一九二五年從南京金陵女子大學畢業後，任教於南京的江蘇第一中學。次年北伐軍興，學校停課，和妹妹同文回到浙江，在杭州省政府司法科擔任科員，兼省國民黨部婦女部秘書，表現了處事明快和穩健的作風。後又調民政廳。不久，獲得美國密西根大學的巴伯獎學金（Barbour Scholarship），一九二九年入學修讀研究生課程，主修中等教育行政，副修社會學。一九三一年夏得碩士學位，取道歐洲返國。回國後，除了在復旦大學和暨南大學任教外，還兼復旦大學女生指導。

　　一九三五年二月，毛彥文和熊希齡結婚，二人在上海慕爾堂舉行的婚禮盛況空前，政壇以及文教界的知名人士、國際友人、外交使節，紛紛前往道賀，各報記者競相報導。究其原因，可能是由於新郎的身份地位、新娘的美麗外表和優秀的內涵，以及二人年齡上三十五歲的差距。熊希齡，字秉三，湖南鳳凰人，從小有神童的美稱，能書擅畫。民國初年擔任過北洋政府的國務總理，一度叱吒風雲。退出政壇後，全心投入社會慈善事業，創辦北平香山慈幼院，將不動產全部捐給熊朱義助兒童福利基金社。熊希齡的元配朱其慧一九三一年逝世，她是毛彥文湖郡女校好友朱曦的姑母。毛彥文在北京女師大讀書的時候，視熊氏夫婦為長輩，常到他們家拜訪。因此一九三四年朱曦代表姑父登門求婚時，毛彥文大感愕然。解除婚約後，傷痛仍未抹平，對愛情已不抱希望，但後來為熊希齡的真情感動，答應下嫁。他們的婚姻並不長久，但卻幸福美滿。

　　毛彥文認為熊希齡續絃的目的，可能是為香山慈幼院找繼承人，所以婚後為了丈夫，盡量留心慈幼院的院務，認真學習，經過一年多的相處，終於體會到他亦夫亦友的深情。可惜這樣平靜的生活只維持了短短的三年。一九三七年中日戰爭爆發，他們從北平逃到上海，熊希齡隨即領導紅萬字會從事救難工作，四處奔走。一九三八年二月南京陷落，他們離開上海到香港，準備撤往湖南長沙。十二月二十四日深夜，熊希齡在旅館打坐時中風，次日就離開人世，留下毛彥文孤身上路。

　　抗戰期間，毛彥文不負眾望，除了在日本治下的北平勉力維持香山慈幼院外，又在桂林、柳州、芷江等地設置分院。她還開設幼稚師範學校及幼稚園。一九三九年三月，當選浙江省臨時參議院參議員。抗戰勝利後，回北平主持香山慈幼院復員工作。一九四七年當選北平市參議會參議員。接下來又以香山慈幼院院長的資格被提名為國大代表，並順利當選。

　　一九四九年四月下旬，毛彥文離開大陸，倉皇到達台灣。除手邊少數現款外，所有財產都未帶出。為了生活，次年轉赴美國，先後擔任紐約《華美日報》編輯，舊金山《少年中國報》編輯、加州大學柏克萊分校女生宿舍指導等職位。一九五四年回台出席國民大會第二次會議，會上選出蔣中正、陳誠為中華民國第二屆正副總統，之後返美。次年赴西雅圖華盛頓大學擔任遠東系中共問題研究計劃的研究員。一九五九年返台定居。除繼續擔任國大代表外，先後在復旦中學和實踐家政專科學校教授英語。一九六六年辭去教職之後，曾兩度赴美探親，一九八一年到新加坡探望表弟朱斌甲。一九九九年因足病臥床月餘，於十月三日離開人世。

　　毛彥文為人堅強，在她漫長的一生中，雖不乏光華與燦爛，但也有不少刻骨銘心的磨難。作為五四時代的新女性，她為百年中國婦女史做了最好的見證。

羅久蓉

◇ 《中華民國當代名人錄》，卷3，台北：中華書局，1978年，頁215。
◇ 毛彥文，《往事》，台北：作者自印，1989年。
◇ 徐友春編，《民國人物大辭典》，石家莊：河北人民出版社，1991年，頁117。

▬ 154 莫德格瑪 Modegema

　　莫德格瑪（Modegemaa）一九四一年十二月二十五日生於內蒙古烏蘭察布

盟察哈爾右翼後旗十二蘇木哈日努德的一個貧苦牧民家庭。她是著名的蒙古族舞蹈家。

　　莫德格瑪的父母靠給本旗的阿本放牧、擠奶為生。由於家境貧寒，莫德格瑪四歲時被人領養。養母寧布家也並不富裕，丈夫和兒子相繼去世後，家中只剩下瞎眼婆婆和莫德格瑪，三人相依為命，本來還可以溫飽度日的家，變得一貧如洗。為了生活，寧布只得讓小莫德格瑪給人家放羊。她人還沒有大羊高，卻要整天追趕著羊群，在草灘上奔跑。無論春夏秋冬，也無論風霜雨雪，她都寸步不離羊群，害怕萬一丟失了羊，或是羊被狼拖走，那是窮人賠不起的。艱難的歲月磨練了她的意志，不停地奔跑增強了她的體魄，而美麗的草原陶冶了她的藝術情操，這一切都為她後來的事業奠定了堅實的基礎。

　　一九四七年，內蒙古草原解放了，飽受生活煎熬的瞎眼婆婆和寧布養母卻先後去世了。莫德格瑪重新回到生身父母的身邊，並進入草原小學讀書。她聰穎過人，成績優秀，上完了一年級便跳入三年級，成為學校裡有名的好學生。但是，父親生病，家中弟妹需要照顧，又要分擔母親繁重的家務，肩上的擔子十分沉重，而那時才十歲的她，憑著頑強的毅力度過了一個個難關。同時，她開始顯露自己的藝術天份，當選學校學生會的文藝部長。一九五六年五月，莫德格瑪被內蒙古歌舞團錄取了。那年她十五歲，從此離開了家鄉，來到內蒙古自治區首府呼和浩特，開始了她的藝術生涯。在學員隊裡，她學習發聲，練習舞步，聽文化課；追隨當時內蒙古著名的藝術家，學習音樂、戲劇、舞蹈的基本知識。當基礎理論學習結束時，她選擇了舞蹈作為自己的專業。

　　舞蹈是一門十分艱苦的專業，想成績出眾，必須練好基本功。莫德格瑪每天清晨三點起床，悄悄地溜進練功房，不停地壓腿、下腰、擦地。她用辛勤的汗水迎接了一個又一個的黎明。她沒有想到的是，這只是她攀登藝術高峰的開端。功夫不負有心人。六個月的學員生活結束後，她正式進入歌舞團成為一名舞蹈演員。在演出的同時，開始接受更加嚴格的訓練。一位來自蒙古國的舞蹈專家對她進行了更大運動量、也更加規範的訓練。蒙古民間舞的訓練中，肩的訓練十分重要，靭肩、柔肩、抖肩、彈肩，名目繁多。一個動作往往要做幾十遍，甚至上百遍，不僅體力消耗大，而且由於不停地扭動肩膀，連帶的胸痛、背酸，讓人直想嘔吐，好像五臟六腑都挪了位。有時她痛得止不住地流眼淚，但硬是憑著頑強的毅力闖過了一關又一關。她曾經多次隨團到農村牧區為農牧民演出，生活條件、演出條件十分艱苦，但這使她的意志更堅定，技藝更高超。

兩年後，她已經成為內蒙古歌舞團的台柱子了。

這期間，莫德格瑪參加團裡《大盅碗舞》的排練，她就是以這個舞為基礎，創作了日後成名之作《盅碗舞》。《大盅碗舞》是由一個男演員領舞，十六個女演員伴舞的大型舞蹈。它取材於內蒙古伊克昭盟鄂爾多斯高原民間宴席的禮儀習俗。每當宴會達到高潮時，人們都會情不自禁地拿筷子、或持酒盅翩翩起舞。女演員的大部份動作是跪著完成的，她們隨著音樂時而彎腰前傾，時而後仰下腰；而雙手則各持一對酒盅不停地扣擊著。演員要完成全套動作需要繃緊全身肌肉，並要合著節拍不斷的扣擊手中的酒盅，難度很大。莫德格瑪不僅出色地完成了《大盅碗》的排練和演出，同時為這舞蹈加上了頭頂一摞碗的高難動作，編創了著名的《盅碗舞》。她從出場時的蹲弓步開始就以嶄新的姿態、獨特的動作和技巧吸引著觀眾。她盛裝長服，頂碗持盅翩然起舞；慢板處的動作富有雕塑感，而快板處則抖肩，快速、平穩的圓場如飄似蕩；最後以「翻碗、接碗」作結，達到扣人心弦的高潮。她以層次分明、變化多姿、步步昇華的舞蹈動作把蒙古族婦女嫻雅端莊、深情如海的形象展現得淋漓盡致。

《盅碗舞》在一九五九年十一月內蒙古自治區獨唱、獨舞會演上一舉獲得優秀節目獎和優秀演員獎。從此《盅碗舞》和莫德格瑪一起聞名於世。為此，周恩來（1898–1976）總理親自點名調她到組建不久的中國東方歌舞團。一九六二年八月，她和她的《盅碗舞》在第八屆世界青年與學生和平友誼聯歡節上獲得獨舞金獎。《盅碗舞》作為「東方一絕」引起了轟動，評委會主席盛讚她「渾身都充滿了舞蹈的韻律」。此後，《盅碗舞》一直作為東方歌舞團的保留節目，在國內外演出。莫德格瑪善於吸收中國傳統戲曲的養份，以及國外芭蕾舞等藝術形式的優點，所以能令《盅碗舞》常演常新，達到了盡善盡美的地步。文革期間，莫德格瑪遭受迫害，下放到農村勞動改造，七六年重返舞台。

莫德格瑪從牧羊女晉身舞蹈家，由衷感謝內蒙古歌舞團的老師把她引領上藝術之路。而東方歌舞團的領導和同事們又幫助她攀上一個又一個高峰。除《盅碗舞》外，她的代表作還有《單鼓舞》、《湖畔晨曦》、《古廟神思》和《嘎達夫人》等。幾十年來，她到過亞洲、歐洲和美洲的許多國家和地區表演，每次都大受歡迎。同時，她也沒有忘記故鄉的草原。從八十年代初起，她曾九次返回內蒙古，為鄉親演出，還得到很高的評價。

八十年代後，莫德格瑪開始了她的教學和著書工作，把幾十年積累的經驗教給年輕的一代。一九八五年開辦的蒙古族舞蹈研究學習班，招收了來自內蒙

古、新疆等地的三十八名學生。他們畢業後成為天山腳下、內蒙古草原上的舞蹈藝術骨幹。同時，莫德格瑪為編創一套系統的蒙古舞人體部位訓練法，潛心學習解剖學。她的《部位訓練法》是她藝術創造的心血結晶。一九九三年十二月，她又出版了專著《蒙古部族舞蹈之發展》。

莫德格瑪歷任中國東方歌舞團一級演員，全國政協委員。

丁守璞

◇ 《草原的女兒》[電影]，中央新聞電影製片廠，1983 年。
◇ 張永昌、谷瀛濱、胡大德，《東方一絕──莫德格瑪舞蹈之路》，北京：中國文聯出版社，1987 年。
◇ 莫德格瑪，《蒙古舞蹈文化》，北京：中國婦女出版社，1990 年。
◇ 《詩樂舞韻》，北京：中國青年出版社，2000 年。
◇ 仁欽道爾吉，〈創業永無止境〉見《舞蹈》，2000 年 5 期。
◇ 資華筠，〈思想著的舞蹈家〉見《中國文化報》，2000 年 10 月 5 日。
◇ 「莫德格瑪」見 <http://baike.baidu.com/view/312011.htm>，2013 年 2 月 19 日查閱。

▥ 155 Moss, Irene

Irene Moss 一九四八年生於澳大利亞悉尼，本名鄺慧玲（譯音），婚前用的名字是 Irene Kwong Chee。她以反歧視的立場而聞名於澳大利亞。她曾在州政府與聯邦政府擔任高官，表現出色。後又任新南威爾士州廉政專員（1999–2004）。

Irene Moss 的先祖在十九世紀五十年代淘金時期從中國南方來到澳大利亞。她生長在一個傳統的中國家庭，父母操粵語；父親只懂得很基本的英語，而母親則完全不懂。關於她父母的背景，資料不多，原因就如她所說，沒有人提起過那些事。不過我們至少知道她的父親 William Chee（譯音「威廉齊」，1892–1978）在澳大利亞出生，起碼有三個兄長。他大概結婚後生了個兒子叫 Reggie Chee，在三十年代決定離開澳大利亞到香港去。根據 Reggie Chee，父親離去是因為一九零一年生效的反亞白澳政策讓華人覺得澳大利亞不歡迎他們。父親在香港居留了十五年。他在那裡買了一個電影院，但在四十年代早期被佔領香港的日本人沒收了。在香港期間，他又另外組織了兩個家庭。他娶的其中一個女人就是 Irene 的母親 Poy Kin，英文名 Ann（1984 年卒）。第二次世界大戰末，他得到澳大利亞政府的幫助回到澳大利亞。因他在澳出生，可得到二十英鎊的資助，他便利用這筆錢在唐人街附近的市場經營番茄生意，最後贏得「番茄大王威利」的綽號。

　　Irene Moss 在唐人街的德臣街出生，但在一九五三年大約四歲時和姊妹們搬到郊區去了，而父母仍留在唐人街經營番茄生意。她到本區的貝爾摩公立小學（Belmore Public School）上學時，首次親身感受到種族上的差異：她是唯一的華裔女孩，而且不會說英語。她畢業於離家不遠的州立 Wiley Park 女子中學並且獲聯邦政府獎學金於一九六六年進入悉尼大學。在那裡她首先獲得文學士學位，然後學習法律，因為她關心人權的問題。在整個大學階段，她一直面對著有關種族和階級的各種現實；她「個子小、是華裔、是女性、又來自西郊（被視為經濟較差的區域）、還總跟其他亞裔人混在一起。」不過同一時期她遇見了她未來的丈夫 Allan Edward Moss（1949 年生），猶太裔金融家 Alfred Moss 的兒子，後任頗有影響的麥格理銀行的常務理事和首席執行人，二零零八年退休。

　　Irene Moss 獲得法律學位以後，發覺很難在律師事務所找到工作，她始終認為作為華裔、女性和出身貧窮的家庭對她不利。最後她在唐人街的一個律師事務所找到工作。一九七三年和 Allan Moss 結婚。婚後跟他搬到首都坎培拉。三年後，他們一起到美國哈佛大學進修。她完成了有關稅務法的碩士學位（LLM）。兩人於一九七八年回到澳大利亞。在哈佛的兩年賦予她從事後來所選擇的事業的動力。她母親一直相信世界本來就是沒有公義，沒有人能改變這事實，政府更不能。在哈佛，她認識了一批美國極活躍的女性主義者，回來後有了「為有所作為而奮鬥」的想法。她立刻接受新南威爾士州反歧視委員會的工作。該會主席 Carmel Niland 成為她的良師益友。Niland 曾經形容她是「不銹鋼」做的，並說她在呈述一個不同的意見時非常有說服力。

　　一九八四年，Irene Moss 接受民族事務委員會副主席一職不久，又改任聯邦政府人權與平等機會委員會的種族歧視專員。她相信這份工作可以給她在更大的範圍內有所作為。她很適合這個工作，像她在一九八六年的一次採訪中所說：「說實話，我覺得我更多是個華人而不是澳大利亞人，儘管我說話有很重的澳大利亞口音。我無法改變我的臉孔。」出任種族歧視專員期間，她主持了全國種族暴力調查（1989–1991），並形容那是澳大利亞對種族歧視做的首次全國性「點貨」。她承認澳大利亞的原住民是各族群中最受欺壓最長期被歧視的一群，所以建議對警察訓練進行徹底改革、建立全國種族暴力數據庫、訂立全國〔禁止〕種族詆毀的法規。最後一條引起爭議，不為種族主義的極端份子所接受，即使在聽證期間，也有人作出炸彈恐嚇。

　　Irene Moss 曾參與以下政府委員會及組織的工作：面向多元文化的特別廣播服務公司（SBS, 1992–1997），富伯萊澳美教育基金委員會（Fulbright Commission of the Australian-American Education Foundation，1993 年起），澳大利亞榮譽與獎勵委員會（Australian Honours and Awards Committee，1994 年起），全國乳癌中心（National Breast Cancer Centre，主席，1995–1998）和動力博物館（董事，1999 年起）。一九九五年她因服務多元文化而被授予澳洲勳章（Officer of the Order of Australia）。

　　一九九四年，Irene Moss 的種族歧視專員任期屆滿。她重返法律界，成為出任兒童法院法官的首位亞裔女性。她當法官的日子不長，次年她被任命為新南威爾士州的申訴專員，為期六年。任內她盡力為當事人調停，爭取雙方和解，她的努力有目共睹。她並且積極地把力度指向防止貪污，設立警察廉政委員會（Police Integrity Commission），也是向這方面跨出的重要的一步。

　　一九九九年十月，Irene Moss 被任命為廉政公署專員（1999–2004）。不久就出現一個提法，就是將申訴專員和廉政專員兩者合併，以提高行政質量、效能與效率。可是這個提法引起廣泛不滿，立刻被撤回。她是這次爭議的中心人物，自然感到煩擾，不過她表示，它不會絲毫削弱她力求有效地領導廉政公署的決心。二零零七年，她接受「澳洲知情權聯盟」（Australia's Right To Know Coalition）的委託，主持調查澳洲言論及新聞自由的狀況，這個聯盟是由本地各大媒體為爭取言論自由而聯合創辦的機構。儘管家人與過往世代移民一樣，畢生溫良謙恭、對澳洲心存感激，她卻不畏爭議，深信為了公義，抗爭是必要的。

Sue Wiles

蕭虹譯

◈ Sung, Rosetta. "Australian Chinese. A Collection of Personal Histories and Family Photographs from Descendants of Earlier Chinese Settlers to New South Wales." 25 September 1989. Draft typescript held in the Mitchell Library, State Library of NSW, Sydney. Interview 52 (1986), 8–11.

◈ Ricketson, Matthew. "Slaying the Dragons of Racism." *Time Australia*, 6, no. 17 (29 April 1991) : 50–52.

◈ Fitzgerald, Shirley. *Red Tape, Gold Scissors: The Story of Sydney's Chinese*. Sydney: State Library of NSW Press, 1996.

◈ Conde, Sara. Interview. *The Sydney Morning Herald*, "Spectrum." Saturday, 31 May 1997, 2.

◈ *Who's Who in Australia 1999*, 35th ed. Melbourne: Information Australia Group, 1998.

◈ Totaro, Paola and David Humphries. "Gathering Moss." *The Sydney Morning Herald*, "News Review." Saturday, 20 November 1999, 42.

◈ "Irene Moss appointed chair of Australia's Right to Know initiative," at <http://www.

australiasrighttoknow.com.au/files/docs/MR2007/25-May-07-Irene-Moss-appointment.pdf>, 24 May 2007, accessed 23 January 2015.

◇ "Allan Moss" at <http://en.wikipedia.org/wiki/Allan_Moss>, accessed 27 February 2014.

◇ "Irene Moss" at <http://en.wikipedia.org/wiki/Irene_Moss>, accessed 27 February 2014.

ⅲ 156 聶華苓 Nie Hualing

聶華苓一九二五年生於湖北宜昌，美國華裔作家。她由中國大陸遷至台灣，再移居美國，人生閱歷豐富，對寫作大有裨益。她亦以倡行國際文化交流聞名，她的名字與美國愛荷華大學的國際寫作計劃緊密相聯。這個文學計劃創辦於一九六七年，接待了過千個來自世界各地的作家。

聶華苓的童年是在湖北武漢度過的。一九三七年中日本入侵中國時，她剛進中學就被迫輟學與家人流亡。後來進入河北恩施的聯合中學，但這所中學隨日軍的推進而不斷撤遷。幾經輾轉，最後從四川長壽的國立第十二中學畢業。她當時本獲保送至昆明的西南聯合大學，但因家貧，無法應付開支，只得改入遷至四川重慶的中央大學。一九四八年畢業於中央大學外文系，那時中央大學已遷回南京。她在南京開始寫作，以筆名遠方發表，嶄露頭角。

聶華苓一九四九年與母親和三個弟妹遷至台灣。父親一九三四年任國民黨貴州行政專員期間，被共產黨殺害。聶華苓到台灣不久就出任半月刊《自由中國》的編輯，一直擔任此職至一九六零年，那時她已是知名作家。《自由中國》在五十年代以倡導民主與改革而著稱，所發表的一些文章令當權者十分惱怒。雜誌創辦人雷震被監禁長達十年，其他職員在一九六零年也受到不同程度的迫害。聶華苓受到孤立，雜誌停刊後，又失去經濟來源。她後來回憶說，一九六三年母親患癌症病故時，她雖在台灣大學和東海大學中文系教授文學創作，可是連安葬費都湊不夠。她一九九六年寫了一篇文章〈雷震說：「我犯了甚麼罪？」〉，以紀念雷震及《自由中國》經歷的苦難歲月。

聶華苓還在南京讀大學時就開始寫作。一九四八年以筆名發表了一篇散文〈變形蟲〉，諷刺內戰時期的政治投機者，該是她的處女作。五十年代在台灣發表的作品有〈葛藤〉、〈翡翠貓〉、〈一朵小白花〉、〈王大年的幾件喜事〉、〈珊珊，你在哪兒？〉等。她的小說大多描繪由中國大陸到台灣的人，刻劃他們的困境、沮喪與鄉愁。比如〈葛藤〉，表面上是愛情故事，實際反映的是大陸人到台灣後的情況，述說這群變得鬱悶的人走在一起的故事。再如〈珊珊，你在哪兒？〉，聶華苓認為是一篇浪漫愛情的故事。主人翁是個中年男子，乘

公車去看望他多年前在中國大陸遇到的女友。等公車到達目的地時，他卻發現原來那個坐在他對面，膝上抱著幾個孩子的胖婦人，正是他日夜思念要去探望的女友。他的夢破碎了，只剩悵惘。

聶華苓一九六零年在台灣《聯合報》連載她的第一部小說《失去的金鈴子》，自此聲名鵲起。小說取材於母親給她講述的故事，描寫中日戰爭中一個女子「莊嚴而痛苦」的成長經歷。但聶華苓最出名的小說是《桑青與桃紅》。這兩部小說一般被視為半自傳體小說。桑青和桃紅分別為主人翁分裂人格的名字。這部小說採用書信和日記的形式，描述一個女子從大陸到台灣，再去美國所遇到的種種挫折。有評論者將主人翁在中國的動盪生活，在海外的流浪，及最終患上精神分裂症，視為眾多海外華人的苦難象徵：脫離故土，生活茫然。另有評論家認為這部小說的重點在其象徵意義：主人翁的人格分裂象徵國家的政治分裂，及人民因此而蒙受的痛苦。這解釋了台灣當權者為何在《聯合報》連載這部小說時極不高興，為何不許《聯合報》繼續連載（小說後來在香港《明報月刊》連載完）。《桑青與桃紅》結構複雜，將中國傳統手法與西方技巧相融合，是小說創作方法的一個探索。形式上與羅伯特・路易斯・史蒂文森（Robert Louis Stevenson）的《化身博士》（*Strange Case of Dr. Jekyll and Mr. Hyde*）相似，兩者都寫人格分裂。

一九六二年是聶華苓人生與事業上的轉折點。她在美國駐台北領事館舉辦的酒會上遇到了美國詩人保羅・安格爾（Paul Engle, 1908–1991）教授。安格爾自一九三七年始一直任愛荷華大學英文教授，兼該校作家工作室主任。作家工作室於一九三六年創立，僅一年已聞名遐邇，原因是眾多著名學者、作家都參與其中，如田納西・威廉斯（Tennessee Williams）、索爾・貝洛（Saul Bellow）、弗蘭納里・奧康納（Flannery O'Connery）、羅伯特・潘・華倫（Robert Penn Warren）等。一九六四年聶華苓赴美國參與工作室的工作。她向安格爾建議將工作室改辦為一個國際寫作計劃，安格爾起先不答應，認為經濟上不可行，但後來同意試辦。他倆一九六七年共同創辦了國際寫作計劃，並於一九七一年結婚。一九七七年，安格爾六十九歲，他辭去計劃主任的職位，由聶華苓繼任。

國際寫作計劃每年接待三十至四十名來自世界各地的作家，向他們提供寫作及文化交流的場所，為期最長一年。一九七九年蕭乾、畢朔望應邀參加「中國週末」研討會，成為首兩名參加這個計劃的中國作家。翌年，大陸知名作家

艾青、王蒙應邀出席同類研討會，同時列席的還有台灣的吳晟、袁可嘉。聶華苓致開會詞道：「今天，三代中國作家前來聚集。我們有代表第一代的艾青，代表中間代的王蒙，和代表年輕一代的吳晟；袁可嘉跨老中兩代」。她認為中國近代史反映了二十世紀中國社會的變化、國人的滄桑與國家的興衰。她表示這四位作家的到來，證實了一件事：無論中國人在哪裡──在大陸，在台灣，還是在海外──血管裡流的都是中華血，這種血緣是摧毀不了的。

聶華苓在闊別故國三十年以後，終於在一九七八年重返中國省親。她在台灣曾結過婚，後又離異，先後在一九五零和五一年生下王曉薇和王曉藍兩個女兒。姐妹倆一九六五年到美國與母親團聚。這次回中國探親旅遊一個月，兩個女兒和安格爾皆與她結伴同行。逗留期間，聶華苓還會見了艾青、夏衍、楊沫（參見該傳）、曹禺、冰心（參見該傳）等著名作家。一九八零年聶華苓再次訪問中國，逗留兩個月，到過十五個城市，其中有廣州、桂林、西安、上海、南京、杭州。在此期間，還得到中國偉大作家茅盾熱情款待。一九八四年她應中國作家協會邀請再次訪問中國。這次接見她的有周揚（中國文學藝術界聯合會主席）、夏衍（中國人民對外友好協會副會長）、巴金（中國作家協會主席）、黃華（全國人大常委副委員長）等。

一九八五年一月，聶華苓的小說《千山外，水長流》在香港出版。這部三十萬字的長篇小說圍繞一個名叫柳風蓮的中國女子，講述現代中國，波瀾壯闊。一九四九年共產黨掌權前夕，女大學生柳風蓮愛上了一個駐中國的美國記者布朗。他倆結了婚，並生下一個女兒，叫蓮兒。布朗不久就去世了，風蓮再婚，嫁給一個共產黨幹部。到五十年代後期，丈夫被錯劃為右派。文革結束後，蓮兒去了美國，不只去留學，也是去尋找父親的家人。蓮兒在美國經歷了文化衝擊、種族偏見、誤解等，但最終為祖母接受。小說結尾時，蓮兒寫信給在中國大陸的母親，腿上放著一本《現代中國史》（*The History of Modern China*）。這部小說不只描寫中國和中國婦女，也刻劃了不同文化的人彼此之間的戀愛和理解。

聶華苓情繫祖國，有時又對它感到失望，不再期盼，這些思緒成了她創作的主題。在《失去的金鈴子》、《桑青與桃紅》、《千山外，水長流》等小說中表現得尤其明顯。非洲小說作家兼批評家彼得・拿撒勒（Peter Nazareth）指出，聶華苓的生活與寫作之間存在明顯的矛盾。聶華苓已離開大陸很久，但她總是懷念故土和那裡的人。正是這種情緒促使她描寫懷有同樣情緒的移居台灣

的大陸人。她認為,這些人不可能重返大陸。對彼得・拿撒勒所指的矛盾,她並不同意。她說她一直同情那些人。她認為許多人離開大陸去台灣是因為歷史原因,但在台灣他們的希望破滅了。有的人去台灣是因為他們別無他路可走。她是懷著同情心寫這些人,他們真的沒有生活目標,前途黯淡。他們明白除非政局發生變化,否則根本沒有可能再回去。台灣政府總威脅說要「反攻大陸」,但這些人非常明白「反攻」無望,但是誰敢說出自己的想法呢?他們活下去,總得有個目標,所以他們夢想「重返大陸」,但這不過是他們一廂情願的想法而已。

聶華苓自八十年代起在大陸出版她的著作。已出版的作品有《台灣軼事》、《失去的金鈴子》、《桑青與桃紅》、《黑色、黑色,最美麗的顏色》。當時上海電影製片廠計劃將《失去的金鈴子》改編為電影。她亦發表了散文集《夢谷記》和論文〈沈從文評傳〉("A Critical Biography of Shen Tsung-wen")、〈三十年後:歸人札記〉等。她還從事翻譯,譯著有《美國短篇小說選》、《百花齊放集》(分兩冊,哥倫比亞大學出版社出版)。七十年代初,與丈夫安格爾著手翻譯毛澤東(1893–1976)詩詞,所譯的《毛澤東詩詞》(*The Poetry of Mao Tse-tung*)於一九七三年由倫敦 Wildwood House 出版。

聶華苓在文學創作與促進國際文化交流方面的卓越成就得到廣泛認同,並為她贏得多項榮譽和獎勵。一九八一年,美國兩所大學授予她名譽博士學位,而美國五十州州長則向她和安格爾頒發文藝傑出貢獻獎。

聶華苓雖不是最多產的作家,但她的創作語言優美,形象清新,情感豐富;並將中國傳統與西方技巧融為一體。最為可貴的是,在她的作品中,以及她心中,總有一種「剪不斷,理還亂」的思鄉情結。這種「別有一番滋味在心頭」的特色在讀者心裡激起共鳴,像吃橄欖:開始有點苦,越嚼越有味。

王平

陶乃侃譯

編者按:到二十一世紀,聶華苓出版自傳體小說《三生三世》(2004)和自傳《三輩子》(2011)。二零一一年,她應邀到台灣參加向她致敬的「百年回顧華文新趨勢」活動。翌年,香港導演陳安琪將她的生平拍成紀錄片《三生三世聶華苓》。二零一二年,愛荷華大學為了表揚她對推動世界文學交流的貢獻,向她頒發「國際影響力大獎」(International Impact Award)。

◇ 聶華苓,《葛藤》,台北:自由中國雜誌社,1953 年。
◇ ──,《翡翠貓》,台北:明華書局,1959 年。

◇ ——，《失去的金鈴子》，台北：學生出版社，1960 年。
◇ ——，《一朵小白花》，台北：文星書店，1963 年。
◇ ——，〈聶華苓和非洲作家談小說創作〉見《明報月刊》，1983 年 9 期。
◇ ——，《千山外，水長流》，香港：三聯書店，1985 年。
◇ ——，〈雷震說：「我犯了甚麼罪？」〉見《明報月刊》，1996 年 7 期。
◇ 黃文湘，《海外華裔精英》，香港：香港文匯出版社，1992 年。
◇ 林欣誼，〈聶華苓文學茶會：大師齊聚話當年〉見《中國時報》，2011 年 5 月 20 日；又見 <http://lms.ltu.edu.tw/p083003/doc/13840>，2014 年 4 月 1 日查閱。
◇ Nieh Hua-ling. *Mulberry and Peach: Two Women of China*, trans. Jane Parish Yang and Linda Lappin. New York: Feminist Press at the City University of New York, 1998.
◇ Moninger, Sara Epstein. "Making a world of difference." At <http://now.uiowa.edu/2012/10/making-world-difference>, 18 October 2012. Accessed 28 March 2014.
◇ 「三生三世聶華苓」見 <http://app.atmovies.com.tw/movie/movie.cfm?action=filmdata&film_id=fohk72378399>，2014 年 2 月 7 日查閱。
◇ 「聶華苓」見 <http://zh.wikipedia.org/wiki/%E8%81%82%E5%8D%8E%E8%8B%93>，2015 年 10 月 20 日查閱。

▥ 157 聶鷗 Nie Ou

聶鷗，一九四八年生於遼寧省瀋陽市，中國當代畫家。她的作品曾在美國、加拿大、英國、法國、瑞士、澳大利亞、丹麥和日本等多國展出。她對自然、人性和風景的描繪，發乎內心，跨越文化。

聶鷗五歲時與家人一起遷居北京，此後課餘在少年宮開始學習中國畫。文革期間作為知青到農村插隊，一九七五年回到北京，重新習畫。一九七八年通過考試進入中央美術學院中國畫系學習，成為文革之後該院第一批正式學生。一九八二年研究生班畢業後，進入北京畫院任專業畫家，主要從事人物畫創作。畢業創作〈青銅時代〉，是一幅大型的長方型的彩色水墨畫，旨在展現炎黃子孫在奴隸社會時期（公元前 2000 年 –475 年，即包括孔子倡儒的年代）的技巧、智慧和熱誠。這件大型的記敘作品描繪了青銅器的熔鑄過程，由採礦，到運輸和鑄造，以至用作祭器，最後作為祭品被埋在土下。畫內本屬天空的位置，繪有巨大的怪物面具，象徵著另一個時代的社會。

聶鷗學院派寫實技法師承徐悲鴻。她運筆出色，加上對邊遠地區有切身體驗，可從實際生活取材，創作真實的人與事。她的畫以社會主義寫實主義為本，具有很強的人文精神。她以普通人的形象塑造的理想主義英雄人物具有人文熱情，與流俗的社會主義宣傳畫截然不同。

一九八二年，聶鷗與同是中央美術學院畢業的油畫家孫為民（1946 年生於濟南）結婚。他真誠地支持和理解妻子的藝術和工作。聶鷗不只限於水墨，

有時也畫油畫；對兩種媒介都運用自如。她的作品結合了古代與現代的藝術精神和風格，在形式上既有連貫性又富於變化，處處透著傳統的厚重感之餘，又別具個性，讓人耳目一新。她所創造的現代風格的水墨畫，顯示了中國豐富的歷史文化底蘊，並把學院派的藝術訓練與普通人的現實生活糅合起來。

自二十世紀八十年代末，聶鷗以更奔放的筆觸繪畫鄉村，畫面樸實無華、充滿生機，人物盡是村民。這些變化在她的〈高粱〉和一九八五年的其他畫作中，清晰可見。〈高粱〉是為了 Bezel International Fair 而畫，畫的左下方有一大束不同色調的高粱，佔了幾近一半的畫面，右半邊有一位正在親吻自己嬰兒的年輕村婦。畫中行雲流水的筆法和不拘一格的構圖在傳統水墨畫中十分獨特。這種畫法不僅吸取了漢代（公元前 206 年—公元 220 年）畫像磚的特點，而且結合了她在農村生活的親身體驗。她這類作品獨樹一幟，顯示了她的繪畫天份，女性的敏感，細緻的描繪，以及那份平靜自若。在正統學院式訓練下，她深明繪畫藝術的今昔，但她的創作既不狹隘拘泥，也不暮氣沉沉。

聶鷗作品曾獲全國美展銅獎，北京市美展甲等級、優秀獎、銅獎，全國連環畫十佳獎等。部份作品被中日美術館、大英博物館收藏。她出版的畫集包括：《聶鷗水墨畫》、《夢歸園田——聶鷗畫集》、《又回山鄉——聶鷗畫集》、《中國當代美術家畫傳聶鷗卷》等。她現任北京畫院一級美術師、中國美術家協會理事。

邵亦楊

◈ Nie Ou. *Catalogue of Nie Ou's Work*. Taipei: Xiongshi hualang, 1988.
◈ 「聶鷗」見 <http://baike.baidu.com/view/830761.htm>，2015 年 4 月 10 日查閱。

▥ 158 聶元梓 Nie Yuanzi

聶元梓（1921–2019），生於河南省滑縣，是文革初期一個赫赫有名的人物。

聶元梓出身富裕家庭，上有四個哥哥，兩個姐姐。大哥聶真從小參加革命，在他的影響和引導下，六個弟妹都成為中國共產黨高、中級幹部。聶真夫人是前國家主席劉少奇（1898–1969）的第三任夫人王前，也是中共高級幹部。

一九三七年七月，抗日戰爭在全國拉開了序幕，十六歲的聶元梓去了太原市國民師範學院，參加山西省犧牲救國同盟會舉辦的軍訓，為時一個月。這個同盟會組建於一九三六年，是著名山西省地方性群眾抗日團體，得到中國共產

黨的推動和引導，及山西軍閥閻錫山（1883-1960）的支持。此後，聶元梓開始參加抗日救國活動。次年加入中國共產黨，並到山西省晉城的華北軍政幹部學校學習。四十年代初在延安學習時，結識了康生（1898-1975）、曹軼歐（參見該傳）夫婦，為日後成為文革的馬前卒寫下了伏筆。一九四六年，聶元梓結束了在延安的學習，調往黑龍江省齊齊哈爾市擔任第一區副書記。次年調任哈爾濱市，先後擔任區委宣傳部長和市委理論處長。

一九六四年，聶元梓從東北調往北京大學，這是她人生和政治生涯的轉折點。她先任經濟系副主任，後任哲學系黨支部書記。一九六六年五月二十五日，她和六個同事寫了題為〈宋碩、陸平、彭珮雲在文化大革命中究竟幹了些甚麼？〉的大字報，並把它張貼在北京大學牆上。當時宋碩是中共北京市委大學工作部副部長，陸平是北京大學校長兼黨委書記，彭珮雲（參見該傳）是北京大學黨委副書記。大字報出現後第十天，陸平、彭珮雲被撤職，北京大學高級領導層改組，不久，宋碩也被撤職，接受審查。

一般相信，聶元梓是在康生和曹軼歐的授意和策劃下寫大字報。它在北京大學以至全國上下都引起極大迴響。支持和反對雙方由筆戰、口辯上升到武鬥。大字報貼出一周後，中共主要官方傳媒中央人民廣播電台和《人民日報》相繼播發大字報全文加評論員文章，表示支持；即便沒有明言，大家都明白那就是黨的政策。不久，康生向北大師生宣稱：「聶元梓的大字報是巴黎公社式的宣言，是六十年代的北京公社宣言」。兩個月後，中共中央黨主席毛澤東（1893-1976）在中南海貼出了〈炮打司令部——我的一張大字報〉，開頭即是「全國第一張馬列主義的大字報和《人民日報》評論員的評論，寫的何等好啊！」。在毛澤東大力支持下，文革的火焰迅速蔓延全國，一發不可收拾。

聶元梓的大字報正式拉開文革的帷幕，意義重大，但對於寫這大字報的動機與過程，有不同的說法。說法之一是康生夫婦擬定了大字報主題，並備妥有關宋碩、陸平、彭珮雲的「罪狀」，聶元梓等人僅是擴充和署名而已。因康生與長期擔任北京市委書記的彭真（1902-1997）不和。無論在行政或地理位置上，北京市委都十分靠近中央，且毛澤東不時支持彭真的主張，康生深感地位不穩，決意摧毀北京市委，從而推倒彭真。康生採用的是迂迴戰術。宋碩、陸平等人既是彭真的幹將，康生便從他們入手，點起北大造反之火，令它燒向北京市委和彭真。聶元梓和康生、曹軼歐夫婦是交往二十多年的朋友，又恰在北大工作，與領導層不睦，故理所當然成了他們的輔助工具。

說法之二是聶元梓不滿北大領導對剛展開的文革的態度，也不滿自己在北大的職位。她收集了陸平等人的許多言論，交給了曹軼歐，希望能借此推倒領導，讓自己有晉升機會。曹軼歐與康生自然樂於順水推舟，鼓勵聶元梓張貼大字報，帶頭造反。於是，她找來了六個當時思想觀點與她一致的同事，共同創作了這大字報。

這張轟動全國的大字報奠定了聶元梓全國第一的造反地位。一九六六年十一月，聶元梓帶領北京的其他造反派去了中國最重要的工業和商業基地——上海。她參加了上海四大工廠（即上海造船廠、國棉十七廠、楊樹浦發電廠和良工閥門廠）和四所大學（包括復旦、同濟、交通和華東師範）的造反集會，並都作了主題發言。十一月底，在上海文化廣場召開的批判上海市委領導大會是全盤摧毀上海市委的前奏，聶元梓在會內外都做了不少工作。因此，上海市委領導受迫害及市委領導層六十年代的癱瘓狀態，也被認為與聶元梓的上海之行有直接關係。但聶元梓不同意這個說法。根據她一九八零年在獄中寫的材料，她去上海前，得到江青（參見該傳）的指令：要「解決上海市委」，因為毛澤東希望上海的工人和學生造反，她當時僅是奉命行事。

一九六六至六九年間，聶元梓曾任北大校文革主任、新北大公社主任、首都大專院校紅衛兵代表大會核心組組長、北京市革委會副主任、中共第九次代表大會候補中央委員。

一九六九年後，聶元梓一再被審查、遣送勞改，到過江西省鯉魚洲北京大學幹校農場、北京新華印刷廠和北京大學儀器廠勞動。期間曾被隔離審查。一九七八年四月被捕，一九八三年三月，因反革命宣傳煽動罪、誣告陷害罪被判處有期徒刑十七年、剝奪政治權利四年。

聶元梓曾兩次結婚，但兩段婚姻都以離婚告終。第一段婚姻於一九五九年結束，她當時的丈夫吳宏毅被劃成右派，而她自己政治生涯正處於上升期，由於政治因素他們決定離婚，兩人育有二子一女。後來，聶元梓經人介紹，嫁給了時任中共中央監察委員會常委的吳溉之（1898–1968）。吳溉之是與康生同時入黨的中共元老級黨員，比她年長二十多歲。他所任職的中監委是一個清除非正統幹部的監察機構，權力很大，在中央各部委中地位很特殊。她的第二次婚姻維持不了多久，且受到許多指責：有人認為她想借助丈夫的權勢提高自己的政壇地位；還有人認為她不喜歡北京大學的工作，想為調離北大做準備。

一九九五年，七十四歲的聶元梓刑滿獲釋後，一直在北京深居簡出，不與

外界來往。這個文化大革命的「風雲人物」，投入這場運動的時間僅三年，但是國家和她個人都付出了慘重的代價。對她的評價，有三種說法。其一，她是政治投機份子，她坎坷的人生源於自己的權力慾。她選擇將文革的災難推得更深更廣，責不可卸。她一無所有的結果是咎由自取。其二，她是不幸的犧牲品。身為家中幼女，她一直備受寵愛。青少年起就投身革命的經歷又令她增添不少優越感，但婚姻的不幸對她打擊很大。當她想取得政治權力來增強自信時，正遇上文革爆發，順理成章便成為別人利用的工具。事實證明這場政治運動也令她失去了政權、事業、丈夫和家庭。因此，她和千千萬萬受到她迫害的人一樣，也是文革的一個受害者。其三，她不過是個傀儡。她積極參與北大學生造反，令上海市委解體。這些災難性事件，帶來嚴重後果，毋庸置疑。但是，如果將一切錯失都歸咎她一人，也有失公道。

陳弘欣

編者按：二零零六年五月，文革爆發四十周年前夕，聶元梓首次接受西方記者訪問。她向英國《泰晤士報》記者稱，中國應面對這十年浩劫，加以學習，從中吸取教訓，以防重蹈覆轍。她不無感慨的說，當年以為可以建立一個民主中國，但至今仍活在獨裁政體下。據訪問透露，她現在要靠朋友接濟度日，借居北京一個小單位，沒有退休金，沒有政治權利，也不得出版書籍或發表言論。二零一九年，她在北京去世。

◇ 郭華倫、方雪純編，《中共人名錄》，台北：中華民國國際關係研究所，1968 年，頁 753。
◇ 艾群，《亂世狂女——聶元梓》，鄭州：黃河文藝出版社，1986 年，頁 263–265，275，296。
◇ 林青山，《康生外傳》，香港：星辰出版社，1988 年，頁 217–219，225。
◇ 王年一，〈聶元梓的上海之行〉見《「夢魘」系列·事件卷：「兵變」！「兵變」！》，四川：四川人民出版社，1994 年，頁 123–124。
◇ 趙無眠，《文革大年表：淵源·革命·餘波》，香港：明鏡出版社，1996 年，頁 166–167。
◇ Who's Who in Communist China. Hong Kong: Union Research Institute, 1969.
◇ Byron, John, and Robert Pack. The Claws of the Dragon: Kang Sheng——The Evil Genius Behind Mao——and His Legacy of Terror in People's China. Taipei: China Times Publishing Co., 1998, 338.
◇ 「彭真」見 <http://baike.baidu.com/view/1814.htm>，2014 年 5 月 1 日查閱。
◇ Macartney, Jane. "The woman who sparked years of death and terror." 12 May 2006, at<http://www.thetimes.co.uk/tto/news/world/asia/article2612091.ece>, accessed 2 May 2014.

▥ 159 聶毓禪 Nie Yuchan

聶毓禪（1903–1997），原名聶玉蟾，河北撫寧人，中國護理教育和護理行政管理的創始人之一。

聶毓禪出身於知識份子家庭，父親聶紀勳思想開明，重視子女的教育，希

望培養他們成為社會上有用的人。聶毓禪十三歲和姐姐一起離開家鄉,到天津中西女子中學讀書。她品學兼優,中學畢業時,可免試升入南開大學,但她為清洗「東亞病夫」的恥辱而立志學醫,於是考入了北平的協和醫學院。

協和醫學院設有醫校和護校,人們一般都重視醫學而輕視護理。聶毓禪入學後,了解到國家不僅缺乏醫學人員,更缺乏護理人員,尤其是受過高等教育的護理和管理人員。她在父親的支持下,說服了學校,由醫校轉入護校學習,於一九二七年畢業。她在協和醫院當護士,由於工作出色,一九二九年被送到加拿大多倫多大學(Toronto University)進修公共衛生和護理學,後又到美國哥倫比亞大學(Columbia University)繼續進修護理教育等課程,一九三一年獲學士學位。

聶毓禪回國後,任北平第一衛生事務所護理主任。一九三五年,應聘任中央衛生署與教育部聯合成立的護士教育委員會秘書。當時各地護校的學制、課程設置、教學計劃以及管理等都比較混亂,學生程度也參差不齊。聶毓禪所服務的護士教育委員會組織了調查。該委員會根據所得結果,協同衛生署和教育部,為護理教育製定並統一各種規則,以提高這個專業的水平。

一九三六年,聶毓禪再度赴美國,進密西根大學(University of Michigan)學習,一九三八年取得碩士學位,並獲攻讀博士學位的獎學金。但中日戰爭已於一九三七年爆發,她想到國內人民正在艱苦抗戰,一定急需醫護人員,便毅然放棄了深造的機會,回到祖國。一九四零年受聘成為協和醫學院護校首任中國籍校長,兼協和醫院護理部主任。她作為護校校長,嚴格挑選考核教師,嚴格要求學生,保證教學質量,提高學生素質,使協和護校成為全國護理教學的典範;作為護理部主任,她重視護理部門的管理,建立健全的規章制度,並予嚴格執行,使護理質量得以提高,協和醫院的護理工作受到國內外人士的高度讚揚。

一九三七年中北平淪陷日軍之手後,醫學院被迫停辦。聶毓禪認為協和護校是國內唯一的一所高等護理學校,而國家又急需護理人手,遂決心到內地復校。一九四三年她和弟弟聶國忱一起奔赴內地,但途中弟弟不幸被槍殺,她把他埋葬後,獨自經西安、蘭州轉重慶,最後到了成都。她以堅韌不拔的精神,克服了無數困難,讓護校重開招生。此後的三年中,她為保持護校教學水平做出了極大的努力。抗戰勝利後,一九四六年她將護校遷回北平,恢復教學,又經歷了一番艱辛。協和護校於一九五三年停辦,聶毓禪任校長期間,是該校最

艱難的時期，但十幾年中，護校從未間斷為國家輸送人才，她個人亦為國家培養了許多護理專家。

中華人民共和國成立後，聶毓禪於一九五四年調任解放軍總醫院副院長。此後她在歷次政治運動中屢受不公正的待遇，被批判、隔離審查。一九五八年被劃為右派份子，下放安徽農村勞動改造。即便如此，她從不甘落後於人，更沒有忘記自己的社會責任。一九六零年被任命為安徽省立醫院護理部主任，她勤懇敬業的精神和踏實認真的作風，令醫院各科的護理工作全面改觀。文革時期，她再次受到迫害。直到一九七九年才徹底平反，恢復名譽，再次出任解放軍總醫院副院長。

一九八七年，在美國的協和護校校友郭煥煒等為表彰聶毓禪對中國護理教育事業的貢獻，捐資設立「聶毓禪獎金」，用於獎勵母校優秀的專職護理教師。一九八八年，聶毓禪被聘為協和醫科大學護理系名譽主任。

聶毓禪沒有結婚，一生為建立和發展護理專業而努力，深受學生愛戴和敬重。

王冰

◈ 顧方舟、吳階平、鄧家棟等，《中國協和醫科大學校史》，北京：北京科學技術出版社，1987 年，頁 121–142。
◈ 王琇瑛，《護理發展簡史》，上海：上海科學技術出版社，1987 年。
◈ 李懿秀，〈記聶毓禪〉見《中華護理雜誌》，卷 23，1988 年 8–10 期。
◈ 〈聶毓禪〉見《中國現代科學家傳記》，集 2，北京：科學出版社，1991 年，頁 675–682。
◈ Ferguson, M.E. *China Medical Board and Peking Union Medical College.* New York: China Medical Board of New York, 1970.
◈ 「聶毓禪」見 <http://baike.baidu.com/view/1450240.htm>，2013 年 2 月 19 日查閱。

▥ 160 潘多 Pan Duo

潘多（1938–2014），出生於西藏昌都地區德格縣，是一位藏族登山家。

據潘多的丈夫、她的傳記作者鄧嘉善所述，她原是一名農奴，自小為主人放羊、紡羊毛和織布。後來，卑賤的農奴生活也過不成，她只好上街討飯，並以乞丐窩棚棲身。一九五九年，西藏歸中國行政管轄，她當上農場工人，後又被選入登山隊。她攀上了七千五百四十六米的慕士塔格峰（Mount Mushitage），因這項成就獲頒當年女運動健將的稱號。

兩年後，潘多和一隊男女混合登山隊衝擊七千五百九十五米的高峰，隊長就是她未來丈夫鄧嘉善，兩人在一九五九年認識。他在加入登山隊前學習測

量。攀爬途中，一名隊員感到不適，鄧嘉善不得不把他帶回基地，然後在基地等待山上隊員的消息。當基地的隊員聽到潘多和另一名叫西饒的藏族婦女登上峰頂時，都欣喜若狂；她們刷新了女子登山高度的記錄。

潘多登山生涯中最輝煌的時刻，是在一九七五年攀登珠穆朗瑪峰（Mount Everest）。那次她是副隊長，與其他八名男隊員從北坡登上了世界最高峰（8,848.13 米）。珠穆朗瑪峰的北面最難攀爬，此前僅有一支隊伍在一九六零年由此成功登頂，隊中包括三名中國男隊員。潘多是登上珠穆朗瑪峰峰頂的首位中國女性，也是史上第二位女性：第一位是比她早十一天登頂的日本登山家田部井淳子。為了這次攀登，潘多作了巨大的犧牲：她當年已經三十七歲，且有三個子女，為了專注於訓練，將子女送到無錫丈夫兄、姐處。她要遵行教練為她設計的一套嚴格鍛煉日程，以求減去生育後增加的體重。

攀登過程極其危險。比如在約八千米處，有一個被稱為「死亡之路」的台階，幾近不可攀越。潘多知道她會有劇烈的頭痛與惡心，且頂峰風速每秒達一百米。衝頂那天，天氣晴朗，後援隊可以清楚看到攀登隊員。頂峰空氣濃度只有海平面的四份之一，到達頂峰的隊員測得頂點精確高度為八千八百四十八點一三米，它置換了中國當局先前所用的八千八百八十二米，以及不同的國際測量人員所用的另外八組數據。潘多還做了一次心電遙測試驗，實際上就是在世界最高點做心電圖。

一九五九至七八年期間，潘多獲得國家體委頒發三枚榮譽獎章。一九七九年起任中華全國體育總會副主席；又先後在一九八四、八九年，兩度被評為建國以來最傑出運動員之一。一九六三年，潘多和鄧嘉善結婚。她說開始時，曾擔心大家文化背景有異，不知能否相處得來，但有次去了無錫渡假，和漢族丈夫及他的家人一起過，之後便放下心來。一九八一年，她從西藏遷居無錫，和子女團聚；並出任無錫市體委副主任一職。一九九八年退休。

蕭虹

龍仁譯

編者按：潘多退休後，成為上海市寶山區同洲模範學校的名譽校長，基本上每個月都會到學校。二零零八年北京奧運會開幕式上，她是八名護旗手之一。二零一四年在無錫病逝，終年七十五歲。

◇ 英文《中國婦女》編著，《古今著名婦女人物》，下冊，石家莊：河北人民出版社，1986 年，頁 1193–1198。
◇ 《中國大百科全書·體育》，北京：中國大百科全書出版社，1991 年，頁 239。

◇ 《中國當代文化名人大詞典》，北京：中國廣播電視出版社，1992 年，頁 673。
◇ 宋瑞芝主編，《中國婦女文化通覽》，濟南：山東文藝出版社，1995 年，頁 702。
◇ 王延郁，〈珠穆朗瑪峰頂上的女性〉見《體壇爭雄人物》，康捷、魏兵、柳霜主編，西安：太白文藝出版社，1995 年。
◇ 「潘多」見 <http://baike.baidu.com/view/316841.htm>，2013 年 2 月 21 日查閱。
◇ 「潘多走了」見 <http://news.163.com/14/0402/00/9OPMKM2Q00014AED.html>，2014 年 4 月 2 日，來源：《烏魯木齊晚報》，2014 年 12 月 16 日查閱。

▥ 161 潘玉良 Pan Yuliang

潘玉良（1895？–1977），原名陳秀清，後改名張玉良，畫家。生於揚州，父母雙亡後被賣到安徽河港城市蕪湖的茶館妓院。根據這段歷史以及她丈夫潘贊化是安徽人，安徽把她認作本省人。

潘玉良出身貧賤，卻成為現代中國首批女油畫家；二十世紀三十年代中期，一度成為南京國立中央大學油畫教授。不過，她大部份時間在國外從事創作：一九二零至二八年在歐洲留學，一九三七年重返歐洲寓居，直到去世。她原先在故土已少人認識，八十年代初又被重新發現；在中國改革開放的新時代，受到國內熱捧，視之為體現文化世界主義並取得藝術成就的表率。

即使沒有報刊文章和影視的渲染，潘玉良的一生亦極具戲劇性，可算曲折離奇。她之脫離妓院火坑，一如傳統故事中才德兼備的青樓女子，嫁予堪與匹配的士大夫，自此從良。不同的是，她的恩人兼丈夫潘贊化卻是思想先進的民國官員，早年加入同盟會，與革命運動關係密切。他亦未把玉良送到髮妻處，而是帶她到現代化的上海。在那裡，她開始對西方繪畫產生興趣，進入劉海粟（1896–1994）作風創新的上海美術專科學校；該校曾因在男女班上課時提供裸體模特兒，招致保守人士抨擊。她在一九二一年畢業，通過丈夫的官場關係取得公費赴法留學。

潘玉良在歐洲一住八年，與傳統從良妓女的做法截然兩樣，後者選擇留在家中，過體面的生活，而她則投身一個嶄新行業：當專業畫家。在里昂（Lyons）學習一段短時間之後，轉往巴黎，入讀饒有名望但藝術主張保守的巴黎國立高等美術學校（I'École des Beaux-arts），畢業後又赴羅馬國立美術學院（Academy of Rome）深造油畫。

一九二八年，潘玉良回到中國，像她這樣曾受全盤西方藝術訓練的第一代中國女畫家，為數不多。她先在上海母校執教，後轉往國立中央大學新成立的

藝術系擔任教授。但同校任教的巴黎同窗徐悲鴻（1895–1953）當時已頗有名氣，她因而相形失色。對她打擊更大的是，有關她過去的流言蜚語持續不斷：在一次展覽中，她的油畫被塗上一句：「妓女對嫖客的頌歌」的話。雖然她對潘贊化終生銘感，但可能與他傳統的嫡妻相處不融洽。不論如何，她決定返回巴黎，在那裡有更多機會發展她的藝術事業，也不會有人議論她的舊事。待她後來思鄉欲歸之時，抗戰和二戰爆發，接著是革命；那時，丈夫和劉海粟老師都被打成右派。到文革結束，她已垂垂老矣，次年悄然棄世。

潘玉良一九三七至七七年在巴黎的藝術生涯，曾得到中國報刊大事表揚，然而她在巴黎的日子看來十分艱辛。她在二戰後所作的水墨畫，風格中西合璧，比她較傳統的油畫，更受評論家認同。由於她繪畫裸女敏感細膩，加上後來的言行舉止稍顯粗獷，透著陽剛味，故外界對她的性傾向不無臆測。一九五七年，她在德奧爾賽畫廊（Gallerie d'Orsay）舉辦過一次口碑極佳的個人畫展，展品就是這一類作品。巴黎東方藝術博物館（Musée Cernuschi）收購了她部份展品，此外還藏有她的版畫和雕塑。聲名更顯赫的法國國家東方藝術館（Musée Guimet）委託她雕塑國畫大師張大千頭像。然而她得到的種種認可，並未為她帶來多少經濟收益，她死時潦倒，所住的蒙馬特（Montmartre）陋室仍有大批未能售出的畫作。

潘玉良畫作甚豐，有成百上千的油畫、水墨畫和速寫，對於剛開始再關注外面世界及現代西方藝術的中國來說，它們是重尋這位畫家風貌的資料來源之一。在三十年代曾受教於她的郁風，一九七八年抵達巴黎，看到了這些藏品。郁風本身是位有影響力的畫家和藝術評論家，她通過中國使館的關係，把畫作運回中國。在國內，數幅畫作送至北京中國美術館，但大部份未找到存放之處，直到另一位婦女出現，才有轉機。她叫石楠，比郁風年輕得多，是位教師，有志於寫作，對重新探索潘玉良的藝術成就，從而恢復她應有的地位，起了關鍵作用。

石楠婆家在安徽省安慶市，她就是在那裡找到有關信件，發現畫家潘玉良其人。她為潘玉良寫傳，取名《畫魂》，當中加插了虛構情節，最初在上海一本流行文學雜誌連載，其後在一九八三年由人民出版社出版單行本，成為全國暢銷書。在文藝界召開的一個研討會上，剛擺脫了文革條條框框的學者，急欲重新確立與國外的藝術聯繫，明知石楠筆下浪漫的女主人公的事跡存疑，也對潘玉良大為揄揚。八十年代初的中國，沒有人在意對歷史求真，新一代渴求探

索外面的世界，以圓自我實現的夢想。潘玉良的法國畫作在上海、廣州和許多小城市展出，吸引了大批熱情的觀眾。合肥的安徽省博物館樂於把潘玉良認作本省人，並把她全部展出作品收歸館藏，這樣一來，館內原來鄉土味特濃的藏品，立時添上國際色彩。以後數年，在現代媒體如電影電視的推動下，潘玉良名聲更響，而她的畫作也繼續在各處鄉鎮巡迴展覽。一九八八年，福州的福建電視台攝製了一個八集的特輯，介紹潘玉良的生平，大致採用石楠小說的手法，渲染潘玉良的內心衝突：一方面希冀浪漫愛情與家庭幸福，另一方面又全心全意追求藝術以求實現自我。這種兩難局面在許多受過教育的中國女性心中引起共鳴。電視台負責人是位剛步入中年的婦女，她叫何愛玲（譯音），畢業於上海電影學院。

潘玉良死後成了名人，在後毛澤東時代家喻戶曉的女電影演員鞏俐（參見該傳）也留意上她。一九九四年，石楠的《畫魂》搬上銀幕，電影與小說同名，由鞏俐飾演潘玉良，並由另一女性黃蜀芹執導，黃氏年齒較長，是頗有名氣的製片人。但到了那時，人們追新求洋的狂熱已經過去，這電影的票房一敗塗地。影評家亦不客氣，一則影評提到一幕鞏俐自當人體模特兒（相信潘玉良昔日也曾這樣）的裸體戲，認為這無非是在一部沉悶的影片中搞點「低劣的小把戲」而已。同一評論抱怨電影版《畫魂》無魂；如此批評，固然是針對這部演導俱佳的電影，但更重要的是，揭示了時代的變遷：九十年代已把八十年代送走了。潘玉良屬於八十年代，特別是八十年代初，當時的她，象徵具國際視野的新式、現代女性；她的書也極為暢銷。

潘玉良的光芒雖相對短暫，但並不意味這位畫家從此湮沒無聞；她在中國境外的作品，可以在國際藝術品拍賣會上，叫價達五位數字（以美元計）。不論國內外，新撰寫的二十世紀藝術史，都提及潘玉良將西方油畫引入中國，又把現代化的中國水墨畫帶到西方，雖無特意褒揚，已屬認可，也算踏出了重要的一步。

潘玉良是與眾不同的人物，從歷史的角度看，她扮演了兩個角色：在世時，她是位先驅，為婦女在新藝術新文化上開闢新途，由二十世紀初期的中國走向現代世界。去世後，她個人與藝術上的自我表現，對國內新一代的象徵意義更深刻，當然這一切已非她能目睹的了。她在現代中國藝術史上、性別史上、國際文化史上，看來都穩佔一席位。

Ralph Croizier

龍仁譯

◇ 石楠，《畫魂：張玉良傳》，北京：人民文學出版社，1983 年。
◇ 周昭坎，〈一位值得尊敬的女畫家〉見《中國美術》，1986 年 2 月 13 期，頁 1–5。
◇ 黃春秀，〈甘心無悔一畫魂〉見《雄獅美術》，1987 年 8 月 198 期，頁 57–70。
◇ 潘玉良，《潘玉良美術作品選集》，南京：江蘇美術出版社，1988 年。
◇ 胡應紅（譯音），〈《畫魂》無魂〉見《電影周報》，1994 年 8 月 21 日。
◇ *Quartre Artistes Chinoises Contemporaines: Pan Yu-Lin, Lam Oi, Ou Seu-Tan, Shing Wai.* Paris: Musée Cernuschi, 1977.

ᴵᴵᴵ **162 龐濤 Pang Tao**

龐濤，江蘇常熟人，一九三四年生於上海，畫家、研究員和繪畫老師。龐濤出生於藝術世家，父親龐薰琹（1906–1985）和母親丘堤（1906–1958）都是著名現代派畫家。她自幼習畫，一九四七年十三歲時就和弟弟龐均（生於 1936 年）一起在廣州省立圖書館舉辦首次畫展。翌年他們又在上海的義利畫廊再次舉辦聯展。

龐濤一九五三年畢業於北京中央美術學院，取得學士學位，翌年又取得碩士學位，自一九五五年起留校任教達三十餘年。一九八四年後，曾先後到巴黎和美國學習。一九八六年，中央美術學院因應現代藝術的發展而成立第四工作室，讓龐濤出任工作室的油畫教授。龐濤是首批到巴黎研究現代油畫技法和材料的教授，她把研究成果分載於《現代法國繪畫材料》（1992）及《繪畫材料研究》（1996），為後人留下寶貴的資料。

在中國大陸多年政治風暴之後，龐濤自一九八一年始，以《青銅的啟示》為題，創作了一系列以中國古代青銅設計為母題的畫作。它們都具扁平的圖像，呈一定的式樣；筆觸雄渾有力，意態鮮明，且著色大膽。她在創作中結合了中國古代文化藝術傳統與西方現代主義藝術形式，形成一種獨特的藝術風格。這批作品標誌著她藝術生涯的一個轉折點，就是由現實主義走向半抽象主義。

龐濤曾多次參加全國性油畫展並獲獎。一九七九年，在全國美術作品展覽中獲頒優秀獎，一九八零年贏得北京美術展覽的第一名獎。一九八三年，出版了《林崗、龐濤油畫集》。一九八六年，在中央美術學院美術館舉行個展，展出青銅系列的畫作。她的作品曾在五十多個大型美術展覽中展出。

龐濤的丈夫林崗（生於 1925 年）也是著名油畫家，曾於一九五四至六零年在蘇聯列寧格勒（Leningrad）學習，此後一直出任中央美術學院油畫系教

授。他們的女兒林延也是畫家，畢業於中央美術學院，現居美國，從事當代藝術創作。

邵亦楊

◇ [英] 蘇立文（Sullivan, Michael），〈憶龐薰琹〉見《決瀾社與決瀾後藝術現象》，台北：藝術家出版社，1997 年。
◇ 「龐均」見 <http://baike.baidu.com/view/223309.htm>，2013 年 2 月 21 日查閱。
◇ 「林崗」見 <http://baike.baidu.com/view/222893.htm>，2015 年 4 月 14 日查閱。
◇ 「龐濤」見 <http://baike.baidu.com/view/223315.htm>，2015 年 10 月 20 日查閱。

▪ 163 彭珮雲 Peng Peiyun

彭珮雲一九二九年生於湖南瀏陽，中華人民共和國國務委員兼國家計劃生育委員會主任。

彭珮雲的家庭背景和早年生活情況所知甚少。由於她後來在中國享有盛譽的大學讀書，可推斷她應是來自富裕家庭的高材生。抗戰後期，她就讀於昆明西南聯大；勝利後，大概由一九四六到四九年，曾於南京金陵大學、北平清華大學念書。一九四五年加入民主青年同盟；一九四六年十七歲時加入中國共產黨，大學時期一直從事地下工作。一九四九年畢業於清華大學社會系；另有材料說她在清華肄業，卻未提及畢業與否。

一九四九年共產黨在中國執政之後，彭珮雲不用再做地下工作；自一九五零到七八年，從事高等教育系統的黨務工作。第一個職位是清華大學的黨總支書記；第二個則是北京市委高等學校工作委員會常委。文革爆發時，彭珮雲是北京大學黨委副書記。一九六六年，北京大學出現了一份「大字報」，攻擊宋碩、陸平和彭珮雲，三人都是北京市委高校工委和北京大學的黨書記。約兩周後，陸平和彭珮雲被撤職。這大字報據說是聶元梓（參見該傳）在曹軼歐（參見該傳）指示之下帶頭張貼。聶、曹兩人都是江青（參見該傳）的追隨者，而江青則意圖搞垮北京市高教系統的領導。彭珮雲應該是在文革結束時，才能恢復部份職權，並成為北京化工學院革命委員會副主任。

一九七六年四人幫垮台後，彭珮雲調到國家科學技術委員會擔任一局局長（1978–1979），她的從政生涯也進入了一個新階段。一九八零年，又轉到另一個中央部門，即教育部，任政策研究室主任；一九八二年晉升教育部副部長。教育部更名為國家教育委員會後，出任教委會副主任。雖則她絕大部份時間在教育領域工作，但在一九八八年卻被任命為國家計劃生育委員會主任，負責一

些她從未接觸過的事務。當時她被擢升為國務院唯一的女國務委員，還出任中共中央紀律檢查委員會委員。

為了更好地履行職責，彭珮雲廣泛閱讀計劃生育方面的書籍，並外出調查研究，和專家、基層工人交談。她勸喻二十九萬在計劃生育部門工作的人員：要擴闊視野，引進更多策略來推展工作。她認為推行計劃生育應該和它間接帶給人民的許多好處：如使一家人更富有、生活更舒適、更幸福等聯繫起來，一併推廣。與此同時，她將計劃生育政策穩定下來，並總體上支持它持續推行，以免手下人員的工作量時輕時重。她還意識到，強制推行的一孩政策，會隨著環境的變化及各地區的特殊需要而有所變通。而她最重要的一著，便是將推行計劃生育的部份責任，交由各級政府官員分擔，令這項事業不僅是計生工作人員的職責。她這策略看來奏效，自一九八八年以來出生率逐年下降；據二零零零年的人口調查，出生率為十六點一二，較一九九四年的十七點七為低。

一九九八至二零零三年，彭珮雲出任第九屆全國人大常委會副委員長、全國婦聯主席；一九九九至二零零九年擔任中國紅十字會會長，一九九九年當局頒予第八屆諸福棠獎，以表揚她在保護及促進兒童福利所作的貢獻。她也是中共第十四、第十五屆中央委員；第九、第十屆全國婦聯名譽主席。

據說彭珮雲為人積極活躍，精力充沛，實事求是且謙遜待人，在工作上一絲不苟。她的丈夫王漢斌也是政府官員，兩人在西南聯大時期相識，不知有無兒女。

蕭虹

龍仁譯

◇ 博文，《華夏婦女名人詞典》，北京：華夏出版社，1988 年，頁 999。
◇ 《中國人名大詞典：現任黨政軍領導人物卷》，上海、北京：上海辭書出版社、外文出版社，1989 年，頁 341。
◇ 《中國高層新陣容》，香港：冠雄發展有限公司，1993 年，頁 183–185。
◇ 「彭珮雲」見 <http://www.baike.com/wiki/%E5%BD%AD%E7%8F%AE%E4%BA%91>，2015 年 10 月 20 日查閱。
◇ 「彭珮雲」見 <https://zh.wikipedia.org/wiki/%E5%BD%AD%E7%8F%AE%E4%BA%91>，2015 年 10 月 20 日查閱。

▥ 164 彭子岡 Peng Zigang

彭子岡（1914/1916–1988），原名彭雪珍，生於北平，江蘇蘇州人。她是記者，在二十世紀三十至四十年代，因在撰寫新聞時加入文學元素而聲譽鵲

379

起。她亦是知名報刊編輯。

一九三四年，彭子岡於蘇州振華女校畢業後，進入北平中國大學，但僅在該校學習一年。一九三六年起，為婦運活躍份子沈茲九（參見該傳）所辦的上海雜誌《婦女生活》工作。同年與《大公報》記者徐盈結婚。任《婦女生活》編輯期間，被派採訪七君子之一的史良（參見該傳）。七君子者，是指因鼓吹抗日而遭國民黨政府關押的七個著名知識份子。她在採訪後為《婦女生活》所撰寫的報導，被認為對輿論造成影響，有助於七君子最終獲釋。

一九三八年，彭子岡加入中國共產黨，在抗日戰爭和隨後的內戰期間（1945–1949），任《大公報》駐重慶、北平兩地記者。此時期她撰寫有關社會活動、家庭生活的報導；以至醫院及文人動態的專訪，深受讀者歡迎。以文學筆觸寫作新聞的創新手法，成了她的獨有風格，不僅為人接受而且贏得稱許；有人甚至仿效，從而催生了一種新式的報告文學。毛澤東（1893–1976）在一九四五年赴國民黨控制下的重慶，她寫了題為〈毛澤東先生到重慶〉的報導，令人讀後難忘。一九四六年，即內戰時期，她到監獄採訪被國民黨拘押的中共幹部，之後加以報導，由於拘押事件曝光，受害人迅速獲釋。她就是這樣，以手中之筆為武器，為中共出力，與國民黨鬥爭。

一九四九年中華人民共和國成立後，彭子岡為天津的《進步日報》及《人民日報》工作。一九五零年出訪匈牙利參加世界青年大會，翌年被接納為中國作家協會會員，後又任《旅行家》雜誌主編。她的報告文學作品結集出版，可分見於《老郵工》和《雪亮的眼睛》。她的旅遊見聞則收入《蘇匈短簡》。一九五七年反右運動中，她和丈夫徐盈都被打成右派。她於一九七九年獲得平反，恢復了《旅行家》主編一職。八十年代，她健康不佳，但仍寫作不輟，寫了〈人之初〉、〈塑像〉等抒情散文。她和徐盈有無子女，不得而知。

彭子岡是中國早期的女記者、報刊編輯。她所編報刊，不僅探討固有的婦女問題，還談論社會普遍關心的事物。像她這樣的女性編輯，實在是鳳毛麟角。

蕭虹
龍仁譯

◇ 李立明，《中國現代六百作家小傳》，香港：波文書局，1977 年，頁 427。
◇ 英文《中國婦女》編著，《古今著名婦女人物》，下冊，石家莊：河北人民出版社，1986 年，頁 891–895。
◇ 中國婦女管理幹部學院編，《古今中外女名人辭典》，北京：中國廣播電視出版社，1989 年，頁 318。
◇ 《中國人物年鑒，1989》，北京：華藝出版社，1989 年，頁 14。

165 錢劍秋 Qian Jianqiu

錢劍秋（1911–1996），字嘯辰，生於上海，江蘇省鎮江縣人，法學家與婦女工作領袖。

一九二八年，錢劍秋以第一名畢業於上海法科大學，之後到美國西北大學深造，師從世界法學權威格摩爾（John Wigmore）研究證據法，獲得法學博士學位，成為中華民國早年第一位在美獲得法學博士學位的女性。一九三一年回國後，在上海開設律師行，並任教於上海法政學院。一九三七年擔任國民黨上海市黨部委員，一九四五年又奉派為中央婦女運動委員會委員，之後歷任多個黨職。

一九四九年中共執政後，錢劍秋隨國民政府遷台。因才華出眾，協調能力強，深獲宋美齡（參見該傳）賞識，徵召她出任國民黨中央委員會婦女工作會主任。在任內，遍訪各縣市，建立各級婦女組織及體制，積極推動婦女工作，其中一項便是廣為各界重視的「齊家報國」運動。從一九五四到九一年，她也兼任中華婦女反共聯合會總會常務委員、國民黨第九至第十二屆全國代表大會中央委員、中央評議委員兼主席團主席等。

除擔任黨職之外，錢劍秋也未放棄她的法學專業。多次代表中華民國出席國際婦女法學聯合會年會，歷任聯合會執行委員及教育委員會召集人。一九八二年更被選為第一副會長，並獲頒榮譽獎章。此外，也曾參與聯合國人權委員會就婦女在親屬法中的地位而召開的會議，會上討論了親子關係及親權行使的問題。之後，她將自己的觀點寫成《親屬法研究》一書出版。一九九六年病逝於台北耕莘醫院。

錢劍秋一生從事婦女工作，是國民黨遷台後婦女工作的主要執行者，著有《三十年來中國婦女運動》、《中華民國婦女之社會地位》等書，表達她對婦女問題的關切。錢劍秋的丈夫是她在美國西北大學讀書時的同學，兒子是賓夕凡尼亞大學的環境學博士。

何淑宜

◇ 《中華民國當代名人錄》，冊 1，台北：台灣中華書局，1978 年，頁 186。
◇ 張珂，〈錢劍秋〉見《傳記文學》，卷 69，1996 年 5 期，頁 5。

166 錢希鈞 Qian Xijun

錢希鈞（1905–1989），參加一九三四至三五年中國共產黨長征的三十名

婦女之一。她出生於浙江省諸暨縣一個貧農家庭,很小便被賣作童養媳。未婚夫婿張秋人思想進步,拒絕包辦婚姻,後成為共青團創始人之一。錢希鈞後來嫁給毛澤東(1893–1976)的大弟毛澤民(1896–1943)。

錢希鈞於一九二四年加入共青團,翌年轉為中共黨員。遷居上海後,便與作家丁玲(參見該傳)一樣,進入共產黨開辦的免費學校。一九二六至三一年間,一面繼續求學,一面從事地下工作(出版發行革命宣傳材料)。她和毛澤民就是在這段期間共事並結為夫婦(1926)。一九三零年末,毛澤東的妻子楊開慧(參見該傳)被軍閥殺害,三個兒子便交由叔嬸毛澤民和錢希鈞照料,數月後,二人被派往江西蘇區,只好將孩子留在上海,當時是一九三一年。到了瑞金,毛澤民出任蘇區國家銀行第一任行長,錢希鈞在中央政府內當一名支部書記,並成為毛澤民的助手。長征中,她是總衛生部幹部休養連的工作組成員、國家保衛局檢查員,負責宣傳鼓動,僱擔架員,籌糧籌款等工作。一九三七年,她還與危拱之(參見該傳)一道將一筆巨額的國際捐款,從上海偷運到西安,這項危險任務,花了四個月才完成。此後她與丈夫在西北的新疆待了四年(1938–1942)。毛澤民被背叛共產黨的軍閥盛世才殺害後,她回到延安,進入多間黨校學習。一九四五至四六年間,她和周小鼎結婚,之後隨夫前往上海,組織工人罷工。她有一個過繼的女兒叫周幼勤。

一九四九年後,錢希鈞擔任食品局副局長、輕工業部辦公廳副主任,又當選全國政協委員(1959,1965,1978)。她在文革期間的遭遇不詳,於一九八九年九月去世。

Sue Wiles

龍仁譯

◇ 郭晨,《巾幗列傳:紅一方面軍三十位長征女紅軍生平事蹟》,北京:農村讀物出版社,1986年,頁 28–34,149,194。
◇ 劉敬懷、毛樹成,〈傑出的紅軍宣傳員〉見《紅軍女英雄傳》,瞭望編輯部編,北京:新華出版社,1986年,頁 102–117。
◇ 「錢希鈞:前半生戰鬥,後半生回憶」見 <http://www.zjrb.cn/d90zn/2011-6/22/content_1279.html>,2011年6月22日,來源:《諸暨日報》,2013年2月21日查閱。

▥ 167 錢瑛 Qian Ying

錢瑛(1903–1973),祖籍湖北省咸寧縣,出生於同省潛江縣。她在中國共產黨和中國人民共和國擔任紀律檢查與監察工作,以表現出色而知名。錢瑛

的父母錢訓臣和彭正元在潛江縣開有中藥店。錢瑛早期受教於潛江和咸寧多家
私塾。少女時期,她以自殺反抗包辦婚姻,為自己贏得了自由,並表明決心,
要和男人一樣讀書和幹一番事業。一九二三年二十歲那年前往武漢,打算投考
湖北省立女子師範學校,在叔叔錢介盤的幫忙下,獲得取錄,錢氏乃共產黨的
革命活動家與教育家。在那裡,她結識了夏之栩、楊子烈(參見該傳)等女同
學。在她們的影響下,她照顧北伐中受傷的戰士,還派發革命傳單。一九二七
年,在國共合作失敗後,共產黨人被追捕與迫害之時,她加入了中國共產黨。

　　錢瑛參加了一些共產黨所組織的重要行動。一九二七年參與籌劃八月的南
昌起義與十二月的廣州公社起義,首次顯露她在處事、領導方面的才能。兩次
起義失敗後,轉到上海任總工會秘書。這時候與同事譚壽林結婚。次年,剛發
現自己懷孕,仍遠赴莫斯科東方勞動者共產主義大學學習。她在莫斯科生了個
女兒,並託付給保育院照料。一九三一年回國,由於擔心孩子會令她不能專心
工作,於是便將她留在莫斯科。這孩子後來下落不明,四十年代初納粹德軍轟
炸莫斯科,相信她是在那時死於戰火。一九三一年四月,譚壽林在上海被捕,
不久遭處決。錢瑛決定不再結婚,從那時起全身心地投入共產黨革命之中。

　　回國那年,錢瑛與幾個共產黨員一起被派往湖北,受命建立根據地。翌年
國民黨軍隊向這個幾無防禦力量的根據地進攻,錢瑛帶領數百名戰士深入敵軍
後方,對保衛根據地起一定作用。這事件後來在六十年代被拍成電影《洪
湖赤衛隊》,令她名揚於世。由於國民黨強力進攻,最後不得不放棄根據地。
一九三二年九月,她扮成農婦,突破敵軍封鎖線前往上海,被重新分派到江蘇
省,擔任省黨委婦女委員會秘書。後來她和其他婦委委員被出賣,一同被捕。

　　錢瑛在南京國民黨監獄中渡過了四年,期間秘密聯繫了所有在囚的女政治
犯。她們組織了一連串絕食抗議行動,每次都成功迫使監獄當局讓步。錢瑛經
常鍛煉,保持身心健康。她還要求允許女犯向美國人牛蘭夫人汪得莉(Gertrude
Noulens-Ruegg)學習英語。汪得莉持有瑞士護照,因特務罪被監禁。錢瑛的
目的是通過學習英語報紙,知悉外面的新聞。錢瑛和獄友的其中一次絕食抗
議,就是要求釋放牛蘭夫婦,結果如願。

　　一九三七年,國共兩黨達成第二次合作,所有政治犯都獲得釋放。以後幾
年,共產黨人可以公開工作。錢瑛被派往家鄉湖北,出任共產黨省委組織部部
長,後來升任省委書記。她將當年與同事為根據地製定的黨員與組織架構,重
新推出,並通過吸收新黨員來擴大黨的影響力。此後,她在湖北與湖南先後擔

任多個黨內職務。

為貫徹統一戰線政策，錢瑛與李宗仁、白崇禧等國民黨將領建立了友好關係。這些將領要求共產黨派出政治指導員，協助激發白區士兵與地方官員的抗日情緒。錢瑛於一九四一年調往南方局擔任要職，之後前往延安學習，並參加整風運動。在整風運動中，許多曾在白區工作的共產黨員被誤指為叛徒與特務。錢瑛無懼名聲受損，為她所知的忠實黨員作擔保。一九四五年當選第七次全國黨大代表。

抗日戰爭結束後，錢瑛調往華東，擔任重慶、南京和上海的共產黨組織部部長。一九四六年，國共第二次合作正式結束，共產黨中央委員會指示，白區所有工作撥歸上海局領導。錢瑛當時負責四川、雲南、貴州與湖南地區的地下工作；兼管北平與天津地區的學生運動。她按照黨的指示轉入地下活動，爭取民眾的信任和支持，等待合適的時機開展下一個行動。那年北平一名女大學生不幸被美國兵強姦，錢瑛等待的機會到來了。這次事件像一根導火線，激發了大學師生及各界名人上街示威，游行抗議。錢瑛指示共產黨員領導全國各地學生支持北平運動，掀起了戰後第一次全國性學生運動；接著在一九四七年，又進行了「反饑餓、反內戰、反迫害」運動。由那時起直到一九四九年共產黨上台之時，共組織了十多次學生運動，每次都以共產黨得益告終。

錢瑛的策略是當國民黨政府犯錯之時緊抓不放，選擇對共產黨最有利的時機與場所推行運動，一旦達到高潮，即把運動結束。她指示部下，要將力度由抗議示威轉向團結一切可以團結的力量。她還將中間份子列為特殊的團結對象；並下達指引，要鼓動國民黨軍政官員投誠，而至關重要的，是阻止快要下台的國民黨在撤退之際，破壞工廠、交通設施、學校等建設。由於她策略得宜，談判奏效，共產黨在未打一槍的情形下便解放了湖南。

中華人民共和國成立的那一年，錢瑛繼續在武漢擔任黨內職務。她任中共中央華中局的委員、組織部部長。十二月，她被確認為中南局常委委員和婦女工作委員會領導。一九五零年，中南軍政委員會地區政府成立，她被任命為委員，當過政務院監察委員會副主任和中南軍政委員會人事部部長。一九五二年，她由中南局紀律檢查委員會副書記晉升為中南局書記。由此可見，她同時擔任黨政職務。

一九五二年初，錢瑛因在地方工作表現出色，調至北京，進入中央政府與中央委員會工作。她在兩處的工作都與紀律檢查有關，相信並非偶然。她

先任政務院監察委員會副主任，後任中華人民共和國監察部部長。黨工作方面，她成為中央紀律檢查委員會副書記。當中央監察委員會取代中央紀律檢查委員會之後，她擔任新委員會的副書記。在任期間，她帶領工作組去有紀律問題的東北、安徽以及甘肅等地區。據說她為蒙冤的官員翻案，揭發違法之人，還請求緊急送糧，救濟甘肅飢民。一九六二年，她處理五七年以來被打成右派的同志時，採取措施加速平反工作，因而得到稱許。她這樣做是需要勇氣的：為了替這些人平反，免不了開罪更多的人。她因此受到了高層領導劉少奇（1898–1969）與周恩來（1898–1976）的讚賞，贏得「女包公」的美譽。

文革期間，江青（參見該傳）與林彪（1907–1971）之流聲稱，監察委員會看似是宣傳反革命路線，但實質是復辟資本主義的工具。因此他們命令錢瑛在監護下接受審查。這段期間，她承受了各種侮辱與殘酷的迫害。甚至當一九七二年她被確診患有肺癌被送去醫院時，仍然在監護下接受治療。她身邊並無任何醫療人員，只有兩名監護人員。次年死於肺癌，終年七十歲。一九七八年，黨領導鄧穎超（參見該傳）與廖承志出席了她的骨灰安放儀式，廖氏講話時稱她為「我黨一位有威望的女幹部」。

錢瑛的一生中，曾就共產黨的歷史、發展，以及黨員紀律問題，撰寫了許多重要文章。早於一九三一年，她發表題為〈論怎樣建立鄉村工會〉的報告，全面論述了團結鄉村工人的重要性，強調必須對他們進行革命思想與行動的教育。後來她還有一篇範圍更廣的歷史文章，闡述中國共產黨在中南地區的任務。一九五三年，她寫就〈兩年來黨的紀律檢查工作的基本總結和今後工作的意見〉。

二十世紀三十到六十年代，中國擁有實權的女共產黨員屈指可數，錢瑛是其中的一個。她開始時在地方層面工作，後來拾級而上，調往北京黨中央委員會與中央政府。假若她的從政生涯沒因文革而中止，她或許就是位罕有的真能撐起半邊天的女性。

蕭虹

張建農譯

◇ 英文《中國婦女》編著，《古今著名婦女人物》，下冊，石家莊：河北人民出版社，1986年，頁 653–657。
◇ 《中共黨史人物傳》，卷 30，西安：陝西人民出版社，1986年，頁 242–272。
◇ 《華夏婦女名人詞典》，北京：華夏出版社，1988年，頁 852。
◇ 中國婦女管理幹部學院編，《古今中外女名人辭典》，北京：中國廣播電視出版社，1989年，頁 325–326。

◈ *Who's Who in Communist China.* Hong Kong: Union Research Institute, 1969.
◈ Klein, Donald W., and Anne B. Clark. *Biographic Dictionary of Chinese Communism, 1921–1965,* Cambridge, Mass.: Harvard University Press, 1971.

▥ 168 錢正英 Qian Zhengying

　　錢正英出生於一九二三年，祖籍浙江嘉興，在上海長大。她是位工程師，一九五二至八八年期間先後擔任中國水利部副部長和部長。

　　錢正英的父親錢石曾曾在美國學習工程，抗日戰爭期間鼓勵她進入上海的大同大學學習土木工程。一九四一年，她加入共產黨。翌年，她已是黨分支部書記，還差半年便大學畢業，可是由於政治身份，不得不離開上海。她到了華中新四軍剛剛建立的淮北共產黨根據地，做了兩年的宣傳與教育工作，以為再也不會有機會當工程師。豈料後來卻調往管理河務，在實地調查研究前，必先大量閱讀有關資料。雖身為女性，卻從不覺遭人歧視、輕視，這令她深感欣慰。一九四四年淮河決堤之時，錢正英得到指令加入復堤組，在蚌埠與臨淮關一帶工作。一九四五年蘇皖邊區政府成立之後，她調進水利局，沿著大運河修堤，以防水災。她肩負愈來愈重要的任務，人們也逐漸認識到她是位能幹的工程師。一九四七年調到山東，協助對抗黃河的冰汛。冰汛的形成，是由於河水在冬天封凍成一段段，之後冰面碎裂成塊，交錯堆積起來，堵住河水。冰塊堵塞的地點從來很難預測，但每逢堵塞，總會造成特大水災。那年，她與軍民並肩抗洪，由軍人在適當地點放置炸藥爆冰，最終合力防止了水災。

　　一九四九年中華人民共和國成立之時，錢正英被任命為華東軍政委員會水利局副局長；同年調往黃河水利委員會。一九五零年被提升為山東淮河河務局副局長兼總工程師，後來職稱改為山東省治淮工程部副部長。

　　一九五二年起，錢正英開始在中央水利電力部（該部反覆使用水利部和水利電力部這兩個名稱）任職；當部長多年，直到一九八八年晉升第七屆全國政協副主席為止。一九五七年兼任海河水系治理委員會副主任。

　　錢正英擔任水利電力部副部長、部長期間，積極投入水利工作。她經常走訪各地，巡查有關水利工程，指導防汛工作。就如在一九五三年，她帶隊到東北，檢查渾河大火房水庫的工程進展。她還受命處理一些中國最大型的水利項目，部份且涉及重大的技術難題，諸如淮河上的水庫，北京附近的密雲水庫，黃河上游的劉家峽水電站、長江流域的葛州壩等。

　　葛州壩的工程，正好印證了錢正英如何投入工作。該壩的整個工程由四萬多名民工前後用了五年時間完成。竣工之時，她已五十八歲，但仍上上下下跑了一千多梯級，在濕滑的地道中濺水而行，到處檢查。同事都認為她這個部長工作效率高，辦事果斷，且願意承擔責任。她的這些優點在一九八一年葛州壩合龍一事上，可說表露無遺。當時，各人對於何時合龍意見分歧。她對整個項目的每一階段細心考核之後，在一月三日進行試合，按計劃需時一天。她和手下的工程師在現場查看已收窄河道的水流衝力。他們根據所得新數據，召開了緊急會議，決定一次過完成合龍工程，結果僅用了三十六小時，而非預定的七天。當葛州壩逐漸合上時，舉國上下通過電視屏息觀看。她一直留在現場，在工人、推土機背後，給予支持。合龍完成當天，傍晚下起大雪，一下數天，如果合龍尚未完成，必定會延誤進度而令人懊惱；全仗她果斷行事，才不致有此情況。九十年代，社會上對長江流域興建三峽水庫事爭論不休，她卻積極支持。

　　在政治方面，錢正英還是學生之時便擔任黨的領導工作。在五十年代，她二十七歲那年，被任命為有實權的華東軍政委員會委員。自此在政壇拾級而上。一九五四年當選第一屆全國人民代表大會代表。一九六二年就水利工作情況在人大會議上做了報告。一九八八年從水利電力部部長一職退下來，接著升任全國政協副主席，至一九九三年止。一九九四年擔任第六屆中國紅十字會會長；一九九七年當選中國工程院院士；翌年出任第九屆全國政協副主席。從一九七三至九七年，任中國共產黨中央委員會委員。

　　錢正英在婦女運動中也起了領導作用。一九四九年以來，一直是全國婦女聯合會執委會成員。一九五七年帶領婦女代表團，參加了莫斯科十月革命四十周年慶典。七十年代還去了阿爾巴尼亞與斯里蘭卡；七十年代後期至八十年代期間，共訪問了亞洲、非洲、歐洲、南北美洲的二十多個國家。

　　錢正英通曉英語，據說比一般的南方婦女要高大，為人直率。她的丈夫叫黃辛白，曾出任教育部副部長，兩人育有三名子女，一家都喜愛游泳。

　　錢正英是中華人民共和國最早期的女部長之一，她與別不同之處，是她被任命的職位，傳統上並非由婦女擔當。若要在中國這個以男性為中心的國度，尋找真正成功的婦女，錢正英無疑便是其中的一位。

蕭虹
張建農譯

◈ 中國婦女管理幹部學院編，《古今中外女名人辭典》，北京：中國廣播電視出版社，1989年，

頁 326。

◇ 博文，《中國高層新陣容》，香港：冠雄發展有限公司，1993 年，頁 255–257。

◇ *Who's Who in Communist China.* Hong Kong: Union Research Institute, 1969, 143.

◇ Chang Jialong. "Sidelight on a Woman Minister." *Women in China*, no. 1 (January 1982) : 6–8.

◇ Bartke, Wolfgang. *Biographical Dictionary and Analysis of China's Party Leadership, 1922–1988.* Munich: Saur, 1990, 169.

◇ *Who's Who in China: Current Leaders*. Beijing: Foreign Languages Press, 1994, 501.

◇ 「錢正英」見 <http://baike.baidu.com/view/286990.htm>，2015 年 10 月 20 日查閱。

ⅢⅢ 169 琦君 Qijun

琦君（1917–2006），本名潘希真，浙江省永嘉縣（今溫州）人，有深厚中國古典文學基礎的當代女作家。

琦君出生在一個十分傳統的家庭，是家中獨女。父親潘國綱是當地一名飽讀文史、精研戰略的軍官，生平酷愛詩詞。琦君五歲時，他請了一位叫葉巨雄的舊式塾師來家裡教她識字。她七歲開始讀《詩經》、唐詩，因經常聽母親在家中的佛堂念佛經，她跟著念，久而久之，對一些佛經也背得琅琅上口。家中有一位她至今念念不忘的老長工阿榮伯，是她兒時最要好的玩伴。阿榮伯教了她不少兒歌，也給她講永遠講不完的兒童故事，增長了她的見識，對這段童年日子，她緬懷不已。她十四歲考進杭州著名的教會學校弘道女子中學，在這之前她早已在家中讀過《左傳》、《論語》、《孟子》、《女論語》、《女誡》、唐宋古文等古籍，《三國演義》、《東周列國志》等文言小說及一些白話通俗的武俠小說和言情小說，能寫一手漂亮的文言和白話文章，還在念初中時就被同學封為「文學大將」。

琦君十七歲開始寫小說投稿，但都被報社退回。十九歲獲報刊登載第一篇拿稿費的作品〈我的朋友阿黃〉。高中會考通過後，進入杭州之江大學中文系。之江大學位於錢塘江畔的六和塔旁邊，據說是世上風景最優美的大學之一，它的中文系在當時頗有名氣。在學期間，她讀了很多書，包括張恨水、蘇曼殊等新文藝作家的作品。中文系系主任夏承燾是琦君的同鄉，精於詞學。他指導她研習老莊學說，以及中國其他文學、哲學典籍，又教她作詩填詞，還極力鼓勵、引導她走上文學創作的道路。大學裡一位教英文的外國女老師一直鼓勵她主修外國文學，但夏承燾不贊成，認為以她的資質及已具有的基礎，應該在中國文學方面下功夫，學外文只是輔助她對外國文學的了解。夏承燾對她的學業和事業可說是影響至深的人。一九四零年夏承燾返回故里奔喪，由另一位聞名的詞

人龍沐勳代他教《詞選》。琦君在兩位現代著名詞人薰陶下，在寫詩填詞方面，打下扎實的基礎。

　　一九四一年，琦君大學畢業後到上海匯中女中教書。她自編自導了一個話劇，讓學生演出，當中包括盧燕，她後來成為台灣與好萊塢的電影明星。一九四五年抗戰結束後琦君返回杭州，任教母校弘道女中，同時在浙江高等法院任圖書管理員，這一職位使她有機會閱讀大量書籍和雜誌，進一步擴大知識面並加深對文學的興趣。

　　一九四九年五月，琦君移居台灣，經《中央日報·婦女家庭版》主編武月卿介紹，認識了許多文學界人士，並開始發表小品、散文及小說。在這期間，她出版了很多書：短篇小說集有《姊夫》、《菁姐》、《百合羹》、《繕校室八小時》、《七月的哀傷》等；散文集有《琴心》、《煙愁》等；小品集有《琦君小品》，當中收入了〈紅紗燈〉及其他小品；兒童小說有《賣牛記》和《老鞋匠和狗》。一九六四年獲得中國文藝協會頒發的散文創作獎章。

　　因自幼在家裡耳濡目染佛教文化，琦君擅長以悲天憫人、溫情脈脈的筆調寫家庭、故鄉、童年。她善於在看似平淡的敘事描人狀物中注入深情。但又不呼天搶地、一味濫情，更不矯揉造作、無病呻吟，而總是用哀而不傷、厚重自持的詩境化解憂傷，形成其平和繾綣的散文風格。

　　自從遷居台灣以後，琦君一直在司法行政部任職，處理一些行政工作，同時也負責編審囚犯的教化教材。她訪問過不少監獄，因而蒐集到大量別人不易得到的寫作素材，擴展、豐富了本身作品的內涵。她在一九六九年退休，開始在文化學院、中興大學和中央大學兼任教席，並繼續寫作、出版作品。對所寫的書，她較為喜愛的計有《三更有夢書當枕》、《桂花雨》、《細雨燈花落》等。一九七零年獲中山學術基金會頒予文藝創作散文獎。一九七二年應美國政府邀請，訪問夏威夷及美國本土。一九七七年，任職會計師的丈夫李唐基赴美工作，遂隨夫留居美國紐約三年。一九八零年自美返台，到中央大學中文系教書。第二年，出版一本談論詞學的著作《詞人之舟》。一九八三年，再與丈夫前赴美國定居。一九八五年，她的《琦君寄小讀者》獲台灣行政院新聞局頒授圖書著作金鼎獎。

林松

　　編者按：二零零四年，琦君偕夫返台定居。二零零六年病逝台北。

◇ 隱地編，《琦君的世界》，台北：爾雅出版社，1985 年。

◇ 琦君，《懷情舊景燈》，台北：洪範書店，1987 年。
◇ ──，《三更有夢書當枕》，台北：爾雅出版社，1990 年。
◇ 王晉民主編，《台港澳文學作品精選》（詩歌散文卷），廣州：廣東高等教育出版社，1998 年。
◇ Ch'i-chün. "The Chignon," trans. Jane Perry Young. In *Bamboo Shoots After the Rain: Contemporary Stories by Women Writers of Taiwan,* eds. Ann C. Carver and Sung-sheng Yvonne Chang. New York: Feminist Press at the City University of New York, 1990, 26–31.
◇ 「琦君」見 <http://baike.baidu.com/view/3921.htm>，2012 年 11 月 27 日查閱。

▥ 170 瓊瑤 Qiong Yao

瓊瑤是陳喆的筆名。她祖籍湖南，一九三八年生於四川成都，言情小說家，華人社會最著名的作家之一。她的小說在華語地區廣泛流傳，並有多部譯成越南文、印尼文、韓文、日文等外文。她不僅以小說聞名，根據她的小說改編的許多電影和電視連續劇，也令她名譟一時。例如，一九九九至二零零零年之間拍攝的一部電視連續劇《還珠格格》，在台灣和中國大陸都獲得巨大成功，讓台灣新人林心如和大陸演員趙薇一夜走紅。

瓊瑤家有四個孩子，瓊瑤為長女，有一雙胞胎弟弟。陳家在抗日戰爭及之後的國共內戰多次遷徙，一九四九年在國民黨軍隊戰敗而中華人民共和國成立之際遷至台灣。父親陳致平在台灣師範大學中文系任教授；母親袁行恕做過中學教師。瓊瑤高中最後一年，未能通過大學入學考試，翌年重考，再次失利。她不久萌發了當作家的念頭，遂潛心於小說寫作。她一九五九年結了婚，兩年後生下兒子，也是她唯一的孩子。

瓊瑤的處女作〈情人谷〉也在她生孩子的同一年（1961）在《皇冠》雜誌發表。第一部長篇小說《窗外》於一九六三年發表，先在《皇冠》雜誌連載，後由皇冠出版社出版。不久她離婚，但創作事業卻一帆風順。三十歲時，出版的言情小說已逾三十部。她於一九七九年再婚，丈夫是她的出版人平鑫濤，他自出版她的第一部小說起就一直鼓勵支持她的寫作事業。平鑫濤也是來自大陸的外省人，在台灣文學界頗有名氣。他不僅創辦了《皇冠》雜誌（1954）與皇冠出版社，而且還編輯過《聯合報》頗具影響力的副刊。瓊瑤自傳《我的故事》（1989）概述了她第二次婚姻前的人生經歷。

瓊瑤的成功與平鑫濤的出版企業密切相關。她的小說成為《皇冠》的一個賣點，這雜誌自二十世紀六十年代起，便將瓊瑤打造成華文讀者中一個家喻戶曉的名字，不僅在台灣如此，通過兩套海外版本，在東南亞和北美亦如此。此

外，平鑫濤在七十年代還成立了一家電影公司（後來解散），將瓊瑤的小說拍成電影。兩人都負責編寫劇本。八十年代初期，中國大陸開始出現各種盜版的瓊瑤小說，民眾也可觀看改編自她小說的電影，她在那裡的知名度大增。

瓊瑤的第一部小說《窗外》是她最具影響力的著作。故事講述一個孤獨的高中女生如何應對高中最後一年的壓力，如何面對決定她前途的高考。她有一老師，中年鰥居，對她鍾情，爾後兩人相愛。女生的母親卻千方百計加以阻擾，務求終止他倆的關係。後來，她成功了，教師被迫離開台北到一所鄉村學校工作，終日借酒消愁。而那場至關重要的考試，女生仍是考不上。母親擔心女兒戀愛不得其時，以致影響了她的未來，所以橫加阻撓，到頭來，女兒並沒能過上母親所期許的生活。這個故事是根據瓊瑤的個人經歷寫的，而她的自傳也表示，小說頭十四章所描述的與她當年的生活十分相近。

《窗外》獲得了文評界的認可。文評家認為這部小說反映了六十年代台灣兩代人之間因不同的選擇與期盼而產生的矛盾，並譽之為重要的批判性作品，且稱瓊瑤為前程遠大的新進作家。《窗外》令瓊瑤成為公認的嚴肅作家，但這個形像很快就起了變化。她的小說以愛情為核心——追求完美的男女愛戀，重點描述最後能否長相廝守還是慘烈分手；加之她產量又極高，以男性居多的文學研究者都偏向不重視她的小說。愛情與浪漫情節——人們認為女性所關心的問題——被文評家和讀者看成是瓊瑤小說最重要特色，為此，她一般被歸類為言情小說作家。

瓊瑤早期的小說大多寫得像散文，且加入詩歌，人們對此毀譽參半。故事中的男女主人翁總是長得英俊漂亮；名字浪漫，與眾不同；品格高尚（即使有缺陷）。小說的名稱也大都蘊含典故。這些特點可追溯到「鴛鴦蝴蝶派」一類的文學，即二十世紀初一些職業作家為吸引更多女性讀者而寫的暢銷小說。當時中國沿海城市的印刷和出版業正急劇轉型，開始可以大量發行書籍，這類「鴛鴦蝴蝶派」小說便是在那裡出版。將瓊瑤與「鴛鴦蝴蝶派」作家相比，可以從商業及文學的角度看。瓊瑤的言情小說深受讀者歡迎，流傳極廣，開台灣同類商業作品的先河。再者，她的小說大多以悲劇和別離收場，戀人幸福地結合的很少，這也有可能源於鴛鴦蝴蝶派的小說傳統。然而，這兩個時期的小說卻有一極為重要的區別：瓊瑤的小說以女性為中心，而「鴛鴦蝴蝶派」的小說則以男性為中心。瓊瑤的女主人翁既是情節變化的重心又是情感表現的重心，而且整個故事是從女主人翁的視角來展開的，這在瓊瑤小說中幾乎無一例外。

因此有人提出，瓊瑤寫的小說，可以看作是「回歸中國言情小說的傳統，不過是以女性化的視角為現代讀者而創作的」，由於其女性中心，所描述的男女關係與傳統愛情故事極為不同。

台灣文學社會學學者林芳玫指出瓊瑤小說有著一些特定模式：男女主人翁能即時肯定他們的愛情是真實的愛情；男主人翁一開始就是個溫柔體貼的人（而非在女主人翁愛情的感化下才由傲慢橫蠻變得「文明」）；外在事件或環境（如家庭因素）造成的戀愛窘境、障礙、困難等無一例外地隨男主人翁或女主人翁自身的心理劇變而出現。這些特點可再次追溯到鴛鴦蝴蝶派的傳統，但與珍妮斯·拉德威（Janice Radway）在其開創性研究中界定的英文愛情小說的模式形成鮮明的對比。此外，林芳玫還指出瓊瑤小說具有較多的戀愛之外的題材（背景、人物、情節等方面均如此），這是瓊瑤小說有別於英文愛情小說傳統的又一重要方面。

瓊瑤二十世紀六十年代的小說傾向顯現兩代人之間的衝突，題材往往圍繞著年輕一代不顧父母反對，要選擇自己的終身伴侶；同時也精心設計一些次要情節，描述父母一代在遷居台灣之前的大陸生活經歷；大多以悲劇收場。到了七十年代，瓊瑤開始描寫穩固的家庭，都以男女主人翁成婚和家人和諧相處作結，顯示出浪漫戀愛可以十分順利的融入家庭結構。到了八十年代，瓊瑤為了回應他人批評她的小說只是描述有財、有貌的人如何生活的夢幻故事，她將一系列社會問題寫進自己的小說，比如精神病、性虐待等情節。她的一些較早期的小說，有時部份有時全部以過去為時代背景（主要是民國時期），但是，她九十年代寫的小說幾乎所有時代背景都推至更早的清代，而且大多數以悲劇結尾。她的小說也經常被指責含有「病態」元素，表述為社會所質疑的戀愛關係（如她第一部小說中的師生戀），過份強調愛情等等。她對生活其他方面的描寫著墨不多，比如很少寫到女主人翁的工作環境與工作情況。林芳玫認為，這反映了作者自身的經歷，瓊瑤畢生的工作就是一個專業作家。

瓊瑤最受讀者喜愛的小說可能是《庭院深深》。這故事分兩部份，講述一個年輕女子由美國返回台北度假，邂逅一個男子，此人後來證實是她的前夫。這部小說有兩個愛情故事：一個描寫二人的初戀，男的不顧父母反對與女的結婚，後因母親干擾而又離異；另一個寫十多年後，男的失明了並以為女的已經去世，卻又再遇上這女子，二人慢慢愛火重燃，終成眷屬。

瓊瑤的小說幾乎全部都長期暢銷，但《窗外》和《庭院深深》尤為暢銷，

再版次數超過其他小說。二十世紀八十年代台灣出現了大批言情作家，瓊瑤的
「中國言情小說之后」至高無上的地位受到挑戰，但是她的電視連續劇（持續
至二十一世紀）廣受歡迎，為她奪回了在整體中國文化上的顯要地位，以及萬
千小說迷對她的愛慕之情。

Miriam Lang

陶乃侃譯

編者按：《還珠格格》之後，瓊瑤製作了《情深深雨濛濛》等其他電視劇集。二零
一三年，湖南衛視播出她的《花非花霧非霧》，據她宣傳時說，是一部懸疑經典愛
情劇，符合八零、九零後的口味。

◇ 瓊瑤，《窗外》，台北：皇冠出版社，1963 年。
◇ ──，《庭院深深》，台北：皇冠出版社，1969 年。
◇ ──，《我的故事》，台北：皇冠出版社，1979 年。
◇ 陳彬彬，《瓊瑤的夢》，香港：皇冠出版社，1994 年。
◇ Radway, Janice. *Reading the Romance: Women, Patriarchy and Popular Literature.* Chapel Hill: University of North Carolina Press, 1984.
◇ Lin Fang-mei. "Social Change and Romantic Ideology: The Impact of the Publishing Industry, Family Organization, and Gender Roles on the Reception and Interpretation of Romance Fiction in Taiwan." Ph.D. dissertation. University of Pennsylvania, 1992.
◇ Fan Ming-ju. "The Changing Concepts of Love: Fiction by Taiwan Women Writers." Ph.D. dissertation. University of Wisconsin-Madison, 1994, 65.
◇ Ch'iung Yao. *Fire and Rain*（《煙雨濛濛》）, trans. Mark Wilfer. Sydney: Pan MacMillan, 1998.
◇ 「瓊瑤最新近況」見 <http://www.5seestar.com/daoyan/1370498118.html>，2013 年 6 月 6 日，來源：我看明星網，2014 年 1 月 16 日查閱。

▥ 171 丘一涵 Qiu Yihan

丘一涵（1907–1956），原名丘信貞，生於湖南省平江縣，是參加中國共
產黨一九三四至三五年長征的三十位女性之一。父兄均為共產黨員，父丘紫
霞，曾任銅鼓縣蘇維埃政府財政部長；兄丘炳，曾任湘鄂贛省經濟部長，後成
烈士。丘一涵早期生活資料不詳。由於受過教育，所以被歸入知識份子一類。
她於一九二六年加入中國社會主義青年團，一九二九年和袁國平（1905–1941）
結婚，翌年轉入共產黨。

袁國平為湖南寶慶（今邵東）人，原名袁幻成，又名袁裕，字醉涵，筆名
最寒。一九二四年加入中國社會主義青年團。一九二五年入黃埔軍校第四期政
治科學習，同年底加入共產黨，曾隨國民革命軍北伐，參與南昌起義和廣州起
義、反「圍剿」戰爭及長征。一九三八年任新四軍政治部主任，期間為〈新四

軍軍歌〉作詞。一九四一年在皖南事變中戰死，一度被指為叛徒，一九五五年移葬南京雨花台烈士陵園。

一九三零年，丘一涵和另一位長征女紅軍李建華（參見該傳）同屬彭德懷（1898–1974）領導的紅三軍團，負責青年工作。一九三一年丘一涵被任命為湘贛省委婦女部長，翌年擔任總政治部衛生部巡視員，後調江西蘇區紅軍大學任教。長征之前，丘一涵是紅軍大學青年團支部書記兼政治指導員。長征之初，她的一隻手感染病毒，眼鏡也碎了（她近視極深）。丈夫袁國平在貴州患了急性肺結核病，她被派去一個隔離的醫療單位照顧他，同時成為衛生部黨總支書記，據說是從事政治工作。

長征隊伍安全抵達延安之後，丘一涵和丈夫回到南方在新四軍的部隊工作，她所擔任的職務是華東軍事大學政治部主任。一九四九年之後，她曾擔任南京市、江蘇省組織部部長等要職。一九五一年，她應邀發表文章紀念建黨三十周年，陸九如把她的口述內容記錄整理成〈長征回憶〉一文，在南京《新華日報》刊登。一九九三年，此文編入由南京大學出版社出版的《紀念丘一涵同志》一書中。一九五六年，丘一涵因癌病去世，與夫合葬於南京。

丘一涵一生生活簡樸，樂於助人，只求獻身革命事業，以致積勞成疾，但對丈夫和自己的艱苦經歷，卻少向人提及。兩人不但志同道合，而且情深意切。袁氏曾為妻子賦詩：「不是香的花，不是甜的蜜；好似茅台酒，醇芳與日佳。」他們是新四軍中評選出的模範夫妻，夫死後，丘一涵未有再婚。丈夫多年蒙受不白之冤，對丘一涵打擊甚深。

袁丘二人有兩女一子。長女雅音寄養於平江外婆家，十三歲時給人做了童養媳，次女在祖母家夭折。獨子振威，一九三九年在皖南出生，小名浣郎（皖南的諧音），事變前送回湖南老家由祖母撫養，當時不足一歲，一九四六年因地下工作的需要，才能回到母親身邊，那時也不過七歲，十年後母親病逝。據他說，母親為了他能健康成長，一直隱瞞他父親的死訊，近十年後才告訴他。一九六五年，袁振威從哈爾濱軍事工程學院畢業。一九八六年從國防大學畢業，到海軍指揮學院任教，是海軍作戰指揮學的主要創始人、軍事學教授、博士生導師。二零零六年，江蘇省黨政機關及電影製片廠聯合製作了傳記片《父親‧將軍——獻給袁國平同志誕辰 100 周年》，在中央電視台播出。袁振威在片中亦有提及上述家庭狀況。

二零零七年，為紀念丘一涵誕辰一百周年，江蘇省多個省級辦公室一同在

南京舉行座談會，領導幹部並前往她墓地拜祭，當時的國家副主席曾慶紅亦曾致送花籃。

Sue Wiles

崔少元譯

◇ 郭晨，《巾幗列傳：紅一方面軍三十位長征女紅軍生平事蹟》，北京：農村讀物出版社，1986 年，頁 12、73、178。
◇ 李家英，〈硝煙中的巾幗英雄──丘一涵〉見《新天地》，2007 年 12 期，頁 35。
◇ 袁振威，〈緬懷母親丘一涵〉見《大江南北》，2008 年 4 月 4 期。
◇ 劉順發，〈袁振威憶父親袁國平母親丘一涵〉，文章來源：中國新四軍和華中抗日根據地研究會，中國新四軍網轉載，見 <http://www.luobinghui.com/xsjyj/n4als/200605/13509.html>，2006 年 5 月 16 日。2013 年 4 月 2 日查閱。

172 邱鴛鴦 Qiu Yuanyang

邱鴛鴦（1903–1995），出生於日治時代台南州東石郡朴子街，是台灣早期爭取地方與婦女權益的參議員。

一九二零年，邱鴛鴦從朴子公學畢業後，進入台北第三高等女子學校就讀講習科，畢業後分派到嘉義蒜頭公學任教，不久調職到竹崎公學校和嘉義女子公學校。一九二六年與賴淵平結婚。婚後為了照顧年邁的家姑，辭去教職。

由於日治時代參加過保甲婦女團，因此光復後邱鴛鴦被推出參選參議員並順利當選。在任期間，特別關心地方事務與婦女問題，而在議會發言時堅持用台語，建立了自己獨特的問政風格。

邱鴛鴦認為現代社會的女性，應該獨立自強，信念堅定，這樣才能為自己爭取應有的權益。她就以積極的活動力，盡心盡力地為地方服務，來實踐自己的信念，也為台灣女性爭得更多發揮能力的空間。

何淑宜

◇ 游鑑明，〈邱鴛鴦〉見《走過兩個時代的臺灣職業婦女訪問紀錄》，台北：中央研究院近代史研究所，1994 年。

173 任以都 Ren Yidu

任以都（1921–2021），英文名 E-tu Zen Sun，生於中國北平，五四時代著名學者任鴻雋和陳衡哲（參見該傳）的長女，美國拉德克利夫學院（Radcliffe College）博士，研究中國近代社會經濟史的學者，美國學界裡中國研究的傑出

學人。

任以都自小讀四書五經及舊詩詞，但家庭管教卻採西式。後入北平教會學校培華女校（1927–1937）。這個時期因父母的關係有機會常跟胡適、丁文江、趙元任等大學者接觸，耳濡目染，自然見識不凡。

一九三七年七七事變以後，中日戰爭開始，任家舉家南下上海，繼而暫住江西廬山。因日軍日益逼近，一九三八年二月任以都又經漢口、廣州到香港，在聖士提反女子中學（St. Stephen's Girls' College）復學。同年考入西南聯大，循海路經越南入雲南昆明。在西南聯大時曾參加中國學生基督教聯合會，以開會、演講及辦刊物等方式支持學生運動。一九四一年七月任以都赴美就讀瓦薩學院（Vassar College）歷史系。畢業後在拉德克利夫學院研究院深造，博士論文以近代中國鐵路為題。又在一九五四年出版了題材相近的《中國鐵路與英國利益：1898–1911》（*Chinese Railways and British Interests, 1898–1911*）。在美國讀書的時候，當地對女子教育的限制仍多，有些教師並有種族歧視，她甚至曾經因為是中國女性而無法選修美國社會史課程。

一九四九到五零年間，任以都協助哈佛大學費正清（John King Fairbank）教授完成《中國沿海的貿易與外交：1842–1854 年通商口岸的開埠》（*Trade and Diplomacy on the China Coast: The Opening of the Treaty Ports, 1842–1854*）（1953）及《中國對西方的反應：文獻通考》（*China's Response to the West*）二書。一九五零到五二年間，為《劍橋中國史》（*The Cambridge History of China*）的第十三卷撰寫了其中一章，講述民國期間學術社群的發展；又協助約翰霍普金斯大學的拉鐵摩爾（Owen Lattimore）教授紀錄對內蒙古人物的訪談，同時在古徹學院（Goucher College）初任教職。自一九五二年起在美國賓州州立大學執教，一九七零年創設賓州大學東亞學系。

任以都和麻省理工學院博士孫守全結婚，育有二子。一九五六到六四年間因照顧家庭暫辭教職。前後獲美國學術團體協會（American Council of Learned Societies）及拉德克利夫學院的獎助金在家研究，完成她最著名的作品《六部成語註解》（*Ch'ing Administrative Terms*）。她雖是中國近代社會經濟史的專家，但作品題材多樣化，涵蓋鐵路、礦業、勞工、絲綢業及其他中國科技史等。

鄭麗榕

◇ 張朋園等，《任以都先生訪問紀錄》，台北：中央研究院近代史研究所，1993 年。
◇ Teng Ssu-yu. *China's Response to the West: A Documentary Survey, 1839–1923* [by] Ssu-yu Teng [and] John K. Fairbank, with E-tu Zen Sun, Chaoying Fang, and others. Cambridge: Harvard University

Press, 1954.

◇ Sun, E-tu Zen, and John De Francis. *Chinese Social History: Translations of Selected Studies.* Washington: American Council of Learned Societies, 1956.

◇ Sun, E-tu Zen, trans. and ed. *Ch'ing Administrative Terms: A Translation of the Terminology of the Six Boards with Explanatory Notes.* Cambridge, Mass.: Harvard University Press, 1961.

◇ ——. *Selected Essays in Chinese Economic History.* Hong Kong: Institute of Advanced Chinese Studies and Research, New Asia College, 1981.

▥ 174 蓉子 Rongzi

蓉子（1928–2021），生於江蘇江陰，原名王蓉芷。她畢生創作詩歌，題材甚為廣泛。

蓉子的父親是一個牧師。蓉子在江陰、南京和上海接受教育。一九四九年開始工作，起初在南京的國際廣播電台，後來調往台灣。在台灣政治大學公共行政企管教育中心結業後，進了電訊局工作。

蓉子從小喜愛詩歌，特別是冰心（參見該傳）的新詩。後來，她開始對二十到四十年代的詩人感興趣，像徐志摩、何其芳、馮至等人。她特別喜愛馮至的十四行詩；這促使她自己也想寫詩。她最早期的詩發表在台灣的一些詩刊裡面：〈繆司〉登載在一九五二年八月的《詩誌》，〈青鳥〉和〈形象〉發表於一九五三年的《新詩周刊》。她接著加入藍星詩社，並且編輯了《藍星詩刊》十年之久，所以她在台灣現代詩發展史上佔著一席位，既是詩人，又是編輯。

一九五三年，蓉子出版了她第一本詩集《青鳥集》，由此贏得詩壇的讚譽、詩人的頭銜，並受到詩人羅門（生於1929年）的青睞。他們於一九五五年結婚，但是由於羅門的收入不夠支持家計，蓉子繼續工作，同時打理家務。她嘗試在這種內外兼顧的情況下抽出時間創作，但時常力不從心，所以從五十年代中到六十年代初，她的作品少了。產量少的另一原因，可能是她對當時詩壇走向前衛詩和試驗詩的趨勢，抱有矛盾的心態。她最後決定走自己的路線，她下一本詩集《七月的南方》（1961）顯得更成熟，聲音更豐富多樣。最重要的是，它表現了一種古典主義。這個特色貫穿她的作品，標誌著她的個人風格。

蓉子詩的主題之一是反映現代婦女的內心世界。在一首組詩〈維納麗沙組曲〉，她描寫了一個女人一生的幾個時期。在十二首詩裡面，每一首詩寫維納麗沙生命的一部份：表現了她的成長、堅強、自重，和堅守孤寂的能耐。維納麗沙可能是一個理想中的女人，蓉子就是想要成為這樣一個獨立的現代女性。取一個西方名字，可能因為蓉子認為，中國女人要到西方去尋找一個自由

而獨立的典範。《維納麗沙組曲》出版於一九六九年，當時在西方，女性主義還未成為熱門話題。這首組曲未必有很強烈的女性主義思想，但是，它確實暗示著五四以來中國婦女的覺醒。〈我的粧鏡是一隻弓背的貓〉記錄了一個內心充滿好奇與期待的年輕女孩，如何慢慢變成一個活在封閉環境中、受到諸多限制的的女人。她成長了以後，終於發現自己變成了一隻懶散的弓背貓，困在鏡子中，沒有光沒有影，有的只是個迷離的夢，淨想衝出鏡子。蓉子筆下的女人通常是傳統和現代的混合物，既保守又獨立，並對自身價值充滿信心。

蓉子很早已批評城市的腐化和污染。在她眼裡，城市充斥物質主義，而道德淪喪的事情，比比皆是。她在一首名為〈我們的城不再飛花〉（1962）的詩中，把高樓大廈比作蹲在沙漠中的司芬克斯（埃及的人面獸身像），把汽車比喻成兇猛的市虎，含有煤煙的雨和震耳欲聾的噪音，把人的時間和生活切割成許多碎條。這首詩問世起碼二十年後，全球才開始關心環保問題。在憂心城市的同時，她亦熱愛自然。她寫了《七月的南方》、《蓉子詩抄》（1965）和《橫笛與豎琴的晌午》（1974），這三本詩集包含了很多關於自然的詩，不僅充滿自然的聲和色，同時以自然界豐饒的收成來突顯大地母親滋生萬物的力量。她寫自然的詩，最能反映中國古典詩的典雅與和諧。在這些詩裡面，自然往往是詩人對於純潔、生機和完整所抱理想的一種隱喻。她的詩也提供了哲學的透視。在〈時間〉這首詩裡面，她將人生的超越和永不止步的時光作對比。即使她的詩寫的是日常生活和自然，也隱藏著智慧的寶石。

蓉子為小孩子寫了詩集《童話城》，出版於一九六七年。她也寫散文。《歐遊手記》（1982）裡的遊記，都是描寫她對歐洲的感想。《只要我們有根》則專注於海外華人尋根的問題。

蓉子和丈夫羅門數次參加了國際詩壇的聚會，並且雙雙得到榮銜。一九六六年，他們贏得了國際桂冠詩人聯盟的柯列特獎（Koret Award，United Poets Laureate International）和菲律賓馬可斯總統的金獎。次年，又贏得了中國傑出文學伉儷獎。他們似乎有孩子，但詳情難以查考。蓉子的詩被翻譯成英文、法文、日文、韓文和土耳其文。一九六八年，美國的榮之穎（Angela Jung Palandri）把蓉子和羅門的詩歌選譯成英文，並結集於同年出版了《日月集》（*Sun Moon Collection*）。

蓉子、張秀亞、李政乃和林泠都是台灣從五十年代開始寫詩的女詩人。但是，蓉子一直在寫，未曾停筆，在台灣女詩人中，詩齡最長。詩人余光中稱她

為「詩壇中開得最久的菊花。」別人也稱她為台灣詩壇的母親、祖母和首席女詩人。

蕭虹

編者按：蓉子二零一八年返中國大陸定居。二零二一年離世。

◇ 蓉子，《維納麗沙組曲》，台北：純文學出版社，1969 年。
◇ ──，《蓉子自選集》，台北：黎明文化，1978 年。
◇ ──，《只要我們有根》，台北：文經社，1989 年。
◇ 李元貞，〈自由的女靈：談台灣現代女詩人的突破〉見《婦女新知》，1987 年 5 月，頁 2–5。
◇ 鍾玲，《現代中國繆司：台灣女詩人作品析論》，台北：聯經出版社，1989 年，頁 139–155。
◇ 潘亞暾，《世界華文女作家素描》，廣州：暨南大學出版社，1993 年，頁 185–197。
◇ Lo-men and Jung-tzu. *Sun and Moon Collection: Selected Poems of Lomen and Yungtze*, trans. Angela Jung Palandri. Taipei: Mei Ya Publications, 1968.
◇ Lin, Julia C. "A Woman's Voice: The Poetry of Yongtzu." In *Women Writers of Twentieth-Century China,* ed. Angela Jung Palandri. Eugene, Oregon: Asian Studies Program, University of Oregon, 1982, 137–62.
◇ "Women's Voices from Modern China." In *Women and Literature in China*, eds. Anna Gerstlacher et al. Bochum: Brockmeyer, 1985, 429–53.

▦ 175 茹志鵑 Ru Zhijuan

茹志鵑（1925–1998），生於上海，從事寫作，和中國其他優秀女作家相比，她的文字生涯可算與中共命運最為緊密相連。她一生走的路，都是為了配合黨的各個發展階段，從這角度看，她的作品自然要傳達指定的信息。

茹志鵑的自傳體小說《她從那條路上來》（1982）描述了她波雲詭譎的童年時代。她是家中五個子女中最小的一個。母親去世父親失蹤後，孩子們由各家親戚分頭養育。兩歲的志鵑和最小的哥哥，交由靠打零工為生的祖母撫養；從此三人輾轉滬杭兩地。茹志鵑讀過好幾間學校，其中一間是基督教孤兒院；在這間孤兒院她接觸到基督教關於罪惡的教義，覺得又怕又厭，對此，她在自傳體短篇〈逝去的夜〉（1963）中曾加描述。學校教會了她讀和寫，而文學知識卻靠她自學得來。她讀了《紅樓夢》和托爾斯泰的《戰爭與和平》一些中譯章節。

一九四三年，茹志鵑當了一陣子小學教師，且發表了她第一篇文學作品。同年隨兄長去江蘇，加入抗日的新四軍文工團。一九四四年和新加坡歸僑王嘯平結婚，對方回國，是為了支援抗戰。一九四七年，她加入中國共產黨。

茹志鵑於一九五五年擔任頗有聲望的《文藝月報》編輯，一年後獲得晉

升，到中國作家協會工作。著名作家茅盾（1896–1981）曾公開表示，對她的短篇小說〈百合花〉（1958）和〈高高的白楊樹〉，印象深刻。她在五十年代成了家喻戶曉的作家。她這一時期的文字，描繪了四十年代的戰爭場面，目的在刻劃群眾對革命事業熱情澎湃，和共軍親如魚水。她刻意安排各人物做出一些性格鮮明、與眾不同的事情，以之作為象徵，讓讀者一看了然，深受感動。例如在〈百合花〉中，一位年青婦女表現出對革命的感情，把自己綴有百合花準備當嫁妝的被子，蓋在英勇的年輕農民戰士屍體上。又如在〈澄河邊上〉（1959），一位老農提出淹沒自己正要收割的田地，讓革命隊伍渡河。

對茹志鵑來說，寫作是為了達成政治與宣傳任務，所以選擇的主題和手法都和官方立場一致。為了讓讀者記取革命戰爭，她不僅寫下上述兩個短篇，還寫了〈關大媽〉（1955）和〈同志之間〉（1961）。她的〈黎明前的故事〉（1957），是紀念在敵佔區冒險從事秘密工作的人員。這些小說謳歌黨的歷史，也是她最廣為人知的作品。不過，她也針對五十年代的情況，寫了婦女該擔當的新角色，似是為共產黨領導下所發生翻天覆地的變化，加以舉例說明。〈妯娌〉（1955）是從描述新舊兩代的衝突，探討家庭架構重整的問題。〈春暖時節〉（1959）和〈如願〉（1959）涉及另一個重要課題，就是婦女進入勞務市場。〈里程〉（1959）和〈阿舒〉（1961）將一個年輕進取、思想開明的女子，和一個較年長並堅守傳統價值的女子作了對比。

茹志鵑在一九五六年的鳴放反右運動中未被波及，因為她一直按黨路線寫作，根本不會發表不當評論。在社會主義教育運動（1962–1965）中，她因作品受批而保持緘默。批評者指她專寫小人物及其苦惱，忽略了當前宣傳機關所聚焦的重大題材。他們後來指責她的作品缺乏政治方向，嚴厲批判她沒有詳細而明確的述說矛盾，尤其不當的，是沒有重點描寫階級鬥爭。這些指控雖非全無實據，但它矛頭所指處，恰是作品原來贏得其他作家尊敬、讀者稱譽的那些元素。比如說，她在小說中，是以階級鬥爭為背景，而非主題。她之受歡迎，主要因為她作品內對「重大題材」的反思，和一般讀者的生活息息相關，令他們易生共鳴。她避免把人物刻劃成非黑即白的強烈對比，反之她著力塑造一些中間人物，有血有肉，既生動有趣，又富同情心。作為對那些批評的回應，她寫了小說〈回頭卒〉（1964），描述階級鬥爭無處不在，但不受讀者歡迎；此後十年，除幾篇散文和一部影片腳本稿外，她沒有其他作品。文革中，她在農村待了幾年。

　　文革後改革開放初期，茹志鵑成了受歡迎的作家，頗具影響力。像以往一樣，她所選題材，緊隨當前政府新立場，即是全面批判文革政策。〈家務事〉（1980）描述城裡百姓被迫下鄉。〈冰燈〉（1978），〈著暖色的雪地〉（1981），以及〈丟了舵的小船〉（1981）都是關於十年動亂中知識份子所受到的迫害。〈剪輯錯了的故事〉（1979）敘述了大躍進（1958–1960）所造成的困苦，這是新時期另一重大題材。但新的社會問題亦值得關注。〈草原上的小路〉（1979）批評了某些文革受害者，濫用平反後獲得的特權。〈三榜之前〉（1980）告誡要提防新興的競爭精神，取代舊有同心協力的辦事方式。在〈兒女情〉（1980）中，一位母親孤獨地死去，而她以畢生心血撫養的兒子，卻對她漠然不顧；究其原因，是她愚昧，只知溺愛兒子，事事以家庭和兒子為中心，最後把兒子寵壞了。這個短篇催人淚下，感染力一如她上世紀五十年代的一些作品。

　　縱觀茹志鵑整個寫作生涯，她只寫短篇小說，從沒有用過其他體裁創作。儘管如此，她的文字仍有某些變化。為了迎合八十年代初期的新文學潮流，她寫以改革時期為背景的短篇小說時，讓主人公的所思所想佔較多篇幅。偶爾，如在〈尋覓〉（1982）中，這些感想變得洶湧澎湃，一往直前，成了故事的主線。一九八一年，她告訴香港記者李黎，她這一代的作家，尚未學會在不受限制或缺乏導引下寫作，換言之，不懂在不含政治目的、無宣傳需要的情況下寫作。對於尊重個人風格和表達自由的新風氣，她表示歡迎，但亦承認，若要適應，尚須時日。她學習適應，並非徒勞。〈尋覓〉便嘗試突顯一個人如何在壓迫下求生，並接受現實；〈船〉和〈冬景〉同樣散發新意。這些短篇寫得都不錯。她的作品，往往利用景色把人的心態和感情形象化，活現讀者眼前；而描繪人物的筆觸則輕淡優美，以至他們心中感受、言行舉止也都不瘟不火，好像他們乃至作者本人，都得學會在新世界如何生活。

　　一九八一年，茹志鵑接受訪問，重點談到與女兒王安憶（參見該傳）的關係。王安憶後來成為成功作家。看起來，女兒在文壇嶄露頭角之日，即母親淡出之時。一九九八年，茹志鵑在上海病逝。

Barbara Hendrischke
龍仁譯

◇ 李黎，〈中生代與新生代〉見《七十年代》，1981年5期，頁100–105。
◇ 孫露茜、王鳳伯編，《茹志鵑研究專集》，杭州：浙江人民出版社，1982年。
◇ 茹志鵑，《茹志鵑小說選》，成都：四川人民出版社，1983年。

◈ 盛英，〈茹志鵑論〉見《當代女作家散論》，李子雲編，香港：三聯書店，1984 年，頁 393–416。

◈ 〈作家茹志鵑逝世〉見《人民日報》，1998 年 10 月 12 日，版 4。

◈ Hsu, Kaiyu. *Literature of the People's Republic of China.* Bloomington: Indiana University Press, 1980, 257–64.

◈ Hendrischke, B. "Ru Zhijuan: Chinas sozialistische Revolution aus weiblicher Sicht." In *Moderne Chinesische Literatur,* ed. W. Kubin. Frankfurt: Suhrkamp, 1985, 394–411.

◈ Ru Zhijuan. *Lilies and Other Stories.* Beijing: Panda, 1985.

◈ Hegel, R.E. "Political Integration in Ru Zhijuan's 'Lilies'." In *Reading the Modern Chinese Short Story,* ed. T. Huters. Armonk: M.E. Sharpe, 1990.

▥ 176 阮玲玉 Ruan Lingyu

阮玲玉（1910–1935），原名阮鳳根，祖籍廣東省香山縣（今中山），出生於上海，乳名阿根，學名玉英，中國電影早期默片時代的著明影星，有「悲劇皇后」的美譽。

阮玲玉自幼家境清貧。父親阮用榮，號帝朝，祖輩務農，由於生活艱難，於是到上海謀事，進入浦東亞細亞火油棧機器部當工人。她兩歲時，姐姐因營養不良夭折；六歲時，父親因病去世，從此靠母親為人幫傭過活。母親的東家姓張，是當時上海有名的豪門大戶。

阮玲玉自小懂事上進，聰明伶俐，麗質天生，曾就讀於崇德女子中學，參加校內話劇演出時，已流露演戲天份。一九二六年夏參演《掛名夫妻》一片，由此展開演藝生涯。

至於阮玲玉怎會走上從影之路則說法不一。有說她母親因操勞過度而病倒，家境拮据，她只得輟學找工。其時明星影片公司正為電影《掛名夫妻》招考女主角，她一試而中，自此從影。後結識有錢有勢的公子哥兒兼廣東老鄉張達民，並結為夫妻。另一說法稱她母親在張家幫傭，所以她與張家公子達民自小相識，他被她的美貌吸引，和她結為夫妻。當時正值清末民初，一九一一年辛亥革命後不久，社會上百業蕭條，張家亦開始家道中落。張達民只管遊手好閒，無心上進，夫妻感情開始出現問題。一次丈夫遠航海外，她百無聊賴之際，決定自食其力，遂報考《掛名夫妻》一片之女主角，獲得取錄，從此步入影壇。

在一九二六至二八兩年間，阮玲玉為明星公司演出了《血淚碑》、《楊小真》、《白雲塔》、《蔡狀元建造洛陽橋》等片而嶄露頭角，及後轉往大中華百合公司（後被納入聯華影業公司），主演了《珍珠冠》、《情慾寶鑑》、《劫

後孤鴻》、《大破九龍山》、《火燒九龍山》、《婦人心》、《銀幕之花》等
片並逐漸走紅。

一九三零年，阮玲玉的演藝事業達到了頂峰，當時她為聯華影業公司拍
戲，主演的《故都春夢》、《野草閒花》及《戀愛與義務》，一片比一片賣
座，一部比一部轟動，成為大紅大紫的明星。其他好評如潮的作品還包括《一
剪梅》、《桃花泣血記》、《玉堂春》、《續故都春夢》、《三個摩登女性》、
《城市之夜》、《人生》、《小玩意》、《歸來》、《再會吧，上海》、《神
女》、《香雪梅》、《新女性》等等。

阮玲玉一生雖短，但閱歷豐富，童年及少年時期的貧困，上海大富之家的
浮誇腐敗，婚姻的慘痛，都使她對人生有深刻的認識。這些經歷對她掌握角色
的分寸，特別是對悲劇角色的演繹有莫大幫助。她演戲天份高，又肯不斷磨煉
演技，所以不論扮演刁蠻的富家千金、妖嬈艷麗的姨太太、放浪不羈的舞女、
風流冶蕩的交際花，還是雍容華貴的少婦、羞怯的小家碧玉、清純的女學生，
都得心應手。她卓然有成，使當時正在發展的中國電影業更趨專業化。她對中
國影壇的貢獻可算前無古人。她在二十七部影片中，扮演了二十七個不同的角
色，並為每一個角色注入生命。

阮玲玉雖然在影壇紅透半邊天，卻失意於婚姻。她不滿張達民任性怠惰，
不思進取，經多次分合後，兩人終於在一九三三年離婚。後來她帶著養女，與
另一追求者，同是花花公子的上海華茶公司經理唐季珊同居。

一九三五年春節後，阮玲玉主演的賣座新片《新女性》由於劇情講述記者
的醜聞，引起上海新聞記者公會的抗議。阮玲玉被無辜牽連，一些小報對她所
謂「先張後唐」的私人生活進行不負責任的大肆渲染。前夫張達明此時亦落井
下石，撕毀協議離婚書，要求法院傳訊她。她一向爭強好勝，極愛面子，對此
難以接受，深感人言可畏，遂於三月七日晚服毒自殺。次日適逢國際三八婦女
節，她被送往醫院，搶救無效，死時僅二十六歲。

當時的文學巨匠魯迅（1881–1936）認為阮玲玉主要死於輿論之手，她的
死是一個真正的悲劇，也揭露了社會對婦女的不尊重。他接著以〈論人言可畏〉
為題，撰文指斥新聞界及司法機關在這事件上不負責任，行事腐敗，並公開譴
責當時新聞界的不健康發展。不過，魯迅不是最後一個談論阮玲玉之死的人。
二零零一年七月，一名叫沈寂的作家，對悉尼版的《大紀元》表示，他編寫阮
玲玉的電視資料片時，在印刷量很小的《思明商學報》看到由兩姐妹寫的一

篇文章，刊登時間約在阮玲玉死後一個半月。其中一名姐妹是唐季珊的情婦。該文章揭露，唐季珊和這兩姐妹合謀偽造阮玲玉遺書，在她死後即交給傳媒刊登。兩封據稱確實出自她手的遺書，附在文章旁邊。其中一封給唐季珊的，說明了她自殺的真正原因，就是唐季珊迷戀另一女子，且經常打她。由此看來，左翼文人在她死後沸沸揚揚的大作文章，似是建基於偽證，這實在有點諷刺。然而，事隔多年，孰是孰非，現在也不易明辨了。

陳慧

◈ 張或馳，〈阮玲玉的愛與恨〉見《中外雜誌》，1970 年 9 期，頁 16–20。
◈ 姜德明，〈阮玲玉的悲劇〉見《隨筆》，1982 年 21 期，頁 65–67。
◈ 〈阮玲玉〉見《民國人物小傳》，冊 5，劉紹唐主編，台北：傳記文學出版社，1982 年，頁 125–128。
◈ 黃維鈞，《阮玲玉傳》，長春：北方婦女兒童出版社，1986 年。
◈ 英文《中國婦女》編著，《古今著名婦女人物》，下冊，石家莊：河北人民出版社，1986 年。
◈ 商都，〈紅顏薄命名伶淚：阮玲玉〉見《女性》，1987 年，頁 86–89。
◈ 舒琪，《阮玲玉神話》，香港：香港創建出版公司，1992 年。
◈ 唐瑜，〈三八節憶阮玲玉〉見《開放雜誌》，1996 年 3 月，頁 75。
◈ 〈阮玲玉死亡真相揭秘〉見《大紀元》，2001 年 7 月 27 日，版 12。

▥ 177 阮若琳 Ruan Ruolin

阮若琳（1925–2010；另有資料稱生於 1929 年），察哈爾省（即今河北省）張家口市紫溝堡鎮人，作家及電視台監製。

阮若琳四歲隨母親落戶北平，六歲進北師大第二附小讀書。六年後，即一九三七年中，被保送進北師大女附中，時逢七七事變，中日戰爭爆發。父親阮慕韓（1902–1964）從事共產黨地下工作，公開的職業是政法學院教授。大姐阮若珊在一二·九學生運動中參加了民族先鋒隊。阮若琳從父親和姐姐那裡受到革命思想薰陶，讀了不少進步書籍，母親又教她很多詩詞古文，打下了較好的語文基礎。

七七事變後不久，父親和姐姐都奔赴革命根據地，留下阮若琳、母親、弟妹等六人在北平。北平很快陷於日手，在母親安排下，當時十四歲的阮若琳和九歲的大弟崇武終於冒險出發，輾轉抵達較安全的共產黨據點延安。姐弟倆首先由一名叫崔月犁的地下工作人員送上火車，前赴晉察冀。兩人抵埗後，逗留了幾個月，再由地下交通站的戰士武裝掩護奔赴延安。他們一行十一人老老小小，老的六十多歲，小的僅有七歲。一路過封鎖線、越滹沱河、過同鋪路，爬山涉水，共走了約一千二百公里，歷時三個月，才到達延安。在這西北地區，

阮若琳進入邊區師範學院學習，開始了她形容為「學習、生產、勞動的生活」。後來，她調往甘泉縣冬校教學，並開展掃盲工作，同時認識了日後的終身伴侶劉世昌。劉氏當時出任一個回民支隊的政委，在教導旅工作。他最後在軍隊內升至師團政委一職，和阮若琳育有兩子一女。

一九四五年中日戰爭結束，阮若琳往東北工作，首先在瀋陽，後來撤出轉往開魯、通遼、奈曼齊、康平、法庫一帶打游擊，搞土改，開闢革命根據地。她的第一個孩子就是在奈曼齊沙漠出生，是個女兒。之後，她仍繼續黨內工作，當過區長、區工委書記。她隨軍到了瀋陽、天津，在天津人民法院工作了一年多。

一九四九年，中華人民共和國成立，阮若琳南下江西，參與多項工作，歷時數載。她先在土改委員會工作，打土豪、分田地。土改結束，又分到省委農村工作部任生產處處長。當時她進行「百鄉調查」，成立共產主義勞動大學，並開發湖濱荒地。她還出任江西省作家協會常務理事，寫了若干短篇小說和散文。

一九五九至七一年，阮若琳隨軍到了廣東。在這段期間，出任廣州市委、黨校副校長、團市委書記、《廣州日報》副總編。其間積極參加「三批四清」等群眾運動。事後並表示，體驗到農民的艱苦生活，對她來說，是一次教育、鍛煉。文革初期，在粵北山區英德農場附近的黃陂幹校勞動。政策改變以後，一九六九年被委任為廣東電視台台長；一九七一年調到陝西出任廣播局副局長。在陝北整整五年，她覺得舉步維艱：自然環境惡劣，當局卻未能興建基礎設施改善民生，即使推行她也有參加的「農業學大寨」運動，努力年餘，亦未有寸進。本地人為生活計，只好當非法勞工，產生了「黑戶」、「黑包工」、黑市。工作結束後，她去了西安市。

一九七六年，阮若琳調到北京，任中央電視台總編室主任、中央台副台長。當時電視台正處初創階段，管理人員面對重重困難。一九八五年，阮若琳調到電視劇製作中心，在條件十分困難的情況下，拍了《西遊記》、《紅樓夢》、《末代皇帝》、《尋找回來的世界》、《三國演義》，還拍了大型記錄片《話說長江》。在中心工作五年後，又調到電視藝術委員會、電視藝術家協會。一九九七年離休，但仍為「重大題材小組」審編稿件。

王京明

編者按：二零一零年，阮若琳於北京病逝。

◇ 《華夏婦女名人詞典》，北京：華夏出版社，1988 年，頁 316–317。
◇ 私人談訪，北京，1999 年 7 月。
◇ 「阮若琳」見 <http://baike.baidu.com/view/312871.htm>，2013 年 2 月 22 日查閱。

ⅲ 178 三毛 San Mao

　　三毛（1943–1991），作家陳平的筆名，英文名字為 Echo。二十世紀七十年代中期，三毛將自己在撒哈拉沙漠的經歷寫成小說，在台灣和香港發表，小說十分暢銷，她亦成為知名作家。八十年代中期，盜版的三毛著作開始在中國大陸流傳，她更名聲遠播。她一直是個家喻戶曉的人物，甚至在一九九一年自殺後，仍然為人所稱道。她的讀者當中以年輕女性居多，她對她們影響巨大，據報導她自殺後引發其他人仿效，這些自殺案例還不止一宗。三毛是華人社會大眾媒體最早出現的一批名人，她能這樣，是因為她在雜誌報章發表專欄文章，接受訪問，舉行公開講座及製作錄音記錄，出席電台和電視台節目，以及出版半自傳體小說。

　　很多人用「傳奇」和「傳奇性」這兩個詞來描述三毛的一生。可是，陳平本人的經歷同她在故事中創造的三毛這個文學人物有著千絲萬縷的關係，糾纏不清。她的大多數故事都以第一人稱敘述，按說是根據作者的經歷寫成。（三毛而不是陳平的）傳記主要基於三毛自己的敘述，結合故事所追述的情節，建構三毛這個半真實人物的過去和個性。傳記中的三毛以及自我表述的三毛都是一個調皮、愛挖苦、能幹、善良的女人：她自由自在地漫遊世界，操多種歐洲語言，對歐洲和中國文藝，既了解，又欣賞，遇到一個與自己性格互補的洋丈夫，並在他身上找到她的「雙生靈魂」；她關懷人類，熱愛祖國，不在乎擁有多少，但求心靈滿足，於是乎人見人愛。

　　陳平生於四川重慶，祖籍浙江定海，父母因避日軍入侵而遷至四川。有資料指她在一九四五年而非一九四三年出生，她一生中其他重要日子亦引起爭議。父親陳嗣慶是位律師，母親繆進蘭是高中畢業生。陳家有四個孩子，陳平排行第二。共產黨打敗國民黨後，陳家在一九四八或四九年遷至台灣。

　　陳平／三毛「傳奇」的一生始於她十四歲讀初中二年級時退學一事。她考上台灣最出名的女校，證明了自己的讀書能力之後，便主動退學，據她說，這是因為一個教師指責她作弊並予懲罰，對她不公。她的傳記作者認為，她抗拒台灣教育制度固有的壓力，正是吸引青年讀者的要素。從十四歲到十七歲，她

一直留在家中,由父親教她中國文學和外語,並廣泛閱讀。十來歲時參加繪畫班習畫,繪畫老師卻鼓勵她創作。於是她開始寫作,處女作是〈惑〉,講述一個年輕女子自覺被電影中的一個人物附體的故事,一九六二年發表於《現代文學》。此後她寫了些短篇小說,講述台灣青少年的生活與愛情,相繼在台灣報紙的文學版發表。

一九六四年陳平在台北中國文化學院旁聽哲學課;她後來回到這裡任教。一九六七年二十四歲時,離開台灣到海外生活了三年。她自稱其間在西班牙和德國學過語言和哲學,但未修完任何學位課程。根據她的傳記,她一九七一年返回台灣後曾打算嫁給一個德裔學者,但他在結婚前夕猝然去世,她匆匆離開台灣,重返西班牙。自此她踏進生命的另一階段,讓三毛/陳平的名字逐漸為人所知。她從西班牙去到一個叫「西班牙撒哈拉」的地方,它是位於撒哈拉沙漠西部的西班牙殖民地。在那裡她嫁給了一個西班牙人荷西(Josémaria Quero Ruiz),他是一個潛水員,據她說,也是工程師。一九七四年十月,她有關撒哈拉生活的第一篇故事,以新筆名三毛在台灣《聯合報》發表。

陳平後來對選擇這名字做過解釋,她說三毛是一個不起眼的名字,普遍用作孩子的小名,不過通常用來叫男孩,能為她營造一個普通青年人的形象,讓人感到她寫的是簡單的故事,而非高雅的文學。這個名字還能顯示她的小說不誇張、不造作(按:指只值三毛錢)或者暗示她是個錢財不多的「小」人物,口袋裡只有三毛錢。三毛也是四十年代後期出現的一個漫畫人物,這個在張樂平《三毛流浪記》裡的小男孩,無家可歸,在上海街頭流浪。陳平/三毛聲稱那是她兒時讀的第一本書。

陳平這個新的女性成人「三毛」得到各方稱譽。一九七六年,以撒哈拉為素材的《撒哈拉的故事》結集出版,早期作品《雨季不再來》也在同年乘勢再版。三毛的撒哈拉故事描述她在沙漠地區的經歷以及與沙哈拉威(Sahrawi)人的交往,內容談到異域風俗(人們在公共浴室的行為),社會習俗(童婚與奴役),超自然力量(一個被詛咒的護身符)等,還有一個中國婦女在那裡的日常生活(做中國菜、取水、考駕駛執照等)的寫照。短篇小說集《哭泣的駱駝》(1977)是三毛最後,也是最具戲劇性的一部撒哈拉故事集,它描述了西屬撒哈拉爭取獨立的鬥爭,以及她與鬥爭頭領的關係。一九七五年底,西班牙準備撤出這個沙漠殖民地時,三毛遷到加納利群島(Canary Islands),自此終止了她文學生涯中的「沙漠時期」。評論家稱她後來的作品沒有一部可與撒哈

拉的故事媲美。

　　此後三毛繼續創作，成績美滿。她先後出版了《稻草人手記》（1977）和《溫柔的夜》（1979），寫她在加納利群島的生活，以及先前遊歷歐洲的體驗。一九七九年荷西死於一次潛水事故。一九八一年，三毛發表了短篇小說集《夢裡花落知多少》和《背影》，前者記念與荷西一起的日子，後者有不少關於他的故事。

　　一九八二年，陳平返台定居，此後她的創作主題轉向家庭、家人、童年時代和台灣的生活。她出版了兩部故事集，專門記述她在海外所見所聞。一九八一年她在中南美洲遊歷了六個月，寫下《萬水千山走遍》，一九八二出版。一九八八年出版的《鬧學記》，寫她在西雅圖一所社區學院學習英語，以及與老師同學的關係。陳平／三毛還在兩份雜誌開設專欄，回答讀者問題，後來結集為單行本發行，包括《談心》（1985）和《親愛的三毛》（1991）。她也在台灣各地公開演講，吸引眾多聽眾；參加新加坡和香港的研討會和講座；填寫歌詞（1985 年的《回聲》專輯及七十年代起風靡一時的歌曲〈橄欖樹〉）；出版一本攝影與記念文集（《我的寶貝》，1987 年）。一九九零年，她還宣稱她用西班牙文寫的一部中篇小說獲得一個西班牙文學獎，但此書從未見出版。三毛全集目錄列出二十六項作品，大多數為短篇小說集，其他還包括幾套故事朗誦的錄音帶和幾部翻譯作品。

　　陳平先後在一九八九、九零年到訪中國，媒體甚為關注，特別是對她在祖先墓地祭奠先人及探訪張樂平感到興趣。她以三毛為筆名，而三毛亦是張樂平筆下的漫畫人物。她就大陸之行寫了數篇故事，後來收入她的遺著集《我的快樂天堂》，一九九一年出版。她最後的作品是一部電影劇本，篇幅較中篇小說長，也是她最長的一部著作。電影名《滾滾紅塵》，由香港導演嚴浩執導，徐楓（參見該傳）製作，一九九零年上映。它描述一個愛情故事，背景是日軍入侵和內戰時期的中國，公映後好評如潮。但是三毛卻受到批評，人們認為她筆下男主角的形象過於正面，因為他同情日軍，形同國家叛徒。這部電影在一九九零年底獲得台灣電影金馬獎多個獎項，包括最佳電影獎。惹人注目的是，三毛沒有贏得最佳劇本獎。

　　一九九一年初，陳平在做了一個小手術後，在醫院的浴室自縊身亡，引起公眾極度關注，諸多猜測。台灣和中國主要報章紛紛刊登訃告，以及有關她為何自殺的種種臆測。有說她因孤獨、患病（精神與身體的），因失意於電影劇

本《滾滾紅塵》未獲獎，因想去陰間與丈夫相聚，因再也寫不出像撒哈拉故事那樣奇異迷人的新作品，因真實的自己不如筆下的人物，從而無力滿足讀者與社會對她的期盼。她自殺的原因雖然永遠不會為人所知，但是，她曾數次企圖自殺，並顯得情緒狂躁，時而熱衷社交時而離群索居。這些都表明她患有躁狂抑鬱症。她在死前因荷爾蒙失調而致情緒波動，正在接受治療。除了訃告和有關死亡的報道，許多報紙還刊登文章，指出讀者對她的自殺，情緒反應異常激烈，從此可看出她身為作家的影響力；有的報紙還刊文勸誡人們不要仿效，也去自殺。

三毛的幾部傳記都談論她的生平、創作和名氣，尤其著墨於她的情感生活、人道主義的生活哲學、浪漫事跡，以及經常掛在口邊對「中國」、對所有中國人的熱愛。三毛的傳記作者認為，她事業成功，名副其實的「三毛熱」延續至少達十五年之久，原因有多個。她早年對教育制度的抵制；作品寫國外事物，具「異域風情」；文字簡單直接；以及被視為字裡行間散發對人的關懷與情感。當時的台灣很少人有機會出國旅遊（十年後的中國大陸也一樣），三毛小說的異國風情自然極具吸引力。許多讀者都表示，他們閱讀三毛的作品，猶如收到私人信息，訴說著對世界與每一個人的關愛，他們常說讀來就像讀私人信件那麼親切。陳平既能將自己與讀者分開，又能創造一種與讀者相融的氛圍。

三毛一方面將自己的經歷描寫得如此奇異獨特，乃至讀者根本難於仿效，一方面又堅持聲稱自己不過是個常人。她選擇的筆名就反映了她認定自己是個常人的意願。儘管她的生活較之當時當地的婦女，也算不尋常（在海外旅遊、生活，嫁給非華裔的人，沒有生育），但她再三強調自己遵行傳統女性的職責：她顯得願意承擔所有家務，樂於做個伺候丈夫的模範家庭主婦，為丈夫和他的朋友提供一個歡愉的環境，讓他有休閒時間。表面看，三毛的生活方式可能反傳統，但她書中反映的價值觀，一直相對保守，對讀者幾乎沒有威脅或挑戰。人說她是個「舊式的新女性」，儘管婦女的角色在變，她們又渴求獨立，導致社會衝突日增，她仍在現實世界中追求美與情。她為自己塑造了一個安份的婦女形象，年輕的女讀者也同樣面對現代社會的種種要求，她們喜歡她的小說，部份可能因為她這個形象。

除了幾部三毛傳記以外，「三毛現象」還帶來幾部評價與論述她的著作，雜誌也發表不少相關的訪談和專題文章。輿論評價三毛生平某些事件，明顯摻

雜批判和質疑的意味。還有幾位作家，也懷疑那些看似自傳的故事，是否屬實。疑點主要集中在她的西班牙丈夫身上。人們提出的問題有：荷西的浪漫故事是否真實，是否真的等待與她結婚等了六年？他是否真的不幸早逝？究竟有沒有這麼一個人？在那些「追隨三毛足跡」的作家當中，對三毛故事的真實性，有的試圖挑戰，有的試圖捍衛，但他們都同意，細節可能虛構，人物可能美化了，時序可能模糊不清，但她的故事的總體輪廓是取材自三毛／陳平的生活。

Miriam Lang

陶乃侃譯

◇ 三毛，《撒哈拉的故事》，台北：皇冠出版社，1976 年。
◇ ──，《雨季不再來》，台北：皇冠出版社，1976 年。
◇ ──，《哭泣的駱駝》，台北：皇冠出版社，1977 年。
◇ ──，《溫柔的夜》，台北：皇冠出版社，1979 年。
◇ ──，《背影》，台北：皇冠出版社，1981 年。
◇ ──，《傾城》，台北：皇冠出版社，1985 年。
◇ ──，《滾滾紅塵》（電影劇本），台北：皇冠出版社，1990 年。
◇ 古繼堂，《評說三毛》，北京：知識出版社，1991 年。
◇ 潘向黎，《三毛傳》，福州：海峽文藝出版社，1991 年。
◇ 陸士清、楊幼力、孫永超，《三毛傳》，台中：晨星出版社，1993 年。
◇ 崔建飛、趙珺，《三毛傳》，北京：文化藝術出版社，1995 年。

▥ 179 邵夢蘭 Shao Menglan

邵夢蘭（1909-2000），浙江淳安人，一生從事教育工作達六十餘年，對教育界貢獻良多。

邵夢蘭的父親邵鴻烈是前清的拔貢（由地方貢入國子監的生員，相當於大學生），以詩文著名。邵家是個傳統家庭，家境富裕，樂善好施。邵夢蘭小時候跟母親學《共和國文》八冊，十一歲入淳安縣立始新女子小學初小四年級，之後到浙江省立杭州女子初中，一九二六年畢業，隨即任始新女小校長三年（1926-1929）。

此後繼續升學，先後畢業於復旦大學試驗中學（1931）及復旦大學政治學系（1936）。

自一九三六年起，邵夢蘭投身教育界。在抗日時期及前後，曾任教於浙江省多所中學和海南大學。一九四九年到台灣以後，又在台灣省立新竹中學、基隆女子中學、台北第一女子中學擔任教職。一九五六年二月，奉令掌管台北縣立（陽明山管理局）士林初級中學，該校後改制為士林中學，並再分為士林高

中和士林國中。一九七五年，士林高中更名為台北市立中正高級中學，同年邵夢蘭奉准退休。

一九七五年，邵夢蘭六十六歲，應宋美齡（參見該傳）的邀請出任華興中學校長及華興育幼院院長，任內率中華青年棒球隊赴美衛冕成功，榮獲世界青棒賽冠軍。次年辭職，專任中國文化大學副教授，一九九零年改為兼任，至一九九三年辭職。後又在東吳大學兼任副教授，並在老人大學松柏學園兼課，直至逝世。

一九三一年邵夢蘭招贅余學仁，一九四四年夫婿過世。二人有一女二子，其中次子邵人杰隨同來台。

邵夢蘭為人剛正，生活有規律，愛好文學音樂，自述以「先天下之憂而憂，後天下之樂而樂」為生平大志。教學時秉持「國文第一」的理念，要求學生背誦國文，不定期抽檢學生週記作文，常年以校為家，細心輔導青少年，注重生活教育，留給學生嚴正清明及春風和煦的印象。

鄭麗榕

◎ 台北市立中正高級中學等編，《邵校長夢蘭八秩華誕祝壽專輯》，台北：出版社不詳，1989 年。
◎ 台北市立中正高級中學等編，《邵校長夢蘭九秩華誕萬壽專輯》，台北：出版社不詳，1999 年。
◎ 游鑑明訪問；黃銘明、鄭麗榕紀錄，《春蠶到死絲方盡：邵夢蘭女士訪問紀錄》，新北市：行政院原住民族委員會，2005 年。

▥ 180 諶容 Shen Rong

諶容，原名諶德容，一九三六年生於湖北漢口，在成都、重慶長大，小說家。諶容是她的筆名。

諶容一九五四年考入北京俄語學院，畢業後被分配到北京中央人民廣播電台，擔任音樂編輯和俄語翻譯。不久，她因患病，上班時常常昏倒，要請假返家，最後不得不辭工，轉往一所中學任教。她的病反讓她擁有大量閑暇時間。她嘗試培養各式嗜好來消磨時間，包括集郵、繪畫、看戲、閱讀，甚至跳舞。但她覺得不被人接納，心中難受，加上又渴望為社會做點事，所以終於在六十年代重新走向生活。在朋友安排下，她搬往西北的山西省一個農村，離北京約五百公里，在那裡開始寫作。

如同許多二十世紀七十年代中期從事文學創作的中國作家一樣，諶容寫的都是農村共產主義英雄和小型階級鬥爭，全屬當時政治氣候下准寫的題材。為

此之故,她最早的兩部小說──《萬年青》(1975)和《光明與黑暗》(1978)的主題就是關於農村階級鬥爭的。文革結束之後,她加入其他作家的行列,開始創作「傷痕文學」,重新探討過去十年的政治災難,以及人們所付出的沉痛代價。她在八十年代上半期所創作的最優秀的小說,都收入了《諶容集》(1986)。

從一九八零年的〈永遠是春天〉開始,諶容將寫作重點放在文革的受害者,特別是那些受到公開侮辱和迫害的知識份子和革命老幹部。有一點非常矚目的是,她作品中許多「受傷害者」和遭受苦難最多的都是女性。〈永遠是春天〉刻劃了婦女在新中國成立之後所面對的兩難局面:事業和家庭之間,以及個人成就和國內革命的進展兩者之間的取捨。這小說是最早探討這類問題的作品之一。

諶容迄今最成功、也許是唯一具影響力的作品是《人到中年》。這小說在一九八零年獲得了第一屆全國優秀中篇小說一等獎。諶容憑這一次獲獎加入了威望極高的中國作家協會,從而成為官方承認的專業作家,可按月領取薪俸。

《人到中年》講述一個女眼科醫生的故事。她叫陸文婷,在故事開始時,因患心臟病,躺在醫院裡,瀕於死亡。她回想起自己的大學歲月,當時她年輕漂亮,精力充沛。畢業後進了醫院工作近二十年,無論從手術技能還是從敬業精神來講,都是院裡最好的眼科醫生。她是個中年婦女,已婚,有兩個正在上學的孩子,但她的大部份時間總是花在醫院的工作上,照顧孩子和家務之事都由丈夫承擔。他是位冶金學家,愈來愈急於投入研究,以彌補文革期間虛度的時光,為此,陸文婷滿懷歉疚,總覺剝奪了丈夫應有的時間。她難以兼顧家庭和醫院的需求、妻子／母親和醫生的角色,心中不斷掙扎,但最後還是不可避免地選擇了病人。

陸文婷即使全力工作,她一家卻生活在極度貧困之中。她和丈夫的工資都很低,僅夠買一些生活必需品。他們所擁有的不過是間十一平方米的房子,裡面只能擺放兩張床和一個書桌,一家四口若要學習,便須輪流使用書桌。她既沒有金錢也沒有時間花在孩子身上,她臨終前最大的願望就是能為兒子買一雙白色的運動鞋,為女兒紮一回小辮。只有在垂危之際,她才覺得可以問心無愧地躺下來休息。

陸文婷正直自重的性格,同小說中的另一女角形成了鮮明的對比,她是一位革命老幹部的妻子,被戲稱為「馬列主義老太太」。她經常宣揚自己和丈夫

累積的政治資本，小說形容她時語帶嘲諷。她丈夫在文革中受到了迫害，剛恢復了職權。有兩次陸文婷都是在極其困難的情況下為他做手術，把他的眼疾治癒。陸文婷本可輕易利用老幹部感恩之情而謀取私利，但她沒有；對老幹部那有權有勢、自以為是的妻子所給予的好處，也拒絕了。陸文婷最後戰勝了病魔，活著走出醫院，她的英雄形象絲毫不遜色於那些革命老幹部。

《人到中年》謳歌了知識份子往往默默地為國為民作出犧牲；陸文婷纖弱文靜的形象，令所作犧牲更鮮明有力。這部小說呼籲當局改善知識份子不堪的待遇。後來，它被改編成同名電影《人到中年》，獲得了巨大成功。謙虛、堅韌和能幹的女知識份子陸文婷與革命老幹部的馬列主義太太都成了當代中國文化中永不褪色的形象。

一九八九年溫蒂・拉森（Wendy Larson）在評論諶容的作品時曾指出，它們有三個重點：改革政策對知識份子的要求互相矛盾，塑造理想的女性，以及作家在社會中的身份和寫作的功能。諶容筆下默默承受痛苦的女性確實抓住了讀者的心。諶容雖把各人物同當權者的關係寫得含糊，但他們對自己認定有意義的事業，都全力以赴，從不動搖。所以，諶容所刻劃的理想女性，不論是對社會或黨的統治階層，或是對本身在社會所處境況，從不質疑問難。

隨著諶容的創作內容逐漸轉移到家庭和婚姻，特別是職業女性所面臨的困境，她筆下的人物開始思索一向以來對婚姻和家庭的承擔，衡量著應否繼續下去。這些在職女性一邊要發展個人事業，一邊要承擔女兒、妻子和母親的職責，不能兼顧時，便精神緊張，但到頭來總是以家庭和婚姻為重，願意為此作出犧牲。

然而這種傳統觀念，在諶容短篇小說集《懶得離婚》的男女人物心中已經不復存在。集子中的六篇小說，以中國社會商品化日益猖獗，正迅速腐蝕各階層為背景，探討了自我發展和成長、複雜的婚姻生活、男女關係、社會偏見，以及愛情和浪漫主義的幻滅。《懶得離婚》揭示了婚姻就是互相束縛，男女雙方均感無助。它對社會作出諷刺，並深入分析了中國社會中許多婚姻的狀況。

此外，諶容還在不違反政治審查的尺度下，著力寫評論文章，諷刺時事。《諶容幽默小說選》可算是這類幽默風格的代表作，它所收集的短篇小說如實的描繪了當時的社會現象、官僚主義，且加以評論。集內還附有許多當代著名藝術家所繪的插圖，讀來更覺趣味盎然。

王一燕

413

崔少元譯

◇ 諶容，《太子村的秘密》，北京：人民文學出版社，1973年。

◇ ——，《萬年青》，北京：人民文學出版社，1975年。

◇ ——，《光明與黑暗》，北京：人民文學出版社，1978年。

◇ ——，《人到中年》，北京：百花文藝出版社，1980年。

◇ ——，《永遠是春天》，北京：人民文學出版社，1980年。

◇ ——，《諶容小說選》，北京：北京出版社，1981年。

◇ ——，《贊歌》，成都：四川人民出版社，1983年。

◇ ——，《楊月月與薩特之研究》，北京：中國文聯出版社，1984年。

◇ ——，《諶容集》，福州：海峽文藝出版社，1986年。

◇ ——，《諶容幽默小說選》，香港：香江出版社，1987年。

◇ ——，《懶得離婚》，北京：華藝出版社，1991年。

◇ ——，〈痛苦中的抉擇〉見《懶得離婚》，北京：華藝出版社，1991年，頁5–10。

◇ ——，《中年苦短：諶容隨筆》，上海：東方出版中心，1994年。

◇ 上海辭書編，《中國現代文學詞典》，上海：上海藝術出版社，1990年，頁464。

◇ Shen Rong. *At Middle Age.* Beijing: Chinese Literature, 1987.

◇ Larson, Wendy. "Women, Writers, Social Reform: Three Issues in Shen Rong's Fiction." In *Modern Chinese Women Writers*: *Critical Appraisals,* ed. Michael Duke. Armonk, N.Y. : M.E. Sharpe, 1989, 174–95.

◇ McDougall, Bonnie S., and Kam Louie. *The Literature of China in the Twentieth Century.* Gosford, NSW: Bushbooks, 1997, 381–83.

▥ 181 沈茲九 Shen Zijiu

沈茲九（1898-1989），浙江省德清縣人，社會活動家，婦女解放運動領袖，中國共產黨資深黨員。

沈茲九生在小康之家，父親在絲綢公司當會計，收入足可讓她接受正規教育，她進了浙江女子師範學校念書。在她還是學生的時候，父母安排她和張嘉祿結婚，兩人育有一女叫張綠漪。張嘉祿在一九二一年去世。

沈茲九從浙江女子師範學校畢業後，因成績優異獲聘為該校附小教師。一九二一年秋去日本留學，就讀於日本女子高等師範藝術科。一九二五年回國後先後在浙江女子師範學校、江蘇松江女子中學、南京匯文女子中學執教。一九三二年夏入中山文化教育館上海分館從事編譯工作，任《時事類編》助理編輯，開始受到中國共產黨的薰陶。一九三四年二月起主編進步報章《申報》的副刊《婦女園地》，號召婦女爭取解放，宣傳抗日救亡、民族解放、社會改革等思想，不多久國民黨迫令《婦女園地》停刊。一九三五年在杜君慧等共產黨員協助下，創辦、主編《婦女生活》雜誌，宣傳共產黨的抗日方針，揭露和抨擊國民黨在國內外賣國的政策，特別號召婦女參加抗日救國運動。同年參與

組織上海婦女界救國會，任理事會總務部副主任，並成為全國各界救國聯合會執委。

一九三六年，沈茲九撰寫出版《世界女名人列傳》，與羅瓊合譯蘇聯女革命家柯倫泰（Alexandra Kollontay）《新婦女論》（*On Being A New Woman*）一書，啟發婦女走向革命的道路。同年十一月二十二日，全國各界救國聯合會的沈鈞儒、鄒韜奮、史良（參見該傳）等「七君子」被捕，她積極參與宋慶齡（參見該傳）、何香凝（參見該傳）等發起的救國入獄運動。一九三七年中，抗日戰爭爆發，她在何香凝領導下為上海婦女慰勞分會做宣傳工作。同年冬撤退到武漢，任戰時兒童保育委員會常務理事。一九三八年任改組後的新生活運動婦女指導委員會文化事業組組長，負責出版會刊《婦女新運》，在武漢、重慶兩地工作。

一九三九年，沈茲九加入中國共產黨，翌年赴安徽皖南新四軍軍部，再轉往上海。一九四一年又輾轉到達新加坡，協助記者胡愈之（1896–1986）工作，兩人不久結婚，但沒有生兒育女。太平洋戰爭爆發後，她參加新加坡華僑文化界抗敵動員總會及其戰時工作團，在華僑中從事抗日救國宣傳。一九四二年新加坡淪陷前夕，她和胡愈之、作家郁達夫等人撤退到蘇門答臘島，為躲避日軍的搜捕，他們隱姓埋名，度過了三年零八個月的流亡生活。太平洋戰爭結束後，她發表了《流亡在赤道線上》，描寫他們這段在淪陷區的艱苦鬥爭生活。

戰後沈茲九回到新加坡，加入中國民主同盟，與胡愈之等人在東南亞創建和發展民盟組織，團結華僑開展愛國民主運動。她和胡愈之一道創辦南洋出版社，自任多份報刊編輯，包括《南僑日報》副刊《南風》、《風下》周刊和《新婦女》月刊。一九四七年參與建立民盟馬來亞支部，任常務委員、婦女部主任。翌年離開新加坡，經香港進入國內東北解放區，一九四九年到達當時中共中央所在地──河北省平山縣西柏坡，參加中國婦女第一次全國代表大會的籌備工作。同年底在北京出席第一次全國婦女代表大會。

建國初期，沈茲九出任中華全國民主婦女聯合會的常務委員、宣傳教育部部長和《新中國婦女》主編，並成為《中國婦女》雜誌社社長。她也是全國人大代表，第一至第三屆全國政協委員。她一直參與民盟的工作，在其中委會先後擔任多個要職。文革期間，她和胡愈之都被撤職。

沈茲九在一九八九年十二月二十六日逝世，享年九十一歲。

趙金平

◇ 英文《中國婦女》編著，《古今著名婦女人物》，下冊，石家莊：河北人民出版社，1986年，頁535–540。
◇ 《女界文化戰士沈茲九》，北京：中國婦女出版社，1991年。
◇ 《中國婦女五十年》光碟。

┉ 182 史良 Shi Liang

史良（1900–1985），江蘇省常州人，是二十世紀三十到四十年代，中國婦女運動和人權運動中舉足輕重的人物。她是新中國第一任司法部部長，從一九五零年起一直擔任該職，到一九五九年司法部撤銷為止。

史良出身於寒士之家，祖父及外祖父均在清朝（1644–1911）的開科取士中舉，但父親反對此種不合時宜的考試制度，靠當塾師的束脩度日。史良有兄弟姊妹八人，其中幾個據說因營養不良和未獲治療而夭亡。母親為緩解家庭困境，欲將史良許配富家，卻遭她激烈反抗，只好作罷。父親在家教她讀古文和歷史，到她十四歲時，家中才有能力送她到學校念書。史良由四年級讀起，兩年內完成了小學課程，後於一九一五年進入常州女子師範學校。一九一九年五四運動時期，史良曾代表家鄉常州學生，在南京參加集會，聲援被軍閥政府監禁和毆打的北平學生。年輕的她如饑似渴地閱讀進步報刊，夢想有朝一日，使中國成為一個有公義的國家。

史良大概在一九二一年自女子師範學校畢業，之後教書，一九二三年進入知名法律學家徐謙所創辦的上海法政大學。史良是首批受訓的法政人才。那時她依然積極投入政治活動。一九二五年五月，上海三千名學生上街示威，支持罷工工人，她亦有參加，結果被逮捕，次日獲釋。她返回學校後，編輯一份學生刊物《雪恥》，該刊物對上海的學生有相當影響。

一九二七年史良畢業之時，國共兩黨已宣布了第一次合作。她參加北伐，在國民革命軍總政治部工作人員養成所任職，後被調至江蘇的區長培訓班並參加江蘇省的縣長考試。但她認為在體格檢查時受到不公平對待，憤而離去，返回上海。

一九三一年，史良開始在上海當律師，此後十六年一貫敬業樂業。當時上海連她在內，也只有兩位女執業律師。她首先在董康律師事務所工作，董康原是她在上海法政大學的老師。後來她自立門戶，專門受理婚姻和政治案件。她在處理案件的過程中，深切體會到社會嚴重缺乏公義，故此為婦女代言請命，因而聲名鵲起。儘管她的政治案子不少取得勝訴，但最少有一次的敗訴，教她

沉痛莫名。國民黨特務經常侵犯民眾人身自由，她和中國民權保障同盟的其他成員為此設法向政治犯提供法律援助。宋慶齡（參見該傳）亦參與其事。史良成功地為廖仲愷和何香凝（參見該傳）之子、中共地下工作者廖承志作了辯護，使他重獲自由。但史良卻未能阻止鄧中夏解送南京；他是一位傑出的勞工領袖、共產黨員，和宋慶齡交情匪淺；由於南京不受租界法律約束，他解抵後不久，就被處決。

後來史良說，她認識到那時的法律只不過是個點綴社會的騙人把戲。她改弦更張，轉向中共，一九三一年九月日本侵佔中國東北之後，更積極參加婦女活動和政治活動。在一九三二年三月國際婦女節的集會上，她發表講話時，目睹警察橫加干擾，導致許多婦女受傷。此後，她加入上海和江蘇數個婦女組織的委員會，並於一九三四年聯同其他婦女，包括沈茲九（參見該傳）、胡子嬰，創立上海婦女界救國聯合會。一九三五年，該會成為全國各界救國聯合會的一部份。這個全國性組織旨在號召舉國抗日，停止內戰，保障人權；由宋慶齡擔任會長，史良則任常委。

是年，史良和沈鈞儒加入人民陣線，積極參與政治活動。一九三六年九月，為紀念日本侵佔東北五周年，史良與全國各界救國聯合會成員，和學生、工人一起，上街游行。她在其後與軍警的衝突中受了傷；一群工人組成人牆保護她，以免她再受襲擊，並掩護她撤離。十月魯迅辭世，史良是扶柩人之一，全國各界救國聯合會便藉著這個葬禮，進一步宣揚其救國宗旨。

史良參加的種種活動，提升了她的知名度。一九三六年十一月二十二日的夜間，她在家中被捕。在同一時間，還有六位作家、學者、專業人士被捕，即沈鈞儒、鄒韜奮、王造時、章乃器、沙千里和李公樸，他們全屬男性，時人稱這六男一女為「七君子」。次日七人得到保釋，但僅過一日，當局又再下令逮捕他們。

史良避開警方並藏匿起來。一九八一年她道出箇中原因，這樣做在於爭取時間，以處置一些可能連累他人的文件。她看到多張告示，聲言懸賞一萬元緝拿她；她竟以大無畏精神，在其中一張前面給自己拍照。當年年底，她辦妥一切後，前往蘇州警署（其他在上海被捕的人士均關押於此地）自首。她進了女子監獄，與罪犯、殺人疑犯關在一起，她與這些人交朋友，為她們的案件提供法律意見，協助她們申辯。通過與這些不幸婦女的接觸，她更深刻體會到，女性如何備受不公平對待，而這情況在婚姻方面尤為惡劣。

七君子被指控危害民國，而且，所倡議的意識形態，又與孫中山的三民主義基本理念相悖。一九三七年六月，國民黨提出交換條件：每人判刑五年，送往專門關押上層政治犯的反省院後，便獲免刑。他們拒絕提議後，政府就進行起訴。六月，宋慶齡與何香凝以及另外十六人前往蘇州，要求與七君子一同監禁，理由是若愛國有罪，則同屬有罪。就在那時，國內局勢急轉直下；七月七日國民政府對日宣戰，隨之也宣布第二次國共合作，史良及其戰友於月底獲釋。她立即投身抗戰，並前往港澳宣傳抗日。她加入宋美齡的新生活婦女指導委員會，並任其聯絡委員會主任；也是在該年，與陸殿東（字昭化）結婚，陸氏亦為上海律師。據說兩人已同居一段時間，由於顧及宋美齡的中產階級道德觀念，才答應舉辦一次正式婚禮。

一九三八年，史良被推選為第一屆國民參政會參政員，參政會是戰時的一個諮議機構。她於七月在武漢與會，十月武漢失陷，又轉移至重慶。她是參政會的積極份子，直到一九四一年一月皖南事變為止。在皖南事變中，國民黨殺戮理該是合作夥伴的共產黨士兵。史良與全國各界救國聯合會其他成員，拒絕參加此後的參政會會議，於是他們的名字在後續會議名單上被刪除。她還被迫退出婦女指導委員會。此後她當回律師，在重慶執業；且與另一位婦女活動家曹孟君（參見該傳）創立了民主婦女聯誼會。一九四四年，史良在中國民主同盟（簡稱民盟）成立大會上當選中央委員。

一九四五年抗戰結束後，史良在重慶與毛澤東（1893–1976）會面。此前她亦曾與地下和公開的中共黨員共過事，包括周恩來（1898–1976）和鄧穎超（參見該傳）。不久史良返滬，在舊地重當律師。民盟日益靠近中共，一九四六年，兩名成員李公樸和聞一多在昆明被暗殺。一九四七年十月，國民黨政府宣布民盟為非法團體，次年民盟在香港重新組建，而史良仍在上海進行地下工作。一九四九年五月，她獲悉上海警方決定將她捕殺，就和丈夫藏匿於妹妹史龍家中。不久共產黨解放上海，史良前往北京參加全國婦聯及全國政協的第一次會議，在兩個會議上都當選執委。

史良參加了開國大典。之後，被委任司法部部長兼政治法律委員會委員，後又任法制委員會委員。一九五三年當選全國婦聯副主席，且同時被任命為婚姻法貫徹運動委員會副主任（婚姻法已在一九五零年頒布）。她在這一委員會中的作用應不是純屬象徵性質，婚姻法旨在消除婦女所遭受的不公平待遇，而她對此頗有認識，那怕她所知的，只是基於三十年代與女囚共居一室的所見所

聞。一九五四至五六年，她還擔任中央政法幹部學院副院長，在政治局委員彭真直接領導下工作。

一九五九年司法部撤銷後，史良不再任部級領導，遂把精力轉移到全國婦聯和民盟的工作。一九五四年以來，她一直是全國人大代表。有一則材料（至今未能在他處得到證實）稱，在五十年代後期的反右運動中，她曾在一次自我批評會上，揭發盟友章伯鈞、羅隆基、王造時的作為，累及他們。文革中，據說她被帶到人民大會堂批鬥，周恩來前來營救，並加以保護，使免遭進一步衝擊。一九七八年，她被重新任命為全國婦聯副主席，還增加了兩個新職位：全國政協副主席和全國人大常委副委員長（1979）。自民盟一九四四年成立以來，她一直積極參與其中，在領導層中扶搖直上，先後擔任其中央委員會副主席（1953）和主席（1979）。民盟曾是國內最大的非共黨黨派，但多年來對中共幾乎沒有提出過對立意見。

史良一生熱衷政治，直到去世前不久才變得淡然。一九八三年，她說英國打算以香港主權換治權，是不能接受的。她的回憶錄〈我的生活道路〉在當年的《人物》雜誌上刊載。一九八五年九月因病在北京去世。黨政最高領導參加了她的葬禮，她的骨灰安置在八寶山革命公墓。

在漫長的從政生涯中，史良常率領婦女和法律代表團出訪。她帶領婦女代表團訪問過法國（1949），捷克（1956），印度（1956，1957）和錫蘭（1958）；率法律代表團訪問了俄羅斯（1950）。一九五七年參加了在敘利亞召開的國際法學家會議的預備會。一九五二年陪同宋慶齡參加在奧地利維也納舉行的世界和平大會。在北京，還經常接見來訪的各國要人。

儘管史良從事的政治和婦運工作性質嚴肅，她本人卻顯得活潑開朗，思想獨立。前法國總理埃德加·富爾（Edgar Faure），曾於一九五六年訪華，事後描述她「極其美麗、時髦」。她不囿於傳統，從她與陸殿東婚前同居，可見一斑。但她可不是盲目追求時尚。一九四五年母親離世，她遵照亡母遺願，舉行傳統的佛教葬禮，讓人看到她體諒親心的一面。有一則資料稱，她與陸殿東的婚姻，似在共產黨行將解放大陸時結束。另一則資料說他一九七六年死於腦溢血。埃德加·富爾稱他一九五六年和她會面時，留意到她身旁的丈夫通曉多種語言，但這位法國前總理未有提及該人姓名。史良和陸殿東並無子嗣，但抱養了妹妹史龍之子魯陽。魯陽考入上海著名的交通大學，高校院系調整時，轉入與交大同享盛名的復旦大學，畢業後分配至核子物理研究所，但一九五七年被

劃為右派；於文革中自殺身亡。

　　史良是中國最早的兩位女執業律師之一，另一位是鄭毓秀。鄭氏嫁給一個國民黨部長後，不再從事法律事務，做了傳統的賢妻良母；而史良則從政，表現卓越，直至五十年代末退下，於八十年代再度復職。然而，為她寫傳記的一位作者指出，儘管一九四九年以後史良擁有顯赫的職位和頭銜，她在政府各部門的實權，遠低於一般人所預期。反觀時至今日的中國，司法部門依然不受重視，這位傳記作者的說法，看來不無道理。這實在是件憾事。以史良的潛能，應可取得更驕人的成就。

蕭虹

龍仁譯

◇ 史良，〈我的生活道路〉見《人物》，1983 年 9 月 22 期，頁 22–33；1983 年 11 月 23 期，頁 76–90。

◇ 習仲勳，〈沉痛悼念中國共產黨的親密戰友──史良同志〉見《人民日報》，1985 年 9 月 16 日，版 4。

◇ 胡愈之、沈茲九，〈悼念「七君子」的最後一個──史良同志〉見《人民日報》，1985 年 10 月 13 日，版 5。

◇ 英文《中國婦女》編著，《古今著名婦女人物》，下冊，石家莊：河北人民出版社，1986 年，頁 576–581。

◇ 《民國人物小傳》，冊 10，台北：傳記文學出版社，1988 年，頁 68–82。

◇ 汪新編，《中國民主黨派名人錄》，南京：江蘇人民出版社，1993 年，頁 177–178。

◇ Who's Who in Communist China. Hong Kong: Union Research Institute, 1969, 569–70.

◇ Klein, Donald W., and Anne B. Clark. *Biographic Dictionary of Chinese Communism, 1921–1965.* Cambridge, Mass.: Harvard University Press, 1971, 764–66.

◇ Shi Liang. "The Road I Traveled." *Women of China* (1981) : 18–20, 25.

◇ Hoe, Susanna. "The Seventh Gentleman: Shi Liang." In *Chinese Footprints: Exploring Women's History in China, Hong Kong and Macau.* Hong Kong: Roundhouse Publications (Asia), 1996, 92–130.

▥ 183 舒婷 Shu Ting

　　舒婷一九五二年生於福建晉江，本名龔佩瑜，學名龔舒婷。她是中國現代最著名的詩人之一，堪稱繼冰心（參見該傳）之後在中國文壇出現的最重要女詩人。她起初和朦朧詩關係密切，後來發展出自己的風格，詩歌深切關注大眾事務，又巧妙地融入了詩人的內省與反思。

　　舒婷在家中排行第二，有兄妹各一。一九五七年，父親被劃為右派份子，下放到山區農村改造。她表示，母親在那時擔心三個孩子被父親牽連，遭受政治迫害，所以和父親離婚。之後，與母親、外祖母、兄妹遷居廈門。她是個早熟的孩子。在〈心煙〉這篇散文，她憶述了在四歲時因背誦出杜牧的兩句詩，

而可以跟著外祖母參加識字班。外祖母對她的幼年生活影響極大,睡前給她講
《西遊記》、《三國演義》、蒲松齡《聊齋誌異》等書的故事,啟發了她的想
像力。外祖母還是基督徒,她因此對基督教也有所認識。儘管她的作品可見零
星的基督教意象,她明確表示不信上帝。舒婷三年級時愛上閱讀,主要因為親
人鼓勵的緣故,他們又能向她提供中國文學典籍。上中學時,她自稱已讀遍所
有中國書籍,故轉讀外國書。在校她善於作文,但在一次期終試卻不及格,據
評分老師說,原因是文章有小資產階級的多愁善感。十三歲時,她寫了第一首
詩,在校刊上發表。

　　文革爆發後,舒婷便不能再上學。一九六九年,她只讀了兩年初中,就被
送到閩西一個偏遠的公社,這種經歷,她和許多同代人都形容為大傷元氣,但
在某程度上又解放了他們。在下鄉的三年,她一直寫日記,繼續讀書,她說過
她迷戀泰戈爾的詩,對何其芳、拜倫、濟慈、朱自清等人的詩作也很感興趣。
她這時期給朋友的信中所寫的詩被人抄傳,據傳這些手抄的詩歌使她聲名遠
播。

　　一九七二年,舒婷返回廈門,由於工作不穩定,感到寸步難行。她邊做
各種零活邊寫作。一九七三年,她做了很多臨時工作,先在建築公司,後
來又寫宣傳稿,做統計員、鍋爐工、講解員、瓦工。一九七四年,認識了
年長的詩人兼教師蔡其矯(1918–2007),他曾在魯迅藝術學院學習,早在
一九四一年就得過詩歌獎。他們開始通信,他成為了她的導師。他是第一個向
她介紹北京幾個極具創意的年輕作家的作品。一九七五年,她轉到一間紡織廠
工作,一九七七年又到燈泡廠當電焊工。她有散文記載了這段生活,清楚表明
即使體力工作非常吃力,但卻能與其他工人和睦相處,感到萬分自豪。這些經
歷無疑加深了她對社會的認識,有利她探索大眾的問題。

　　民主牆運動期間,出現了民間刊物《今天》。它的創刊號於一九七八年
十二月二十三日面世,內載舒婷的兩首詩,其中一首是〈致橡樹〉。這詩反映
出她早期詩歌的風格,值得一提的是,它用詩的語言,駁斥女性依賴男性的
傳統觀念。它從自然界的景物引伸出各種比擬,說明兩性關係應建基於相互獨
立。詩文如下:

　　　我如果愛你——
　　　絕不學痴情的鳥兒,
　　　為綠蔭重複單調的歌曲;

也不止像泉源，
常年送來清涼的慰藉；
也不止像險峰，
增加你的高度，襯托你的威儀。
甚至日光。
甚至春雨。

　　她的詩歌還出現在《今天》第三和第八期的詩歌專號。她的一篇早期散文〈教堂裡的琴聲〉則在第五期發表。儘管她的詩歌並不晦澀，因她在《今天》發表作品，她還是成為了新一代探索語言的代表詩人，後來保守的評論家稱這群詩人為「朦朧」詩人。（舒婷說，對她創作影響最大的，莫過於《今天》。）有兩件事令她和這群詩人關係更密切：一是她參加了《今天》編輯部在一九七九年十月二十日舉辦的詩歌朗誦會（據報導聽眾約一千人）。二是她參加了《詩刊》在一九八零年組織的新詩研討會。

　　舒婷在這個時候聲名鵲起，像北島、顧城一樣，與主流文壇的關係使她的地位更形穩固。一九八零年一月，《福建文學》第一期發表了她早期的詩〈寄杭城〉。從二月到年底，這雜誌開設專欄「關於新詩創作的問題」，展開對舒婷詩歌和後毛澤東時代詩作的討論，加入大陸文藝刊物對「朦朧詩」連篇累牘的激烈爭論。四月，《詩刊》重載〈致橡樹〉，十月發表舒婷的短文〈人啊，理解我吧〉。該文語調保持作者一貫的謙恭，解釋她如何理解詩歌：

人啊，理解我吧。
我從未想到我是詩人，我知道我永遠也成不了思想家（即使我真想）。我通過我自己深深意識到：今天，人們迫切需要尊重、信任和溫暖。我願意盡可能地用詩來表現我對「人」的一種關切。
障礙必須拆除；面具應當解下。我相信，人和人是能夠互相理解的，因為通往心靈的道路總可以找到。

　　一九八一年，舒婷被派到中國作家協會福建分會工作，從此她的詩人地位得到確認。同年，上海文藝出版社出版了她第一本詩集《雙桅船》。這詩集收錄了她一九七一至八一年所寫的四十七首詩，後來獲得中國作家協會（1979-1982）頒發全國首屆新詩優秀詩集獎。此外，她的〈祖國啊，我親愛的祖國〉也得到作協的獎項。在她諸詩中，這一首顯得較關注國事。

　　舒婷的命運在一九八一年底出現戲劇性的變化。她的十六節組詩〈會唱歌的鳶尾花〉被視為色情，受到攻擊。原因是它有這樣一句：「用你寬寬的手掌

／暫時／覆蓋我吧」。現在來看，舒婷只是將個人情感與對政治關注融為一體，以化不開的濃情厚意，寫成了它：

> 親愛的，舉起你的燈
> 照我上路
> 讓我同我的詩行一起遠播吧
> 理想之鐘在沼地後面敲響，夜那麼柔和
> 村莊和城市簇在我的臂彎裡，燈光拱動著
> 讓我的詩行隨我繼續跋涉吧
> 大道扭動觸手高聲叫嚷：不能通過

　　舒婷根據在工廠工作多年的經歷，寫成〈流水線〉。這詩把工廠工作描繪為非人性化、單調枯燥；有人認為是輕視社會主義勞動。為此，她寫了一篇措辭激烈的文章〈以憂傷的明亮透徹沉默〉，表明決心自動輟筆，三年不發表作品。她認為對她詩歌的所謂「評論」，夾附人身攻擊，應以沉默應對。一九八二年，她與大學教師兼詩評家陳仲義結婚，個人生活隨之發生重大變化。她首次懷孕時，身體異常不適，須長期住院，最後產下兒子。雖然她宣稱不發表新作，這年還是與顧城一道出版了一本詩選。

　　舒婷直到一九八四年才真正打破沉默，復出文壇，當時反精神污染運動剛結束。那年，她當選中國作家協會理事，春季開始重新發表作品。一九八五年，《當代文藝思潮》組織了一次舒婷詩歌討論會。她又參加了一個詩歌結合電視的創新項目。雖然這個項目最後沒有做成，但共有十二節的「劇本」（銀河十二夜）卻被譯成英文，名為 *Twelve Nights of the Milky Way*。一九八六年發表第三部詩選《會唱歌的鳶尾花》。同年她以當代傑出女詩人的身份，獲邀參加上海舉行的中國現代文學國際討論會，與其他數位中國詩人先後在會上發言。在詩壇贏得一席位後，她轉注散文，並在一九八八年出版散文集《心煙》。

　　與舒婷同期的詩人，不少自願或被迫出國，新一代詩人嶄露頭角：翟永明（參見該傳）、張真等都是出色的女詩人。舒婷一直留在中國，繼續創作。一九九二年，她發表了第四部詩集《始祖鳥》。它有些詩明顯探討佛教諸事，如〈禪宗修習地〉、〈滴水觀音〉等。一九九四年發表第二部散文集《硬骨凌霄》。一九九六年應德國學術交流中心（Deutscher Akademischer Austauschdienst）的邀請到柏林居住一年，從事寫作。雖然她表示重新寫詩很

難，她還是創作出具挑戰性的詩歌，陸續發表於中國重要刊物。

自一九八零年評論家兼詩人劉登翰發表了題為〈從尋找自己開始——舒婷和她的詩〉的一篇探討性文章後，其他的人都執筆評論舒婷的詩。劉登翰強調文革對後毛澤東時代詩人的創作手法影響至巨。舒婷重視詩人的主觀世界與表達自我（恢復自我的話語），他認為這是對四人幫的鬥爭哲學及隨之而來的鄙俗風氣所作出的直接反應。他指出舒婷的詩歌一再刻劃纏綿愛戀，題材略顯狹窄。

王光明寫了一篇長文論述舒婷到《始祖鳥》為止的詩歌，可算是對這些詩歌作出最全面探討的文章之一。王光明稱舒婷為浪漫詩人，將她的創作歷程分為三個重要階段。他指出她的早期作品基於集體經驗，以其「典型性」吸引廣大讀者。進入八十年代，她詩歌中的社會意識提高了，〈神女峰〉便是一個很好的例子。同時，他對〈會唱歌的鳶尾花〉這類個人情感特別濃烈的詩歌持批判態度，認為不能反映超越個人的現實。在她停筆三年後重新創作的詩歌，他發現了一些變化：它們的主題高度個人化，內容加入城市事物。她在八十年代末寫的詩歌和早期的不同，它們緊扣當代中國的生活環境。他覺得這種轉變顯示她已超越自我，而詩歌中嶄露的佛教意味便是明證。

以上兩篇文章都沒有談及女性意識的問題。李元貞的專文正好填補這個缺口。這篇見解獨到的文章集中討論女性與女權，作者指出舒婷早期詩歌中對社會秩序的信念與保守母性的聲音，標示著她與同時代詩人不同之處。李元貞認為，從〈會唱歌的鳶尾花〉開始，舒婷的詩歌起了變化，人們在她過往名作中所感到的無分性別的「人性」不再是重點，重點已轉向女性思維，這種思維是基於對所謂「重要」女性本質，如溫柔、直覺和愛情的肯定。根據李元貞的觀點，舒婷放棄哲學是一種策略，這樣一來，她便可避免男性常犯的自欺欺人的陷阱，但也失去了女性探索世界與批判男性知識的有力工具。李元貞的結論是，舒婷文字洗煉、情感沉厚，但詩歌批判力度不足，對改善兩性之間的不平等起不了多大作用。

沃爾夫岡・顧彬（Wolfgang Kubin）也從性別的角度研究舒婷的詩歌。他根據美國理論家的分析，指出舒婷詩歌中關於「身體」的描述，使她成為國際女性文學傳統裡的一員。在這個傳統，寫作是一種「受傷」的經驗，從詩人對詩歌的理念和詩作內的隱喻傾向都可以體現出來。顧彬的文章又透露，《舒婷顧城抒情詩選》裡有些歸入舒婷名下的詩，其實是顧城寫的。

Simon Patton

陶乃侃譯

編者按：舒婷歷任全國人大代表、福建省文聯副主席、廈門市文聯主席。

◇ 劉登翰，〈從尋找自己開始——舒婷和她的詩〉見《詩探索》，1980 年 1 期，頁 67–74。
◇ 張學夢等，〈請聽聽我們的聲音〉見《詩探索》，1980 年 1 期，頁 56–57。
◇ 舒婷，《雙桅船》，上海：上海文藝出版社，1981 年。
◇ ——，《會唱歌的鳶尾花》，成都：四川文藝出版社，1984 年。
◇ ——，《心煙》，上海：上海文藝出版社，1988 年。
◇ ——，《始祖鳥》，福州：海峽文藝出版社，1992 年。
◇ ——，《硬骨凌霄》，珠海：珠海出版社，1994 年。
◇ ——，《你丟失了甚麼？》，長春：吉林人民出版社，1996 年。
◇ 舒婷、顧城，《舒婷顧城抒情詩選》，福州：福建人民出版社，1982 年。
◇ 老木編，《青年詩人談詩》，北京：北京大學五四文學社，1985 年，頁 3–21。
◇ 李元貞，〈論舒婷詩中的女性思維〉見《聯合文學》，卷 5，1988 年 9 期，頁 60–64。
◇ 王光明，《艱難的指向：「新詩潮」與二十世紀中國現代詩》，長春：時代文藝出版社，1993 年。
◇ 洪子誠、劉登翰編，《中國當代新詩史》，北京：人民文學出版社，1993 年。
◇ Kubin, Wolfgang. "Writing with Your Body: Literature as a Wound —— Remarks on the Poetry of Shu Ting." *Modern Chinese Literature,* 4 (1988) : 149–62.
◇ Yeh, Michelle. *Anthology of Modern Chinese Poetry.* New Haven: Yale University Press, 1992.
◇ Shu Ting. *Shu Ting: Selected Poems,* trans. Eva Hung, et al. Hong Kong: The Research Centre for Translation, Chinese University of Hong Kong, 1994.
◇ ——. *The Mist of My Heart: Selected Poems of Shu Ting,* ed. William O'Donnell; trans. Gordon T. Osing and Dean Wu Swihart. Beijing: Panda Books, 1995.
◇ 「蔡其矯」見 <http://baike.baidu.com/view/369945.htm>，2014 年 2 月 20 日查閱。
◇ 徐德金，〈訪不到的舒婷〉見 <http://www.chinanews.com/gn/2014/03-11/5936716.shtml>，來源：北京中國新聞社，2014 年 3 月 11 日。2015 年 1 月 23 日查閱。

▥ 184 舒繡文 Shu Xiuwen

舒繡文（1915–1969），安徽省黟縣人，二十世紀三十到四十年代中國影壇著名女演員。

舒繡文學名舒彩雲，曾以許飛瓊為名，生於安慶市一個知識份子家庭，幼年家境清貧。祖父相信是個知名的儒家學者。父親到北平一所中學教書，後來被辭退，當時她中學還未畢業，迫得輟學回家，幫助母親操持家務。父母面對經濟壓力，又擔心四個女兒前途黯淡，鬱悶難解，開始吸食鴉片，終而上癮。父親為了還債，打算把她賣掉，她從家中逃了出來，到北平長安東街一間舞廳當舞女。她覺得這份工作讓她蒙羞，於是轉到上海，尋找更好的出路。

在上海，舒繡文通過朋友介紹，認識了天一影片公司的老板娘陳玉梅。她很快就安排舒繡文在影片《雲蘭姑娘》中演一個閒角。她從這次演出得到一些

經驗，雖然不多，也夠讓她加入集美歌舞劇社，在那裡認識了魏鶴齡，他後來成為很出名的電影明星。對她來說，在舞台上演出十分有挑戰性，到各地表演也十分艱苦。劇社在嘉興、常州表演完畢後，便因資金不足而解散了。即便如此，在集美歌舞劇社的磨練著實塑造了她日後的演藝生涯。

舒繡文認識著名左翼劇作家及導演田漢（1898–1968）的弟弟田洪之前，已和魏鶴齡、桂公創和劉郁民有交往。在田洪建議下，舒繡文加入了田漢主持的五月花劇社，接觸到左派思想，演出了《亂鐘》、《戰友》、《SOS》等明顯左傾的話劇。不多久，國民黨政府解散了五月花劇社，還拘捕了桂公創。這些事件標示著舒繡文政見上的轉向，從此她更積極參與左派活動。

舒繡文沒多久便加入田漢主持的另一個表演團體春秋劇社。當時長江泛濫，為了救濟受災民眾，有關人士成立了這個劇社，進行義演籌款。她很快成為劇社的主要女演員，演出的劇目有《名優之死》、《暴風雨中的七個女性》、《殺戮嬰兒》等。一九三二年，隨田漢加入藝華影片公司，正式展開她的電影事業。她主演了田漢導演的《民族生存》和陽翰笙導演的《中國海的怒潮》。她是個戲路很廣的女演員，在電影圈穩步發展的同時，並沒有放棄舞台演出。一九三三到三四年，應中國旅行劇團之邀，赴南京、上海演出。一九三四年，上海明星影片公司和她簽訂三年長期合同，由那年到一九三七年，她主演或參演了最少十五部電影，是她拍戲最多的時期。她有兩部電影和胡蝶（參見該傳）一起演出，都得到影壇好評，它們就是《劫後桃花》和《夜來香》。她一直很照顧父母及三個妹妹，有固定收入後，便把他們從北平接到上海供養。

一九三七年中日戰爭爆發後，舒繡文與丈夫（姓名不詳）離開上海到內陸。她加入了政府主辦的中國電影製片廠。一九三八年主演了數部電影，包括《保衛我們的土地》、《好丈夫》和《塞上風雲》。有一次，她要到內蒙古拍戲，途徑共產黨根據地延安，受到當地群眾熱烈歡迎，還得到毛澤東（1893–1976）接見。一九四一到四六年，她基本上放棄電影，獻身抗日話劇。她演出《中國萬歲》、《雷雨》、《日出》等劇，逼真感人，從此被譽為中國話劇界四大名旦之一。抗戰勝利後，她回到上海，與多家製片廠合作，恢復拍攝電影。她在這時期的著名電影作品有崑崙影業公司的《一江春水向東流》和《兇手》，以及大同影業公司的《弱者，你的名字是女人》。一九四八及四九年，她應邀到香港拍攝《春城花落》、《戀愛之道》和《野火春風》。

舒繡文酷愛演戲是人所共知。她能夠扮演不同的角色。在《殺戮嬰兒》，

她演一個村婦，為了生存，不得不殺掉剛出生的骨肉。在舞台上，她全然融入角色，以致放聲大哭。她富有情感的演出，使觀眾由始至終也跟著她哭。她在《兇手》演一個單純善良的女孩時，平實自然；在《一江春水向東流》演刁鑽惡毒、驕橫跋扈的交際花王麗珍時，又得心應手，顯見她戲路廣闊。在《春城花落》，她分飾一對性格截然不同的母女。母親出身農村，家境清貧，到了城市生活，遇上的盡是羞辱與苦難。女兒自小豐衣足食，年輕善良，有一些進步的政治思想。舒繡文成功地將兩個人活生生的展現在觀眾眼前。

一九四九年新中國成立後，舒繡文去了北京，繼續活躍於舞台和銀幕。她拍了影片《女司機》和《李時珍》等，還為外國影片配音。一九五七年調入北京人民藝術劇院，演出《駱駝祥子》和《關漢卿》等話劇。文革時，她受到政治迫害，不幸早逝。她在一九六九年三月十七日去世，終年五十四歲。

Di Bai

陳玉冰譯

編者按：舒繡文生前是國家一級演員，北京人藝藝術委員會副主任，第一屆全國政協委員，第一及第二屆全國人大代表，第三屆全國婦聯執委會委員，中國劇協和中國影協常務理事。

◇ 《著名表演藝術家舒繡文》，北京：中國文史出版社，1986 年。
◇ 肖果，《中國早期影星》，廣州：廣東人民出版社，1987 年。
◇ Zhang Yingjin. *Encyclopedia of Chinese Film*. London & New York: Routledge, 1998.
◇ 「舒繡文」見 <http://baike.baidu.com/view/31289.htm>，2014 年 6 月 19 日查閱。

‖‖ 185 帥孟奇 Shuai Mengqi

帥孟奇（1897–1998），湖南省漢壽縣人，早期革命家、共產黨員。

帥孟奇的父親是清末秀才，二十世紀初參加孫中山（1866–1925）創辦的革命組織同盟會（國民黨的前身），是湖南地區「反清復漢」的先驅之一。帥孟奇二十歲時同表弟許之楨（1898–1964）在家鄉結婚。許之楨，又名許豪，一九一九年畢業於長沙甲種工業學校，同年進入上海外國語學院學習。在上海期間結識了中國共產黨創始人陳獨秀（1880–1942）、李達（1890–1966）等，並於一九二二年入黨，是中國共產黨早期的黨員和領導人之一。許之楨是帥孟奇革命思想的啟蒙者。帥孟奇早期接觸的革命思想理論，都是通過許之楨的講解、郵寄給她的報刊和家書中得來的。一九二六年夏，許之楨被任命為湖南省農民協會秘書長，回到家鄉工作。同年，帥孟奇加入中國共產黨，成為第一屆

中共漢壽縣委委員、婦女部部長和組織部代部長，參加並組織了多次漢壽地區的婦女集會。

一九二七年，國共合作破裂，帥孟奇作為漢壽地區中共領導人而被國民黨通緝。她隻身逃去了武漢，因為許之楨在那裡。她先後出任湖北省委組織部主任、宣傳部主任和湖北工人運動講習所所長。許之楨當時生病住院，且正被通緝，為了安全原因不許人探望。帥孟奇被安排於一九二七年底先到蘇聯莫斯科，按計劃許之楨隨後即到，與她會合，但最後他卻被送往蘇聯的另一城市——伯力。這對夫妻從此再未一起生活。

一九三零年，帥孟奇回到中國，繼續投身革命運動，先任中共江蘇省委婦女部部長，參加抗日群眾集會，支持東北義勇軍和反對上海休戰；後轉去上海，在紗廠組織女工運動。一九三二年底，因叛徒告密而被捕。翌年三月被判無期徒刑，並轉送國民黨在南京專門收押政治重犯的「模範監獄」。一九三三至三七年，帥孟奇在南京獄中渡過。這五年間，因受刑關係，她的右眼失明，右腿骨折致殘。由於誤傳她已死於獄中，一九三七年五月，在延安中共蘇區代表大會開幕詞中，中共蘇維埃中央政府主席張聞天（1900–1976）將帥孟奇列入了大會悼念的死難烈士名單之中。帥孟奇活著，但還是要承受接二連三的打擊。遠在蘇聯的丈夫重新組織了家庭。父親因她的共產黨員身份而被逐出湖南，四處流浪教書餬口。母親則因壓力太大而精神失常。唯一的女兒住在孤兒院，剛滿十三歲便被毒死。

一九三七年，國共再次合作（第一次合作是在 1924 年），帥孟奇在父親託人為她作保後獲得釋放。出獄後，回到家鄉工作，被任命為中共湖南省工作委員會秘書長，後兼任常德、益陽中心縣委書記。一九三九年，到延安出席中共第七次全國代表大會，會後留在那裡工作，直至一九四九年隨中共中央遷往北京。延安期間，先後任中央農委政治秘書兼總支書記、陝甘寧邊區政府黨委委員、中央婦女委員會秘書長等職。一九四九至六六年間，歷任中央組織部副部長、全國婦聯第一屆常務委員、婦聯組織部部長和中央監察委員會常委。

一九六六年文革剛開始，帥孟奇被隔離審查。原因有二。其一，是她的父親曾加入同盟會。其二，是她本人在三十年代被國民黨關押，後來又獲釋，有人質疑她曾否變節。審查後被關進監獄達七年，期間受到毒打，傷及左眼，雙目幾近失明。一九七五年，流放去江西省萍鄉縣一個農村，被開除黨籍。

一九七八年，帥孟奇獲得平反，恢復黨籍，先後任中共中央紀律檢查委

員會常委、中央組織部顧問和中央顧問委員會委員。一九八五年八十八歲時離休。

帥孟奇自二十年代末一直獨身，未再結婚，但是稱她「媽媽」的卻有幾十人之多。三十年代在上海時，她就開始照顧和撫養了許多烈士遺孤。四十年代到延安後，她亦照顧一大群中共領導人的孩子和烈士子弟。這些孩子長大後，陸續成為中共第三、第四代領導人，例如金維映（參見該傳）與李維漢的兒子李鐵映（1936 年生），曾任國務委員兼國家經濟體制委員會主任、電子工業部部長、中國社會科學院院長、中央委員、政治局委員、中國延安精神研究會會長等職，即是她的「孩子」之一。因此，她在中共領導層無論是元老派還是新生派中的地位一直很特殊。

陳弘欣

◇ 英文《中國婦女》編著，《古今著名婦女人物》，下冊，石家莊：河北人民出版社，1986 年，頁 504–507。
◇ 劉英，〈黨內楷模、女中英豪——我所知道的帥大姐〉見《人民日報》，1987 年 7 月 12 日。
◇ 陳玉堂編著，《中國近現代人物名號大辭典》，杭州：浙江古籍出版社，1993 年，頁 227。
◇ 劉銳紹，《中南海貴客》2，香港：商台出版有限公司，1997 年，頁 188，197。
◇ 牛志強，〈世紀之愛：記帥孟奇同志〉見《中國共產黨第一代女革命家的故事》，北京：人民出版社，1997 年，頁 312，316–321。
◇ *Who's Who in Communist China.* Hong Kong: Union Research Institute, 1969.
◇ Klein, Donald W., and Anne B. Clark. *Biographic Dictionary of Chinese Communism, 1921–1965.* Cambridge, Mass.: Harvard University Press, 1971, 770–71.
◇ Bartke, Wolfgang. *Biographical Dictionary and Analysis of China's Party Leadership: 1922–1988.* Munich: Saur, 1990, 185.
◇ 「帥孟奇」見 <http://baike.baidu.com/view/499037.htm>，2014 年 5 月 6 日查閱。
◇ 「許之楨」見 <http://baike.baidu.com/view/538765.htm>，2014 年 5 月 6 日查閱。
◇ 「李鐵映」見 <http://baike.baidu.com/view/1839.htm>，2014 年 5 月 8 日查閱。
◇ 「李鐵映」見 <http://zh.wikipedia.org/wiki/%E6%9D%8E%E9%93%81%E6%98%A0>，2015 年 9 月 4 日查閱。

▥ 186 斯琴高娃 Siqin Gaowa

斯琴高娃，蒙古族電影女演員，一九四九年生於廣東廣州，原名段安琳，父親是漢人，母親是蒙古人。父親祖籍山西，紅軍軍官，在她出生時，剛好在廣州駐守。二十世紀五十年代初期，父親因病去世，她隨母親回到內蒙古，在那裡長大。

斯琴高娃住在昭烏達盟的寧城，當地的生活條件非常艱難，物質供給不足。她自小已顯露跳舞的天份。十三歲時就自編自導自演了一場「盅碗舞」。

429

一九六五年（一說 1964 年），被選入內蒙古自治區首府呼和浩特的一家歌舞團當舞蹈演員，於是離開家鄉和母親，獨自開始新的生活，並為自己取名斯琴高娃，這個現在人所共知的名字，在蒙語中的意思為聰明漂亮。一九六四年，她以舞蹈演員和報幕員的身份，在北京參加了少數民族文藝匯演。文革爆發前夕，她的腳出了嚴重的毛病，再也無法跳舞，遂改向電影發展，碰碰運氣。

慶幸的是，年紀輕輕的斯琴高娃頗有演戲天賦。她在故事影片《歸心似箭》中飾演一個叫玉貞的年輕寡婦，憑此在一九七九年獲得文化部的優秀青年創作獎。但真正使她名聲大譟的卻是在電影《駱駝祥子》（1982）中所扮演的虎妞一角。《駱駝祥子》根據老舍（1899–1966）同名小說改編，該小說曾被翻譯成英語，書名為 *Rickshaw Boy*。這部電影為她贏得了一九八三年的兩大獎項：中國電影金雞獎最佳女主角獎和由電影雜誌《大眾電影》頒發的百花獎最佳女演員獎。她還因扮演《似水流年》（1984）中的阿珍而於一九八五年獲得香港電影金像獎的最佳女演員獎。她參演的其他電影尚有《許茂和他的女兒們》（1981）、《大澤龍蛇》（1982）、《成吉思汗》（1986）等。

一九八七年，斯琴高娃同華裔瑞士籍音樂教授和指揮家陳亮聲結婚，婚後移居瑞士。儘管如此，她依舊在中國大陸、香港和台灣接拍電影。一九八九年參演了電影《三個女人的故事》（也稱《人在紐約》）。這部電影講述三個在紐約生活的中國女性，她們分別來自香港、台灣和中國大陸。其中一位女主演張曼玉憑此片獲得了台灣金馬獎最佳女主角獎，斯琴高娃因擁有瑞士國籍而無法角逐該獎項。一九九零年她訪問台灣，受到特別是來自蒙古社區的熱情接待。一九九二年，接拍由謝晉導演的《香魂女》，該片獲得了第四十三屆柏林國際電影節金熊獎（1993）。她也參演了由香港導演嚴浩執導的《天國逆子》（1995），這部電影探討了女性的性心理，以及兒子既想對父親盡道德責任，又不能不念及母親養育之恩的複雜心態，題材極具爭議。九十年代，她還參演了《黨員二楞媽》、《康熙帝國》等頗受歡迎的電視劇。二零零零年在《大宅門》擔當要角。她在這些電視劇中都是扮演性格複雜的年長婦女，被譽為才華橫溢、演技老練，堪足獨當一面。

二零零六年，斯琴高娃拍了電影《姨媽的後現代生活》。兩年後，她憑此片再次獲得香港電影金像獎的最佳女演員獎，成為第一位兩奪這項大獎的大陸出生演員。她是中國電影家協會的第一屆理事，至今仍活躍於國內影視界。

蕭虹

崔少元譯

◈ 中國婦女管理幹部學院編，《古今中外女名人辭典》，北京：中國廣播電視出版社，1980 年，頁 359–360。
◈ 《華夏婦女名人詞典》，北京：華夏出版社，1988 年，頁 1000。
◈ 錢世英，〈蒙古影后斯琴高娃訪台記〉見《中外雜誌》，1990 年 1 月，頁 27。
◈ 「斯琴高娃」見 <http://baike.baidu.com/view/69647.htm#sub6278515>，2013 年 2 月 26 日查閱。

▥ 187 宋藹齡 Song Ailing

宋藹齡（又名宋靄齡，1890–1973），宋慶齡（參見該傳）和宋美齡（參見該傳）的長姐。宋藹齡的夫婿孔祥熙（1880–1967），是二十世紀三十到四十年代中華民國的行政院長和財政部長。她本人既是生意人又是金融家，在子女裏助下，積聚了巨額家財。後來傳媒發覺她的生意涉及內幕交易，運作不講商德，遂加以抨擊，她因之成為爭議人物。

宋藹齡的父親宋查理（又名宋耀如，1866？–1918），年青時在美國奮力工作，爭取入學機會，終得以大學畢業，之後從商，成為白手興家的上海富商，小有名氣。母親倪桂珍出身上海名門，一家信奉基督教。倪氏是受過教育的現代女性，未曾纏足。宋藹齡兩個妹妹，都嫁給政界要人，三個弟弟——子文（1894–1971）、子良（1899–1983）和子安（1906–1969），都是著名金融家。

宋查理決定讓子女同時接受中式和美式教育。他僱請私塾先生在家教授子女中文，又送他們往上海的美國學校念書。藹齡五歲時，進入中西女子中學（McTyeire Girls' School），兩個妹妹後來也依次入讀該校。十四歲時，宋藹齡隨傳教士步惠廉夫婦（William 和 Addie Burke）去美國，起初為移民局所阻，不准在舊金山入境。藹齡全靠友人幫助，才避過與三等艙乘客一起被隔離檢疫，最後獲准進入美國。藹齡在喬治亞州（Georgia）梅肯市（Macon）就讀威斯里安女子學院（Wesleyan College），在校頗受歡迎，因她將家中寄來的食品、衣料與同學分享，十分慷慨，得到同學讚許。有人指她讀書認真，沉穩含蓄，思考獨立，行事大膽。如西奧多・羅斯福（Theodore Roosevelt）總統邀請姨父溫秉忠去白宮，藹齡陪同前往，總統問她對美國的觀感時，她縷述被移民署官員播弄的經歷。她還提問：如果他的國家這樣自由，為甚麼會把一個中國女孩拒之於外？據報導，羅斯福聽了感到十分尷尬。

宋藹齡回國後，在父親開辦的華美印書館做事，該印書館印刷中文聖經。宋查理愛國，資助孫中山（1866–1925）的反清事業，並加入了同盟會。宋藹

齡為父親解讀密碼信件，陪同他出席為掩護秘密會議而舉行的宴會和舞會。她為革命事業向上海富人募捐，成績有時比父親還要好。一九一一年武昌起義後，孫中山迅即回國，宋藹齡充任他的秘書，她機敏能幹，十分稱職；但不少人覺得她傾向於獨斷獨行、不擇手段。一九一三年，袁世凱背叛共和革命已昭然若揭，宋藹齡與父親遂隨孫中山赴日。在日本，宋藹齡由父親介紹，認識了身在橫濱為華人基督教青年會（YMCA）工作的孔祥熙，兩人相愛並於一九一四年在該市一間小基督教堂舉行婚禮。

孔祥熙來自山西，祖籍不詳。他自稱孔子後裔，繼承祖上賺錢生意；然而根據二十世紀七、八十年代在中國找到的資料，他的說法令人懷疑。他似來自書香世家，但家道中落；父親是私塾老師，為他打下扎實的古文底子。他就讀教會學校，且秘密受洗，被傳教士送到美國深造。取得奧柏林（Oberlin）大學學士學位和耶魯（Yale）大學碩士學位後回國，打算開展一項「奧伯林在中國」的計劃，以從美募得的捐款，興辦銘賢學校。他賺到的第一筆錢，來自獨家代理殼牌（Shell）（又或許是美孚（Mobil））煤油，當時煤油取代蠟燭和油燈照明，需求量甚大。

一九一五年，宋藹齡與新婚夫婿返回山西太谷婆家。孔祥熙在那裡是鄉紳兼開明教育家，而宋藹齡就順理成章做了賢內助，並應邀教授英語。然而不久，孔祥熙應山西軍閥閻錫山邀請，出任其督軍署參議，從此踏上政壇。宋藹齡與當時已是她妹夫的孫中山，以及他黨內眾多要員關係密切，她可藉此使丈夫仕途順遂，也使自己賺得大筆家財。一九二二年，孫中山懇請孔祥熙加入廣州的革命行列，宋藹齡應約南下，而孔祥熙則留下繼續和北方軍閥張作霖、馮玉祥協商。一九二四年，孔祥熙在廣州稍作逗留後，便代表孫中山回到北平。一九二五年，孫中山在北平病篤期間，藹齡和夫婿陪伴在側，為他處理事務，其後更操辦他的葬禮。

孫中山逝世後，孔祥熙夫婦轉向蔣介石效忠，據聞藹齡曾試圖勸說妹妹慶齡追隨他們。與此同時，藹齡撮合蔣介石和小妹美齡，大概還為二人籌辦婚禮，這是上海社交界盛事，海內外均有報導。蔣宋聯姻，使蔣介石獲得江浙富豪以及美國人的支持，亦為孔宋兩家增添斂財渠道。

一九三一年一・二八事變，日本進攻上海，宋藹齡積極投入幫助傷兵和難民的工作；她和朋友還捐錢建了兩座醫院，治療傷兵。蔣介石向日本屈服，簽下停火協議後不久，宋藹齡陪同時任國民黨政府工商部長的丈夫出訪，赴歐美

考察。他們不論到何處，都受到熱誠款待，當中宋家的聲望，藹齡本人的外交技巧，都起著重要作用。藹齡探訪威斯里安學院時，向母校捐贈款項以設立獎學金。

一九三三年，時任財政部長的藹齡大弟子文與蔣介石齟齬去職，由孔祥熙接任。一九三六年，孔祥熙又被任命為行政院長，僅在中華民國總統一人之下。與此同時，宋藹齡組建三秦公司（一說三泰公司，又名三不公司），憑藉只有財長夫人才可取得的信息，聚斂財富。當時，四個子女——令儀（1915–2008）；令侃（1916–1992）；令俊（又名令偉，1919–1994）；令傑（1921–1997）——因狂妄自大，目無法紀，齊遭輿論指責。

一九三七年抗日戰爭爆發，宋藹齡及丈夫為國家民眾做了大量工作。她擔任全國傷兵之友總社理事，上海失陷遷居香港後，又任香港傷兵之友協會會長。她繼續投入抗戰工作，不但籌得大筆款項，還捐贈棉被、背心、救護車三輛和軍用卡車三十七輛。她和戰時兒童保育會聯手工作，個人認捐了百名戰時難童的生活費用。一九四零年，她和兩個妹妹在香港相見，並為中國的救濟工作，一起公開露面。日本電台預測宋氏姊妹不會忍受戰時的危險和艱苦，早晚撤離重慶；此言一出，三人同機飛回重慶，並留居到戰事結束為止，以表明抗戰之心。姐妹三人儘管政見不同，卻表現出步調一致，一齊視察醫院、防空系統及受炸地區。三姊妹，特別是藹齡，在建立中國工業合作社（俗稱「工合」）一事上，功不可沒。該組織旨在保障中國工業於戰時艱難條件下，在後方得以繼續運作。但戰爭接近尾聲時，宋藹齡及其子女被指貪污腐敗、進行黑市交易、依靠內幕消息操縱債券和外匯市場，搜斂了巨額金錢。

後來宋藹齡逐步淡出商界，家族生意由兒子令侃的揚子公司、女兒令俊的嘉陵公司接管；而孔家繼續以非法手段謀取暴利，濫用特權。如孔令侃曾因非法囤積食品、棉花，被姨表弟蔣經國（1919–1988，蔣介石與第一任妻子所生）逮捕，後賴姨母宋美齡斡旋獲釋。左翼作家、學人一直抨擊宋藹齡及其一家，蔣介石終於在一九四四年要求孔祥熙辭去財政部長一職。次年，孔祥熙辭去所有要職，和宋藹齡匆匆結束國內生意，將巨額資產轉到國外。故此，宋藹齡和丈夫能在中國大陸解放前撤離資產，純屬僥倖；反觀許多其他國民黨官員，都走晚一步。二十世紀四十年代末，美國聯邦調查局曾宣稱，無法查清孔家在美財產總值，但肯定以數十億美元計，當時可算是天文數字。

宋藹齡在紐約過著退休生活時，仍與家人參與政治；他們支持李察·尼

433

克遜（Richard Nixon），以求換取他對國民黨的支持。有報導稱孔家亦資助中國游說團，該組織多年來一直影響著美國對華政策。一九六七年，孔祥熙因心臟病在紐約去世，享年八十七歲；六年後，即一九七三年，宋藹齡去世，享年八十三歲，死因未有公開，有消息稱她患上癌症，病情時好時壞。

宋藹齡孔祥熙夫婦貪污腐化、從商不擇手段，一向是中美報刊的重點批評對象，有關其私產的報導也令公眾甚感興趣。對於各種指責和臆測，孔祥熙一概歸之為中共宣傳，目的在推翻國民黨政府。他自稱家財來自山西祖家的家族生意，且離開大陸時已丟失大半，他和家中大小撙節用度，生活簡樸。但因山西家族財產之說有諸多謎團，而孔家在美的生活亦很難稱作簡樸，故至今仍是眾說紛紜。

蕭虹

龍仁譯

◇ 劉紹唐編，〈宋藹齡〉見《民國人物小傳》，冊8，台北：傳記文學出版社，1987年，頁74–81。
◇ 胡懷古編著，《孔氏朝代》，台北：群倫出版社，1988年。
◇ 陳廷一，《宋藹齡全傳》，青島：青島出版社，1994年。
◇ 閻肅，〈孔祥熙和宋藹齡〉見《人物》，1996年2期，頁172–184。
◇ 張建平、李安，《孔氏家族全傳》，北京：中國文史出版社，1997年。
◇ Hahn, Emily. *The Soong Sisters*. London: R. Hale, 1942.
◇ Snow, Helen Foster. *Women in Modern China*. The Hague: Mouton, 1967, 109–16, 157–73.
◇ Eunson, Roby. *The Soong Sisters*. New York: Franklin Watts, 1975.
◇ Croizier, Brian. *The Man Who Lost China*. N.p.: The Author, 1978.
◇ Coble, Parks. *The Shanghai Capitalists and the Nationalist Government, 1927–1937*. Cambridge, Mass.: Council of East Asian Studies, 1980.
◇ Seagrave, Sterling. *The Soong Dynasty*. London, Corgi Press, 1985.
◇ 「宋子安」見 <http://baike.baidu.com/view/1124656.htm>，2013年2月26日查閱。
◇ 「宋子良」見 <http://baike.baidu.com/view/334499.htm>，2013年2月26日查閱。
◇ 「孔令傑」見 <http://baike.baidu.com/view/1431124.htm>，2013年2月28日查閱。
◇ 「孔令俊」見 <http://baike.baidu.com/view/1016683.htm>，2013年2月28日查閱。
◇ 「孔令侃」見 <http://baike.baidu.com/view/1864419.htm>，2013年2月28日查閱。
◇ 「孔令儀」見 <http://baike.baidu.com/view/1864400.htm>，2013年2月28日查閱。

▦ 188 宋美齡 Song Meiling

宋美齡（1897–2003；一說生於1899年），生於上海。身為蔣介石（1887–1975）的夫人，她是中國現代歷史上具影響力的人物。蔣介石從一九二七年到去世為止，一直是國民黨政府首腦。她是蔣介石的智囊、英語翻譯；蔣介石與外國元首、要人交往時，她又充當他的私人代表。為此，在民國政府與美國之

間的關係上，她往往是關鍵人物。

宋美齡的父親宋耀如（1866 ？ -1918），原名韓教准，出生於當時屬於廣東省的海南島文昌一個客家家庭。九歲他過繼給母舅，後來在西方生活時叫Charlie Soong（宋查理）。還在幼小時，宋查理被母舅帶到波士頓為他做事，後逃跑，為卡爾（Carr）收留，卡爾一家都是虔誠的基督徒，對宋查理悉心照料，還讓他讀完中學。宋查理半工半讀完成大學課程，一八八五年畢業後回到中國，在上海當傳教士，後轉至商界發了筆財。他對孫中山的反清事業給予金錢上的支持，更加入了同盟會。妻子倪桂珍，亦是新式婦女，受過教育；天足未纏，出自上海基督教名門。

宋查理有子女六人，美齡排行第四，是著名的宋氏三姊妹中年齡最幼的一個；兩位姐姐均與政界顯要結縭：宋藹齡（亦稱宋靄齡，參見該傳）嫁孔祥熙（1880-1967），宋慶齡（參見該傳）嫁孫中山（1866-1925）。三位兄弟都是大名鼎鼎的金融家：宋子文（1894-1971）；宋子良（1899-1983）；和宋子安（1906-1969）。宋家為諸兒女延請私塾先生教授古文，但他們後來都接受西式教育。三女均入讀上海教會學校，再赴美深造。一九零七年宋美齡與姐慶齡抵美時，年僅十歲。在新澤西州（New Jersey）入波特溫小姐預備學校（Miss Potwin's Preparatory School）期間，兩姊妹共度了一段時光，後慶齡前往喬治亞州（Georgia）梅肯市（Macon）的威斯里安女子學院（Wesleyan College），美齡則進入同州德莫雷斯特（Demorest）的皮德蒙特學校（Piedmont School）。美齡在皮德蒙特讀了一年，欲轉入威斯里安，但年齡依然遠低於規定，後校方通融，收錄她為特殊學生。故美齡在威斯里安六年，只有一年（1912）算作大學校齡。慶齡一九一三年自該校畢業後，美齡即轉至麻省（Massachusetts）韋爾斯利學院（Wellesley College），靠近正在哈佛大學念書的長兄宋子文。

宋美齡在韋爾斯利學院修讀四年，漸漸由圓胖豐腴的活潑女孩，出落成舉止優雅的年輕女士，且對學習一絲不苟。她主修英國文學，副修哲學，選修講演藝術。她的一名同窗回憶當年，說她善於交際，平易近人，愛獨立思考，具有「內在的力量」。宋美齡目睹雙親強烈反對姐姐慶齡與孫中山的婚事，或許就在那時，感到必須自主婚姻。傳聞美齡選中一個中國留學生，曾口頭承諾婚嫁，但最後不了了之。

一九一七年宋美齡歸國。未及一年，父親患胃癌辭世（1918 年 5 月）。

因兄姐均遠在廣州，一心一意投入政治活動，撫慰母親和幫助料理家事之責，自然落在她肩上，她減少社交聚會，蟄居於與母親新遷入之屋內，修身養性，安靜度日。她深感對中國文化知之甚淺，於是積極延師上課，學習說、讀、寫中文，成績不俗。故她當上中國第一夫人後，能夠在各種場合，自如地運用中文，表現得體。與此同時，她成為電影檢查委員會成員，又在法租界負責人邀請下，加入童工問題委員會；這職位從未由中國人擔任，由中國婦女擔當更不消說。她還為上海基督教女青年會（YWCA）做慈善工作；這段經歷日後對她來說很有價值。

約一九二二年前後，宋子文在孫中山夫婦的寓所舉行聖誕晚會，宋美齡赴會，初次邂逅蔣介石。他剛與通過包辦婚姻迎娶的髮妻毛福梅離婚，又把小妾姚怡誠（又作姚治誠、姚怡琴）遣走，以便與年輕女學生陳潔如結婚。儘管已有婚約，蔣介石還是想和宋美齡結婚，並請求亦師亦友的孫中山幫忙。孫中山從親身經歷體會到，過去曾有婚史的男人，要取得信奉基督教的宋家接受，困難重重，故僅答應盡力而為，勸蔣介石耐心等待。其實孫中山紋絲不動，大概是因為夫人宋慶齡反對婚事。

可是，根據一九二七年發表的一則訪談，宋美齡透露與蔣介石相戀始於五年前（即 1922 年）。雖在北伐時期，戎馬倥傯，蔣介石與宋美齡仍時有書信往返。一九二七年，蔣氏暫時辭任國民革命軍總司令一職時，退居家鄉奉化；他再次致函求婚。當時宋慶齡、宋子文似反對這項婚事，而大姐藹齡已與蔣介石結盟，極力玉成；能否成事，關鍵則取決於美齡母親倪桂珍女士的意向。不出所料，倪氏力阻蔣宋聯姻，因蔣介石為人浮浪輕佻，在廣州和上海人所共知；況且，她希望女兒嫁給基督徒。倪桂珍東渡日本，避開蔣介石的死纏活纏，蔣介石毫不洩氣，尾隨前去私下當面求親。蔣介石向倪桂珍出示與前妻離婚和遣走小妾的證據（他與陳潔如的結合，仍是嚴格保密）；又答應讀聖經、學教義。與此同時，蔣介石將陳潔如送到美國留學，支付了一大筆贍養費，據說多達十萬美元或銀元。倪桂珍此後不再反對婚事。

蔣宋聯姻或許並非如一般臆測，純粹建基於金錢和權力。蔣介石無疑可透過姻親關係，靠攏孔宋兩家，大大增強一己實力；並可憑借這些聯繫，有望進一步獲得江浙資本家的支持，乃至取寵於美國政府和人民。不過，他也可能真的傾心於這位美貌活潑、才華出眾的年青女子。就美齡一方而言，她當時至少二十八歲（若按生於 1899 年計），甚至已屆三十歲，尚未遇上可付託終身

的男子，而蔣介石在一九二七年是中國最有權勢的人，未嘗不是理想的結婚對象。甚至原先反對這樁婚事的宋慶齡，後來亦認為兩人真誠相愛。

婚後，宋美齡已準備好放棄上海的舒適生活，去南京分擔丈夫日理萬機的辛勞，那時南京殘破老舊，物質匱乏。這對新人暫住中央軍校校園，等候寓所落成。蔣介石忙於全國政務，宋美齡也不遑多讓，致力推行多項社區工作。其一為收養陣亡將士遺孤，為他們提供住處和教育，由她親自監督有關質素；她設法將現代的教育觀念帶到中國，如培養學生要通過實踐體驗而得出結論。她還鼓勵學生獨立思考，追求創新。其二，她為軍人組織勵志社；軍人可在此參加運動、音樂和文學等範疇的健康休閒活動，而不是逛妓院打發時光。雖則士兵起初有所抗拒，最後還是欣然接受；宋美齡因創辦了這個供年青軍人休息及學習的場所而備受讚揚。勵志社成為國民黨在大陸辦得最好的群眾組織。

一九三三年底，宋美齡加入蔣介石的反共活動；他們驅車到贛閩邊界，她體驗了最原始的生存條件，親眼看到中國許多地方的貧困落後。她在〈閩邊巡禮〉一文中，記載了這些經歷。該文描繪一些村落的荒涼破舊，村民的困苦艱辛。這次巡遊所到之處與所接觸之人對她影響甚大，迫使她設法改善中國現狀。她認為，中國與現代文明隔絕已久，國人仍生活在中世紀的社會狀況，當務之急，是要為國人介紹一種新的生活方式，使其得以遵循清潔、守法、誠信等基本準則行事。宋美齡和在華的傳教士商量後，定下了新生活運動的原則，該運動規定國人要深明是非，公私分清。新生活運動的宗旨，是掃除一切阻礙中國走向現代化的舊習俗。

蔣介石亦相信戰亂擾攘，令國人道德淪喪，舉國亟需一個新的精神運動重新振興。因之，新生活運動取得了蔣氏的支持，他通過各級政府和民眾組織大力推動。運動批評者謂，飢餓和內亂的根本問題一日未解決，新生活運動，或至少它在草根階層的推展方式，看來本末倒置，無濟於事。另有人指責該運動缺乏新理念，還是死抱著「禮義廉恥」等傳統道德價值。然而運動的一項重要成果，是通過嚴厲執法，禁絕吸食和買賣鴉片。運動也許無法解決中國所有問題，但不失為喚醒國人的第一步，令他們明白到國家若要立足於現今世界，某些習慣和思考方式非改變不可。

一九三四年，宋美齡和蔣介石巡視了中國北方和西北的貧困省份，乘飛機遍歷豫、陝、甘、寧、魯各省。他們在北平稍事休息後，再啟程到察哈爾（Chahar）、綏遠和山西，期間又派出一個代表團視察內蒙。這最後一程為時

437

雖短，但對國民黨統治集團卻非常重要，因可借機使邊遠省份的實力凝聚起來，集結在蔣介石周圍。巡視途中，宋美齡找官員太太和其他婦女領導談話，敦促她們盡力掃除窮困、骯髒和舊有惡習，積極參與婦女及兒童的福利工作。

巡視過後，宋美齡深刻感受到，中國幅員遼闊，非建立新式空軍不可。蔣介石明白她的心思，遂任命她為中國航空委員會秘書長。她嚴肅認真對待此項任命，研讀航空理論和飛機設計，以至各款飛機的長處弊端。當時全國的空軍軍機不多，有些是舊款美機，有些是劣質的新款義大利飛機。她選擇一九三六年丈夫五十大壽之際，號召國人捐款購機；最後以籌得款項購買了一百架英美二手飛機。接著她前往美國，延聘專人前來中國培訓飛行員、技師和管理人員。富蘭克林・羅斯福總統（President Franklin Roosevelt）接見了她，並送出一百架全新飛機，另提供一組美國志願人員。她善於處理和美國的外交關係，這次是初露鋒芒。

一九三七年，抗日戰爭爆發，由克萊爾・陳納德將軍（General Claire Chennault）領導的美國志願隊（American Volunteers Group，簡稱 AVG）翌年在中國成立。該空軍部隊因作戰英勇，被中國人贈以「飛虎隊」的綽號。戰爭時期，飛虎隊保護中國的大後方免遭日機轟炸，拯救了成千上萬條生命。戰後，陳納德將軍回到中國，開辦了一家民航公司，還娶了位年輕的中國女記者安娜（Anna，即陳香梅，參見該傳），這對新婚夫婦的命運從此與蔣宋二人密切相連。

當中國被日本侵略蹂躪之時，蔣介石未有抵抗，反號召攘外必先剿共。這種不打日軍、反打共產黨同胞的提法，極不得人心。很多人對之置疑，張學良將軍是其一，他曾服從蔣氏命令，從東北老家撤出。一九三六年，蔣介石親臨西安，察看何以張學良不率領部屬攻打共產黨。這時，張學良與楊虎城將軍和共產黨已經結成聯盟，在十二月十二日綁架了蔣介石。張學良目的在於迫蔣介石聯共抗日，遺憾的是，該事件使南京的親日份子有機可乘，圖謀鏟除蔣介石，奪取權力。有人建議轟炸西安的「叛逆」。宋美齡明白蔣介石已深陷險境，於是動員在南京政府任職的親戚，取得准許前往西安營救蔣介石。她這樣做，顯得膽色過人，在壓力下能保持頭腦清醒。在姐夫孔祥熙和兄長宋子文的陪同下，宋美齡首先和張學良將軍談判，隨後，她讓蔣介石同意張學良的條件。在西安事件中，蔣介石最終獲釋，從而避過內戰；宋美齡的調停未必是蔣介石獲釋的關鍵因素，但營救行動突顯了她女中豪傑的一面。八十年代曝光的文件透

露，蔣介石獲得釋放，可能與宋慶齡有關，因她在此事上為斯大林傳送了信息（參見宋慶齡傳）。

抗日戰爭前半期，宋美齡投入抗戰工作，孜孜不倦。國民政府一度遷至武漢，期間宋美齡在廬山召開會議，邀請各行各業、不同政治背景的婦女參加。她擔任此時成立的新生活婦女指導委員會的指導長，委員會的使命是將中國婦女組織起來，為抗戰出力。由於缺少得力幹部，她找人辦事，會用共產黨員，也可能在不知對方身份的情況下，用了地下黨員。她又兼管戰時兒童保育會，並授權該會救濟成千上萬的難民兒童，為他們提供食品、住所和教育。一九三八年，《時代周刊》把蔣介石和宋美齡選為三七年的風雲人物。一九三九年五月，國民黨政府遷都重慶後，日軍轟炸該市，數千平民死傷，家園盡毀。宋美齡通過新生活婦女指導委員會，做了大量工作，為痛失家園的人提供食水、簡單膳食，給難民、孤兒安排住宿。

一九四零年，宋美齡赴港治療過敏症。不過，她更重要的使命，是要說服兩位姐姐與她一道飛返重慶。原來早在一九三七年上海（除租界外）淪陷日手後，藹齡和慶齡即飛赴香港暫住。三年來，藹齡慶齡姐妹二人在這塊英國殖民地上，致力為抗戰籌款。她們聽從美齡的懇求，這或多或少是要揭穿日方謠傳，說宋氏家族在中國水深火熱之時，竟一走了之。三姐妹在重慶刮起了一股旋風。她們，特別是宋慶齡的露面，使統一戰線的口號不再流於空談，因為她對蔣介石和他政府的批評，素來不留情面。三姐妹聯手努力支持兩個項目，一是傷兵之家，另一是中國工業合作社（簡稱「工合」）；她們希望可透過工合，維護中國的工業實力，製造如火柴、紙張和肥皂之類的基本商品。

戰事期間，宋氏三姐妹一直向美國人民，有時也對加拿大和澳大利亞廣播信息，介紹中國的抗戰事業，同時警告西方，若不制止日本在亞洲的軍事行動，後果不堪設想。宋美齡也用英語撰寫類似主題的文章，在美國報刊雜誌上發表。她身為第一夫人，少不免履行所謂「第一夫人外交」。一九四二年，她以此身份訪問印度（2月）和美國（11月）。蔣介石出任遠東同盟國中國戰區最高統帥，掌管英國在遠東的部隊時，曾以該身份，應邀訪問當時還是英國殖民地的印度。訪問期間，蔣介石夫婦與甘地和尼赫魯會面，並公開支持印度獨立，因而開罪了英國東道主。

十一月，蔣介石給羅斯福總統寫信，表示宋美齡將赴美治病，說她還是他的私人使者，期望此行能增進兩國領導人的友誼，更好地發展兩國關係。據信

中所說，宋美齡赴美之行，顯然兼負外交任務。約於一九四三年二月中，她完成治療，開始外交活動；同月在美國參眾兩院發表演說，四家電台將她的演講向美國人民現場播送。她是第二位在美國國會演說的女性，第一位是荷蘭的威廉明娜女王（Queen Wilhelmina）。

宋美齡在演說中讚揚中美合作，表達了兩國繼續抗擊侵略者、創造持久和平的願望。她勸喻美國以及其他英勇的盟友，即使在訂立和議之時，仍要繼續堅守信念。此番說話似乎是提醒盟友，在戰後，美國雖不再需要和中國聯手抵禦日本這個共同敵人，也不要丟開中國。次日，宋美齡在愛蓮諾娜·羅斯福夫人（Mrs Eleanor Roosevelt）陪同下，以總統伉儷的嘉賓身份，在白宮橢圓形辦公室會見了報界。

訪問華府之後，宋美齡去了紐約、波士頓、芝加哥和舊金山，還抽空回到母校：喬治亞州的威斯里安學院和麻省的韋爾斯利學院，隨後又越過邊界，來到加拿大的渥太華（Ottawa）。她這次外事訪問為時約六周，成果豐碩，她的美貌、才智和熱忱深深地打動了美國人民。為了成功，她努力不懈，對文稿往往作七、八遍的修改，力求命題和措辭都臻於完美。她一口流利的英語，姿態優美，風度迷人，無疑是錦上添花，讓她穩取滿意成效。同年稍後，她的外交凱歌在開羅繼續奏響，當時她陪同蔣介石參加開羅會議。蔣介石以三巨頭之一的身份與會，同弗蘭克林·羅斯福、溫斯頓·邱吉爾（Winston Churchill）平起平坐。宋美齡作為蔣介石的翻譯，讓各國領導人在會上聽到中國的聲音。

四十年代的戰爭歲月中，宋美齡的權力和影響達到了巔峰，但亦在此時，有關她本人及一眾親戚的負面消息，在國內外均有報導。宋美齡未曾生育，視長姐藹齡子女如同己出。這幾位公子小姐驕橫自大，目無法紀，每每招致輿論批評其父母和姨母；長大成人後，更懂得恃其特殊地位而肆意妄為，惡行日見嚴重。藹齡之次女孔令偉，又稱孔令俊，曾惹來公憤：當時一批文藝界人士、知識分子和黨內元老乘飛機撤離香港，座位有限，孔二小姐堅持其使女和寵狗要佔有兩個位子，於是擠走了一位舉足輕重的知識份子。後來孔家子女的財務交易被媒體揭露，也引發大眾指責。宋美齡本人亦受非議，她被指要求美國志願者以飛機將奢侈品從印度飛越喜馬拉雅山（Himalayas），運送到重慶，但卻說成是為供應政府部門所需，而那些部門都是由她的親戚掌管。有關蔣介石政府貪污無能的言論傳到美國後，羅斯福總統派遣觀察員赴渝。一九四二年八月，溫德爾·威爾基（Wendell Wilkie）飛抵重慶，宋美齡和宋藹齡小心安排

這位特使的日程，確保他不會接觸到敢於發表異見的人士，結果威爾基返美覆命，對蔣氏夫婦讚口不絕。

美國在華最高軍事將領約瑟夫・史迪威將軍（General Joseph Stilwell），與蔣介石素來意見不合，史迪威希望中共接受美援，在抗戰中負起更為重要的任務。雙方經常公開衝突，蔣介石亟欲史迪威從中國召回。兩個軍人持續角力，宋美齡和宋藹齡居中發揮了重要作用。在蔣介石夫婦、孔氏家族以及宋子文合力之下，史迪威最後於一九四四年十月離任，由阿爾貝特・魏德邁（Albert C. Wedemeyer）接替。

雖則蔣氏夫婦在史迪威事件上，勝了一仗，但一九四四年對宋美齡來說並不順遂，姐夫孔祥熙因群情洶湧，被迫辭去財長一職。她的婚姻也出現了問題。一九二七年，蔣介石將合法妻子陳潔如送去美國，以便與宋美齡成婚。但陳潔如回國後，與養女在上海隱居下來；某日在百貨商店遇上陳璧君（參見該傳），陳璧君試圖拉攏她加入其夫汪精衛領導的親日政府。陳潔如或出於對蔣氏之忠誠或不願附逆，悄悄離開上海，轉到後方。她通過昔日黃埔軍校的學生與前夫蔣介石聯繫，被秘密帶到重慶。蔣介石將陳潔如安置於一好友家中，且經常前往探望。該事引起蔣宋間爭吵，最後宋美齡託詞生病於一九四四年離開重慶，前往巴西自己和孔家的度假別墅，並同時進行了若干項投資。同年稍後宋美齡偕親戚去了紐約，在醫院住了一個月，之後遷至里弗代爾（Riverdale）孔家住下。

一九四五年七月，二戰快將結束時，宋美齡眼見勝利在望，回到重慶，婚姻風波似已平息，她又以第一夫人身份重現政治舞台，地位堅不可撼。

中國作為同盟國之一，在二戰結束後享有戰勝國的權益。蔣氏夫婦遷回原首都南京。然而不到三年，即在一九四八年，他們又和中共重開戰事。蔣介石屈於美國壓力，邀請中共領導人到重慶參與政治協商會議，商討多個黨派間的權力分配問題；然而當中兩個大黨，各有盟國（美、蘇）撐腰，矛盾未能化解，全面內戰勢難避免。國民黨佔據管治的城市接二連三失守，當時通脹飆升，部份是因為少數資本家囤積商品所致，這情況對國民黨無異雪上加霜。國民黨政府受到四面八方的抨擊，蔣介石最後不得不遏止謀取暴利的行為。他指派兒子蔣經國為上海經濟特派長，因該處囤積之風最為惡劣。蔣經國得到情報，稱宋美齡外甥孔令侃利用其揚子公司囤積棉布、食品及其他貨物達兩萬多噸，於九月將他逮捕。宋美齡立即飛到上海，把孔令侃營救出來。由此可見，縱使是蔣

介石親子，亦無充份權力整頓國家經濟，國人對此自然體會良深。就此事來說，宋美齡固然是救出了外甥，但也或多或少促成蔣介石丟失了江山。

一九四八年十一月，宋美齡訪美，目的在爭取美國支持與中共的內戰。由於蔣介石曾支持托馬斯‧杜威（Thomas Dewey）參選，而他已落選，宋美齡並不期望勝出的哈利‧杜魯門（Harry Truman）夫婦能像羅斯福夫婦一樣，對她熱烈歡迎。她原希望美國行期間，能通過喬治‧馬歇爾（George C. Marshall）的斡旋得到美援，可惜事與願違。經過一年多的努力後，宋美齡仍兩手空空，失望之餘，在一九五零年一月飛赴台北，和蔣介石會合。離美前，她從里弗代爾作了一次廣播演說，感謝美國人民的殷勤接待，卻批評其領導人拋棄當年盟友蔣介石。

宋美齡回到台灣，發覺蔣介石因政壇失意而陷於前所未有的低潮。他自況戰國（公元前 475–221）時的越王勾踐。根據歷史記載，勾踐為吳王所敗，不但沒有絕望，反而更加艱苦奮鬥以積聚力量，最後打敗吳王，重建越國。一九五零年三月，蔣介石在台北發表復職文告，宣稱要掃除共黨，光復大陸。宋美齡成為國民黨中央評議委員，這是個沒有實權的頭銜，不屬公職，在黨內亦無發言權。宋美齡重整自己的生活方式，以配合新形勢所需。蔣介石厲行改革，將陳氏兄弟（立夫、果夫）和宋美齡所有親戚的官職解除，這兩個集團均被指貪污腐化，在大陸時壟斷政府權力，敗壞經濟。宋美齡專注於組織台灣婦女反共復國，極少參政。在她領導下，中華婦女反共抗俄聯合會於一九五零年組建，該會起先只到處勞軍，為戰爭孤兒提供教育，為軍人縫衣，為軍眷建宿舍；後來還服務一般殘疾、孤苦無依、貧窮人士。一九五五年，她創辦了華興育幼院、華興中學；前者是慈善事業，後者是教育事業。一九六四年，她又為小兒麻痺症患者設立了振興復健醫學中心，即振興醫院。

五十年代初，韓戰爆發，台灣這個被朋友遺棄的政權，又再次搖身變成盟友。美國需要台灣作為基地，向韓國運送補給，甚至韓戰結束後，台灣仍不失為美國在亞洲阻遏共產主義網絡中重要的一環。宋美齡不事聲張，先後在一九五二、五三、五八年訪美，支持一個由中美人士組成、人稱「中國游說團」的團體。與台灣蔣氏政府關係密切的人，希望通過這個團體，影響美國對華政策，推進反共反俄事業。回到台灣，宋美齡不斷發表文章、演講、論著，一邊指責共產黨，一邊為蔣介石開脫罪責。至於她與繼子蔣經國的權力鬥爭則日見明顯，結果她落敗，權勢趨弱。

一九七一年，台灣在聯合國失去席位，美國轉向承認中華人民共和國，蔣介石的健康狀況惡化，在一九七五年去世，宋美齡的政治生涯也從此結束。數月後，她去了紐約，寓居長島，靠近外甥們；近十一年後才再次返台定居。蔣經國在台掌權後，宋美齡雖得到尊重，但在國民黨內無實際影響。諷刺的是，宋美齡比蔣經國長壽；蔣經國一九八八年去世時，她應國民黨內保守勢力的要求，試圖對在選擇總統繼承人選上施加影響，但並不成功，於是在一九九一年又回長島寓所頤養天年。此後，她不時露面，對諸事發表意見，其中一次涉及蔣經國的婚外兒子章孝嚴。他在二零零零年四月回奉化認祖歸宗，將名字加入蔣氏族譜。她對他事前未與她商量而表示遺憾。二零零一年五月，屬民進黨的新總統來到紐約，總統伉儷也不忘向宋美齡送花致意。

八十年代，中華人民共和國領導人以和平統一為大前提，試圖與台灣修好。一九八一年宋慶齡逝世，他們邀請宋美齡前往大陸，宋美齡也許將此當成宣傳把戲，斷然拒絕。她還給中共領導人廖承志、鄧穎超（參見該傳）寫回信，明確表明堅決反共的立場。

宋美齡晚年住在曼哈頓（Manhattan）的豪華公寓，二零零三年辭世，享年一百零六歲。翌年，澳洲悉尼《新時代報》刊文披露，宋美齡的遺物，包括從未公開的二十幅個人畫作、服飾、用品、重要文件等，已於當年三月秘密運回台灣。至於最終安放何處，蔣氏家族則未有透露。

宋美齡和兩位姐姐一樣，都是知名人物，都影響了中國現代歷史。不過，宋美齡壽命綿長，影響最為深遠。抗戰中，這位第一夫人使世界各地關注中國人民的命運，為中國贏得了許多友人。宋美齡以美貌、魅力、風度和才智享譽國際。她早就提出中國婦女應當獨立，應當關心國事。在悠長的一生中，她始終不遺餘力的關顧他人，尤其是孤兒、傷兵和難民。而另一方面，有人責難她自私嬌縱，袒護親戚進行不法經營，激怒不少國人。羅斯福夫人曾指出，宋美齡可以把民主談得很漂亮，但卻不懂得如何生活在民主政治裡。不論如何，她在台灣後期，即六、七十年代時，生活簡樸，不再擔任公職，終日醉心作畫，成為一位頗有功力的畫家。據說她的花卉、山水畫風格獨特。

蕭虹

龍仁譯

◇ 《蔣夫人寫真》，台北：群倫出版社，1985 年。
◇ 李桓編譯，《宋美齡傳》，台北：天元圖書有限公司，1985 年。
◇ 宋美齡，〈書勉全體國人〉見《宋美齡傳》，李桓編譯，台北：天元圖書有限公司，1985 年。

◇ 許漢，《宋美齡──中國第一夫人傳》，台北：開今文化實事業有限公司，1994 年。

◇ 林家有、李吉奎，《宋美齡傳》，鄭州：河南人民出版社，1995 年。

◇ 宋瑞芝主編，〈宋美齡的主要政治生涯〉見《中國婦女文化通覽》，濟南：山東文藝出版社，1995 年，頁 140–142。

◇ 王豐，《美麗與哀愁：一個真實的宋美齡》，北京：團結出版社，1998 年。

◇ 佟靜，《宋美齡大傳》，上下冊，北京：團結出版社，2002 年，頁 633–638，645，692，694–697，874。

◇ 《新時代報》（悉尼），2004 年 11 月 4–10 日，頁 14。

◇ Soong Mayling [Sung Mei-ling]. *War Messages and Other Selections.* Ch'ung-ch'ing: Free China Press, 1938.

◇ ──. *This Is Our China.* New York: Harper, 1940.

◇ Hahn, Emily. *The Soong Sisters.* New York: Doubleday, Coran, 1941.

◇ Snow, Helen Foster. "Madame Chiang Kai-shek and Madame H.H. Kung." In *Women in Modern China.* The Hague: Mouton, 1967, 157–73.

◇ ──. "The Soong Daughters." In *Women in Modern China.* The Hague: Mouton, 1967, 109–16.

◇ Eunson, Roby. *The Soong Sisters.* New York: Franklin Watts, 1975.

◇ Croizier, Brian. *The Man Who Lost China.* N.p. : The Author, 1978.

◇ Lestz, Michael. "The Soong Sisters and China's Revolution." In *Women, Religion, and Social Change,* ed. Yvonne Yazback Haddad. Albany: State University of New York Press, 1985.

◇ Seagrave, Sterling. *The Soong Dynasty.* London: Corgi Press, 1985.

◇ Pakula, Hannah. *The Last Empress: Madame Chiang Kai-shek and the Birth of Modern China.* New York: Simon & Schuster, 2009, 309, 426.

◇ 「宋子安」見 <http://baike.baidu.com/view/1124656.htm>，2013 年 2 月 26 日查閱。

◇ 「宋子良」見 <http://baike.baidu.com/view/334499.htm>，2013 年 2 月 26 日查閱。

▥ 189 宋慶齡 Song Qingling

　　宋慶齡（1893–1981），生於上海，祖籍今海南省文昌縣。由於她是孫逸仙（即孫中山，1866–1925）的妻子，故常被稱作「現代中國的國母」。她積極參與政治，促使世界各地不同政治背景的華人團結起來。不論中外人士，都將她看成現代中國民主女性的象徵：思想開明但不咄咄逼人，機智練達卻不失坦率耿直，始終堅守一己信念。

　　宋慶齡的父親宋耀如（1866？ –1918）生於文昌，客家人，原名韓教准，九歲時為母舅收養；後來在西方叫 Charlie Soong。年幼時被帶往美國波士頓為母舅工作，後來離家出走，被虔誠的基督徒卡爾（Carr）一家收留，不但得到照顧，還可完成中學課程。宋耀如一邊打工，一邊上大學，一八八五年畢業後回國當傳教士，之後從商，在上海賺了不少錢。他資助孫中山的反清事業，並參加革命組織同盟會。宋妻倪桂珍亦是受過教育的新式女性，天足未纏，來自上海基督教名門。

　　宋家有子女六人，慶齡排行第二，有姐妹各一，宋氏三姐妹都和政壇的風雲人物關係密切，可說遐邇聞名：姐姐藹齡（參見該傳）嫁孔祥熙（1880-1967），妹妹美齡（參見該傳）嫁蔣介石（1887-1975）。宋慶齡的三名兄弟均為知名金融家，分別為子文（1894-1971），子良（1899-1983）和子安（1906-1969）。

　　宋氏三姐妹在上海就讀教會中學，之後赴美深造。宋慶齡自一九零七年起進入喬治亞州（Georgia）梅肯市（Macon）的威斯里安女子學院（Wesleyan College），六年後於一九一三年畢業。她在校成績優異，深懷報國之心。姐姐藹齡原本在日本擔任父親老朋友孫中山的英文秘書，因事在一九一四年離職，慶齡同意接任。她與孫中山一起工作，日益親密；最後決定結婚，在孫中山的日本律師朋友和田瑞的事務所舉行婚禮。慶齡父母反對婚事，認為兩人年齡懸殊，孫中山辜負了他們多年的信賴。

　　一九一六年，宋慶齡偕孫中山回國繼續從事革命工作，寓於上海法租界，兩人志同道合，親密相伴。一九一八年，孫中山同意建立臨時政府，並當選為大總統，夫婦遷居廣州。一九二二年六月宋慶齡懷孕，適逢軍人政變，她在逃命時流產，健康受損，以後未再生育。她協助孫中山把同盟會改組成為國民黨，孫中山決定從韶關開始北伐時，她和他一同回到廣州。

　　孫中山的思想，對宋慶齡的一生影響至深。孫中山對西方不再存有寄望後，轉向蘇俄的新革命政府尋求支援，他與共產國際及蘇聯的代表越飛（A. A. Joffe）及鮑羅廷（Mikhail Borodin）商談，當時宋慶齡也在場。孫中山的目標是聯俄聯共，扶助農工。在蘇聯幫助下，廣州政府建立了著名的黃埔軍校以訓練自己的軍隊。在蘇聯鼓勵下，國共兩黨首次成立統一戰線。一九二四年十月，宋慶齡伴隨孫中山經日本前往北平，應邀與北方軍閥馮玉祥共商國是。

　　正值國家統一在望之際，孫中山卻發現身患肝癌，於一九二五年三月十二日在北平辭世，舉國哀痛。宋慶齡未有沉溺於個人傷痛之中，她迅即審時度勢，決定向外表態，爭取社會關注。她發表聲明，譴責英、日警察向上海工人開槍的行為（即五卅慘案）。省港兩地工人以罷工聲援上海工友，她又組織募捐，援助罷工工人。就在那時，國民黨右派暗殺了孫中山的舊友兼同志廖仲愷，有人認為該事件令宋慶齡更左傾，更同情中共。

　　一九二六年一月，宋慶齡在廣州當選國民黨中央執行委員，這是她首個以個人身份擔任的政治職位。在參加國民黨第二次代表大會之後，宋慶齡開始參

與籌劃一九二六至二七年的北伐。一九二六年，左派掌權的國民政府在武漢成立；而日後成為她妹夫的蔣介石（蔣氏於 1927 年末與宋美齡成婚）則另行建都南京。她不顧家族的壓力，從廣州長途跋涉，歷盡艱辛前赴武漢。該年，她在一份譴責蔣氏大規模屠殺共產黨領導和黨員的電文上署名，一再展示她思想獨立、膽色過人的一面。在一篇發表於漢口《人民論壇報》的文章中，她說得尤為明白：她今後不再奉行南京國民黨政府的政策。

八月，宋慶齡去了莫斯科。或許她是要繼續孫中山的聯俄工作，或許她是要親眼看看該社會主義國家是何等模樣，又或許如一份資料所說，她是為了人身安全。她到多處考察，發表談話；並在鄧演達、陳友仁（Eugene Chen）陪同下，與蘇聯官員會晤，包括斯大林。蔣介石要求她回國，雙方來往電報中各持己見，她在莫斯科逗留六個月後又去了歐洲。她後來寫信給她的傳記作者伊斯雷爾・愛潑斯坦（Israel Epstein）說，她在蘇聯的時間並不長，因為斯大林不想繼續給予幫助，反任由蔣介石為所欲為。她離去前夕，斯大林倒是催促她回中國領導革命，表示他將通過共產國際信使向她傳遞信息。

一九二八至三一年間，宋慶齡旅居歐洲，大部份時間在柏林。一九二九年，因孫中山遺體奉安南京中山陵，她短暫回國一次。回國期間，再次當選國民黨中央執行委員，但她清楚表白，回國並不意味她改變立場或臣服於蔣介石。一天，孫中山的一名舊友來訪，表面上是勸她前往南京，實則警告她不得發表任何反對蔣氏政府的公開聲明。宋慶齡將這次會面經過發表於北平一家學生報紙，以示她對蔣介石玩弄權勢的不齒。一九三一年七月，母親去世，她決定返國定居，途經莫斯科時再與斯大林會晤。母親喪禮後僅一個月，她舊日戰友鄧演達遭國民黨拘捕，後被秘密處決。

一九三一年九月十八日，日本侵略中國東三省（即九・一八事變），蔣介石不理會舉國強烈要求，拒絕向日宣戰，宋慶齡發表了一則題為〈國民黨已不再是一個政治力量〉的聲明。她在該文中毅然宣布與國民黨決裂，弦外之音就是她以後將靠攏中共。

一九三二年一月二十八日，日軍進攻上海，中國士兵英勇抗敵，且屢戰屢勝。可是，不到兩個月，蔣介石便向日軍俯首稱臣，後來還簽約承諾將中國軍隊全部撤離上海，並下令有關部隊（十九路軍）開赴福建攻打紅軍。宋慶齡眼見日軍犯境，遂在上海全力開展募捐行動，組織各方人士照顧傷員、救援難民，還親赴前線和醫院。

　　此時期宋慶齡的工作重點，是促進民權及營救政治犯。一九三二年，她聯同蔡元培、楊杏佛組建了中國民權保障同盟，並通過這個組織，成功營救了後來証實為共產國際官員的一些左派學生、外國訪客；甚至從國民黨監獄中救出共產黨員。一九三三年六月，同盟總幹事楊杏佛被暗殺，地點離宋慶齡住處不遠，這無疑是對她的無聲警告；同盟隨之解散，但仍以其他形式繼續工作。宋慶齡求助於許多外籍朋友，庇護逃亡的共產黨員，提供秘密集會場所，以及護送有關人士到安全地點。

　　一九三六年，宋慶齡要求坐牢，這個戲劇性的舉動，正好說明她可以為革命事業而不惜一切。事件始自一九三五年十一月，全國各界救國會的七名領袖為上海警方逮捕，未經審判便關押於蘇州監獄達六個月之久。宋慶齡率領數人前往蘇州，欲與七人同獄，原因就如他們所宣稱：若愛國有罪，他們應犯同罪。數千國民響應這個非常公開的表態，爭相請纓要與七君子一起坐牢。七君子最終獲釋。

　　日內瓦舉行反戰、反日侵華的國際大會，邀請宋慶齡出席，可見她聲望之高，她雖未能赴會，但同意大會使用她的名字。一九三三年九月，她在上海主持了秘密舉行的國際大會，逾三百名代表到會，這就是反對帝國主義戰爭世界大會遠東會議。

　　國內輿論普遍主張抗日，蔣介石不顧民情，千方百計要「剿匪」，亦即剿滅共產黨。一九三五年八月一日，共產黨發表鼓動民情的宣言，呼籲結束內戰，要求與國民黨聯手抗日。當時有數名國民黨要員響應，宋慶齡是其一。另外兩人，一是孫中山與第一位夫人所生之子孫科，一是于右任。

　　一九三六年十二月十二日，關乎整個中國前途的西安事變爆發。宋慶齡可能在此事件中起過關鍵作用。事情之來由是，蔣介石被下屬張學良將軍綁架。張學良要求國民黨號召停止反共，代之以聯共抗日。結果，該事件促成第二次國共合作。目前尚未全面了解宋慶齡在事件中所起作用，然而跡象處處顯示，她為斯大林向中共傳遞秘密信息，要求不傷害蔣氏性命，以避免內戰，亦可借其兵力抵禦侵華日軍。宋慶齡那時的政治任務，可舉三數事件說明。現時已知悉，周恩來（1898–1976）當時所寫的一份報告中，曾兩次提到宋慶齡。一九八二年出版的廖承志回憶錄，亦證實了宋慶齡是共產國際與中共之間的聯絡人，備受雙方信任。後來，前往延安的美國人馬海德醫生（Dr. George Hatem）和記者埃德加·斯諾（Edgar Snow），都是由她挑選。雖然單以最後

一事而言，她是因應中共直接要求而做；但有資料認為，宋慶齡這時期的許多活動，包括庇護政治犯和插手西安事變，都是為配合共產國際，甚至斯大林本人的要求。

第二次國共合作宣布後，宋慶齡當選國民黨中央委員。在一九三七年二月的國民黨五大上，她和她的左派同仁為恢復孫中山聯俄聯共扶助農工的三大政策提交議案，獲多數票通過。國共兩黨不久在南京開始正式會談，代表有中共的周恩來和其他應邀到宋慶齡家的領導。六個月後，日本人佔領了上海（8月），她在新西蘭友人路易‧艾黎（Rewi Alley）幫助下，悄悄逃離上海。她乘坐小船到香港後，建立了保衛中國同盟，為中國抗日事業爭取援助和支持。香港許多來自名門望族的婦女支持她的工作；金錢和物資源源從世界各地送來，因而使同盟得以向前線人員供給醫藥、醫療設備以及應急糧食。宋慶齡在這時發表的〈給全世界的朋友的信〉，為中國贏得許多寶貴支持。

一九四零年，宋慶齡三姐妹開始一起公開露面，先是在香港，之後在重慶，她們視察了轟炸區、防空洞系統、醫院，也參加聚餐會、展覽會。毫無疑問，她們這樣做，是為了面對共同的敵人——漢奸汪精衛領導的日本傀儡政府，然而這種宋家團結的姿態，不外是粉飾政情。宋慶齡眼見蔣介石及宋家都極力拉攏她，心中並不好受，於是很快回到香港，投入實際工作。直到一九四一年十二月八日，即日軍襲港次日，她據稱才乘最後一班機從啟德機場飛往重慶。

在重慶，宋慶齡繼續和兩個姐妹一起露面。她原先與藹齡和時任國民政府戰時財政部長的姐夫孔祥熙住在一起，後搬至豪富區外的私宅，很快便被記者、外國訪客和外國僑民發現。東南亞不多久陷於日本手中，保衛中國同盟頓失支持，工作受到嚴重影響；而重慶的一大優勢，是有機會會見國際友人並加以影響。以美國的約瑟夫‧史迪威將軍（General Joseph Stilwell）為例，他在戰事接近結束時，提供飛機運送糧食到延安。同盟設在重慶，亦便於它代表中共，從國外機構提供的救濟金和援助物資中，討回應得的一份。據說從銀行提取現金之後，會由一名美國彪形大漢充當「保鏢」，護送至一輛周恩來派來、等在路邊的汽車，車子然後直奔延安的國際和平醫院，該醫院為加拿大人諾爾曼‧白求恩醫生（Dr. Norman Bethune）所創辦。同盟有安娜‧羅斯福（Anna Roosevelt）和愛蓮娜‧羅斯福（Eleanor Roosevelt）等支持者作後盾，始終未受蔣介石干擾。

儘管人身和住家受到監視，宋慶齡仍然勇敢無畏、直率敢言。她與中共官

方代表保持密切聯絡，其中包括董必武、周恩來和鄧穎超（參見該傳），也庇護流亡的政治人士。宋慶齡曾會見毛澤東（1893–1976）及其他共產黨領導幹部，這些人應蔣介石之邀於一九四五年八月到重慶，共商戰後統一大計。翌年，蔣介石破壞停火協議，再次攻打共產黨，宋慶齡發表一份抗議聲明，並繼續為解放區醫院、製藥廠和孤兒院募集資金。此時她已遷回上海，將同盟更名為中國福利基金會，聲稱基金會當前要務是幫助中國兒童。

一九四九年初，蔣介石辭去國民政府總統一職，副總統李宗仁曾接觸宋慶齡，提議由她出面領導國民政府。宋慶齡婉拒，選擇留在上海，無懼身陷險境。共產黨五月解放上海之後，她應邀出席中共建黨周年慶祝會，會上發表題為「向中國共產黨致敬」的演說，同年九月，她由鄧穎超陪同赴北京，為建設新中國提供指導意見。她參加了全國政協第一屆全體會議，當選國家副主席和全國政協第一屆全國委員會常務委員。十月一日，她作為新中國領導人之一，站在天安門城樓上。

中華人民共和國成立初期，宋慶齡是國家最重要的外交官員及炎黃子孫團結一致的象徵。她經常會見來訪的外國要人，多次出訪和參加國際會議。在前赴莫斯科參加俄國十月革命四十周年慶典的代表團中，她是唯一的非共黨成員。宋慶齡收到斯大林國際和平獎時，將獎金捐給中國福利會（中國福利基金會於一九五零年改名為中國福利會）以建立國際婦幼保健醫院。

這個時期，宋慶齡大部份時間住在北京，居所是一處十分幽靜的前清親王府第。她的住處有國家分配的秘書和家事人員，可經常招待中外貴賓，不過她仍一貫簡樸行事。她還不時探視上海舊居，該處由她自己僱請的人員打理。一九五八年她申請入黨，被告知若留在黨外，工作成效更大。據說宋慶齡為此感到極度傷心。

一九四八年宋慶齡被邀出任中華全國民主婦女聯合會名譽主席，一九四九年該會更名為中華全國婦女聯合會，她仍任該會的名譽主席。自此，她比以往更留意婦女事務，依然積極關注兒童福利，由那年起，擔任保衛兒童全國委員會主席。她創辦《中國建設》，向國際推廣中國。《中國建設》編輯有金仲華、伊斯雷爾‧愛潑斯坦及其妻邱茉莉（Elsie Fairfax-Cholmeley）等人，該雜誌報導中國人民在文學、藝術、教育和體育諸領域的成就，為中國贏得了海外不少的同情和讚美。它原以漢語和英語出版，後來還兼以法語、西班牙語、阿拉伯語、俄語和德語刊行。

　　文革中，宋慶齡雖名列周恩來要保護人士的首位，卻非絲毫未受攻擊，一九七一年前她銷聲匿跡，深居簡出。有匿名者要求她停止梳髻，為她所拒絕；她說那是「中國人的傳統髮式」。她倒願在生活中作些其他改變。她寓所牆上懸掛毛主席語錄，昔日宮室古色古香的鐫字匾額也拿下。她還打算宰殺當寵物飼養的家鴿，但秘書勸阻，指出鴿子是孫中山生前摯愛，是和平的象徵，她才打消這念頭。她雙親在滬的墳塋遭破壞，遺骨曝露，周恩來下令立刻修復。中國福利會的工作其時實際已告停頓，她仍能力保其分支機構上海兒童藝術劇院不受影響，如常運作。

　　根據宋慶齡的公開聲明和私人信件，她最初似乎支持文革。但後來她給朋友安娜‧路易斯‧斯特朗（Anna Louise Strong）、愛潑斯坦夫婦、馬海德寫的便條，要以人手遞交，還要求閱後銷毀，可見她已變得顧慮重重。便條內容也從未披露。雖然如此，她繼續幫助處境比自己更危險的人，仍然和已被打倒的國家主席劉少奇（1898–1969）的子女聯繫，從三十年代起，她一直與劉少奇在上海共事，關係密切；劉少奇子女書面要求毛澤東幫助尋找失散家人，那封函件就是由她轉遞。宋慶齡還以書面申明，新西蘭舊友路易‧艾黎對中國，特別是對中共的忠誠。

　　在這期間，宋慶齡在孤獨中生活。她深為關節炎所苦，從不外出或招待他人，令人煩惱的皮膚病又教她失眠。表親女兒在上海自殺，幼弟子安去世，在在使她苦上加苦。一九七零年埃德加‧斯諾最後一次來華，宋慶齡會晤了他，但斯諾對交談內容諱莫如深。

　　一九六六年，宋慶齡在孫中山誕辰百年紀念會上，作了震撼人心的演說，她申明他的革命路線十分正確，讚揚他對革命事業的貢獻不可磨滅。自此之後，她一直保持沉默，僅在一九七二年尼克遜訪華之前，在《中國建設》上發表了題為〈一個新時代的開端〉的文章，卻未參與接待尼克遜。從那時起，中國的政治氛圍漸轉寬鬆，她的門階上再度出現外國訪客的身影。一九七六年文革結束後，她再度走進公眾視野；並表示對七十年代後期的改革和更加開放的政策，深感欣慰。中華人民共和國建國三十周年前夕，她撰寫了〈人民的意志是不可戰勝的〉一文，概述文革如何禍國殃民。

　　隨著對外關係的開放，宋慶齡試圖和境外的親戚重建聯繫，但成敗參半：姐姐藹齡已於一九七三年辭世；至於美齡，經多番努力，仍未能安排歸國。自七十年代後期以來，宋慶齡的健康每況愈下，雙腿已不能走動，背痛難忍，

短時間內連摔四次。她對身後作了明確的交代，遺體火化並與多年的忠僕和女伴李燕娥一起葬在上海父母墳塋旁邊，而非與丈夫孫中山合葬於南京。宋慶齡在彌留之際獲准加入中共，並由中央委員會授予中華人民共和國名譽主席稱號（為生前的最後頭銜）。她最後一次公開露面，是在人民大會堂接受加拿大維多利亞大學（Victoria University）的榮譽法學博士學位，且在輪椅上發表接受演說。一九八一年五月二十九日，她在家人、舊友和同事陪伴下離世。弔唁函電自世界各地湧來，遺體厝於人民大會堂時，逾十萬人瞻仰了她的遺容。追悼會在六月三日舉行，由中共總書記胡耀邦主持，鄧小平致悼詞。

　　宋慶齡平生樸素，不像姊妹般窮奢極侈，招人非議。她最愛彈奏鋼琴以自娛，每日傍晚或心緒不寧時，她都會彈。宋慶齡又熱衷於寫信，與友人的情感可維繫數十年之久。她如飢似渴地閱讀，從而得知天下事。她多年交往的作家朋友中有魯迅、郭沫若、馬克西姆‧高爾基（Maxim Gorki）、羅曼‧羅蘭（Romain Roland）、喬治‧蕭伯納（George Bernard Shaw）等人。宋慶齡孀居之初，年紀尚輕，以她動人之姿，難怪畢生為流言所擾，被人將她與多位中外男士牽扯一起。曾有報導稱，她即將與陳友仁結婚，消息顯然不確，但美聯社、《紐約時報》等聲譽卓著的報刊，還是刊登了。事實上，宋慶齡始終未有再婚。關於宋慶齡死心塌地效忠中共，近年有人，特別是港台兩地的人，提出質疑。比方說，對五十年代後期明顯錯誤的政策，特別是對文革中的瘋狂行為，她都不置一詞。而在早期，她對蔣介石的抨擊卻是那樣無畏直率。這些頗費思量的問題，或可從中共黨史編委於九十年代中期解密的史料，得到解答。有關史料尚未公開，據說包含一九五五年以來宋慶齡寫給毛澤東和中共中央的連串信件，她在信中對黨的政策表示困惑和異議。不論這些信件披露什麼，宋慶齡仍是少數勇於參政的女性之一，她們的事蹟已寫進中國歷史，永不磨滅。

蕭虹

龍仁譯

◇ 宋慶齡，《宋慶齡選集》，香港：中華書局，1967年。
◇ 《中共黨史人物傳》，卷28，西安：陝西人民出版社，1980–96年，頁1–71。
◇ 莊政，〈談宋慶齡〉見《中外雜誌》，卷30，1981年3月期，頁80–85。
◇ 劉紹唐編，〈宋慶齡〉見《民國人物小傳》，冊5，台北：傳記文學出版社，1982年，頁78–90。
◇ 楊耀健，《宋氏姐妹在重慶》，北京：人民日報出版社，1986年。
◇ 陳漱渝，《宋慶齡傳》，長春：北方婦女兒童出版社，1988年。
◇ 劉家泉，《宋慶齡傳》，北京：中國文聯，1988年。
◇ 尚明軒、唐寶林，《宋慶齡傳》，北京：北京出版社，1990年。

◈ 《宋慶齡研究文獻目錄》，北京：中國和平出版社，1993 年。
◈ 畢萬聞，〈斯大林宋慶齡與西安事變〉見《社會科學戰線》，1994 年 5 期，頁 143–149。
◈ 羅冰，〈宋慶齡與毛的恩恩怨怨〉見《爭鳴》，1995 年 1 期，頁 12–18。
◈ 〈宋慶齡建國後的經歷：中共內部文件摘要〉見《開放》，1997 年 4 期，頁 24–25。
◈ 夏文思，〈極權下偷生的「國母」：從最新資料看宋慶齡和中共的關係〉見《開放》，1997 年 4 期，頁 26–29。
◈ Hahn, Emily. *The Soong Sisters.* London: R. Hale, 1942.
◈ Snow, Helen Foster. *Women in Modern China.* The Hague: Mouton, 1967, 109–57.
◈ Boorman, Howard, and Richard C. Howard, eds. *Biographical Dictionary of Republican China,* vol. 3. New York: Columbia University Press, 1970, 142–46.
◈ Klein, Donald W., and Anne B. Clark. *Biographic Dictionary of Chinese Communism, 1921–1965.* Cambridge, Mass.: Harvard University Press, 1971, 782–87.
◈ Eunson, Roby. *The Soong Sisters.* New York: Franklin Watts, 1975.
◈ "In Memory of Song Qingling." *China Reconstructs,* distributed with the September 1981 regular issue.
◈ Lestz, Michael. "The Soong Sisters and China's Revolution." In *Women, Religion and Social Change,* ed. Yvonne Yazback Haddad. Albany, N.Y.: State University of New York Press, 1985.
◈ Shikawa Teruko. "Sōkeirei kenkyū no genj to kadai." *Tsuda juku Daigaku Kokusai kankeigaku kenky,* no. 12 (1986) : 47–58.
◈ Deng Shulin. "Commemorating the Centennial of Soong Ching Ling's Birth." *China Today,* 4 (1993) : 26–32.
◈ Epstein, Israel. *Woman in World History: Soong Ching Ling* (*Mme. Sun Yatsen*). Beijing: New World Press, 1993.
◈ 「宋子安」見 <http://baike.baidu.com/view/1124656.htm>，2013 年 2 月 26 日查閱。
◈ 「宋子良」見 <http://baike.baidu.com/view/334499.htm>，2013 年 2 月 26 日查閱。
◈ 「中國福利會」見 <http://baike.baidu.com/view/125692.htm>，2013 年 2 月 26 日查閱。

▥ 190 蘇雪林 Su Xuelin

　　蘇雪林（1896–1999），祖籍安徽省太平縣，生於浙江省瑞安縣。原名蘇梅，字雪林，曾用筆名綠漪。現代著名作家、學者，對中國古籍《楚辭》的研究，見解獨到，傳誦一時。

　　蘇雪林出生於晚清官宦之家，祖父蘇錦霞在浙江任縣令，因此她生在浙江，而非故鄉安徽。母親杜氏從未有過正式姓名，小名躲妮，蘇雪林曾暗示這個名字在母親家鄉話中帶貶義。一如眾多中國婦女，母親立志做一個完人，就是犧牲自己，成全他人，做個賢惠的媳婦、妻子、母親，一心一意伺候婆婆，克勤克儉地維持一個大家庭。也許操勞過度，年僅五十四歲即謝世。蘇雪林說，母親在針線、烹調、持家等方面的才幹，她一點都沒有繼承。眼看母親一生任勞任怨，費力不討好，可能為此她意識到不能步母親的後塵，於是走上一條完全相反的道路。父親在清末任小吏。民國後，仍在政府部門供職。

蘇雪林一輩三男三女。三兄弟都送到大城市讀書；由於世家之故，她們姐妹三人則在家讀了幾年私塾，課文大多灌輸中國的傳統女德。一九一一年十月，清王朝被推翻，中華民國成立，祖父失去縣令職，蘇雪林卻因禍得福，得以上學。

因在安徽的安慶有親戚，蘇雪林最初到安慶的培媛女學就讀。她不喜歡那裡的教學和課程，但它為她接受正規教育打開了第一扇門。一九一四年她聽說安慶第一女子師範學校招收新生，便與妹妹一同參加入學試，二人同被錄取。祖母擔心付不起學費，一度反對她們入學，後來得知這所學校不僅免收學費，而且免費提供食宿，問題也就迎刃而解了。蘇雪林在那裡讀了三年，成績卓越，贏得才女美名。畢業後，獲邀留在該校的附小教書。

一九一八年蘇雪林得知北京女子高等師範學校（北京女子師範大學的前身）快將招生，她十分渴望進入該校進修，但遇到兩重障礙。她一直往家中寄去一部份當小學教師的薪水，祖母怕失去這份收入，反對她去報考。再者，祖父已答應將她嫁給一個江西商人的兒子張寶齡，張家正催促蘇家擇日完婚。到她跨過這些障礙時，已經錯失入學試的機會，只取得中文系旁聽生的身份。

蘇雪林在安慶第一女子師範學校的同學黃英，也情況相若，只能做旁聽生。黃英後來以盧隱（參見該傳）為筆名寫作。兩人交了幾篇優秀論文（一說因考試成績出眾），被教授推薦，成為正式學生；這個身份為她倆免去了旁聽生要交的住宿費。當時在北京女子高等師範學校任教的知識份子有胡適、陳獨秀、周作人等；有好幾位教授，尤其胡適，給她留下不可磨滅的印象。除上課外，她還廣泛閱讀當時各種文學社團出版的雜誌。她後來說，自己雖然接受了不少五四時期的思想，但不贊同全盤否定中國傳統文化的主張。

蘇雪林讀了兩年，還有一年便畢業時，開始考慮事業與前程之事。她知道快要取得的學歷，大有可能讓她在某女子師範學校或高中獲得一個高級教席。但她卻抓緊機會去法國留學。除對學術感興趣，還另有原因。她曾在當時的報紙發表過一篇評論某詩集的文章，因而與一些男性批評家展開筆戰，轟動全國，因此她想遠離是非之地。她報考里昂中法學院（另有資料稱，她報考的是Université d'Outre-Mer de Lyon），得到錄取。她這次出國求學，受到父親的鼓勵與支持，為她交了六百塊銀元，以資一年的開銷。一九二一年她乘船赴法國留學。

里昂中法學院剛由吳稚暉、李石曾等人創立。他們認為先前開創的勤工儉

學方案並不奏效，因而建立這所預科學院，讓中國學生先在法國適應生活並學習法語兩年，再進入法國的學院就讀。蘇雪林之前從未學過法語，上課時倍感吃力。她有幾個朋友，連潘玉良（參見該傳）在內，都報讀了一所附屬里昂大學的藝術學院。於是她也加入她們的行列。數月後，她決定攻讀藝術史，但她的法語水平不高，應付不了這門課程。她只好搬離講漢語的朋友，到天主教會為單身女子辦的寄宿院去住。那裡有不少法國殖民地來的亞裔和非洲裔婦女。自此，她的法語進步神速；同時她對那些無私獻身助人的天主教修女欽佩萬分。毫無疑問，她的這種體會促使她後來在中國參與天主教組織的事務。據說一九二四年母親患病時，她受洗成為天主教徒。

一九二五年蘇雪林回國探望母親時，終於順從母親最後的願望，答應結婚。這椿婚事她已設法拖延了十年之久。丈夫張寶齡畢業於美國麻省理工學院，主修海洋工程，然而她發覺他「性情冷酷、偏狹，還抱有大男人主義」。她在法國留學，滿腦子新思想，甚至期待浪漫的愛情。張寶齡顯然不適合做她這般女子的丈夫。他也承認是被迫與蘇雪林成婚，其實他寧願獨身。結婚頭一年，他們在蘇州一起生活，住在他新建而兩人都十分喜歡的房子。往後大多分居在不同的城市，婚姻生活並不幸福。

一九二六至二八年間，蘇雪林同時在蘇州的東吳大學和上海的滬江大學任教。在蘇州時，丈夫曾向供職的上海江南造船廠告長假，到東吳大學任教一年。這是他們婚姻生活中唯一快樂的一年。後來，張寶齡決定回上海復職，蘇雪林隨行，並開始在上海教書。

在蘇州期間，蘇雪林曾講授李商隱的詩，由此寫出並發表了她的第一篇學術論文〈李商隱戀愛事蹟考〉（即後來的《玉溪詩謎》），對這位唐代詩人隱晦的詩作加以詮釋，並考證了他的戀愛關係。此後又發表數篇論文，有從全新角度深入研究李商隱的，有探討兩個清代詞人的愛情生活的，還有談論《楚辭》中有關祭祀的一首詩的。在此期間，她還出版了三部文學作品：描述一對新婚夫婦的半自傳體小說《綠天》，描述神聖與世俗愛情的寓言《玫瑰與春》，以及描述一個中國女子在法國三年的困苦生活的《棘心》。此外，她還在《語絲》、《新月》、《現代評論》、《晨報副刊》等當代文學報刊發表詩歌、散文、短篇小說等。《棘心》是她這一時期最成功的作品。

身為大學教師，蘇雪林卻無大學學位。蘇州和上海教會主辦的學院都要求教師具有學位資格，假如她要事業更上層樓，必定處於劣勢。這項嚴格規定與

中國的一般大學不一樣。當時中國大學數目較少,而新的大學不斷成立;持有學位的人不多,無法滿足需求。在大學中文系任教的學者,大多是名人或經名人推薦者,往往非單憑學歷取得教席。中國各級政府管理的大學也一樣重視名氣,不重視學位。一九三零年,蘇雪林決意轉職安徽大學,一九三一年再轉赴武漢大學,在那裡教了十七年書。

武漢大學是一所新大學,建在珞珈山頂。蘇雪林在那裡生活得很舒心,身體也好了很多。她寫了幾篇關於《楚辭》的文章,並留意到印度和佛教文學。她根據佛經《法苑珠林》寫出了一部劇本《鳩羅那的眼睛》,雖受好評,銷售卻不多。

蘇雪林聲稱她在二、三十年代寫作時遭受歧視,左派作家和編輯抵制她的作品,原因是她與自由派人士胡適、陳源(即陳西瀅)為友,並在《現代評論》發表文章。一九三六年魯迅去世時,蘇雪林給北京大學校長蔡元培寫信,強調魯迅的左翼關係,並勸說蔡元培不要加入魯迅治喪委員會。有人獲得此信,並拿去武漢一雜誌發表。蘇雪林於是成為全國文人的攻擊目標,成為由左翼作家主導的文學界的棄兒。

一九三七年中日戰爭爆發,中國政府以及大多其他機構搬遷到四川重慶。一九三八年武漢大學及其教職人員也遷到成都、重慶兩大城市之間的樂山縣。蘇雪林隨校轉移,執教至一九四六年,屬最後一批返回武漢的教員。在樂山,她創作了愛國者的傳記《南明忠烈傳》、短篇小說集《蟬蛻集》,後者後來又以《秀峰夜話》為書名在台灣再版。抗戰期間,樂山條件落後,物資匱乏,迫使人們自給自足。蘇雪林自己種過蔬菜,做過傢具,修理過租來的房子。從一九三一年起姐姐來到樂山與她同住;一九四一年上海淪陷後,丈夫也遷到樂山與她生活了兩年,並在同一大學任教。

一九四三年開始,蘇雪林潛心研析中國古籍《楚辭》,這是她在樂山最為重要的學術研究。她的研究重點是〈天問〉一詩,將近二千年來,許多學者、評註者仍為之困惑。有前輩學者認為,寫有〈天問〉詩句的竹簡或木片在編輯成書卷時放錯了秩序,她根據這個說法展開研究。為求基礎扎實,她查閱了大量有關《楚辭》和中國神話的資料,然後用舊紙箱做成卡片,把〈天問〉的詩句寫在上面,重新排列秩序。她確定了〈天問〉結構的模式,將這首詩的句子按她認為正確的秩序重新排列。

此外,她還發現〈天問〉的神話竟然與西亞(希伯來、亞述、埃及)以

及歐洲古代希臘、羅馬的神話同源。她後來說，發現的那一刻，整個身心陷入一種學術靈感裡，熱烈沉綿足有十天之久。從此她便一直沿著這些線索致力於《楚辭》的學術研究。

一九四五年中日戰爭結束，翌年蘇雪林返回武漢老家，繼續在武大任教。然而，國共內戰逼近武漢，共產黨佔領區以驚人的速度擴張。她不願在共產社會生活，一九四八年接受天主教真理學會的聘任，到香港為它的中文刊物《公教報》和《時代學生》撰稿、審稿。遷到香港後，她不斷收到信件，朋友、同事也來找她，都是勸說她回大陸，但被她一一謝絕。她打算在香港攢夠錢便去歐洲，向外說是去梵帝岡朝聖，實際上是為她的《楚辭》研究，搜集關於古文化的神話的資料。

一九五零至五二年，蘇雪林在法國生活了兩年，為尋資料，足跡遍及圖書館、書店。同時一直在為香港的教會刊物撰稿以掙取生活費。她和朋友方君璧（參見該傳）一起到大學聽課，聽過巴比倫和亞述的神話，還有法國漢學家戴密微（Paul Demiéville）講授的有關佛教的課程。一九五二年，已和兒子遷往台灣的姐姐給她來信，稱已確診患上心臟病，她於是乘船經香港赴台，夏天抵埠。

蘇雪林在大陸曾遭到排斥，在台灣卻不同，找到了庇蔭，受到台灣文學界、出版界熱烈歡迎。她接受了台灣省立師範學院（台灣省立師範大學的前身）的聘任，為三年級學生，開設《楚辭》課程。她這一時期的研究又有進展，就是確定了《楚辭》中諸神與異國神話人物的關係。她在台灣師範學院任教逾三年，其間再版了她二、三十年代的部份作品。

一九五六年，台南創辦成功大學，聘請蘇雪林出任中文系系主任。她謝絕了主任一職，但同意在該校任教，於是分到一所寬敞的住宅。她再次請來姐姐同住，她們一起植樹種菜，飼養雞雛，把這家置辦得像四川的家般舒適。學術方面，她在長期科學發展會的資助下，繼續研究《楚辭》，撰寫論文。這發展會由胡適提議成立，撥款也由他監管，所以她的研究工作得到穩定資助。一九六八年，她的研究已經延伸到另一部中國古籍《詩經》。

蘇雪林研究《楚辭》，最核心部份是確認中國與西方早有接觸，她認為這對楚文化影響尤深，而《楚辭》中便有具體的例子。她相信，必須先了解西方神話，只有通過它們，才能徹底體悟到《楚辭》這部古籍的真義。令她大為失望的是，她對《楚辭》開創性的研究，不是遭人漠視，就是遇到質疑，在

漢學界被視為異說;沒有引起學術爭論,也沒有得到認可。

一九七三年蘇雪林從成功大學退休,之後專心出版她的研究成果:《屈原與九歌》、《天問正簡》、《楚騷新詁》、《屈賦論叢》。除《天問正簡》外,餘下三部都是靠學術或政府機構的資助出版。因有胡適的支持,她才能長期從事研究,所以對胡適深懷知遇之恩。一九八一年她獲台灣第六屆文藝獎,獎金十萬元台幣;一九九零年獲行政院文化獎,獎金四十萬元台幣。這些錢和她的著作版權費,都用來接濟海峽兩岸的親戚。

一九六零年蘇雪林得知張寶齡在北京去世。她在自傳體作品中解釋說,儘管他們婚姻不諧,但因為宗教原因,她沒有離婚,這大概是指她名義上還是個天主教徒,必須遵守天主教教規。她還說,在她的心目中,一個離婚的女人名聲不好。另一原因是她在文學界已頗有名氣,不想讓名聲受損。她感到或許婚姻不幸,令她對浪漫愛情的渴求昇華為一種動力,使她能潛心從事文學創作與學術研究。一九七二年,與她同住三十多年的姐姐逝世。從多方面看,這個姐姐都是她一生中最親近的人。

一九九一年,武漢大學、成功大學的一些師生及舊友為慶祝蘇雪林九十五歲誕辰舉行研討會,並且請她撰寫回憶錄。一位記者在一九九五年採訪了她,說她當時聽力極差,他們只能用筆談話。一九九六年四月二十四日是蘇雪林百歲誕辰,台灣的作家和學者已安排慶祝事宜,不料她跌了一跤,股骨斷裂,只好住院治療;此後只能靠輪椅行動,但仍十分長壽。她以一百零三歲的高齡於一九九九年坐輪椅回到中國,探望故鄉太平縣,途中謝世。

蘇雪林晚年憾事之一,是畢生撰寫的文學創作和學術作品當中,最為人知曉的,依然是從她二十年代的作品摘錄出來的一段文字,一九四九年前它收錄在中國、台灣及其他地區供初中生用的文學課本內(也許至今仍在使用)。其實,她沒有想到,這正好證明她的文學創作充滿生命力。她在《楚辭》研析中的突破性發現大概超越了她的時代,還有待新的考古發掘來證實她的理論,從而使人們對她的研究再次產生興趣。無論如何,蘇雪林一生敢於衝破傳統學術界限,孜孜不倦地研究,發表扎實的學術著作以證明自己的理論。

蕭虹

陶乃侃譯

◇ 方英,〈綠漪論〉見黃人影編,《當代中國女作家論》,上海:光華書局,1933 年,頁 131–149。
◇ 《中華民國當代名人錄》,冊 2,台北:中華書局,1978 年,頁 1111。

◇ 蘇雪林，《浮生九四》，台北：三民書局，1991 年。
◇ ——，《蘇雪林自傳》，南京：江蘇文藝出版社，1996 年。
◇ 舒乙，〈訪百歲老作家蘇雪林〉見《人民日報》（海外版），1995 年 4 月 11 日。
◇ 石楠，〈蘇雪林與潘玉良〉見《人物》，1998 年 9 期，頁 116–124。
◇ 黃忠慎，《古今文海騎鯨客：蘇雪林教授》，台北：文史哲出版社，1999 年。
◇ 閻純德，〈蘇雪林：從《棘心》到屈賦研究〉見《人物》，1999 年 12 期，頁 71–80；2000 年 1 期，頁 108–115。
◇ Boorman, Howard L., and Richard C. Howard, eds. *Biographical Dictionary of Republican China,* vol. 3. New York: Columbia University Press, 1970, 155–56.

▥ 191 孫維世 Sun Weishi

孫維世（1921–1968），四川省南溪縣人，中華人民共和國現代話劇的第一位女導演。

孫維世在蘇聯修習斯坦尼斯拉夫斯基演劇理論體系（Stanislavsky system），並成功地將這套表演方法論移植到現代中國的舞台上。她在建立中國青年藝術劇院和中央實驗話劇院的過程中起了積極作用，前者是中國第一個國家話劇院。

孫維世的父親孫炳文（卒於 1927 年），是朱德（1886–1976）和周恩來（1898–1976）的好友。一九二四年孫炳文從蘇聯歸國，在著名的黃埔軍校出任要職。一九二七年國共統一戰線破裂後，於同年四月被國民黨處死。孫維世的母親任銳隨後帶著兩子兩女過著流放般的生活，一邊參加共產黨的地下工作，一邊在艱苦的環境下獨自撫養孩子。

孫維世的哥哥孫泱在十二歲時就和父親一道被關進了監獄，獲釋之後長期擔任朱德的私人助理。孫泱後來當上中國人民大學的黨委副書記和副校長，文革期間被迫害致死。弟弟孫名世死於國共內戰的戰鬥中，妹妹孫新世任教於北京大學外語系。孫維世去世之後，妹妹在一九七五年同出獄的姐夫金山結了婚。

據說，一九三七年孫維世十六歲時，曾前往武漢八路軍聯絡處請求奔赴延安中共革命區，但因年紀太小而不獲批准。她在聯絡處外面哭喊時，被父親的老朋友周恩來碰上，周恩來沒有子女，索性將她收為養女。在周恩來的幫助下，她終於在一九三八年實現了去延安的夢想。她十七歲便加入了中國共產黨，和母親一起進入延安抗日軍政大學學習。她還在沙可夫創作、左明導演的話劇《團圓》中扮演了一個小角色。一九三九年夏，陪同周恩來前往蘇聯接受治療，

擔任他的私人助理，並在工餘學習俄語。周恩來於一九四零年回國，她則留在莫斯科學習導演和表演藝術，以優異成績畢業於莫斯科東方大學和莫斯科戲劇學院。

　　一九四六年九月孫維世返回中國，首先參加了山西革命解放區的土地改革運動。之後加入聯大文工團，赴陝西、山西和河北演出。一九四九年十二月，毛澤東（1893–1976）官式訪問蘇聯時，她是翻譯組的負責人。一九五零年春，時任共青團中央委員會總書記，也是中國青年藝術劇院創始院長的廖承志，邀請孫維世出任劇院的藝術導演。她抓緊機會，滿懷熱誠地為新中國組建第一個專業話劇團。她導演的首部話劇《鋼鐵是怎樣煉成的》，改編自蘇聯作家奧斯特洛夫斯基（Ostrovsky）的同名小說（*Kak zakalyalas' stal*）。小說根據作家的親身經歷寫成，講述一位忠誠革命者保爾・柯察金（Pavel Korchaghin）的故事。保爾在革命戰爭中成了跛子、癱子，但他克服了難以想像的困難，終於成為一位成功的作家。該劇在一九五零年九月首演，一般認為它是新中國的第一部話劇作品。原小說本已廣受歡迎，加之孫維世又把它搬上舞台，於是主人公保爾在二十世紀五十年代初期就順理成章地成了中國家喻戶曉的名字和年青人的楷模。

　　雖然斯坦尼斯拉夫斯基演劇理論體系在二十世紀三十年代曾被介紹到中國的舞台，但一直沒有人認真的研究和實踐。孫維世將這體系同中國現代話劇的現實主義傳統結合，創造出一個充份利用演員和舞台設計工作人員創造力的導演方法。首先，她研究產生原著的文化和歷史條件，然後撰寫背景故事和編造人物事略，包括各人行事動機、個性和經歷。接著，她安排朗讀劇本，使用臨時道具來進行初次排演，幫助演員在發揮斯坦尼斯拉夫斯基演劇理論體系的「內心體驗」（*perezhivanitye*）之同時，又能以最恰當的動作、語言演繹有關人物的特色。最後，她讓演員穿著演出服裝在正式的舞台上彩排，使他們熟習環境，以取得最佳的戲劇效果。

　　孫維世導演的話劇非常成功，北京的一次演出，更傳為佳話。那次演出前，扮演保爾的演員金山受邀前往天津演講，談保爾的一生，以及他本人在舞台上扮演保爾的經驗，結果他遲了兩小時才趕回。北京的觀眾拒絕劇院退票的建議，寧願一邊觀看金山演出的電影，一邊等候他到來，毫無怨言。演出到晚上十時才開始，凌晨一時結束。據說那些因此而誤了末班車的觀眾，不得不走路回家，但都表示十分值得。保爾的舞台故事還在現實生活中孕育了一段浪漫

的故事：孫維世和金山墮入了情網。金山當時已有妻室，她就是著名演員張瑞芳，在劇中扮演年青保爾的戀人。金山和她離婚後，才與孫維世結為夫妻。

一九五二年，孫維世導演了新中國話劇舞台上最成功的外國經典劇作。這話劇叫《欽差大臣》，改編自果戈里（Gogol）的劇作，由來自中國青年藝術劇院和北京人民藝術劇院的演員聯合演出。在同一年她還導演了另一部蘇聯劇《小白兔》，以慶祝中國青年藝術劇院的附屬兒童藝術劇院成立。為了使自己更熟悉兒童演員，她帶他們去動物園觀察動物，去森林體驗自然。《小白兔》甚受歡迎，一九五三年由北京電影製片廠拍攝成同名電影。這話劇仍是中華人民共和國最早出現和最優秀的兒童話劇之一。

一九五四年，即契訶夫（Anton Chekhov）逝世五十周年，孫維世同蘇聯專家聯合導演了《萬尼亞舅舅》，由著名演員金山、吳雪、冀淑平和路曦演出，憑著各人精湛的演技，這劇立時大受好評，成為中國話劇的又一經典之作，中國青年藝術劇院也因此名揚海外。從一九五四到五六年，孫維世任職中國青年藝術劇院的同時，還成為中央戲劇學院導演幹部訓練班主任，協助培訓未來的話劇導演骨幹。

一九五六年，孫維世成為新成立的中央實驗話劇院的藝術導演和副院長，院長歐陽予倩，是一位受過正規歌劇表演訓練的演員和話劇作家。孫維世十分欣賞古老崑曲《十五貫》一類的傳統戲劇，並試圖將斯坦尼斯拉夫斯基演劇理論體系與中國的戲劇傳統相結合，創造出一種嶄新的社會主義藝術。《同甘共苦》描述一個中共官員和兩個女子的三角戀愛。話劇的主人公當初在農村通過包辦婚姻娶妻，因嫌對方無知沒趣而離異。後來他遇上一個受過良好教育的女子，發覺與她在革命戰爭中有著相同經歷，遂生愛意，兩人隨後結婚。可是主人公卻漸漸發現前妻比現在的妻子更讓他著迷，而劇情亦由此展開。在劇中，主人公既能同現任妻子相安無事，又能同已經成長為新社會主義女性和在中國農村集體運動中擔任領導職務的前妻保持深厚情誼。這劇在同年七月首演，大受歡迎，因為它創造出的人物有血有肉，也展現出共產黨幹部和其他人一樣，都有弱點。可是，這部話劇因探討了共產黨幹部的私生活，在一九五七年的反右運動中，成為易受攻擊的對象。

孫維世為中央實驗話劇院導演的第二部作品是歷史劇《桃花扇》。在劇中，她引進歌劇元素和民間舞蹈，創出一種中國風格。她在日後導演的話劇中，繼續嘗試新手法。一九五七年她導演了《百醜圖》。此劇主題簡單，旨在宣傳

反右運動；她採用了喜劇甚至是鬧劇形式，以求吸引更多觀眾。一九六一年，她導演了根據斯托夫人（Harriet Beecher Stowe）《湯姆叔叔的小屋》（*Uncle Tom's Cabin*）改編的《黑奴恨》，這劇試用中國戲曲的表演技巧（布萊希特（Brecht）的「間離效果」概念就受此啟發），來打破所謂「第四面牆」。她又嘗試將演員的活動範圍，擴展到舞台以外的地方，如樂隊演奏池。

孫維世導演的最後一部劇是與金山合作的《初升的太陽》。該劇是為了響應周恩來的指示而創作，目的在刻劃東北油田工人的英雄事蹟。為此，她和金山搬到了大慶油田，和當地的石油工人、以及他們的配偶一起工作數年。該劇重點描繪工人的配偶在農業生產以至油田建設等各方面的貢獻；其獨特之處，在於全部演員均來自當地。它在大慶、北京演出時受到熱烈歡迎，山東省的觀眾情緒尤為高漲。這劇演出成功，孫維世和金山夫婦二人大感鼓舞，於是再次回到大慶，以求創作出更多關於石油工人的戲劇。

但是文革開始了，孫維世和金山被召回北京。孫維世於一九六八年三月一日被捕，遭受了七個多月的監禁和折磨，最後在十月十四日死於獄中。金山坐了七年牢，一九七五獲釋後，才知道妻子早已死去，傷心欲絕。

《初升的太陽》在後毛澤東時代再度上演，由於四人幫被指是迫害孫維世的元凶，這部劇也就成了批判四人幫的政治劇作之一。該劇演出時，氣氛莊嚴肅穆，讓人懷念孫維世的藝術生涯，明白到她對中國現代話劇的發展路向和茁壯成長也出過力。

陳小眉

崔少元譯

編者按：文革結束後，金山和孫新世等人為孫維世的冤案奔走，孫維世終於得到平反。一九七七年六月九日，文化部藝術局在八寶山革命公墓為孫維世舉行遺像安放儀式。

孫維世歷任第二至第四屆全國政協委員，中國戲劇家協會第一屆常務理事、第二屆理事。

◇ 《中國藝術家辭典》，現代分冊 5，長沙：湖南人民出版社，1985 年，頁 18–19。
◇ 左萊、梁化群，〈孫維世傳略〉見《中國話劇藝術家傳》，輯 3，中國藝術研究院話劇研究所編，北京：文化藝術出版社，1986 年，頁 71–104。
◇ 冼濟華、趙雲聲，《話劇皇帝金山》，北京：中國文聯出版社，1987 年。
◇ 杜高，〈孫維世〉見《中國大百科全書・戲劇卷》，北京：中國大百科全書出版社，1989 年，頁 358–359。
◇ 孫冰，〈我的姑媽孫維世〉見《傳記文學》，卷 64，1994 年 5 期，頁 32–39。

◇ 秦九鳳，〈周恩來義女孫維世的坎坷人生路〉見 <http://cpc.people.com.cn/GB/64093/67507/7178468. html>，2013 年 2 月 28 日查閱。

◇ 「孫維世」見 <http://baike.baidu.com/view/312718.htm>，2015 年 4 月 21 日查閱。

▥ 192 譚恩美 Tan Enmei

譚恩美（Amy Ruth Tan），一九五二年生於美國加州奧克蘭，華裔作家。她認為自己是一個「美國作家——我的感受和我所熱衷的事情都是美國式的」。與十年前的湯亭亭（Maxine Hong Kingston，參見該傳）一樣，她平地一聲雷地出現在美國的最暢銷書排名榜上，對亞裔美國人在美國長大過程中所遇到的文化和個人的衝突，作出了深刻的探討。

譚恩美的父親譚約翰（譯音，卒於 1967 年）是廣州人，曾在北平學習電機工程。一九四七年移民美國，並且成為一個業餘的浸信會牧師。譚恩美認為自己是從父親那裡傳承了講故事的本領。她的母親出身上海大戶人家，一九四九年逃離中國之前，經歷了一段不愉快的包辦婚姻。她在中國接受過護士訓練，走的時候留下一個脾氣暴虐的丈夫和三個女兒。母親的身世一直是個謎，直到二零零零年母親死前不久，譚恩美才知道真相。那時母親已經患了老年癡呆症，她原名李冰子（譯音），一九一六年生。外婆一九二五年自殺後，母親被一個姓杜的家庭收養，給她取名杜蓮真（譯音）。不過她入學後與第一段婚姻期間都叫杜靜（譯音）。到她與譚約翰結婚以後，她以 Daisy（Tu）Ching Tan 為名，美國出生的兒女知道的就是這個名字。譚恩美是父母的第二個孩子和唯一的女兒。他們家在她的孩童時代搬過幾次。她在佛雷斯諾（Fresno）、奧克蘭、柏克萊和三藩市海灣區這幾個地方長大，往往是學校裡的唯一中國女孩。他們在家說普通話，但是她五歲上學後就拒絕再說它。

譚恩美曾以一貫的苦澀式幽默說過，父母對她的期望非常高，她最好是一個開腦的外科醫生，在閑暇的時候又是一個鋼琴演奏家。她的家庭不是文學世家，而她作為移民的父母英文也不流利，但是他們希望自己的兒女在新的國家卓有成就。她十五歲的時候，父親和比她稍大的哥哥相繼因為患腦瘤去世。母親立刻把她和弟弟帶到歐州去，所以她在瑞士蒙特勒（Montreux）讀完中學（1969）。回到美國以後，進過幾所大學。從俄勒岡州（Oregon）的林菲爾學院（Linfield College）轉入聖荷西市立學院（San Jose City College），在一九七三年獲得英文和語言學學士學位。翌年獲聖荷西州立大學語言學碩士學

位。一九七四到七六年，在加州大學的聖克魯斯（Santa Cruz）和柏克萊分校研究院進修。

譚恩美沒有讓父母如願，成為大學教授，或者專業人士。她當上智障兒童語言發展的顧問（1976–1981），也做過記者（1981–1983）。接著她成為一個商業寫作的自由撰稿人。在這方面她非常成功，以至於一周要工作九十個小時。她直到三十三歲才從事創作，即使是那時也是作為治療自己工作狂的方法。她以寫小說見稱，她的小說描寫人與人的關係、種族問題、家庭歷史，亦善於表達女性的聲音。她的主題是母女關係和昔日中國與現今美國之間的對比。

一九八七年譚恩美和母親到中國旅行。她回憶說，那次旅行，令她對自己和母親，以及對母親的傳承，都有了新體會，可算是一個轉折點。她和三個同母異父的姐姐見面，觸發了她所謂的一種心靈上的地域感，一種對某段歷史的歸屬感，感覺之強烈，是她對美國歷史從來也沒有過的。她的第一本小說《喜福會》（*The Joy Luck Club*, 1989），是從她在寫作訓練班時寫成的一系列短篇小說演變出來的。這些材料描寫四個年輕的美國土生華裔婦女，如何逐漸認識並接受讓她們「難為情」的移民母親，和母親帶來的中國文化。《喜福會》使她一舉成名，在《紐約時報》「暢銷精裝圖書排行榜」上連續三十四周，同時獲提名全國書評人協會獎（National Book Critics Circle Award）和《洛杉磯時報》圖書獎（*Los Angeles Times* Book Award）。這本小說也改編成一部同名的電影，由王穎（Wayne Wang）導演。譚恩美和羅納德·巴斯（Ron Bass）共同編寫電影劇本。

譚恩美又應母親請求，將母親的故事，寫進她的第二本小說《灶神之妻》（*The Kitchen God's Wife*, 1991）。譚恩美的外婆也在書中出現，她年輕的時候被人強姦，並被迫作妾，最後慘死。和第一本小說一樣，這本同樣很成功，成為《紐約時報》「暢銷精裝圖書排行榜」的第一位，並在加拿大、歐洲和澳大利亞都成為暢銷書。譚恩美在她的第三本小說《百種神秘感覺》（*The Hundred Secret Senses*, 1995）裡，把視線從母女關係走出來，筆下的女主角是美國出生的華裔高級知識份子，她卻有一個從中國大陸來的同母異父的姊姊，這是個顛覆性的角色。她有「陰眼」，可以看見在陰間的死去的人。譚恩美顯然以調侃她的蹩腳英語為樂。這本小說寫的是愛和超自然的事物，女主角在祖國尋根路上，不免對歷史時期耍了一些花樣。這本小說也登上《紐約時報》暢

銷書之列，但不如前兩本的成功，在評論家的眼中，尤其如是。

《接骨師的女兒》（*Bonesetter's Daughter*）是譚恩美的第四本小說，出版於二零零一年初。它又回到母女關係的主題，而且有清晰的自傳傾向。這部小說寫了五年，但在母親去世後立刻又重寫一次。她說這樣做是「記起我所恐懼的：鬼、恐嚇和詛咒。我寫了錯誤的出生日期，秘密的婚姻，在家庭中改變的地位，還有差不多忘記了的名字。」

譚恩美寫過兩本兒童讀物。《月娘》（1992）和《中國暹羅貓》（1994），兩本都是由 Gretchen Schields 畫的插圖。她的故事曾被選集和雜誌採用。她的作品被翻譯成二十幾種語言，也被很多中學和大學列作學生的閱讀材料。

有些亞裔美國評論家對譚恩美作出很嚴苛的批評。對譚恩美的出現，評論家黃秀玲（Sau-ling Cynthia Wong）稱之為「譚恩美現象」，把譚恩美的作品歸類為「類似民族學、東方主義的話語」。她指責譚恩美對中國的親屬關係「深切無知」，並列舉譚恩美的作品中有關中國事物的錯誤，說她作為「文化嚮導」是失敗的。黃秀玲自創了一個新詞「糖姊情誼」（sugar sisterhood）來形容白人為了滿足他們對中國和唐人街的好奇而喜愛《喜福會》、《灶神之妻》，其實是東方主義的非知性消費。黃秀玲認為，這些有著「糖姊情誼」的人，就是譚恩美廣大的讀者群，她們主要是中產階級白人婦女，在她作品中再現的那些千篇一律的典型裡，找到慰藉。男性評論家像趙健秀（Frank Chin）也批評譚恩美和湯亭亭「冒牌」，是「歧視其他種族的白人」。他們表示，她們的女性缺乏男性傳統特質：創新、大膽、勇敢和富創造力。在五個美國出生的華裔作家中，有四個是女性，就足以加強這種亞洲人的女性化的典型，對比較不受歡迎的男作家來說明顯地不利。譚恩美對這些批評不置理睬，她說她的作品既不是學術論文也不是旅遊指南或「文化教材」。她不願自己作品被視為華裔或亞裔美國人的「代表」經驗，同時也從來沒有說自己是中國通。她寫作是為了找出甚麼是她自己的真實。

一九七四年，譚恩美跟在俄勒岡州求學時認識的路易‧德邁堤（Louis DeMattei）結婚。他是稅務會計師。她說過決定不生孩子，是為了避免重蹈母親的錯誤。譚恩美夫婦在三藩市、紐約都有家，與兩隻約克夏犬和起碼一隻貓為伴。她單獨在國內旅行時，都會將狗兒放在袋子，帶在身邊，作為同伴和小保鏢。有相當一段時間，她參加了一隊由知名作家組成的「老車庫」（Rock Bottom Remainders）搖滾樂隊。其他成員還有作家史蒂芬‧金（Stephen

King）、Robert Fulghum、戴夫·巴里（Dave Barry）、雷德利·皮爾森（Ridley Pearson）和馬特·格勒寧（Matt Groening）。

Sue Wiles
蕭虹譯

編者按：進入二十一世紀，譚恩美仍然繼續寫作。《救救溺水魚》（*Saving Fish from Drowning*, 2005）是關於美國旅客在中國和緬甸的故事。《清倌人守則》（*Rules for Virgins*, 2011）刻劃上海妓女激烈的競爭。

◇ Tan, Amy. *The Joy Luck Club.* New York: G.P. Putnam's Sons, 1989.
◇ ——. *The Kitchen God's Wife.* New York: Putnam Publishing Group, 1991.
◇ ——. *The Hundred Secret Senses.* New York: G.P. Putnam's Sons, 1995.
◇ ——. "Ghosts Writing." *The Sydney Morning Herald,* "Spectrum." 10 March 2001, 6–7 (from *The New York Times*).
◇ ——. *The Bonesetter's Daughter.* New York: Putnam Adult, 2001.
◇ ——. *Saving Fish from Drowning.* New York: G.P. Putnam's Sons, 2005.
◇ ——. *Rules for Virgins.* San Francisco: Byliner Fiction, 2011.
◇ Chen Xiaomei. "Reading Mother's Tale —— Reconstructing Women's Space in Amy Tan and Zhang Jie." In *Chinese Literature*: *Essays, Articles, Reviews,* 16 (1994) : 111–32.
◇ Wong, Sau-ling Cynthia. "'Sugar Sisterhood': Situating the Amy Tan Phenomenon." In *The Ethnic Canon: Histories, Institutions, and Interventions,* ed. David Palumbo-Liu. Minneapolis/London: University of Minnesota Press, 1995, 174–205.
◇ Ho, Wendy. *In Her Mother's House: The Politics of Asian American Mother-Daughter Writing.* Walnut Creek: AltaMira Press, 1999.
◇ Powell, Sian. "Unravelling Amy." *The Weekend Australian,* 10–11 March 2001, R4–5.
◇ "An Interview with Amy Tan." *Mosaic, Penn's Asian American Literary Magazine,* University of Pennsylvania, at <http://dolphin. upenn.edu/~mosaic/fall94>, accessed before 2002.
◇ "North Suburban Library Foundation Presents: Amy Tan," at <http://www.nslsilus.org/Foundation/Archive/981itcirc/amy.html>, accessed before 2002.
◇ "The Salon Interview: Amy Tan. The Spirit Within." *Salon, an Electronic Magazine,* at <http://www.salon.com/12nov1995/feature/tan.html>, accessed before 2002.
◇ "Amy Tan. Best-Selling Novelist." The Hall of Arts, American Academy of Achievement. Interview, 28 June 1996, at <http://www.achievement.org/autodoc/page/tan0int-1>, accessed 18 October 2013.

‖ 193 湯蒂因 Tang Diyin

湯蒂因（1916–1988），生於江蘇蘇州一個商人家庭，是傑出的女企業家和鋼筆製造商。

湯蒂因只上過小學，一九三一年在上海萬竹小學畢業後，就沒有上中學，因為父母認為教育對女孩並不重要。父親後來拋棄了家庭，她被迫自尋生計。一九三零年她十四歲時，參加了上海益新教育用品社的考試，後來獲得這間文

具公司錄取為營業員。她這第一份工作是銷售當時人們常用的鋼筆。由於她工作勤奮，且具生意頭腦，一九三二年被提拔為進貨部主任，工資也由十六銀元增加到二十四銀元。她以此養家餬口，履行通常屬兄長的職責，並引以自豪。後來她的老闆試圖逾越二人的工作關係，納她為妾，她只好離開了益新社。

湯蒂因受僱於他人時屢遭侮辱，於是決心自己當老闆。一九三三年十七歲時，在家開辦了一間小文具店，名為現代物品社。她在益新社工作時所建立的人際關係，正好派上用場，助她順利開展生意。她將商品價格定得略低於益新，先前的顧客都轉到她的店裡。抗戰期間上海遭受襲擊，她的小店被炸毀。未婚夫畢子桂，在雲南昆明生活書店當經理，幫助她在昆明重新開設現代物品社。她銷售的物品先在上海購入，然後經越南的海防轉運到昆明。一九四零年，相戀八年的畢子桂因病去世，令她痛不欲生。之後，一百多箱文具在運輸途中被日軍洗劫。一九四二年，她懷著滿腹悲痛回到上海。

一九四四年，她在上海又開辦了一家小文具店，叫現代教育物品社。這次她採取的策略是薄利多銷，吸引學生買家。她經驗多了，信心也大起來，開始涉足文具製造業務。戰爭期間「藍寶」派克筆來貨緊張，她決定利用派克品牌的優勢，製作一種帶金筆尖的「綠寶」鋼筆。最初，她同一家很小的工廠簽訂了製作綠寶鋼筆的合約。綠寶鋼筆以永久保用為賣點，很快就成為公眾認可的品牌。戰後，她購買了一小型工廠來生產自己的綠寶鋼筆，為此贏得「金筆湯」的綽號。

為了提高競爭力，湯蒂因特別注重產品的設計和包裝。除了供辦公室用的普通黑色鋼筆和學生用的三色鋼筆，她還為女士設計了一款名為「幸福」的纖細鋼筆，為男士製作了一款名為「長壽」的流線型鋼筆，將兩支筆裝在一個禮品盒中出售。綠寶鋼筆憑借其低廉的價格、不俗的質量和新穎的款式，在戰後雄霸了低價鋼筆的市場，高價鋼筆則屬進口貨及國內名牌的天下。

除在上海零售鋼筆之外，湯蒂因還在其他城市、省份甚至解放區開拓批發市場。然而，二十世紀四十年代晚期，通貨膨脹不斷攀升，經濟情況紊亂，綠寶鋼筆的銷售深受影響，業務頻臨絕境。一九四九年共產黨取得勝利之後，各階層的人都有機會學習閱讀和寫作，鋼筆的需求迅速上升。當年冬天，政府訂購了綠寶鋼筆的全部產量；由銀行提供貸款，而製作鋼筆筆尖所需的金、銀和鉑等原材料，在供應上又得到保證。綠寶鋼筆很快迎來第二春，再次大量生產。湯蒂因和家人搬離工廠二樓，住進了小洋房，她同時還添置了一輛小轎車供上

下班使用。一九五五年，上海的所有鋼筆生產商同意與國家成立一個批發合資企業，綠寶金筆工廠同華孚金筆廠合併組成了英雄金筆廠。不久，英雄牌鋼筆就成為中國最受歡迎的品牌。湯蒂因被任命為英雄金筆廠和上海製筆工業公司的私方經理。

文革期間，湯蒂因受到衝擊，下放到工廠當裝配工。一九七九年政府將她召回，並把她被沒收的財產和扣發的薪金悉數歸還。她分到了一個新的單元房。自一九六四年以來她一直擔任全國人大代表，一九七九年又被選為全國政協委員。她參與民主黨派事務多年，是中國民主建國會中央委員會委員和民建上海市委副主任委員。

湯蒂因任中國製筆協會理事長，在製筆業一直是股創新力量。一九八一年，她和鉛筆製造專家、也是全國政協委員的吳美梅聯名提議，增加細桿鉛筆的生產。該提議最終在全國推行，即時節省約百分之二十的木材，每年增創大筆外匯。後來她發覺，經濟改革未能提供足夠專業人才投身新辦企業，於是便積極參與規劃和建設上海工商專業進修學校。她不顧年老體弱，親自擔任校長的職務。學校開設會計、英語和管理等課程，學生的人數很快就達到了好幾千人。這學校之後，她又參與工商職工中專的工作，並在上海創辦民營工商學校。她的自傳《金筆緣》記述了她所走過漫長而又艱辛的人生路。

自畢子桂一九四零年去世後，湯蒂因一直獨身。年邁之後同侄兒湯其亮、侄兒媳和侄孫女住在一起，享受快樂的家庭生活。

一九八八年，湯蒂因於上海病逝，享年七十二歲。

蕭虹

崔少元譯

◇ 英文《中國婦女》編著，《古今著名婦女人物》，下冊，石家莊：河北人民出版社，1986 年，頁 930–935。
◇ 〈女民族企業家湯蒂因逝世〉見《人民日報》，1988 年 4 月 3 日。
◇ 中國婦女管理幹部學院編，《古今中外女名人辭典》，北京：中國廣播電視出版社，1989 年，頁 379。
◇ 宋瑞芝主編，《中國婦女文化通覽》，濟南：山東文藝出版社，1995 年，頁 31–32。
◇ 辛茹，《金筆女王湯蒂因》，北京：解放軍出版社，1995 年。

ⅲ 194 唐群英 Tang Qunying

唐群英（1871–1937），原名恭懿，號希陶，湖南衡山人，二十世紀初中

國女政治活動家先鋒。她是反清的同盟會活躍會員，創立並領導了各種各樣的女權團體，其中主要是為婦女爭取選舉權、政治權益和接受教育機會的團體。她是中國現代史上赫赫有名、舉足輕重的女活動家，在同年代的婦權活動家中，以激進聞名。

唐群英出生於衡山北面的一個村莊，在全家三子四女中排行第三。父親唐星照，清朝湘軍武官，退休後專心教導子女。唐群英在父親培育下，遍讀四書五經和舊詩古史，能寫八股文章，詠歌賦詩；詩才橫溢，人皆歎服。總體而言，人既聰慧，書又讀得出色。她在古文方面打好根基後，開始對當時較激進的思潮感興趣，包括康有為的《大同書》。

父親於一八九一年去世後，唐群英遵從母命，嫁給著名清朝官員曾國藩的堂弟曾傳綱。婚姻為時不長，丈夫不到兩年便去世，唯一的女兒亦夭亡。她做了寡婦，卻未有按照傳統終生侍奉公婆，反而回歸娘家陪伴母親。往後數年，唐群英與一些熱衷政事的女性過從甚密，其中包括秋瑾（見《清代婦女傳記辭典》）和蔡暢（參見該傳）之母葛健豪（參見該傳）。她們互通書信，互相拜訪，交換書籍、詩詞，也縱談政事與中國的世界地位。一九零四年，唐群英和秋瑾決定東渡日本深造，以圖學習強國所需的技能。

當年秋天，唐群英抵達日本，起先與秋瑾一道自費進入青山實踐女校。學習兩年後，唐群英獲湖南省教育廳獎學金，得以升入成女高等學校師範科。她在該校又與另外三位湘籍女生結為密友，她們是張漢英（見《清代婦女傳記辭典》）、何步蘭和劉亞蘭。這些朋友對她日後創立多個政治團體，爭取男女平等，給予莫大支持。

當年的一些中國婦女，不畏艱險前去日本，努力謀求良方，革新國內社會、政治制度，當中的唐群英也和他人一樣，很快結識了在東京的反清激進革命派人士，如孫中山、劉道一、黃興等知名人物。一九零五年在同鄉趙恆惕的支持下，唐群英加入了華興會，從此直接參與反清政治活動。她很快以婦女運動領袖的身份而為人所知。八月，華興會和興中會合併為同盟會，由孫中山領導。同盟會後來成為主要的反清團體，奮鬥多年，直到一九一一年推翻滿清王朝。唐群英是第一個簽名加入同盟會的婦女，何香凝和秋瑾繼乎其後；三人中唐群英年齡最長，所以革命同志稱她為「唐大姐」。她的反清政治活動包括為同盟會機關報《民報》撰稿，為革命刊物《洞庭波》翻譯文章，並於一九零六年在日成立留日女學生會，先後任該會的秘書、會長。

一九零七年，秋瑾起義失敗接著被害的消息傳到東京，唐群英滿腔悲痛，決心回國繼續開展鬥爭。同年底她甫一畢業，便把孫中山給親密盟友陳樹人的信息，從同盟會東京基地帶回國。一回湖南，她就和陳樹人取得聯絡，並一直保持秘密接觸，為同盟會做地下宣傳工作。她從事的地下任務，斷斷續續，工作性質又和以往全然不同，為此，她覺得尚有餘力，於是便返回日本學音樂，繼續參與共和活動。這一時期，她鼓動日本各大專院校的中國留學生，特別是女生，對反清事業多加關心。一九一一年四月廣州起義失敗後，她創辦《留日女學生雜誌》，刊登國內的革命消息、新聞評論、倡議女權的文章。她視實現共和與女權為不可分割的兩件事，多年來在國內和日本的活動，也處處顯示她努力朝著這兩個目標進發。

一九一一年夏，唐群英回國，並奔波於滬、湘、鄂之間，組建了一個名為女子北伐隊的軍事組織，期間得到湘籍婦女何步蘭和劉亞蘭的幫助，兩人都是唐群英首次赴日學習時期的學友。唐群英率領部隊參加攻佔南京的戰事，而這支「娘子軍」自武昌起義一役後，便邐迤聞名。十一月，唐群英在上海和張漢英組建女子後援會，從而使她的軍事活動擴大到包括「部隊後援」。張漢英也是知名女活動家，留學日本時與唐群英結為好友。女子後援會協調其他婦女組織，為仍在追剿清軍的共和軍，提供醫療、聯絡等支援。民國建立後的幾個月，她們承擔了籌集軍餉的重任；對唐群英及其他進步的女權份子來說，婦女必須用行動來表明，她們決意全力參與國家軍政改革的方方面面。

一九一一年十月共和軍取得勝利後，唐群英的政治活動亦另闢新途：在同盟會早期活動中她爭取民主，認為一旦新中國成立，男女將會享有同等的選舉和政治權利；但民國成立不久，同盟會需與之合作的保守派，明顯強烈反對婦女擁有選舉權；為了確保婦女在政治上得到平等待遇，她便把這事列為工作重點。她曾激憤地宣稱：「當民軍起義時代，女子充任秘密偵探，組織炸彈隊，種種危險，女子等犧牲性命財產與男子同功，何以革命成功，竟棄女子於不顧！」

唐群英眼見婦女未能分享革命成果，決定繼續努力，發動了一場深入細緻、廣為宣傳的運動，以確保民國臨時約法列明男女平權。一九一二年三月，臨時參議院在臨時大總統孫中山主持下，就臨時約法進行辯論；為了準備該次辯論，唐群英從全國眾多婦女團體中召集代表至南京，以便成立一個全國婦女游說團體。結果，女子參政同盟會在二月二十日成立，掀起了全國爭取婦女選

469

舉權活動的第一波，可惜為時不久。女子參政同盟會包括女子參政同志會、女子後援會、湖南女國民會、女子尚武會和女子同盟會。為此，來自各會的知名婦女活動家，如王昌國、張漢英、蔡蕙、吳木蘭（參見該傳）、何香凝（參見該傳）等，都在唐群英領導下合力爭取女權。四月八日，在南京召開的一個重要會議上，她們發表宣言，表明以爭取男女平等和婦女選舉權為宗旨。

二、三月間，唐群英與支持其立場的各婦女團體公開宣傳她們的理念：臨時約法應明確規定，男女在政治生活各方面享有同等權利。她們宣稱，若非男女平等參與，民國就不是民國。令女權活動家失望的是，三月十一日宣讀的臨時約法，並無男女平等的條款。三月十九日，唐群英率二十多名婦女進入參議院，以示抗議。她們自公眾席走進議事廳，坐在議員之間。議長林森建議等下半年國會正式召開會議，再提請修改約法，此時她們憤怒莫名，罵聲震耳。次日她們再去議會施壓，但前往議院的通道已封閉，且有衛兵把守。唐群英和一眾支持者抗議林森拒不對話，大聲喧鬧示威達五小時之久。騷亂中，她們砸碎議院窗戶，將一名衛兵踢倒在地，雙方均有人輕傷。此次激烈行動直接模仿幾天前，英國婦女為爭取選舉權，在倫敦中區大規模砸窗的一幕。

唐群英等人軟硬兼施，三月二十一日派代表團見孫中山，希望他出面執言。孫中山對男女平權的原則表示支持，但他對議會的影響不大，未能扭轉乾坤。至三月三十日，唐群英與手下婦女已摩拳擦掌、耐心盡失，於是再次衝擊議院會場，向議員叫囂不休。雙方大打出手，她們威脅說暴力行動會持續，接著便被保衛人員制服，拖出會議廳。她們面對一貫的頑抗，決定停下休整，考慮採取較溫和的策略。

四月，女子參政同盟會召開正式成立大會，並把會上發表的十一點宣言，通電全國，鼓動對婦女選舉權的支持和關心。然而七月參議院頒布的選舉法中，清楚列明「男性」有選舉權和參選權。唐群英稱此為「彌天大罪」，與支持者撰寫了一份「女子選舉法」草案，呈交國會，之後石沉大海。一九一二年八月十日，政府宣布選舉法，唐群英率六十多名婦女，繞過保衛人員進入議院會議廳，以示不滿。該年唐群英向議院共提出三項涉及男女平等的法案，最後一項在十一月六日提出，投票贊成者極少。

唐群英所屬的同盟會不再支持男女平等的原則，使這場與惡法的鬥爭，更為艱難；同盟會成立之初是堅持該原則的，但在成立國民黨的過程中，日益需要和較保守的黨派正式合併，於是對這創會原則的支持轉淡。七月十四日同盟

會的會議上，唐群英和其他的女會員曾質問男會員，眼下進行的合併，對婦女地位會帶來何種影響。當唐群英等人發覺，男會員的確願意在男女平等問題上妥協，她們即憤而宣布，同盟會婦女反對合併計劃。由於她們在會內只佔少數，故反對無效。

八月二十五日，國民黨在北平舉行第一次代表大會，黨內有保守派，也有激進派，走在一起的目的，是要創立一個有所作為、具廣泛代表性的民主政黨。新黨綱未列入男女平等條文，遭到原同盟會婦女代表強烈反對。雙方開始舌劍唇槍，爭辯升溫，唐群英惱火宋教仁和林森出賣原則，摑了每人一記耳光，她這激烈舉動，令全場目瞪口呆。儘管如此，未列入男女平等原則的黨綱仍獲通過。

九月二日，孫中山致函唐群英，表示支持婦女享有選舉權，但認為應視作長遠目標；他勸她安排婦女培訓活動，到最終她們可以參政時，便有足夠能力應對。他指出，要她們準備得當的迎來選舉權，應從提高教育水平和開拓社會視野入手。唐群英和她的活動家朋友，並無太多選擇，事實上，她們這類「準備」活動，從未停頓。

那年，唐群英兌現為中國婦女從事出版和教育事業的承諾；由於國民黨不容許婦女有同等參政權，她也只好把精力放在這些事上。她在北平協助創辦了《亞東叢報》和《女子白話旬報》（後改稱《女子白話報》），還創立了中央女學校與女子工藝廠。十二月和張漢英回到長沙後，任女子參政同盟會湖南支部長，並通過該會繼續為婦女爭取選舉權。她出版了湖南第一份婦女報紙——《女權日報》，號召婦女走出家庭，走向社會，推翻封建陋習。她還建立了女子美術學校和女子職業學校，大聲疾呼要「喚醒湖南女界」。

唐群英的目標，是爭取女權，以改革國家，但她回湖南僅數月，即又一次受挫。一九一三年三月，新上台的總統袁世凱，開始鎮壓有可能反對他的人，且下令禁制他們的活動。當局下令逮捕唐群英，查封她在湖南、北平辦的報紙，解散女子參政同盟會。她不得不逃離長沙，回家鄉避難，與老母廝守。此後數年，她主要關注本地事務，竭全力安排當地女童就學。一九一八年老母去世，她遵制守孝三年。

一九二四年，新文化運動如火如荼之際，唐群英回長沙和王昌國建立一個新組織，爭取女子選舉權，名為湖南女界參政聯合會，並籌辦女子政法大學。

儘管湖南省憲章已列明婦女享有同等的法律地位，且該法已於一九二二

471

年一月生效，唐群英心中明白，必須繼續宣示男女平權何等重要，確保婦女可充份行使其政治權利。湖南省之能立法訂明婦女權利，她應記首功，因早在一九一一年民國成立之前，她已竭盡己能，在省議院進行游說，為婦女爭取選舉權及權益，成績驕人。

唐群英是國民黨元老，地位顯赫，從該黨對她的禮遇，可見一斑。一九二八年，她被邀請加入黨史編纂委員會，但沒有答應。一九三五年春，唐群英回南京訪友，遇上昔日的辯論對手、當時的民國政府主席林森；他邀請她出任國府顧問一職，但她寧可在湖南工作，不多久便返回鄉下老家。

一九三七年春，唐群英於家鄉去世，終年六十五歲。在最後一刻，她依然果敢剛毅，看來鬥志不減當年。

Louise Edwards
龍仁譯

◈ 徐輝祺，〈唐群英與「女子參政同盟會」〉見《貴州社會科學》，1981 年 4 期，頁 30–37。

◈ 英文《中國婦女》編著，《古今著名婦女人物》，下冊，石家莊：河北人民出版社，1986 年，頁 443–446。

◈ 《婦女詞典》，北京：求實出版社，1990 年，頁 94。

◈ 呂美頤、鄭永福，《中國婦女運動（1840—1921）》，鄭州：河南人民出版社，1990 年。

◈ 高魁祥、申建國編，《中華古今女傑譜》，北京：中國社會出版社，1991 年。

◈ 盛樹森、譚長春、陶芝蕪，〈中國女權運動的先驅唐群英〉見《人物》，1992 年 4 期，頁 82–90。

◈ 蔣萍、唐存正，《唐群英評傳》，長沙：湖南出版社，1995 年。

◈ 「唐群英」見 <http://baike.baidu.com/view/946517.htm>，2013 年 4 月 26 日查閱。

▥ 195 湯亭亭 Tang Tingting

湯亭亭（Maxine Hong Kingston）一九四零年生於美國加州斯托克頓鎮（Stockton），本名 Maxine Ting Ting Hong，美國華裔作家。

湯亭亭的父母祖籍廣東四邑，父親湯思德（英文名字叫 Tom Hong，1991 年卒）是新會人，雖然是農民家庭的最小的兒子，但是接受過傳統教育。一說他沒有在政府得到一個職位，因此離開中國，也有人說，他在一九二四年移民美國之前是一個教師。他在紐約一家洗衣店工作多年，但始終不通英語。湯思德把髮妻朱英蘭（在美國的名字是 Ying Lan Hong）留在中國，她一九三九年到紐約跟他團聚之前，他們的兩個孩子就死去了。

朱英蘭在中國受過教育，在廣州一所醫學院接受了助產和西醫的訓練。和丈夫一樣，她也始終不能閱讀和說英語，兩人一直生活在華人社區裡面。他們從紐約遷居加州，湯思德在賭場工作了一段時期，然後開了一家家庭式的洗衣店。他們在美國生了三男三女，湯亭亭居長。

從一九五四到五八年，湯亭亭在斯托克頓鎮的愛迪生中學（Edison High School）讀書。繼而，獲得加州大學柏克萊分校的新聞獎學金。她選讀了工程學，但是很快又轉讀英國文學，於一九六二年畢業，取得學士學位。那年的十一月她與在大學認識的一個演員艾爾·金斯頓（Earll Kingston）結婚，兒子約瑟夫·羅倫士·中美·金斯頓（Joseph Lawrence Chung Mei Kingston）在一九六四年出生。一九六五年她獲得合格教師的資格，在加州教書。接下來的兩年，她積極參與言論自由運動和反越戰的抗議行動。一九六七年和丈夫與兒子移居夏威夷，繼續教書十年左右。雖然她父母受過教育，重視書籍、寫作和講故事，但她在上學之前卻沒有寫過甚麼。她在一九八九年的訪談中說，她真正開始寫作是在學了英語以後，對於英語，她有多種奇妙的感情。她的第一篇文章〈我是美國人〉（"I Am an American"），一九五五年在《美國女孩》（American Girl）雜誌上發表。在大學讀書的時候，她在學生的報紙——加州人日報（Daily Californian）工作。她的第一本書要等到一九七六年才出版，這本名為《女戰士——在鬼魅中度過的童年紀實》（The Woman Warrior: Memoirs of a Girlhood among Ghosts，又譯《女豪傑》）的書，贏得那一年的全國書評人協會（National Book Critics Circle Award）非小說類圖書獎；又在一九七九年被《時代》雜誌譽為十年來十大非小說類圖書之一。《女戰士》的續集《中國男人》（China Men，她自己為這本書取名為《金山勇士》，1980 年）獲全國非小說類圖書獎；一九八一年得普立茲獎第二名。

在這兩個回憶錄裡面，湯亭亭採用了中國廣東傳統講故事的手法。她說是從母親那裡繼承了這本領。她母親愛講故事和神話，在這方面很有天份。六十年代末到七十年代，湯亭亭曾在夏威夷教書和寫作；當地的口述傳統亦包括講故事。Wendy Ho 說：「湯亭亭運用講故事的手法來重述傳統的故事和（或）創造顛覆性的故事，旨在說明美國的中國婦女、家庭和社群，在社會、經濟、文化和歷史上的各種不同處境。」

在《女戰士》和《中國男人》這兩本書中，湯亭亭寫出了一個華裔美國人

成長的過程，交織著神話和現實。一九八六年她告訴一個採訪者說：「這兩本書本來是一本巨大的書的構想，分成兩本書是有歷史的原因。書中的女性有她們自己的時間和位置。她們的生活是有凝聚性的，有一種女性的思維方式。男性的故事好像帶來了干擾，削弱了女性主義的觀點。所以我把他們的故事分出來寫，那麼就有了《女戰士》這本書。」書中沒有名字的小女孩作為《女戰士》的敘述者把不可告人的事說出來，那就是母親所講關於她家族的女人的可怕經歷，她認為這是「告誡女孩子的故事」，好讓她們不要亂說話。但是另一方面，她也提到母親給她講的關於女俠，例如有名的花木蘭的故事，這些故事使她得到了解放。《中國男人》講述她家族的男人移民到美國展開新生活的故事。她著意把華裔美國人的心靈和經驗置放在美國文學裡面，執意用英語和英語文學來講述這一群美國人的故事。為了捕捉華裔美國人所講英語的節奏，她寫作的時候把中國話翻譯成英文，然後尋找英語的詞彙來表達中國式的行為和對話，形成一種代表華裔美國人聲音的獨特風格。

這樣在美國還純屬歐洲的面目的時候，湯亭亭開始把個別華裔美國人和他們的文化寫進美國的歷史和社會中。在這方面，她的作品可以比擬其他族群的女作家，如非裔美國女作家艾麗斯·沃克（Alice Walker）和托妮·莫里森（Toni Morrison）；而她也成為亞裔美國作家，如譚恩美（Amy Tan，參見該傳），Hisaye Yamamoto, Steven Lo, Ruth-Anne Lumm McKunn, Jessica Hagedorn 和 Bharati Mukherjee 的前驅。不過，湯亭亭一直承認黃玉雪（Jade Snow Wong）對她的影響。她稱黃玉雪為華裔美國文學之母。黃玉雪的自傳體作品《華女阿五》（*Fifth Chinese Daughter*）啟發了湯亭亭，而且激勵她成為作家。

但是，湯亭亭並不是沒有受到批評的。她主要的批評者是華裔美國劇作家趙健秀（Frank Chin）。他給她戴上「出賣民族的人」的帽子，認為她篡改了中國真正的文學和神話的傳統。湯亭亭和譚恩美的作品被嗤之為東方主義論述，為以白種美國人為主的讀者寫出一種對華裔美國人有害的、自我憎恨的、同化主義的觀點（Gloria Chun 的語句）。湯亭亭對這些批評的回應是，她既非文獻學家，亦非人類學家，更非歷史學家。她改變了神話和傳說，她的「新故事不應該視作一成不變地從『高雅文化』或是純粹派的古典中國傳統演繹出來的古老學術性故事。」對她來說，故事應該有很多因人而異且忠於自己的版本。她說「我是在寫真實的人，這些人的腦子都愛創作小說，我在替他們的想像力寫傳記」。

　　由於頭兩本書暢銷，湯亭亭可以辭去教書的工作，成為全職作家。但是她繼續兼職教書，從一九七七到八一年，在夏威夷大學任訪問教授，教授英語。作品受歡迎，得到文壇認可，為她帶來其他榮耀，包括幾個榮譽博士學位，以及在一九九二年成為美國文理科學院（American Academy of Arts and Sciences）的院士。一九八六年在東密西根大學任人文學科特聘教授；一九九零年在加州大學柏克萊分校英文系任校長的特聘教授。一九八四年與夫婿搬回加州洛杉磯，但將音樂家兒子留在夏威夷，心中不無遺憾。那一年，她應中國作家協會的邀請，訪問中國。同團的還有七名作家，包括托妮‧莫里森、艾倫‧金斯堡（Allen Ginsberg）和蓋瑞‧施耐德（Gary Snyder）。她回到了自己的故鄉，並且首次會見了那裡的親戚。她在那裡印證了父母給她講述的故事的真實性，使她對自己的想像力更有信心。她對一個採訪者說：「移居新世界的人們害怕原來那個世界已經把他們遺忘了，我願意充當那個新世界的信使，我還要感謝你們（中國人）沒有把我們忘掉。我很高興我們能夠彼此相通，彷彿時空的遠隔都無關緊要，因為我們是分享同一些傳說的同一個民族」。

　　一九八七年，湯亭亭出版了一冊文集《夏威夷的一個夏天，1978》（Hawai'i One Summer, 1978）。還有她的第一本小說《孫行者：他的偽書》（Tripmaster Monkey: His Fake Book），兩年之後出版。這本書以二十世紀六十年代的美國為背景，主人公是由唐三藏身邊的孫悟空變成的一個攻讀英語的大學生。很多讀者覺得這本書很難懂，沒有她前面的兩本書那麼容易理解。而評論家指控她這書描述真人真事，但沒有指名道姓，其實是針對趙健秀，向他作出報復。她否認這種說法。

　　湯亭亭和丈夫一九八七年移居加州奧克蘭，那裡離她出生的地方不遠。八十年代末期，她開始參加一個越南佛教僧人一行禪師（Thich Nhat Hanh）所主持的佛教禪修活動。一九八零年以後，她在夏威夷參加反徵兵活動，且愈來愈積極。到了一九九一年，她的文學創作和政治觀點變得區分不開，成了一個政治性很高的作家。長久以來，她都秉持和平主義，並且說「要透過藝術的和平途徑來改變世界」。由於她的兄弟參加過越戰，她知道對很多人來說，這是一場沒有結果的戰爭，因此一九九六年她開始為越戰的退伍軍人辦寫作坊。一九九一年，奧克蘭山區發生大火，她的家付諸一炬，正在撰寫的書《第四和平書》（The Fourth Book of Peace）和其他文稿都化作灰燼。而她父親剛在三個星期前去世。她立刻計劃重新再寫，並改書名為《第五和平書》（The Fifth

Book of Peace）。

Sue Wiles
蕭虹譯

編者按：湯亭亭二零一一年獲美國第十六屆費滋傑羅文學傑出文學獎，成為該會自
一九九六年創辦傑出文學獎以來首位華裔得主。那年她出版的《我愛生命中有寬廣
餘地》（*I Love a Broad Margin to My Life*），是以單純的筆法，寫出一首首的長詩。
她當時表示，這可能是她最後的一本書，希望來日能將父親從未發表過的詩作翻
譯、集結成書。

◇ 黃文湘，《歐美傑出華裔女性》，香港：上海書局，1992 年，頁 157–183。
◇ 陳旋波，〈從林語堂到湯婷婷：中心與邊緣的文化敘事〉見《外國文學評論》，1995 年 4 期，
頁 249–256。
◇ 單德興，〈說故事，創新生：析論湯亭亭的《第五和平書》〉見《歐美研究》，2008 年 9 月，
3 期，卷 38，頁 377–413；又見 <http://www.ea.sinica.edu.tw/eu_file/122205582513.pdf>，2013 年
10 月 29 日查閱。
◇ Kingston, Maxine Hong. *The Woman Warrior: Memoirs of a Girlhood among Ghosts.* New York:
Knopf, 1976.
◇ ——. *China Men.* New York: Knopf, 1980.
◇ ——. *Hawai'i One Summer, 1978.* San Francisco: Meadow Press, 1987.
◇ ——. *Tripmaster Monkey: His Fake Book.* New York: Knopf, 1989.
◇ ——. "Precepts for the Twenty-first Century." In *Engaged Buddhist Reader,* ed. Arnold Kotler.
Berkeley, Calif.: Parallax Press, 1996.
◇ Lau, Joseph S.M. "Kingston as Exorcist." In *Modern Chinese Women Writers: Critical Appraisals,* ed.
Michael S. Duke. Armonk, N.Y.: M.E. Sharpe, 1989, 44–52.
◇ Wong, Sau-ling Cynthia. "'Sugar Sisterhood': Situating the Amy Tan Phenomenon." In *The Ethnic
Canon*: *Histories, Institutions, and Interventions,* ed. David Palumbo-Liu. Minneapolis/London:
University of Minnesota Press, 1995, 174–205.
◇ Skenazy, Paul, and Tera Martin, eds. *Conversations with Maxine Hong Kingston.* Jackson: University
Press of Mississippi, 1998.
◇ Ho, Wendy. *In Her Mother's House: The Politics of Asian American Mother-Daughter Writing.* Walnut
Creek: AltaMira Press, 1999.
◇ 于茂芬，〈華人之光！湯亭亭獲費滋傑羅傑出文學獎〉，2011 年 10 月 28 日，見 <http://www.
worldjournal.com/view/full_hof/16203304/article--%E8%8F%AF%E4%BA%BA%E4%B9%8B%E5
%85%89%EF%BC%81-%E6%B9%AF%E4%BA%AD%E4%BA%AD-%E7%8D%B2%E8%B2%BB
%E6%BB%8B%E5%82%91%E7%BE%85%E5%82%91%E5%87%BA%E6%96%87%E5%AD%B8
%E7%8D%8E?instance=hof-en>，2013 年 10 月 31 日查閱。
◇ Soderstrom, Christina K. "Maxine Hong Kingston." In *Voices from the Gaps: Women Writers of
Color,* at <http://voices.cla.umn.edu/authors/MaxineHongKingston.html>, accessed July 2000.

▥ 196 陶淑範 Tao Shufan

陶淑範（1898–1989），黑龍江省齊齊哈爾市人，教師，在同一所小學任

教長達六十餘年。

陶淑範很小的時候母親就去世了，這對她以後的事業有很深的影響。因為與繼母相處不來，她一直認為自己從來沒有得到過母愛。一九一八年在兄長的幫助下，進入北京女子高等師範學校，即後來的北京女子師範大學。當時她參加了五四學生運動。一九二一年畢業之後，應邀任教於北京女子高等師範學校二附小，直到一九六五年退休。其間從一名教師晉升到副校長，學校改名為北京第二實驗小學後，又被任命為校長。退休之後留校任顧問，堅持繼續去教室聽課，向教師提供有建設性的意見。

從一開始，陶淑範就在其教學中試行許多政策和創新方案，這些現在已成為她教學和管理風格的特色。它們可以概括為三個方面，其中最為重要的，是仰慕她的人士所稱頌的「愛的教育」原則。由於童年生活不愉快，加上沒有子女，她決定將母愛給予學生。不管學生的背景、能力和行為有多大的差異，她對他們都一視同仁。儘管當時中國仍盛行體罰學生，她卻從不這樣做。

第二，陶淑範反對任何形式的校與校之間進行攀比的校外考試，因為這鼓勵市內、省內學校追逐高分和排名。她認為這一類考試給學生帶來不必要的壓力，導致學校本末倒置。

第三，陶淑範著重按照學生的年齡和能力，培訓他們的生活技能。老師教小學一年級學生清洗自己的手帕和整理床鋪，教小學二年級學生學習如何紮辮子、釘扣子，教高年級學生操作機床，不過，機床要事先改裝至適合學生使用。總而言之，就是要鼓勵學生勞動，來矯正偏重書本知識的傳統。她學校的校訓是培養「安於其業、樂於其業、日新其業」的學生。

陶淑範的教育理念並非獨一無二，但她卻能在多年的教學生涯中，不斷實踐。她在教育方面的建樹，給世代的學生和公眾留下了不可磨滅的印象，是公認的小學教育界權威人士。她曾當選中國人民保護兒童委員會委員、全國教育工會常委、模範教師、全國人大代表、全國政協委員。

然而，陶淑範最引以為榮的，是得到那些後來擔任要職的學生的表揚。有學生在給她的信中寫道：「我一生所受的教育，以在女附小接受的，對我的影響最大，使我受益最多，所以我後來讀大學和到美國進修，就選擇了師範教育。」陶淑範著有《回憶我在北京第二實驗小學六十年》和《五四運動時期的女子師範學校》。

陶淑範於一九八九年病逝。

蕭虹

崔少元譯

◇ 英文《中國婦女》編著,《古今著名婦女人物》,下冊,石家莊:河北人民出版社,1986年,頁552–556。

◇《華夏婦女名人詞典》,北京:華夏出版社,1988年,頁917。

◇ 中國婦女管理幹部學院編,《古今中外女名人辭典》,北京:中國廣播電視出版社,1989年,頁385。

◇「陶淑範」見 <http://baike.baidu.com/view/3563197.htm>,2015年4月23日查閱。

▥ 197 鐵凝 Tie Ning

鐵凝一九五七年生於河北省趙縣,小說家。

鐵凝的父母是河北省官員,文革時下放到幹校。當時她還是小孩,只好投靠北京的外婆。外婆住在四合院,院內住了多戶人家,雖然擁擠,但鐵凝得以近距離觀察一個中國社會的縮影。

鐵凝的童年歲月十分寂寞,唯一的慰藉是看書。她中學時期就開始寫作。一九七五年高中畢業後,即赴農村插隊落戶。她後來透露,一個寫作的啟蒙老師告訴她,作家要深入觀察社會與人生,所以她到了基層,目的是為了當好作家。一九七九年,她調到保定地區文聯《花山》編輯部任小說編輯。

鐵凝中學時開始發表作品,一九八零年出版短篇小說集《夜路》,漸為文壇矚目。一九八二年五月在《青年文學》發表的短篇小說〈哦,香雪〉獲當年全國短篇小說獎。小說講述一個偏僻山村的女中學生香雪的經歷。路經的火車只在山村停留一分鐘,香雪有次上火車賣雞蛋,來不及下車,跟著火車走了一站路,再步行三十里回家。小說成功地寫出了香雪這次意外歷險的樂趣和一路上的新奇感、回味,以及對外面世界純真而美好的憧憬。

同年,鐵凝加入中國作協。隨後兩年,她寫了中篇小說〈沒有紐扣的紅襯衫〉,其後拍成電影《紅衣少女》;又寫了短篇小說〈六月的話題〉。這兩部小說分別贏得全國優秀中篇及短篇小說獎。一九九九年,她的散文集《女人的白夜》獲首屆魯迅文學獎。根據她作品改編的電影也頻頻得獎。《紅衣少女》獲百花、金雞雙項獎,且獲文化部頒發的最佳故事片獎。〈哦,香雪〉改編成同名電影,由中國兒童電影製片廠拍攝,一九九一年獲第四十一屆柏林國際電影節青春片最高獎。

鐵凝早期的作品多取材自中國農村。她與農民的親密關係使她的描寫充滿

深刻的感情和理解。以後她的重點轉移到城市居民，多數是小人物。她善於描繪他們的日常生活，揭示他們的情感世界，並借人物的細微心靈波動傳達時代的精神氛圍。她通過獨特的視角，披露新生活對人物內心世界的撞擊，創造空靈、蘊藉的藝術境界和淡遠含蓄的美。她的敘述語言清麗簡潔，具有音樂感和詩的意味。

此後，鐵凝寫了〈麥秸垛〉和長篇小說《玫瑰門》、《無雨之城》和《大浴女》。〈麥秸垛〉獲一九八六至八七年《中篇小說選刊》的優秀作品獎。這些較後的作品顯得對人性的黑暗面有更深的挖掘。她傾向於對傳統文化制度提出質詢，然而從不表示絕望。這些作品也流露著她為所謂新女性的窘境擔憂。她們似乎得到了一些東西，但不太知道該怎樣前進。一個評論家說，在現今的女作家中，鐵凝最不會被形容為女性主義者，然而她是最具有女性意識的作家，而且在殷切地尋找婦女命運最深層問題的答案。一九九九年的中篇小說〈永遠有多遠〉同時獲第二屆魯迅文學獎和首屆老舍文學獎、小說選刊年度獎、北京市文學創作獎。它講述的是一個北京胡同女青年白大省的故事：她從小就有「仁義」的稱譽，長大後依然保持著自己的純潔善良，於是活在仁義與慾望的夾縫中，處於兩難境地。她的境況也揭示了現代人的艱難抉擇。鐵凝的小說塑造的人物形象獨特鮮活、內涵豐富，尤其是女性形象。〈永遠有多遠〉中的白大省、西單小六就散發著這樣的奇光異彩。她的「重複」敘事的嘗試不僅強化作品的敘事效果、加深主人公命運的悲劇性，進而深化敘事意義，而且更深入地指向生活縱深處、更敏銳地透視人類精神靈魂層面。她從容敘事，蘊涵靈動和大氣，為讀者提供了獨具審美魅力的欣賞過程。

一九九九年的一個訪談中，鐵凝透露到那時為止，她最滿意的作品是《玫瑰門》。這本小說貫穿三代女性的生活，她們都是普通婦女，但卻各有個性。通過描繪她們的關係，作者企圖指出，這三代女性都可能活在一個惡性循環中，有著同一命運。在那個訪談中，鐵凝強調「包容」的重要性。難怪她之後的《大浴女》結尾時，女主人公發現心中的一個美麗花園，在那裡她找到了平靜，對曾經傷害、背叛和離棄她的親友，她能心平氣和地看待。她甚至可以原諒自己所作的孽：她曾眼看著自己同母異父的小妹妹掉入一口井淹死而沒阻攔她。

鐵凝也曾應邀出國訪問。她在一九八五年應美國哥倫比亞大學美中藝術交流中心之邀，隨中國作家代表團訪問美國，與學者座談、交流中美當代文學現

狀。翌年應邀赴挪威參加第二屆國際女作家書展,並在席上演講,講題為「中國女作家與當代文學」。

鐵凝一九九六年開始擔任河北省作協主席,任內曾領導籌款,花了三年時間建立起河北省文學館,安放五千年來河北省的文學創作,展覽與省文藝界有關的文物。它成為既親近作家又開放給社會的建築,解決了新老作家的寫作與生活困難。在為蓋樓奔走呼號之餘,她利用零星時間寫成不少作品,如《大浴女》、〈永遠有多遠〉。她認為,那些看似與個體寫作無關的事務,那些看似為別人做的事雖然不能成為作家直接的文學作品,但那種在社會上的浸泡會對人產生積極意義,它更能激起作家廣闊的愛心,讓她的情懷更廣博,它對人的益處不是立竿見影的,而是潛移默化地在涵養人的境界。

鐵凝的小說集有《紅屋頂》、《沒有紐扣的紅襯衫》、《鐵凝小說集》;短篇小說和散文則收入五卷本的《鐵凝文集》(江蘇文藝出版社,1996 年)。此外,人民文學出版社二零零六年出版了《永遠有多遠》和《笨花》。她的〈哦,香雪〉、〈沒有紐扣的紅襯衫〉、〈麥秸垛〉、〈六月的話題〉、〈晚鐘〉等已翻譯成英文、法文、俄文、德文、日文、西班牙文及世界語等多種外國語言。

鐵凝二零零六年當選為中國作協主席,是首位女性獲此榮銜,也引起一些爭議。二零一一年連任。二零一三年任中共十八屆中央委員。二零零七年,她和著名經濟學家、燕京華僑大學校長華生結婚。

郜元寶、蕭虹

◇ 李揚,〈文化與心理:《玫瑰門》的世界〉見《中國文學研究叢刊》,1989 年 1 期,頁 8–11。
◇ 林建法等編,《當代作家面面觀》,長春:時代文藝出版社,1991 年。
◇ 鐵凝,《女人的白夜》,上海:上海文藝出版社,1992 年。
◇ ——,《大浴女》,瀋陽:春風文藝出版社,2000 年。
◇ 戴錦華,〈真淳者的質詢——重讀鐵凝〉見《文學評論》,1994 年 5 月,頁 215–224。
◇ 孟曉雲,〈與文學一起成熟:鐵凝訪談錄〉見《人物》,1999 年 2 期,頁 77–92。
◇ 蕭虹,〈鐵凝早期作品中的暗流:《灶火》和《麥秸垛》的分析〉見《南方文壇》,2008 年 4 期,頁 76–79。
◇ Tie Ning. "Haystacks." Beijing: Chinese Literature Press, 1989.
◇ Lily Xiao Hong Lee. "Gender Relationship in Two Early Works of Tie Ning." Paper presented at the Chinese Studies Association of Australia (CSAA) Conference, 2007.
◇ 「鐵凝」見 <http://baike.baidu.com/subview/38867/5330200.htm>,2014 年 3 月 4 日查閱。

▥ 198 萬紹芬 Wan Shaofen

萬紹芬,一九三零年生於離江西省會南昌不遠的一條村落,祖父、父親都

是農村小學教師。據說，她的遠祖曾擔任過宋朝（960–1279）的兵部尚書。根據中國傳統的說法，由於血脈相傳，萬家在千多年後，又出了另一位著名政治家萬紹芬。

萬紹芬於一九四八年參加共產黨領導的地下革命工作，當時她還是江西中正大學經濟系的學生。不久，她放棄學業，成了職業革命家。一九五二年加入中國共產黨，自此當上幹部，開始時任當地中國共產主義青年團和共產黨所資助工會的領導。二十世紀五十到六十年代，她在南昌市擔任過許多職務，包括共青團市委辦公室主任、副書記；團青工部部長和市工會青工部部長。她出任過共青團南昌市委書記、陝西五一四廠工會主席、共青團第八屆中央委員會候補委員。其間，結識了胡耀邦（1915–1989），他曾先後擔任共青團中央書記和陝西省委書記。

萬紹芬同胡耀邦的友誼在文革期間並沒有為她帶來任何好處，那時她被打成「走資派」和「劉（少奇）、鄧（小平）、胡（耀邦）修正主義路線苗子」，遭拘留和毆打。但是，這份友誼在隨後的改革開放中，卻促使她踏上政壇的青雲路。

一九七四年萬紹芬獲得平反，被任命為江西省知識青年辦公室副主任。之後，又被任命為省勞動局副局長（1982–1983）、省婦聯主任和全國婦聯執行委員（1983–1984）。她在黨內的職務是省委組織部部長、省委常委（1984–1985）。不久，又出任江西省委書記，成為立國以來最早期的女省委書記之一。她同時還是中共第十二、第十三屆中央委員。一九八七年一月胡耀邦下台，她也被波及，無法完成省委書記的任期。一九八八年六月調往北京，出任中華全國總工會黨組副書記，但只做了幾個月。同年末，出任中共中央統戰部副部長，直至一九九五年。

萬紹芬成為首批女省委書記，舉世矚目，但任內未有太大建樹。原因之一，是她在共青團、工會和婦聯的工作經驗，無助於管理一個省的經濟事務。其次，她雖一直勤奮工作，但她的親民作風，同新的經濟改革意念並不協調，新政策要求領導能變通、開放和在一定程度上向錢看。她在擔任中共江西省委書記期間，和民眾有緊密接觸，為他們解決實際困難，如公廁和公車不足的問題，因而享有一定的聲譽。她還關心革命老區的脫貧項目，深受老共產主義革命者和鄉民的愛戴。但是，江西省同期的改革和經濟發展，追不上鄰近的幾個省，特別是以南和以東的廣東、福建和浙江省。

萬紹芬出任中共中央統戰部副部長這個職位，也不見得更適合她。她主要負責同台灣、港澳以及海外國家聯絡，建立友好關係。這職位不太重要，所涉及的僅是禮節性拜訪和聯誼性接待。她不懂外語，在出任該職前也未曾受過外事方面的專門培訓。萬紹芬最傑出的成就在婦女工作。她身為江西省高級女幹部，對省內婦女事務影響極大。在擔任江西省婦聯主席、黨組書記期間，採取了好幾項重要措施去改善婦女的生活。她協助成立省婦女幹部學校以培養婦女幹部，組織數百場以「四自」（自尊、自愛、自重、自強）為主題的報告會，以求提高全省保護婦權的意識。她領導了江西省保護婦女、兒童合理權益的立法工作，在全省城鄉設立了婦女法律顧問處，確保這些法令得以切實執行，成千上萬的婦女因而受惠。有鑒於她在這領域成就非凡，中華全國婦女聯合會在一九八四年二月發出了「學習萬紹芬同志，做優秀的婦女幹部」的通報。這還是中華人民共和國首次發出同類通報。她在擔任江西省委書記期間，投入大量時間和精力於婦女事務，特別是在全省任命和提拔女性幹部方面。

萬紹芬育有一女。六十年代末期，萬紹芬婚姻失敗，從此成為單身母親。

馮崇義

崔少元譯

編者按：萬紹芬一九八五年出任江西省委書記，被視為建國後第一位女省委書記。根據其他資料，李堅真於一九六零年首度出任廣東省委書記，詳情可參閱李堅真傳。

◇ 梁星、蔣秋生，〈萬紹芬和她的生活日〉見《瞭望》，1985 年 8 月 5 日。
◇ 公英，〈中共第一個女省委書記萬紹芬〉見《中國當代名人錄》，集 2，李國強編，香港：廣角鏡出版社，1988 年，頁 172–181。
◇ 郭晨、郭海燕，〈萬紹芬：共和國第一位女省委書記〉見《今日女部長》，中華全國婦女聯合會編，瀋陽：遼寧人民出版社，1995 年，頁 230–288。
◇ 宋瑞芝主編，《中國婦女文化通覽》，濟南：山東文藝出版社，1995 年，頁 173–174。
◇ Feng Chongyi. "Jiangxi in Reform: The Fear of Exclusion and the Search for a New Identity." In *The Political Economy of China's Provinces: Comparative and Competitive Advantage,* eds. Hans Hendrischke and Feng Chongyi. London and New York: Routledge, 1999, 249–76.
◇ 「萬紹芬」見 <http://baike.baidu.com/view/303946.htm>，2015 年 10 月 20 日查閱。

▥ 199 王安祈 Wang Anqi

王安祈現任台灣大學戲劇學系暨研究所教授、國光劇團藝術總監。

王安祈一九五五年出生於台北，因母親王胡絳雪愛戲，從娘胎裡就和母親每天收聽收音機裡的平劇節目，沉浸在絲竹管弦、鼓板鐃鈸的戲曲之中。

　　五歲時，父親王紹恩因為看到年幼的安祈隨母親到戲園看《羅成叫關》回來，不僅念念不忘，還學著戲裡的羅成咬破指尖邊唱邊寫血書。他疼愛女兒，專程到當時台灣專門販售戲曲和曲藝唱片的女王唱片行，買了平劇唱片《羅成叫關》送她，這成了她第一張戲曲蒐藏。

　　六歲開始，王安祈和母親到介壽堂、三軍球場、三軍託兒所看平劇，到紅樓看紹興戲。一直到就讀再興國小、再興國中及北一女時，依舊將看戲當作生活重心，並於就讀北一女時加入平劇社。

　　王安祈高中畢業後考上台灣大學中國文學系，由於對戲曲的熱愛，開學前已加入國劇社。大學時，當別人都在聽美軍電台、點播湯姆瓊斯的年代，她卻沉浸在古典戲曲中，且樂此不疲。當時兩岸阻隔，三軍國劇隊舞台上的演出顯然無法滿足她對戲曲渴求的迷情，於是，偷聽大陸廣播戲曲節目、想盡辦法蒐集所有「非法」的錄音，成了她和全省南北同好之間最私密的樂趣。

　　王安祈從台灣大學中文系學士班、碩士班至博士班畢業，一路順遂，其中碩博論文皆以明清戲曲為主題。在博士論文〈明傳奇劇場〉口試通過當晚，郭小莊（參見該傳）請她接續楊向時編寫的《劉蘭芝與焦仲卿》劇本；八月，《劉蘭芝與焦仲卿》由「雅音小集」於台北國父紀念館演出，從此王安祈與各大劇團開始互動。

　　獲得博士學位後，王安祈進入清華大學中文系任副教授；並於一九八七年二月和同是老京劇迷的紐約大學石溪分校物理博士、交通大學邵錦昌教授結婚。婚後兩人育有一子邵書珩，是台大物理系畢業的資優生。但兒子卻未遺傳到父母對戲曲的熱愛，這對深受戲曲影響的王安祈來說，不無遺憾。也正因此，更加堅定王安祈的看法，就是戲曲如要永續經營，必須進行現代化。

　　一九九零年，王安祈以《明代戲曲五論》升為教授，並於隔年擔任清華大學中文系系主任至一九九五年。

　　二零零二年十二月，王安祈出任國光劇團藝術總監，確定新編戲曲與傳統老戲並重演出的方向。其新編實驗京劇《王有道休妻》於國光劇場及國家劇院實驗劇場演出，打破以往傳統戲曲模式的劇本，獲得大眾好評。

　　王安祈與清華大學中文研究所博士班學生趙雪君合編《三個人兒兩盞燈》，於台北新舞台演出，以浪漫的表象呈現人生實境中的無奈與尷尬。

　　二零零八年，王安祈出版劇本集《絳唇珠袖兩寂寞——京劇·女書》，收錄了《王有道休妻》、《三個人兒兩盞燈》、《金鎖記》及《青塚前的對話》

四個劇本。王安祈除了重新編寫傳統戲曲外，更從張愛玲小說中汲取創意，嘗試多元手法，進而提出現代人觀看經典的另一種態度，凸顯創作和時代相輔相成的關係。

京劇的再生契機不僅僅繫命於外在的聲光變化和製作條件，更重要的是在於將傳統戲曲說唱文學的遺跡，和演出偏重演員抒情表演的特質等等舊有規律，擴大改變為注重整體戲劇效果、注重情節敘事結構的鋪排、注重人物內在性格的塑造，以及呼應當代思想觀念與價值觀的戲劇內容。王安祈清楚知道，京劇面臨的乃是本質的改革，若只是改變京劇的「外貌」，仍然無法讓傳統戲曲和新世代接軌。

事實上，為人優雅溫厚，學養、才情、人品及聲望皆極高的王安祈，自認個性緊張，又有一定程度的自卑——她生在傳統戲曲的標準程式之中，長在傳統戲曲的幽幽古意之中，但正因如此，她經常自問為何自己喜歡的事情別人不喜歡？在教學之後，每當面對年輕的學子，她總希望呼朋引伴，使京劇美麗而深刻的本質能夠讓年輕人接受，因此她努力追求京劇內在意義和思想上的現代化，力圖在自己的京劇作品中，加入傳統戲曲所缺乏的人情隱言、幽微的人性本質。除了研究與教學，她最大的貢獻是京劇劇本的創作，為京劇開創新方向。而她指導的學生也多卓有所成，有專注於研究的，也有寫出優秀劇本的。年輕的觀眾越來越多，年長的觀眾更是忠實老戲迷。王安祈對京劇的投入，引領得大家都投入了。

王安祈在編劇、教學與研究上，都多次獲獎，包括國軍文藝金像獎最佳編劇、清華大學傑出教育獎、國科會傑出研究獎、十大傑出女青年等。她出版的著述中，劇本集除《絳唇珠袖兩寂寞——京劇·女書》外，還有《國劇新編——王安祈劇本集》與《曲話戲作——王安祈劇作劇論集》；傳記有《光照雅音——郭小莊開創台灣京劇新紀元》、《寂寞沙洲冷——周正榮京劇藝術》與《金聲玉振——胡少安京劇藝術》；學術論著有《為京劇表演體系發聲》、《當代戲曲》、《台灣京劇五十年》上下冊、《傳統戲曲的現代表現》、《明代戲曲五論附明傳奇鉤沉集目》、《明傳奇劇場及其藝術》等。

李宗慬

◎ 王安祈，《明代傳奇之劇場及其藝術》，台北：台灣學生書局，1986 年初版。

◎ ——，《國劇之藝術與欣賞》，台北：行政院文化建設委員會，1989 年 2 月。

◎ ——，《明代戲曲五論》，台北：大安出版社，1990 年初版。

◎ ——，《國劇新編：王安祈劇集》，台北：行政院文化建設委員會，1991 年 12 月。

◆ ——，《曲話戲作：王安祈劇作劇論集》，新竹：新竹市立文化中心，1993 年。
◆ ——，《傳統戲曲的現代表現》，台北：里仁書局，1996 年初版。
◆ ——，《戲裡乾坤大：平劇世界》，台北：漢光文化事業公司，1998 年。
◆ ——，《金聲玉振：胡少安京劇藝術》，宜蘭：國立傳統藝術中心，2002 年。
◆ ——，《臺灣京劇五十年》，宜蘭：國立傳統藝術中心，2002 年初版。
◆ ——，《當代戲曲》，台北：三民書局，2002 年初版。
◆ ——，《寂寞沙洲冷：周正榮京劇藝術》，宜蘭：國立傳統藝術中心，2003 年初版。
◆ ——，《為京劇表演體系發聲》，台北：國家出版社，2006 年初版。
◆ ——，《絳唇珠袖兩寂寞——京劇·女書》，台北：印刻出版社，2008 年。
◆ ——，〈京劇小劇場——《王有道休妻》〉，見《絳唇珠袖兩寂寞——京劇·女書》，台北：印刻出版社，2008 年。
◆ ——，《光照雅音：郭小莊開創台灣京劇新紀元》，台北：相映文化事業公司，2008 年。
◆ 王安祈、李正治、李豐楙等合著，《中國文學新境界：反思與關照》，台北：立緒文化事業公司，2005 年初版。
◆ 國家文化藝術基金會網站，見 <www.ncaf.org.tw>，2014 年 11 月 21 日查閱；國光劇團網站，見 <www.kk.gov.tw>，2014 年 11 月 21 日查閱。

▥ 200 王安憶 Wang Anyi

　　王安憶一九五四年生於南京，當代頗具創意的著名女作家，現任中國作家協會副主席，中國作家協會上海分會主席。

　　王安憶可能是繼承了母親茹志鵑（參見該傳）的文學創作天份。茹志鵑是中華人民共和國建國後聲名鵲起的傑出作家。一九五五年，王安憶隨母親到了上海，在這個大城市長大。一九六六年小學畢業時，文化大革命剛開始，被分配到向明中學上學。念中學的三年，正是文革最熾熱的階段。她的學校和全國所有其他學校一樣，停課鬧革命，沒有教授任何文化知識。她的青少年時代就在年輕紅衛兵「掃蕩舊世界的污泥濁水」、「揪鬥走資派及其牛鬼蛇神」、「大字報」、「大批判」、「大串聯」的極左狂潮中度過。一九七零年，她隨著其他年輕人下鄉到農村插隊，被分配到安徽淮北五河縣頭鋪公社。她來自知識份子家庭，素居上海，生活舒適，來到貧困的農村地區，過起艱苦的新生活，倍受磨煉。由於年少好勝，單純熱情，不甘平庸，她在艱苦條件下極力爭取突出的表現。因此之故，先後被評為縣、區和安徽省學習毛澤東思想的積極份子先進代表。一九七二年又加入了共青團。

　　一九七二年，王安憶考入江蘇省徐州地區文工團，在樂隊任手風琴和大提琴演奏員，自此擺脫了農村艱苦的生活。文工團裡排演「革命樣板戲」，後來又經常在皖、魯、豫做巡迴演出，她的生活十分不安定，但這也豐富了她的閱歷，為她日後的寫作提供了多樣化的素材。

一九七五年王安憶寫了處女作〈大理石〉，經張抗抗（參見該傳）審訂，收入知青散文集《飛吧，時代的鯤鵬》。這篇散文文字幼嫩，當然也避免不了四人幫時代，文學為政治服務的烙印。七十年代中期，她還發表了〈向前進〉、〈老師〉等散文。

一九七八年四月，大批知青返回城市。王安憶也隨著人潮回到上海，在剛復刊的《兒童時代》任編輯。這時她專注於兒童文學的創作，探訪了很多學校，收穫頗豐。一九七九年，她在《少年文藝》發表的小說〈誰是未來的中隊長〉，獲該刊物當年的「好作品」獎，又獲一九八零年全國兒童文藝創作二等獎。

一九八零年，在《少年文藝》雜誌社推薦下，王安憶進入中國作家協會第五期文學講習班。在那裡她比較有系統地學習文學理論及創作規律。這是她小學畢業後，第一次接受正規的文學訓練。在文學講習班的半年裡，她的創作漸入佳境。她寫了一系列小說如〈雨，沙沙沙〉、《69屆初中生》等。文評家統稱這些小說為「雯雯系列」，視之為反映王安憶早期藝術風格的重要作品。

這系列小說以知青為題材，處處可見王安憶個人經驗和感受的痕跡；她自身略微傷感又純情的氣質，從散文詩般優美的意境中流露出來。她十六歲上山下鄉，到農村插隊，滿腦子幻想與理想。她還是個成長中的孩子，就在這時候迎來生命中一個重要的轉折。她年紀小小便被迫離開父母，離開從小習慣的城市，到「廣闊天地」面對人生的嚴酷和蒼白。她在小說裡，將雯雯塑造成一個細緻、敏感的女孩子，並鉅細無遺地描寫了她的情感經歷。這系列小說的構思，就是要通過情節將主人公的情感素質突顯出來。對於早期作品，她曾說：「我傾述我的情感，我走過的人生道路所獲得的經驗和感想。在這一階段，我不承認小說是有思想和物質兩部份內容的。因為那時我寫小說正處於一個類似童年時期的諧調一致的情境中，我要傾述的情感帶有自然的形態。」

一九八一年，王安憶以〈本次列車終點〉獲全國短篇小說獎。翌年以〈流逝〉獲全國中篇小說獎。〈流逝〉是王安憶創作成熟的標誌。在〈流逝〉中，王安憶以極其細膩的筆觸和對生活細節敏銳的感覺，成功地刻劃了一位上海富家出身，具有典型貴族氣質的女性歐陽端麗。文化大革命改變了她的生活軌道，將她拋入為一家人生活奔波勞碌的小市民生活。王安憶在寫這篇小說時，拋開了「自我」，改以小說家、研究者的標準去衡量世上一切。這樣一來，她的視野擴闊了：她接觸到更廣泛的社會題材，從中尋找可反映社會各階層的典型性格。她的傳統寫實主義手法因而提高到一個新的高度。

一九八三年，茹志鵑應邀赴美國參加愛荷華大學（University of Iowa）的國際寫作計劃，王安憶隨行，歷時四個月。在這段期間，王安憶與各國作家結交、交流，探討文學創作方面的問題。她的思想感情、世界觀、人生觀、藝術觀等方面受到極大的衝擊。她嚴肅地重新思考自己今後的創作方向，此後輟筆整整一年。後來她說：「這一年是我這十年中思想與感情最活躍、最飽滿的時期，我其實在進行一種世界觀的重建工作。」

王安憶回國後，為了採集新的題材和尋求新的表現方式，開始到全國各地旅行。她在蘇北一個偏僻的小村莊，停留兩日便得到靈感，重拾筆桿。〈小鮑莊〉就是這一年思考的產物，它獲得一九八四年全國中篇小說獎。許多評論家和王安憶本人都認為〈小鮑莊〉是作者藝術風格演變的重要標誌，是她追求質樸淡泊的美學風格的代表作。〈小鮑莊〉以其結構的散文化，文字的平淡自然舒暢為特點。它描寫一個小村莊，和莊內二十多人的故事。這二十多個莊民中沒有一個是主人公，著墨較多的幾個，如大姑、小翠、拾來、二嬸也都難以給讀者一個完整的印象。所述事件都是圍繞著人物的生活瑣事，彼此之間並沒有什麼必然聯繫，敘事的視角也是靈活多變的。作者探討了現代與原始衝動的矛盾，揭示人物在命運安排下過活，並從歷史和哲理角度，提出深刻可靠的證據，證明她為何對人生抱悲觀主義。

一九八六年，王安憶陸續發表了〈荒山之戀〉、〈小城之戀〉和〈錦繡谷之戀〉。這三部中篇小說都是以「性愛」作為主題。它們對性心理和性行為的大膽描寫與分析，震驚文壇，引來評論界的爭議。它們被列作「性愛文學」的代表作，通稱「三戀」。王安憶以女性作家特有的敏銳和細膩，精心剖析了兩性情愛的複雜心理，且刻意淡化了歷史和社會元素。男女主人公都沒有名字，只是用第三人稱「他」與「她」來代替。王安憶通過對「性愛」的自然主義的描寫，直接、深刻地提示了人性的一個最重要、最原始的方面：人類生命的本源慾望。男女主人公對性愛的原始的渴望、追求與宣泄，展示了人們複雜的性心理、性愛給人們帶來既歡愉又痛苦的矛盾感受，以及這化解不了的矛盾，如何貫穿於人們生命之中。王安憶一九八九年發表的中篇小說〈崗上的世紀〉仍然以性愛為主題。這些作品是王安憶質樸平淡風格的深化，顯示她對人性有了更深刻的體會，善於以自然主義現實主義手法創作。

一九八八年，王安憶一方面寫小說，一方面研究小說的藝術問題。她在《文學角》雜誌開始撰寫一個文學理論專欄，欄名為「故事和講事」。同年，慕尼

黑的漢瑟出版社（Hanse Press）翻譯出版了〈小城之戀〉和〈錦繡谷之戀〉合集，為此她赴西德參加了著名的法蘭克福國際書展。一九九零年，她出版了長篇遊記《旅德的故事》，這是她小說創作生涯上又一個豐收年，主要作品包括中篇小說〈叔叔的故事〉，長篇小說《米尼》和《流水三十章》。這批作品是她藝術創作風格的又一演變。許多評論家認為它們，特別是〈叔叔的故事〉，標誌著她敘事風格的一個新轉折。這部小說的敘事人，不像以往作品那樣只走個過場，這個「我」成了故事中不可或缺的一部份。人物和情節不是依照故事的自然發展而鋪開，而是依照「我」的需要組織出來。故事不在於戲劇性和細節的描述，但卻須依附於敘事人。

《流水三十章》是一部極具特色的小說，體現了王安憶的命運觀。在這裡王安憶借剛出生嬰兒的心態，表達人對命運的一切抱有的神秘感，從而提出命運是否可知這個古老的命題。王安憶運用了大量又冗長又朦朧的語言來敘事，許多人認為過於晦澀，但她卻認為這最能傳達主題。它描寫一個嬰兒超體驗的神秘心理世界，以及對生命與命運的神秘意識。二零零零年，她的長篇小說《長恨歌》（1999），獲得茅盾文學獎。這部小說筆觸細膩深刻，女主人公是一個上海的都市女子，身上透著張愛玲（參見該傳）的影子。

王安憶這個期間的作品表明她已完全擺脫了個人經驗，達到創作虛構的最高境界，並能掌握自身的創作過程。她是極有天賦的作家，成就非凡。她在藝術上勇於突破，不斷探索實踐新的形式和創作規律。她的創作題材廣泛，展現了複雜多樣的人生場面和人物的心理狀態，有著豐富的社會內涵。她的作品之所以深刻，是因為她將暴露人性視為文學的首要目標，努力去挖掘人性中最原始、最深藏的東西。她的藝術創作超越特定的社會和歷史背景，有著永恆的魅力。她的藝術成就不僅在中國當代女作家群中，就是在國際文壇，都是令人矚目的。她的創作成果在中國文學史上應佔有重要的位置。

王安憶的丈夫叫李章，兩人似無子女。

洪如冰

◈ 彭濱，〈論王安憶藝術風格的演變〉見《社會科學家》，1989 年 6 期，頁 74–78。
◈ 楊廣辛主編，《中國當代青年作家名典》，北京：中國華僑出版社，1991 年，頁 69–70。
◈ 王安憶，〈寫小說的理想〉見《讀書》，1991 年 1 期。
◈ ──，〈近日創作談〉見《爭鳴》，1992 年 5 期，頁 62。
◈ 方克強，〈王安憶論〉見《文藝爭鳴》，1992 年 5 期，頁 50–64。
◈ 張志忠，〈王安憶小說近作漫評〉見《文學評論》，1992 年 5 期，頁 47–62。
◈ 焦桐，〈天生是個女人──談王安憶〉見《小說評論》，1993 年 3 期，頁 34–39。

◈ Wang Anyi. *Lapse of Time*. San Francisco: China Books, 1988.
◈ ——. *Love in a Small Town,* trans. Eva Hung. Hong Kong: Renditions, 1988.
◈ ——. *Baotown,* trans. Martha Avery. New York: Viking, 1989.
◈ ——. *Love on a Barren Mountain,* trans. Eva Hung. Hong Kong: Renditions, 1991.
◈ ——. *Brocade Valley,* trans. Bonnie S. McDougall and Chen Maiping. New York: New Directions, 1992.
◈ McDougall, Bonnie S., and Kam Louie. *The Literature of China in the Twentieth Century.* Gosford: Bushbooks, 1998, 410–12.
◈ 「王安憶」見 <http://baike.baidu.com/view/2135.htm>，2015 年 1 月 27 日查閱。

▥ 201 王承書 Wang Chengshu

王承書（1912–1994），湖北武昌人，核子科學家。她在美國使用的名字是 C. S. Wang Chang。

一九三零年，王承書進入燕京大學物理系學習，先後於三四、三六年取得學士及碩士學位。一九三六至三七年留校任物理系助教。一九三八到三九年，任湖南長沙湘雅醫學院講師。

一九三九年九月，在西南聯大理學院院長、物理學家吳有訓（1897–1977）教授的主持下，王承書與該校物理學教授張文裕（1910–1992）在昆明結婚。張文裕早年畢業於燕京大學，後留學英國，師從著名物理學家盧瑟福（E. Rutherford, 1871–1937），一九三八年取得劍橋大學博士學位。

王承書於一九四一年赴美國，師從著名統計物理學家烏倫貝克（G. E. Uhlenbeck, 1900–1988），是後者的得意門生，兩人後來曾合作撰寫數篇論文。一九四五年，王承書取得密西根大學（University of Michigan）博士學位，一九四六至五六年任該校副研究員、研究員，其間兩度（1945 年夏，1948–1949）在普林斯頓高等研究院（Advanced Research Institute of Princeton）工作。她在美國期間，從事統計力學和稀薄氣體動力學的研究。她修訂了關於多原子氣體的波爾茲曼（L.E. Boltzmann，1844–1906）方程，受到各界重視，該方程後來改稱王承書—烏倫貝克（WC-U）方程。她發表了十餘篇論文，多卷本的《統計力學研究》（*Studies in Statistical Mechanics*）收錄了其中數篇，並稱她為張夫人（Mrs. Chang）。

一九四三至五零年，張文裕應邀出任美國普林斯頓大學（Princeton University）研究教授，後於一九五零至五六年轉任普度大學（Purdue University）教授。一九四九年中華人民共和國成立後，張文裕、王承書夫婦意

489

欲回國。當時正值冷戰初期，美國政策規定，當地華人不准離境。他們經過多方周旋和據理力爭，數年後終於衝破重重阻礙，如願以償。一九五六年，他們帶著美國出生的年幼兒子，回到了祖國。

王承書回國後，歷任中國科學院原子能研究所研究員（1956–1964），期間兼任北京大學教授（1957–1958）；核工業部第三研究院研究員、副院長（1964–1978）；核工業部科技局總工程師（1978–1986）；一九七八年兼任清華大學教授。一九八一年當選為中國科學院學部委員（院士）。

王承書在原子能研究所，籌建了等離子體（plasma）與熱核聚變（thermonuclear fusion）研究室，培訓了這方面的理論隊伍。她進行鈾同位素分離（uranium isotope separation）的研究，包括擴散工廠的啟動、運行的級聯理論分析（cascade theory analysis of operation）和經濟分析；擴散機的改進和新型擴散機的設計；以及離心法和激光法分離鈾同位素的研究等。她為國家培養了一大批鈾同位素分離的理論研究人員，為中國核科技事業的發展作出了極大的貢獻。

王冰

◇ 英文《中國婦女》編著，《古今著名婦女人物》，下冊，石家莊：河北人民出版社，1986 年，頁 843–847。
◇ 中華全國婦女聯合會組織聯絡部編，《中國女院士》，瀋陽：遼寧人民出版社，1995 年，頁 31–33。
◇ 燕京研究院編，《燕京大學人物志》，輯 1，北京：燕京研究院，1999 年，頁 43–44。
◇ Wang Chang, C.S., G.E. Uhlenbeck, and J. de Boer. "The Heat Conductivity and Viscosity of Polyatomic Gases." In *Studies in Statistical Mechanics,* vol. 2, eds. J. de Boer and G.E. Uhlenbeck. Amsterdam: North-Holland, 1964, 241–68.
◇ Wang Chang, C.S., and G.E. Uhlenbeck. "The Kinetic Theory of Gases." In *Studies in Statistical Mechanics,* vol. 5, eds. J. de Boer and G.E. Uhlenbeck. Amsterdam: North-Holland, 1970, xi-100.
◇ 「喬治烏倫貝克」見 <http://zh.wikipedia.org/wiki/%E4%B9%94%E6%B2%BB%C2%B7%E4%B9%8C%E4%BC%A6%E8%B4%9D%E5%85%8B>，2013 年 3 月 12 日查閱。
◇ 「王承書」見 <http://baike.baidu.com/view/191954.htm>，2013 年 4 月 26 日查閱。

▪ 202 王定國 Wang Dingguo

王定國（1913–2020），生於四川省營山縣，本名乙香，是二十世紀中國第一代的共產主義革命婦女。

王定國在四川貧困的山區長大。據說祖先原籍湖北，當腳夫送貨到四川，後因沒有盤纏回家，迫得留下定居。父母自小把她送給一戶李姓人家做媳婦，

李家打算為她裹腳。她設法回到了寡母身邊，在十多歲時同她的一個舅舅參加了革命行列。一九三三年，她加入共產黨，並進身新成立的營山縣蘇維埃委員會。之後便以王定國為正式名字。

王定國年紀輕輕，但勇氣過人，不畏戰鬥，營山縣成立一個叫婦女獨立營的婦女自衛組織，便找她當營長。一九三四年初，她被黨組織派往四川東北地區的巴中蘇維埃學校學習，後又轉往紅江縣。在紅江縣結識了張琴秋（參見該傳）。後來王定國加入張國燾領導的紅四方面軍，參與宣傳、擴軍工作，還收集糧食，為戰士提供補給。有一次，她和戰友遭到小規模襲擊，在交戰中，她刺殺敵人，對方即使不死，也身受重傷。到一九三五年她被派往總部文工團。該團成員都是年青女子和孩子，有的小孩年僅十一歲。她們編排表演歌舞，以鼓動士氣，有時也為前線運送彈藥和搶救傷員。

一九三五年六月，紅四方面軍由四川到達西藏邊界與毛澤東（1893–1976）領導的紅一方面軍會師。隨軍的王定國在那裡邂逅未來夫婿謝覺哉（1883–1971），一位資格很老的共產主義者。兩人認識不久，兩支部隊就分裂了，王定國仍然留在紅四方面軍，擔任總政治部前進劇團服裝道具股股長。她在四川和西藏又待了一年，然後加入了災難重重的西路軍。該部隊於一九三六年十月渡過了黃河，橫遭同情國民黨的穆斯林騎兵大屠殺。和她一樣倖存的戰士為數不多，她於同年十二月初遭敵人捕獲，與文工團的其他年青生還者同被送往青海的西寧。在那裡，她們被改編入新劇團，繼續表演，為先前的敵人提供娛樂。

王定國在這一期間最為人津津樂道的，是拯救西路軍的倖存者，其中包括張琴秋，這位女戰士身患重病，卻被派往工廠工作，在王定國努力下，終於獲救。王定國被遷往甘肅張掖之後，在一家醫院從事地下工作，設法尋找失散同志，並盡速將他們送往蘭州，受惠者達數百人。她於一九三七年九月逃離甘肅，前往謝覺哉領導的蘭州八路軍辦事處。他們於一九三八年十月結婚，一九四零年離開蘭州時育有兩個小孩。

儘管王定國和謝覺哉相差三十歲，他們的婚姻生活很幸福。謝覺哉是位詩人和學者，被譽為共產主義運動的元老。他寫有詳細的日記，覆蓋的時間跨越六十年，這些日記後來成了珍貴的歷史原材料。在延安期間，他出任內務部和司法部的部長，一九四九年中華人民共和國成立之後出任內務部部長，直到一九五九年轉任最高人民法院院長。結婚之後，王定國和丈夫一起工作，例如曾任最高人民法院黨委辦公室副主任。她一直以照顧丈夫為己任。

一九六三年謝覺哉可能因中風而癱瘓，此後生活所需全靠妻子照料。文革期間他本人沒有受到傷害，但在一九六九年初王定國遭逮捕，被關押個多月，自此她的活動受到嚴密監視。謝覺哉於一九七一年去世，王定國在此之後的活動鮮為人知。不過，文革之後，她當選第五、第六屆全國政協委員。她因忠於共產主義事業而得到高度評價。

Sue Wiles
崔少元譯

編者按：王定國於二零二零年病逝北京，享年一百零七歲。

◇ 王定國，〈奮鬥終生──憶謝覺哉同志的晚年生活〉見《紅旗飄飄》，北京：中國青年出版社，1981年，頁152–163。
◇ 郭晨，《巾幗列傳：紅一方面軍三十位長征女紅軍生平事蹟》，北京：農村讀物出版社，1986年，頁176–177。
◇ 英文《中國婦女》編著，《古今著名婦女人物》，下冊，石家莊：河北人民出版社，1986年，頁848–852。
◇ 雲杉，〈難忘的歷程〉見《紅軍女英雄傳》，瞭望編輯部編，北京：新華出版社，1986年，頁275–286。
◇ 薗子主編，《女兵列傳》，集3，上海：上海文藝出版社，1987年，頁143–160。
◇ 幽燕編著，《中國女兵檔案》，下冊，北京：長城出版社，1999年，頁339–358。
◇ Klein, Donald W., and Anne B. Clarke. *Biographic Dictionary of Chinese Communism, 1921–1965.* Cambridge, Mass.: Harvard University Press, 1971, 330.

▥ 203 王光美 Wang Guangmei

王光美（1921–2006），曾以董樸為名，祖籍天津，生於北平。學生時代已積極參加共產黨活動，後來和黨領導、國家主席劉少奇（1898–1969）結婚，因丈夫和毛澤東（1893–1976）發生權力鬥爭而遭牽連，在文革中受迫害至深。

王光美的父親王治昌（號槐青，1877–1956），曾留學日本，畢業於早稻田大學商科專業。回國後任教於天津女子師範學院。北洋軍閥時代（1912–1927），出任北洋政府農商部工商司司長及代理部長。關於他的職位，其他資料說法不同，有指他任北平警察廳廳長，亦有指他任農礦部礦業司司長。母親董潔如，出生於天津大富之家，畢業於天津女子師範學院，有很高的文化修養。至於王光美，有資料稱她生於美國，所以她的名字中有「美」字。王家共有十一名子女。王光美長兄早逝，另有二個兄長移居海外，餘下八人都先後加入了中國共產黨，在不同領域各領風騷。

一九三九年起，王光美開始在北平的輔仁大學物理系讀書，一九四三年

畢業，兩年後獲碩士學位，同年留校任助教。大學期間王光美思想左傾，常常參加一些中共北平地下黨組織的活動。一九四六年一月，中國共產黨、國民黨和美國政府代表三方在北平成立「軍事調處執行部」，負責共同監督日本執行停戰協議。王光美任該執行部中共代表葉劍英（1897–1986）、羅瑞卿（1906–1978）和李克農（1899–1962）的英文翻譯。

一九四六年底，國共爆發內戰，經中共安排，王光美去了延安，任中央軍委外事組翻譯。一九四七年，在晉（山西）綏（綏遠）解放區參加了為期一年的土地改革。次年，隨中央軍委外事組遷往河北省西柏坡，負責編譯《內部參考》，它是一份世界新聞摘要，僅限指定人員閱覽。同年加入中國共產黨，與劉少奇結婚；那年王光美二十七歲，劉少奇五十歲。劉少奇時任中央組織部部長，全國總工會主席，在一九五八年更成為國家主席。婚後，王光美調中共中央辦公廳任劉少奇私人秘書，直至一九六七年文革之初被關進監獄為止。其間於一九五七年，當選中共全國婦女聯合會第三屆執行委員。王光美同劉少奇的婚姻生活維持了二十年，育有一子三女，劉少奇的另五名兒女是幾位前妻所出。

一九六三年，中共黨主席毛澤東提出：當前社會主義教育運動的重點應放在分清社會主義道路和資本主義道路的矛盾上，要求在農村開展「四清」運動，即清思想，清組織，清政治，清經濟。但當時已任國家主席的劉少奇則認為：當前社會主義教育運動的重點應放在分清敵我矛盾、分清黨內外矛盾和分清人民內部矛盾。

一九六三年底，王光美在劉少奇指示下，化名董樸，以河北省公安廳秘書的身份，到河北省撫寧縣蘆王莊公社桃園大隊試點，為「四清」製造「樣板」。兩個月後，返京整理成「桃園經驗」向全國推廣。不久，劉少奇以「桃園經驗」為基礎訂定了「農村社會主義教育運動的幾項政策規定」。「桃園經驗」受到毛澤東批評，這是黨主席和國家主席第一次公開表明兩人政見分歧。事情以劉少奇向毛澤東道歉以示讓步暫告一段落，但從一九六五年起「桃園經驗」不斷受到批評，顯示這場政治紛爭並未結束。

一九六六年初，毛澤東在南方養病，中央日常工作由劉少奇在京主持。五月二十五日，北京大學貼出了題為〈宋碩、陸平、彭珮雲在文革中究竟幹些甚麼？〉的大字報，主要執筆人為北大哲學系黨總支書記聶元梓（1921年生，參見該傳），被點名的宋碩是中共北京市委大學工作部副部長，陸平是北京大

學校長兼黨委書記,彭珮雲是北京大學黨委副書記。從此,北京大專院校師生停止上課,全力投入「造反有理」的「革命運動」。六月初,劉少奇召開中央政治局常委擴大會議,會上決定把工作組派駐北京市各大中院校。王光美作為派往清華大學的工作組顧問,於六月底進入清華大學工作。工作組到達清華大學後,受到一些師生反對,雙方互相指責批鬥,甚至有學生自殺抗議。八月底,毛澤東回到北京,立刻否定了派工作組的決定,並撤回所有工作組。年底,毛澤東公開指責劉少奇是「資產階級司令部的代表」,而王光美的「桃園經驗」是「形左實右」。一九六六年底,王光美因為一直執行劉少奇路線而被正式隔離審查。劉少奇自此未再公開露面。

一九六七年四月十日,清華大學舉行了被視為創文革十年批鬥史規模的三十萬人批鬥大會。王光美是主要批鬥對象。她被強迫穿上幾年前陪同劉少奇出訪東南亞時穿過的貼身旗袍,戴上用乒乓球串成的項鏈,以影射她曾佩戴的珍珠項鏈,然後站在台上示眾。五個月後,王光美正式被捕,關進位於北京西部專為中央高級幹部而設的秦城監獄。五年後,她的子女才第一次獲准探監。據稱他們在這五年間與她劃清界線,不想見她。王光美在獄中渡過了十二年,所犯的罪名是當「美國戰略情報特務」。傳說她被「判處死刑」,但毛澤東認為沒有必要,故批示「刀下留人」。

一九六九年十一月,王光美的丈夫,已被開除黨籍和撤銷了黨內外一切職務的劉少奇死於河南開封。據載他死於肺炎,但由於他患有糖尿病,一般相信他的死,是因為看守人員「忘記」給他胰島素所致。王光美直到出獄後才知道,劉少奇早已在差不多十年前去世。另有資料稱她是在一九七二年即丈夫死後三年,才在獄中得知噩耗。

王光美在文革飽受打擊,除因劉少奇同毛澤東爭權而遭波及外,尚有兩個與她本人有關的原因:其一是與毛夫人江青(1914–1991,參見該傳)的矛盾。王光美和江青同屬第一夫人,在延安時,兩人一度私交甚好。五十年代到六十年代初,王光美隨劉少奇頻頻出現於公眾場合,甚至去國外訪問,而江青作為毛夫人只能在幕後活動,自然心中不快。加之王光美未接受她有關服飾的建議,雙方逐漸疏遠。及至文革初期,身為「中央文革小組」領導成員的江青,多次在群眾大會上指責王光美曾受美國教育,是美國特務;奇裝異服,生活和洋人一般腐化。當時群眾不明真相又革命熱情高漲,都認為江青的話有道理。

其二是與普通百姓疏離。王光美生長於富裕家庭,教育水平高,又深受

西方文化影響，故生活習慣和穿著服飾和當時經濟十分落後的大多數中國人迥異。再者，她桃園大隊之行也備受批評。雖然劉少奇將她微服私訪，體察民情成果作為「桃園經驗」推廣至全國，但她在農村期間的衣食住行都頗受非議。這些意見後來被總結為她「資產階級生活方式」的罪證，上呈中央。

一九七九年，隨著劉少奇一案平反昭雪，王光美的地位也恢復過來。平反後，她曾出任中國社會科學院外事局局長，中華全國婦女聯合會執行委員，中共中央直屬機關計劃生育協會會長。她也是中共第十二次全國代表大會代表，第三屆全國人大代表，全國政協委員（1979）、常委（1983–1993）。離休後，她還擔任了許多社會職務，如輔仁大學校友會會長，高等院校校友會會長和北京海外聯誼會榮譽會長等職。

陳弘欣

編者按：一九九五年，王光美出任中國人口福利基金會發起的扶貧計劃「幸福工程」組織工作委員會主任，在海內外籌集資金，以低息或免息貸款方式，在全國各地幫助貧困母親，由各級計生委計生組織指導實施。一九九六年，她將母親留下的六件古瓷器拍賣，所得款項都捐贈給「幸福工程」。經她多年努力，這計劃已取得一定成績。二零零五年，她因年事已高，辭去「幸福工程」組委會主任職務。二零零六年病逝北京，享年八十五歲。有論者認為，毛澤東對王光美一家造成極大傷害，但她對他仍忠心耿耿，從無怨言，很多國人大感不惑之餘，也心存不滿，因不能指望她為推動重估毛澤東功過一事出力。

◇ 郭華倫、方雪純編，《中共人名錄》，台北：中華民國國際關係研究所，1968年，頁121–123。
◇ 蓉子，〈王光美：歷遍人間悲喜劇〉見《新報》，1993年5月25日，頁5。
◇ 張小林編，《領袖遺族：共和國新生代紀實》，北京：團結出版社，1993年，頁156。
◇ 人間，《共和國元首之死》，香港：海明文化事業公司，1994年，頁21–29，46。
◇ 劉銳紹，《中南海貴客1》，香港：商台出版有限公司，1997年，頁155–157。
◇ 潘相陳，《中國高幹夫人檔案》，上冊，長春：北方婦女兒童出版社，1998年，頁78–80。
◇ 王光美，〈與君同舟，風雨無悔〉見《炎黃春秋》，1998年10期，總79期，頁13。
◇ Coonan, Clifford. "Wang Guangmei —— Former First Lady of China." *The Independent,* 19/10/2006, also see <http://news.independent.co.uk/people/obituaries/article1902140.ece>，accessed 15 March 2013.
◇ 「王光美在秦城監獄的十二年：劉少奇辭世三年都不知道」見 <http://history.people.com.cn/GB/205396/18017689.html>，2012年5月29日，來源：人民網——文史頻道，2013年3月15日查閱。
◇ 「王治昌」見 <http://baike.baidu.com/view/1887311.htm#4>，2013年3月15日查閱。
◇ 「王光美」見 <http://baike.baidu.com/view/320422.htm>，2013年3月15日查閱。

▥ 204 王海玲 Wang Hailing

王海玲，又名桂仙，一九五二年在高雄出生，台灣知名豫劇演員，原籍湖北黃陂。父親王嘉祥是軍人，母親朱雅貞是浙江人，但海玲出生不久便被王家領養，取名桂仙。

關於王海玲的身世，有幾種說法。二零一零年四月間，一個學術論壇上，一位教授撰文說她的父親是位牙醫，母親資料不詳。她的生日也不確定，故以國父誕辰十一月十二日為生日，後來被王嘉祥夫婦領養。另有說她的父親是大陸來的士官長，母親是台灣的原住民，二人年齡相距甚遠。第三種說法是她的生母在丈夫離家多年後與另一位比她大很多的商人同居，生下女兒後不久就出養給王家。王媽媽非常疼愛她。王爸爸早年因軍中一案件被無辜拘留了一段時間，後來申請國家賠償，但始終沒有結果。其後，王爸爸中風，身體不大好，桂仙一直是在王媽媽堅強深厚的母愛中長大的。十一二歲時，有同學悄悄告訴她「身世的秘密」，她卻印象模糊，心理上完全沒有困擾，直到二十多歲結婚生了長女後才跟媽媽懇談。王媽媽說的大致就是第三種說法。

桂仙從小喜歡歌舞，小時候媽媽曾送她去學芭蕾舞，活潑好動的她愛爬樹、盪秋千，也跟著小朋友去看歌仔戲，但不喜歡上學、寫作業、考試等台灣式教育的方式。喜歡聽豫劇的王爸爸聽說豫劇團在招生，便帶著才八歲的她去報名入隊。而王媽媽知道後跟著去要把孩子帶回家，但小桂仙要學戲，不肯跟媽媽回家。桂仙進入隸屬海軍陸戰隊的豫劇團後，和其他同學一樣，起了有個「海」字的名字，叫王海玲，從此展開五十年的豫劇生涯。

學戲的孩子得早上五點起床，先到海邊「喊嗓」，大聲的叫「啊～咿～」。五點半練毯子功，如下腰、拿頂（倒立）、虎跳等，三個多小時後才吃早餐。十點到十二點上課，有國文、史地、常識、數學課等。中午休息午睡一個半小時，再練把子功和武功，如耗腿，即把腳跟搆到頭十幾分鐘；撕腿，即把兩腿劈開成一百八十度；搬腿，即人躺著把腳抬到頭成一直線；這時孩子們全都會哭，哭得悽慘。練後孩子們幾乎不能站立或走路，要慢慢小步移動。然後四點晚餐，再開始學戲，晚上吃宵夜後睡覺。

這些嚴格的訓練是伴著體罰與眼淚的，小海玲的媽媽常為了她被打而跑到隊上和老師大吵，又吵著要帶她回家。小海玲的老師是張岫雲，張老師八九歲學戲，抗日戰爭八年，她跟著戲班在河南各地演唱，以藝名萬麗雲走紅。一九四八年國共內戰時，與丈夫跟著黃杰部隊輾轉逃到越北，第二年隨部隊再

遷到北越外海一座小島──富國島。

張岫雲在小島上成立了中州豫戲團，演出戲曲，撫慰流浪思鄉的心靈。一九五三年，她和豫戲團在台灣海軍艦隊的護衛下，隨著流亡的國軍，衝過了越共的砲火，安抵高雄港。那時，早一步抵台的毛蘭花，已在台中成立了空軍業餘豫戲團。張岫雲和中州豫劇團的老班底，加入海軍陸戰隊成立的飛馬豫劇團，與因戰亂而流離失所的楊桂發、周清華等老藝師合作，把河南中原地區的梆子戲帶到台灣，教育學生，並且不斷演出，又勇於創新，使梆子戲在台灣茁壯成長，發展成為台灣豫劇。那時豫劇團經費很少，他們的日子過得相當清苦。

飛馬豫劇團的成員雖住在簡陋的草房，但努力演出，有一年竟然演出四百多場，五年後才搬到磚房住。一九六零年，小海玲加入豫劇隊，她和別的孩子一樣受了非常嚴格的訓練，雖然扮相和嗓子不是最好的，但她認真好學，主動多練多學，腰腿好，會做戲。一開始她就學做彩旦、花旦、武旦；她的武旦功夫，全班第一。

一九六五年王海玲學戲五年多，開始上台演出，軍中卻開始裁撤劇隊，命令下來，老師們和辛苦學了五六年戲的學生們都不禁抱頭痛哭。而張岫雲卻毅然北上，到處陳情，甚至站在國防部政戰主任高魁元將軍家門口幾個小時，終於透過他向當時的國防部長蔣經國報告，獲得首肯，把豫戲隊保留下來。

一九六六年張岫雲有意退出舞台，而軍中一年一度的競賽演出迫在眉睫，年方十四的王海玲在多位老師一個多星期的「惡補」之下，救場演出《花木蘭》，極為成功。她因從小勇於挑戰高難度動作而被同學稱為王大膽，這次倉促受命，卻能演出成功，一炮而紅，更被稱為大膽王。

因為劇團主角張岫雲退出，全隊老師們全力扶持教導王海玲，也都盛讚她聰明好學。當時經費十分拮据，必須不斷演出賣票，以戲養隊。她在這段時間學了不少戲，如《紅娘》、《白蛇傳》、《救壽州》、《洛陽橋》、《李亞仙》等。一九六九年更以演楊家將故事的《楊金花》與許貴雲同獲中國文藝獎章，這是台灣在一九八零年之前最重要的藝文獎章。王海玲才十七歲，媒體大肆報導，國防部更通令三軍全都要看，總計演出了七八百場。

王海玲十七歲那年，和一個唸政工幹校大三的男孩劉淞浦談戀愛。他個子瘦高，畢業後官拜中尉。父親也是軍人，家中有十一個孩子，生活並不寬裕。但王海玲說他像法國男星亞蘭德倫，兩人交往了八年才結婚，當時隊中的長官都覺得小中尉配不上如日中天的王海玲，王爸爸尤其激烈反對。一向乖巧隨和

的王海玲卻非常堅持，結果長官師長都向王爸爸勸說，一九七六年有情人終於結為連理。

婚後六年，王海玲生了兩個孩子。她擁有一生一世的愛情，永遠珍惜丈夫和兩個非常貼心的女兒。她自己餵奶，而且非常戀家。她說小時候入豫劇隊學戲，最難過的不是艱苦的鍛鍊，而是離家。

《楊金花》以後，王海玲反串演出《陸文龍》與《紅線盜盒》等武戲。她表現了難得一見的功夫底子，功夫爐火純青，流暢輕快，真像是個「背寶劍、施輕功」的女俠，當時的總政戰部主任王昇通令所有軍中劇團演員幹部一起觀摩，真正是轟動藝林，前所未有。

武戲不但難度高，而且演出相當危險，尤以《紅線盜盒》為然。所以長女出生後，丈夫就反對王海玲演這戲。另一方面，她開始多演青衣戲。二十歲以前她的青衣戲唱得不大好，而且大眼圓臉的她，扮相就不像苦旦。十七歲以前，她的戲以刀馬旦、彩旦為主。到她十七歲，張岫雲就離隊了，直到她二十歲，周清華才加入豫劇隊，從唱腔到表情手勢身段，都細細地教她，而她也用心地學。周清華很讚賞王海玲：「這小孩，說不了的好處，小時候那樣，到現在還這樣，禮義廉恥，四維八德，待人接物，無一樣不好。」師徒二人，不只是技藝的傳承，也是終生的善緣。那一段沒有老師的日子，對青少時期已屢獲大獎的她來說，是極為痛苦的，所以她後來勤於演出之餘，也教授學生，既栽培後進，又廣結善緣。

從一九七二年起，王海玲唱的青衣戲越來越多，越來越純熟，代表作有《秦香蓮》、《王魁負桂英》、《大祭樁》、《梁祝緣》、《秦良玉》、《蓮花庵》、《大登殿》、《鍘美案》、《二度梅》等。隨著個人的成長，她對人生喜怒哀樂的體驗，更為真切，演苦戲也難不倒她了。

張岫雲走後而周清華又未到的一段時間，王海玲主要是從自己收集的四百多卷錄音帶、錄影帶學戲。她說：「學人家好的，缺點不要學。」又說：「要融會貫通，成為自己的詮釋才能用。」而且無論是唱腔、身段，她都能改編創作。一些大陸名家唱的戲，她早也聽、晚也聽，懷孕聽、坐月子也聽，丈夫稱她「戲癡」，並且略帶酸意的說：「基本上我在家是孤獨的。」又說：「在戲台上的她不是屬於我的。」

從一九七六年開始，豫劇團的勞軍演出漸少，因為軍中老兵逐漸退伍，新兵比較喜歡的是鄧麗君等的歌，不大聽傳統戲曲。這時台灣的豫劇只有飛馬豫

劇隊，演員加上行政人員也僅有四十人左右。

　　到了一九八七年七月，台灣解除戒嚴，軍事管制縮減，獨立的行政司法權擴張，人民權利和自由大增，雖然政治的大風大浪不少，但社會經貿以及藝文演出都更活躍了。林懷民於一九七三年成立雲門舞集，許傳允的藝術經紀公司於一九七九年舉辦新象國際藝術節。同一年，倡導傳統戲曲現代化的郭小莊帶領雅音小集，在引進燈光舞台效果的現代劇場上，演出京劇。

　　一九八二年王海玲演出《梁祝緣》最後一幕〈哭墳〉時，添加一個武功動作「小翻身」，整個人就像被風捲入忽然裂開的墳墓，再借助燈光乾冰，進一步加強戲劇效果，結果大獲好評，破了票房記錄。

　　隨後幾年，王海玲的戲路更廣，演出也更成熟了。不管是花旦、武旦、青衣、刀馬旦、武生，還是老旦、小花臉、潑辣旦、小生、小花臉、丑角，都演得入木三分。她成了跨行當的「全材演員」，不但能跨性別、跨身份，演繹各種個性、人性，也揮灑自如。

　　一九八五年，王海玲獲台灣河南同鄉會頒贈豫劇皇后榮銜，舉行盛大加冕典禮，張岫雲則獲頒豫劇皇太后的榮銜。河南鄉親愛戴王海玲，不只是她戲演得好，也是因為她讓故鄉的傳統戲曲在台灣大放異彩，使他們與有榮焉。有報導說：「豫戲受歡迎，又受尊重，在此間幾乎成了特異現象，究其原因，不過兩點：全材花衫王海玲的優異傑出，全體隊員素質樸雅，認真又和諧……」紀慧玲在《梆子姑娘》也說：「河南性格加上王海玲的天份極高，後天極努力表現，讓豫劇長長久久活了下來。」

　　一九八六年，戲劇學者汪其楣擔任台北市藝術季豫劇演出的製作人，汪教授早已是王海玲的戲迷，帶領台北的重量級藝文界人士和自己的學生看豫劇，林懷民與奚淞在報上寫文章介紹王海玲和豫劇，戲未上演就已然轟動，票一早賣完，多年來習慣臨場買票的過百老戲迷買不到票，雖然沒票，也衝進了社教館，主辦單位只好請他們上三樓站著看。戲演完了，全體觀眾起來鼓掌致敬。藝術季主辦單位表示，這是八年來第一次發生觀眾衝進戲院的事。

　　第二年豫劇隊首度出國表演，宣慰在南韓的僑胞。這是豫劇隊第一次出國表演，全隊都很興奮快樂，一般人常說豫劇帶著河南的「土味」和質樸、真誠、自然、直接等。其實他們僻處台灣南部的左營，和台北這些大都會比，確是比較「土」，比較富「古意」。所以在一九八三年前後，政府又裁撤軍中劇團，但因「劇團向心力強，紀律嚴謹，演出一向廣受歡迎……」，豫劇隊又存活下

來。

一九九零年，紐約的美華藝術協會向王海玲頒贈「亞洲傑出藝人獎」，同時願意安排豫劇隊在林肯中心演出。但政府只願提供她一人赴美領獎的經費，未允諾全團赴美。這次王海玲一改不與人爭的個性，她說「沒有豫劇隊就沒有王海玲」，如全隊無法同行，她也不去。終於全隊得以赴美，在林肯中心演出。一九九二年，文建會再次安排豫劇隊赴紐約「台北劇場」和美西洛杉磯等地出演。因為幾次演出風評極好，歐洲僑界也來邀請，一九九三年去了法國、奧地利，九四年去了巴黎、新加坡，以及德、奧、義諸國的文化古城。

台灣近二十年來要求本土文化優先的呼聲越來越大，三軍劇團一九九四年解編，教育部國光劇團九五年重組，豫劇團九六年才全隊編入國光，未被裁撤或縮編的主因就是王海玲。大家都說她是「一肩挑一團」的演員，但她也因此深明，栽培後進接棒，刻不容緩。一九九二年，在新排演的《唐伯虎點秋香》中，她反串小生唐伯虎，讓學生蕭揚玲演秋香，戲中有當場作畫、題字的場景，她因此勤習書畫，每天早晚練一二小時，一年多後，在國家劇院舞台上反串唐伯虎時作畫題字。這實在是一個大挑戰，連一向謙虛的海玲都相當自豪地說：「我戰勝了我自己。」後來在總統府介壽堂也是演出這一段。

一九九八年，豫劇團去中國大陸河南巡迴演出，令當地觀眾嘖嘖稱羨，轟動一時。同年王海玲獲頒中華文化藝術薪傳獎。此後河南豫劇團來台與王海玲等聯合巡演，展開密切的合作交流。二零零零年，她演出四川編劇名家魏名倫改編自義大利威爾第歌劇《杜蘭朵》的豫劇版，首度嘗試跨文化演出，非常成功，同年榮獲國家文化藝術基金會頒發文藝獎，這是台灣文藝界榮譽最高的獎項。

王海玲不但與大陸的編劇、編曲、演員多次合作演出，在台灣和京劇名伶魏海敏合作，更和本土劇種歌仔戲的黃香蓮與偶戲的鍾任壁等人合作演出「京歌豫偶新春匯演」，受到各方矚目。她合作的天地好像無限寬廣，當問及「合作」最須要的是甚麼？她毫不猶豫的說：「信任」。她就是這麼單純的心安理得。再問她成功的條件是甚麼？她也答得很快：「專注和努力。」原來她早有定見，而且身體力行，極其專注和不斷的努力，所以她總在藝術的天地中如魚得水，而且遊刃有餘。

二零一零年四月，台灣北部的台北和南部的高雄，都演出了《梆子姑娘——海玲五十》的大戲，目的在慶祝台灣豫劇隊一等演員王海玲五十年來參加

河南豫劇演出的貢獻。這戲由王海玲的小女兒劉建幗編劇，長女建華同台演出。它述說了王海玲的一生，她成就的不只是個人事業，更是豫劇的成長，讓一個地方戲劇橫跨兩岸，揚名國際。她帶著豫劇團，寫下了豫劇光榮的歷史。

李宗慬

◇ 盧健英，〈從河南梆子到台灣梆子——王海玲創造台灣豫劇奇蹟〉見《遠見雜誌》，174 期，2000 年 12 月，頁 312–314。

◇ 紀慧玲，《王海玲：梆子姑娘》，台北：聯合文學出版社，2002 年。

▥ 205 王合內 Wang Henei

王合內（1912–2000），現代雕塑家，原名 Renée June-Nikel，生於法國，與中國留學生結婚，後隨夫赴中國定居逾六十年，一九五五年入中國籍。兩人沒有子女。

王合內自幼喜愛美術，也喜愛動物。一九二九年考入法國尼斯（Nice）國立裝飾美術學校（I'Ecole des Beaux-arts），專門研習雕塑，五年後於一九三四年遷往巴黎，進入高等美術學院（I'Institut Supérieur des Beaux-arts）學習雕塑。她遇上在法國學習雕塑藝術的中國青年王臨乙，後來兩人結婚，一九三七年抗日戰爭爆發後，一起赴中國定居。他們抵達上海後向西行，幾經辛苦，才由湖南、雲南到達四川的重慶。抗戰勝利後，他們遷往北平。

王合內初到中國時，由於戰亂，連年奔波，居無定所；加上語言障礙，無法工作，只得留在家裡。遷居北平後，才在家中修整了一個小型雕塑工作室，開始做動物雕塑。不久，應邀到北京師範大學工藝系任教，擔任素描、雕塑等課。她那時的漢語還不太流暢，但是由於業務基礎好，教學態度認真，因而很快受到學生歡迎。中華人民共和國成立之後，受聘為中央美術學院雕塑系教授。除教雕塑外，還教素描和法語，課餘從事雕塑創作。

王合內的雕塑主要分兩大類：動物和人。為了雕塑動物，她經常去動物園觀察活生生的動物。一九五七年她曾與蕭淑芳、宗其香、李斛舉行了雕塑作品聯展，她的小型動物雕塑生動自然，大獲好評。中國著名畫馬大師徐悲鴻（1895–1953），對她的〈大虎〉特別欣賞，認為該作品筋骨有力、氣勢逼人。她的〈雪豹〉入選一九五八年舉辦的社會主義國家造型藝術展覽會。她的〈小鹿〉被中國美術館收藏。她的動物雕塑不單形似，且獨具神韻。她的〈貓〉（1963）享負盛名，貓兒神態動人，是她展出最多的動物雕塑。她的作品受到

501

西方藝術和中國古代雕塑的影響。她用了很多時間研究中國傳統雕塑，又參觀了洛陽、西安等古城，以及雲南的各個地區。遊歷所聞所見，塑造了她獨特的風格：在現實主義當中融入了一些誇張和裝飾性的手法。她雕塑動物，既強調牠們的特徵，又加以人性化。

一九五八年，王合內應邀為北京民族宮創作了一幅裝飾用的大型浮雕，隨後又參與數個合作項目，為北京天文館、白求恩紀念館和文革期間廣泛宣傳的模範幹部——焦裕祿的生平事蹟展覽，創作大型浮雕。她亦獨自創作了〈兒童團放哨〉和〈婦女隊長〉等人物雕塑。一九七八年改革開放以來，她又創作了〈楊開慧〉（參見該傳）、〈向警予〉（參見該傳）等革命先烈的雕像。在作品中，她突出了這些女革命家高貴善良的氣質。雖然王合內長著金髮藍眼，但她選擇中國作為自己生活的國度，在雕塑中融入極富中國特色的意念，稱之為中國雕塑家，合適不過。她死後葬於北京八寶山公墓。

蕭虹

崔少元譯

◇ 《中國大百科全書・美術》，北京：中國大百科全書出版社，1991 年，頁 832。
◇ 宋瑞芝主編，《中國婦女文化通覽》，濟南：山東文藝出版社，1995 年，頁 625。
◇ Li Qian and Yang Rongsheng. "Àla Mémoire de Wang Henei, Professeur de Sculpture—Une Artiste Éprise des Beaux-arts et Captivée par I' Art Oriental." *China Today*, at <http://www.chinatoday.com.cn/ChinaToday/Today/ChinaToday/ct2000f/07/ct2000-7f-10.html>, accessed 1 January 2001.

▥ 206 王惠卿 Wang Huiqing

王惠卿（1918–1982），出生於新加坡，畢生獻身教育工作，是新加坡和馬來西亞一位成就卓越、備受景仰的教育家。

王惠卿在新加坡開始她的工作生涯，那時是英國殖民時代，她起先在學校教書，後來在新加坡大學和馬來亞大學從事教師培訓工作。她在教育界服務三十七年有餘，獲得來自不同國家的許多學術嘉獎以及獎項附帶的職責，足見她的貢獻得到各方認同。她是澳大利亞所設英聯邦獎學金計劃下的訪問學者（Commonwealth Scholarship and Fellowship Plan, Australia），倫敦的教育學院研究員（College of Preceptors, London）和世界藝術科學院（World Academy of Arts and Sciences）的研究員。她還被委任多項要職，包括科學和數學區域中心（Regional Centre for Science and Mathematics）的顧問（1968），其總部設在馬來西亞；聯合國教科文組織的教育學院（Institute of Education）的委

員會成員（1972–1975）， 其總部設在漢堡（Hamburg）；國際教育理事會
（International Council on Education for Teaching）委員，其總部設在美國的維
珍尼亞州（Virginia）；加拿大國際發展研究理事會科學研究顧問（Research
Review Advisory Committee of the International Development and Research Council
of Canada）。

王惠卿的信仰和教育信念，源於她成長的環境、她信奉福音基督教的家
庭。她的父親王開生（1888–1977）是一位十分受人尊敬的業餘傳道人。他在
一九一六年從中國的福州來到新加坡。他讓子女明白基督教的教義，得到精神
上的指引。王惠卿對父親的價值觀心領神會，年紀輕輕已很孝順。一九三五
年，她以優異的成績通過高級劍橋考試，但因父親生意失敗，她毅然放棄了獎
學金，到一所私立學校教書，薪水不俗，每月二十六元。

一九三五至三九年，她進入新加坡的萊佛士學院（Raffles College）念書，
取得了文學和教育兩個文憑，成績驕人。第二次世界大戰爆發前、結束後，她
都在福音女子學校教過一陣子書。日軍佔領時期，她也在教書。一九五零年
初，她去英國貝爾法斯特（Belfast）的女皇大學（Queen's University）求學。
在那裡她獲得約翰鮑特爵士入學獎（Sir John Porter Scholarship）和伊莎貝拉托
得紀念獎（Isabella Tod Memorial Prize）。一九五四年，她從女皇大學畢業，
取得優等數學學位，並返回新加坡。她在英華學校（Anglo-Chinese School）教
了一年書，再到師資訓練學院主持數學系的工作（1955–1956），後來借調到
當時在新加坡的馬來亞大學教育系任講師。一九五九年，她取得富布拉特獎學
金（Fulbright Scholarship），前往美國普林斯頓（Princeton）的教育測試服務
中心（Educational Testing Service）當測試助理員。接著她進入哈佛大學攻讀研
究生課程，先後獲得了教育碩士、博士學位（1960–1962）。

王惠卿原本打算從事醫學工作，不過當了教師，她表示願意永遠當教師。
她說一生中，從來沒有選擇過因個人追求而放棄工作，那主要是因她缺乏個人
主導才智。每當她向前邁進一步，上帝就會首先教導她如何應付一切，上帝的
幫助總是適時和得力的。她在離世前數周曾寫道：「可以說，我是轉軌進入教
師隊伍的……就我而言，要不是上帝指引我進入教師生涯，我決不會想像到自
己有能力執教。我是一個性格內向的人，在別人面前總覺得不自在。」雖然她
形容自己「經常沉默寡言」，從各方面來說，她都是一位極富創意的老師，對
智弱家貧的學生尤其關顧。她的一位同事稱她是「一位獨特的別人很難效仿的

楷模。因為她是具有多方面優秀品質的人：堅強，公平，靈活，友好和富有遠見卓識」。她在講台上能言善道，不論是在馬來西亞，還是在新加坡，都是深受歡迎的講者。她也是一位技巧嫻熟的多產作家，筆下英語優美流暢。根據一份有關的出版清單，她的作品多達六十八種，包括會議報告、演講詞、學術論文、專著、著作章節等。她的寫作題材廣泛，風格高雅雋永，承傳了哈佛大學的傳統。

王惠卿從哈佛大學回來後，在新加坡大學任教，但不多久，在一九六三年，去了吉隆坡的馬來亞大學執教並創辦了教育系，它後來發展成為教育學院，由她出任首位院長。她的一位同事如此回憶：「她作為一位教育方面頗有才能的領導者在吉隆坡是非常著名的。在民族主義和民族語言（馬來語）極其狂熱的時代，她勇敢地堅持自己的信念並創辦了一所從事多種語言教學實驗的學校。她的理想、熱情和對教育事業的獻身精神，激勵著我和其他同事支持她的努力」。

一九六九年，王惠卿返回新加坡，在教育部擔任研究室主任，她的職責有三個：研究、統計、引導和諮詢。由於離開新加坡已有六年之久，她決定首先走訪這裡的學校，掌握第一手材料。用她自己的話來說，以改進教育為目的的研究，只能從基層做起。在課程設計方面，用教育術語來講，她努力去了解實際的課程計劃（即真正發生了甚麼），而不是文件內的課程大綱。她花了三個月時間走訪學校。年底，她以訪問所獲得的見聞為素材，為校長舉辦了主題為「打破教育之清規戒律」（ "Whither the Sacred Cows of Education?" ）的研討會。一九七三年，她在寫作時回憶了研討會的目的：「對某些關於孩子和課堂教學的清規戒律提出質疑，開闢教育部官員與工作在第一線的教師的真誠對話渠道，討論他們在工作中所面臨的實際問題。」一九七零年初，她獲委任為課程發展顧問委員會主席，這使她對新加坡學校課程計劃的影響更深遠持久。

王惠卿在新加坡最輝煌的貢獻是在師範教育方面。她在擔任教育部研究室主任期間，於一九七一年中又被任命為師資訓練學院院長。她這樣記錄了自己的使命：「重新改組學院，以便培養出一批新型師資隊伍，讓他們理解新型課程計劃的精神和目標」。大約就在此時，政府決定要建立教育學院來接管師資訓練學院、大學教育系和教育部研究室的職能。一九七三年四月，教育學院成立，她成為首任院長。簡要地說，她為教育學院引進師資教育的新型課程、課程評價的新方法；建立實驗小學，促使理論與實踐更緊密地結合起來；盡量借

助本地科研人員來開展教育科學研究；設置研究生教育體系並授予他們新加坡大學的研究生文憑。師資培訓逐漸完善為師範教育，在很大程度上是在她領導之下完成的。

一九七六年，王惠卿決定不與教育學院續約。之後，她繼續從事志願性的教育研究。一九八零年她作為顧問，參加了新加坡教師聯合會主持的一項重要調查；翌年她領導了一項改進學校數學教學的研究；她還在新加坡大學擔任兼職學生輔導員，而且繼續積極獻身於社區和教會工作。一九八一年病重，翌年辭世，享年六十四歲。

王惠卿的一個學生寫下這段文字：「〔王惠卿〕從來沒有離開過教育。我的一些朋友，也是她近年來的同事，高度評價了她對教育的執著與熱忱。即使在她彌留之際，重病纏身和疼痛難忍時，都沒有忘記為教育獻計獻策。在她接受放射治療的同時，還在備課，教單語課〔為成績欠佳的學生而設〕。只有到臥床不起時，她才停止去學校上課。在教育事業上她是一位無派別人士，是所有人的燈塔。」

何和鑒

Zhang Meisuo 譯

◈ Lim Kiat Boey，私人通訊, 1995 年。
◈ Ministry of Education. *The Sacred Cows of Education.* Seminar Report. Singapore: Ministry of Education, 1969.
◈ Wong, Ruth. "Curriculum Development in Singapore with Special Reference to the Revised Primary Syllabuses." Paper presented at the Singapore Book Publishing Association Seminar on the Role of Educational Materials in Singapore Schools, 14–16 March 1973.
◈ ——. *Educational Innovation in Singapore.* Paris, UNESCO, 1974.
◈ ——. "Called to Be a Teacher." Singapore: Singapore Teachers' Christian Fellowship, 1982.
◈ Lau, Aileen. "A Tribute to Dr Ruth Wong." *STAS Bulletin,* April 1982, 1.
◈ Sim Wong Kooi. "Foreword." In *Unto Each Child the Best,* ed. Lee Kok Cheong. Singapore: P.G. Publishing, 1990.
◈ Ho Wah Kam. *The Educational Legacy of Dr Ruth Wong Hie King.* Singapore: Centre for Applied Research in Education, 1995.
◈ Librarian, Queen's University Library. Personal communication, 1995.

▥ 207 王會悟 Wang Huiwu

王會悟（1898–1993），浙江省嘉興縣人，中國共產黨早期的婦女運動組織者，推動婦女解放不遺餘力，夫婿李達（1890–1966），是中國共產黨創黨人之一，也是知名的馬克思主義哲學家。

　　王會悟受教於父親王彥臣。他在嘉興開辦了一所學校，但他早逝，致令一家貧困。還好王會悟仍能繼續學業，先在嘉興女子師範學校讀書，後來又轉到由基督教會創辦的湖郡女子學院。在湖郡女子學院學習期間，學得一口流利英語，又加深了對五四運動的革命思想，特別是對婦女解放的認識。

　　畢業之後，王會悟到了上海，通過堂兄沈雁冰（1896-1981）認識了許多年輕的馬克思主義者。沈雁冰即後來以筆名茅盾而廣為人知的中國二十世紀傑出作家。一九二零年秋，王會悟同李達結婚。李達那時剛從日本學習歸來，正和五四時期著名知識份子陳獨秀（1880-1942）一起工作，以期在國內成立共產黨。當時第一次世界大戰剛過，期刊如雨後春筍般問世，王會悟和李達因同樣深切關注婦女解放的問題，所以在這些期刊上發表了許多相關的文章。她早期最著名的關於婦女問題的文章〈中國婦女問題：圈套解放〉，於一九一九年在《少年中國》發表。她在文中猛烈抨擊父母包辦婚姻，認為這是終身禁錮婦女的一種形式。在她看來，婦女接受了傳統禮教的規範，因而面對奴役，也熟視無睹。這些規範包括儒家所提倡的婦女須服從家中男性長輩，妻子須盲從丈夫，以及婦女只需充當賢妻良母，並刻意不尋求知識。

　　王會悟嫁給李達後，自然而然地走進中國共產主義運動的中心。他們和中國共產黨的第一任總書記陳獨秀、高君曼夫婦合住一個公寓，這也是組織共產主義運動的基地。最初，王會悟協助丈夫從事建黨工作，其中一項工作就是為中國共產黨在一九二一年七月召開的第一次代表大會，安排開會地點。通過多番努力，她找到上海法國租界因暑假而暫時關閉的博文女子學校。當發覺有來歷不明人士在秘密聚會地點沒時，她更改開會地點，安排大會代表到浙江嘉興南湖的遊船上重新開會。

　　不久，王會悟承擔了領導任務，負責開展共產黨第一個婦女項目，其中包括管理上海平民女子學校和編輯《婦女聲》雜誌。學校雖開辦不到一年便關門，但吸引了不少傑出女性參加共產主義事業，包括丁玲（參見該傳）、錢希鈞（參見該傳）、王劍虹和王一知（參見該傳）。王會悟經營的《婦女聲》旨在提供一個園地，讓婦女表達政治觀點，以別於許多其他雜誌，主要供男性發表有關婦女解放的見解。王會悟為這刊物所撰寫文章的一個重要主題，就是闡明必須讓有婦女解放意識的女性，參加組織女工運動。她指出，剛剛於漢口英美煙廠爆發的大規模罷工（有三千多名婦女參加），顯示國內出現一種新趨勢，即工人階級婦女的積極進取，不久將會使中產階級婦女運動黯然失色。

王會悟在寫作中亦談到生育問題。一九二二年，倡議計劃生育的美國人瑪格麗特・桑格（Margaret Sanger）來到中國。當時王會悟發表文章支持她的立場，而其他雜誌卻刊登了男黨員的反對意見。沈雁冰便是其中一個反對聲音，他認為導致貧窮的原因並非人口過多，而是社會財富和服務分配不均。在他看來，計劃生育令婦女分心，不能全心全意投入實現社會主義這個更重要的鬥爭。

隨著李達同共黨領袖陳獨秀的關係惡化，王會悟在一九二二年六月的共產黨第二次代表大會上，喪失了在共產婦女運動中的領導崗位。她所負責的兩個項目被終止了，但共產黨仍著力推展婦女工作：成立中央婦女部，並任命另一位能幹女性向警予（參見該傳）出任部長。王會悟同李達遷往長沙，一九二四年生下兒子，也是他們的第二個孩子，一九二五年生下幼女。一九二七年，中國共產黨和國民黨在血雨腥風中徹底決裂後，王會悟和李達移居上海，再轉北平。她在北平積極參與婦女運動。一九三七年七月日本侵佔華北，他們舉家逃往南方的桂林、貴陽。因為醫療服務不完備，長女不幸夭折。最後到了國民黨抗戰時的首都重慶。

一九四九年中華人民共和國成立之後，王會悟在北京定居，任職於中央政府的法制委員會。她曾出席許多重要場合，如中國共產黨建黨六十周年慶典，並發表文章，追憶當年建黨事情。

Christina K. Gilmartin

崔少元譯

編者按：一九九三年，王會悟病逝北京，享年九十六歲。

◇ 〔沈雁〕冰，〈「生育節制」底正價〉見《婦女評論》，1922 年 5 月 10 日，40 期，頁 2–3。
◇ 〔王〕會悟，〈對罷工女工人說幾句話〉見《婦女聲》，1922 年 6 月 20 日，10 期，頁 3。
◇ ——，〈一大在南湖開會的情況〉見《「一大」前後：中國共產黨第一次代表大會前後資料選編（二）》，中國社會科學院現代史研究室、中國革命博物館黨史研究室編，北京：人民出版社，1980 年，頁 58–60。
◇ Gilmartin, Christina K. *Engendering the Chinese Revolution: Radical Women, Communist Politics, and Mass Movements in the 1920s.* Berkeley: University of California Press, 1995.
◇ 「王會悟」見 <http://baike.baidu.com/view/1409712.htm>，2013 年 3 月 15 日查閱。

⠿ 208 王泉媛 Wang Quanyuan

王泉媛（1913–2009），生於江西省吉安縣敖城鄉，原名歐陽泉媛，是參加中國共產黨一九三四至三五年長征的三十位女性之一。

　　王泉媛來自農民家庭，一九三零年三月嫁到附近茶園村後，成了共產黨內一名積極份子。丈夫王照鬥（1897 年生），是通過包辦婚姻與她結合，婚後她按照當地的習俗改隨夫姓。不久，她離開了丈夫，在以後的數年間投入革命工作，參加了少年先鋒隊（擔任副隊長）、共青團（負責當地婦女事務、擔任吉安縣少共縣委婦女部長），一九三四年加入中國共產黨。她代表吉安縣參加了一九三三年在永新縣舉行的婦女代表大會，會後留任湘贛省婦女部幹事，一九三四年代表湘贛省出席在瑞金舉行的全國代表大會。她在瑞金共產主義馬克思大學學習數月後，被派去參加長征之前的大規模擴紅工作。她和王首道（1906–1997）一起工作，長征途中，二人在遵義結了婚。身為紅一方面軍總衛生部婦女工作團的政治戰士，她的任務包括籌集食品、僱用搬運者、組織宣傳活動，並參與演出。

　　一九三五年八月，王泉媛受派前往張國燾領導的紅四方面軍（左路軍）新組建的幹部休養連工作一年，這後來竟然成了她一生的污點，令她自此苦難重重，歷盡不公平對待。張國燾曾同毛澤東爭奪過黨的領導權，但未能獲得成功，後被打成叛徒。期間，王泉媛擔任過四川省委婦女部長，在藏民中做宣傳工作。一九三六年十月她被任命為婦女抗日先鋒團團長，由吳富蓮出任政委。這支婦女隊伍和命途多舛的其他西路軍戰士一起橫渡黃河，但不到三個月，便遭到當地穆斯林馬家軍騎兵的殲滅，絕大部份女戰士被殺害。

　　王泉媛被穆斯林俘虜，一九三七年十一月被迫作妾，丈夫是一名工程師，叫馬正昌（或馬進昌）。在甘肅河西走廊被穆斯林所俘虜的女紅軍都明白，被捕意味著再也不可能回復往日的生活。同志會懷疑她們是否為了苟全性命而犧牲他人，家人也會蒙羞，因為人人都認為她們在政治，甚或性方面，屈服於敵人。許多被捕的紅軍女戰士都接受命運擺布，不是做別人的小妾，便是找一個男人結婚，從此在西北落戶生根。可是，王泉媛在十八個月之後逃了出來，去了共產黨八路軍在蘭州的辦事處，那裡的人員告訴她，她和毛澤東的長征隊伍失去聯絡超逾兩年（即指她被派到張國燾部隊工作的一段期間），因而不可能重返紅軍。這個決定極為不公，讓她往後的四十餘年，一直耿耿於懷。

　　王泉媛隨後遇上居無定所的萬玲，兩人於一九四一年返回雲南。他前往緬甸參軍之後，她就回到了江西的故鄉，鄉人罵她「土匪婆子」、叛徒和逃兵。後來（1948 年 8 月）她同當地人劉高華結婚，婚後遷往附近的泰和縣。

　　一九四九年共產黨執政後，王泉媛受命管理婦女事務，後轉任生產隊長，

負責土地改革。到了五十年代早期，政治運動大多旨在報復，她的丈夫在一次這樣的運動中關進監獄，她也遭剝奪了領導職務，被打成「政治歷史不清」份子。一九六二年，她找到一起參加長征的康克清（參見該傳）為她做政治擔保，但直到一九六八年才能重新工作。她負責當地養老院的工作，並當選那裡的政協委員。

慶幸的是，王泉媛並沒有和其他許多同年代的女性一樣，在文革中受到皮肉之苦。像她們一樣，她在八十年代初通過全國婦聯的努力而獲得平反。她在長征時的丈夫王首道，那時在政壇上已位高權重，終於替她開口講了話。在電影《祁連山的回聲》中，她被塑造成一位紅軍女英雄。一九八五年她恢復了黨籍，同年當選為縣省級政協委員。

九十年代，王泉媛接受採訪時，被問及會否為未能追隨紅軍到底而感到遺憾。她回答道：「不，我沒有絲毫遺憾。能夠參加長征是我一生最大的榮耀，我以能成為長征的一份子而感到心滿意足。」王泉媛如此盡忠愛黨，無怪乎最後還是得到長征女戰士應得的實際利益。此文撰寫時，據傳王泉媛正在江西家鄉安渡晚年。

Sue Wiles

崔少元譯

編者按：王泉媛在二零零九年病逝，享年九十六歲。

◇ 郭晨，《巾幗列傳：紅一方面軍三十位長征女紅軍生平事蹟》，北京：農村讀物出版社，1986 年，頁 24–25，42，180–190。
◇ 駱國駿，〈血雨腥風一女傑〉見《紅軍女英雄傳》，瞭望編輯部編，北京：新華出版社，1986 年，頁 188–206。
◇ 董漢河，《西路軍女戰士蒙難記》，北京：解放軍文藝出版社，1990 年，頁 17–59。
◇ 胡楊（譯音），〈一個女紅軍團長的傳奇人生〉見《濟南（譯音）月報》，《北京青年報》重印，1996 年 8 月 5 日，版 5。
◇ 王霞，《磨難：西路軍女紅軍團長的傳奇》，北京：解放軍出版社，1999 年。
◇ Lee, Lily Xiao Hong, and Sue Wiles. *Women of the Long March.* Sydney: Allen & Unwin, 1999.
◇ 「王泉媛」見 <http://baike.baidu.com/view/102019.htm>，2013 年 3 月 22 日查閱。

▥ 209 王瑩 Wang Ying

王瑩（1915–1974），原名喻志華，安徽蕪湖人，二十世紀三十年代左翼話劇和電影的主要女演員之一。她同陳波兒、艾霞一道被譽為「作家明星」，她的文學和新聞寫作，得到很高的評價。她的創作包括散文、旅遊報導和自傳

體小說，其中許多是根據她在新加坡、日本和美國的經歷寫成。

　　王瑩的父親喻友仁是南京一位銀行家。母親王氏，熱愛音樂和文學，培養了女兒在文學和表演藝術方面的才能。王瑩十歲生日不久，母親去世，快樂的童年生活就此結束。繼母虐待她，迫她到一所要求嚴苛的基督教中學當寄宿生。不久，年紀尚幼的她被迫和薛家定親，以換取金錢來償還父親欠下銀行的債務。她於是逃往長沙，以王克勤的名字，在湘雅護士學校念書。一九二六至二七年北伐戰爭期間，她參加了共產黨領導的革命活動；一九二八年十三歲時，她自告奮勇為共產黨傳遞信息。她曾遭國民黨逮捕，但逃了出來，最後前往上海，再次改名，自稱王瑩。

　　在上海王瑩演出話劇，其中許多是宣傳進步或左翼思想的。一九二九年，她加入重要進步劇社「上海藝術劇社」，同時還在復旦大學進修，和復旦劇社成員一起演出，在丁西林的《壓迫》等劇中扮演一角。一九三零年十五歲時，她加入共產黨，獻身左翼活動，遭國民黨多次監禁。自一九三一年左翼戲劇家聯盟成立後，她參演了許多左翼話劇，其中包括《炭坑夫》、《盧溝橋》，和根據奧斯卡・王爾德（Oscar Wilde）劇本 *Lady Windemere's Fan* 改編的《少奶奶的扇子》。

　　王瑩的電影生涯始於明星電影製片廠。二十世紀三十年代中期，該廠愈來愈緊貼共產黨意旨行事，而黨的意旨就是要通過藝術作品宣揚左翼關注事項。她最早的三部電影都是默片，都反映了這些方面以及強調階級團結；但同時也流露出一種劇情走向軟性娛樂的傾向。《女性的吶喊》（1933 年，沈西苓導演）描繪一無所有的工人艱苦的生活。《鐵板紅淚錄》（1933 年，洪深導演）講述鄉間農民的階級衝突和鬥爭。《同仇》（1934 年，程步高導演）將家庭的糾葛同呼喚全民團結抗日結合起來，內容講述一個女子遭情人玩弄，後來情人加入抗日前線，她便寬恕了他。

　　王瑩去過日本學習電影和戲劇，但為時不長。一九三五年她返回中國，主演了《自由神》（1935 年，電統製片廠攝製）。評論家稱讚這部電影刻劃女性擺脫封建家庭、追求獨立、獻身救國的手法，清新可喜。王瑩所扮演的女主角陳行素，受到五四運動思想的鼓舞，和一位貧困的同學私奔，離開了家庭和未婚夫。他們結了婚，雙雙投入革命活動之中，丈夫後來在廣州殉難，成了烈士。在北伐戰爭中，她不能和自己的孩子一起，但依然傾全力幫助照顧戰爭孤兒。

在二十世紀三十年代中晚期，王瑩致力於話劇演出，宣揚共產黨文化政策和全國救亡運動。當時上海劇作者協會發表〈國防戲劇宣言〉，國防戲劇自此問世。一九三六年，夏衍的歷史傳奇《賽金花》在上海首演，由王瑩擔演主角。電影講述清朝一個叫賽金花的著名妓女的故事（參見《清代婦女傳記辭典》）。在義和團起義時期，賽金花通過一個位高權重也是她情人的德國伯爵，達成了一份對中國有利的和平協議。《賽金花》被視為抨擊國民黨對日本不抵抗政策的電影作品，在上海演出時又非常轟動，於是被國民黨禁演。

一九三七年抗日戰爭爆發。王瑩追隨由洪深領導的上海救亡演劇二隊輾轉十五個省，為戰士和民眾演出，以激勵愛國精神和鼓舞士氣。她國防戲劇的重要保留劇目之一是陳鯉庭的《放下你的鞭子》，她不但在全中國，後來也在新加坡和美國演出此劇。它講述滿洲國日本侵略者的殘暴行為，經常以街頭劇形式演出，演出時要求觀眾參與，從而喚起眾人的愛國意識。一九三九年上海救亡演劇二隊改名為新中國劇團，到東南亞演出，王瑩是主要的女演員和副團長。這次海外演出是為了尋求精神和財力上的支持，期間她還為新加坡《南洋商報》撰寫專欄文章，介紹劇團工作。

一九四二年王瑩前往美國學習。她出任東西文化協會的董事，安排演出許多國防戲劇，應邀前往白宮會見羅斯福一家、眾多國會議員和名流，並為他們演出了《放下你的鞭子》。她還為《紐約新報》、《華僑日報》等海外華人報紙撰寫了數篇社會評論文章。一九四六年，她協助艾格尼絲·史沫特萊（Agnes Smedley）撰寫朱德的經典傳記 *The Great Road: The Life and Times of Chu Teh*。

王瑩後來成為眾口稱譽的「散文」家。中國大陸評論家常常指出，她文中反覆出現的主題，是申明追求自由和愛，屬人人皆有的權利。不過，值得留意的是，她從一己女性的角度，描述了在瞬息萬變的社會中女性的命運。她的代表作有〈春雨〉、〈西安的女兒們〉、〈新女性的推薦〉、〈聖誕節的禮物〉和〈衝出黑暗的電影圈〉。

在美國期間，王瑩撰寫了自傳體小說《寶姑》，追述了她頭二十年起伏不定的坎坷歲月。她和丈夫謝和賡（生於 1912 年）在一九五二年麥卡錫（McCarthy）肅清共產黨運動中遭到監禁，最後被驅逐出境，一九五五年初回到北京，她被分配到北京電影製片廠，編寫電影劇本。後來丈夫被打成右派，下放到東北接受勞動改造，她便避居北京以西的香山。在那裡，她根據在美國

的經歷、麥卡錫清共運動的糾葛，撰寫了第二本自傳體小說《兩種美國人》。

一九六七年七月一日，王瑩成為文化大革命最早的受害者之一。她因扮演過賽金花而被江青（參見該傳）下令收監，一九七四年三月二日死於獄中。

Jonathan Noble

崔少元譯

◇ 王瑩，《兩種美國人》，北京：中國青年出版社，1980 年。
◇ ──，《寶姑》，北京：中國青年出版社，1982 年。
◇ 陳野等編，〈王瑩〉見《中國電影家列傳》，集 2，北京：北京電影出版社，1982 年，頁 31–38。
◇ 李潤新，《潔白的明星──王瑩》，北京：中國青年出版社，1987 年。
◇ 盛英編，〈演員作家：王瑩〉見《二十世紀中國女性文學史》，上冊，天津：天津人民出版社，1995 年，頁 433–440。

◼ 210 王迎春 Wang Yingchun

王迎春，一九四二年生於山西省太原市，國畫家。

王迎春很小年紀便開始繪畫，一九五七年考進西安美術學院附中學習國畫和雕塑。其後入該學院國畫系，專攻人物畫，兼習花鳥畫、山水畫和書法。她就教於鄭乃光，並在劉文西影響下，酷愛描繪中國西北的農村風情。

王迎春從西安美術學院畢業並取得學士學位後，回到山西，致力創作國畫、油畫和版畫。她有許多油畫作品曾在七十年代展出。一九七八年文革結束後，進入中央美術學院國畫系研究生班學習。她仍專攻人物畫，師從蔣兆和（1904–1986）、葉淺予（1907–1995）和劉凌滄（1908–1989）等舉足輕重的畫壇名宿。自一九八零年起，在中國畫研究院從事國畫創作和學術研究。

王迎春擅於創作宏幅巨製，能處理眾多人物的大場面。她這類畫作不單大型，還以社會關注事情為主題，在傳統畫領域中，並不多見。她的畢業創作〈黃河在咆哮〉用筆凝重有力，運墨酣暢奔放，獲得了葉淺予獎學金。她的另一幅大型水墨作品〈太行鐵壁〉得到一九八四年第六屆全國美術作品展覽的金獎。這幅畫以太行群山為背景和象徵，視野開闊，筆力剛勁如刀砍斧鑿，勾劃出中日戰爭的歷史場景，歌頌了中國人民不屈不撓的精神。它突破傳統表達形式，將山與人融為一體，使觀眾神遊於畫外，仿佛置身現場，目擊那歷史鬥爭時刻。她在連環畫創作上也很有造詣，〈小二黑結婚〉贏得了一九八四年第三屆全國連環畫展的二等獎。另一件作品〈金色的夢〉贏得了一九八九年全國美展的銅獎。

邵亦楊

編者按：一九六七年，王迎春和同是畫家的楊力舟（生於 1942 年）結婚。後來一起進入中央美術學院國畫系研究生班學習。王迎春現為中國畫研究院業務處長，中國白洋淀詩書畫院藝術顧問，中國美術家協會會員，全國青聯第五、第六屆委員。楊力舟歷任中國美術館館長、中國美協副主席。

◇ 楊萍，〈豪氣之才情精湛之筆墨——著名畫家王迎春〉，2008 年 4 月 30 日，見 <http://news.sohu.com/20080430/n256603368.shtml?from=814e.com>，來源：山西新聞網，《山西日報》，2013 年 3 月 26 日查閱。
◇ 「蔣兆和」見 <http://baike.baidu.com/view/148550.htm>，2013 年 3 月 26 日查閱。
◇ 「劉凌滄」見 <http://baike.baidu.com/view/212172.htm>，2013 年 3 月 26 日查閱。
◇ 「葉淺予」見 <http://baike.baidu.com/view/31246.htm>，2013 年 3 月 26 日查閱。
◇ 「王迎春」見 <http://baike.baidu.com/view/203362.htm>，2015 年 4 月 28 日查閱。
◇ 「楊力舟」見 <http://baike.baidu.com/view/220725.htm>，2015 年 4 月 28 日查閱。

▥ 211 王一知 Wang Yizhi

王一知（1901–1991），本姓楊，湖南芷江人，中共正式接納的第一位女黨員。她是一九二五至二七年全國革命時期的領導人，三十年代「白區」的中共地下黨員，五十年代初到八十年代初北京一零一中學的校長。

王一知出生於邊遠湘西小鎮芷江，父親姓楊，家境富裕。楊氏二十世紀頭十年留學日本，明白到纏足乃惡習，應予取締，故王一知得免此苦。楊氏在日本多年後回國，為了妻子譚氏未能生子繼承香燈而大為惱火，決定納妾；妻子深感怨憤，返回芷江鄉間的娘家居住。王一知傷心萬分，數月後才獲准前往母親處，從此和子弟眾多的譚家一起生活。

一九一五年，王一知報考桃源的省立第二女子師範學校，通過了競爭激烈的入學考試。可是，相依為命的母親也在那時猝然去世，使她悲喜交集。她在桃源的寄宿學校讀書時，結識了丁玲（參見該傳）和王劍虹，二人對她畢生影響甚大。在那裡，她亦受到五四反傳統思潮影響，隨著同學要求改革課程，尤其是反對宣揚禮教、鼓吹女子貞潔和三從四德的「修身」課。

一九二零年底畢業後，王一知到湖南漵浦一所男女學校教書，該校為才幹過人的青年女性向警予（參見該傳）所創辦，當時向警予剛離開湖南赴法國勤工儉學。但不多久，王一知覺得必須離開湖南，以躲過父親為她包辦的婚姻。好友王劍虹和丁玲正打算去上海，去李達和王會悟（參見該傳）夫婦開辦的上海平民女子學校讀書，李達是中共創建者之一。在她們提議下，王一知和她們

同赴上海讀書。王一知入學時，就棄去楊姓，以示抗拒父系氏族制度。起初她想簡單的叫一知，但很快發覺，在社會辦事而無姓氏，實在不容易（如在日常寒喧，就會被人問：「您尊姓？」）。她因而以「王」為姓，因這個姓氏十分普遍，而且筆劃簡單，容易書寫。

一九二二年初，王一知與施存統（又名施復亮，1898–1970）相戀；施存統是中共創建人之一，她也同時成為共產黨員。在一九七九、八零年接受訪問時，她表示在一九二二年中，經劉少奇（1898–1969）介紹，成為上海共產黨組織正式接納的第一名女黨員。劉少奇是黨內重要領導人，與她在政治上長久保持密切關係。關於她的說法，既不能從已發表的資料中核實，也不能從所查考的歷史記錄中找出反證。該時期最重要的女共產黨員向警予，一九二二年初在上海入黨時，似「未辦理任何手續」，看來是憑著丈夫蔡和森的黨員身份，便可自動成為黨員。

往後數年，王一知進上海大學，集中精力從事黨的婦女工作，主要職責包括支持罷工女工；為婦女雜誌，特別是《婦女周報》寫稿；加入為婦女爭取選舉權的團體等。婦女權益聯盟上海支部成立之際，她發表多篇文章，其一闡明婦女必須有選舉權，立場堅定明確。

王一知與施存統在一九二五年分手，小女兒由她撫養；同年，她遇上張太雷（1898–1927），兩人從此走在一起。張太雷因俄語水平甚高，對蘇聯情況了解，而聞名於黨內；他亦如當時許多男黨員，已通過包辦婚姻成家立室。此時張太雷不欲與原配離婚，但王一知則以張妻自居，陪同他前去廣東出任要職，擔任共產國際所派顧問鮑羅廷（Michael Borodin）的譯員。她在穗期間的政治要務，是主編廣東婦女解放協會機關刊物《光明》。一九二六年末，她和張太雷遷至武漢——當時革命勢力的新都。

一九二七年四月國共分裂，七月武漢政府倒台，張太雷開展共產黨起義活動，王一知返回上海待產，十月中旬生下一子。一個月後，張太雷離滬返穗，十二月在廣州率眾起義，旋被擊潰，不幸捐軀，後人稱該事件為廣州起義。此後數年，王一知在滬從事黨的地下工作，一九二八年與劉紹文（譯音）成婚，翌年生一女。地下工作壓力沉重，導致王、劉婚姻關係破裂；一九三七年王一知先後與李載雲（譯音）、龔飲冰結合。

一九三七年，日本侵佔華北後，王一知留在白區而未去延安，此時毛澤東（1893–1976）在延安已建立共產黨根據地。她在上海為地下電台工作，一日

警察突來搜查，她僥倖逃脫，但卻和上海地下黨失掉聯繫。一九四二年，她翻山越嶺，長途跋涉的到達陪都重慶，後在四川合江女子中學任國文教師。

一九四九年後，王一知成為教育家，在多所學校當過校長；最後在一九五五年任北京男女合校的一零一中學校長。在她帶領下，該校致力改革課程，提高教學素質，名聞遐邇。但文革中，學校遭紅衛兵毀壞，她也受到粗暴對待。她從艱難困苦中挺了過來，一直擔任校長，到一九八二年退休為止。

Christina K. Gilmartin

龍仁譯

編者按：王一知一九九一年病逝北京，終年九十歲。

◇ ［王］一知，〈姊妹們快來幹女權運動吧〉見《婦女評論》，1922 年 9 月 27 日 60 期，頁 1。
◇ 王一知，私人談訪，北京，1979、1980 年。
◇ ——，〈五四時代的一個女中〉見《五四運動回憶錄》，北京：中國社會科學出版社，1979 年，頁 518。
◇ 蔡博（譯音），私人談訪，北京，1983 年 7 月 23 日。
◇ 《華夏婦女名人詞典》，北京：華夏出版社，1988 年。
◇ Gilmartin, Christina K. *Engendering the Chinese Revolution: Radical Women, Communist Politics, and Mass Movements in the 1920s.* Berkeley: University of California Press, 1995.
◇ 「施存統」見 <http://baike.baidu.com/view/598846.htm>，2013 年 3 月 26 日查閱。
◇ 「王一知」見 <http://baike.baidu.com/view/320437.htm>，2013 年 3 月 26 日查閱。

▥ 212 尉鳳英 Wei Fengying

尉鳳英，生於一九三四年（另有資料指為 1933、1935 年），遼寧撫順人，是二十世紀六十年代家喻戶曉的「毛主席的好工人」。文革期間，她扶搖直上，被擢升為遼寧省革委會副主任，中共第九、第十屆中央委員。

尉鳳英出生於工人家庭，一則資料稱她父親是礦工，去世時她僅三歲；她和母親被迫乞食，後以拾柴為生。一九五三年，她到瀋陽的東北機器製造廠當學徒，覺得有了工作，如獲新生，內心感激不已，決心悉力以赴。她細心觀察工序，找出可改善技術之處。雖然她未受任何培訓，但她從圖書館借書自學繪圖，又從機器展覽會上尋找靈感。經反覆試驗，她終於改良了本車間及相鄰車間的機床。據說她後來不斷引進革新項目，速度之快次數之多令人驚異。不久，她組織了一個十六人小組，利用工餘時間解決生產難題。一九五四年，她被表彰為瀋陽市勞動模範，同年入黨。一九五九年，被選為遼寧省勞動模範，又代表該省參加全國人大。據稱到該年為止，她完成了一百零九項革新，

其中一些可使產量倍升。五十年代起，她獲得本市、省和國家多次評為勞動模範；對她來說，接受獎章、鮮花和掌聲，已成家常便飯。

文革期間，尉鳳英成為全國勞模和本廠工程師，她在北京不止一次代表本省的群眾組織；一九六四年獲得毛澤東（1893–1976）接見後，聲望大為提高。毛主席和她握手的照片登在《人民日報》頭版，不多久她得了個稱號：「毛主席的好工人」，事蹟在全國各地被媒體大肆宣傳。文革時期，這名無人不識、毛澤東的忠實工人代表，成為包括江青（參見該傳）及其集團在內的各派力量競相爭取的對象。結果，她火速進入了遼寧省和黨中央的領導層。一九六八至七七年，任遼寧省革委會副主任，中共第九、第十屆中央委員。一九七七至八二年間，在中共第十一屆全國代表大會降為候補委員。在婦女運動中，她任遼寧省婦聯主任及全國婦聯籌備組副組長。

一九七六年毛澤東逝世後，尉鳳英聲稱，她不是從政的專才，當工人會更輕鬆自如，請求調回遼寧。回到遼寧後，先在省總工會工作一段時間，再調往一家大型軍工企業——瀋陽新陽機器廠任副經理。據報導，曾有黨領導對她說：「中央沒有給你立案。你沒什麼問題，你沒陷害老幹部，也沒拉幫結派。」黨領導的說話，使她放下心頭大石，據稱她回答說：「特殊的政治氣候把我抬到了高高在上的位置，我做夢都沒想到。現在，我找到適合自己的位置，是在情在理的。和工人在一起，做我能做的事，心裡輕鬆，也沒有壓抑感，這有什麼不好呢？」她在新崗位的表現，逐漸贏得廠裡上下的信任，被選為廠工會主席和廠黨委委員。一九八七年，她再次被選為瀋陽皇姑區人民代表。雖然這個職位，較之她在六十年代黃金時期的職位，相去甚遠，但卻更能顯示她本來會走的路；只是一場文革將她抽離原有環境而已。她在九十年代退休，和丈夫盧其昌安度晚年。兩人昔日共事於東北機器製造廠，一九五八年結婚，生有兩女。退休後，她還到機關、企業、學校演講，談經驗，深受歡迎。據一九九八年發表的一篇文章稱，她正在撰寫回憶錄。

蕭虹

龍仁譯

◇ 《華夏婦女名人詞典》，北京：華夏出版社，1988 年，頁 990。
◇ 伊非，〈毛主席的好工人〉見《今日名流》，1998 年 4 期，頁 48–51。
◇ *Who's Who in Communist China.* Hong Kong: Union Research Institute, 1969, 709.
◇ Bartke, Wolfgang. *Biographical Dictionary and Analysis of China's Party Leadership, 1922–1988.* Munich: Saur, 1990, 232.
◇ 「尉鳳英」見 <http://baike.baidu.com/view/216841.htm>，2015 年 10 月 20 日查閱。

213 危拱之 Wei Gongzhi

危拱之（1908–1973），河南省信陽縣人，隨紅一方面軍參加一九三四至三五年中國共產黨長征的三十名婦女之一。

危拱之出生於縉紳之家，幼時被迫纏足，但十來歲便把雙足「解放」。她進入開封中學讀書，參加校內愛國反帝學運，並在一九二五年五卅運動中，當選學生代表。次年，考入頗有名氣的黃埔軍校武漢分校女子訓練班。她在該校學習軍事，並加入了共產黨，同窗周越華（參見該傳）後來亦參加了長征。可能在這時期，危拱之結識了教官葉劍英（1898–1986），二人後來結婚。在七十年代，葉劍英是中國權傾一時的軍界人物。

危拱之被黨派遣到廣州，在一九二七年十二月著名的廣州公社時期當看護；後於廣東海陸豐第一個中華蘇維埃政權下任《紅軍生活》雜誌編輯。接著在莫斯科學習兩年（1929–1930），回國後擔當過多個職位，都是負責江西蘇區的文藝活動。她創作了許多話劇、舞蹈和歌曲；並與李伯釗（參見該傳）同被譽為推動早期蘇維埃文藝生活的重要人物。一九三一年，危拱之任瑞金的中央政府辦公廳秘書，同年被指為托派嫌疑份子，開除出黨；名字也得「永遠」從黨的各項紀錄中刪除。

紅軍和中央機關從江西蘇區撤離時，只准許少數婦女隨行，危拱之的政治立場雖受質疑，亦包括在內，大概因為她是知識份子，對黨具有價值，兼且又是葉劍英的妻子。她在幹部連行軍，做的工作和女政工幹部一樣，但編制是「老百姓」而非幹部。長征結束後，毛澤東（1893–1976）指示，凡完成長征者，都可入黨以資獎勵，她於是恢復黨籍。

一九三六年危拱之和埃德加·斯諾（Edgar Snow）在保安見面時，正出任人民抗日劇社導演；而在一九三七年九月會見海倫·斯諾（Helen Foster Snow）時，剛剛分娩。由此可見，這一年當她與錢希鈞（參見該傳）將一大筆國際援助款項，由上海偷運到西安時，已有孕在身；可期間兇險萬分，且長達四個月。一九三九年她為黨的任務回到河南；在河南先後任省委秘書長、組織部部長，代表河南參加中共第七次黨代表大會。一九四三年進黨校，再次以犯了政治錯誤受整。一九四五至四九年在東北，生活條件極為惡劣，終患上肺病，四九年後無法工作。一九七三年二月八日「死於自然」，但一九六九年文革中被遣送湖北，未能得到適當治療，無疑令她更早辭世。

Sue Wiles

龍仁譯

◇ 郭晨，《巾幗列傳：紅一方面軍三十位長征女紅軍生平事蹟》，北京：農村讀物出版社，1986年，頁 32–33，143–149。

◇ 趙和平，〈危拱之〉見《中共黨史人物傳》，西安：陝西人民出版社，1988年，頁 239–267。

◇ 宋瑞芝主編，《中國婦女文化通覽》，濟南：山東文藝出版社，1995年，頁 235–237。

◇ Snow, Helen Foster. *Inside Red China.* 1977 reprint [with a new preface and biographical notes by the author]. New York: Da Capo Press, 1939, 296–97.

◇ Lee, Lily Xiao Hong and Sue Wiles. *Women of the Long March.* Sydney: Allen & Unwin, 1999.

▥ 214 危秀英 Wei Xiuying

　　危秀英（1910–2005），江西省瑞金縣人，隨紅一方面軍參加一九三四至三五年中國共產黨長征的三十名婦女之一。

　　危秀英出身農家，五歲時被賣到附近興國縣一戶生意人家當童養媳。一九三零年，逃離婆家參加紅軍，此後未曾再婚。一九三二年二十二歲的時候入黨；次年任興國縣政府婦女主任；再過一年，調至江西省委婦女部。長征中，被指派為「政治戰士」，任務包括組織政治宣傳活動和僱請挑夫。她儘管個子不高，還被喊作「矮子」，很多次遇上警衛員不幹或僱來的挑夫跑掉，便自己抬擔架。到達延安之後，在婦女局工作，一九三八年中被派回南方，在戰情險惡的粵贛邊界區進行婦女工作，開展游擊活動。一九四零年底，被召回延安進入馬列學院和訓練菁英黨員的中央黨校學習，一九四五年被選為黨七大代表，從那年到一九四九年，在東北吉林省歷任敦化縣委常委、組織部部長、省委婦女委員會書記等職位。

　　一九四九年後，危秀英被委任為江西省委委員、婦女委員會書記、全國婦聯農村工作部副部長、江西省政協常委。文革期間遭到批鬥，但未受人身傷害，一九七八年獲得平反。一九八三年離休，留任省政協委員。一九八六年她接受中、美記者訪問時，身體健康。文革時期出現的種種惡毒行徑，無損她對共產黨的忠誠；在她看來，是黨將她從貧困、文盲和不幸婚姻中拯救出來的。

Sue Wiles

龍仁譯

　　編者按：危秀英於二零零五年去世。

◇ 郭晨，《巾幗列傳：紅一方面軍三十位長征女紅軍生平事蹟》，北京：農村讀物出版社，1986年，頁 13–15。

◇ 黃其莊，〈一個女戰士的足跡〉見《紅軍女英雄傳》，瞭望編輯部編，北京：新華出版社，1986 年，頁 163–174。
◇ Salisbury, Harrison E. *The Long March: The Untold Story.* New York: Harper & Row, 1985, 32, 36, 81, 88, 206, 237, 265–266.
◇ Lee, Lily Xiao Hong and Sue Wiles. *Women of the Long March.* Sydney: Allen & Unwin, 1999.
◇ 「危秀英」見 <http://baike.baidu.com/view/320293.htm>，2013 年 3 月 26 日查閱。

▥ 215 吳富蓮 Wu Fulian

吳富蓮（1912–1937），出生於福建省上杭縣一個農家，是參加一九三四至三五年中國共產黨長征的三十名婦女之一。

吳富蓮從小被寡母送給他人作童養媳，十七歲便離家跟隨紅軍宣傳隊四出宣傳，先後成為少先隊隊長、共產黨員（1929）、區婦女部部長、縣黨委委員（1931）以及閩粵贛省委委員（1932）。任省委委員時，與一個叫劉曉的男子共事，後與之結婚；同事中還有後來的長征戰友李堅真（參見該傳）。一九三三年，吳富蓮被送至江西蘇區中央黨校學習，翌年任省委婦女部部長。她在中央黨校與危秀英（參見該傳）、鄧六金（參見該傳）結束軍訓後，便一同投入大規模的擴紅工作，為長征做好準備。長征途中，她的職責包括在野戰醫院和幹部休養連進行政治工作、僱用擔架人員、採辦或徵集錢糧、尋找營地以及為行軍人員安置路標。一九三五年八月，她被調至張國燾的紅四方面軍，任西北行政局婦女部部長，後又在王泉媛（參見該傳）為團長的婦女抗日先鋒團任政委。西路軍渡黃河後，在甘肅河西走廊被回民騎兵截殺。僅六個月後，即一九三七年四月，因傷被俘的吳富蓮在獄中去世。

Sue Wiles

龍仁譯

◇ 郭晨，《巾幗列傳：紅一方面軍三十位長征女紅軍生平事蹟》，北京：農村讀物出版社，1986 年，頁 190–193。
◇ 席軍編著，《巾幗悲歌》，成都：四川人民出版社，1995 年，頁 224–235。

▥ 216 吳健雄 Wu Jianxiong

吳健雄（1912–1997），生於上海，祖籍江蘇省太倉縣，著名原子核子物理學家。

吳健雄出身於提倡男女平等的書香門第，父親吳仲裔在家鄉太倉縣創辦明

德學校，母親樊復華也鼓勵支持女孩子上學讀書。吳健雄十五歲畢業於蘇州江蘇第二女子師範學校，之後當過兩年小學教師。一九二九年考入南京國立中央大學數學系，一年後轉入物理系，一九三四年畢業，獲學士學位。她先受聘在浙江大學任助教，後又到中央研究院工作，是院內唯一的女研究助理。

吳健雄自幼成績優異，胸懷大志。為求深造，一九三六年，她用平日的積蓄買了三等艙船票，遠渡重洋赴美國，進入加州大學柏克萊分校攻讀研究生課程，成為著名物理學家勞倫斯（E.O. Lawrence, 1901–1958）的學生。勞倫斯發明了迴旋加速器（cyclotron），於一九三九年獲得諾貝爾物理學獎。吳健雄專攻原子物理學和核子物理學，不僅成績出眾，而且實驗技術也高人一籌。她於一九四零年獲博士學位。之後在勞倫斯主持的實驗室任研究助手。

一九四二年，吳健雄與袁家騮（Luke C.L. Yuan, 1912–2003）結婚。袁家騮一九三二年畢業於燕京大學，一九四零年獲加州理工學院（California Institute of Technology）博士學位。他在核子物理學，尤其高能物理學方面頗多建樹。他們夫婦二人曾合作編撰了《實驗物理學方法・核物理學》（*Nuclear Physics, volume 5 of Methods of Experimental Physics*, 1961）一書。他們有一個兒子，名袁緯承（Vincent Yuan），也是一位物理學家。

吳健雄先後在史密斯學院（Smith College）和普林斯頓大學執教。接著應哥倫比亞大學戰時研究部（Wartime Research Institute）的邀請，一九四四年參加了「曼哈頓計劃」（Manhattan Project）的科研工作，而第一枚原子彈就是這個計劃的製成品。她負責輻射檢測方面的一些研究，在改進蓋革探測器（Geiger counter）方面起了關鍵作用。二次大戰結束後，她繼續在哥倫比亞大學從事輻射研究，和同事一起對數十種能譜（energy spectrum）複雜的放射性核素的 β 衰變（beta decay）進行了系統的實驗研究。在 β 衰變的領域中，她是公認的權威。一九五二年，她出任該校副教授。她和物理學家莫茲科夫斯基（S. A. Moczkowski）合著的《β 衰變》（*Beta Decay*）在一九六五年出版。

吳健雄最重要的科學貢獻，是對楊振寧（生於 1922 年）和李政道（生於 1926 年）一九五六年提出的「在亞原子粒子弱相互作用下宇稱（parity）不守恆」的理論進行了實驗驗證。她領導的研究小組進行了極其精細的實驗：在極低溫（0.01K）下用強磁場把鈷 –60 原子核的自旋方向極化（polarization，即是使自旋幾乎都在同一方向），從而觀測鈷 –60 原子核 β 衰變中產生的電子的角分布，結果發現自旋方向和電子射出方向相反，形成左手螺旋，而不形成

右手螺旋，顯示宇稱不守恆，左右不對稱，左右手螺旋的機會不相等。她的實驗証明，楊振寧和李政道的理論是正確的，而一向被奉為金科玉律的宇稱守恆定律是錯誤的。她的實驗結果在一九五七年初發表後，轟動了國際物理學界。楊、李二人因提出上述理論而獲頒那年度的諾貝爾物理學獎，但吳健雄卻沒有獲獎。一九九七年吳健雄去世，李政道得知噩耗後，稱讚她是最偉大的物理學家之一。一九五八年，哥倫比亞大學為表揚她的卓越貢獻，委任她為物理學教授。同年，她又被普林斯頓大學授予榮譽科學博士學位，並當選為美國國家科學院（U.S. National Academy of Sciences）院士。

一九六三年，吳健雄等又以實驗證明了另一理論正確無誤，這就是一九五八年費曼（Richard Feynman, 1918–1988）和蓋爾曼（Murray Gell-Mann，生於 1929 年）提出的 β 衰變中的矢量流守恆理論（conserved vector current theory）。這是在物理學史上首次由實驗證實電磁相互作用與弱相互作用有密切關係，正好為一九七四年提出的弱電統一理論（unified theory of weak and electromagnetic interactions）打下基礎。這些實驗證據對原子核子物理和粒子物理的 β 衰變研究，意義重大。

早在二十世紀四十年代末期，吳健雄等就曾經作過關於量子力學基本原理的實驗，證明電子和正電子有相反的宇稱。一九七零年她領導的實驗小組又作了進一步的實驗，在更高程度上支援了量子力學的正統法則。六、七十年代，她進行了關於 μ 子、介子和反質子物理方面的實驗研究，出版了數部著作，發表了逾百篇論文，做了許多首創性和有很高學術價值的工作。她還深入研究穆斯堡爾效應（Mösbauer Effect）的測量及應用問題，尤其著力於這效應應用於生物學大份子如測定血球蛋白結構的情況。

吳健雄以卓越的學術貢獻享譽物理學界和國際科學界，有「物理學女王」之稱。有評論認為，她被推崇為世上最傑出的女實驗物理學家，確屬實至名歸。她曾獲得哈佛大學、耶魯大學等十幾所國際著名大學的榮譽科學博士學位。一九七五年當選為美國物理學會（American Physical Society）主席，也是該會有史以來的第一位女主席。同年，福特（G.R. Ford）總統授予她國家科學勳章（National Medal of Science），這是美國科學界的最高成就獎。一九七八年，她獲得以色列沃爾夫基金會（The Wolf Foundation）首次頒發的沃爾夫物理學獎（The Wolf Prize in Physics）。

吳健雄在一九五四年六月二十八日入美國籍。她在美國生活工作了大半

生，但仍關心中國的科學發展。她於一九七三年以後，曾多次回國探親、訪問、講學。為發展故鄉的教育，一九八二年還捐錢資助明德學校。她受聘為南京大學、北京大學、中國科學技術大學等校的榮譽教授，並成為中國科學院高能物理研究所學術委員會委員。在香港億利達工業發展集團有限公司資助下，一九八六年起中國設立了吳健雄物理獎，獎勵四十歲以下有優秀學術成就的青年物理學工作者。一九九零年五月，南京紫金山天文台將一顆小行星命名為「吳健雄星」，以表彰她在原子核子物理學研究領域的傑出成就和在促進中國科學教育事業方面的卓越貢獻。一九九四年，中國科學院選舉產生首批外籍院士，吳健雄成為中國科學院第一位女外籍院士。

吳健雄曾經說過：「不要因為你家的碗沒有洗，就不去做實驗。」這話頗能印證她的工作態度。一九九七年，她在紐約家中因腦溢血去世。

王冰

◇ 馮端、陸琰主編，《半個世紀的科學生涯──吳健雄、袁家騮文集》，南京：南京大學出版社，1992 年。
◇ 楊福家、胡序勝，〈吳健雄〉見《中國現代科學家傳記》，集 4，北京：科學出版社，1993 年，頁 127–142。
◇ 江才健，《吳健雄──物理科學的第一夫人》，台北：時報文化出版企業，1996 年。
◇ Yuan, Luke C.L., and Chien-Shiung Wu, eds. *Nuclear Physics,* vol. 5 of *Methods of Experimental Physics.* New York: Academic Press, 1961–63.
◇ Wu, C.S., and S.A. Moczkowski. *Beta Decay.* New York: Interscience Publishers, 1965.
◇ Dicke, William. "Chien-Shiung Wu, 84, Dies; Top Experimental Physicist." *The New York Times* Biographical Service, February (1997) : 323.
◇ 「感懷吳健雄──中國的居里夫人」見 <http://blog.sina.com.cn/s/blog_5ff66f780100egcn.html>，2009 年 8 月 27 日。2013 年 4 月 5 日查閱。
◇ 「吳健雄」見 <http://baike.baidu.com/view/24220.htm>，2013 年 4 月 5 日查閱。
◇ 「袁家騮」見 <http://baike.baidu.com/view/72902.htm>，2013 年 4 月 5 日查閱。
◇ "Wu, Chien-Shiung." CWP, at <http://www.physics.ucla.edu/~cwp>, accessed 24 February 2001.

▥ 217 吳瑪悧 Wu Mali

吳瑪悧一九五七年生於台灣台北，一九八零至八二年在奧地利維也納應用藝術學院學習，一九八六年從德國杜塞道夫國立藝術學院取得藝術碩士學位，操流利德語和英語。她是台灣最富知識份子色彩的藝術家之一。她常利用「殘缺」或「挪用」的物件和情景，以及錄像，來創作裝置藝術，以解構中國人對婦女固有的觀念、新產品在消費社會的光譜能量。

吳瑪悧舉辦了很多國際展覽，展品包括她在一九九五年第四十六屆威尼斯

雙年展中展出的塑料箱，內裝載著被她撕碎的西方哲學書籍。自從這個作品被南條史生選入一九九八年的台北雙年展後，她藝術家的地位便得到認同。在這次盛事中，她展出一間如實物一般大小的性愛旅館模型，還附帶說明文字，暗喻台灣的社會本質與父權現象。

John Clark

陳玉冰譯

編者按：吳瑪悧現任台灣高雄師範大學跨領域藝術研究所所長兼副教授。

◇ 《臺灣藝術》，威尼斯雙年展：普里奇歐尼宮，台北：台北市立美術館，1995 年。
◇ 張芳薇、Miki Akiko、Ishigami Mori 編，《1998 台北雙年展：慾望場域》，台北：台北市立美術館，1998 年。
◇ 陳玉玲編，《意象與美學：台灣女性藝術展》，台北：台北市立美術館，1998 年。
◇ 吳瑪悧，《吳瑪悧：寶島物語》，台北：伊通公園畫廊，1998 年。
◇ Clark, John. "Touch Texture and Concept: Three Woman Artists from Taiwan." In *Art Taiwan*, eds. N. Jose and Yang Wen-i. Sydney: Museum of Contemporary Art, 1995.
◇ 「吳瑪悧簡歷」見 <http://www.douban.com/event/20938655/discussion/56857698/>，2014 年 2 月 28 日。2014 年 8 月 14 日查閱。

▥ 218 吳木蘭 Wu Mulan

　　吳木蘭（1888 ？ –1939），本名吳墨蘭，二十世紀三十年代化名胡大昌，江西省撫州縣人。她是革命份子，在辛亥革命前後積極推動婦女參政，是這場運動的領袖之一。

　　吳木蘭在一九零四年前往日本留學。初入日本著名女子教育家下田歌子（1854–1936）創立的實踐女學校就讀一年，後轉往大成學館。平日喜讀文藝作品，尤好《西廂記》。在日期間，加入革命組織同盟會。一九零五年秋，黃興（1874–1916）等在日本橫濱成立炸彈製造機關，為武裝起義作準備，並招請俄國虛無黨人教授製造原理和技術。吳木蘭與秋瑾、方君瑛、陳擷芬（後三人傳記可參見《清代婦女傳記辭典》）、林宗素（參見該傳）、唐群英（參見該傳）等人，都參與其中。

　　一九一一年十月十日，武昌起義。十一月以後，江西、貴州、浙江、江蘇、廣西、廣東、福建、安徽等省相繼獨立，局勢漸趨明朗。留日學生眼見革命成功在望，便於十一月十一日在東京舉行祝賀新中國光復大會。吳木蘭口齒伶俐，在會上演說，謂女子應努力求學，積極參與軍政大事，報效祖國。翌日，她對記者聲稱，打算前往武昌，參加蘇淑貞等組織的女子赤十字團；假如時勢

無需女子軍，也會潛入各地，或演說，或當密探，務求獻身革命。

辛亥革命發生月餘，自薛素貞等組織的女國民軍首舉義旗後，上海婦女紛紛仿效，各自組織軍事團體。吳木蘭回國後，也參與女國民軍的工作，同時支持女子北伐隊。一九一二年一月十四日，她在上海成立同盟女子經武練習隊，以宣揚國民軍的理念，有八十餘人參加。練習隊由她主持，成員包括黎元洪（1864–1928）、伍廷芳（1842–1922）、程德全（1860–1930）等。

一九一二年南京臨時政府成立後，上海革命婦女的焦點，從參與軍事活動轉向組織政治團體，積極爭取參政權，追求法律上男女平等。她們奮鬥之旅，又短又戲劇化，最終無功而回。（參見唐群英傳，唐氏是來自湖南的女權份子，當時力爭婦女參政權和男女平等。）二月二十二日，以爭取女子參政權為目標的女子同盟會成立，由吳木蘭出任會長。三月十六日，一個名為神州女界共和協濟會的姐妹組織於上海舉行成立大會，會長張默君（參見該傳，又名張昭漢、Sophie Zhang）與王昌國（1880–1949）、唐群英、沈佩貞、林宗素等相繼演說，都表示決意為女子爭取政治權利。三月十九日，她們正式上書臨時大總統孫中山（1866–1925），要求將男女權利一律平等的規定寫進新憲法。孫中山原則上同意，但他在四月辭任總統，參議院又先後決議政府與該院遷往北平，標誌著南京臨時政府的夭折，袁世凱（1859–1916）專制統治的開始。加上其時社會輿論對女子參政普遍持反對態度，前景未容樂觀。但是，爭取女子參政權的運動並未因而停止。

二月，上海女子參政同盟會、女子後援會、女子尚武會、金陵女子同盟會及湖南女國民會聯合組成女子參政同盟會，由唐群英任主席。四月，女子參政同盟會舉行大會，會上發表宣言，表示將以「普及女子之政治學識，養成女子之政治能力，期得國民完全參政權」為宗旨，正式掀起女子參政權運動的序幕。會後，吳木蘭隨眾人赴北平爭取女子參政權。可是，當局對她們的要求不予理會，到了一九一三年初，婦女政治組織已在被禁之列。

此後，有關吳木蘭的消息不詳。她一度嫁汪健儂為妻，後因意見不合離異。兩人有一子名振球，一九二一年生，從母姓，三十年代從上海海東中學畢業。抗日戰爭時期（1937–1945），吳木蘭化名胡大昌，初當游擊隊長，後協助汪精衛（1883–1944）建立親日中央政權，主要從事婦女和平會的工作，成為國人眼中的漢奸。一九三九年十二月二十二日，她在上海法租界馬浪路華北公寓住所內被狙殺，終年五十二歲。那年，兒子振球十八歲。

林學忠

◈ 《東京朝日新聞》，1911 年 11 月 12 日，頁 5；11 月 18 日，頁 5。
◈ 《民立報》，1911 年 11 月 19 日，頁 3；1912 年 1 月 14 日，頁 6；3 月 23 日，頁 7；4 月 12 日，頁 1，8。
◈ 《申報》，1912 年 2 月 22 日，頁 7。
◈ 《時報》，1912 年 3 月 2 日，頁 2–3；4 月 10 日，頁 3–4。
◈ 《南京新報》，1939 年 12 月 23 日，頁 1 上；12 月 24 日，頁 1 上。
◈ 杜偉，〈上海女子北伐敢死隊〉見中國人民政治協商會議委員會、文史資料研究委員會編，《辛亥革命回憶錄》，集 4，北京：中華書局，1962 年，頁 59–62。
◈ 藤田正典，《現代中國人物別稱總覽》，東京：汲古書院，1986 年，「吳木蘭」條，頁 85。
◈ 小島淑男，《留日學生の辛亥革命》，東京：青木書店，1989 年。

▥ 219 吳舜文 Wu Shunwen

吳舜文（1912/1913–2008），江蘇武進人，企業家，從事紡織、汽車和船務多個行業，人稱台灣企業巨子；也活躍於當地婦女組織。

吳舜文是紡織企業家吳鏡淵之女，一九四九年之前，吳鏡淵在江蘇常州營商。吳舜文在上海讀書，先後就讀於中西女子中學（McTyeire Girls' School）和聖約翰大學（St. John's University）。其後又赴美深造，獲哥倫比亞大學（Columbia University）碩士學位。

吳家在一九五二年遷至台灣，那時吳舜文已嫁給嚴慶齡（1908–1981），他的父親嚴裕棠（1880–1959）在上海創辦了大隆機械廠。一九四八年，吳舜文和丈夫謀劃未來的事業，嚴慶齡一心投身重工業，因為嚴家的生意就是製造紡織機械。但重工業需要大量投資，那時他們並無足夠資金，於是打算從紡織業做起，然後把紡織廠產生的利潤投放於重工業。為此，他們從嚴家的上海機械廠購入兩萬枚紡錠和五百台紡織機器，運到台灣，在新竹創辦了台元紡織公司。

台元由吳舜文一人掌管，創業之初，台元目光只放在國內市場。它是全台最大的紡織公司，利潤可觀。建廠早期，吳舜文的革新措施之一就是將工人的兩班十小時制改為三班八小時制，目的在於維護女工的健康，讓她們有更多時間照顧子女。高層管理人員及董事會激烈反對，但她極端耐心地向他們解釋：縮短班時會提高生產效率、減低工人生病機率以及改善產品質量。她終於說服了他們。後來正如她所預期，三班制使公司利潤增加了。

二十世紀五十年代是台灣紡織業的黃金時代，但吳舜文預計到日後本土競爭必趨激烈，有需要將設備和產品更新，使台元產品打進出口市場。她通過父

親原先建立的關係，從一家英國廠商賒購了一萬五千枚全新紡錠和四百多台新式機器，賣方同意讓她分期償還貨款。新購置的機械與工具大大提高了台元的產量。一九六二年，全國工業總會就私營企業在生產和銷售方面的改革成果，舉辦競賽，台元獲得棉紗品質優良第一名金像獎。

隨著產品的改進，吳舜文集中精力發展出口，先是銷到澳大利亞、英國和美國，進而擴展到非洲、香港、東南亞和加拿大。自一九六九年起，台元經常以創記錄的出口額而獲得政府讚揚。後來美國決定限制進口台灣紡織品，不少台灣公司受到影響。他們組成代表團赴美和當地的貿易官員談判，紡織行業公推吳舜文為團長，結果美方給予台灣一個配額。在實施配額前，台元已佔很高的市場份額，所以它可佔配額的百份之十八點七，因而在這次美國限制入口的危機中未受重創。

吳舜文總是快人一步。六十年代末，她預計棉紡獨領風騷的日子即將結束，而合成纖維和棉花混紡將是紡織業的未來。為此她向英國訂購新的混紡機器，著手開展新業務。六、七十年代針織品相當風行，她創建台文針織公司，還策劃進軍歐洲市場，卓有成效，擴大了台灣的出口市場。

吳舜文在紡織界叱吒風雲，對丈夫嚴慶齡立足未穩的汽車製造公司亦大力支持。這間裕隆汽車製造公司是台灣首家車廠，由嚴慶齡在一九五三年一手創辦，一九六三年前一直是台灣唯一的汽車製造公司。一九六九年裕隆和日本三菱聯手成立中華汽車公司，生產輕型貨車和商用車輛。從最開始，吳舜文就是裕隆的董事，一九八一年丈夫去世後她接手經營，轉任公司董事長。一九九零年，她兼任公司總裁。

一九五七年，裕隆與日本日產公司建立了技術轉讓關係。作為唯一的本土汽車製造商，裕隆多年來得到政府政策保護；但隨著汽車業逐漸步向自由市場，裕隆面臨重重困難。吳舜文隨之開展一系列內部改革。一九八八年，她和裕隆的獨家總經銷公司鬧得不愉快，不再合作，這樣一來，她便可另選更多的分銷商，擴大公司的銷售網。她又決定建立一個工程中心，使裕隆在技術事務上，減少依賴日本的合夥公司。該中心在一九八六年設計並製造出「飛羚」汽車，圓了她丈夫製造「中國」汽車的夢。

為應對市場不斷變化的形勢，裕隆也改變了營運宗旨，由當初一家本土汽車製造公司，透過融入全球市場，轉型為一家國際化的成功企業。一九八六年，日產從吳舜文手中購買了裕隆四份之一的股份，使她成為台灣當年納稅最多的

人。與此同時，中華汽車公司四份之一的股份也轉給了三菱。裕隆參與三菱富利卡（Freeca）的開發工作，這款車專為亞洲市場設計，以東南亞、台灣和中國為主要銷售點。在台灣、菲律賓和印尼生產的富利卡，由裕隆負責技術事務。進行這些重組後，裕隆仍是台灣盈利最高的汽車製造商。此時的裕隆集團，已在汽車、紡織、金融服務、建築和高技術的五個不同領域，擁有三十家企業。自一九九零年起，她兒子嚴凱泰（1965 年生）逐漸接管家業，他從副總經理做起，在一九九九年獲委任為副董事長，二零零七年接任董事長，現兼任總裁。

吳舜文從多方面為台灣和本土工業出力。在產品運輸上，她為了加快速度和減低成本，出任託運協會理事長，代表台灣出口商進行談判，同業對她的工作頗有好評。她也擔任全國工業總會、資訊工業策進會以及海峽交流基金會的董事。

吳舜文不單是企業家，對台灣的教育亦有貢獻。從五十年代起，她執教於台北的東吳大學和政治大學。她創辦了新埔工專，提供工業培訓，是該校董事長兼校長。一九六一至六六年，獲政府委任為考試院高等考試典試委員。同時又參加眾多婦女組織，曾任國際婦女協會第一位華籍會長（1961–1962），國際崇她社台北分社的創始社長。她獲頒兩個榮譽學位：內布拉斯加（Nebraska）肯尼迪學院（Kennedy College）法學博士和紐約聖約翰大學（St. John's University）商學博士。她是第一批榮獲中華民國「十大企業家」稱號的商人。

二零零八年，吳舜文病逝台北。翌年，吳淑珍為陳水扁涉嫌弊案提交陳報狀，聲稱包括吳舜文在內的二十位企業家，都曾向扁家捐獻，金額由一億到數千萬、數百萬元不等。嚴凱泰則表示，亡母並無捐獻。

吳舜文是工業界領袖，創立多項事業，業績彪炳。她又支持丈夫的汽車生意，在他死後將他的公司重組，使它變成更扎實更獨立的實體。她在紡織業中引進三班制，使女工的生活質素得以改善；開拓出口業務，有助於台灣紡織業的存活；為台灣工業的共同福祉努力不懈。她又是教育家，盡力為同業和社會，培養出一代又一代的人才。工業一般是男性主導的領域，而吳舜文躋身其間，表現不凡，堪稱婦女楷模。

蕭虹

龍仁譯

◇ 《二十年來的台灣婦女》編輯委員會，《二十年來的台灣婦女》，台北：台灣省婦女寫作協會，1965 年。

◇ 《中華民國當代名人錄》，卷 3，台北：台灣中華書局，1978 年，頁 1438。

◇ 李達編著，《台灣的女強人》，香港：廣角鏡出版社，1988 年，頁 80–103。
◇ 《中華民國名人錄》，台北：中央通訊社，1999 年。
◇ 「珍供出 30 億黑錢來源／扁家 20 超級金主曝光」見《台灣壹周刊》第 404 期，2009 年 2 月 18 日；又見 <http://kids-jf.myweb.hinet.net/twnext_404_web/31401805.html>，2013 年 3 月 28 日查閱。
◇ Guiheux, Gilles. "Economic History of Taiwan: The Case of Yan Qingling, from Textile to Automobile Industry." Paper presented at the Thirteenth European Association of Chinese Studies Conference, University of Torino, Italy, 2000.
◇ 「吳舜文」見 <https://zh.wikipedia.org/wiki/%E5%90%B3%E8%88%9C%E6%96%87>，2013 年 3 月 28 日查閱。
◇ 「嚴凱泰」見 <https://zh.wikipedia.org/wiki/%E5%9A%B4%E5%87%B1%E6%B3%B0>，2013 年 3 月 28 日查閱。

ᴵᴵᴵ 220 吳儀 Wu Yi

　　吳儀，一九三八年生於湖北武漢，獻身中國石油工業二十餘年，歷任中國對外貿易經濟合作部部長、國務院副總理、中央政治局委員。

　　為吳儀寫傳記的作者都對她父母所從事職業語焉不詳，僅交代她出生於知識份子家庭。據說她早年酷愛閱讀中外文學著作，曾表示深受書中內容影響，而所秉持的理想主義亦扎根於此。一九五七年進入北京石油學院石油煉製系念書，選擇此種以男性從業居多的專業，恰表明了她志存高遠，有膽色，不從眾。她在校頗為知名，帶頭參加學生義務工作。她讀過一本蘇聯小說，描寫在偏遠地方工作的浪漫故事，深為所動，所以一九六二年畢業後選擇去西北的甘肅省，在蘭州煉油廠當技術員。後來調至石油工業部從事辦公室工作，三年後就任北京東方紅煉油廠副總工程師、副廠長。

　　一九六七年，吳儀調職國內最大的石油企業燕山石化總公司，一幹就是二十年。她剛到任時，這公司只是一片荒地，滿布花崗岩石。她與工人一道從無到有的搭建公司；她自己亦逐步升級，從技術員到部門主管、副經理，最後任黨委書記。多年來，她是中國石化行業中唯一的女性領導；她工作之勤奮，旁人難及，也因此在燕山石化，從卡車司機到幹部，無人不心存愛戴和尊敬。一旦遇上困難或須達成指標，眾人都會合力支持她完成當前任務。

　　吳儀一直是個技術幹部，但一九八三年任燕山石化副總經理時，被借調往湖南，協助該省的整黨工作。這是她第一次涉足政壇，卻立即脫穎而出，引起黨中央領導的注意。一九八六年，中央組織部對她進行了五次考察，以確保對她的素質和能力有透徹了解。之後在一九八八年，她被提名參選北京市副市長一職。她以候選人身份在電視上亮相時，因為是從燕山石化直接前來，所以身

著一件夾克式的工作服。她態度務實、言談坦率，令北京選民印象深刻，投下一票，讓她最後當選。她任副市長時，同時分管工業和外貿，兩項都是不好對付的「硬差」，很少由一人擔當。她離任後，這兩項職責就分由兩位副市長接管。她走馬上任後，探訪過三十餘家企業，其中包括生產日用品的工廠及北京郊區的鄉鎮企業。若需出差外省採購或催運物料，她亦不辭辛苦。即使在她離開市府後，上司仍繼續以她作榜樣，勉勵其他人。

一九九一年，吳儀調到國務院對外經濟貿易合作部擔任主持常務的副部長。僅過數月，中美知識產權談判前夕，中方代表團團長突然生病，改由吳儀上陣，她頓時成為國際矚目人物。長達兩年零兩個月的談判，在在顯露她是位談判高手，既能取得重大進展，又沒損害國家利益。一九九三年，她被擢升為對外貿易經濟合作部部長。在往後若干次各方關注的談判中，包括知識產權（再次協商）、最惠國地位及加入世貿組織等談判，她都贏得對手及外國媒體的讚譽和尊重。

吳儀似乎已成功創立了個人的談判風格：坦率務實、反應機敏之外，又兼以剛柔相濟、駕馭全局。她是在六四事件不久後開始參與外貿工作，當時多國抵制對華貿易。她以務實精神繼續工作。隨著時光流逝，外商對華惡感逐漸淡薄，中外貿易也增加起來。她常以外貿部部長身份出訪外國，日程總是排得滿滿，看來她十分適應這種生活，且能發揮所長。她出任外貿部部長之初，曾探訪貧困偏遠的西北地區，如陝、甘、寧、青及新疆各省區，這些省區出口少，在對外合作中受惠不大。她實地觀察，無疑是為尋求辦法，改變這種狀況。辦法之一，就是吸引外資，所以它成了中國經濟規劃其中一個目標。在這方面，她確實貢獻良多。二零零三年，她成為副總理。不久，傳染性非典型肺炎（英文簡稱 SARS，又稱沙士）疫情肆虐，她臨危受命，兼任衛生部部長，走到抗擊疫情的第一線。

吳儀身材嬌小，皮膚白皙，五官端莊。她一直單身未婚，時常住在辦公室，僅以屏風或簾幕把工作間和休息間分隔開。她在燕山石化工作時，以廠為家，雖然那裡是北京近郊，她卻未能享受城市可以帶來的舒適方便。她甚至表示，願將骨灰撒在燕山石化後面低矮的花崗岩山上。對於單身婦女常遇上的流言困擾，她也說過自己應對之策。她當上北京市副市長時，傳言四起，說她升級後將與一位本身是鰥夫的高層領導結婚。她對此固然氣憤，但僅稱時間是消除流言的最佳方法。她堅信，人須找到自己心理和生理上的平衡點，一旦找到了，

誰也動搖不了。「我比較頑強，要成為自己生活的主人，不能讓輿論左右我。一個單身的女人，沒有這一條，很難堅持下去。」一次回答記者提問時，她表示並非選擇單身，只是尚未遇上適合的男子。

吳儀過著多姿多彩的幸福生活，無憾無悔。她有無比的勇氣，面對新挑戰時毫不畏縮。每逢接任新職位，都很快上手，也不惜長時間下苦功鑽研。和其他婦女領導不同，她熱愛黨和工作之餘，還有廣泛的興趣愛好，如音樂、文學、舞蹈、釣魚。雖是西方古典音樂迷，卻也欣賞當代中國流行音樂，且曾在卡拉OK聚會上，用女低音唱上幾首流行歌曲。她還是女部長網球隊隊長，隊員中有年長的陳慕華（參見該傳），也有年輕的何魯麗、聶力等人。

吳儀一九六二年大學畢業後入黨，八十年代任燕山石化總公司黨委書記，一九八七年當選為中共中央候補委員，一九九二年成為中央委員，二零零二年成為政治局委員。她所代表的中共婦女，是五十年代上大學，七十年代成熟成為幹部的一代；她們通常十分樂觀、有理想，不會因文革而萎靡不振。同時，她們又能很好接受中國改革開放的新思維，從而為幹部、亦為婦女樹立新典範。二零零八年，吳儀離休，不再擔任任何職務。

蕭虹
龍仁譯

◇ 李國強，〈吳儀與何魯麗〉見李國強等編，《中國當代名人錄》，集5，香港：廣角鏡出版社，1988年，頁103–111。
◇ ──，〈中國政壇大黑馬：吳儀〉見李國強等編，《中國當代名人錄》，集17，香港：廣角鏡出版社，1991年，頁79–89。
◇ 《中國人名大詞典：現任黨政軍領導人物卷》，1994年版，北京：外文出版社，1994年，頁712。
◇ 中華全國婦女聯合會組織聯絡部編，《今日女部長》，瀋陽：遼寧人民出版社，1995年。
◇ 「吳儀」見 <http://baike.baidu.com/view/1853.htm>，2015年4月30日查閱。

▥ 221 吳貽芳 Wu Yifang

吳貽芳（1893–1985），生於湖北武昌，中國重要的女教育家。無論在國民黨還是共產黨主政時期，她都活躍於政壇，在全國政協和全國人大擔任職務。她投入教育、慈善事業及中國基督教教會方面的工作，建樹良多，聞名國際。她不單熱心工作，還著力為中國婦女爭取權益，並堅信男女本來就應平等。

吳貽芳在全家子女四人中排行第三，父親吳守訓原籍浙江杭州（另有資料稱為江蘇泰興），清廷官員，在湖北工作，吳貽芳童年時光便主要在此度過。

她在家中和兄長姐妹一起讀書，直到十一歲。之後與姐姐到新開辦的杭州女子學校上學。兩年後，兩姐妹轉讀教會學校，起先是上海的天主教啟明女子學校，後來又去了蘇州的循道會景海女校，但都為時不久。吳貽芳在學校初次接觸基督教，自此畢生深受影響。

一九一零年，吳守訓去世，一家大受打擊，尤有甚者，噩耗接踵而至。一九一一年底，滿清王朝覆亡不久，貽芳的兄長、母親、姐姐在數月間相繼身亡。她和妹妹交由嬸母撫養，她繼續上學，最後在一九一六年進入南京金陵女子大學，成為這中國第一所女子大學的首屆學生。她很快當選學生自治會會長。在金陵女大，她受洗成為基督徒，一九一八年加入循道會，熱衷教堂事務。

一九一九年畢業後，吳貽芳到北京高等女子師範學院任英語部主任，到一九二二年為止。那年，她接受密西根大學（University of Michigan）的巴伯獎學金（Barbour Scholarship），前赴深造，在那裡修業完成獲生物碩士（1924）及博士（1928）學位。她在密西根大學求學期間是個學生領袖，曾任北美中國基督教學生會會長（1924–1925）及留美中國學生聯合會副會長（1925–1926）。一九二八年回國，受聘為金陵女子大學校長，足見她的資歷以及領導才能都得到很高的評價。她當年三十五歲，成了中國首位大學女校長。在她主持校政時期，金陵女大大大擴充。她推行的教學理念，是教導學生幫助他人，從而豐富自己的生命。她明白女大學畢業生求職之難，故設法使課程切合實際需要，又十分重視體育課及課外活動。

一九三七年抗日戰爭開始，吳貽芳在南京的教務工作中斷。七月，金陵女大被迫停辦，遷至成都華西協合大學校園後才能復課。在成都期間，金陵女大按戰時縮編開辦，一九四五年遷回南京。吳貽芳在重慶之時，活躍於國民黨政府轄下各政治與行政組織。一九三八年，她協助宋美齡（參見該傳）處理新生活運動婦女指導委員會的工作，該會協調為戰爭孤兒和難民提供的服務。同年，她在中國戰時議會——國民參政會——任參政員，且於一九四一年，獲委進入參政會五人主席團，成為主席團內的唯一女性。她在參政會任職期間，倡議為議會的婦女成員設定最低席位，以提升婦女的政治地位。經她多番努力，中華民國議會各組織保證婦女席位佔百份之十。一九四六年，中華民國召開國民大會頒布憲法，她是為數不多的與會婦女代表之一。

往後數年，吳貽芳成為國際公認的傑出教育家、慈善家。一九四二年訪美時，長期資助金陵女大的史密斯大學（Smith College），向她頒授榮譽法學

博士學位。一九四五年，她隨中國代表團到舊金山，參加聯合國制憲大會，她依然是唯一的女代表。也在此行，她獲得密爾斯學院（Mills College）和南加州大學（University of Southern California）頒授榮譽學位。而密西根大學亦於一九七九年向她致敬，授予「智慧女神獎」（Outstanding Achievements in Knowledge）。

吳貽芳看來與國民黨政府關係密切，但共產黨一九四九年大獲全勝後，她卻未有赴台。反之，她出任公民權利保衛委員會會長，幫助中共順利接管南京。在以後漫長的歲月中，她一直活躍於教育界、慈善機構及政界。起始她致力於修改金陵女大的架構與課程，確保納入新政府的馬克思主義原則。最後於一九五二年，金陵女大與南京大學合併成為國立金陵大學，她被任命為新大學的副校長。她也擔任《中國建設》雜誌編委、江蘇省教育廳廳長及南京師範學院副院長等職位。一九五七年，她進入全國婦聯執委會，這是動員全國婦女的最高機構。她長期熱衷於政治活動，從她加入中國民主促進會並任副主席，可見一斑。由於她領導多個重要的群眾組織，要進入全國性的政府組織，便容易得多。她是首五屆全國人大代表，第三屆全國人大（1965）常委；全國政協委員，第五屆全國政協（1978）常委。

吳貽芳不單在教育界和政界是女中之傑，在宗教界亦然：一九四九年前後，她都是中國基督教全國領導人之一。一九三五年，以及一九三八至四八年的十年中，她出任中華全國基督教會（National Christian Council of China）會長；而在共產黨政府管治下，她也在一九五六年被任命為該教會機構的副會長。她在推展基督教運動中肩負行政職務，表明她熱心慈善事業。一九三三年，她以中國代表身份出席在美召開的海外傳道聯合會（United Foreign Missions Conference）會議及在英召開的國際傳道理事會（International Missionary Council）會議。在這些國際會議中，她出色的領導才能眾口交響。一九三八年她率領中國代表團赴印度馬德拉斯（Madras），出席國際傳道理事會大會，被選為副主席。一九四九年後，她出任中國基督教三自愛國運動委員會主席多年，朝夕努力，務求基督教得以立足於推行共產主義的中國。

吳貽芳是位不同凡響的女性，畢生獻身中國的發展，特別是中國婦女的教育。她先後在國民黨和共產黨的政府擔任過領導，雖面對重重困難，仍能透過參與眾多國際組織和團體，提高兩代政權的聲望，實屬難能可貴。她生逢國民黨與共產黨交替時期，這艱難歲月，倒成就了這位出類拔萃的婦女教育家和政

治領導人。一九八五年，她在南京辭世。

Louise Edwards

龍仁譯

編者按：其實早在一九二四年，楊蔭榆（參見該傳）已出任北京女子師範大學校長。不過，吳貽芳仍是金陵女大首任華人校長。

◇ 袁韶瑩、楊瑰珍編，《中國婦女名人辭典》，長春：北方婦女兒童出版社，1989 年，頁 241。
◇ 高魁祥、申建國編，《中華古今女傑譜》，北京：中國社會出版社，1991 年，頁 256–257。
◇ 江新編，《中國民主黨派名人錄》，南京：江蘇人民出版社，1993 年，頁 312–315。
◇ 《中國現代科學家傳記》，集 4，北京：科學出版社，1993 年，頁 127–142。
◇ 宋瑞芝主編，《中國婦女文化通覽》，濟南：山東文藝出版社，1995 年，頁 279–280。
◇ Wu Yi-fang. "The People's Political Council." *China at War*, 6, no. 5 (May 1941) : 86.
◇ Boorman, Howard L., and Richard C. Howard, eds. *Biographical Dictionary of Republican China*, vol. 3. New York: Columbia University Press, 1967, 460–62.
◇ 「『一代名師』：吳貽芳」見「央視國際」：<http://www.cctv.com/program/ddjy/20030925/100532.shtml>，2003 年 9 月 23 日。2013 年 4 月 4 日查閱。
◇ 「吳貽芳」見「逸名網」：<http://www.uname.cn/celeb/celeb_92813.html>，2013 年 4 月 4 日查閱。

▥ 222 吳玉霞 Wu Yuxia

吳玉霞，一九五九年生於上海，中國出色琵琶演奏家，國家一級演員，中央民族樂團首席琵琶演奏家，中國音樂家協會表演藝術委員會副主任，享受國務院頒發特殊津貼專家，全國政協委員。

吳玉霞出身於工人階級家庭。據說她是個懂事的女孩，不光在校學習成績優異，還在家幫父母幹家務、照料弟妹。一九七零年十一歲時，被選送到上海市盧灣區少年宮課餘學習琵琶。在少年宮，她有幸拜知名琵琶大師衛仲樂之子衛祖光為師。按常理，十一歲才開始學琵琶，似乎晚了些，所以她不得不份外努力，以求不落後於人。她自已沒有琵琶，就在洗衣板的槽上繃上橡膠帶當作琴弦，用以練習指法。這是她賴以保持手指靈巧的唯一辦法。訓練剛滿兩年，便有機會和另外四名女孩，於一九七二年在訪華的美國總統尼克遜（Richard Nixon）跟前表演。

後來，上海市人民廣播電台招收業餘樂隊隊員，吳玉霞以技藝出眾獲得取錄，成為電台的少年合唱團成員，直接受教於上海音樂學院的老師。據說父母將原用以添置縫紉機或收音機的錢，拿去買下她的第一把琵琶。一九七七年，她考進北京中央五七藝術大學（今改名為北京舞蹈音樂學院），隻身前往京城。由於大學沒有練習室，她不得不變通行事，在走廊、食堂甚至澡堂練習，一天

練上七、八小時。那時琵琶的弦已由尼龍改為鋼絲造,她的手指被鋼弦勒得出血,但她仍堅持練習。一九七九年畢業後,她留在大學樂團,成為職業琵琶演奏手。

一九八零年,吳玉霞參加在上海舉行的首屆全國琵琶大賽,這成了她藝術生涯的轉折點。當時父親剛過世,年輕的她原不想參賽,但在師長鼓勵下改變了主意。她獲得第二名,諷刺得很,獎品是紅燈牌收音機,正是當年父親為了給她買琵琶,不得不放棄的那一款。由於參賽獲獎,有六個樂團爭相邀請加盟;她選擇了中央民族樂團,這是個專門研究、演奏中國各民族音樂的樂團。她的琵琶獨奏,不斷攀登新高度;她以〈草原小姐妹〉聞名全國,這樂曲演奏的難度較大,曲長整整十分鐘,但她彈奏起來指法從未出錯。她的代表作還有〈春秋〉、〈千秋頌〉、〈律動〉等。一九八七年,中央文化部特批她為尖子演員。

一九九四年十月,吳玉霞在北京舉行了演奏會,紀念孔子(公元前 551–479 年)誕生二千五百四十五周年。她在音樂會上演奏了自己創作的〈律動〉,有稱這曲子從意識到音樂素材的運用手法,都可歸入現代音樂之列。它為民族音樂開創的新方向,引起廣泛關注。她在音樂會、電台、電視表演以外,亦經常出國演出,到過日本、美國、緬甸、巴基斯坦、芬蘭、瑞典、新加坡、南韓和香港澳門等地。她在日本先後演出九次,得到格外熱烈的歡迎。她認為,出國表演等同用琵琶的語言和世界對話;向國外觀眾表演的經驗讓她確信:音樂所保持的民族色彩越濃,喜歡它的人也越多。

吳玉霞已婚,丈夫(姓名不詳)在新華社工作。他們有一子,生於八十年代後期。吳玉霞的目標是既要當好一名出色音樂家,又要做賢妻良母,她認為只要加倍努力,便可兩者兼得。她唯一的愛好是和朋友以電話聊天,因為抽不出時間會面。

《人民音樂》雜誌的一個評論員說,吳玉霞的演奏不但優美細膩、感情熾烈,而且個性鮮明、別具一格,流露出她對音樂的深切領會。海外亦有評論指出,吳玉霞的演奏,已超越但求完善琵琶技藝和追逐優美旋律的階段,她能進入樂曲的核心,探索曲中主角的內心世界。

蕭虹

龍仁譯

◇ 鄭群海,〈中國第一女琵琶手〉見《莫愁》,1998 年 1 期,頁 22–24。
◇ 「吳玉霞」見 <http://baike.baidu.com/view/157194.htm>,2015 年 4 月 30 日查閱。

■ 223 吳仲廉 Wu Zhonglian

吳仲廉（1908–1967），湖南省宜章縣人，是隨紅一方面軍參加一九三四至三五年中國共產黨長征的三十名婦女之一。

吳仲廉出生於被劃為「城市貧民」的家庭，在本縣女子學校上學，一九二七年進入湖南南部的衡陽女子第三師範學校（衡陽女三師）。她在該校加入共產黨，從事地下工作與宣傳活動。一九二七年四月國共合作破裂，和愛人彭琦回到宜章，在當地建立共青團支部。她積極參與宣傳鼓動工作。南昌起義失敗後，朱德（1886–1976）在湘南一帶整編殘部，隨即爆發湘南起義（又稱宜章起義），於一九二八年的頭三個月，席捲湘南，她亦參與其中。一九二八年秋，她隨朱德部隊上井岡山，紅軍也在那時建立起來。她在井岡山處理共青團的組織工作，在毛澤東（1893–1976）直接指導下執行任務，和康克清（參見該傳）建立了長久不渝的友誼。

吳仲廉作為游擊隊員隨同紅軍從井岡山出發，轉戰江西、福建；雖身材苗條，手榴彈卻扔得比多數男戰士還遠，因而名聞軍中。一九三一年，中華蘇維埃共和國在贛南建立，她調至瑞金的紅軍學校當教官。她在長征中任幹部休養連組織人，可惜途中患上瘧疾，致身體虛弱而經常掉隊。儘管如此，因文化水平高，又調到連部當秘書，每晚抄寫成扎的行軍命令，再分發到行軍人員手上。

這段期間，吳仲廉遇上曾日三，兩人結婚。他後來出任西路軍總部敵軍工作部部長。一九三五年七、八月間她懷孕，住進藏區山腳的戰地醫院；那時她與丈夫均被調至張國燾的紅四方面軍，該軍隊脫離毛澤東領導的紅軍主力，向東南方進發。一九三六年春，她在藏區甘孜產下男嬰，十月，隨命途多舛的西路軍渡過黃河。接著她逃過追殺，將兒子吳長征託付給甘肅一對夫婦。後與丈夫同被俘虜，她逃脫出來而丈夫卻被殺害。之後再次被回民抓去又再次逃出，這次與張琴秋（參見該傳）一起，到達西安遭出賣，為國民黨所俘。國共二次合作後，中共與南京方面談判釋放她們，最後她在一九三七年八月回到比較安全的延安。在延安期間，任八路軍山東縱隊組織部部長兼秘書長，後調任華東地區蘇皖縱隊第一支隊政治部主任兼秘書長。

一九四九年中華人民共和國成立後，吳仲廉與丈夫江華（1905–1992？）和兒子吳長征住在杭州；江華是浙江省委第一書記，後任最高人民法院院長；吳長征一直在西北養父母處，她從他們那裡把他帶回家。她後來晉升至浙江

省高等人民法院院長並進入全國婦聯執委會。文革剛開始,她就受到衝擊,一九三七年被國民黨監禁之事竟成為攻擊她的把柄;批鬥來勢洶洶,她終於在一九六七年含冤而死。一九七八年,即吳長征意外喪生兩年之後,她獲得平反昭雪。

雖然吳仲廉原是知識青年,但若非長征婦女之一,絕不可能有機會進入司法機構工作;反過來說,她若未參加過長征,也就不至於遭受迫害致死。

Sue Wiles
龍仁譯

> 編者按:彭琦在湘南起義後的一次戰鬥中犧牲了。吳仲廉後來嫁給江華(本名虞上聰),為他生了三個兒子,包括虞大江(譚震林女婿)、江小華(葉飛女婿)和吳小白。

◇ 郭晨,《巾幗列傳:紅一方面軍三十位長征女紅軍生平事蹟》,北京:農村讀物出版社,1986年,頁174–178。
◇ 董漢河,《西路軍女戰士蒙難記》,北京:解放軍文藝出版社,1990年,頁155–174。
◇ Lee, Lily Xiao Hong, and Sue Wiles. *Women of the Long March.* Sydney: Allen & Unwin, 1999.
◇ 「有三套特殊本領的女中豪傑——吳仲廉」見 <http://liujiagui1963.blog.163.com/blog/static/477623332011421
0489152/>,2011年5月2日。2015年10月8日查閱。
◇ 「隨中央紅軍長征的30名女紅軍最終結局」見 <http://wenku.baidu.com/view/e81df110cc7931b765ce1563.html>,2013年4月4日查閱。
◇ 「吳仲廉」見 <http://baike.baidu.com/view/317873.htm>,2013年4月4日查閱。

⸙ 224 烏蘭 Wulan

烏蘭(1923–1987),生於北平,祖籍內蒙古卓索圖盟土默特旗(今遼寧省朝陽縣),富有傳奇色彩的當代中國蒙古族女英雄,人稱「雙槍紅司令」。

烏蘭幼名包力格(漢意泉水),由小學、中學乃到最後進入延安的大學,曾用過章巍、章岑、呂林等多個化名。一九四九年後,正式取名烏蘭(漢意紅色)。父親是低級軍官,因反對袁世凱稱帝,被捕入獄。叔叔是駐防內蒙古西部什八台一帶蔡承勳部的參謀長,也因此受株連離開軍隊。袁世凱死後,父親雖然獲釋,卻終不得志。烏蘭出生的前後兩年中,叔父和父親相繼去世,原本殷實的人家,從此家道中落。烏蘭出生後兩個月就跟隨姑父母在草原上四處行醫。

一九三一年九‧一八事變後,日本軍隊佔領中國東北三省,繼而向熱河(原中國省份,現分屬遼寧、河北和內蒙古),察哈爾及華北地區進兵。姑父

母帶著她回到北平，住在叔叔在世時買下的小院裡，和祖母、母親、嬸子及堂姐珠蘭、弟弟共同生活。孤兒寡母靠當賣度日，過著清貧的日子。烏蘭自幼聰穎好學，在學校裡是好學生，在家中是孝順的孩子，然而，這個貌似文靜的蒙古女孩，對父親鬱鬱而終，一直憤憤不平。她雖然也像尋常女孩那樣喜歡唱歌、跳舞，卻更醉心於練拳舞劍，踢飛腳、翻筋斗，拿大頂，一心想像十三妹那樣當個俠女，殺盡仇人，為父親討回公道。這在她九歲時的一篇作文中表現得淋漓盡致。大約是在一九三二年夏天，她一篇題為〈哥哥講的故事〉的文章，在當時北平的一家小報舉辦的小學生徵文比賽中獲獎。她以章俠民的筆名寫了一個俠客抱打不平的故事，抒發了她幼小心靈中的憤懣。

在北平烏蘭曾先後就讀於郎家胡同小學、蒙藏學校、東北職業中學、惠中女中及通州女子師範學校。在北平西單小石虎胡同的蒙藏學校（原為吳三桂府邸，新中國成立後曾長期作為中央民族學院附屬中學校址），原是蒙藏上層人士為本民族子弟興建的學校，但早在一九二三年共產黨的早期領導人鄧中夏已在這裡宣傳馬列主義。蒙古族著名的共產黨員烏蘭夫（曾任中華人民共和國副主席）、吉雅泰、多松年、奎璧等都是從這裡走上革命道路的。烏蘭在這裡結識了共產黨員郭小川（蒙名柯什格，中國當代著名詩人），開始了她的革命生涯。一九三五年十二月九日，她參加了著名的北平抗日愛國學生運動，即史稱的一二‧九運動。也因此，她被當時所在的惠中女中開除，後考入通州女子師範學校。一九三六年底，又因支持當時國民黨綏遠駐軍傅作義的抗日活動而被停學。這時的她已經是中華民族解放先鋒隊的隊員。

一九三七年七月七日盧溝橋事變後，烏蘭隨當時東北大學中華民族解放先鋒隊戰地服務團開赴長辛店，聲援二十九軍的抗日行動。七月底，二十九軍因寡不敵眾而撤離，日軍進駐北平。烏蘭的家曾遭到日本兵的搜查，東北大學的革命學生或去延安，或去中國南方繼續參加抗日活動，一部份去北平郊區的香山參加平西游擊隊。

烏蘭曾瞞著家人與同學企圖去房山參加游擊隊，因途中受阻未能成行。後來，民先組織通知她去天津參加抗日救亡活動。一九三七年八月中旬，她赴天津之前，戰友前來送別，即填詞一首，以表愛祖國、恨外侮的情懷：「恨難消，鳩佔鵲巢，只能別了，江南塞北路途遙，盟血誓，壯志凌雲，再相逢，長白山上共豪飲。」她當年才十四歲，與幾個年齡相仿的小姑娘，直接參加了多次爆炸任務，目標包括北平的日資中原公司，天津的海河碼頭倉庫，和相信是日本

特務機關的田野洋行。

　　一九三八年八月下旬，烏蘭與幾個戰友由天津乘船南下香港，再經九龍深圳到達廣州。在八路軍廣州辦事處，她們獲准去延安抗日軍政大學讀書。烏蘭一行由廣州、經長沙、武漢、西安，再徒步二百五十公里到達陝北洛川，進入抗日軍政大學六分校。經過兩個月的軍訓和學習，十一月中旬烏蘭作為抗大八大隊的指導員帶領洛川分校的女生步行到達延安，在那裡開始了她的學習生活。三個月後，她被分配到抗大文工團。她雖然服從了分配，心裡卻老大不願意，認為堂堂的蒙古人不應做戲子這樣卑下的工作。儘管如此，她仍出色地完成了團裡交辦的各項任務。她聰明伶俐，背起台詞來過目成誦，演甚麼像甚麼，受到大家的喜愛。

　　一九三九年四月一日，烏蘭正式加入中國共產黨，成為文工團第一個入黨的團員。同年六月，抗大文工團因工作需要，開赴太行山前線，她留在抗大繼續學習。八月她到中國女子大學新聞系學習。從那時起，她夢想著當一名馳騁沙場的隨軍記者。在日常生活中，她不僅是個勤奮的好學生，也是個勤勞的姑娘，揹磚、打柴、割穀子總少不了她的份兒。一九四零年八月她從女子大學畢業，獲得了「模範學生」、「勞動模範」的稱號。隨後她力辭西北文工團的工作，要求回到蒙古地區抗日，當女戰士。經過她的再三請求，這個年僅十七歲，卻虛報為十九歲的蒙古姑娘終於得到批准，可到西北工作委員會工作。她報到後被派入實際上由共產黨控制的國民革命軍新編第三軍，在內蒙古伊克昭盟從事地下工作。不多久，由於她患傷寒病，又和克力更由同志關係發展成為戀人，中共中央決定讓他們離開部隊返回延安。克力更與烏蘭於一九四一年七月回到延安，兩人即時被派往西北局少數民族問題研究室工作，專門研究蒙古問題。延安民族學院成立後，他們雙雙調入民族學院，並於一九四二年元旦結婚。在延安民族學院期間，烏蘭兼蒙古班的班主任。她那時能找到有關蒙古族的歷史書不多，只有《蒙古史》、《元朝秘史》、《蒙古源流》等，她都細心研讀了，並著手研究故鄉卓索圖盟的歷史。其間，西北文工團借調她出演曹禺的《北京人》中的愫姨。這個英姿颯爽的蒙古族女戰士，又在舞台上成功的刻劃了一個舊時閨秀，得到觀眾的好評。

　　一九四二年延安整風運動開始，烏蘭又一次認真地投入了運動。不料一九四三年四月，當民族學院併入延安大學後，她被指控為「香港派來的日本特務」、「國民黨鐵血鋤奸團」、「托派」。一時間，抗日小戰士成了日本特

務，她失去了自由，且不能和丈夫同住一室。那時她已懷孕，丈夫不能照顧她，只能像地下工作者那樣，偶爾悄悄地問候。一九四四年一月，她在受監視期間生下大兒子阿斯楞（漢意為獅子）。到一九四五年，夫妻才可以再一起生活。一九四五年四月，她生下了第二個兒子。但是，這個新生命只在她身邊生活了三天，由於戰爭的環境使她無法帶著兩個孩子工作，只好忍痛送給老鄉。也就在這期間，她在天津從事地下工作時的領導王森來到延安，證明她是個英勇抗日的優秀戰士，於是她的「特嫌」問題得到解決。

　　一九四五年日本投降，就在人們歡慶勝利的日子裡，烏蘭為了赴東北開展工作，又把她的大兒子阿斯楞送到了延安第二保育院，一別數年，又一次經歷了母子分離的錐心痛楚。一九四五年十一月，內蒙古自治運動聯合會在張家口成立後，烏蘭任常務委員、婦女部部長兼卓索圖盟分會副主任。一九四六年二月，受命擔任了駐紮在小河沿地方的蒙古武裝工作隊的政治委員。面對這支政治意識混亂的地方武裝部隊，二十三歲的烏蘭充份發揮了她的聰明才智，通過言傳身教，使這批粗野的漢子心悅誠服。這期間，她在爭取蒙古族上層，改造舊軍隊以及剿匪、維持地方治安，組織農會，建立基層政權等工作中出色的完成了任務。蒙民武裝工作隊在短短的一年中由三十幾個人發展擴大為三百多人，並正式成為內蒙古人民自衛軍的第十一支隊，以後又相繼成立了第十二、第十三支隊，由烏蘭同時擔任三個支隊的政治委員。無論在血雨腥風的沙場上，還是在清匪反霸的土地改革中，她都英勇無畏、氣概非凡，人稱「雙槍紅司令」、「蒙古族的花木蘭」，遠近聞名。

　　一九四七年，內蒙古人民代表會議在王爺廟成吉思汗廟山下開幕，會上成立了內蒙自治政府，即內蒙古自治區人民政府的前身。與會代表中有人散布民族主義和民族分裂主義的言論時，烏蘭挺身而出，擺事實，講道理，指出：內蒙古革命鬥爭決不能遠離中國革命總的軌道，決不能遠離中國共產黨的領導，否則要犯歷史性的錯誤。烏蘭的意見，得到各人支持，分裂活動也就銷聲匿跡了。四月，烏蘭當選內蒙古第一屆臨時參議會議員和政府委員。五月五日下午舉行的盛大閱兵式上，烏蘭一身威武的戎裝騎馬走在內蒙古人民自衛軍騎兵隊的前列。七月，烏蘭出任卓索圖盟東部地區（今遼寧省新惠、北片、阜新、朝陽、建平一帶）工作委員會主任委員，兼任熱遼（指熱河、遼寧）地委委員，蒙民工作部副部長。

　　自一九四五年抗日戰爭勝利後，烏蘭一直帶領三個支隊轉戰於內蒙古東部

及遼寧省西部地區，為中國東北及內蒙古的最後解放和土地改革奉獻了力量。一九四八年十二月，烏蘭隨中國解放區代表團赴匈牙利首都布達佩斯參加國際民主婦女聯合會召開的國際婦女大會。一九四九年，中華全國民主婦女聯合會在北京正式成立並舉行第一次大會，烏蘭在會上當選為執行委員。

一九四九年五月，烏蘭從部隊轉業，就任內蒙古婦女聯合會主任。人們把她的動人事蹟編成傳奇故事，口耳相傳，在中國東北和內蒙古地區，她的名字家喻戶曉。

中華人民共和國成立後，烏蘭一如既往的日夜操勞，忘我工作，經常深入廠礦、農村、牧區，為內蒙古自治區的建設，為婦女工作做出了貢獻。文革時期遭到殘酷迫害，致使踝骨粉碎性骨折，行動不便。七十年代末恢復工作，加入呼和浩特鐵路局。當時運輸服務陷入癱瘓狀態，她深入情況複雜的阿吉拉機務段，抵制干擾，動員和團結廣大職工恢復工作秩序，為解決內蒙古鐵路運輸問題作出了顯著成績，為此受到鐵道部的表揚。

一九八零年，烏蘭調到中華全國總工會，先後擔任該會書記處書記兼女工部部長、顧問及第十屆執行委員會委員。一九八七年四月五日，內蒙古女英雄烏蘭在北京病逝。

丁守璞

◇ 英文《中國婦女》編著，《古今著名婦女人物》，下冊，石家莊：河北人民出版社，1986年，頁1024。
◇ 劉淮，〈雙槍紅司令烏蘭〉連載於《婦女指南》，1987年7–12期；1988年1–12期。
◇ 那仁托婭，〈懷念烏蘭同志〉見《內蒙古婦女》，1996年11期。（蒙古文）
◇ 〈雙槍司令──記全國總工會書記處書記、女工部部長烏蘭〉見《中國蒙古族女傑》，呼和浩特：內蒙古人民出版社，1997年。（蒙古文）

225 夏菊花 Xia Juhua

夏菊花，一九三七年生於安徽潛山，本姓徐，五歲時在一家馬戲班作「押女」，改姓夏。第二年開始學藝，隨馬戲班在安徽、江西、湖南一帶巡迴演出。一九五一年解放後隨馬戲班進武漢的民眾樂團演出，一九五三年加入武漢市雜技團。

夏菊花擅演的頂碗、咬花、柔術等雜技，都非要身體柔軟，動作靈巧不可。她最優秀的代表作《頂碗》，是把十二隻光滑的碗頂在頭上，然後隨著樂曲做出許多高難度的動作。一九五七年，她在莫斯科演出《頂碗》，引起全場

哄動，榮膺金質獎章。她苦練技巧，不斷創新，把中國傳統的頂碗藝術推向更精湛的新高度。一九五八年，她練成「單層雙飛燕頂碗」，兩年後又練成了「銜水轉頂頂碗」，一九六一年演出了「單手頂碗」，兩年後又演出了「單飛燕拐子頂頂碗」，最後在一九六六年又演出了「雙層雙飛燕拐子頂」。從一九五四至六六年，她曾先後多次隨團出國演出，分別獲得阿富汗和柬埔寨政府授予的獨立獎章和一級藝術勳章。關於她在文革期間的際遇，資料不多，只知她在一九七三年任武漢市文化局副局長。

　　一九八三年，夏菊花率領中國雜技小組，參加了第六屆巴黎世界明日雜技馬戲比賽和第九屆蒙地卡羅（Monte Carlo）國際馬戲雜技比賽。她也擔任比賽評判，曾率領中國雜技考察團去朝鮮、蘇聯考察。專業職位方面，她歷任中國雜技藝術家協會第一至第三屆主席，中國文學藝術界聯合會全國委員會執行副主席，及中國雜技藝術家協會名譽主席。從一九六四年起，她連任九屆人大代表，至二零一三年止。至於她有否結婚和生兒育女，則無從查考。

賀黎、陳慧

◇ 英文《中國婦女》編著，《古今著名婦女人物》，下冊，石家莊：河北人民出版社，1986 年，頁 1184。
◇ 《中國人物年鑒》，北京：華藝出版社，1989 年，頁 302。
◇ 劉波主編，《中國當代文化藝術名人大辭典》，北京：國際文化出版公司，1993 年，頁 753–754。
◇ 宋瑞芝主編，《中國婦女文化通覽》，濟南：山東文藝出版社，1995 年，頁 653–654。
◇ 「『頂碗皇后』夏菊花：9 屆 48 年人大代表，親歷民主進程」見 <http://news.xinhuanet.com/politics/2012lh/2012-03/12/c_111637398.htm>，2012 年 3 月 12 日，來源：《人民日報》，2013 年 4 月 5 日查閱。
◇ 「第 12 屆全國人大代表五大看點 7 常委當選」見 <http://news.laoren.cn/china/v210645,3.html>，2013 年 2 月 28 日，來源：綜合，2013 年 4 月 5 日查閱。

▥ 226 夏培肅 Xia Peisu

夏培肅（1923–2014），生於四川重慶一個書香世家，電腦科技專家。

　　夏培肅的父親夏芝宇是晚清舉人，但思想進步，曾參加著名的川漢鐵路的保路鬥爭。母親黃孝永畢業於師範學校，十分重視女兒的教育。夏培肅四歲半上小學，到八歲時父母讓她在家裡學習，這樣學了六年，一九三七年以優異成績考入高中，三年後以全校第一名畢業。同年，考入中央大學電機系，一九四四年畢業。次年進入上海交通大學電信研究所當研究生。

　　一九四七年，夏培肅赴英國愛丁堡大學（Edinburgh University）電機系學

習,對非線性振蕩及電子線路的變參數振蕩理論進行了深入研究,提出了一種分析非線性系統的圖解法。一九五零年獲博士學位並留校作博士後研究;同年和同學楊立銘(1919–2003)結婚,楊立銘是愛丁堡大學數學物理系的博士後。他們有兩個兒子,分別承傳了父母的專業,大兒子楊躍年是電腦專家,小兒子楊躍民是物理學家。

一九五一年新中國建國後兩年,夏培肅和楊立銘滿懷愛國熱忱回到祖國。夏培肅在清華大學工作,從事電訊網絡研究,次年升任副研究員。那時,中國科學院數學研究所所長華羅庚(1910–1985)打算引進電腦技術研究,一九五三年夏培肅調到數學研究所,成為中國第一個電子計算機三人科研小組成員之一。幾年之後,該小組中的另外兩人退出,只有她獨自堅持下去。她在極端困難的條件下,為中國第一台通用電子數字計算機(107機),設計了運算器和控制器,同時編寫了中國首批關於電腦原理的講義。

一九五六年,中國科學院成立計算技術研究所,夏培肅參與了該所的規劃、籌備和創建工作。六十年代之後,她一直從事提高電腦運算速度的工作,深入研究高速信號在電腦中的傳輸問題,其成果對中國大型高速電腦的開發起了重要作用。一九七八年她升任研究員。

七十年代末八十年代初,夏培肅主持研製了高速陣列處理機150–AP(array processor)和功能分布式陣列處理機系統 GF-10(array processor system)。前者已成功地應用於中國石油勘探。八十年代後期開始,她從事並行電腦(parallel computer)的研製工作。

夏培肅在繁重的科研工作之外,為培養電腦專業人員付出了大量心血。在計算技術研究所,她是歷屆電腦訓練班的業務負責人,也是主要課程的主講教授。數十年來,培養了幾代電腦專家,數十名碩士和博士研究生。

一九九一年,夏培肅當選為中國科學院院士(學部委員)。她是中國電腦科技的奠基人之一。在中國電腦技術從無到有、從小到大的發展過程的每個階段,都有她的足跡。她深信,憑著中國人的志氣與能力,國家的電腦科技會達到世界先進水平,即使在文化大革命身處逆境之時,她也堅持這種信念,並為此奮鬥不休。她從事研究時態度嚴謹,關懷後學,生活上為人正直,樸實無華。她的科學成就和道德品質是世人的榜樣。

王冰

編者按:二零一四年,夏培肅因病在京逝世,享年九十一歲。

◇ 夏培肅等編，《英漢計算機辭典》，北京：人民郵電出版社，1984 年。
◇ 夏培肅，〈我國第一個電子計算機科研組〉見《中國科技史料》，1985 年 1 期，卷 6，頁 13–18。
◇ 姜桂真，〈夏培肅〉見《中國現代科學家傳記》，集 1，北京：科學出版社，1991 年，頁 891–898。
◇ 中華全國婦女聯合會組織聯絡部編，《中國女院士》，瀋陽：遼寧人民出版社，1995 年，頁 247–250。
◇ Hsia Pei-Su. "A Graphical Analysis for Non-linear Systems." *Proceedings IEE*, 99, Part 2 (1952) : 125–34.
◇ 「楊立銘」見 <http://www.uname.cn/celeb/celeb_86358.html>，2013 年 4 月 5 日查閱。
◇ 「夏培肅」見 <http://baike.baidu.com/view/119482.htm>，2014 年 12 月 19 日查閱。
◇ "Xia Peisu." Division of Technological Sciences, Chinese Academy of Sciences, at <http://www.casad.ac.cn/english/members/technolo/1-91-196.htm>, accessed before 2000.

⁗ 227 夏宇 Xia Yu

　　夏宇一九五六年出生於台灣省台北市，祖籍廣東五華，詩人。她從藝術專科影劇科畢業後，曾短期任職於出版社、電視台和劇團，多年來以寫歌詞及從事翻譯為生。經常往返於台北與巴黎之間。夏宇一九八零年開始寫詩，第一本詩集《備忘錄》一九八四年自費出版。詩集的美工設計完全出自她的創意；這種細緻的手工藝作業方式自此成為她的註冊商標。雖然《備忘錄》只透過有限的非商業性發行渠道出售，它卻很快受到台灣讀者，尤其是年輕讀者的歡迎，使夏宇成為最受矚目的詩人之一。她的第二本詩集《腹語術》於一九九一年出版，第三本詩集《摩擦‧無以名狀》，一九九五年出版，別出心裁地以達達主義的拼貼方式，將《腹語術》中的詩句剪貼成新的詩作。接著在一九九九年出版了詩集《Salsa》（拉丁美洲的一種舞步）。

　　評論者曾以女性主義和後現代主義的角度來詮釋夏宇的作品。這些籠統的概念無可避免地只能凸顯其中的部份特色，而無法完整地呈現其豐富性。夏宇受到的影響和啟發來源甚雜，從《詩經》和《莊子》到西方現代音樂（如爵士樂、現代民歌）和繪畫（如塞尚），以及台灣前行代詩人，包括商禽（1930 年生）和楊牧（1940 年生）。此外，欲了解夏宇的詩，首先得了解詩人寫作、出版，以及讀者閱讀詩作的文學史語境。

　　當夏宇開始寫作時，「現代詩論戰」（1972–1973）及「鄉土文學運動」（1977–1979）已大大改變了台灣文學的面貌。它們先後對現代主義文學提出嚴厲的批判，尤其是針對一九五零到六零年代所謂「不負責任的個人主義」和以美國為首的「西方文化殖民主義」，認為現代主義一方面無視於台灣本土

的社會現實，另一方面又切斷了中華文化的賡續。因此，許多評者及詩人呼籲「回歸」文化傳統與本土現實，並標榜寫實主義為糾正病態的現代主義的最佳處方。在本土主義影響下，為數不少的資深詩人調整了他們的寫作方向，而新一代的詩人多半熱烈擁抱寫實主義，在詩中引進社會政治問題，或是批評國民黨政權的獨裁，或是揭露迅速現代化與城市化的後遺症，或是表達對受壓迫和邊緣化的群體（如女性、原住民、工人、退役老兵等）的關懷。不幸得很，高尚的使命感罕能成功地轉化成文學作品；除了少數例外，一九七零至八零年代的本土寫實詩，往往落入單薄、重複、或刻板的窠臼。

本土寫實主義對現代主義的回應之一，是從多個途徑，努力將詩歌大眾化。七十年代中期，「校園民歌」興起於大學校園。鄭愁予（1932 年生）、余光中（1928–2017）等人的詩作被編成旋律優美的現代民歌，由非專業的年輕歌手（大多是在校的大學生）自譜自唱。這些校園民歌清新可喜，與當時的流行歌曲有明顯差異，也使一批民歌手一夜之間成名。諷刺的是，校園民歌廣受歡迎後，很快被市場收編，當初與流行歌曲之間的區別也日漸模糊。在這樣的歷史語境裡，夏宇的出現帶著深刻的意義。八十年代初她自己設計自費出版第一本詩集，象徵對市場、對文學商業化的摒棄。相對於當時本土寫實主義的主流，《備忘錄》的個人主義，都市感性，諷刺手法及解構風格充滿了反叛的精神。相對於公共空間，此詩集呈現的是一個年輕女性的私密世界，但又背離了大多數女詩人（不論是古典還是現代）局限單一的抒情取向，尤其在對女性身體和情慾的描寫上，相當大膽而具顛覆性。雖然詩人對仍然無所不在的父權主義作出各種幽默睿智的諷刺（例如詩中對中西神話和童話的改寫），她幾乎從不採納社會或政治性的「宏大」主題。

夏宇作品的基調來自現代都市的日常生活，其中充滿了當代台灣（尤其是台北市）的視聽意象，融合了多種本土和國際、普羅和精英的元素。同樣的，她混雜不純的語言也讓人耳目一新：以口語為基礎，任意混糅常見於生活裡的各種文字，包括陳腔濫調、俗詞俚語、成語、繞口令、廣告用語、歌詞、古典文學等等。大多數的詩採用極簡主義式的結構，語氣糅合童稚與夢幻、沉思與自白、反諷與自嘲。上面列舉的特色使《備忘錄》成為台灣現代詩史，甚至現代漢詩史上最反傳統，最富原創性的詩集之一。

《備忘錄》中最常被人傳誦引用的作品當屬寫於一九八零年的小詩〈甜蜜的復仇〉：

把你的影子加點鹽
醃起來
風乾
老的時候
下酒

透過極簡的形式，精簡的語言，現在與未來的對比，此詩表現了強烈的戲劇效果。熟悉的、傳統上屬於女性的烹調意象（下廚）和古典的、優雅的、傳統上屬於男性的飲酒意象（古典詩傳統裡詩與酒的密切關係，陶淵明、李白是最好的例子）並列，被放在一個出人意料的語境裡：復仇。（詩的名字本身就來自英文裡的一個陳詞套語。）以男性的飲酒意象來預期女性敘述者優哉悠哉的未來，既顛覆了傳統的性別角色，也為當下的失戀女子提供了自我抒解、自我期許的方法。遺忘與回憶，磨滅與保存（「醃影子」近乎食人的行為）之間的對立與互動，也構成夏宇第二本詩集的重要題材。

相對於《備忘錄》，《腹語術》顯得更抽象、奇幻、內省。某些詩的題目即已流露出詩人天馬行空的想像：如〈與動物密談〉（四首）、〈伊爾米弟索語系〉、〈隱匿的皇后和她不可見的城市〉、〈降靈會〉（三首）、〈我和我的獨腳獸〉等。重複出現的母題包括旅行及穿越，呼應回憶的主題。在時間裡回溯走過的腳步，可說是一種逆向旅行。同時，回憶總是預設失落（例如失去的童年或愛情），而回憶的過程和遺忘的過程是互為表裡的。我們只能回憶那些被暫時遺忘或部份遺忘的東西，而越想去遺忘，回憶就越痛苦的清晰（一如〈甜蜜的復仇〉所描寫的）。回憶和遺忘之間的張力，及其種種相關感受，展現在時間裡的過程和面貌，構成詩集中許多作品的主題。〈記憶〉提供了一個很好的例子：

忘了兩個音節在
微微鼓起的兩頰
舌尖頂住上顎輕輕吐氣：
忘了。種一些金針花
煮湯　遺忘

人們相信中藥金針花（又名萱草）能抒解緊張鬱悶的情緒，所以它又叫忘憂草。但是，詩人在隨後五節努力的忘卻「你」，之後，得到的結論是這樣的：

忘記你。或者走一走橋
可不可以挽一個野餐籃

在意志的鋼的邊緣行走
單腳跳躍一步一步靠近了
靠近你和海用一整個海夠不夠
做三個空中滾翻
然後落下
然後死

《腹語術》比《備忘錄》複雜的另一個原因是，詩人越來越凸顯她的各種語言實驗，不論是語言的物質性——中文的視覺與音樂特色，還是詩人熟悉的幾種語言的歧義性和曖昧性——除了中文，還有法文和英文。詩人將老套的日常語言點鐵成金，翻轉成新的意象和譬喻的能力，持續地給讀者帶來一份驚喜。以短詩〈秋天的哀愁〉為例：

完全不愛了的那人坐在對面看我
像空的寶特瓶回收不易消滅困難

如同夏宇的許多作品，這首詩表面看起來十分簡單。詩人甚至有意誤導讀者，用一個再俗套不過的題目讓人以為這是一首哀怨的情詩。結果，詩本身不但沒有一絲感傷，而且它看愛情的角度完全出乎意料。極簡的形式對照無可化約的場景和心情。曾經的戀人面對面坐著，兩人的心境卻恰恰相反。第一行的「完全不愛」呼應第二行的「空」：面對不愛了的人，「她」的心中空空如也，沒有不安愧疚，更談不上哀怨悲傷。不愛了的人含情脈脈地看著她，可能還想挽回些什麼。而她，只感到無聊厭倦。因為不愛了，所以她「狠」得起來，只想著如何解決他，「消滅」他，就用不著如此枯坐下去。裝飲料的塑膠瓶（寶特瓶）的比喻，將這則「後愛情」的「反神話」表現得淋漓盡致。當愛變成不愛時，就好比甜甜的果汁喝完了，剩下的是棄之猶恐不及的垃圾。相對於塑膠瓶，愛情是無法回收的，因為它不能再生。一旦不愛了，是無法讓它再回到愛的。

自有人類文明以來，就有愛情神話：在愛的天地裡，兩人合而為一，我中有你，你中有我。其實，愛情是最自我中心的，它往往是內在不足的補償和投射。當美麗繽紛的愛情泡泡破滅時，一切又回到無需遮掩或美化的自我中心。〈秋天的哀愁〉誠實地，也不無反諷地揭露愛情「唯我」的本質，它誠實得讓人——被愛情神話洗腦的人——又驚又悸。詩人用極現代的意象寫最古老的題目，頗富巧思。科技發達的現代社會習慣了東西隨用隨丟的方便，製造的垃圾嚴重污染了環境，破壞了生態。其實，塑膠瓶不能無止境的回收；幾次以後就

不堪再用。一再揮霍的愛情，不也像廉價的再生塑料瓶，只能被棄置一旁。

　　如同所有的好詩人，對夏宇來說，詩的終極意義在於詩人與文字之間持續的愛戀。語言不僅僅是表現或再現的工具，它更決定或干涉了整個表現或再現的方式和過程。在語義能量和物質性表徵（包括它們所有的變化及聯想）之間，是一個不斷商榷、互相轉換的過程。如詩人在一九八八年的一次筆談中所說的，真實世界是文字的「折射」，「每一種敘事辦法都是一個『新的世界的可能』」。詩人面臨的挑戰正在於如何和文字建立一種無可取代的個人關係，詩不只是與現實的關係，更是與文字揭開的無限平行世界之間的關係。〈太初有字〉一詩中有這樣的句子：

> 我們是被這些字所發生的嗎？
> 此事如果又指向另一些事──
> 我們暱稱的萬事萬物

　　夏宇某些最激進的作品正是來自這樣的實驗過程，例如〈降靈會〉（第三首），用支離破碎的漢字，重組成完全沒有意義的文字圖案，以及整本《摩擦·無以名狀》裡以超現實和當代音樂家約翰·凱基（John Cage）所標榜的「偶然」原則所創造的「找到的詩」。

　　夏宇隨後的詩集《Salsa》（書中有詩人手繪的袖珍水彩畫插圖）繼續發掘上面提及的主題：時間、回憶與遺忘、偶然、重複、真實、可能的真實及它們與語言之間的關係等。集子中的詩（包括好幾首散文詩）篇幅較長，較渙漫，也較借助意識流的書寫方式。在真實與文字的關係裡，文字明顯的居於主導的地位，而真實則依附其上。詩人曾表示，即使是一個簡單的句子都是曖昧、不確定、無法詮釋的。這些特質也投射在所謂的真實上。如同前面幾本詩集，《Salsa》是一場文字的慶典，一場文字的節奏和能量、潛力和實踐的慶典。也許，詩人自己的說法最能形容這本詩集：迷人的不是它的建築，而是它的癱瘓！

奚密

編者按：夏宇主編過《現代詩》，社長梅新辭世後，《現代詩》於一九九七年停辦。二零零二年，夏宇等人創辦《現在詩》。它不定期出版，編務由各成員輪流主持，在台灣帶領一種新的後現代詩風景。此外，夏宇獲提名參選二零一三年美國紐曼華語文學獎（Newman Prize for Chinese Literature），該獎最後由楊牧奪得。二零一四年，《Salsa》的英譯本面世，譯者為在台灣教授英國文學的柏艾格（Steven Bradbury）。

◇ 夏宇，《備忘錄》，台北：自印，1984 年。
◇ ──，《腹語術》，台北：現代詩季刊社，1991 年。
◇ ──，〈筆談（萬胥亭提問）〉見《腹語術》，台北：現代詩季刊社，1991 年，頁 105–121。
◇ ──，《摩擦·無以名狀》，台北：現代詩季刊社，1995 年。
◇ ──，《Salsa》，台北：自印，1999 年。
◇ 林燿德，〈積木頑童──論夏宇的詩〉見《1949 以後》，林燿德編，台北：爾雅出版社，1986 年，頁 127–140。
◇ 鍾玲，《現代中國繆司》，台北：聯經出版社，1989 年，頁 252–273。
◇ 奚密，〈語義賣藝園：夏宇近作初探〉見《誠品閱讀》，1995 年 6 月 22 期，頁 72–75。
◇ ──，〈夏宇的女性詩學〉見《中國婦女與文學論文集》，第一冊，吳燕娜主編，台北：稻鄉出版社，1999 年，頁 273–305。
◇ 廖咸浩，〈物質主義的叛變：從文學史，女性化，後現代之脈絡看夏宇的陰性詩〉見廖咸浩，《愛與結構：當代台灣文學評論與文化觀察》，台北：聯合文學，1995 年，頁 32–68。
◇ Yeh, Michelle [奚密]. "The Feminist Poetic of Hsia Yu." *Modern Chinese Literature*, 7, no. 1 (Summer 1993) : 33–60.
◇ Groppe, Alison McKee. "Reading the Poetry of Xia Yu: Following a Talking Dummy through a Lost-and-Found Museum." M.A. thesis. Cambridge, Mass.: Department of East Asian Languages and Civilizations, Harvard University, 1995.
◇ 「紐曼華語文學獎」見 <http://www.ou.edu/uschina/newman/winners.html>，2013 年 9 月 24 日查閱。
◇ 蘇和（Dylan Suher）、唐慧宇，〈《現在詩》第九期訪問夏宇、鴻鴻、零雨、阿翁、曾淑美〉見 <http://www.asymptotejournal.com/article.php?cat=Visual&id=14&curr_index=24&curPage=current>，2014 年 4 月 4 日查閱。
◇ 「現在詩」見 <http://zh.wikipedia.org/wiki/%E7%8F%BE%E5%9C%A8%E8%A9%A9>，2014 年 4 月 4 日查閱。
◇ Morse, Canaan. "Changing the Way We Read: A Review of Hsia Yu's 'Salsa,' translated by Steven Bradbury." At <http://paper-republic.org/canaanmorse/changing-the-way-we-read-a-review-of-hsia-yussalsa-translated-by-steven-bradbury/>, 23 January 2015, accessed 30 January 2015.

▥ 228 冼玉清 Xian Yuqing

冼玉清（1895–1965），祖籍廣東南海西樵，出生於澳門，專門研究廣東歷史文獻的學者，也是備受尊敬的詩人、畫家。

十九世紀中，太平軍叛變，冼玉清一家遷往澳門。父親冼藻揚本在廣東從商，後在多間香港知名公司投資，創辦建昌茶藥莊，在港澳兩地經營。母親劉氏，出身農家。冼玉清在八兄弟姐妹中排行第三。

一九零七年，冼玉清開始接受正規教育。她進入澳門灌根學塾（即子褒學校）讀書，六年後在中學普通科畢業。一九一三年，孫中山先生（1866–1925）回鄉途經澳門，各界人士開會歡迎，孫先生在會上演說，她亦在場聆聽。一九一六年，她去了香港，進入聖士提反女校（St. Stephen's Girls' School）讀英文。一九一八年，轉到廣州嶺南大學附中讀書。一九二七年以前，嶺南大

學一直由美國人營辦。一九二零年，她在嶺大附中畢業後，升讀嶺大文學院，同時以文學院學生兼任附中的歷史、國文教員。一九二四年六月從嶺大文學院教育科畢業。翌年留校任教。一九三零年，嶺大首任華人校長鍾榮光安排她入住大學宿舍，她稱之為「碧琅玕館」。她的一生，和嶺大結下不解緣，即使戰亂期間，嶺大須不時遷徙，她仍不離不棄，一直在中文系任職，從副講師（1925）、講師（1928）、副教授（1935）晉升至教授（1938）。中日戰爭（1937–1945）爆發，嶺大逼於形勢，在一九三八年十一月遷往香港。她則返回澳門，繼續講學。一九四二年，嶺大遷回中國大陸，她冒險前赴曲江，重返嶺大任教。為逃避日軍，她追隨嶺大輾轉兩廣各地，至一九四五年才告一段落。一九四三年被鑒定為甲級正教授。一九五二年嶺大和中山大學合併後，任中大中文系教授。一九五四年當選廣東省政協常委。一九五五年在中大正式退休。不過仍舊收生，學生包括陳毅元帥的夫人張茜、粵劇名伶紅線女（參見該傳），前者學詩，後者學《史記》。

冼玉清專研廣東歷史，寫下不少文章，是這個範疇的重要學者。她的論文計有：〈粵東印譜考〉、〈清代六省戲班在廣東〉、〈粵謳與晚清政治〉等。她的講學也涉及海南文化，曾以〈中原文化對瓊崖之影響〉及〈瓊崖本身文化之發展〉為題發表演說 。一九三八年，她的《廣東女子藝文考》在香港出版。有人稱許她的文章既典雅，又易讀。一九四零年，香港大學馮平山圖書館主辦一個廣東文物展覽會，她出任展覽會籌委會委員，展覽後有關方面擬出版一份相關刊物，即後來的《廣東省文物》，共有十卷，她獲邀出任編纂委員。同年，又於馮平山圖書館參與整理著名文史學者鄭振鐸從淪陷區轉寄來的一批古籍珍本。

冼玉清也以專家身份獲委加入多個研究項目及委員會，包括出任廣東通志館纂修、廣東文獻委員會委員與廣東文獻館委員（1946）；南京國史館特約協修（1947）；文物保管委員會委員（1951）。一九五六年任廣東省文史研究館副館長，此前曾任嶺大文物館館長多年。數年後，即一九六二年，她終於完成了最後兩本書：《廣東釋道著述考》及《漱珠崗志》。

冼玉清不但工詩文，而且擅研究，事業剛開始之際，已獲邀在清華大學教授詩學，在燕京大學教授文學概論，但她都婉拒了。不過，她在北平時，倒結識了多位知名學者及作家，包括詩人黃節、史學家陳垣、大藏書家倫哲如。一九三七年夏，她拜訪了北平的著名詩人陳散原，陳氏讀過她的《碧琅玕館詩

集》後，對她的詩有此評價：「澹雅疏朗，秀骨亭亭，不假雕飾，自饒機趣，足以推見素抱矣。」一九三九年，嶺南大學遷往香港，她繪成〈海天躑躅圖〉，並題字題詞，詞中有云：「錦水魂飛，巴山淚冷，斷腸愁繞珍叢。海角逢春，鵝鴣啼碎羈縱。故園花事憑誰主？怕麝香都屬東風。望中原，一髮依稀，煙雨溟濛。」

一九四一年，日本攻佔香港，日軍圖組東亞文化協會，欲延攬冼玉清，受到拒絕，她以詩明志，有「國愁千疊一身遙，肯被黃花笑折腰」之語，足見她從事詩作的誠意。一九四七年，她的詩集《流離百詠》刊行，內中詩篇均是她在抗戰期間顛沛避難之作；此詩集其後又收入《碧琅玕館詩集》內。至於六卷《萬里孤征錄》，則在抗日戰爭期間散失殆盡，非常可惜。

冼玉清也是位才華洋溢的畫家，但她作畫時間不多，流傳下來的畫作寥寥可數。她的〈舊京春色圖〉，名流文士多人為之題詠。但是，在一九九五年出版的《冼玉清誕生百年紀念集》中，僅見〈水仙三圖〉。〈水仙三圖〉是三幀風格不同的水仙圖，分別仿五代黃筌（903–968）的雙鉤填色、徐熙（875年前卒）詩般落墨寫意、宋趙子固（1199–1264）的白描手法畫出，各極其妙。她也撰寫文章，品評元代藝術家的書畫。

一九三五年七月，冼玉清因患甲狀腺病而赴港就醫，港報曾傳她手術後不治。九月，她返廣州割治；十月，病癒返嶺大，寫《更生記》，記述患病經歷，該書於一九三六年在上海出版。她在晚年撰寫自傳，內中提到：「一九五三年夏，我曾去北京，本來想去看看新建設，豈知參觀北京圖書館後，看見它的好書，就日日去抄。早去暮歸，連飯也在館員處食。想入京一個月，竟然為看書而住到兩個多月。」一九五七年，她到廬山及黃山旅行，「在黃山返穗，必要路經杭州。到杭州後，我參觀浙江圖書館，見這裡善本書甚多，我把廣東人的著作日日做提要，不知不覺又住了一個月。」這仿如重演當年赴北京因看書而流連忘返舊事。

一九六三年，冼玉清割治乳癌。一九六五年十月，因癌病醫治無效逝世，終年七十歲。

冼玉清抱獨身主義，十六、七歲時就下定決心，獻身教育事業、學術研究，不願因家事而分心。不過，她廣結善緣，平日自奉極儉，但卻常接濟別人。她曾資助嶺南大學附中學生冼星海，兩人師生情誼甚篤。冼星海後來成為著名作曲家，所作〈義勇軍進行曲〉被採用為中華人民共和國國歌。她臨終決定把

十萬港元的巨額積蓄捐贈給包括中山醫院在內的多個公益事業單位。至於珍藏的文物和書籍，則贈予廣東民間藝術博物館、廣東省文史研究館和中山大學。一九六五年五月，她的《廣東文獻叢談》在香港出版。

人們尊稱冼玉清為「冼姑」、「冼子」，乃敬其德才學養。她與著名史學家陳寅恪（1890–1969）為深交，在他頑疾纏身時，曾多加照顧。他在〈題冼玉清教授修史圖〉詩中盛讚她：「流輩爭推續史功，文章羞與俗雷同。若將女學方禪學，此是曹溪嶺外宗。」

羅孚

◇ 黃任潮，〈冼玉清的生平及其著作〉，見《嶺南文史》，1983 年 1 期。
◇ 劉紹唐編，〈冼玉清〉見《民國人物小傳》，冊 4，台北：傳記文學出版社，1989 年，頁 135–137。
◇ 齊名榮（譯音）、謝文傑（譯音），《冼玉清記社會發展戰略研究》（譯音），西寧：青海人民出版社，1991 年。
◇ 陳美延、陳流求編，《陳寅恪詩集》，北京：清華大學出版社，1993 年。
◇ 陳樹榮編，《冼玉清誕生百年紀念集》，澳門：澳門歷史學會，1995 年。
◇ 佛山大學佛山文史研究室、廣東省文史館編；黃炳炎、賴達觀主編，《冼玉清文集》，廣州：中山大學出版社，1995 年。
◇ 秦牧，〈關於嶺南女詩人冼玉清〉，即《冼玉清文集》序言，廣州：中山大學出版社，1995 年。
◇ 莊福伍，〈冼玉清先生年表〉見《冼玉清文集》附錄，廣州：廣東省文史館，1995 年。

⋿ 229 向警予 Xiang Jingyu

向警予（1895–1928），湖南漵浦人，中共早期黨員，第一次國共合作時期（1922–1927）上海婦女運動領導人。一九四九年共產黨執政後，她被尊崇為革命烈士。

向警予的父親向瑞齡在漵浦經商，母親名鄧玉貴。向警予排行第九，未有纏足，且曾受教育，足見父母十分開明。她在儼如學運中心的長沙私立周南女校就讀，一九一五年畢業。在同學蔡暢（參見該傳）介紹下，結識了她的兄長蔡和森（1895–1931）及他的朋友毛澤東（1893–1976）。向警予深信改革國家，必先教育國民，所以畢業後返回故里，在父兄支持下開辦了一所進步高小，自任校長，至一九一九年夏。

回長沙後，向警予幫助蔡暢組織婦女，參加華法教育會經辦的赴法勤工儉學計劃。由毛澤東、蔡和森及其他三十餘人於一九一八年建立的新民學會，也有相同目標。一九一九年十一月，向警予成為該會的首批女成員。同年十二月二十五日，隨勤工儉學團由上海去法國，同團還有蔡和森、蔡暢兄妹及蔡母葛

健豪（參見該傳）。四人在法被送至蒙達尼（Montargis），除葛健豪外，均分派至當地中學法語班，葛健豪在附近女中就讀。

向警予當年在法活動，可從各種來源的資料綴合得知，其中包括已發表信件，有她本人寫的，也有其他人寫的；以及勤工儉學同學的回憶錄等。該段期間，發生了她一生中最重要的兩件事：一是她改變想法，認定布爾什維克就是中國應走的道路，二是與蔡和森結婚；而兩者又密切相關。早在一九二零年，她已撰文支持布爾什維克有關「婦女問題」的觀點，文章最早在法國發表，後收入她一九八零年出版的文集內。她慨言家庭應由集體福利機構代替，號召婦女覺醒起來，成立組織，促進公共託幼事業以及爭取婚姻自主。她在實際生活亦身體力行這些理念。與蔡和森擯棄傳統婚禮，宣布「向蔡同盟」。據報導，在一九二零年五月五日所攝的「結婚」照上，兩人並肩而坐，手持馬克思的《資本論》。為表示雙方對此同盟堅定不移，他們還出版了一部詩歌集《向上同盟》，透過詩歌誓言為革命而共同奮鬥。

一九二二年向警予與蔡和森自法回國，在上海加入中國共產黨。根據一九八一年出版的向警予傳記，及其他紀念這位烈士的文獻，都指出她在一九二二年七月黨第二次代表大會上當選中央委員，掌管新設立的婦女部。但正式的黨史並未提及成立婦女部一事，即使談到向警予，也只列為中央候補委員。至於她丈夫的職銜，倒是明確得很：蔡和森在一九二二年當選中央委員，並在一九二三、二五年黨的三大、四大再次當選連任。

向警予在上海期間（1922–1925）的活動，有關資料一般語焉不詳。一九二二年她生下女兒，一九二四年生下兒子，子女都留在湖南由婆母撫養。一九二三年，中共黨三大通過第一次國共合作後，向警予加入國民黨。各方面人士的回憶錄都談及她組織女工運動，又在煙廠和紗廠參加罷工；但卻未有交代她的實際職務。她與其他婦女聯手建立中國婦女協會，該會一九二五年五月一至三日在上海舉行第一次會議，她在會上發言。

向警予那些年的經歷，可在她的文稿中找到最詳細的記錄；一九二二年起，她為各種婦女報刊寫稿，一九二三年，她作為一名國民黨員，任《婦女周報》編輯。她的文章圍繞著數個主題：堅持共產黨的立場，認為只有在無產階級革命下，才能實現婦女解放；但因婦女覺悟水平低，故需要不同的婦女團體引導她們。她指出，理論上男女平權，但實際上婦女即使曾受教育，水平也不高，在公眾場合怯於發言，並往往對男性唯命是從，故此婦女教育仍是基本問題。

她倡導男女分校，但批評所有女子院校不外是現代版的閨房，因所提供的課程範圍狹窄。她亦批評資產階級婦女團體，想在當時軍閥帝國主義政府中謀求代表席位，並呼籲這些團體支持勞動階級婦女。她還寫了不少關於上海紗廠女工苦況的文章。反帝國主義是她文章中另一個主題，她譴責美國與日、英狼狽為奸，支持中國與蘇俄團結。

向警予給人的印象，是年青有為、聰明過人、口齒伶俐，且精力充沛；打從湖南讀書時已是這樣。自法國歸來後，她更確信自己觀點正確，據稱對其他同志思想上的毛病，會毫不猶豫地予以糾正。她不太注重個人外表，衣服鞋襪皆自行縫製。由於她的衣著，加上辦事作風，上海的同志都戲稱她為「老祖母」。

一九二五年末，跡象顯示向警予對工作感到氣餒。這是因為在中共（或在國民黨）內，被指派做「婦女工作」的人，並無決策權。以她的才幹及獻身精神，會有此感受，不難理解。她的經歷與文字，反映了中共黨內對婦女問題的含糊態度：儘管黨在意識形態上支持男女平等，但囿於男性偏見與有限資源，這方面的工作不獲優先處理。

然而「老祖母」向警予有她的另一面：她與黨領導人陳獨秀（1880–1942）的得意門生彭述之（1895 年生）發生戀情。起初，女同志看到她開始修飾儀容，十分高興，後來發現緣由，立時改變想法。因這段戀情，向警予失去婦女運動中的領導地位，而黨人對黨組織問題的看法，更越趨分歧，其中蔡和森、瞿秋白為一方，陳獨秀、彭述之為另一方。私情公開後不久，向警予及蔡和森前往莫斯科；向警予到東方共產主義者勞動大學學習，蔡和森作為代表參加共產國際執行委員會第六次擴大會議。

中華人民共和國所發布有關紀念向警予烈士的材料，沒有提及彭述之。張國燾及夫人楊子烈（參見該傳）後來皆脫離中共，並分別在美國、香港出版回憶錄，均有談及此事。此外，徐善輔一九三五年於上海發表有關中共分裂的文章中，也提到了。中國大陸的材料曾間接談到，向、蔡裂痕未在莫斯科彌合，但沒有提及兩人回國後是否仍為夫婦。事實上，當時兩人起碼有一段短時間同在武漢。

戴緒恭在其一九八一年出版的向警予傳記中，述及她於一九二七年三月回國，先到廣州，接著前往湖南看望子女，之後去武漢，擔任武漢總工會宣傳部部長。國民黨左派於七月正式清共之後，她轉入地下，一九二八年在法租界

被捕。她被捕後所發生情節眾說紛紜。法國領事看來未立即把她送交國民黨當局，她的一些留法同學曾企圖進行營救。然而新領事一來，便在一九二八年四月將她轉到武漢警備司令部。五月一日，她被長槍隊處決。多人撰文刻劃這位烈士的風範，稱她反抗到底，於赴刑場途中高呼「中國共產黨萬歲」、「打倒國民黨」等口號，至死不渝。這種行為雖與她個性相符，可惜撰文者無一目睹她慷慨就義的場面。

向警予早逝，避過了中共黨內的鬥爭與分裂。作為一位烈士，她體現出優秀黨員公民的品德：忠於黨的目標，勤奮工作，努力學習，熱愛祖國。彼得‧尼特（Peter Nettl）關於羅莎‧盧森堡（Rosa Luxemburg）的一段文字，一樣適用於向警予，那就是：她名留青史，是因為她死得早、死得慘。

Andrea McElderry
龍仁譯

◇ 徐善輔，〈共產黨分裂史〉見《天海（譯音）史料》，1935 年 2 期，頁 227。
◇ 李立三，〈悼向警予同志〉見《紅旗飄飄》，1957 年 5 期，頁 28–31。
◇ 《烈士向警予》，北京：中國婦女雜誌社，1958 年。
◇ 楊子烈，《張國燾夫人回憶錄》，香港：中國問題研究中心，1970 年，頁 127–162。
◇ 《紀念向警予同志英勇就義五十周年》，北京：人民出版社，1978 年。
◇ 《新民學會資料》，北京：人民出版社，1979 年，頁 7，75–87，115–127，412，462。
◇ 丁玲，〈向警予同志留給我的印象〉見《收穫》，1980 年 2 期，頁 184–186，232。
◇ 李一純，〈回憶和森同志〉見《回憶蔡和森》，北京：人民出版社，1980 年，頁 127–134。
◇ 羅紹志、寧丹陽、何鵲志，《蔡和森傳》，長沙：湖南人民出版社，1980 年，頁 58–59，64–75，109。
◇ 清華大學中共黨史教研組，《赴法勤工儉學運動史料》，卷 2，1980 年 1 期，頁 115，155。
◇ 沈宜甲，〈我所知道的早期之蔡和森〉見《回憶蔡和森》，北京：人民出版社，1980 年，頁 139–140。
◇ 宋斐夫，《新民學會》，長沙：湖南人民出版社，1980 年，頁 62–70。
◇ 向警予，《向警予文集》，長沙：湖南人民出版社，1980 年。
◇ 戴緒恭，《向警予傳》，北京：人民出版社，1981 年。
◇ 蔡和森，〈向警予同志傳〉見《近代史研究》，1982 年 4 期，卷 14，頁 1–3。
◇ 何鵲志，《向警予傳》，上海：上海人民出版社，1990 年。
◇ Siao-yu. *Mao Zedong and I Were Beggars.* London: Hutchinson, 1961, 50, 60–62, 165.
◇ Wang Yizhi. "A Great Woman Revolutionary." *Women of China,* 2 (1963) : 22–24. Also published in *China Reconstructs,* 14 (March 1965), 24–26.
◇ Snow, Helen. *Women in Modern China.* The Hague and Paris: Mouton Press, 1967, 199–201, 233–59.
◇ Peng Shuzhi, with Claude Cadart, and Cheng Yingxiang. *Memoires de Peng Shuzh, L'envol du communisme en Chine.* Paris: Gallimard, 1983, 386–87, 410–11, 460–61, 470.
◇ McElderry, Andrea. "Woman Revolutionary: Xiang Jingyu." *The China Quarterly,* 104 (1986) : 95–122.
◇ Chang Kuo-t'ao. *The Rise of the Chinese Communist Party, 1921–1927,* vol. I. Lawrence: University of Kansas Press, 1971, 246–47, 297–316, 404, 487–88.
◇ Klein, Donald W., and Anne B. Clark. *Biographic Dictionary of Chinese Communism, 1921–1965.*

Cambridge, Mass.: Harvard University Press, 1971, 317–19.

▥ 230 蕭紅 Xiao Hong

蕭紅（1911–1942），乳名榮華，本名張迺瑩，生於黑龍江省呼蘭縣一個地主家庭，中國早期的現代女作家。

蕭紅大概與父親相處不來。她曾經這樣描寫他：「我的父親常常為著貪婪而失掉了人性。」她懼怕母親，九歲喪母後，祖父便成為她唯一可以親近的家人。祖孫二人在後園度過許多時光，祖父在那裡教她國學常識，是她的啟蒙老師。當時家中還有祖母、繼母、繼母兒子（在蕭紅母親死後出生），以及租戶。張家有房舍三十間，所以部份租予他人。這些租戶的生活、呼蘭的農民以及她和祖父在後園共處的光景，成了她其中三部作品的主要題材，即《生死場》（1935）、《家族以外的人》（1936）和《呼蘭河傳》（1941）。

一九二零年蕭紅正式上學，就讀呼蘭縣農業小學（今稱蕭紅小學）。一九二五年十四歲時，進入哈爾濱市立第一女子中學（今哈爾濱第七中學），一九三零年畢業。她在校沉默寡言、學習認真，雖然也交朋友，但總讓人覺得喜歡獨來獨往。她最喜歡美術和歷史課，如饑似渴地畫畫，直到後來，讀過茅盾、魯迅的五四文藝作品和西方浪漫小說中譯本後，才將興趣轉移到文學。在這期間，她第一次投身於一九一九年以來席捲全國的青年運動。一九二八年冬，和同學參加了反對日軍侵佔東北的示威。一九二九年寒假回到家鄉，發現父親為她訂了一門親，對象是一個軍閥將軍的兒子。出於對婚姻的恐懼，且祖父去世後對呼蘭已了無牽掛，她離家出逃。在〈初冬〉一文中她寫道：「那樣的家我是不能回去的，我不願意受和我站在兩極端的父親的豢養。」此後她的去向有好幾種說法：她的朋友，也是她傳記作者的駱賓基及密友梅林表示，她返回哈爾濱，跟著便和以前的老師而當時已成為她戀人的李某去了北平。但抵埗後，才知他已有家室。她在北平入學讀書不久，即返回哈爾濱；她已身懷六甲，但沒有把孩子生下來。兩人分手詳情不明。

而丁言昭卻說蕭紅與表哥陸宗虞去了北平，或被未婚夫汪殿甲跟蹤至北平，一九三一至三二年間的冬天和一男子回了哈爾濱，此人後來離開了她。丁言昭寫道，蕭紅和汪殿甲在旅店同居半年之久（此旅店現在是南十六道街仁里派出所），因欠下房租，汪殿甲託辭回家取款，但一去不回，把蕭紅扔在店裡，被店家盯著不許走，直如囚犯。

　　葛浩文（Howard Goldblatt）則另持一說：蕭紅孤身回到哈爾濱，居無定所，有時在朋友處借宿，有時只要是可睡的地方都去。最後落腳於白俄人經管的東興順旅館。孫陵說，蕭紅不僅房租、伙食費付不起，還吸鴉片成癮。蕭紅後來致函哈爾濱《國際協報》主編裴馨園求助，裴氏和另外幾個青年作家前去了解她的生活狀況，為她償還債務。一日旅館受洪水威脅，裴馨園將她帶回家。她在裴家初遇蕭軍，還有終生摯友舒群。

　　蕭軍（1907-1988）出身於遼寧省的農民家庭，原名劉鴻霖。他接受正規教育的時間不長，一九二五至三一年投身行伍，之後來到哈爾濱。他也從事寫作，經常為《國際協報》文藝副刊撰稿。

　　蕭紅結識蕭軍，成了她生命中的轉折點；兩人不久離開東北，到南方開展新生活。但蕭軍是個喜愛結交異性的風流客，有時還毆打她；兩人吵鬧不休，為免被打，她常找朋友保護。她一再遭受所依靠的男人（父親、初戀戀人、如今的蕭軍）欺凌，顯見她愈來愈深陷這個生活模式。她的傳記的作者認為，這樣的情感糾葛，加上她的健康問題（胃病、貧血、肺結核、營養不良），正是妨礙她全面發揮創作潛力的兩大要因。

　　蕭紅的寫作生涯，始於向《國際協報》及《大公報》投稿。蕭紅和蕭軍兩人，分別以「悄吟」和「三郎」的筆名，共同出版一本他們的作品選，書名《跋涉》（1933）；又和其他作家組建劇團。不久他們的選集遭到日本檢查官的查禁，參加劇團活動亦成危險之舉。一九三四年五月，他們接受朋友梅林的邀請前往山東青島；梅林聘蕭軍擔任他新創辦的《青島晨報》文學副刊的編輯。在青島，蕭紅完成了她第一部長篇小說《生死場》的初稿；這是一部以濃墨重彩深情描寫北方農民悲慘生活的作品，在農村中，人與畜掙扎於生死的刃口之上。是年，蕭紅僅二十三歲。因北方政治環境日益惡化，蕭紅、蕭軍，還有梅林，都遷往上海；這個文化活動多姿多彩的中國商業重鎮，和蕭紅筆下的世界，相距不啻千萬里之遙。

　　在上海，蕭紅和蕭軍結識了著名作家魯迅，起初是互通書信，後來成了深交。魯迅素來喜歡幫助年青作家，對蕭紅尤其支持。在他的引薦下，這對年青夫妻得以將作品送到上海多份雜誌出版社，蕭紅的散文、詩和小說，出現在《太白》、《中學生》、《文學》、《作家》、《文叢》、《文學月刊》和《中流》等刊物上，這些作品大多以筆名「悄吟」發表。

　　儘管《生死場》被國民黨中宣部文學審查委員會扣壓多月，魯迅最後還是

把它放入「奴隸叢書」出版，親自寫序，由胡風寫後記。小說面世後大受歡迎，國民黨政府瞬即查禁，反使它更為轟動。當時東北農民結集起來，反抗日軍侵略，聲勢日大，這部小說被譽為對這運動的內省；身屬政治化的東北作家集團的蕭紅，文學地位亦隨之攀升。《生死場》還以魯迅所稱的「細緻的觀察和越軌的筆緻」而知名。在這部小說，她首次使用筆名蕭紅，這個現在最廣為人知的名字，標誌著她從此蜚聲文壇。

一九三五年蕭紅還寫了《商市街》（1936），有人解讀為她與蕭軍在哈爾濱那段日子的切身經歷，內裡描述了他們到處求職，但求不用挨餓的苦況。《橋》是部短篇小說與速寫的集子，在當年也廣受歡迎。它包括〈橋〉和〈手〉兩個故事，篇中描寫的女主人公，生活悲慘，讀之令人心痛難忘。

同是在一九三六年，蕭紅啟程赴日本東京，蕭軍則留在上海，在給他的信中，她提到自己的寂寞與寫作的艱辛。但在一九三七年她出版了短篇小說集《牛車上》，顯然她在東京還是能寫些短篇的；其中一篇就名為〈孤獨的生活〉。書名篇〈牛車上〉，被認為是她最出色的短篇小說之一，它包含了她作品為人稱道的特色，如：生動的場景、孤獨貧困的女主人公、作者的自敘等。

蕭紅得知魯迅在一九三六年十月去世的噩耗，回到上海悼念這位導師。她和魯迅夫人許廣平（參見該傳）以後保持著親密友誼。她寫了好幾篇紀念和魯迅交往的文字，還寫了一部鮮為人知的啞劇：《民族魂魯迅》（1940）。

因上海政治形勢日益險惡，蕭紅離滬赴武漢，最後寓居湖北武昌。在武漢她與蕭軍的關係惡化，其時又結識了未來夫婿端木蕻良（1912–1996）。端木蕻良原名曹京平，也是東北籍作家，一九三七年首次在《文學》雜誌上發表作品時，用了「端木蕻良」作為筆名。但這人情感上不成熟，以致後來給她的生活造成不少困境。她經常疾病纏身又欠缺自信，渴求扶持，而他卻不能照顧她。此後蕭紅的日子在漂泊中度過，她和作家朋友頻繁轉移，以避開逼近的戰線。一九三七年一整年，她在胡風的左翼文學刊物《七月》編輯部任編輯。編輯會議記錄顯示，蕭紅關於國防文學標準的立場，與她同期作家迥然不同。她從事寫作期間，一直與左翼文學界核心人物交往聯繫，但如魯迅般，始終未加入共產黨。

一九三八年，蕭紅、蕭軍和端木蕻良應李公樸（1901–1946）之邀，到山西省民族革命大學任教。她在這裡見到了久享盛名的女作家丁玲（參見該

傳），昔日魯迅曾多次把她和丁玲相較。在山西期間，她了斷與蕭軍這段時晴時雨的關係，開始和端木蕻良交往；兩人回武昌並結了婚。她在結婚時已懷有身孕，但一九三八年到重慶不久，胎兒死產。她寫下了〈回憶魯迅先生〉等數篇短文，還完成了第二部小說《呼蘭河傳》的初稿，該書是根據她在呼蘭縣生活時的回憶寫就，主要是連串自傳式的描繪。一九四零年，因健康不佳，加上另一段感情告終，情緒低落，和端木蕻良移居香港。在港她寫下第三部也是最後一部小說《馬伯樂》（1940），這是諷刺作品，其幽默處堪與著名作家老舍（1898–1966）比美。

一九四一年，蕭紅與中國左翼作家所熟悉的知名美國記者艾格尼絲‧史沫特萊（Agnes Smedley）會面。史沫特萊覺察蕭紅健康惡化，便陪同她前去瑪麗醫院，蕭紅被診斷患有肺結核病。此時的蕭紅十分貧困，最後一段日子的生計，全仗史沫特萊、大名鼎鼎的小說作家與文藝批評家茅盾、摯友駱賓基這些人慷慨資助。在醫院中，她寫了最後的短篇〈小城三月〉。

一九四二年一月，蕭紅因喉部不適，作了兩次並非必要的手術，喪失了說話能力，此後健康狀況急速惡化。一月十八日日軍佔領醫院，將平民病號轉到學校改成的臨時病院，端木蕻良和駱賓基就是在這裡找到了她。一月二十二日她死於喉部感染、肺結核病及其他併發症，終年三十一歲。

端木蕻良稱他將蕭紅骨灰分別埋於香港淺水灣和臨時病院地下。但次日駱賓基到臨時病院卻找不到。一九五七年，一些香港人士協助中國作家協會廣州分會，將蕭紅骨灰移葬於廣州銀河公墓。

二十世紀的最後二十年，蕭紅的生平和作品得到中國境內外的當代學者、作家和女權主義者重視。當時中國大陸、台灣把社會主義文學的論述伸延至討論兩性和情感問題，為此對二十世紀早期女作家遺作的研討亦隨之熾熱起來，一些現代女作家提到，她們的寫作受到蕭紅、丁玲和冰心（參見該傳）的影響。多部蕭紅傳記及作品集相繼出版。其中的一位傳記作者丁言昭把蕭紅看成一個浪漫的悲劇人物；而戴錦華、孟悅合作的研究卻以較輕政治、較重個人的角度，重新解讀蕭紅的作品。他們的論點是，蕭紅的描述才能，應更受重視，原因不僅在於她揭露日治時期的農民生活，也在於她處理故事中女主人公這個最重要的人物為求生存而經歷到的情感掙扎時，寫出了深度。劉禾（Lydia Liu）亦是基於這個看法，說明蕭紅的作品是如何受到同期男性作家所誤解。

雖然蕭紅作品洋溢現實主義，她的寫作技巧卻自成一家，其細膩處非一般

同代作家所能項背。她對經受貧窮、屈辱或遺棄的百姓的描繪，樸素明晰，應得到更深入的研究。長篇小說裡畫卷般的景象和蒙太奇似的敘事手法，令作品充滿電影色彩。她透過人人皆懂的故事內容，刻劃出鄉土中國的種種特色。

蕭紅著作已譯成日、俄、德、英等國文字。

Megan M. Ferry

龍仁譯

◇ 孫陵，〈蕭紅的錯誤婚姻〉見孫陵，《浮世小品》，台北：正中書局，1961 年。
◇ 肖鳳，《蕭紅傳》，天津：百花文藝出版社，1980 年。
◇ 駱賓基，《蕭紅小傳》，哈爾濱：黑龍江人民出版社，1981 年。
◇ 張琳，〈憶女作家蕭紅二三事〉見《懷念蕭紅》，王觀泉編，哈爾濱：黑龍江人民出版社，1981 年。
◇ 孟悅、戴錦華，《浮出歷史地表》，鄭州：河南人民出版社，1989 年。
◇ 杜一白、張毓茂，《蕭紅》，台北：海風出版社，1990 年。
◇ 丁言昭，《蕭紅傳》，南京：江蘇文藝出版社，1993 年。
◇ 劉潔，〈蕭紅的情感經歷與文學創作的內在關係——「重讀蕭紅」之一〉，見《甘肅社會科學》，2005 年 3 期，頁 119–120。
◇ Goldblatt, Howard. *Hsiao Hung.* Boston: Twayne Publishers, 1976.
◇ Keen, Ruth. *Autobiographie und Literatur. Drei Werke der chinesischen Schriftstellerin Xiao Hong.* Munich: Minerva Publikation, 1984.
◇ Liu, Lydia He. *Translingual Practice: Literature, National Culture, and Translated Modernity — China, 1900–1937.* Stanford: Stanford University Press, 1996.
◇ 「端木蕻良」見 <http://baike.baidu.com/view/62265.htm>，2013 年 4 月 9 日查閱。
◇ 「蕭軍」見 <http://baike.baidu.com/view/74074.htm>，2013 年 4 月 9 日查閱。

ᴵᴵᴵ 231 蕭颯 Xiao Sa

蕭颯，一九五三年生於台灣，原籍南京；原名蕭慶餘，小說家。

蕭颯曾就讀於台北女子師範專科學校，她自言性格叛逆，反對學校禁止學生留長髮、穿短裙和交男朋友的規定。然而，她在七十年代畢業後，成為小學教師。她在師專時就開始寫小說。第一部小說集《長堤》，在一九七二年她二十歲不到時出版，包含了她十七、十八歲時寫的短篇小說。她說對於小說的初次體驗，來自童年時從電台聽到的廣播小說——包括愛情、偵探、歷史小說，還有以古典小說如《紅樓夢》等為藍本的說書。年紀漸長後，她酷愛閱讀由六十到七十年代台灣年輕男女編寫的文學雜誌，如由白先勇編的《現代文學》和尉天驄編的《文學季刊》。她還喜愛閱讀西方和日本的翻譯小說。她承認比較懂得日本作家如川端康成、三島由紀夫和夏目漱石的作品中的亞洲情愫，但否認受到某個作家的單一影響，強調她寫作有較為複雜的承傳。

蕭颯出版了第一個集子以後，五年沒有寫作。她的中篇小說〈我兒漢生〉一九七八年在報紙上連載，一九八一年出版。一般人認為它是蕭颯藝術上的一個飛躍，它展示了一個更廣闊的視野，以及作者對當前一些社會問題的關注。她以穿透性的觀察力和尖銳筆觸，暴露社會陰暗一面，以及這些陰暗環境對有理想的年輕人的影響。像她大多數的作品一樣，〈我兒漢生〉並不說教，只是從多視角用動人的文字來說故事，讓讀者自己下結論。例如，它是從母親的角度敘述故事，而漢生的觀點則從對話中他本人的話裡表達出來。讀者可能同情漢生也可能同情他母親。可是最後，對漢生最不滿的讀者也不免看出，社會沒有給這個有理想的年輕人較好的選擇。蕭颯大多數的故事都是沒有結局的，這樣讀者便有充份的想像空間，讓故事按照他們的意思作結。在〈我兒漢生〉中，漢生對社會不再存絲毫寄望，以致他去開計程車餬口和跟舞女同居。但是在故事尾聲，他拒絕了父母安排的舒適未來，又離家去找自己的路了。

〈我兒漢生〉以後，蕭颯又寫了好幾個關於年青人的故事。《少年阿辛》（1984）是個恐怖故事，講述一個天真而似乎正常的少年，結果變成綁架和謀殺的罪犯。短篇小說〈死了一個國中女生之後〉娓娓地講述一個女學生的意外死亡。這些故事揭露了這群年輕人的不幸處境，既得不到家庭溫暖，也得不到社會關懷，生活充滿困擾，渴求理解與愛，看來卻又求助無門。

蕭颯之所以喜歡寫年輕人的故事可能由於她的職業——老師。雖然，作為一個小學老師，她並不會每日接觸她書中所寫的年輕人，但她對兒童和少年的內心掙扎十分理解，並且極為同情。其他作家似乎沒有她那樣，對每日在本地報紙上都可見到有關少年問題的新聞，有如此深沉的體會。

蕭颯也描寫貪婪而物慾橫流的社會，以及深受其害的成年人。這些男男女女貪圖資本主義社會的物質回報，但又不願努力，或無力爭取。有的時候她通過愛情來暴露他們這個弱點。她的人物很多不僅活得失敗，而且由於自私自利，喪失了愛的能力。他們大多是都市森林裡的小市民。不像大多數女作家，蕭颯所創造的男主角，跟她的女主角一樣可信而有深度。不過，從八十年代中開始，蕭颯對七十年代甚至於八十年代台灣半新舊社會中婦女的處境日益關注。在那個時期，兩性平等的概念已經普遍被接受。然而，骨子裡女性仍然受到隱藏著的歧視。蕭颯的小說《走過從前》（1988）刻劃一個典型的好妻子。這個妻子不能理解為甚麼丈夫為了一個遠不如她有吸引力的女人而遺棄她。蕭颯描寫妻子在試圖把丈夫爭取回來時的屈辱，但是使讀者更震撼的是，她的翁

姑和她娘家的人沒有給她任何支持。只有一個同病相憐的姐姐同情她，其他人都瞧不起她。幸虧蕭颯讓女主角下定決心改變自己的生活。她終於覺醒贏回丈夫是無望的，於是著手開創自己的新生活。她也成為姐妹互助的一個典範，因為她開始公開演講，鼓勵跟她有同樣遭遇的女人克服婚姻上的難題，並且去發現自我的價值。在一本更遲的小說《單身薏惠》（1993）中，蕭颯描繪了一個單身母親的奮鬥。她終於讓自己和女兒過上有意義的生活。不過，在故事結尾，女兒到美國求學，這個女人再一次形單影隻。

蕭颯自己的婚姻在一九八五年也觸礁，那時她已有一個女兒。由於蕭颯在報紙上登載了一封致前夫張毅的信，作不平之鳴，這件事便為公眾所熟知。張毅是一個導演，他拍攝電影《我這樣過了一生》時，愛上女主角楊惠珊。這部電影的情節是根據蕭颯的一篇小說〈霞飛之家〉改編而成。當然這件事對蕭颯的生活有很大的影響。一年以後，當蕭颯接受《中國時報》的文學副刊「人間」的編輯季季訪問的時候，表示已經接受了婚變的事實，而且對於「變」有了一種新的覺醒，就是她仍然可以「變」，不僅是在生活上，而且是在寫作上。這對於她的寫作只會有好處。

蕭颯筆下的人物似乎多數是某種環境的被害者，她用憐憫的心來寫他們。譬如在〈霞飛之家〉（1981）裡面，那個頭腦簡單，但心地善良的桂美毫無怨言地一手把丈夫前妻所生的孩子帶大，她可算是一個正面的典範。另外一個堅韌的婦女是《返鄉劄記》（1987）的女主角，她失去親人，克服了千辛萬苦，終於安然步入晚年，過著平靜而舒適的生活。這本小說也是外省作家首次寫台灣籍的人物，所涵蓋的年代——一九四五至四七年——也是到那時為止作家很少寫的時期。在開始寫這本小說之前，蕭颯花了整整一年的時間做採訪和收集資料。

評論家經常稱許蕭颯樸素的語言；語言精確和感染力強是她作品獨有的動人之處。還有一些書評者說她的短篇故事和長篇小說像電影一樣，主要依靠對話，在人物的刻劃上，比較少用心理分析或者獨白。蕭颯的小說經常以不同的姿態出現，譬如《少年阿辛》，採用了警察檔案中少年犯罪記錄的形式，而《返鄉劄記》是日記體。季季曾經這樣說蕭颯：「在現實生活裡，蕭颯和你我一樣，有生存的得失與感情的困擾。在寫作生活裡，蕭颯卻一直站在冷靜的高點，如蒼鷹一般俯視眾生，敏銳的為我們捕捉許多瞬息萬變的剎那鏡頭，再以簡潔的文學作『慢動作』的呈現。」

蕭颯是一個多產的作家，已經出版了十餘部小說和短篇小說集。它們的主題和題材非常廣泛。女作家一般特有的靈敏觸角，她絲毫不缺，但是她的深度和廣度卻是很多人所羨慕的。她的寫作技巧也廣受認同和讚賞。她得過很多榮譽，包括台灣兩大報，《聯合報》和《中國時報》的文學獎，和中興文藝獎。她有好幾部小說改編為電影，包括〈我兒漢生〉、〈霞飛之家〉（改編為《我這樣過了一生》），還有〈唯良的愛〉。她也贏得了金馬獎最佳改編劇本獎。二零一一年從國小退休。

蕭虹

◇ 李昂，〈《我兒漢生》：附註〉見《六十七年短篇小說選》，台北：爾雅出版社，1979年，頁183–187。
◇ 詹宏志，〈《小葉》：附錄〉見《六十九年短篇小說選》，詹宏志編，台北：爾雅出版社，1981年，頁214–217。
◇ 張系國，〈序〉見蕭颯，《死了一個國中女生之後》，台北：洪範書店，1984年，頁i–iv。
◇ 隱地，〈評介《小葉》〉見蕭颯，《死了一個國中女生之後》，台北，洪範書店，1984年，頁58–60。
◇ 周寧，〈評介《死了一個國中女生之後》：附錄〉見蕭颯，《死了一個國中女生之後》，台北，洪範書店，1984年，頁131–135。
◇ 齊邦媛，〈閨怨之外——以實力論臺灣女作家〉見《聯合文學》，1985年3月，1卷5期，頁6–19。
◇ 季季，〈站在冷靜的高處：與蕭颯談生活與寫作〉見蕭颯，《走過從前》，台北：九歌出版社，1988年，頁373–386。
◇ 馬森，〈評《小鎮醫生的愛情》〉見鄭明娳編，《當代台灣文學評論大系》，台北：正中書局，1993年，頁445–454。
◇ Hsiao Sa. "The Aftermath of the Death of a Junior High Coed." In *Bamboo Shoots After the Rain: Contemporary Stories by Women Writers of Taiwan,* eds, Ann C. Carver and Sung-sheng Yvonne Chang. New York: Feminist Press at the City University of New York, 1990, 171–86.
◇ ——. "My Son, Han-sheng," trans. Eve Markowitz. In *Worlds of Modern Chinese Fiction*: *Short Stories and Novellas from the PRC, Taiwan, and Hong Kong,* ed. Michael S. Duke. Armonk, N.Y.: M.E. Sharpe, 1991, 227–45.
◇ Ch'i Pang-yuan. "Moving Beyond the Boudoir," trans. Susan Ku. In *Free China Review* (April 1991): 26–32.
◇ 「蕭颯」見 <http://202.153.189.60/readtaipei/content/writerTimeline.aspx?n=G0181>，來源：台北市政府文化局華文文學資訊平台作家資料庫，2015年1月13日查閱。

⑾ 232 蕭月華 Xiao Yuehua

蕭月華（1913–1983），生於廣東省大埔縣，是一九三四至三五年參加中國共產黨長征的三十名婦女之一。

蕭月華出身貧農家庭，自幼給人當童養媳，後來逃到海陸豐，開始參加革命活動。一九二七年後不久，在閩西工作的蕭月華夫婦（她丈夫姓名不詳）錯

受共產黨內部整肅；丈夫被殺，她亦受同事排斥，僅有李堅真（參見該傳）支持她。

一九二五年蕭月華加入共青團，一九三二年被調至設在瑞金的少共中央局；她在此與胡耀邦（1915–1989）共事。翌年，被「組織上」選作德籍共產國際代表李德（Otto Braun, 1900–1974）的妻子；起初她拒絕，但受到威脅，怕團籍保不住，只好服從。長征中，除這項特殊任務外，還與其他農村出身的婦女一樣，僱請民夫、尋找糧食和照料傷員。丁玲（參見該傳）後來告訴哈里森・索爾茲伯里（Harrion Salisbury），蕭月華曾當過傅連璋醫生（Dr. Nelson Fu, 1894–1968）的護理員。一九三七年五月蕭月華入黨，同時也產下李德之子、提出離婚；在延安，蕭月華在黨中央局當收發員。

此後蕭月華的生活狀況不詳。她自己撫養兒子，後來大概再婚。一九六零年，在湖南交通廳養路處當副處長，可能在長沙也工作過。文革中成了嫌疑人物，據說她曾冒險把數位未見透露姓名的挨批領導藏在自己家中。一九八三年被診斷患有癌症，曾在一九三三年與她共事的領導人物胡耀邦安排送她進京治療。她到京後不久病逝，胡耀邦命人在她棺木上覆蓋國旗和黨旗，認可她多年來所作的貢獻。

Sue Wiles

龍仁譯

◇ 郭晨，《巾幗列傳：紅一方面軍三十位長征女紅軍生平事蹟》，北京：農村讀物出版社，1986 年，頁 69–71。
◇ Salisbury, Harrison E. *The Long March: The Untold Story.* New York: Harper & Row, 1985, 81–82.
◇ 「蕭月華」見 <http://baike.baidu.com/view/1669576.htm>，2013 年 4 月 9 日查閱。

▥ 233 曉雲法師 Xiaoyun fashi

曉雲法師（1913–2004），生於廣東廣州，佛門尼姑、畫家、教育家。

曉雲法師本姓游，乳名阿崧，初入學時叫婉芬，又名韻珊、雲山。她是家中長女，有弟妹十一人（連庶母所出），其中五人早逝。五、六歲時就讀私塾書館，學習四書古籍、詩詞文賦。

游雲山父親從商，也撰寫劇本，家境不俗。她少年時家庭變故，常在母親身旁陪同流淚，更感世事幻化，時時夜坐露台思人生在世之茫茫。後入中學又感無味。十八歲入香港麗精美術學院修全科，期間另隨名師修習古典文學。畢

業後進入研究所，並拜嶺南畫祖高劍父為師，同時任教聖保祿及麗澤中學。執教與習畫七年後，一九四一年初秋隻身入桂林，一者欲求山水遣興，二者欲親睹中日戰爭（1937–1945）帶來的苦困。

在桂林，游雲山飽覽山水甲天下的景色，雖空襲警報頻傳，還繼續寫生。一九四一年，香港淪陷，她當時仍在桂林，遂留在國內，且開始到處遊歷。她第一站是曲江，抵步後到南華寺拜謁虛雲禪師，再到長沙上南嶽祝融峰觀日出，但覺雲海茫茫。在長沙期間，她繪成〈長沙三次大捷戰蹟〉，向抗戰人士致意。是年冬季入四川，重慶僑委會為她舉辦個展，作品得到好評。賴高劍父友人之助，獲安排交通工具上峨嵋山，繪成〈獨上峨嵋寫冰雪〉，又登青城山。

於成都，游雲山皈依佛教會長昌圓長老，隨師上靈巖山寺小住。一日，天甫放亮，手攜《憨山禪師傳》（1546–1623），上千佛塔前趺坐，聞大殿鐘聲梵唄淨境，心身寂然，自謂將有日緣熟剃脫易服，終生為教育文化藝術服務，並許願為佛教教育作一頭奉獻耕牛。她決定經東南亞到天竺佛國，完成環宇周行後，才落髮出家。

一九四五年初夏，抗戰勝利，游雲山回到廣州，見到祖母及母親幼弟等，抱頭痛哭，仿如隔世。目睹日機轟炸後留下的殘磚亂瓦，於風雨中見燕子飛翔似尋故宅，不禁淒悲中生，寫了一幅大畫，題詞曰：「冒雨衝風尋故宅，燕歸何處認巢痕」。

戰後生活貧困，各人都急於重建生活秩序，尋找工作維持生計。可是，那時仍叫游雲山的曉雲法師未忘畫家之職，只想繼續寫畫，及前往印度佛國。不過，她也應廣東文獻館簡又文館長之聘，往番禺縣寫〈楊太后祠〉、〈崖門奇石〉等宋朝衰亡的遺跡。一九四五年，廣東文獻出版社將她這些畫作印成專輯，她把所得酬金交給母親。

一九四六年初夏，曉雲法師應聘往廣西龍州任國立華僑第三高中導師。該校教職員因感激她在內戰初期到校任教，貢獻良多，遂協助她出鎮南關，再乘機經河內到西貢。在西貢期間，她舉辦了一次個人畫展。後來到了柬埔寨，隨同巴黎東方歷史博物館考古隊，到世界奇景吳哥窟巡禮佛蹟，速寫遠古佛教雕刻。之後，經新加坡、馬來西亞各地，從檳城乘輪船到印度加爾各答，進入泰戈爾大學。她在泰戈爾大學前後四年，首兩年研究印度藝術，為探討印度佛教藝術，到阿姜塔臨摹壁畫及參觀佛教聖地（著有《印度藝術》，已三版），後二年任客座講師。她曾上大吉嶺寫喜瑪拉雅山，畫作為大橫披，題為「雪藏之

家」。

一九五一年冬，曉雲法師回到香港，任教於寶覺中學，創建雲門學園，與趙冰大律師及新亞書院董事長唐君毅教授等，創辦《原泉雜誌》，以融會文學藝術與儒佛思想為宗旨。四年後，即一九五五年，她開始環宇周行，以求多了解世界文化教育。

曉雲法師計劃探訪大學、博物館、修道院、佛寺。在歐美各國的三年歲月，她到過多所著名大學，與校內師生晤談，期間所獲甚豐，對日後興辦教育工程，大有裨益。她踏遍三十餘國，到處舉辦個人畫展，以廣交當地文教界。由於各方函介，她得到多位學者協助，於佛萊堡大學（Freiburg University）舉行個人書畫展，空前成功。她在德國停留較久，出入二次。她曾拜訪著名哲學家海德格（Martin Heidegger），他把自己一本名為《道路》（Der Feldweg）的小書送給她。

曉雲法師在希臘逗留約一個月，研究當地古文化遺跡。她參觀荷馬（Homer）的出生地，及柏拉圖學園（Plato's Academy）所在地，並見到門前的樹化石奇景。在愛琴海（Aegean Sea）一島上，寫〈古月一灣〉畫。希臘教育部並為她舉辦畫展，盛況一時。她當時暫住中國駐希臘大使溫源靈博士家中，認識了不少當地的年青人與學者。一日，她在雅典路上，見有人手拿念珠，頓生好奇，初以為是淨土宗信徒，一問之下，方知希臘人拿念珠，僅為求心境平和、去除雜念而已。

在環宇周行的歷練後，曉雲法師第三次回到香港，對遊歷期間所聞所得，頗感欣慰。一九五八年，她重返沙田慈航淨苑，剃除三千煩惱，依止天台宗四十四代倓虛大師座下，從此更潛心佛典，先以天台禪觀，深思一門深入門門入，大異於早期只參禪宗的話頭公案。她時常攀爬香港佛教發祥地大嶼山，閉方便關，作短暫靜思。她後來仍保持逢除夕必到大嶼山掩方便關的習慣。若非靜修期，她會協助門人處理山中福利工作。她也下山創辦佛教天台學校（此天台是指屋頂平地），招收大陸解放後逃難到香港的小孩入學。她同時創辦慧泉、慧仁兩所小學。八年後，她成為沙田慧海英文中學的負責人，並在九龍成立香港佛教文化藝術協會，每月定時在政府電台宣講佛法。

一九六六年，曉雲法師受聘台灣陽明山華岡的中國文化大學（當時稱中國文化學院），深得該校創辦人的優遇，任教僅兩年，便獲聘為終身教授。一九八六年因忙於籌辦大崙山佛教大學，辭去教職。自一九六六年起，曉雲法

師定居台灣，凡三十餘年，穿梭陽明山、光明山、大崙山之間，致力促進教育文化藝術。她不斷研究佛法、強調禪教相彰，著有《佛禪之源》、《禪詩禪師》，認為有了禪行的潛修，才方便發展化度人群事業。

曉雲法師來台後，首十七年（1966–1983）受聘中國文化大學哲學、藝術兩研究所，除教書外，亦當論文導師，涉及的論文超過十二篇。從一九六八年起，她在附屬於陽明山永明寺的蓮華學佛園，培養學佛女青年。蓮園經營數十年，備受推崇，從未為招生作宣傳，學生皆是聞風而至。曉雲法師主持蓮園十年後，經教育部核准將之註冊為華梵佛學研究所。再十年後，創辦華梵大學，也是中國佛教史上第一所佛教大學。該大學開辦首三年是工學院，接著的三年易名人文科技學院，而現在已是正式承認的大學。

華梵大學在台北縣石碇鄉大崙山上，山高五百五十米，空氣清新、風景殊勝。曉雲法師在華梵大學前山，修建慈蓮苑，及華梵佛學研究所。至此她信守一生不建廟，不作住持的承諾，並把精力集中於開發佛教、教育、文化新領域，特別對佛教教育，甘作開荒牛。華梵大學得以建成，實有賴她和學生的共同努力。她曾到新加坡、馬來西亞籌款購買校地，而她的學生後來也籌妥建築費。

華梵大學成立以來，曉雲法師以覺之教育為宗旨，為實現理想而努力不懈，卓有成就。華梵大學享譽國際，至今已和歐美亞各洲多所大學締結姐妹學校。它的辦學理念是融會中華文化五千年與佛教來中土二千年的文教思想與精神，故取名華梵，「華」代表中國，「梵」則代表印度和佛教。

華梵佛學研究所培養了不少人才，有些畢業後當住持，或辦佛學院，或出國深造。根據天台宗的教育主張，不論是施教或是受教者，均應發展心性，以了解佛陀精神。至於日常生活行藏，尤須確保不被世俗左右。曉雲法師及受聘老師用了超過十年的時間，創造《現代經變圖》，令蓮園與華研所別樹一格。她們的創作，近似在敦煌可以見到的「經變圖」。

一九九八年，教育部安排一個題為「清涼藝展」的大型佛教藝術展覽，分別在台北、台南、高雄舉行，展品抱括現代經變圖與禪畫。是次展覽也是紀念曉雲法師繪畫七十一年的回顧展。曉雲法師的著作「流光集」叢書已出版了八十餘本書，另詩作十二本，亦已入樂。同年，她的《四聖頌》（介紹玄奘（602–664）、智者（538–597）、觀音菩薩、及淨土宗思想），還有第二本詩作《淑世幽情》，內收十首詩歌，先後出版。她的詩都是關懷社會人心，提升

個人智慧與慈悲心，與覺之教育息息相關。這兩部作品內的詩歌已由黃友棣、李中和二位名音樂家譜曲。

曉雲法師多年前到三山，至第三座大崙山而安心立命，山水情深，不再浩歎「我欲避世無可避，想入深山山未深」，之後暢懷抒寫《清哦集》，集內詩歌情真意愜，處處流露願為眾生教育及福祉獻身的心聲。大崙山前有浩瀚層山，後有泉流咽石，曉雲法師處身高山流水，流連於綠葉叢中，在「藏六池」畔、「百丈寮」前，禪心意遠，曾有「不是深山山也深」之句。從山往下望，她不難看到自己努力的成果，也知道終於尋得安身之地。二零零四年十月十五日，曉雲法師於慈蓮苑般若堂安祥示寂，終年九十三歲。

仁華法師

◈ 曉雲，《曉雲山人畫集》，卷 1–3，台北：原泉出版社，1987 年。
◈ ──，《印度藝術》，台北：原泉出版社，1994 年。
◈ ──，《佛教論文集》，台北：原泉出版社，1997 年。
◈ ──，《佛禪之源》，台北：原泉出版社，1998 年。
◈ ──，《環宇周行前後》，5 卷，台北：原泉出版社，1998 年。
◈ ──，《環宇周行散記》，台北：原泉出版社，1998 年。
◈ ──，《三山行蹟》，台北：原泉出版社，1998 年。
◈ ──，《島嶼歲月》，台北：原泉出版社，1998 年。
◈ ──，《東西南行散記》，台北：原泉出版社，1998 年。
◈ Tenzin Yeshe, *bhiksuni.* "Nuns in Contemporary Taiwan and Tibet." Ph.D. dissertation. Canberra: Australian National University, 2000.
◈ 「曉雲法師大事紀」見 <http://www.hfu.edu.tw/~hiuwanstudy/new.htm>，來源：曉雲法師研究中心：導師大世紀，2012 年 12 月 14 日查閱。
◈ 「華梵大學」見 <http://www.hfu.edu.tw/hfu_intro.php>，2012 年 12 月 14 日查閱。

▥ 234 謝冰瑩 Xie Bingying

謝冰瑩（1906–2000，另有資料稱她生於 1903 年），湖南省新化縣人，積極參與社會活動的作家、記者。因自傳體作品《從軍日記》而名譟一時，它記述了作者年輕時當女兵的英勇事蹟。

謝冰瑩父親是前清的湖南舉人，致力教育工作，擔任新化縣立中學校長逾二十五年。他飽讀詩書，是謝冰瑩在古文方面的啟蒙老師。母親嚴守禮教，依俗例為謝冰瑩裹足穿耳。謝冰瑩後來描寫自己是叛逆女兒，自行放開裹足，到男校讀書。少年時期她在湖南益陽的女子教會學校讀書，反叛如故，一九二二年五月組織了一次反對日本帝國主義的示威；當年九月，被教會學校開除，改入長沙的湖南第一女子師範。在長沙更為開放的氣氛下，開始對中國和世界文

學產生興趣。她曾表示當時廣泛閱讀中國古典小說，如《三國演義》、《水滸傳》之類；亦看描寫造反和戰爭的文章，法俄作品的譯本，以及郭沫若、成仿吾等被視為創造社進步作家的作品。

一九二六年，謝冰瑩在湖南第一女師尚未畢業，便因急於從軍而中斷學業，進中央軍事政治學校，成為女生隊學員；這軍校由國共合作政府的北伐軍在武漢建立。她接受了據說是相當嚴格的軍訓後，成為國民革命軍戰士，一九二七年開赴前線。軍中種種經歷促使她寫下《從軍日記》，在全國性報紙《中央日報》連載發表，著名作家林語堂將其譯成英語，同步發表。《從軍日記》基於謝冰瑩的獨特經歷寫成，風格清新、述事坦率，不僅吸引了中國讀者，也教世界各地的人耳目一新。它以單行本形式重印，還譯成法、德、俄、日、韓語和世界語。那年國共合作破裂，相信不多久，謝冰瑩所屬的女生隊解散，她的戎馬生涯也自此結束。

謝冰瑩離開部隊回到湖南，因恐被逼出嫁，遂轉往上海欲以寫作謀生。在那裡，她得掙扎求存，生活極其貧困。後來文化界巨擘錢杏邨（阿英，1900-1977）得知她的情況，十分賞識她的勇氣和文才，安排她到上海藝術大學學習。她在這間左翼私立學校認識了王瑩（參見該傳），兩人漸成莫逆之交。國民黨查封上海藝術大學後，謝冰瑩在三哥資助下，一九二八年入北平師範大學中文系學習，從入學到一九三一年畢業的四年裡，還在北平兩所中學兼任教職。在這時期，她和符浩結婚；他是武漢軍校的同窗，兩人曾一起參加北伐。女兒符冰（1930-1966）出生後不久，符浩便離開了謝冰瑩。

一九三一年，謝冰瑩得到人家提前支付兩部書稿的稿費，可以和許多近代中國知識份子一樣，負笈東瀛深造。在船上她聽到日本侵略東三省的消息，無比震驚，剛踏上日本土地就和其他中國學生一道，抗議日本的侵略行為。她抵達東京數月後，便被日本警方明令三日內離境。一九三五年她改名換姓再到日本，這次她決意不與其他中國學生接觸。她入讀早稻田大學，和導師實藤惠秀教授交上朋友，與日本男女進步作家和編輯來往，並結識了《朝日新聞》女編輯竹中繁子。她又和林芙美子、武田泰淳等涉嫌左傾的作家有交情，說不定是因此再度招來日本警方關注。一九三六年四月她因拒絕參加迎接溥儀的活動，遭到逮捕並監禁三周。溥儀是日本人在東三省扶植的傀儡皇帝，日本政府下令在他到達東京機場時，全體中國留學生要前去迎接；她把溥儀視為賣國賊，無視日方命令而留在宿舍。監禁期間受到拷打和審訊，經中國大使館出面交涉，

才被釋放。她不久離開日本。

謝冰瑩在兩次赴日之間的空隙，寫下《一個女兵的自傳》，該書於一九三六年出版。一九三二年一月，日軍進攻上海，她曾試圖動員上海婦女支援前線。但在第二次歸國時，她身體衰弱，無力參與政事；賴兄長寄錢，才能前往廣西桂林休養身體。她後來重拾教鞭。一九三五年在福建結識王宇辰，之後和他結婚。

一九三七年七月，中國最終對日宣戰，此時謝冰瑩正在湖南為母守孝，她不顧體衰力弱，聽到開戰消息幾天之內，組織一隊婦女開赴前線支援戰爭。該湖南婦女戰地服務團由十六名湖南婦女組成，後又有上海、蘇州八名婦女加入。一名孤身高中男生亦堅持要隨團同行。九月服務團隨吳奇偉將軍的第四軍離開長沙，照顧上海、嘉定、蘇州一帶的傷員。這段時期，謝冰瑩就所見所聞，寫了很多文章，發表於報端。這些文章結集後成為《新從軍日記》（1938）。她以簡樸的語言記述了戰場上令她振奮、傷悲的事情，也揭露了官僚腐敗和民眾的怯懦、自私。她在一篇文章中，號召國人向士兵義獻食物、寒衣，捐款為醫院買藥品。她第二次上戰場時，是個戰地記者。她到過位於蘇、豫兩省，淮河以南的第五戰區，在徐州採訪了李宗仁、白崇禧等將領，還到過魯南台兒莊大捷所在地。她從前線發回了若干訪談錄和許多報導。她第三次上戰場時，帶領了一個女生志願團隊，團員都是中學大學的學生，正接受培訓，以備到前線協助護理人員救死扶生。此時期中，她在僅有四英寸長兩英寸寬的小本上，以纖細筆跡記下感受，後來又無暇重新謄寫；時光流逝，最後年老時再來翻閱，因目力不濟，已無法閱讀這些小字了。在這第三次，也是最後一次的前線工作期間，她只寫了數篇文章。在她的從軍歲月中，丈夫王宇辰一直相隨，據說也有參與編寫寄發後方的報導。一九三九年二人婚姻破裂，丈夫將一雙兒女留下給她。

一九三七到四五年的八年抗戰時期，謝冰瑩除在前線工作外，還編輯了《新民報》文學副刊「血潮」，創辦和編輯（1940–1943）新西安文學期刊《黃河文藝月刊》。其後回到四川，大概在一九四四至四五年間，在成都的省立高等職業學校教書。戰後任武漢《和平日報》主編，後又任北平師範大學和華北文化學院教授。一九四六年前後，與賈伊箴結婚。她這第三次也是最後一次的婚姻，幸福美滿，兩人攜手終老。

一九四八年，謝冰瑩赴台灣執教於台灣師範學院，即後來的台灣師

範大學。在台期間寫下大量文章和散文，均收錄於《謝冰瑩散文集》。
一九六三年，她的《我怎樣寫作》出版。

一九七一年，謝冰瑩乘船往美國探望女兒，在船上摔倒折斷右腿，那時
她已六十五歲。她從教學崗位上退休後，便與丈夫賈伊箴移居舊金山（San
Francisco）。（《紐約時報》（*New York Times*）報導她於 2000 年 1 月 5 日
在該市去世。）她在舊金山仍繼續寫作，並整理舊作。她的《我在日本》於
一九八四年出版，這書是根據她一九四零年出版的《在日本獄中》寫成，但加
入了有關第一次赴日及懷念日本友人的文章。她亦把描述第二、三次戰地體驗
的文章，加入《新從軍日記》中，一九八一年出版時更名為《抗戰日記》。

謝冰瑩去台灣時，長女符冰留下與祖母相依為命。符冰供職於北京中央戲
劇學院，是文革中首批受害人，一九六六年被迫害致死。謝冰瑩另外兩名子女
在台灣長大。

謝冰瑩所以出名，是因她集婦女社會活動家和作家雙重身份於一身。二十
世紀二十年代的社會環境中，一個年輕女兵的形象，使國內外民眾都感到眼前
一亮。她淺白直敘的筆法與寫作內容十分配合，所敘之事辛酸感人；她要做到
「百份之一百的忠誠，一句假話也不寫」。她享譽國外，是因為她的作品引起
著名作家和知識份子的注意，如羅曼‧羅蘭（Romain Rolland）、林語堂等人；
林語堂翻譯了她的處女作，他幾個女兒在美國出版了她們所譯的謝冰瑩自傳。
她漫長的一生中，寫作逾千萬字，出書七十種以上，其中有自傳、小說、散文、
兒童文學及回憶錄。《一個女兵的自傳》一書，在台灣和大陸多次重印。

蕭虹

龍仁譯

◇ 《中華民國當代名人錄》，卷 3，台北：中華書局，1978 年，頁 1384。

◇ 陳敬之，〈謝冰瑩〉見《現代文學早期的女作家》，台北：成文出版社，1980 年，頁 169–
  194。

◇ 謝冰瑩，《抗戰日記》，台北：東大圖書，1981 年。

◇ ——，《謝冰瑩散文選》，香港：山邊社，1983 年。

◇ ——，《我在日本》，台北：東大圖書，1984 年。

◇ 英文《中國婦女》編著，《古今著名婦女人物》，下冊，石家莊：河北人民出版社，1986 年，
  頁 748–753。

◇ 潘亞暾，《世界華文女作家素描》，廣州：暨南大學出版社，1993 年，頁 332–342。

◇ "Hsieh Ping-ying." In *Biographical Dictionary of Republican China,* ed. Howard Boorman and
  Richard C. Howard. New York: Columbia University Press, 1970, 102–03.

◇ Hsieh Ping-ying. *Girl Rebel: The Autobiography of Hsieh Pingying, with Extracts from Her New War
  Diaries,* trans. Adet Lin and Anor Lin, with an introduction by Lin Yutang. New York: Da Capo Press,

1975.

◇ ——. *Autobiography of a Chinese Girl,* trans. Tsui Chi, with a new introduction by Elisabeth Croll. London: Pandora, 1986.

▥ 235 謝飛 Xie Fei

謝飛（1913–2013），本名謝瓊香，生於海南島文昌縣，隨紅一方面軍參加一九三四至三五年中國共產黨長征的三十名婦女之一。她又叫阿香，但有些資料將她和金維映（參見該傳，又稱阿金）混淆了，海倫·福斯特·斯諾（Helen Foster Snow）在延安就把金維映錯叫為「阿香」。

謝飛家境不算富裕，但她曾上學，一九二六年進入海南第六師範學校。她是最年輕的學生，並積極參加各式各樣的新生革命團體；一九二七年加入共青團，同年入黨。那年國民黨士兵在上海大肆屠殺工人，四月國共合作破裂，她回到家鄉，組織當地婦女支援共產黨和工人。一九二八年，她去香港在省委機關做地下工作；這一時期，她家房屋被燒，二十三位近親大部份遇害。

一九二九年謝飛被派到新加坡，在中共南洋臨時委員會做文書工作。在新加坡的三年中，她收入微薄，經常挨餓；但只在一九三零年被拘捕過一次。一九三二年回國後，被派到福建濱海城市廈門繼續做地下工作。為防止機要文件落入國民黨之手，曾數次將文件泡在熱水裡，然後吞入腹中，為此以後常犯胃病。一九三四年七月，調到江西蘇區的紅都瑞金，任職國家政治保衛局。十月隨同紅軍撤出瑞金。長征中，她的工作與其他婦女相同，正式職務是幹部休養連的工作組成員。

長征隊伍到達西北相對安全的瓦窰堡後，謝飛與劉少奇（1898–1969，參見王光美傳）結婚。劉少奇當時是政治局委員，日後更當上國家主席，最終成為文革的主要攻擊目標。這段婚姻從一九三六年維持至四一年左右，前後不到六年。兩人在天津一起工作，又在延安住了一些時日，其間謝飛進入黨校，一九三九年被派到華中的新四軍。有一次，她南渡長江後，無法返回，與所在單位失去聯繫，與劉少奇亦從此分隔兩岸。她留在蘇南，任餘姚與上虞兩縣的縣委書記兼獨立營政委。她在該營留駐多年，營長患病後由她統領全營，與日軍和國民黨軍作戰二十餘次，當地人都叫她「謝團長」。

一九四五年謝飛帶領全營重返新四軍，之後她調到東北，任華東局婦聯常委兼組織部部長。一九四九年新中國成立後，被任命為設在北京的華北革命

大學三部副主任，一九五零年調任新組建的中國人民大學的專修科主任。她知道自己有讀書天份，故以三十九歲的大齡報讀人民大學法律系研究生班，一九五六年畢業後，被任命為中央政法幹部學校副校長。

謝飛終生未曾再婚。二十世紀五十年代後期，政治動盪，她被打成右派挨批鬥，並於一九五九年被送至豬場勞動，她在豬場留了多久才得以返京，不得而知。文革中她亦備受折磨，主要是因為與劉少奇做過數年夫妻；劉少奇一九六九年末病逝開封。從一九六八至七三年，她在極惡劣的條件下被關押，且受到人身傷害。一九七八年平反後，她似乎對共產黨當局毫無怨恨之心。她成為全國政協委員、公安部諮詢委員、中央政法幹部學校副校長（後該校易名為中央人民公安學院）；她還擔任中國法學會理事、北京法學會副會長。她為後半生開創一條學術之路，且成績斐然，這主要歸功於本身的努力。從另一角度看，雖說中國以人人機會平等的原則為立國之本，若她沒有參加長征這一層關係，恐怕也難以做到。

Sue Wiles

龍仁譯

編者按：二零一三年二月，謝飛病逝北京，終年一百零一歲。同月稍後，她的遺體送別儀式在八寶山殯儀館舉行。

◇ 郭晨，《巾幗列傳：紅一方面軍三十位長征女紅軍生平事蹟》，北京：農村讀物出版社，1986年，頁 44–47。

◇ 胡國華、莊建民，〈不平凡的路〉見《紅軍女英雄傳》，瞭望編輯部編，北京：新華出版社，1986年，頁 74–82。

◇ 英文《中國婦女》編著，《古今著名婦女人物》，下冊，石家莊：河北人民出版社，1986年，頁 858–862。

◇ Snow, Helen Foster. *Inside Red China.* 1977 reprint [with a new preface and biographical notes by the author]. New York: Da Capo Press, 1939, 175.

◇ Lee, Lily Xiao Hong and Sue Wiles. *Women of the Long March.* Sydney: Allen & Unwin, 1999.

◇ 「劉少奇含冤去世」見 <http://www.hprc.org.cn/gsgl/dsnb/zdsj/200908/t20090820_28333.html>，2009年8月20日，來源：國史網，2013年4月11日查閱。

◇ 「謝飛」見 <http://baike.baidu.com/view/179937.htm#sub10204058>，2013年4月11日查閱。

▥ 236 謝小梅 Xie Xiaomei

謝小梅（1913–2006），生於福建省龍巖縣，隨紅一方面軍參加一九三四至三五年中國共產黨長征的三十名婦女之一。

謝家開了一個小店，家人都積極參與革命。謝小梅讀完小學後，十五歲到石碼鎮電話公司當接線員。一九二九年加入共青團，翌年加入共產黨，那時在福建省委秘書處工作。同年結識省委書記羅明，兩人隨後結婚。

一九三一年，羅明和謝小梅在上海的黨中央委員會工作一些時日，便回到福建蘇區，在那裡斷斷續續的工作了一年左右。羅明因「支持王明路線，思想上反黨」受到批判，夫婦兩人同遭降職，自此從事教學工作，並被召回瑞金。一九三二年，謝小梅將一個月大的女兒寄放在福建一個幹部家中，自己繼續打游擊。

一九三四年十月長征開始前十天，謝小梅生下第二胎。她把嬰兒寄放在當地一個黨員家。長征中，她的職責是照顧掉隊傷員、採購食物以及在戰地醫院工作。羅明在貴州負了重傷之後，她抽出相當多時間照料他。一九三五年三、四月間，兩人接到命令留在貴陽，鼓動農民。往後數年，他們從貴陽，到上海，再到南京，多次被出賣、遭逮捕、復又獲釋。由於羅明以往與被粉碎的王明路線有牽連，黨組織不讓他們歸隊，不過仍要求他們在福建繼續幹革命工作。他們後來在謝小梅的家鄉小鎮上，一面教書，一面開展共產主義和抗日的宣傳，歷時數載。一九四七年，為避開國民黨在中國東南部捕殺共產黨員的行動，兩人去了新加坡，一九四九年回國。

謝小梅被委以多個教學與圖書館職位，到了文革，因為三十年代多次被捕而受到審查，被打成叛徒，遣送至農村幹校，從事體力勞動三年之久。一九七三年，出於對文革政策的不滿，她選擇退休，並為此付出代價，只能領取少得可憐的退休金。一九八一年終於得到平反；自一九三零年以來的連續黨齡，連同長征老幹部應有的待遇和養老金一一得到恢復。據了解，二零零零年時，她在廣東居住。

Sue Wiles

龍仁譯

編者按：二零零六年七月，謝小梅病逝廣州，終年九十二歲。

◇ 郭晨，《巾幗列傳：紅一方面軍三十位長征女紅軍生平事蹟》，北京：農村讀物出版社，1986年，頁 158–165。
◇ 戚休，〈歷盡千辛志愈堅〉見《紅軍女英雄傳》，瞭望編輯部編，北京：新華出版社，1986年，頁 175–187。
◇ Lee, Lily Xiao Hong and Sue Wiles. *Women of the Long March*. Sydney: Allen & Unwin, 1999.
◇ 「謝小梅」見 <http://baike.baidu.com/view/3302852.htm>，2013 年 4 月 11 日查閱。

▥ 237 謝希德 Xie Xide

謝希德（1921–2000），福建泉州人，物理學家，從事半導體物理、固體能譜和表面物理的研究。她也是有數的女大學校長之一。

謝希德母親郭瑜瑾早逝，父親謝玉銘（1893–1986）是著名物理學家，於一九二六年獲美國芝加哥大學（Chicago University）博士學位後回國，這年正值燕京大學物理系成立，他應聘執教，於是謝希德和祖母遷居北平。

謝希德先後在燕京大學附小、附中和貝滿女中（Bridgeman Girls' High School）就讀。一九三七年抗戰爆發後，全家南遷，她又先後在武昌、長沙讀書。一九三八年右腿不幸患股關節結核，被迫休學。隨著日軍長驅直入，全家移居貴陽，父親則隻身到福建長汀的廈門大學任教。她在病休的四年間，讀了許多書，自學了數學和物理學部份課程，終於以堅強的意志戰勝了疾病，但是因股關節必須固定不能活動而腿部留下了殘疾。

一九四二年謝希德考入廈門大學數理系，在閩西山區十分艱苦的條件下度過了四年的大學生涯。一九四六年夏天，到南京參加出國考試，秋天到上海滬江大學數理系任助教。一九四七年被錄取為赴美自費留學生，在美國史密斯學院（Smith College）當研究生兼助教，兩年後獲碩士學位。又轉入麻省理工學院（Massachusetts Institute of Technology）物理系，研究高度壓縮下氫原子的波函數，於一九五一年獲博士學位。後在該系任研究人員約一年，研究用微波諧振腔（resonant cavity）測量半導體鍺的介電常數與電導率。

謝希德和曹天欽（1920–1995）於一九五二年五月在英國結婚。曹天欽是英國劍橋大學生物化學博士（1948）、中國著名生物化學家。同年八月夫婦二人啟程回國，定居上海。謝希德歷任上海復旦大學物理系講師（1952–1956）、副教授（1956–1962）、教授（1962年起），該校固體物理教研室主任（1953–1961）、半導體物理教研室主任（1961–1966）、兼任中國科學院上海技術物理研究所副所長（1958–1966）。她也是復旦大學副校長兼該校現代物理研究所所長（1978–1983）、校長（1983–1988）。一九八零年當選為中國科學院院士（學部委員）、主席團成員。她還獲得海外多所知名大學的榮譽博士學位，擔任過多種國際學術刊物的編委，一九八八年被選為第三世界科學院（Third World Academy of Sciences）院士。

六十年代，謝希德集中研究空間群（space groups）和半導體能帶（energy

bands），到了八十年代，則致力於固體表面吸附（absorption）的理論研究。
她就固體體內、表面與介面的電子態（surface and interface electronic state），
發表了數十篇論文，有很高的學術業績。她長期從事大學本科生和研究生的教
學工作，多次主持全國性的固體物理和表面物理研討會。她非常重視教學和教
材的質量，親自編寫教科書。在建設表面物理學科、培養半導體物理專家與技
術人員、發展高等教育等方面，以及在其他一些社會工作中，她都作出了卓越
的貢獻。

謝希德品德高尚，意志堅定。五十年代初，為了報效祖國，排除種種干擾，
從美國繞道英國歸來。文化大革命中遭受迫害，但堅信一切誣陷不實之辭終會
得到平反，正義可獲伸張。九十年代，即使在身患癌症、歷經復發的時候，都
繼續研究半導體表面與介面，以及短周期超晶格的聲子譜。在夫婿病魔纏身、
康復無望的時候，仍悉心照顧。此外，她雖肩負重任，奮力工作，但沒有放棄
集郵與收藏文物等業餘愛好。她在二零零零年去世。

王冰

◇ 黃昆、謝希德編著，《半導體物理學》，北京：科學出版社，1958 年。
◇ 謝希德、方俊鑫編著，《固體物理學》，上海：上海科學技術出版社，1962–1963 年。
◇ 謝希德，〈非晶態物質〉見方俊鑫、陸棟主編，《固體物理學》，下冊，上海：上海科學技術
  出版社，1982 年。
◇ 謝希德等編著，《群論及其在物理學中的應用》，北京：科學出版社，1986 年。
◇ 英文《中國婦女》編著，《古今著名婦女人物》，下冊，石家莊：河北人民出版社，1986 年，
  頁 1014–1018。
◇ 王增藩，〈謝希德〉見《中國現代科學家傳記》，集 1，北京：科學出版社，1991 年，頁
  171–177。
◇ 中華全國婦女聯合會組織聯絡部編，《中國女院士》，瀋陽：遼寧人民出版社，1995 年，頁
  315–317。
◇ 《燕京大學人物志》，北京：燕京研究院，1999 年，頁 38–40。
◇ 「曹天欽」見 <http://baike.baidu.com/view/123336.htm>，2013 年 4 月 11 日查閱。
◇ "Xie Xide." Chinese Academy of Sciences, at<http://www.casad.ac.cn/english/members/
  physics/1-80-45.htm>, accessed before 2000.

▥ 238 謝雪紅 Xie Xuehong

謝雪紅（1901–1970），台灣革命家，反對日本殖民統治及隨後的國民黨
政府。

謝雪紅出生於彰化一個工人家庭（有資料稱出生於台中，因當時彰化為台
中的一部份），在七個子女中排行第四。謝雪紅原名謝假女或謝阿女，曾化名

謝飛英、山根美子、謝雪紅；而謝雪紅一名最廣為人知。

因家庭生計窘迫，幼小的謝雪紅六歲即在街頭售賣香蕉。雙親去世後，年僅十二歲即被賣給一名叫洪喜的男子當童養媳，成為其長子洪春榮的妻子。另有資料稱她嫁洪喜作妾。十六歲時逃離洪家，到帝國製糖廠當工人，結識了廠內甘蔗委員會委員張樹敏，兩人墮入愛河。但他是有婦之夫，謝雪紅不甘在張家為妾，故與他雙雙東渡日本，後來他在日本開店出售台灣草帽。謝雪紅在日本名古屋僑居三年，期間發奮學習漢語和日語，那時打下的語文底子，為她日後鑽研其他學科創造了良好條件。

張樹敏的帽店生意淡薄，謝雪紅終於在一九二零年返回台灣，在勝家縫紉機公司任銷售員，兩年後攢下足夠錢財，於台中開設一間嫩葉屋女子洋服店。她此時已經濟獨立，享有一定程度的自由，有條件改變人生方向。她逐步靠近反日運動，因素可能有兩個：一是幼年生活艱辛，令她渴求一個有公義的社會；二是受當時政治氛圍影響。一九二一年，她加入台灣文化協會，並參與該會的婦女工作。或許就在這時她遇上一些青年知識份子，得到啟發，萌生到中國大陸深造的念頭。

一九二四年謝雪紅和張樹敏赴上海。謝雪紅參加台灣自治協會的活動，並成為中共資助的上海總工會會員。她參與中共地下黨員組織的五卅大罷工，引起共產黨領導人的注意；此時她改名為謝飛英。一九二五年進入中共創辦的上海大學研讀社會學，為時四、五個月，學習了大量社會與政治歷史的知識，結識了許多台籍學生，這些人以後都和她一起投入革命。

十一月，中共黨組織推薦謝雪紅留學蘇聯莫斯科，進黨校東方大學學習。她留蘇兩年，把握機會深入學習社會主義、共產主義及蘇俄革命史。她同時又改名為謝雪紅，以紀念這個常年白雪皚皚的國度；這是她最後一次改名。在莫斯科她結識了中共領導蔡和森、李立三，日共領導德田球一、渡邊政之輔以及她以外的唯一台灣學生林木順。換言之，她成了當時躋身國際政治舞台的少數台灣人之一。

一九二七年謝雪紅學習結束離開莫斯科，共產國際授命她在台灣建立共產黨組織。當時台灣為日本殖民地，共產國際因而在決議中規定，策劃及創建台灣黨組織事宜，由日共負全責；並指派謝雪紅和林木順作為台灣代表與日共聯絡。此時謝、林已屬戀人。那年二人前往東京，尋求日共領導渡邊政之輔的指引，卻被告知應請示中共。

　　於是謝雪紅、林木順二人一九二八年初赴滬，四月十五日台灣共產黨（簡稱台共）在上海正式成立，成立大會由謝雪紅主持，與會者包括八名左派活動家，及兩名觀察員，分別代表中國共產黨和朝鮮共產主義者。台共目標之一，是建立台灣共和國。奇怪的是，謝雪紅並不在十二名台共中央委員之列；三名缺席成員被選為中委，而她為建黨殫精竭慮，僅當上候補中委。看來她很可能是因性別和背景複雜受到岐視。她離滬赴東京再度與日共聯絡前夕，被日本警方以派發反日小冊子為由逮捕，判處遣回台灣。六月，因當局缺乏證據獲得釋放，正好在當地領導台共。

　　謝雪紅發覺台共潰不成軍，原領導人不是跑掉就是藏匿起來。她毫不畏縮，一邊聯絡新台灣文化協會和台灣農民組合，一邊找其他已經回台的台共黨員。在各方面幫助下，她開始組織、培訓工人，打算建立一個名為「台灣解放運動團體台中協議會」的組織，與左派團體結盟，但共產國際命令將之解散，宣稱所有分支機構必須冠以共產黨之名。不過，她仍成功地說服農民組合接受其主張，在架構上增設青年與婦女兩個部門，並建立一個成員彼此救濟的制度。

　　農民組合的領導成員，如簡吉、趙港，不是加入台共，就是變得更左傾。一九二八年十一月，謝雪紅在台北召開台共第一次中央會議，會上通過決議，（按照日共的命令）將她選入中央委員會；把四月擅離職守且逃離台灣的蔡孝乾及其他成員的黨籍革除；開辦國際書局。次月，在謝雪紅和另一名台共領導人的指導下，農民組合在其全島大會上同意接受台共黨綱，從而成為台共的一個重要外圍組織。國際書局於一九二九年開業，除出售左派書籍外，也用作知識份子的聚會場所、黨的一個秘密接頭點。

　　由於日本殖民政府聚焦農民組合，謝雪紅的工作轉向由知識份子和中產階級組成的文化協會。在上海大學舊生協助下，她控制了新文化協會；她通過讀書組和青年會，鼓勵會員學習所謂社會科學，實質是宣傳馬列主義的資訊。

　　是年，新近由大陸返台的兩名李立三偏激路線骨幹王萬得和蘇新，批評謝雪紅過於溫和，不思進取。翌年一次會議上，他們將她的中委盟友開除以圖孤立她。一九三一年，他們建立台共改革同盟，於五月將謝雪紅開除。饒有諷刺意味的是，她政敵的偏激行動，引發了殖民政府大規模的搜捕，導致她於六月被捕，判處十三年監禁。一九三九年她因罹患肺結核病，得以保釋出獄，在囚僅八年。她自此易名為山根美子，在台中經營一家小百貨店。

一九四五年戰爭結束，謝雪紅恢復原名，再次積極投入政治活動。她建立的人民協會與農民協會，均被陳儀列作非法組織；陳儀是國民黨派來從日本人手中接收台灣的人。謝雪紅又創立建國工藝學校，以團結青年學子，並通過台中的《和平日報》，批評陳儀領導的政府。一九四七年反國民黨的二‧二八事件之後，謝雪紅在台中主持了一次抗議集會，號召結束國民黨一黨專政，要求民主自治，呼籲台中人民為這些目標而奮鬥。

台中人回應謝雪紅的號召，佔據警察局，查封所有武器彈藥，建立委員會來維持秩序。由於謠傳陳儀將帶兵前來鎮壓，委員會決定解散。青年學生反對這個做法，要求謝雪紅帶領他們反抗當局。她利用從警察局沒收的武器，把青年學生組織成為一支武裝民兵，在台中鬧市維持秩序，並組建「人民政府」。

有關這一系列事件的消息傳遍全島。三月三日，台中地區治安委員會作戰本部成立，謝雪紅被要求出任總指揮；鄰近的嘉義、虎尾也成立民軍，並從台中隊伍處分配到一些武器。遐邇皆知謝雪紅是反抗力量領導人，謠傳她要攻佔其他城市。然而國民黨部隊於三月九日在基隆登陸，反抗隊伍紛紛瓦解，謝雪紅撤至山區企圖打游擊，可是爭取不到土著居民的支援。當局為了抓捕她，還懸紅二十萬元。她只得悄然離台。諷刺的是，她竟然是透過賄賂國民黨官員，登上國民黨軍艦離開，先到廈門，後轉抵香港。

此後謝雪紅踏上人生的一個新階段。香港是英屬殖民地，居民政治背景，各有不同。一九四七年，謝雪紅在港遇上早期主張台灣獨立的人士，從陳儀治下的台灣逃出的台共領導，以及中共地下工作者。與此同時，她在台灣武裝反抗運動中所起作用，引起美國人注意，將她的事蹟刊載於《時代》（*Time*）雜誌，使她聞名國際。

通過閱讀中共書刊，謝雪紅理解到，中共先支持台灣獨立，後又轉而支持台灣自治，全屬它反國民黨總體攻略的部署。她也明白一己命運與中共唇齒相依，有必要調整自身立場。八月，她在新加坡一份報紙發表宣言，報告了年初的武裝鬥爭，重申她對社會主義和台灣自治的信念。在新加坡華僑陳嘉庚的資助下，她和同事創辦了《新台灣叢刊》雜誌，由蘇新、楊克煌任編輯。她撰寫了多篇有關台灣人民命運與婦女解放的文章；就她而言，兩者與推翻美國所支援的國民黨政府，反抗國民黨壓迫群眾壓迫婦女，緊密相連。

謝雪紅在香港期間最大成就為創建台灣民主自治同盟（簡稱台盟）。二‧二八鬥爭失敗後，流散在香港、中國和日本的台灣人，感到亟需一個組織，凝

聚各方力量，再加發揮。經中共批准，謝雪紅、楊克煌和蘇新於一九四七年策劃、一九四八年七月成立台盟，謝雪紅任主席，楊克煌、蘇新為理事。

台盟在香港一份報紙上撰文表白其宗旨，就是為台灣自治而鬥爭，支援中國人民建立一個由中央委員會領導的民主聯合政府。一九四七年五月，台盟剛成立，其成員積極回應中共五一宣言。該宣言號召各黨派舉行新政治協商會議，以建立聯合政府，實際目的是將台盟、台灣省工作委員會（由中共地下工作者組成，成員包括蔡孝乾）及上海台灣同鄉會收歸中共旗幟之下。於是這三個組織的領導人在香港舉行會議，會上謝雪紅的中共黨籍得到承認，黨齡追溯至她當初申請時的一九四六年。當年蔡孝乾要她填寫申請表；她提出在國統區的台灣，留下一紙記錄實為不智。此時謝雪紅黨籍獲得正式認可，意味此後她不僅是小黨首領，亦是中共黨員，必得接受黨發出的指令。事實上，香港會議後，謝雪紅在報章上所發聲明，明顯緊跟中共路線。

一九四八年，謝雪紅被邀參加中共第一次政治協商會議的籌備會議。她所攜文件，提出了有關台灣的建議，但未有得到回應。她在京會見了台灣團體，受到熱情的接待。一九四九年九月，她在《人民日報》頭版，發表了關於美國陰謀霸佔台灣的文章。

一九四九年十月一日，在中華人民共和國開國大典上，謝雪紅作為主席團成員，與毛澤東（1893-1976）、周恩來（1898-1976）及其他領導人一同站在天安門城樓。五十年代初，她被授予許多高位，其中部份屬榮譽性質多於掌管實權；這些職位包括全國婦聯執委、民主青聯副主席以及全國政協委員等。除兩個純屬榮譽性質的職位外，她還出任中央政治法律委員會委員。一九五一年，華東局成立，轄區擴至台灣，她任華東軍政委員會委員。台盟總部亦遷至上海。

韓戰（1950-1953）爆發，美國第七艦隊駐紮台海，對中華人民共和國政府來說，「解放台灣」不再是首要急務，謝雪紅及台盟已失宣傳價值。她當時地位一落千丈，還有其他因素：她秉持的觀點，不容於中共；台盟內部派系紛爭頻仍。凡此種種，使她在一九五二至六七年間三度成為鬥爭對象。

按照為謝雪紅立傳的陳芳明所述，蔡孝乾於台灣被捕後，洩露了很多情報，為掩人耳目，他的一系人馬遂攻擊謝雪紅，以圖轉移視線。而在一九五二年，謝雪紅被指所犯的一切罪狀，看來都與她和中共內部意見分歧有關。首先她被指政治思想不純淨，原因是她相信台灣應享有高度自治。第二，她被指獨

579

斷專行，搞個人英雄主義，原因是她在中共面前欠恭順，自詡是二‧二八事件的英雄，據說還在其他台盟成員前以此炫耀。最後，她被指庇護壞份子，原因是她在一篇文章中辯稱，台灣曾在殖民政府統治下受難五十年之久，其人民，甚至是大陸人認為是漢奸的人，都需予特別體諒。她還說大陸人不了解台灣人。很明顯，她的言行，是搬起石頭砸向自己的腳。結果她的支援者均被逐出台盟領導層，而她則徹底陷於孤立。據說她在此時期寫下自傳，但手稿下落不明。

一九五七年的反右運動為謝雪紅帶來了最嚴峻的衝擊。台盟秘書長徐萌山在《光明日報》發表文章，批評謝雪紅反黨反社會主義。自十一月至十二月，台盟召集各支部代表與在北京盟員舉行擴大會議，對謝雪紅進行了十次批鬥。她極為堅強，有一次告訴親信要「像永遠踩不死的野花那樣」。她為自己辯護，說過的話中，最廣為人知的是：「我的價值是不可毀滅的，毀滅了謝雪紅，就是毀滅了共產黨。」即使如此，一九五八年一月，她被正式劃為右派份子並被革除台盟主席一職，二月，被撤銷一切職務與頭銜，包括中共黨籍。

以後數年裡，謝雪紅深居簡出，如隱於世。但文革一開始，右派帽子又戴回頭上。一九六六年六月，紅衛兵抄她的家，把文件和私人財物抄走，其中包括一本存摺，列明有過萬元積蓄。她的政敵也不見得比她好：台盟被宣布為反革命組織，辦事處被搗毀，工作被迫停頓。在這混亂時期，不論謝雪紅或是徐萌山一派，均失去合法地位。謝雪紅一名支援者的回憶錄稱，此時出現了一個造反組織，由謝雪紅幕後指揮，對徐萌山及其一派進行報復。

這造反組織似曾佔過一陣子上風，但一九六八年五月，徐萌山利用紅衛兵，由其子帶路前去謝雪紅家，將她挾持去台盟總部，自後踢她膝彎使她跪下，又將她手臂彎曲向後令她低頭，有人按住她的頭說：「永不低頭的謝雪紅終於低頭了。」然後把她毆打至昏厥為止。她當時已六十八歲，批鬥令她精神大受打擊，健康迅速惡化，後確診感染肺炎。老伴楊克煌，不顧自身腿疾，對她悉心照料。她在一九七零年死於肺癌。

謝雪紅與楊克煌似一九五二年以前已經同居；這年被批鬥時，楊克煌承認與謝雪紅如夫妻般共同生活。一九五八年，謝雪紅全部職務被撤銷後，要求與楊克煌繼續生活並獲批准。謝雪紅沒有子女，和楊克煌一同收養了他的侄女楊玫珠。一九七八年，楊克煌去世，玫珠按遺囑接收他身後一切遺物。

文革後，許多冤案得以改正昭雪，謝雪紅案仍尚待平反。八十年代，她的

事蹟傳到境外，眾多台胞表示關注。最後她的案子得到重新審查，一部官方傳記承認，她曾反抗外國侵略者，且在台灣二‧二八鬥爭中起領導作用。她的骨灰由八寶山普通公墓遷葬至革命英雄墓區，很多台灣民眾亦懷念她，視她為當地一代女傑。

蕭虹

龍仁譯

◇ 京聲、溪泉編撰，《新中國名人錄》，南昌：江西人民出版社，1987 年，頁 381–382。
◇ 謝德錫，〈革命女豪傑謝雪紅〉見《台灣近代名人誌》，冊 5，張炎憲、李筱峰、莊永明編，台北：自立晚報社文化出版部，1990 年，頁 189–205。
◇ 陳芳明，《謝雪紅評傳：落土不凋的雨夜花》，Irvine, Calif.：台灣出版社；台北：前衛出版社，1991 年。
◇ 汪新主編，《中國民主黨派名人錄》，南京：江蘇人民出版社，1993 年，頁 413–414。
◇ 李昂，《自傳の小說》，台北：皇冠，2000 年。
◇ *Who's Who in Communist China*. Hong Kong: Union Research Institute, 1969, 254.

▥ 239 新鳳霞 Xin Fengxia

新鳳霞（1927–1998），原名楊淑敏，祖籍江蘇蘇州，在北方城市天津長大。她是評劇女演員，工青衣、花旦；歷任北京實驗評劇團團長、全國政協委員。

新鳳霞出身貧苦，未曾讀書，六歲即從堂姐學京劇，十三歲拜師改學評劇。師傅口傳身授，她刻苦磨練；嗓音、唱功、身段以及勤奮的精神，在幼年時期就得到了培養。學評劇僅四個月，便以《打狗勸夫》一劇正式登台，開始了「粉墨生涯」。二十歲之前，演過古裝戲、清裝戲、文明戲，也演過京劇、河北梆子，唱過河南墜子、京韻大鼓、琴書等。她闖江湖，跑碼頭，藝高一籌，成為戲班的主演。

新鳳霞在二十世紀四十年代已經享譽天津評劇壇，與當時的名角兒劉翠霞、白玉霜（參見該傳）、芙蓉花等，共相爭艷。儘管新鳳霞名滿戲場，但在一九四九年以前，評劇劇種和評劇演員是沒有社會地位的，她常常是含著眼淚揪著心唱戲，因為當時的演出場所，總有一些流氓、地痞、士兵、惡霸橫行其中，尤其對台上的女演員進行搗亂和欺凌。女演員被稱為「戲花子」（花子即要飯的），即使出了名，也幾乎沒有人身自由。新鳳霞的藝術才華得到施展和發揮，是在一九四九年她和劇團進入北京以後。她在北京天橋萬盛軒戲院第一次演出現代評劇《小二黑結婚》，這劇根據作家趙樹理（1906–1970）一九四三年發表的同名小說改編，內容描述一個青年農民爭取婚姻自由的故

事。戲院很小很簡陋，但是著名作家趙樹理、老舍（1899–1966）也跟所有觀眾一樣，坐在長木板凳上，欣賞她的演出。不久，她又演出了評劇《劉巧兒》，從此一炮而紅，由天橋的「街南」轉往格調較高的「街北」市中心表演，得到藝術界的認可。

《劉巧兒》深受廣大群眾喜愛，因為它塑造了一個敢愛敢恨、活潑可愛、勇於追求婚姻自由的新女性形象。新鳳霞為這部戲創造了許多新曲調，令劇情的節奏明快有力，再加上她優美的小花腔，曲調更見清晰、傳情。《劉巧兒》一時風靡全國，從此新鳳霞聲譽鵲起。在她的另一部代表劇目《花為媒》（1955）的「四季花開」著名唱段中，她改造了評劇傳統曲牌「太平年」，豐富了自己的唱腔。在整理舊劇目、排演新劇目的過程中，她將傳統評劇女聲悲腔化為喜腔，創造了新的板式和唱腔，當中的「凡字大慢板」和「反調大慢板」等，尤為特出，這都可見於歡快的「蜻蜓調」、抒情的「降香調」和悲涼的「送子調」。在這方面，她為豐富和發展評劇女腔作出了貢獻。評劇《劉巧兒》和《花為媒》分別於一九五六年和一九六四年拍成電影，廣受歡迎。

一九五一年，新鳳霞與著名戲劇作家吳祖光（1917–2003）喜結良緣。出身書香世家的吳祖光鼓勵她讀書、寫字、作文，不斷提高她的藝術趣味和修養。翌年，她拜著名國畫大師齊白石（1864–1957）為師，學習寫意畫的技法。

一九五七年，吳祖光被打成「右派」，送到北大荒勞動改造。有人勸新鳳霞與丈夫離婚，以免受到牽連。她一往情深的說：「吳祖光是好人，我要等他回來。王寶釧等了薛平貴十八年，我要等他二十八年！」兩人堪稱生死相守的患難夫妻。文革期間，新鳳霞被迫勞改達七年之久，最後在一九七五年十二月得腦血栓而致半身癱瘓。吳祖光沒有辜負妻子的深情，他不但寫出京劇《紅娘子》（1978）、三幕話劇《闖江湖》（1979）、電視連續劇《牡丹亭》（1987）、《小鳳》（1994）等，同時也悉心照料妻子，盡量多留在她身邊，關心她的生活起居。她在一九七九年得到徹底的平反。

新鳳霞不能重返舞台，轉而著力培養年輕一代演員，弟子遍及全國。她同時發奮寫作、繪畫。她具有驚人的記憶力，過去所有生活細節，總能一分不差地回憶起來，當中的人物、場面、對話，經她妙筆寫出，讀來栩栩如生。她的散文小品，樸質真摯，別具風格。到一九九七年，她的回憶散文結集為《新鳳霞回憶文叢》出版，共分四卷，約二百萬字。

新鳳霞也是丹青高手。多年來，她的花卉作品，再配上吳祖光的題字，成

為文藝界的「名人字畫」，深受人們喜愛。她的一幅〈梅花〉畫，上有吳祖光的題字「玉為風骨雪為衣」。這恰好就是她本人的寫照。她的一生，至情至美，堪為傳奇。

賀黎

◈ 吳祖光，〈新鳳霞與新評劇〉見《藝術的花朵》，北京：新文藝出版社，1956 年。
◈ 朱琦，〈欣慰──訪評劇藝術家新鳳霞〉見《人民日報》海外版，1986 年 8 月 12 日，版 2。
◈ 《中國大百科全書・戲曲曲藝》，北京：中國大百科全書出版社，1989 年，頁 513。
◈ 李遠榮，〈吳祖光新鳳霞情史〉見《中外雜誌》，1989 年 10 期，頁 32–37。
◈ 新鳳霞，〈夫妻能共白頭不易──我和吳祖光的患難之情〉見《開放雜誌》，1995 年 12 月，頁 58–59。
◈ ──，〈走過死亡邊緣〉見《開放雜誌》，1996 年 2 月，頁 80。
◈ Xin Fengxia. "Finding Happiness in Hardships." *Chinese Literature*, no. 5 (1983) : 83–105.
◈ 「吳祖光」見 <http://baike.baidu.com/view/75059.htm>，2013 年 4 月 11 日查閱。
◈ 「新鳳霞」見 <http://baike.baidu.com/view/102700.htm>，2013 年 4 月 11 日查閱。

▥ 240 修澤蘭 Xiu Zelan

修澤蘭（1925–2016），生於湖南省沅陵縣，建築師。

修澤蘭中學時期對數理非常有興趣，因此報考大學時即以建築系為第一志願，順利考取南京中央大學建築工程系。一九四七年大學畢業後，立刻進入南京鐵路局總機廠工作。兩年後國民政府在大陸的戰事逐漸失利，政府機構陸續遷台。修澤蘭選擇離開大陸到台灣。初任職於交通部，後轉入台灣省鐵路局。

一九五零年九月，由於舊的板橋車站已經不敷使用，修澤蘭奉命設計新車站。車站工程完成後，她也因為這個設計為社會矚目。後又在台北創設澤群建築師事務所，承接許多建築設計工程，如日月潭與台中的教師會館、花蓮師範學院圖書館，而宜蘭蘭陽女中典雅的圖書館、科學館也是她的傑作。當時的總統蔣介石十分賞識她的設計才華，一九六一年請她設計陽明山的中山樓。她設計的中山樓，象徵中華古文化及古代建築藝術傳統，成為中國現代化建築的代表。她因而獲得台灣建築成就獎，有「台灣第一女建築師」之譽。

一九六八年，修澤蘭與丈夫傅積寬為實現工程報國的志願，在台北市郊創建花園新城，成為台灣首屈一指的理想新社區。同時更積極擴展海外市場，於沙地阿拉伯參與多項建設，成績豐碩。可是，到了八十年代，他們據說陷入經濟困境。修澤蘭憑藉自身的努力，打破女子主要才能在文學的陳舊觀念，又以她特有的細膩與對藝術的敏感，創造屬於女工程師的建築風格，成為建築工程界女性成功的典型。

何淑宜

> 編者按：二十一世紀初，網上有這樣的報導，未知真實性如何：「一晃眼近四十年過去，誰也沒想到，當初因中山樓名揚海內外，又因開闢全台第一個超大型花園社區『花園新城』，成為當時首屈一指實業家的傅積寬、修澤蘭夫婦，竟因經營不善而負債上億，最後落得行蹤成謎，生死未卜。」如果屬實，能不令人唏噓感歎。修澤蘭於二零一六年去世。

◈ 《中華民國當代名人錄》，冊 3，台北：台灣中華書局，1978 年。
◈ 《中華民國名人錄》，台北：中央通訊社，1998 年。
◈ 黃天如，〈修澤蘭設計風格獨樹一幟〉見 <http://www.forgemind.net/phpbb/viewtopic.php?t=8498>，2014 年 7 月 3 日查閱。
◈ 「修澤蘭」見 <http://baike.baidu.com/view/893933.htm>，2015 年 10 月 20 日查閱。

▥ 241 西西 Xixi

西西，本名張彥，一九三八年生於上海，詩人、小說家、散文家，以創作手法新穎見稱。她原籍廣東中山，一九五零年舉家遷徙到香港，現仍居香港。她採用西西為筆名，是因為字形好像一個穿裙子的小女孩在玩跳飛機遊戲。

西西上的是英文中學，但沒有上大學，因為交不起昂貴的學費。她進入葛量洪教育學院，這學院不但免收學費而且畢業後幾乎保證找到工作。西西多年來在一所政府小學教授英文。一九八三年她提早退休，收到一筆足以維持生活的退休金，讓她可以從事專業創作。西西自小喜愛讀書；住在香港，又能閱讀中英兩種語文的作品，給了她接觸世界文學的優勢。

西西的文學生涯是以詩開始的，學生時代向《中國學生周報》投稿，後來成為該刊「詩之頁」的編輯。她的詩集《石磬》於七十年代出版，但是她最擅長寫小說，並以此聞名。她喜歡在主題和技巧方面從事各種試驗，對不熟悉的題材，也會大膽嘗試。例如〈瑪利亞〉是關於前比利時屬剛果的一個修女的故事，而《哨鹿》是寫乾隆皇帝在東北打獵的。即使在寫熟悉而略帶自傳色彩的題目，例如《我城》，她也會採取拉丁美洲作家所喜用的魔幻寫實手法。她還對法國的「新小說」（*nouveau roman*）著迷，寫過以物件為主人公的故事，好像〈奧林匹斯〉是寫一個青年男子和他的奧林匹斯照相機鏡頭的。有評論家說，西西幾乎試寫過當代文學的所有次文體，如寫實主義、現代派、後現代派、魔幻寫實主義和寓言，也重寫過童話故事、傳說和歷史。

儘管西西的主題和技法如此多樣，她還是建立了自己的風格。她用簡短近

乎孩子氣的句子（可能受了多年做小學教師的影響），敘事明快，避免長篇的描寫。她的風格表面看起來很單純，但她的故事常有一針見血的透視和異乎尋常的洞察力。她的題材也具哲學意味，她以特有的低調手法，發人深省地處理如環保、人性、生與死之類的問題。她身處香港，無論華文或非華文文學作品，顯然都有機會看到，受到薰陶，同時也無須顧慮傳統、政治或文學趨勢的壓力。和其他用中文寫作的人不同，她說對自己影響最大的，是兒童文學、電影和當代歐洲及拉丁美洲的作家。

西西出版了多部小說、短篇小說集、散文集和一本詩集。她的一些短篇小說，已經翻譯成英文。一九六五年她以〈瑪利亞〉獲《中國學生周報》的獎項。一九八三年以短篇小說〈像我這樣的一個女子〉獲台灣《聯合報》的獎項。她也做過編輯工作：八十年代編過文學雜誌《大拇指周刊》和《素葉文學》。一九九二年，她的長篇小說《哀悼乳房》名列台灣《中國時報》開卷十大好書。一九九九年，長篇小說《我城》被《亞洲週刊》評入二十世紀中文小說一百強。二零零五年，長篇小說《飛氈》獲世界華文文學獎。二零零九年，《我的喬治亞》和《看房子》入圍台北國際書展大獎。在古稀之年，因患病而致右手失靈，開始學習縫製布偶與毛熊，希望借此恢復功能，在這段時間，先後完成了《縫熊志》和《猿猴志》兩本著作。

西西的興趣很廣，包括藝術、音樂、藝術電影、運動，當然還有閱讀。六十年代曾經寫過電影劇本，也被譽為香港電影短片的先導，曾經製作一部短紀錄片。在一次訪談中，她說從來都不覺得自己需要愛情，總覺得愛情太過拖拖拉拉，太過「婆媽」。她說到做到，似乎從未結婚。她衣著樸素，生活樸素，住在一個不算大的單位裡；這單位應該算是英國女作家維金尼亞‧吳爾芙（Virginia Woolf）所說的「她自己的房間」吧。西西曾說過她的作品很多是在廚房或浴室寫成的。

從兩層意義看，西西在香港是先導：首先，她是在香港成長而又獻身嚴肅文學的最早一批年輕作家。其次，她是香港最早期的女作家之一，因而成為當地女性走上文學道路的楷模。在香港這樣一個金錢至上的經濟和商業中心，要做作家，似乎是個難圓的夢，更別說是做個嚴肅作家。難怪西西的作品大多數是在台灣出版。然而值得慶幸的是：西西多年來默默地耕耘，終於得到了認可。二零一四年三月，紀錄片《我們總是讀西西》假香港中文大學逸夫書院首映。

蕭虹

◇ 康夫整理，〈西西訪問記〉見《羅盤》，1976 年 12 月 1 期，頁 3–8；《新晚報》，1981 年 10 月 13 日。

◇ 古蒼梧，〈沙漠的奇跡〉見《新晚報》，1981 年 10 月 13 日。

◇ 潘亞暾，〈「現代」的西西〉見《世界華文女作家素描》，廣州：暨南大學出版社，1993 年，頁 146–153。

◇ 任一鳴，〈香港女性文學概觀〉見《新疆師範大學學報·哲社版》，1995 年 4 期，頁 18–23。

◇ Xi Xi. *A Girl Like Me and Other Stories.* Hong Kong: Chinese University of Hong Kong, 1986.

◇ ——. "Piñta," trans. Hannah Cheung and John Minford. *Renditions,* special issue (Spring and Autumn 1987) : 113–22.

◇ ——. "A Woman Like Me," trans. Howard Goldblatt. In *Worlds of Modern Chinese Fiction: Short Stories and Novellas from the People's Republic, Taiwan and Hong Kong,* ed. Michael S. Duke. Armonk, N.Y.: M.E. Sharpe, 1991, 163–73; also in *Bamboo Shoots after the Rain: Contemporary Stories by Women Writers of Taiwan,* eds. Ann C. Carver and Sung-sheng Yvonne Chang. New York: Feminist Press at the City University of New York, 1990, 134–46.

◇ Chung Ling. "Perspective and Spatiality in the Fiction of Three Hong Kong Women Writers." In *Modern Chinese Women Writers: Critical Appraisals,* ed. Michael S. Duke. Armonk, N.Y.: M.E. Sharpe, 1989, 217–35.

◇ Chan, Stephen C.K. "The Cultural Imaginary of a City: Reading Hong Kong through Xi Xi." In *Chinese Literature in the Second Half of the Twentieth Century: A Critical Survey,* eds. Pang-yuan Chi and David Wang. Bloomington: Indiana University Press, 2000, 180–92.

◇ 吳少敏，〈香港作家西西手稿將在莞展出〉見 <http://epaper.nfdaily.cn/html/2012-04/13/content_7074900.htm>，2012 年 4 月 13 日。2014 年 3 月 21 日查閱。

◇ 石劍峰，〈西西：她讓文學成為香港的驕傲〉見 <http://blog.sina.com.cn/s/blog_b507938501019rf5.html>，2013 年 3 月 15 日，來源：《東方早報》，2014 年 3 月 21 日查閱。

◇ 「書寫力量」見 <http://tpowcuhk.blogspot.hk/search/label/%E5%85%B6%E4%BB%96%E6%B4%BB%E5%8B%95>，2014 年 3 月 4 日。2014 年 3 月 28 日查閱。

▥ 242 徐楓 Xu Feng

　　徐楓一九五零年出生於台灣台北，在中國電影的發展和國際化過程上有很重要的地位。二十世紀七十年代，她在胡金銓導演的武俠片（如《俠女》，1971 年）中擔演身手矯捷的女主角，成為台灣第一位國際明星。八十到九十年代，她主持湯臣電影公司業務，監製了一些在國際影壇上最成功的中國電影。在這些電影裡面，她把來自中國大陸、台灣，以及香港的藝人匯聚在一起。

　　徐楓的父母是從江蘇移居到台灣來的，但是父親在她童年的時候就去世了，因此家境比較困難。她十六歲的時候，通過試鏡成為聯邦影業公司的演員。一年以後，她在胡金銓的《龍門客棧》裡面（1967）以一個小角色首次亮相銀幕。這部片子非常賣座，自此她和胡導演多次合作。一九七一年徐楓再接拍胡金銓的電影，主演分上下集的《俠女》。同年她以在屠忠訓的《龍城十日》中的表現，贏得了台北金馬獎的「最有潛力新人獎」。《龍城十日》是在《俠女》

還在後期製作的時候推出的。《俠女》使武俠片再度盛行。她本人也繼續在很多胡金銓及其他台灣導演的武俠片中演出，如《迎春閣之風波》（1973），《空山靈雨》（1979）等。一九七五年，《俠女》在康城影展贏得「最高技術委員會大獎」，把徐楓推向國際矚目的位置。那年，她的劇照出現在《電影評論》（*Film Comment*）、《正片雜誌》（*Positif*）的封面上。她又先後在一九七四和七六年以《大摩天嶺》和《刺客》贏得亞洲影展和金馬獎的「最佳女主角獎」。她在文藝和愛國電影中的演出也得到認可。她在歷史巨片《源》（1980）中所演繹的堅韌不拔的妻子為她二奪金馬獎的「最佳女主角獎」。那年，台灣武俠電影熱已退潮，她息影，之後與夫婿湯君年一起工作，他是成功商人，兩人並打算生兒育女。

一九八四年，徐楓重返影壇，這一次從事幕後工作。她由丈夫資助，成立了湯臣電影事業有限公司。她籌謀同時製作商業娛樂性電影和藝術性電影，以求前者的收益成為後者開支的後盾。橫跨八十年代，湯臣製作了不少商業上成功的娛樂性電影，包括由台灣著名喜劇導演朱延平導演的幾部電影，以及由多部電影組合的系列電影《好小子》。這套系列電影描述三名少年武術高手，在台灣、日本、香港和東南亞都非常賣座。

徐楓憑藉湯臣的商業電影所獲利潤，在八十年代大膽嘗試製作一些另類電影，包括以探討女性性慾及受壓迫情況為主題的電影。譬如根據台灣作家李昂（參見該傳）所寫備受爭議的女性主義小說《殺夫》所改編的電影，故事最後女主角謀殺了蠻橫的丈夫。《心鎖》同樣是根據禁書所拍的電影，內容描述對性關係的不忠貞。這兩部電影都是在一九八六年拍攝。還有一部《今夜星光燦爛》（1988），由許鞍華執導。湯臣還製作了一部「本土片」《美人圖》（1985），這部喜劇由諷刺作家王禎和創作，講述一個天真的鄉下人到台北的故事。此外，《舊情綿綿》（1988）是論述台灣五十到六十年代閩南語電影業的盛衰。不論從商業或是評論的角度來看，這些電影沒有一部贏得特大掌聲，但是它們為當時台灣影壇的兩種取向提供了一條中間路線。取向之一，是製作新潮電影，這些剛冒起的電影在國際影展中受到好評，但對台灣大眾來說，卻過於前衛。取向之二，是製作純娛樂性的電影。

一九八九年，徐楓移居香港。次年，她製作了《滾滾紅塵》，由香港的嚴浩執導，講述一個中國女作家在中日戰爭和內戰時期顛沛流離的生活，大致上根據張愛玲（參見該傳）生平改編。這部電影狂掃金馬獎獎項，分別贏得最佳

劇情片、最佳導演、最佳女主角、最佳女配角、最佳攝影、最佳美術設計、最佳配樂等獎。自《滾滾紅塵》滿載而歸之後，徐楓決定將湯臣的視角轉向藝術性電影。

一九九一年，湯臣將《五個女子和一根繩子》搬上了銀幕，由葉鴻偉導演，故事是關於五個女孩不肯從舊式的父母之命媒妁之言的婚姻制度，並以自殺來表示抗爭。儘管它在多個國際影展上獲獎，但是由於其中一個演員來自中國大陸，所以在台灣本土被禁止上映。徐楓因此向台灣新聞局極力爭取，分別在金馬影展活動中成立了專項基金，用以安排大陸演員來台灣參展，並向政府提出了起訴。次年新聞局放寬了立場，允許《五個女子和一根繩子》在金馬影展中首映，並向徐楓頒發獎項，表揚她奮力將中國電影推向國際市場。

一九八八年，徐楓在康城影展中認識了大陸導演陳凱歌，並對他的《孩子王》頗為讚賞。由此，他們決定合作拍攝影片《霸王別姬》，此片於一九九二年上映。這部根據香港作家李碧華的小說所改編的電影，是真正的國際製作，匯聚了中國大陸和香港的眾多演員。它也是九十年代國際上最受矚目的電影，贏得了眾多獎項，包括康城的金棕櫚獎，且在全球各地上映。繼《霸王別姬》之後，徐楓和陳凱歌在影片《風月》（1996）中再度合作。她繼續與中國大陸導演合作拍攝藝術電影，並邀請外國演員參演，這些作品包括何平的《炮打雙燈》（1994）。湯臣還發行國內獨立影人所拍較重試驗性的電影，如張元的《北京雜種》（1993）。

有資料指出一九九二年徐楓和夫婿湯君年在上海投資，二零零三年攝製電影《美麗上海》。它講述上海沒落貴族與大資本家家庭的沉浮故事。二零零四年獲得第二十四屆金雞獎最佳故事片、最佳導演等多項獎項。

一九九八年，康城影展大會向徐楓頒發終身成就獎，為她從演員到製片三十年來的電影生涯作出最高的評價。

Teri Silvio

蕭虹譯

編者按：徐楓與湯君年有兩個兒子，長子湯子嘉，一九八一年生，次子湯子同（後改名湯珈鋮），一九八三年生。二人均為商界名人。二零零四年湯君年病逝於香港。徐楓有自己的微博，是網上的達人，經常和網民互動。

◈ 《電影檔案：中國電影資深影人⑦徐楓》，台北：金馬影展執行委員會，1992 年。
◈ "Zhang Yingjin and Xiao Zhiwei. *Encyclopedia of Chinese Film.* New York: Routledge, 1999, 191.
◈ 「徐楓」見 <http://baike.baidu.com/subview/433151/6514115.htm>，2013 年 11 月 7 日查閱。

◈　"Tomson (HK) Films." At <http://ray.com.hk/tomson/company.html>, accessed 7 November 2013.

▥　243 許廣平 Xu Guangping

　　許廣平（1898–1968），廣東廣州人，中國現代著名左翼作家和思想家魯迅（1881–1936）的學生、忠實追隨者、後半生的伴侶，曾積極參與中國婦女解放運動，多年來對魯迅研究作出巨大貢獻。

　　許廣平出生在一個沒落的官宦之家，生性反叛，年青時便拒絕纏足，抗拒包辦婚姻。一九一七年父親去世後去了天津，考進直隸第一女子師範學院預科，並參加天津女界愛國同志會，協助編輯該會會刊《醒世周刊》。一九二一年畢業後即考入國立北京女子高等師範學校。該校於一九二四年改名為國立北京女子師範大學，簡稱女師大。

　　北京女子高等師範學校改名前已經是保守與進步兩派知識份子的戰場。一九二三年，思想開明的校長許壽裳（1882–1948）被迫辭職，接任的是支持北洋軍閥政府、反對五四運動的保守派人士楊蔭榆（參見該傳）。楊蔭榆的任命使校內矛盾火上加油，導致大批教師辭職，學校停課兩月。

　　許廣平雖反對楊蔭榆，但對學生抗爭的目標卻有所保留。她帶著種種困惑開始跟魯迅通信。後來，她還是決定參加學生的抗爭，且當選為六個學生代表之一。她的決定顯然受到魯迅當時的尼采式立場所影響，因為她認為自己是個孤獨的反叛者，而不是一名學生領袖。章士釗（1881–1973）於一九二五年四月獲委任為教育總長之後，女師大的學潮便益趨激烈。楊蔭榆在章士釗和《現代評論》派的支持下，開除了六個學生代表，於是學潮擴大到北平的知識界，引發了以陳源（即陳西瀅）為代表的《現代評論》派跟以魯迅為代表的《語絲》派的論戰。

　　許廣平目睹魯迅全力支持學生抗爭，深受感動，愛上了他。她以兩篇散文向魯迅表白自己的愛意，從而觸動了魯迅寫下〈孤獨者〉和〈傷逝〉兩個短篇小說。他們於一九二五年十月定情，許廣平寫了散文詩〈風子是我的愛〉以記此事。一九二六年「三・一八」事件發生，數十名手無寸鐵的學生示威者遭軍閥屠殺，許廣平和魯迅決定離開北平。魯迅去了廈門，許廣平去了廣州。

　　廣州當時是國民黨革命政府的首都。本來，許廣平在赴穗前已經加入國民黨，但到埗後，不知何故，卻沒有公開黨員身份，與黨組織聯繫。她到廣東

省第一女子師範學校任教，不久便捲入校內國民黨左派跟右派的鬥爭。另一方面，魯迅在廈門大學僅僅教了幾個月便受不了，決定轉到廣州中山大學，與許廣平會合。但他們很快就對廣州的「革命」政府感到失望，並對一九二七年「四‧一二」國民黨清黨屠殺共產黨人的事件非常憤慨。他們於是辭職離開廣州，自那年十月起在上海定居。

　　在上海，許廣平為魯迅的文藝事業繼續作出犧牲，放棄了工作和社會活動，只當魯迅的秘書和管家。一九二九年生下他們唯一的兒子周海嬰。二十多年前，在母親安排下，魯迅迫不得已娶了朱安（1878-1947），但他實際上過著獨身生活，兩人並無子女。一九三六年魯迅逝世後，許廣平繼續弘揚和保護魯迅的遺業，跟左翼文藝運動保持密切聯繫。一九三八年，她編輯出版了第一套《魯迅全集》。一九四四年，魯迅弟弟周作人要賣掉魯迅在北平的藏書，許廣平設法把這些書籍保存下來。四十年代，她發表了幾十篇有關魯迅的文章，後來結集成書，分別在一九五一和五四年出版。她還一直在生活上支持魯迅在北平的母親和元配夫人。一九四一年十二月被日本人拘捕，囚禁近三個月，期間受盡折磨。她把這段可怕經歷寫成《遭難前後》一書，在一九四七年出版。

　　日本投降後，許廣平積極參與反國民黨的左翼婦女運動，於一九四五年獲推舉為中國婦女聯誼會上海分會的負責人。翌年，她任職極具影響力的《文匯報》，負責主編其副刊「婦友」。一九四八年，共產黨為了防備國民黨鎮壓民主人士，安排她到東北解放區。

　　一九四九年中華人民共和國政府成立以後，許廣平擔任了一些無關重要的政府職務。她也當了一個小政治團體「中國民主促進會」的代表。要說她的貢獻，主要還是在於協助成立魯迅博物館和檔案館。由於共產黨把魯迅推崇為新文化運動的核心人物，而許廣平又與魯迅關係密切，所以歷次政治運動雖然陸續把魯迅的門生整肅下來，她卻可以安然無恙。一九六零年她正式加入中國共產黨。一九六一年她出版了《魯迅回憶錄》。這書由於受到當時意識形態所限，以及周揚（1908-1989）一派的指導和監督，免不了打上時代的印記，批評了魯迅愛護的門生馮雪峰和胡風。

　　一九六六年文革爆發，周揚下台。江青親自秘密召見許廣平，要她寫揭發周揚的材料。許廣平又要調整自己的立場，在共產黨的機關刊物《紅旗》上對周揚進行了批判。一九六七年，中央文革小組成員戚本禹取走一些魯迅的重要手稿，一年後戚本禹下台，許廣平對魯迅手稿的下落非常擔心，終於在三月心

臟病發去世。

張釗貽

◇ 陳漱渝，《許廣平的一生》，天津：天津人民出版社，1981 年。
◇ 王得后，《兩地書研究》，天津：天津人民出版社，1982 年。
◇ 朱正，《魯迅回憶錄正誤》，北京：人民文學出版社，1986 年。
◇ 魯迅博物館、中國民主促進會中央宣傳部編，《許廣平》，北京：開明出版社，1995 年。
◇ 海嬰編，《許廣平文集》，3 卷本，南京：江蘇文藝出版社，1998 年。
◇ 周海嬰，《魯迅與我七十年》，海口：南海出版社，2001 年。
◇ Cheung, Chiu-yee. "The Love of a Decadent 'Superman' : A Re-reading of Lu Xun's 'Regret for the Past.' " *Journal of The Oriental Society of Australia,* 30 (1998) : 26–46.

▥ 244 許世賢 Xu Shixian

許世賢（1908–1983），生於台灣台南市，父親許煥章是前清秀才，母親名陳富。

許世賢六歲開始隨父研習漢文典籍。一九一四年入台南女子公學校，（今台南市成功國小），一九二零年畢業，考入州立台南第二女高（今台南女中）。在學期間常在校刊寫文章，顯露出洋溢的才華。然而，當時是日治時期，曾因拒絕撰寫昭和太子的生命「祝狀」而遭處分，差點被迫退學。一九二五年高中畢業後，留學日本，入東京女子醫專（今東京女子醫科大學），一九三零年畢業回國。起初擔任台南醫院內科醫師，其後應兄長之請，主持德泰醫院及世賢醫院，仁心仁術，受惠病眾不計其數。

一九三三年許世賢結婚。丈夫叫張進通，嘉義溪口人，畢業於日本九州帝大醫學部，也是個醫師。婚後夫婦一同再到九州帝大深造，許世賢先在後藤外科研究，後又攻讀藥理學及婦產科，張進通則專攻內科。一九三八、三九年張進通和許世賢先後獲得醫學博士。次年，二人返台。當時人稱「鴛鴦博士」。歸國後在嘉義開設順天堂醫院，行醫救人。

一九四五年十一月，許世賢獲台灣行政長官公署任命為省立嘉義女子中學（今嘉義女中）校長，為戰後全台首位女性中學校長。任內擴充班次，並創設高中部，奠定今日嘉義女中的深厚基礎。

一九四六年二月，許世賢組織嘉義市婦女會，自任理事長，它是戰後全台最早成立的婦女會。同年三月許世賢正式參政，與謝娥、邱鴛鴦（參見該傳）結盟，當選第一屆嘉義市參議員。翌年爆發「二・二八事變」，許世賢以議員

身份參與水上機場協商，許多議員慘遭殺害，她連夜攜幼女張博雅避難外地，才倖免於難。

一九五一年，許世賢先後參選首屆嘉義縣長及第一屆臨時省議員都失敗。值得一提的是，在此期間許世賢申請撤消冠夫姓，當時是少見的事。三年後重新參選，當選第二屆臨時省議員。任內常呼籲政府重視女權，特別是社會上的養女及妓女問題，主張保護養女權益以及協助妓女從良。一九五六年，為嘉義縣長李茂松遭停職一事提出質詢，卻為國民黨所不容，因而退出國民黨，開始以無黨籍身份參政。一九五三年連任第三屆臨時省議員（1959年改制為第一屆省議會），與同時當選且具有改革色彩的郭國基、吳三連、李源棧、郭雨新、李萬居並稱「五龍一鳳」，並逐漸走向組織反對黨之路。

五十年代開始，雷震主持的《自由中國》半月刊常刊載批評時政、倡導政治改革的文章。後期更進一步結合台籍政治人士籌組反對黨。「五龍一鳳」就成為組黨運動的熱衷份子。一九六零年四月，許世賢三度當選台灣省議員。此時雷震組織的中國民主黨組黨運動正如火如荼地展開。許世賢出任組黨的十六位召集人之一。然而同年九月雷震被捕，組黨運動也隨之胎死腹中。不過，許世賢參與民主改革的心志並未因此挫折而消退。翌年初且參與組織第五屆縣市議員全國助選團，巡迴全台助選，使無黨籍人士贏取三百四十七席，佔總議席的百份之三十七點四。

一九六三年許世賢四度連任省議員，一九六八年當選為第六屆嘉義市（縣轄市）市長，成為全台首位民選市長。任內積極任事，尤以拓寬中山路及闢建七彩噴水池令市民津津樂道。儘管她的政績有目共睹，政府卻以「超過六十歲者不得為地方自治首長候選人」的法令，剝奪當時已過六十歲的許世賢連任市長的機會。她只得改而競選立法委員。

一九七二年，許世賢以全台第一高票當選增額立法委員，三年後再度連任。此時許世賢一方面積極問政，一方面開始培植接班人選，女兒張文英與張博雅都參與過多次公職選舉，可惜都沒有當選。一九八二年，在政府取消上述年齡限制的有利情勢下，許世賢再度競逐嘉義市長的職位，順利當選，終於一圓十年前未了心願。同年七月，嘉義市升格為省轄市，許世賢更因而成為全台首位女性省轄市長。任內積極推動嘉義市的建設，並拓展國民外交，與美國密西西比州首府傑克遜市（Jackson）締結姊妹市。

一九八三年一月許世賢因肝硬化病逝。同年十二月舉行市長補選，四女張

博雅當選市長，開始了「許家班」的政治傳承。許世賢有二子四女，長子博彥、次子博明均早夭；長女貴英畢業於日本鹿兒島大學醫學部醫學科，嫁許博英；次女博英畢業於成功大學建築系，嫁鍾文義；三女文英，高雄醫學院醫學系畢業，嫁賴炯壎；四女博雅先後畢業於高雄醫學院醫學系、台大醫學院公共衛生研究所以及美國約翰霍普金斯大學公共衛生研究院，嫁紀展南。

許世賢在嘉義市數十年的努力經營，贏得「嘉義媽祖婆」的尊稱。去世後四女博雅和三女文英都得到嘉義市民的支持，先後當選市長，確立了「許家班」在嘉義市屹立不搖的政治地位。二零零零年，民進黨的陳水扁當選總統，張博雅被任命為內政部長。

蘇瑞鏘

◇《台灣省議會公報》，卷 3，18 期，1960 年 10 月 4 日，頁 719。
◇《聯合報》，1983 年 7 月 1 日，版 3。
◇ 林子侯，〈許世賢（1908–1983）〉見劉紹唐主編，《民國人物小傳》，冊 10，台北：傳記文學出版社，1988 年，頁 259–261。
◇ 李謝德錫，〈嘉義媽祖婆──許世賢〉見張炎憲、李筱峰、莊永明編，《臺灣近代名人誌》，冊 2，台北：自立晚報社，1991 年，頁 227–235。
◇ 黃嬰，〈許故市長懷思錄〉，《嘉義市文獻》，第 7 期，1992 年 7 月，頁 21。
◇ 旺台，〈許世賢的傳奇及其時代背景〉見李旺台編，《台灣反對勢力（1976–1986）》，台北：五千年出版社，1993 年，頁 203–208。
◇〈許世賢女士事蹟〉見國史館編，《國史館現藏民國人物傳記史料彙編》，輯 13，台北：國史館，1995 年，頁 286–289。
◇ 郭仲志、陳濱田、葉長庚，〈嘉義市：許家班屹立不搖，國民黨力爭上游〉見張昆山、黃政雄主編，《地方派系與臺灣政治》，台北：聯合報社，1996 年，頁 219–229。
◇ 嘉義市玉山文協會編，《許世賢博士紀念集》，嘉義：張進通、許世賢文教基金會，1997 年，頁 5–14，40–42。

▥ 245 徐玉蘭 Xu Yulan

徐玉蘭（1921–2017），生於浙江省新登縣（今浙江省富陽市新登鎮），越劇表演藝術家、中國戲劇家協會理事、上海越劇院藝術顧問。

一九三三年夏，徐玉蘭進新登東安舞台科班學藝，初學花旦，後習老生。文戲師傅是俞傳海，武戲師傅是徽班有名的文武老生袁世昌。她學習長靠短打、大小花臉和猴戲等基本功，能從三張半高的桌子上翻下。曾扮演過《火燒連營寨》中的趙雲、《湧金門》中的武松、《泗州城》中的孫悟空、《大刀收關勝》中的關勝、《龍潭寺》中的開口跳等各種不同類型的角色。

一九四一年十二月，日軍已佔領了上海部份地區。徐玉蘭在市內的老闆

戲院與施銀花搭檔改演小生。一九四三年夏與傅全香（參見該傳）合作演出。一九四五年下半年與筱丹桂搭檔。一九四七年夏，積極參加上海越劇界聯合義演《山河戀》。同年九月自組玉蘭劇團，聘請一批進步文藝工作者擔任編導，其中有吳琛、徐進、莊志、石景山等，排演了《國破山河在》等一批新戲。一九四八年下半年起，與王文娟長期搭檔。

一九四九年七月，徐玉蘭和很多其他演員，都按照國家規定，參加了上海市軍管會文藝處舉辦的地方戲劇研究班。建國前後，徐玉蘭演出了《白毛女》、《信陵公子》、《玉面狼》等劇。一九五二年七月，率團加入中央軍委總政治部文工團越劇隊。同年十月，參加中央文化部舉辦的第一屆全國戲曲觀摩演出大會，在《西廂記》中演張生，獲演員一等獎。一九五三年春，韓戰快將結束時，她加入中國人民志願軍停戰談判代表團政治部文工團，到前線為中朝軍人演出，並參與交換戰俘的工作，獲得朝鮮勞動黨頒發三級國旗勳章。

一九五四年春，徐玉蘭的劇團調回上海，改編為華東戲曲研究院越劇實驗劇團二團，二團後來又編入上海越劇院。那年秋天，徐玉蘭參加華東戲曲觀摩演出大會，在《春香傳》中演李夢龍獲表演一等獎。翌年首次出國演出。隨團去了蘇聯、民主德國訪問，期間演出《西廂記》，扮演張生。一九五八年在《紅樓夢》一劇中成功塑造了賈寶玉的藝術形象，這劇在一九六二年七月拍成電影。一九五九年八月在電影《追魚》中演張珍。同年去越南民主共和國訪問演出。一九六二年再赴朝鮮協助《紅樓夢》的排練工作，得到領導金日成接見。

徐玉蘭是個多才多藝的表演家。她全身投入角色的激情，有點不可思議，但演來確實不著痕跡。她善於塑造人物形象，尤其是扮演風流倜儻的角色，堪稱獨步越劇藝壇。她嗓音嘹亮，旋律常在中高音區進行，唱腔除繼承越劇傳統老調外，廣泛吸收京、紹、杭等劇種的聲腔成份，具有高昂激越的特色，被稱為「徐派」。她最膾炙人口的角色有《紅樓夢》的賈寶玉、《西廂記》的張生、《春香傳》的李夢龍、《追魚》的張珍、《北地王》的劉諶等。以上劇目有的拍成電影和電視連續劇，她也攝製了八集電視片《徐玉蘭藝術集錦》。文革期間，只有樣板戲能上演，非京劇演員多半要靠邊站，有些還受到批判。越劇遭到全盤否定，徐玉蘭並沒有放棄，堅持在家練習唱腔和身段。

徐玉蘭曾任中國文學藝術界聯合會理事、全國《紅樓夢》學會會員和上海市人大代表。文革後，積極投身文藝體制改革，帶頭組建紅樓劇團。曾赴新加坡、泰國、香港、台灣等國家和地區進行文化交流演出。一九八九年獲中國

唱片總公司頒發金唱片獎。上海文藝出版社先後於一九九二年及九四年出版了《徐玉蘭唱腔集成》和《徐玉蘭傳》。現時獲得國務院有突出貢獻專家的政府特殊津貼。

徐玉蘭曾目睹越劇姐妹們的很多婚姻悲劇。因此，她的信念是：「寧做天上一隻鳥，不做地上一個小（小老婆）」。不過，她幸運地遇到了一個誠實的年輕大學生，他正學習造船設計。他們一九四三年在寧波相識。兩年後，她要離開寧波，回上海演戲。臨別前，她悄悄留給他一封信，表白了愛慕之情。這位舞台上英俊瀟灑的小生，在現實中「反串」了一齣「私訂終身」的喜劇。他們到一九五五年才能共諧連理，婚後生活愉快。

賀黎、陳慧

編者按：徐玉蘭多年前已失去丈夫，現時依然思路清晰、行動敏捷。兩個兒子都在美國生活。她希望能活到一百歲，見證中國共產黨誕生一百周年。事與願違，她在二零一七年離世，享年九十六歲。

◇ 《華夏婦女名人詞典》，北京：華夏出版社，1988 年，頁 862–863。
◇ 徐玉蘭，《徐玉蘭唱腔集成》，上海：上海文藝出版社，1992 年。
◇ 趙孝思，《徐玉蘭傳》，上海：上海文藝出版社，1994 年。
◇ 蔣佳佳，〈一代風華第四場徐玉蘭：貴在一顆越劇心〉見 <http://enjoy.eastday.com/eastday/enjoy/xw/whxw/userobject1ai591755.html>，來源：東方網，2013 年 4 月 12 日查閱。
◇ 「越劇著名演員徐玉蘭的風采和長壽的願望」見 <http://www.xijucn.com/html/yueju/20110328/24260.html>，2013 年 4 月 12 日查閱。

▥ 246 徐宗漢 Xu Zonghan

徐宗漢（1876–1944），原名佩萱，字清，廣東香山（今中山）人。她是激進的革命份子，年輕時加入同盟會，後來成為熱心的慈善家和社會工作者。

徐宗漢父親為茶商，家境富裕。母親資料不詳。大姐徐慕蘭，原名佩蘭，與二姐徐佩瑤，均為同盟會會員。徐宗漢參加革命後，取名宗漢，意思是以漢為宗。徐氏三姐妹自幼受學家塾，接受傳統教育。

徐宗漢十八歲嫁李歧石，又名李晉一，廣東海豐人。大姐慕蘭則嫁歧石長兄紫石。家翁李慶春是兩廣總督署洋務委員，管洋務，諳英語，家財豐厚，是政界紅人。李歧石年紀輕輕，思想進步，也習英語，但婚後僅數年即病故，遺下一子一女，即李應強和李若鴻（吳涵真夫人）。徐宗漢年輕守寡，撫養遺孤，備嘗艱辛。

　　徐宗漢參與反清革命事業，頗受好友張竹君（參見《清代婦女傳記辭典》）影響。張竹君為女醫師，一九零零年畢業於廣州柔濟醫院附設的夏葛女醫學堂。徐宗漢為人熱心慷慨，先後資助張竹君在廣州開辦禔福醫院和南福醫院。這兩所醫院的創建，各費紋銀萬兩以上，全由張竹君和徐宗漢兩位青年女性一手張羅。醫院附設福音堂，福音堂在布道之餘，亦討論時政，鼓吹新學，吸引不少知識份子。徐宗漢參與其中，耳濡目染，漸漸接受新思想，最後成為基督徒。

　　一九零六年左右，二姐徐佩瑤在馬來亞檳榔嶼一所華僑學校任教，徐宗漢前往協助。其時，同盟會正在檳榔嶼開設分會，徐宗漢旋即加入。一九零八年，徐宗漢從南洋返廣州途中，曾到香港探望馮自由（1882–1958）。當時，馮自由是同盟會香港分會會長，又是竭力宣傳革命的《中國日報》社長兼總編輯。徐宗漢在廣州老家，人面甚廣。她與高劍父（1879–1951）、潘達微（1880–1929）等人在廣州創設守真閣裱畫店，秘密進行革命活動，傳遞消息。又由於同盟會渴求女會員，她先後介紹梁煥真、陳瑞雲、羅道膺等女性加入，負責傳達信息和交收文件等工作。

　　徐宗漢為人豪爽，有江湖氣；且機智鎮定，臨危不亂。一九零八年，同盟會派她與陳淑子（胡漢民夫人）、李自平（馮自由夫人）攜彈藥入粵。陳、李二人提心吊膽，獨徐宗漢怡然入睡，這樣的事例屢見不鮮。一九一一年廣州三・二九之役，徐宗漢率親屬好友從香港運槍械彈藥往廣州，並把它們分發到各革命組織。是役，黃興（1874–1916）在舊曆三月廿九日率百餘人進攻兩廣督署，事敗，逃往廣州，遇徐宗漢，在她護送下，到了香港，得以脫險。

　　三・二九之役失敗後，黃興組織東方暗殺團以壯士氣，成功地進行了兩次暗殺計劃，徐宗漢亦大力支持。一九一一年底武昌起義之時，徐宗漢和黃興在張竹君的紅十字救護隊掩護下，秘密到了武昌。他們於十月二十八日抵埗，日夜為革命奔走操勞，黃興指揮作戰，徐宗漢從旁協助。一九一二年，孫中山（1866–1925）就任中華民國臨時大總統後，委任黃興為陸軍部總長。徐宗漢任黃興的助手兼秘書，為他處理大小事務。兩人繼續一起工作。

　　黃興早於一八九二年與廖淡如結婚，育有二子一女。徐宗漢追隨黃興左右，結為伴侶，不計較名份。一九一二年六月隨黃興移居上海，翌年誕下長子黃一美。二次革命失敗，孫中山不能重掌政權，黃興灰心之極，於一九一四年赴美，未幾胃病復發。徐宗漢翌年抵美，照顧黃興。一九一六年討袁軍紛起，

她與黃興歸國。他們七月抵上海，十月誕下次子黃一球。其時黃興舊患復發，於十月三十一日病逝寓所，終年四十二歲。

一九一二年，由於黃興的鼓勵，徐宗漢創辦了南京貧兒教養院，自此對社會工作產生興趣。黃興去世後，她不再參與政事，轉而關注社會事務，重新投入教養院的工作，直到去世前不久。一九三六年她寫下的一段文字，足以體現她對社會和民族的強烈責任感。她認為抗日戰爭迫在眉睫，國難當前，最急切要解決的是民族的生存和國民的生計問題。她反對空喊民族鬥爭的口號，也反對製造階級鬥爭。她深信培養窮苦子弟成為有用的人，才是最重要的工作；有了苦幹實幹的青年，方能為中國現代化打好基礎。她以參與社會事務，來促進國家現代化，是第一個這樣做的中國婦女。

一九三一至三二年間，徐宗漢為籌募貧兒院經費而到南北美一帶向華僑募捐。在旅程中，國內爆發九‧一八事變，她隨即為抗日而募捐。雖已屆垂暮之年，仍不忘為中國的自由奔走效命。兩年多以來，她把籌得款項，分批寄給以馬占山為首的東北抗日聯軍和以蔡廷鍇為首的上海十九路軍。

從晚清的激越革命志士到民初熱心實幹的社會工作者，徐宗漢的思想和人生觀有了很大的改變。她離棄了政治，但救國的熱忱絲毫不減。一九四四年三月八日病逝重慶，得年六十八歲。

Sandra Lee

◇ 劉紹唐編，〈徐宗漢〉見《民國人物小傳》，冊7，台北：傳記文學出版社，1985年，頁215–219。
◇ 李又寧，〈徐宗漢與黃興〉見《黃興與近代中國學術討論會論文集》，台北：政治大學歷史研究所，1993年，頁61–102。

⚊ 247 嚴鳳英 Yan Fengying

嚴鳳英（1930–1968），原名鴻六，又名黛峰，安徽省桐城縣人。她是黃梅戲女演員，工小旦、花旦、閨門旦，兼演老旦。

嚴鳳英家境清貧，幼時因喜唱山歌和黃梅調，觸犯族規，為了繼續學戲，不得不離家。她天資聰穎，勤奮好學，十三歲拜師嚴雲高學唱黃梅戲，在樅陽、桐城一帶演出，頗受歡迎。之後，又得著名老藝人丁永泉指點，輾轉演出於貴池、青陽農村和安慶、皖南等地區，漸露頭角。一九四七年隨胡金濤、劉鳳雲學唱京劇，一九四九年後又以北崑名演員白雲生為師，不斷吸取兄弟劇種

之長,以豐富自己的表演技藝。一九五三年加入安徽省黃梅戲劇團。

嚴鳳英表演質樸細膩,嗓音清脆甜美,唱腔樸實圓潤,演唱明快真摯,吐字清晰,韻味醇厚,並注重從人物感情出發,力求達到聲情並茂,具有耐人尋味的藝術魅力。她塑造過許多具有鮮明性格的人物形象,如《打豬草》中的陶金花、《天仙配》中的七仙女、《打金枝》中的升平公主、《女駙馬》中的馮素貞、《牛郎織女》中的織女以及現代戲《豐收之後》的趙五嬸等。其中《天仙配》、《女駙馬》、《牛郎織女》均被拍攝成電影。

一九六零年三十歲的時候,嚴鳳英已在藝術界演出二十年,為黃梅戲的發展作出重大貢獻。同年加入中國共產黨,任安徽省黃梅戲劇團副團長,當選為中國文學藝術界聯合會委員,中國人民政治協商會議第二、第三屆全國委員會委員。

嚴鳳英的丈夫王冠亞也是知名的黃梅戲演員。他們有一個溫暖的家。嚴鳳英小時沒有嘗過雙親的愛,也許就是這個原因,她長大後愛朋友,愛丈夫,愛孩子,一片赤誠。她心直口快,情如烈火,就像她扮演過的七仙女和苦苦思念牛郎的織女一樣。她沒料到,現實生活更為殘酷。一九六八年,她因莫須有的「反對江青」(參見江青傳)的罪名,被打成「嚴重的現行反革命」。她以自殺作為抗議,結束了三十八歲的年輕生命。

一九八一年,王冠亞撰寫出版了《嚴鳳英傳》。八十年代,她的生活經歷被拍成電視連續劇,在全國播放。

陳慧

編者按:一九七八年五月,安徽省委為嚴鳳英平反昭雪,八月省文化局舉行了她的骨灰安放儀式。現在,她台上的表演,還可在互聯網上收看。

◇ 殷偉、王小英,《嚴鳳英》,合肥:黃山書社,1985 年。
◇ 英文《中國婦女》編著,《古今著名婦女人物》,下冊,石家莊:河北人民出版社,1986 年,頁 1134–1137。
◇ 京聲、溪泉編撰,《新中國名人錄》,南昌:江西人民出版社,1987 年。
◇ 《中國大百科全書‧戲曲曲藝》,北京:中國大百科全書出版社,1989 年,頁 524。
◇ 「嚴鳳英」見 <http://baike.baidu.com/view/36038.htm>,2013 年 4 月 12 日查閱。

▥ 248 言慧珠 Yan Huizhu

言慧珠(1919–1966),學名仲明,又名吾生,蒙古族,著名京劇、崑曲表演藝術家。父親言菊朋為著名京劇老生、京劇言派創始人。

　　言慧珠在父母離異後，便跟著父親過活。父親深知當演員不易，不單社會地位低下，且流離顛沛、遍嘗人間辛酸，發誓不讓子女再走他這條路，尤其是他視如掌上明珠的言慧珠。但言慧珠自幼耳濡目染，對京劇興趣甚濃。她秉性聰穎，小小年紀便流露演戲天份，往往背著父親壓腿、下腰、吊嗓子，有時趁父親到外地演出，還悄悄地請教老前輩。短短幾年，竟瞞著父親學會了十幾齣青衣、花旦、武旦戲，打下了扎實的基礎。

　　言慧珠十五歲那年，在就讀的北京春明女子中學校慶表演了《玉堂春》首幕《女起解》，鋒芒初露，言菊朋因此終於同意讓她演出，但卻規定她只能偶爾跟著他唱唱，不能當作一門職業。於是她以「慧珠」為藝名，於一九三七年正式拜師學戲。學戲不久，遇上了湖北大水災，北平梨園界決定義演，籌款救濟災民，與父親同台演出《打漁殺家》、《賀后罵殿》，觀眾反應熱烈。她的表演得到了肯定，父親決定讓她配戲，並正式組班為詠評社，她從此掛牌演出。

　　為了演好戲，言慧珠吃苦受累，卻從來不吭聲，跟著老師苦練基本功。在她的藝術生涯中，曾得到許多老師指點，當中教誨最深的要算梅蘭芳。一九四三年抗戰期間，上海淪陷日軍之手，梅蘭芳閒居在家。言慧珠此時已二十四歲，她遵從父親遺命，來上海拜梅蘭芳為師。由於梅蘭芳悉心指導加上她勤奮好學，藝術造詣日趨提高，在觀眾中的影響也越來越大，漸有「小梅蘭芳」的美譽。一九四六年二月，在上海皇后大戲院演出《生死恨》等梅派名劇，觀眾為之傾倒。同年八月，在一次救濟災民的活動中，以最高票榮獲「平劇皇后」的桂冠。

　　一九四九年建國後，言慧珠繼續投身傳統戲劇。一九五七年，任上海市戲曲學校副校長，為學生講解梅派藝術。多次與著名京、崑劇表演藝術家俞振飛同台演出。兩人合力改編崑劇《牆頭馬上》，使它更加豐滿，成了崑劇的一朵奇葩。一九六零年與俞振飛結成夫妻，但因性格不合，婚姻並不愉快。一九六六年文化大革命剛開始，兩人均受嚴厲批判。同年九月，言慧珠因不堪受辱，在家自縊身亡。

賀黎、陳慧

　　編者按：一九七九年二月，上海為言慧珠舉行了平反追悼會。

◇ 曉欣，〈言慧珠的藝術生涯〉見《報刊資料選彙‧戲曲研究》，1986 年 12 月，中國人民大學書報資料中心，頁 71–74。
◇ 京聲、溪泉編撰，《新中國名人錄》，南昌：江西人民出版社，1987 年。
◇ 江葦，〈俞振飛的愛情三步曲──俞振飛、言慧珠、李薔華〉見《中外雜誌》，1991 年 3 月號，

頁 30–35。

◇ 劉波主編，《中國當代文化藝術名人大辭典》，北京：國際文化出版公司，1993 年。

◇ 許寅，〈記一代紅伶言慧珠文革自縊前的片斷〉見《傳記文學》，卷 68，1996 年 4 期，頁 92–97。

◇ 張子涵，〈一代才女言慧珠〉見 <http://blog.sina.com.cn/s/blog_4775a8a50100gzp1.html>，2013 年 4 月 12 日查閱。

▥ 249 楊崇瑞 Yang Chongrui

楊崇瑞（1891–1983），字雪豐，河北通縣（今北京通縣）人。她是中國計劃生育領域的開拓者，終生致力於改善婦幼健康。

楊崇瑞父親楊雲階早年中舉人，曾在通縣協和書院執教。楊崇瑞童年時代就在父親指導下讀書識字，十三歲進入北平貝滿女校（Bridgeman Girls' High School）。一九一零年中學畢業，考入協和大學（燕京大學前身）理化科，兩年後畢業，考入協和女醫學院，一九一七年獲醫學博士學位。

楊崇瑞畢業後在山東德州博濟醫院、天津婦嬰醫院工作。一九二一年末到新成立的協和醫學院進修。這一年該院組建公共衛生科，楊崇瑞在參加公共衛生科和婦產科聯合組織的調查中，得知新生兒和產婦的死亡率都很高，主要原因分別是破傷風和產褥熱。調查結束後，她參加了公共衛生科，決心為社會大眾服務。

一九二五年，楊崇瑞獲得獎學金到美國霍普金斯大學（Johns Hopkins University）醫學院進修。在進修前後，她先後考察了加拿大、英國、德國、法國、丹麥、奧地利等國的公共衛生制度和助產教育。回國後，發表了多篇文章，提倡助產教育，得到有識之士的支持。一九二九年創辦了北平國立第一助產學校及附屬產院，她為這所院校選取的校訓是「犧牲精神，造福人群」。該校成為中國助產教育的發源地和師資培訓基地，在辦學的二十二年間（1951 年停辦），通過三年制的課程，培養了數百名畢業生，為中國婦幼衛生事業造就了一股骨幹力量。她還協助創辦南京中央助產學校，在北平、成都、蘭州、重慶、上海等地組建或協助組建保嬰事務所、接生員講習所、婦嬰保健院等機構。在她大力推動下，母嬰死亡率顯著下降。

楊崇瑞從人口的高出生率和高死亡率、以及婦女生育和健康狀況的粗略統計中，深刻認識到中國人口問題嚴重，必須盡早實行計劃生育。一九三零年與燕京大學的社會學和社會福利工作系，以及協和醫學院慈善事業救濟系，共同

組建了北平母親保健委員會，通過臨床和宣傳兩方面的工作，提倡限制孩子的數目，增進母親的健康。一九三二年又與燕京大學和清華大學的社會學系，共同發起成立節制生育諮詢部。她在會議上、在著作中都詳細闡述了節制生育的重要意義和具體措施。

一九三七年初，楊崇瑞受聘為國際聯盟婦嬰衛生組專家，奉派考察歐亞十多個國家的婦嬰衛生狀況和助產教育。到她回國時，中日戰爭已爆發，十一月，她參加抗日紅十字會醫療隊。不久受教育部之聘，參加籌建貴陽醫學院，並出任該院婦產科教授。一九三八年八月任中央衛生署技正。一九四一年赴美國，再進霍普金斯大學醫學院進修婦產科。次年回國後任中央衛生實驗院婦嬰衛生組主任。一九四五年抗日戰爭結束後，奉派負責恢復寧、滬、平、津等地的婦嬰衛生工作。一九四七年再赴加拿大、美國考察。翌年應聘出任聯合國世界衛生組織國際婦幼衛生組的專家，不久轉任該組副組長。一九四九年赴日內瓦開會，會後獲歐洲助產教育和婦幼衛生獎學金，到瑞士、芬蘭、瑞典、丹麥、英國和法國參觀考察。

一九四九年中華人民共和國成立後，衛生部部長李德全（參見該傳）受毛澤東（1893–1976）和周恩來（1898–1976）之託，邀請楊崇瑞回國工作。楊崇瑞毅然放棄國際要職和優厚待遇，自日內瓦返國，任衛生部婦幼衛生局局長。不幸的是，她因一貫提倡節制生育而在一九五七年反右運動中被劃為右派，受到嚴厲批判，遣送社會主義學院學習。一九五九年被安排到中華醫學會圖書館，整理外文書籍，後改任《婦產科雜誌》編輯，受聘為衛生部婦幼衛生司顧問。右派問題直至一九七九年才得到平反。

楊崇瑞終身未婚，畢生致力促進中國婦幼保健及公共衛生事業。她熱心公益，遵照父親的願望，於一九二八年在故鄉建立雲階小學。她工作嚴謹細緻，生活儉樸節約，一生幫助親屬培養了十一名大學生。

王冰

編者按：楊崇瑞曾任全國政協委員、九三學社社員、中華醫學會會員、美國公共衛生學會會員。一九八三年因白血病在北京辭世，終年九十二歲。

◈ 楊崇瑞，《第一助產學校十周年紀念冊》，出版地缺：中央衛生實驗院出版，1939 年。
◈ ——，《婦嬰衛生綱要》，出版地缺：中央衛生實驗院出版，1939 年。
◈ 楊崇瑞等主編，《婦幼衛生》，北京：人民衛生出版社，1953 年。
◈ 嚴仁英等主編，《楊崇瑞博士》，北京：北京醫科大學、中國協和醫科大學聯合出版社，1990 年。
◈ 雷芝芳，〈楊崇瑞〉見《中國現代科學家傳記》，集 4，北京：科學出版社，1993 年，頁 552–559。

◈ 「楊崇瑞」見 <http://baike.baidu.com/view/1171329.htm>，2013 年 4 月 12 日查閱。

ⅢⅢ 250 楊翠 Yang Cui

　　楊翠一九六二年在台灣高雄前金區出生，台灣大學歷史學研究所博士，卓有成就的台灣史、台灣婦女史、文學史的研究者。

　　楊翠的研究領域包含台灣文學、原住民文學、女性文學、台灣婦女史和性別文化研究，相關研究論文有二十餘篇。著有散文集《最初的晚霞》、學術論文〈日據時期台灣婦女解放運動〉、博士論文〈鄉土與記憶：七十年代以來台灣女性小說的時間意識與空間語境〉、二‧二八口述歷史《孤寂煎熬四十五年》、《台中縣文學發展史‧田野調查報告書》（與施懿琳、鍾美芳合著）、《台中縣文學發展史》（與施懿琳、許俊雅合著）、《彰化縣文學發展史》（與施懿琳合著）等。

　　楊翠的創作以散文與文化評論見長，作品散見各報，內容多有關性別、文學、歷史、文化諸議題，富含社會關懷與文化批判，曾擔任台灣副刊「非台北觀點」與「理性與感性」、勁副刊「五肆運動」、聯合副刊「幸福紀念日」等專欄作者。

　　楊翠在外祖父董登源被捕後十三年出生。然而，祖父楊逵卻認為她的出生是個祝福，因為在他蓋好東海花園的時候，她出生了。滿月後，在祖父催促下，她隨父母歸返東海花園。祖父初次見到她，便為她取名翠，寓意東海花園將來滿目青翠。

　　楊翠曾說，在少女時期和母親簡直像仇人，很慶幸自己是被祖父帶大。父親因為替人作保，負債幾百萬，所以當年暑假，母親來到東海花園，眉宇深鎖，要她別升學，去工作賺錢，讓弟妹們讀書。她放聲大哭，祖父答應為她籌措學費，讓她繼續讀書。她當時認為母親不愛她。多年以後，她才明白，母親不是不愛她，那是她唯一可以想到的方法。父母一連生了五個孩子，四女一男，為了有一個男孩，母親婚後十年接連懷孕。小學時父親有了另一個女人，有一次過年拜祖時母親與那女人大吵一架，之後便帶著一雙小弟妹返回高雄娘家，決定靠為人理髮謀生，獨自撫育他們。楊翠就去和祖父一同居住。那時她初入中學，家裡只有老人和少女，初經來潮，也沒有母親在旁提點，心中悲痛。後來母親從高雄寄來中藥和短信，向她解說這事，她才知道母親仍然愛她。

　　二零零八年，楊翠著手撰寫《楊逵評傳》，這本遲來的傳記，代表她對祖父最深切的思念。楊翠侃侃而談家族點滴故事，回憶中總是有苦有澀，有酸有甜，還有少女擺盪在成長與背叛間的幽暗微妙情結。由於父母失和，母親離去，楊翠與祖父相依為命。然而，她和祖父之間存在著一種矛盾，情感上很依賴很親近，但一進入少女期，總覺祖父穿著很俗，令她覺得很丟臉。此外，祖父是知名作家，楊翠不喜歡承擔那樣壓力。後來，楊翠要念大學，曾和祖父討論選填志願，當時他建議她念歷史和外文系，也很期望她考上東海，因為他很想搬回東海花園，若果沒有人照顧他，家人不會讓他回去。但她沒有選台中的學校，她想離開大肚山去台北。所以她沒跟祖父講這件事，戲劇性的是，她的成績又剛好考上東海大學歷史系。

　　楊翠念大四時，曾和祖父在大溪住了一陣子，原本打算為他寫回憶錄，後來有一個年輕人也想為她的祖父寫回憶錄，她很欣賞、很喜歡他，但祖父反對，認為他們並不適合，禁止他們交往。當時她很生氣，拿考碩士班當藉口，搬到學校附近住，回憶錄就沒寫成。

　　然而這兩度背離楊逵的經驗，卻成為楊翠一生的遺憾。楊翠說在那之後，祖父就搬回台中，寒假過後，在一九八五年三月離世。楊翠在楊逵過世後，考入東海大學碩士班，這對她而言，是彌補、是必要的回歸。楊逵深深影響楊翠的研究，從歷史到文學領域，以至性別議題。她表示後來研究祖母（即葉陶，參見該傳），也是希望藉此更了解祖父。

　　楊翠想起某一日，好友遞給她一疊老舊的筆記本，說是從她的友人的友人處拿到的，希望物歸原主。那幾冊筆記本，泛黃脆薄的紙頁，密密麻麻的細小字體，是楊逵在綠島所寫的家書，給妻子葉陶與眾多兒孫的，絕大多數未曾寄出。那是一個無法在場的父親，以獨特的方式，在兒女們的成長時空中，用力地出席。

　　少女時期，楊翠寫生活經驗、東海花園、楊逵。然後，她寫父母、其他親人。她又關心政治受難者家屬及第二代的生活處境與精神圖像，以及在台灣詭譎的歷史中，不同女性群落的生存姿態。

　　楊翠在徬徨中摸索了幾年之後，出乎意外地在一九九零年請來林瑞明教授當她的碩士論文指導老師。楊翠的題目〈日據時代台灣婦女解放運動之研究〉是極富挑戰性的論題。她以《台灣民報》作為分析場域，熟讀、歸納、分析，再進一步擬定綱目。

　　林瑞明指出，楊翠從眾多台灣史猶待開發的議題中，選擇了婦女解放運動，深化了向來在民族解放運動、階級解放運動中打轉的研究，撐開了另一片廣大的天地。她的選擇，一方面是緣於她的問題意識與學術關懷，一方面也因她絕不背離自己的生命史。她之所以討論日據時期的台灣婦女，自然不可能與楊逵、葉陶全然無關，但絕非僅止於小我之情，而是將研究的論題，昇華成對台灣這塊土地人群的歷史回溯。

　　楊翠似乎也把家族中奉行和平主義的血脈傳給她的孩子，在野草莓運動時，她曾經在《中國時報》發了一篇文章〈孩子，生日快樂！〉。它深刻的表露出母親對於兒子的自豪，以及代與代之間不斷用行動，來見證祖先遺傳下來的理想。這種為了社會理念而奮鬥的情感，使母子倆在親情之外還帶有濃厚的同伴之誼，是相當令人動容的。

　　楊翠的生命，見證家族的血脈。她也不遺餘力去把歷史重建，讓更多人了解民主是由一條條生命搏鬥而來的。為社會理念奮鬥的精神不僅透過她的人生告訴我們，也透過她的文字讓我們看到，為理想而活的人生是多麼堅強、多麼偉大。

　　楊翠曾任《自立晚報》副刊編輯、《自立週報》全台新聞主編、《台灣文藝》執行主編、台中縣社區公民大學執行委員、成功大學台灣文學系助理教授。現任靜宜大學台灣文學系副教授、國家藝術基金會董事、賴和文教基金會董事、春雨文教基金會董事、教育部台灣文史系所評鑑諮詢委員、教育部中教司教育大學轉型諮詢委員。

李宗慬

編者按：本傳記作者表示，本傳記的資料大部份由張婷婷提供。楊翠現任東華大學華文文學系教授。

◇ 林瑞明，〈《日治時期台灣婦女解放運動》序文〉，見楊翠，《日治時期台灣婦女解放運動》，台北：時報文化事業出版社，1993 年。
◇ 楊翠，〈向豐饒母體，返航〉，來源：「第二屆蔡瑞月舞蹈節文化論壇——藝術與救贖」，2008 年 3 月。
◇ ——，〈孩子，生日快樂！〉見《中國時報》，2008 年 11 月 16 日。
◇ 高有智、何榮幸、郭石城，《楊翠的救贖：藉文史與楊逵對話》，見《中國時報》專訪，2008 年 11 月 23 日。
◇ 參見 <http://www.yon.com.tw/modules/newbb/viewtopic.php?topic_id=2494&forum=27>，2010 年 6 月 22 日前查閱。
◇ 楊翠教學網站，見 <http://www.soyang.tw/~tyang/tyang-info.htm>，2010 年 6 月 22 日前查閱。又可見 <http://www.soyang.tw/~tyang/index.php?option=com_content&view=article&id=46&Itemid=55>，2014 年 11 月 25 日查閱。

◇ 「魏揚母親楊翠公開信：既然行動了就不必後悔！」見 <http://www.ettoday.net/news/20140324/338270.htm>，2014 年 3 月 24 日。2015 年 5 月 14 日查閱。

▥ 251 楊芙清 Yang Fuqing

楊芙清，一九三二年生於江蘇無錫，電腦軟件專家和電腦學者。

楊芙清的父親楊介辰是工商實業家，母親李文英是家庭主婦。楊芙清為家中長女，下有弟妹各一。自童年開始，她即興趣廣泛，在校成績優異，數學尤其突出。一九五一年畢業於無錫市第一女子中學，考入清華大學數學系。後來院系調整，清華大學把數學系併入北京大學，她亦隨之轉讀北大。一九五五年畢業，在原校數學力學系深造兩年後，到蘇聯科學院和莫斯科大學讀研究生課程（1957–1959）。一九六二年，返回北大在計算機科學技術系任講師。除其間在莫斯科杜布納聯合原子核研究所計算機中心工作兩年（1962–1964）外，一直在北大任教。一九七九年被評為副教授，一九八三年晉升教授，並出任北大計算機科技系系主任。

二十世紀五十年代，楊芙清讀大學時攻讀計算數學，在研究生期間鑽研逆編譯程序。六十年代，她提出資源共享和多道程序協調運行的概念與方法。七十年代初，她開發了中國第一台集成電路計算機的操作系統，於一九七八年獲全國科學大會成果獎。自該年始，從事操作系統結構的研究，並成功開發了系統程序設計語言 XCY，獲國家教委科技進步獎一等獎。在她指導下，又開發出操作系統 DTS200/XT2。該系統利用核心模塊化，把核心規模縮至最小，是中國第一個用高級語言書寫的大型操作系統。這個系統對中國計算機的開發有重大意義，在一九八五年獲電子工業部科技成果獎一等獎。

楊芙清亦是中國從事軟件工程研究的先驅。她在一九八零年籌辦了中國第一屆軟件工程研討會。在軟件工程的基礎研究中，她提出並解決了一系列理論和實際問題。八十年代以來，她負責多個國家重點研究項目，如軟件工程核心支撐環境 Beta–85，集成化軟件工程環境，智能化軟件工程環境等。九十年代初，她運用面向對象技術與環境構造技術「青鳥」CASE，開發集成軟件工程支撐環境。這些軟件工程項目，在當時已居世界最先進水平。為了將青鳥工程的科技成果轉化到現實生產力當中，她在一九九四年創建了北大青鳥公司，作為成果轉化基地，後來公司發展成為青鳥集團，她則出任董事長。

楊芙清對計算機學科的教學和科研頗有建樹，特別是在軟件開發與建立

中國計算機工業方面。她曾獲多種國家科研獎項，在累年的教學生涯中，培養出眾多尖端軟件專材，指導他們完成碩士、博士課程。由於她貢獻良多，成就非凡，當局指定為國務院學位委員會學科評議組成員和中國計算機學會副理事長。她也是《中國科學》等六種全國性學術刊物的編委，國際學術組織電氣電子工程師學會（Institute of Electrical and Electronic Engineers）院士。一九九一年成為中國科學院院士（學部委員）。二零一一年獲中國計算機學會終身成就獎。

楊芙清的夫婿是微電子學專家王陽元，兩人生有一子一女。

蕭虹

龍仁譯

◇ 《中國現代科學家傳記》，集 5，北京：科學出版社，1994 年，頁 893–896。
◇ 中華全國婦女聯合會組織聯絡部組織編寫，《中國女院士》，瀋陽：遼寧人民出版社，1995 年，頁 355–358。
◇ 計紅梅，〈徐家福、楊芙清獲中國計算機學會終身成就獎〉見 <http://scitech.people.com.cn/GB/16827681.html>，2012 年 1 月 9 日，來源：《中國科學報》，2013 年 4 月 16 日查閱。
◇ 「楊芙清」見 <http://baike.baidu.com/view/205210.htm>，2015 年 10 月 20 日查閱。

▥ 252 央嘎 Yang Ga

央嘎（Dbyangs-dgav, 1906–1974），原名央金卓嘎（Dbyangscan lha-mo），出生於西藏昌都（Cham-mdo）地區的類烏齊（Ribo-che），是藏族醫學史上，特別是近代藏醫學史上一位著名的女醫生。

央嘎出身於貴族家庭。父親傑仲（Rje-drong）喇嘛是一位精通五明（藏族傳統把學術劃分為大、小五明十個學科）的學者，又是一位具有豐富藏醫實踐經驗的醫學大師。當時西藏盛行一妻多夫制，所以他與格熱（Dge-rab）喇嘛共同娶俄姆薩崗（Ngo-mosgang）頭人的女兒次成（Tshul-khrims）為妻。他們共生了三個女兒，央嘎是次女，算作傑仲的孩子。央嘎是父母給她起的乳名，也是愛稱。後來由於她得到了群眾的喜愛，大家都親切地稱她央嘎。

央嘎自幼師從父親傑仲，先學習藏文讀寫、文法、詩學，後學醫藥之學。她聰穎好學，能在一、兩個小時內熟背十五頁醫書，足見她學習之專心、刻苦。在她八歲時，西藏地方政府以「與漢人勾結」的罪名將傑仲流放，他後來住在達隆寺（Stag-lung Temple）。兩年後，即一九一六年，拉薩藏醫院初建不久，遂呈請十三世達賴喇嘛批准兩名醫生專程前往達隆寺，向傑仲喇嘛求教藏醫傳

統配方。那兩名醫生學習完畢後，傑仲要求他們返回拉薩時，把開眼的醫術教給他的女兒央嘎。

央嘎十三歲就成為一名獨立切脈查尿的好醫生。她在二十四歲時來到拉薩藏醫院，請求學習開眼術。當年曾向她父親學習的欽熱諾布醫生遵照先前的承諾把開眼醫術教給了央嘎。學成後，央嘎踏遍拉薩、昌都等地區，專為白內障病人做開眼手術。她的病人大部份是窮苦大眾，甚至是乞丐。她為窮人做手術從不收取任何醫療費，還為病人提供飲食，為外地來拉薩的病人尋找住處，為此，深受藏人愛戴與歡迎。

央嘎的父親傑仲與不丹的國王金美秋（Vjigs-med Dbangphyug）有著密切的關係。當國王家族的人有了疑難病症時，總要請傑仲前去醫治。一九四八年，國王得了白內障，就派專人來拉薩請央嘎去廷布（Thimbu）。央嘎為不丹國王做了開眼手術，術後進展良好，她在那裡住了三個月，直到國王徹底康復。此後的幾年中，她每年都去廷布一次，為國王及其國人治病，在往返途中，曾多次停留印度、尼泊爾、錫金等地，為當地人民治病。央嘎的名字在喜瑪拉雅的廣大地區無人不知。一九五一年，藏醫院院長欽熱諾布向央嘎頒發了開眼醫術的證書。從一九五一到五三年的近三年時間，她與另一位醫生赴西藏各地為群眾治病，共施開眼手術三百例，均達到了使患者復明的效果。

在長期的醫療實踐中，央嘎積累了豐富的經驗，除精於開眼手術外，在婦產科、小兒科、關節炎、斷骨等病症方面均有高超的醫術。一九五四年，央嘎回到家鄉類烏齊，兩年後任該縣的衛生科科長。一九五八年到拉薩藏醫院工作。翌年轉為國家正式幹部，並曾出任拉薩自治區政協第一及第二屆委員。一九六二年藏醫院創建婦兒科，她出任首位科主任。她醫德高尚，病人在她心中屬第一位，治病救人是她的責任。她從不理會病人的民族成份和地位高低，總是盡全力去幫助病人。為此，「堪卓（空行母）」央嘎在西藏及喜瑪拉雅山地區善名遠播。

一九六四年，央嘎把多年診治婦科病的經驗寫成材料，並在一個大會上做了介紹。然而接踵而來的文化大革命，使她備受磨難。在她腿部摔傷之後，沒有得到應有的治療。她被剝奪了處方權，但仍有許多病人悄悄上門求醫。儘管如此，她仍希望把自己的知識傳授給年輕的一代，為此多次向黨組織請求派人來，最後，年輕人來了，她一絲不苟地把知識傳授給了他們。

央嘎知識淵博，記憶力強，除了醫學，她也熟讀佛學、歷史。她不但通曉

藏文、印地文，梵文也很好。她喜愛藏族格律詩，寫得一手漂亮的藏文。她十分好學，即使在花甲之年才開始學習漢文，還是非常認真地對待每一個漢字的發音。她一生樂觀，興趣十分廣泛。她愛唱歌跳舞，昌都、拉薩的情歌、民歌她都會唱，尤其是喜愛唱格薩爾王傳（*The Epic of King Gesar*），家裡收藏了這首史詩的多個抄本，她看著本子可以用十幾種曲調說唱格薩爾。

央嘎一生結過兩次婚，生有四女一男，仍然在生的只有一女一子，女兒受到母親酷愛民間文學的影響，在西藏社科院從事史詩格薩爾王傳的整理與研究，現已退休；兒子秉承母業，成為一名醫生，在拉薩自治區體校工作。

藏族傳統觀念認為，女性不適宜當醫生，為此女醫生不多，因而也忽視了對婦女、兒童疾病的診治。央嘎是有數的藏族女醫生，在藏族醫學史上，是個具開創性的眼科手術專家，在切除白內障方面尤其出色。她同時致力拓展婦兒科，率先使用西藏藥物；對培養年輕女醫生方面，也做出了很大的貢獻。她高尚的醫德及治病救人的人道主義精神，為藏醫學界的後輩樹立了良好榜樣。一九七四年，她在走過了人生六十七個春秋之後，離開了人世。拉薩市衛生廳為她召開了追悼會，並將她的遺骨埋於拉薩烈士陵園。

楊恩洪

本傳記資料來自 1996 年 8 月與央嘎女兒的訪談。

■ 253 楊厚珍 Yang Houzhen

楊厚珍（1908–1977），生於江西省瑞金縣，是參加一九三四至三五年中國共產黨長征的三十位女性之一。

楊厚珍的父親是位教師。她在列寧小學就讀，自幼纏足，後來才「解放」了雙腳。一九二六年與將領羅炳輝（1897–1946）結婚。一九二九年吉安起義時，羅炳輝脫離了國民黨，之後她追隨丈夫奔向紅軍匯合之地──井岡山。一九三一年她加入中國共產黨，被派往江西蘇維埃紅軍大學學習，同時承擔多項工作，包括油印、護理、行政和經營紅軍與中央機關所開辦的合作社。長征中，她似乎未獲派任何職務。她的腳雖小、行動不便，但在征途中的幾乎每一步都是她自己走過來的。哈里森‧索爾茲伯里（Harrison Salisbury）在《長征：前所未聞的故事》（*The Long March: The Untold Story*）寫道，羅炳輝的妻子在長征期間生過一小孩，但中國的資料從未提及此事。長征途中，楊厚珍和毛

澤東（1893–1976）當時的妻子賀子貞（參見該傳）一樣，在敵人的轟炸中受傷。
一九三五年八月，羅炳輝被派往張國燾的紅四方面軍，夫妻二人從此分離，婚
姻看似亦隨之告終。一九三七年，身在延安的羅炳輝曾向海倫・福斯特・斯諾
（Helen Foster Snow）透露，他在江西有三個孩子，在雲南有一個兒子，但他
沒提到自己有幾個妻子，也未提及楊厚珍。

　　在海倫・斯諾筆下，楊厚珍在延安是「一個家庭主婦」，實際上她是受黨
組織指派負責管理合作社和家屬工廠。不幸的是，她的身體很快就垮了下來。
她再婚後產下孩子。第二任丈夫劉正明後來被開除出黨（具體原因不詳），
一家三口被遣送離開延安。他們與黨失去聯繫之後，她在一九四零年開了一
家商店以養家餬口。直到一九四六年，劉正明才得到平反，獲准恢復黨籍。
一九四七年共產黨離開延安，她和丈夫被送往山西，進了榮軍醫院。一九四九
年之後，她當過文化部體育用品工廠廠長。像她有這樣背景的婦女，仍能得到
這份差事，並不常見。或許這是因為她有豐富的合作社管理經驗。文革期間，
她的際遇鮮為人知，據報導她在一九七七年去世。

Sue Wiles

崔少元譯

◈ 郭晨，《巾幗列傳：紅一方面軍三十位長征女紅軍生平事蹟》，北京：農村讀物出版社，1986 年，
　頁 201–203。
◈ Snow, Helen Foster. *Inside Red China*. 1977 reprint [with a new preface and biographical notes by the
　author]. New York: Da Capo Press, 1939, 125.
◈ Salisbury, Harrison E. *The Long March: The Untold Story*. New York: Harper & Row, 1985, 167.

⦀ 254 楊慧貞 Yang Huizhen

　　楊慧貞（約 1913–1989），中國穆斯林，回族，本名王蓉（譯音），生於
河南周口，當地盛行回教，有「小麥加」之稱。長久以來，有關楊慧貞的資料
僅靠口述傳統保存下來。起初由嘉興和上海的穆斯林社群講述，後來由她救助
過的人講述。他們包括在社會動蕩時期，因為得她接濟，而免於挨飢抵餓、無
處容身的人，不用再受屈辱的難民，以及不致前路茫茫的眾多孤兒。

　　楊慧貞懂漢文，通曉伊斯蘭教的戒律與行為守則。在當時當地，像她這樣
的婦女不多。二十世紀三十年代，她嫁入開封富戶，夫家做典當生意。當時開
封有很多「女寺」，部份仍保留舊稱「女學」，她有否進入女寺學習，不得而
知。丈夫的鴉片癮毀掉了他們的家，之後他們遷往上海。尚在襁褓的女兒病死，

數年後，仍有鴉片癮的丈夫去世。當地有一個傳統，某類穆斯林婦女可選擇進入伊斯蘭學校學習，學成後便可投入宗教工作；她們包括年長的婦女、寡婦、阿訇的妻子和已毋須操持家務的婦女。所以她按照這個傳統，在上海追隨廣受尊崇的阿訇麥俊三（譯音）（1888–1967）學習伊斯蘭教典籍。

一九四二年，楊慧貞接受上海附近的嘉興穆斯林社群的邀請，到他們新的清真女寺任首任駐寺阿訇，任期三年，到任時寺方安排了歡迎宴。起初她遵從傳統，主持寺裡的宗教事務，教導及輔導前來諮詢的婦女。不多久，她已偏離常規，踏出寺門，到窮人家探望。她又堅持為抗日戰爭的難民服務，令清真男寺的父權式領導層更為震驚，更要與她疏遠。

楊慧貞深受信眾歡迎，但中國回教協會支持的宗教領導層，卻視她為威脅，因為她不怕對抗，隨時可以為信眾干預成規，啟動社會改革。後來，她被領導層撤銷職務，趕離住處。她身為阿訇，成立回教孤兒寡婦女會，被視為失職。她為這個會籌措捐款和物資，穆斯林當局極為不滿，在一九四六年八月終止了她的合約，並把她逐出中國回教協會浙江分會。正式公文上，她被指不當使用清真寺；自作主張，行為不檢，違反穆斯林當局（父權式領導層）的規條；未有向清真男寺諮詢；一再蔑視領導，與女阿訇的行為守則不符。

楊慧貞在年中離開清真女寺，把她照顧著的所有難民帶走。之後，她成立了回教教養所，收容和救濟穆斯林，教養所後來改稱回教救濟院。為了向回民籌措資金，她去了南京、上海和杭州。她為難民提供食宿，同時歡迎非穆斯林與漢族難民。到國共內戰，難民數目日增，她鍥而不捨的向省縣級機關要求協助救濟工作。她亦向回教協會示好，向它匯報她的工作，請求准予擴充救濟院，甚至提議把救濟院交由它管理。由於她的政治手腕，加上穆斯林與非穆斯林社群都對她十分敬重，回教協會終於在一九四七年六月寫信給嘉興縣，聲稱堅定支持她的慈善工作。

一九四七年，楊慧貞成立慈善小學，為窮家子弟提供教育，課程包括普通科目和伊斯蘭教的科目，老師有回人和漢人。她不但向學生講解伊斯蘭教的基本知識，還開設了一間小小的繩廠，親自負責把廠裡生產的繩子出售。救濟院原先收容了四十四個兒童，到一九四九年二月，已增收至五十個孤兒和逾百個難民，其中兒童二十七個，男的二十一個，女的五十個，老弱的九個。救濟院在一九五零年上半年停辦。那時楊慧貞已不用擔任阿訇，於是返回上海。她經常探訪嘉興的社群，最後一次在一九八八年，那次留下超過一年。一九八九年，

她在上海去世，身邊沒有族人。

　　對嘉興穆斯林來說，楊慧貞一直是他們愛戴的民族英雄，各地穆斯林婦女經常引述她的名字，以她為伊斯蘭虔誠信徒的典範。她對嘉興穆斯林的影響引起不少爭議，記載這些資料的信件和報告，都原封不動的存放在中國回教協會嘉興分會內。一九九七年初，本文作者之一探訪回教協會。協會的一個高級官員不但交出這些文件，還加以整理，將記述楊慧貞生平事蹟的資料，轉送研究華中清真女寺的有關人員。這個高級官員叫郭成美，是很多年前，被選作楊慧貞接任人的女阿訇的兒子。為楊慧貞寫紀念文章，可以看成是對她公開的平反，默許了她在集體回憶中的位置。不過，協會當局仍一再提醒信眾，對楊慧貞的慈善工作，應作出適當評估。

　　踏入二十世紀，楊慧貞和其他中國婦女一樣，經歷了社會與經濟上的困苦，但她的重要性不單在這事上；還在於她執行駐寺女阿訇的職務時，敢於抗拒父權建制與宗教權威的責難。她獨立正直、慈悲為懷，且天賦非凡、感召力強，與她一起工作的人都深深感受到。尚有一點值得留意，她也代表著一群特殊婦女，一群來自不同朝代、同樣受過教育、備受景仰的宣教婦女。明朝的伊斯蘭學者 Sumingdashishi 便是其中一個，其他還有早期的女阿訇巴金蘭（參見該傳）和杜淑真（參見該傳）。伊斯蘭婦女有權接受教育和專業訓練的傳統，對楊慧貞在宗教社群中佔得一席位，起著積極作用。可是，她的事業發展情況也說明，不論在思想或行為上，婦女膽敢逾越父權建制下劃定的社會界線，便會受到嚴厲的懲罰。

Maria H.A. Jaschok、水鏡君

陳玉冰譯

◇ 戴建寧，〈試論回族婦女信仰伊斯蘭教的心理特徵〉見《回族研究》，1992 年 4 期，頁 67–70。

◇ 南文淵，《伊斯蘭教與西北穆斯林社會生活》，西寧：青海人民出版社，1994 年。

◇ 馮今源，〈試論伊斯蘭教的婦女觀〉見《中國穆斯林》，1995 年 4 期，頁 19–24。

◇ 水鏡君，〈論女學女寺的興起與發展〉見《回族研究》，1996 年 1 期，頁 51–59。

◇ Alles, Elisabeth. "Une organisation de l'Islam au féminin: Le personnel des mosquées féminines en Chine." *Lettre d'information.* Paris: Programme de Recherches Interdisciplinaires sur le Monde Msulman Périphérique, 14 (1994) : 1–12.

◇ *Etudes Orientales,* 13/14 (1994). Contributions by Elisabeth Alles, Leila Cherif, and Constance-Hélène Halfon.

◇ Pang Keng-Fong. "Islamic 'Fundamentalism' and Female Empowerment among the Muslims of Hainan Island, PRC." In *Mixed Blessings: Gender and Religious Fundamentalism Cross Culturally,* eds. Judy Brink and Joan Mencher. London: Routledge, 1997, 41–56.

◇ Jaschok, Maria and Shui Jingjun. *The History of Women's Mosques in Chinese Islam: A Mosque of*

Their Own. Richmond, Surrey: Curzon Press, 2000.

◼ 255 楊絳 Yang Jiang

楊絳（1911–2016），生於北京，原名楊季康，祖籍江蘇無錫，小說家、劇作家、散文家、比較文學家和翻譯家。她以翻譯法國、西班牙文學名著如《堂吉訶德》（*Don Quixote de la Mancha*），和撰寫關於文化大革命的回憶錄而聞名全國。在國外，文評界很少關注她的作品，她的名氣也不如國內。

楊絳的父親楊蔭杭（1878–1945）是一個律師，做過翻譯、教授和編輯。他也是早期積極反清的人士，於中華民國成立初期，在北平擔任過多個政府職務。母親唐須嫈（1878–1937）操持家務，共生有十名子女。唐氏同時還酷愛閱讀明清小說。

由於父親的工作性質，加上民國早期政治動盪，楊絳小時一直在北平、上海、蘇州、杭州和無錫之間遷徙。她滿十歲後，一家才在蘇州安定下來。她比最小的姐姐還要小十歲，深得父母寵愛。她自幼喜愛詩歌和小說，父母大力支持。她在蘇州的振華女子中學讀書。

一九二八年十七歲的楊絳進入東吳大學，但大學不提供文學專業的課程，她的指導老師極力主張她學習自然科學。她反考慮主修法律預科，盤算著日後可協助父親的律師工作，借此增進對人際關係和人性的了解，動筆寫小說時便不乏材料。但父親不鼓勵她學習法律，最後她才不得不選了政治系。她對政治的學術研究不感興趣，在功課上只求過關。她的大部份時間都花在閱讀文學作品和自學法語、西班牙語。她在大學三年級時拒絕了美國韋爾斯利學院（Wellesley College）的獎學金。

一九三二年楊絳畢業於東吳大學，同年秋天進入清華大學外語系攻讀研究生課程，開始正式學習外國文學。清華大學的教授得知她在課餘時間自學西班牙語，都對她另眼相看。她除了主修研究生課程外，還額外選修了相當於研究生水平的關於英國和法國的課程，這對她日後的學術生涯攸關重要，因可讓她打下扎實的根基，成為比較文學家和外國文學翻譯家。她也是在清華大學開始認真的寫小說。她的處女作是短篇小說〈璐璐，不用愁！〉，學者兼教授的朱自清十分欣賞，交給了《大公報》的文藝副刊。〈璐璐〉一九三五年首次發表，一九三六年和著名作家老舍、沈從文的作品一道收入文學選集。楊絳在清華大學讀研究生的第一年認識了也是研究生的錢鍾書（1910–1998）。後來他們訂

了婚，在一九三五年夏完婚。

同年秋天，楊絳研究生學業未完便離開清華大學，與獲得中英庚款獎學金的丈夫一同前往牛津大學進修。她在牛津大學學習了兩年，取得文學專業的哲學碩士學位，之後又前往巴黎學習羅曼語一年。一九三八年秋，她和丈夫、一歲的女兒返回中國，定居上海。由於日本侵佔蘇州，她娘家在前一年冬天已搬到上海。楊絳在上海住了十一年，其間做過許多零工幫補家計，大部份時間是當家庭教師、小學代課教師。一九三九到四一年，她還參與建立和管理中學母校的上海分校，直到它因日本佔領上海被迫於一九四一年十二月關門為止。

在上海的十一年，楊絳為這個城市的文化生活做出了巨大的貢獻。儘管上海淪為日治，又與中國其他地區相隔絕，它的文化生活依然多姿多彩。在三位好朋友，同時也是上海戲劇界名宿——石華父、李健吾和黃佐臨的鼓動下，楊絳於一九四二年開始創作戲劇。她的第一部劇作是部四幕喜劇，名為《稱心如意》，一九四三年由上海聯藝劇團演出後，好評如潮。在後來的三年裡，她又創作了三部劇：五幕喜劇《弄真成假》，一九四三年由同茂劇團演出；鬧劇《遊戲人間》，一九四四年由苦幹劇團演出，但該劇作從未發表；四幕悲劇《風絮》於一九四六年以連載方式發表，但從未在舞台演出。雖然她的前兩部作品是公認的喜劇（一位早期的評論家認為《稱心如意》是悲劇），但這些劇作其實都是以戲劇手法表達嚴肅的主題，也就是她經常帶有女權主義色彩的想法，她嫻熟地運用反語，並刻意描繪很多處於資產階級社會邊緣的青年人活潑生動的對話。《風絮》刻劃了民國時期三個城市青年在農村的一段三角戀情，三人都各有挫敗，並試圖面對。儘管一般認為該劇是悲劇，但也有人視之為高度程式化的情節劇（楊絳稱它為粗制濫造的作品），它把焦點集中在人際關係的心理層面上，頗具創意。

楊絳起初是以戲劇創作得名，但到了二十世紀四十年代中、後期，她發表了一些短篇小說，包括許多人認為是她技巧最為精湛的短篇小說"Romanesque"和以婚姻生活中的衝突為主題的〈小陽春〉。當時她已經將大部份創作精力轉移到翻譯，她在這方面的成就，終使她成為知名學者。她早期的譯作主要是散文，代表作首推一九四八年出版的《一九三九年以來英國散文作品》。

抗戰結束後，楊絳放棄了數次離開中國的機會，於一九四九年五月二十七日和丈夫、女兒搬往北平。她最初在清華大學西方語言系擔任教授，一九五三

年出任北京大學文學研究所外國文學系（後改稱外國文學研究所）研究員。（後來院系調整，該文學研究所先後歸入中國科學院和中國社會科學院。）她在該文學研究所擔任研究員直到一九九八年。

　　楊絳首部重要文學翻譯作品是一九五一年出版的《小癩子》，原著為西班牙流浪漢小說 *La Vida de azarillo de Tormes*。第二部是一九五六年的《吉爾·布拉斯》，原著為法國作家勒薩日（Alain René Le Sage）十八世紀的 *Histoire de Gil Blas de Santillane*。第三部是《堂吉訶德》，原著為西班牙小說家塞萬提斯（Miguel de Cervantes）十七世紀傑作 *Don Quixote*。《堂吉訶德》是她學術生涯中最雄心萬丈的翻譯工程，用了她逾十年的功夫，在文化大革命爆發後一度中斷，唯一的手稿且被沒收，隨之丟失。不過她還是得到幸運之神眷顧：她被派去打掃儲物房，竟在房裡無意間發現了自己的手稿，遂大膽的悄悄拿走。一九七八年三月《堂吉訶德》的第一版終於問世。該書是第一部直接從西班牙語譯成中文的重要文學作品（以前的翻譯作品，包括她第一版的《小癩子》，都是從法語、德語和英語譯本中間接翻譯過來的）。為表彰楊絳在傳播西班牙文化方面所做的傑出貢獻，西班牙國王胡安·卡洛斯（King Juan Carlos）於一九八六年授予她「智慧國王阿方索十世勛章」（Alfonso X "the Wise" Award）。

　　雖然楊絳在三反運動（1951）和反右運動（1957）中所受衝擊不算厲害，但在一九六六年八月九日，她還是被抓，扣上「資產階級學者」的帽子，打入了「牛鬼蛇神」之列，被重新分配去負責打掃工作單位的女廁所。一九六六年八月至七零年七月之間，她和丈夫、同事時常被關進人稱「牛棚」的辦公室，經歷過數次批鬥會、公開考查和自我檢討大會。一九六九年，她開始接受工人和解放軍宣傳隊的正式「再教育」。一九七零年七月，多虧新實施的有關老弱病殘的政策（她當時已經五十九歲），她和丈夫得以免除接受再教育，她被派往河南省息縣的幹部學校。在幹校，她負責巡邏同事耕種的園地，並為之除草。一九七一年初春，她所在的幹校搬遷到河南明崗，再教育的重心也由體力勞動轉到學習上。一九七二年三月，她和丈夫以及其他老弱病殘者返回北京。在其後的三年裡，夫婦倆住在外國文學研究所的一間辦公樓裡，且逐漸恢復學術工作。

　　文革前後，楊絳撰寫了許多長篇文學評論，研究對象包括簡·奧斯丁（Jane Austen）、塞萬提斯、亨利·菲爾丁（Henry Fielding）、李漁的戲劇理論和《紅

樓夢》。這一類作品大多收入她的兩部重要文集：《春泥集》和《關於小說》。
她有關翻譯藝術的論文〈失敗的經驗：試談翻譯〉，收入《堂吉訶德》的第二
版內。七十年代晚期，她還參與社科院重要論文集《外國理論家作家論形象思
維》的編譯工作，該集所收論文都是從歐洲多國語言翻譯過來的。

　　二十世紀八十年代，楊絳撰寫的一系列回憶錄為她贏得了廣大的讀者群。
她的第一本回憶錄《幹校六記》（1984）描述了她和丈夫在文革期間的幹校生
活，引起評論界熱烈討論，出版不久就被翻譯成日語、英語、法語和俄語。該
書以諷喻的手法，內斂的文字贏得稱許，論者認為，它與當時漸見流行的「傷
痕文學」相比，藝術成就有過之而無不及。一九八九年，《幹校六記》被中國
作家協會評為中國新時期優秀散文集。隨後她出版了第二部文革回憶錄，兩篇
回憶父親和姑母的長文，兩篇回憶丈夫及丈夫撰寫知名小說《圍城》的短文，
這些作品正好都趕上了當時出版界小小的一個「楊絳作品熱」。一九七九至
八六年間，楊絳的許多早期作品，包括兩部劇作、一部短篇小說集和一些文章，
均再版發行。一九九三年，中國社會科學出版社出版了她的選集《楊絳作品集》
三卷。她又繼續創作和出版了許多篇幅短小的散文，多為傳記和自傳性質的文
章。

　　一九八八年，楊絳出版了她第一部也是唯一的長篇小說《洗澡》。該小說
以冷雋幽默的筆調描述了三代文學家在一九五一年三反運動中，所經歷的首次
思想改造。它著重刻劃了新中國初期政治運動怎樣干擾知識份子平淡的生活，
並以大量的筆墨描述婚姻生活中的衝突和婚外關係。楊絳曾與陸文虎一道整理
丈夫的書信，打算出版。（編者按：後來未有成事。）她還出版了丈夫的詩歌
集，並附有注解說明。

　　楊絳的獨女一九九七年死於癌症。有關楊絳至一九九五年為止所出版作品
的目錄，可參見田蕙蘭等人所編著的《錢鍾書楊絳研究資料集》，該書且納入
多篇評論她作品的文章。

Mark Swislocki
崔少元譯

編者按：楊絳錢鍾書的獨女錢瑗病逝一年後，錢鍾書辭世。二零零三年到零五年，
楊絳先後出版了《我們仨》和《我們的錢瑗》；二零零七年，又以九十六歲高齡出
版了《走到人生邊上——自問自答》。同年《洗澡》譯成英文，書名 *Baptism*，由
香港大學出版社出版。二零零八年一月底，四十二間圖書銷售店在北京議定二零零
七年首十本最暢銷書籍，結果《走到人生邊上：自問自答》得第八位。同年，吳學

昭（吳宓女兒）為她寫了部傳記，名為《聽楊絳談往事》，由三聯書店出版。二零一一年，她一百歲前夕，出版了《坐在人生的邊上》。同年京華出版社出版了羅銀勝寫的《百年風華：楊絳傳》。香港中文大學翻譯研究中心也將這年第七十六期的《譯叢》闢作她的專輯，收錄了她橫跨八十年的各式作品的英譯、新的英譯。二零一四年，《中國現代文學與文化》（*Modern Chinese Literature and Culture*）及該期刊網絡資源中心（MCLC Resource Center）聯合出版了她的短篇小說〈小陽春〉的英譯本。二零一四年，她完成了《洗澡》的續集《洗澡之後》，由人民文學出版社出版，這部小說也被收入同時出版的九卷本《楊絳全集》。

楊絳的文字，平淡中見優雅。她為人低調，但她用了很多時間及精力整理和出版丈夫的遺作，間接也使自己經常進入公眾視野。現今她已是文壇巨匠，在多個領域上做出成績。讀者不單欣賞她這位老派作家的作品，還認為她是文如其人的最佳寫照。研究她的學者雷勤風（Christopher Rea）更指出，她的作品使讀者更了解現代中國文人的實際生活、寫作心態和情感世界。楊絳於二零一六年五月病逝北京，享年一百零五歲，直到最後她仍是最受尊敬和關注的人物。

◇ 《楊絳作品集》，3卷，北京：中國社會科學出版社，1993年。
◇ 孔慶茂，《錢鍾書與楊絳》，海口：海南國際新聞出版社，1997年。
◇ ──，《楊絳評傳》，北京：華夏出版社，1998年。
◇ 田蕙蘭、馬光裕、陳珂玉編，《錢鍾書楊絳研究資料集》，武昌：華中師範大學出版社，1990年；版2，1997年，頁511–672。
◇ Gunn, Edward M., Jr. *Unwelcome Muse: Chinese Literature in Shanghai and Peking, 1937–1945.* New York: Columbia University Press, 1980, 231–43.
◇ Dooling, Amy D. "In Search of Laughter: Yang Jiang's Feminist Comedy." *Modern Chinese Literature,* 8 (1994) : 41–67.
◇ 黃薇，〈百歲開一話楊絳：楊絳的美麗人生〉見 <http://book.sina.com.cn/cul/c/2012-07-16/1822302432.shtml>，2012年7月14日。2013年4月18日查閱，來源：《羊城晚報》（廣州），原載《文史參考》。
◇ 王湛，〈103歲楊絳/9卷本全集上市〉見 <http://zj.people.com.cn/n/2014/0722/c187189-21734778.html>，2014年7月22日，來源：《錢江晚報》，2014年9月23日查閱。
◇ Rea, Christopher G. "Yang Jiang's Conspicuous Inconspicuousness." In *China Heritage Quarterly* 26 (June 2011) , at <http://www.chinaheritagequarterly.org/features.php?searchterm=026_yangjiang.inc&issue=026>, accessed 18 April 2013.

ⅲ 256 楊開慧 Yang Kaihui

楊開慧（1901-1930），字雲錦，號霞，湖南省長沙縣板倉人，毛澤東（1893-1976）的第一任妻子。嚴格地說，她該是他的第二任妻子。他十三、四歲時，經包辦婚姻，娶了個比自己年長六歲的年輕女子，但堅稱從沒有和她一起生活過，亦不肯透露她的名字，所以她常常被忽略了。楊開慧也不是毛澤

東的初戀情人，據說湖南湘潭的陶毅（字斯詠，1896–1930）才是其人。她早期曾協助毛澤東組織掃盲班。

楊開慧的父親楊昌濟（卒於 1919 年），是毛澤東在倫理學方面的啟蒙老師。楊昌濟曾在歐洲留學，一九一三年返國後舉家遷長沙，到新成立的湖南第一師範學校任教。毛澤東敬愛這位老師，經常與同學去他家，一起討論哲學與世界大事。楊開慧總是坐在旁邊靜聽，於是結識了毛澤東和其他學生。一九一八年夏，楊昌濟赴北京大學教書，楊開慧隨父到北平。後來毛澤東也來了，並在北大圖書館工作過一段短時間。那時他和眾友人仍然像以前一樣，常到舊日老師家中消磨時間。

儘管楊開慧知書達理，但父親並不鼓勵她深造。在很多方面他仍然保留著傳統的觀念，認為「女子無才便是德」。因此她一直到一九一九年一月父親辭世之後才入學讀書。當時革命之聲四起，不久演變成五四運動。在毛澤東的鼓勵下，她順理成章地讀了《新青年》和《新潮》等進步刊物，整個人被時代的熱潮激發起來。返回板倉之後，進入一家美國教會學校讀書，但不久便離開。為向傳統挑戰，她考取了岳雲男校。她獨立生活的時間不長，一九二零年秋與毛澤東成婚後，便全身心地投入賢妻良母的角色。

也是在一九二零年，楊開慧加入中國社會主義青年團（另有資料說她是 1922 年加入）。一九二一年加入中國共產黨，可算是最早期的黨員，但從沒有正式擔任過任何職位。毛澤東那年成立了中共湘區委員會，並在長沙城外的清水塘家中運作。據說她負責機密工作及聯絡群眾。她對中國革命的熱忱固然無可置疑，但她主要的任務似僅限於協助丈夫。她為他整理文件，並妥善保管。夏天晚上，她為工作中的他搧涼；寒冬之夜，她又為工作中的他保暖送食。他四處周遊的時候，她總是留守清水塘家中。但在一九二三至二七年之間，她確曾多次陪同他前往上海、韶山和武漢。據說她對新冒起的工人、農民與婦女運動作出了貢獻。

毛澤東和楊開慧有時也爭吵。一九二三年十二月，他赴上海之際，據說曾贈詩妻子，哀訴二人相戀卻意見不合，互不理睬：

〈賀新郎〉

揮手從茲去。
更那堪淒然相向，苦情重訴。
眼角眉梢都似恨，熱淚欲零還住。

......

憑割斷愁絲恨縷。

要似崑崙崩絕壁，又恰像颱風掃寰宇。

重比翼，和雲翥。

　　楊開慧為毛澤東生育了三個兒子：岸英（1922–1951）、岸青（1923–2007）及岸龍（1927 年生於武昌）。一九二七年底，毛澤東準備發動秋收起義之時，她將三個兒子帶回板倉，就此與丈夫永別。毛澤東在秋收起義失敗後退守井岡山，創建紅軍，並與賀子貞（參見該傳）締結一段革命婚姻。楊開慧先居板倉，後遷長沙。她與岸英在長沙被地方軍閥逮捕。因為她是毛澤東的妻子，一九三零年十一月十四日被處決。在此前數周，毛澤東帶領紅軍進攻長沙，但無功而回。

　　楊開慧死時年輕，也死得悲慘。斯諾（Edgar Snow）稱她是「偉大革命事業的青年領袖、最活躍的女共產黨人之一」。這個評價似基於她是毛澤東夫人的身份，多於實據。柯臨清（Christina Gilmartin）所引用「一位早期男黨員」的說法，也許更為確切，他只說楊開慧承擔了「多項政治工作」。一九五七年，毛澤東緬懷過去，填詞寄意，藉著她姓楊，而楊也可解作楊樹的關係，寫下了「我失驕楊」之句。從此她這個年紀青青的優秀革命者形象，更加鮮明。後來，毛澤東逝世，文革得以結束，有關方面還利用楊開慧的形象，動員全國反對毛澤東最後的妻子江青（參見該傳）。

Sue Wiles

張建農譯

◇ 英文《中國婦女》編著，《古今著名婦女人物》，下冊，石家莊：河北人民出版社，1986 年，頁 601–606。
◇ 雲汀、張素蘭，《毛家兄弟與賀家姐妹》，南京：江蘇文藝出版社，1996 年。
◇ Snow, Edgar. *Red Star over China.* London: Victor Gollancz, 1937; 1963 reissue, 147–53, 173.
◇ Liu Fulang. *The Analysis of Mao Tse-tung's Personality.* Hong Kong: Union Press, 1973, 60.
◇ *Mao Tsetung Poems.* Beijing: Foreign Languages Press, 1976.
◇ Schram, Stuart R., ed. *Mao's Road to Power: Revolutionary Writings 1912–1949. Vol.2. National Revolution and Social Revolution, December 1920–June 1927.* Armonk, N.Y.: M.E. Sharpe, 1994, 195–96.
◇ Gilmartin, Christina K. "The Politics of Gender in the Making of the Party." In *New Perspectives on the Chinese Communist Revolution,* eds. Tony Saich and Hans van de Ven. New York: M.E. Sharpe, 1995, 49.
◇ 「毛岸青」見 <http://baike.baidu.com/view/433640.htm>，2013 年 4 月 18 日查閱。

▥ 257 楊麗萍 Yang Liping

　　楊麗萍，一九五九年生於西雙版納，白族人，祖籍雲南大理，舞蹈表演家，一級演員。

　　楊麗萍自幼受到西雙版納秀麗的山川風光和迷人的歌舞藝術薰陶，十二歲入西雙版納自治州歌舞團任演員，十九歲主演大型舞劇《召樹屯與楠木諾娜》。她的舞蹈清新雋永，形式優美，風格獨特。她根據孔雀開屏的律動，創作了頻閃動作；她利用天賦臂長肩開的條件，做出「背手轉」；再充份發揮手臂肩的動作、姿態，使每一關節各自擺動，直如孔雀振翅的模樣。她的動作很多時是原地站著做的，即「定點舞蹈」，人稱這技巧使她的舞蹈自成一格。她這時期的代表作有〈雀之靈〉、〈火〉、〈雨絲〉和〈版納三色〉。

　　一九八六年，楊麗萍在第二屆全國舞蹈比賽中，以獨舞〈雀之靈〉奪得表演、編導兩個一等獎，與人合作的〈獵中情〉獲編導二等獎。一九八八年，在菲律賓馬尼拉國家藝術中心表演舞蹈，成為第一位在國外舉辦獨舞晚會的中國舞蹈家，並獲得菲律賓民間舞蹈協會頒發終生會員稱號。同年亦在北京民族文化宮表演，被選為「北京十大新聞人物」。一九八九年，在中央電視台春節晚會演出，上海《文匯報》把她的表演評為「最優美的節目」。她在孔雀舞的手勢，更成為雲南省第一屆藝術節的節徽。

　　楊麗萍的大多數作品都自編自導，不造作，流暢自然。她的舞蹈強調原創性，追求富有「意味」的美。她歷任第六屆中國舞蹈家協會理事、中國少數民族文化藝術基金會理事、中央民族歌舞團獨舞演員。

賀黎

編者按：一九九八年，楊麗萍編導演的電影《太陽鳥》獲得蒙特利爾國際電影節的評委會大獎。二零零二年參演電視劇《射雕英雄傳》。翌年創作演出了原生態歌舞《雲南映像》，其姊妹篇大型衍生態打擊樂舞集《雲南的響聲》相繼於二零零九年問世。二零一二年，在央視春晚演出〈雀之戀〉。同年公演大型舞劇《孔雀》。二零一三年率團巡演該劇時，向媒體表示，舞蹈給她帶來很多美好的人生體驗，而白族人的民俗傳統是只要活著就要跳舞。一九九五年，楊麗萍和台灣商人劉淳晴結婚。婚後定居北京。之後兩人分手，劉淳晴返回台灣。楊麗萍現為中國舞蹈家協會副主席、中國民族民間舞蹈等級考試專家委員會委員，享受國務院「政府特殊津貼」。

◇ 趙國政，〈楊麗萍和她的舞蹈世界〉見《舞蹈論叢》，1988 年 4 期，頁 22–26。
◇ 王克芬、劉恩伯、徐爾充編，《中國舞蹈詞典》，北京：文化藝術出版社，1994 年，頁 502–

553。

◊ 「52 歲舞蹈家楊麗萍照片及簡介，楊麗萍老公劉淳晴」見 <http://www.zhwdw.com/info/life/wdrs/29767.shtml>，2009 年 9 月 10 日。2013 年 4 月 18 日查閱。

◊ 「楊麗萍：一直用舞蹈的方式愉快生活」見 <http://www.zhwdw.com/info/virtuoso/mingjia/128436.shtml>，2013 年 3 月 13 日，來源：中新網海南頻道，2013 年 4 月 18 日查閱。

◊ 《雲南的響聲》見 <http://www.douban.com/event/10735447/>，2013 年 4 月 18 日查閱。

◊ 「楊麗萍」見 <http://baike.baidu.com/view/68627.htm>，2015 年 5 月 14 日查閱。

▥ 258 楊沫 Yang Mo

楊沫（1914–1995），祖籍湖南省湘陰縣，生於北平一個地主家庭，是二十世紀六十年代中國大陸極具影響力的小說家。她還使用過楊成業和楊君默等名字，妹妹為著名電影演員白楊（參見該傳）。

楊沫的父親是清朝舉人，依靠家產興建了一所私立大學。楊沫曾在北平西山溫泉女子中學讀了三年（1927–1930）書，大概是因父親辦學失敗，弄致破產，終未能完成學業。十六歲時父母打算將她嫁給一戶有錢人家，並威脅她，若不順從，將不續予經濟支持。楊沫後來表示，她是在讀了反對包辦婚姻的作家馮沅君（參見該傳）的作品之後，才獲得勇氣，毅然離開家庭，做個獨立女性。

為養活自己，楊沫打了好幾份工，包括當小學教師、家教和書店店員。由於她住在北京大學附近，所以在一九三五年一月的愛國學生運動中結識了一些學生，從他們那裡了解到共產黨的工作。她在一九三六年加入中國共產黨。翌年抗日戰爭爆發，參加了共產黨控制的晉察冀邊區的冀中區抗戰工作。早期任安國縣婦救會主任、冀中區婦救會宣傳部部長。擔當這兩個職位時，需要挨村挨戶去動員當地婦女。後來在《黎明報》、《晉察冀日報》和《人民日報》做編輯及副刊主編。

一九四九年中華人民共和國成立之後，楊沫轉到電影業，擔任中央電影局劇本創作所和北京電影製片廠的編劇。一九六三年成為北京作家協會的專業作家、中國作家協會理事，一九八一年任北京作協副主席。她的首部作品是一篇題為〈熱南山地居民生活素描〉的散文，一九三四年在北平的《黑白》雜誌發表，自此她創作了大量小說和散文。她的中篇小說〈葦塘紀事〉在一九五零年出版，書中描述她在抗戰期間的經歷。不過，她最膾炙人口的作品是《青春之歌》。這小說售出五百萬冊，成了中國現代暢銷書。一九五九年她將它改編成電影劇本，使它更廣為人知。它的女主角是年輕知識份子林道靜，她也成了家

喻戶曉的名字。據說，那些對未來感到不安和悲觀的青年人，從這小說中獲得
了鼓勵和啟示。

《青春之歌》是半自傳體小說。楊沫曾表示，書的前半部份基於自身經歷。
一九五零年，她在醫院養病，想到很多為革命獻身的戰友。她以往總覺得應把
他們的事蹟寫下來，只是苦於沒有時間。當時她決定動筆，於是在病床上寫出
《青春之歌》。儘管她未受過完整的正規教育，且時常對寫作感到力不從心，
她還是以老革命者的韌性寫下去。一九五二年底她完成了第二稿。從那時起到
一九五八年小說出版，她不斷修改。她還讓許多人看她的手稿，然後聽取他們
的意見。她曾謙虛地表示，這部小說與其說是她個人的作品，不如說是集體創
作。《青春之歌》在文革期間被嚴厲批判，惡名昭著的四人幫成員姚文元斥之
為使用小資產階級語言、多愁善感。不過楊沫在二十世紀七十年代中期仍然堅
持寫作。

一九七二年，楊沫開始創作另一部小說《東方欲曉》，這部一九八零年出
版的書，試圖走黨的路線，但受歡迎程度遠不如《青春之歌》。《東方欲曉》
情節承接《青春之歌》，不過描述重點是參加過長征，領導過抗日鬥爭的男主
人翁。文革結束後，楊沫經常出席各種文學聚會，也率領作家代表團訪問外國。
這一時期她還堅持創作，作品包括小說、報告文學和日記。小說有《芳菲
之歌》（1986）、《衝破黑暗》和《紅紅的山丹花》（1978）；報告文學
有《不是日記的日記》（1980）；日記有《自白——我的日記》（1985）。
此外還出版了《楊沫小說選》、《楊沫散文選》（1981）。

楊沫曾與國學大師張中行（1909–2006）一起生活五年。兩人育有一子一
女。那時是三十年代。一九三六年，楊沫同馬建民（1911–1985）結婚。據說
馬氏七十年代為北京師範大學副校長。一九三七年，她為他生下第一個小孩，
即女兒馬徐然，翌年生下兒子馬青柯。和那個時代的許多女共產主義者一樣，
她常常把孩子留給別人來照看，以便騰出時間，從事革命工作。楊沫的另一名
女兒馬豁然，從外語學院畢業後不久就遭殺害，這是一九六零年以後的事。到
一九九三年，楊沫有了好幾個孫子。自一九六零年以來她飽受心臟病的折磨，
但仍然堅持寫作，直到九十年代。一九九四年和女兒馬徐然共同完成了一本關
於她們家庭和婦女天地的書。她最後一任丈夫李蘊昌是工程師。

楊沫稱十八、十九世紀西方作家和俄國革命作家對她的寫作有影響，而中
國的冰心（參見該傳）和丁玲（參見該傳）對她的影響也很大。楊沫是二十世

紀六、七十年代中國大陸極為重要的作家。她的《青春之歌》對年輕人的影響可算無出其右，他們熱愛書中女主角林道靜，並努力仿效。這部小說現已翻譯成十多種語言。

蕭虹

崔少元譯

◇ 楊沫，〈楊沫自傳〉見徐州師範學院《中國現代作家傳略》編輯組編，《中國現代作家傳略》（上），重慶：四川人民出版社，1981 年，頁 340–351。
◇ ──，〈柳蔭街〉見《新華文摘》，1994 年 5 期，頁 114–115。
◇ 英文《中國婦女》編著，《古今著名婦女人物》，下冊，石家莊：河北人民出版社，1986 年，頁 896–900。
◇ 《華夏婦女名人詞典》，北京：華夏出版社，1988 年，頁 423–424。
◇ 聶中林，《楊沫之路》，呼和浩特：內蒙古人民出版社，1988 年。
◇ 中國婦女管理幹部學院編，《古今中外女名人辭典》，北京：中國廣播電視出版社，1989 年，頁 514–515。
◇ 宋瑞芝主編，《中國婦女文化通覽》，濟南：山東文藝出版社，1995 年，頁 521–522。
◇ Hsu, Kai-yu, "Yang Mo (1915–)." In *The Chinese Literary Scene: A Writer's Visit to the People's Republic,* Kai-yu Hsu. New York: Vintage Books, 1975, 139–55.
◇ ──. ed. *Literature of the PRC.* Bloomington: Indiana University Press, 1980, 329–38.
◇ Yang Mo. *The Song of Youth.* Beijing: Foreign Languages Press, 1978.
◇ ──. "Proud to Be a Woman." (Speech given at Wellesley College, April 1981.)
◇ *Women of China,* October (1981)：16–17.
◇ 「驚奇地發現著名作家楊沫的三任丈夫都來自同一個省份」見 <http://blog.sina.com.cn/s/blog_4a2e141f0100dx0a.html>，2009 年 7 月 6 日。2013 年 4 月 18 日查閱。
◇ 「楊沫」見 <http://zh.wikipedia.org/wiki/%E6%9D%A8%E6%B2%AB>，2013 年 4 月 18 日查閱。
◇ 「小說──《青春之歌》」見 <http://www.doc88.com/p-7740233041.html>，2013 年 4 月 19 日查閱。

▥ 259 楊蔭榆 Yang Yinyu

楊蔭榆（1884–1938），小名申官，江蘇無錫人，出身書香門第，中國第一位大學女校長，中日戰爭時死於日兵之手。

父親楊老圃，是位律師，兄長蔭杭（楊絳父親），是著名民主革命啟蒙者、法學家。據楊絳（參見該傳）的描述，楊蔭榆「皮膚黑黝黝的，雙眼皮，眼睛炯炯有神，笑時兩嘴角各有個細酒渦，牙也整齊。她臉型不錯，比中等身材略高些，雖然不是天足，穿上合適的鞋，也不像小腳娘。……我從未見她戴過耳環。她不令人感到美，可是也不能算醜。」

一九零一年，楊蔭榆奉父母之命，下嫁一名姓蔣的少爺。後來發覺丈夫難以相處，即逃回娘家，從此與夫家斷絕關係，當年才十八歲，以後未有再嫁。一九零二年，在兄長幫助下，進蘇州美國監理會主辦的景海女學堂，學習兩

年。之後轉上海務本女子學校，這是一所為社會培養獨立新女性的私立女子學校，同學中有湯國梨，即日後的章太炎夫人。一九零七年畢業，考取官費留學，去了日本，在東京女子高等師範學校修讀理化博物科。六年後，即一九一三年，學成歸國。同年應聘為江蘇省第二女子師範學校教務主任，教生物學。一九一四年，任北京女子高等師範學校的學監兼講習科主任。

一九一八年，楊蔭榆獲政府選派赴美，入哥倫比亞大學（Columbia University）讀教育專業。留學美國期間，與杜威（John Dewey）、孟祿（Paul Monroe）等多有接觸，並任留美中國學生會會長、留美中國教育會會長。一九二二年，取得教育碩士學位，回國續執教鞭。一九二四年，接替許壽裳任北京女子高等師範學校校長。同年，該校改名為北京女子師範大學，年僅四十歲的她遂成為中國近代教育史上第一位大學女校長。

楊蔭榆出掌北京女子師範大學期間，治校作風保守，要求學生只管讀書，不過問政事，引起部份學生不滿。一九二五年一月，女師大學生自治會書面要求楊蔭榆辭職，並向教育部投訴。四月，司法總長兼教育總長章士釗公開支持楊蔭榆整頓校內學風。此後數月，女師大學潮日熾。五月九日，楊蔭榆把滋事的劉和珍、許廣平（參見該傳）等六名自治會成員開除。同月二十七日，當時任教該校的魯迅、錢玄同等七人，聯名在《京報》上發表〈對於北京女子師範大學風潮宣言〉，表示堅決支持學生。數天後，「五卅事件」爆發，女師大學生組織抗議行動，支援上海民眾。八月，楊蔭榆召來武警，迫令學生遷離校舍，結果有學生被毆傷。最後，楊蔭榆遭免職，魯迅也丟了教育部的職位。

一九二六年三月，又發生「三・一八事件」，劉和珍等人遭殺害。魯迅在〈寡婦主義〉、〈紀念劉和珍君〉等多篇文章中對楊蔭榆譏諷嘲罵，指責她依仗軍閥段祺瑞的勢力鎮壓學生。據北京大學哲學系副教授楊學功所說，魯迅筆下的楊蔭榆形象鮮明：「專制獨裁，行為可憎，面目猙獰，十足一個反動軍閥的幫兇、封建餘孽的化身。」

一九二五年冬，楊蔭榆回到兄長蘇州的家。此後十餘年，先後在蘇州女子師範學校、東吳大學任教。一九三五年，以私資創辦女子補習學校「二樂女子學術研究社」，自任社長。一九三七年，中日戰爭爆發，蘇州淪陷，精通日語的她拒絕出任偽職，並就日軍暴行多次到日軍司令部抗議。一九三八年一月一日被日兵殺害，遇害詳情，可參考楊絳的〈回憶我的姑母〉。她死時五十四歲，次年安葬蘇州靈巖山繡谷墓。

　　楊蔭榆一生熱衷教育事業，失意女師大後還另闢蹊徑，矢志培育女學子成材。她對日軍欺凌中國婦女，仗義執言，與日人交涉，終招殺身之禍；國難當頭，她本著舊知識份子的良知、愛國心，雖千萬人吾往矣。她的慷慨壯舉，令人肅然起敬。

　　魯迅比楊蔭榆早死兩年，他若知道她為何犧牲，或許會另有看法。再者，當年鎮壓學生時，魯迅並不在場，加上他與許廣平的關係，難免有護短之嫌。楊蔭榆辦學理念，以至治校方法，容有商榷之處，但大體來說，許廣平有此回憶：「關於她的德政，零碎聽來，就是辦事認真、樸實，至於學識方面，並未聽到過份的推許或攻擊，論資格，總算夠當校長的了。」但在魯迅眼中，楊蔭榆是十惡不赦的罪人。由於魯迅是殿堂級人物，不少人以他的是非為是非，楊蔭榆因而為人所知，也為人所不齒。膽敢為楊蔭榆說話的蘇雪林、陳西瀅等亦受到魯迅責難。

　　楊蔭榆身後名聲，一如楊絳所說，「如今她已作古人；提及她而罵她的人還不少，記得她而知道她的人已不多了。」

陳玉冰

◇ 陳西瀅，〈閒話〉見《現代評論》，卷1，25期，1925年5月30日。
◇ 魯迅，〈寡婦主義〉見《魯迅全集》，香港：香港文學研究社，1973年（據1961年版重印），卷1，《墳》，頁346–351。
◇ ——，〈紀念劉和珍君〉見《魯迅全集》，同上，卷3，《華蓋集續編》，頁196–201。
◇ ——，〈我的「籍」和「系」〉見《魯迅全集》，同上，卷3，《華蓋集》，頁63–65。
◇ 楊絳，〈回憶我的姑母〉見《楊絳作品集》，卷2，北京：中國社會科學出版社，1993年，頁109–127。
◇ 蘇雪林，〈悼女教育家楊蔭榆先生〉見《蘇雪林自傳》，淮陰：江蘇文藝出版社，1996年，頁306–308。
◇ 楊學功，〈是是非非楊蔭榆〉見《文史精華》，2006年3期，頁45–48。
◇ 傅建華，〈「女師大風潮」和楊蔭榆先生的悲劇反思〉見<http://www13.tianya.cn>，2009年查閱。

⊪ 260 楊之華 Yang Zhihua

　　楊之華（1900–1973），浙江蕭山人，二十世紀二十年代為中國共產黨組織勞工運動，表現卓越。

　　楊之華的父親是個絲綢商和地主。她於一九一七年入杭州女子師範學校讀書，一九一九年參加了五四學生抗議活動。畢業那年，知名國民黨員沈玄廬（又名沈定一）在上海創辦政治雜誌《星期評論》，她到了那裡工作。不久，沈玄廬鼓勵楊之華去他在家鄉衙前所創辦的農村實驗學校工作。二十世紀二十年代

晚期，她與沈玄廬的兒子沈劍龍結婚，一九二一年生下女兒瞿獨伊。

　　楊之華同中國共產黨的長久關係始於一九二二年，她加入社會主義青年團的那年。她撰寫了許多關於婦女問題的文章，其中五篇於一九二二年發表在《婦女評論》上。她非常熱衷於探討離婚問題，主張不論是包辦婚姻，還是自由婚姻，一旦關係破裂，離婚應該是個合法出路。當時，她已知道沈劍龍為人不可靠、行事不顧後果，夫妻關係因而變得很緊張。一九二三年她進入剛由國共聯合創辦的上海大學，更加積極地投入共產黨所組織的女工運動之中。一九二四年，她加入共產黨。同年下半年，她愛上了瞿秋白（1899–1935）；他是位極具影響力的共產主義者，時任上海大學社會學系系主任。兩人後來決定結婚，十一月，楊之華在上海大報《民國日報》刊登啟事，宣布與沈劍龍離婚，同時與瞿秋白結婚。瞿秋白收養了楊之華的女兒，夫妻二人決定以後不再生育。

　　一九二五年的五卅運動中，楊之華是個表現傑出的女工運動領袖。同年六月一日上海總工會成立，她被選為主要領導人之一。六月，她鼓動英美煙廠的女工參加大罷工，頗見成效。十月，向警予（參見該傳）赴莫斯科深造後，楊之華開始出任中共中央婦女部代部長。在一九二七年五月召開的中共第五次全國代表大會上，她當選中央委員，並正式成為中共中央婦女部部長。

　　一九二八年楊之華帶同女兒前往蘇聯學習，女兒和許多其他共產主義革命者的子女一起接受教育。一九三零年楊之華回到上海，從事地下工作。一九三五年，丈夫被國民黨在江西抓獲，後遭處決。不久，她重返莫斯科定居，到一九四二年才離去。返國途中，在新疆和毛澤東（1893–1976）的弟弟毛澤民、以及陳潭秋一同被國民黨拘捕。自此她被關進監獄，到一九四六年才獲釋，隨即去了共產黨革命基地延安。

　　一九四九年中華人民共和國成立後，楊之華擔任過多項要職，最重要的莫如全國總工會的執行委員（1948–1966）和女工部部長（1953–1966）。與此同時，她進入中華全國婦女聯合會的領導層，曾出任副主席（1957–1966）的職位。她也在中央婚姻法貫徹運動委員會（1953）、中蘇友好協會（1949–1954）任職，多次代表中國政府參加國際會議。文化大革命爆發後，她受到嚴重的衝擊，主要是因為她在新疆坐過牢，極左份子指控她在獄中泄漏了共產黨的重要機密。她還因與瞿秋白的關係而遭到攻擊。瞿秋白在遇害前曾寫文章，表示對馬克思主義感到絕望，為此，他受到嚴厲批判。楊之華在關押期間患上癌症，但未曾

得到妥善的診治。一九七三年病逝於北大醫院，三天前才被「解除監護」。

Christina K. Gilmartin

崔少元譯

◇ 楊之華女士，〈離婚問題的我見〉見《婦女評論》，56 期，1922 年 8 月 30 日，頁 1。
◇ 《中共黨史人物傳》，卷 47，西安：陝西人民出版社，1980–1996 年，頁 301–318。
◇ 京聲、溪泉編撰，《新中國名人錄》，南昌：江西人民出版社，1987 年。
◇ 《華夏婦女名人詞典》，北京：華夏出版社，1988 年。
◇ 楊之英，〈姐姐楊之華的最後四天〉見《上海灘》，1998 年 4 期，頁 52–53。
◇ Perry, Elizabeth. *Shanghai on Strike: The Politics of Chinese Labor.* Stanford: Stanford University Press, 1993.
◇ Gilmartin, Christina K. *Engendering the Chinese Revolution: Radical Women, Communist Politics, and Mass Movements in the 1920s.* Berkeley: University of California Press, 1995.
◇ 「楊之華」見 <http://baike.baidu.com/view/761336.htm>，2013 年 4 月 19 日查閱。

▥ 261 楊子烈 Yang Zilie

　　楊子烈（1902–1994），生於湖北省襄陽縣，原名楊小鳳，中國共產黨早期黨員，也是中共建黨人之一張國燾（1897–1979）的妻子。張氏後來轉投國民黨。在二十世紀二、三十年代，楊子烈與許多著名的共產主義人物有著聯繫，其中包括向警予（參見該傳）和鄧穎超（參見該傳）。

　　楊子烈的父親楊毓達以傳統的封建觀念看待婦女，但母親王氏思想較開明，後來不僅替女兒鬆了裹腳，還支持她求學的心願。祖父教過她讀書。她在一九一四年進入武昌女子師範學校，學習心愛的藝術專業。一九二一年秋加入中國共產黨湖北地區新支部，成為最早的中共黨員之一。一九二二年在北平法正大學學習戲劇時，邂逅就讀北京大學的積極份子張國燾。翌年她退學，以示對軍閥政府的抗議，隨後參與國民黨刊物《新民國》的出版工作。一九二四年二月，和張國燾締結「革命婚姻」（即不舉行正式婚禮，僅由夫妻雙方表態，承諾忠於對方和革命）。婚後三個月，夫婦雙雙被捕，被關進了監獄，罪名是煽動叛亂，這是她初嚐與共產黨要員一起生活的苦果。

　　後來張國燾夫婦的控罪獲得減輕，變成「企圖」煽動叛亂，他們堅稱自己無辜，令人費解的是，當局接納他們的說法，五個月後把他們釋放了。一九二五年初，她和丈夫分頭前往上海。張國燾受命繼續做工人運動的工作。其間他代表黨奔走各地，楊子烈則獨自留在上海。她曾化名范振華加入上海國民黨組織的婦女部，和宋慶齡（參見該傳）所成立的上海婦女救國會亦有聯繫。

十月，當時已懷孕七個月的楊子烈，被單獨派往莫斯科。十二月一日在港市海參崴生下兒子海威，一九二六年一月初抵達莫斯科。在莫斯科前後住了十六個月，生活並不愉快。被批評過於關注初生兒子、對學習投入不夠，為此於一九二七年四月被解除職務，隨即返國。與湖北的家人相聚了一段時間，一九二八年初將孩子交託給他們照看，然後前往上海與丈夫團聚。其間他們被迫遷了好幾回家，不久接到命令各自前往莫斯科，張國燾被任命為中共駐共產國際的代表。後來她曾表示，在這一期間被黨無端命令四處奔波，心中不快。年底到達莫斯科，就讀中山大學，但在一九二九年底黨的肅清運動中，被迫去一家工廠（第七印刷廠）接受勞動監察三個月。張國燾認為妻子遭「放逐」，象徵著對他的懲罰。

張國燾夫婦在莫斯科生活兩年之後，終於擺脫了大學的政治鬥爭，使用假護照回國，一九三一年一月底到達上海。他們在上海剛住了兩個月，張國燾在三月就接到命令，前往華中鄂豫皖蘇維埃地區領導游擊隊，這些游擊隊後來改編成紅四方面軍。由於黨組織不讓楊子烈陪他一道前往，夫妻二人為此分開了差不多七年。

楊子烈稱以後幾年的生活異常艱難。她聯絡不上丈夫，又時常擔心自己的身份會暴露，只好在上海和武昌之間流轉，不時學習英語和打字，最後回到上海。在這期間，她失去了黨的聯繫，以楊精勤的名字報讀上海惠理醫院的附屬助產學校。一九三七年七月中日戰爭爆發不久，上海淪為日本佔領區。她仍然留在那裡，且與南京的八路軍取得聯繫。後來終於收到家人的來信，告訴她張國燾人在延安，要她和兒子前往團聚。她於一九三七年九月抵達延安，次月她父母也託人把小孩送了過來。

楊子烈約在一九三一至三七年與共產黨失去聯繫，按照當時的慣例，被取消黨員資格。中央組織部要先調查她近年經歷，才考慮恢復她的黨籍。中央對她早期的革命活動和黨員資格，以及她丈夫貴為邊區政府主席等情況一概不理，她覺得是侮辱，深感氣惱。對張國燾來說，這一切想必不足為奇，他當時已被擠出黨領導層，因為他在長征途中違背中央的指示，採取分裂行為，在毛澤東眼中無異於叛徒。張國燾在自傳中這樣描述：毛澤東「奸笑」著說，讓張國燾的兒子在學校的表演中扮演叛徒張慕陶，最合適不過，他一聽之下，憤怒莫名。中央對妻兒的這些「打擊」，他認為是暗地針對他本人，他顯然看得沒錯。

一九三八年四月四日，正是一年一度的傳統節日清明節。張國燾率領著一個很小的官方代表團前往黃帝陵拜祭。之後，他沒有和其他人一起返回延安，楊子烈心下吃驚，幾周之後才發現他其實已經逃離了延安和中國共產黨。當時她已有六個月身孕，希望離開延安回老家生小孩。她接連幾周向中央請求未果，最後只好直接去找毛澤東。他給她寫了一張便條，允許她離去。

後來張國燾加入了國民黨，被選進國民大會。不過，他開始淡出政壇。一九四五年中日戰爭結束後不久，他看到共產黨勝算在握，便遷居台灣。楊子烈在延安逗留的日子不長，離開時已徹底厭倦政治，所以一九四九年移居香港時，頓覺鬆一口氣。自一九五零年大腿骨折康復之後，和丈夫在香港遠離政治舞台，弄孫作樂，過著平靜的生活。一九六八年底，他倆移居加拿大多倫多。三個兒子中，長子海威（數學家）和幼子渝川（工程師）一九八二年時仍住在多倫多；次子湘楚是位醫生，此前已經搬往紐約。

張國燾一九七三年住進養老院，一九七九年十二月三日去世。楊子烈後來也住進另一家養老院。據報紙報導，張國燾死時，她還健在。華盛頓特區的 Tom Fuller 曾廣泛翻查有關的政府記錄和報紙，並接觸過多倫多的華人社群和養老院，但沒有找到關於她的更多資料。

二十世紀七十年代初，張國燾和楊子烈都出版了回憶錄，描述他們早年積極參與中國革命的事蹟。這都是重要的文字資料，記載著他們對時人時事的看法，為世人提供了另外一種觀點。她寫到丈夫「以近七旬之年，安貧樂道，昔日恩怨得失，早已無意計較。」看來她也對一生無憾，將自己描述為：「一個經歷過不尋常年代的尋常女子」。

Sue Wiles
崔少元譯

編者按：楊子烈的《往事如煙》後來改名為《張國燾夫人回憶錄》，一九七零年由香港中國問題研究中心編輯，自聯出版社出版。一九九四年，楊子烈在多倫多去世，終年九十二歲，與夫婿合葬於當地的松山墓園（Pine Hills Cemetery）。

◇ 楊子烈，《張國燾夫人回憶錄》，香港：自聯出版社，1970 年。
◇ 張樹軍，《張國燾》，石家莊：河北人民出版社，1997 年。
◇ Chang Kuo-t'ao [Zhang Guotao]. *The Rise of the Chinese Communist Party 1921–1927: The Autobiography of Chang Kuo-t'ao,* 2 vols. Lawrence, Wichita: University Press of Kansas, 1971, 1972.
◇ Yang Zilie. "A Biographical Sketch of Chang Kuo-t'ao." In *The Rise of the Chinese Communist Party 1921–1927: The Autobiography of Chang Kuo-t'ao,* vol. 1, Zhang Guotao. Lawrence, Wichita: University Press of Kansas, 1971, xiii-xvii.

◈ Price, Jane L. *Cadres, Commanders, and Commissars: The Training of the Chinese Communist Leadership, 1920–1945*. Boulder, Colo.: Westview Press, 1976.

◈ Terrill, Ross. *Madame Mao: The White-Boned Demon: A Biography of Madame Mao Zedong*. New York: A Touchstone Book published by Simon & Schuster, 1984, 1992.

◈ 大麥，「［轉帖］多倫多松山墓園的張國燾墓地〔組圖〕」見 <http://club.kdnet.net/dispbbs.asp?boardid=1&id=2059934>，2008 年 2 月 1 日。2013 年 4 月 19 日查閱。

◈ 「楊子烈」見 <http://baike.baidu.com/view/3296372.htm>，2013 年 4 月 19 日查閱。

▥ 262 葉恭紹 Ye Gongshao

葉恭紹（1908–1998），生於江西九江。她是一位醫生，畢生致力於兒童保健工作及兒童衛生教育。她在國外使用的名字是 K.S. Yeh。

葉恭紹祖父葉衍蘭是清朝咸豐年間（1856）進士、翰林院庶吉士，歷任戶部郎中、軍機章京等職。父親葉佩瑲是光緒年間舉人，曾任江西知府。二哥葉恭綽，早年追隨孫中山（1866–1925），曾任中華民國臨時革命政府交通部長，後於一九二七年任南京國民政府交通部次長，也是一位知名書法家。

葉恭紹出身傳統士紳家庭，父輩思想封建，重男輕女，男孩都出國深造，女孩卻往往未讀完中學就門當戶對地出嫁。葉恭紹決心衝破這種束縛，十九歲從天津中西女子中學畢業，考入南開大學，兩年後轉入燕京大學醫預科。一九三零年考入北平協和醫學院，一九三五年畢業獲醫學博士學位。同年與黃禎祥（1910–1987）結婚，黃氏後來成為中國科學院院士。他們有二子二女。

葉恭紹畢業後留在協和醫學院公共衛生科工作，先後任助教、講師，並在北平第一衛生事務所兼職，從事嬰幼兒保健工作。她十分關注兒童生長發育所需要的營養，進行了與此有關的一些研究。一九四一年太平洋戰爭爆發後，協和醫學院被迫停辦。兩年後葉恭紹和丈夫一起奔赴重慶，她在中央衛生實驗院任職。中日戰爭結束後，她回到北平，為中央衛生實驗院北平分院創辦婦嬰保健所，並出任所長。

葉恭紹的科研工作主要在兒童少年的生長發育及青春期發育方面。一九四七至四八年，她赴美研究兒童生長發育的情況。回國後，她對近半個世紀中國兒童少年生長發育的研究工作進行了全面而系統的總結。中華人民共和國成立後，她在北京大學醫學院任衛生系副主任兼兒童少年衛生教研室主任。她收集國內外資料，主編並主持修訂了《兒童少年衛生學》（1960、1965），該書對從事兒童少年衛生教學和實際工作的人員有很大的指導意義。五、六十年代，她對北京城鄉兒童少年的生長發育進行了大量調查研究。她撰寫的論文

〈北京市學生青春期研究〉，開闢了青春期發育研究的新領域，推動了青春期的衛生保健工作。

一九七九至八三年間，葉恭紹曾先後訪問美國、英國、日本、菲律賓、馬來西亞等國，考察為兒童少年提供的衛生服務，特別側重與青春期有關的心理及社會問題。她於一九七九年和一九八五年兩次建議有關部門在全國範圍對兒童青少年生長發育和健康的狀況進行調查研究。為此，她主持了大規模的科學調查，不單涉及多門學科，且對象達一百二十萬人，都是漢族和二十七個少數民族由七至二十二歲的男女學生。她也在第一線工作。這次調查收集到的資料十分寶貴，為日後的工作提供了重要依據。在她奔走呼籲下，一九八二年北京醫學院成立了北京兒童青少年衛生研究所，任命她為名譽所長。該所開展多項計劃，專門研究兒童少年的衛生事務。

幾十年間，葉恭紹獻身衛生教育工作，培養了幾代兒童少年衛生與預防醫學方面的科研人才。她主持編寫了關於這些方面的多部著作，有力地推動了學科的建設。她熱愛事業，勤奮努力，為人熱心，生活儉樸。

王冰

◇ 葉恭紹，《兒童少年衛生學》，北京：人民衛生出版社，1960、1965 年。
◇ ——，《中國醫學百科全書‧兒童少年衛生學》，上海：上海科學技術出版社，1983 年。
◇ ——，《中小學生衛生保健手冊》，北京：科學普及出版社，1987 年。
◇ 葉廣俊，〈兒童少年衛生學家、醫學教育家——葉恭紹〉見《中華預防醫學雜誌》，卷 22，1988 年，頁 193–195。
◇ 葉廣俊、呂姿之，〈葉恭紹〉見《中國現代科學家傳記》，集 3，北京：科學出版社，1992 年，頁 605–611。
◇ Yeh, K.S. "Peking Diets, I, II, III." *Chinese Medical Journal,* 54 (1938) : 201–22; 56 (1939) : 99–110; 56 (1939) : 225–31.
◇ ——. "Soybean Milk as a Food for Young Infants." *Chinese Medical Journal,* 54 (1938) : 1–12.
◇ Ye Gongshao. "Physical Growth of Chinese Children: A Summary of Work Done During the Past Half Century." *Chinese Medical Journal,* 78 (1959) : 439–45.
◇ ——. "A Study of Beijing Student Adolescents." *Chinese Medical Journal,* 94 (1981) : 101–08.
◇ 「葉恭紹」見 <http://baike.baidu.com/view/311044.htm>，2013 年 4 月 19 日查閱。

▥ 263 葉群 Ye Qun

葉群（1917–1971），原名葉靜宜，生於福建福州一戶貧窮家庭。一九六七至七一年間，她冒升為國內第二位最具權勢的女政治人物，實際統領龐大的中國軍隊；地位僅次於江青（參見該傳）。丈夫林彪元帥（1907–1971）一九五九年起出任國防部長，文革期間，是毛澤東（1893–1976）的「親密戰友」

和指定接班人。葉群、林彪神秘出走，途中機毀人亡，屍陳荒野，景象觸目驚心；這也意味著毛澤東文革的末路，而文革正是中國最動蕩的年月。

二十世紀三十年代初，葉群在北平讀大學。她不僅勤奮向學，而且年紀輕輕，已很有領導才能。她積極投入一九三五年十二月九日的學生運動，運動號召各方結成統一戰線，反對日本侵略。她熱愛祖國、滿腔革命熱情，加上出身寒微，可能就是這些使她靠近中共倡議的無產階級革命事業。不久，她不顧艱險，選擇到中國革命聖地延安，開展新的生活。

關於葉群在延安的際遇，先不談她的理想，而單從生活看，那裡人人實事求是，很快都把她看成難得的對象（她是「延安八美」之一）。黨的高幹向她猛烈追求；因為當時的共產黨人仍被視作赤匪，黨內年輕標緻的知識女性，實屬鳳毛麟角。據說傳奇人物紅軍將領林彪一九四二年從莫斯科治病回國不久，毛澤東和紅軍總司令朱德（1886-1976）便為葉、林兩人作媒撮合。林彪是毛澤東的愛將，堪稱中共最出色的軍事領袖。

後來不少評論家認為林、葉關係建基於功利，暗示她的動機不外虛榮心和權勢慾。她起初確對嫁給林彪持保留態度（因他已有兩段失敗的婚姻），但後來兩人卻顯得真誠相愛。她在延安一所簡陋的醫院分娩頭胎女兒林立衡（更為人熟知的名字是林豆豆），林彪在風雨之夜親自送去雞湯，表示關愛之情。近三十年後，彼此都已是叱吒政壇的人物，林彪寫了一首日後成讖的情詩給葉群：「髮不同青心同熱，生不同衾死同穴。」文革前夕，葉群一再遭到中宣部長陸定一的妻子含沙射影的攻擊，林彪向政治局交上一紙證明書，確認妻子在結婚時尚屬處女。這是中共高層政治一起相當離奇荒唐的事件。

儘管如此，愛交朋結友的葉群，婚姻生活並非百事順遂；這很大程度由於林彪性情乖僻，而健康極差則是另一因素。他胸部有一處槍傷，神經系統在抗日戰爭中受到破壞。作為政治家，他顯得冷漠，不但厭惡接待國外領導人那一套禮儀，也少與同僚交往。他忍受不了光、風和低溫，不能看風景畫，只要想到水便會腹瀉。有時葉群叫他「活死屍」。他那種孤僻、刻板和清教徒似的生活方式，加上常年慢性病纏身，令人不由推斷他們不能享受正常的婚姻生活。

由於丈夫的怪癖，葉群反有在他背後搞鬼的餘地。要讓他不聞不問，一無所知，只消把她房間溫度降下來即可。此外，他又經常靠她做代表，和軍政要員聯繫，所以她有更多機會玩弄權術。另一方面，她能在文革時期，緩和他與毛澤東妻子江青的緊張關係，她還能讓他了解到他們住宅大院──毛家灣外面

631

的情況。林彪的政治觸覺無疑受到妻子影響，是好是壞，實難判斷。

葉群婚後二十來年，除了當一個黨內低級幹部之外，政治生涯乏善足陳。這一者可能由於林彪選擇不直接參政，他在黨內軍內都地位崇高，但卻沒有出任要職。二者可能由於他對她的限制：他為她寫下的誡示中有「做事莫越權」、「不要騎政治老虎」等。直至那時，毫無跡象顯示，她會變成邪惡的「野心家」。即使一九五九年彭德懷遭毛澤東整肅之後，林彪老大不願意地接替國防部長一職之時，她也無異樣表現。

可是接近一九六五年末，葉群的境況開始有了改變，她逐漸成為毛宮廷裡重要的一員；信奉弗洛伊德學說的人（Freudians）會說，這無非是機會來臨之際，一位查泰萊夫人（Lady Chatterley）轉向政治而已。（關於葉群有行為放蕩之嫌，當局日後披露的材料指出，她與林彪的得力助手、總參謀長黃永勝將軍曾有風流韻事。）不過，她的冒起，全仗毛澤東撐腰。她首先被任命為林彪辦公室主任。後來，林彪因當上國防部長苦幹三年，到了一九六二年秋天，身體徹底垮了。毛澤東沒有讓他退休，只批准他去養病，並鼓勵葉群挑起更多責任，包括代表林彪出席政治局會議。一九六五年十二月整肅總參謀長羅瑞卿的政治局常委擴大會議上，她起了極為重要的作用。儘管毛澤東、葉群動機不同，他倆顯然是文革中首先發難且旗開得勝的人。

一九六六年八月，毛澤東看來是為了得到軍隊的全力支援，提升林彪為接班人，同時任命葉群為全軍文革小組成員。一年後，在周恩來總理（1898-1976）建議下，她被正式委任為中央軍委辦事組五名成員之一，其他四人為總參謀長、空軍司令、海軍政委和後勤部長。她的職位賦予她極大的權力，因為辦事組其他成員都曾是她丈夫的部屬。她有謁見毛澤東的特權；至於處理重要情報和決定的林彪辦公室，也由她繼續監管。在一九六九年四月舉行的中共九大上，她第一次被選入中央委員會。儘管丈夫初時不同意，她還是當上了政治局委員。

葉群雖身處危機四伏的宮廷政治漩渦，但卻不算政治高手。她是國內最高決策機構的一名成員，但在履行政治職責上，就一如她的丈夫，無非是「主席畫圈我畫圈」。夫妻二人對毛澤東的政策，又是緊跟又是擁護，那怕有所保留也深藏心底；在推動毛澤東的個人崇拜方面，更是推波助瀾，在整件事上實難辭其咎。在混亂的文革年代中，他們花了很大氣力，為部隊爭取利益，穩定軍心。不過他們的努力，卻因特別照顧四野（在革命年代四野正是林彪的嫡系

「山頭」）以圖其坐大而變了味。在他倆主持之下，解放軍成為六十年代中期，中國社會主義思想改造和國家重建的楷模。在文革時期，軍方甚至接管行政事務，掌管大多數省級革命委員會。他們在軍中推行「政治掛帥」政策，部隊很快便走進政治舞台的中心。諷刺的是，軍隊把勢力伸展至政事，起初全靠毛澤東撐腰，可是當這位反覆無常的主席覺得軍隊越權，便整治那些策劃者。九大之後，毛澤東明顯考慮恢復文官職權，以取代軍隊。而對葉群和林彪，真正的麻煩始於盧山會議，因毛澤東在會上質問軍隊是否真正支持他的文化大革命。

一九七零年八月的盧山會議上，軍方和激進的文革小組起初為國家主席一事發生爭執，但迅速發展成激烈爭鬥。文革小組重要成員張春橋，緊跟毛澤東反對恢復國家主席一職，受到高層將領，以及陳伯達猛烈抨擊。葉群和陳伯達是政治盟友，兩人也來自同一省份。國家主席這職銜對毛澤東意義不大，但他很快意識到，各將領是在透過攻擊張春橋發洩對文革的不快。當毛澤東發現這事由葉群幕後策劃，並感到一手推動的文化大革命處在存亡關頭時，他和林彪葉群的關係急轉直下。毛澤東要葉群和有關將領等作自我檢討，他們照辦不誤；不過對於葉群的反覆檢討，毛澤東還是不滿意。他說葉群「愛聽小道消息，不懂馬列主義」。這些仿如詔告的話，無異是把葉群的政治生命判處死刑。

葉群也不是個疼愛兒女的好母親。她玩弄權術、精明厲害，曾私下在全國開展運動，為兒女挑選最佳配偶，結果顯然適得其反。兩個年輕人都個性剛強，不肯妥協，這事導致彼此極度猜疑，各自暗地安排後路。林彪的掌上珠林豆豆，甚至企圖自殺，以示抗議。關於女兒的不幸，林彪完全蒙在鼓裡。母女長期不和，最終使林豆豆在一九七一年九月十二日那個性命攸關的夜晚，背叛家庭揭發父母計劃逃往外國。她這樣做立即引發了一連串事件（包括周恩來打來至今仍是絕密的電話，但它促使葉群加緊逃生）。結果，林豆豆家破人亡，失去了深愛的父親。史學家對她這次看似背叛的行為，仍然大惑不解。荒謬的是，她告發父母是為了效忠毛澤東，而父親向來就是教導她和舉國上下要效忠毛氏。另一方面，林豆豆就像悲慘的希臘女神厄勒克特拉（Electra），自此致力還父親一個清白，並始終認定母親才是罪魁禍首。可歎葉群家中政治，悲慘異常，和毛澤東治下一般的中國高層政治同樣波譎雲詭、驚心動魄。

葉群的兒子林立果（1945–1971）研讀理科，是個聰明學生。他和父親一般目光銳利，一直從最高層觀看中國領導班子當政的黑暗面。一九六九年十月他被迅速提升為空軍作戰部副部長之後，馬上結集黨羽，組建效忠集團。這

些人中大多數是中層軍官，少數是葉群當初派來的探子。林立果一度把毛澤東看成現代頭號封建暴君，他得知毛氏轉而對付他父母時，即向密友表示，打算發動軍事政變（「571 工程」）。後來，他意識到毛澤東要向他父母下手，遂匆忙擬定一個行刺毛澤東的計劃。葉群和林彪可能直到最後一刻，兒子決定放棄這個孤注一擲的計劃時，才知有此事。無論如何，他們本已山窮水盡，兒子的計劃只會雪上加霜。此時此刻，對葉群來說，出逃是擺脫毛澤東的權術、挽救她自己和家人的唯一辦法。最後，讓她下定決心的是總理那個神秘電話。三小時後，葉群死於非命，成了中共政治最激進最暴力時期的惡棍和受害人。一九七一年九月十三日凌晨，在蒙古沙漠一處偏僻地點，發現了一架中國三叉戟飛機的殘骸，旁邊有她半燒焦的的屍體。不管是多麼殘酷多麼不公，世人以後想起葉群，便想起那不忍卒睹的畫面。

　　不久，當局在全國開展了一場持續三年的運動，摧毀葉群、林彪的名聲，兩人都被扣上反革命野心家、叛徒、陰謀家的帽子。一九八零至八一年，鄧小平剛主政，為此事進行公審，兩人罪名再次被確認。為了全面控制槍桿子，鄧小平決定「打死老虎」，清除林彪在軍內殘存的影響，特別是在四野中的影響。許多四野領導認為，審查結論既不公平，亦不可信。

　　葉群的政治角色以及整個林彪事件的真相，對不少史家來說，仍是撲朔迷離，爭議未休。值得提出的是，中國高層政治大部份在黑箱操作；在毛宮廷內的權力遊戲中，很少參與者能以真面目示人。葉群究竟是何許人也？是什麼驅使這位饒有魅力的「淑女」走上不歸路？官方的報導把她描繪成詭計多端的陰謀家，一生只圖騙取權力、虛榮，以滿足無窮的私慾；這究竟有幾分真實性？我們或許永遠不會知道葉群的真面目。我們倒能說，她曾學習文學，似乎愛好閱讀。西方文學作品中，她愛讀《亨利四世》（*Henry IV*），《雙城記》（*A Tale of Two Cities*），《基督山伯爵》（又譯《基督山恩仇記》，*The Count of Monte Cristo*）；特別愛讀斯湯達（Stendhal）的《巴馬修道院》（*The Charterhouse of Parma*）。她曾向身邊的工作人員透露，十分嚮往文藝復興，因為那時中世紀漫長的黑暗年代剛過，人本主義的文學可以首次堂堂正正的探討個性解放與性愛等問題。除上述點滴，其他有關葉群的說法，均難以肯定。

孫萬國

龍仁譯

◇ 南枝，《葉群野史》，遼寧：瀋陽出版社，1988 年。

◈ 王年一，《1949–1989 年的中國：大動亂的年代》，鄭州：河南人民出版社，1988 年。
◈ 張雲生，《毛家灣紀實：林彪秘書回憶錄》，北京：春秋出版社，1988 年。
◈ 蕭思科，《超級審判：審理林彪反革命集團親歷記》，濟南：濟南出版社，1992 年。
◈ 官偉勳，《我所知道的葉群》，北京：中國文學出版社，1993 年。
◈ 焦燁，《葉群之謎──一個秘書眼中的葉群與林彪》，北京：中國文聯出版公司，1993 年。
◈ 黃瑤，《三次大難不死的羅瑞卿大將》，北京：中國黨史出版社，1994 年。
◈ 張寧，《張寧回憶錄》，呼和浩特：內蒙古文化出版社，1998 年。
◈ Teiwes, Frederick, and Warren Sun. *The Tragedy of Lin Biao——Riding the Tiger during the Cultural Revolution.* London: Hurst & Company, 1996.

264 葉叔華 Ye Shuhua

葉叔華一九二七年生於廣東廣州，開創中國天文地球動力學研究的天文學家。一九四九年，她從廣州中山大學數學天文系畢業，一九五一年開始在上海徐家匯觀象台工作，這個觀象台不久改組成為中國科學院上海天文台。

二十世紀五十到六十年代，葉叔華主要從事世界時工作和地球自轉研究。世界時是大地測量和導航所必要的資料，從十九世紀初就是各國天文台合作的項目。建國初期，民用和軍事建設都急需一份精密的地圖，而在中國領土上，只有徐家匯觀象台從事世界時工作。該台由法國天主教傳教士在一八七二年興建，雖然它長期參與世界時的工作，但僅有二十世紀三十年代的設備，在一九五零年由中國科學院轄下南京的紫金山天文台接管。一九五四年，國務院指示中國科學院優先處理世界時的工作，從人力物力上給予加強，這項工作起先由王綏琯、龔惠人主持。到一九五八年，經過全體人員的努力，時間訊號的發播基本上符合要求。

這時，葉叔華有了新任務，就是建立中國綜合世界時系統。她從上海、南京兩個主要天文台開始，再聯合武漢、北京、西安、昆明各地的天文台，共同觀測並綜合處理中國世界時的資料。她的小組經過多次試驗，選取了適合中國的系統差分析處理方法。到一九六三年，中國世界時的精度已從建國初期的世界倒數第一躍居世界第二，不但滿足國內各部門的需要，在國際上也揚眉吐氣。一九六五年，經過國家鑑定，中國的綜合世界時成為國家基準。在一九七八、八一、八二年，中國綜合世界時系統先後獲得全國科學大會獎、中科院成果一等獎和國家自然科學二等獎。

七十到八十年代，由於太空技術日新月異，世界時的工作成了科研的重點。葉叔華利用這機會，建議改良上海天文台的技術設備，並成立一個處理全

套資料的隊伍。一九八零至八五年間，她還組織中國各天文台參加國際地球自轉聯合觀測。聯測以後，國際確認中國新技術的精度已大大提高。一九八八年，國際地球自轉服務中心（International Earth Rotation Service）成立，取代了世界時管理局（Bureau International de l'Heure）的地球自轉組（Earth Rotation Section）和國際極移服務中心（International Polar Motion Service）。中國當年加入了國際地球自轉服務中心。由於葉叔華及時推動，上海天文台才能更新本身的技術設備，繼而在這次大轉變中贏得寶貴機會，參與國際研究計劃。國際地球自轉聯測獲得中科院科技進步一等獎。

上海天文台建成了人造衛星鐳射測距網和甚長基線射電干涉站，參加多項國際合作計劃，成為國內人造衛星鐳射測距網和甚長基線射電干涉網的領頭單位。上海天文台和國際地球自轉服務中心合作，即成為甚長基線射電干涉、人造衛星鐳射測距和月球鐳射測距三種技術的全球資料分析中心之一。這類中心全球僅有兩家。

新的技術不但刷新了地球自轉參數的服務，而且使監測板塊運動的工作得以展開。一九八二年起，以葉叔華為首，中國的甚長基線射電干涉站和人衛鐳射測距站參加了國際合作的地殼動力學計劃、固體地球動力學計劃、固體地球計劃與自然災害計劃。通過多年與各國的合作，上海天文台已成為具有甚長基線射電干涉、人衛鐳射測距、全球定位系統和測速測距系統四種新技術設備的綜合觀測基地。能同時有這四種新技術設備的台站，全球僅有六個。

進入九十年代，葉叔華聯同中國科學院、國家地震局、國家測繪局和總參測繪局的有關研究所，共同承擔由國家科委支援的重大基礎研究項目「現代地殼運動和地球動力學研究與應用」，並受聘為首席科學家，研究中國的地殼運動。經過五年的工作，獲得了中國地殼運動的實測結果，初步得到全國不同塊體的運動情況，證實中國大陸在印度板塊（歐亞板塊以南）的作用下，有微小的東向移動，該項目將予更深入的研究。地殼運動與地震、火山爆發、海平面升降等自然災害有關。在亞洲太平洋地區，人口密集，地質構造最複雜，自然災害多發，十分需要研究區內地殼運動。一九九四年，葉叔華建議開展一項名為「亞太空間地球動力學」的國際合作計劃，參與機構除前述四個部門外，還納入國家航天局和美國太空總署（National Aeronautics and Space Administration）。同年，聯合國亞太經合組織（Asia Pacific Economic Cooperation）在北京召開大會，會議主題是如何以太空技術支援持續發展。她

建議的計劃在該大會上得到支持。一九九五年,在美國召開的國際大地測量與地球物理學聯合會大會上,她的計劃獲得採納。一九九六年,該合作計劃的第一次工作會議於上海舉行,葉叔華在會上當選首屆執委會主席,其他執委都是來自澳、中、日、美、俄、南韓、印尼的專家代表。

葉叔華在一九七六年出任上海天文台研究員,一九八一至九三年任台長。她在天文學界非常活躍,一九七八至八八年任中國天文學會副理事長,一九八九年起任名譽理事長。一九八零年當選為中國科學院院士(學部委員)。一九八五年當選為英國皇家天文學會外籍會員,一九八八至九四年當選為國際天文學聯合會副主席。一九八一年起任國務院學位委員會天文學科評議組成員。一九九一年起任中國科協副主席,一九七八至八三年任全國政協委員,一九八八年起任全國人大常委。

一九九四年,南京紫金山天文台將一顆新發現的小行星,命名為葉叔華星,以表揚她在天文地球動力學方面的開創性工作。

席澤宗

◈ 英文《中國婦女》編著,《古今著名婦女人物》,下冊,石家莊:河北人民出版社,1986 年,頁 1079。
◈ 《中國現代科學家傳記》,冊 5,北京:科學出版社,1994 年,頁 294–300。
◈ 中華全國婦女聯合會組織聯絡部編,《中國女院士》,瀋陽:遼寧人民出版社,1995 年,頁 81–83。
◈ 「葉叔華」見 <http://baike.baidu.com/view/191970.htm>,2015 年 10 月 22 日查閱。
◈ Hong Kong Polytechnic University, 29 October 1999, at <http://www.polyu.edu.hk>, accessed 20 May 2000.

⊪ 265 葉陶 Ye Tao

葉陶(1905–1970),生於台灣高雄旗津,日治時期台灣社會運動健將。曾任公學校教職,其後加入台灣農民組合、台灣文化協會等團體,成為重要幹部,與知名文學家楊逵(1905–1985)結婚,一起參與社會運動。

葉陶出生中產階級,父親為保正,幼時有隨身婢女,並由母親替她纏足。葉陶承傳母親的性情,爽朗熱情,喜好追求自由。她對舊體制的第一次反抗行動,便是在幼小時候因難忍纏足痛苦,最後決定揚棄裹腳布,將它拋入旗津的海裡,宣布此後不再裹腳。此一行動雖然只是由於難忍裹足之痛,而非基於女性自覺意識,但也可以從中窺見她剛毅的性情。

葉陶幼時曾入書房，接受四書五經、千家詩、百家姓等傳統漢學教育。其後又入和平公學校，接受日本人的新式教育。漢學教育打下她的語文學習根基，而新式教育則為她開啟了一個新的世界觀。諷刺的是，對台灣人來說，新式教育一方面是涵容了現代思惟，以及批判傳統與殖民主義的方法，另一方面卻是包藏著殖民思想。如何釐清現代與傳統以及殖民與反殖民之間錯綜複雜的糾葛，對日治時期的台灣新式知識份子來說，向來是一個矛盾糾結、極其艱難的課題。葉陶身為女性，深受傳統性別文化的制約，對於舊體制之害，感受比男性為強。她的背景和際遇，使她從新式教育中找到反傳統、反殖民的雙重批判力量。

和平公學校畢業以後，葉陶進入台南女子公學校附設教員養習所，受訓三年。結訓之後，回到母校和平公學校任教，其後調往高雄第三公學校。當時她十七歲左右，由於膚色較黑，聲音宏亮，體形稍壯，性情豪邁，學生為她取了「烏雞母」的綽號。這個綽號相當貼切地詮釋了葉陶的性情與形象。

據葉陶的後人表示，葉陶母系確實具有平埔族（台灣居住在平地的原住民族群）的血統。他們都還記得當時有所謂「番仔」的親戚偶爾來探訪。由於相關史料難以尋覓，目前無法推論她屬於何種平埔族裔。然而在台灣西部平原開發史上，漢系男性與平埔族女性的混血，是十分自然的現象。平埔族母系的血統，因漢人父系社會文化繼嗣法則，而無法清楚推知，對於台灣女性史的訪查，確實造成相當程度的缺憾。雖然無法準確得知葉陶的母系族裔，不過這份口述資料，在審視其出身背景與性情、思想的影響與形成上，仍有相當的助益。

在第一次世界大戰前後，世界弱小民族、弱勢階級與性別，陸續展開復權運動，殖民地台灣也受到影響。一九二一年成立的台灣文化協會（文協），便是當時社會文化運動的「火車頭」，透過巡迴演講等方式，從事文化啟蒙運動，加深人們對海內外文化課題的認識。日本統治者對台灣糖業的政策向來獨斷獨行，而台灣農工也長期受到殖民政府與企業的雙重剝削，這些催生了農工階級的運動。一九二五年的二林事件揭開農民運動的序幕，一九二六年台灣農民組合（農組）成立，直至二十年代末期，農組是台灣活動力最旺盛的運動團體。

台灣農民組合是以鳳山、大甲兩個農組為主體，串聯全島而成的。由於高雄屏東地區是台灣蔗糖最重要的種植地，因此葉陶所處的高雄地區也正是農民組合重要的運動中心；而農組的創始人簡吉又恰好是葉陶在高雄第三公學校的同事。他經常與葉陶談論蔗農和殖民統治的問題。葉陶在耳濡目染之下，終於

加入農民組合，成為當時極其少數的女性社會運動者之一。

葉陶在農民組合的活動中結識了未來夫婿楊逵。一九二七年，楊逵從日本被徵召返台參與社會文化運動。當時葉陶已經加入農民組合，在運動現場中見到楊逵，拿一把扇子請他題字。楊逵用日本政府藉以懲處台灣異議人士常用的「匪徒刑罰令」字眼，為嘉許葉陶敢於「做土匪」反抗日本政府，就題上「土匪婆」三字，二人就此結緣。

葉陶在日治時期的社運界，一向以強悍不妥協著稱。在田野訪談中，可以見到她鮮明的形象：樸素的黑色台灣長衫裙，頭髮向後梳成簡單髮髻。她擅長演說，可以在街頭隨興講歷史故事，吸引群眾聆聽，要求終止日本管治，為此，經常進出日本監獄，被拘捕達十二次之多。

一九二六到二八年中，是台灣農民組合活動的全盛期，也是葉陶參與社會運動的高峰期。一九二八年葉陶正式辭去公學校教職，專心從事社會運動，擔任農組特別行動隊隊員，又負責籌組婦女部，並出任部長，同時是台中州三名地方鬥士之一。由於農民組合的本部設在台中，她的活動範圍轉向台中，她與楊逵也搬到台中居住。

一九二八年中，台灣共產黨介入農民組合的內部組織，由於複雜的思想和人事矛盾，造成農民組合的分裂。葉陶與楊逵雙雙被組織除名。此時兩人已在彰化同居，生活困頓，接受文化協會彰化地區重要幹部賴和醫師的資助，賴和有「台灣新文學之父」之稱。他們在彰化、鹿港一帶組織讀書會，參與文化協會的許多活動。

葉陶與楊逵同居，在二十年代的台灣，是對傳統婚姻制度與舊禮教一個很大的挑戰。因此在雙方家長的催促下，他們決定在一九二九年二月，返回楊逵新化老家完成婚禮。婚禮前夜因路過台南，一起參加台灣總工會會員大會，當夜連同總工會、文化協會、農民組合重要幹部一起被日警逮捕，這是日治史上著名的大逮捕行動，史稱「二・一二」事件。葉陶與楊逵兩人手銬腳鐐，先送台南監獄，再轉台中監獄，曾自稱舉行一場「官費蜜月旅行」。

葉陶與楊逵出獄後，在高雄住了一個短時期，經營家庭式成衣生意失敗，也曾上山砍柴、擺流動地攤為生，生活困窘。長子出生時，因缺乏維生素 A 而得夜盲症，葉陶的極短的短篇小說〈愛的結晶〉，便是當時的生活寫照。

一九三五年葉陶與楊逵遷居台中，在梅枝町（現在的中正路、五權路、台平路一帶）租地種花維持生計。葉陶並曾在霧峰吳家擔任家庭教師。同年楊逵

創設《台灣新文學》雜誌，葉陶負責該刊各項業務，一度因勞累過度而臥病。一九三七年，日本政府下令禁止雜誌出版漢文欄，《台灣新文學》停刊，而楊逵則因患肺結核而咯血不止，一家生活全靠葉陶賣花張羅，經濟十分困窘。尤其抗日戰爭爆發以後，台灣社會運動的舞台全面封閉，楊逵一面養病，一面從事文學創作，家庭經濟重擔就更要由葉陶獨自挑起。

一九四五年八月日本投降，依照開羅會議的秘密協議，台灣由國民政府接收。從八月到十月接收之前，葉陶和楊逵在台中發起新生活促進隊，協助重建戰後地方秩序以及環境清潔工作，葉陶親自拿起掃把，與隊員一起清潔街道。然而對祖國懷抱著熱情期待的葉陶，在接收後不久，就感到失望。原因之一，是一九四七年二月二十八日為反抗國民黨政府的白色恐怖而組織的武裝起義。

二·二八事件發生後，台中地區成立民兵隊伍「二七部隊」，一時間似乎事有可為，但國民政府軍隊第二十一師來台鎮壓，民兵不敵，葉陶與楊逵由於平日參與地方事務頗多，也成為當局各以五萬元懸賞追捕的對象。兩人一度在台中、彰化、雲林境內逃亡。逃亡時還帶著一台油印機，隨時準備做下鄉組訓的工作。由於海岸線已全面封鎖，兩人無路可走，遂回到家中就捕，雙雙被判處死刑。

被關在死牢中的葉陶，展現了驚人的勇氣，根據楊逵和獄友的回憶，當時葉陶表示既然要死，就必須死得有尊嚴，不應垂頭喪氣。因此她在牢內大聲高唱台灣民謠，並向青年宣揚社會主義思想。執行死刑前夕，葉陶一行十七人已整裝待發，未料新上任不久的省主席魏道明，以一紙「非軍人改由司法審判」的行政命令，及時解除葉陶與楊逵及其他人犯的死刑判決，改判徒刑。這一戲劇性變故，使葉陶始料未及地多活了二十三年。

出獄之後，葉陶與楊逵仍在台中租地種花。一九四九年四月六日，楊逵又因一篇不到四百字的〈和平宣言〉被捕，判刑十二年。葉陶也在當天以及同年九月兩度被捕入獄。五十年代楊逵被關在綠島期間，警察和調查單位常常不定期搜查葉陶的住處。葉陶明白政治氣候變幻莫測，為免對五個小孩造成更多的心理恐懼，她不再批評政府，轉而參加地區婦女運動，出任台中市婦女會和台灣省婦女會的理事。一家仍以種花營生，經濟依然困頓，孩子一度輟學，她砍柴、賣豆漿、做醬油貼補家用。但她堅持無論如何窮困，都不放棄兒女的教育。除了兩個大的因輟學過久，無法銜接而放棄之外，其他三個子女都完成了高等教育。

　　一九六一年楊逵十二年徒刑期滿返家，幾經轉折，終於借得金錢，在台中市郊大肚山腳下買地，開設東海花園。葉陶除耕種勞動以外，還負責賣花的工作。為了歸還巨額債款，她生命最後的九年，就在經濟困窮、四處奔走的情況下度過。一九七零年因過度操勞而引發心臟病、腎臟病，最後死於併發的尿毒症，享年六十五歲。

　　綜觀葉陶的一生，從學生口中的「烏雞母」到楊逵口中的「土匪婆」以及「鱸鰻查某」，再到她自稱的「賣花婆」；她經歷了兩個時代，也參與了兩個時代的社會文化變遷。作為一個出生於二十世紀初的台灣女性，她的生命史，體現了台灣歷史變遷中的某些面貌，而她的社會參與，也體現了一個傳統女性的自我解放歷程。

楊翠

◇ 〈葉陶〉見《台灣民報》／《台灣新民報》（1927–1930）。
◇ 林梵，《楊逵畫像》，台北：筆架山，1976 年。
◇ 《台灣社會運動史》，冊 1、3、4，台北：創造，1989 年。此書為《台灣總督府警察沿革誌第二篇，領台以後的治安狀況》（中卷）的中譯本。
◇ 莊永明，《臺灣紀事：臺灣歷史上的今天》，上冊，台北：時報文化，1989 年。
◇ 楊翠，《日據時期台灣婦女解放運動》，台北：時報，1993 年。
◇ ──，《海的女兒烏雞母》，見江文瑜主編，《阿媽的故事》，台北：玉山社，1995 年。
◇ ──，〈鱸鰻查某：賣花阿媽〉見《島國顯影》，輯 3，台北：創意力文化，1997 年。
◇ ──，〈陰鬱的墳場‧暗濕的子宮──《愛的結晶》與葉陶的時代〉見《文學臺灣》，2001 年 1 月，37 期，頁 46–49。
◇ 林滿秋，〈葉陶〉見林滿秋等著，《臺灣心女人》，台北：遠流出版，2000 年，頁 68–75。
◇ 周馥儀，〈秀異的社會運動女將──葉陶〉見鄭至慧等著，《女人屐痕 II：臺灣女性文化地標》，台北：草根出版，2008 年，頁 80–93。
◇ 李筱峰，〈葉陶〉見 <http://taiwanpedia.culture.tw/web/content?ID=6166>，1998 年 9 月 9 日，來源：《臺灣大百科全書》，2014 年 7 月 22 日查閱。
◇ 「楊逵」見 <http://zh.wikipedia.org/wiki/%E6%A5%8A%E9%80%B5>，2014 年 7 月 22 日查閱。
◇ 「允文允武的鱸鰻查某──葉陶」見 <http://women.nmth.gov.tw/zh-tw/Content/Content.aspx?para=203&page=0&Class=72>，2014 年 7 月 22 日查閱。

▥ 266 殷允芃 Yin Yunpeng

　　殷允芃一九四一年出生於西安，祖籍山東省滕縣，台灣當代新聞及出版業傑出人物，現任天下雜誌群董事長、發行人兼總編集長。一九八一年創立台灣第一份專業的新聞財經雜誌《天下雜誌》，為台灣社會，甚至華人世界，提供前瞻、公正、富啟發性的深入報導。從事新聞工作四十年來，堅守新聞崗位、堅持新聞標準，並曾說：「我以做一位記者為樂」。

　　殷允芃父親殷采君，曾任中華民國國大代表，母親馬培芹，師範畢業，曾任小學老師。國共內戰時期，父親因職務留守青島，母親帶著四個孩子逃難至武漢，艱困中還帶著孩子，以饅頭與餅為食，到附近遊山玩水逛古蹟。母親開放、堅毅的處事方式，培養了殷允芃在逆境中找樂趣的堅韌性格。一九四九年，殷允芃隨家人移居台灣，半年後，父親亦來台與家人團聚。一九五四年，父親過世。母親從事教職，獨力撫養孩子成人。母親培養她閱讀的習慣，引發她對世界的好奇與想像，並給她很大的自由，是她一生最感激的人。

　　殷允芃高中就讀台北第一女中，第一次大學聯考卻意外落榜，是她人生第一次挫折。落榜後，她認真的自我檢討，發覺是因數學成績不錯，便盲目報考理組，卻忽略了自己對人文較有興趣。在重考前三個月，她決定轉考文組，最終輕易考取成大外文系。她說過：「如果當時我沒有落榜，我想我一定只會是個二流或三流的學者。」人生的大轉折，讓她日後在每一個關鍵時刻，相信自己的選擇，堅持做自己認為對的事情。她並以此鼓勵後進，聲言人生的規劃不是最重要，要了解自己，發現自己的興趣，聆聽自己心裡的鼓聲，讓它帶領自己要去的地方。

　　大三時，性格內向，但充滿好奇心的殷允芃，開始嚮往新聞工作。一九六五年，殷允芃得到老師朱耀龍和當時美國新聞處主管周濟安的鼓勵，心懷作家聶華苓筆下美景的召喚，前往美國愛荷華大學（The University of Iowa）進修新聞學碩士課程。一九六八年，她以〈為甚麼台灣留學生不回國？〉為題，探討六十年代台灣留學生滯留美國的現象。受訪學生將此歸咎於台灣與美國懸殊的生活水平；她於文末提出反思：「如果這些人都不回去，那差距會自動縮小嗎？」這展現美式的新聞教育，確可培養獨立思考的能力。畢業後，曾任《美國費城詢問報》（The Philadelphia Inquirer）記者（1968–1970）。

　　殷允芃不諱言，她積極的人生態度，部份是從採訪對象學習而來。在美期間，她獨立完成《中國人的光輝及其他》（1971）一書，採訪多位在美傑出華人，包括張愛玲、夏志清、貝聿銘、王安、顧維鈞等。其中，一向不接受訪問的張愛玲，罕有的接受殷允芃的專訪。殷允芃事後分析，她「先做人，再做事」的原則，讓同樣害羞、真誠的張愛玲，卸下心防，接受專訪。訪談中，張愛玲的一句話：「人生是樂不抵苦，但生下來就要好好活著」，讓殷允芃得到深刻的啟發。殷允芃曾表示：「我不是一個樂觀的人，但是我很積極；我不是相信明天一定會更好，而是努力做，希望明天會更好。」另一句張愛玲在訪談中提

到的話：「作者應該負責任，讓你的作品能讓人了解，要深入淺出」，也對殷允芃產生影響，且成為日後天下雜誌群的宗旨。

殷允芃曾在一次訪問中，談起她的人生態度：「做人就是要做有用的人，貢獻自己獨特的能力，其次做事要憑良心，發自善意幫助人，讓這個社會更美好。雖然有一些老套，能做多少就做多少，也就不會有什麼得失心了。」她從不矯情說「愛台灣」，但把每分氣力都用在實踐上。七十年代初，台灣退出聯合國，遭逢空前危機。殷允芃放棄人人爭相申請的綠卡，回到台灣從事新聞工作，表示「只有在自己的土地上，才能找到自己的天空。」回台後，先任職美國新聞處。之後，擔任合眾國際社（United Press International, UPI, 1973–1976、《紐約時報》（New York Times）駐台記者（1977–1979）、《亞洲華爾街日報》（Asian Wall Street Journal）特派員（1977–1981）；並任教於政治大學新聞系（1970–1996）。

一九七九年，中華民國與美國斷交，時任《紐約時報》駐台記者的殷允芃，以美國媒體身份坐在談判者的車隊裡，親眼目睹外交的現實無情，感歎台灣處境的孤立無援，興起為台灣發聲的念頭。看到窗外同胞的雞蛋和石頭砸過來，「這個衝擊逼我想清楚，我在國際媒體再怎麼寫也沒用，還不如自己跳下來幫台灣加分。」殷允芃觀察到，當時台灣面臨的最大考驗，不是來自政治、軍事或外交，而是來自經濟。但是一般老百姓卻並沒有感受到這份迫切感，主要原因是「經濟」在許多人心目中已成了枯燥、艱深難懂、或俗不可耐的代名詞。雖然台灣的經濟實力日益增強，但國民的經濟常識卻跟不上日新月異的時代。

一九八一年六月，殷允芃剛滿四十歲。她毅然放棄外文媒體特派員的高薪工作，白手起家，放手一搏。那是一個「如果要害一個人破產，就讓他去辦雜誌的年代」。當代詩人余光中就曾表示："Why should such a smart girl want to do such a stupid thing?" 那個 smart girl 是殷允芃，那個 stupid thing 就是與友人創辦《天下雜誌》。殷允芃企圖將艱澀難懂的經濟知識，轉化為深入淺出的經濟觀念與常識，為台灣民眾打開一扇通往世界與未來的窗。

《天下雜誌》取名自國父墨寶「天下為公」，代表大家對一個美好社會的嚮往與追求。這不但是台灣第一本專業的新聞財經雜誌，也是第一本用常民語言書寫，為華人世界發聲的財經雜誌。創刊號引起廣大迴響，兩天內售罄，一個月連續再版三次。在國民平均年所得只有二千六百美元的八十年代，《天下雜誌》每本九十八元台幣，相當於四碗牛肉麵，仍洛陽紙貴。一九八二年十月，

《紐約時報》專文推薦《天下雜誌》是「台灣最有影響力的雜誌。」

　　台積電公司董事長，有「台灣半導體教父」之稱的張忠謀曾說：「《天下雜誌》的影響力，遠大於它的發行量。」在風格上，《天下雜誌》是極具人文關懷的財經雜誌，創刊以來，從宏觀到微觀、國家到個人，《天下雜誌》記錄、觀察、批判、建言，積極發揮媒體「社會公器」的角色。在執行上，走過台灣近三份之一個世紀，跨越台灣政經社會發展最蓬勃的年代，《天下雜誌》在每個關鍵時刻，都希望能以確實的報導、客觀的評論，持續發揮媒體正面影響力。三十年來，風雨不改，不斷引介新觀念，採訪世界不同領域的領袖，擴展讀者視野。這樣的堅持與努力，來自《天下》的創刊使命，以及殷允芃對新聞專業的堅持、追求均富社會的理想。

　　為擴大影響力，殷允芃在八十年代後期，積極引導《天下》進入數位化的領域。自一九八八年開始，《天下雜誌》推出第一個自製影音產品《一同走過從前》，其後，更陸續推出《台灣競爭力的故事》、《環境台灣》、《海闊天空的一代》、《看河》、《為台灣逐夢的人》及《美麗台灣走一條不同的路》等報導紀錄片，為台灣歷史、經濟、教育、環境與社會的發展留下珍貴紀錄。為了讓世界看見台灣，也讓台灣被世界看見，一九九六年，《天下》成立中文網站，二零零六年成立英文網站。二零一零年更在台灣領先發行《天下雜誌》iPhone 版及《天下雜誌 iPad 互動版》，提供高品質、高附加價值、有益、有用、有趣的知識與服務。

　　很多人都會問殷允芃，作為一個媒體，《天下雜誌》有沒有立場？「事實上是有的，我們的立場，是積極、前瞻、放眼天下。」殷允芃在接受平面媒體訪問時這樣表示。一九八一年，《天下雜誌》的創刊信念，就是希望追求更好的社會。然而，殷允芃認為，在擁有財富之後，也應該擁有健康。一九九八年，創立《康健雜誌》，普及複雜的健康知識，使人人都能追求更好的生活。二十一世紀之前，知識經濟帶來職場的重大改變，《快樂工作人雜誌》的創辦，旨在幫助知識工作者「熱情工作、快樂生活」，追求更好的工作生活。二零零八年，長期關注教育議題的殷允芃發現，新一代的父母和教育工作者，需要用更多的知識和能力，更新與裝備自己，於是創辦《親子天下》，它聚焦兩大軸心：學習與教育、家庭與教養，追求更好的親子關係和教育。

　　一九八七年，殷允芃成為台灣首位榮獲有「亞洲諾貝爾獎」之稱的麥格塞塞（Magsaysay）獎新聞獎的殊榮，麥格塞塞獎基金會肯定殷允芃領導的《天

下雜誌》，「不僅對推動台灣經濟發展，有非常大的貢獻，也建立了台灣的新聞專業標準」。一九九五年被《亞洲週刊》評為亞洲最有影響力女性之一。二零一零年以「長期的、持續的、傑出的」表現，榮獲台灣卓越新聞獎首屆「新聞志業終身成就獎」。又兼任政治大學新聞系教授，樹人無數，以專業成就卓越，獲頒政治大學名譽文學博士。她是愛荷華大學傑出校友、成功大學傑出校友、中華民國十大傑出女青年，並三次獲頒金鼎獎。

在新聞專業之外，殷允芃也出版許多優秀的文學作品，包括《中國人的光輝及其他》、《新起的一代》、《決策者》、《太平洋世紀的主人》、《等待英雄》、《點燈的人》、《發現台灣》（合著）、《敬天愛人》、及《素直的心》，並曾執導紀錄片《綿延的生命 Lucie 的人生探索》。

周峰玉、陳雅慧

編者按：二零二一年，殷允芃宣佈退休，當年她八十歲，《天下雜誌》創刊四十年。

◇ 謝宗龍，〈殷允芃如何打出《天下》？〉，台北：中時電子報，2005 年 7 月 5 日，見 <http://forums.chinatimes.com/report/people/940705/index.htm>，2013 年 4 月 23 日查閱。
◇ 「新聞典範政大頒授《天下》創辦人殷允芃名譽博士」見 <http://www.nccu.edu.tw/news/detail.php?news_id=2405>，政治大學網站，2013 年 4 月 23 日查閱。
◇ 「天下雜誌集團創辦人殷允芃：希望、永遠在路上」見 <http://travelers.tw/blog/3/948>，《親子天下》網站，2013 年 4 月 23 日查閱。
◇ 「殷允芃：台灣之光──《中國人的光輝及其他──當代名人訪問錄》」見 <http://hcpeople.blogspot.com/2010/10/blog-post_31.html>，2013 年 4 月 23 日查閱。
◇ 「殷允芃」見 <http://zh.wikipedia.org/wiki/%E6%AE%B7%E5%85%81%E8%8A%83>，2015 年 5 月 15 日查閱。

▥ 267 亦舒 Yishu

亦舒，原名倪亦舒，一九四六年生於浙江寧波，流行小說作家，香港著名科幻小說作家倪匡（筆名衛斯理）的妹妹。

亦舒幼時隨家人遷居香港。十五歲開始在《明報》和《中國學生周報》發表作品。《明報》社長查良鏞，即著名武俠小說家金庸，十分欣賞她的小說。她早期的作品主要寫自己的故事。有一次她與查良鏞交談，查氏用激將法，說她不會寫其他題材。她便創作了《喜寶》來回應，將當時能想到的所有駭人聽聞的情節，包括自殺、通姦、絕症、女主角出家等等，都寫進書內。

亦舒在一九七三年到英國曼徹斯特（Manchester）攻讀酒店食物管理課程，三年後返港，任職富麗華酒店公關部，後轉任政府新聞官。她還做過很多不同

類型的工作，包括香港報章《明報》及電影雜誌《南國電影》的記者、邵氏兄弟（香港）有限公司的宣傳人員、佳藝電視台編劇等。她有多個筆名，包括駱絳、陸國、梅峰、梅阡、衣莎貝等；移居加拿大前以香港為基地，讀者遍及台灣、中國大陸及海外華人聚居的地方。

《喜寶》之後，亦舒寫作的題材開始多樣化。她的言情小說風格獨特，和其他同類作家如瓊瑤（參見該傳）、張愛玲（參見該傳）等截然不同。她筆下的白色小洋房、義大利跑車、名牌時裝，都是極具香港特色的事物。有一段時間，她以情婦為題材，她們不盡是歡場中人，也包括職業婦女、小文員、學生等。這反映出社會在變，價值觀也在變。隨著寫作技巧的漸趨成熟，她把視線轉向自己比較熟識的人物。她不再滿足於織夢，改而描劃在香港商業社會中不斷奮鬥、終於出人頭地的女性。她們成熟、幹練、獨立，排除萬難，登上事業高峰，活得瀟灑自信──獨身時快活自在；一旦婚姻觸礁，也能重新振作做人；人到中年依然青春可人。

有批評認為亦舒過份渲染女性可以掙得一己幸福的能力，正好突出了她的女性自戀情結。她的《流金歲月》便是這方面的典型作品，兩名女主人公活在不斷變遷的香港社會，隨著香港由小漁村發展成為國際大都會，她們歷盡艱難挫折，但憑著過人的勇氣，最終成功，得到解放。亦舒小說雖以言情為主，但她亦嘗試加入不同事物，避免舊調重彈。她引進了科幻、推理、靈異、特異功能等等新元素，此類作品計有《紫薇願》、《阿修羅》、《痴情司》等。她甚至也寫純科幻小說。亦舒的小說作風踏實。故事布局追求奇巧的同時，也不過份誇張。人物務實、不濫情，有時甚至給人過於冷漠的感覺，對情感事不強求，一切順其自然，泰然處之。小說節奏明快，間中加插作者對生活的觀察和體悟，它們不單不冗長累贅，且精妙深刻。

亦舒雖廣受歡迎，亦有批評指她的小說視野狹隘、缺乏深度。相反地，另外一些評論家則認為她的小說寫實，揭露了一般香港人困窘的生活和貧富懸殊的境況。她的作品反映出現代婦女的生活、社會、人情世態，在某種程度上，間或超越了言情小說的範疇。

亦舒坦承受到古典小說《紅樓夢》，以及魯迅、張愛玲這兩位風格迥異的現代作家的影響。根據一九九六的〈亦舒小傳〉，亦舒著有長、中、短篇小說及雜文集一百六十多部，同時在香港報紙，週刊撰寫雜文專欄。亦舒身處香港時，和香港人有著同一個居住環境，同一心態，所寫小說也在香港最受歡迎。

八十年代初，國內的政治禁忌和文學政策得到解凍，通俗文學隨之復甦，亦舒和其他言情小說家的作品便成為當地暢銷書，並掀起新一輪的熱潮。

根據當時一所上海大學向學生所作的調查，亦舒是最受歡迎的香港作家之一，排名僅次於武俠小說名家金庸。那時她有二十多部作品在中國大陸重印。在此之前，通俗小說在大陸，基於政治及文化因素，一直受到壓制，國人無緣閱讀以滿足渴求。到了九十年代，亦舒受歡迎程度漸退，問題與其說是出於亦舒和她的作品，倒不如說是繫於歷史和社會的變化莫測。

亦舒代表作有《喜寶》、《玫瑰的故事》、《流金歲月》、《她比煙花寂寞》、《我的前半生》等，前三部已改編拍成電影。她在一九九一年移居加拿大，一直筆耕不輟，創作甚豐，當中包括《縱橫四海》、《潔如新》、《西岸陽光充沛》和《少年不愁》，都是描述加拿大華人的生活及感情狀況。

蕭虹

李尚義譯

◇ 任一鳴，〈香港女性文學概觀〉見《新疆師範大學學報：哲社版》，1995 年 4 期，頁 18–23。
◇ 小純，〈亦舒小傳〉見《明報月刊》，1996 年 4 月號，頁 46。
◇ 徐學，〈瓊瑤亦舒小說的審美情趣〉見《明報月刊》，1996 年 4 月號，頁 38–41。
◇ 顏純鈎，〈亦舒擅寫都會女子〉見《明報月刊》，1996 年 4 月號，頁 45–46。
◇ 王朝暉，〈亦舒筆下的加拿大華人發展史——由華人地位及心態嬗變說起〉見 <http://www.qikan.com.cn/zhuanti/Canada/lunwen6.html>，2013 年 4 月 30 日查閱。
◇ 「亦舒」見 <http://baike.baidu.com/view/30862.htm>，2013 年 4 月 30 日查閱。

▥ 268 余陳月瑛 Yu Chen Yueying

余陳月瑛（1926–2014），生於台灣高雄地方望族，本名陳月瑛，台灣第一位女縣長，也是余氏家族政治的佼佼者。

陳月瑛的父親陳再興是日治時代製糖株式會社董事長。她是兄弟姊妹中最小的，從小在溫室裡成長。除上學外，就是待在家中看書及彈鋼琴。一九四零年公學校畢業後，進入台南長榮高等女子學校就讀，戰後又到高中部進修，並取得畢業文憑。

一九四九年，陳月瑛奉父母之命，嫁給當地新興望族之子余瑞言。家翁余登發時任第一屆國民大會代表兼高雄水利會主委，在地方上早已有相當高的政治聲望。她身為余家的長媳，家中大小事幾乎都一手包辦。長久下來逐漸烨鍊出遇事不躲不閃、當仁不讓的堅韌性格。

一九六三年，余登發為了防止國民黨利用婦女保障名額，暗地推舉自己的候選人，便指派余陳月瑛參選第三屆省議員。結果，她以第一高票贏得選戰，正式開啟了她的政治生涯。之後，她在第四、第五、第六屆省議員選舉中皆連續以高票當選。她在政壇取得的佳績，也使以余家為中心的高雄黑派政治勢力日益茁壯。

一九八零年，余陳月瑛在余登發的指導下，參選高雄縣長一職，雖以三千多票敗於國民黨的蔡明耀，卻將搭配參選的女兒余玲雅推進省議會。一九八三年余陳月瑛由地方走入中央，取代了小姑黃余秀鸞當選立法委員。一九八五年再度參加高雄縣長的選舉，結果以全國最高票當選第一位民選女性縣長。一九八九年又以「打一場母親的聖戰」為主題代表民進黨參選，取得的票數打破歷屆記錄，第二次出任高雄縣長。

在十九年的民意代表任內，正值台灣的政治風暴期，余陳月瑛對敏感議題提出看法和意見，如法統問題、江南案等，不但毫不畏懼當權者的施壓，更在一九七二年發生立法院前所未有的「拒絕宣誓」風波，震驚了當時社會各界。另外，八年縣長任內，不但逐步完成競選時的理念，多項的措施與縣政也成為全國的表率：如設立縣長服務中心、農曆春節彈性假期辦法、農民健保，以及創辦高苑工專，也就是今天的高苑科技大學等。

幾近三十年的公職生涯，余陳月瑛不但鞏固了以余家為主的高雄黑派勢力，其個人特質更為高雄地方人士所稱道，尤其在選民服務方面，更充份發揮了女性耐力、韌力的特質，因而贏得「南台灣鐵娘子」與「媽祖婆」的封號。卸下公職後，隨即因長期對教育工作的關注，一九九五年獲聘為行政院教育改革委員會審議委員。一九九六年五月獲李登輝總統聘為國策顧問。二零零零年五月又獲陳水扁總統聘為總統府資政，二零零三年請辭。

二十世紀末，多次的選舉中，余家班的「家族政治」不僅淪為對手詬病的話題，也使余家班出現嚴重的裂痕。即使如此，家族成員還是有多人擔任重要的公職，如高雄縣長余政憲、立法委員余政道、國大代表鄭貴蓮等。那個時候，如何化解「家族政治」帶來的弊病，同時又能維繫黑派的勢力，正是黑派掌門人余陳月瑛的最大考驗。

林倩如

編者按：從余登發、余陳月瑛到余政憲，三代先後當選六屆高雄縣長，家族政治勢力，南台灣無出其右；但近年余家後輩相繼捲入官司，政治勢力銳減。余陳月瑛晚

年洗腎度日，由女兒余玲雅照顧起居。二零一四年在高雄病逝，終年八十九歲。

◈ 《民族晚報》，1984 年 2 月 26 日。
◈ 余陳月瑛，《余陳月瑛回憶錄》，台北：時報文化，1996 年，頁 97。
◈ 柯宗緯，〈叱吒一甲子／余家班光環褪盡〉見 <http://www.chinatimes.com/newspapers/201403260 00407-260106>，2014 年 3 月 26 日，來源：《中國時報》，2014 年 5 月 16 日查閱。
◈ 「余陳月瑛」見 <http://zh.wikipedia.org/wiki/%E4%BD%99%E9%99%B3%E6%9C%88%E7%91% 9B>，2015 年 1 月 29 日查閱。

269 於梨華 Yu Lihua

　　於梨華（1931–2020），生於上海，祖籍浙江省鎮海縣（今寧波市），美籍華裔女作家。

　　於梨華五十年代崛起於台灣，六十年代成名於美國。她擁有「留學生文學鼻祖」的稱號，原因是她過去多年的作品，主要描寫留美的中國學生這「失根的一代」，刻劃他們的生活體驗。不過，有評論家認為她的稱號應加上「台灣」兩字，因為早在她赴美前，已有不少人在那裡用中英文寫過中國留學生的生活。無論如何，就深廣度及體裁的多樣化，以至作品的數量來說，她的確無愧於這個稱號。

　　於梨華的父親年輕時勤工儉學留學法國，回國後在上海的光華大學任教。他失業後，舉家遷福建，再轉湖南，最後到了四川成都。她斷斷續續的在這幾個地方上小學中學。中日戰爭結束後，跟家人一起返回家鄉寧波。中學二年級時，父親在著名地質學家翁文灝手下辦事，得到一個去台灣辦糖廠的機會。一九四七年底，隨家人移居台灣，但心底卻不太願意。

　　於梨華高中畢業後，進了台灣大學。當時台灣的女大學生都以念外文為時髦，所以她選了英文。可是她中學時期多次搬家避難，英文的根基本來就沒打好，加上英文老師俞大綵（時任台大校長傅斯年的夫人）要求極高，第一年的英文考試不及格，俞大綵說她「不行」，建議她轉讀歷史系。這成了她人生的一個轉捩點。她決意發奮圖強，在寫作領域做出成績來證明自己並非「不行」。她後來解釋說，那是她的性格，對得不到的東西，她會拼命想辦法得到。於是她想方設法，務求證明俞大綵看錯了她。她還在自傳中表示，後來俞先生也常跟所有的學生講：「要不是我當年的堅持，就沒有今日的於梨華。」

　　當年台灣社會出洋留學的風氣很盛，稍有辦法的人家都爭相把念完大學的子女送到美國留學，有的甚至才讀完大學一二年級就匆忙離台赴美。這些年輕

人寫信回來,大多報喜不報憂,說在那邊玩得多高興,於梨華自然亦夢想到美國留學。她父親本身是留學生,覺得留學是理所當然的事,他不管子女是否適合留學,都致力促成他們出國。他因工作關係認識一些美國人,當中有人願意為她提供經濟擔保和食宿。於是她從台大畢業後,便在一九五三年飛美,報讀加州大學洛杉磯分校的新聞系。她素來十分景仰兩個女記者,一個是美國的瑪嘉烈特・海根絲(Margaret Higgins),說她十分勇敢,常常隨軍到前線採訪,報導富有人情味的小故事。另一個是台灣的徐鍾珮,認為她的報導《英倫歸來》美得像散文。

於梨華進入新聞系不久,一家出版社設了一個創作獎,凡加州大學的學生都可參加。她在同室的美國同學幫助下,用英文寫了短篇小說〈揚子江頭幾多愁〉("The Sorrow at the End of Yangtse River"),結果贏得頭獎。大學期間,她用英文寫了些小說,但英文畢竟不是她的母語,而她對美國的文藝市場又所知不多,所以她很多小說都被出版商退回。

一九五六年,於梨華完成碩士課程,和大學裡教物理的孫至銳(又名孫志銳)結婚。孫至銳不久轉往普林斯頓大學任教。一九五七年長女孫曉凡出生,兩年後有了兒子孫中涵。為了照看一對兒女,她只好暫停寫作。到了一九六一年,她這個年輕母親對家務漸感煩厭,希望能重拾筆桿。朋友鼓勵她用中文寫作,於是她重新整理童年、少年時代的一些資料,寫成《夢回青河》。一九六二年,幼女孫晏再出生,繁瑣的家務再一次打亂了她的寫作計劃。她感到很沮喪、苦悶,覺得生活的壓力很大,終於她帶著三個孩子回台灣母親家。在台灣一年,母親替她照看孩子,她彷彿又回到台大念書的織夢時代,將全部精力放在寫作上,完成了短篇小說集《歸》及中篇小說〈也是秋天〉。

於梨華自台返美後,確定了自己生活的重心:她第一是個作家,第二是個母親,第三才是個妻子。對她這個排序,丈夫自然不高興。他是個事業至上的傳統中國丈夫,覺得一個家庭裡,應由男主外女主內。他每天教學回家,理應得到妻子悉心照料,而妻子則不該用太多的時間精力寫作,畢竟那不是事業。兩人的婚姻自此出現裂痕。後來他們搬到紐約,她仍未能將寫作計劃付諸實行。丈夫鼓勵她去教書,說跟年輕人接觸是件好事。

一九六八年,於梨華在紐約州立大學奧巴尼分校(The State University of New York, Albany)開設中國現代文學課程,以英語授課。從那時起,她一直沒停過教書,也沒停過寫作。自一九六八到七八年,她寫了十本書,內容幾乎

都是在美留學的台港學生的生活與愛情，但中心思想始終圍繞著一個「根」字，即異地生活不管成敗，總難擺脫失落感，只想返回原居地尋根以求取心理上的平衡。她的代表作品包括：《歸》、《也是秋天》、《變》、《雪地上的星星》、《又見棕櫚，又見棕櫚》、《焰》、《白駒集》、《會場現形記》、《考驗》、《傅家的兒女們》、《新中國的女性及其他》等。

一九七五年，於梨華回中國尋根。她後來說：「我所看到的只是我所能夠看的，並不是我要看的。可是當時我也沒有要求要看別的。我認為我看到的就是我要看的了。」她那只念了三、四年小學的妹妹後來也告訴她，當時不能對她說出真實情況。她那次返鄉尋根無疑是失望的，但由於尋根的渴求得到滿足，她不願詳加分析，也不計較看到的是真是假。

一九七七年於梨華再度回國。一九七九年，她又跟隨她大學的一個代表團訪問中國。她終於見到了一些她想見的作家，也見到了其他許多事物和現象。國內那種崇洋媚外的風氣，令她難過恐懼。返美後，她寫了一封長信〈寫給祖國的青年朋友們〉，滿紙濃厚的民族意識，一九八零年四月刊登於《人民日報》。她在信中勸告國內年輕人，應自尊自重、發奮圖強，不應盲目崇拜、仿效外國東西，亦無須迫不及待地接受外國的一切價值觀念。

由於婚姻生活與寫作事業不能協調，於梨華在八十年代初和孫至銳離婚。沒多久，她和紐約州立大學奧巴尼分校的校長歐立文博士（Dr. Vincent O'Leary）結婚。

林松

編者按：據《台灣大百科全書》，於梨華一九七五年與第一任丈夫返中國尋訪親生妹妹，隨後撰文讚美共產中國的女性，國民黨政府極為不滿，禁止她回台，並封殺她的作品，她自此在台灣文壇消失，直到一九八七年才解封。

於梨華一九九三年退休後移居舊金山灣區。此後還創作了散文集《別西冷莊園》（2002）、《在離去與道別之間》（2004）、長篇小說《彼岸》（2009）、短篇小說集《秋山又幾重》（2009）。二零二零年在美國病逝，享年九十歲。

◇ 黃重添，《台灣長篇小說論》，福州：海峽文藝出版社，1990年。
◇ 黃文湘，《歐美傑出華裔女性》，香港：上海書局，1992年，頁184–226。
◇ 陸士清，〈於梨華和她的《又見棕櫚，又見棕櫚》〉見《台灣文學新論》，上海：復旦大學出版社，1993年，頁198–212。
◇ 潘亞暾，《世界華文女作家素描》，廣州：暨南大學出版社，1993年，頁343–350。
◇ 林承璜，〈沒根一代的心靈寂寞──於梨華小說《又見棕櫚，又見棕櫚》評介〉見《台灣香港文學評論集》，福州：海峽文藝出版社，1994年。

◇ 〈於梨華：《又見棕櫚，又見棕櫚》〉見明清、秦人主編，《台港小說鑒賞辭典》，北京：中央民族學院出版社，1994 年。

◇ 王晉民主編，《台港澳文學作品精選》，廣州：廣東高等教育出版社，1998 年。

◇ 〈於梨華〉見陳賢茂主編，《海外華文文學史》，卷 4，廈門：鷺江出版社，1999 年，頁 24–36。

◇ 哈迎飛、呂若涵編，《人在旅途——於梨華自傳》，南京：江蘇文藝出版社，2000 年。

◇ Kao, Hsin-sheng C. "Yu Lihua's Blueprint for the Development of a New Poetics: Chinese Literature Overseas." In *Nativism Overseas: Contemporary Chinese Women Writers*, ed. Hsin-sheng Kao. Albany: State University of New York Press, 1993, 81–107.

◇ 「於梨華」見 <http://taiwanpedia.culture.tw/web/content?ID=26421>，2014 年 3 月 11 日查閱。

◇ 「於梨華簡介」見 <http://www.wangdaning.com.cn/056.yjzl/fl5.htm>，2014 年 3 月 11 日查閱。

▥ 270 遇羅錦 Yu Luojin

遇羅錦一九四六年生於北平，二十世紀八十年代中國一個富爭議的作家，敢於通過作品提出抗辯。

遇家的經濟條件很好，遇羅錦和三個兄弟自小過著舒適穩定的生活，直到一九五七年共產黨推行反右運動時，情況才有突變。她的父母都曾留學日本，在反右運動中被打成右派。父親是個土木工程師，母親管理一間公私合營的工廠。遇羅錦一九六一年中學畢業後，進入北京工藝美術學校學習，一九六六年畢業，到北京玩具六廠任玩具設計員。那年文革爆發，這次對遇家的政治迫害，就不只限於父母了。

紅衛兵到遇家抄家，搜出遇羅錦的日記，裡面有批評文革的話，於是她被遣送勞改農場，接受三年的勞動教育。她的哥哥遇羅克撰文批評當時的血統論，其中題為〈出身論〉的一篇最惹人爭議。遇羅克即使在嚴刑逼供下，仍拒絕改變信念，始終堅持不應以出身來評價一個人。一九七零年，遇羅克在萬人大會上遭羞辱後被處決；遇羅錦則被轉往河北省臨西縣插隊落戶。遇羅克死後，眼角膜立刻移植給他人，父母事前毫不知情，更談不上同意與否。遇羅錦與哥哥的「政治罪行」禍及家人，他們都受到共產黨政府的迫害和排斥。

遇羅錦是家中唯一的女兒，家人指望她嫁到生活條件較佳的地區，以圖一同搬到那裡。為了家人，她嫁了個在東北農村工作的人，他答應讓她家人前來落戶。婚後生了個兒子。丈夫經常打她和羞辱她。四年後，她要求離婚，並打算返回北京老家，但家人不肯接受她，表示他們的政治和經濟景況仍困難。她花了三百元，搭上自己的糧票，才求得家人改變主意，讓她回家。起初她當女傭維生，後來在一九七八年和蔡鍾培結婚，他是個電工，離了婚，女兒九歲大。

遇羅錦後來承認，這段婚姻是權宜之計，不是基於愛情。蔡鍾培的女兒和祖母一起生活，他不想再要孩子；他有房子；他看來老實可靠。這些對她來說，都很合適。一九七九年四月，遇羅錦獲得平反，隨即要求離婚。在她的離婚訴訟中，主審法官判她得直。這段婚姻維持了兩年（1978–1980）。離婚後，她獲准重返玩具六廠工作。她和那位主審法官都對媒體發表有關她的離婚個案的議論，從而引發了人們對婚姻和離婚問題更廣泛的討論。

從一九八零年起，遇羅錦積極參與婦女運動，加入了一個叫中國婦女聯合會的民間組織。它和全國婦女聯合會並無關係。一九八零至八一年地區人大選舉期間，它在北京大學十分活躍。不過，該會很快便受命解散了。大概在這個時候，遇羅錦開始創作小說。《一個冬天的童話》是最矚目最具爭議的一部。它記述了她哥哥遇羅克和家人在文革時期受到的政治迫害，以及不公平與殘暴的對待。不過，它超越了當時後文革時期流行的傷痕文學，進而根據作者的親身經歷，探討愛情、婚姻與家庭價值的本質。

一九八二年，遇羅錦完成了第二部自傳體小說《春天的童話》。在小說中，她為放棄不幸福婚姻的決定和追求真愛的勇氣提出辯解。這部小說引起人們對愛情、婚姻、離婚及道德的熱烈討論，也受到政府的批評和查禁。《中國青年報》表示，這部小說並非追尋恆久的愛，而是作者「利己主義靈魂的自我暴露」。一九八三年，政府推行反精神污染運動，她立刻成為一眾官方媒體的批判目標。從一九八二年起，她便在北京市政府辦的一份雜誌任編輯，至此她被解僱。

一九八五年，遇羅錦去了德國，要求政治庇護。一九九三年入籍德國。自此仍不時寫作，作品在香港的《爭鳴》及《開放》等雜誌發表。一九八七年，她的《愛的呼喚》在台灣出版。

崔稚穎

陳玉冰譯

編者按：《一個冬天的童話》與《春天的童話》被翻譯成英文、法文、德文、日文和芬蘭文介紹到國外，引起強烈的反響。

一九九三年，遇羅錦和德國人海曼結婚，此後再沒有回國。二零零八年，她對《愛的呼喚》做了大量修改，次年以《一個大童話：我在中國的四十年——1946–1986》為書名，由香港的晨鐘書局出版。二零一三年，該書局又出版了她編著的《遇羅克與〈中學文革報〉》。

◇ 遇羅錦，〈一個冬天的童話〉見《當代》，1980 年 3 期，頁 58–107。

◇ ——，〈春天的童話〉見《花城》，1981 年 1 期。

◇ ——，〈我為什麼要離婚？〉見《民主與法制》，1981 年 1 期，頁 26–29。

◇ ——，〈豈止是一個文革？——寫在文革三十週年之際〉見《開放》，1996 年 5 月，頁 52–53。

◇ Nerlich, Jorg Michael. "In Search of the Ideal Man: Yu Luojin's Novel *A Winter's Tale.*" In *Women and Literature in China,* eds. Anna Gerstlacher et al. Bochum: Brockmeyer, 1985, 454–72.

◇ Minford, John. "Introduction." In *A Chinese Winter's Tale: An Autobiographical Fragment,* Yu Luojin; trans. Rachel May and Zhou Zhiyu. Hong Kong: Research Center for Translation, Chinese University of Hong Kong, 1986.

◇ Yu Luojin. *A Chinese Winter's Tale: An Autobiographical Fragment,* trans. Rachel May and Zhou Zhiyu. Hong Kong: Research Center for Translation, Chinese University of Hong Kong, 1986.

◇ 「遇羅錦」見 <http://baike.baidu.com/view/3256589.htm>，2014 年 6 月 26 日查閱。

◇ 「遇羅錦」見 <http://zh.wikipedia.org/wiki/%E9%81%87%E7%BD%97%E9%94%A6>，2014 年 6 月 26 日查閱。

◇ 「作者後記」見 <http://www.21ccom.net/book/story.php?id=9352>，來源：共識網，2014 年 6 月 26 日查閱。

ⅲ 271 俞珊 Yu Shan

俞珊（1908–1968），浙江山陰（今紹興）人，女演員，在日本出生。

俞家世代書香，聲名顯赫，在浙江、北京、上海和南京都置有房產。祖父俞明震是著名詩人、教育家和政治家；父親一個堂弟俞大維是導彈專家、南京國民黨政府要員；父親俞大純海外學成歸國後，當上鐵路工程師；母親卞潔君的資料不詳。

俞珊是長女。俞父認為女兒當「戲子」令全家不光彩，一度要登報脫離父女關係，後來俞珊演戲的名氣大了，他才作罷。幼女俞瑾是醫生。俞家尚有四子，各有專業：俞啟孝留學美國，回國後當教授；俞啟信專攻化學，在一家兵工廠工作；俞啟威年輕時和江青（參見該傳）談過戀愛，是家中唯一的共產黨員；俞啟忠在美國習農，回國後當教授。

俞珊少時就讀天津南開女中，後入上海國立音樂學院，畢業於南京金陵大學。一九二九年著名導演田漢（1898–1968）到該校導演《湖上的悲劇》，邀請她加入南國社。她在入社當年七、八月舉行的南國社第二期公演中主演英國作家王爾德（Oscar Wilde）名劇《莎樂美》（*Salomé*），在「七重面紗之舞」（"Dance of the Seven Veils"）的演繹上，大膽激情，演活了這個求愛不得便割下所愛者頭顱捧著親吻的猶太公主形象，從此聲譽鵲起。接著又於第二年參加了南國社第三期公演，在田漢改編的《卡門》（*Carmen*）一劇中任主角，

塑造了一個熱愛自由、富有反抗精神的吉卜賽女子形象。其間亦隨京劇名伶水仙花（郭際湘）習旦角。沒多久，她成了光芒四射的明星。

大概在這時，俞珊和青島大學教授趙太侔結婚。趙太侔是江青的老師。俞珊婚後有無生兒育女，不得而知。二十世紀三十年代初，俞珊在北平、天津生活；抗戰時期到了重慶，常作業餘演出。一九四八年她投奔石家莊解放區。有資料稱，她在那裡曾與毛澤東（1893–1976）相好。中華人民共和國成立以後，她先後在江蘇劇團及中國戲曲研究院工作。

賀黎

編者按：俞珊為趙太侔生了兩個女兒，抗戰勝利後，兩人離婚。

◇ 《中國大百科全書‧戲曲曲藝》，北京：中國大百科全書出版社，1989 年。
◇ 「俞珊」見 <http://baike.baidu.com/view/1256210.htm>，2013 年 5 月 2 日查閱。

▥ 272 原劉素珊 Yuan Liu Sushan

原劉素珊（Susan Yuen），二十世紀二十年代初期生於英國曼徹斯特，具體出生日期無從稽考，卒於一九八零年。她是香港上世紀五十至七十年代的一位傑出社團領袖。

原劉素珊很有遠見，深明發展香港工商業所需條件，於是她運用自己的組織能力，幹勁十足的去爭取。在她所創立及管理的多個團體當中，她不充任名義上的負責人，而甘作實際工作的副手。當時的香港社會，不論商界或政府，婦女能獨當一面的，確是寥寥可數。她接受次要職位，憑堅強的個性和影響力，一樣可操控大局。她雖從未進身香港立法局，但她在不同階段向立法局議員提出自己的想法，因而對局內進行的不少辯論也起著引導作用。她的一個同代人指出，她善於表達問題所在和尋找答案，用現代的話說，就是把焦點放在成效上。香港戰後的商業發展和推動出口工作成績驕人，而香港也成為東亞及東南亞經濟發展的楷模，這些在在有賴她的努力不懈。

香港名人錄沒有納入原劉素珊其人，這並非她沒有資格成為榜上人物，而是她拒絕授權刊載她的資料。她全心為香港社會服務，不求回報，刻意避免宣傳，至於個人背景，即使對兒女，也少有提及。本傳記取材自為數不多的公開資料和昔日同事、朋友的私人來函。

原劉素珊在英國出生、接受教育，興趣是參加辯論，英語能力卓越，

令她後來可為香港準備國際談判摘要，大大提升她為香港發展作出貢獻的能力。一九四五年她和一個叫原紹棠的工程師結婚，他後來受僱於香港政府。據《南華早報》（*South China Morning Post*）前任總編輯羅賓・夏捷臣（Robin Hutcheon）說，兩人婚姻美滿。夏捷臣稱原劉素珊心直口快，雄辯滔滔，而原紹棠則是個謙謙君子。他們女主外男主內，家中一切由丈夫作主。

原劉素珊於一九四九年到香港不過幾天，便獲《南華早報》這份英文報章聘用為秘書。不久她得到一名華人富商聘請為秘書，工作更富挑戰性，更多姿多彩。她同時投入籌建律敦治醫院的工作，這醫院是肺結核專科醫院，由一個帕西（Parsee）家族捐贈。它本由天主教聖高隆龐外方傳教會（The Mission Society of St. Columban）的醫生及護士主持，他們大戰期間在中國工作。戰時肺結核病在國內蔓延，這醫院對監控及治療肺結核病變起著重要作用。五十年代初期，香港每週有數百人死於可治癒的肺結核病。後來原劉素珊成為香港防癆及胸肺疾病協會的副主席。

原劉素珊在律敦治醫院工作出色，得到香港政府青睞，於一九五九年獲時任總督的葛量洪爵士（Sir Alexander Grantham）邀請加入一個工作小組為秘書，這小組負責成立的組織，就是日後的香港工業總會。這組織在很大程度上體現了她的理念，在各地區及國際間推廣香港工業。當時雖已有香港中華廠商聯合會，但成員主要是廣東商家，他們只與海外華人市場進行傳統交易，缺乏廣泛代表性及推廣能力。她說服新近從上海、寧波及華北到港的工業家，和廣東商家合作，組成這個新的工業總會，向海外推廣香港工業。把來自不同地區和集團的華商組織起來，殊非易事。很多商界領袖都是新近到港，對新的居留地尚未有長遠打算，還大體上自視為臨時逃離中國動亂的難民。她令商界人士相信，推廣香港產品確有好處，不及一年，即在一九六零年，她出任香港工業總會的首任總幹事。

當年香港的工業家主要從本地銀行籌集資金，勞動力則依賴成千上萬為逃避中國內戰而湧來的難民。大部份工業屬小規模和勞工密集。香港產品在國際上被認為是低質素和不盡可靠，亦無渠道加以推廣及監管。

原劉素珊除了推動香港工業發展，也參與成立香港管理專業協會。該會是本地提供在職商業管理訓練的主要機構，為不少年青有為的華人打開晉升之門。她擔任該會行政總裁達十七年。鍾士元爵士追述當年該會成立經過時說：「一九六零年三月，我們一行五人的小小代表團，在周錫年爵士率領

下，到澳洲悉尼參加國際科學管理理事會（International Council for Scientific Management）的世界性管理會議。原劉素珊為代表團秘書。我們逐漸體會到她善於組織和管理的特長。她讓我們在悉尼會議後數月內，擬妥協會備忘錄及章程條款、招收會員、舉行創會典禮。協會成立後一年，會員人數已達三百人。」

原劉素珊亦積極參與成立香港出口信用保險局。該局以具競爭力的條件，承保香港製造商及出口商在世界市場營商的風險。一九六一年，她協助成立香港貨運聯席委員會，並出任該委員會名譽秘書一職。聯委會成員包括香港中華廠商聯合會、香港工業總會、香港出口商會、香港總商會、香港印度商會等。她和各成員一起工作六年多後，終於說服他們成立一個香港付貨人委員會。其後加入的有香港棉紡業同業公會、香港塑膠業廠商會、香港航空貨運業協會、香港管理專業協會、香港製衣業總商會、香港出口信用保險局、香港中華總商會等，自此香港付貨人委員會便成為香港最有實力的商業團體之一。

原劉素珊步履縱橫政商兩界，參與成立性質不同的多個商業團體，為這兩個界別建立了有效的溝通渠道。這些非政府團體，是香港發展過程中的一個特色。一九六三年，她以香港政府觀察員身份，出席亞洲生產力組織理事會會議，當時會內已有九名政府代表。該組織旨在提高區內生產力及生活水平。會後她建議香港加入這個國際組織。同年，香港政府加入該組織，並成立香港生產力促進局。一九七八年，她成為亞洲生產力組織的副主席。此外，她協助成立香港理工學院（即香港理工大學前身），提供大專水平的技術及職業培訓，以支持香港工商業的發展。她也積極參與成立多個組織及其管理工作，這些組織包括提供工業訓練及學徒計劃的香港職業訓練局；優化香港產品質素及形象的香港標準及檢定中心；以提高產品設計意識及製造標準為目標的香港工業設計委員會；和旨在改良產品的推廣及保護性包裝的香港包裝協會。

原劉素珊最重要的成就，該是在貿易推廣方面。對於日本貿易振興機構（JETRO）已有效地提升日本產品的價值及商譽，她認為香港可以效法，故大力游說政府。當時的高層官員姬達爵士（Sir Jack Cater）接納她的論點，並邀請她協助成立一個類似的組織。一九六五年，香港貿易發展局成立，由香港華人銀行行長周錫年爵士擔任第一任主席，其後她以該局理事會成員身份，與周錫年代表香港出口業到海外各地訪問。

原劉素珊獲國際專業管理研究中心選為院士，以表揚她對商界的貢獻，只

有少數婦女能獲此榮銜。她出任世界包裝組織（World Packaging Organization）秘書長、亞洲及太平洋經濟社會委員會（Economic and Social Commission for Asia and the Pacific）轄下港口船務出口組主席，以及香港太平紳士。一九七六年又因對工業發展貢獻良多而獲頒授英帝國軍官勳章（OBE）。

一九六七年，中國的文化大革命引致香港出現嚴重騷亂。與大陸不同利益集團有聯繫的左翼份子，在香港街頭打鬥不休，維持治安成了政府首要任務。營商的信心陷於低潮，很多外資公司撤離香港。原劉素珊從多方面協助政府，常常與本地及外國商界領袖舉行會議，討論有關問題及尋求解決方法。一九八零年鍾士元爵士在原劉素珊追悼會上憶述往事。他指出在一九六七年中，香港工業總會理事會舉行一個由他主持的特別會議，商討應否發表公開聲明支持政府。經過整個上午的討論，尚未取得共識。午餐時候，身為總幹事的原劉素珊，說服了全體理事。下午重新開會時，會上一致議決發表聲明，毫無保留及全力支持香港政府。

原劉素珊的興趣並不限於工商業，她和香港當時最大的電影製作公司邵氏兄弟電影公司的邵逸夫爵士合作，創辦一年一度的香港藝術節。她也是多個福利團體董事會成員，包括律敦治醫院和它的姊妹醫院葛量洪醫院。後者是胸肺專科醫院，在區內首創開胸心臟手術。

原劉素珊曾協助成立船務協會，所以一般認為她會在一九八零年出任該會第一任主席。不幸地，她突然染病，入住與她頗有淵源的葛量洪醫院，隨後病逝，相信是死於癌症。那年，她獲邀出任亞洲生產力組織主席，但以健康欠佳為理由而婉拒了。她在一九七六年退休，離開全職服務的香港工業總會及香港管理專業協會。當時這兩個團體為對她表示敬意，特別聯手成立一個以她命名的基金，資助工商界管理人員培訓技能及推展工業和管理範疇的研究。香港管理專業協會並以本地及區內管理事務為主題，定期舉行原劉素珊紀念講座。

曾與原劉素珊一同在多個董事會及委員會工作的姬達夫人（Lady Peggy Cater），把原劉素珊形容為：「雄辯滔滔，有過人說服力及奉獻精神，關心之事雖多，但都有深入認識，所知甚詳，且性格開朗，富幽默感，教人艷羨。」原劉素珊遺下兩個子女，子大衛，女戴安娜，現居澳洲。

梅卓琳

李尚義譯

◈ 姬達夫人寫給作者的私人信件，1998 年。

◈ 《南華早報》前任總編輯羅賓‧夏捷臣寫給作者的私人信件，2000 年。
◈ "It Takes a Team of Five to Replace Susan Yuen." *South China Morning Post*, 25 June 1976.
◈ "A Last Tribute to Hong Kong's First Lady of Industry." *South China Morning Post*, 24 June 1980.
◈ "Leaders Pay Tribute to Susan Yuen." *Hong Kong Standard*, 27 June 1980.
◈ " 'First Lady' Susan Yuen Passes Away." *Hong Kong Industrial News*, 9 July 1980, 10–11.
◈ "Susan Yuen: We Will Not Forget Her." *Shippers Today* (Hong Kong), July 1980.

▥ 273 袁雪芬 Yuan Xuefen

袁雪芬（1922–2011），浙江省嵊縣杜山村人，越劇表演藝術家。

袁雪芬的父親為鄉村私塾教書先生。他在一九三三年七月把袁雪芬送入「四季春」科班學演青衣、正旦，兼學紹興大班和徽班的武戲。一九三六年秋，她隨科班初到上海，與「同春舞台」的紹興大班演員同台演出，並參加灌製了女子越劇的第一張唱片。一九三八年二月上海處「孤島」時期，再次隨科班前往，自此留下從事藝術活動。與小生演員馬樟花合演三年餘，並上電台演唱，擴大了越劇的影響，在藝術上嶄露頭角。為了擺脫當時社會上惡勢力的糾纏，她潔身自勵，持齋茹素，一年四季穿青布旗袍，梳兩條辮子，從不打扮，不唱堂會，不拜「過房娘」。

一九四二年十月起，袁雪芬在進步話劇的影響下，開始對越劇進行重大改革。她拿出自己的大部份包銀，聘請專職編劇、導演、舞美設計、舞台監督，成立劇務部主持演出活動，在越劇界首次建立起正規的編戲排戲制度；廢除幕表制，使用完整的劇本；廢除衣箱制，參照古代繪畫，根據人物身份設計服裝；打破傳統的舞台形式，採用立體佈景、油彩化裝、燈光、音響。經過改革的新越劇逐步形成高度綜合的藝術機制，其他越劇團紛起仿效。新越劇在表演上博採眾長，將話劇、電影重視刻劃人物性格和內心活動的寫實主義表現特點，與崑曲載歌載舞、重視形體動作美化的長處都吸收過來，且加以融化創新。

在唱腔方面，袁雪芬十分重視表達人物的真情實感。一九四三年演出《香妃》時，她與琴師周寶財合作，始創了「尺調」腔，其特色為旋律淳樸，節奏多變，韻味醇厚，委婉纏綿，感情真摯深沉。它逐漸成為袁派的主要唱腔，其他越劇劇團亦加採用，並得到戚雅仙、呂瑞英等一批越劇演員繼承發展。袁派唱腔淋漓酣暢，越劇女性小生特有的優美抒情、含蓄秀逸，深受觀眾喜愛。袁雪芬著名的「三哭」：《香妃》「哭頭」，《一縷麻》「哭夫」，《梁山伯與祝英台》「哭靈」，便能把人物的內心感情細膩地表現出來。

　　在日軍侵佔上海時期，袁雪芬演出了《香妃》、《紅粉金戈》、《木蘭從軍》、《黑暗家庭》、《王昭君》等表現愛國思想、歌頌民族英雄的越劇。一九四五年中日戰爭結束。翌年五月，袁雪芬把改編自魯迅名著〈祝福〉的《祥林嫂》首次搬上越劇舞台，田漢、許廣平（參見該傳）、歐陽山尊、白楊（參見該傳）、胡風等進步文藝界和新聞界人士對演出甚為讚賞，譽之為「新越劇的里程碑」。《祥林嫂》於一九四八年拍成電影。一九四七年八月，袁雪芬參與《山河戀》聯合義演籌款，和其他九名也是極受愛戴的越劇演員一起演出，人稱她們為越劇十姐妹。同年十月，她為筱丹桂之死參加了抗議行動，為此遭到國民黨多次迫害。

　　一九四九年七月，袁雪芬參加上海市軍管會文藝處舉辦的第一屆地方戲劇研究班，任表演系中隊長。是年九月，她和梅蘭芳、周信芳、程硯秋作為戲曲界特邀代表參加了第一屆全國政協會議，並出席了十月一日的開國大典。

　　二十世紀五十年代，袁雪芬繼續改革越劇。一九五零年初，她拍攝十六毫米彩色越劇影片《相思樹》，創造了新的「男調」腔；同年四月，出任上海戲曲界第一個國營劇團──華東越劇實驗劇團──的團長。一九五一年三月華東戲曲研究院成立，任副院長兼越劇實驗劇團團長。一九五二年參加第一屆戲曲觀摩演出大會，獲榮譽獎。一九五三年，她與范瑞娟（參見該傳）合演的《梁山伯與祝英台》，被拍成中國第一部大型彩色戲曲影片，翌年獲國際電影節「音樂片獎」。這影片又獲文化部頒發「1949–1955 優秀影片獎」。她亦排演了根據王實甫原著改編的《西廂記》，成功塑造了崔鶯鶯一角，並於一九五四年獲得華東民間戲劇節的表演一等獎。

　　一九五五年上海越劇院成立，袁雪芬任院長；同年稍後她與許廣平率領中國越劇團赴東德和蘇聯訪問演出。往後數年，袁雪芬一直忙於演出。她分別在一九五六及六二年對《祥林嫂》的劇本和演出作了兩次重大修改和加工。一九六零、六一年，先後到香港、朝鮮訪問演出。一九六五年演出新劇《火椰村》時，與琴師周柏齡合作創造了「降 B 調」唱腔。

　　文化大革命中，袁雪芬受到殘酷的迫害。在這個時期，江青（參見該傳）只准演出屈指可數的樣板戲；越劇幾近銷聲匿跡。一九六六年，袁雪芬失去上海越劇院院長的職位後，被隔離審查。她剛生下孩子，被關在越劇院的一間房子，家只在咫尺之遙，但不能回去看望襁褓中的兒子。當時有很多大字報針對她，她在整整五年的隔離審查期間，肉體和精神上都備受摧殘。當獲釋回家時，

人已因多年的折磨而變得蒼老不堪，六歲的小兒子竟不認得媽媽。

這一次劫難沒有動搖袁雪芬一貫獻身越劇的決心。文革結束後，她再次投身這門藝術，重新受命擔任上海越劇院院長，負責籌劃一系列新劇目的演出，並致力培養青年演員。她去過西德（1977）、日本（1979）、法國（1986）和美國（1989）訪問演出。一九七八年她主演的《祥林嫂》拍攝成寬銀幕彩色影片。

一九八五年，袁雪芬退居二線，擔任劇院名譽院長。一九八六年以「藝術指導」身份與上海越劇院演出團參加巴黎第十五屆秋季藝術節，獲法國多個城市頒發榮譽獎章和榮譽公民稱號。一九八九年夏率團去美國演出。同年獲中國唱片總公司頒發金唱片獎。一九九四年二月獲「寶鋼高雅藝術獎」。此外，她在國內外還獲得多個其他獎項。

袁雪芬曾任全國人大代表和全國人大常委，上海市人民對外友好協會副會長，中國戲劇家協會副主席，上海越劇院名譽院長、藝術顧問。國務院為表揚她對越劇的突出貢獻，確認她為專家，並給予政府特殊津貼。

陳慧

編者按：二零一一年二月十九日，袁雪芬在上海家中去世，享年八十九歲。

◈ 英文《中國婦女》編著，《古今著名婦女人物》，下冊，石家莊：河北人民出版社，1986 年，頁 1029–1033。
◈ 《中國大百科全書·戲曲曲藝》，北京：中國大百科全書出版社，1989 年，頁 558–559。
◈ 「袁雪芬」見 <http://baike.baidu.com/view/154875.htm>，2013 年 5 月 2 日查閱。

▥ 274 樂黛雲 Yue Daiyun

樂黛雲一九三一年出生於貴州首府貴陽。在後毛澤東時代，她以創新理念研究中國文學，建樹良多，人皆稱羨。她的文章〈尼采在中國〉（1980）和所編輯的《國外魯訊研究論集》（1981）一書都試圖重估中國現代文學史，是當時首批研究這個課題的作品。從出版時間看，這些作品勇敢地說出了中國前三十年來沒有人敢說的話，反映出文學批評家的心聲。

在樂黛雲不斷努力下，中國比較文學學會於一九八五年成立。它通過與國際比較文學學會的聯繫，把中國學者帶入了一個國際網絡，參與跨文化的文學和學術交流。這種聯繫也使國際比較文學學會明白到，中國現代文學是世界比較文學研究的一個組成部份，不能再摒之門外。

樂黛雲是北京大學有名望的學者,她的身份有助於促使北大逐漸重開關於現代世界文學(當時仍被視為「資產階級」和「頹廢」的事物)的課程,推動當代西方文學的研究,介紹它的新視角、新理論和新方法。結果哈貝馬斯(Habermas),德里達(Derrida),福柯(Foucault)的評論,以及對文化、性別和後殖民期等跨領域的研究,都是由樂黛雲首次引入北大。不久中國所有重點大學院校也逐漸發展類似課程。她同時參加了中國比較文學學會和國際比較文學學會,並鼓勵盡量多成立隸屬於各重點大學的省級比較文學學會。

樂黛雲從少年時代已十分有主見。她當年去重慶參加全國大學入學考試,結果被南京和北平的大學同時取錄,她選擇了北京大學。一九四八年進入北大之後,成為共產黨新民主主義青年團的一名活躍成員。次年七月加入中國共產黨。一九五零年率領同學參加五四慶祝活動,並以代表身份出席了在布拉格(Prague)舉行的第二屆世界學生代表大會。一九五一至五二年期間,在江西一個土改組工作。回京後從大學畢業,留校任中國文學講師。同年與年輕的中國哲學教授湯一介(1927–2014)成婚。湯一介的父親湯用彤(1893–1964)是知名學者,專注於佛學和印度研究;一九四九至五二年任北京大學校長。樂黛雲嫁入湯家後,公公湯用彤鼓勵她修習中國古典文學,藉之加深對現代文學的體會。

一九五五年肅反運動開始。樂黛雲因去了貴州探望父母而受罰,暫時不准再教書和再當支部書記。這僅僅是她日後多番磨難的起始,原因在於她坦承對文學感興趣,這個說法超越了當局所容許的限度。一九五八年一月二十四日長子湯雙滿月之時,她受到批判並正式劃為右派,遭開除黨籍,遣送北京西郊的齋堂鎮勞改一年。此後二十多年,她多次下鄉勞改,地點都在北京附近。

一九六零年中,樂黛雲的右派帽子被摘除,但名聲仍然不好。在回北大之前,她先被調去靈岳寺研究村史。一九六一年二月,當局不准她教書,要她寫唐詩評論。直到一九六二年秋,才可重上講台,也只是教寫作而非文學。

儘管樂黛雲當時並非歷史清白,她的公公還是帶著她和少數家人出席了一九六二年的國慶大典。公公得到毛澤東(1893–1976)接見,她也有幸與毛主席握上了手。但在一九六四年,中央的工作小組來到北京大學,她再次被迫停止教學。二月,她在三次大會上成為批鬥對象。六月被派去搜集資料,用以推展一個批判資產階級文學觀點的運動。九月被派去農村地方小紅門參加「四清」運動。

正當樂黛雲的境況愈來愈艱難之時，丈夫湯一介卻受到當局高度重視。一九六五年七月，在北京國際飯店召開的全國教育會議上，他是舉足輕重的與會人物。一九六六年，隨著文化大革命的展開，新工作組進駐北大。六月，樂黛雲剛由小紅門返回不幾天，就被派去參加校園的體力勞動。這時校園爆發武鬥，目標之一就是湯一介。紅衛兵砸爛湯家的書籍和記錄，強迫湯家成員交出住房的大部份地方。

從一九六七年起，北大校園成了紅衛兵不同派別之間的戰場。一九六八年一月，樂黛雲與丈夫和孩子們搬出了校園。一九六九年二月，她再次被劃為右派受到批判。這年年底女兒湯丹（生於 1953 年）被分配去黑龍江；她自己被分派去江西省鯉魚洲的幹校。一九七零年，這所幹校成為北大的一個分校，她恢復教授文學。一九七一年鯉魚洲幹校停辦後，重返北大校園。

一九七三年，樂黛雲與北大新聞系的學生一起被派去石家莊。在此期間，她丈夫正陪同毛澤東夫人江青（參見該傳）在該處考察。她看著丈夫在政壇上平步青雲，明白這是因為江青集團刻意把資深學者羅致到他們的宣傳隊伍中，故此非常擔憂。湯一介後來成了「兩校批判組」（指來自北京大學及清華大學的學者）的一員。兩校批判組成立的目的，就是要領導批判林彪（1907–1971）和周恩來（1898–1976）的運動。

一九七四年，樂黛雲由石家莊返北大，正趕上江青集團組織的批判「右傾主義」運動，校園貼滿批鬥她的大字報。這年，她陪同學生去了昌平縣探訪解放軍部隊；與新聞系的學生一起參與《北京日報》的出版工作；並講授了北大關於法家的課程。一九七五年，她被派往河北省大興縣的北大農場，邊工作邊教書。後來因甲狀腺病復發，病情嚴重，便回了北京。她後來被分派去教外國學生中國文學。鄧小平（1904–1997）這時已重返政壇，並安排文革中被打倒的老幹部復職，以求逐步穩固他的權力基礎。這年八月，江青集團利用毛澤東對歷史小說《水滸傳》的評論來攻擊鄧小平，且要求兩校批判組提供所需材料。一九七六年一月八日，周恩來總理逝世，二月北大出現攻擊鄧小平的大字報。激烈的黨內鬥爭一直持續到年底，期間毛澤東在九月二十六日去世，江青集團隨之被捕，內鬥才算告終。這些事件自然對湯一介有影響。他因屬兩校批判組成員而被拘留。在北大的批鬥會上，他與其他成員一起遭到批判。

一九七八年十一屆三中全會上，鄧小平以及其新政策取得黨的支援。接著湯一介獲釋，重返北大教授哲學。樂黛雲也得到平反，恢復黨籍。鄧小平的政

治權力日增，他所推行的重大政策中，包括把中國向外開放和重新器重知識份子，讓他們提出意見，作出貢獻；凡此種種，都為樂黛雲和湯一介帶來轉機，兩人在各自的學術領域中很快便赫赫有名。

一九八二年，樂黛雲在加州大學柏克萊分校中國研究中心尋得一個研究職位。一九八四年回北大之前，她完成了對中國小說中知識份子形象的研究；同時開始寫自傳。這部自傳由卡羅琳・維克曼（Carolyn Wakeman）執筆，名為 *To the Storm: The Odyssey of a Revolutionary Chinese Woman*（《面向風暴：一個中國革命女性的艱辛路程》——編者意譯，1985 年），對文化大革命的論述不偏不倚，是同類作品的先行者。

一九八四年十一月，在北大哲學系的一群著名教授包括馮友蘭、張岱年、朱伯崑、湯一介等推動下，中國文化書院創立了，其間樂黛雲也有參與。該院與中國社會科學院、人民大學、北京師範大學、清華大學、北京師範學院，以至香港、台灣及海外的學者聯繫交流。它的重要性在於它是中國自一九四九年以來的第一間非政府組辦的私人資助學術機構。

樂黛雲對於現代文學的熱忱與投入，感染了她眾多的學生。現在，他們當中有不少已在國內外大學享有崇高的學術地位。樂黛雲的成就，特別是二十世紀八十年代初的成就，得來不易。如果她不是長期身負右派之名，如果她不具說服力，更重要的是，如果她在面對根深蒂固的官僚作風時不堅持原則，相信難有今日成就。

樂黛雲歷任北京大學比較文學與比較文化研究所所長（1985–1998）、國際比較文學學會副主席（1989–1997），自一九八九年起擔任中國比較文學學會會長。一九九零年獲加拿大麥馬示達大學（McMaster University）頒授榮譽文學博士學位。

陳順妍
張建農譯

◈ 樂黛雲，〈尼采在中國〉見《北京大學學報》，1980 年 3 期，頁 20–32。
◈ ——編，《國外魯迅研究論集：1960–1981》，北京：北京大學出版社，1981 年。
◈ ——，《我就是我：這歷史屬於我自己》，台北：正中書局，1995 年。
◈ ——，《透過歷史的煙塵》，北京：北京大學出版社，1997 年。
◈ Yue Daiyun and Carolyn Wakeman. *To the Storm: The Odyssey of a Revolutionary Chinese Woman.* Berkeley: University of California Press, 1985.
◈ Poon, Cathy, trans. "Nietzsche in China." *The Journal of the Oriental Society of Australia,* 20 & 21 (1988–89) : 199–219.
◈ 「國學泰斗湯一介辭世」見 <http://www.hkcd.com.hk/content/2014-09/14/content_3379052.htm>，

《香港商報》電子報，2014 年 9 月 14 日。2015 年 5 月 19 日查閱。

◈ 「樂黛雲」見 <http://baike.baidu.com/view/286679.htm>，2015 年 10 月 22 日查閱。

▥ 275 曾昭燏 Zeng Zhaoyu

曾昭燏（1909–1964），湖南湘鄉人，考古學家及博物館專家。

曾昭燏的家族有數位知名女性。曾紀芬（參見《清代婦女傳記辭典》），晚清改革重臣曾國藩（1811–1872）最小的女兒，嫁入湖南衡山聶家。郭筠（參見《清代婦女傳記辭典》），是曾國藩第三子紀鴻（1848–1881）的妻子。曾寶蓀（1893–1978），曾國藩的曾孫女、郭筠的孫女，是中國女性中第一個在英國大學畢業，並在一九一六年獲倫敦大學頒予理科學士學位。此外，她也取得教育文憑。之後返回長沙，籌辦藝芳女校，以紀念祖母。

曾昭燏父親名泳周，母親名陳秀瑛，曾祖父國潢（1820–1885）是曾國藩之弟。昭燏在七兄弟姐妹中排行第三，二哥昭掄（1899–1967）是著名化學家，弟弟紹杰（1910–1988）是著名書家兼金石家，妹妹昭楣憶述年幼患病時，昭燏都會給她講故事、剪紙人、餵藥。曾家家教甚嚴，對孩子的教育尤為重視：子女足五歲，即請塾師到家中教授；滿十二歲則送往長沙進初中。曾家子弟中，昭燏被認為是學問工夫做得最精的一個，詩詞歌賦，無所不能。

一九二九年，曾昭燏考入當時頗負盛名的南京中央大學文學系。她在校表現，備受諸位教授稱許，她的書法亦得到很高的評價。畢業後，進入金陵大學國學研究所深造。在這個時候，她已是知名詩人，且能文。

一九三三年，曾昭燏受聘南京金陵男大附屬中學，教高三國文。一九三五年夏，自費赴英攻讀考古學，翌年取得碩士學位後，轉往柏林德國國家博物院研習博物館學，同時參加柏林地區及什列斯威格（Schleswig-Holstein）田野考古發掘。一九三八年，任倫敦大學考古學助教。當時正值日本侵華，曾昭燏寧放下個人事業，決定返國與國人共患難。那時日軍已佔領湘粵兩省，她回到湘鄉老家，才知母親已逃往桂林。她趕到桂林，登報尋得母親，再一起去昆明。在昆明，她接受國立中央博物院籌備處的聘請，擔任專門設計委員。二哥昭掄這時在附近的西南聯大教書，兩個妹妹也在那裡就讀。後來母親因糖尿病不治辭世，她便開始資助妹妹的生活費，讓她們順利完成學業。

一九三九年，曾昭燏隨同考古隊到大理，發掘新石器時代的遺址。這是她首次在國內，以西方的技術和方法，來開展田野考古，也是中國第一次在雲南

省實踐「鋤頭考古」。從一九三九年三月至翌年九月，共發掘五處：馬龍遺址、佛頂甲乙二遺址、龍泉遺址、白雲甲遺址；發現的實物，非常豐富。一九四零年下半年，她隨中央博物院遷到四川省南溪縣李莊鎮。一九四二年，她和吳金鼎合編的雲南省考古報告出版，報告分甲乙兩編，乙編由她一人執筆，題為〈點蒼山下所出古代有字殘瓦〉。這報告大大豐富了古代雲南地區的研究。

一九四零至四三年，中央博物院與中央研究院歷史語言研究所合作，擬定計劃在四川考古。這計劃的首個目標就是成都附近彭山縣的漢代崖墓。曾昭燏這時三十歲出頭，滿腔熱情，幹勁十足，親自參與許多座崖墓的發掘，又回辦公室工作，編寫報告。她深信以文字寫的歷史，是有限的、抽象的；必須參照實物，才能體會出具體的物象。她早年決定研讀博物館學，正是基於這信念。她與李濟（中央博物院籌備處主任）合寫了《博物館》一書。這書看來主要由她編寫，雖只有八十四頁，但附有中、英、法文參考書目，在中國博物館學的研究上，佔有重要地位。

一九四五年中日戰爭結束後，曾昭燏隨中央博物院遷返南京原址，並出任該院總幹事，續任專門設計委員。該院曾遭日軍轟炸和破壞，荒涼滿目。她借用院外的場地，舉辦了兩次展覽，一次是漢代文物展覽，一次是青銅器展覽。一九四八年春，院內陳列室基本修復，她與故宮博物院聯合舉辦了一次大型的文物展。

一九四八年底，淮海戰役後，國民黨傷兵運到南京，一部份安頓在中央博物院。這事，曾昭燏當然不樂。蔣介石（1887–1975）要把博物院古物運到台灣，她力加阻止，並向國民黨高級官員求援，惜無濟於事。妹妹表示，姐姐昭燏十分痛心，覺得自己應留在中國大陸。那時期，中央博物院的大樓，仍在興建中。對這苦心經營的場所，曾昭燏不願中途放棄。雖然她很多朋友同事都去了台灣，她和二哥昭掄卻留在大陸。在中共治下，中央博物院改名為南京博物院。一九五零年三月，新博物院正式重開，由曾昭燏任副院長，徐平羽任院長。一九五五年一月，曾昭燏升任院長。

一九五零年，曾昭燏親自領導南唐二陵（李昪和李璟）的發掘工作，並編寫了專著《南唐二陵》。五十年代，她先後兼任治淮文物工作隊和華東文物工作隊隊長的職務。山東沂南發現漢畫像石墓後，她又主編了《沂南古畫像石墓發掘報告》。同期她在江蘇進行的發掘，也收獲甚豐，其中關於石器時代的資料，極具開創性。她和尹煥章合作，寫了兩篇重要論文，即〈試論湖熟文化〉

及〈江蘇古代歷史上的兩個問題〉。她在歐洲讀書時，就體會到民族學非常重要。所以，她組織訓練班，培訓專職人員，在江蘇浙江一帶，做民族學調查徵集。她認為江浙畫家在中國畫史上舉足輕重；而她最感興趣的是明清畫作。到一九六零年，南京博物院所藏書畫已有三萬多件，在收藏質量上被評為全國第三位。

五十年代，中國的考古學見證了長足的發展，成為地位崇高的一門專業，而曾昭燏是促成這發展的一股重要力量。她一直獨身，把時間都用在工作及研究上，所作貢獻，也得到認同。多年後，她的一位同事唐茂松對她推許如下：

> 在我國考古學界，流傳有「南曾北夏」的讚語，公認你和夏鼐是南北兩方的一對魁首。
>
> ⋯⋯
>
> 令人對你敬佩的，不只是你所取得的優秀學術成果，還在於你從不擺「權威」的架子，時時處處嚴於律己，正確對待自己的不足和失誤。

以上的評論，連同其他悼念文章，均收錄於一九八四年（即她逝世20周年）出版的第六期《南京博物院通訊》。她的其他同事亦指出，即使在戰時，生活艱辛，她仍慷慨助人。此外，她又生活簡樸，從早到晚地工作，把一切都獻給事業。餘暇則有時低吟心愛的崑曲，惜因學術工作繁忙，未有抽空看戲。

然而，曾昭燏在共產黨於一九四九年後推展的政治運動中，卻表現積極。例如在五十年代初期，國民黨學者胡適（1891–1962）被批判時，她立即把胡適當年送她的一部《胡適文存》交給共產黨。她擔當了統戰的工作，通過電台向她在台灣的親戚喊話；又與知名人士發表聯合聲明，要求被蔣介石偷偷運走的文物，再運回大陸。她多次申請加入共產黨，表示願對自己的過去，嚴加批判，但始終未獲批准。結果，她當上了第二屆全國政協委員，第三屆全國人大代表，還在江蘇省和南京市的婦聯、對外文協等組織中擔任領導職務。她也是中國考古學會籌備會理事、江蘇省哲學社會科學聯合會的首任副主席。毛澤東（1893–1976）在一次講話中，還特地提到了她：「曾國藩的後代，還有個叫曾昭燏的。」

一九五七年，曾昭燏的二哥昭掄，本是高等教育部副部長、民盟中央常委，突然被劃進了「右派陣營」，變成了階下囚。一九六四年，在社會主義教育運動（即「四清運動」）中，許多著名學者，包括她所敬重的，遭受批判。她大受刺激，有苦有懼，卻不敢向人傾訴。她變得憂鬱寡言，終致精神分裂，住進

了南京丁山療養院。朋友到訪時，她淒然地說：「別再寬慰吧，我不行了。」據說在一九六四年十二月二十二日，她主動提出要送治療她的醫生回家。用小轎車送回醫生後，她對司機說：「去靈谷寺吧！我想散散心。」靈谷寺前停了車，她把一包蘋果送到司機懷中，輕輕地說：「請你吃著，等我一會兒。」她登上了靈谷寶塔，然後縱身一跳，了結生命。

曾昭燏屬於第一代中國女性，可和男性一樣，取得西方專業資格，並享有同等機會，發展事業。她專注於考古及文物研究，在這方面亦取得驕人成就。可惜的是，五十年代後期至六十年代中國的政治制度和氛圍，對她的心理狀態、事業都有著不良影響，窒礙了她爭取更佳成果。這樣說，是因為國內適逢在考古學上多所發現，情況之佳，屬前所未有。她死時年僅五十五歲，這樣結束生命，實屬悲劇，也是社會的損失。

本傳記取材自李又寧一篇詳述曾昭燏生平及成就的文章，而文章則基於書面及口述資料寫成。

梅卓琳

陳玉冰譯

◇ 李又寧，〈曾昭燏（1909–1964）——我國最傑出的女性考古學家及博物館學家〉見《近代中國婦女史研究》，1993 年 6 月，1 期，頁 35–46。
◇ 南京博物館編，《曾昭燏文集》，北京：文物出版社，1999 年。
◇ 南京博物院編，《曾昭燏紀念——文博大家曾昭燏百年誕辰》，南京：江蘇人民出版社，2009 年。
◇ 「曾昭燏」見 <http://baike.baidu.com/view/585788.htm>，2013 年 6 月 28 日查閱。

▥ 276 曾志 Zeng Zhi

曾志（1911–1998），湖南宜章人。在中國共產黨裡，她是有數組織力出眾的女黨員之一，曾出任中共中央組織部副部長。

曾志出身富裕家庭，外祖父有一百多畝良田，畢業於政法大學，是當地有名人物。曾志天生剛強、叛逆性格，據說漂亮而野氣，從小不甘於當富家小姐，也不打算做省議員夫人，反而選擇走職業革命家的道路。

曾志在衡陽湖南第三師範學校念書時，同學中有「湖南革命兩大家」中毛澤東（1893–1976）家族的毛澤健，夏明翰家族的夏明衡、夏明瑜，他們的革命思想對她影響極大。她也讀了許多武俠小說，從此不愛紅妝，一心想當女俠。由於不願聽天由命，她想女扮男裝投考黃埔軍校，後受同學影響考進了「三分軍事、七分政治」的湖南衡陽農民運動講習所，成為後來以軍事訓練為主的農

民講習所唯一的女學員。

一九二六年十五歲時，曾志參加革命，在郴州開展農運工作，參與組織一支游擊隊，上山打游擊。不久，她腰繫紅帶，手執紅纓槍，以一身男裝率領游擊隊參加了湘南農民暴動，當了農軍宣傳隊員，開始了職業革命家的生涯。她與夏明翰的弟弟、農民講習所教務主任夏明震（1907–1928）相愛結合。不到一年，湘南暴動失敗，夏明震犧牲。

一九二七年，曾志隨湘南農軍上了井岡山，與毛澤東、朱德（1886–1976）率領的紅軍會合，湘南農軍當初重組為紅軍七師，不久即改編為紅三十一團。她在該團當宣傳隊員，當時已和曾任七師政委的蔡協民（1901–1934）結婚。她又擔任紅軍後方總醫院黨總支書記。一九二九年初，和蔡協民所生的兒子尚在襁褓，為了革命事業，把小兒交給井岡山的一戶農家撫養，然後隨毛澤東、朱德、陳毅的紅四軍進軍東南，擔任工農運動委員會民運股長兼婦女組長，率領百多名婦女隨軍遠征，參與開闢贛南、閩西革命根據地。在毛澤東的直接領導下工作，與他和其他中共領導結下深厚友誼。紅軍打下閩西後，擔任共青團閩西特委書記，離開了紅軍，長期從事地下工作和建立地方武裝勢力，成為有名的「閩西女將」。

因黨的活動經費緊張，曾志為交黨費忍痛賣掉次子。這期間蔡協民被劃作「社會民主黨」人，被迫害致死。一九三二年，她三度結婚，丈夫是中共著名人物、當時的中共福州中心市委書記陶鑄（1908–1969）。她在廈門白區從事地下工作時期，因中共肅反擴大化迭遭厄運，四次被冤屈挨整，一度被逐出黨。一九三八年第二次國共合作時期，擔任中共湖北荊門、當陽、遠安三縣地下縣委書記，公開身份是荊門合作飯店女老闆，實際負責由共黨部隊改編而成的國民黨三十三集團軍的兵運工作。

曾志一九三九年到達延安，陶鑄翌年來到，兩人自此一起生活。曾志在馬列學院學習。一九四一年延安推行整風運動，她雖然一直對黨忠誠，英勇效力，還是無端蒙冤，被審查看管了一年多。陶鑄則未受批判。她得到平反後，重新當選為中共第七次全國代表大會候補代表。一九四五年抗日戰爭結束後，隨陶鑄赴東北開闢根據地，先後擔任瀋陽鐵西區委書記、瀋陽市委委員，遼寧省第一地委組織部長、遼吉第一、第五地委副書記兼組織部長等職，在白山黑水間戰鬥了四年。

一九四九年三月，曾志到北京參加第一次全國婦女代表大會。同年十月一

日，出席了中華人民共和國開國大典。一九四九年解放後繼續出掌要職，曾任廣州市委書記。陶鑄則任廣東省委書記。一九六六年八月，陶鑄已是中國共產黨中央常委，成為中共的「第四號人物」，接著文革爆發，受到林彪、四人幫集團的殘酷迫害。同年九月，曾志帶病從廣州到北京，跟陶鑄度過了三年艱難困苦的日子。最後，陶鑄放逐安徽，不久因癌病逝，體弱多病的曾志下放到廣東一個農村，在一間四面漏風的破舊小屋，孤苦伶仃地生活了三年。一九七六年粉碎四人幫後，陶鑄、曾志得到平反，曾志並出任中共中央組織部副部長，協助時任中共中央組織部部長的胡耀邦（1915–1989），執行撥亂反正、平反冤假錯案的繁重工作。

一九八七年，曾志主編合共三卷的《長征女戰士》，她在序言中盛讚「長征女戰士不僅是中國革命婦女的榜樣與驕傲，也是世界婦女的榜樣與驕傲。」對於自一九七七年起進行的平反工作，她沒有忘記，並以三十七公斤的體重和已近九十歲的高齡，在病榻上主持完成了有關的紀事著述，還寫下了四十萬字的自傳。她癌病惡化之後，口述了一份關於「財產」的囑託並讓女兒陶斯亮（生於 1940 年）記錄下來。她說：「共產黨員不該有遺產，我的子女不得分我的這些辛苦錢！」她有十四萬元的積蓄，主要是文革後補發的工資。除此之外，她又將每月節約下來的零用錢分別裝進八十多個信封內，以此證明她分文不貪。一九九八年六月十六日，她陷入昏迷。翌日見她清醒過來，陶斯亮趕緊把老人的自傳快將付梓的好消息告訴她，她只說了一句話：「別把我抬得太高了。」這是她生前說的最後一句話。她在六月二十一日在京辭世，享年八十七歲。按照母親的囑託，女兒將款項和零用錢共十六萬元轉交中組部老幹部局，請他們轉給湖南祁陽縣和宜章縣最偏遠貧困的地區興建希望小學；並留下一些做老幹部活動基金以及供日後出版亡母兩本遺著之用。教人猜不透的是，從二十世紀三十年代開始，曾志以至她心愛的人，多年來屢次受到極不公平的對待，但她看來沒有對共產黨或黨領導心懷怨憤。

曾志是職業革命家，具有堅強的獨立人格，她曾說：「我最討厭別人叫我『首長夫人』，我討厭只當『夫人』。」她的一生多姿多彩而又荊棘載途，在福建，磨難日子最多，在廣東，工作時間最長，而在北京，則生活得最久，但她對井岡山卻是魂牽夢縈，刻骨銘心，始終不能忘懷。家人遵照她的遺願，把她的骨灰分別埋在井岡山的一棵樹下，和廣州白雲山陶鑄墓的大石底下。

郭晨

◈ 曾志主編，《長征女戰士》，3 卷，長春：北方婦女兒童出版社，1987 年。

◈ ──，〈陶鑄在遼吉戰火中〉見《筆祭陶鑄》，北京：人民出版社，1990 年，頁 143。

◈ ──，〈與毛澤東的交往〉見《中國女紅軍》，西安：陝西人民出版社，1996 年，頁 180–196。

◈ 權延赤，《陶鑄在文化大革命中》，北京：中共中央黨校出版社，1991 年。

◈ 「蔡協民」見 <http://baike.baidu.com/view/366649.htm>，2013 年 5 月 9 日查閱。

◈ 「夏明震」見 <http://baike.baidu.com/view/1300008.htm>，2013 年 5 月 9 日查閱。

▥ 277 翟永明 Zhai Yongming

翟永明一九五五年生於四川成都，中國傑出詩人。

二十世紀八十年代中期，「女性詩歌」逐漸成為中國文壇一個重要議題，翟永明的名字便是在這場爭論中初為人知。她固然提出了詩歌中「女性意識」的概念，但她的生活和創作也涉及中國當代文學的其他問題，諸如大陸詩歌的獨特風格，官方與非官方文學團體並存的情況，地方文化主義與北京霸主作風的抗衡，以及旅居異國的中國作家與藝術家。

翟家祖籍河南。翟母部隊工作繁重，又須照顧四個孩子，感到十分吃力，只得將八個月大的女兒永明交給成都一對老夫婦撫養。老夫婦和別人合住於舊式四合院的木板房。在永明的成長過程中，養父母對她的管教不如生母嚴厲。當翟母從部隊復員返回成都時，永明已經十四歲，且並非如傳統要求般溫順。隨之而來的母女衝突從未真正化解。翟永明將與母親的關係概括為「疏遠」。在保存自我及堅持獨立的前題下，她嘗試與母親和解，但都無功而回。八十年代初期，當她開始認真創作時，寫下〈母親〉一詩，反映兩人關係，這也是她最著名的詩作之一。

翟永明早於一九六九年開始寫詩。她記得曾試寫過傳統體裁的詩歌，但不久就放棄了那些舊體詩，情況一如其他卓有成就的中國當代詩人。由於文化大革命的爆發，教育系統陷於癱瘓，她與無數城市青年一樣，在六十年代後期一度中斷了中學教育。遲至一九七四年，才從成都一所高中畢業。後來和同學下鄉插隊落戶，他們在農村或工廠生產單位生活和工作，這是當代知識青年都會踏上的路。她在距成都不遠的一個村莊生活了近兩年。這段經歷成為了她早期的重要作品長詩〈靜安莊〉的題材。這詩的十二個章節由一年的十二個月命名。它以文藝手法描寫當地農民的艱苦生活。從更廣的角度看，它揭示了人在命運的擺弄下，是多麼渺小與無奈。

　　一九七六年，翟永明調回成都。在工廠工作了六個月之後，就和其他幸運兒一起獲得高等學府取錄。她進了成都電訊工程學院激光技術系，並於一九八零年畢業。翌年被分配到也是位於成都的兵器工業部二零九研究所。儘管她的主要工作是文學創作，她與研究所的正式關係一直維持到九十年代。一九八四年，她成為中國作家協會四川分會的會員。

　　翟永明於一九八零年正式開始寫作，一九八二年起發表作品。那年，她的兩首詩歌被選入《次生林》。《次生林》是一本早期前衛詩歌選集，以成都為重心，極具影響力。這詩集也選錄了諸如柏樺、黃翔、歐陽江河以及鐘鳴等著名詩人的作品。《次生林》是中國大陸典型的地下或非官方詩刊，對後毛澤東年代的詩歌發展起推動作用。這類刊物中最著名的要數一九七八至八零年在北京刊行的《今天》。政府通常對它們採取寬容態度，只要它們不觸及政治敏感話題，不在官方市場發行和銷售便可。八十到九十年代，中國各地區通過這些地下和非官方渠道，在政府認可的狹窄正統文化規範之外，進行了廣泛的詩歌探索。

　　翟永明寫作和發表了若干中國文學界視作「短詩」的作品（大約一頁長）之後，於一九八四年寫成〈女人〉一詩，才在創作道路上真正地跨出了一大步。這詩由四部份組成，每一部份由四至五首既各自獨立同時又於主題與風格上一致的詩歌組成。一九九零年，她繼續以創作長篇幅的詩歌為主，如前已提及的〈靜安莊〉，中國詩界稱之為「組詩」或「長詩」。她從事創作之初，便在地下和非官方刊物持續發表作品。一九八六年，她終於在官方刊物取得突破。那年，《詩歌報》刊登了她的〈女人〉及一篇宣言式作品〈黑夜的意識〉。隨後，全國性的權威刊物《詩刊》也發表了這詩。其他主流的官方期刊，包括《人民文學》、《中國作家》和《星星詩刊》，在八十年代後半期也相繼登載了她的作品，在在顯示〈女人〉的發表幾乎讓她一夜成名。此外，凡匯編八十年代末期及以後詩作的重要詩集，皆大量收錄她的作品。她的兩本詩集也先後於一九八八及八九年由極具聲望的出版社出版。詩集之一以她的最佳詩作命名，即《女人》，另一則稱《在一切玫瑰之上》。凡此種種，均為她聲名鵲起的佐證。

　　翟永明對後毛澤東年代的詩歌，貢獻良多，而由她的詩歌所引發對「女性詩歌」的爭議，意義尤深。再者，她又在不同場合以鼓動者兼專家的特殊身份重新評價這場論爭。在〈黑夜的意識〉一文中，她以黑夜隱喻女性意識，第一次提出「女性思想」以及女性特色在詩歌中的升華。她認為女性意識有三種傾

向：「女子氣，抒情感傷」，「不加掩飾的女權主義」以及立基於女性意識以表面不易察覺的方式表現自己的「女性文學」。

對於同時代詩人，翟永明指出有幾位中國女詩人還沒有意識到她們自身的微妙威力。她趕緊補充說她從沒有認為自己是個「典型的女人」。她的文章語調嚴肅，反映十足的理想主義，取態和不少同時代的詩人及評論家一致。其實，在後毛澤東時代的詩壇，有一位頗具影響力的女詩人比翟永明出道更早，她就是擁有眾多讀者的舒婷（參見該傳）。舒婷在「朦朧詩」界是個極為響亮的名字，而《今天》則是率先討論此類詩歌的刊物。舒婷最重要的成就是在平衡了七十年代末八十年代初反權威詩人所表現的悲觀絕望的情緒，並與他們合力討回詩歌應有的地位，不再受政治干擾。

翟永明的〈女人〉和〈黑夜的意識〉立即引起唐曉渡的注意。唐氏為中國八十到九十年代的重要詩歌評論家。早於一九八七年，他就在《詩刊》上發表評論文章〈女性詩歌：從黑夜到白晝〉，對翟永明作品中提出的女性詩歌概念，給予高度讚揚。他承認中國二十世紀文學由男性世界觀主導，而這情況還延伸到女性文學的創作和討論。他認為儘管自二十年代新文化運動以來，女性文學的創作和相關的理論性宣言極多，但翟永明的詩歌和評論才是真正的突破：她的作品已成功擺脫由男性塑造的女性形象。這特色在她解構傳統（女性）美的觀念時尤其顯著。他強調翟永明的詩歌獨樹一幟，並指出她「女性詩歌」的特徵，以及她與西爾維亞・普拉斯（Sylvia Plath）等外國女詩人相近之處。

唐曉渡與翟永明展開公開對話之際，後毛澤東年代詩壇正步向百花齊放、前所未有的興盛期。八十年代後期，「女性詩歌」迅速成為蓬勃的大陸文壇內活躍的一環，不論官方或非官方刊物，均大量發表。官方刊物發表的作品中，最突出的例子要算《詩刊》一九八九年六月的「女性詩歌」特刊中一篇長達二十頁的文章。這本特刊在天安門的抗爭運動（現稱六四事件）前幾天發行，收錄了鄭敏、伊蕾、翟永明、海男、王小妮、小君、陸憶敏等人的文章。這些文章持不同觀點，或褒或貶，有的深思熟慮，有的主觀衝動，但同樣說明一點：即使官方承認「女性詩歌」重要，各人對它仍是爭論不休。翟永明的文章〈「女性詩歌」與詩歌中的「女性意識」〉，應是迄今為止評論此課題最鏗鏘有力的文章之一。文章以她一貫優雅簡約的語調，一針見血地提問道：如果女人寫的關於女人的詩是「女性詩歌」，那麼男人寫的關於女人的詩應如何歸類？評論家專注於作家的性別而非作品本身是否恰當？這場爭論會否弄致女詩人自我局

673

限於「眾所皆知的有關女性的神話」的框架之內？翟永明總結道：「真正的『女性意識』不是靠這些固定的模式來表現，它必定會通過女詩人的氣質在她的作品中有所表現，無論她寫的是何種題材以及何種表達方式。問題不在於寫什麼，而在於怎樣寫。」簡言之，翟永明不單有創見、洞察力，且能在竭力引發嚴肅討論的同時，保持文學評論家應有的距離。

如果說這份重要官方刊物的「女性詩歌」特刊證明了翟永明對當代社會的影響——事實上，她的詩歌廣受讀者歡迎，也可說明此點——那麼，這一定意義上也標誌著她成長為藝術家的過程中一個階段的終結。一九八零年至八九年間，她的創作除圍繞女性外，還摻雜其他課題，包括自我探索、個人與周圍環境的關係、命運的角色、夢想與理想的真實性等。她以文學手法把這些課題一道刻劃出來。風格方面，她的組詩和長詩語調急切，時而怪譎，堪稱她藝術創作的獨特標誌。以她的〈女人〉組詩中〈預感〉的首節為例：

> 穿黑裙的女人夤夜而來
> 它秘密的一瞥使我精疲力竭
> 我突然想起這個季節魚都會死去
> 而每條路正在穿越飛鳥的痕跡
> 貌似屍體的山巒被黑暗拖曳
> 附進灌木的心跳隱約可聞
> 那些巨大的鳥從空中向我俯視
> 帶著人類的眼神
> 在一種秘而不宣的野蠻空氣中
> 冬天起伏著殘酷的雄性意識

一九九零至九一年，翟永明生活上起了變化，這經歷最後將她引領到一個全新但個人色彩又清晰可辨的詩藝境界。這個轉變很可能是因她的個人抉擇而引發的。

一九八九年的六四事件迫使不少中國大陸作家與藝術家反省。身為詩人的翟永明，並不以社會與政治為重。事實上，在一九八九年的社會政治動盪與她的文學作品之間，很難找出直接而明確的聯繫。那些年中，對她的寫作影響最大的，是她離開成都這件事。一九九零年十二月，她隨夫移居紐約。她丈夫何多苓是位成功的畫家，因緣際會，可到紐約工作和生活一段時間。儘管多年來她相當滿足於作為成都前衛文藝界的一員，但旅居海外，擴闊眼界，也令她興奮不已。然而，夫妻倆到紐約後，對某些事情，卻頗感失望。翟永明很快意識

到「她用英語表達自己絕不能表達得像用漢語那麼好」，結果她乾脆放棄學習居留國的語言。他們主要是和紐約的大陸華人交往。

　　整體來說，翟永明在紐約並不感覺自在，幾乎停止了寫詩。就像她後來所說的那樣，她感覺自己是訪客而非居民。一九九一年間，翟永明和何多苓決定不再在紐約居住，並搖身變成遊客。他們買了一輛車，開始到美國各地遊覽，從新墨西哥到阿拉斯加，均留下足跡。兩位藝術家都覺得此次穿越北美之行能激發靈感，但對於下一個目的地，卻已心中有數，就是返回家鄉，不僅僅是中國，而必須是成都。

　　一九九二年六月返國途中，翟永明和何多苓到了荷蘭的鹿特丹（Rotterdam）。在那裡，翟永明與顧城、洛夫、芒克等來自中國、台灣以及海外的華人詩人，一起參加了該年度的國際詩歌節。與會者還包括世界知名作家如約翰・阿甚貝利（John Ashbery），米洛斯拉夫・赫魯伯（Miroslav Holub），詹姆斯・梅利爾（James Merrill）以及維克拉姆・塞斯（Vikram Seth）等。在出席國際詩歌節前，夫婦倆在倫敦逗留了幾天。翟永明參加了由倫敦大學東方與非洲研究院（School of Oriental and African Studies）舉辦的中國當代詩歌研討會。正是在這一時期，她的詩開始被譯成荷蘭語、英語、法語、德語以及日語。

　　返回成都後，翟永明又逐漸作起詩來。如果說這段海外生活體驗重新證實了她的根植於故土和母語，那麼也可以說它給予她知識和藝術方面的啟迪。九十年代初期，她旅居美國，歸國翌年即一九九三年創作了〈咖啡館之歌〉，評論界認為這詩標誌著她寫作的一個轉變。與她八十年代大部份詩作比較，〈咖啡館之歌〉無疑較多敘事，更趨客觀，在本質上較少自我表白，這可由該詩第一部份〈下午〉一段中看出：

　　　　憂鬱纏綿的咖啡館
　　　　在第五大道
　　　　轉角的街頭路燈下
　　　　小小的鐵門
　　　　依窗而坐
　　　　慢慢啜飲禿頭老板的黑咖啡
　　　　「多少人走過
　　　　上班、回家、不被人留意」
　　　　我們在討論乏味的愛情

675

「昨天我願
回到昨天」
一支懷舊的歌曲飄來飄去

　　一九九四年問世的《翟永明詩集》，仿如正式宣布翟永明與何多苓夫婦重返成都藝壇。詩集製作精美，封面是詩人的肖像，由她的畫家丈夫繪畫，維肖維妙。詩集收有她早期詩作和一九九二年回國後的部份創作。她的另一部詩作《黑夜裡的素歌》於一九九七年出版，展示了她在詩歌創作上的新方向。她在九十年代寫的詩歌以及一九九五年的〈再談「黑夜意識」與「女性詩歌」〉使評論界認識到，翟永明其人其詩遠遠超出了「女詩人」之名所能包含的內涵。自從她的處女作在一九八六年正式發表以來，「女詩人」這個標籤多年以來一直如影隨形，這情況倒也不難理解。資深評論家唐曉渡又一次撰文，對她的整體詩作詳加剖析，文章以〈誰是翟永明？〉為題，頗為恰當。

　　一九九七年，翟永明參加了法國與義大利詩節。無論是在這些國外公開場合還是在國內的類似活動，她總是謙遜自持，對個人日程以外爭名奪利的文藝活動一概婉言謝絕。若要解答唐曉渡的提問，必須從翟永明的詩歌，偶爾的談訪以及收錄於《紙上建築》（1997）的文章中尋找答案。這些作品勾劃出詩人性格堅強，又極有創意的形象，她參與塑造二十世紀後期中國的前衛文化，一再堅持以獨立自主、敢於創新的精神，抗衡八十年代政府為深化其認可的意識形態而給予人民的沉重壓力，以及九十年代走向商業化的局面。

柯雷
陶乃侃、張建農譯

　　編者按：到了二十一世紀，翟永明仍繼續寫作。根據一間叫卡夫卡詩歌書店（Kafka Books）的網絡書店，它在二零零六年售出最多的十五部中文個人詩集中，就包括翟永明的《終於使我周轉不靈》。二零零七年，翟永明應電影導演賈樟柯之邀，為其新片《二十四城記》寫劇本，這是她的第一部劇本。二零一二年，她贏得義大利的 Piero Bigongiari del Ceppo di Pistoia 國際文學獎。

◇ 唐曉渡，〈女性詩歌：從黑夜到白晝——讀翟永明的組詩《女人》〉見《詩刊》，1987 年 2 期，頁 50，58–59。

◇ ——，〈誰是翟永明？〉見《今天》，1997 年 2 期，頁 49–64。

◇ 翟永明，《女人》，桂林：漓江出版社，1988 年。

◇ ——，《在一切玫瑰之上》，瀋陽：瀋陽出版社，1989 年。

◇ ——，〈「女性詩歌」與詩歌中的女性意識〉見《詩刊》，1989 年 6 期，頁 10–11。

◇ ——，〈黑夜的意識〉，重刊於吳思敬編選，《磁場與魔方：新潮詩論卷》，見謝冕、唐曉渡編，《當代詩歌潮流回顧》，6 卷，北京：北京師範大學出版社，1993 年，頁 140–143。

◈ ——，《翟永明詩集》，成都：成都出版社，1994 年。
◈ ——，〈再談「黑夜意識」與「女性詩歌」〉見《詩探索》，1995 年 1 期，頁 128–129。
◈ ——，《黑夜裡的素歌》，北京：改革出版社，1997 年。
◈ ——，《紙上建築》，上海：上海東方出版中心，1997 年。
◈ ——，〈完成之後又怎麼樣——回答臧棣、王艾的提問〉見沈葦、武紅編，《中國作家訪談錄》，烏魯木齊：新疆青少年出版社，1997 年，頁 325–339。
◈ 李有亮，〈「必然」的圈套——論翟永明詩〉見《呂梁學刊》，1989 年 1/2 期，頁 57–62。
◈ Rospenk, Karl. Introduction to "*Frau:* Sechs Gedichte von Zhai Yongming." *Orientierungen*, no. 1 (1991) : 125–26.
◈ van Crevel, Maghiel. Interviews with Zhai Yongming, 1992 and 1997.
◈ ——. *Language Shattered: Contemporary Chinese Poetry and Duoduo.* Leiden: Research School CNWS, 1996.
◈ Tao, Naikan. "Going Beyond: The Post-Menglong Poets, Zhai Yongming and Zhang Zhen." *Journal of the Oriental Society of Australia,* 27 and 28 (1995–1996) : 146–64.
◈ Martinsen, Joel. "Top-selling poetry in 2006." At <http://www.danwei.org/books/topselling_poetry_in_2006.php>, 2 January 2007, accessed 19 June 2012.
◈ Klein, Lucas. "Zhai Yongming wins Italian literary prize." At <http://xichuanpoetry.com/?p=898>, 3 May 2012, accessed 19 June 2012.

▥ 278 張愛玲 Zhang Ailing

　　張愛玲（1920–1995），兒時名煐（又作瑛），英文名字為 Eileen Chang，筆名梁京（只用於 1950–1952），婚後名 Eileen Chang Reyher。她生於上海，童年時期於天津度過，七歲隨家人遷回上海，中學畢業之後，進入香港大學求學。一九四二年回到上海，隨即發表小說和散文，以才情橫溢而聲名鵲起。

　　一九五二年，張愛玲見到中國政治環境起了變化，於是遷往香港，數年後於一九五五年移民美國。她在新罕布什爾州（New Hampshire）邂逅甫德南·賴雅（Ferdinand Reyher, 1891–1967），後來結為夫婦，婚後長時間居於三藩市與華盛頓。一九六七年賴雅過世後，她起先住加州的柏克萊，後遷往洛杉磯。

　　張愛玲身材高挑，穿上自己設計的衣服，更顯姿容出眾。這種與生俱來對美的觸覺在她的作品中顯露無遺，無論是她的短篇小說、長篇小說、散文、電影劇本、譯作、以及古典小說注釋，都滲透著她這種強烈的個人特質。不過，使她聲名大噪的，主要是她在二十世紀四十年代中期於上海創作的短篇小說。這些短篇敏感、犀利，充滿了她獨具的蒼涼美感。她尤其受人崇羨的，是成功地揉合了中西文學的敘事技巧。周瘦鵑編輯過她早期的作品，他表示她的風格讓他同時想到《紅樓夢》與毛姆（Somerset Maugham）的寫作風格。雖然她在文壇的發展深受政治環境變化的影響，她的作品卻在華文世界裡引起極大的回

響。在許多讀者與文評家心中，她就如夏志清所說，是中國二十世紀中期「最優秀最重要的作家」。

張愛玲系出名門，家世顯赫，清朝覆亡後，才家道中落。她的外曾祖父李鴻章（1823–1901），先後任江蘇等數省巡撫，並為清末自強運動的重要策劃者。祖父張佩綸（1847–1903，李鴻章的女婿）亦為清廷的高官，不過，政治成就比聲名顯赫的丈人遜色，他最為後人熟知的，卻是風流韻事被寫入清末小說《孽海花》。父親張廷眾（又作張廷重，1896–1953）熟讀經史，且曾接觸西方文學，但在事業上卻一事無成。張愛玲在早期的自傳體散文中，把他描述為頹廢的家庭暴君，以捍衛日漸式微的文化傳統為己任。

張愛玲的母親黃逸梵（1896–1957），出身湖南名門，但受二十世紀初五四運動風潮的影響，一生反抗傳統規範與價值觀，而且舉措愈來愈公開。父親保守，母親開放，二人自然不會有美滿的婚姻生活。不過，廷眾的妹妹張茂淵對逸梵卻十分支持，時加鼓勵。張愛玲三歲左右，弟弟張子靜尚在襁褓，黃逸梵遠赴歐洲，因不捨兒女而含淚離去。張廷眾在外居住的妾侍搬入張家，她起先對孩子還算大方，後因脾氣暴戾，被張廷眾遣走。張愛玲約七歲時，一家人在上海重聚，黃逸梵回來照顧過量吸食嗎啡的廷眾，亦開始教導女兒學習英文、藝術與鋼琴。然而，一家融洽過活的日子並不長久，張廷眾與黃逸梵婚姻關係惡化。黃逸梵深感痛苦，在多番努力下，終於取得離婚協議，到巴黎學習藝術，直到一九三七年才返回上海。那時張廷眾已再婚，妻子同樣吸鴉片。

一九三七年，張愛玲剛從聖瑪利亞女校（St. Maria Girls' School）畢業，便與父親、繼母正面衝突。她遭父親毆打，囚禁於房間，且病重不得醫療。最後在一名僕人協助下，逃至母親住處。在那裡，她雖不用擔心人身安全，但畢竟年少，甚缺安全感，又怕增添母親的負擔。這些創傷成了她早期回憶錄〈私語〉的主要素材，也似乎為她早期的作品灌注了揮之不去的悲觀氣息，教讀者忐忑不安。

一九三九年，張愛玲進入香港大學英文系。她憑優異成績，贏取了獎學金，減低了家中的經濟負擔，但同學家境都遠比她富裕，名列前茅並未能增加她的自信心。她倒是交了個好友，就是活潑外向的摩希甸（Fatima Mohideen，又名炎櫻）。炎櫻母親來自天津，父親是阿拉伯裔的斯里蘭卡人，在上海經營生意。一九四一年日本入侵香港，張愛玲和炎櫻頓時失學。之後，張愛玲在多篇散文、小說中，對香港殖民時期的繽紛生活與淪陷後的慘況，都有極鮮活的描述。

　　一九四二年，張愛玲返回上海。日本佔領下的上海有著表面的平和。她搬進姑姑的公寓，開始快速寫作出版，連續約十八個月，平均一個月完成一篇散文與一部小說（或長篇連載）。起初，她以英文寫散文，中文寫小說，但來自華文讀者與論者的反應異常熱烈，於是不久她即放棄以英文寫作，況且英文讀者人數遠不及華文讀者多。一九四四年，她的第一版短篇小說集《傳奇》，幾乎是一上市便被搶購一空。一九四五年初，她以香港為背景的戰時愛情故事〈傾城之戀〉改編成舞台劇上演。時年二十五歲的她成為文壇明星。雖然當時政局不明朗，成了社會名人可能為自己帶來危險，但她陶醉於成功，愈加勤奮地寫作。她的第一部散文集《流言》於一九四五年出版，兩年後，《傳奇》修訂版面世。到了一九四七年底，她也寫作電影劇本，其中的《不了情》與《太太萬歲》頗受好評。

　　一九四四年中，張愛玲與胡蘭成（1906–1981）秘密結為普通法的夫妻，在場觀禮的只有好友炎櫻。胡蘭成只是文壇上一個小角色，他對張愛玲的作品極為推崇，有一小段時間曾任職於日本在南京建立的偽政權。胡蘭成創辦了文學雜誌《苦竹》，並在這本很快便停刊的雜誌上刊登張愛玲的作品。他又運用個人影響力，救出遭日本人囚禁的柯靈。柯靈是《萬象》雜誌的編輯，也是張愛玲的朋友。值得注意的是，張愛玲的小說在此時期愈益深刻、成熟，從〈桂花蒸阿小悲秋〉與〈留情〉可見一斑。據胡蘭成稱，他倆雖然分居兩處，一月只能相聚幾天，卻是兩個自由平等個體的幸福結合。他們將關係保密，看來是為了避免她遭受政治報復。她深愛胡蘭成，並希望與他白頭到老。然而，他不願放棄其他女人，與張愛玲結婚後，仍有兩名情婦，於是，二人關係愈形緊張。不過，胡蘭成在戰後躲避國民黨時，張愛玲卻曾接濟他。一九四七年，在胡蘭成經濟情況稍有好轉時，張愛玲結束了這段婚姻。共產黨取得政權後，胡蘭成逃離中國，最後定居日本。

　　國共政權交替之際，張愛玲仍留在上海，出版了兩部連載小說《十八春》與〈小艾〉，並為順應政治氣候，讓它們有一個喜劇結局。她後來修訂《十八春》，改名《半生緣》重新出版，結局傷感得多，但較能首尾一致。到了一九五二年，她發覺在新政權下，自己的前景並不樂觀，於是遷往香港，過程順利，可是她在港的生活卻孤單艱苦。她為美國新聞處（United States Information Agency）翻譯海明威（Ernest Hemingway）、華盛頓・歐文（Washington Irving）、愛默森（Ralph Waldo Emerson）等美國作家的作品，

但對翻譯工作並不熱衷。不過,她也因此結識了終生好友宋淇夫婦,以及協助她取得美國簽證的美國領事館文化專員李察・麥卡錫(Richard McCarthy)。在離開香港前,她出版了《秧歌》與《赤地之戀》兩部小說,都是批評中國共產社會裡人民生活的狀況。當時政治文化氣候瞬息萬變,她的名氣已大不如前,這兩部小說未能讓她重振聲威。

張愛玲先到美國紐約市,一住數月。雖然她住的是簡樸的救世軍女子宿舍,但得到五四運動著名知識份子胡適(1891–1962)的禮遇,而他對她的作品又十分欣賞,加上與炎櫻重聚,她著實興奮不已。一九五六年,她進入位於新罕布什爾州的麥道偉文藝營(MacDowell Colony)。那年的大部份時間,她都住在營內,並結識了也是作家的甫德南・賴雅。他出生於費城(Philadelphia),父母是德裔移民。他在歐洲、紐約與好萊塢等地從事寫作。一九一七年,他與麗蓓卡・奧威治(Rebecca Hourwich)結為夫妻,生有一女霏絲(Faith),後來兩人協議分手。賴雅為人慷慨,人緣甚佳,在文藝圈中有很多朋友。他在二十世紀三十年代中期成為馬克思主義者,但未加入共產黨。他晚年最為人津津樂道的事,是他在三、四十年代將布萊特(Bertolt Brecht)介紹給美國觀眾。他與張愛玲結識時,已六十六歲(她三十六歲),事業與健康都在走下坡。兩人結婚後,無論在情感或實質上,均互相扶持,直到賴雅去世為止。

張愛玲的婚姻生活在多方面而言算是如意,但也不無困難。她與賴雅先於一九五八年搬入位於洛杉磯的杭廷頓哈特佛基金會(Huntington Hartford Foundation,另一文藝營),翌年又遷至三藩市。她在一九五九年成為美國公民。在這段期間,她十分努力想寫出能吸引美國讀者的小說,但她的稿子卻屢遭出版社退稿。失意之餘,她別無選擇,只得為香港電影市場寫劇本,雖然這談不上是藝術創作,但總算是穩定的經濟來源,她與丈夫二人可賴以餬口。可惜這些劇本已經無從查考。一九六一年,她到台灣、香港蒐集寫作材料,在香港與朋友聯絡敘舊,並留下來寫劇本,為時半載。在台灣,她受到派駐台北的李察・麥卡錫盛宴招待,台灣當時年青有為的作家如白先勇、陳若曦(參見該傳)、王禎和等也熱情歡迎。在台灣期間,傳來賴雅嚴重中風的消息,她必須中斷行程,但因經濟困難,無法立即趕回賴雅身邊。幸得賴雅女兒霏絲伸出援手,將他遷至她華府住處附近的醫院就醫。張愛玲接著前往香港寫作劇本,希望能走出經濟困境。幾經艱辛,她終於做到了。一如既往,宋淇夫婦鼓勵她,

向她提供實質支援。一九六二年春天，張愛玲回華府與賴雅團聚，並在國會圖書館附近租了小公寓居住，方便賴雅往返圖書館，他每日都會在那裡逗留數小時。隨後四年裡，賴雅健康情形惡化，而另一方面，張愛玲失去了在香港出售劇本的人脈關係，箇中原因又非她所能控制。一九六六年，她取得俄亥俄州（Ohio）的邁阿密大學（Miami University）駐校作家一職，但該校對她的表現頗為失望；她暬於索居，加上必須照顧病重的賴雅，所以幾乎從未出席學校研討會或任何社交場合。一九六七年，她接受了麻州（Massachusetts）劍橋（Cambridge）的賴德克利夫大學（Radcliffe College）研究金。賴雅於當年十月去世。

張愛玲調適喪偶生活之際，兩股趨勢洶湧而來。她的文壇地位又重新受人重視，特別是在台灣，主要是因為當地的大出版社皇冠重新發行她的作品，而這要歸功於宋淇不懈的努力，以及夏志清在其極富影響力的《中國現代小說史》中給她的高度評價。但隨著喜愛她的讀者愈多，她卻愈選擇離群。她很少接見訪客，只與數名舊友通信。一九六九年，她接受了加州柏克萊大學（University of California, Berkeley）中國研究中心（Center of Chinese Studies）高級研究員一職，但因為她長期夜間工作的習慣，中心裡很少有人看到她。

到了一九七二年，張愛玲的版稅收入終於讓她得到某程度的經濟自主。她搬到洛杉磯，自此不與任何知道她是作家的人來往，雖然在這二十三年中，她從未間斷寫作。她出版了第二部散文集《張看》、考證《紅樓夢》的《紅樓夢魘》、晚清小說《海上花列傳》注譯以及四部其他著作，包括全新的、經修訂的和重新出版的作品。一九九一年，皇冠開始出版張愛玲所有確定作品；共有十六冊。一九九四年，張愛玲完成她最後一本書《對照記》，這是她選編的私人照片集，她還為照片配上文字，分享她觀察所得，內容引人發噱；同時又加添幽默有趣的軼聞。此時，她大多數重要小說已被改編成電影。她亦著手創作以張學良的故事為主題的小說，這位少帥因一九三六年十二月西安事變中挾持蔣介石而聞名於世。

張愛玲在世最後十年，感染數種疾病，但她似乎不注重身體健康。八十年代中期，她的公寓飽受跳蚤之害，她本來就敏感的皮膚更加不堪其擾。她選擇搬離，在洛杉磯地區以旅館為家，大約四年後，皮膚終於痊癒，她才再搬回公寓居住。她一向生活簡樸，幾近清教徒般禁慾，有觀察者更認為她已達內心純淨，超然出世的境界。當她的死訊於一九九五年九月傳到台灣時，報紙以頭版

篇幅報導。她要求不舉行任何告別會，骨灰在一個極簡單的儀式上撒在太平洋上，遺物交由終生好友宋淇夫婦全權處理。

宋淇夫婦亡故後，兒子宋以朗接收了張愛玲的遺物。二零零七年，宋以朗發現了她在七十年代創作的〈色，戒〉，交予導演李安拍成電影。二零零九年，宋以朗把《小團圓》付印，它是張愛玲用中文寫的長篇半自傳體小說。翌年還出版了《張愛玲私語錄》。那年是張愛玲九十歲冥壽暨逝世十五周年，香港大學出版社出版了她在六十年代寫就的兩部英文小說《雷鋒塔》（*The Fall of the Pagoda*）和《易經》（*The Book of Change*），它們的中譯本亦隨後問世。她的著名小說大都有英文譯本。

文人時運，高低難料。張愛玲盛年之際，作品遭中國大陸禁制，而當時台灣與香港的文壇還在起步階段，這些都嚴重影響到她的寫作事業。現在，她應該不會再遇上同樣不幸。她去世之時，已穩坐文壇大家的席位，寫作風格也成為許多後起華文作家的典範，特別是早年創作的風格，深刻豐厚，渾然天成。毋庸置疑的是，她有驚世的寫作天份。根據胡蘭成之言，她將心中所想書之為文，從不感困難。在她首篇出版的散文〈天才夢〉中，她坦言自己一直被視為非凡的寫作天才。不過，這些早年預測卻未有提及，她即使在極度窮困中，仍致力藝術創作，終身不懈。不論文名高低，她對寫作始終矢志不移，這點和她的才華相比，更令人敬佩。

Karen Kingsbury

Chen Ting 譯

編者按：二零一二年，雷金慶（Kam Louie）編了一部集子，收入多篇專文，都是研究張愛玲五十年代以後著作的。二零一四年，《亞洲研究期刊》（*The Journal of Asian Studies*）的一篇書評指出，向來少人研究張愛玲後期的作品，其實它們也十分重要，這部集子正好填補了這片空白。同年，《半生緣》的英譯本 *Half a Lifelong Romance* 由企鵝經典系列（Penguin Classics）出版，譯者為 Karen Kingsbury。

二零一五年，《紐約書評》（*The New York Review of Books*）重新出版張愛玲《赤地之戀》的英文版 *Naked Earth*，有書評人指出宋以朗主編的《張愛玲私語錄》透露，她寫作 *Naked Earth* 時，須按照香港美國新聞處的指引。該書評人續指，《秧歌》也是按照該處的指引寫成的。

◇ 胡蘭成，《今生今世》，台北：遠行出版社，1976 年。
◇ 水晶，《張愛玲的小說藝術》，台北：大地出版社，1976 年。
◇ ──，《張愛玲未完：解讀張愛玲的作品》，台北：大地出版社，1996 年。

◈ 陳炳良，《張愛玲短篇小說論集》，台北：遠景出版社，1985 年。

◈ 王德威，《眾聲喧嘩》，台北：遠流出版社，1988 年。

◈ 鄭樹森編選，《張愛玲的世界》，台北：允晨文化出版社，1990 年。

◈ 張愛玲，《張愛玲全集》，16 冊，台北：皇冠出版社，1991–1994 年。

◈ 于青，《張愛玲傳》，台北：世界書局，1993 年。

◈ 盧正珩，《張愛玲小說的時代感》，台北：麥田出版社，1994 年。

◈ 胡辛，《最後的貴族：張愛玲》，台北：國際村文庫書店出版社，1995 年。

◈ 蔡鳳儀編，《華麗與蒼涼：張愛玲紀念文集》，台北：皇冠出版社，1996 年。

◈ 陳子善編，《私語張愛玲》，杭州：浙江文藝出版社，1996 年。

◈ 司馬新，《張愛玲與賴雅》，徐斯、司馬新合譯，台北：大地出版社，1996 年。

◈ 宋明煒，《浮世的悲哀：張愛玲傳》，中國文化名人傳記 27，台北：業強出版社，1996 年。

◈ 余斌，《張愛玲傳》，台北：晨星出版社，1998 年。

◈ 馮祖貽，《百年家族：張愛玲》，台北：立緒文化事業有限公司，1999 年。

◈ 楊澤編，《閱讀張愛玲：國際研討會論文集》，台北：麥田出版社，1999 年。

◈ 周芬伶，《艷異：張愛玲與中國文學》，台北：元尊文化企業股份有限公司，1999 年。

◈ Hsia, C.T. *A History of Modern Chinese Fiction.* New Haven: Yale University Press, 2nd ed., 1971.

◈ Gunn, Edward M. *Unwelcome Muse: Chinese Literature in Shanghai and Peking 1937–1945.* New York: Columbia University Press, 1980.

◈ Chang, Eileen. trans. "The Golden Cangue." In *Modern Chinese Stories and Novellas: 1919–1949,* eds. Joseph S.M. Lau, C.T. Hsia, and Leo Ou-Fan Lee. New York: Columbia University Press, 1981, 530–59.

◈ ——. "International Shanghai, 1941: Coffee House Chat about Sexual Intimacy and the Childlike Charm of the Japanese." In *Modern Chinese Writers' Self-Portrayals,* eds. Helmut Martin and Jeffrey C. Kinkley. London: M.E. Sharpe, 1992, 295–301.

◈ ——. "Sealed Off," trans. Karen Kingsbury. In *The Columbia Anthology of Modern Chinese Literature,* eds. Joseph S.M. Lau and Howard Goldblatt. New York: Columbia University Press, 1995, 188–97.

◈ ——. *The Rice Sprout Song* (1955). Berkeley and Los Angeles: University of California Press, 1998.

◈ ——. *The Rouge of the North* (1967). Berkeley and Los Angeles: University of California Press, 1998.

◈ Chow, Rey. *Woman and Chinese Modernity: The Politics of Reading between East and West.* Theory and History of Literature 75. Minneapolis: University of Minnesota Press, 1991.

◈ "Eileen Chang." *Renditions: A Chinese-English Translation Magazine,* special issue, no. 45 (1996). Includes translations of essays and fiction as well as recent literary criticism.

◈ Lau, Joyce Hor-chung. "Chinese Writer Cements a Legacy." *International Herald Tribune,* 1 October 2010.

◈ So, Richard Jean. *Elieen Chang: Romancing Languages, Cultures and Genres.* Edited by Kam Louie. Hong Kong: Hong Kong University Press, 2012. In "Book Reviews—— China", *The Journal of Asian Studies,* vol. 3, no. 2 (May 2014), 531–32.

◈ Sala, Ilaria Maria. "Eileen Chang's 'Half a Lifelong Romance' Gets an English-Language Translation." At <http://www.wsj.com/articles/eileen-changs-half-a-lifelong-romance-gets-an-english-languagetranslation-1421917507>, 22 January 2015, *The Wall Street Journal,* accessed 30 January 2015.

◈ Xiao, Jiwei. "Eileen Chang's Journey into Darkness: A Review of *Naked Earth.*" MCLC Resource Center Publication, 2015, at <http://u.osu.edu/mclc/book-reviews/xiaojiwei/>, accessed 1 March 2016.

■ 279 張桂琴 Zhang Guiqin

張桂琴生於一九四一年，遼寧人，在五十多歲時成為一名企業家。

二十世紀五十年代中，張桂琴參軍後成為一名播音員。一九五八年與部隊參謀鄭殿福成婚。不久鄭殿福離開部隊，帶同張桂琴一起返回家鄉蘇家屯。七十年代末經濟改革開始之時，張桂琴成為蘇家屯副鄉長，負責工業發展。那是鄉鎮企業迅速發展時期。在她領導下，蘇家屯村在兩年內有了一百多家企業，生產值達到二千五百萬人民幣。一九七九年，她被評為遼寧省的勞動模範與全國三八紅旗手。

八十年代初，瀋陽市婦聯要求張桂琴接管和重整一家鈎織品廠。它叫木蘭藝品廠，原由十二名婦女創辦，生產床單桌布之類用品，本意在幫助待業婦女，一向贏利，可惜後來產品銷路突降。張桂琴決定以個體承包者身份接管工廠，獨立經營，大大減省多層官僚批文。但是這也意味著她必須承擔所有損失；而在贏利時，則須把百份之十五交付木蘭藝品廠的名義東主市婦聯婦女兒童事業活動基金。一九八四年，工廠重組後改名為木蘭實業總公司，由張桂琴出任總經理。以前工廠只生產鈎織產品，她推行新策略：只要公司力所能及，也生產其他產品。於是，木蘭公司之下成立了許多小工廠，業務更見多元化，有羊毛衫廠、塑膠廠、乾洗廠等。由於沒有廠房，木蘭公司租用了當地一所學校的防空洞。張桂琴沒有辦公室，她走到那裡，席地一坐，膝蓋就是辦公桌。她的健康因此受到了影響。過度的勞累與擔憂使她眼底大片出血，造成視力模糊。幸好她的辛勤耕耘帶來回報。一九八八年，木蘭公司已擁有十八家分公司與工廠，且成為瀋陽市一個大納稅戶。同年，她被評選為全國優秀女企業家。

木蘭公司旗下規模最大贏利最高的分公司，要算生產小型電器的木蘭家電公司。張桂琴明白到隨著中國經濟的改善，對家電的需求會越來越大，購買力亦會與日俱增。因此當一名年輕的轉業軍人找她，商談成立木蘭家電公司的時候，她當即贊同。他們採用外國公司的營運模式，在瀋陽開設多間零售店，並在街上到處張貼寫上「買家電，到木蘭」的宣傳廣告。他們的電器產品不久便銷售到八個省、五十多個市縣。

張桂琴還想將木蘭建成一家國際企業。當木蘭家電公司經理王時芳告訴她，他在俄國的一個熟人有興趣合資辦企業，她便授權他去莫斯科協談。此後不久，在一九九二年，合資之事成為現實。她以一百萬人民幣在黑龍江滿洲里購入土地，用以設立木蘭總公司對俄國與東歐的貿易基地。該址位處邊界，與

鄰國通商,佔地勢之利。同一時期,她飛赴香港與深圳投資與開發房地產,並為大陸投資專案引入資金。九十年代中期,木蘭已做好準備,走向國際,隨之與南韓、義大利、法國達成商貿協定。

張桂琴深明母公司必須與分公司和子公司維持健康關係,於是訂定政策,讓子公司比母公司分攤更大的贏利,同時也負上更大的責任。結果,子公司經營者都致力爭取佳績,並自負虧損。張桂琴與木蘭公司繼續為各項婦幼福利事業提供資金。以婦女兒童宮為例,它便是由木蘭公司出資建成,矗立於瀋陽南湖一側。公司並為弱智兒童幼兒園、女子職業高中與兒童基金設有專項撥款。

張桂琴成功的秘訣之一是求賢若渴、知人善用。對於才能出眾的人,她總會加倍厚待體諒,儘管這些人有時候表現欠佳。她用人之道,使能者趨之若鶩,紛紛慕名而來,以求知遇。

蕭虹

張建農譯

◈ 〈瀋陽市的花木蘭──張桂琴〉見《中國教育報》,1993 年 3 月 8 日,版 4。
◈ 徐光榮,〈木蘭爭春:記瀋陽木蘭實業總公司總經理張桂琴〉見《中國婦女》,1993 年 5 期,頁 2–4。

⁚⁚ 280 張潔 Zhang Jie

張潔一九三七年生於北平,祖籍遼寧,著名小說家、散文家,現任中國作家協會名譽委員。張潔自小跟著屬滿族的母親一起,父親似乎在她數月大時就遺棄了她們。她靠母親當保姆、工廠收發員、小學教師的微薄收入過活。儘管如此,她仍受到良好的教育,酷愛文學,尤其是詩歌和音樂。一九六零年畢業於人民大學計劃統計系,長期供職於第一機械工業部。

文化大革命時期,張潔被下放到江西去養豬種田。使她最難過的不是體力勞動,而是和母親四年的分離。文革後,張潔回到原來的工作崗位。在七十年代末較為開放的氛圍下,一種新的文學正在滋長,使她對寫作躍躍欲試。她寫作開始得比較晚──在一九七八年她四十一歲時。

張潔早期作品注重刻劃美好人性和歷經浩劫仍未破滅的希望,風格婉約明麗而略帶憂鬱,是文革結束後復甦的心靈最初的吶喊。這個時期她最好的作品包括〈愛,是不能忘記的〉和〈從森林裡來的孩子〉。前者影響尤其大,得到很多讚譽,一些批評和大量的分析。它是後毛時期中國第一本以愛情為主題的

685

作品，它還涉及婚外情這樣忌諱的問題。

張潔很快就從最初的處女期寫作轉而關注當代社會精神和體制的深層次變化，揭示包括眾多女性在內的人物自我意識的悲劇性衝突。〈方舟〉、〈祖母綠〉被視為新時期最具女性意識的作品，雖然張潔強烈否認自己是女性主義者。《沉重的翅膀》是後毛時期最早的政治諷刺作品之一，她提出了經濟改革和政治改革不同步引起的諸多社會問題。隨之又以類似的主題寫了數篇作品。一九九一年十月，首先在南京的《鍾山》上發表的〈上火〉，一開始就引起爭議。中宣部要求該雜誌對〈上火〉的思想傾向做檢查，它被指控寫了共和國文壇「一批醜陋的人和事」，因而犯了「惡攻罪」。張潔這時期的創作轉向激烈而尖刻的社會諷刺和人性醜惡面的揭露。

不過，母親去世後，張潔的風格又再改變。她和母親極為親近，母親死後，她病了很久。後來她寫了自傳性的〈世界上最疼我的那個人去了〉（1994）。除此以外，這時期她只寫了一些短文，大多收入《無字我心》（1995）。不過，悲傷的風暴終歸會隨時間過去，雖然張潔的文字仍然保留一種淡淡的哀愁，而且常帶點懷舊味道。從一九九零年開始，她計劃寫一部巨著，一部二十世紀史詩性的作品，敘述多個人物的人生經歷。這書名《無字》，共分三冊，第一冊在一九九九年底出版，餘下兩冊，也在二零零二年問世。《無字》在二零零五年獲得第六屆茅盾文學獎。

張潔得到了很多榮譽，包括國內和國外的。她的短篇小說〈從森林裡來的孩子〉、〈誰生活得更美好〉和〈條件尚未成熟〉分別贏得一九七八、七九、八三年度的全國優秀短篇小說獎。中篇小說〈祖母綠〉贏得一九八三至八四年度全國優秀中篇小說獎。長篇小說《沉重的翅膀》一九八五年獲得第二屆茅盾文學獎。儘管如此，這部作品仍被國內文壇的保守份子批評為反黨反社會主義。

張潔經常被指受到西方十八、十九世紀小說的毒害。她對這種影響毫不諱言，且引以自豪。也許正因為如此，她在歐洲和美國受到好評。據說她是中國現代作家中作品被翻譯最多的作家之一，例如《沉重的翅膀》就被翻譯成十四種語言。一九八九年，她獲得義大利的瑪拉帕爾帝國際文學獎（The Italian Malaparte International Literary Prize）。一九九二年成為美國文學藝術院的榮譽院士。像大多數她這一輩中國大陸作家一樣，她承認接受了俄國文學的影響。

《知在》是張潔的新嘗試，雖然像懸疑小說，但作者試圖表達的卻是命運的不可掌控、一種隔絕，以及自己對歷史的懷疑。它顯示作者另一面的獨特想像與探究，傳達出她對「知」與「在」的思考，更有幾分難以言說的「禪」意。她以長篇小說少見的簡潔凝練講述了一個離奇的故事。

張潔愛旅行，愛流浪，甚至將自己比作流浪的老狗。在《流浪的老狗》裡，她跟大家分享旅行心得。在淡出人們視線的這段時間，她獨自遊走在世界各地的大街小巷，一路拍拍走走，用相機和文字記錄了一個個讓人心動的瞬間。

六十年代初，張潔和第一機械工業部一個同事結婚，一九六三年誕下一女，名唐棣，這段婚姻不知何時結束。八十年代，張潔與一位高官結婚，但她仍保持一個嚴肅作家的獨立地位。《無字我心》一書中，有幾篇散文都是關於她的丈夫的。在〈吾愛吾夫〉中，她表明丈夫叫孫友余，第一機械工業部前常務副部長。女兒唐棣一九八九年從美國大學畢業。

張潔雖曾兩奪茅盾文學獎，但依然堅持嘗試新的風格、新的題材。她說不介意別人是否喜歡她的作品，「哪怕天下人都討厭我，我也會因為這些文字而活得自由自在」。

張潔在選擇主題和發展風格的道路上都走得很遠。從主題方面說，她以親切細膩的素描開始，延伸到對社會的關注與批評，又回歸到內心的情感感悟。風格上，她從純清婉約地描繪美麗光明的人和事發展到對人生的黑暗面尖銳嘲諷和激動的怒罵。最終她的寫作回到較為平靜的港灣，從那裡她可以更冷靜而智慧地觀察世界。可以說，她的創作已達到完美的地步。戴錦華重讀張潔的作品之後，認為張潔視愛為人類的救贖。而陳小眉則說張潔這類女作家的創作，對文化價值進行批判，指出文化有可能自由化和重生，從這層面看，含有顛覆的作用。社會體制試圖束縛與扼殺人性，無日無之，但願張潔在這環境下，能繼續創作，探究人性與有關體制。

郜元寶、蕭虹

◇ 呂正惠，〈「虛假」的女性主義小說——張潔的《方舟》與《祖母綠》〉見《文星》，1987 年 111 期，頁 80–85。
◇ 劉慧英，〈張潔的「外國旋風」〉見《明報月刊》，1992 年 6 月號，頁 100–102。
◇ 張潔，《張潔選集》，北京：人民文學出版社，1993 年。
◇ ——，《張潔文集》，北京：作家出版社，1997 年。
◇ ——，《無字》，上海：上海文藝出版社，1998 年。
◇ ——，《知在》，北京：北京十月文藝出版社，2006 年。
◇ ——，《流浪的老狗》，南京：譯林出版社，2013 年。
◇ 戴錦華，〈「世紀」的終結：重讀張潔〉見《文藝爭鳴》，1994 年 4 期，頁 35–56。

◈ Zhang Jie. *As Long as Nothing Happens, Nothing Will.* London: Virago, 1987.

◈ ——. *Love Must Not Be Forgotten.* Beijing: Chinese Literature Press, 1987.

◈ ——. "What's Wrong With Him?" trans. Gladys Yang. *Renditions,* special issue (Spring and Autumn 1987) : 141–57.

◈ ——. *Heavy Wings,* trans. Howard Goldblatt. New York: Grove Weidenfeld, 1989.

◈ ——. "The Boat I Steer: A Study in Perseverance." In *Modern Chinese Writers' Self-Portrayals,* eds. Helmut Martin and Jeffrey Kinkley. Armonk, N.Y.: M.E. Sharpe, 1992, 118–22.

◈ Bailey, Allison. "Traveling Together: Narrative Technique in Zhang Jie's 'The Ark.'" In *Chinese Women Writers: Critical Appraisals,* ed. Michael S. Duke. Armonk, N.Y.: M.E. Sharpe, 1989, 96–111.

◈ Chen Xiaomei. "Reading Mother's Tale —— Reconstructing Women's Space in Amy Tan and Zhang Jie." In *Chinese Literature: Essays, Articles, Reviews,* 16 (1994) : 111–32.

◈ 郭彥彥，〈莫待失去，才讀懂這份愛——《世界上最疼我的那個人去了》讀後〉，2012 年 12 月 18 日，原載《包頭晚報》，見 <http://www.btfwgl.cn/newspaper/paper.asp?Aid=247&Fid=102>，2014 年 3 月 27 日查閱。

◈ 「張潔」見 <http://baike.baidu.com/subview/9131/5064574.htm>，2014 年 3 月 28 日查閱。

◈ "The Life and Literature of Zhang Jie." *Beijing Scene,* 7, no. 13（April 2000），at <http://www.beijingscene.com/feature.html>, accessed in 2000.

▥ 281 張抗抗 Zhang Kangkang

張抗抗，一九五零年出生於浙江杭州，原籍廣東新會，小說家，短篇、中篇、長篇都寫。她的散文多次談論女性問題，她也被視為當代女性文學的傑出作家。

張抗抗父親張白懷（生於 1924 年），在二十世紀三、四十年代國民黨統治時期，曾在上海和杭州為多份左翼報章當記者。一九四九年以前已秘密加入共產黨，建國後任《浙江日報》特派記者兼文藝組組長。一九五二年被懷疑是雙重間諜，遭開除黨籍，調離報社，下放勞改營。母親朱為先，原也是《浙江日報》記者，因受丈夫株連，被調到杭州一所中學當語文教師。張白懷在一九八零年恢復黨籍，回報社工作。父母的遭遇，成了張抗抗的長篇小說《赤彤丹朱》的部份素材。因父母的關係，張抗抗在極度貧困中成長，但也因母親熟讀詩書的緣故，她自小受到薰陶，讀過不少世界經典文藝作品，而書內的童話故事，又啟迪了她青蔥的想像力，故小小年紀已能寫作，極具天份，在校成績優異，並有志於文學創作。

一九六六年文化大革命爆發，張抗抗剛從初中畢業，便到杭州附近的農村勞動。到了一九六九年，和其他成千上萬的中學生一樣，響應政府關於大、中學生上山下鄉的號召，自願報名到邊遠的黑龍江省北大荒農場去鍛煉。這段生活經歷對她以後的創作產生了極其深遠的影響。處女作《分界線》（1975）就

是描寫上山下鄉的知識青年的生活。由於當時的政治環境，它的視角不可避免地受到政府意識形態的影響。《分界線》發表後，她的寫作才華得到確認。毛澤東（1893–1976）逝世後，文革隨之結束。一九七七年，她被選拔進黑龍江藝術學校學習。一九七九年畢業後調入黑龍江省作家協會任專業作家，可從政府支取工資。這時，鄧小平對文革的有限度批判觸發了中國知識界的一場轟轟烈烈的思想解放運動。在這場運動中，她發表了大量以知青為題材的短篇小說和幾部中篇。其中短篇小說如〈夏〉（1980）和〈愛的權利〉（1979），中篇〈淡淡的晨霧〉（1980）、〈北極光〉（1982）等，描述了文革對作者一代的同齡人的劇烈衝擊，刻劃了文革在他們的家庭、戀愛、婚姻、友情、事業等方面造成的種種問題和矛盾，獲得青年讀者的深切共鳴。〈夏〉和〈淡淡的晨霧〉分別獲得全國優秀短篇和中篇小說獎，縱使獲獎一般是反映政府認定作品政治正確，多於文學創作水平卓越，她不能算是替政府宣傳的作家，雖則她因此在全國文壇佔上一席位。

張抗抗在八十年代所寫小說內的主要人物，都是她的朋輩。她們一起經歷了文革，心中以至身上皆留下了不可磨滅的烙印。她早期的作品受歡迎，是因為主題以政治掛帥，至於藝術水平，僅屬次要。這些作品千篇一律的批判毛澤東的極端主義，號召爭取人道主義及自由主義，所要表達的訊息和當時出版的大部份小說雷同。她的小說與別不同之處，該是那份尚未消失殆盡的理想主義。她筆下積極面對人生的人物通常是女性，她們即使走過艱難辛酸的路，仍然秉持高尚的情操，即使對社會主義不無疑慮，對國家和人類的未來還是抱有若干信心。她喜歡把人物的道德政治觀念帶進他們個人的愛情生活當中。這時期的重要作品如〈北極光〉、〈淡淡的晨霧〉、《隱形伴侶》（1986）等，均刻劃女主人公情感上的波濤起伏，之所以這樣，是因為丈夫或男友未符理想。這些作品已經不再是簡單地圖解政府的意識形態，而是為當時知識界的主流思潮推波助瀾，宣揚人的主體性和人道主義。另一方面，這些作品中的正面人物，仍然是有遠大理想的熱血青年，因而當局對這些作品不但寬容，而且有些還得到國家的獎勵。她的大部份作品都發表在國家的權威文學刊物上。

八十年代下半期，社會主義寫實主義文學不再時興，與此同時，高雅文學也不及通俗文學那般流行。對張抗抗來說，讀者人數少了，但他們卻更具鑒賞力，所以她試圖採用新形式和新技巧，創作了幾個短篇。這類作品如〈因陀羅的網〉（1987）和〈斜廈〉（1992），深受拉丁美洲魔幻寫實主義和荒誕派戲

劇的影響。不過,她仍繼續創作批判社會的寫實主義小說,事實上,她寫這類小說更得心應手。這類小說中,短篇〈藍領〉(1991)值得一提。這小說描述一個國家企業內的工人罷工,揭露了國家所扶植的工會既有弱點,又與實際脫節,全都是禁忌的話題。它看來是反映作者丈夫呂嘉民(即《狼圖騰》作者姜戎,生於 1946 年)的經歷。呂氏是個學者,一九八九年天安門事件後,因參與獨立工會運動被捕。六四鎮壓後,這小說的題材變得敏感,她還是出版,可見膽色過人。

在張抗抗的小說中,最具代表性、成就也最高的是長篇《隱形伴侶》。它描寫下放到黑龍江省國家農場的年輕學生的生活,當中包含作者的影子。它反映出作者對人性有更深刻的了解,寫人物心理狀態時更細緻,這些特點在她的早期作品中並不那樣明顯。技巧上來說,文字較前創新,她借取現代主義的寫技,來改良傳統手法和寫實主義的表達形式。她更著重描繪人物內心的感受和幻想;在敘事上,她避免平鋪直敘,多用前後交錯的鋪排方式,以求個別瞬間更加流暢自然。

張抗抗另一部小說《赤彤丹朱》在一九九五年出版,內容講述她父母的真實故事,情節略帶小說的渲染手法,筆觸溫馨感人。據小說描述,她的父母是國民黨治下的共產黨特務,過著驚心動魄、凶險難料的生活,後來卻遭所獻身的共產黨無理對待。

一九九六年的《情愛畫廊》一面世即大受歡迎。它描述一對完美得令人難以置信的愛侶,女的是漂亮溫柔、天賦極高的學者,男的是英俊多情、天賦極高的畫家。此外,學者有一個寬宏大量的丈夫,畫家有一個寬宏大量的前度女友,兩人寬宏大量的程度匪夷所思。學者的富有夫婿為紅杏出牆的妻子和她的愛人安排打點,但求他們住得舒適,竟日廝守,不為俗務所煩擾。與此同時,學者十多歲的女兒愛上畫家,情緒不穩。畫家拋棄的女友,竟以照顧學者的女兒為己任。這小說情節荒誕,且寫得明目張膽,手法低劣,賣點該是那些披著詩情畫意外衣的色情文字,在這些做作的外衣掩護下,小說得以在市場上定位為嚴肅文學,而非軟性色情刊物。

張抗抗二零零二年出版的長篇《作女》,寫的仍然是都市的職業婦女,但她們卻與前述作品中的女主人公迥然不同。作女們蔑視男性,蔑視以男性為中心的社會規範和價值。但她們卻能隨心所欲的把男人玩弄於掌上,以玩世不恭的態度來顛覆男性中心的世界秩序,而自己卻生活得瀟灑如意。在她們的世界

裡，甚麼社會黑暗，甚麼性別歧視，都變得毫無意義。有論者認為這是最為徹底的女權主義，也有人覺得這是逃避現實的虛無主義。《作女》已被改編成電視連續劇。

張抗抗是一個極其多產的作家，她寫了多部長篇、中篇、短篇小說，還有很多散文和隨筆，已結集出版的，根據粗略統計，有六十餘種。其中《隱形伴侶》和《作女》以及部份短篇和中篇小說被翻譯成英、法、日、俄、德等外國文字。一九八七年她當選黑龍江省作家協會副主席。一九八八年被英國劍橋大學收入《世界名人錄》。一九九零年被評為國家一級作家。作品多次獲得全國性以及省、地區級的文學大獎。二零零一年《張抗抗散文》獲得中國文學最重要的魯迅文學獎。二零零二年又獲得黑龍江省政府頒發的「德藝雙馨」獎。二零零九年受聘為國務院參事，曾任第八屆中國作家協會副主席、第十二屆全國政協委員。

張抗抗於一九七零年在北大荒第一次結婚，一九七二年離婚。她唯一的兒子是這次婚姻所生。一九八三年第二次結婚，此後定居北京。丈夫呂嘉民曾在中國勞動關係學院從事社會理論研究工作，有資料稱他已退休。

陳兆華

◇ 張抗抗，《隱形伴侶》，北京：作家出版社，1986 年。
◇ ──，《紅罌粟》，哈爾濱：北方文藝出版社，1986 年。
◇ ──，《張抗抗代表作》，哈爾濱：北方文藝出版社，1991 年。
◇ ──，《陀螺廈》，北京：華藝出版社，1992 年。
◇ ──，《恐懼的平衡》，北京：華藝出版社，1994 年。
◇ ──，《永不懺悔》，香港：天地圖書出版公司，1994 年。
◇ ──，《赤彤丹朱》，北京：人民文學出版社，1995 年。
◇ ──，《情愛畫廊》，瀋陽：遼寧春風文藝出版社，1996 年。
◇ ──，《張抗抗自選集》，5 卷，貴陽：貴州人民出版社，1996–1997 年。
◇ ──，《銀河》，武漢：長江文藝出版社，1997 年。
◇ ──，《張抗抗作品集》，北京：人民文學出版社，1998 年。
◇ ──，《風過無痕》，南京：江蘇人民出版社，1998 年。
◇ ──，《女人的極地》，台北：業強出版社，1998 年。
◇ Bryant, Daniel. "Making It Happen: Aspects of Narrative Method in Zhang Kangkang's *Northern Lights.*" In *Modern Chinese Women Writers: Critical Appraisals,* ed. Michael S. Duke. Armonk, N.Y.: M.E. Sharpe, 1989, 112–34.
◇ Leung, Laifong. "Zhang Kangkang: Sensing the Trends." In *Morning Sun: Interviews with Chinese Writers of the Lost Generation.* Armonk, N.Y. : M.E. Sharpe, 1994, 229–39.
◇ Zhang Kangkang. *The Invisible Companion,* trans. Daniel Bryant. Beijing: New World Publishing House, 1996.
◇ 呂中山，〈張抗抗一二三〉見 <http://blog.sina.com.cn/s/blog_4b8c0b830100gt5n.html>，2010 年 1 月 23。2013 年 5 月 10 日查閱。

◇「中國作家協會第八屆全國委員會主席、副主席、主席團委員名單」見 <http://www.chinawriter.com.cn/zx/2011/2011-11-25/2824.html>，2011 年 11 月 25 日，中國作家網，2013 年 5 月 10 日查閱。
◇ 雷輝，〈第十二屆全國政協委員名單出爐／莫言成龍姚明等進名單〉見 <http://cppcc.people.com.cn/n/2013/0203/c34948-20414684.html>，2013 年 2 月 3 日，來源：《南方日報》，2013 年 5 月 10 日查閱。
◇「姜戎」見 <http://zh.wikipedia.org/wiki/%E5%90%95%E5%98%89%E6%B0%91>，2015 年 5 月 21 日查閱。
◇「張抗抗」見 <http://baike.baidu.com/view/9135.htm>，2015 年 5 月 22 日查閱。

▥ 282 張荔英 Zhang Liying

張荔英（1907–1992），英文名 Georgette Chen，畫家，生於巴黎。父親張靜江，在巴黎經商，支持孫中山（1866–1925）的革命活動，後來成為國民黨元老。張荔英主要在巴黎及紐約接受教育，一九一零年返回中國。一九三零年，和另一畫家劉抗一同參加巴黎秋季沙龍（*Salon d'Automne*）。同年與時任國民政府的外交部長陳友仁（1875–1944）結婚。自一九五四年開始定居新加坡，並在新加坡南洋美術學院教授繪畫，至一九八一年退休。

張荔英擅畫肖像、靜物與風景；畫作精雕細刻，著色考究，不論純色變調，均嚴謹有道，屬典型的二十世紀二十年代後期至三十年代巴黎畫風。此外，畫中流露出一份堅持，就是要突顯身為女性及中國人的本質。她後期在新加坡的作品，都是描繪都會風貌的力作，畫面未見過度美化，格調和末期的印象派先驅如勃納爾（Bonnard）及弗拉芒克（Vlaminck）等人，一脈相承。

張荔英對新加坡的繪畫藝術作出了巨大的貢獻，在當地被譽為六大先驅畫家之一。新加坡美術館收藏有她一百四十七幅畫作。

John Clark

陳玉冰譯

◇ Chow Kwok Kian. *Channels and Confluences: A History of Singapore Art.* Singapore: Singapore Art Museum, 1996.
◇ Ushiroshōji Masahiro et al. *Tō nan Ajia——indaibijutsu noTanjō.* Fukuoka: Fukuoka Art Museum, 1997.
◇「張荔英」見 <http://baike.baidu.com/view/2348559.htm>，2014 年 12 月 9 日查閱。

▥ 283 張默君 Zhang Mojun

張默君（1883–1965），原名張昭漢，又名 Sophie Zhang、羅菲亞（譯音），

字漱芳，湖南湘鄉人。有一則資料（見《中國婦女名人辭典》）因未了解張默君和張昭漢同屬一人，誤指張昭漢的出生年份為一八八八年，還接著說她在解放戰爭中去世。張默君是民國時期鼓吹婦女教育和婦女權利的重要人物。

張默君積極支持反清的同盟會和國民黨，為國民黨以及國民政府效命。她編輯報刊、撰寫稿件，目的在促進婦女教育，爭取婦女政治權利，這些工作使她在中國婦運史上享有相當重要的地位。

張默君的父親張通典，是位翰林出身的官員，在江南一帶積極從事反清革命運動。父親讓她自少熟讀四書五經，在文、史、哲各方面打下扎實根基，長大後尤擅詞章書法，問世作品主要有三部：《默君詩存》、《白華草堂詩》及《紅樹白雲山館詞》。父親的革命熱忱亦傳給了她：帝制最後數年，她年紀尚輕，但已在江浙從事地下反清活動。有一則資料稱她在一九一一年積極參與蘇州地下活動，並指她當時年僅十六歲，字裡行間，盡是讚歎之意；實際上當年她已二十八歲。那年九月，她負責出版江蘇的《大漢報》，在這份只維持了短短幾個月的報章內，她鼓吹共和與武裝起義。同月與父親秘密協調革命行動，終促成蘇州向清廷宣布獨立。

一九一二年初，張默君成立了「神州女界共和協濟社」，在數月間便迅速將婦女問題轉化成全國討論議題。協濟社以促進婦女教育與實業為目標，基本前提是讓婦女掌握足夠的政治知識，以完全公民身份在新民國中生活。它的核心訴求，是在法律、社會與政治上取得男女平等。十一月，它創辦一份報紙，名為《神州女報》，一九一三年二月之前，每十天一期，楊季威與談社英負責編務後，改為每月一期，至年中，出了四期後停刊。協濟社的宣言稱，願致力於探討對婦女至關重要的社會問題，增進她們的公民知識，並推動她們參加文壇活動。協濟社在一九一四年還創建了神州女學，由張默君任校長。這是她邁進教育界的第一步。她在以後漫長的歲月，建樹良多，而她最關注的，莫過於婦女教育。一般認為，她是中國歷史上這個時期最重要的女教育家之一。

神州女界共和協濟社早期鼓吹男女享有相同的政治權利。為著這目標，協濟社曾短暫地與「女子北伐隊」結盟，該隊由唐群英（參見該傳）、張漢英（見《清代婦女傳記辭典》）和王昌國領導。在這時期，她們募集資金，支援殲擊清軍殘部的作戰開銷，結果籌得一萬五千多元，先後於一九一二年二月一日及十日，將首批五千元及次批一萬元，交到孫中山手上。

這兩個結盟組織的活動方式並不相同：唐群英倡議激進變革，而張默

君則主張以漸進、協調方式行事。儘管如此，作為婦運的兩大派別，她們於一九一二年二、三月間討論憲法的關鍵時刻，仍保持合作，統一力量，就女子選舉權向孫中山游說。例如在三月三日，張默君以神州女界共和協濟社的名義，向孫中山呈交備忘錄，力陳婦女選舉權意義重大。孫中山在答覆中，表示支持新民國給予女子最大的發展空間。孫中山和其他同盟會要員的積極回應，鼓舞了張默君，她開始著手為神州女界共和協濟社注入新活力。三月十六日，她宣布簡化它的名稱為「神州女界協濟社」，由孫中山年輕的妻子宋慶齡（參見該傳）任名譽會長，但協濟社的推動力始終來自張默君。協濟社成員包括了何妙齡（伍廷芳夫人）、劉青霞（見《清代婦女傳記辭典》）、楊季威等知名女性。協濟社訂明的目標，可算溫和，即以漸進方式，解決婦女選舉權問題，當中包括推廣婦女教育、實業，進行立法，以培養婦女更有效地參與政治。起初，協濟社要求准許婦女以觀察員身份出席國會會議，從而學習政治知識與技能。協濟社這個取向，顯然得到孫中山的支持與推動。然而時至十二月，已明顯看出國會不再打算考慮女子選舉權一事，張默君這類溫和派婦運人物，只能轉戰他處。她認為女子素來沒有機會接受教育，於是決定集中精力去改善這個情況。

一九一八年，張默君以三十六歲之身，由教育部出資到國外研究女子教育，進入紐約哥倫比亞大學，且被選為紐約中國學生聯合會主席。學業甫結束，即赴歐考察婦女教育。一九一九年五月，多個愛國團體抗議中國簽訂凡爾賽和約（Versailles Treaty），張默君就是其中一個團體的代表。

一九二零年歸國後，張默君恢復在神州女學及其出版物——《神州日報》的工作。江蘇省政府按她專長，委任她為第一女子師範學校校長。一九二七年，任中央政治會議上海分會教育委員兼杭州市教育局長。國民政府委任她為考試院考選委員會委員（1929）及立法院立委（1930）。

在海外小住回國之後，張默君與孫中山私人秘書邵元沖（1890–1936）結婚。兩人在一九一二年相識，當時她在新組建的國民黨政府交通處任文書部部長，但此後一直未談婚論嫁，直到一九二四年成婚時，她已年屆四十一歲，而邵元沖則為三十四歲。他們有子女各一，兒子名邵夫宜，女兒名邵英多。邵元沖為浙江紹興人，歷任國民政府立法院副院長、國民黨中央宣傳委員會主任委員、黃埔軍校政治教官和前述的私人秘書。張、邵二人婚姻並不久長，一九三六年西安事變蔣介石被扣押時，在場的邵元沖受了致命槍傷。禍不單

行，兒子邵夫宜一九五一年因車禍亦英年早逝。

二十世紀三十至四十年代，張默君在國民政府工作，除在立法院、考試院任職外，還被選入國民黨中央委員會，成為這個高層機關的唯一女成員。她曾向政府提出多項重要建議，其一是爭取建立中國海軍，為此她在民國有「中國海軍之母」的美譽。

一九四八年，年屆六十五歲的張默君，離大陸赴台灣定居，繼續在考試院供職，並兼國民黨中央監察委員會委員。她晚年對歷史博物館產生興趣，捐贈了若干個人收集的玉器古玩以豐富館藏。她在一九六五年一月去世，時年八十二歲。

Louise Edwards

龍仁譯

◈ 談社英，《中國婦女運動通史》，南京：婦女共鳴社，1936 年。
◈ 姚谷良，〈偉大的張默君先生〉見《中國一周》，1957 年 355 期，頁 3–4。
◈ 黃季陸主編，《革命人物誌》，台北：中央文物供應社，1969 年，頁 124–126。
◈ 魏詩雙，〈懷念張默君女士〉見《中外雜誌》，20 卷，1976 年 12 月 6 期，頁 105。
◈ 林維紅，〈同盟會時代女革命志士的活動〉見《中國婦女史論文集》，李又寧、張玉法編，台北：台灣商務印書館，1981 年，頁 129–178；亦見鮑家麟，《中國婦女史論集》，台北：稻鄉出版社，1979 年。
◈ 吳智梅，〈三湘女傑張默君〉見《中外雜誌》，35 卷，1984 年 4 期，頁 19–21。
◈ 袁韶瑩、楊瑰珍編，《中國婦女名人辭典》，長春：北方婦女兒童出版社，1989 年，頁 329、339。
◈ 呂美頤、鄭永福，《中國婦女運動（1840–1921）》，鄭州：河南人民出版社，1990 年。
◈ 高魁祥、申建國編，《中華古今女傑譜》，北京：中國社會出版社，1991 年，頁 143–144。
◈ 林光灝，〈三湘才女張默君〉見《中外雜誌》，49 卷，1991 年 2 期，頁 88–90。
◈ 尚華等主編，《民國史大辭典》，北京：中國廣播電視出版社，1991 年。
◈ Boorman, Howard L., and Richard C. Howard, eds. *Biographical Dictionary of Republican China,* vol. 1. New York: Columbia University Press, 1967, 85–87.
◈ 「邵元沖」見 <http://baike.baidu.com/view/534520.htm>，2012 年 11 月 1 日查閱。

▥ 284 張琴秋 Zhang Qinqiu

張琴秋（1904–1968），本名張梧，浙江省桐鄉縣人。自二十世紀二十年代開始，她已是活躍的共產黨員。她也是中華人民共和國政府任命的第一批女部長。

張琴秋出生於知識份子家庭。父親張殿卿本是嘉興《三江日報》編輯，後被解聘，遂返回桐鄉務農以及經營蛋行、桑秧行等。張家有七個子女，四個夭折，餘下的三個包括排行第四的琴秋，兄張桐和妹張蘭。

　　張琴秋是三個孩子中最聰明勤奮的一個。在母親的支持下，接受了高深教育。九歲進入振華女校，一九二一年畢業後，到杭州女子師範學校讀書。和其他幾個學生提倡剪短髮，以示反抗傳統，並帶頭示範。一九二三年轉讀上海愛國女校。那裡有一個同班同學叫孔德沚，是著名作家茅盾（沈雁冰筆名）的妻子。由於和孔德沚有交往，也結識了沈雁冰和他的幼弟沈澤民。當時的沈澤民年紀輕輕，但已滿腦進步思想。在他們的影響下，她大量閱讀關於社會改革和革命的書籍。同年稍後獲得南京美術專科學校取錄，但沒多久便因病休學。

　　張琴秋於一九二四年進入共產黨支持的上海大學，她是從沈澤民處得知這大學的情況。事後看來，這是她生命中一個重要階段。那一年，她加入中國共產主義青年團，再轉為中國共產黨黨員，並與沈澤民結合。由於上海大學聘請了許多早期共產黨知識份子諸如瞿秋白等任教，故此張琴秋有機會學習馬克思列寧主義理論，以及各方對中國革命應走路線所提出的不同方案。

　　在以後的兩年中，張琴秋以學生身份，積極參與政治活動。當時，早已是共產黨員的向警予（參見該傳）活躍於上海的婦女運動。她鼓勵知識女性為女工開辦夜校。張琴秋、楊之華（參見該傳）等人在平涼路上開辦了其中的一家夜校。她們的學校吸引了二、三百名學生。這群年青婦女活動家會去女工家裡訪問，觀察她們的生活，估量她們的需要，還教她們唱革命歌曲。張琴秋協助組織工人罷工，並為罷工者及其家屬籌募資金，使罷工取得勝利。上海工會聲勢得以壯大，張琴秋起了很大作用。在一九二五年的五卅運動中，她也參加了抗日集會與游行抗議，且在街道上公開講演。

　　張琴秋和丈夫在一九二六年被派去蘇聯學習。十月的一個晚上，他們與百多名中國年青人一起登上了一艘蘇聯煤船。從那年起到一九三零年，她在莫斯科的中山大學學習。她頗有語言天份，在僅僅兩年時間裡，俄語水準足可為中國共產黨當翻譯。在假期期間，她到紡織廠工作，目的是學習技術和管理方法。這些知識對她以後的發展非常有用。

　　整個三十年代，張琴秋不僅顯示了她的政治工作能力，同時也證明了她是一位果敢出色的戰鬥指揮員。一九三零年回國後，她在上海工作了一段時間。後來與沈澤民一起被派去鄂豫皖根據地在張國燾領導下工作。她在彭楊幹部學校任政委一年，除了負責教職人員與學生的思想工作以及學校的教學安排以外，還帶領學生參加軍事訓練並教授革命歌曲與舞蹈。她甚至親身與學生一起參加戲劇表演。一九三二年七月，蔣介石開展了他對根據地的第四次圍剿。

十月張國燾決定向西撤退。鄂豫皖省委書記沈澤民受命留守。沈澤民因根據地艱苦的生活條件而導致肺結核病復發，加上瘧疾纏身，於一九三三年十一月病逝。

一九三二至三三年，張琴秋從七十三師的政委晉升為紅四方面軍的政委。對張國燾決定無止境的西撤，她與其他同志都感到不滿。一九三二年，他們迫張國燾在陝西小河口召開了一次會議。會上張國燾同意，日後作決定時，會先徵求其他同志的意見。那年十二月，四川軍閥內戰，紅四方面軍藉機佔領了四川北部，並在那裡建立了川陝根據地。身為政委的張琴秋帶領婦女宣傳隊，以標語、口號、歌曲、舞蹈等方式，宣傳黨的政策，為紅軍召募新兵。她還為新創立的紅四方面軍話劇團培訓了一批演員。可是張國燾卻記恨她，大概是因她曾迫他以較民主的手法處事。結果她在年底遭降職，由軍總政治部主任調任紅江縣代理縣委書記。在她英明的領導下，紅江很快成為川陝根據地的模範縣。

一九三三年，張琴秋調任紅四方面軍總醫院政治部主任。這項任務很艱巨，但她仍能應付。總醫院下轄多個機構；而其政治部則負責保衛科、交通隊、衛生學校、列寧學校、黨校、新劇團，以及《血花》週報社。為了對抗敵軍「三路圍攻」的策略，總醫院設立了五個分院，隨戰況遷移。總醫院在這期間也曾三遷。由於缺乏麻醉藥品，醫療員工被迫研製藥物，供傷患使用。為了解決醫療人手短缺問題，張琴秋聘請多名老中醫，至於他們的政治立場，她並不在意。她積極面對重重困難，加以克服，備受醫療人員和病人的讚賞。

有一次，總醫院從通江遷往赤北縣，他們一夥人在苦草壩（亦有資料稱作苦樹壩）被國民黨士兵伏擊。張琴秋率領五百名赤衛營女戰士及一小隊武裝部隊迎敵，保衛傷病人員。她看見國民黨士兵不願對婦女開槍，當即意識到機不可失。她吩咐各女戰士高叫「歡迎！革命的士兵兄弟到紅軍中來！」和「紅軍是打日本的先鋒！」當國民黨軍官下令士兵開槍時，士兵們調轉槍口對準軍官，並把他們扣捕。在這場戰鬥中，張琴秋拿下一個團的敵軍，繳獲整團的槍枝和彈藥。成都的《蜀笑通訊》以〈五百農婦繳了一團白軍的槍〉為題報導了這次事件。《中國論壇》後來又轉載了這篇文章。

一九三四年一月，張琴秋當選中華蘇維埃共和國中央執行委員。翌年二月，紅四方面軍參與現今舉世聞名的長征前夕，張國燾將婦女幹部與工人集中到婦女獨立團。因人數驟增，故擴編為婦女獨立師，下設兩個團。張琴秋任獨立師師長兼第一團團長。三個月後，調任川陝省委婦女部長，免去兵權。最後

697

被送去黨校學習。

一九三五年六月，紅四方面軍抵達懋功，與紅一方面軍會合。紅一方面軍當時由毛澤東（1893-1976）統領，一九三四年十月離開江西蘇區前來會合。兩軍成功會合，士氣高漲，議定在黨的旗幟下聯合起來，然後再分為左右兩路縱隊，分別由張國燾及毛澤東率領，而原來兩軍的軍隊則有部份轉隨新統帥。但是隨著會師的熱情漸趨冷卻，兩位統帥開始鬧意見，終致分道揚鑣。毛澤東向北進發，張國燾則掉頭轉向東南。在這期間，即一九三六年，張琴秋與時任張國燾政委的陳昌浩（1910 年生）結合。

一九三六年，賀龍和任弼時率軍到達四川甘孜，與張國燾的紅四方面軍會合。他們對張國燾沒有遵循黨中央北上的決定，予以嚴斥。七月，張琴秋出席一次會議，當時賀龍（第二軍團團長）與蕭克（第六軍團團長）也在座。會上，朱德（1886-1976）批評張國燾沒有前往陝北與毛澤東會合，張琴秋發言支持，再次與張國燾衝突。張國燾最後同意北上。

一九三六年底，紅四方面軍西渡黃河，被國民黨軍隊阻擊，僅有三份之二隊伍成功渡河。河西部隊因此與主力軍隊失去聯絡，後改稱西路軍。張琴秋被任命為西路軍政治部組織部部長。一九三七年一月，西路軍遭受伏擊後，分散到寒冷的西北沙漠中，張琴秋指揮戰士突圍，隨即分娩，小女兒大概活不長久。西路軍慘遭來自甘肅、青海的馬步芳騎兵屠殺，張琴秋和其他同志在彈盡力竭下被俘。獄中的戰士沒有洩露她的身份。她打扮成為紅軍煮飯的婦女。儘管是敵人大張旗鼓地公開通緝的共產黨要犯，她仍能不為人知的在女俘中生活了一段時間。後來被己方的一名年輕女犯出賣，遭轉送南京的政治犯監獄曉莊。這事發生在一九三六年十二月西安事變之後，即第二次國共合作時期。因此周恩來（1898-1976）和葉劍英可出面調解，安排交換政治犯，把張琴秋和其他被俘人員營救出來。

張琴秋出獄後被送去延安，捲入了張國燾與毛澤東之間的爭鬥。她批評張國燾政策與思想錯誤。由於她來自紅四方面軍，可據親身經歷發言見證，所以言詞帶有一定的份量。三十年代末期與四十年代期間，她從事婦女工作和幹部訓練。最初擔任抗日軍政大學女生大隊大隊長，學生約有七、八百名，主要來自國民黨統治區。由於時刻受空襲威脅，他們在山溝裡上課，碰上緊急情況時馬上轉移。教員和學生每天早上準備好午餐，帶往課堂，晚上方回，確保安全上課。一九三九年，來到延安的學生愈來愈多，為配合需要，在抗大女生大隊

基礎上，成立了中國女子大學，學生人數增加到一千五百名。她成為這所新大學的教育長，負責擬定教學計劃、教授政治理論。為響應毛澤東在這階段提出的「自己動手，豐衣足食」的號召，她帶領教員和學生開荒種地，生產糧食。四十年代出任中共中央婦委委員。一九四八年隨中國解放區婦女代表團，前往布達佩斯，出席國際民主婦女聯盟第二次代表大會。

張琴秋在一九三七年到達延安，丈夫陳昌浩也同時從家鄉湖北養病歸來。兩人得以團聚，欣喜異常。但是半年之後，即一九三八年四月，陳昌浩被送去蘇聯治病。五年之後，即一九四三年，張琴秋聽說他已和一個蘇聯婦女一起生活，於是向黨組織提出離婚申請。之後，一位叫蘇井觀（1964年卒）的紅四方面軍醫生向她示愛，這人她在總醫院擔任政委時就已認識。他倆於一九四三年成婚。

一九四九年中華人民共和國成立，張琴秋被任命為紡織工業部副部長。蘇井觀受命為衛生部副部長。她亦當選為全國婦聯執行委員會委員。在共和國成立後的頭二十年，曾任全國人大代表與全國政協委員。

一九五三年，張琴秋以紡織工業部副部長的身份，帶領代表團訪問蘇聯。她非常重視紡織工業的科技進展和革新。對於若干新方法，包括郝建秀（參見該傳）的「細紗工作法」和一九五一年的織布工作法等，她都給予認可，並向全國推廣。她還在上海建立了專門測試新技術的車間。在大躍進（1958–1960）期間，一些工廠盲目提高車速，可是產量卻不見增加，造成浪費。西北紡織局副局長安仁針對這個問題作了講話，後來在戲劇中被描寫為反面角色。張琴秋觀看了演出，並應邀提意見，坦言不同意這劇將安仁醜化。她深知這種表態可能招來批判。這種實事求是的態度後來給她帶來了「右派」之名。一九六六年，她主辦了一次大規模的全國紡織工業技術革新成果展覽。

張琴秋任職紡織工業部近二十年，期間走遍全中國視察紡織工廠，對紡織工業的研究與發展投入了大量的時間和資源，為中國的紡織工業打下了扎實的基礎。她的傳記作者稱她也是一位關心紡織工人生活與工作條件的部長，他們經常舉這事作為例子：她曾要求偏遠地區紡織工廠的負責人員組織社交活動，讓女工有機會結識男工。從此可見，她十分關注女工的婚嫁問題。

文革期間，張琴秋承受了殘酷的迫害。這種迫害導致她在一九六八年四月自殺，終年六十四歲。她被監禁在辦公室內，後來從該處陽台跳下身亡。蘇井觀於一九六四年死於癌症。前夫陳昌浩被指反對毛澤東，在一九七六年自殺。

與第一任丈夫沈澤民所生的女兒，因為同情悼念周恩來的四五運動，而招致紅衛兵的折磨與羞辱，到後來無法忍受，也在同年服安眠藥自殺。

一九七九年，張琴秋由中央委員會平反，被譽為忠於黨和人民的優秀共產黨員。

蕭虹

張建農譯

◇ 錢青，〈紅軍女將領張琴秋小傳〉見《人物》，1984 年 1 期，頁 100–102。
◇ 《中共黨史人物傳》，卷 17，西安：陝西人民出版社，1984 年，頁 229–261。
◇ 裘之偉主編，《中共黨史人名錄》，重慶：重慶出版社，1986 年，頁 228。
◇ 〈中國革命的一位偉大女性：深切懷念張琴秋〉見《中國婦女報》，1988 年 6 月 17 日，版 2。
◇ 袁韶瑩、楊瑰珍編，《中國婦女名人辭典》，長春：北方婦女兒童出版社，1989 年，頁 335–337。
◇ 宋瑞芝主編，《中國婦女文化通覽》，濟南：山東文藝出版社，1995 年，頁 241–243。
◇ Klein, Donald W., and Anne B. Clark. *Biographic Dictionary of Chinese Communism, 1921–65.* Cambridge, Mass.: Harvard University Press, 1971, 21–22.
◇ 「張琴秋」見 <http://baike.baidu.com/view/131195.htm>，2013 年 5 月 14 日查閱。

⁗ 285 張權 Zhang Quan

張權（1919–1993），江蘇宜興人，著名女高音歌唱家。

張權的父親教私塾，母親是個不識字的家庭婦女。張權在家排行第七，但有兩個姐姐、一個哥哥夭折了。十七歲那年，她不理家人反對，投考國立杭州藝術專科學校鋼琴專業，得到取錄。後在該校隨俄籍教授馬巽學習聲樂。一九三七年（一說 1940 年）入上海國立音專聲樂系，師從周淑安（參見該傳）、黃友葵。一九四二年，她舉辦了首次個人演唱會。同年和莫桂新（1957 年卒）結婚，兩人育有三個孩子。

一九四七年，張權在丈夫的鼓勵和支持下赴美深造。同年九月進入紐約羅徹斯特（Rochester）的納薩瑞斯學院（Nazareth College），學習鋼琴、音樂欣賞、指揮、作品分析、法語、哲學、心理學、文學和神學。一年多以後，又獲得羅徹斯特伊斯特曼音樂學校（Eastman School of Music）的獎學金，攻讀音樂文學碩士課程和演唱者證書。一九五一年取得音樂會獨唱家證書、歌唱表演藝術家證書以及音樂文學碩士學位。同年回國，入中央實驗歌劇院任演員。

回國後，張權了解到政府正推行新政策，致力發揚本土文化，尤其著重音樂和舞蹈，於是她努力學習和熟悉中國民族的音樂藝術，以彌補在這方面的不

足。在這段期間,她首次用中文主演了歌劇《茶花女》(*La Traviata*)和《蘭花花》(*Orchid Blossom*)。

一九五七年,張權被劃為右派,丈夫被送到北大荒勞動改造,同年病死。一九六一年,她調入哈爾濱歌舞劇院,由此重返舞台,期間曾得到周恩來(1898-1976)的關照,後來她表示這份恩情使她沒齒難忘。文革時期她多次經歷磨難。

一九七八年,張權調回北京,先後任北京市音樂舞蹈家協會主席、北京歌舞團藝術指導、中國音樂學院副院長等職。她也被評為教授。為表彰她對國內音樂所作出的貢獻,一九九一年十月十六日,中國音樂學院在北京舉辦了「張權教授回國四十周年座談會」。

陳慧、賀黎

◇ 〈求索者之歌──女高音歌唱家張權自述〉見《人物》,1990 年 3 期,頁 98–112。
◇ 《中國人物年鑒 1992》,北京:北京華藝出版社,1992 年,頁 214。
◇ 劉波主編,《中國當代文化藝術名人大辭典》,北京:國際文化出版公司,1993 年。
◇ "I Sing for the People." *Women of China,* November, 1981.

⁣ 286 張若名 Zhang Ruoming

張若名(1902-1958),河北省保定區人,是近代中國留學法國並取得博士學位的第一位女性,也是婦女運動及愛國運動的先驅人物,在傳播馬克思主義和國家革新思想方面,貢獻良多。

一九一六年,張若名考入天津直隸北洋第一女子師範學校,與鄧穎超(參見該傳)為同級學員,二人均為學校改革派的激進份子。一九一九年五四運動期間,張若名與郭隆真(1894-1932)、劉清揚(參見該傳)、鄧穎超等發起成立了有六百多名婦女參加的天津女界愛國同志會,並擔任領導工作。她們四人與周恩來(1898-1976)、馬駿、諶志篤等,是天津五四運動領導核心覺悟社的骨幹。張若名、郭隆真、周恩來、于方舟、馬駿、馬千里和其他二十多名知識青年,於一九二零年一月,因參加愛國運動在天津被拘留,七月獲釋。拘留期間,周恩來在難友組織的社會問題研究會上,多次主講馬克思主義,讓張若名初次接觸到這類思想。

一九二零年十一月,張若名、周恩來、郭隆真和劉清揚等赴法勤工儉學,留法期間,張若名擔任北平《晨報》駐法特約通訊員,在《晨報》發表了不少

政論文章。一九二二年初加入中國少年共產黨，後來出任主席。一九二四年，為了專心讀書，退出這個組織。

張若名的婦女運動思想，甚有創見，影響也極為深遠。她這方面的主要著作包括〈急先鋒的女子〉和〈現代的女子以怎樣的解放為滿意〉二文；前者署名三六，在一九二零年一月二十日刊於周恩來主編的《覺悟》創刊號，後者在一九二四年三月十八日刊於鄧穎超主編的天津《婦女日報》。張若名認為二十世紀的女子，必須具有革命精神，去開拓獨立自主的人生價值觀。在實踐婦女運動事業的當中，又必先以推翻「男女道德標準之不同」、「男女心理生理之不同」及「男女職業之不平等」三個傳統觀念為急務。她又鼓勵婦女參政以推動婦女解放，特別強調女子應參與政府事務。

張若名對國家革新運動的看法，深受五四愛國思潮的影響。她反對帝國主義、資本主義，認為中國的革新，必須是「知識份子勞動化」。她在法國期間為北平《晨報》撰寫的政論文章如〈英吉利之詭秘的外交策略〉、〈英國煤礦罷工別記〉、〈土希戰爭與德國形勢〉、〈剩餘價值〉、〈階級鬥爭〉、〈帝國主義淺說〉等，都清楚表明她反對帝國主義、反對資本主義和熱愛祖國。〈剩餘價值〉和〈階級鬥爭〉是最早兩篇中國婦女宣揚馬克思主義的文章。

一九二一年，張若名在北平《晨報》發表題為〈留法儉學生之恐慌與華法教育〉的文章，文中指出：「中國現在的文化運動家所傳布的，五光十色，無奇不有。有的是談『新思想』，有的是說『德謨克拉西』，有的說『馬克思學說』，有的介紹『布爾扎維克主義』……種種不一，而總合起來，不外乎求『人』的生活安全。……今後的要務，不只於叫勞動者覺悟，作有知識的人，並且要使有知識的人躬為勞動者。」

在張若名的眼中，二十世紀的中國男子要真真正正的站起來，二十世紀的中國婦女，也要堅強勇敢的站起來，為國家，為社會，只要是中國人，他們都必須善用個人才能，竭誠服務社會，實踐「勞動份子知識化」、「知識份子勞動化」的理論，使國家邁向富強。

一九二四年，張若名考進法國里昂大學（Université de Lyon）。一九三零年，她從心理學角度去研究法國文學史和文藝理論家安德烈‧紀德（André Gide），並以題為〈紀德的態度〉（"L'Attituded' André Gide"）的論文，取得博士學位。同年與另一位留法的里昂大學學生，日後的著名民族學家楊堃（1901 年生）結婚。

一九三一年，張若名與楊堃回國，到北平中法大學教書。同年長子楊在道出生。一九三七年，張若名發表了她的另一篇代表作〈法國象徵派三大詩人——鮑德萊爾（Baudelaire）、魏爾萊諾（Verlaine）與藍苞（Rimbaud）〉。此文分述了這三位法國著名詩人的作品與生平，並特別介紹他們各具特色的象徵藝術，是研究法國文學的重要文獻。此外，她又注釋了大量法國詩文，這方面的作品有〈龍沙同代人詩選注〉（"Contemporains de Ronsard: Poems"）、〈普魯斯特文選注〉（"Proust: Textes Choisis"）等。她把法國文學和文藝思潮介紹到中國文壇，擴闊國人視野。

一九四八年，張若名和楊堃南遷昆明，一起到雲南大學任教，楊堃擔任社會學系教授兼系主任，張若名則任中文系教授，講授馬克思主義，並於一九五三年創立了文藝批評教研室。她除了教學及研究工作外，又從事《法文研究》月刊的編輯工作，把大量中國文獻，包括魯迅和郁達夫的作品，翻譯成法文，為中法文化交流作出重要貢獻。她在一九五八年去世，終年五十六歲，對國家來說，是極大的損失。

黃嫣梨

◇ 《益世報》（天津），1919 年 12 月 3 日。
◇ 《晨報》（北平），1921 年 6 月 15 至 19 日，6 月 29 至 30 日，7 月 1 至 5 日。
◇ 《中法大學月刊》，卷 11，1937 年 8 月，4、5 期合刊本。
◇ 張若名，"Francis Jammes: Poèmes."（法文），見《法文研究》（北平），卷 3，1942 年 5 月 7 期。
◇ ——，"Paul Valery: Le Retour de Hollande."（法文），見《法文研究》（北平），卷 3，1942 年 6 月 8 期。
◇ ——，"André Chenier: Poèmes."（法文），見《法文研究》（北平），卷 4，1943 年 7 月 4 期。
◇ ——，〈紀德的介紹〉見《新思潮》（北平），卷 1，1946 年 11 月 4 期。
◇ ——，〈試論文學中典型性的創作過程〉見《人文科學》（雲南大學），1957 年 1 期。
◇ 中國科學院歷史研究所編，《五四運動回憶錄》，北京：中華書局，1959 年。
◇ 天津歷史博物館、南開大學歷史系編，《五四運動在天津——歷史資料選輯》，天津：天津人民出版社，1979 年。
◇ 中國社會科學院近代史研究所編，《五四運動回憶錄》，下卷，北京：中國社會科學出版社，1979 年。
◇ 周恩來，〈覺悟〉、〈覺郵〉見《周恩來詩文集》，天津：南開大學，1980 年。
◇ 清華大學中共黨史教研室編，《赴法勤工儉學運動史料》，北京：北京出版社，1980 年。
◇ 中共天津市委黨史資料徵集委員會、天津市婦女聯合會合編，《鄧穎超與天津早期婦女運動》，北京：中國婦女出版社，1987 年。
◇ 全國婦聯婦運室編，《中國婦女運動歷史資料》，北京：中國婦女出版社，1991 年。
◇ 楊堃，與作者的私人通訊。
◇ 楊在道，與作者的私人通訊。
◇ 林如蓮（Marilyn A. Levine），與作者的私人通訊。

▥ 287 張辛欣 Zhang Xinxin

張辛欣，一九五三年出生於南京，後毛澤東時代頭十年極具天份的作家之一。

張辛欣幼年隨父母遷居北京，小學剛畢業，便爆發文化大革命。和其他許多在一九四九年建國不久後出生的城市青少年一樣，她不能繼續上學。一九六九年下放農村勞動，後因健康不佳被調到軍隊當護士，接著又轉到工廠擔任共產主義青年團幹部。一九七九年考入北京中央戲劇學院導演系，一九八四年畢業。

一九七八年張辛欣開始發表短篇小說。一九八一年發表的中篇小說〈在同一地平線上〉，使她聞名全國。這部引起爭議的小說不談當時人人都談的文革禍害，改而探討一個普遍存在的問題，就是女性如何在一個重男輕女的社會裡建立自己的主體性。作者以同情的眼光，細膩的筆法，描寫一個年輕的都市婦女，在文革後的中國社會，為了堅持工作，爭取獨立自主，而必須艱難地克服社會偏見，特別是來自丈夫的重重阻力。這部小說極可能帶有自傳成份，和女主人公一樣，張辛欣也因思想分歧與第一任丈夫分手。小說一發表，立刻引起廣大知識婦女的共鳴，被讀者和評論界譽為一九四九年以後中國文壇最敢於挑戰權威的女權主義小說之一。但也由於它擊中了中國社會權力結構的根本性問題，遭到中國當局的猛烈抨擊，認為它宣揚了「資產階級個人主義」。張辛欣並沒有因此而退縮，以後的兩部中篇小說〈我們這個年紀的夢〉（1982）和〈最後的停泊地〉（1985），都是描寫青年知識婦女在一個壓制婦女人性和個性的社會中，如何痛苦地生活。〈我們這個年紀的夢〉描述一個年輕女子，嫁了個沒有情趣的丈夫，於是她企圖以白日做夢，來逃避刻板單調，了無意義的生活。在小說的結尾，女主人公赫然發現她夢中的白馬王子竟是那個她向來鄙夷的小氣鄰居，因而震驚不已。〈最後的停泊地〉描述一名頭腦精明的事業型婦女，在愛情路上尋尋覓覓，苦無結果，但又一籌莫展。一九八八年發表的〈這次你演哪一半？〉則更大膽地觸及婦女同性戀問題，情節感人。小說描寫一個單身女人和同屋的離婚女人和她的小女兒的關係。單身女人處處關心照顧敏感而早熟的小女孩，並開玩笑的要她在沒別人在場時叫自己做「爸爸」，以致小女孩終於覺得這女人比親生父親更像父親。

毫無疑問，在張辛欣這些作品中，中國男性的形象基本上都是負面的；即使從寬鬆角度看，它們也用了反傳統、偏離固有觀念的寫法，因而被看作

是對男性中心體制的挑戰。對她的取態，有關方面看來甚為不滿，所以在她一九八四年從中央戲劇學院畢業時，並沒有為她安排工作。同年稍後時間，政治氣候轉向緩和，中國青年藝術劇院和北京人民藝術劇院才先後聘用她，中央電視台也請她主持過一些節目。

除了以現實主義手法來刻劃婦女心理的作品外，在另一些作品中，張辛欣也探索過其他的文學風格和技巧。這方面的代表作品有中篇小說〈封、片、連〉（1985）和〈瘋狂的君子蘭〉（1983）。前者以情節曲折離奇見長，有點偵探小說的味道。後者借鑒拉丁美洲的魔幻現實主義手法，來諷喻那瘋狂而虛幻的名利場。這一系列題材新穎、視覺獨特、手法創新和語言技巧純熟的作品，使張辛欣成為二十世紀八十年代最有成就和影響最大的女作家之一。但使她成為國際知名作家的，卻是她和桑曄合作的口述實錄文學《北京人》（1986）。從一九八三年開始，他們兩人帶著錄音機到中國各地去採訪幾百個不同階層、職業、年齡和性別的普通人，從中挑選出一百多個人的口錄整理成文字。這些單篇，最先在一九八四年初發表在《美洲華僑日報》上。由於它們比較真實地反映了中國一般老百姓的生活、思想和心理，引起了海外華人讀者的極大興趣。一九八五年，中國大陸的五家最有影響力的文學期刊在首期同時刊登了不同的選篇，轟動一時，成為當年中國文壇的一件大事。次年，張辛欣和桑曄選了其中一百篇結集出書，名為《北京人》。書成後馬上引起國外文學界的注意，其中多篇被譯成德、日、英、法等多種外文。這本書顯然是受到美國作家特克爾（Studs Terkel）的《美國夢尋》（*American Dreams: Lost and Found*）的啟發，後者是口述實錄文學的代表作，而它的中譯本亦深受中國讀者歡迎。但在中國文學史上，《北京人》卻是創作口述實錄文學的先行者。而且，它加工的口述實錄大抵上保持了原敘述人自己的語言風格，生動地傳達出他們各自的口吻和感情。因此這書的文學價值也引起了文學界的重視。西方讀者認為它能提供資料，讓他們更全面了解後毛澤東年代中國社會真實的狀況。由於《北京人》的成功，張辛欣和桑曄再次合作，在一九八六年出版了報告文學《災變》。這書記述了在農曆新年假期期間，一所眼科醫院，一支消防隊和一個火葬場裡發生的事。作者硬把毫無關連的事件放在一起，使冗長的報告變得雜亂無章、沉悶乏味。

張辛欣文字技巧出色，在她早期作品已清晰看到，但她這方面登峰造極之作，非一九八六年的《在路上》莫屬。她用了三個月的時間，沿著長達

二千五百多公里的大運河，獨自騎自行車旅行，然後將經歷以略帶小說渲染的手法，寫成《在路上》。在這部半遊記半小說的作品中，她成功地揉合了事實與想像，歷史與小說，詼諧的調侃與嚴肅的思考。這部作品既含高雅的文藝格調，又有粗俗滑稽的用語，與天南地北的話題配合得恰到好處。這書後來被改編成電視節目《運河人》，張辛欣自任主持人。這電視節目大受歡迎，劇本的文字反少人留意，致令其文學價值未受充份重視。

張辛欣在國內的作家生涯不長，但著作頗多，期間獲邀出訪多個西方國家。一九八八年前赴美國康奈爾大學（Cornell University）當訪問學者，從此定居美國，並與一位美國律師結婚，兩人沒有子女。她當過「美國之音」的節目「作家手記」的評論員，「博庫」網站的專欄作家。

離開中國後，張辛欣出版過幾部文集。《獨步東西》（2000）收集她在「博庫」網站發表的文章以及讀者對它們的評論，包括一些很尖銳的批評。她在一篇題為〈青春遺址〉的文章中，對自己在文革時的思想行為進行反思與懺悔，有讀者撰文回應，這個讀者的文章值得一讀。《我的好萊塢大學》（2003）主要收有她對美國和歐洲電影以及已進入國際影壇的中國電影的評論，也談到她自己在好萊塢的經歷。《我知道的美國之音》（2006）除了一篇談「美國之音」外，其他各篇都是她對美國各種社會現象、文化生活和政治事件的感受。雖然這幾本書都是在中國大陸出版，她在中港台的知名度和影響力已遠遜於二十世紀八十年代她的創作高峰期。

張辛欣現居美國，曾任凱利文化公司藝術總監。

陳兆華

◇ 張辛欣，〈我們這個年紀的夢〉見《張辛欣中短篇小說集》，成都：四川文藝出版社，1985 年。
◇ ──，《劫後劫》，香港：博益出版集團，1986 年。
◇ ──，《在同一地平線上》，台北：三民書局，1988 年。
◇ ──，《這次你演哪一半》，台北：三民書局，1989 年。
◇ 張辛欣、桑曄，《北京人》，上海：上海文藝出版社，1986 年。
◇ 黃德偉主編，《我們這個年紀的夢》，台北：新地文學出版社，1988 年。
◇ 王緋編，《張辛欣代表作》，鄭州：黃河文藝出版社，1988 年。
◇ Zhang Xinxin and Sang Ye. *Chinese Lives: An Oral History of Contemporary China,* eds. W.J.F. Jenner and Dellia Davin. London: Macmillan.1987.
◇ Roberts, Rosemary A. "Images of Women in the Fiction of Zhang Jie and Zhang Xinxin." *China Quarterly,* 120 (December 1989) : 800–13.
◇ Wakeman, Carolyn, and Yue Daiyun. "Fiction's End: Zhang Xinxin's New Approaches to Creativity." In *Modern Chinese Women Writers: Critical Appraisals,* ed. Michael S. Duke. Armonk, N.Y. : M.E. Sharpe, 1989, 196–216.
◇ Kinkley, Jeffrey C. "The Cultural Choices of Zhang Xinxin: A Young Writer of the 1980s." In *Ideas*

Across Cultures: Essays on Chinese Thought in Honor of Benjamin Schwartz, eds. Paul A. Cohen and Merle Goldman. Cambridge, Mass.: Harvard University Press, 1990, 137–62.

◈ Gunn, Edward, Donna Jung, and Patricia Farr, eds. and trans. *The Dreams of Our Generation and Selections from Beijing's People.* Cornell East Asia Series. Ithaca, N.Y. : Cornell University, 1993.

◈ 「張辛欣」見 <http://www.chinawriter.com.cn/zxhy/member/7041.shtml>，中國作家網，2013 年 5 月 14 日查閱。

▥ 288 章蘊 Zhang Yun

章蘊（1905–1995），湖南長沙人，本名杜潤章，著名婦女運動領袖。另有資料稱她在一九一六年出生。

章蘊少年時期在長沙讀書，一九二五年在漢口求學時加入中國共產黨。當時正值國共合作時期，她受共產黨委派擔任國民黨特別市黨部婦女部長，組織婦女接待北伐軍，後到礄口區委擔任組織部長兼婦女部長。一九二五年與同是共產黨員的李耘生結婚，兩人育有一子一女。

大革命（1924–1927）失敗後，章蘊在武昌、南京等地從事黨的地下工作。一九三一、三二年間，丈夫殉難，稚齡兒子李曉林和十多歲的小姑被捕，她仍繼續工作，撫養女兒李早力。她雖一度和共產黨失去聯繫，但從沒有在國民黨或政府機關謀事。她從長沙到武漢，再轉南京，在那裡碰上一個朋友，才得知李耘生在獄中寫了張紙條，請妻子一人挑起百斤重擔。

一九三六年，章蘊到湘潭任中共中心縣委書記。抗日戰爭時期，先後任東南分局婦委書記、蘇南區黨委委員兼婦女部長、蘇中二分區地委書記、蘇中區黨委婦女部長、組織部長等職。當時來說，與她一樣獨力管理整個地區黨政工作的女幹部，為數不多。一九四五年抗戰勝利後，歷任華中分局委員兼婦女部長、華東局婦女部長、豫皖蘇區黨委副書記、豫皖蘇分局宣傳部長、第三野戰軍婦女幹部學校校長等職。

一九三七年前後，章蘊一直被國民黨關押的兒子李曉林，由祖父贖出，自此在山東老家務農。章蘊到了一九四五年左右才找到這個兒子，那時他已十五歲。她送他出國念科學，據說她很以他為榮。她女兒李早力據說亦負笈海外，後任航天工業部的高級工程師。

建國後，章蘊任中共華東局婦委、上海市委婦委書記兼華東區婦聯主任、上海市婦聯主任、中共婦委第三書記（1952）兼全國婦聯秘書長（1952）、全國婦聯副主席（1953），成為中國婦女運動的領導人之一。為此，她也當選全

國人大代表，全國政協委員、常委。一九五六年成為中央委員會候補委員，並代表中國出席在丹麥、法國、蘇聯和越南舉行的國際婦女大會。

文化大革命中，章蘊被康生誣蔑為黨的叛徒，受到迫害，但她不畏強暴，即使被送到黨校，經歷勞改，始終堅持真理。一九七五年黨中央為她平反，在中共十一屆三中全會上當選為中央紀律檢查委員會副書記，中共十二大當選為中央顧問委員會委員。她以非凡的膽識和氣魄，主理文化大革命所遺留的問題，迅速為蒙受冤屈的同志平反昭雪；在查處嚴重經濟罪行、反腐敗的鬥爭中，敢於負責、秉公辦事。

章蘊著有《章蘊談黨的建設》一書，發行六十餘萬冊，是認可的黨課教材。她長期從事婦女工作，強調婦女幹部要「沉下去，深入重地，掌握重點，創造和積累經驗，推動一般，以求達到能夠根據實際情況來領導和進行工作，教育幹部」。在婦聯工作的各個時期，她屢屢能提出開創性的建議。她在一九九五年十二月二十五日逝世。

趙金平

◇ 陳敏（譯音），〈「她是我們的女中豪傑」──記中央顧問委員會委員章蘊〉見《他無愧於共產黨員的稱號》，上海：上海人民出版社，1984 年，頁 1–8。
◇ 馮月華，〈「鐵大姐」章蘊〉見菡子編，《女兵列傳》，集 2，上海：上海文藝出版社，1986 年，頁 146–156。
◇ 英文《中國婦女》編著，《古今著名婦女人物》，下冊，石家莊：河北人民出版社，1986 年，頁 705–709。
◇ 章蘊，《章蘊文集》，中華全國婦女聯合會編，北京：中國婦女出版社，1996 年。
◇《中國婦女五十年》光盤。
◇ Klein, Donald W., and Anne B. Clark. *Biographic Dictionary of Chinese Communism, 1921–1965.* Cambridge, Mass.: Harvard University Press, 1971, 71–73.
◇ Lamb, Malcolm. *Directory of Officials and Organizations in China.* Armonk, N.Y. : M.E. Sharpe, 1994.

▥ 289 張志新 Zhang Zhixin

張志新（1931 ？ –1975），天津人，政治異見份子，在關押五年多後被處決，成為文革烈士。

張志新的父母都是教師，但由於父親失業，她便留在家中幫助母親操持家務，照顧幼妹。到十一歲那年，父母終於有能力讓她入學。在家裡，母親也教她識字，父親則教她小提琴，但他們給她上的最重要的一課，是教她獨立思考。

一九四九年一月，中國共產黨的解放軍進駐天津，張志新歡迎他們。當時她正在高中讀最後一年，如飢似渴地學習馬列主義。共產黨的模範英雄，不論

男女、真實抑或虛構，對她都起著激勵作用。她決定獻身共產主義和創造新中國的事業。一九五零年進入河北師範學院教育系。同年朝鮮戰爭爆發，立即報名參軍，且獲錄用。可是沒有被派到前線，而是進了中國人民解放軍軍事幹部學院學習，後來又調配到北京中國人民大學俄語系。在那裡學到的革命理論塑造了她的人生觀、世界觀。一九五五年加入中國共產黨，兩年後派到遼寧省委宣傳部工作。她工作表現出色，且不斷學習，追求真理。她堅信這是黨員的權利和神聖的職責。

文革開始時，張志新讚賞不已，並全心全意地投身其中。但是隨著越來越多的幹部和領導被批鬥，革命先烈從墳墓裡被挖出來，以供在民眾之前清算，她開始產生了疑問。據說，她在一名朋友面前說出這些想法，又質疑應否將劉少奇（1898–1969）等老領導的功績一筆抹煞。為此被送去盤錦的五七幹校勞動改造。在那裡，仍然堅持尋找她所確信的真理，繼續學習革命文獻。她目睹省委宣傳部長在自殺前，用墨汁在臉盤上寫下了「無罪」二字，事後她更深入地思考文革。她越來越相信，國內正在發生的事情是錯誤的。為了這些看法，她在一九六九年九月被四人幫在遼寧掌權的支持者逮捕，被扣上「現行反革命份子」的帽子，罪名極為嚴重。在獄中她寫日記、筆記、書信和自我批判的材料，也作詞編曲，其中最著名的要算〈誰之罪〉。在這篇文章裡，她力言自己無罪：「如果說我是罪人，那麼，這樣的罪人越多，人民越少受罪。」她最為人津津樂道的作品是洋洋五萬言的〈一個共產黨員的宣言〉，因被逼寫認罪書，於是以這篇宣言作回應。在宣言中，她總結了自己身為一個共產黨員的成長過程和對文革的理解。她不僅確認文革是個天大的過失，並認為冰凍三尺非一日之寒，文革的種子遠在一九四九年已埋下，經過十七年的醞釀才爆發出來。她甚至斷言，儘管毛澤東（1893–1976）思想偉大，他本人確有過失，盲目崇拜他是錯誤的。她不愧是個具有獨立人格的幹校人。

一九七五年四月，張志新由無期徒刑改判死刑，遭四人幫殺害，時年僅四十四歲。她遺下丈夫曾真，一對子女以及病弱的母親。丈夫沒能收到她最後的一封信，它被收入她個人檔案內，作為反革命的罪證。她在信中表示，未能成為賢妻良母，深感遺憾；而將養兒育女的全部責任放在丈夫肩上，亦愧疚萬分。最後請求丈夫用她的積蓄照料患病的母親。和所有革命先烈一樣，她的信以「中國共產黨萬歲！偉大的祖國萬歲！毛主席萬歲！」作結。

一九七八年，中共中央召開第十一屆三中全會後，張志新獲得平反昭雪，

遼寧省追認她為革命烈士。她反抗「醜惡的四人幫及其爪牙」的英雄形象，遍載全國報刊。

十年文革所造成的創傷，非單張志新一人體會得到。那些職位比她高、年齡比她大、黨齡比她長，且更接近共產黨權力核心的人，也心裡明白，但並無一人如她那樣絕不妥協地公開直言。她並未涉足權力政治，但明辨是非，雖深知坦陳己見會危及自身安全，仍一往直前。她不惜為心中確信的真理而戰，和一個寧要服從不要誠實的殘酷政治體制抗衡，實在是個難得的人才。

蕭虹
張建農譯

◇ 《為真理而鬥爭：優秀共產黨員張志新的英雄事蹟》，瀋陽：遼寧人民出版社，1979 年。
◇ 《張志新》，瀋陽：遼寧人民出版社，1985 年。
◇ 張志新、劉少容（譯音），《過去、現在、將來》，瀋陽：遼寧人民出版社，1985 年。
◇ 英文《中國婦女》編著，《古今著名婦女人物》，下冊，石家莊：河北人民出版社，1986 年，頁 1124–1128。
◇ 袁韶瑩、楊瑰珍編，《中國婦女名人辭典》，長春：北方婦女兒童出版社，1989 年，頁 325。
◇ 中國婦女管理幹部學院編，《古今中外女名人辭典》，北京：中國廣播電視出版社，1989 年，頁 582。
◇ 宋瑞芝主編，《中國婦女文化通覽》，濟南：山東文藝出版社，1995 年，頁 168–170。
◇ 賀黎、楊健，《無罪流放：66 位知識份子「五‧七幹校」告白》，北京：光明日報出版社，1998 年，前言，頁 7。

▥ 290 趙默雅 Zhao Moya

趙默雅一九一五年生於山東省臨清縣，著名指紋學家。

趙默雅的父親曾擔任清朝末代皇帝宣統的御前教師，反對女兒從事警察工作。趙默雅沒有聽取家庭的意見，並進入了浙江警官學校，專門研讀當時最冷門艱澀的指紋學。一九三六年從正科第四期畢業後，分發到南京的首都警察廳指紋實驗室任科員。抗戰期間，任職重慶市警察局刑事實驗室。戰後擔任中央警官學校特種警察訓練班指紋學教官。之後再回首都警察廳，擔任刑事鑑識科指紋室主任。

一九四六年，副總統選戰激烈之際，候選人李宗仁家中遭竊。由於這是政治敏感事件，當局唯恐節外生枝，命令警方限時破案。趙默雅連夜採指紋，仔細研判，四小時之內就使竊賊落網，贏得「女福爾摩斯」的美譽。

一九四八年，聲譽如日中天的趙默雅走下刑事舞台，開始執教於中央警官學校。她隨國民政府遷台的初期，在台灣省警察學校擔任指紋學教官。中央警

官學校在台灣復校後，再回該校任職。她堅守警察教育崗位三十餘年，在台灣指紋學拓荒的階段，便整理有關資料，編寫教材，使其系統化，將畢生精力奉獻於指紋分析及指紋學術研究，其中對於雙胞胎指紋差異的探究，更被視為指紋鑑識領域的一大貢獻。

一九八零年，趙默雅自警官學校以三線二星的榮譽官職退休，不但是當時官階最高的女警官，被稱為台灣指紋學之后，更是我國晉身國際指紋學第一人。那年，國際指紋學會在它出版的《指紋天地》中，介紹趙默雅的事蹟，肯定她在國際指紋學界的重要地位。

陳純瑩

◎ 余昭，〈忠耿芳潔淑女師〉見《警察之友》，33 卷，9 期，1980 年 9 月，頁 21。
◎ 〈趙默雅教官榮膺世界風雲人物〉見《中警》，336 期，1980 年 12 月，版 2。
◎ 張平宜，〈「台灣指紋學之后」趙默雅的故事〉見《中國時報》，1992 年 6 月 29 日，版 17。

▥ 291 趙燕俠 Zhao Yanxia

趙燕俠，一九二八年生於河北省，京劇演員。

趙燕俠七歲隨父親趙筱樓在杭州、上海、漢口等地搭班演戲。十四歲在北平先從諸茹香學青衣、花旦，後拜荀慧生為師，繼續深造。十五歲演出《大英傑烈》，初露頭角。曾與楊寶森合演《武家坡》，與金少山合演《霸王別姬》，與馬連良合演《坐樓殺惜》，與侯喜瑞合演《十三妹》，以吐字清楚、唱腔流利、風格自然優雅見稱。

一九四七年後，趙燕俠率領燕鳴社在北平等地演出，所演《紅娘》、《花田錯》、《辛安驛》、《荀灌娘》、《盤夫索夫》等，唱做念打別具一格。燕鳴社善於結合個人條件，突破程式，發展傳統。它亦強調表演程式必須來自生活，就像藝術必須來自生活一樣。趙燕俠曾指出她的「趙派」表演藝術，就是力求「清楚」，讓觀眾通過演員在舞台上的唱做念打，充份理解劇情和人物，從而與角色的情緒交融統一，這樣一來，戲劇效果便會大增。

在《紅梅閣》一劇中，李慧娘因讚佩裴生而觸怒兇殘的賈似道，面臨懲責時，唱出了「還望求老太師發落從寬！」「發落從寬」四字唱腔，趙燕俠就設計了一個幅度較大的迴旋，哀婉懇切。此時，她也沒有襲用先唱後跪或先跪後唱的傳統程式，而是以側面向賈似道，正面向觀眾，翻右袖向外，袖中雙手合拜，全身顫抖，邊唱邊曲右腿，一句長腔「發一落一 從一 寬一」，「寬」字

將落,膝即著地。她以生活的體驗去創新傳統程式,達到了感人肺腑的藝術效果。

又如《瀟湘夜雨》中的張翠鸞,本是青衣,按「規矩」不能採用花旦的身段。但是,趙燕俠為了表現張翠鸞以戴罪之身,在驛館偶遇久別的父親時,那種驚喜悲憤的複雜心情,運用了一個連連頓足的強烈動作。雙足頓台,震撼著觀眾的心。每演到此,觀眾熱淚便潸然而下。

趙燕俠一九六零年加入北京京劇團,任副團長,直到一九七九年改任北京京劇院一團團長為止。曾多次主演《白蛇傳》、《紅梅閣》等劇。一九六四年演出現代戲《沙家浜》,成功塑造了阿慶嫂的藝術形象。《沙家浜》是有數獲得江青(參見該傳)准予上演的樣板戲之一。

陳慧

編者按:文革時期趙燕俠遭受迫害,淡出舞台達十年之久。一九八零年加入中國共產黨。此後著力培養青年演員,大膽進行藝術團體的改革。

◈ 朱城,〈創新是藝術流派的靈魂──趙燕俠就戲曲流派一席談〉見中國人民大學書報資料中心,《報刊資料選匯》,1986 年 11 月,頁 81–83。
◈ 劉波主編,《中國當代文化藝術名人大辭典》,北京:國際文化出版公司,1993 年,頁 505–506。
◈ 「趙燕俠」見 <http://baike.baidu.com/view/277889.htm>,2015 年 10 月 22 日查閱。

ⅢⅢ 292 趙一曼 Zhao Yiman

趙一曼(1905–1936),祖籍四川宜賓,中國共產黨烈士,加入游擊組織東北人民革命軍,從事抗日工作。她原名李坤泰,曾使用多個名字,包括李一超。在東北淪陷區工作時,化名趙一曼。

趙一曼出生於地主家庭,但受姐夫影響,閱讀很多進步書刊,接受革命思想。一九二四年十九歲那年,參加了中國社會主義青年團。隨即投入縣裡的革命活動。一九二六年進入宜賓縣的宜賓女子中學,自此積極參與學生運動,並成為學生領袖。同年加入中國共產黨。後來得到黨組織保送到武漢中央軍事政治學校(通稱黃埔軍校武漢分校)讀書。一九二七年派往蘇聯東方大學進修。在那裡與原黃埔軍校學生陳達邦結合。有資料稱,她懷孕五個月時,決定離開蘇聯,回國執行秘密任務。她一九二八年回國之後,確為共產黨在湖北、江西和上海從事地下工作。在湖北期間生了個男孩。

一九三一年，趙一曼調往東北淪陷區。她先在哈爾濱和其他女工一起工作。翌年被任命為哈爾濱市總工會代理書記。不久，哈爾濱黨組織被日軍摧毀，她和各人被迫下鄉。在一九三二年至三四年期間，先後擔任省縣級多個黨內職位。這期間的最後一年，以特派員的身份到抗日游擊區珠河（現黑龍江省尚志縣）開展黨的工作，成為當地有名的游擊隊領袖。一九三五年出任東北人民革命軍第三軍第二團政治委員。當第三軍在日軍到達前向東撤退時，第二團留下作戰，在鐵路沿線牽制敵人，掩護東撤部隊。當年十一月，日軍包圍了第二團。她要求團長在她和一個班的士兵掩護下帶隊突圍。在這場拼死搏鬥中，她右眼和左腕中彈，因失血過多而昏倒，被日軍俘獲。

據說日軍對獄中的趙一曼，先採取懷柔政策：誇讚她膽識過人和作戰勇猛。這法子不奏效後，便改用強硬手段。經過九個月的囚禁和折磨，她始終守口如瓶。日軍最後將她送回珠河。她在珠河再次被俘，遭日軍槍決。在赴刑場途中，她給年幼兒子留下了一封遺書。信中她寄語兒子毋忘母親是為國犧牲。這位烈士據說沿途高唱革命歌曲，在高呼抗日口號中中彈身亡。

一九四九年後，趙一曼的故事廣為流傳。一九五一年，電影《趙一曼》公演。東北烈士紀念館展示她的英雄事蹟。家鄉宜賓為她設置紀念碑，由著名詩人郭沫若題詩為誌。滬劇藝人顧月珍（參見該傳）則根據趙一曼生平創作了現代劇《趙一曼》。

趙一曼遺下丈夫陳達邦和他們的兒子陳掖賢。她去東北前，把年僅兩歲的兒子交給他的伯父照顧。兒子從小到大，一直不知道母親的真實身份。一九四九年之後，趙一曼的丈夫、兒子和姐姐（李坤傑）多方尋找。最後由一位記者通過一張舊照片認出趙一曼就是李一超、李坤泰。

蕭虹

張建農譯

◇ 裴之倬主編，《中共黨史人名錄》，重慶：重慶出版社，1986 年，頁 328。
◇ 袁韶瑩、楊瑰珍編，《中國婦女名人辭典》，長春：北方婦女兒童出版社，1989 年，頁 405–406。
◇ 楊自田，〈趙一曼和她的兒子──陳掖賢〉見《人物》，1993 年 3 期，頁 154–159。
◇ 宋瑞芝主編，《中國婦女文化通覽》，濟南：山東文藝出版社，1995 年，頁 230–231。

⠇ 293 證嚴法師 Zhengyan fashi

證嚴法師，一九三七年生於台灣台中縣清水鎮，俗名王錦雲。自幼過繼叔

父王天送,在鄉裡以孝順聞名。一九六零年六月,養父突然去世,因感人生無常,而趨入佛法,探尋真理。次年九月,自行落髮出家,一九六三年二月皈依印順法師,獲賜法號「證嚴」,字「慧璋」。一九六六年於花蓮普明寺後的小木屋創立「佛教克難慈濟功德會」,以佛教慈、悲、喜、捨四無量心,推展慈善、醫療、教育、文化四大志業。

證嚴法師自發心修行之日起,即堅守佛教百丈禪師「一日不作,一日不食」的清規,不接受信徒供養,也不趕經懺,不做法會,不化緣。與弟子自食其力,從事耕作及各種手工業,以維持簡樸的清修生活。

證嚴法師之成立慈濟功德會,實行佛法中的菩薩道行,起因是親見山地婦人小產後送往醫院救治,卻因無力繳付八千元保證金而被拒,在醫院門口留下一灘血。她同時也有感於教會,特別是天主教會對社會福利事業的實質貢獻,遂集合信徒,以做嬰兒鞋的收入與每人每日存下五毛錢的克難方式,開展濟貧救世的工作。

慈濟志業旨在濟貧救難。慈濟基金會首先開辦義診及興建醫院,繼而設立護理專科學校(1998年改制為技術學院)與醫學院(2000年改制為慈濟大學),再透過中英文刊物、電視節目等推進其工作。基金會近年的工作,除原本四大志業外,還推廣至其他領域。自一九九一年捐助現金給孟加拉水災災民起,基金會一直積極參與國際及本土救難工作,曾在中國大陸華中華東水災,華航大園空難,中美洲喬治風災,土耳其、台灣九・二一與四川汶川大地震,及時、迅速的提供人道援助。一九九三年又成立了骨髓捐贈資料庫。此外,也參與環保工作與社區志工服務。這些志願工作和四大志業統稱八法印。

慈濟志業的主要力量來自眾多的在家信徒,實踐證嚴法師所推廣的「慈濟精神」,亦即「無緣大慈,同體大悲」,對眾生的濟助不講究特別關係,不希冀回報,並且視眾生猶如自己,人饑己饑,人溺己溺,以強大的行動力,投入救苦救難、淨化人心的人間淨土工作。證嚴法師的「靜思語」,成為慈濟人的精神支柱,也是推動慈濟志業的巨大力量。

慈濟基金會原本無所謂組織,但為發展多項計劃,工作與日俱增,地區分布愈廣,遂自然而然以慈濟委員為核心,成立多個隊伍及組織,並督導其工作。這些隊伍及組織包括慈誠隊、志工服務隊、懿德母姊會、榮譽董事聯誼會、慈育隊、教師聯誼會、大專青年聯誼會、筆耕隊、外語隊等。基金會亦舉辦青少年學佛營、快樂兒童精進班、合唱團、地區性的訪視組、社工組及參與社區

環保活動。基金會在台北、台中、屏東均設有分會;至二零一零年,全球五十個國家設有慈濟據點,會眾人數約一千萬名。基金會的決策機構為慈濟志業中心,由證嚴法師任總執行長。

　　證嚴法師及慈濟志業的努力相繼受到各界肯定。一九八九年十月,當時的中華民國李登輝總統頒贈法師「慈悲濟世」之匾額,以表彰她「深悲大願,慈濟為懷;以屠弱之身,創醫療教育之志業,弘濟世救人之精神。」一九九一年七月,享有「亞洲諾貝爾獎」之譽的菲律賓麥格塞塞基金會(Ramon Magsaysay Award Foundation),頒贈她「社區領袖獎」(Award of Community Leader),原因是她「喚起現代台灣民眾對古代佛教慈悲為懷教義的重視。」同年十一月,她獲得美國德州(Texas)及聖安東尼(San Antonio)市議會頒贈「德州榮譽公民」(Honorary Citizen of Texas)、「聖安東尼市榮譽市長」(Honorary Mayor of San Antonio)及「聖安東尼榮譽領地」(Honorary Consul of San Antonio)等獎章。一九九四年九月,她獲頒「艾森豪國際和平獎」(Dwight D. Eisenhower Award for International Peace),是繼印度德蘭修女(Mother Teresa)後,亞洲獲獎的第二人。二零零零年二月,加拿大新斯科細亞(Nova Scotia)省政府將她的行誼列入該省中學教材。

　　證嚴法師為眾生工作了四十多年,不免有筋疲力竭的時刻。但是她認為:「疲倦的身體,與無毅力的心志,屬於小我;不知倦怠的身體,與毅力充沛的信念,屬於大我。當一個人為了大我而忘卻小我時,他就會有超人的力量,勇往直前。」這段話正是她努力從事慈濟志業的最佳寫照。

鄭麗榕

編者按:一九九三年,證嚴法師獲得提名競逐諾貝爾和平獎。二零一零年八月,慈濟基金會獲中國國務院批准,在江蘇省蘇州市成立基金會,這是第一個由境外非牟利組織營運的全國性基金會,也標誌著慈濟志業一個新的歷史起點。

◇ 康樂、簡惠美,〈慈濟功德會〉見康樂、簡惠美編,《信仰與社會——台灣的佛教團體》,台北:台北縣立文化中心,1995年。
◇ 雲菁,《千手佛心——證嚴法師》,台北:大千文化出版事業公司,1995年。
◇ 江燦騰,〈從佛教「法界觀」的歷史性格看現代台灣佛教的實踐模式——以證嚴法師的慈濟事業為例〉見江燦騰編,《台灣佛教百年史之研究》,台北:南天書局,1996年。
◇ 趙賢明,《大捨無求——證嚴法師與慈濟世界》,台北:賢志出版社,1999年。
◇ 陳慧劍,《證嚴法師的慈濟世界》,台北:慈濟文化志業中心,2000年。
◇ Ching Yu-ing. *Master of Love and Mercy: Cheng Yen.* Nevada City: Blue Dolphin Publishing, 1995.
◇ Huang, C. Julia. *Charisma and Compassion: Cheng Yen and the Buddhist Tzu Chi Movement.* Cambridge, Massachusetts: Harvard University Press, 2009.
◇ 慈濟基金會,〈慈濟登陸,蘇州正式掛牌〉見 <http://www.tzuchi.org.tw/index.php?option=com_

content&view=article&catid=107%3Ataiwan&id=4061%3A2010-08-20-15-01-47&Itemid= 554&lang=zh>，2010 年 8 月 21 日。2012 年 10 月 5 日查閱。

◇ 「慈濟基金會簡介」見 <http://www.tzuchi.org.au/index.php?option=com_content&view=article&id= 159:et-consequat-et-magnis-fringilla&-catid=81:2010-08-30-08-39-35>，2010 年 8 月 30 日。2012 年 10 月 5 日查閱。

᠁ 294 震華法師 Zhenhua fashi

　　震華法師（1909–1947），江蘇興化縣人，俗姓唐，上海玉佛寺住持。本傳記的材料來自一九九一年出版的《高僧傳合集》。這書收納了震華法師所編的《續比丘尼傳》，從它的兩篇序和一篇跋，得到一些零星的傳記資料，此外，書內的〈出版說明〉也提到她。

　　玉山退隱的序裡面說震華法師年未三十，識見已經超過一般人。我們知道她至少有一個門徒叫超塵，就是為《續比丘尼傳》寫跋的人。震華法師在自序裡面說，在佛教的世界裡眾生都是平等的，所以男女之間不應該有分別，而傳統中國社會對婦女的歧視和對婦女才華的抑制，其實是出於無知。震華法師認為男性僧人的事蹟在《高僧傳》及其續作中已經比較詳盡地記錄下來了，但是關於女尼的事蹟卻只有寶唱的《比丘尼傳》，且只是記錄到梁朝（502–557），因此她想延續寶唱的工作，把梁朝到二十世紀三十年代女尼的事蹟記錄下來。

　　《續比丘尼傳》共有二百零一個傳記，另外還附帶提及四十七個女尼，書成於一・二八事變（1932）日本人進攻上海之前。抗戰時期，書的初稿遺失了，所有的參考書也在戰火中被焚毀。然而，由於超塵能將已失去的初稿幾乎一字不漏的背誦出來，在她協助之下，震華法師重寫了一遍。在記憶模糊的時候，她們向朋友和同行借書或者印證一些細節。重寫的書稿在一九三九年完成，並加了一篇序言，說明這本書的整個撰寫過程。

　　雖然我們對震華法師的生平，僅知以上寥寥幾點，但是她的成就卻值得記錄下來。首先，震華法師是著名的玉佛寺的住持，玉佛寺是在一八八二年為了斯里蘭卡贈送的一尊玉坐佛和一尊玉臥佛而建造的。該寺又藏有大量佛教經典，現在更是上海佛學院所在地。其地位之高可想而知，震華法師能擔任該寺的住持，必然是一位在佛學上很有成就的得道高尼。更重要的是，由於震華法師的努力，有關中國女尼的歷史，從四世紀第一批女尼受戒以來一直到二十世紀，都能夠不間斷的記錄下來。有人批評說，《續比丘尼傳》的一些傳記中只記錄了女尼的詩作，不能算是傳記。然而，幸虧震華法師保留了這些傳記，不

然後世連她們的名字都不會知道。看了她們的詩篇，我們至少可以想像她們的人格。

蕭虹

◇ 超塵法師，〈〔跋〕〉見《高僧傳合集·續比丘尼傳》，上海：上海古籍出版社，1991 年，頁
1019–1020。
◇ 〈出版說明〉見《高僧傳合集》，上海：上海古籍出版社，1991 年，頁 v–vi。
◇ 玉山退隱，〈續比丘尼傳序〉見《高僧傳合集·續比丘尼傳》，上海：上海古籍出版社，1991 年，
頁 981。
◇ 震華法師，〈自序〉見《高僧傳合集·續比丘尼傳》，上海：上海古籍出版社，1991 年，頁
982。

▥ 295 芝苑 Zhiyuan

芝苑（1872–1946），族名叫 Ciwang Iwal（有不同拼法），父親是來自台灣東北部太魯閣峽谷一個賽德克族頭目，她是家中長女。

芝苑在族中不乏追求者，但她嫁給了一個漢人，還搬到附近沿海城市花蓮，令族人大感不解。後來，她再搬到西部平原，與住在台中彰化的家姑一起生活。家姑信奉基督，芝苑於是認識了很多中外基督徒。後來，芝苑攜夫返回自己的故鄉，族人卻把他殺了。

一八九五年，台灣割讓給日本。到一九零七年，除賽德克族外，所有原住民部族都已向日本投降。日本當局請芝苑當中間人，游說賽德克族人投降。芝苑與賽德克族頭目接觸，終於在一九一四年達成和平協議。她成功地化解了一場大規模的屠殺，名字響遍各族群及日本當局，因而後來可以在素來分隔的山區與平原自由進出。她另外兩個丈夫都是漢人，第一個病死了，第二個放蕩無行，耗盡了她的積蓄和財產。

芝苑結識了一對基督徒夫婦，他們誘導她閱讀和研究聖經。一九二四年，她成為賽德克族第一個受洗的基督徒。五年後，她獲得在淡水為加拿大長老教會工作的著名美國宣教師孫雅各（James Dickson）牧師的邀請，前往參加聖經班，正式接受宣教師的訓練。她當時已屆五十八歲高齡，不過，最後還是同意了。兩年（另有資料說是 8 個月）後，她完成訓練，返回家鄉，年復一年地努力宣教，起始成績並不理想。她宣教時用台語或日語，再用族人的語言解釋。第二次世界大戰爆發時，她已頗具影響力，前來聽她宣教的族人很多。日本人對基督徒，特別是宣教師，都極度猜疑，所以她宣教是以身犯險，可能被日本人拘捕。她利用族人早前對日本人的怨憤，把日本人對賽德克族基督徒的迫

害,轉化為對族人堅持個人與族群信仰的一種挑戰。數以千計的族人為此追隨她反抗日本人,暗地裡崇拜基督;而她在他們以及非基督徒的族人協助下,避開日本警察。有說體弱的她被年輕族人連夜輪流背著,逃過危難。

戰爭結束後,從海外回來的宣教師發覺,賽德克族和其他族群聚居的地方,出現了很多小教堂。這個讓他們驚訝的現象,主要是拜芝苑所賜。她的不少信眾,包括她的養女,後來都成為宣教師,向賽德克族及其他原住族群傳福音。

時至今日,信奉基督的原住民仍對芝苑十分敬仰。在原住民長老教會的史冊上,芝苑被尊崇為「台灣原住民信仰之母」及「山地教會之母」。她象徵著原住民文化適應日本、中國的法規與文化,適應西方宗教習俗所引起的緊張關係。傳統上,中國社會不以基督教教義為主導思想,在這氛圍下,台灣原住民卻大部份信奉基督教,她在當中扮演了舉足輕重的角色。有關她的生平,詳細資料不多;一些日期,以至很多事件的時序都有不同說法。後附書目中,含最可靠的原始資料的,包括 Covell 與 Dickson 的書和中文書。

Martin Williams

陳玉冰譯

◇ 台灣基督長老教會總會歷史委員會編,《台灣基督長老教會百年史》,版 3,台北:台灣基督長老教會,1995 年。

◇ 台灣基督長老教會總會原住民宣道委員會編,《台灣基督長老教會原住民族宣教史》,台北:台灣基督長老教會總會原住民宣道委員會,1998 年。

◇ Band, Edward, ed. *He Brought Them Out: The Story of the Christian Movement Among the Mountain Tribes of Formosa,* 2nd ed. London: The British and Foreign Bible Society, 1956.

◇ Tong, Hollington K. *Christianity in Taiwan: A History.* Taipei: China Post, 1961.

◇ Wilson, Kenneth L. *Angel at Her Shoulder: Lillian Dickson and Her Taiwan Mission.* London: Hodder and Stoughton, 1964.

◇ Vicedom, George. *Faith That Moves Mountains: A Study Report on the Amazing Growth and Present Life Among the Church Among the Mountain Tribes of Taiwan.* Taipei: China Post, 1967.

◇ Covell, Ralph. *Pentecost of the Hills in Taiwan: The Christian Faith Among the Original Inhabitants.* Pasadena, Calif.: Hope Publishing House, 1998.

◇ Dickson, James. *Stranger Than Fiction.* Toronto: Evangelical Publishers, n.d.

◇ 「芝苑紀念碑文(台灣基督長老教會總會)」見 <http://www.laijohn.com/archives/pg/Taruku/Ciwang/brief/PCT.htm>,2014 年 11 月 13 日查閱。

▥ 296 鍾玲 Zhong Ling

鍾玲一九四五年生於四川重慶,祖籍廣東廣州,集詩人、小說家、文學評

論家及電影編劇於一身，歷任台灣高雄中山大學外文系教授、文學院院長，香港浸會大學協理副校長、文學院院長兼講座教授。二零一二年九月轉任香港浸會大學榮休教授。

鍾玲三歲時，父親鍾漢波應聘到中國駐日本大使館工作，她和母親范永貞及弟鍾堅隨往東京居住。兩年後，舉家移居台灣。鍾玲在高雄長大及接受中學教育。在高雄女中學習期間，對武俠小說十分著迷，曾在一個暑假讀了五十部之多。她也喜歡中國古典詩詞及中外小說，由《紅樓夢》到十八、十九世紀的西方小說，都一一閱讀。她演出話劇及京劇，在戲劇團體十分活躍。期間受舅父及多位老師影響，立志做文學家。

一九六六年，鍾玲從東海大學外文系畢業後，在台大外文研究所選修台灣詩壇大家余光中講授的英美現代詩課程。翌年發表詩評〈余光中的火浴〉，指出余詩的一些缺點，讓它得以改進。她因而備受注目，與余光中亦師亦友的關係也由此展開。這時，她開始發表小說，其中短篇小說〈還鄉人〉更譯成英文。一九六七年秋，她負笈美國威斯康辛大學（University of Wisconsin）修讀比較文學，同時以中英文寫詩，其中一首英詩還編入了美國中學教科書內。她博士論文的題目是 "Translation, Imitation and Adaptation: Kenneth Rexroth and Chinese Poetry" ，因寫論文而結識王紅公（Kenneth Rexroth），先後與之合作英譯中國歷代女詩人詩作、李清照詩詞及其他中國古典詩詞。一九七二年，她取得威斯康辛大學麥迪遜（Madison）分校的比較文學博士學位後，便在紐約州立大學艾伯尼分校（State University of New York, Albany）教授比較文學及中國文學。

在這時期，鍾玲研究中國詩學對英美詩及文化所產生的影響，並寫成論文發表。惟據她自稱，從一九七零年出版第一本文集《赤足在草地上》起計的往後九年，是她生命的陰天，除了發表學術論文及翻譯集子外，幾乎沒有文學創作。

一九七七年，鍾玲與香港著名武俠片導演胡金銓（1932–1997）結婚，這使她突然從學術圈栽入電影的世界。她出任金銓電影公司的策劃，編寫了幾個電影劇本，包括一九七九年的《山中傳奇》。同年與胡金銓出版散文合集《山客集》，從此再次投入創作，寫散文、小說、新詩，也譯詩。她在一九八三年發表的短篇小說〈大輪迴〉，在一年後改編拍成電影。後來她的婚姻出現問題，兩人在一九九一年離婚。

　　一九八零年，婚後的鍾玲重執教鞭。兩年後，在香港大學中文系教授翻譯和文學創作。她在香港文壇非常活躍，經常主持詩會及參與詩歌朗誦會，指導八十年代的新生代詩人如王良和、陳錦昌、吳美筠等，他們且跟從她研習英美詩。這段期間，她繼續寫作，作品包括《美人圖》一系列的詩作。一九八九年返回台灣。她雖然不是多產的詩人，但當年已被譽為台灣光復以來最重要的女詩人之一。她的詩作以愛情為母題，其中《美人圖》系列，經考訂整理，再用委婉細膩的手法及情慾的意象，重新塑造那些古代美人，效果尤為突出。

　　不過，鍾玲認為自己的小說和散文比詩更為重要。她的小說大多以女性觀點來敘述，主要探討理想主義、愛情和死亡，所刻劃的人物有古代的，也有現代都市的女性。她是個業餘古玉收藏家，寫小說〈過山〉的靈感，就是來自一塊古玉。這小說描繪靈異經歷，人物能穿梭古今，極富爭議，可能是她最不尋常的一部作品。

　　鍾玲與同輩女詩人不同，她不但兼寫小說及散文，還編過劇本，也是一位教學及評論並擅的學者，一支筆遊走於中文與英文之間，且是公認的女性主義作家。她不但寫詩，也研究詩。她對中國女詩人及英美詩有深入研究，她有關台灣女詩人的專著《現代中國繆司：台灣女詩人作品析論》得到很高的評價，並獲得一九九一年國家文藝獎。她的《美國詩與中國夢：美國現代詩裡的中國文化模式》由台灣行政院新聞局透過中正文化獎資助出版。它已成為近年研究中國文化對當代英美詩影響的重要參考著作。

　　自八十年代開始，鍾玲對古玉產生濃厚興趣，不單收藏，且有研究，所以與老師余光中談詩文之餘，也與師母范我存談古玉。後來她更寫了兩本書，專門介紹所收藏的古玉及有關心得。

吳美筠

◇ 鍾玲，《現代中國繆司：台灣女詩人作品析論》，台北：聯經出版事業公司，1989 年。
◇ ──，《美國詩與中國夢：美國現代詩裡的中國文化模式》，台北：麥田出版社，1996 年。
◇ 潘亞暾，〈鍾玲與胡金銓拜拜了〉見《世界華文女作家素描》，廣州：暨南大學出版社，1993 年，頁 207–214。
◇ Chung Ling. "Translation, Imitation and Adaptation: Kenneth Rexroth and Chinese Poetry." Ph.D. dissertation, University of Wisconsin, 1972.
◇ ──. "The Window," trans. Wendy Larsen. In *Worlds of Modern Chinese Fiction: Short Stories and Novellas from the People's Republic, Taiwan and Hong Kong,* ed. Michael S. Duke. Armonk, N.Y. : M.E. Sharpe, 1991, 221–26.
◇ Rexroth, Kenneth and Chung Ling, trans. and ed. *Women Poets of China* [originally published as *The Orchid Boat*]. New York: Published for J. Laughlin by New Directions, 1982, ca. 1972.
◇ 「Chung Ling 鍾玲」見 <http://arts.hkbu.edu.hk/stafflist/artd/chungl.pdf>，2012 年 10 月 30 日查閱。

■ 297 鍾曉陽 Zhong Xiaoyang

鍾曉陽生於一九六二年，香港作家，作品包括長篇及短篇小說。

鍾曉陽身世複雜。她是廣東梅縣人，在廣州出生。父親是印尼華僑，年輕時在愛國心驅使下回到中國。母親來自東北城市瀋陽。鍾曉陽五個月大時隨家人遷往香港，在那裡長大。在聖瑪利諾書院完成中學課程後，一九八三年到美國密西根大學修讀電影。現居澳洲悉尼。她的作品深受母親在東北的家鄉影響。

鍾曉陽在少年時代開始寫作，嘗試過很多體裁，由古典詩詞到新詩、散文、小說不等，都十分優秀。早期作品在香港報刊發表，如《大拇指》半月刊、《素葉文學》、《當代文藝》、《香港時報》；也在台灣的《三三集刊》和《聯合報》發表。一九七九至八一年，在詩歌、散文和小說的類別，都贏得香港青年文學獎。同在一九八一年，也贏得香港中文文學獎，可算是雙料冠軍。她去了中國東北一趟後，寫了長篇小說《停車暫借問》，一九八一年出版，廣受矚目，自始被納入作家之列，當時只有十九歲。這小說以二十世紀四十年代的瀋陽和撫順為背景，她成功地捕捉了當時當地的風光、聲響、氣味與細節，似在重溫母親的一生。後來又寫了〈細說〉、〈流年〉、〈普通的生活〉、〈燃燒之後〉等短篇和中篇小說，以及長篇小說《遺恨傳奇》。

鍾曉陽的寫作特色是敏感細膩，筆調介於古典與現代之間，情節跌宕起伏。她處理重大問題一貫尖銳透徹，由尋找生死愛恨的意義，到渴求理想生活——不論是哪種理想生活，到一敗塗地後的無助感，莫不如是。她將情感融入思想的表達方式，顯出她受到古典小說紅樓夢以及張愛玲（參見該傳）作品的影響，她自己也樂於承認受到兩者的薰陶，得益匪淺。她援引西方文學概念來探索小說人物的心靈的同時，仍創出獨特的個人風格。

一九九八年，鍾曉陽出版了詩集《槁木死灰集》，內分四卷，包括〈變色〉、〈失戀〉、〈書齋〉和〈種子〉。〈變色〉說她的過去；〈失戀〉談逐漸褪色的愛、不再為人追逐的愛和甚麼不算愛；〈書齋〉描述書、硯台、紙和毛筆；〈種子〉探討自由與歡愉。這本詩集概括了她的日常生活、情感、思想、慾望，以及放棄了的事物。她受到西方長篇敘事詩和戲劇的啟迪，又借助意識流的手法，為自己的小說創造了一個深邃生動的世界。

至世紀之交，鍾曉陽在港台已發表十多部小說與散文集，深受兩地讀者歡迎。《停車暫借問》是台灣的暢銷書，中國大陸的大學生對鍾曉陽也極感興

趣。評論家對她的創作技巧十分推崇，認為她對人與人關係的細緻描繪，尤為出色。不過，也有評論家指出，她必須走出張愛玲的影子，創造自己的小說世界。

孫愛玲

編者按：自《遺恨傳奇》出版後，鍾曉陽消失於香港及台灣的文壇。《停車暫借問》在二零零一年被改編為電影，由上海電影電視集團及台灣鑫鈺影視有限公司出品。二零零七年，她開始在香港《明報》發表散文。二零一四年出版小說《哀傷紀》。二零一四至一七年，她用三年時間將舊作《遺恨傳奇》大幅度重寫，改名《遺恨》，於二零一八出版。

◇ 潘亞暾，〈中國大學生喜愛的鍾曉陽〉見《世界華文女作家素描》，廣州：暨南大學出版社，1993 年，頁 162–172。
◇ 劉以鬯主編，《香港文學作家傳略》，香港：市政局公共圖書館，1996 年，頁 875–876。
◇ Chung Ling. "Perspective and Spatiality in the Fiction of Three Hong Kong Women Writers." In *Modern Chinese Women Writers: Critical Appraisals,* ed. Michael S. Duke. Armonk, N.Y. : M.E. Sharpe, 1989, 217–35.
◇ Zhong Xiaoyang. "Green Sleeves," trans. Michael S. Duke. In *Worlds of Modern Chinese Fiction,* ed. Michael S. Duke. Armonk, N.Y. : M.E. Sharpe, 1991, 206–20.
◇ 「鍾曉陽」見 <https://zh.wikipedia.org/wiki/%E9%8D%BE%E6%9B%89%E9%99%BD>，2015 年 10 月 16 日查閱。

⊪ 298 鍾玉徵 Zhong Yuzheng

鍾玉徵一九三零年生於香港，祖籍廣東順德，中國解除化武的領軍人物。一九九三年獲授將軍銜，是中國軍隊中第一位在職女科學家得此殊榮，當年也是全國三百多萬軍事人員中，僅有的十二位女將軍之一。

鍾玉徵的父親出生於商人之家，在上海一所學院讀了兩年書後，便聽從家中安排，投身家族生意，迎娶一個地主的女兒。鍾家後來移居香港。鍾玉徵在港度過了她的童年。她有一姐一弟。母親來自思想開明的家庭，不單沒有迫她纏足，且認為女兒應接受教育。

鍾玉徵在精神信仰上深受照看她的祖母和姑姑影響。祖母篤信佛教，為人很有主見。姑姑信奉基督，由於不願出嫁，被父親遣送弟（即玉徵父親）家寄居。故此，鍾玉徵自少便和姑姑一起生活。儘管鍾玉徵成年後一直在中國共產社會生活，且於六十年代初加入共產黨，但在困難時期，她顯然能從佛教和基督教思想得到力量，變得更堅強。從她職業上的抉擇，可見她致力於世界和平，她這個訴求和佛教教義不謀而合。不過，她曾說，宗教無疑可讓信徒受惠，得

到慰藉，但相比之下，為當今創造一個更美好的世界，更加重要。

鍾父堅持三名子女應受良好教育。鍾玉徵在中國的基督教會學校讀了十四年書，學校放假期間，才回港度假。她最先在培正小學念書。這學校因抗日戰爭而從廣州遷至廈門。她後來進入上海的協和女中，再轉南京的金陵女子大學。除了在上述學校接受良好教育外，她還練就一口流利英語，這對她日後的事業幫助極大。

十九歲之前鍾玉徵所知的僅是戰爭。中華人民共和國於一九四九年立國之際，她正在金陵女大攻讀物理。翌年，她響應國家抗美援朝（朝鮮戰爭：1950–1953）的號召，參加義勇軍。仍在香港的父母似反對她的決定，她自此未有再見到他們。母親過世之後，父親再娶。一九八零年，父親與後母相繼辭世。

鍾玉徵後來說，她從報章得知，戰爭期間敵人對朝鮮人民使用細菌和化學武器，這事促使她加入軍隊一個叫反化武戰組織的特殊戰鬥部隊。身為第一代在這領域接受訓練的學生，她經常穿戴著笨重的防護面具和衣物在徵用志願人員時挺身而出。她沒有讓自己的性別妨礙了工作。為了爭取更多經驗，她要求比男同志承擔更多任務。

五十年代，中國完全依賴蘇聯的抗化武知識和技術。但是到了六十年代初期，中國反化武戰組織已開始從蘇聯的陰影中走出。鍾玉徵即使不曾負笈海外，但從海外歸來的學生那裡了解到國外分析化學的發展動向，又閱讀國內找得到的英文資料。那時她是哈爾濱軍事工程學院的副教授。

文革開始時，鍾玉徵因家庭的階級成份而受牽連。當時她已結婚（丈夫姓名不詳），夫婦倆受到毒打，連獨子也因母親地主家庭的出身而遭迫害。她被流放到農村六年。有資料稱，她在五七幹校過了十年。一九七五年春，返回當時距北京約四十公里的原單位。

鍾玉徵將個人恩怨擱諸一旁，只顧想方設法為國家效力。她意識到，自己對於所研究專業在過往十年的進展，幾無認識。故此，她立即著手精讀分析化學的資料，盡快掌握世界各地的最新發展。她走遍北京各大圖書館，只用了一年多的時間，便讀畢一九一七到七九年的所有《化學文摘》（*Chemical Abstracts*）；對於來自國外的專門材料，她也趨之若鶩，大量吸收。她作了詳盡筆記，為任職的反化武組織在發展分析化學上，打下扎實基礎。

鍾玉徵憑著她的知識，成為國際解除化武的知名人物。她在國內外學術會

議上呈交了幾十篇有關分析化學的論文，並在國際化學雜誌上發表論文。她與人合著的兩部書《毒劑偵查分析化學》和《科技文獻檢索》，成了中國的教科書。數十年來，她全力投入分析化學的研究，逐漸成為軍隊的反化武戰系統內一位傑出的教育人員。一九八五年三月，國際磷化學大會在中國召開，席上她為著名的波蘭化學家米柯拉基茨基教授（Professor M. Mikolajczyk）當傳譯，此舉令她在涉及化學的另一領域贏得掌聲。

身為總參反化指揮工程學院的教授，鍾玉徵於一九九零年受命帶領中國隊參加在日內瓦舉行的國際競賽。這是就解除化武而舉辦的輪迴化驗賽中的第二輪賽事。十一月，澳大利亞國防實驗室把二十九種未予標明的有毒物料樣品，分發給所有參賽國。每國的實驗室有一個月的時間識別這些物料並呈交一份報告。中國隊對這些物料進行分析之後，撰寫工作報告的任務就留給了鍾玉徵。

在兩個多星期的時間裡，鍾玉徵用英文寫下了二百零六頁紙的報告，並用她父親留下的家中除她之外無人想要的一架老舊德國打字機打出全文。此輪賽果於一九九一年三月宣布，中國隊得第六名。她其中一個水管理模式獲最後報告推薦予各參賽實驗室。這份報告以如下英文名稱發表：*International Interlaboratory Comparison (Round-Robin) Test for the Verification of Chemical Disarmament, F2: Testing of Procedures on Simulated Industry Samples*（Helsinki: Verifin, 1991），即「第二輪化學裁軍核查國際實驗室間比較測試：模擬工業樣品測試（編者譯）」。一九九二和九三年，她再次帶領中國隊參加下兩輪的比賽。一九九二年，中國隊把樣品中所有物質辨別出來，因而贏得美國總實驗室主管的讚賞。一九九三年，樣品由美國準備，中國隊再次獲得讚揚，以質量保證和隨後的報告備受青睞。

儘管中國軍隊體制龐大，而婦女在建國之前的革命年代曾起積極作用，能晉升至軍隊高層的婦女鳳毛麟角。一九五五年，在紅軍中度過了大半生的李貞（參見該傳）成為中國軍隊的第一位女將軍。三十三年之後的一九八八年，五位婦女被提拔為將軍。她們均年近花甲，且和鍾玉徵一樣，自五十年代初起在軍中接受教育，經歷過文革衝擊。

少將聶力（1930年生於上海，1993年晉升中將）是著名將軍聶榮臻（1899–1992）的女兒。聶榮臻是中國紅軍的創建人之一。五十年代後期，聶力在蘇聯攻讀精密機械及光學儀器，後來在國防部導彈領域工作多年。少將李希楷（1932年生於北京）曾接受醫學訓練，但以學者身份在軍中工作，最後

晉升至中國人民解放軍第三軍醫大學副校長。少將吳曉恆（1932 年生於武漢）也是以學者身份在軍醫系統工作，最後成為解放軍第一軍醫大學副校長。少將廖文海（1934–2009，出生於上海）曾接受醫學訓練，一九五六年畢業後在軍隊醫院工作，後任解放軍總醫院院長。少將胡斐佩教授（1930 年生於美國）為解放軍外國語學院副院長、學院英語系系主任。

　　一九八九年六月四日天安門事件中，解放軍使用暴力對付民眾抗議行動，教人毛骨悚然，軍隊聲譽大受打擊。九十年代初，當局把包括鍾玉徵在內的八位婦女提升為少將，此舉不知是公關手段，還是連串升級安排的一部份。八位婦女中，僅一人於一九四零年之後出生。她們大多自五十年代初從軍，通過解放軍接受教育。四位在科技領域工作：除鍾玉徵外，還有從事電訊工作的彭鋼（出生於 1939 年），任醫學科學院副院長的晁福寰（出生於 1940 年），從事無線電通訊工作的鄧先群（出生於 1935 年）。此外，趙織雯（出生於 1935 年）是英語教授、賀捷生（出生於 1935 年）是政治編輯。最後兩位活躍於部隊藝術單位：王曉棠（出生於 1934 年）是製片廠主管、喬佩娟（出生於 1932 年）為舞台演員。她們之間，有三位的家庭背景值得一提：彭鋼是著名紅軍將領彭德懷的侄女；鄧先群是鄧小平同父異母的妹妹；賀捷生是另一位著名紅軍將領賀龍的女兒，她在二零一四年以《父親的雪山母親的草地》獲得魯迅文學獎的散文雜文獎。

　　九十年代初期，丈夫赴日本工作期間，鍾玉徵與兒子兒媳於北京一起生活。多年以來她一直奉行部隊的簡樸主義：為了節省時間和精力，她總是事先準備兩天的食物，整天身穿軍服，即使出國參加會議，也穿軍服。一九九一年三月，她在日內瓦接受解除化武輪迴競賽獎項時致辭。當時她指出所有出席者均身負為和平努力的重任。據稱她曾經說過，她一生努力工作，是因為「為人類作出貢獻是最美好的事情」。有人形容她是「一位普通的女將軍、女教授、母親與妻子」。

Sue Wiles
張建農譯

◇ 李偉平（譯音），〈中國女將軍〉見《中國婦女》，1990 年 3 期，頁 12–17。
◇ 譚仲英（譯音）、張東文（譯音），〈馳騁國際化學界的中國女將軍：記我軍唯一技術女將軍鍾玉徵教授〉見《中國婦女》，1994 年 9 期，頁 10–11。
◇ 白玲玲，〈一個將軍的側影〉見《中國女將軍》，崔向華等著，北京：解放軍文藝出版社，1995 年，頁 428–464。
◇ Wiles, Sue. "Red Army Heroines? Or Women Warriors?" Paper presented at the Women, Modernity,

and Opportunity in Twentieth-century China Workshop, The University of Sydney, 27–28 April 2000.
◇ 「廖文海」見 <http://baike.baidu.com/view/196189.htm>，2013 年 5 月 17 日查閱。
◇ 「轟力」見 <http://baike.baidu.com/view/43922.htm>，2013 年 5 月 17 日查閱。
◇ 徐鵬遠，〈魯迅文學獎獲獎作品公布／賀龍女兒寫父母得全票〉見 <http://culture.ifeng.com/a/20140812/41538496_0.shtml?tp=140 7772800000#_share=sina>，2014 年 8 月 12 日，來源：鳳凰網文化，2014 年 8 月 15 日查閱。

⊪ 299 周綠雲 Zhou Lüyun

周綠雲（1924–2011），生於上海，洋名 Irene Chou，藝術家。由於父親酷愛藝術，母親擅書法，她從小就和藝術結下不解之緣。一九四五年，她從上海聖約翰大學畢業，獲頒經濟學士學位。

一九四七年，周綠雲與《和平日報》編輯楊彥歧結婚，兩人於一九四九年遷居香港。周綠雲相夫教子之餘，追隨嶺南派名家趙少昂（1905–1984）習畫。一九七六至八四年間，在香港大學校外進修部任教師。當時受到一代水墨宗師呂壽琨（1919–1976）影響，成為首批踏上創新之路的傳統畫家，他們以榮格心理學的原型理論為依據，放棄國畫特有的表達方式，改用天馬行空的抽象手法。她的畫作也顯示出對靈性及宗教的探求。她還參考了義大利作家薄伽丘（Boccaccio, 1313–1375）的《十日談》（*Decameron*），並按這部名著的主題繪成一系列的絲綢畫。

周綠雲在一九九二年中風後移居澳洲布里斯班，因為兒子楊見平在當地行醫。

John Clark
陳玉冰譯

編者按：五十年代，楊彥歧（1920–1978）在香港以藝名易文轉投電影業，成為顯赫一時的國語片導演。

到了八十年代，周綠雲已先後在港台、英國、澳洲、印度、馬來西亞等地區和國家，舉行個展和聯展。一九九三年，代表香港參加澳洲首屆亞太地區當代藝術三年展。作品被多家著名博物館、藝術館收藏；也曾在佳士得、蘇富比的拍賣會上成功售出。

周綠雲移居澳洲後，仍堅持獨居，繼續繪畫，舉辦畫展。二零一一年離世。

◇ *Boccaccio's Decameron: Paintings on Silk by Irene Chou.* Hong Kong: Faramir, 1976.
◇ Kirker, Anne. Catalog entry. In *The First Asia-Pacific Triennial of Contemporary Art,* ed. C. Turner. Brisbane: Queensland Art Gallery, 1993.

◇ *Collector's Choice: The Cosmic Vision of Irene Chou.* Hong Kong: Cat Street Galleries, 1995.
◇ 梁煥松，〈南半球的山林隱士〉見 <http://chrisleung1954.blogspot.com.au/2007/01/blog-post_921.html>，2007 年 1 月 21 日。2014 年 12 月 16 日查閱。
◇ ——，〈南半球山林隱士去世〉見 <http://chrisleung1954.blogspot.com.au/2011/07/blog-post_05.html>，2011 年 7 月 5 日。2014 年 12 月 16 日查閱。
◇ 孟剛，〈書寫心中的宇宙——畫家周綠雲女士〉見 <http://www.qchinese88.com/thread-2007-1-1.html>，2009 年 4 月 16 日。2014 年 12 月 16 日查閱。
◇ 「周綠雲畫展」見 <http://gallery.artxun.com/show_100005812.shtml>，2014 年 12 月 16 日查閱。
◇ 「喬萬尼‧薄伽丘」見 <http://zh.wikipedia.org/w/index.php?title=%E4%B9%94%E4%B8%87%E5%B0%BC%C2%B7%E8%96%84%E4%BC%BD%E4%B8%98&redirect=no>，2014 年 12 月 16 日查閱。
◇ 「易文」見 <http://zh.wikipedia.org/wiki/%E6%98%93%E6%96%87>，2014 年 12 月 16 日查閱。

■ 300 周美玉 Zhou Meiyu

周美玉（1910–2006），生於北平，浙江省慈溪縣人。她在二十到三十年代接受護士訓練，無論在中國大陸，或是在四十年代末去了台灣後，都積極投身軍醫護理事業。

周美玉的父親周春霖，清末曾參與中俄邊境電報局的工程建設；母親姓石，性格堅強，是虔誠的佛教徒。周美玉卻從小接受基督教教育：從北平培元小學、貝滿中學，一路到燕京大學。中學畢業後就有志從事護理事業。一九二六年修讀燕京大學與協和醫學院護士科合辦的課程。其時協和醫學院分別與燕京、東吳、滬江、金陵、嶺南五所教會大學訂有合作計劃，共同培育中國醫學及護理人才。周美玉選擇燕京大學與協和醫學院護士學校的組合，先入燕京大學，接受一年人文社會科學與基礎科學的訓練後，回協和醫學院護士科讀三年護士本科。一九三零年修業期滿，取得協和醫學院護士學校發給的畢業證書與護士執照（Registered Nurse License），並留校見習行政與公共衛生方面的工作一年。一九三一年受晏陽初的感召，參加定縣中華平民教育促進會，推行公共衛生教育，除在保健院從事護理工作外，並創辦一所護士學校，自任校長。一九三三年，獲洛氏基金會獎學金（Rockefeller Scholarship），赴美進修，在麻省理工學院學習生物學與公共衛生，取得公共衛生與衛生教育學士學位。抗戰時期提出論文一篇，通過後得碩士學位。

對日抗戰爆發，周美玉告別平民教育促進會，赴長沙加入林可勝主持的中國紅十字會救護總隊及戰時衛生人員訓練所，擔任救護總隊護理主任，除負責訓練救護隊軍醫醫院的醫護人員之外，每年兩個月赴各戰區醫院巡視紅

十字護理隊工作情況。一九三八年日軍砲火逼近長沙，救護總隊及訓練所輾轉遷往西南大後方。次年抵達貴陽圖雲關。一九四五年三月，應英國援華會（British United Aid to China）之邀，到海外向華僑團體宣揚紅十字會在華工作。她先到英國，三個月後轉赴美國各大城市向華僑演說募款，得到熱烈的反應。一九四六年一月啟程返國。

抗戰勝利後，周美玉除擔任中國護士學會總會常務理事，並先後出任聯勤總部上海總醫院護理主任、軍醫署專門技術司護理科科長、軍醫署上校技術專員及國防醫學院護理科上校科長。國防醫學院是由陸軍戰時衛生人員訓練所與原軍醫學校合併而成，於一九四七年六月一日在上海成立。建校之初，設高級護理班，招收高中畢業女生，授以四年半護理訓練。

遷台後周美玉積極爭取國防醫學院設護理系，經國防部與教育部嚴格審核，終於在一九五四年成立大護班，向學員頒授護理學學士學位並少尉軍階。這在台灣是一項創舉。以後數年，透過國防醫學院護理學系，周美玉有計劃地培植人才，在台灣建立了一套完整的軍護制度。一九五八年，周美玉晉升少將，成為中華民國第一位女將軍。（有關中華人民共和國的第一位女將軍，參見李貞傳。）

周美玉篤信基督教，為人耿直爽朗，勇於任事，不畏艱難。早年社會風氣未開，周美玉獻身護理衛生事業，如非膽識過人、任勞任怨，不可能堅持理想。抗戰軍興，奔走各戰區醫院，搶救傷兵，如沒有國家民族意識，不可能貫徹始終。戰後她又提升護理教育，推動軍護制度的改革，數十年如一日，更非有超卓的見識，不可能成功。總而言之，凡是她認為該做的事，她就秉持信念，勇往直前。她一生未婚。

羅久蓉

◇ 《中國護士季刊》，卷1，3期，1947年7月，頁45。
◇ 張朋園，《周美玉先生訪問紀錄》，台北：中央研究院近代史研究所，1993年。
◇ 「周美玉」見 <http://www.baike.com/wiki/%E5%91%A8%E7%BE%8E%E7%8E%89>，2014年5月27日查閱。

▥ 301 周淑安 Zhou Shu'an

周淑安（1894–1974），福建省廈門市人，音樂教育家、作曲家。周淑安出生於一個基督教傳教士家庭。

一九一一年畢業於廈門女子高等師範學校，一九一四年赴美國留學。在

哈佛大學攻讀音樂藝術理論，在新英格蘭音樂學院（New England College of Music）學習鋼琴；取得哈佛大學藝術學士學位。

一九二一年周淑安回國，在上海中西女塾（McTyeire Girls' School）、廈門大學等校任教。一九二七年赴美國紐約進修聲樂。翌年回國後，任上海國立音樂專科學校教授兼聲樂系主任，到一九三七年才離任。從那年到一九五九年這段期間，她的活動情況似未有資料披露。一九五九年，她出任瀋陽音樂學院聲樂教授。她在文革時期的遭遇，也無從查考。

周淑安是中國最早專門研究歐洲傳統聲樂藝術的音樂教育家之一。她致力培養博而專的優秀音樂人才，探索聲樂教學的民族化，在音樂教育事業上的貢獻和影響遍及國內外。

除聲樂方面的貢獻外，周淑安還會指揮、演出和作曲。二十世紀二十年代末，她在上海組織女子歌詠團，自任指揮，成為中國第一位合唱團女指揮，具有一定的社會影響力。二十至三十年代，她編寫了很多不同類型的歌曲，有反映民主思想的藝術歌曲，如〈假朋友，假師生〉、〈紡紗歌〉等，有表達愛國熱情的抗日歌曲，如〈同胞們〉、〈不買日貨〉等，亦有合唱曲〈佛歌〉及兒童歌曲〈安眠歌〉、〈堅勁歌〉。她創作時很重視歌詞的聲韻，注意吸收民族音調，且初步嘗試以和聲配器突顯民族風格。

周淑安的合唱曲〈佛歌〉及一些兒童歌曲，曾灌製唱片。她已出版的歌曲集有《抒情歌曲集》、《戀歌集》、《兒童歌集》。她還撰寫了論文〈我的聲樂教學經驗〉。

賀黎、陳慧

◎ 劉波主編，《中國當代文化藝術名人大辭典》，北京：國際文化出版公司，1993 年，頁 75。

▥ 302 周思聰 Zhou Sicong

周思聰（1939–1996），河北省人，著名藝術家，中國二十世紀八十年代以來最具影響力的畫家之一。

一九五八至六三年間，周思聰在中央美術學院學習，之後進入北京畫院。她深受著名國畫家蔣兆和（1904–1986）影響，而蔣氏則素以描繪普通人的生活和情感聞名。七十年代中期，周思聰以兒童、工人、軍人等流行題材，創作了許多素描和水墨畫，成為關心社會事務的畫家。這些創作樸素自然，主題鮮明，與其他畫家的畫有明顯分別。畫中人物個性獨特，超越模式化的框框，似

沒有當時枯燥乏味的社會主義現實主義宣傳畫那般裝腔作勢。一九七九年，周思聰以一幅寫實主義風格的水墨畫〈人民和總理〉脫穎而出，獲得全國美術作品展覽一等獎。〈人民和總理〉以一九七五年周恩來總理探訪邢台地震為主題，在當時具有時代意義，它超越了這類題材通常只為領袖人物歌功頌德的主旨，而反映了人民群眾的痛苦、焦慮和期望。

　　周思聰試圖在畫作中兼顧藝術美感和文化。她以社會覺悟為主題的大型歷史畫，比如她的代表作〈礦工圖〉（1980–1983）系列，都反映出強烈的人道主義和表現主義。〈礦工圖〉是繼蔣兆和的〈流民圖〉之後又一成功地運用水墨語言匯流中國現代歷史，揭露侵略者的罪惡，呼籲和平人道的大型水墨人物組畫，在中國現代繪畫史上具有里程碑的意義。在〈礦工圖〉中，周思聰運用了表現主義手法，在寫實基礎上加入變形、構成等西方現代繪畫因素，突破了流行於六、七十年代中國社會主義現實主義題材的繪畫中慣用的焦點透視、主次分明、中心突出的視覺定式。早在一九五七年，尚在念中學的周思聰就接觸到表現主義。當時她在北京看到日本藝術家丸木位里、赤松俊子夫婦創作的〈原爆圖〉。畫中描繪了一九四五年廣島及長崎原爆後當地人面對的恐怖場面，她後來在文章中表示，當時對那種殘酷和暴力感到極大的震撼和戰慄，這使她體會到繪畫本身就是促進和平、推動人道主義的力量。一九八零年中國推行開放政策，她有機會訪問日本，拜訪了丸木夫婦，參觀了他們的另一幅巨作〈南京大屠殺〉。他們翌年訪問中國。在這次學術交流後，周思聰開始創作大型水墨畫〈礦工圖〉系列，描繪了日治時期滿洲地區煤礦工人和家屬的悲慘生活。在創作期間，她曾到當地考察並訪問過倖存者，獲得了許多一手資料。這個系列作品因她體衰力弱而始終未能完成，已面世的包括〈王道樂土〉、〈人間地獄〉、〈遺孤〉、〈同胞、漢奸和狗〉。它們的畫面被不規則地分割成許多重重疊疊、相互積壓的塊面，以突顯人物扭曲、痙攣的肢體；沉重的墨黑色調，以千鈞之力，活現礦場的黑暗，礦工的黝黑，以及一個冰冷無火的煉獄。

　　周思聰早期以普通人為對象的畫已出現過扭曲變形的人物，這種表現主義的手法多少借鑒了德國畫家，尤其是凱綏·柯勒惠支（Kähe Kollwitz, 1867–1945）的創作手法。周思聰尖刻有力的表現主義風格對於中國畫來說是全新的。她將熾熱澎湃的愛國主義、人道主義、表現主義注入畫中，以刻劃中國人在社會變革過程中的憂鬱心態。

　　八十年代，周思聰的人物畫寫普通人的生活，這時期的畫作大抵有兩個主

題，一是四川彝族婦女的生活，一是荷花，尤其是霧裡或雨中的荷花。她在〈礦工圖〉的創作間隙，到彝族涼山地區寫生，其後若干年間創作了一系列以彝族女子為題材的高原風情畫（1980–1992），畫中以細緻含蓄的筆法，描繪出涼山彝族人的恬靜生活，一臉淡然的彝族婦女穿著彩色繽紛的民族服飾，都在拾柴、放牧、趕集、提水，身負重物而不停勞作。她們象徵普通中國人，尤其是女人在社會變革時期生理和心理上所承受的巨大壓力。這些畫標誌著周思聰的藝術創作進入了一個新的階段。她的創作視點從社會轉自然，從重大的歷史事件轉向平凡的生活場景。和其他踏入中年的國人一樣，她心懷美好崇高的社會主義思想的同時，又須面對現實中嚴峻的生活條件，要從兩者中取得平衡，實不容易。身為中國美術家協會副主席，她肩負繁重的行政工作，須處理各式問題，但又要照顧家人，這樣一來，便再沒有時間畫畫了。

八十年代末，周思聰患上嚴重風濕病，從此她專注於畫荷花。自古以來，荷花象徵純潔，以及一種精神上的超越。她希望藉寄情藝術創作，排解心中的苦痛與寂寞，尋求心靈的平和。她筆下的荷花姿態紛陳，形成對比，有活著與逝去的，孤獨與熱情的，悲傷與欣喜的。她長期受到病痛折磨，終於在一九九六年因胰腺炎併發症病逝北京，享年五十七歲。

在人生最後的二十年，周思聰大事調整了創作方向，這不僅反映了國內的政治形勢，也關乎藝術家創作環境的劇變及社會對藝術家的期望。她盡量避開政治任命，試圖突破繪畫傳統：不模仿，不隨俗。從不同的角度看，她的作品全都滲透了她的真心誠意，個人見解。她最重要的突破，是以現代形式及視覺語言來重新演繹傳統題材。她的畫也因此而自成一家。

邵亦楊

◇ 〈周思聰〉見《美術家通訊》，1981 年 7 期，頁 20。
◇ 周思聰，〈自傳〉見《周思聰畫集》，天津：天津人民美術出版社，1991 年。
◇ 邵亦楊，〈論周思聰的繪畫創作〉見《中國畫》，1993 年 1 期。
◇ 「蔣兆和」見 <http://baike.baidu.com/view/148550.htm>，2013 年 5 月 17 日查閱。
◇ 「凱綏·柯勒惠支」見 <https://zh.wikipedia.org/wiki/%E5%87%AF%E7%BB%A5%C2%B7%E6%9F%AF%E5%8B%92%E6%83%A0%E6%94%AF>，2013 年 5 月 17 日查閱。

▥ 303 周璇 Zhou Xuan

周璇（1919–1957），二十世紀三、四十年代中國影壇最著名的女演員之一，以嗓音甜美見稱。她為多間製片廠拍攝了超過四十四部影片；為影片灌錄

的歌曲，達二百餘首，當時極為流行，至今仍有人在唱。因命途坎坷，後來患上精神病。

周璇出生於江蘇常州蘇姓家庭，父親是牧師，母親是護士。不知何故，三、四歲時被賣到上海周家，從此改名小紅。她日漸成長，但對親生父母一無所知。養父是英租界政府工部局的翻譯，養母是粵劇演員。養父染上鴉片煙癮後，家業開始破敗，養母只得放棄演唱事業，改當女傭。八歲時，養父打算把她賣到青樓，在姨母干預下，被送往由一位孫先生經營的歌舞團。後來歌舞團停辦，她有段時期在孫家幫傭。

周璇十二歲時，加入明月歌舞劇社，在該社鋼琴師章錦文幫助下，刻苦學習鋼琴、聲樂和樂理。她還向嚴華老師學習普通話，後來兩人相戀、結婚。她的努力並未白費，某晚原來的主角因故未能到場，她頂替演出，大受歡迎，際遇一如經典的好萊塢音樂劇的主角。一九三四年在上海全市歌唱大賽中摘取桂冠，被觀眾譽為「金嗓子」。

時隔不久，明月歌舞劇社因經濟拮据被迫解散（當時電影業方興未艾，但已對歌舞劇這種娛樂形式構成威脅）。周璇一九三五年加入藝華影業公司。藝華原受左翼作家如田漢（1898–1968）、陽翰笙（1902–1993）等的影響，直到一九三三年為國民黨藍衣社搗毀為止。藝華一九三四年復業之後，影片已不如以前般「進步」，變成「軟電影」，即作家劉吶鷗（1900–1940）之流所倡議的娛樂片。周璇為藝華頭次出演的，是愛情故事《花燭之夜》（1936），也是它首部軟電影。她為藝華演出的影片，還有《喜臨門》（1936）；《百寶圖》（1936）；《女財神》（1937）；《滿園春色》（1937）及《三星伴月》（1937）。早期所飾演的角色都是天真活潑、陷入戀愛漩渦的年輕女子。左翼報刊指責她的這些影片「麻醉」觀眾，造成危害。

左翼導演袁牧之（1909–1978）對周璇在《女財神》一劇中的表現，印象深刻。找她主演他為明星製片廠拍攝的一部影片。這家片廠在二十世紀二十年代主要拍娛樂片，劇種不一；在左翼作家聯盟派來的左傾作家影響下，它在三十年代開始製作反映社會和政治現實的片子。周璇在《馬路天使》（1937）中的演出十分精彩，讓她在上海娛樂界嶄露頭角，成為真正的明星。說這是她最出名的電影，十分得當。

周璇在《馬路天使》飾演小紅，是個跟隨二胡琴師在茶館賣唱的年輕姑娘，琴師兇狠成性，又兼當皮條客。小紅愛上貧窮的吹鼓手小陳（由演技出眾的趙

丹（1915–1980）扮演），小陳有幾個也是不容於社會的朋友，都以他為頭領。琴師安排小紅和嫖客——流氓老古見面，她被老古的厚禮打動，小陳向來是個理想主義者，得知後對她極為不滿，兩人大吵一場。這對戀人後來終於私奔，且共築愛巢，但很快又為琴師和老古發現。期間，小紅的一名妓女姐妹小雲為了保護小紅，遭人謀殺。這部影片最突出之處不在於故事情節，因情節不外依據左派傳統那套，而在於場景出色的拼合，其目的在娛人而非說教。小陳和他那伙憤世嫉俗的朋友，通過影子戲、魔術、歌唱、說笑話和講故事在片中創造了一個夢幻世界。這部影片明顯受好萊塢影響，有許多喜劇、甚至滑稽劇片段，有助提高它的境界，使它不單是一部政治情節劇。此外片中周璇所唱的〈四季歌〉和〈天涯歌女〉兩首歌，也非常出色；歌詞由田漢填寫。這些歌曲旋律優美，當時膾炙人口，至今仍是她的經典名曲。事實上，她被譽為開創了一種有中國民歌風味的流行歌曲，既自然又富表達力。

　　一九三七年抗戰爆發後，周璇和嚴華去了他的家鄉北平結婚。不過戰時周璇大部份時間在上海拍古裝片，這些片子都採用傳統題材和背景；多數是為國華影業公司拍攝。她主演了《孟麗君》、《孟姜女》、《三笑》、《西廂記》等多部影片。雖然這些古裝片中部份含抗日之意，但大多數僅供消遣之用，很受上海「孤島」的小市民歡迎（當時日本侵略使上海部份地區與中國內地分隔，淪為孤島）。這時因各個片廠爭奪觀眾，大肆比拚（如在數周內，藝華和國華都先後推出自己版本的《三笑》），電影製作極快（《孟麗君》只拍了五十六小時，創下記錄）。而國華比其他片廠佔優勢的，乃在周璇的嗓音；她拍的每部影片幾乎都有幾首歌，當中不少風行一時。

　　周璇本人卻煩惱不斷。她名氣越來越大，日常也和男演員交往，嚴華對此似甚感不快，導致婚姻不諧。再者她小產後身心損耗，加上拍片忙碌，弄得精疲力竭。看來她是從此時起患上精神病，此後備受纏繞，直到生命終結。一九四一年，她自殺未遂，接著離了婚。

　　周璇繼續在上海拍片，不過轉到華影製片廠（中華電影聯合股份有限公司）。這一時期所拍的有《漁家女》、《鸞鳳和鳴》、《紅樓夢》、《鳳凰于飛》等片。一九四六年在香港出演了幾部影片；當時中日開戰，片商紛紛離滬赴港，香港影業因而蓬勃發展。一九四七年回上海主演了《憶江南》（1947），這部影片由田漢編劇，她分飾兩個角色；還有《夜店》（1947），大致按高爾基的名劇《在底層》改編。這是她兩部很值得懷念的電影。她再返港主演了描

述晚清皇室勾心鬥角的《清宮秘史》和以妓女為主題的《花街》。

一九四八年，周璇和朱懷德結婚，他是上海生意人，追求周璇多年。懷上他的孩子後，她得知他去上海時，把她辛苦攢下的錢財席捲一空，和另一女人遠走高飛。她情緒極其抑悒，因「精神分裂症」住進醫院，還生下第一個兒子周民。在電影界朋友幫助下，一九五零年返回上海。拍攝《和平鴿》（這電影始終未有完成）時，有人介紹她認識了畫家唐棣。兩人相戀，繼而同居。一九五二年，她有孕在身，她的朋友指控唐棣涉嫌欺詐騙婚（隨後對簿公堂，揭發唐棣在戰時和另一女子同居，她是單身母親，有三個子女）。在審判中周璇雖為唐棣辯護，他還是被判坐牢三年。她之後生下兒子周偉，數月後唐棣獲釋時，她已再次病發，入了精神病院。往後五年多次進出精神病院。據說在接近康復時患上腦炎，於一九五七年病逝，終年三十九歲。

Kirk A. Denton
龍仁譯

編者按：一九八六年，周偉將養母黃宗英告上法庭，指稱她侵吞生母周璇遺產，兩年後獲判勝訴，得到賠償，詳情參見黃宗英傳。

◇ 《周璇研究資料集》，香港：香港電影資料研究社，1982 年。
◇ 余雍和，《周璇外傳》，北京：中國文聯，1985 年。
◇ ——，香港：東西文化事業，1987 年。
◇ 沈寂，《一代歌星周璇》，西安：陝西人民出版社，1986 年。
◇ 屠光啟等著，《周璇的真實故事》，台北：傳記文學出版社，1987 年。
◇ 詹宏志，《周璇小傳》，台北：滾石雜誌社，1987 年。
◇ 周偉，《我的媽媽周璇》，太原：山西人民出版社，1987 年。
◇ 王學仁，《周璇遺產風波》，北京：法律出版社，1990 年。
◇ 周璇，《周璇自述》，上海：上海三聯，1995 年。
◇ 「陽翰笙」見 <http://baike.baidu.com/view/274502.htm>，2013 年 5 月 17 日查閱。

▥ 304 周越華 Zhou Yuehua

周越華（1904-1977），生於湖北省廣濟縣，參加一九三四至三五年中國共產黨長征的三十位婦女之一。父親本是農民，後來轉當裁縫，事業成功。他教會了女兒讀寫，並送她去武漢市公費師範就讀。母親是個小腳女人。周越華本來也是小腳，大概是到了少女時期，才把纏腳布扔掉。

周越華於一九二六年加入中國共產黨。翌年與另一位長征女紅軍危拱之（參見該傳）一起到黃埔軍校武漢分校修讀軍事專科。她在一九二七年十二月

著名的廣州起義，在廣東海陸豐的中國第一個蘇維埃，都擔任護士。海陸豐蘇維埃在一九二八年二月被摧毀。在這期間，她遇上賀誠（1901–1992）醫生，兩人後來結合，從此一起工作並至少育有一個孩子。他們在武漢和上海開設診所，以掩護他們的地下工作。此後幾年，她多次被捕，但每次都獲得釋放。獲釋時總是抗議說「我是家庭婦女，不識字，甚麼都不知道。」她在長征中以護士身份工作，但在一九三五年八月卻與丈夫一同被分配至張國燾的第四方面軍。她在延安進修時，賀誠離開延安遠赴蘇聯，一去數載。她受命管理郵電往來和信件檢查。一九四五年，與丈夫一起在東北公共衛生部門工作。一九四九年之後，成為國家公共衛生部主要負責人。後來健康日差，於一九六零年退休。文革時被鬥被打，因為她既不肯為未觸犯的政治罪行認錯，亦拒寫任何揭發信指控他人。一九七七年九月十七日因病辭世。

Sue Wiles
張建農譯

◎ 郭晨。《巾幗列傳：紅一方面軍三十位長征女紅軍生平事蹟》，北京：農村讀物出版社，1986年，頁167–174。

▥ 305 朱璉 Zhu Lian

朱璉（1909–1978），字景雩，江蘇溧陽人，針灸家、醫療專業的管理人員與教育家。

朱璉在蘇州志華產科醫院修讀助產科，一九三一年畢業。一九三五年加入共產黨後，前往河北石家莊正太鐵路醫院工作。後來開設「朱璉診所」，為共產黨的地下活動作掩護。一九三六年馮玉祥將軍在察綏地區抗擊日本侵略者之時，她組織了地方婦女援戰團幫助治療與照料傷兵。她同時積極參與婦女運動，力圖鼓動婦女投身愛國救亡活動。除此之外，亦兼任《石門正言報》、《華北民報》等報的副刊主編。她還是石家莊共產黨的領導之一，在市黨委與北平漢口鐵路委員會擔任職務。一九三七年第二次國共合作時，紅軍改編為八路軍，她被任命為一二九師衛生部部長兼野戰軍醫院院長。

二十世紀三十年代末四十年代初，朱璉赴延安馬列學院學習。之後被任命為延安中國醫科大學副校長。四十年代曾出任晉冀魯豫邊區與華北地區政府的衛生部部長（或副部長）。她大概是在此期間研習針灸，因為她在一九四八年編成《針灸學講義》和《新針灸學》；在此之前，並無記錄顯示她與這門中

國傳統醫療技術扯上關係。她可能在延安中國醫科大學教授針灸，故須擬備講義，作教學之用。有資料稱，中共高層領導對她的著作極為支持：紅軍元帥朱德（1886–1976）為《新針灸學》題書名、董必武（1886–1975）則為之作序。

　　一九四九年中華人民共和國成立後，朱璉在政府衛生部門先後擔任多個職位，包括衛生部婦幼衛生司司長、衛生部中醫研究院副院長兼針灸研究所所長。後期在廣西南寧工作，出任南寧市副市長和市針灸研究所所長。檔案顯示，最後一個職位是「七・二一」針灸大學校長。

　　在早期接受西方醫學訓練的醫務工作者中，朱璉比較重視在中國有悠久歷史的針灸醫術。她的著作對中國有莫大影響，而《新針灸學》一書已被譯成多種文字出版，暢銷海內外。

蕭虹

張建農譯

◈ 京聲、溪泉編撰，《新中國名人錄》，南昌：江西人民出版社，1987 年，頁 604–605。
◈ 《華夏婦女名人詞典》，北京：華夏出版社，1988 年，頁 219。
◈ 中國婦女管理幹部學院編，《古今中外女名人辭典》，北京：中國廣播電視出版社，1989 年，頁 617。

ⅢⅢ 306 朱琳 Zhu Lin

　　朱琳（1923–2015），生於江蘇省海州市，話劇演員。

　　朱琳七歲時就讀於淮陰師範附屬小學。這是一所天主教學校，音樂課辦得十分出色，遠近知名。在她家附近，有一個京劇班子，小小年紀的她經常去看戲班演出，並學會了很多戲段。學校和戲班對她早期的音樂訓練起了重要影響。一九三八年她考入武昌藝術專科學校主修音樂。

　　抗日戰爭爆發後，朱琳加入長虹劇社，參演《暴風雨》、《放下你的鞭子》等劇。一九三八年初，在武漢參加東北抗日救亡總會宣傳隊，後轉入抗敵演劇九隊，先後在南昌、長沙等地演出《家破人亡》、《木蘭從軍》、《一年間》等劇。一九四一年，應劇作家田漢（1898–1968）的邀請，到桂林的新中國劇社主演《秋聲賦》、《雷雨》、《日出》、《名優之死》等劇。她在俄國劇作家奧斯特洛夫斯基（A. N. Ostrovsky）的名作《大雷雨》（*The Thunderstorm*）中成功扮演卡傑琳娜（Katarina）這一藝術形象，被譽為「南國藝苑中的一枝麗花」。

抗日戰爭後，朱琳演出了《孔雀膽》、《小人物狂想曲》、《春寒》、《麗人行》等劇，還拍攝了《弱者，你的名字是女人》、《幾番風雨》等影片。一九五零年調到北京加入中國青年藝術劇院，參演了《欽差大臣》（The Inspector-General）、《在新事物面前》等話劇。一九五三年轉入北京人民藝術劇院，在舞台上先後演出了二十多個人物形象，包括《雷雨》中的魯媽。當時還演出了兩個俄國話劇：高爾基（Gorky）的《耶戈爾‧布雷喬夫和其他人們》（Yegor Bulychov and Others）和包哥廷（N. Pogodin）的《帶槍的人》（Man with a Gun）。解放以後，著名戲劇藝術家、北京人民藝術劇院導演焦菊隱將中國傳統戲曲技巧與現代話劇理論共冶一爐，創造了話劇表演藝術的「中國學派」。朱琳積極參與這個改革運動，還成為不可或缺的一員猛將。她在焦菊隱的指導下，做了大膽的藝術嘗試：一方面把中國的戲曲表演技巧運用到話劇藝術中來，另一方面借鑒俄國大師斯坦尼斯拉夫斯基（Konstantin Stanislavsky）的表演體系（美國方法學派，即American Method School，也建基於這個體系），同時又從現實生活中吸取營養，把古代、外國、生活「三源」匯於一流，建立具有中國特色的表演體系。她演出的劇目中，最能體現中國學派風格的，有《雷雨》、《虎符》和《耶戈爾‧布雷喬夫和其他人們》。

一九五六年，朱琳參演大型歷史劇《虎符》，這是探索中國學派表演體系的實驗劇目，演員反覆排練逾半年。在這劇中，朱琳揉合了前述三個元素，成功地塑造了如姬這個見義勇為的古代宮妃形象。她把戲曲中的「手、眼、身、法、步」，結合劇中人物性格運用到話劇表演中來。不久又演出高爾基的《耶戈爾‧布雷喬夫和其他人們》。她扮演劇中的女僕時，比較系統地運用了斯坦尼斯拉夫斯基的表演體系，讓人物的心理活動、思想感情通過人物的外部形體動作表演出來。

一九五九年，朱琳在演出契柯夫（Chekhov）的《三姐妹》（Three Sisters）一劇中，又成功地塑造了娜達莎（Natasha）這個形象。一位蘇聯電影女專家，看了她的演出後，驚歎地說：「我真不相信這是一個中國人扮演的！像朱琳這樣一個擅長演莊重、樸實、有氣質的中國婦女形象的演員，今天卻演一個輕佻、潑辣、富有小市民氣味的俄國式的婦女形象，並且演得這麼淋漓盡致，真切動人，實在了不起！」這說明了朱琳戲路的寬廣和演技的精熟。

同年，朱琳又主演了現代劇作家郭沫若的新編歷史劇《蔡文姬》。她完美地塑造了蔡文姬這樣一個感情豐富、品操高尚、才氣橫溢的女詩人形象，細膩

地抒發了她那悽楚欲絕的哀怨情懷，同時也表現了她那堅毅的性格和非凡的氣度。演出時，朱琳完全投入這個角色。郭沫若看了朱琳主演的《蔡文姬》非常滿意，並且高興地為她寫了如下的題詞：

> 辨琴傳早慧，不朽是胡笳；
> 沙漠風沙烈，吹放一奇花。
> ——為朱琳同志演蔡文姬能傳神，書此以贈。

朱琳在台詞語言藝術方面的造詣也是很深的。她的每句台詞不僅吐字清晰，而且聲調優美，音韻動人，感情豐富。她對潛台詞十分認同，停頓重音運用自如，早期的音樂訓練使她領會到「氣沉丹田灌三腔」這種聲與氣的關係，所以她能善用自己的聲音特點，賦予台詞語言生命力及音樂感。吟唱〈胡笳十八拍〉時，聲情並茂，節奏鮮明，感人肺腑。她的歌唱之所以達到這樣的效果，除音樂天份外，還與善用土洋結合的唱法有關。

一九六二年，朱琳演出《蔡文姬》後，導演焦菊隱邀請她主演郭沫若的另一大型歷史劇《武則天》，她欣然答應。這劇公演時受到廣大觀眾的好評。她演《武則天》比演《虎符》、《蔡文姬》更生活化，把人物的形體動作和性格感情高度地統一起來。她把武則天這個唐朝女皇帝塑造成一個有抱負、有政績、有風度、雄才大略的開明女政治家。這個藝術形象與蔡文姬的絕然不同，但都讓她演活了。

朱琳得益於焦菊隱的指導，塑造了一系列神形兼美的角色，獨步劇壇，達到了她演藝生涯的第一個高峰。及至文化大革命以後，一九七八年她重演《蔡文姬》，當時已年屆五十五歲，但她的演出更為深沉、雋永，為這位才華出眾的女詩人傾注了新的光彩。八十年代，朱琳也主演改編的外國話劇，扮演過迪倫馬特（Friedrich Dürrenmatt）的《貴婦還鄉》（英文譯名：*The Visit*；德文原名：Der Besuch der alten Dame）中的克萊爾（Claire），阿瑟·米勒（Arthur Miller）的《推銷員之死》（*Death of a Salesman*）中的琳達（Linda）和柯培恩（D.L.Coburn）的《洋麻將》（*The Gin Game*）中的芳西雅（Fonsia）。其中《推銷員之死》的演出，特別受到好評，那是一九九二年，她已近七十歲了。她在表演藝術上求深求新的探索精神使她又一次達到了一個輝煌的高峰。

朱琳的夫婿刁光覃是著名戲劇家，兩人婚姻生活愉快，相濡以沫幾近半個世紀。刁光覃還在上中學的時候，就參加了抗日演劇隊。動盪的時代和共同的目標，將這兩個自幼酷愛戲劇藝術的青年聚到一起。當時他們渴望到革命聖

地延安去，但地下黨組織卻讓他們留在國民黨管治區從事進步戲劇活動，以宣傳激發民眾的抗日救國熱情。他們服從黨組織的決定。在艱苦而緊張的演劇隊生活中，他們在思想和演藝上都在不斷成熟。同時，他們也悄悄地愛上對方。刁光覃傾心於朱琳的藝術氣質和天資聰穎，而刁光覃身上特有的才氣與質樸誠實，打動了朱琳的心。儘管是在戰爭年代，環境也很艱苦，但是他們的愛情卻依然浪漫。刁光覃除了演劇，還是演劇隊裡的籃球明星，朱琳是場外啦啦隊裡喊得最響的助威者。只要有朱琳助陣，刁光覃的球就打得格外漂亮。在社交場合，刁光覃還自願作朱琳的「保鏢」，包攬了別人敬給她的酒。然而真正為他們做媒的，還是表演藝術本身。在演劇隊初期，他們合演了反映漁民團結抗日的話劇《煙葦港》，刁光覃演漁老大，朱琳演金花姑娘，兩人把歃血為盟的一場戲演得格外細膩傳神，這似乎為他們日後的結合埋下了一條紅線。此後他們又合演果戈里（Gogol）的名劇《欽差大臣》等，且經常一起切磋琢磨演技，逐漸成為人生和藝術上的真正知音。

　　一九四二年，朱琳和刁光覃在長沙結婚。一九四九年建國後，他們從上海來到北京，進入北京人民藝術劇院工作，實現心中夢想，為人民表演戲劇。在往後的十年裡，刁光覃和朱琳參演了很多話劇，除上述提及的劇目外，還有《明朗的天》、《非這樣生活不可》、《關漢卿》、《李國瑞》、《膽劍篇》等著名劇作。六十年代，朱琳和刁光覃同台合演的歷史名劇《蔡文姬》轟動了中國話劇界。那時二人可算得展抱負，雙雙進入了藝術上閃現光彩的全盛時期。

陳慧

編者按：朱琳在丈夫去世後，開始撰寫回憶錄，晚年生活簡樸充實。二零一五年病逝北京，享年九十二歲。

◇　常敬宇，〈朱琳傳〉見《中國現代戲劇電影藝術家傳》，南昌：江西人民出版社，1981 年，頁 63–72。
◇　《華夏婦女名人詞典》，北京：華夏出版社，1988 年，頁 219–220。
◇　曾璞，〈中國話劇皇后朱琳〉見《中華兒女》雜誌海外版，1995 年 2 期，頁 30–36。
◇　「洋麻將」見 <http://baike.baidu.com/view/4619773.htm>，2013 年 5 月 21 日查閱。
◇　「朱琳」見 <http://baike.baidu.com/subview/13777/6299031.htm>，2015 年 10 月 16 日查閱。
◇　"The Gin Game: Characters." At <http://www.enotes.com/gin-game/characters>, accessed 21 May 2013.

᎒ 307 竹林 Zhu Lin

　　竹林，一九四九年生於上海，原名王祖鈴，小說家，作品包括長篇、中篇

及短篇小說和兒童故事。

　　竹林出生不久，母親便離家而去，父親只得獨挑撫育重任。父親是個讀書人，生性冷漠、行為乖僻。被棄之痛，身世之謎以及童年冷冰冰的家庭環境，使她的作品題材，處處透著傷感疑懼。文革期間，她的一家因屬知識份子，又有海外關係，所以遭受衝擊。二十世紀六十年代後期，大批上海知青下鄉；她隨第一批走了，目的是避免受辱，遠離家庭。她去了鳳陽縣，那是安徽省最貧窮的地區之一，一待六年，一九七五年回城。

　　下鄉年間，竹林發表了第一批短篇小說。回城後，開始創作《生活的路》。這是她一部比較重要的作品，主題圍繞她在安徽經歷和目睹的種種艱辛。這是第一部揭露城市知青，特別是女知青在農村所受苦難的小說，發表於七十年代末毛澤東去世後的解凍期。它描述一個漂亮姑娘，在嚴酷的環境下掙扎求存，因出身成份而被阻撓上大學。她受當官的辱罵欺凌，遭信賴的男子背信棄義，重重打擊迫使她輕生自盡。這部小說為竹林日後的創作定下了基調。她的原稿起初受到文化部門敵意看待，最後在資深小說家茅盾的支持下，得到一位具同情心的編輯加以審慎刪節，才能出版面世。

　　在竹林的小說中，受虐待的不幸婦女經常出現；用強姦隱喻掌權的男子和無權的婦女相互關係，屢見不鮮。有時，她借助自然界神話中的類似情況，來描述年輕婦女的困境。在短篇小說〈蛇枕頭花〉（1983）的結尾，身為受害人的主人公講述了好心腸花朵的故事：它因憐惜毒蛇，自己反落得終生受虐。花朵不僅代表那年輕女子，還代表所有婦女。花受到蛇的欺凌，而蛇正鮮明有力地代表了男子陽具；這一形象也令人想起聖經神話伊甸園的蛇。小說總結說，花朵沒有長刺，所以無力自保。竹林作品中的眾多婦女，命運一如這小說中的花朵。

　　竹林的小說大部份取景於江南，那裡有村莊、鄉鎮以及大都會上海。鄉間草木繁密、生機勃勃，其有形之美，與小說人物在人類社會的險惡經歷，適成反諷。另一部小說《嗚咽的瀾滄江》（初版名為《女性——人》，1989年）選擇了江南以外的地區為背景，寫一群下鄉的上海知青去滇西南，她在執筆前未去過那裡。這是個苦澀的故事，年輕的主人公，先後經歷了理想幻滅、營養不良和肢體癱瘓才得以回城，繼而恢復健康，重建自我價值。

　　竹林的許多作品，總教人視之為自傳，感到作者試圖通過連串的創作，克服青少年時代的精神創傷。有人曾就她個人經歷和小說《生活的路》提問，回

應時她堅稱,如果把當年在安徽親眼所見的可怕景象描寫出來,沒有出版社會出版她的書,也沒有讀者會相信書中內容。她其他一些小說的素材,來自耳聞目睹的他人生活,如《嗚咽的瀾滄江》,就是以上海郊區嘉定的一個鄰居的生活為藍本。她坦承《摯愛在人間》是她作品中最接近自傳的小說。它以略帶小說味的手法,描述作者和來自台灣的出版商之間如何發展成為父女般的關係;只是出版商猝死,兩人無緣作更深入的了解。

竹林稱她是按心中感受去寫作,而不是刻意的想表達什麼,她少有論及自己的作品,也不大願聽取別人對她作品的評價。有一次她接受訪問,由於對方鍥而不捨,她才承認說:反思過去,發覺一直是以女性的眼光來寫作。其實,這點在讀者眼中再明顯不過。關於寫作衝動,她在一篇談及叫魂的文章中,交代得最確切,它在《嗚咽的瀾滄江》初版之後寫就,文中描述江南農村仍盛行的習俗,就是把離世親人的靈魂呼喚回家。她意識到,同樣道理,她既為作家,便應為人找回失去的靈魂,使他們成為完全的人。

一九九八年五卷本的《竹林文集》出版,文集收錄了作者過去二十五年的作品,為回顧她的文學生涯提供了材料。首三卷包括了為成人讀者寫的五部小說:《生活的路》(1979),《苦楝樹》(1985),《嗚咽的瀾滄江》(1989),《女巫》(1993)和《摯愛在人間》(1994)。第四卷是中短篇小說選,最後一卷是兒童小說。竹林第一部短篇作品集的英譯本 *Snake's Pillow and Other Stories*,於一九九八年問世。

Richard King
龍仁譯

編者按:竹林先後在少年兒童出版社、上海文學編輯部、上海市作家協會工作。現為上海市作協專業作家、國家一級作家。

◈ 竹林,《竹林文集》,五卷本,北京:華夏出版社,1998 年。
◈ Zhu Lin. *Snake's Pillow and Other Stories,* trans. Richard King. Honolulu: University of Hawaii Press, 1998.
◈ 「竹林」見 <http://baike.baidu.com/subview/578761/8370849.htm>,2015 年 5 月 28 日查閱。

⫶ 308 宗璞 Zong Pu

宗璞生於一九二八年,本名馮鍾璞,當代女作家。

宗璞在北平出生,祖籍河南南陽,父祖輩屢出知名學者與作家。父親馮友

蘭（1895–1990）是當代最偉大的哲學家之一，姑母馮沅君（參見該傳）是古典文學家、新文學運動創始人，在五四期間，與冰心（參見該傳）、廬隱（參見該傳）和凌淑華（參見該傳）齊名。

宗璞自小深受家裡文學及學術氛圍影響，十歲隨母親學習唐詩，上小學時，每早都會到母親床邊朗誦詩篇。那時也開始閱讀《紅樓夢》和《水滸傳》，興趣極濃。不過，她認為是父親把她帶進文學的世界。馮友蘭固然是人所共知的哲學家，他亦善寫舊體詩，經常與女兒分享他對文學的看法。

中日戰爭爆發，宗璞一家搬到昆明鄉下，恰巧北大外國文學研究所也遷來，於是她經常到那裡看書。古典文學以外，對哲學和自然科學同樣感興趣。她喜歡大自然，在那段日子當中，令她最難忘的，是四周天然美景。那時她還很小，常常和哥哥與弟弟走二十多里路進城，三人一邊欣賞沿途風光，一邊輪流講故事，盡情發揮想像力。她覺得那時過得很快樂、很充實。她就讀西南聯大附中期間，發表了第一篇作品。那時她十六歲，和同學到滇池旅行，覺得那裡景緻迷人，回來後把感受寫了下來，再登在雜誌上。

一九四八年，宗璞進入清華大學外文系，主修英國文學。同年，在天津《大公報》以筆名綠繁發表了第一篇小說〈A.K.C〉。那時她在學法文，「A.K.C」似是法文「打碎」的音譯。這小說講述一個小女孩把信裝在瓶裡要男孩打碎，男孩不懂，錯過了，一生抱憾。小說固然是編造，藝術手法也欠成熟，但反映出作者寫愛很有天賦，寫來細膩自然。

一九五零年朝鮮戰爭時期，宗璞到工廠宣傳抗美援朝，寫了短篇小說〈訴〉，通過一個女工的口述，控訴一九四九年以前社會的黑暗面。一九五三年九月，中國文學藝術工作者第二次代表大會確定，文藝的任務，在於宣傳社會主義的意識形態、向人民講解共產主義、創造有能力擊倒敵人的無產階級英雄；「社會主義現實主義」是文藝創作和批評的基本準則。這些規定把文藝變成政府的宣傳工具，大大縮窄了文藝工作者可以探討的課題。宗璞認為寫太公式化的東西，不如不寫，所以基本上放下筆桿。

大學畢業那年，宗璞被派到中國社會科學院外國文學研究所的《世界文學》雜誌社當編輯。她在那裡一做二十年，對西方文學有了更精深的體會，作品也受到西方現實主義和當代文學的影響。

一九五六年，毛澤東（1893–1976）宣布有關文學的新政策，以「百花齊放、百家爭鳴」為口號。表面上，是讓宗璞等知識份子終於有機會說出和寫出他們

心中所想;實質上,是毛澤東「反右派鬥爭」行動的一部份。他真實的目的,在「引蛇出洞」,即把批評共產黨的人一網打盡。

宗璞一九五六年在《人民文學》發表小說〈紅豆〉,引來多方關注,令她廣為人知。人們認為〈紅豆〉顯示作者很有學識和天份。故事以愛情為主題,發生在一九四九年,圍繞著一對信奉基督教的年輕男女。女主人公江玫和男朋友一直真誠相愛,興趣相投。江玫決定走上革命道路時,在人生觀和對愛情的價值觀上,與男朋友產生矛盾,兩人感情破裂。根據這小說的闡釋,愛情不是永恆的。

〈紅豆〉有多個層次,既把一個複雜社會環境內的種種感情連在一起,又揭露個人感情與社會責任之間的衝突。宗璞謳歌這種衝突的精神層面,指出一切以道義為先,要犧牲的,不是社會,而是感情。〈紅豆〉突破了新中國建國後盛行的呆板寫作模式,宗璞可以說是第一個膽敢公開描寫愛情的大陸作家。〈紅豆〉的人物有血有肉,是典型的宗璞筆下的人物。女主人公迫得要在初戀和革命兩者中作出取捨,作者把她的痛苦窘境,寫得細緻入微。她所經歷的重重感情與心理變化,顯示出作者以公開誠懇的態度,處理人的感情和道德課題。

〈紅豆〉明顯擺脫了當時小說的框框,因而受到嚴厲批評,被指影射「愛情被革命迫害」、描寫「小資產階級不健康的感情」、「挖社會主義牆腳」。為此,宗璞被迫多次自我檢查。那時,其他現實主義作家,包括王蒙、丁玲(參見該傳)、劉紹棠和張賢亮,也受到攻擊。他們被指批評中共的官僚主義,又揭露從農村遷到城市的黨幹部道德敗壞。由於他們寫人的內心世界,對人生作了深刻的反思,所以也被指偏離黨奉行的無產階級立場。他們很多被打成反革命右派,在一九五七年送往邊境地區勞改。一九七八年,上海文藝出版社把一九五七年「右派」被批評的作品,包括〈紅豆〉,合集出版,集子名為《重放的鮮花》,意味深長。

一九五九年,中共試圖「改造」知識份子,辦法是把他們送到農村,與工人和農民一起生活及工作。宗璞下放到河北省桑乾河畔的一個村莊,由於丁玲寫過《太陽照在桑乾河上》,桑乾河早已人所共知。宗璞的政治處境改變了,她寫了小說《桃園女兒嫁窩谷》,以示自我改造。它以農村公社化運動為背景,寫一個富隊女青年願意嫁到窮隊,寫山區人民決心改變貧窮面貌的崇高理想。雖然內容都是政治宣傳,作者刻劃的農村氣氛與農民心理,還是很真實的。宗

璞憑著這部小說，得到模範知識份子的稱號，被認為成功「改造」了。

宗璞認為走出書齋，下放到工廠農村，與工人和農民接觸，擴闊了她的眼界，使她更了解他們。她感到遺憾的是，新文學政策規定必須為無產階級服務，作家因而受到束縛，不能暢所欲言的將自己對實際情況及人們內心世界的體悟表達出來，反之，作家只能跟隨既定模式寫作，未免流於公式化。

二十世紀五十年代末期到六十年代初期，宗璞寫了很多優秀的散文，其中以〈西湖漫筆〉最為人津津樂道。她的散文創作起始於遊記。她的遊記明顯受到經典散文家酈道元、徐霞客等的影響。她文風簡樸，表達力強；悉心描寫生活細節的同時，又秉承古典文學的傳統，以景抒情，含蓄蘊藉，引人尋思。從作品中，可看到她在古典文學方面有很扎實的基礎。

一九四九年起，中共屢次打擊馮友蘭，說他是「典型的資產階級唯心論者」。文革火焰捲到北大時，他正在那裡當教授，他和很多其他著名學者一樣，被謔為「反動學術權威」和「國民黨走狗」。家被紅衛兵抄了，人受到羞辱，女兒宗璞也戴上寫著「馮友蘭女兒」的高帽游街。宗璞經歷十年文革浩劫，對人性和社會的了解，更見成熟，後來的作品也反映出這一點。擱筆十五年後，在一九七八年出版〈弦上的夢〉，以文革為題材，贏得全國優秀短篇小說獎。自此開始寫「傷痕文學」，把所認識的知識份子的經歷訴之於文字。她以黑色悲劇手法，徹底重估文革這個悲劇。

一九七九年末到八零年初，宗璞接連出版了兩部中篇小說〈我是誰〉和〈蝸居〉，在文壇上引起不小的震動，被文評家認為是與王蒙的同期創作，一起開創了新時期的現實主義文學的先河。宗璞在中國社會科學院外國文學研究所工作多年，那裡的經驗對她產生極大影響。文革前夕，她被指派研究卡夫卡的作品，然後加以批判。文革後，她才懂得，用卡夫卡那種誇張扭曲的手法，最能表達文革的慘痛經驗。〈我是誰〉描寫從海外學成歸國的一個女生物學家，在文革時被扣上反革命的帽子，終於變了蟲子。〈蝸居〉寫一個充滿鬼怪的神秘城市，它們不時在人間出現。宗璞透過超現實的手法，反映那荒謬年代：很小的一件事便會把人變成牛鬼蛇神，以及揭露文革的不人道政治。明顯地，她無論在構思或技巧上，都借鑒了卡夫卡的《變形記》。小說〈心祭〉循著主人公的心理和情感的意識流展開，將回憶和現實交織在一起。她明顯受到西方現代心理學的影響，利用西方現實主義來展現中國古典詩詞的深層意義，以求把小說和中國傳統藝術串聯起來。

一九八八年，宗璞從外國文學研究所退下來，但繼續寫作，完成了長篇小說《野葫蘆引》的第一卷〈南渡記〉。《野葫蘆引》是歷史小說，故事以一九三七年盧溝橋事變為序幕，述說北平高級知識份子的生活。〈南渡記〉顯示出作者兒時對抗日戰爭的深刻記憶，十分感人。她描繪布景和人物的話語時，在開始和各個部份都加入古典詩篇，每一段詩詞都配置得宜、平仄諧和。她的文字複雜細緻，反映出她有很扎實的國文底子。

宗璞退休後，寫了很多回憶錄。這些作品的風格和她六十年代文中有詩的風格很不同。回憶錄語調較嚴肅，達到了她專業寫作水平的新高度。她曾經和父親在北大著名的燕園住了數十年，在那裡看到很多事。《霞落燕園》追憶在燕園生活過的十多個知名學者，她以莊重的筆觸，直接的描述，活現了他們的個性與不幸的命運，她本人的痛苦與深切體會溢於言表。

宗璞從事寫作三十多年，她精心構築的藝術世界，建基於「誠」與「雅」兩個原則。她對中國傳統文化與西方文學兩者的深厚認識，大大影響了她的寫作。意識上，她把東方追求傳統道德的精神和西方人道主義糅合；藝術上，她把西方的現實主義移植到中國古典文學；這樣一來，她的作品散發著又傳統又現代、又民族又開放的藝術氣息。她在中國近代文壇的成就是獨一無二的。

宗璞沒有結婚。八十年代初，她曾應澳中理事會的邀請，到澳洲訪問。這可能是她唯一的一次外訪。

洪如冰

編者按：《野葫蘆引》的第二卷〈東藏記〉，繼續〈南渡記〉的故事，又可獨立成篇，獲第六屆茅盾文學獎。第三卷〈西征記〉二零零九年由人民文學出版社出版，最後一卷〈北歸記〉二零一八年出版，獲第三屆施耐庵文學獎。另有資料稱，宗璞的丈夫是曾任中央音樂學院教授的蔡仲德，他們的女兒叫馮珏。

◇ 郎保東編，《宗璞代表作》，鄭州：河南人民出版社，1987年。
◇ 施叔青，〈又古典又現代——與大陸女作家宗璞對話〉見《文壇反思與前瞻》，香港：明窗出版社，1989年。
◇ 李振霞編，《當代中國十哲》，北京：華夏出版社，1991年。
◇ 殷鼎，《馮友蘭》，台北：東大圖書股份有限公司，1991年。
◇ 陳素琰，〈論宗璞的散文〉見《徐州師範學院學報‧哲社版》，1994年3期，頁100–105。
◇ 唐曉丹，〈宗璞小說論〉見《當代作家評論》，1994年4期，頁63–75。
◇ 宗璞，〈獲獎感言〉見《當代》，1995年1期，頁183。
◇ 「馮鍾璞」見 <http://baike.baidu.com/view/397197.htm?fromtitle=%E5%AE%97%E7%92%9E&fromid=237374&type=search>，2015年10月16日查閱。

▪ 309 鄒儀新 Zou Yixin

鄒儀新（1911–1997），生於廣東省廣州市，國際聞名的天文學家。

鄒儀新出身於知識份子家庭。父親曾考取出國留學預備科，但因家累不得不放棄機會，改由一位兄弟頂名出洋，為此他深以為憾。鄒儀新自幼發奮讀書，立志長大出國留學，實現父親的心願。雖然自幼體弱，但學習成績一直名列前茅。十八歲初中畢業，恰逢中山大學預科招考，遂報考且獲錄取，成了當時該校數學天文系的唯一女生。不久父親因病去世。她一邊讀書，一邊用做工代課掙來的錢供養母親弟妹。大學期間成績優秀，年年取得獎學金。一九三二年畢業後，獲邀留校任教。由於表現出色，校方推薦她赴日本深造，校長了解到她經濟上有困難，破例提級加薪，助她順利成行。

一九三五年，鄒儀新結婚。新婚不滿百日，便奔赴日本留學，進入東京帝國大學。翌年六月十九日發生日全蝕，北海道是最佳觀測點。世界各國數十支天文觀測隊紛紛前往，爭相觀測拍攝這十二年才一遇的天文景觀。她作為中國觀測隊的一名成員，用最新技術把日全蝕的整個過程拍攝下來，效果清晰，被日本的報章《朝日新聞》和雜誌《婦女公論》譽為唯一成功拍下這次日全蝕的女性、東亞第一位女天文學家。

一九三七年中日戰爭初期，鄒儀新回國，決意將自己的學識奉獻給祖國，但炮火連天，無法安寧地從事研究。中山大學後來因戰事內遷粵北，她捨棄了個人財物，攜帶著天文儀器和圖書隨校遷移。一九四零年女兒誕生，丈夫去了法國進修，身為天文學教授的她，一個人帶孩子，但一點也沒耽誤工作。

鄒儀新成就卓越，在國際天文學會交換學者委員會（Exchange Scholar Committee of the International Astronomical Union）的推薦下，於一九四八年得到高額獎學金，赴英國格林威治天文台（Greenwich Observatory）進修，成為在該台學習和工作的第一位東方女性。第二年，她又得到優厚的資助，到愛丁堡天文台（Edinburgh Observatory）和劍橋太陽物理台（Cambridge Observatory of Solar Physics）進修和工作。中華人民共和國成立後，她毫不猶豫地放棄了這兩項資助的餘額，並謝絕了馬來亞大學、香港天文台等機構的邀請，帶著滿滿幾箱的資料和筆記，於一九五零年歸國，到南京紫金山天文台工作。

一九五七年，蘇聯天文學家費多羅夫（Fedorov）到紫金山天文台參觀考察，他看到鄒儀新測量緯度的大量資料，當即決定選她到蘇聯學習緯度測量。

在蘇聯期間，她發明了精測天頂儀螺旋周值的新方法，令通常測量速度提高兩倍。次年回國後，選地處北緯三十九度八分的天津曹村，籌建國際緯度站，並任首任站長。這個站的建立填補了中國測量地球極點移動的空白，成為中國唯一的極移服務中心。更重要的是，有了它，她可以繼續精測緯度的工作，而工作成果又得到國際公認。

　　文化大革命初期，鄒儀新受到衝擊，被迫停止天文學研究。一九七零年被召回北京，受命研究太陽活動的預報條件。八十年代，因參與短波通訊突然騷擾及太陽黑子事件的預報工作，獲頒中國科學院科學進步一等獎。她還發掘整理古代有關太陽活動的記載，從浩如煙海的古籍中探討和論證歷史上太陽活動的特徵和規律，發表了一系列論文，轟動了國際天文學界。

王冰

◈ 劉東平、王凡，〈記當代中國第一位女天文學家鄒儀新〉見《人物》，1992 年 3 期，頁 5–17。

人名拉丁字母索引

　　為方便查閱，中文名字旁列漢語拼音，如傳主並無中文名字，則列出其英文名字。凡本辭典未有採用的傳主名字，均以較小字體顯示。

人名筆畫索引

　　為方便查閱，中文名字旁列漢語拼音。凡本辭典未有採用的傳主名字，均以較小字體顯示。

編者簡歷

英文版

　　總主編蕭虹生於中國，曾在香港、新加坡及美國接受教育。在澳洲完成博士學位後，便在悉尼大學亞洲研究學院（即今語言文化學院）任教，至二零零三年退休。現為該學院的榮譽研究員，繼續從事研究、出版和著作。所出版的三部專著，包括 *Women of the Long March*、*The Virtue of Yin: Studies on Chinese Women*（中譯《陰之德——中國婦女研究論文集》）和《世說新語整體研究》。她也是 *Biographical Dictionary of Chinese Women*（中譯《中國婦女傳記辭典》）的總主編，其中一卷的中文版在二零一零年發行。她在中國婦女及魏晉文學兩個領域，先後發表了多篇研究論文，亦為多本學術論文集與學術期刊撰寫文章。近年更將研究範圍擴及絲綢之路。

　　總主編 A.D. Stefanowska 生前在悉尼大學任高級講師，教授中國古典文學，並專注於宋代文學的研究，凡三十餘年，退休後成為該大學的榮譽研究員。曾擔任澳大利亞東方學會會刊編輯。二零零八年病逝悉尼。

　　副總主編 Sue Wiles 從事翻譯、研究及編輯的工作，與悉尼大學和西悉尼大學均有學術淵源。她在悉尼大學取得博士學位，研究課題是早期道教上清派的女性神靈。《中國婦女傳記辭典》共四卷的英文版編輯工作，她都有參與。現任澳大利亞東方學會會刊編輯、悉尼大學語言文化學院榮譽研究員。已出版的譯作包括 *T'ai Chi* 與 *Witnessing History*（原著為曾錚的《靜水流深》）。此外，也參與翻譯加州大學聖塔芭芭拉分校的《台灣文學英譯叢刊》、《台灣民間故事集》與《台灣兒童小說集》內台灣作家撰寫的短篇故事與散文。她一直專注於研究魏晉時期的道教婦女。

二十世紀卷

主編蕭虹，見上。

中文版

總主編蕭虹，見上。

副總主編陳玉冰，香港中文大學文學士、翻譯碩士，悉尼大學哲學碩士，參與《中國婦女傳紀辭典》中英文版編撰工作多年。

國家圖書館出版品預行編目資料

二十世紀婦女傳記辭典／蕭虹 總編纂, 陳玉冰 副總
　主編. --初版. --臺北市：蘭臺出版社, 2023.01
　　面；　公分. --（婦女研究；2）
　　ISBN：978-626-96643-0-6（平裝）

　1.CST: 女性傳記 2.CST: 名錄 3.CST: 詞典
　4.CST: 中國

782.2204　　　　　　　　　　　　111015631

婦女研究 2

二十世紀婦女傳記辭典

編　　　者：總編纂蕭虹、副總主編陳玉冰
編　　　輯：盧瑞容
美　　　編：凌玉琳
校　　　對：楊容容、沈彥伶、古佳雯
封面設計：塗宇樵
出　　　版：蘭臺出版社
地　　　址：台北市中正區重慶南路1段121號8樓之14
電　　　話：（02）2331-1675或（02）2331-1691
傳　　　真：（02）2382-6225
E—MAIL：books5w@gmail.com或books5w@yahoo.com.tw
網路書店：http://bookstv.com.tw/
　　　　　　https://www.pcstore.com.tw/yesbooks/
　　　　　　https://shopee.tw/books5w
　　　　　　博客來網路書店、博客思網路書店
　　　　　　三民書局、金石堂書店
經　　　銷：聯合發行股份有限公司
電　　　話：（02）2917-8022　　傳　真：（02）2915-7212
劃撥戶名：蘭臺出版社　　　　　帳　號：18995335
香港代理：香港聯合零售有限公司
電　　　話：（852）2150-2100　　傳　真：（852）2356-0735
出版日期：2023年1月初版
定　　　價：新臺幣 1800 元整（平裝）
ISBN：978-626-96643-0-6